Hubertus Knabe
Die unterwanderte Republik

Hubertus Knabe

Die unterwanderte Republik
Stasi im Westen

Propyläen

Jürgen Fuchs gewidmet

Die Deutsche Bibliothek – CIP-Einheitsaufnahme

Knabe, Hubertus:
Die unterwanderte Republik: Stasi im Westen / Hubertus Knabe. –
Berlin: Propyläen, 1999
ISBN 3-549-05589-7

© 1999 by Ullstein Buchverlage GmbH & Co. KG, Berlin
Propyläen Verlag
Alle Rechte vorbehalten
Satz: Dörlemann Satz, Lemförde
Druck und Verarbeitung: Graphischer Großbetrieb Pößneck GmbH, Pößneck
ISBN 3 549 05589 7
Printed in Germany 1999

Gedruckt auf alterungsbeständigem Papier
mit chlorfrei gebleichtem Zellstoff

INHALT

Vorwort 9

Das Schattenkabinett des MfS – Die Stasi und die hohe Politik 15
    Die Kollegiumssitzungen 18
    Kampf gegen die Westintegration 24
    Nach dem Mauerbau 29
    Der Fall Hermann von Berg 31
    Stärkung »realistischer« Kräfte 38

Die Durchdringung der Parteien – Eine Flurbegehung 42
    Die Bearbeitung der SPD 47
    Das Agentennetz in der Union 54
    Die Romeo-Methode 57
    Beeinflussung der FDP 65
    Der Fall William Borm 67
    Inoffizielle Mitarbeiter bei den Grünen 71
    Einflußnahme auf die Bundestagsfraktion 73
    Die Europaabgeordnete Brigitte Heinrich 79
    Das Beispiel Westberlin 88
    Die CDU als »Bearbeitungsobjekt« 91
    »Konservative« IMs 96
    Quellen in der Alternativen Liste 100
    Der Output der Agenten 104

Die Affärenmacher – Politische Einflußnahme
im »Operationsgebiet« 106
    Das Prinzip »aktiver« Maßnahmen 107
    Die Arbeit der Abteilung X 110
    Zusammenarbeit mit dem KGB 113
    Praktische »Aktionen« 116

Vergangenheitsbewältigung per Stasi-Dossier –
Der Fall Heinrich Lübke 121
    Kampagnen aus Ostberlin 122
    Fingierter Antisemitismus 126
    Das NS-Archiv des MfS 132
    Der Beginn der Lübke-Kampagne 135
    »Arbeit nach dem Ausland« 139
    Verfälschte Dokumente 140
    »Spezielle Maßnahmen« in Westdeutschland 143
    Die Rolle der Zeitschrift *Konkret* 147
    Das Ende der Kampagne 150

Wie Verräter gemacht werden – Die Akte Wehner 153
    Frühe Denunziationen 154
    Deckname »Wotan« 156
    Der Beginn der Kampagne 161
    Stärkung der »oppositionellen Kräfte« 164
    »Keine direkten Beweise« 167
    Wehner wird Minister 170
    Stahlmanns Falschaussage 173
    Das Anti-Wehner-Buch 175
    Honeckers Veto 178

Mythos und Wirklichkeit – Die Studentenbewegung 182
    Unterwanderung des SDS 184
    Ein IM im Bundesvorstand 187
    Der Berliner Landessekretär 191
    Das Zusammenspiel zwischen FDJ und Stasi 193
    Eine Quelle im Landesvorstand 197
    Förderung einer linken Opposition 202
    Rudi Dutschke 204
    November-Gesellschaft und Republikanischer Club 207
    Extrablatt und Extra-Dienst 210
    Konzepte für den Umsturz 216
    Das Attentat 220
    Die Proteste gegen die Bundesversammlung 221
    Das Ende des SDS 227
    IMs in der APO 231

Strategien einer Unterwanderung – Die Friedensbewegung 234
    Anleitung durch die SED 235
    Zusammenspiel mit dem MfS 238
    Aktion »Verwüstung« 241
    Die »neue« Friedensbewegung 243
    Förderung der Anti-Raketen-Proteste 248
    Die »Handakte« Niemöller 255
    Zurückdrängung »feindlicher« Kräfte 258

Stasi in den Kirchen – Eine Aktenlese 261
    Zweigleisige Bearbeitung 262
    Das IM-Netz in den Kirchen 265
    Enttarnungen nach 1989 271
    Spionageobjekt Vatikan 276
    Weitere Ausforschungsobjekte 281
    Die Evangelische Akademie Westberlin 287
    Die Auflösung des antitotalitären Konsenses 294
    Das Verhältnis zur Demokratie 299

Der lange Arm der Stasi – Die Verfolgung von SED-Kritikern
im Westen 305
    Die »Agentenbande Fuchs« 308
    Zersetzungsmaßnahmen in Westberlin 312
    Wolf Biermann und sein Manager 318
    Bundesbürger als Stasi-Opfer 326
    Ein MfS-Mann als Rechtsbeistand 330
    Die Stasi in Frankfurt am Main 335
    »Feindobjekt« Amnesty International 337

Die Hochschulen – Kaderschmieden des MfS 340
    Die Rekrutierung von »Perspektivagenten« 343
    Werbeerfolge in den siebziger Jahren 348
    Das Beispiel Technische Universität Berlin 351
    Das System der »Stützpunkt-IMs« 354
    Ideologische Anknüpfungspunkte und quantitative Dimensionen . . 357
    Vorschläge für eine »konzentriertere Bearbeitung« 361
    Agentengewinnung aus Gera 366

Eine Wissenschaft als Feindobjekt –
Die DDR- und Osteuropaforschung 371
    Kampf gegen »Agentenzentralen« 373
    Das Phantom der »Diversion« 376
    Strategien der Bekämpfung 381
    »Linke« gegen »rechte« Forscher 385
    Ein Lehrbuch zur »Feindbekämpfung« 390
    Ausforschung der Institute 394
    Die »Bearbeitung« des Gesamtdeutschen Institutes 396
    Überwachung der Forscher 401
    Die Inoffiziellen Mitarbeiter 404

Wirtschaftsspionage – Die Stasi als kriminelle Vereinigung 412
    Das Agentennetz des Werner Stiller 414
    Spionage als Planfaktor 417
    Der Sektor Wissenschaft und Technik (SWT) 423
    »Beschaffungsaufträge« und »Informationsschwerpunkte« 427
    Auswertung und Implementierung 432
    Umfang der Spionage 434

Epilog 440

Anmerkungen 442

Literatur 549

Abkürzungen 571

Personenregister 577

Vorwort

Muß die Geschichte der alten Bundesrepublik neu geschrieben werden? Diese Frage, die ich vor zwei Jahren nach der Lektüre von Akten des ehemaligen Ministeriums für Staatssicherheit (MfS) aufgeworfen habe, hat heftige Reaktionen ausgelöst.[1] Professoren und Politiker, Gewerkschafter und Studenten meldeten sich bei mir zu Wort und berichteten von halb vergessenen Erfahrungen aus der Bonner Republik: Der ehemalige Vorsitzende des SPD-Unterbezirks in Frankfurt am Main schrieb, wie er in den sechziger Jahren einer Diffamierungskampagne zum Opfer fiel – und Günter Guillaume statt seiner die Karriereleiter hochstieg. Der frühere Direktor des Berliner Wissenschaftszentrums erzählte von einem Kesseltreiben in den siebziger Jahren, weil er DDR-kritische Positionen vertrat. Ein Gewerkschafter, der seinen Namen nicht nennen wollte, gab sich als abgesprungener HVA-Agent zu erkennen und bombardierte mich mit Interna über die Unterwanderung der Gewerkschaften.

Andere wiesen die These von einer »zweiten«, geheimdienstlichen Dimension der westdeutschen Nachkriegsgeschichte verständnislos zurück. Sie bezweifelten, daß es überhaupt einen nennenswerten Einfluß der Stasi im Westen gegeben haben könnte. Die Stasi habe zwar ehrgeizige Pläne geschmiedet, doch herausgekommen sei letztlich wenig oder nichts.

Seit dieser Zeit hat mich die Frage nach den Wirkungen des Staatssicherheitsdienstes in der alten Bundesrepublik nicht mehr losgelassen. Wie die meisten Westdeutschen betrachtete auch ich den Staatssicherheitsdienst der DDR anfangs als ein in erster Linie nach innen gerichtetes Unterdrückungsorgan, dessen Agenten in der Bundesrepublik im Grunde nichts anderes taten als die Spione eines jeden anderen Geheimdienstes auch. Dieses Urteil mußte ich jedoch bald revidieren. Ich stellte fest, daß die Arbeit im und nach dem »Operationsgebiet«, wie die Stasi den Westen nannte, im MfS als sogenannte Hauptaufgabe betrachtet wurde und ihre »Lösung« mit enormem Aufwand betrieben wurde. Entgegen der weitverbreiteten Vorstellung war es auch nicht allein die jahrzehntelang von Markus Wolf geleitete Hauptverwaltung A (HVA), die in der alten Bundesrepublik operierte, sondern das gesamte Ministerium war auf die eine oder andere Weise daran beteiligt. Umgekehrt wirkte die HVA – im Gegensatz zu den von Wolf verbreiteten Legenden – genauso selbstverständlich an der Bekämpfung von SED-Kritikern mit. Die Verzahnung von Geheimpolizei und Nachrichtendienst in einem einzigen Apparat ist das, was die Stasi von den meisten anderen Geheimdiensten unterschied.

Daraus ergibt sich fast zwangsläufig eine weitere Besonderheit: Dem Staatssicherheitsdienst ging es im Westen nicht um bloße Informationsbeschaffung zur Beratung der Regierung, sondern er folgte einem politischen Kampfauftrag. Dieser bestand – wie im Innern der DDR – darin, als »Schild und Schwert« der Partei die Diktatur der SED mit geheimdienstlichen Mitteln zu sichern und zu stärken. Zu diesem Zweck sollten die Bundesrepublik geschwächt, die Kritiker der DDR zurückgedrängt und letztlich die Bedingungen für den weltweiten Sieg des Sozialismus geschaffen werden.

Aus diesem Grund waren auch die schätzungsweise 20000 bis 30000 Inoffiziellen Mitarbeiter, die seit Gründung des MfS in der Bundesrepublik tätig waren, nicht einfach Spione oder gar »Kundschafter des Friedens«, wie es die Stasi ihnen weiszumachen versuchte, sondern Zuträger und oftmals auch praktische Unterstützer eines diktatorischen Regimes. Ebensowenig wie die annähernd 500000 Informanten in Ostdeutschland konnten die im Westen beeinflussen, was die mächtige DDR-Geheimpolizei mit ihren Informationen machte.

Allerdings hatte ein großer Teil der Inoffiziellen Mitarbeiter in der Bundesrepublik das Glück, daß die über sie geführten Akten 1989/90 vernichtet wurden. Mit Zustimmung des Zentralen Runden Tisches wurde insbesondere das gigantische Archiv der HVA fast restlos beseitigt. Alle Politiker, Wissenschaftler oder Journalisten, die im Westen für die »Aufklärung« – das Stasi-Synonym für Spionage – gearbeitet haben, sind aus der zentralen Personenkartei der Staatssicherheit herausgesäubert worden.

Die Aufarbeitung der Stasi-Vergangenheit hat dadurch ein merkwürdiges Ungleichgewicht erhalten – als hätte es Verrat und Bespitzelung nur im Osten Deutschlands gegeben. Während in den neuen Bundesländern ein schmerzhafter Prozeß der Wahrheitsfindung vonstatten geht, wähnen sich die alten Länder in der Rolle von unbeteiligten Zuschauern. Die erhalten gebliebenen Akten der »Abwehr« – also der für die innere Repression zuständigen Abteilungen – zeigen indes, daß die Bereitschaft zur Denunziation keine Frage des Wohnortes ist und auch nicht des politischen Systems. Denn die hier geführten westdeutschen Zuträger des Staatssicherheitsdienstes arbeiteten in den meisten Fällen freiwillig und ohne den Druck einer allgegenwärtigen, bedrohlichen Diktatur.

Die Aktenbeseitigung zwingt den Historiker allerdings zu einer geradezu detektivischen Arbeit, um das Vorgehen der Staatssicherheit im Westen zu rekonstruieren. Wie einem Archäologen stehen ihm oftmals nur winzige Bruchstücke zur Verfügung, die Aufschluß über das Vergangene geben und nun mühsam zu einem Gesamtbild zusammengesetzt werden müssen. Dabei bleibt der Vorbehalt, daß »wir nicht wissen, was wir nicht wissen« oder – anders ausgedrückt – daß nur das beschrieben werden kann, was durch Akten oder andere Quellen belegt ist.

Die für Spionagedelikte zuständige Bundesanwaltschaft behauptet zwar, daß sie das Netz der inoffiziellen Stasi-Mitarbeiter vollständig enttarnt hätte, doch überprüfen läßt sich diese Aussage nicht. Tatsächlich wurden, den amtlichen Zahlen zufolge, nach der Wende knapp 3000 Ermittlungsverfahren gegen Bundesbürger wegen Spionage eingeleitet, von denen freilich nur 253 mit einer Verurteilung endeten – in den meisten Fällen zu einer Bewährungsstrafe. Zur historischen Aufarbeitung haben diese Verfahren nur selten beigetragen, da die Betroffenen in der Regel den Schutz der Anonymität genossen.

Viele ehemalige Zuträger im Westen haben inzwischen zudem von ihren ostdeutschen »Kollegen« gelernt, daß bei strikter Leugnung und offensiver Ausnutzung der Möglichkeiten, die der einst bekämpfte Rechtsstaat bietet, ein Nachweis der Stasi-Tätigkeit schwierig ist. Statt die Chance zu ergreifen, das Leben in der Lüge zu beenden und damit selber wieder frei zu werden, bestreiten viele schlichtweg den Wahrheitsgehalt der überlieferten Unterlagen. Zwar ist es richtig, daß auch im Staatssicherheitsdienst der DDR in Plänen und Berichten Schönfärberei durchaus dazugehörte, doch die Fakten selbst ließen sich im für die Überwachung der SED-Herrschaft geschaffenen Apparat am allerwenigstens vertuschen.

Da die Aufarbeitung dieser jüngsten deutschen Vergangenheit kein exotisches Hobby eines einzelnen ist, sondern eine hohe Bedeutung für die gegenwärtige und zukünftige politische Kultur unseres Landes besitzt, muß es um so mehr befremden, wie die Spurenverwischung der Stasi zehn Jahre nach ihrem Untergang ausgerechnet von ihren einstigen Gegnern fortgesetzt wird. Mehr als einmal habe ich mich jedenfalls bei der schwierigen Arbeit an diesem Thema gefragt, warum die amerikanische Regierung, die im Besitz wesentlicher Teile des HVA-Archivs sein soll, diese nicht nach Deutschland zurückführt – so wie nach dem Krieg die Akten des Nazi-Regimes. Eine Verdrängung dieser zweiten Diktaturgeschichte, das lehren die Erfahrungen der alten Bundesrepublik, kann nur dazu führen, daß die nachwachsende Generation dem demokratischen System insgesamt mit Zweifeln und Ablehnung gegenübertritt.

Dabei mag, neben der professionellen Geheimniskrämerei der Nachrichtendienste, eine Rolle spielen, daß bisher bei den Demokraten Amerikas nicht nachhaltig genug auf die Herausgabe der Unterlagen gedrängt wurde, die nach bundesdeutschem Recht nur an einer Stelle gelagert werden dürfen: im Archiv des Bundesbeauftragten für die Stasi-Unterlagen. Das Interesse der westdeutschen Gesellschaft an der Aufarbeitung der eigenen Stasi-Vergangenheit ist, so scheint es, nicht eben übermäßig groß. Schon die Offenlegung der von Bürgerrechtlern vor der Vernichtung geretteten Akten konnte nur gegen starke Widerstände des politischen Establishments in Westdeutschland durchgesetzt werden. Und auch danach fand sich kaum eine Institution in der alten Bundesrepublik, die den ernsthaften Versuch unternommen hätte, die Infiltration der Staatssicherheit und ihre Wirkungen im eigenen Haus aufzuarbeiten.

Bei gründlicher Suche findet man dabei am Ende doch mehr Material, als nach der Aktenvernichtung zu erwarten gewesen ist. Vor allem in dem großen Bestand der »Abwehr« finden sich zahllose Unterlagen, die detailliert über das Vorgehen der Staatssicherheit Aufschluß geben. Hier hat auch das eine oder andere Dokument überlebt, das aus dem Anleitungsbereich von Markus Wolf stammt. So steht man bald, wenn man vierzig Jahre MfS-Geschichte mit den zuletzt rund zweihundert im Westen operierenden Diensteinheiten »multipliziert«, vor der Aufgabe, das umfangreiche Aktengut bändigen und Schwerpunkte setzen zu müssen.

In diesem Buch geht es deshalb nicht um die »ganze« West-Arbeit des MfS, sondern um exemplarische Vorgänge, an denen das allgemeine Problem illustriert werden soll. Dabei stehen solche Themen im Vordergrund, die für die Geschichte und das Selbstverständnis der alten Bundesrepublik von herausgehobener Bedeutung sind oder die das Besondere der DDR-Staatssicherheit hervortreten lassen. Nicht militärische Spionage oder der Kampf der Geheimdienste untereinander – die, in unterschiedlichem Maße, von jedem Staat der Welt praktiziert werden – sollen hier behandelt werden, sondern jene unsichtbare Infiltration und Fremdsteuerung, ohne deren Betrachtung die Historiographie zur Bonner Republik nicht vollständig wäre.

Zu diesem Zweck habe ich – neben einem im Auftrag des Bundesbeauftragten für die Stasi-Unterlagen erstellten Bericht für die Enquete-Kommission des Deutschen Bundestages – Material gesammelt, welches das Vorgehen der Staatssicherheit im Westen exemplarisch veranschaulicht. Anhand wichtiger Wirkungsfelder wollte ich zeigen, wie die Unterwanderung im Detail funktioniert hat. Mit diesen Feldstudien sollte nicht zuletzt der zeithistorischen Forschung ein Anstoß gegeben werden, sich, entgegen der bisherigen Praxis, den geheimdienstlichen Dimensionen der bundesdeutschen Nachkriegsgeschichte stärker zuzuwenden.

Aus dem Vorgesagten ergibt sich, daß dieses Buch nicht die Meinung des Bundesbeauftragten zum Ausdruck bringt, sondern meine ganz persönliche Sicht auf ein politisches und historisches Problem. Daß ich mit diesem Vorhaben auf unerwartete Schwierigkeiten gestoßen bin, zeigt die Brisanz, die dem Thema bis heute innewohnt. Das Buch hätte nicht erscheinen können ohne die große Unterstützung von Freunden, Kollegen und Archivaren, die mir in den letzten Wochen und Monaten mit Rat und Tat beiseite standen. Vor allem aber danke ich meiner Frau Annette, die mich immer wieder ermuntert hat, die Aufarbeitung dieses Teils der Stasi-Vergangenheit nicht sich selbst zu überlassen.

Berlin, im September 1999   Hubertus Knabe

Das Schattenkabinett des MfS – die Stasi und die hohe Politik

Es war, als würde der Herzschlag der Republik für einen Augenblick aussetzen: Als Bundestagspräsident Kai-Uwe von Hassel am 27. April 1972 das Abstimmungsergebnis über das Mißtrauensvotum gegen Bundeskanzler Willy Brandt bekanntgab, blickte das Land so gebannt wie nie auf das Geschehen im Deutschen Bundestag. Nach nur dreijähriger Amtszeit sollte der populäre Kanzler der Sozialdemokraten aus dem Amt gewählt und durch den christdemokratischen Oppositionsführer Rainer Barzel ersetzt werden. Durch Überläufer aus den Reihen der FDP hatte die sozialliberale Regierungskoalition ihre Mehrheit im Parlament verloren und sah ihrem Ende entgegen. Mit dem Kanzler würde auch die neue Ostpolitik fallen, die ein geregeltes Miteinander mit den sowjetkommunistischen Staaten Europas erreichen wollte und dazu auch die willkürliche Grenzziehung nach dem Kriege zu akzeptieren bereit war. Doch als alle abgegebenen Stimmen endlich ausgezählt waren, mußte von Hassel feststellen, »daß der von der CDU/CSU vorgeschlagene Abgeordnete Dr. Barzel die Stimmen der Mehrheit der Mitglieder des Deutschen Bundestages nicht erreicht hat«.[1] Nur 247 statt der erwarteten 249 hatten für den Kandidaten der Union gestimmt.

Seit diesem Tag wurde darüber gerätselt, wie es kommen konnte, daß die rechnerisch sichere Niederlage Brandts ausgeblieben war. Mindestens zwei Stimmen aus dem Lager der Union mußten für Brandt abgegeben worden sein. Einzelne Abgeordnete der CDU/CSU wurden verdächtigt, sich dem Barzel-Antrag verweigert zu haben, weil sie mit ihm über Kreuz lagen oder womöglich von der SPD Geld erhalten hatten. Auch ein 1973 eingesetzter Untersuchungsausschuß bemühte sich vergeblich, Licht in die Affäre zu bringen, nachdem der CDU-Abgeordnete Julius Steiner behauptet hatte, vom Fraktionsgeschäftsführer der SPD, Karl Wienand, bestochen worden zu sein.

Inzwischen steht fest, daß es der Ostberliner Staatssicherheitsdienst war, der entscheidenden Anteil am Ausgang des Mißtrauensvotums hatte. Ermittlungen der Bundesanwaltschaft förderten zutage, daß der Chef der Auslandsaufklärung des Ministeriums für Staatssicherheit (MfS), Markus Wolf, seinerzeit entschieden hatte, dem Unionsabgeordneten Steiner 50000 DM zu bieten, wenn er gegen den Antrag seiner eigenen Fraktion stimmen würde.[2]

Bei einem Treff in Ostberlin unterzeichnete Steiner eine entsprechende Vereinbarung und erhielt im Gegenzug das versprochene Geld ausgehändigt. Bei der Abstimmung am 27. April versagte er dann Rainer Barzel die Gefolgschaft. Darüber hinaus ordnete Wolf an, daß auch der FDP-Abgeordnete Erich Mende unter Anspielung auf lange zurückliegende Abschöpfkontakte zum MfS zur Stimmabgabe für Bundeskanzler Brandt veranlaßt werden sollte – ob mit Erfolg, ist bis heute nicht bekannt.[3] Während Wolfs ehemaliger Untergebener Günter Bohnsack erklärte, ein Stasi-Mann hätte den ehemaligen FDP-Vorsitzenden telefonisch aufgefordert, seine Stimme im Sinne seiner »alten Beziehungen« abzugeben, dementierte Mende sowohl den Anruf als auch eine Stimmabgabe für Brandt.[4]

Unaufgeklärt sind auch die weiteren Spuren, die auf eine geheimdienstliche Einflußnahme hindeuten. 1995 enthüllte ein ehemaliger sowjetischer Geheimdienstler, daß ihm der Leiter des KGB-Apparates in der DDR, Generalleutnant Iwan Fadejkin, im April 1972 rund eine Million DM für eine Bestechungsaktion zur Verfügung gestellt habe, die Egon Bahr übergeben werden sollte – eine Summe, »für die man mindestens vier Bundestagsabgeordnete kaufen konnte«. Der Geheimdienstler, langjähriger Vertrauter von Egon Bahr, fügte jedoch sogleich hinzu, daß Bahr das Geld nicht angenommen habe, so daß er es unverrichteter Dinge wieder hätte zurückbringen müssen.[5]

Gesichert erscheint hingegen, daß auch der Fraktionsgeschäftsführer der SPD, Karl Wienand, versuchte, eine ganze Reihe von Oppositionsabgeordneten zu überzeugen, nicht für den Barzel-Antrag zu stimmen – auch hier sollen Gelder geflossen sein.[6] Auch Wienand war für die Stasi kein Unbekannter. Zu ihm hatte sie, den »Erinnerungen« von Markus Wolf zufolge, seit Ende der sechziger Jahre Kontakt. 1970 sei es dem eigens dafür abgestellten Offizier im besonderen Einsatz Alfred Völkel alias »Krüger« dann gelungen, »die Verbindung auf eine feste Grundlage zu bringen« und von da an fast zwanzig Jahre lang fortzusetzen.[7] Tatsächlich wurde Wienand, den das MfS als IM »Streit« führte, nach der Wende wegen Spionage zu zweieinhalb Jahren Haft und zur Zahlung von mehr als einer Million DM an die Staatskasse verurteilt. Das Oberlandesgericht Düsseldorf hielt es für erwiesen, daß Wienand ab Ende 1976 aus finanziellen Motiven dem MfS regelmäßig über Bonner Interna Bericht erstattete – der Fall ist bis heute nicht restlos aufgeklärt.[8]

Das Mißtrauensvotum gegen Willy Brandt war nicht das einzige Mal, daß die Stasi Einfluß auf die hohe Bonner Politik nahm. Im Bundestag verfügte das MfS über eine Reihe weiterer Agenten, die, wie man bei der HVA nach der Wende frohlockte, zeitweise fast Fraktionsstärke erreicht hätten.[9] In der FDP gehörte zu ihnen beispielsweise der Bundestagsabgeordnete William Borm, in der SPD der Berliner Sozialdemokrat Joseph Braun. Aus der Fraktion der Grünen kam deren deutschlandpolitischer Sprecher Dirk Schneider regelmäßig zu Treffs nach Ostberlin – er wurde vom MfS als IM »Ludwig« geführt. In Stasi-Dokumenten finden sich immer wieder Hinweise auf die »politische Steuerung« oder »Abschöpfung« von Bundestagsabgeordneten, deren wahre Identität jedoch meist im dunkeln bleibt.[10]

Die Rolle des Staatssicherheitsdienstes in der westdeutschen Politik gehört zu den aufregendsten, aber auch nebulösesten Kapiteln der deutschen Nachkriegsgeschichte. Gleichwohl ist die Unterwanderung und Beeinflussung der Bonner Republik von der zeithistorischen Forschung bislang nahezu ausgeblendet worden, systematische Untersuchungen fehlen gänzlich. Neben politischer Voreingenommenheit, die bei diesem Thema immer wieder anzutreffen ist, liegen die Ursachen dafür vor allem in der prekären Quellenüberlieferung, die zu einer problematischen Schieflage zwischen Ost und West geführt hat: Während in Ostdeutschland Rolle und Vorgehen des MfS durch umfangreiche Aktenbestände oftmals bis in alle Einzelheiten nachzuvollziehen ist, kann durch die fast völlige Beseitigung des Archivs der Hauptverwaltung A (HVA) die Bearbeitung von Parteien und Parlamenten im Westen bestenfalls ansatzweise rekonstruiert werden. Aktenvorgänge, die von der Stasi zu allen bedeutenderen Politikern und politischen Institutionen der alten Bundesrepublik geführt wurden, sind so gut wie keine überliefert. Und die Unterlagen der westdeutschen Geheimdienste, mit denen diese Lücken unter Umständen verkleinert werden könnten, werden bis heute geheimgehalten. Auf die Erinnerungen der Beteiligten ist nur bedingt zurückzugreifen, da diese häufig gar keine oder überwiegend beschönigende Aussagen machen. Im wesentlichen sind es deshalb verstreute Aktenstücke, zentrale Pläne und erhalten gebliebene »Abwehr«-Vorgänge der Stasi, die – ergänzt durch Ergebnisse westdeutscher Spionageprozesse – über das brisante Thema Aufschluß geben.

Allerdings gibt auch dieses beschränkte Quellenmaterial einen tiefen Einblick in Ziele, Methoden und Wirkungsweise der West-Arbeit des Staatssicherheitsdienstes. Deutlich wird nicht nur das Ausmaß der Unterwanderung, sondern auch die offensive Zielrichtung und das enge Zusammenspiel mit der Staatspartei der DDR, der SED. Unverkennbar ist der Auftrag des MfS, mit seinen spezifischen Mitteln der Politik der SED auch außerhalb der DDR zum Durchbruch zu verhelfen. Liest man die übriggebliebenen Unterlagen über die West-Arbeit des Staatssicherheitsdienstes, ist man noch im nachhinein erschrocken über die enormen Anstrengungen der Stasi, in diesem Sinne in der Bundesrepublik Einfluß zu nehmen.

Die Kollegiumssitzungen

Nachzulesen ist dies unter anderem in den Protokollen über die Zusammenkünfte des zentralen Führungsgremiums der Staatssicherheit, den sogenannten Kollegiumssitzungen. Unter Vorsitz Mielkes wurden dort regelmäßig die aktuellen Probleme und Vorhaben besprochen. Keineswegs ging es dabei nur um die Bekämpfung von echten oder vermeintlichen Gegnern im eigenen Land – die Stasi-Generale beschäftigten sich vielmehr auch laufend mit der Situation in Westdeutschland und den vordringlichen Aufgaben, die das MfS dort »erwartete«. Da selbst die inneren Probleme der DDR nur vom Klassenfeind verursacht sein konnten, stand der »Kampf gegen den Imperialismus« sogar meist im Zentrum aller Überlegungen, so daß es, wenn das Kollegium des MfS zusammentrat, streckenweise zuging wie in einem Schattenkabinett.

Regelmäßig aktiv wurde die Stasi beispielsweise, wenn in der Bundesrepublik Wahlen anstanden oder wenn es galt, eine vom Politbüro beschlossene politische Kampagne mit geheimdienstlichen Mitteln zu befördern. So begannen die Vorbereitungen für die Bundestagswahlen vom September 1957 im MfS dreizehn Monate vor dem Wahltag und damit womöglich eher als in den Wahlkampfzentralen der westdeutschen Parteien. Schon im August 1956 erließ Mielke jedenfalls eine Direktive zur »Erfassung aller operativen Möglichkeiten des MfS im Zusammenhang mit den Bundestagswahlen 1957«, die ein umfangreiches Maßnahmenpaket umfaßte. Um der »Partei- und Staatsführung mit Hilfe des Friedenslagers ein vielseitiges Einwirken auf die politische Entwicklung in Westdeutschland zu erleichtern«, verlangte Mielke darin eine exakte Aufklärung – das heißt Ausspionierung – aller mit der Vorbereitung der Wahlen zusammenhängenden Fragen. Geprüft werden sollten alle Möglichkeiten, »durch operative Maßnahmen zur Durchführung der politischen Linie der Partei in Westdeutschland beizutragen«. Unter dem Kennwort »Vorstoß« waren deshalb sämtliche Geheimen Mitarbeiter und Kontaktpersonen in Westdeutschland zu melden, die Informationen liefern oder Maßnahmen durchführen konnten, »welche geeignet sind, die Niederlage der Adenauer-Koalition zu begünstigen (Beschaffung kompromittierender oder anderer wertvoller Unterlagen, Vertiefung der inneren Widersprüche in der Koalition und deren Parteien usw.)«. Darüber hinaus sollte die »operative Basis« in Westdeutschland verstärkt werden – durch »zielstrebige Steuerung vorhandener geeigneter G[eheimer]M[itarbeiter] und K[ontakt]P[ersonen] in den Bundestag, in Partei- und Regierungsfunktionen« und durch die »Anwerbung von Personen, die Aussicht haben, in den neuen Bundestag gewählt bzw. bei Veränderungen der Regierung nach den Wahlen in einflußreiche Regierungsstellen und sonstige interessante Objekte eingestellt zu werden«. Das gesamte Ministerium wurde aufgefordert, Unterlagen und Hinweise zusammenzustellen, »welche für die Verwendung im Wahlkampf geeignet sind, um die Parteien der Bonner Regierungskoalition sowie deren führende Persönlichkeiten zu entlarven« oder deren innere Differenzen zu verschärfen. Zur Koordinierung der Aktion wurde ein »Einsatzstab« gebildet, zu dessen Leiter sich Mielke selbst ernannte.[11]

Ein gutes Jahr später zog die Führungsspitze der Staatssicherheit Bilanz. Unter Tagesordnungspunkt 6 beschäftigte sie sich am 19. September 1957 mit dem Ausgang der Bundestagswahlen und den »sich daraus ergebenden Aufgaben für das MfS«. Angesichts des überwältigenden Wahlsieges der Union, die die Zahl ihrer Mandate von 243 auf 270 steigern konnte und auf 50,2 Prozent der Stimmen kam, kann die Stimmung nicht gerade euphorisch gewesen sein. Markus Wolf machte die Unterstützung der CDU durch die Westmächte, die Kirche und das »Monopolkapital« sowie die »Gleichschaltung der öffentlichen Meinung« für das Debakel verantwortlich. Vor allem aber sei an diesem Ergebnis die SPD-Führung schuld, denn diese habe »alles unternommen, um zu verhindern, daß Fragen wie Sicherung des Friedens usw. in den Mittelpunkt gestellt werden«. Nur in wenigen Kreisen, etwa in Hamburg, habe es eine gute Zusammenarbeit zwischen Sozialdemokraten und Kommunisten gegeben. Für »Illusionen« über die Entwicklung in Westdeutschland gebe es nunmehr keinen Anlaß mehr. Allerdings sah er auch in Zukunft Ansatzpunkte für ein Einwirken von SED und Staatssicherheit: »Die Gegensätze im bürgerlichen Lager bleiben bestehen. In der Sozialdemokratischen Partei zeichnet sich schon eine starke Differenzierung ab«, wobei die Gefahr bestehe, daß sich die besten Kräfte aussondern. Eine starke Kraft gegen Adenauer sei vorhanden, und in Zukunft seien große soziale Kämpfe zu erwarten. Es komme darauf an, dieser Kraft die richtige Führung zu geben. Das alles beweise die Richtigkeit der Beschlüsse des 30. Plenums des ZK der SED und verlange die Durchführung einer verstärkten Arbeit in den feindlichen Zentren. »Die Hauptfrage bleibt der Kampf um die Positionen in der Arbeiterklasse in Westdeutschland.« Auch Mielke verlangte in der Sitzung in holprigem Kaderdeutsch von den Generalen, »mitzuhelfen an der Schaffung eines Blockes der linken Opposition« und »den Kampf um die Aktionseinheit aktiv zu unterstützen«. Da sich die »Untergrundbewegung« gegen die SED verstärken werde, sei es notwendig, »eine qualifizierte Aufklärung der Führung der SPD durchzuführen« und »festzustellen, wer sind die Auftraggeber«. Erforderlich sei das »Eindringen in die Abteilungen des Bonner Staatsapparates, die die feindlichen Pläne gegen das sozialistische Lager vorbereiten«. Für Westberlin müsse ein eigener Plan der konspirativen Einflußnahme erarbeitet werden.[12]

Im Herbst 1958 ging es um die Wahlen zum Berliner Abgeordnetenhaus, die für den 7. Dezember angesetzt waren. Anfang September standen außer einer Vorlage über die Sicherung der Staatsgrenze nur noch »die Maßnahmen zur Vorbereitung der Wahlen in Westberlin« auf der Tagesordnung des Kollegiums – die sogenannte Aktion »Klarheit«. Auch diesmal hatte man einen »Einsatzstab« gebildet, der vom stellvertretenden HVA-Chef Hans Fruck geleitet wurde. In der Sitzung erstattete er einen mündlichen Bericht über die Lage der Westberliner Parteien und »unsere Aufgaben zur Vorbereitung und Durchführung« der Wahlen. Anschließend erteilte Mielke Anweisungen, wie diese vom MfS beeinflußt werden sollten. »Durch unsere Arbeit«, so der Stasi-Chef, »soll mit erreicht werden, daß sich vor den Wählern die Fronten der Parteien richtig abzeichnen. Unsere Agenturen müssen wir darauf ausrichten, daß der revolutionäre Flügel der SPD gestärkt wird.« Die Wahlen dürften jedoch nicht zur »Preisgabe unserer Agentur führen«, sondern müßten im Gegenteil die Position des MfS noch verstärken. Der Einsatzstab sollte dazu mit den Leitern der »Linien« das entsprechende Material ausarbeiten.[13]

Wenig später legte die Abteilung V der HVA in einem dreizehnseitigen Papier dar, wie sie sich am Westberliner Wahlkampf »beteiligen« wollte.[14] Ziel der SED, so heißt es darin, sei es, »der Adenauer-CDU in Westberlin eine Niederlage zu bereiten, die Regierungskoalition CDU/SPD zu sprengen, die Bildung eines bürgerlichen Sammelblockes zu verhindern und die demagogischen und provokatorischen Vorschläge des Westberliner Senats zu entlarven«. Zu diesem Zweck listete der Plan neununddreißig Maßnahmen »zur Unterstützung des Wahlkampfes unserer Partei« auf.

Zur Vorbereitung sollten zunächst alle möglichen Unterlagen beschafft werden wie Wahlkampfrichtlinien, Informationen über Wahlkampfmethoden und interne Politikvorstellungen der Parteien. Darüber hinaus war die »Beschaffung zusätzlicher kompromittierender Materialien über die wichtigsten Kandidaten zur Ausnutzung im Wahlkampf« vorgesehen – namentlich über die Politiker Ernst Lemmer, Franz Amrehn, Willy Brandt, Joachim Lipschitz, Herbert Ohning, Rolf Schwedler und Carl-Hubert Schwennicke. Darüber hinaus sollten Vorschläge ausgearbeitet werden, wie die bereits vorhandenen Materialien und Informationen für »aktive Gegenmaßnahmen« genutzt werden könnten.

Die Stasi war zu diesem Zeitpunkt im Westteil Berlins ein durchaus virulenter politischer Faktor. Deutlich wird dies in ihren erfolgreichen Maßnahmen gegen den stellvertretenden Bundesvorsitzenden der FDP, Carl-Hubert Schwennicke. Dieser leitete von 1946 bis 1956 den Berliner Landesverband und führte die FDP zu Wahlerfolgen von über zwanzig Prozent.[15] Wegen seines SED-kritischen Kurses und seines Kampfes gegen die Gleichschaltung der

Liberalen in der DDR initiierte die Stasi Anfang der fünfziger Jahre eine regelrechte innerparteiliche Oppositionsgruppe gegen den populären FDP-Politiker. Dabei kam ihr zugute, daß die Bundespartei mit Thomas Dehler seit 1954 von einem Vorsitzenden geführt wurde, der, anders als Schwennicke, eine Verständigung mit der SED über eine mögliche Wiedervereinigung Deutschlands anstrebte.[16]

Im Auftrag des Staatssicherheitsdienstes schickte der aus Dresden in die Berliner FDP eingeschleuste Geheime Mitarbeiter (GM) Günter Hegewald Briefe an den Bundesvorsitzenden Thomas Dehler und weitere Parteifreunde, in denen er Schwennicke unterstellte, Dehler stürzen zu wollen. Ein GM »Albrecht« und ein GM »Letten«, die im Bezirksvorstand von Reinickendorf und Kreuzberg saßen, sollten »Flüsterparolen« in Umlauf bringen. In Berlin-Tempelhof agitierten die GM »Peter« und »Botone« gegen den Kurs des Landesvorsitzenden, in Neukölln der GM »Tulpe«. An Mitglieder und Funktionäre sandte die Stasi sogenannte Mitteilungsblätter, in denen verlangt wurde, daß Schwennicke aus der Partei austreten sollte. Vertrauliche Briefe und Unterlagen aus seiner Arbeit, die sich das MfS beschafft hatte, landeten bei führenden FDP-Mitgliedern, um die Auseinandersetzungen zwischen den Anhängern Dehlers und Schwennicke anzuheizen. In der DDR-Presse »entlarvte« Hegewald wenig später die Methoden des von Schwennicke initiierten Berliner Ostbüros der FDP. Schreiben des Parteivorsitzenden, die die Stasi bei einem Einbruch in Bonn gestohlen hatte, wurden im Faksimile veröffentlicht, um ihn zu kompromittieren. 1955 sandte ihm die Stasi sogar ein Sprengstoffpaket, das jedoch nicht ihn, sondern seine Sekretärin verletzte.

Als in Bonn im Februar 1956 die Koalition aus CDU/CSU und FDP zerbrach und die Adenauer unterstützenden FDP-Politiker wenig später die »Freie Volkspartei« (FVP) gründeten, schloß sich ihnen auch Schwennicke mit einem Drittel der Berliner Abgeordneten an – nun kämpfte die Stasi mit ihren Zersetzungsmethoden gegen die neue Partei. Zugleich versuchte man, die Fusion der FVP mit der Deutschen Partei (DP) und weiteren kleinen Parteien zu stören, etwa indem man in ihrem Namen massenhaft plumpe Bettelbriefe verschickte. In die FVP wurden die MfS-Mitarbeiter Werner Hähn (GM »Radeberg«), »Teddy« und »Geyer« eingeschleust, mit deren Hilfe die Stasi erneut eine innere Opposition organisierte.[17]

Auch der spätere Berliner CDU-Politiker und Vorsteher der Bezirksverordneten-Versammlung von Charlottenburg, Harald Müller, der seit 1956 als »Herbert Hildebrandt« für das MfS tätig war, erhielt den Auftrag, an der Gründungsveranstaltung teilzunehmen und engen Kontakt zur Parteiführung aufzunehmen. Im Februar 1957 wurde er dann instruiert, »Ziel seiner Arbeit«

müsse die »Zersetzung« von FVP und DP sein. »Bei allen Versammlungen und Diskussionen muß es Aufgabe des G[eheimen] I[nformators] sein, im geeigneten Moment Zwiespalt zu säen und den Gegensatz zur Führung zu vergrößern«. Dabei müsse er danach trachten, sich für ein halbes Jahr noch halten zu können, ohne ausgeschlossen zu werden.[18] Im März wurde er beauftragt, Beiträge für die sogenannten Holsten-Briefe zu schreiben. Dabei handelte es sich um fingierte Mitteilungsblätter, die von der Stasi im Namen einer fiktiven »Gruppe Holsten« verschickt wurden, um gegen Schwennicke Front zu machen. Später bescheinigte ihm die Stasi, daß er wesentlich dazu beigetragen habe, Schwennickes Partei in ihrer Arbeit zu hemmen.[19]

Zum Landesparteitag der FVP im April 1957 schickte die Stasi hundert Parteigegnern in der FDP gefälschte Einladungsschreiben; auch angebliche Rundschreiben des Landesverbandes wurden von ihr versandt. Zum 50. Geburtstag Schwennickes bestellte sie unter falschem Namen Speisen, Blumen und eine Musikkappelle und lud die Presse zur vermeintlichen »Party« ein. Zur Kompromittierung Schwennickes erhielten führende Westberliner Politiker Briefe zugestellt, aus denen hervorging, daß das von ihm initiierte Ostbüro der FDP die Berliner Parteien bespitzeln würde – im Abgeordnetenhaus strengte die SPD daraufhin eine Untersuchung an. Bereits im November 1957 resümierte die Stasi zufrieden, daß Schwennicke politisch »erledigt« sei.

Bei den Wahlen im Dezember 1958 wollte die Stasi das Schicksal von Schwennicke und seiner inzwischen in Freie Deutsche Volkspartei (FDV) umbenannten Partei besiegeln. Der Maßnahmeplan zur Aktion »Klarheit« sah dazu unter anderem vor, in Westberlin zu verbreiten, daß ihm Adenauer angeraten hätte, mit der FDP ein Bündnis einzugehen, um diese zu zersetzen und für eine Zusammenarbeit mit der CDU zu gewinnen. Bei einem Erfolg Schwennickes solle dieser ein Mandat als Bundestagsabgeordneter und eine Geldsumme aus Adenauers »Reptilien-Fonds« erhalten – »Material« über Vereinbarungen zwischen Adenauer und Schwennicke liege bei der HVA vor. Die wichtigsten Kandidaten von FDP, FDV und DP sollten durch die Lancierung weiterer »kompromittierender Materialien« in der Presse diskriminiert werden. In Parteiversammlungen sollten die Agenten des MfS gezielt »entsprechende Fragestellungen« aufwerfen. Zudem wollte man aus diesen Parteien »Redner« gewinnen, die öffentlich dazu aufriefen, »aufgrund der unsicheren politischen Lage in Westberlin […] der SED ihre Stimme zu geben« – auch der »Kauf eines bürgerlichen Kandidaten« wurde dazu erwogen.[20]

Ein ganzes Bündel von »Maßnahmen« richtete sich auch gegen die CDU. Um die Gegensätze in der Partei zu verschärfen, sollte ein vertrauliches Rundschreiben des CDU-Landesgeschäftsführers gefälscht, versandt und später als

»Faksimile« in der DDR-Presse veröffentlicht werden. Darin wollte man die CDU »hinsichtlich der aktiven Unterstützung der amerikanischen Aggressionspläne« bloßstellen. Durch einen anderen fingierten Brief an führende Berliner CDU-Politiker sollten »die Funktionäre gegenseitig ausgespielt […] und die Differenzen zwischen den Mitgliedern und Funktionären der CDU verstärkt werden.« Gegen den damaligen Bundesminister für gesamtdeutsche Fragen, Ernst Lemmer, sollte ein diskreditierender Presseartikel fertiggestellt und in der »SPD-Presse« veröffentlicht werden. Darüber hinaus war die »Anfertigung und Verschickung eines Protokolls« mit seiner Unterschrift vorgesehen, dem zufolge sein Ministerium der Deutschen Partei 10 000 DM Wahlkampfhilfe zur Verfügung gestellt haben sollte. Auch der »Versand von Drohbriefen an Kandidaten der CDU« sowie »Druck und Verteilung von Flugblättern mit diffamierendem Lebenslauf der CDU-Kandidaten« standen auf dem Programm. Im Namen der CDU sollten 5000 Flugblätter verteilt werden, »Inhalt: Verleumdung und Beschimpfung der anderen am Wahlkampf beteiligten Parteien, insbesondere der SPD«.[21]

Diese sollte mit ähnlichen Methoden überzogen werden, um die »Entlarvung der verräterischen Politik der rechten SPD-Führer in Westberlin und deren Isolierung von den Mitgliedern der SPD« zu erreichen. Auch hier sollten Spitzel des MfS in SPD, DGB und ihnen nahestehenden Organisationen die von der HVA lancierten Fragestellungen auf Versammlungen und in Gesprächen zur Sprache zu bringen.[22] Insbesondere der Regierende Bürgermeister Willy Brandt stand im Kreuzfeuer der Staatssicherheit. Zu seiner Herabwürdigung veranlaßte HVA-Chef Wolf im März 1959 sogar die Verhaftung eines Leipziger Bekannten, der zu Erklärungen über angebliche frühere Gestapo-Verbindungen Willy Brandts erpreßt werden sollte. Tatsächlich gelang es dem MfS, »durch die Untersuchungen […] eine Reihe kompromittierender Tatsachen über den Regierenden Bürgermeister von West-Berlin« in Erfahrung zu bringen, »die zur publizistisch-agitatorischen Auswertung geeignet« schienen. Erich Mielke bestätigte deshalb im September 1959 den Vorschlag, »die über Willy Brandt bekanntgewordenen Tatsachen propagandistisch auszuwerten« und den Betroffenen, Georg Angerer, anschließend »in Gegenwart des Genossen Hauptmann Müller von der HV A« unter gleichzeitiger Verpflichtung zur Verschwiegenheit aus der Haft zu entlassen.[23]

Im November 1958 verhandelte die Stasi-Generalität erneut über die »politisch-operativen Aufgaben«, die dem MfS aus den Wahlen in Westberlin erwachsen würden. Bevor man sich dem Problem der »Brände und Havarien« in der DDR zuwandte, gab Fruck eine weitere »Einschätzung der Lage in Westberlin«. Anschließend beriet man über den vorliegenden Maßnahmenkatalog, zu dem auch andere Abteilungen mit eigenen Vorschlägen beigetragen haben dürften und für dessen Umsetzung der Leiter des Einsatzstabes Sorge tragen sollte – ab sofort hatte er dem »Genossen Minister« jeden zweiten Tag Bericht zu erstatten. »Die politischen Zwiespälte«, heißt es im schönsten Stasi-Deutsch, »sind weiter zu vergrößern. Alle Kräfte, die gegen den Atomkrieg, für Frieden und Wiedervereinigung sind, sind zu stärken. Neben den nationalen bürgerlichen Kräften sind die Stimmen bekannter Funktionäre der Arbeiterklasse populär zu machen.« Durch alle »Linien« der Staatssicherheit sei die Arbeit in den Westberliner Betrieben zu »aktivieren«.[24]

Die Ergebnisse der Wahlen waren für das MfS ambivalent. Carl-Hubert Schwennickes FDV erreichte nur noch 0,7 Prozent der Stimmen; die FDP kam mit 4,5 Prozent nicht mehr ins Abgeordnetenhaus. Doch auch die SED erreichte trotz nachrichtendienstlicher Schützenhilfe lediglich 1,9 Prozent. Verwundern kann dies freilich nicht, denn die Sowjetunion hatte nur wenige Tage vor dem Wahltermin ultimativ die Umwandlung Westberlins in eine entmilitarisierte Freistadt als »selbständige politische Einheit« im sowjetischen Lager verlangt, die sich dazu verpflichten sollte, »keine feindselige, subversive Tätigkeit gegen die DDR« zu dulden – der Auftakt zur sogenannten Berlin-Krise.[25] Die Darlegungen, mit denen Generalmajor Fruck zehn Tage später den Verlauf der Aktion einschätzte, sind der Nachwelt leider nicht überliefert. Das Kollegium beschloß jedoch, die Aktion »Klarheit« auch nach den Wahlen »offensiv« fortzusetzen. Auf allen »Linien« seien erneut Pläne für politisch-operative Maßnahmen gegen die Inselstadt auszuarbeiten, die der bestehende Einsatzstab zusammenfassen und koordinieren sollte. Darüber hinaus sollte ein Maßnahmeplan gegen Westdeutschland ausgearbeitet werden, »der die Durchführung der Aufgaben der Partei und Regierung im Rahmen der großen Offensive nach dem Westen sichert und unterstützt«.[26]

Kampf gegen die Westintegration

Was sich dahinter verbarg, ist nur zu erahnen, denn dieser Plan ist, wie so vieles andere, nicht überliefert. Allerdings bemühte sich das östliche Lager zu dieser Zeit mit Nachdruck, in letzter Minute die Westintegration der Bundesrepublik zu verhindern. Im Januar 1959 legte die Sowjetunion dazu den Entwurf eines Friedensvertrages vor, der auf der völkerrechtlichen Anerkennung der deutschen Teilung basierte und ein neutralisiertes, entmilitarisiertes Gebiet in den bestehenden Grenzen vorsah. Die SPD griff diese Vorstellungen auf, indem sie zwei Monate später in einem »Deutschlandplan« die Bildung einer

Gesamtdeutschen Konferenz vorschlug, die paritätisch durch beide deutschen Regierungen bestückt werden sollte – als Beginn einer stufenweisen Wiedervereinigung. Im Sommer 1959 verhandelten die vier Siegermächte dann in Genf über eine Lösung der Berlin-Frage und den Abschluß eines Friedensvertrages, ohne dabei zu einer Einigung zu kommen. Im Mai 1960 wollte man aber in Paris erneut über den zukünftigen Status von Deutschland und seiner geteilten Hauptstadt Berlin beraten.

In dieser Situation legte die SED im April 1960 einen sogenannten Deutschlandplan des Volkes vor, mit dem sie noch einmal versuchte, die Einbindung der Bundesrepublik in das westliche Lager aufzuhalten – ein überwiegend propagandistisches Unternehmen, mit dessen Hilfe in erster Linie der Widerstand gegen die Politik der Adenauer-Regierung forciert werden sollte. »Sozialdemokratische, christliche und parteilose Arbeiter, ehrliche Patrioten in Stadt und Land«, aber auch »fortschrittliche Unternehmer« wurden in dem vom Zentralkomitee der SED ausgearbeiteten Plan aufgefordert, den »westdeutschen Militarismus zu beseitigen und so die Voraussetzung für eine Konföderation beider deutscher Staaten zu schaffen«.[27]

Bei der Popularisierung des Planes kam wiederum das MfS zum Zuge. Überliefert ist ein dreizehnseitiger Entwurf über Vorschläge und Maßnahmen zur »Beeinflussung westdeutscher und Westberliner Bevölkerungsschichten«, den die HVA Anfang Mai 1960 vorlegte.[28] Über die sogenannten legalen Residenturen, die die HVA beim Nationalrat der Nationalen Front, beim Friedensrat, beim Ausschuß für deutsche Einheit und bei den Blockparteien unterhielt, sollte der Plan an Gruppierungen, Presseorgane und Einzelpersonen in Westdeutschland verschickt werden. Als ansprechbar betrachtete man unter anderem den »Bund Freier Wähler«, die »Aktion 61«, den »Bund der Deutschen«, die »Außerparlamentarische Opposition«, die »Gesamtdeutsche Arbeitsgemeinschaft« und den »Kampfbund gegen Atomtod«. Die Gruppen sollten aufgefordert werden, den Plan in den ihnen zugänglichen Presseorganen zu veröffentlichen und »gegen Adenauer aktiver aufzutreten«.

Durch »Ausnutzung von Kontakten des MfS« sollten überdies in diverse westdeutsche Presseorgane positive Artikel zum Deutschlandplan der SED lanciert werden. Stellungnahmen bekannter Persönlichkeiten waren beispielsweise im *Berliner Blatt* (Gesamtdeutsche Union/West-Berlin), im *Freiheitsboten* (Niemöller-Gruppe/Marburg) und in der *Deutschen Stimme* (Deutscher Saarbund e.V. – Volksbund für die Wiedervereinigung Deutschlands) vorgesehen. Konkrete »Anregungen« zur Behandlung des Themas sollten Zeitungen wie der *Hamburger Presse*, der *Deutschen Woche*, der *Hannoverschen Presse*, dem *Hamburger Echo* sowie dem *Vorwärts* gegeben werden. In das FDP-Organ *Das freie Wort* wollte man Artikel lancieren, in denen »unter Ausnutzung einer Biografie Adenauers seine separatistische Vergangenheit und sein Festhalten an der Politik der Stärke« angeprangert werden sollten. »Handelskreise interessierende Fragen aus dem Deutschlandplan des Volkes«, so heißt es weiter, »werden als Artikel in dem in München erscheinenden Pressedienst DiBeWe untergebracht und in 1000 Exemplaren an westdeutsche Handels- und Wirtschaftskreise gesandt«. Auch in die Wirtschaftsblätter *Industriekurier* und *Deusche Information* wollte die Stasi ihre Adenauer-kritischen Artikel lancieren.

Einen dritten Schwerpunkt stellten »Maßnahmen zur Beeinflussung von SPD- und DGB-Kreisen« dar. Hier wollte man sich vor allem auf den alten Deutschlandplan der SPD berufen, der von der Partei inzwischen weitgehend ad acta gelegt worden war. Das MfS lieferte dazu einen ganzen Strauß politischer Argumente und listete die Zielgruppen der vorgesehenen Einflußnahme genau auf. Die »Maßnahmen« sollten sich danach auf eine Gruppe von Bundestagsabgeordneten um Carlo Schmid konzentrieren, die in der Frage des Deutschlandplanes der Sozialdemokraten eine andere Position vertraten als Herbert Wehner und Karl Mommer.[29] Daneben zielte man auf Funktionäre der Falken, der Jungsozialisten, der Naturfreundejugend und des SDS, besonders in Hamburg, Mittelrhein und Hessen-Süd. Schließlich erhoffte man sich Zuspruch aus den Jugendausschüssen der Gewerkschaften, von Mitgliedern der Studienkommission der IG Druck und Papier sowie von Funktionären der IG Metall, die in Fragen der atomaren Aufrüstung »zugänglich« seien. Um in diesen Kreisen Wirkung zu erzielen, sollten geheime Stasi-Mitarbeiter in SPD und DGB öffentlich für den Deutschlandplan der SPD eintreten und mit Hilfe von »Materialien« des MfS die Gemeinsamkeiten beider Pläne herausstellen. Mit gleicher Intention sollten sich führende Politiker aus sozialistischen Parteien anderer Länder in Briefen an die SPD wenden. Leserzuschriften an SPD- und gewerkschaftsnahe Zeitungen wie *Frankfurter Rundschau*, *Hamburger Echo* oder die einzelnen Gewerkschaftsblätter sollten ebenso organisiert werden, wie man in oppositionelle SPD- und DGB-Kreise interne Informationen über Differenzen in der SPD-Spitze zum Deutschlandplan und über die »Zusammenarbeit rechter SPD- und DGB-Führer mit dem Kriegsministerium« lancieren wollte.

Auch auf die bürgerlichen Parteien und Wirtschaftskreise wollte die Stasi einwirken. Bei letzteren orientierte man sich vor allem auf die »verständigungsbereiten Kreise« in Konzernen wie Krupp, Klöckner und der Firma Otto Wolff sowie auf norddeutsche Politiker und Unternehmer, die der sogenannten Hallstein-Doktrin kritisch gegenüberstanden, weil sie negative Auswirkungen auf die Seewirtschaft befürchteten. Vorgesehen war unter anderem die »Vorbereitung und Lancierung einer Art Grundlagenmaterial des Bundeskanzleramtes« für die Besprechungen des sogenannten Regierungsausschusses, das die damaligen Vorschläge des Bundeswirtschaftsministeriums ablehnen und in das »persönliche Spitzen gegen [Wirtschaftsminister] Erhard eingefügt« werden sollten. Zudem sollten die Gegensätze zwischen Regierung und Teilen der westdeutschen Stahlindustrie ausgenutzt und die Bestrebungen zur Bildung eines Stahlrates unterstützt werden. Über die »Ruinierung des Mittelstandes« und das »Bauernlegen in Westdeutschland« sollte Beispielmaterial beschafft und in den Westen lanciert werden. In der CDU wollte man sich ebenfalls die bestehenden internen Differenzen zunutze machen, etwa zwischen Adenauer und Gerstenmaier in der Frage des Deutschlandplanes der SPD. Hier wollte man an Kritiker der atomaren Aufrüstung »herantreten«, die Unzufriedenheit in den Sozialausschüssen mit der Sozialpolitik der Union ausnutzen und an Äußerungen Kiesingers über eine friedliche Koexistenz von Kommunisten und Christen anknüpfen. Geplant war außerdem die »Fortsetzung der Oberländer-Kampagne gegen die ausgesprochenen Naziführer, Wirtschaftsführer und Militaristen im Bonner Staatsapparat unter Ausnutzung der Unzufriedenheit breiter CDU/CSU-Kreise über den autoritäten Kurs des Monopolflügels in der CDU, in Staat und Partei (Ausnutzung vor allem von kompromittierenden Materialien gegen Globke, Seebohm u. a.)«.

Tatsächlich schien vielen in der Bundesrepublik die Teilung Deutschlands, fünfzehn Jahre nach Kriegsende, noch nicht endgültig zu sein – schon gar nicht akzeptabel. Im linken wie im rechten Spektrum gab es neutralistische Stimmungen, die sich die SED – unabhängig von den politischen Vorzeichen – zunutze zu machen suchte. Die Mehrheit der westdeutschen Bevölkerung war allerdings der Meinung, daß die Einbindung der Bundesrepublik in das westliche Bündnissystem dem unwägbaren Experiment einer »Neutralisierung« Deutschlands vorzuziehen sei. Auch die zahllosen Maßnahmen von SED und MfS konnten diese Stimmung nicht umdrehen. In einem aufsehenerregenden Interview hatte der Philosoph Karl Jaspers im März 1960 erstmals offen ausgesprochen, daß Freiheit wichtiger als Einheit sei. Und nach dem Scheitern der Pariser Gipfelkonferenz bekannte sich auch die SPD im Juni 1960 mit einer Rede Herbert Wehners im Deutschen Bundestag zu den von der Adenauer-Regierung eingegangenen Bündnisverpflichtungen – was den Deutschlandplan der SED zur Makulatur werden ließ und von dieser noch jahrelang als »Verrat« der SPD-Führung gebrandmarkt wurde.[30]

Unter diesen Vorzeichen bereitete sich das MfS 1961 erneut auf Wahlen zum Deutschen Bundestag vor, die für September vorgesehen waren. Auf einer

Kollegiumssitzung im Januar rügte HVA-Chef Wolf in diesem Zusammenhang, daß es bei der Ausforschung der CDU »noch Schwächen« gebe, die überwunden werden müßten. Auch bei dieser Partei böten die internen politischen Differenzen Ansatzpunkte für die SED. Entsprechend den Ausführungen Ulbrichts auf dem 9. Plenum des ZK der SED müßten »operative Anweisungen zur Aufklärung der konkreten Lage [in] den wichtigsten Wahlkreisen gegeben werden«. Der Widerstand gegen die neue Linie der »rechten« SPD-Führung nach den Parteitagen von Bad Godesberg und Hannover reiche bis in den Parteivorstand, wobei er namentlich Gustav Heinemann anführte. Konkret verlangte Wolf: »Während des Wahlkampfes sind alle Möglichkeiten zur Entlarvung der Träger des Bonner Staates, ihrer Verflechtung mit den Monopolen, der verräterischen Rolle der rechten SPD- und DGB-Führer zu nutzen und dazu alle Kandidaten operativ zu überprüfen. Die Differenzen zwischen diesen Kräften sind zu nutzen und alle Möglichkeiten zur Unterstützung oppositioneller Kräfte auszunutzen.« Der Arbeitsplan der HVA – der nicht überliefert ist – sehe »Maßnahmen vor, wie die fortschrittlichen Kräfte in der SPD und im DGB unterstützt werden können«. Er enthalte auch »eine Reihe von Maßnahmen zur Unterstützung des Kampfes um die Beseitigung der anormalen Lage in Westberlin [vor dem Mauerbau], zur Bekämpfung der revanchistischen und militaristischen Organisationen, zur Zersetzung der Bundeswehr und anderer NATO-Streitkräfte sowie zur Bekämpfung der Tätigkeit auf dem Gebiet der psychologischen Kriegsführung und ideologischen Diversion«. Durch seine »Möglichkeiten« könne das MfS wesentlich zur Unterstützung der Politik der SED beitragen.[31]

In diesem Zusammenhang erwähnte Wolf eine Tagung der IG Metall in Westberlin, die gezeigt habe, »wie auch wir Einfluß nehmen können«; im Laufe des Jahres seien weitere Gewerkschaftstagungen in Westberlin vorgesehen. Tatsächlich hatte im Oktober 1960 ein Gewerkschaftstag der Metallarbeiter für Schlagzeilen gesorgt, bei dem weitreichende Beschlüsse gegen die atomare Aufrüstung und die Notstandsgesetze gefaßt wurden. Die »Kampfbeschlüsse« wurden in einer internen Analyse der Gewerkschaftskommission der illegalen KPD so bewertet: »Hier bekannte sich die stärkste Gewerkschaftsorganisation in der Bundesrepublik zu einer Politik, die wesentliche Parallelen zu der Politik aufweist, die wir im Hinblick auf die notwendige Wende in der Bundesrepublik vertreten. Das heißt, hier ist eine starke Kraft innerhalb der Arbeiterklasse aufgetreten, die für die Sammlung aller Kräfte, die wir erstreben, gewonnen werden kann und muß«.[32]

Im Juni 1961 referierte Markus Wolf ein weiteres Mal über die Lage in der SPD, von der er behauptete, daß sie keine andere Politik als Adenauer wolle. »Die Linie der rechten SPD-Führung beinhaltet keinerlei Auseinandersetzung mit der CDU.« Nach ihrer »Kapitulation« – gemeint war das Bekenntnis Herbert Wehners zur Westintegration der Bundesrepublik und zu einem entsprechenden Verteidigungsbeitrag – habe sie sich die aggressiven militaristischen Forderungen zu eigen gemacht, identifiziere sich mit dem Bonner Staat und wolle die gegenwärtige CDU-Politik nicht ändern, sondern besser machen. Deshalb sei jeder Schlag gegen den Bonner Staat ein Schlag gegen die rechte SPD-Führung. »Unsere operative Arbeit muß sich gegen diese Entwicklung richten und im Zusammenhang mit den Bundestagswahlen auf die Schaffung einer echten Opposition orientieren. [...] Es muß alles getan werden, was der Auseinandersetzung und der Verstärkung der Differenzen dient. Die oppositionellen Kräfte sind zu verstärken und zu veranlassen, daß sie ihre Führer zu Auseinandersetzungen zwingen.« Das alternative »Regierungsprogramm« von Willy Brandt und die konkrete Zusammenarbeit von Wehner mit den »Ultras« sollten entlarvt, die gegen Adenauer gerichteten Forderungen der »fortschrittlichen« Gewerkschafter hingegen unterstützt werden. Gegen die »verbrecherische Arbeit« des Ostbüros der SPD wollte man eine »Massenstimmung« erzeugen, indem die »operativen« Maßnahmen durch »politische« unterstützt würden. »Aus diesen allgemeinen Schlußfolgerungen«, so Wolf, »ergeben sich viele konkrete Maßnahmen, die genau zu bedenken und vor ihrer Durchführung mit der Leitung der Hauptverwaltung A bzw. mit der Leitung des Ministeriums abzusprechen sind.«[33]

Nach dem Mauerbau

Nach der Abriegelung der Grenzen durch den Mauerbau änderte sich die Zielrichtung von SED und MfS im Westen: An die Stelle der taktisch bedingten gesamtdeutschen Orientierung trat nun die Forderung nach völkerrechtlicher Anerkennung der DDR und die Bekämpfung des Alleinvertretungsanspruches der Bundesrepublik – mit wachsendem Erfolg. Im Dezember 1961 instruierte Mielke seine Leitungskader, daß die Hauptaufgabe nunmehr in der »Bekämpfung des kalten Krieges« und der Förderung der Verhandlungsbereitschaft westlicher Politiker liege. Vor den Leitern stehe die Aufgabe, »so operativ zu führen, daß die Kader auf diese Hauptaufgabe konzentriert werden«. Die Probleme müßten an die Menschen in Westdeutschland herangetragen, die »positiven« Kräfte gestärkt, die »Ultras und ihre Lakaien« zersetzt werden. »Wir müssen eine scharfe Auseinandersetzung zwischen den verhandlungsbereiten Kräften und den Kräften, die an der alten Position festhalten, herbeiführen.«[34] Größere Mithilfe bei der Durchführung von »aktiven Maßnahmen zur

Entlarvung des Charakters des Bonner Staates, seiner Kriegsvorbereitungen und antinationalen Politik« sowie ein verstärktes »Eindringen in die politischen, wirtschaftlichen und militärischen Zentren und Führungsgremien des Gegners« verlangte wenig später auch die Sicherheitsabteilung des SED-Zentralkomitees nach einer Überprüfung der HVA-Arbeit.[35]

Die machtpolitischen Fakten und die Zeit arbeiteten für die SED. In allen Parteien, besonders aber in der SPD, wuchs die Zahl derer, die bereit waren, mit der DDR offizielle Verhandlungen aufzunehmen. Ende 1963 ließ Willy Brandt als Regierender Bürgermeister von Berlin mit der ostdeutschen Regierung ein Passierscheinabkommen aushandeln, das nach mehr als zwei Jahren der Trennung erstmals wieder Besuche von West nach Ost ermöglichte – praktisch aber auch die DDR und ihre Vorstellung von einem eigenständigen Westberlin anerkannte. Die Sozialdemokraten entwickelten ihre Konzeption einer neuen Ostpolitik, die, wie Egon Bahr 1963 formulierte, einen »Wandel durch Annäherung« anstrebte.

Zwei Monate vor den Bundestagswahlen im September 1965 ordnete Mielke auf einer Sitzung des Kollegiums an, »alle Kräfte gegen die Erhard-Regierung und ihre revanchistische Politik [...] zu mobilisieren«. Demoskopische Umfragen hatten seinerzeit ein Kopf-an-Kopf-Rennen der beiden Volksparteien prognostiziert. Ausdrücklich verlangte der Stasi-Chef, daß »keine Maßnahmen gegen die SPD oder einzelne prominente Personen aus der Führung der SPD durchzuführen« seien. Sein Stellvertreter Markus Wolf teilte mit, daß hinsichtlich der Wahlen »entsprechende Maßnahmepläne vorbereitet« seien. Zur aktiven Bekämpfung der Hallstein-Doktrin – also die nach dem Bonner Staatssekretär Walther Hallstein benannte Praxis, keine politischen Beziehungen zu Staaten zu unterhalten, die diplomatische Beziehungen mit der DDR aufnehmen – würden ebenfalls entsprechende Maßnahmen durchgeführt.[36]

Stasi-Unterlagen zeigen, daß auch die Sozialdemokraten ein taktisches Bündnis mit der SED befürworteten. Führende SPD-Politiker wie Egon Bahr und Dietrich Spangenberg machten ihr Mitte der sechziger Jahre über geheime Kanäle immer wieder Angebote für ein pragmatisches Arrangement, das der DDR die Anerkennung und der SPD den Wahlerfolg sichern sollte. Brandt, so berichtete beispielsweise 1965 ein SPD-Abgesandter nach Ostberlin, sei »nach wie vor dafür, die Kontakte zu vertiefen, das Mißtrauen abzubauen und die Atmosphäre zu entgiften. Eine Zusammenarbeit mit uns gegen CSU und CDU im Hinblick auf den Wahlkampf sei nach wie vor für die SPD nützlich.«[37] Tatsächlich konnte die SPD bei den Wahlen ihr Ergebnis um mehr als drei Prozent verbessern, doch Sieger blieben mit über siebenundvierzig Prozent der Stimmen auch dieses Mal die Unionsparteien.

Als »Prüfstein« für das neue Miteinander von SED und SPD, das im Sommer 1966 zu einem offiziellen »Redneraustausch« führen sollte, betrachteten die Sozialdemokraten die neuerlichen Passierscheinverhandlungen für Ostern 1966, die, so signalisierte man streng vertraulich nach Ostberlin, »diesmal kurz und bündig« ausfallen sollten. Nur so könne »die Fortsetzung der Brandt-Politik und der neuerlichen Siege der SPD zu den Landtagswahlen am 12. 3. 1966 in Berlin gesichert werden.«[38] Noch deutlicher wurde der damalige Chef der Berliner Senatskanzlei, Dietrich Spangenberg, der der SED über seinen Kontaktmann Hermann von Berg im Mai 1966 mitteilte: »Er, Spangenberg, sei sehr dafür, die CDU an die Wand zu quetschen – jawohl, auch mit Hilfe der SED. [...] Ihnen sei klar, es gibt nur den Weg zur Konföderation [mit der DDR]«.[39]

Der Fall Hermann von Berg

Von Berg galt seinerzeit bei den Sozialdemokraten als wichtigster »Kanal« zu den verhandlungsbereiten Kräften in der SED – in Wahrheit arbeitete er den Akten zufolge seit 1962 als IM »Günther« für die HVA. Nur dem Umstand, daß ihn die Stasi Ende der siebziger Jahre verdächtigte, Autor des sogenannten *Spiegel*-Manifestes gewesen zu sein, ist es zu verdanken, daß Teile seiner IM-Akte im Sonderoperativ-Vorgang »Tal« erhalten geblieben sind.[40] Die dort überlieferten Dokumente bilden nicht nur ein seltenes Fundstück aus der »operativen« Arbeit der HVA, sondern werfen auch ein grelles Schlaglicht auf die Anfänge der Entspannungspolitik und die Rolle des Staatssicherheitsdienstes.[41]

Geführt wurde Hermann von Berg von der für Desinformation zuständigen HVA-Abteilung X. Über den »nachrichtendienstlichen Werdegang« ihres IM schrieb sie 1978, daß er 1959 von der »Abwehr« angeworben worden sei, um die »gesamtdeutsche Arbeit« der Karl-Marx-Universität Leipzig, insbesondere die Verbindung zu Studenten des sogenannten Göttinger Kreises, »unter Kontrolle zu nehmen«. Im Auftrag des MfS, so der Bericht, habe sich »Günther« seinerzeit zu einer »kritischen (liberalen) Haltung« gegenüber der DDR bekannt und die Absicht geäußert, in die Bundesrepublik überzusiedeln – fortan haftete ihm im Westen das Image eines heimlichen Dissidenten an. Mit diesem besonderen »touch« wollte ihn die Staatssicherheit eigentlich in die Bundesrepublik »absetzen«, doch weil er höheren Genossen davon berichtet hatte, machte sie einen Rückzieher.[42]

Mit der Aufnahme seiner Tätigkeit im Presseamt beim Ministerpräsidenten 1962, so wird in den von Wolf redigierten »Bemerkungen« der Abteilung X weiter ausgeführt, »erfuhren seine operativen Möglichkeiten eine Erweiterung durch den beruflichen Umgang besonders mit westdeutschen Journalisten«.[43] Hermann von Berg wechselte zur HVA, mit deren Hilfe er bald zu einer schillernden Schlüsselfigur in den deutsch-deutschen Beziehungen wurde. Mit Zustimmung der Parteispitze agierte er ab Mitte der sechziger Jahre als Bote für vertrauliche Briefwechsel zwischen Spitzenpolitikern beider deutscher Staaten, namentlich zwischen Ulbricht, Stoph, Kiesinger und Brandt. Seine Stelldicheins in Bonn, mit Diplomatenpaß und (MfS-)eigener Tatra-Limousine, führten dazu, daß er die Aufmerksamkeit höchster politischer Kreise in Westdeutschland gewann. Enge Beziehungen pflegte er darüber hinaus zu einer Reihe von Journalisten, besonders zu Klaus Ellrodt und Dettmar Cramer, die als »Verbindungsleute« zur Bonner SPD-Spitze fungierten.

Die westdeutschen Sozialdemokraten suchten seinerzeit fieberhaft nach einem direkten Draht zur SED-Führung. Als Willy Brandt nach Bildung der Großen Koalition im Dezember 1966 das Außenministerium übernahm, wurden die SPD-Avancen noch drängender. Wie der IM »Günther« berichtete, bat Brandt im März 1967 seinen Planungschef Egon Bahr, »über den Berichterstatter dem Regierungs- und Staatschef auszurichten, daß die Bundesregierung inoffiziell auf der bisherigen Basis (gemeint sind die Briefübergaben und die Informationsgespräche mit Spangenberg und Bahr, besonders auch das Gespräch mit Bahr in Dortmund anl[äßlich] des SPD-Parteitages) eine Skala von Gesprächswünschen und konkreten Angeboten habe«. Leider fehle es der Bundesregierung an einem zuverlässigen Gesprächspartner aus der DDR, mit dem sie diese zunächst notwendigerweise streng vertraulichen Gespräche führen könne.[44]

Herrmann von Berg schien den Sozialdemokraten der richtige Mann zu sein. Im Gegensatz zu anderen SED-Funktionären beeindruckte er seine westdeutschen Gesrächspartner mit seiner, wie es die Stasi nannte, »unkonventionellen Art«, »Schlagfertigkeit« und einer »spritzigen, ironischen Art der Gesprächsführung«.[45] Bald hatten sie sich fest in den Köder der Staatssicherheit verbissen. Zur Festigung seiner Position entwickelte das MfS die Legende, von Berg sei ein Vertrauter des DDR-Ministerpräsidenten Stoph, der wiederum eine liberale Fraktion innerhalb der SED-Spitze anführe – beim Treffen zwischen Brandt und Stoph 1970 in Kassel begrüßte ihn letzterer mit demonstrativer Herzlichkeit.[46] Von Berg galt in der SPD als so bedeutend, daß ihn Willy Brandt auf der Fahrt nach Erfurt sogar in seinem Salonwagen empfing und dem DDR-Ministerpräsidenten anschließend unter vier Augen den Vorschlag machte, den IM künftig mit der Wahrnehmung »interner Kontakte« zwischen den beiden Regierungschef zu betrauen.[47] Vom Westen bedrängt, vom MfS gestützt und von Stoph gedeckt, wurde von Berg zum wichtigsten Ansprechpartner diskreter Fühlungnahmen – die alle direkt ins MfS führten und erst von dort aus über Wolf oder Mielke an die SED-Spitze weitergeleitet wurden.

Den Berichten von Bergs zufolge warfen sich die Sozialdemokraten der SED geradezu an die Brust – erst recht nach ihrem Eintritt in die Regierung. »Jetzt habe die SPD durch ihre Regierungsbeteiligung Einblick in Materialien, an die sie sonst nie herankam«, zitierte von Berg seine westdeutschen Gesprächspartner im März 1967, »jetzt könne man schon Absprachen mit Bahr treffen, wie man sich international weniger oder gar nicht in die Quere komme. Sie beide meinten, sie bieten uns Informationen auf goldenem Tablett und wir spielten ›toten Käfer‹, würden uns nicht rühren. Sie könnten natürlich nicht zu lange warten, sie brauchten auch Erfolg für ihre Chefs Brandt und Albertz. [...] Wir könnten miteinander gegen gewisse Leute in der SPD, auf alle Fälle gegen die Strauß-Anhänger, kooperieren.«[48]

Nicht ohne Stolz behauptet Markus Wolf in seinen »Erinnerungen«, »daß die Vorbereitungen der Entspannungspolitik über meinen Dienst gelaufen waren«. Im Rückblick glaube er sagen zu dürfen, daß »Informationen und Kontakte meines Dienstes die Entspannungspolitik auf spezifische Weise unterstützt haben«.[49] In Wahrheit hielten er und der Staatssicherheitsdienst die Ostpolitik in dieser Zeit für einen besonders gefährlichen Versuch des »Gegners«, die DDR und das sozialistische Lager »aufzuweichen«. Bedeutende Vorstellungen der SPD-Führer, besonders Wehners und Brandts, zum Kampf gegen die DDR, so erklärte Mielke im Februar 1967 vor der Parteiorganisation der HVA, seien nun »zu einem festen Bestandteil der offiziellen Bonner Regierungspolitik und Feindtätigkeit gegen die DDR geworden«. Während die Vertreter der CDU/CSU »doch zu einem gewissen Teil öffentlich stark kompromittiert« seien, verstünden es die »rechten« SPD-Führer und Minister »sehr gut, ihre wirklichen Absichten demagogisch zu tarnen«. Um so wichtiger sei es, »stärker in solche Gremien in Westdeutschland einzudringen, in denen die Politik Bonns gegen die DDR beschlossen bzw. beraten wird«.[50] Auch Markus Wolf hob ein Jahr später, nach dem Nürnberger Parteitag der SPD, vor der versammelten MfS-Führung hervor, »daß die Reden der sozialdemokratischen Führer auf dem Parteitag [...] eine klare Beurteilung insbesondere in der Beziehung verlangen, daß die Methoden des Feindes richtig erkannt werden und keine Illusionen hinsichtlich der Gefährlichkeit der Bonner Politik bestehen dürfen«.[51]

Gleichwohl unterstützte die Stasi bei den nächsten Wahlen erneut die Gegner der Union. In einem Bericht vom März 1969 teilte Wolf seinem Minister unter anderem mit, daß man für eine Publikation gegen die Fortsetzung der Großen Koalition »Material gesammelt und zusammengestellt, Sondierungs-

und Kontaktgespräche geführt, Abgeordnete und Funktionäre um schriftliche Stellungnahme ersucht« habe. Die Rohfassung der Publikation liege bereits vor. Über die Vorbereitung der Wahlen durch einige linke und rechte Gruppen sei eine umfangreiche Übersicht erstellt worden. »Die Abteilung X arbeitete zusätzlich an politisch-operativen Maßnahmen gegen Kiesinger. Der 1. Entwurf der Kiesinger-Dokumentation liegt vor. [...] Die Materialsichtung und -zusammenstellung zu der in Frankreich geplanten Buchausgabe ›Das 4. Reich‹ wurde abgeschlossen. In der schwedischen und holländischen Presse konnten kompromittierende Artikel über Kiesinger veröffentlicht werden.«[52] Derartige »aktive Maßnahmen« zur Kompromittierung führender CDU-Politiker gehörten in den sechziger Jahren zum Standardrepertoire der Stasi.

Die Instruktionen, die von Berg in dieser Zeit bekam, zeigen, wie ängstlich die HVA darauf bedacht war, daß es durch ihn zu keinerlei Störungen der »großen« Politik kam. Der HVA-Chef wollte mit seinem als Verhandlungsführer maskierten IM »Günther« zwar hautnah in der hohen Politik dabei sein, doch Einfluß nehmen oder gar Entscheidungen fällen durfte Wolf nicht. Vom MfS war von Berg lediglich »autorisiert«, seine Gesprächspartner anzuhören, nicht aber, irgendwelche Stellungnahmen abzugeben. Jedes Gespräch, das westdeutsche Politiker mit ihm führten, wurde von Führungoffizier Rolf Rabe ausgewertet, der ihm anschließend Instruktionen für die nächste Begegnung gab, wobei immer zunächst der »Rücklauf« der Parteiführung abzuwarten war.

Nach dem Wahlsieg der SPD im Oktober 1969 wurde der IM »Günther« in der »operativen Bearbeitung der vorhandenen Kontakte« zu »größter Aufmerksamkeit und Vorsicht« verpflichtet. »Bemerkungen unsererseits, die geeignet sind, Illusionen oder Spekulationen hervorzurufen, sind unbedingt zu unterlassen und nur dann auszusprechen, wenn sie ausdrücklich von der dienstlichen Leitung angewiesen wurden.«[53] Bei seinem »Einsatz« beim Spitzengespräch in Kassel im Mai 1970 nahm ihn die Stasi noch mehr an die kurze Leine. In der entsprechenden Instruktion heißt es, »Hauptaufgabe« des IM sei die »Sicherung« der DDR-Verhandlungsdelegation und der dazugehörigen Journalistendelegation, insbesondere des ostdeutschen Verhandlungsführers Willi Stoph. Dazu sollte er die anwesenden westlichen Journalisten »abschöpfen« und das MfS entsprechend unterrichten. Ausdrücklich auferlegt wurde ihm dabei, Politiker und Journalisten nur dann zu treffen, »wenn das Bestreben von der westdeutschen Seite ausgeht«, und auch dann durfte er »keine über den Rahmen des offiziellen Einsatzes hinausführende Bemerkungen« machen; nach den eigentlichen Verhandlungen waren Gespräche sogar »völlig zu unterlassen«. Die Informationen seien entgegenzunehmen, »ohne daß daraus irgendwelche offiziellen Auftragshandlungen oder inoffizielle Fühlungnahmen zur

Vorbereitung der offiziellen Verhandlungen abgeleitet werden können (Brandt darf bei den Gesprächen, auch nicht unter vier Augen, nicht auf diese Kontakte Bezug nehmen können)«. Angebote für Reisen nach Bonn oder anderen Orten zur Herstellung solcher Kontakte seien abzulehnen. Statt dessen sollte »Günther« die Stadt Kassel systematisch abfahren und »die bekannten Punkte« auf »geplante Provokationen« linksextremistischer Kräfte kontrollieren.[54]

Die Diskrepanz zwischen Schein und Sein brachte Hermann von Berg in einen ständigen Rollenkonflikt und führte bald auch zu ernsthaften Störungen im deutsch-deutschen Verhandlungsprozeß. Mit Brandt sprechen – ja; doch Antworten oder gar Zusagen geben – das war Sache der obersten SED-Führung. Nur dem rhetorischen Talent von Bergs – und seinem Geltungsbedürfnis – war es zu verdanken, daß diese Maskerade nicht sofort auffiel. Er selbst litt, wie die Stasi schrieb, schon seit seinem Ausscheiden aus dem Presseamt unter seiner »fiktiven Stellung«, denn »er verhandelte mit hochgestellten Persönlichkeiten, wurde in politischen Vorgängen gefordert, deren Einzelheiten er nicht beherrschte und damit der Erwartungshaltung der Gegenseite keineswegs entsprach«.[55] Auf westlicher Seite kam es dadurch immer wieder zu Irritationen. So verlangten die Sozialdemokraten nach ihrem Eintritt in die Regierung, daß sich von Berg nunmehr eindeutig »legitimieren« müsse – vergeblich. Und als Brandt im Oktober 1969 Kanzler wurde, ließ er von Berg durch seinen Staatssekretär Egon Bahr vertraulich mitteilen, daß eine »Kleiderordnung« jetzt unumgänglich sei: Von Berg solle sich zum »Staatssekretär beim Ministerrat« oder etwas Ähnlichem ernennen lassen – »sonst können wir uns nicht mehr sehen«.[56]

Angesichts von Stophs unbeweglicher Haltung in den deutsch-deutschen Verhandlungen und seinen öffentlichen Äußerungen wuchsen in der Bundesregierung auch die Zweifel an dem Märchen von den »Liberalen« und »Dogmatikern« in der SED-Spitze. Gegen Stophs Reden, so teilte ein Brandt-Abgesandter mit, erscheine Honecker wie ein »konziliarer Herr«. Die Sozialdemokraten würden sich nicht länger »wie Dreck behandeln« lassen. Wegen der Unzuverlässigkeit und Unseriosität von Bergs wurde im November 1969 schließlich festgelegt, keinen inoffiziellen Kontakt mehr mit ihm zu halten.[57] Und als Journalisten wenig später auch noch Kenntnis davon bekamen, daß Bahr von Berg unter dem Siegel strengster Verschwiegenheit vorab über den Inhalt der geplanten Regierungserklärung unterrichtet hatte, was im Bundestag zur Sprache zu kommen drohte, galt der vermeintliche Stoph-Vertraute zeitweise sogar als eine Art »Agent provocateur«.[58] Auch in der Folgezeit mußte Bahr konstatieren, daß nach Gesprächen mit von Berg seine Hinweise »nie mit der DDR-Haltung [in den offiziellen Verhandlungsrunden] kongruent« seien, so daß er

»künftig wenig oder nichts von diesen Privatgesprächen« halte. Horst Ehmke fragte vor diesem Hintergrund, ob von Berg »überhaupt noch im Geschäft sei« – was dieser natürlich bejahte.[59]

Gleichwohl konnten die Sozialdemokraten von dem vermeintlichen »Kanal« zu Stoph nicht lassen. Die Zähigkeit der offiziellen Verhandlungen, namentlich mit dem DDR-Unterhändler Michael Kohl, ließen den vertraulichen Kontakt nach Ostberlin wie eine lockende Frucht erscheinen. Vor allem der Brandt-Vertraute Dietrich Spangenberg, den von Berg noch aus seiner Studienzeit kannte, brachte ihn immer wieder ins Spiel.

Einem Bericht vom Juni 1969 zufolge wurde der Bonner FAZ-Korrespondent Dettmar Cramer beispielsweise nach der Wahl Gustav Heinemanns zum Bundespräsidenten bei von Berg mit der streng vertraulichen Mitteilung vorstellig, »Heinemann und Brandt erhofften ein Glückwunschschreiben des Genossen Walter Ulbricht zum Amtsantritt von Heinemann. [...] Endziel sei eine Begegnung zwischen Heinemann und Genossen Walter Ulbricht. [...] Heinemann könne nicht sofort durch ein offenes Gesprächsangebot an den Genossen Walter Ulbricht einen Verfassungskonflikt heraufbeschwören. Sein Dank auf die Glückwünsche würde die CDU/CSU speziell auch Thadden und Kiesinger ›zur Raserei bringen‹. Aber sie könnten ›absolut nichts‹ dagegen unternehmen. [...] Der Konnex Heinemanns zum Genossen Walter Ulbricht würde, käme er zunächst in Form des Glückwunschschreibens und der entsprechenden Antwort zustande, der SPD im Wahlkampf sehr zugute kommen«[60]

Auch im Vorfeld des Kasseler Treffens vom Mai 1970 wandten sich die Bonner Emissäre an den vermeintlichen Stoph-Vertrauten. Sie überbrachten ihm die Nachricht, Kanzler Brandt lasse dem DDR-Ministerpräsidenten ausrichten, »daß alles, was in Leipzig laufe (Amerongen/Wienand), nicht auf des Kanzlers Veranlassung geschehe«. Es gebe nur einen autorisierten Draht zwischen den beiden Regierungschefs, der über Ehmke und von Berg laufen solle, da Spangenberg im Urlaub sei. Wörtlich heißt es im IM-Bericht: »Brandt sei der Meinung, je schneller Ehmke – Berichterstatter zusammenträfen, desto besser wäre dies im Interesse der Sache.«[61] Unter Mißachtung jeder protokollarischen Etikette rief Ehmke deshalb mehrfach bei von Berg an und bettelte förmlich um ein Gespräch unter vier Augen. Doch dieser konnte ihm nur das sagen, was ihm sein Führungsoffizier auftrug, nachdem Wolf zweimal bei Stoph Rücksprache gehalten hatte: »Jetzt paßt es nicht«.[62]

Den überlieferten Unterlagen zufolge entsprachen die Gespräche mit von Berg nur entfernt den Vorstellungen üblicher diplomatischer Sondierungen. Selbst wenn man in Rechnung stellt, Zweck sei es gewesen, die SED zu Zugeständnissen zu bewegen, indem man sich als vertrauensvoller Partner präsentiert, überschritten die Gespräche streckenweise die Grenze zur politischen Kumpanei. Vor allem die ständigen Versuche, die SED als Bündnispartner in den innenpolitischen Auseinandersetzungen in der Bundesrepublik und sogar innerhalb der SPD zu nutzen, wirken im nachhinein mehr als befremdlich. Wie weit die Zusammenarbeit gehen konnte, illustriert das Begleitschreiben zum Bericht über Heinemanns Glückwunsch-Bitte, in dem »eingeschätzt« wurde, daß der Überbringer der Nachricht »tatsächlich im Auftrage der genannten Personen vorliegende Bemerkungen machte. Wir stützen uns dabei auf die Tatsache, daß Cramer kürzlich ein Anliegen von Justizminister Ehmke vortrug, Belastungsmaterial über den Kiesinger-Intimus Todenhöfer zu erhalten.«[63]

Durch seine vertrauliche Position war Hermann von Berg für die HVA eine außerordentlich ergiebige Quelle. In einer Bilanz seiner Arbeit heißt es: »Die nachrichtendienstliche Aufgabenstellung bestand für den IM neben der Übergabe inoffizieller Materialien der Partei- und Staatsführung in der Einholung von Informationen zum jeweiligen aktuellen Gegenstand und [in] der operativen Personenbearbeitung. [...] Die bis 1973 eingeholten Informationen hatten zeitweilig einen hohen Stellenwert und beeinflußten die politischen Handlungen der Partei- und Staatsführung. ›Günther‹ wurde hierfür mit dem Vaterländischen Verdienstorden in Silber ausgezeichnet.« Das Ziel, insgesamt sechs seiner Gesprächspartner im Westen für das MfS anzuwerben, darunter den Bonner Staatssekretär Dietrich Spangenberg, wurde allerdings nicht erreicht – auch deshalb, weil »Günther«, wie die Stasi feststellte, »nicht gewillt war, sich für Anwerbungsversuche seiner Kontakte zu verwenden«.[64] Doch die systemüberschreitende Zusammenarbeit muß auch ohne förmliche Werbung recht weit gegangen sein, wie die in den Akten überlieferte Äußerung eines seiner Gesprächspartner zumindest nahelegt. Gegenüber von Berg beklagte sich der Journalist Klaus Ellrodt über die Belastungen und Risiken seiner Vermittlungstätigkeit und verglich sich mit dem Fotohändler und HVA-Agenten Hannsheinz Porst: »Er habe stets einen Fuß im Zuchthaus gehabt, ihm könne man Dinge anlasten, nicht so schlimm, aber ähnlich wie Porst«.[65]

Nach der Unterzeichnung des Grundlagenvertrages und der »Offizialisierung« der deutsch-deutschen Beziehungen war die Mission des »liberalen Adligen«, wie man von Berg im Westen nannte, aus der Sicht der DDR-Führung beendet. Der IM »Günther«, der inzwischen mit Hilfe des MfS eine Professur an der Ostberliner Humboldt-Universität bekommen hatte,[66] sollte seinen Gesprächspartnern erklären, daß er nicht mehr im Staatsapparat tätig sei und keine Verbindungen zur Partei- und Staatsführung besitze. In der Bundesrepublik galt er jedoch weiterhin als vertraulicher Kanal zur SED-Spitze, so daß Journalisten und Politiker ihn regelmäßig anliefen – und erstaunliche Freundlichkeiten übermittelten.⁶⁷ Manche meinten sogar zu wissen, daß von Berg ein »Oberst des MfS« sei, was seinen Wert im Westen aber eher noch zu steigern schien. Auch die HVA mochte sich von ihrer Spitzenquelle nicht völlig trennen und beauftragte von Berg, die Kontakte zu westlichen Journalisten unverbindlich weiterzuführen. Hin und wieder nutzte man ihn auch, um bestimmte Informationen in den Westen zu lancieren – beispielsweise nach der Ausbürgerung des Liedermachers Wolf Biermann, als Mielke ihm nach einer Politbürositzung »zur Eindämmung der Hetze der BRD-Massenmedien« inoffiziell mitteilen ließ, »daß die DDR das ARD-Büro nicht schließen werde, aber ein Wohlverhalten der BRD-Journalisten erwarte«.⁶⁸

Stärkung »realistischer« Kräfte

Die Wahlen im September 1969 hatten mit Willy Brandt erstmals einen Sozialdemokraten ins Amt des Bundeskanzlers gebracht. Die Veränderung des Kräfteverhältnisses zugunsten des Sozialismus, so wertete Erich Mielke ein gutes Jahr später auf einer Beratung der östlichen »Aufklärungsorgane« den Epochenwechsel, zeige auch in der Bundesrepublik Auswirkungen. Das konsequente und koordinierte Vorgehen der sozialistischen Staaten habe dazu geführt, daß die Bonner Regierung die Unantastbarkeit der Grenzen habe bestätigen müssen. Dies stoße jedoch auf hartnäckigen Widerstand besonders der um die CDU/CSU gescharten rechten Kräfte, die versuchten, nationalistische Leidenschaften zu entfachen und Voraussetzungen für den Sturz der Regierung Brandt zu schaffen.»Wir werden alles tun, um die Kräfte in der BRD und außerhalb ihrer Grenzen, die die Situation realistisch beurteilen und die sich wirklich um den Frieden in Europa sorgen, gegen die revanchistischen und militaristischen Kräfte zu unterstützen.« Der Kampf um die Ratifizierung der Verträge werde aber weiter hart und kompliziert sein. »Für unsere Aufklärungsorgane ergeben sich daraus große Aufgaben. Die Erfahrung zeigt, daß wir das koordinierte Vorgehen unserer Parteien und Regierungen effektiv durch exakte, rechtzeitig beschaffte Informationen über die Pläne, Konzeptionen und Absichten des Gegners unterstützen können.«⁶⁹

Besondere Beachtung war Mielke zufolge der Aufklärung der Absichten und Maßnahmen der »rechten Kräfte« zu schenken. Doch auch die Sozialdemokraten erregten weiterhin das Mißtrauen der Staatssicherheit – vor allem weil sie, wie der spontane Jubel für Willy Brandt in Erfurt gezeigt hatte, in der ostdeutschen Bevölkerung auf wachsenden Zuspruch stießen. Die SPD und ihre sogenannte Ostpolitik, so warnte Mielke im Dezember 1970 die versammelten »Aufklärer« des Ostblocks, bildeten nur eine »Variante der gegen das gesamte sozialistische Lager gerichteten imperialistischen Politik«. Da deren Hauptmethode des Kampfes die »ideologische Diversion« bilde, müßten die wichtigsten Objekte dieser Diversion »mit unseren Mitteln aktiv bearbeitet und bekämpft« werden. »Zur richtigen Beurteilung der Situation und entsprechend den erforderlichen taktischen Schritten ist es wichtig, neben den aktuellen Informationen aus dem Regierungsapparat die internen, oft divergierenden Einschätzungen, Absichten und den praktischen Einfluß der verschiedenen Gruppen der Großbourgeoisie, der sie repräsentierenden Politiker in den Parteien und Organisationen in den entscheidenden imperialistischen Staaten genau zu kennen und objektiv zu analysieren«.[70]

Wie dies geschehen sollte, darüber referierte HVA-Chef Wolf im März 1971 auf einem zentralen »Führungsseminar« des MfS. Trotz der Errichtung von diplomatischen Vertretungen im Westen werde die »illegale Linie« in den NATO-Ländern weiterhin »ausschlaggebend« sein. »Hauptoperationsgebiet« der HVA bleibe dabei die Bundesrepublik, die er als »Hauptverbündeten« der USA in Europa und »Zentrum nahezu aller feindlichen Aktivitäten gegen die DDR« bezeichnete. Für das »Eindringen« in deren »Hauptobjekte« müßten die Potenzen des gesamten MfS noch besser genutzt werden – dann aber sei die Stasi praktisch unschlagbar: »Wenn wir die Anstrengungen und Aktivitäten der feindlichen Abwehrorgane und imperialistischen Geheimdienste in unserer täglichen operativen Arbeit in Rechnung stellen, können wir auf dem feindlichen Territorium, das wir als Operationsgebiet bezeichnen, uns so bewegen, so operieren, unsere Kräfte in solchem Umfang einsetzen, steuern und zu Erfolgen führen, wie wir das entsprechend unserer Aufgabenstellung, Konzeptionen und Pläne für erforderlich halten. Wenn wir selbst keine ernsten Fehler machen, gibt es keine objektiven Umstände und keinen Feind, der uns daran hindern könnte.«[71]

In den siebziger Jahren bemühte sich die Stasi um eine Stabilisierung der sozialliberalen Koalition. Die DDR-freundlichen Strömungen sollten dabei gestärkt werden. Diesem Ziel diente nicht nur die Bestechungsaktion beim Mißtrauensvotum gegen Willy Brandt, sondern die gesamte West-Arbeit der Staatssicherheit. Deutlich wird dies unter anderem in den Zentralen Planvorgaben, mit denen Mielke die Arbeit seines Ministeriums anleitete. Für den »Perspektivzeitraum« 1976 bis 1980 lautete beispielsweise seine Anweisung, »die offensive Arbeit zur Stärkung realistisch eingestellter und progressiver Kräfte in der BRD, zur Förderung realistischer Haltungen zu intensivieren«. Besonders in Vorbereitung der Bundestagswahl 1976 seien weitere Maßnahmen zur Unterstützung der gegenwärtigen Regierungskoalition und zur Stärkung realistischer Seiten ihrer Politik durchzuführen.«»Die Aufgabe besteht in der Bekämpfung der reaktionärsten, offen revanchistischen und entspannungsfeindlichen Kräfte in der BRD, der konservativen Kräfte, besonders in der CDU/CSU, und der hinter ihnen stehenden Kreise [...]. Und wir kämpfen auch gegen jene in der gegenwärtigen Regierungskoalition, die die Fortführung der Entspannung hemmen und deren Handlungen die Entspannung gefährden können.« Zu untersuchen sei zudem, wo es Ansatzpunkte und Einwirkungsmöglichkeiten gebe, »um geeignete Maßnahmen zur Stärkung gewisser realistischer Positionen und Kräfte auch innerhalb der CDU/CSU durchführen zu können«. Das alles erhöhe die Bedeutung der Aufklärung des politischen Differenzierungsprozesses in der Bundesrepublik, mit der wichtige Voraussetzungen geschaffen würden, um gezielt Einfluß auf die Entwicklung der politischen Situation nehmen zu können. Eine der bedeutendsten Aufgaben sei es, mit den spezifischen Mitteln des MfS »die Widersprüche und Rivalitäten im imperialistischen Lager weiter zu vertiefen« und »den Differenzierungsprozeß weiter voranzutreiben«.[72]

Der Planvorgabe zufolge blieb auch die »Unterstützung der Politik der Partei- und Staatsführung gegenüber der BRD und Westberlin« eine entscheidende Aufgabe. Von erstrangiger Bedeutung sei deshalb »die grundlegende, umfassende Aufklärung sämtlicher Verhandlungskonzeptionen der BRD gegenüber der DDR, aller Seiten dieser Konzeptionen und ihrer Veränderungen im weiteren Verlauf der Auseinandersetzungen«. Die Inoffiziellen Mitarbeiter in der Regierung und den Parteien der Bundesrepublik hatten dazu die entsprechenden Informationen zu liefern. Es komme darauf an, so Mielke, »alles zu erkunden und zu nutzen, was der Politik der Partei gegenüber der BRD und Westberlin nützt, und alles aufzuklären, was dieser Politik entgegenwirkt und was sich gegen unsere Republik richtet«.[73]

In jährlichen Planvorgaben konkretisierte Mielke diese Vorhaben. Für 1978 erteilte er beispielsweise die Anweisung, die Situation in der Bundesrepublik »als Grundlage für die Stärkung realistischer Tendenzen und für die Verhinderung des weiteren Vordringens der Rechtskräfte« gründlich zu analysieren. In den Mittelpunkt der Aufklärung der »Kräftekonstellation« stellte er unter anderem »die Bestrebungen der CDU/CSU, die SPD/FDP-Regierungskoalition zu stürzen«, einschließlich »zu erwartender Angriffe, der Mittel und Methoden, der Angriffsflächen«, die »Lage in der Regierungskoalition unter besonderer Beachtung der Rolle der FDP« sowie die »Lage in der SPD und ihrer Bundestagsfraktion (Differenzierung, Abweichler)«. Erkundet werden sollten auch alle Pläne des »Imperialismus« zur »Ausnutzung« des KSZE-Prozesses sowie die »Haltungen« zum »möglichen BRD-Besuch des Genossen Breschnew«.[74]

Die Stationierung sowjetischer SS 20-Raketen, der NATO-Nachrüstungsbeschluß und der Einmarsch der Roten Armee in Afghanistan verschärften Ende der siebziger Jahre die Spannungen zwischen Ost und West. Die Stasi erhielt deshalb die Aufgabe, die Rüstungspolitik des Westens noch intensiver auszuforschen und insbesondere die Anti-Raketen-Proteste zu fördern. Mit der Übernahme der Regierungsverantwortung durch die Koalition von FDP und CDU/CSU hatte sich die politische Ausgangslage 1982 allerdings grundlegend verändert. »Die Kriegsgefahr zu bannen und die allseitige Stärkung der DDR zu gewährleisten – das sind die Grundlagen der Planorientierung der HVA 1983«, erklärte HVA-Chef Wolf im Januar 1983 vor der Parteiorganisation der HVA und zeigte sich zufrieden über die bereits im Vorjahr dabei erzielten Ergebnisse. Durch die »Verbesserung der Informationsbeschaffung« und die »Schaffung neuer Positionen in Schwerpunktobjekten« sei ein Stand der Arbeit erreicht worden, wie man ihn in den letzten Jahren nicht gehabt hätte. »So waren wir in der Lage, trotz der erschwerten Bedingungen die Partei- und Staatsführung und die Bruderorgane [...] über die wesentlichen Vorgänge und Vorhaben des Gegners zu informieren, zum Kampf um die Erhaltung des Friedens und zur Sicherung der kontinuierlichen Entwicklung der DDR und der anderen Länder der sozialistischen Staatengemeinschaft einen gewichtigen Beitrag zu leisten.« Trotz des Regierungswechsels in Bonn könne auch die neue CDU/FDP-Koalition nicht an den Realitäten vorbeigehen und habe die Grundlinien der bisherigen Politik gegenüber der DDR beibehalten. »Die Ergebnisse unseres Kampfes der siebziger Jahre sind nicht einfach wegzuwischen«.[75]

Wolf ging davon aus, daß es das MfS vermutlich für eine längere Zeit mit einer CDU-geführten Regierung zu tun habe. »Es gilt daher, besondere Anstrengungen auf den Ausbau der Quellenpositionen in dieser Partei zu richten und mit unseren operativen Mitteln und Methoden auf eine Stärkung der realistischen Positionen und Strömungen in dieser Partei hinzuwirken«. Trotzdem bleibe auch die SPD ein »Bearbeitungsschwerpunkt«, in der nach dem Wegfall der Rücksichtnahme auf die Regierungsverantwortung eine »gewisse Stärkung realistischerer Positionen eingetreten« sei – zur Zufriedenheit der Stasi rückte die SPD in der Opposition wieder stärker nach links. »Die SPD-Führung«, so Wolf, »sieht sich im Interesse der Verbreiterung der Wählerbasis der Partei gezwungen, bestimmte Argumente linker Kräfte zu übernehmen und die Frage von Bündnissen mit den neuen sozialen Bewegungen in ihre Überlegungen einzubeziehen«. Insbesondere zeichne sich eine flexiblere Haltung zum Raketenbeschluß ab. »Hier müssen wir dazu beitragen, daß diesem Schritt weitere in der richtigen Richtung folgen«. Erstmals betrachtete Wolf auch die Grünen

»mit großer Aufmerksamkeit« und erklärte, daß die HVA auf neue Kräftekonstellationen vorbereitet sein müsse, wenn diese bei den Wahlen im März den Sprung in den Bundestag schaffen sollten.[76]

Erich Mielke betrachtete die neue westdeutsche Regierung mit Widerwillen. In seiner Zentralen Planvorgabe für 1983 ordnete er an: »Zur Entlarvung der entspannungs- und friedensfeindlichen Schritte dieser Regierung, zur Förderung des Differenzierungsprozesses in den Parteien der BRD, zur Unterstützung der in Opposition zu dieser Regierung stehenden Kräfte, Organisationen und Bewegungen in der BRD sind geeignete Maßnahmen durchzuführen.«[77] Auch drei Jahre später verlangte er von allen Diensteinheiten einen maximalen »Beitrag zur Unterstützung der Politik der DDR gegenüber der BRD«. Aufzuklären und einzuschätzen seien »mögliche Veränderungen im innenpolitischen, parlamentarischen Kräfteverhältnis in der BRD und das eventuelle Entstehen neuer Kräftekonstellationen im Zusammenhang mit den Landtagswahlen 1986 und den Bundestagswahlen im Januar 1987«, aber auch »die Differenzierungsprozesse in den Regierungsparteien, die Meinungsbildung in der SPD und bei den Grünen«. Spürbar zu verstärken seien insbesondere die Anstrengungen des MfS »zur zielstrebigen Aufklärung, Kontrolle bzw. Bekämpfung feindlicher Stellen und Kräfte im Operationsgebiet«.[78]

Gerade dieser Punkt rückte in den letzten Jahren der DDR immer mehr in den Mittelpunkt der Stasi-Operationen im Westen. In Mielkes Planvorgaben wird beinahe so etwas wie Resignation spürbar, daß die »günstigen politischen Bedingungen«, wie sie das MfS im vorangegangenen Jahrzehnt für seine Arbeit im Westen immer wieder diagnostiziert hatte, vorbei waren. Die Abwehr echter oder vermeintlicher Gefahren für die Macht der SED stand zunehmend im Zentrum aller Überlegungen. So forderte Mielke für 1989 vor allem »Maßnahmen zur Verstärkung von Differenzen und Widersprüchen innerhalb und zwischen feindlichen Organisationen, Gruppen und Einzelpersonen, die aus dem Operationsgebiet subversive Aktivitäten gegen die sozialistischen Staaten entwickeln«.[79] Und auch die HVA verlangte in ihrer Planorientierung für 1989 eine neue Qualität im Kampf gegen Geheimdienste, »Zentren der ideologischen Diversion« und »Feindorganisationen«. Durch umfassende Nutzung des gesamten IM-Netzes, »vor allem für eine qualifizierte Arbeit am Feind und das Eindringen in die entscheidungsvorbereitenden und steuernden Zentren des Gegners«, sei die »offensive Arbeit« gegen diese Einrichtungen zu intensivieren.[80]

Als heimliche politische Kraft war die HVA bis zum Schluß im Westen präsent. International sollte sie ihrer letzten Planvorgabe zufolge die Abstimmungsprozesse zwischen den westlichen Staaten beeinflussen und mittels

»aktiver Maßnahmen« einen Beitrag zur »Schaffung günstiger Bedingungen für die Realisierung der Politik der sozialistischen Staaten und zur Durchkreuzung feindlicher Pläne leisten«. Auch gegenüber der Bundesrepublik sollten die »operativen Maßnahmen« auf dieses Ziel gerichtet werden und den Bonner Staat zu konkreten Abrüstungsbeiträgen bewegen. Innenpolitisch war die weitere Entwicklung des Kräfteverhältnisses in Westdeutschland aufzuklären und zu beeinflussen. Für alle Gruppierungen hielt die HVA dabei das Passende parat: Zur Stärkung »realistisch orientierter Kräfte in der Koalition« seien »aktive Beiträge« zu leisten. »Die Rechtskräfte sind auf der Grundlage geeigneter Informationen zu kompromittieren und politisch zu isolieren. [...] Aufzuklären und zu bekämpfen sind Bestrebungen einzelner SPD-Politiker, den Dialog und die getroffenen Vereinbarungen [mit der SED] zur Unterstützung und Inspirierung feindlicher Kräfte in der DDR zu mißbrauchen. Der Differenzierungsprozeß unter den Grünen ist weiter aufzuklären und mit dem Ziel zu beeinflussen, realistische Kräfte zu stärken und sozialismusfeindliche, subversiv wirkende Kräfte zurückzudrängen.« Auch die Zurückdrängung rechtskonservativer und nationalistischer Kräfte sei »weiter aktiv zu beeinflussen«, die damals gerade erfolgte Neubesetzung von Spitzenfunktionen in CSU und FDP »auf ihre politische und operative Nutzbarkeit zu prüfen« – was immer die HVA damit meinen mochte.[81]

Die Durchdringung der Parteien – Eine Flurbegehung

Er galt als des Kanzlers Schatten: Der persönliche Referent von Bundeskanzler Willy Brandt nahm an allen wichtigen Besprechungen der Parteispitze teil, bei Reisen befanden sich die Akten des Regierungschefs in seiner Obhut. Als er im Juni 1973 Willy Brandt bei seinem Norwegen-Urlaub begleitete, ging sämtlicher Schriftverkehr des obersten westdeutschen Staatsmannes durch seine Hände. Am 24. April 1974 wurde der Referent des Bundeskanzleramtes, Günter Guillaume, wegen Spionage für die DDR verhaftet.

Es war der spektakulärste Spionagefall in der Geschichte der Bundesrepublik. Das Land war geschockt, daß ein Agent der Staatssicherheit bis in den innersten Zirkel der Macht vorgedrungen war und von allen politischen und persönlichen Geheimnissen der Staatsspitze dort zwangsläufig Kenntnis erhalten hatte. Wenige Wochen später trat Bundeskanzler Willy Brandt von seinem Amt zurück.

Der Fall Guillaume, der beim Ministerium für Staatssicherheit unter dem Decknamen »Hansen« geführt wurde, hat die Öffentlichkeit seither immer wieder beschäftigt. Bücher widmeten sich seinem Schicksal, Filme wurden gedreht, sogar er selbst trat als Autor in Erscheinung, um zu schildern, »wie es wirklich war«.[1] Ob dies allerdings jemals zu erfahren sein wird, ist zweifelhaft, denn in den Hinterlassenschaften der Staatssicherheit ist über ihn und seine Rolle an der Seite des Bundeskanzlers nicht ein einziges Dokument überliefert.[2]

Günter Guillaume war, wie die meisten Agenten in den Bonner Parteien, Mitarbeiter des Aufklärungsapparates des MfS, der aus der Hauptverwaltung A (HVA) und den Abteilungen XV in den Bezirksverwaltungen für Staatssicherheit bestand. Angeworben worden waren er und seine Frau Christel bereits 1955, und zwar durch den Leiter der für die Bearbeitung von SPD und DGB verantwortlichen Abteilung im Aufklärungsapparat, Paul Laufer.[3] Ein Jahr später wurden sie dann in die Bundesrepublik eingeschleust, wo sie den Auftrag erhielten, als »rechte« Sozialdemokraten Quellen in der SPD zu erschließen und zu führen. Von ihrer Führungsstelle in der HVA wurden sie über Jahre hinweg zu hochwertigen Quellen aufgebaut.

Seinen Sprung ins Kanzleramt hatte Guillaume dem Frankfurter SPD-Politiker Georg Leber zu verdanken, dessen Wahlkampf er 1969 gemanagt hatte. Beinahe drehbuchartig ist dieser Aufstieg an die Seite des Regierungschefs in einer von HVA-Chef Wolf in Auftrag gegebenen Forschungsarbeit beschrieben, in der die »Ausnutzung parteipolitischer Bindung bzw. Engagements« gegenüber führenden Politikern als Einschleusungsmethode in das Bundeskanzleramt beschrieben wird: Diese politischen Führungskräfte, so heißt es da, »die eindeutig aus Gründen der Parteipolitik berufen und eingesetzt werden, nehmen im Prinzip auch die erforderlichen Hilfskräfte (wie Sekretärin, Schreibkräfte, Referenten, Kraftfahrer) aus ihrer früheren Umgebung mit. Auf diese Weise können aus der Basis der gesamten HVA Möglichkeiten der Einschleusung entstehen, die auf keinen Fall verpaßt werden dürfen.«[4]

Guillaume hatte sich bei den Sozialdemokraten in der Main-Metropole jahrelang hochgedient. Ob und wie die Stasi dabei behilflich war, liegt noch im dunkeln. Der ehemalige Vorsitzende des SPD-Unterbezirks in Frankfurt am Main, Emil Bernt, hat jedoch »auf die Vorgänge um die Unterwanderung« dieses Unterbezirks in den sechziger Jahren »durch die Tätigkeit Guillaumes« hingewiesen, die mit seinem Sturz endeten – Bernt wurde seinerzeit mit einer ganzen Serie diskreditierender Presseartikel aus dem Weg geräumt.[5] 1964 wurde Guillaume leitender Geschäftsführer des SPD-Unterbezirks. Auf Vorschlag von Leber wurde er 1969 nach dem Wahlerfolg der Sozialdemokraten durch Horst Ehmke im Bonner Kanzleramt eingestellt, seine Frau erhielt eine Stellung in der hessischen Landesvertretung. 1972 stieg Guillaume zum Wahlkampfleiter und danach zum persönlichen Referenten des Bundeskanzlers auf – eine bessere Position für ihren Agenten konnte sich die HVA nicht wünschen.

Doch die Einschleusung Guillaumes geriet für die HVA zum Pyrrhussieg. Ausgerechnet jener Kanzler, den sie zwei Jahre zuvor beim Mißtrauensvotum zu retten suchte, mußte zurücktreten. Obwohl im Herbst 1972 ein anderer wichtiger Agent, der Gewerkschaftsfunktionär Wilhelm Gronau, verhaftet worden war und die HVA seit Sommer 1973 wußte, daß Guillaumes Frau beschattet wurde, hatte sie ihren »Offizier im besonderen Einsatz« weiterhin an der Seite Brandts belassen. Nicht Beweise brachten dann das endgültige Aus für Guillaume (und damit auch für Brandt), sondern seine stolze Reaktion bei der Festnahme, als er den Sicherheitskräften entgegenrief: »Ich bin Bürger der DDR und ihr Offizier – respektieren Sie das!«[6]

Zu seiner Verantwortung für den Sturz Willy Brandts hat sich Markus Wolf weder damals noch später bekannt. In seinen »Erinnerungen« wirft er sich lediglich vor, daß er bei der Überprüfung Guillaumes den frühen Funksprüchen des MfS keine Beachtung geschenkt habe. Diese waren – wie die HVA wußte – vom Westen inzwischen entschlüsselt worden und führten auf die Spur des Kanzleramtsspions. Die wahren Schuldigen waren Wolf zufolge indes die bundesdeutschen Sicherheitsorgane, die Guillaume trotz des bestehenden Spionageverdachtes an der Seite Brandts gelassen hätten – und des Kanzlers innerparteiliche Gegner. Vor allem von Herbert Wehner und Helmut Schmidt sei er »mit Mißgunst und Häme beäugt und nicht unterstützt worden«.[7]

Schon zwanzig Jahre eher hatte Wolf in einem HVA-Papier ähnlich argumentiert. Unter dem Titel »Zur Entwicklung der Krise der SPD/FDP-Koalition in der BRD und zum Verfall der Autorität Brandts« hieß es dort: »Die Verschärfung der allgemeinen Krise des Kapitalismus hat in allen westeuropäischen Ländern und in den wichtigsten überseeischen imperialistischen Ländern zu einer Verstärkung der politischen Instabilität geführt, die sich auch auf die BRD ausgedehnt hat. Der Rücktritt Brandts als Bundeskanzler ist Ausdruck dieser Entwicklung.« Und dann folgen langatmige Ausführungen über unterschiedliche Klasseninteressen und den sich verstärkenden Widerstand der Monopole, über die labiler gewordene ökonomische Situation und den offenen Ausbruch der Energiekrise. »Die Verhaftung des persönlichen Referenten Brandts wurde von den reaktionären und entspannungsfeindlichen Kräften zum Anlaß für eine weitere Steigerung der planmäßig geführten Kampagne gegen die Person Brandt genommen.« Die komplizierte innenpolitische Lage und die konzentrierten Angriffe der CDU/CSU gegen die Koalition hätten zu verschärften Auseinandersetzungen innerhalb der Koalition geführt, die sich letztlich zum Schaden Brandts ausgewirkt hätten.

Einen »besonders schädlichen Einfluß« hätte der ehemalige Sonderminister Bahr ausgeübt, dessen »falsche Planung« der Ostpolitik zu einer zeitweisen Stagnation geführt hätte. Das Hochspielen der Forderung nach Errichtung des Umweltbundesamtes in Berlin durch ihn und den Regierenden Bürgermeister, Klaus Schütz, hätte Brandt faktisch vor vollendete Tatsachen gestellt und die Atmosphäre der Beziehungen zur DDR und zur Sowjetunion verschlechtert. Auch die Äußerungen Wehners in Moskau, mit denen er die Bundesregierung davor gewarnt habe, das Vierseitige Abkommen über Berlin zu überziehen, hätten »objektiv« zu einer Schwächung der Position Brandts beigetragen. Die Ereignisse nach der Festnahme Guillaumes und die anschließende »Pressekampagne« zeigten zudem ein Zusammenspiel der CDU/CSU-Opposition mit Mitarbeitern der Geheimdienste, bei dem auch Bundesinnenminister Genscher »eine bestimmte Rolle« gespielt habe. Von Genscher und dem Präsidenten des Bundesamtes für Verfassungsschutz, Nollau, sei alle Verantwortung dem Bundeskanzleramt zugeschoben und damit auch der Kanzler selbst belastet worden. »Die angeführten Tatsachen lassen den Schluß zu, daß es sich hier um eine von langer Hand vorbereitete Aktion reaktionärer Kräfte mit aktiver Beteiligung der Geheimdienste und führender Personen der CDU/CSU handelt, die durch illoyales Verhalten von Mitgliedern der Regierungskoalition begünstigt wurde«.[8]

So viele Schuldige für den Rücktritt des sozialdemokratischen Regierungschefs – nur einer fehlt in dem elfseitigen Papier: HVA-Chef Wolf, der Guillaume an der Seite des Kanzlers plaziert hatte. Zufrieden notierte Wolf seinerzeit in seinem Tagebuch, daß seine »Argumentation« von Erich Honecker im Politbüro verwandt und »ohne großes Palaver« Reaktionen festgelegt wurden.[9]

Nicht einen Gedanken verschwendete Wolf daran, daß der ständige massive Angriff des MfS auf die Bundesrepublik in Zeiten der Entspannung vielleicht ein Problem darstellen könnte. Der ungeheure Aufwand bei der nachrichtendienstlichen Unterwanderung des Westens, gepaart mit einem ungezügelten Maß an Ehrgeiz und Eitelkeit des HVA-Chefs, der die Weltpolitik gleichsam durchs Schlüsselloch mitverfolgen und -gestalten wollte, mußten die deutsch-deutschen Beziehungen zwangsläufig immer wieder belasten.

Die Bearbeitung der SPD

Die Inoffiziellen Mitarbeiter der Stasi stellten der einschlägigen Richtlinie Erich Mielkes zufolge auch im Westen die »entscheidende Kraft« bei der Lösung der »Aufgaben« der Staatssicherheit dar.[10] Über 120 Inoffizielle Mitarbeiter im Bereich der westdeutschen Parteien sind bislang bekannt geworden, davon acht Bundestagsabgeordnete – ohne die erheblich größere Zahl an Agenten zu berücksichtigen, die in Ministerien, Behörden sowie parteinahen Gewerkschaften, Stiftungen und Verbänden eingesetzt waren. Ihre Rolle in der westdeutschen Politik ist bis heute freilich kaum erforscht. Zwar haben Verfassungsschutz und Bundesanwaltschaft eine Unmenge von Fällen unter nachrichtendienstlichen und strafrechtlichen Aspekten ausgewertet – doch die historische Aufarbeitung steht noch bevor. Die Parteien selbst, die das größte Interesse an der Klärung ihrer eigenen »Bearbeitung« durch das MfS haben müßten, haben bislang um das Thema zumeist einen Bogen gemacht, obgleich sie in Stiftungen, Instituten und Kommissionen über ein einschlägig qualifiziertes Forschungspotential verfügen.

Die Durchdringung der Parteien zu rekonstruieren gleicht daher einer gigantischen Spurensicherung. Die politischen Folgen können nur punktuell beleuchtet werden. Aufgrund der Aktenvernichtung in der Wendezeit bleiben wichtige Bezüge nebelhaft, doch auch das bislang zugängliche Material lohnt durchaus die Analyse.

Zuständig für die »Bearbeitung« der westdeutschen Parteien war in erster Linie die Abteilung II der HVA, die etwa fünfzig hauptamtliche Mitarbeiter umfaßte und zuletzt von Oberst Kurt Gailat geleitet wurde. Für jede Partei, alle wichtigen Regierungseinrichtungen sowie zahlreiche Verbände und Organisationen war im MfS jeweils (mindestens) eine Diensteinheit festgelegt, die das »Objekt« federführend bearbeitete.

Der Sozialdemokratischen Partei Deutschlands (SPD) kam im Kalkül der DDR-Staatssicherheit von Anbeginn eine zentrale Bedeutung zu – als ideologische Konkurrenz, als oppositionelle Kraft und schließlich auch als Regierungspartei. Die Rekrutierungsbedingungen von Informanten waren hier insofern einfacher, als sich in politischen Grundfragen mit manchen Sozialdemokraten leichter eine gemeinsame »weltanschauliche« Basis herstellen ließ.

Die »Bearbeitung« der SPD lag federführend beim Referat 4 der HVA-Abteilung II, aus dessen Endphase insgesamt vierzehn »Objektquellen« bekannt wurden, darunter der SPD-Politiker Bodo Thomas (»Hans«), der von 1971 bis 1989 dem Berliner Abgeordnetenhaus angehörte, und die Hamburger Bürgerschaftsabgeordnete Ruth Polte (»Blumenfeld«). Zu ihnen zählten ferner das ehemalige Kreisvorstandsmitglied Kurt Wand (»Kugel«), Lebensgefährte der einstigen Hamburger SPD-Vorsitzenden Traute Müller, der Vorsitzende der Berliner Pressekonferenz, Karl-Heinz Maier (»Komet«), der sozialdemokratische Ministerialrat Hartmut Meyer (»Rubinstein«), die Sekretärin in der Bundesgeschäftsführung der SPD, Doris Biesenbaum (»Irmgard«) sowie die Referentin im Bundesvorstand der SPD, Ursula Vollert (»Udo«) – sie wurde 1990 Büroleiterin des ostdeutschen SPD-Chefs und Stasi-IM Ibrahim Böhme.[11] Für das Referat erfaßt war auch die Quelle »Dorn«, bei der es sich um den Ministerialrat Henning Nase gehandelt haben soll, der zeitweise persönlicher Referent des SPD-Politikers Rudolf Dressler war. Das Verfahren gegen Nase wurde 1998 gegen Zahlung einer Geldbuße von 200 000 DM eingestellt – erst danach wurde bekannt, daß »Dorn« der Stasi bis 1987 insgesamt 113 zum Teil hochkarätige Informationen lieferte.[12] Unenttarnt sind bislang die Quellen »Holm«, »Schreiber« und »Sense«, von denen letzterer fast dreißig Jahre lang für den Staatssicherheitsdienst tätig war.[13]

Im Deutschen Bundestag war das MfS mit mindestens zwei Quellen aus den Reihen der SPD vertreten. Einer von ihnen war der SPD-Politiker Paul Gerhard Flämig (»Walter«/»Julius«), der bis Ende der siebziger Jahre Mitglied wichtiger Ausschüsse des Europäischen Parlamentes und des Deutschen Bundestages war und vom Leiter der Abteilung II, Kurt Gailat, geführt wurde. Mit sichtlichem Genuß beschreibt Markus Wolf in seinen »Erinnerungen« den »unvergeßlichen Abend«, an dem er ihn 1969 zum konspirativen Doppelleben bewogen hatte: »Mit ›Julius‹ hatten wir einen weiteren wichtigen Mann in der SPD, und das genau zu dem Zeitpunkt, an dem Willy Brandt Bundeskanzler wurde.«[14] Der Spionageprozeß gegen Flämig wurde 1998 wegen Krankheit eingestellt.

Eine bedeutende Quelle war auch der Bundestagsabgeordnete Josef (Jupp) Braun. 1927 war er in die KPD eingetreten, in deren Auftrag er nach dem Krieg Mitglied der SPD wurde. Dort wurde er zunächst von der Parteiaufklärung und dann vom Außenpolitischen Nachrichtendienst der DDR (APN) – dem Vorläufer der HVA – als Quelle »501« geführt. In der Berliner SPD machte er schnell Karriere. 1952 wurde er zum stellvertretenden Berliner Parteivorsitzenden gewählt, von 1952 bis 1961 war er zugleich deren Landesgeschäftsführer. Anschließend, bis zu seinem plötzlichen Tod im Jahr 1966, war er Mitglied des Deutschen Bundestages – für HVA-Chef Wolf eine »Quelle von unschätzbarem Wert«, die von ihm ab Mitte der fünfziger Jahre persönlich geführt wurde. Im MfS erhielt er den Decknamen »Freddy«, unter dem er auch Eingang in Wolfs »Erinnerungen« fand.[15]

Während Wolf berichtet, der SPD-Politiker habe sich zunächst geweigert, über Personen seiner näheren Umgebung zu informieren, heißt es in einem Personalbogen aus der Zeit der Übernahme in den APN über seine bisherige Arbeit: »Berichterstattung regelmäßig, konkret, umfassend«. Dem Bogen ist auch zu entnehmen, daß Braun für seine Tätigkeit mit »250,–WM/300,–DM/ monat[lich]« entlohnt wurde. Als künftige »Arbeitsmöglichkeiten« wurden der Parteivorstand in Berlin, eventuell Hannover, oder eine leitende Funktion im Magistrat genannt, und unter »Perspektive« heißt es: »Kontakt mit leitenden Funktionären in Partei, Gewerksch[aft] u[nd] Verwaltung verstärken bzw. herstellen. Arbeit in SPD verstärken. Arbeit vertiefen – aktivisieren [sic]!«.[16]

Im Februar 1952 stellte Brauns Führungsstelle fest, bei dem von ihm gelieferten Material handele es sich um »nützliche ausführliche Berichte über die Vorgänge innerhalb der breiteren Führungsgremien der Berliner SPD«. Das Material sei zweifellos von Wert, doch die entscheidenden Fragen würden nicht in diesen Gremien besprochen, weshalb geprüft werden müßte, ob die Quelle nicht auch an anderer Stelle eingesetzt werden könnte – namentlich, um über »Besprechungen im internen Kreis, insbesondere um Ernst Reuter, und im Bonner Parteivorstand« zu berichten.[17] Nach seiner Wahl zum stellvertretenden Berliner SPD-Chef im Juli 1952 war man auf diesem Weg ein gehöriges Stück vorangekommen. »In der Folgezeit«, so heißt es in einer Einschätzung, »gewann das von ihm gelieferte Material an Bedeutung, es entsprach jedoch noch nicht den Möglichkeiten dieser neuen Funktion der Quelle.«[18] In einer anderen Beurteilung aus dieser Zeit wird berichtet, daß das von ihm gelieferte Material »von großem Wert« gewesen sei. »Sofern es ihm gelang, Dokumente zu beschaffen, beschaffte er auch Dokumente.« Seinen »Auftrag« in der SPD habe er »willig und mit eigener Initiative« erfüllt, so daß er innerhalb der Berliner Partei zu »höchsten Funktionen« gekommen sei.[19]

Allerdings bezweifelte der Aufklärungsdienst zeitweise seine Zuverlässigkeit, weil seine Arbeit nicht den vorhandenen Möglichkeiten entspreche. Nach seiner Wahl in die Führungsspitze der Berliner SPD sollten deshalb die Sicherheit und Zuverlässigkeit »gründlich geklärt« werden. Eine der »vordringlichsten Aufgaben« sei es, zu diesem Zweck eine weitere Quelle in der SPD zu gewinnen.[20] Braun könne jedoch »als Quelle behalten werden, da er aufgrund seiner Position, selbst wenn er nicht aufrichtig uns gegenüber sein sollte, immer etwas bringen kann, was für uns von Wert ist«.[21] Für die unzulänglichen Arbeitsergebnisse machte man hauptsächlich die »schlappe Anleitung« durch den Residenten »Günther« verantwortlich. Für den Auftrag, »ausführliche Charakteristiken« von den leitenden SPD- und DGB-Funktionären zu geben, habe ihm dieser »keine Termine« gesetzt, so daß er erst nach längerer Zeit erste »lückenhafte Angaben« gemacht habe. Ein neuer Resident »Kurt« straffte deshalb die Arbeit mit dem SPD-Politiker: Die Zusammenkünfte fanden nicht mehr im Auto statt, sondern in einem »konspirativen Quartier« und wurden jeweils zu einer »systematischen, mehrstündigen Arbeit mit der Quelle« genutzt.

Gleichwohl fand Markus Wolf die Ergebnisse auch jetzt noch nicht befriedigend, so daß er schließlich selbst den Vorgang übernahm. Der XX. Parteitag der KPdSU im Februar 1956 habe den »Wendepunkt in unseren Beziehungen« markiert, denn nun sei »Freddy«, statt die SED zu kritisieren, mit der SPD ins Gericht gegangen. In einem Gespräch unter vier Augen auf einer von fremden Blicken abgeschirmten Veranda einer Villa mit Seeblick, so erinnert sich Wolf, sei er mit Braun in dieser Zeit bei eisgekühltem Sekt darin übereingekommen, nicht nur an die Reformierbarkeit des sozialistischen Systems zu glauben, »sondern gemeinsam auch mit nachrichtendienstlichen Mitteln gegen die Aufrüstung der BRD und die Unterstützung dieses Kurses durch die SPD zu kämpfen«.[22] »Freddy« habe hinfort für das MfS die Konflikte und Machtverhältnisse in der Partei analysiert und Wolf informiert, wenn er es für richtig und wichtig hielt. Wenn er zum Bonner Bundestag fuhr, habe man sich regelmäßig auf der Transitstrecke getroffen. »Er überreichte mir Material und erklärte mir die aktuelle Situation in der SPD und Willy Brandts jüngste Schachzüge. Ich gab ihm neue Instruktionen. Dann hatten wir noch genügend Zeit zum Diskutieren und Philosophieren, über Politik und das Leben an und für sich.«[23]

Vieles spricht dafür, daß Braun der Stasi auch von den Besuchen des Ulbricht-Kritikers Wolfgang Harich bei ihm berichtete. Dieser hatte ihn am 1. November 1956 erstmals im Parteihaus in der Zietenstraße aufgesucht und sich als Angehöriger einer fraktionsartigen oppositionellen Gruppierung in der SED zu erkennen gegeben. Braun erklärte ihm, daß die SPD an Unruhen in der DDR nicht interessiert sei und daß sie eine Neuauflage des 17. Juni für ein Unglück halten würde. An den folgenden beiden Tagen wurde Harich erneut vorstellig – und wenig später in der DDR verhaftet. Gleich beim ersten Verhör wurde ihm seine SPD-Beziehung wie eine bereits bekannte Tatsache vorgehalten, HVA-Major Otto Ledermann hingegen wurde im Vorgang gegen Harich mit 500 DM »für besonders gute Leistungen und Einsatzbereitschaft« prämiert.[24]

Schon 1979 wurde der SPD-Politiker Friedrich Cremer verhaftet, nachdem er sich ein Jahr zuvor in Schweden mit HVA-Chef Markus Wolf zu einem »Meinungsaustausch« getroffen hatte – Anlaß für den berühmten Foto-Schnappschuß, durch den bundesdeutsche Sicherheitsbehörden mit Hilfe des Überläufers Werner Stiller erstmals den »Mann ohne Gesicht« identifizieren konnten.[25] Cremer, Mitglied des bayerischen Landtags, war 1974 von einem Reisekader der HVA-Abteilung II (»Dr. Hans Richter«) angesprochen und mindestens zehnmal aufgesucht worden, um ihn über politische Vorgänge in der Bundesrepublik zu befragen – in der HVA wurde er als IM »Bäcker« geführt. Für Wolf gehörte Cremer zu den »ehrenwerte[n] westdeutsche[n] Politiker[n], die ernsthaft an einem konstruktiven politischen Dialog interessiert waren«. In seinen »Erinnerungen« bezeichnet er ihn als einen seiner »interessanten und politisch aufgeschlossenen Gesprächspartner in der Bundesrepublik«. Wegen Übermittlung regierungs- und parteipolitischer Interna und anderer nachrichtendienstlicher Operationen wurde Cremer indes im Mai 1980 zu einer Freiheitsstrafe von zwei Jahren und sechs Monaten verurteilt.[26]

Daneben hatte das MfS in der SPD noch eine Reihe von Sekretärinnen zur Spionage bewogen, so die Kanzleramtssekretärinnen Dagmar Kahlig-Scheffler (»Inge«), die 1977 verhaftet wurde, und ihre Kollegin Helga Rödiger (»Hannelore«). Letztere arbeitete für den Ministerialdirigenten Manfred Lahnstein (SPD), mit dem sie 1974 ins Finanzministerium wechselte – fünf Jahre später wurde sie mit ihrem Residenten Gert Schwenke (»Schlegel«) in die DDR zurückgezogen.[27]

Neben dem federführenden Referat der HVA waren 1989 auch noch andere Diensteinheiten des MfS mit Quellen verankert. Knut Gröndahl, nach der Wende Mitarbeiter von Wolfgang Thierse und in den achtziger Jahren Leiter des Referates Politik im Ministerium für innerdeutsche Beziehungen, war seit 1973 für das erwähnte Referat 5 der HVA-Abteilung I als IM »Töpfer« erfaßt. In der ersten Zeit wurde er von Wolfgang Hartmann instruiert, einem hauptamtlichen IM, der in den sechziger Jahren westdeutsche Studenten für das MfS rekrutierte und nach der Wende in diversen Publikationen die Legende vom »Friedensauftrag« der »Aufklärer« verbreitete.[28] Bernd Michels, Journalist und langjähriger Referent des schleswig-holsteinischen SPD-Vorsitzenden Günter Jansen, war seit 1973 als IM »Bernhard« für die HVA-Abteilung X erfaßt, die im Westen mit Desinformationen und »aktiven Maßnahmen« politisch Einfluß nehmen sollte; er lieferte dem MfS vielfältige Informationen aus der Partei, die fast immer als »gut« oder »sehr gut« benotet wurden. Er selber erinnerte sich in einem nach seiner Verhaftung geschriebenen Buch nur an einige unverfängliche Begegnungen mit mehreren Ostdeutschen. Den Ermittlungen der Bundesanwaltschaft zufolge erhielt er jedoch vom MfS umfangreiche Geldzahlungen von zuletzt 1200 DM pro Monat – 1996 wurde er zu achtzehn Monaten Haft auf Bewährung verurteilt.[29] Von derselben Abteilung wurde seit 1983 auch die Quelle »Letter« geführt, hinter der die Bundesanwaltschaft den ehemaligen SPD-Bundestagsabgeordneten Dieter Lattmann vermutete.[30]

Für das »wehrtechnische« HVA-Referat IV/2 arbeitete Hans-Mario Bauer, wissenschaftlicher Mitarbeiter der SPD-Bundestagsabgeordneten Norbert Gansel und Horst Jungmann. Er war seit 1978 als IM »Jürgen« erfaßt und spielte Anfang der achtziger Jahre auch eine Rolle im Berliner »Arbeitskreis atomwaffenfreies Europa« – gegen ein monatliches Salär von 500 DM lieferte er der Stasi vor allem Material zur Verteidigungspolitik.[31] Als hochkarätiger Informant fungierte, wie erwähnt, der Parlamentarische Geschäftsführer der SPD im Deutschen Bundestag, Karl Wienand, der bis 1989 für das finanzwirtschaftliche Referat I/6 registriert war.[32] Zahlreiche als gut bewertete Informationen aus dem Bereich der SPD lieferte auch eine noch unentschlüsselte Quelle »Mai«, ein Bahnbeamter, der seit 1960 für die Magdeburger Aufklärungsabteilung tätig war.[33] Auf den Abrüstungsexperten der SPD, Karsten D. Voigt, hatte die Abteilung II der Stasi-Filiale in Neubrandenburg schließlich die ehemalige DDR-Journalistin Brigitta Richter angesetzt – wegen »geringer Schuld« wurde 1991 das Verfahren gegen Zahlung einer Geldbuße eingestellt.[34] Als »Kontaktperson« unter dem Decknamen »Kirchner« führte die HVA seit 1984 zudem den Bundestagsabgeordneten der SPD, Horst Peter.[35] Der einschlägigen Richtlinie zufolge handelte es sich dabei um Bundesbürger, die über Zugang zu »operativ bedeutsamen Informationen« oder über Möglichkeiten der aktiven politischen Einflußnahme verfügten und zu denen eine »stabile Verbindung« bestand, ohne daß sie den nachrichtendienstlichen Charakter kannten.[36]

Während die Akten der bisher genannten Inoffiziellen Mitarbeiter in der SPD allesamt vernichtet wurden, ist die Stasi-Tätigkeit des Wehner-Schützlings

Armin Hindrichs (IM »Talar«) durch eine überlieferte Teilablage der IM-Akte zumindest für das erste Jahrzehnt vergleichsweise gut zu rekonstruieren.[37] Hindrichs war 1960 im Auftrag des MfS in die Bundesrepublik übergesiedelt, nachdem er sich zuvor nach längerer Haft in Bautzen zur Zusammenarbeit mit dem Staatssicherheitsdienst verpflichtet hatte. Als Mitarbeiter des Gesamtdeutschen Institutes in Bonn erfüllte er Anfang der siebziger Jahre eine Fülle von Aufträgen zur Informationsbeschaffung, die er seinerzeit von der Hauptabteilung XX/5 bekam. 1972 wurde er Angestellter der Bundestagsfraktion der SPD. Seitdem berichtete er bei Treffs im In- und Ausland und über einen zwischengeschalteten Residenten aus der Fraktion und speziell aus seinem Arbeitsbereich Deutschlandpolitik, einem Arbeitsstab des Fraktionsvorsitzenden Herbert Wehner. In der Fraktion war er dem Arbeitskreis Außenpolitik zugeteilt, dessen Dokumentationsstelle er ab 1983 leitete. Unter anderem arbeitete er mit den SPD-Politikern Kurt Mattick, Horst Ehmke, Peter Corterier und Marie Schlei zusammen.[38] Seiner Bedeutung gemäß wurde er 1978 von der HVA übernommen, mit der Folge, daß über seine weitere Tätigkeit keine Unterlagen überliefert sind. 1996 wurde er zu drei Jahren Gefängnis verurteilt.

Die offensive Ausrichtung des MfS bei der Bearbeitung der SPD geht aus einer »Dissertation« hervor, die vom »SPD-Experten« der HVA, Kurt Gailat, 1969 vorgelegt wurde. Obwohl der entscheidende Teil der Arbeit – der »Katalog politisch-operativer Maßnahmen zur Herausbildung einer fortschrittlichen Bewegung in der Sozialdemokratie« – nicht überliefert ist, machen die übrigen Teile deutlich sichtbar, worum es der Stasi ging. Das Ministerium für Staatssicherheit, so heißt es in der Arbeit, habe die Aufgabe, »eine qualifizierte politisch-operative Arbeit im Operationsgebiet [...] zur Unterstützung der Politik der Partei bei der Gewinnung und Formierung der fortschrittlichen Kräfte gegen den westdeutschen Imperialismus zu leisten«. Dazu sei es von aktueller Bedeutung, »eine Konzeption für die Förderung des Formierungsprozesses einer fortschrittlichen Opposition in der westdeutschen sozialdemokratischen Partei auszuarbeiten«. Die Arbeit entwickelte dazu ein »Modell« für die »einheitliche Orientierung der spezifischen politisch-operativen Arbeit zur Gewinnung der fortschrittlichen Kräfte der SPD«, nach dem die inoffiziellen Mitarbeiter, Kontaktpersonen und »patriotischen Kräfte« (ein Synonym für nachrichtendienstlich nicht verpflichtete Kommunisten) angeleitet werden sollten.[39]

Das MfS betrachtete es danach als seine Aufgabe, mit seinen spezifischen Mitteln »die Gewinnung und Konsolidierung der oppositionellen Sozialdemokratie direkt und indirekt zu fördern«.[40] Auf der Basis eines umfassenden Argumentationsmodells sollten »politisch-aktive Maßnahmen« entwickelt werden, um »den Gegensatz zwischen den proimperialistischen Führern und den reformistischen und oppositionellen Mitgliedern zu vertiefen und sichtbarer zu gestalten, das voneinander isolierte politische Wirken der verschiedenen oppositionellen Kräfte zu überwinden, die oppositionellen Kräfte zum gemeinsamen Handeln anzuregen und von den reformistischen Kräften eine Mehrheit in die Opposition zu führen«. Darüber hinaus ging es darum, »einen Kern oppositioneller Sozialdemokraten zu schaffen, der bereit ist, mit politischen Alternativen den Rechten entgegenzutreten und eine an den Interessen der Arbeiterklasse orientierte Politik, einschließlich einer vernünftigen Regelung der Beziehungen zur DDR zu entwickeln«. Aus taktischen Gründen legte die Stasi jedoch fest, »die proimperialistischen Kräfte nicht in ihrer Eigenschaft als SPD-Funktionäre anzugreifen, sondern ihre Praktiken, die im Widerspruch zu den Beschlüssen der Parteitage und ihren demagogischen Erklärungen stehen, zu enthüllen.«[41] Das Argumentationsmodell und der von Markus Wolf bestätigte »Katalog politisch-operativer Maßnahmen« waren dabei auf »Problemkreise« ausgerichtet, die »Konfliktstoffe« in sich bergen »und geeignet sind, die Mitglieder und kritischen Kräfte anhand eigener Erfahrungen zu desillusionieren«. Die »fortschrittlichen Kräfte«, zu denen die Stasi Verbindung hatte, wurden »darauf orientiert, innerhalb der Sozialdemokratie wirksam zu werden und sich nicht von der proimperialistischen Führung hinausdrängen zu lassen« – eine Strategie, wie man sie in der IM-Akte des Ex-Sozialdemokraten und heutigen PDS-Bundesvorstandsmitgliedes Dieter Dehm exemplarisch nachlesen kann.[42]

Das Agentennetz in der Union

»Objektverantwortlich« für CDU und CSU war das Referat 1 der HVA-Abteilung II, für das Ende 1988 sieben Quellen dokumentiert sind. Von diesen wurde bislang jedoch nur der Vorsitzende des Evangelischen Arbeitskreises der CDU in Bonn, Gottfried Busch (IM »Baum«), namentlich bekannt.[43] Die Abteilung hielt auch die Verbindung zu dem CDU-Bundestagsabgeordneten Julius Steiner, der sich laut HVA-Chef Wolf Anfang der siebziger Jahre »zu einer mittelmäßigen Informationsquelle entwickelt hatte und dafür regelmäßige Geldzuwendungen bekam«.[44]

Daneben beteiligten sich aber auch andere Diensteinheiten mit eigenen IMs an der Ausspähung der Union – teilweise mit echten Spitzenquellen. So führte das für die Finanzwirtschaft zuständige Referat 6 der HVA-Abteilung I den Referenten der CDU-Fraktion im nordrhein-westfälischen Landtag, Reinhard Ott (IM »Richard«), während das für den EG-Ministerrat verantwortliche Referat 5 den Flick-Lobbyisten und Kohl-Vertrauten Hans-Adolf Kanter (»Fichtel«) anleitete. Bekannt geworden ist darüber hinaus der Fall des Journalisten Lutz Kuche (»Bakker«), der – ebenso wie der bislang unentschlüsselte Mitarbeiter der Gesamthochschule Essen »Wilfried Neptun« – für die Aufklärungsabteilung in Magdeburg bei der CDU Agentennachwuchs rekrutieren sollte.[45]

Hans-Adolf Kanter war der dienstälteste Agent in Westdeutschland und laut den »Erinnerungen« Wolfs für die HVA »kaum weniger wertvoll« als der Kanzleramtsspion Günter Guillaume.[46] Seit 1948 arbeitete er als Quelle »ck3« für die sogenannte Parteiaufklärung, einem unmittelbar nach Kriegsende aufgebauten Nachrichtendienst der kommunistischen Partei. In Rheinland-Pfalz gehörte er ursprünglich dem Landesvorstand der FDJ an, die er 1949 verließ, um nun der Jungen Union beizutreten. Kanter war ein enger Freund des Flick-Managers Eberhard von Brauchitsch. Dieser trug durch Spenden und politische Fürsprache in Kreisen der Wirtschaft entscheidend dazu bei, daß der damals noch weitgehend unbekannte CDU-Politiker Helmut Kohl an die Spitze der Partei und dann auch der Bundesregierung gelangte. Mit Hilfe der HVA etablierte Kanter in den sechziger Jahren ein Büro für Finanz- und Wirtschaftsberatung in Bonn und gab einen Informationsdienst für Verantwortliche aus Politik und Wirtschaft heraus – viele der darin erschienenen Beiträge stammten aus der Feder seines »Instrukteurs« Dr. Werner K., der als »Dr. Frank« oder »Jennrich« auftrat.

Kanter hatte beste Beziehungen zu Bonner Politikern, nicht nur in der Union. Als »Kapitalanlage«, so berichtet von Brauchitsch in seinen Erinnerungen, legte sich der HVA-Agent in Bonn ein Einfamilienhaus zu, dessen Mieter Egon Bahr wurde.[47] Ohne einen direkten Zusammenhang zu diesem Faktum herzustellen, gibt Markus Wolf zu Protokoll, daß es dem MfS gelungen sei, in Bahrs »Privathaus« Abhöranlagen zu installieren. »Wir belauschten ihn dort bei ebenso geheimen wie freimütigen und oft auch fröhlichen Gesprächen mit seinen sowjetischen Partnern. So wußte ich bisweilen wahrscheinlich vor dem Bundeskanzler, mit wieviel Geschick der Unterhändler über seine konspirativen Kanäle die Verhandlungen vorantrieb«.[48]

1974 wurde Kanter Prokurist und stellvertretender Leiter in der politischen Stabsstelle der Geschäftsführung des Flick-Konzerns in Bonn. Hier entwickelte er sich zu einer außerordentlich fruchtbaren Quelle, da er als führender Lobbyist der Industrie Einfluß auf umfangreiche Spendenzahlungen hatte. Die seinerzeitige Parteispendenpraxis führte 1981 zur sogenannten Flick-Affäre, die wiederum eine tiefe Erschütterung des Vertrauens in das parlamentarische System nach sich zog – den Parlamentariern hing das Image an, von der Industrie gekauft zu sein. Während Markus Wolf bestreitet, daß die HVA damit etwas zu tun hatte, ist von Brauchitsch der Überzeugung, daß die Stasi dabei ein besonderes Interesse verfolgte: Als dezidierter »Kommunistenfresser« sei er im März 1981 mit Wirkung zum 1. Januar 1983 zum Präsidenten des Bundesverbandes der Deutschen Industrie gewählt worden – »die Staatssicherheit hatte mithin achtzehn Monate Zeit, geeignete Maßnahmen zu ergreifen, um meinen Amtsantritt zu verhindern.« Ein sorgfältiger Vergleich der im *Spiegel* veröffentlichten Unterlagen mit dem Gesamtbestand der Flick-Unterlagen ergebe zweifelsfrei, daß 1982 genau jene Dokumente dem Hamburger Magazin zugespielt wurden, die ihn persönlich diskreditieren sollten.[49]

Obwohl das Bonner Büro des Flick-Konzerns wegen der Affäre geschlossen wurde, wuchs Kanters Bedeutung für die HVA in der Folgezeit sogar noch an. Nach der Wahl Helmut Kohls zum Bundeskanzler hatte er über seine Freundschaft zu dessen Kanzleramtsminister Philipp Jenninger ab 1982 Zugang zu vielen regierungsinternen Informationen. Mit über 1200 Einträgen in der entschlüsselten SIRA-Datenbank der HVA gilt »Fichtel« heute als einer der Spitzenlieferanten des MfS. 1995 wurde Kanter zu zwei Jahren Gefängnis auf Bewährung verurteilt – da der IM-Vorgang vernichtet wurde, sind die politischen Folgen seiner Agententätigkeit bis heute nicht abzuschätzen.

Bereits in früherer Zeit wurde eine Reihe weiterer Quellen in der CDU enttarnt – die meisten freilich nur durch den von ihrer Führungsstelle befohlenen Rückzug in die DDR. Eine der ältesten Verbindungen bestand zu dem Mitbegründer der CDU, Günther Gereke, der in den ersten Nachkriegsjahren Innenminister und dann Landwirtschaftsminister und stellvertretender Ministerpräsident in Niedersachsen war. Wegen eines Treffens mit Ulbricht wurde er 1950 aus der CDU ausgeschlossen und gründete die Deutsche Soziale Partei, die vom Aufklärungsdienst der DDR für die Nachrichtenarbeit genutzt wurde.[50] Aufgrund seiner drohenden Enttarnung wurde er 1953 in die DDR zurückgezogen.[51] Ein Jahr später folgte ihm der CDU-Bundestagsabgeordnete Karlfranz Schmidt-Wittmack, der bereits für die Parteiaufklärung der KPD gearbeitet hatte und in Bonn Mitglied mehrerer wichtiger Parlamentsausschüsse war.[52]

Der Übertritt des für die CDU zuständigen Referatsleiters der HVA, Max Heim, in die Bundesrepublik führte 1959 dann dazu, daß ein knappes Dutzend weiterer West-IM enttarnt wurde.[53] Einer von ihnen war Wolfram von Hanstein, der engen Kontakt zum Adenauer-Vertrauten Heinrich Krone sowie zum Minister für Gesamtdeutsche Fragen, Ernst Lemmer, hatte. Mitte der fünfziger Jahre hatte er sich nach einer Verurteilung wegen Spionage zu einer 25jährigen Haftstrafe in Dresden zur Zusammenarbeit mit dem MfS verpflichtet. In dessen Auftrag siedelte er nach Westdeutschland über, wo er unter anderem den Leiter des Ostbüros der SPD, Stephan Thomas, das Kuratorium Unteilbares

Deutschland, das Schriftsteller-Komitee »Rettet die Freiheit« sowie die »Vereinigung der Opfer des Stalinismus« bespitzelte. Ende 1958 hatte er die Spaltung der Deutschen Liga für Menschenrechte eingeleitet, als deren Generalsekretär er seinerzeit fungierte. Diese war, wie andere Organisationen auch, vom MfS mit Inoffiziellen Mitarbeitern unterwandert worden, um mit vereinten Kräften Zwietracht und Zerwürfnisse auszulösen. Der Einfluß ging so weit, daß sich sein Führungsoffizier, Oberstleutnant Schulz, mit seinem Kollegen von der »Abwehr« sogar auf die künftige Leitungsspitze der Liga verständigten – (wenigstens) zwei der vier vorgesehenen Mitglieder waren Mitarbeiter der Staatssicherheit.[54]

Im November 1975 verschwand überraschend ein Mitarbeiter im Planungsstab der CDU/CSU-Fraktion im Bundestag. Unter der »geliehenen« Identität Walter Dötsch war er in den sechziger Jahren vom MfS in die Bundesrepublik eingeschleust worden. Zusammen mit seiner beim Zentralrat der deutschen Katholiken (ZdK) als Sekretärin beschäftigten Frau Edith setzte sich der Soziologe ab, nachdem eine geringfügige Unstimmigkeit in seinem Lebenslauf entdeckt worden war.[55] Mit Jürgen Reeps verfügte der Staatssicherheitsdienst in der Konrad-Adenauer-Stiftung über einen weiteren qualifizierten Mitarbeiter, der im Brain-Trust der CDU für Entwicklungspolitik zuständig war.[56]

Die Romeo-Methode

Vor allem aber waren es Sekretärinnen, die vom Staatssicherheistdienste durch eingeschleuste Residenten und gezielt angebahnte Liebesbeziehungen zur Spionage bewogen wurden. Ihre Anwerbung durch sogenannte Romeos gehört zu den ebenso erfolgreichen wie perfiden Methoden nachrichtendienstlicher Arbeit, deren »Erfindung« wohl für immer mit der HVA und ihrem langjährigen Leiter Markus Wolf verbunden bleiben wird. Während in früheren Zeiten immer wieder einmal weibliche Agenten mit den Waffen der Erotik zur Informationsbeschaffung eingesetzt wurden, machte es die Stasi zum ersten Mal umgekehrt – und entwickelte das Verfahren mit wissenschaftlicher Präzision zu einem regelrechten System der Agentenrekrutierung.

Der Weg zur Quellenwerbung aus dem »Objekt« war so simpel wie effektiv: Das gesamte Spitzelheer des MfS war gehalten, im Westen nach »operativ« interessanten Personenhinweisen Ausschau zu halten. Neben Rechtsanwälten, Handelsreisenden und Studenten gehörten dazu vor allem Sekretärinnen.[57] Hatte die Erstbearbeitung durch den aufklärenden IM (Werber II) ein ausreichend dichtes Persönlichkeitsprofil erbracht, setzte die Stasi nach Möglichkeit einen zweiten IM (Werber I) in Marsch, der gleich mehrere Qualifikationen in sich vereinen mußte: professionelle Kenntnisse in der nachrichtendienstlichen Arbeit, saubere Papiere, eine unverfängliche Legende für die Kontaktierung und – erotische Ausstrahlung.[58]

In seinen »Erinnerungen« bestreitet der ehemalige HVA-Chef Wolf, daß »seine« Aufklärungsabteilung »regelrechte Romeo-Spione auf unschuldige weibliche Wesen in der Bundesrepublik angesetzt« habe. Wenn Männer in den Westen entsandt worden seien, habe man ihnen zwar nicht untersagt, »Freundinnen« kennenzulernen. »Das aber bedeutete noch lange nicht, daß wir ›Agenten mit spezieller Auftragsstruktur‹ in Herzensdingen in die Bundesrepublik aussandten, damit sie dort den ledigen Fräulein den Kopf und den Verstand verdrehten«.[59]

Die Fernsehjournalistin Elisabeth Pfister hat in einer ausführlichen Dokumentation nachgewiesen, daß genau dieses Verfahren vom MfS in zahlreichen Fällen angewandt wurde, und zugleich beschrieben, wie die betroffenen Frauen oft noch Jahrzehnte später unter dem Trauma ihrer mißbrauchten Gefühle leiden.[60] In Stasi-Unterlagen finden sich regelrechte »Bestellungen« passender Romeos, die in der Lage sein sollten, »für längere Zeit einen weiblichen Vorgang zu führen und intim zu betreuen« – einschließlich präziser Vorgaben für Größe, Alter, Hautfarbe und »Habitus«.[61]

Markus Wolf war es, der 1970 den Auftrag gab, das Verfahren anhand mehrerer Vorgänge »wissenschaftlich« zu untersuchen. Ausdrücklich behielt er es sich dabei vor, die Arbeit »aus der Sicht der Aufklärungspraxis« selbst zu betreuen.[62] Erstellt wurden die sogenannten Forschungsergebnisse vom stellvertretenden Chef der HVA-Abteilung I, Oberst Rudolf Genschow, und dem Leiter der »Schule« der Aufklärung, Oberst Otto Wendel. Ihre Arbeit über das »systematische Eindringen in bedeutende Führungsstellen« brachte den Autoren später den Grad eines Doktors der Rechtswissenschaften ein, von der Stasi-Hochschule in Potsdam wurde sie mit der Note »magna cum laude« (1) bewertet. Auf insgesamt 264 Seiten werden darin mehrere IM-Vorgänge Bonner Sekretärinnen analysiert – ein ebenso seltenes wie abstoßendes Dokument aus der »operativen Psychologie« des Staatssicherheitsdienstes.[63]

Bei einer der Frauen handelte es sich Markus Wolf zufolge um die Vorzimmerdame von Hans Globke, dem Staatssekretär Konrad Adenauers, der hier als »Referent des Bundeskanzlers« erscheint.[64] Ein IM namens »Franz« (bei Wolf fälschlich »Felix«), der »aus operativen Gründen einen bestimmten gesellschaftlichen Umgang pflegte«, machte Mitte der fünfziger Jahre die Bekanntschaft der 34jährigen alleinstehenden Frau und meldete sie sogleich der Stasi. Diese beauftragte daraufhin den Hamburger Immobilienhändler und Hobbyflieger Herbert S. (»Astor«), der während des Krieges in sowjetische Gefangenschaft geraten und danach in der DDR als IM geworben worden war, den Kontakt zu »Gudrun« aufzunehmen.[65] Nach dem vorliegenden Personen-Psychogramm brachte er nach Meinung der »Zentrale« die besten Voraussetzungen mit – vor allem, weil er über »eine attraktive gesellschaftliche Position verfügte, um bei einer ledigen weiblichen Person Interesse für eine Bekanntschaft zu wecken«. Unwägbar blieb allerdings auch für den Staatssicherheitsdienst, »ob ›Astor‹ bei ›Gudrun‹ so ankommt, daß ein dauerhafter operativer Kontakt entsteht. Dieses Risiko muß aber«, so schreiben die Autoren, »bei allen Kontaktversuchen dieser Art kalkuliert werden«.[66]

Kontaktaufnahme und Werbung erfolgten nach einem wohldurchdachten Drehbuch. Während eines von der Stasi ausgekundschafteten Kuraufenthaltes der Sekretärin quartierte sich »Astor« in deren Hotel ein und stellte über einen anderen Kurgast unauffällig den Kontakt her. Danach beauftragte ihn das MfS, sein Büro nach Köln zu verlegen, wo er über mehrere Zwischenschritte ein enges freundschaftliches Verhältnis zu »Gudrun« entwickelte – wie beabsichtigt, kam es bald zu ersten »intimen Handlungen«.[67] Allerdings erkrankte der Romeo in dieser Phase an einem lebensgefährlichen Lungenleiden, so daß sich die Stasi entschloß, nun rasch zur Werbung überzugehen, indem sich »Astor« bei einem Urlaub in der Schweiz als angeblicher Offizier der Roten Armee »outete«. Aus Liebe zu ihrem »Freund« erklärte sich die Sekretärin tatsächlich bereit, ihm zu »helfen«, doch da sich sein Gesundheitszustand immer mehr verschlechterte, wurde er kurz darauf in die DDR zurückgezogen. Solange »Astor« noch am Leben war und persönliche Briefe und Geschenke übersenden konnte – darunter ein »vorgetäuschtes Testament, wonach sie im Falle seines plötzlichen Ablebens materiell vollkommen sichergestellt sein würde« –, übergab »Gudrun« einem Abgesandten namens »Hansen« in der Folgezeit »wertvolle Informationen« aus dem Bundeskanzleramt. Doch »mit dem Tod des IM ›Astor‹«, so heißt es bedauernd in der Forschungsarbeit, »beendete ›Gudrun‹ ihre Zusammenarbeit«.[68] Auch daraus zog man freilich noch Profit, denn »das Ende der Beziehung«, erinnert sich Wolf, »gab uns […] Gelegenheit, das Wissen, das wir durch ›Gudrun‹ erworben hatten, in unserer Kampagne gegen Globke zu verwenden, dessen Rücktritt im Jahr 1963 wir um einiges beschleunigt haben«.[69]

Ein zweiter in der Forschungsarbeit geschilderter Fall ist der der Sekretärin »Schneider«, die seit 1957 beim Bundesschatzministerium in Bonn arbeitete. Der Inoffizielle Mitarbeiter »Renner« hatte die zwanzigjährige ledige Frau bei einem Ausflug in die Eifel kennengelernt und wurde daraufhin vom MfS beauftragt, den Kontakt »weiter auszubauen und die Möglichkeiten einer Werbung zu prüfen. Gemäß dieser Festlegung festigte ›Renner‹ in der Folgezeit seine Verbindung zu ›Schneider‹. Es gelang ihm relativ leicht, ein Liebesverhältnis herzustellen. [...] Sie sprach bald den Wunsch aus, ihn heiraten zu wollen«. Nach diesem »Erfolg« faßte das MfS den Beschluß, die Sekretärin anzuwerben. Unter »Ausnutzung bestimmter Stimmungen« offenbarte sich ihr »Freund« als Bürger der DDR, der »interne Materialien« beschaffe, und fragte sie, ob sie mit ihm »zusammenarbeiten« wolle. »Schneider« willigte offenbar ein, schrieb eigenhändig ihre Verpflichtung und beschaffte fortan vertrauliche Dokumente aus ihrem Ministerium.[70]

Für die Stasi ergab sich allerdings die Schwierigkeit, daß der Romeo einer anderen Diensteinheit angehörte, wo er ebenfalls benötigt wurde. Sie beauftragte deshalb einen zweiten im Westen ansässigen IM (»Mirbach«), als »Resident die Anleitung, Erziehung und Qualifizierung der ›Schneider‹ [zu] übernehmen«.[71] Der Sekretärin erzählte man, daß ihr »Freund« einen wichtigen Auftrag in einem anderen Land erledigen müsse, so daß sie ihn mindestens ein Jahr lang nicht sehen könne. »Ernsthafte Probleme« bereitete der Stasi freilich bald, daß sich die junge Frau vor allem das »Zusammensein mit einem Mann« wünschte – der neue IM »besaß leider nicht die Voraussetzungen und war außerstande, auf diese Komponente der Zusammenarbeit einzugehen.« Als er auch noch seinen »operativen Reserveausweis« verlor, wurde er in die DDR zurückgezogen, so daß durch die Zentrale nunmehr der IM »Schade« als Führungsoffizier vorbereitet und zum Einsatz gebracht wurde – »speziell auch mit dem Ziel, mit ›Schneider‹ wieder ein persönlich engeres Verhältnis herzustellen«. Tatsächlich kam es, wie die Stasi-Offiziere schreiben, »zu intimen Beziehungen zwischen ›Schade‹ und ›Schneider‹ und zur Beruhigung der Situation«.[72]

Die Sekretärin hatte sich unterdessen beim Bundeskanzleramt beworben, wo sie wenig später eingestellt und schon nach kurzer Zeit Vorzimmerdame eines Referatsleiters wurde. »In den nun folgenden Jahren«, so der Forschungsbericht, »arbeitete ›Schneider‹ als Quelle im Bundeskanzleramt mit durchweg guten Ergebnissen.« Doch eines Tages mußte auch der neue »Resident« überstürzt in die DDR zurückgezogen werden, weil sein Reserveausweis mit seinem Paßbild aus dem »Erdversteck« verschwunden war und nach ihm gefahndet wurde. Ohne »wirksame Führung«, so die HVA-Analytiker, entschloß sich die Sekretärin nach einiger Zeit, wegen der großen Arbeitsbelastung im Bundeskanzleramt ihre bisherige Tätigkeit aufzugeben. Allerdings schlug sie – mit Erfolg – ihre Schwester als Ersatzkraft vor, die bis dahin als Stenotypistin im Bundesverteidigungsministerium gearbeitet hatte und 1960 von ihr und »Schade« bei einem Urlaub gemeinsam angeworben worden war. Als neuen »Instrukteur« schickte die Stasi nunmehr »Krüger« nach Bonn, so daß jetzt die

Schwester (»Bauer«) aus dem Bundeskanzleramt »wichtiges Geheimmaterial« beschaffte – bis sie »durch den negativen Einfluß ihrer Schwester die Zusammenarbeit mit uns ebenfalls einstellte«.[73]

In der Analyse der beiden letztgenannten Fälle durch die HVA-Offiziere Genschow und Wendel offenbart sich die ganze kühle Berechnung, mit der das MfS die Gefühle der beteiligten Menschen instrumentalisierte. Durch die »kluge Arbeit« des IM »Renner« habe die »Zentrale« eine »ausgezeichnete Persönlichkeitsanalyse« der Sekretärin besessen. »Sie suchte einen Mann, der bereit und in der Lage war, sich mit ihr zu verbinden, die Lebenslasten mit tragen zu helfen und natürlich auch die sexuellen Wünsche zu erfüllen. ›Schneider‹ glaubte, in ›Renner‹ einen solchen Mann gefunden zu haben. Sie war bereit, mit ihm zusammen alle nachrichtendienstlichen Aufgaben zu lösen.« Daß »Renner« in dieser Rolle nicht bleiben konnte und aus dem Vorgang herausgelöst werden mußte, sei für »Schneider« ein »schwerer menschlicher Schlag« gewesen. »Da im Operationsgebiet im Bereich der Diensteinheit kein geeigneter männlicher IM vorhanden war, wurde ein Genosse in der DDR ausgewählt und da die Zeit eilte, in raschem Tempo für seinen Einsatz bei ›Schneider‹ vorbereitet. Es wurde ein Genosse gesucht, der neben den grundsätzlichen politisch-tschekistischen Voraussetzungen auch eine Ausstrahlungskraft auf Frauen besitzen sollte. Man glaubte, den geeigneten Mann im IM ›Schade‹ gefunden zu haben.«[74] Doch dieser habe unter dem Druck seines Führungsoffiziers die Beziehung zu seiner Freundin einstellen müssen, und seine Übersiedlung sei aufgrund des Zeitdrucks so erfolgt, daß er Sicherheitsüberprüfungen unbedingt aus dem Weg gehen mußte und die Sekretärin nur heimlich hätte treffen können – Sicherheit und Motivation des Romeos ließen deshalb zu wünschen übrig.

Frauen, so heißt es zusammenfassend in der HVA-Analyse, »werden oftmals gerade unter Ausnutzung der Tatsache, daß sie allein stehen, kontaktiert und später angeworben«. Die »optimalste Lösung« sei es dabei, den Vorgang von Anfang an mit einer geeigneten »Originalperson aus dem Operationsgebiet« oder einer »auf Doppelgängerbasis übergesiedelten Person« zu beginnen. Der gleiche Effekt ließe sich auch dann erzielen, wenn eine Person dieser Art erst dann an den IM »herangebracht« würde, wenn die Frage einer Partnerschaft ernsthaft auftauche. Leider sei beides in vielen Fällen jedoch nicht möglich, weil das »Reservoir an solchen Werbern« in den Diensteinheiten nicht ausreiche, so daß eine große Anzahl von Vorgängen von »DDR-Einsatzkräften« entwickelt würde, wo sich dann früher oder später das Problem der ehelichen Partnerschaft stelle. »Eine große Bedeutung«, so lautet deshalb eine Forderung der Autoren, »kommt der Werbung lediger IM zu, die auf weibliche Angestellte des Objektes angesetzt werden können.«[75]

Ihre »Einsatzkader« tarnte die HVA bis Mitte der siebziger Jahre mit Papieren von sogenannten Originalpersonen, die nicht mehr in der Bundesrepublik lebten. Die Aufdeckung dieser Methode durch bundesdeutsche Sicherheitsstellen, führte dazu, daß in den späten siebziger Jahre eine Reihe von Sekretärinnen verhaftet oder in die DDR zurückgezogen wurde – viele aus dem Bereich der CDU. So wurde 1977 die Sekretärin in der Parteizentrale, Johanna Kreß, festgenommen, weil sie acht Jahre lang parteipolitische Interna preisgegeben hatte, ohne allerdings den wahren Beziehungspartner zu kennen.[76] Zwei Jahre später wurde ihre Kollegin Ursula Höfs (»Uta«) mit ihrem Mann Jürgen verhaftet, der mit richtigem Namen Siegfried Gäbler hieß und unter der »geliehenen« Identität eines Bundesbürgers agierte. Als Resident und Offizier im besonderen Einsatz »Stefan« zuständig für die Ausspähung der CDU-Zentrale hatte er gezielt die Bekanntschaft der damals sechsundzwanzigjährigen Büroangestellten gesucht und sie später geheiratet. Vor die Wahl gestellt, die Verbindung aufzulösen und ihn damit zur Rückkehr in die DDR zu zwingen oder zusammen mit ihm für die »Sicherung des Friedens« zu arbeiten, entschied sie sich dafür, Schriftstücke und Informationen zu beschaffen, die dann von ihrem Ehemann in die DDR weitergeleitet wurden.[77] Inhaftiert wurde 1976 auch die Fremdsprachensekretärin Helge Berger, Mitarbeiterin des außenpolitischen Beraters der Union, Heinrich Böx, und Angestellte des Auswärtigen Amtes.[78]

Wenige Tage nach der Festnahme des Ehepaars Höfs zog die HVA aus Furcht vor weiteren Verhaftungen noch zwei andere Spione aus der CDU-Spitze zurück, deren Lebensgefährten MfS-Mitarbeiter mit Doppelgängerexistenz waren: Inge Goliath, Vorzimmerdame des CDU-Bundestagsabgeordneten und außenpolitischen Sprechers der Union, Werner Marx, hatte unter dem Decknamen »Herta« dreizehn Jahre lang für die HVA-Abteilung X parteipolitische Interna aus der CDU beschafft, bis sie sich 1979 mit ihrem Mann Wolfgang (»Nerz«) in die DDR absetzte. Auch dieser hatte gezielt die Bekanntschaft der Sekretärin Inge Hanke gesucht, die er 1967 heiratete. Wie Gereke und Schmidt-Wittmack trat sie in der DDR, als vorerst letzte Tat für den Staatssicherheitsdienst, auf einer propagandistischen Pressekonferenz auf, um die »Machenschaften« ihres ehemaligen Chefs zu entlarven.[79]

Zur selben Zeit wurde auch die Sekretärin des damaligen Bundesgeschäftsführers Kurt Biedenkopf, Christel Broszey (»Christel«), zurückgezogen, die 1971 von einem Inoffiziellen Mitarbeiter der HVA-Abteilung II namens Konrad Kippling alias Heinrich Hoffmann (»Werther«) geworben worden war – auch dieser floh mit seiner Quelle in die DDR.[80] Während zu all den anderen Fällen keine Unterlagen des MfS überliefert sind, ist es den Feierlichkeiten zum 35. Jahrestag des MfS zu verdanken, daß über den Werber, Lebensgefährten und Instrukteur von Christel Broszey wenigstens eine »Kurzauskunft« der HVA erhalten geblieben ist – wahrscheinlich sollte er eine Auszeichnung erhalten. Das Papier vom Dezember 1984 zeigt einmal mehr, wie das MfS im Westen auf Sekretärinnenfang ging: »1966 wurde Genosse Heinrich Hoffmann als hauptamtlicher IM in die HVA übernommen, auf einen langjährigen Einsatz in der BRD vorbereitet und 1967 ins Operationsgebiet übergesiedelt. [...] Genosse Hoffmann warb und führte die Gen[ossi]n Christel, die mit seiner Unterstützung und durch eigenes kluges und umsichtiges Handeln bis in die Führungsspitze der CDU, zuletzt als persönliche Mitarbeiterin und Sekretärin des Generalsekretärs, vorstieß. Nach Rückkehr in die DDR im März 1979 wurden beide Kundschafter für ihre verdienstvolle Arbeit im Lager des Gegners mit dem Vaterländischen Verdienstorden in Gold ausgezeichnet. Genosse Hoffmann ist verheiratet und lebt heute mit seiner Frau und zwei Kindern in Erfurt. Nach erfolgreichem Besuch der Bezirksparteischule leistet er beim Rat des Bezirkes Erfurt eine verantwortliche Arbeit auf dem Gebiet des Exportes.«[81]

Die von Wolf in Auftrag gegebenen »Forschungsergebnisse« hielten freilich noch andere Methoden bereit, wie die Staatssicherheit ins Bundeskanzleramt eindringen könnte. Hervorgehoben wird in der Untersuchung vor allem die Bedeutung einer gründlichen »Objektanalyse«, die nur durch eine »Verankerung im oder am Objekt« möglich sei.[82] Insbesondere die Wege der Personalrekrutierung sowie die »psychologische Situation« der Mitarbeiter müßten systematisch erforscht werden. »Je gründlicher wir in die Mentalität und Psyche der Beschäftigten im Bundeskanzleramt eindringen und unsere Kenntnisse darüber vervollkommnen, um so erfolgreicher werden die IM arbeiten können.«[83] Aus diesem Grunde müsse der laufende Informationsfluß aus dem gesamten MfS zur »federführenden« Diensteinheit gesichert werden, denn nur mit qualifizierten Personendossiers könne eine »Herauswerbung« in Angriff genommen werden.[84] Notwendig sei dazu unter anderem die »Kontrolle über Haus- und Straßenmitbewohner und über Mitarbeiter der Dienstleistungseinrichtungen in der Nähe der Objekte und der Wohnungen von Mitarbeitern des Objektes«.[85] Auch bei der Schaffung »qualifizierter Ausgangspositionen« müsse man sich auf die gesamte »operative Basis« stützen, wobei letztlich die Stärke und Qualität der aus der DDR entsandten »operativen Einsatzkräfte« und der »Werber aus dem Operationsgebiet« ausschlaggebend für den Erfolg seien. Deren »Ausstrahlung« und »Persönlichkeit« entschieden bereits in der »Kontaktphase« wesentlich über den Verlauf der »Bearbeitung«. Von großer Bedeutung sei darüber hinaus die Nutzung von sogenannten Basisobjekten – also Einrichtungen, die enge Beziehungen zum Bundeskanzleramt unterhielten, wie beispielsweise das Bundespresseamt.

Und dann schildern die Autoren die komplizierte Geschichte eines Agentenringes um eine sogenannte legale Arbeitsbasis, die das MfS in den fünfziger Jahren – neben den Sekretärinnen – über mehr als zehn Jahre lang zur Ausforschung des Bundeskanzleramtes betrieb. Im Mittelpunkt stand dabei der Hamburger Rechtsanwalt Heinrich Wiedemann (»Weide«), der Anfang der fünfziger Jahre angeworben worden war und im Auftrag des MfS die »Wirtschaftshilfe für Festbesoldete« ins Leben rief. Die Organisation, der die Stasi in Bonn ein eigenes Büro finanzierte, vergab in Zusammenarbeit mit einer Versicherung Vorzugskredite an Beamte und legte ihnen dazu Fragebögen vor, die einen umfassenden Einblick in ihre wirtschaftliche Lage gaben – entworfen worden waren sie in Ostberlin. Als nächstes warb »Weide« seine Sekretärin »Iris« an, die anschließend ins Innenministerium eingeschleust wurde und zuletzt Chefsekretärin beim Bundesminister für Bildung und Wissenschaft war. Von dort lieferte sie den Autoren zufolge »im Verlauf vieler Jahre zum Teil sehr wertvolle Informationen«, darunter solche »über Kabinettssitzungen und Forschungsprojekte, die«, wie sich Wolf erinnert, »unsere Arbeit auf dem Gebiet der wissenschaftlich-technischen Aufklärung beträchtlich erleichterten«.[86] »Weide« freundete sich überdies mit dem Abteilungsleiter im Bundeskanzleramt, Rudolf Kriele (»As«), an und versuchte ihm, mit geringem Erfolg, über einen Schweizer Bankier interne Informationen abzukaufen. Abgeschöpft wurde zugleich seine Sekretärin (»Rose«), zu der man ebenfalls ein enges freundschaftliches Verhältnis herstellte und die manchmal direkt aus ihrem Büro in »Weides« Wohnung kam. Zudem schickte die Stasi einen als Student »abgedeckten« Agenten, der stundenweise in der Beamtenorganisation arbeitete und den Ring steuern sollte, aber schon nach kurzer Zeit wieder abgezogen wurde, da er in ein Eifersuchtsdrama zwischen »Rose« und »As« geriet.[87] An seiner Statt entsandte das MfS später die Residentin »Bildhauer«, die sich in Düsseldorf niederließ und vor allem zur Betreuung von »Iris« eingesetzt war. »Weide« gelang es über seine Beziehungen sogar, die Verteidigung eines Beamten (»Kalb«) zu übernehmen, der ein enger Vertrauter von Globke und Adenauer war und sich wegen einer Bestechungsaffäre zu verantworten hatte – das MfS kam dadurch in den Besitz der gesamten Prozeßakten. »Nutzbare Verbindungen« entstanden nicht zuletzt zum Auswärtigen Amt und zum Parteivorstand der SPD. Ausgesetzt werden mußte das Unternehmen »Wirtschaftshilfe« erst, als es durch unseriöse und eigenmächtige Geldgeschäfte in die Schlagzeilen geriet. Gänzlich zu Ende ging der Spionagering, als »Weide«, »Iris« und »Bildhauer« 1970 verhaftet wurden – wegen seines vorgerückten Alters wurde das Verfahren gegen Wiedemann eingestellt.

Beeinflussung der FDP

Für die Annahme, daß die kleineren Parteien mit geringeren Mitteln vom MfS »bearbeitet« wurden, gibt es keine Anhaltspunkte – im Gegenteil: Weil die geheimdienstlichen Einflußmöglichkeiten umgekehrt proportional zur Größe einer Partei sind, scheint bei den kleinen Parteien sogar ein besonderer nachrichtendienstlicher Schwerpunkt gelegen zu haben. Aufgrund ihres verhältnismäßig kleinen Bestandes an politischem Führungspersonal und ihrer Rolle als Regierungspartei in wechselnden Koalitionen bot die FDP besonders gute Ansatzpunkte für das MfS.

Die HVA »bearbeitete« die FDP nicht nur über deren Kontakte zu ihrer liberalen »Schwesterpartei« in Ostdeutschland, die, wie viele DDR-Einrichtungen mit Westverbindungen, als »legales Dach« des Staatssicherheitsdienstes genutzt wurde.[88] Politiker ostdeutscher Herkunft wie Wolfgang Mischnick oder Hans-Dietrich Genscher lagen dadurch ebenso im Visier des MfS wie die Teilnehmer offizieller Parteibegegnungen. Gerüchte, daß Genscher als Quelle der HVA fungierte und deshalb nach der Wende von seinem Amt als Außenminister zurücktrat, haben sich allerdings nicht bestätigt. Ehemalige Stasi-Offiziere haben vielmehr erklärt, daß sie Genscher Anfang der siebziger Jahre als »Mann der DDR« zu kompromittieren suchten und sich dazu unter anderem eines alten IM-Vorganges aus Halle (»Tulpe«) bedienten – der Akte eines anderen übergesiedelten Liberalen.[89] Im Juni 1990 soll das Bundesamt für Verfassungsschutz jedoch vom CIA darüber informiert worden sein, daß aus Genschers unmittelbarem Umfeld laufend »erstklassiges Material« ans MfS abfloß.[90]

»Objektverantwortlich« für die FDP war das HVA-Referat II/2, das 1988 mindestens fünf Quellen führte, von denen bislang nur die Decknamen bekannt sind: »Balka«, »Fluß«, »Radom«, »Fritz« und der bereits 1961 registrierte Agent mit dem merkwürdigen Namen »Auto«.[91] Vor allem der letztgenannte war mit insgesamt 325 Informationslieferungen eine munter sprudelnde Quelle, doch auch der 1971 registrierte »Fritz« und der erst 1985 erfaßte »Radom« versorgten die Stasi mit siebenundvierzig beziehungsweise einundzwanzig ausführlichen Informationen. Wie bei den anderen Parteien führten aber auch andere Diensteinheiten Informanten in der Partei, darunter der bis heute unentschlüsselte Inoffizielle Mitarbeiter »Hahn«. Er hatte Beziehungen zu führenden FDP-Kreisen und wurde seit 1982 von der Aufklärungsabteilung in Gera gelenkt.[92]

Dienstälteste Quelle in der FDP war der 1948 für die Parteiaufklärung der SED angeworbene Geschäftsführer der Partei in Nordrhein-Westfalen, Lothar Weirauch (»X«, »K X«), der später Hauptgeschäftsführer der FDP in Bonn und dann zweithöchster Beamter im Bundesministerium für innerdeutsche Beziehungen wurde.[93] »Die Geheimdienste«, so wurde der ehemalige FDP-Vorsitzende Erich Mende Mitte der achtziger Jahre in einem Buch zitiert, »richteten sich bereits 1949/50 in der neuen Bundesgeschäftsstelle ein«.[94] Hatte er womöglich von Weirauchs Anbindung gewußt? Den »Erinnerungen« von Markus Wolf zufolge führte die HVA zudem über einen Jugendfreund »Otter« regelmäßig Gespräche mit dem FDP-Vorsitzenden und hatte »auch noch andere Verbindungen in die FDP, unter anderem zum Geschäftsführer der Partei in Bonn, Karl-Hermann Flach, zu Politikern einiger Landesverbände, zum Herausgeber eines FDP-Informationsdienstes« – vor allem aber zu den Funktionären Hannsheinz Porst und William Borm.[95]

Der Nürnberger Fotokaufmann Hannsheinz Porst wurde Anfang der fünfziger Jahre von seinem in der DDR lebenden Vetter Karl Böhm mit Offizieren der »Aufklärung« in Verbindung gebracht, angeworben und ab 1955 von Wolf persönlich geführt. In Absprache mit dem MfS trat Porst seinerzeit der FDP bei und profilierte sich dort als großzügiger »Mäzen« der Partei. Die »Entschädigungen«, die er 1958 an führende FDP-Politiker wie Thomas Dehler für deren Wahlkampfaufwendungen zahlte, bekam er von der HVA zurückerstattet. Zur Unterstützung von Porst stellte die HVA diesem 1955 noch einen zweiten, aus der DDR übergesiedelten Agenten zur Seite: Alfred Pilny. Dieser beteiligte sich maßgeblich an der Herausgabe des Kreis- und Bezirksbriefes der FDP (»Das liberale Franken«) und vertrat Porst regelmäßig in den Sitzungen des mittelfränkischen Bezirksvorstands der FDP. Er hielt auch Kontakt zur Bundesgeschäftsstelle und übermittelte alle Informationen dem MfS. 1958 wurde Porst feierlich in die SED aufgenommen, ein Jahr später zum stellvertretenden Bezirkschef der FDP gewählt, was ihm zugleich Sitz und Stimme im bayerischen Landesausschuß der Partei verschaffte. 1961 übernahm er den Druck des gesamten Wahlkampfmaterials der FDP, wofür er vom MfS etwa 75000 DM erstattet erhielt.

Porsts Einschleusung in die Partei fällt in eine Zeit heftiger parteiinterner Konflikte um den deutschlandpolitischen Kurs der Liberalen, bei denen sich die »Verständigungspolitiker« um Dehler schließlich durchsetzten.[96] Auf Veranlassung von Markus Wolf knüpfte Porst auch privaten Kontakt zu Parteigrößen wie Erich Mende, Walter Scheel, Thomas Dehler und Karl-Hermann Flach. Auf diese Weise wurde insbesondere der Parteivorsitzende Mende, mit dem Porst inzwischen eine Duzfreundschaft verband, systematisch »abgeschöpft« und beeinflußt. Im Auftrag des MfS wirkte Porst auf Mende unter anderem dahingehend ein, in einer Koalitionsregierung mit der CDU Minister für gesamtdeutsche Fragen zu werden; tatsächlich übernahm er 1963 dieses Ministerium. Mende und Dehler spielten auch eine wichtige Rolle beim parlamentarischen Widerstand gegen die von der SED bekämpfte Ausrüstung der

Bundeswehr mit Atomwaffen. 1969 wurde Porst wegen Spionage zu zwei Jahren und neun Monaten Gefängnis verurteilt.[97]

Der Fall William Borm

Noch bedeutender war für das MfS der FDP-Politiker William Borm, ein Mitbegründer der Liberalen, der in der zweiten Hälfte der sechziger Jahre die Deutschlandpolitik der Partei entscheidend mitprägte. Borm war 1950 auf der Transitstrecke verhaftet und zwei Jahre später wegen »Kriegs- und Boykotthetze« zu zehn Jahren Gefängnis verurteilt worden. Den Ermittlungen der Bundesanwaltschaft zufolge wurde die HVA auf ihn aufmerksam, nachdem sich der FDP-Politiker Dr. Bucher für seine Freilassung eingesetzt hatte. In der Haft berichtete Borm Offizieren des für die »Bearbeitung« der FDP verantwortlichen Stasi-Referates ab 1957/58 über Interna aus der Parteispitze.[98] Nach seiner Freilassung im Jahr 1959 machte er dann eine steile Karriere in der FDP: 1960 wurde er Landesvorsitzender in Berlin, zog 1963 ins Berliner Abgeordnetenhaus ein, 1965 in den Bundestag, 1970 in den Bundesvorstand und 1971 in das Europäische Parlament.

In dieser Zeit traf sich William Borm regelmäßig mit Offizieren der Hauptverwaltung A, spätestens ab 1969 wurde er von Wolf praktisch selbst geführt. Seitenlang schwärmt dieser in seinen »Erinnerungen« von der fast zwanzigjährigen »Verbindung«. »Unseren Konsens hatten wir in der Ablehnung der proamerikanischen Adenauer-Politik gefunden, der bundesdeutschen Wiederaufrüstung und der Erkenntnis, daß eine Verständigung zwischen beiden deutschen Staaten dringend notwendig war. Vor diesem Hintergrund beriet Borm mit mir sein politisches Agieren, zunächst innerhalb der West-Berliner FDP, dann auf seinem Weg in den Deutschen Bundestag.«[99] Etwa alle drei bis vier Monate fanden dazu auf dem Gebiet der DDR geheime Treffs statt, bei denen Borm aus erster Hand berichten konnte – über politische Vorhaben ebenso wie über die Charaktereigenschaften der Politiker in seiner Umgebung.

Der Verfassungsschutz verdächtigte indes einen Parteifreund Borms, den Vorsitzenden des FDP-Ortsverbandes Hamburg-Mitte, Werner Hoffmann, bei seinen regelmäßigen Besuchen Borms nachrichtendienstliche Aufträge für die DDR zu erfüllen. Als Borm 1973 auf diese Besorgnis aufmerksam gemacht wurde, siedelte Hoffmann mitsamt seiner Familie in die DDR über.[100] 1975 erhielt der achtzigjährige Borm dann von der Stasi – wissentlich – den Diplom-Politologen und MfS-Agenten Jürgen Bernd Runge als persönlichen Mitarbeiter und geheimdienstlichen »Flankenschutz« an die Seite gestellt.

Im Austausch für seine Berichte wurde Borm von der Desinformationsabteilung der Staatssicherheit mit Manuskripten für seine Reden und seinen hauseigenen »Pressedienst« versorgt. Wolf persönlich redigierte seinen Schilderungen zufolge den Entwurf der Ansprache, die Borm im Oktober 1969 als Alterspräsident zur Eröffnung des neugewählten Bundestages hielt – ein Plädoyer für den Weg der »Annäherung« gegenüber dem Osten und eine Politik der schrittweisen »Entkrampfung« des Verhältnisses zur DDR.[101] Wolf zufolge waren die Verbindungen »so vielschichtig, daß wir, wenn auch in bescheidenem Umfang, Einfluß auf die Partei nehmen konnten«. Nicht ohne Grund ist in HV A-Dokumenten dieser Zeit selbstbewußt von der »Beeinflussung der FDP-Spitze und -Fraktion« die Rede.[102] Eine Rolle spielte dabei nicht zuletzt der von der HVA herausgegebene liberale Informationsdienst *X-Information* (»Projekt Karstädt«), der in der zweiten Hälfte der sechziger Jahre in Köln erschien und vor allem eine Verständigung mit der DDR propagierte.[103]

Die Bedeutung, die die FDP am Ende der sechziger Jahre für die HVA besaß, läßt ein zehnseitiger Bericht vom Juni 1968 erahnen, der auf »Angaben zuverlässiger und vertrauenswürdiger Quellen« beruhte und im wesentlichen die Bemühungen um einen politischen Kurswechsel der Partei, insbesondere in der Deutschlandpolitik und im Verhältnis zur CDU, zum Inhalt hatte.[104] Der Bericht schildert detailliert die damaligen Auseinandersetzungen zwischen der auf dem Freiburger Parteitag im Januar 1968 neugewählten Parteiführung um Walter Scheel auf der einen und den konservativen, angeblich CDU-hörigen Kräften um Erich Mende auf der anderen Seite. »In oppositionellen FDP-Kreisen«, so heißt es, »wird eingeschätzt, daß sich eine Kraftprobe zwischen ihnen und den konservativen Kräften anbahne.«

Führende Kreise der Jungdemokraten werden in dem Bericht mit der Auffassung zitiert, daß der auf dem Parteitag benutzte Begriff »Ruck nach vorn« lediglich taktisch bedingt sei und es sich in Wirklichkeit um eine Orientierung nach links handele. In Kreisen der FDP-Bundesgeschäftsstelle, so heißt es weiter, gehe man davon aus, daß das neugewählte Parteipräsidium relativ vorsichtig auftrete, weil der neue FDP-Vorsitzende seinen Posten nicht gefährden wolle. Als weitere Ursache für die Zurückhaltung werde die Tatsache angeführt, daß darin auch verschiedene »realistischer denkende Kräfte« wie zum Beispiel der Bundestagsabgeordnete Moersch vertreten seien, die eine »Funktionsanmaßung« bremsen würden. Walter Scheel selbst wird mit einer Äußerung auf einer Sitzung der FDP-Bundestagsfraktion im März 1968 zitiert, wo er seinen konservativen Kritikern vorgeworfen hätte, daß sie nicht Abschied nehmen wollten von Irrtümern der Vergangenheit und weiterhin »deutschnationale Politik« betreiben wollten, die in der FDP von heute fehl am Platze sei.

Schließlich wird in dem Stasi-Dokument berichtet, daß die Veröffentlichung in den *Nürnberger Nachrichten* über die Übertrittsabsichten Mendes zur CDU nach Äußerungen des stellvertretenden FDP-Vorsitzenden Hans-Dietrich Genscher auf den Bundesgeschäftsführer Friderichs zurückzuführen sei, der damit das Ziel verfolgt habe, Mende »möglichst rasch loszuwerden«.

Der Bericht behandelt auch die seinerzeitigen Überlegungen der FDP-Spitze über künftige Koalitionsmöglichkeiten und bezieht sich dabei auf »maßgebliche Kreise in der FDP-Führung«. Die Losung »Alles gegen die große Koalition« sei um den Zusatz »und für die Ablösung der Regierungsverantwortung der CDU/CSU in Bund und Ländern« erweitert worden – eine Linie, die seinerzeit auch vom MfS verfolgt wurde. »Nach Äußerungen des FDP-Präsidiumsmitgliedes Moersch«, so der Bericht, »bemühe er sich mit seinen Anhängern um eine Grundsatzerklärung des FDP-Parteipräsidiums, die eine Koalition mit der CDU/CSU von vornherein verhindern müßte.« Dieses Programm sollte als »Hauptpunkte« unter anderem die Anerkennung der Oder-Neiße-Grenze, die offizielle Anerkennung der DDR und die Begrenzung der Bindungen Westberlins an die Bundesrepublik enthalten. »Gleichzeitig sollte ein solches Programm die Basis für eine Koalition mit der SPD bilden.«

Borms Rolle in der deutschen Politik ist – unter dem Aspekt seiner Stasi-Anbindung – bis heute nicht aufgearbeitet. In einer 1997 erschienenen Veröffentlichung zur Deutschlandpolitik der Liberalen, die, wie es im Klappentext heißt, »unter Hinzuziehung neuer, bislang unzugänglicher Dokumente und Akten« entstand, wird er nicht einmal erwähnt.[105] Aus einer anderen Arbeit geht immerhin hervor, daß die SED ihn Mitte der sechziger Jahre mit Thomas Dehler, Karl-Hermann Flach und einigen weiteren Politikern zu den »positiven« Kräften in der FDP rechnete.[106] Die heutige FDP hüllt sich in Schweigen, vielleicht weil Borm die Partei nach dem Koalitionsbruch 1982 unter Protest verließ.

Dabei hatte er erheblichen politischen Einfluß, gerade auf die Deutschlandpolitik der FDP und der sozialliberalen Koalition. In der Bundestagsfraktion war er verantwortlich für den Fachausschuß I, der für Außen-, Deutschland-, Europa- und Sicherheitspolitik zuständig war, und in der Partei kämpfte er entschieden für eine neue, weiche Linie gegenüber der SED – gegen Widerstände in den eigenen Reihen, beispielsweise durch den Präsidenten des Gesamtdeutschen Instituts, Detlef Kühn.

So ist in den von Borm mitformulierten »Perspektiven liberaler Deutschlandpolitik« der FDP von 1975 von einem Eintreten für die Grundrechte der Ostdeutschen keine Rede mehr, sondern nur noch von einer schrittweisen »Normalisierung« der zwischenstaatlichen Beziehungen. »Die notwendige Überwindung einer den Frieden bedrohenden Konfrontation hochgerüsteter

Militärblöcke kann erreicht werden, ohne daß eine Auflösung der gegensätzlichen Gesellschaftssysteme erforderlich wäre« – ein Blankoscheck für die SED-Diktatur. Voraussetzung für ein gesamteuropäisches Friedenssystem sei es, »daß beide Seiten Lehren aus der Fruchtlosigkeit des Kalten Krieges ziehen und sich auf Regeln für den Systemwettbewerb verständigen, die den Bestand des jeweils anderen Systems nicht gefährden«.[107]

Vier Jahre später war Borm dann der einzige, der im Bundesvorstand der FDP gegen den Nachrüstungsbeschluß der NATO stimmte. 1981 trat er als Redner der Friedensdemonstration in Bonn auf und verurteilte im *Spiegel* Genschers Außenpolitik. In Übereinstimmung mit den Zielen des Staatssicherheitsdienstes polemisierte er dort gegen die »irreale Forderung nach Geltung der Menschenrechte westlicher Prägung auch in Osteuropa«, forderte die Beachtung der »legitimen Sicherheitsinteressen« der Sowjetunion und erklärte den Protest der Bevölkerung gegen die NATO-Nachrüstung zur »nationalen Pflicht«.[108] Ein Foto in Wolfs »Erinnerungen« zeigt Borm 1983, vier Jahre vor seinem Tod, zusammen mit dem Stellvertreter Erich Mielkes bei einer konspirativen Feierstunde in Ostberlin.[109]

Verstärkung von der HVA bekam William Borm 1969 durch die Sekretärin Sonja Lüneburg, bei der es sich in Wahrheit um die ehemalige Hauptreferentin im Ministerium für Volksbildung, Johanna Olbrich (»Anna«), handelte. Fünf Jahre zuvor war sie vom HVA-Referat II/1 bei einem Lehrgang an der SED-Bezirksparteischule Berlin als IM verpflichtet und systematisch auf einen Einsatz in der Bundesrepublik vorbereitet worden. Unter der Identität einer in die DDR übergesiedelten Friseuse wurde sie 1967 in die Bundesrepublik geschleust und 1969 von Borm eingestellt. Auf seine Empfehlung arbeitete sie ab 1973 als Sekretärin des FDP-Generalsekretärs Flach und wurde 1974 Vorzimmerdame von Martin Bangemann, an dessen Seite sie auch in seinen späteren Funktionen als Fraktionsvorsitzender im Europaparlament und als Bundeswirtschaftsminister blieb. Sie hatte Einblick in Protokolle des Bundesvorstandes der FDP, des Fachausschusses I der FDP sowie in zahlreiche wichtige parteiinterne Angelegenheiten. Im August 1985 wurde sie in der Nähe von Lübeck in die DDR zurückgeschleust, nachdem sie in Rom einen mit ihrem Foto versehenen Falschausweis verloren hatte.[110]

Im selben Monat verschwand auch der Referent der liberalen Friedrich-Naumann-Stiftung und ehemalige Mitarbeiter der FDP-Bundesgeschäftsstelle, Herbert Adolf Willner, dessen Frau Herta-Astrid bis dahin Vorzimmersekretärin der Abteilung 3 im Bundeskanzleramt war – seinerzeit die achtzehnte enttarnte Sekretärin im Verlauf von zehn Jahren.[111]

Inoffizielle Mitarbeiter bei den Grünen

Beträchtliche Aufmerksamkeit schenkte das MfS auch der 1980 gegründeten Partei der Grünen, die einerseits als oppositionelle Kraft, besonders bei den Protesten gegen die NATO-Nachrüstung, geschätzt wurde, andererseits wegen ihrer Kontakte zu Gleichgesinnten in der DDR der Staatssicherheit besonders gefährlich erschien. Im Unterschied zu den anderen Parteien haben die Grünen nach der Wende – als nur der ostdeutsche Teil der Partei im Parlament vertreten war – wenigstens versucht, Licht in die Vergangenheit zu bringen. Im März 1994 fand dazu ein Diskussionsforum statt, bei dem auch eine erste wissenschaftliche Aktenlese vorgelegt wurde.[112] Da damals jedoch nur wenig über die geheimdienstliche Durchdringung der Partei bekannt war, konzentrierten sich die Überlegungen auf die Bespitzelung der Kontakte zu ostdeutschen Oppositionellen und auf eine kritische Bestandsaufnahme der deutschlandpolitischen Positionen bis zur Vereinigung. Die systematische »Bearbeitung« der westdeutschen Grünen durch das MfS und ihre Folgen haben sich erst später in ihrer ganzen Tragweite herausgeschält.

Der Stellenwert, der den Grünen vom MfS zugemessen wurde, geht unter anderem aus einer »Dissertation« hervor, die 1989 von Stasi-Mitarbeitern angefertigt wurde und Strategien für die politische und nachrichtendienstliche Beeinflussung der Partei formulierte. Aus der generellen Aufgabenstellung, so heißt es da, durch »politisch durchdachte verantwortungsbewußte operative Arbeit die Realisierung der Politik unserer Partei- und Staatsführung optimal zu unterstützen und dafür günstige Bedingungen zu schaffen«, ergebe sich, daß die Analyse von Programmatik und praktischer Politik der Grünen die Ansatzpunkte sichtbar machen müsse, die für eine ergebnisorientierte Politik des Dialogs und der Durchsetzung der Prinzipien der friedlichen Koexistenz »offensiv« nutzbar seien. Sie müsse »themenbezogen dazu beitragen, gesellschaftliche Kräfte für diese Politik zu mobilisieren« und »zugleich – in Wahrnehmung unserer internationalistischen Verantwortung – auch den Hauptkräften des Klassenwiderstandes (DKP) bei der Realisierung ihrer gesellschaftsstrategischen und bündnispolitischen Vorstellung Hilfe leisten«.[113]

Zuständig für die Grünen war beim MfS das Referat II/6 der HVA, das 1988 mindestens fünf »Objektquellen« führte.[114] Für dieses Referat dürften die meisten grünen Politiker »erfaßt«, das heißt Gegenstand nachrichtendienstlicher Bearbeitung gewesen sein.[115] Eine wichtige Rolle spielten aber auch die Aufklärungsabteilung der Berliner Bezirksverwaltung, die die Alternative Liste (AL) bearbeitete, die Hauptabteilung XX, die die inneren Kritiker der SED unter Kontrolle halten sollte, sowie die Hauptabteilung XXII, die terroristische und linksradikale Gruppen im Westen durchdrang. Obwohl inzwischen eine Reihe aussagekräftiger Dokumente aufgefunden wurde und mehrere Prozesse stattfanden, ist das IM-Netz bei den Grünen aber bis heute nur ansatzweise aufgeklärt.

Da die Partei politisch im linken Spektrum angesiedelt und offen für Quereinsteiger war, konnte die Staatssicherheit über ihre inoffiziellen Mitarbeiter verhältnismäßig leicht SED-freundliche Positionen verstärken. Vor allem in der Deutschlandpolitik, aber auch in der Friedens- und Menschenrechtspolitik nahm sie gezielt Einfluß und trug dazu bei, eine regelrechte Fraktion zu bilden, die die Politik der Partei erheblich beeinflußte. Zudem entfaltete sie große Anstrengungen, die Verbindungen zu oppositionellen Gruppen in der DDR auszuforschen, zu stören und zu zerschlagen. Voraussetzung dafür war ein ständiger Informationsfluß aus dem Innenleben der Partei, der sowohl die politischen Positionen als auch die praktischen Aktivitäten der einzelnen grünen Politiker transparent machte.

Wegen der Kontakte der Grünen zur DDR-Opposition wurden die »Abwehrdiensteinheiten« laufend über die Ausforschung der Partei unterrichtet. Deshalb hat eine Fülle von Dokumenten überlebt, die deutlich machen, wie exzellent das MfS informiert war. Insbesondere die Zentrale Auswertungs- und Informationsgruppe (ZAIG), aber auch die HVA hat umfangreiche Berichte über die innerparteiliche Entwicklung hinterlassen.[116] In regelmäßigen Abständen berichtete die ZAIG ausführlich über »die aktuelle Lage in der Partei Die Grünen«, »die Situation in der Partei ›Die Grünen‹ vor ihrer Bundesdelegiertenkonferenz« oder »aktuelle Probleme der innerparteilichen Lage und der Politik der Grünen«. Einen besonderen Stellenwert nahmen dabei »aktuelle Entwicklungstendenzen in der Politik der Grünen gegenüber der DDR« ein.[117] Von der für Gegenspionage zuständigen HVA-Abteilung IX ist ein ausführlicher Bericht vom Januar 1984 überliefert über die »Einflußnahme« des Grünen-Politikers Lukas Beckmann auf die Zusammensetzung des Bundesvorstandes der Partei.[118] Fast alle Berichte schließen mit dem Satz: »Die Information darf im Interesse der Sicherheit der Quellen nicht publizistisch ausgewertet werden.«

Die Auswertungsabteilung VII der HV A informierte nicht nur, sondern verschickte auch Vorgaben für die weitere Informationsbeschaffung. Die Stasi interessierte danach vor allem die innerparteiliche Diskussion zu wichtigen politischen Grundfragen und die »Einschätzung des Differenzierungsprozesses« zwischen den Hauptströmungen. Sie wollte beispielsweise wissen, welche Möglichkeiten der Gruppe um Otto Schily zur Durchsetzung ihrer Vorstellungen für eine Koalition mit der SPD eingeräumt würden und welchen Einfluß die Funktionäre um Henning Schierholz hätten, die gegenüber der DDR »realistischere« Auffassungen vertreten würden. Hinweise auf »geplante Aktivitäten der entschieden antikommunistischen Kräfte« zur Unterstützung der DDR-Opposition wurden ebenso angefordert wie die »Zuarbeit für Personeneinschätzungen«, namentlich zu den Politikern Eberhard Bueb, Axel Vogel, Uschi Eid und Heinz Suhr.[119]

Eine der Quellen des MfS war der bis heute nicht enttarnte AL-Funktionär und FU-Professor »Zeitz«, der seit der Gründung der Grünen vor allem aus Berlin, aber auch aus der Gesamtpartei berichtete. Er informierte die Aufklärungsabteilung der Berliner Bezirksverwaltung von 1982 bis mindestens 1987 über sämtliche Bundesversammlungen der Grünen und in den Jahren 1983–84 auch über die Sitzungen des Bundeshauptausschusses. 1981 meldete er den Inhalt des beabsichtigten Gespräches der Grünen mit dem sowjetischen Botschafter, 1982 übergab er den Finanzhaushalt der Partei. Bis 1987 hatte die Stasi über 270 Berichte aus dieser Quelle registriert.[120]

Einflußnahme auf die Bundestagsfraktion

Für dieselbe Abteilung arbeitete auch die Quelle »Ludwig«, die in einem Arbeitsplan für 1989 als Pressesprecher der AL-Fraktion im Abgeordnetenhaus identifiziert wird.[121] Schon kurz nach der Wende führten in Opferakten aufgefundene Stasi-Berichte dazu, daß der ehemalige Pressesprecher der Alternativen Liste (AL), Dirk Schneider, der Zusammenarbeit mit dem MfS bezichtigt wurde. In einem Fernsehinterview bestätigte er entsprechende Kontakte in die DDR. Der Generalbundesanwalt leitete daraufhin ein Ermittlungsverfahren wegen des Verdachts auf geheimdienstliche Tätigkeit ein und legte dem Politiker zur Last, von 1975 bis zur Auflösung des MfS für den DDR-Geheimdienst gearbeitet zu haben.[122]

Schneider, der zu den Mitbegründern der Alternativen Liste zählte, gehörte von 1983 bis 1985 dem Deutschen Bundestag und danach – wegen des Rotationsprinzips – der Fraktion bis 1987 als Mitarbeiter an. Als Abgeordneter war er Mitglied des innerdeutschen Ausschusses und deutschlandpolitischer Sprecher der Grünen. An der Entwicklung einer eigenen, grünen Deutschlandpolitik war er maßgeblich beteiligt. Nachdem sich die Umweltpartei Anfang der achtziger Jahre bundesweit etabliert hatte, wurde in der ersten Bundestagsfraktion und in verschiedenen Parteigremien über ein spezifisches Profil der Grünen auf dem Feld der deutsch-deutschen Beziehungen nachgedacht – Schneider und sein Mitarbeiter Jürgen Schnappertz waren bei diesen Debatten immer dabei. »Daß es möglich war«, so bescheinigten ihm 1984 die drei Sprecherinnen der grünen Bundestagsfraktion, Anne Borgmann, Antje Vollmer und Waltraud Schoppe, »aktuell in einer Bundestagsdebatte über den Honecker-Besuch so etwas wie ein weitgehend konsensfähiges deutschlandpolitisches Konzept der Grünen vorzustellen, daran hat er erheblichen Anteil.«[123]

Für die Grünen, die selber aus der Friedens- und Umweltbewegung hervorgegangen waren, stand anfangs die Zusammenarbeit mit gleichgesinnten Gruppierungen in der DDR eindeutig im Vordergrund. Unter dem Einfluß von Schneider machte sich die Bundestagsfraktion jedoch in der Folgezeit zunehmend die deutschlandpolitischen Positionen der SED zu eigen. Mit seinen extremen Positionen und seinem polarisierenden Auftreten wirkte er massiv auf die Meinungsbildung in der Fraktion ein. Oft vertrat er so eindeutig DDR-konforme Auffassungen, daß er intern den Spitznamen »Ständige Vertretung der DDR« bekam. Exakt in seine Abgeordnetenzeit fällt der entscheidende politische Kurswechsel der Grünen in ihrem Verhältnis gegenüber der DDR.

Im Mai 1983 startete die prominenteste Grünen-Politikerin Petra Kelly, zusammen mit vier weiteren Akteuren, auf dem Ostberliner Alexanderplatz eine Plakataktion, die von der Stasi nach wenigen Minuten beendet wurde.[124] Die festgenommene Kelly übergab einen Brief an Erich Honecker, der auf Anraten von Honeckers deutschlandpolitischem Berater, Herbert Häber, in einem diplomatischen Schachzug wenig später mit einer offiziellen Einladung an die Grünen beantwortet wurde – die SED brauchte die Grünen als Bündnispartner bei den Protesten gegen den NATO-Doppelbeschluß.

Unbehagen bereitete der SED, daß Petra Kelly und Lukas Beckmann vorhatten, in Ostberlin erneut eine unkontrollierte Friedensaktion durchzuführen. Zeitgleich planten ostdeutsche Friedensgruppen ein symbolisches »Massensterben« auf dem Alexanderplatz.[125] In beiden deutschen Staaten keimten Hoffnungen, daß die von der Stasi drangsalierte Friedensbewegung in Ostdeutschland durch die Umarmungsstrategie der SED gegenüber den Grünen politischen Spielraum gewinnen könnte – für die Machthaber in der DDR eine alarmierende Vorstellung. »Für ein Treffen mit Genossen Honecker«, so weihte Mielke im Juni 1983 die Führung seines Ministeriums in die internen Überlegungen der Parteispitze ein, »gibt es noch keine Zustimmung. Grüne möchten das Gespräch führen und zugleich wieder demonstrativ auf dem Alexanderplatz auftreten sowie durch vorherige Propagierung ihrer Vorhaben DDR-Bürger beeinflussen, ebenfalls auf dem Alexanderplatz zu erscheinen. Bei Propagierung solcher Absichten wird nichts aus dem Treffen.«[126]

Auch innerhalb der Grünen formierte sich nun zunehmend Kritik gegen Kellys Ansatz eines direkten Zusammengehens mit den ostdeutschen Friedensgruppen. Über den Inoffiziellen Mitarbeiter »Zeitz« und weitere IM wurde die Stasi über die parteiinternen Auseinandersetzungen zu der Aktion auf dem Alexanderplatz genau unterrichtet. Nach den Informationen des MfS gab es unter den für das Honecker-Gespräch nominierten Delegationsteilnehmern keine einheitliche Auffassung über die Durchführung einer öffentlichkeitswirksamen Aktion parallel oder im Anschluß an den Besuch. Das »Massensterben« sollte am 22. Oktober, zeitgleich mit einer Großkundgebung der Westberliner Friedensbewegung, stattfinden; die ostdeutschen Teilnehmer wurden bereits im Vorfeld allesamt in Polizeigewahrsam genommen. Zehn Tage später war das Gespräch beim Generalsekretär angesetzt, über dessen Vorbereitung das MfS durch eine »interne Quelle« bestens informiert war – einschließlich biographischer Angaben zu den vorgesehenen Teilnehmern.[127]

Nur die Kleiderordnung hatte der Stasi-Informant nicht voraussehen können: Als einziges Delegationsmitglied präsentierte sich Petra Kelly dem verdutzten Generalsekretär in einem T-Shirt, auf dem das in der DDR verbotene Symbol »Schwerter zu Pflugscharen« prangte. Qua Fototermin kam es am nächsten Tag bis in die Spalten des SED-Zentralorgans »Neues Deutschland«.[128] Weitgehend unbemerkt von der Bevölkerung entrollten die Delegationsmitglieder zudem am Abend vor dem Staatsratsgebäude der DDR vier Transparente und trafen sich mit Vertretern ostdeutscher Friedensgruppen und der Kirche.[129]

Bei dem »Gipfeltreffen« in Ostberlin hatten die Grünen Honecker darüber informiert, daß sie am 4. November – kurz vor dem erwarteten Bundestagsbeschluß zur NATO-Nachrüstung – mit Friedensengagierten aus der DDR die Botschaften der UdSSR und der USA aufsuchen und dort eine gleichlautende Petition übergeben wollten. Die beiden Gruppen sollten jeweils eine große Weltkugel bei sich führen, Lukas Beckmann erwartete den Stasi-Informationen zufolge bis zu eintausend Teilnehmer. Die SED-Führung wirkte nun vor allem über die ebenfalls eingeweihten Kirchenvertreter, insbesondere den damaligen Oberkonsistorialrat Manfred Stolpe (IM »Sekretär«), massiv auf die Organisatoren ein, von dem Vorhaben Abstand zu nehmen. Die Stasi, über alle Einzelheiten informiert, verweigerte allen bekannten Mitgliedern und Sympathisanten der Grünen die Einreise und setzte insgesamt 118 DDR-Bürger fest. Der Treffpunkt am Bahnhof Friedrichstraße wurde durch ein Großaufgebot von Sicherheitskräften abgeschirmt.[130]

Innerhalb der Grünen kam es in der Folge zu erheblichen Spannungen, die von der Stasi sorgfältig registriert wurden. Schneider, der auch der Grünen-Delegation bei Honecker angehört hatte, distanzierte sich öffentlich von der Friedensaktion und stellte Kelly und Beckmann in der Partei als unverantwortlich und politikunfähig hin. Stasi-Informationen zufolge bedauerte auch Otto Schily, daß durch das Auftreten der Grünen in der DDR »vieles in Scherben gegangen sei, was nun wieder mühsam aufgebaut werden müsse«.[131] Gleichzeitig erteilte das MfS ab 1984 nahezu allen bekannten Funktionären, Mitgliedern und Sympathisanten der Partei Einreiseverbot; viele wurden fortan in »Operativen Vorgängen« (OV) oder »Operativen Personenkontrollen« (OPK) bearbeitet.[132]

Unter diesen Umständen kam es bald zu einer Neuorientierung der Politik der Grünen – jetzt ging es ihnen vor allem darum, zu den Machthabern in Ostberlin ein besseres Verhältnis herzustellen. Im August 1984 erfuhr die SED von der Bundestagsabgeordneten Gabi Gottwald, »daß eine maßgebliche Gruppe der Grünen um Dirk Schneider die Absicht habe, seriöse Kontakte zur SED herzustellen und dabei auf alle spektakulären Aktionen zu verzichten«.[133] Im September betonte Schneider in einer Presseerklärung, die er zusammen mit der Fraktionssprecherin der Grünen, Anne Borgmann, herausgab, daß eine Politik der Wiedervereinigung Deutschlands und des Offenhaltens der deutschen Frage für die Grünen unakzeptabel sei. »Eine solche Politik halten wir für friedensbedrohend«, hieß es in der Stellungnahme, die schon am nächsten Tag im »Neuen Deutschland« nachzulesen war.[134] Im Interesse des Friedens verlangte er, »die DDR ohne Einschränkung anzuerkennen – wozu die Erfüllung der Geraer Forderungen von Honecker ein Einstieg wäre«.[135] In diesen Forderungen hatte die SED 1980 – nach einer drastischen Erhöhung des Zwangsumtausches für Reisen in die DDR – verlangt, daß die Bundesrepublik die DDR als gewöhnliches Ausland behandeln sollte.[136] Bei einer Abstimmung über die Erklärung mußte er zwar eine knappe Niederlage hinnehmen, doch nahm ihn die Fraktionsspitze ausdrücklich gegenüber der Kritik aus den eigenen Reihen in Schutz.[137]

Im Oktober überzeugte Schneider dann die Bundestagsfraktion, in den Haushaltsberatungen die Auflösung des Ministeriums für innerdeutsche Beziehungen und die Einstellung der Zuschüsse für den Rundfunksender RIAS zu beantragen – seine entsprechende Rede im Bundestag führte wenig später zum Eklat.[138] Gegenüber der ständigen Vertretung der DDR in Bonn erklärten die Fraktionssprecherinnen Antje Vollmer und Anne Borgmann, »daß die Bundestagsfraktion der Grünen die Geraer Forderungen der DDR unterstützt«. Im November 1984 reisten Vollmer und Dirk Schneider nach Ostberlin, um sich dort mit SED-Politbüromitglied Herbert Häber zu treffen, nach dessen Protokoll Antje Vollmer mehrfach zu verstehen gab, daß die Schuld für die »bekannten Irritationen« zwischen SED und Grünen bei letzteren liege. »Für Vorbehalte der DDR ihnen gegenüber hätten sie Verständnis. […] In wesentlichen politischen Auffassungen stände man sich jedoch viel näher als mit Politikern der ›etablierten‹ Bonner Parteien.« Mehrfach hätten Vollmer und Schneider versichert, »daß sie und ihre Freunde alles, was sie tun könnten, tun wollten, um zu verhindern, daß Angehörige der Grünen sich an Aktivitäten gegen die DDR beteiligen«.[139] Zufrieden stellte das MfS in einer streng geheimen Information fest: »Vorliegende Angaben aus Führungskreisen der Grünen bestätigen den sich seit Mitte dieses Jahres abzeichnenden Stimmungsumschwung in der Bundestagsfraktion der Grünen hinsichtlich ihrer Haltung gegenüber der DDR zugunsten der realistischer denkenden Funktionäre um D. Schneider. Diese Entwicklung werde maßgeblich gefördert durch eine wachsende Befürwortung der Positionen Schneiders seitens der Fraktionssprecherinnen der Grünen, A. Vollmer und A. Borgmann, wie sie u. a. in der Unterstützung der Geraer Forderungen der DDR durch A. Vollmer anläßlich der Bundestagsdebatte am 12. 9. 1984 zum Ausdruck kam. Auch Schily zeige sich nach seinem Gespräch mit H. Häber vom 6. 9. 1984 deutlich gewandelt und engagiere sich stärker für ein abgestimmtes Vorgehen dieser Gruppe.«[140]

Tatsächlich legte Schneiders Mitarbeiter Jürgen Schnapperz der Fraktion im Februar 1985 einen Entschließungsantrag vor, der Honeckers Geraer Forderungen allesamt übernahm. Die Bundesregierung wurde darin unter anderem aufgefordert, die Staatsbürgerschaft von Bürgern der DDR zu »respektieren«, für eine Auflösung der Erfassungsstelle Salzgitter einzutreten und die Aufgaben des innerdeutschen Ministeriums auf das Bundeskanzleramt und das Auswärtige Amt zu übertragen.[141] Weil der Antrag anderen Grünen jedoch »zu sozialdemokratisch« erschien, wurde er nicht in den Bundestag eingebracht. Die Unterstützung der kritischen Gruppen in der DDR durch Petra Kelly und andere Grünen-Politiker geriet nun in der Fraktion zunehmend unter Beschuß. In einer internen Begründung Erich Mielkes für das Einreiseverbot von Petra Kelly und Gert Bastian hieß es im Dezember 1985: »Von maßgeblichen realistischer denkenden Vertretern der ›Grünen‹ wird zunehmend Kritik an den ›deutschlandpolitischen‹ Positionen von P. Kelly und G. Bastian geübt. Ihr spontanes, unüberlegtes und provokatives Auftreten stelle die Fraktion vor ständig neue Probleme und belaste den von der Fraktionsführung angestrebten politischen Dialog mit der DDR-Führung. [...] Auch bei maßgeblichen Vertretern der Evangelischen Kirche der DDR stößt das provokative Auftreten P. Kellys auf wachsende Ablehnung, da eine Belastung des Verhältnisses der Kirche zur DDR-Regierung befürchtet wird.«[142] Petra Kelly war politisch weithin isoliert.

Über die Hintergründe dieses Kurswechsels der Grünen finden sich in den Stasi-Unterlagen nur wenig Hinweise. Dank der großflächigen Aktenvernichtung ist der IM-Vorgang »Ludwig« nicht überliefert. In öffentlichen Erklärungen und bei den Vernehmungen durch die Staatsanwaltschaft erklärte Schneider, der 1990 zur PDS überwechselte und ins Berliner Abgeordnetenhaus einzog, er habe bei seinen Kontakten zu DDR-Vertretern nicht informiert, sondern lediglich diskutiert. Auch der Führungsoffizier von »Ludwig«, Major Fischer, bestätigte Schneiders Aussage und erklärte, das MfS habe den Kontakt zu ihm unter der Legende eines »politischen Gesprächsaustausches« aufgenommen – als Vertreter einer »Arbeitsgruppe Westberlin« des Ministerrates der DDR. Zum Vorwurf der Honorierung erklärte er, Schneider seien lediglich Auslagen für Reisekosten erstattet worden, wobei man sich fragt, worin diese bestanden haben sollen, da Schneider überwiegend in Westberlin lebte und als Bundestagsabgeordneter einen Freifahrtschein für alle öffentlichen Verkehrsmittel einschließlich innerdeutscher Flugverbindungen besaß. Zur Frage der Übergabe von schriftlichen Unterlagen meinte Fischer, es habe sich dabei um allgemein zugängliches Material gehandelt, das lediglich als Grundlage für weitere allgemeine politische Gespräche gedient habe. Die Staatsanwaltschaft kam daraufhin zu dem Schluß, selbst wenn Schneider hätte erkennen können, daß seine Gesprächspartner eine MfS-Anbindung hatten, könne aus der Fortsetzung von politischen Gesprächen keine geheimdienstliche Verbindung begründet werden – 1996 wurde das Verfahren deshalb endgültig eingestellt.

Erst durch Ende 1998 neu aufgefundene Unterlagen wurde das ganze Ausmaß der Berichterstattung durch »Ludwig« offenbar. Knapp 330 Informationslieferungen registrierte die Auswertungsabteilung der HVA bis 1987, davon ein großer Teil aus dem Innenleben der Bundestagsfraktion – Themen, die die angebliche »Arbeitsgruppe Westberlin« hätten interessieren können, spielten so gut wie keine Rolle.[143] »Ludwig« berichtete nicht nur über die Fraktions- und Ausschußsitzungen in Bonn, die aktuelle Situation innerhalb der Führungsgremien und der Bundestagsfraktion der Grünen oder über die Aktivitäten der grünen Bundesarbeitgemeinschaft »Frieden«. Er lieferte auch regelmäßig »angeforderte Einschätzungen« zu führenden Grünen-Politikern wie Joschka Fischer, Anne Borgmann, Jutta Ditfurth, Dieter Burgmann, Henning Schierholz oder Rudolf Bahro. Die Stationen des deutschlandpolitischen Kurswechsels der Grünen waren ebenfalls alle Gegenstand der häufigen Stasi-Gespräche. Über die Vorbereitung des Honecker-Gespräches durch die Grünen im Oktober 1983 – einschließlich Vita der Teilnehmer – informierte »Ludwig« ebenso wie über das »Vorhaben von Kräften der grün-alternativen Bewegung der BRD zur Unterstützung der sogenannten unabhängigen Friedensbewegung in der DDR und anderen sozialistischen Staaten«. Auch über die Auseinandersetzungen um Schneiders Presseerklärung vom September 1984, die

Forderung nach Auflösung des innerdeutschen Ministeriums und die »Aktivitäten innerhalb der Bundestagsfraktion zur Festschreibung des erreichten deutschlandpolitischen Konsenses« berichtete er der Stasi. Zugleich informierte »Ludwig« über die »Aktivitäten von sozialismusfeindlichen Kräften in den grün-alternativen Bewegungen«, über »Verlauf und Ergebnisse von Gesprächen der Mitglieder der Fraktion der Grünen im Bundestag, Dirk Schneider und Antje Vollmer, am 19. Dezember 1984 mit feindlich-negativen Kräften in der DDR«, über die »versuchte Einflußnahme von feindlich-negativen Kräften der DDR auf die realistischen deutschlandpolitischen Positionen in der Bundestagsfraktion der Grünen« sowie über eine »geplante Provokation in der DDR-Hauptstadt durch Mitglieder der Grünen« – um nur einige der zahllosen Berichtstitel zu nennen. Auch die Übergabe eines Tätigkeitsberichtes des Bundesgrenzschutzes 1983 hat die Stasi vermerkt – eine seltsame Art zu »diskutieren«.

Die veränderte Einstellung der Grünen zur DDR wurde auch beim MfS registriert. Unter Berufung auf entsprechende Überlegungen im Zentralkomitee wurde deshalb in einem internen Thesenpapier vom September 1986 erstmals über eine Aufhebung der generellen Einreisesperre nachgedacht. Unter anderem wird dort ausgeführt, daß von den etwa 40 000 Mitgliedern der Grünen und der Alternativen Liste etwa 3000 »erkannt und seit November 1983 in Einreisesperre« seien – obgleich von ihnen keine DDR-feindlichen Aktivitäten bekannt seien. Die wesentlichen Kontakte zu »feindlichen Kräften« würden vielmehr von einigen wenigen Mandatsträgern unterhalten, die keiner Einreisesperre unterlägen. Als wichtiges Argument wird zudem ins Feld geführt, daß das generelle Einreiseverbot »nicht unwesentlich die operative Bearbeitung und ihre Konspirierung« erschwere – die Stasi hatte Schwierigkeiten, die ausgesperrten Grünen effektiv zu überwachen. Statt dessen schlug man vor, nur noch »erkannten Feinden« die Einreise zu verwehren. Erst im Vorfeld des Honecker-Besuches in Bonn und nach mehreren Protestbriefen der Grünen machte sich Mielke im April 1987 diese Linie zu eigen.[144]

Die Europaabgeordnete Brigitte Heinrich

Eine Spitzenquelle bei den Grünen war auch die Exterroristin Brigitte Heinrich, die seit 1984 für die Partei im Europaparlament saß und in der sogenannten Regenbogen-Fraktion überwiegend linksradikale Positionen vertrat. Angeworben hatte sie 1982 die für Terrorabwehr zuständige Abteilung XXII des MfS. Unter dem Decknamen »Beate Schäfer« berichtete sie zunächst über das linksextreme Milieu in der Bundesrepublik sowie aus dem Innenleben der Westberliner »tageszeitung« (taz), in deren Auslandsredaktion sie tätig war. »Empfohlen« hatte sie der Stasi ihr Lebensgefährte, der Rechtsanwalt Klaus Croissant (IM »Taler«), der ein langjähriger Bekannter des MfS-Anwaltes Friedrich Karl Kaul war und ein Jahr zuvor förmlich angeworben worden war. »Ich könnte mir vorstellen«, so schrieb der Rechtsanwalt in einer ersten Einschätzung, »daß Brigitte mit dem Abfassen von schriftlichen Berichten, in denen Namen und Einschätzungen der linken Szene eine Rolle spielen, auch der TAZ, zunächst Schwierigkeiten haben könnte. Auch ich hatte vor dem ersten Bericht den bürgerlichen Reflex zu überwinden, der detaillierten Ausarbeitungen entgegensteht. Hinzu kam die diffuse Besorgnis, Berichte könnten dem Gegner in die Hände fallen und in der BRD veröffentlicht werden.«[145]

Klaus Croissant galt wegen seiner Vergangenheit als Terroristen-Verteidiger in Westberlin als eine Art graue Eminenz der linken Szene. Wie Dirk Schneider wirkte er massiv auf die politische Meinungsbildung in der Alternativen Liste (AL) ein. Zusammen mit weiteren Autoren erarbeiteten Schneider und Croissant im Namen der sogenannten Mittwochsrunde beispielsweise im Oktober 1986 ein Thesenpapier, in dem die SED-Konzeption einer selbständigen politischen Einheit Westberlin ungebrochen übernommen wurde – das Papier bestimmte wochenlang die Debatte in der AL und bei den Grünen. »Mit der Teilung der Stadt«, so hieß es da in grotesker Verkehrung der Spaltungsgeschichte, »verknüpfte der Reuter-Senat die Absicht, Westberlin als 11. Bundesland in die neugegründete Bundesrepublik einzugliedern.« Konkret wird die Beendigung des Besatzungsrechtes sowie der Bindung an die Bundesrepublik gefordert. Westberlin müsse sich zur entmilitarisierten Zone erklären und eine eigene Außenpolitik betreiben. Eine Politik der Selbstregierung Westberlins müsse dabei mit der Überzeugungsarbeit verbunden werden, daß nur politische Garantien die bestehenden gesellschaftlichen Grundlagen der Stadt aufrechterhalten könnten – diese seien »aber nicht ohne die zustimmende Haltung der östlichen Staaten und der Sowjetunion zu haben«. Jede Form von Druckausübung gegenüber der DDR im Sinne einer Überwindungsstrategie sei deshalb abzulehnen. »Um einen gleichberechtigten Umgang mit der DDR zu erreichen, muß ein grundsätzliches Umdenken erfolgen, das darauf verzichtet, das westliche System als das überlegene anzusehen.«[146]

Im April 1982 brachte Croissant, nach umfangreichen Überprüfungen durch das MfS, Brigitte Heinrich erstmals mit in die DDR, wo sie mit zwei Stasi-Offizieren zusammentraf. Bei der »Kontaktaufnahme«, so heißt es in dem entsprechenden Bericht, erklärte sie sich bereit, »kontinuierlich zu Treffs in die DDR-Hauptstadt zu reisen« und »Materialien über die ›linke Szene‹ sowie Probleme des Terrorismus zu sammeln und mitzubringen«. Außerdem gab sie ihr Einverständnis, »Einschätzungen über linke Gruppen und Einzelpersonen zu geben« und alsbald wieder aktiv in der *taz* tätig zu werden, um mit dem MfS »an der Einschätzung und Beeinflussung von Mitarbeitern zu arbeiten«. Schließlich wollte sie die internationalen Verbindungen »linker Kräfte« aufklären und »über alle gegen die DDR und die sozialistischen Staaten gerichteten Aktivitäten schnellstens« informieren.[147]

Beim nächsten Treff, der zehn Tage später stattfand, ließ Brigitte Heinrich die Stasi wissen, »daß sie nochmals gründlich über das erfolgte erste Gespräch bezüglich einer Zusammenarbeit mit der DDR nachgedacht hat und sie dort zu der Überzeugung gekommen ist, daß es richtig und notwendig ist, daß bestimmte Bürger bzw. Angehörige der linken Szene der BRD konspirative Kontakte zur DDR unterhalten müssen. [...] Sie erklärte sich bereit, ehrlich und offen über Personen, Sachverhalte usw. zu berichten.«[148] Aufgrund des »positiven Treffverlaufes«, so notierte ihr künftiger Führungsoffizier, »ist vorgesehen, beim nächsten Treff die K[ontakt]P[erson] mit Handschlag zum IM zu verpflichten.«[149] Die Anwerbung, so heißt es in einer späteren »Beurteilung«, erfolgte »auf der Basis der Überzeugung«; politisch stünde der IM »fest auf der Seite des Sozialismus«.[150]

Wie »Taler« überwand auch »Beate Schäfer« ihre Hemmungen, Freunde und Genossen bei der Stasi zu denunzieren. Über zwanzig »Operativ-Informationen« konnte Stasi-Major Helmut Voigt allein aus ihren ersten Auskünften fertigen, darunter detaillierte Personenporträts über ihre Kollegen von der *taz* – jener Zeitung, die ihr Zuflucht gewährt hatte, nachdem sie 1980 wegen Vergehens gegen das Sprengstoffgesetz zu 21 Monaten Gefängnis verurteilt worden war und die Möglichkeit des offenen Vollzugs eingeräumt bekam. Mehrfach hatte die *taz* auch Solidaritäts- und Spendenaufrufe für sie veröffentlicht.[151] Selbst als ein junger DDR-Anhalter sie auf der Transitstrecke fragte, ob sie ihn nicht im Kofferraum mit über die Grenze nehmen könne, machte sie der Stasi umgehend Mitteilung. »Der IM ist heute bereit«, vermerkte ihr Führungsoffizier im Juli 1984, »das MfS umfassend zu unterstützen, wobei das persönliche Vertrauen zum Vorgangsführer wichtige Grundlage ist.«[152] Als Kurier und Instrukteur zur Aufrechterhaltung der Verbindung fungierte ihr Lebensgefährte Croissant, wofür er nach den Ermittlungen der Bundesanwaltschaft vom Staatssicherheitsdienst mehr als 70 000 DM erhielt.[153]

Noch interessanter wurde Brigitte Heinrich für das MfS, als die hessischen Grünen, die sich ebenfalls für sie eingesetzt hatten, die Vorbestrafte 1984 demonstrativ auf Platz 2 ihrer Kandidatenliste für das Europaparlament setzten. Obwohl sie der Partei nicht angehörte, wurde ihr vom MfS geraten, auf dieses

Angebot einzugehen.»Auftragsgemäß«, so schrieb die Stasi im Juli, »realisierte der IM alle erforderlichen Maßnahmen, einschließlich des aufwendigen Wahlkampfes.«[154] Bei einem zweitägigen Treff im März erhielt sie zu diesem Zweck ausführliche Instruktionen, darunter auch die Aufgabe, Einschätzungen zu den wichtigsten Grünen-Politikern zu erarbeiten.[155] Bei den Wahlen im Juni wurde sie dann tatsächlich in das »Scheinparlament« gewählt, wie sie die Europäische Parlamentarierversammlung in ihrer Kandidatenbewerbung bezeichnet hatte. Croissant wurde ihr Fraktionsmitarbeiter.

Die Stasi hatte nunmehr vor, Brigitte Heinrich an die Abteilung II der HVA zu übergeben, die für die bundesdeutschen Parteien zuständig war. Da sie ihren Führungsoffizier nicht verlieren wollte, wurde sie jedoch – ein Sonderfall – von jetzt an von beiden Diensteinheiten gemeinsam geführt: Während »Helmut« weiterhin mit ihr die »linke Szene BRD« ausforschte, dirigierte sie Stasi-Offizier Gebhardt (»Erich«) vom HVA-Referat II/6, zuständig für die Grünen, von nun an im Europaparlament. Nur diesem Umstand ist es zu verdanken, daß in den Beständen der »Terrorabwehr« eine vierbändige IM-Akte überlebt hat, in der auch einige Dokumente über ihre Stasi-Tätigkeit bei den Grünen abgeheftet wurden – eine »Schattenakte« über Spionage und politische Einflußnahme in der Bundesrepublik Deutschland.

Schon vor ihrem Einzug ins Europäische Parlament übergab danach die HVA Brigitte Heinrich ihren »Informationsbedarf« über die Grünen. Zudem wurden ihr »die höheren Anforderungen an Konspiration und Geheimhaltung, aber auch an größere Zuverlässigkeit und Zielstrebigkeit bei der Realisierung der Aufträge aufgezeigt«. Die Inoffizielle Mitarbeiterin erklärte der Akte zufolge auch in dieser Situation ihre »allseitige Bereitschaft«, mit dem MfS zusammenzuarbeiten.

Nach der Wahl von Brigitte Heinrich ins Europaparlament wurde der Vorgang mit dem Leiter der HVA-Abteilung II, Kurt Gailat, erneut beraten. Man beschloß, einen »ausführlichen Schulungs- und Instruktionstreff« in Jugoslawien durchzuführen. Selbstverständlich wurde die als Urlaubsreise getarnte Fahrt im August 1984 vom MfS bezahlt und zudem mit einer zusätzlichen »Anerkennung« von 1500 DM verbunden.[156] Der Bericht über dieses Treffen ging auch an Generaloberst Markus Wolf, der der für die Anwerbung verantwortlichen Abteilung ausdrücklich Lob für »dieses Ergebnis der politisch-operativen Arbeit« zollte. In ihrer Auswertung des Schulungstreffs hielt die Stasi fest, daß es notwendig sei, für »Beate Schäfer« konkrete Aufgaben zum Europaparlament und zur Fraktion der Grünen im Bundestag festzulegen. Sie habe sich bisher noch nicht intensiver mit der Politik der Grünen befaßt und müsse deshalb »Erkenntnisse nachholen«. Sie besitze aber die Möglichkeit, Informationen zu beschaffen und »Aktivitäten im Europaparlament durchzuführen, die in unserem Interesse liegen und grüne Politik beinhalten«.[157]

Beide Stasi-Abteilungen erarbeiteten nun eine »Einsatz- und Entwicklungskonzeption«, deren Grundlage ein »klares politisches Konzept« sein sollte, »um den IM voll darauf einzustellen und alle Schritte darauf zu konzentrieren«. Ziel des MfS war vor allem eine Stärkung der politischen Position von Brigitte Heinrich, »um Einflußmöglichkeiten sowohl als Europaparlamentarierin als auch auf Funktionskreise der Grünen bis in Spitzenpositionen zu schaffen«.[158] Die im November 1984 fertiggestellte »Konzeption« legte fest, ihre Möglichkeiten als Abgeordnete zu nutzen, um »durch politische Arbeit und Engagement sowie durch Schaffung entsprechender Kontakte in Bonn die Voraussetzungen zu schaffen, nach der Rotation eine Tätigkeit in Bonn (Fraktion oder Bundesvorstand der Grünen) aufzunehmen«. Um »Beate Schäfer« in der Europafraktion und darüber hinaus bekannt zu machen, hielt man es vor allem für notwendig, daß sie sich mit den Inhalten und Zielen der grünen Politik vertraut machte, einen guten Kontakt zu den jeweiligen Partnern in der Fraktion und im Bundesvorstand aufbaute und eigene Initiativen im Interesse grüner Politik entwickelte – mit Unterstützung und Formulierungshilfe des IM »Taler«. Hilfestellung müsse ihr das MfS »besonders hinsichtlich der Einschätzung bestimmter Beschlüsse, deren Initiierung oder Verhinderung, unserer Haltung als DDR dazu« geben. Zu beachten sei dabei, daß weitgehend die Haltung der Partei der Grünen berücksichtigt werden müsse und der IM nicht gegen die Interessen der Partei handeln könne. »Andererseits kann der IM selbst bestimmte Vorschläge für Verhalten bei Abstimmungen usw. an die Fraktion machen.« Außerdem sollte »Beate Schäfer« Pläne und Absichten der Grünen gegen die DDR erkunden, »Personenhinweise« aus dem Bereich der Spitzenfunktionäre »erarbeiten« und »abklären« und überhaupt »sich in der weiteren operativen Arbeit zu einem aktiven Mitglied der Grünen entwickeln«. Zu diesem Zweck sollte sie sich aus dem terroristischen Umfeld lösen und neue politische Kontakte schaffen, unter anderem durch Mitarbeit im Liaisonkomitee der Russell Peace Foundation und in der Bonner Friedenskoordination.[159]

Obgleich die HVA-Akte von Brigitte Heinrich nicht überliefert ist, zeigen die vorhandenen Unterlagen, daß die Abgeordnete eng mit dem MfS zusammenarbeitete. Seit der »Ausrichtung« auf die Grünen, so konnte die Stasi schon in ihrer »Einsatzkonzeption« resümieren, »hat der IM wertvolles Material übergeben«. Tatsächlich finden sich in der Arbeitsakte zahlreiche Berichte aus der Konstituierungsphase der sogenannten Regenbogenfraktion sowie Personencharakteristiken über die damaligen grünen Europaabgeordneten. Da die Treffs mit Brigitte Heinrich aus Sicherheitsgründen nun seltener stattfanden, betätigte sich »Taler« als Überbringer der Nachrichten. Mindestens einmal im Monat, so lautete eine Festlegung vom April 1985, sollte durch ihn die »Materialübermittlung« erfolgen.[160] Einladungen, Personalentscheidungen und Veranstaltungstermine wurden auf diesem Wege der Stasi regelrecht zur Entscheidung vorgelegt. So notierte »Taler« im Juni 1984 unter dem Stichwort »Fragen«: »Soll sie an den Treffen der Euro-Arabischen Gruppe teilnehmen (bei Plenarsitzungen in Straßburg jeden Mittwoch 14 h)? […] Die Bundes-Frauen-AG der Grünen will am 8./9. 9. über die Bewerbung von […] beschließen. Siehe Unterlagen Erich. Gibt es von hier aus evtl. Bedenken gegen ihre Anstellung?«[161]

Für gründliche Aussprachen kam man mit der Europaabgeordneten und ihrem Kurier in größeren Abständen zu mehrtägigen Treffs in idyllischer Umgebung zusammen – im April 1985 etwa im Stasi-Objekt »See«. In einer »Konzeption« hatte das MfS unter anderem festgelegt, bei dem viertägigen Treff »mögliche Aktivitäten des IM auf parlamentarischem oder parteipolitischem Gebiet zu Problemen grüner Politik« zu besprechen, insbesondere die Frage, wie weit »links« zu gehen möglich sei, ohne die Positionen der Grünen zu verlassen. Mit »Taler« wollte man überdies besprechen, wie er aus seiner Arbeit in der Europafraktion der Grünen zusätzlich »eigene Informationen« erarbeiten könne.[162]

Bei der Zusammenkunft sprach das MfS beiden Agenten den Dank des Ministeriums aus, verbunden mit einem »Sachgeschenk« im Wert von 1000 DM – was »Beate Schäfer«, wie es hieß, »durchaus erfreut zur Kenntnis nahm«. Im Europaparlament, so resümierte man anschließend in der »Treffauswertung«, habe sie sich inzwischen eine »Position« aufgebaut, »die objektiv günstige Möglichkeiten für eine weitere Entwicklung als Politikerin der Grünen bietet«. Allerdings fülle sie ihre Tätigkeit als Abgeordnete »noch nicht bzw. nicht genügend mit den Interessen grüner Politik aus«. In »Verwirklichung ihrer Perspektive (Tätigkeit als Abgeordnete oder Angestellte in der Fraktion der Grünen in Bonn)« hielt die Stasi deshalb nach wie vor eine weitergehende politische Profilierung für notwendig.

Einen breiten Raum nahm bei dem Treffen auch das Verhältnis der Grünen zur SPD ein, der die Abgeordnete ausgesprochen ablehnend gegenüberstand. Die Stasi vertrat hingegen die Auffassung, »daß die SPD durchaus nicht nur negativ zu sehen ist«. Da aus ihren »Berührungsängsten« zu Sozialdemokraten »auch Einschränkungen bei der Auftragsrealisierung« entstünden, hielten es die beiden Führungsoffiziere für notwendig, bei kommenden Treffs noch einmal »mit dem IM über ihr Verhältnis zur SPD zu sprechen, besonders unter dem Gesichtspunkt der operativen Notwendigkeiten«.

Schließlich werden in dem Bericht verschiedene »Aufträge« festgehalten, die dem Agentenduo erteilt worden seien, darunter die weitere Ausforschung einer anderen Grünen-Politikerin, die die Stasi gerne anwerben wollte. Der IM werde »weiterhin versuchen, zu den jetzigen Mitgliedern des Bundestages Verbindung aufzunehmen, sich dort entsprechend seinem Verantwortungsbereich, aber auch darüber hinaus, bekannt zu machen«. Außerdem legte man fest, daß eine Halbtagskraft »Monika Bauer« angestellt werden sollte, die in Zukunft den Schriftverkehr und die Ablage erledigen sollte – »um«, wie die Stasi fürsorglich festlegte, »so Zeit zu gewinnen, bei Besuchen durch ›Taler‹ operativ bedeutsame Probleme zu besprechen und sich nicht durch das Abheften von Zeitungen und Zeitschriften von wichtigen operativen Problemen ablenken zu lassen«.[163]

Im August 1985 kam man erneut zu einem mehrtägigen Treff zusammen. Der Treffkonzeption zufolge wollte man mit der Abgeordneten des Europaparlamentes (EP) besprechen, daß sie, wie von den Grünen beschlossen, rotieren und hinfort als Angestellte in der Fraktion bleiben sollte. »Hauptrichtung ist die Aufnahme einer Tätigkeit im Bundesvorstand bei Beibehaltung ihrer Anstellung im EP.« Alternativ dazu wurde erwogen, daß sie ihr Abgeordnetenmandat behält oder bei einer grünen Zeitung als Journalistin arbeitet. Auch »Taler« wollte man empfehlen, seine berufliche Tätigkeit im Europäischen Parlament »so lange wie möglich« aufrechtzuerhalten.[164] Er war es, der, noch mehr als sie, in den Sitzungen der Fraktion als linker Hardliner auftrat und insbesondere gegen jede Form der Unterstützung von unabhängigen Gruppierungen in Osteuropa zu Felde zog.

Tatsächlich verblieb Brigitte Heinrich auf ihrem Abgeordnetenposten, da sich Vertreter der Frauen bei den Grünen für sie stark gemacht hatten. Der Stasi blieb sie auf diese Weise weiterhin als Quelle im Europaparlament erhalten – mit einem großen Output an Informationen. Unter Berufung auf »Beate Schäfer« konnte die HVA beispielsweise einige Monate später in einer »Information zur Tätigkeit der Arbeitsgruppe Osteuropa in der Regenbogenfraktion des Europaparlamentes« detailliert den Verlauf einer Polen-Veranstaltung im Dezember 1985 beschreiben, von der die Öffentlichkeit extra ausgeschlossen worden war. Obwohl sich ein italienischer Abgeordneter dafür eingesetzt hatte, eine interfraktionelle Arbeitsgruppe zur Unterstützung osteuropäischer Freiheitsbewegungen zu bilden, wurde »durch geeignete politisch-operative Maßnahmen« die Gründung dieser Arbeitsgruppe verhindert. Handschriftlich erläuterte »Erich« dazu seinem Kollegen »Helmut«, daß »Taler« und »Beate« den Einladungsbrief des Italieners »kopiert und an *rechte* Leute geschickt« hätten, darunter an einen Abgeordneten der italienischen Faschisten – mit der Folge, daß der Initiator die Gründung der Arbeitsgruppe von sich aus vertagte (Hervorhebung im Original).[165]

In einer »Beurteilung« der Quelle aus dem Jahre 1986 heißt es bilanzierend, der IM habe sich mittlerweile in seiner Funktion profiliert. Mit seiner Hilfe könne »eine Vielzahl operativ bedeutsamer Informationen, die im Bewertungssystem der HVA die Bewertung 2–3 erhielten, erarbeitet werden«.[166] Ein Jahr später notierte ihr Führungsoffizier, daß durch die Arbeit der Inoffiziellen Mitarbeiter »Taler« und »Beate Schäfer« im Planjahr 1986/87 bisher dreiunddreißig Informationen erarbeitet worden seien, die im Durchschnitt mit der Note 3 bewertet wurden. »Die Arbeit der IM hat wesentlich dazu beigetragen, die Aktivitäten der Regenbogenfraktion im Europarlament und des Bundesvorstandes sowie der Bundestagsfraktion der Grünen aufzuklären.« Das treffe vor allem auf die Menschenrechtspolitik, die Deutschlandpolitik und die internationalen Verbindungen der Partei sowie auf die inhaltliche Vorbereitung der Versammlung der Kampagne für europäische atomare Abrüstung (END) in Coventry zu.[167]

Bei einem Treff im März 1987 wurde das Thema »Mandatsverzicht« erneut diskutiert und festgelegt, daß »Beate Schäfer« die Frage der Rotation von der Entscheidung der Bundesversammlung abhängig machen solle. »Den dort gefaßten Beschluß wird sie auch im Interesse ihrer weiteren Entwicklung auf jeden Fall einhalten.« Neben Dokumenten über die NATO und Druckerzeugnissen aus der linken militanten Szene übergaben die IM auch bei dieser Gelegenheit diverse Unterlagen über Aktivitäten und Vorhaben der Grünen, während die Stasi ihnen im Gegenzug für die »bisherige gute Arbeit« ein »Sachgeschenk (Kaffeeservice)« überreichte.[168]

Vom August 1987 ist ein weiterer Treffbericht überliefert, in dem es heißt, daß »B. Schäfer« mit hoher Wahrscheinlichkeit doch noch rotieren werde, da sie an einer weiteren politischen Tätigkeit interessiert sei. »Ihr Ziel ist es, die Zeit bis zu den Wahlen zu nutzen, um 1989 wieder Mandatsträger im EP oder 1991 im Bundestag zu werden. […] Konkrete Aktivitäten werden mit uns abgestimmt.« Die Stasi monierte allerdings die »Unorganisiertheit« der Abgeordneten, die einer »planmäßigen operativen Arbeit« entgegenstehe. »Die trotzdem guten Arbeitsergebnisse resultieren häufig aus dem Erhalt zufälliger Hinweise und Materialien, die durch ›Taler‹ mit in die DDR gebracht bzw. kopiert werden.« Die Agentin erklärte bei dieser Gelegenheit erneut »ihre uneingeschränkte Bereitschaft, mit dem MfS zusammenzuarbeiten«. Die Probleme der Grünen und des Europaparlamentes, so heißt es in der Treffauswertung, »wurden mit ›Taler‹ und ›B. Schäfer‹ ausführlich besprochen und der präzisierte Informationsbedarf festgelegt«.[169]

Ein letzter Treffbericht stammt vom Dezember 1987. Trotz wachsender persönlicher Spannungen zwischen der Abgeordneten und ihrem Instrukteur »Taler« erklärten beide bei dem Treffen, »daß sie ungeachtet der Entscheidungen weiter mit dem MfS zusammenarbeiten werden«. Nachdem sie der Stasi wieder »umfangreiches Material« übergeben hatten, wurden sie vom Genossen Gebhardt »im Sinne der Gesamtauftragsstruktur der HVA« neu instruiert.[170] Wenige Tage später endete jedoch überraschend die fruchtbare Zusammenarbeit mit der Parlamentarierin – im Alter von 46 Jahren erlitt sie unerwartet einen Herzinfarkt und verstarb. Für die Stasi ging es nun um die geräuschlose Abwicklung des Vorgangs. Wohnungen und Arbeitsplätze von »Beate Schäfer« wurden nicht durch Familienangehörige, sondern durch den IM »Taler« aufgelöst, der sich als nächster Freund auch offiziell damit beauftragen ließ. »Adreß- und Notizbücher«, so hieß es, »werden beim nächsten Treff an uns übergeben.«[171] Die *taz* würdigte ihre ehemalige Mitarbeiterin mit einem auf der Titelseite angekündigten Nachruf, in dem es hieß: »Mit ihren 46 Jahren strahlte sie immer noch jene entschlossene Unruhe aus, die der Revolte gegen bestehende Verhältnisse entspringt, auch wenn sie sich immer wieder als übermächtig zu erweisen scheinen.«[172]

Trotz des unvermittelt fehlgeschlagenen Plans, Brigitte Heinrich in die Bundestagsfraktion der Grünen einzuschleusen, stand die Stasi in Bonn nicht mit leeren Händen da. Das zuständige Referat II/6 der HVA hatte noch andere Eisen im Feuer.[173] Unklar ist nach wie vor, wer sich hinter den Decknamen »Herzberg« und »Stein« verbarg, die 1988 für das Referat als Quellen erfaßt waren. Sicher ist jedoch, daß die grünen Fraktionsmitarbeiter Doris und George Pumphrey seit 1983 unter den Decknamen »Dagmar« und »Faber« für das Referat arbeiteten – im Januar 1998 wurden sie wegen geheimdienstlicher Agententätigkeit zu je sieben Monaten Haft auf Bewährung und 3000 DM Geldstrafe verurteilt.[174]

Doris Pumphrey hatte sich 1987 bei den Grünen beworben und wurde von der für Finanzpolitik zuständigen Abgeordneten Christa Vennegerts als persönliche Mitarbeiterin eingestellt. Ein Jahr später erhielt ihr Mann George bei der für Friedens- und Außenpolitik verantwortlichen Abgeordneten Gertrud Schilling eine Anstellung. Für die HVA stellten sie nach eigenen Angaben »Informationen zusammen zu den Entwicklungen und Tendenzen, Diskussionen und dem internen Kräfteverhältnis bei den Grünen«. Wenn es um Personen ging, so lautete die wenig beruhigende Erklärung der Angeklagten beim Prozeß, »dann nur im Zusammenhang mit Tendenzen und Meinungen, die sie vertraten«. Doris Pumphrey, die inzwischen ebenso wie ihr Mann Mitarbeiterin der PDS-Bundestagsfraktion ist, konnte auch vor Gericht nichts Anstößiges an der Ausforschung ihres früheren Arbeitgebers finden. Für ihre Spitzeltätigkeit fand sie vielmehr die Begründung, daß sie damit einen bescheidenen Beitrag leisten wollte, »bessere Beziehungen [der DDR] zu den Grünen zu entwickeln und gemeinsame Interessen in der deutsch-deutschen Politik und der Friedens- und Abrüstungspolitik zu erkennen«. Vor dem Oberlandesgericht Düsseldorf erklärte sie, daß ihr Mann und sie mit den Grünen für eine Stärkung der Demokratie in der Bundesrepublik und für die Erhaltung des Friedens gearbeitet hätten – »gegen die Interessen der BRD hätten wir also nur handeln können, wenn unterstellt wird, daß dies auch die Grünen im Bundestag taten.« Auch Verrattätigkeit gegen die Grünen könne »ja wohl nicht gemeint sein, denn die Grünen verraten konnten nur jene, die für den Verfassungsschutz, BND oder andere westliche Geheimdienste arbeiteten, die an der politischen Neutralisierung der Grünen interessiert waren. [...] Es war doch im Interesse der Grünen, daß die DDR ihre antigrünen Vorurteile abbaute und objektiver in ihrer Einschätzung grüner Ziele werden konnte.«[175] Getreu diesem Motto ist Doris Pumphrey inzwischen Koordinatorin der PDS-Arbeitsgemeinschaft »Kundschafter des Friedens«.

Das Beispiel Westberlin

Die Durchdringung der bundesdeutschen Parteien wurde vom MfS mit großer Systematik und in einem langfristig angelegten Prozeß betrieben. Illustrieren läßt sich dies am Beispiel Westberlins, über das weit mehr Material überlebt hat als zur »großen« Politik in Bonn.

Noch vor der Gründung des MfS ging die sogenannte Parteiaufklärung, ein aus der Ostberliner KPD-Zentrale dirigierter Nachrichtendienst, im Westen systematisch auf Agentensuche. In Westberlin verfügte er im Oktober 1951 über einen Residenten, drei operative Mitarbeiter und sechsundzwanzig Quellen, die sich meist in kleineren Funktionen auf der Kreisebene der Parteien befanden. Dreizehn von ihnen gehörten zur SPD, zwei zur CDU, drei zur FDP, zwei zur Unabhängigen Arbeiterpartei (UAP) und eine zur Unabhängigen Sozialdemokratischen Partei Deutschlands (USPD).[176] Die wichtigsten Quellen wurden 1951 vom neu gegründeten Außenpolitischen Nachrichtendienst der DDR (APN) übernommen, dem Vorläufer der HVA.

Einer der Informanten war der stellvertretende Berliner SPD-Vorsitzende und spätere Bundestagsabgeordnete Josef (Jupp) Braun, der, wie erwähnt, zunächst als Quelle »501« und später als IM »Freddy« geführt wurde. Ein anderer Informant aus dieser Zeit war die Quelle »506«, bei der es sich um die Verantwortliche für das Pressearchiv in der Westberliner SPD-Zentrale handelte. Nachrichtendienstlich war der Vorgang weitgehend wertlos, doch gehört er zu den wenigen erhalten gebliebenen Akten, die Auskunft geben über das damalige

Vorgehen des Nachrichtendienstes der DDR.[177] »Haß gegen die kapitalistische Gesellschaft« veranlaßte danach die in Ostberlin lebende und »vom Leben verbrauchte Frau«, 1951 um Aufnahme in die SED zu bitten. Der zuständige Genosse riet ihr jedoch, in der SPD zu verbleiben, und reichte sie weiter an den Aufklärungsapparat, von dem sie nunmehr einen monatlichen »Zuschuß« von 100 DM erhielt – ihr selbst erklärte man, daß sie »für die SED« arbeite. 1952 sollte sie auf eine Postkarte das Wort »Amtsgerichtsrat« schreiben, anschließend zerriß ihr »Resident« die Karte in der Mitte und sagte, wann immer ein Genosse mit der passenden Hälfte zu ihr käme, könne sie diesem »unbedingt vertrauen«. Der Akte zufolge gab sie die Dinge, die für sie erreichbar waren, »vorbehaltlos« weiter, doch von Wert für die Aufklärung waren nur einiges Adreßmaterial und wenige, unvollständige Angaben über Personen im Landesvorstand. Anläßlich des fünften Jahrestages der DDR-Gründung bekam sie eine Urkunde »für besondere Verdienste bei der Aufklärung der Pläne der Feinde unserer Republik und den dadurch geleisteten Beitrag im Kampf um die Einheit Deutschlands und die Erhaltung des Friedens« – verbunden mit einer Prämie in Höhe von 300 DM. Da das Pressearchiv für die Aufklärung jedoch »keinerlei Wert« hatte und sie darüber hinaus »keine Initiative« zeigte, handeln die in der Akte überlieferten Berichte und Einschätzungen vor allem von den erbärmlichen Lebensumständen der Frau und den immer wieder vorgetragenen und dann doch nicht umgesetzten Überlegungen, den Vorgang zu »konservieren« – ein Sittengemälde der Nachkriegszeit und der frühen Methoden des DDR-Nachrichtendienstes.

Für das Ministerium für Staatssicherheit arbeitete auch der Pressesprecher und Öffentlichkeitsreferent der Berliner Sozialdemokraten, Heinrich Burger (»Eisenstein«), der im Juni 1976 verhaftet und anschließend zu sieben Jahren Gefängnis verurteilt wurde. Enttarnt worden war er durch ein Geständnis seiner geschiedenen Frau, der Gewerkschaftssekretärin und ÖTV-Sprecherin Kathryn Burger, die unter dem Decknamen »Helena« gleichfalls jahrelang für das MfS tätig war. Ihrer Aussage nach hatten beide 1968 eine Verpflichtungserklärung unterschrieben. Auf Wunsch des MfS sei Burger sodann der SPD beigetreten, wo er vor allem den rechten Flügel unterstützen und Karriere machen sollte. 1972 wurde Burger dann zum Sprecher der SPD gewählt und nahm in dieser Eigenschaft auch an den Sitzungen des Landesvorstandes, der Fraktion im Abgeordnetenhaus und des Geschäftsführenden Landesvorstandes teil. Auf dem Höhepunkt der innerdeutschen Vertragsverhandlungen war er als Quelle so bedeutend, daß die Kurierfahrten eigens mit den Sitzungsterminen der SPD-Führungsgremien abgestimmt wurden. Nach jeder Sitzung begab sich Burger in seine Wohnung und sprach den Inhalt der Gespräche auf ein Tonband, das dann nach Ostberlin transportiert wurde. Kathryn Burger sollte sich hingegen um eine Stellung in einem Bonner Ministerium oder in der Bundesgeschäftsstelle bemühen – im Unterschied zu ihrem Exmann wurde sie wegen »tätiger Reue« nur zu achtzehn Monaten Haft verurteilt.[178]

Über die Bearbeitung der SPD sind aus der Berliner Bezirksverwaltung für Staatssicherheit zahlreiche Unterlagen überliefert, die die Strategien der Unterwanderung vor Augen führen. Der Bestand von mehreren hundert Akteneinheiten enthält Personendossiers zu zahlreichen Politikern und Parteimitgliedern. Einer »Personengruppenanalyse« von 1984 zufolge war der überwiegende Teil der Mitarbeiter der Fraktionsgeschäftsstelle in Berlin für die Aufklärungsabteilung XV »erfaßt«, bearbeitet wurden sie zumeist durch die MfS-Offiziere Ludwig und Oertel.[179] Das MfS besaß nicht nur interne Telefonverzeichnisse, Adressenlisten oder Geburtstagslisten, sondern auch Protokolle der Fraktionssitzungen, Originaleinladungen sowie Vorlagen für den Fraktionsvorstand der SPD.[180] Zur »Sozialistischen Jugend Deutschlands – Die Falken« und weiteren sozialdemokratischen Einrichtungen hat die Stasi sogenannte Objektvorgänge hinterlassen.[181] Der Aktenbestand dokumentiert schließlich auch einzelne Berichte von Inoffiziellen Mitarbeitern wie »Friedemann«, »Purzel«, »Grün«, »Giesbert«, »Eisenstein« (Heinrich Burger) oder »Rosenbaum« und gibt Auskunft über zahlreiche Personenaufklärungen und Anwerbeversuche in Westberlin.

Über den Abgeordneten Eckhardt Barthel hat beispielsweise eine Materialsammlung überlebt, der zufolge er seit 1975 »mit dem Ziel der Werbung als Werber im Operationsgebiet« von der Stasi bearbeitet und als Kontaktperson »Nordstern« geführt wurde. Den »Verein zur Förderung politischer Information«, dem Barthel angehörte, wollte man gleich als »Werbedach« nutzen. Obwohl er dem Emissär aus Ostberlin, dem Abteilungsleiter im Zentralinstitut für Geschichte, Gerhard Keiderling (IM »Rodenbach«), einen Korb gab, ließ ihn das MfS bei seinen Reisen in die DDR bis in den Herbst 1989 überwachen.[182]

Dem Arbeitsplan der Berliner Aufklärungsabteilung zufolge operierten 1989 auf der »Linie« SPD Westberlin die Quellen »Friedemann« und »Purzel«. Ersterer sollte »zur Erhöhung der Abwehrwirksamkeit« in das Durchgangsheim für Zuwanderer und Aussiedler »eingeschleust« werden, wobei seine Informationsmöglichkeiten aufgrund der »engen Beziehungen zum SPD-Führungskreis« ausgebaut werden sollten. »Purzel«, hinter dem sich die langjährige Bezirksverordnete Ursula Leyk verbarg, hatte die Stasi für die »Einschleusung ins Abgeordnetenhaus (wahlabhängig)« vorgesehen – im März erhielt sie tatsächlich ein Mandat. Ein Politologiestudent und Juso-Funktionär mit dem Decknamen »Pelz« sollte in einem »informationsträchtigen« Arbeitskreis der SPD untergebracht werden, wobei man für ihn eine hauptamtliche Parteifunktion anstrebte. Daneben sollte zu einer Kontaktperson »Tornado«, Professor und SPD-Mitglied, der Kontakt des DDR-Werbers »Alexey« ausgebaut werden, um daraus einen »Abschöpfvorgang« zu entwickeln und Informationen über die SPD-nahe Osteuropaforschung zu beschaffen. Eine Kontaktperson »Grün« war als »Perspektiv-IM« und für die Einschleusung in einen Arbeitskreis der SPD vorgesehen, wobei man noch nach »Förderverbindungen« für eine Parteikarriere suchte. Darüber hinaus hatte man fünf Juso-Funktionäre und einen Diplomingenieur aus der SPD als »Hinweispersonen« ausgeguckt, zu denen man 1989 Kontakt aufnehmen wollte.[183]

Außer der Berliner Aufklärungsabteilung XV waren freilich noch andere Diensteinheiten mit Inoffiziellen Mitarbeitern verankert. Für die HVA-Abteilung II (Parteien in der Bundesrepublik) arbeitete der SPD-Politiker Bodo Thomas (Deckname: »Hans«), der von 1971 bis 1989 Mitglied des Berliner Abgeordnetenhauses und dort acht Jahre stellvertretender Vorsitzender des Ausschusses für Bundesangelegenheiten und Gesamtberliner Fragen war. Im Februar 1993 wurde er unter dem Vorwurf der geheimdienstlichen Agententätigkeit verhaftet. Laut Haftbefehl sollte er seit 1963 und spätestens seit 1978 »bewußt« für die HVA spioniert und dabei auch »unter Mißbrauch seiner Funktion Erkenntnisse aus dem Abgeordnetenhaus mitgeteilt« haben – im Mai 1995 nahm er sich kurz vor Prozeßbeginn das Leben.[184] Das Verfahren gegen seine Frau, die ebenfalls für die SPD im Abgeordnetenhaus saß und ihren Mann seit 1983 unterstützt haben soll, wurde 1996 »wegen geringer Schuld« gegen Zahlung eines Geldbetrages eingestellt.[185] Auch der SPD-Fraktionsvorsitzende in der Bezirksverordnetenversammlung von Berlin-Kreuzberg, Rainer Klebba, war von 1969 bis zur Wende als IM »Kleinert« für das MfS tätig.[186] Für die »Abwehr« beschafften zudem die SDS-Funktionäre Peter Heilmann und Walter Barthel Interna aus der Berliner SPD. Berichte über die Berliner Jungsozialisten und die SPD lieferten Anfang der siebziger Jahre auch der spätere Bonner Ministerialrat Dr. Hartmut Meyer (»Rubinstein«) und seine Frau Doris; später beschaffte Meyer für das MfS interne Papiere aus der SPD-Bundesgeschäftsstelle.[187] 1997 legte schließlich die Schöneberger Bezirksverordnete Barbara Gollwitzer-Evans ihr Mandat nieder, nachdem Stasi-Unterlagen aufgefunden worden waren, denen zufolge sie sich konspirativ in Ostberlin mit MfS-Offizieren getroffen hatte und als IM »Birgit« eine Fluchthelfer-Organisation bespitzeln sollte.[188]

Die CDU als »Bearbeitungsobjekt«

Ähnlich war die Lage bei der Westberliner CDU. Von der Aufklärungsabteilung der Berliner Stasi-Filiale wurde die Partei unter anderem in einem 1960 registrierten »Objektvorgang« bearbeitet.[189] Auch zur CDU sind diverse Dokumente überliefert, die Aufschluß geben über die Vorgehensweisen des Staatssicherheitsdienstes bei der langfristigen Durchdringung der Parteien. Auf der »Linie« CDU-Landesverband operierten in den späten achtziger Jahren vor allem die MfS-Offiziere Thoms, Müller, Brosius und Schlauß. Die »federführende« Bearbeitung des »Objektes« CDU erfolgte durch das Referat 1a der Abteilung. Dieses fertigte regelmäßig sogenannte Objektanalysen an, die durch Auskunftsberichte, Kurzauskünfte, aktuelle Analysen sowie spezielle »Personengruppenanalysen« ergänzt wurden. Neben Sachinformationen über die innere politische Entwicklung interessierten die Stasi vor allem Interna zu den beteiligten Personen, das »Geheimhaltungsregime« und die »Sicherheitsbedingungen« sowie neue Möglichkeiten, Agenten zu werben oder einzuschleusen.

Einer Aufstellung von 1986 zufolge waren sämtliche Mitglieder der CDU-Fraktion im Berliner Abgeordnetenhaus beim MfS »erfaßt«, ebenso alle Bundestagsabgeordneten und Bundesvorstandsmitglieder aus Berlin.[190] Das bedeutete, eine bestimmte Diensteinheit sammelte systematisch Informationen über sie und wurde dabei aus dem ganzen MfS unterstützt. Die Informationen wurden regelmäßig aufbereitet und enthielten Angaben zur persönlichen und politischen Entwicklung, zum Privatleben und zum Charakter, zu politischen Haltungen und Aktivitäten, zur innerparteilichen Position sowie zur Reisetätigkeit in die DDR. In Form von »Auskunftsberichten« gingen sie auf Anforderung auch an andere Diensteinheiten des MfS sowie an die Auswertungsabteilung VII der HVA. Insgesamt betrieb die Bezirksverwaltung für Staatssicherheit Berlin 1984 in einer speziellen Kartei die »namentliche Aufklärung von ca. 800 Westberliner Politprominenten«, von denen aber, wie es hieß, »naturgemäß nicht alle operativ bearbeitet werden« konnten.[191]

Wie die »Bearbeitung« westlicher Politiker durch den Staatssicherheitsdienst in der Praxis funktionierte, läßt sich zumindest teilweise anhand der überlieferten Unterlagen über den langjährigen Regierenden Bürgermeister von Berlin, Eberhard Diepgen, rekonstruieren. Der 1941 geborene Politiker wurde schon während seines Studiums an der Freien Universität Berlin, an der er kurzzeitig (1963) ASTA-Vorsitzender war, vom MfS bearbeitet.[192] Nachdem er 1971 für die CDU ins Abgeordnetenhaus einzog und 1975 geschäftsführender Landesvorsitzender wurde, »erfaßte« ihn 1976 die Aufklärungsabteilung der Berliner Bezirksverwaltung in ihrer Kerblochkartei (KK) – das heißt, sie war von nun an im MfS für seine »Aufklärung« verantwortlich. 1979 wurde er dann auf den »Objektvorgang« zur Westberliner CDU »registriert« – die nächsthöhere Stufe der Bearbeitung.[193] In einer damals angefertigten »Sachstandsanalyse« zum sogenannten Material »Monsum« (sic!), hinter dem sich Diepgen verbarg, mußte Leutnant

Kramer einräumen, daß »bisher nur wenige nutzbare Hinweise und Umstände« bekanntgeworden seien, »die das Verhältnis von Parteiarbeit, Berufsausübung und Privatsphäre aufzuhellen ermöglichen«.[194] Mit gezielten Recherchen gelang es der Stasi jedoch, dieses Defizit innerhalb weniger Jahre zu beseitigen – mehr als dreißig Seiten umfaßt eine 1986 erstellte »Personenauskunft«, deren Ursprungsfassung bereits drei Jahre zuvor angefertigt worden war.[195]

Die »Auskunft« ist ein Paradebeispiel für ein geheimdienstliches Personendossier – eine Mischung aus Lebenslauf, politischer Analyse und pejorativem Personenporträt. Sie enthält nicht nur die wichtigsten biographischen Informationen und politischen Positionsbeschreibungen, sondern auch zahlreiche parteiinterne Hinweise, Einschätzungen und Gerüchte sowie vertrauliche Angaben über sein Privatleben und seine Charaktereigenschaften. Bei Reisen in die DDR wurde er automatisch beschattet – auch dann, wenn er in Ostberlin nur ins Theater gehen wollte.[196]

Mit großem Interesse verfolgte die Stasi insbesondere den sogenannten Neuformierungsprozeß der Partei Ende der siebziger, Anfang der achtziger Jahre, als die Westberliner CDU unter Richard von Weizsäcker mit Hilfe aufstrebender, jüngerer Politiker wie Eberhard Diepgen oder Uwe Lehmann-Brauns ein liberales Profil erhielt und 1981 schließlich auch die Regierungsverantwortung übernahm.[197] In einer »Kurzauskunft« vom November 1980 gibt Oberleutnant Jünger Einblick in die damaligen parteiinternen Auseinandersetzungen zwischen dem konservativen und dem liberalen Flügel der Partei, bei denen sich letzterer nach und nach durchsetzte. Eingehend analysiert wird auch die Junge Union, der es nach Jahren relativer Inaktivität gelungen sei, bei den Kreisvorstandswahlen mit Hilfe älterer »Reform-Anhänger« in einigen Bezirken die gesamten »Altvorderen« abzuwählen.[198]

Für das MfS, so scheint es, war dieser Erneuerungsprozeß vor allem unter »operativen« Gesichtspunkten von Bedeutung. In einer Abschlußarbeit für die Stasi-Hochschule in Potsdam, in der Major Harald Niederländer 1985 »Die Einflüsse politischer Spektren und Strömungen im CDU-Landesverband Westberlin auf dessen Neuformierungsprozeß und die gegenwärtige Kräftekonstellation« analysierte, wurde jedenfalls als »Hauptschlußfolgerung« festgehalten, daß durch die Regierungsübernahme mit einem »sprunghaft wachsenden Kaderbedarf« zu rechnen sei, was wiederum die stärkere Orientierung auf den »klassischen Weg« der Entwicklung von sogenannten Perspektivagenten in den Vordergrund rücke.[199] Auf der Grundlage der Aufklärungsergebnisse der Abteilung XV und der HVA ging er davon aus, daß die CDU »über einen Zeitraum von mindestens zwei Legislaturperioden senatstragende Partei bleiben wird« – womit er die tatsächliche Entwicklung exakt vorhergesagt hatte.[200]

In einer 1981 erstellten »Objektanalyse« wird der Landesverband der CDU nach einem vorgegebenen Schema der HVA abgeklopft auf Fragen wie »Sicherungs- und Abwehrsystem des Objektes«, »Personalwesen, Personengruppen und Einzelpersonen« oder »Kommunikation und Kooperation des Objektes und seiner Mitarbeiter«. Im letzten Punkt der über 80seitigen Auskunft wird unter der Überschrift »Operative Schlußfolgerungen« festgehalten, daß eine »unbedingte Hinwendung zur Schaffung von West-Werbern« erforderlich sei, »die unter fremder Flagge in das Objekt CDU eindringen sollen« – im Klartext: Stasi-Mitarbeiter sollten in der CDU auf Agentensuche gehen, ohne daß dabei die DDR als Auftraggeber erkennbar wurde. Aufgrund eines bereits vorhandenen IM einer anderen Diensteinheit wollte man sich insbesondere auf den Kreisverband Charlottenburg konzentrierten. »Hier sollte sich ein territorialer und personeller Schwerpunkt in der weiteren Bearbeitung des Objektes herausbilden, zumal dieser Kreisverband günstige Möglichkeiten zur Bearbeitung operativ-interessanter Personen aus dem Führungskreis der Westberliner CDU […], der Ausnutzung des innerparteilichen Differenzierungsprozesses und der konzentrierten Arbeit an P[erspektiv]IM-Hinweisen in der ›Jungen Union‹ eröffnet.« Durch den Wahlsieg der CDU sei insbesondere auf der Bezirksverordnetenebene ein »Nachrücken« von Mitgliedern der Jungen Union zu verzeichnen, weshalb diese Personen generell verstärkt aufgeklärt werden sollten, um sie als Perspektivagenten aufzubauen.[201]

Ausweislich einer aktualisierten »Objektanalyse« war man mit der Umsetzung dieser Vorsätze bis 1983 offenbar noch nicht sehr weit gekommen. Nun wollte man bei der »Bearbeitung des Objektes« auch in den Kreisverbänden von Steglitz und Zehlendorf einen »Schwerpunkt« setzen.[202] Einer »Auskunft« aus demselben Jahr zufolge hatte man inzwischen zu den Führungskräften der Westberliner CDU »Materialsammlungen« angelegt und diverse Dokumente beschafft, darunter »Positionspapiere zur inneren Lage im Landesverband«.[203] Ein Jahr später analysierte man detailliert die »inneren Kräftekonstellationen nach der Nominierung Diepgens als Kandidat für das Amt des Regierenden Bürgermeisters« und berichtete, zum Teil mit wörtlichen Zitaten, von den internen Strategien der »Betonfraktion« zur Ausschaltung der »Reformer«.[204] 1987 bescheinigte man dann dem Bürgermeister, Liberale und Rechte weitgehend integriert zu haben und den Landesverband »in der Öffentlichkeit als geschlossen auftretende und handelnde Partei darzustellen«.[205]

Um in die Westberliner CDU »einzudringen«, fertigte die Stasi sogenannte Personengruppenanalysen an, so zu den Beschäftigten der Fraktionsgeschäftsstelle und der Landesgeschäftsstelle, zu »Funktionsträgern« in Bundesinstitutionen oder zu den Mitarbeitern von CDU-Funktionären. Die Analysen beschrieben jeweils Stellung, Funktion und Strukturen der Personengruppe und inwieweit sie für das MfS von Interesse waren. Auf dieser Basis wurden Schlußfolgerungen für die »Eingliederung der Personengruppe in die Bearbeitungskonzeption« gezogen, insbesondere zum »Einschleusen« oder »Herausbrechen« von Inoffiziellen Mitarbeitern.

In einer derartigen Analyse zur Fraktionsgeschäftsstelle im Berliner Abgeordnetenhaus vom Juni 1986 heißt es beispielsweise, daß diese weniger für die Informationsbeschaffung, sondern mehr als »Blickfeld- und Fördererkreis zur Entwicklung von Perspektiv-IM« (PIM) von Bedeutung sei. Die festzulegenden operativen Aktivitäten sollten sich deshalb »auf eine Einschleusung eines geeigneten PIM in die Fraktionsgeschäftsstelle als langfristige operative Zielstellung ausrichten«. Zu diesem Zweck sollten »Festlegungen zur effektiven Bearbeitung von Basisbereichen«, insbesondere in den Westberliner Hochschulen und den parteinahen Massenmedien, getroffen werden, aus denen man dann geeignete Kandidaten entsprechend den Anforderungsbedingungen »herauswerben« wollte. Zugleich sollten alle hauptamtlichen Mitarbeiter der Geschäftsstelle durchleuchtet werden unter dem Gesichtspunkt ihrer privaten Kontakte in die DDR, ihrer finanziellen Probleme, ihrer eventuellen politischen, beruflichen oder persönlichen Unzufriedenheit sowie, für die Stasi besonders wichtig, »kompromittierender Tatsachen zur Person«.[206]

In der im selben Jahr angefertigten Analyse zur Landesgeschäftsstelle wird hervorgehoben, daß hier »insbesondere die technischen Vorbereitungen und Auswertungen der Landesvorstandssitzungen, in denen die wichtigsten Entscheidungen des Objektes fallen«, von Bedeutung seien. Konkret spekulierte die Stasi auf Positionspapiere, politische Stellungnahmen, Sitzungsprotokolle, Beschlüsse, Weisungen sowie die Korrespondenz mit der Bundesgeschäftsstelle in Bonn. »In diesem Sinne bietet die Landesgeschäftsstelle, speziell das Sitzungszimmer und die Büros des Landesvorsitzenden und des Landesgeschäftsführers, auch objektive Voraussetzungen für die Informationsgewinnung über den Einsatz operativ-technischer Mittel« – das heißt, durch Abhöranlagen. Zur »Erringung operativer Positionen« propagierte die Stasi daneben als »Bearbeitungswege« die »Herauswerbung einer Sekretärin aus dem Hauptsekretariat durch einen West-Werber« sowie die »Einschleusung einer geworbenen Sekretärin über den Weg der direkten Vermittlung durch einen einflußreichen CDU-Funktionär«.[207]

Besonderes Augenmerk richteten die Analysen auf die Untersuchung langfristiger Karriereverläufe, um die günstigsten Ansatzpunkte für das »Eindringen« herauszufinden. So hatte man bei einer »Personengruppenanalyse zu Funktionsträgern des CDU-Landesverbandes Westberlin in zentralen Gremien der Bundes-CDU und des politischen Systems der BRD« aus dem Jahr 1987 einen Analysezeitraum von vier Jahren zugrunde gelegt. In mehreren Anlagen wurden die Karrierestationen der Politiker, deren »Bearbeitung« von der Stasi eine »außerordentlich hohe Bedeutung« beigemessen wurde, noch weiter zurückverfolgt, wobei man vor allem auf bestimmte Wiederholungen achtete. Auch wenn das vorhandene IM-Potential im CDU-Landesverband noch nicht ausreiche, um gegenwärtig einen »aussichtsreichen Angriff auf diese Personengruppe zu führen«, so hieß es unter dem Punkt »Schlußfolgerungen«, müsse diese bei den langfristigen Planungs- und Koordinierungsprozessen stärkere Berücksichtigung finden. Um die »Auskunftsfähigkeit zum Objekt« zu verbessern, sollte deshalb die Arbeit an den vorhandenen »operativen Personendossiers« unter Einbeziehung des IM-Netzes im Westen »qualifiziert« werden. Die »Zugangsmöglichkeiten« der West-IM zu den Politikern sollten verbessert werden, um diese verstärkt »abzuschöpfen«. »Vorgangsmäßig sollte geprüft werden, inwieweit Voraussetzungen zum Herausbrechen einer Quellenposition auf z. Zt. mittlerer Funktionärsebene mit Möglichkeiten zum [Aufstieg] in den Kreis der zentralen Funktionsträger bestehen (z.B. Vorgang ›Nickel‹).«[208]

1988 wurden in einer weiteren Analyse auch noch sämtliche Mitarbeiter der anvisierten CDU-Politiker unter die Lupe genommen. Ziel dieser neuerlichen »Personengruppenanalyse« war die »Herausarbeitung operativ-interessanter Personen mit dem Ziel der Schaffung neuer Quellenpositionen« und die »Erarbeitung von Schlußfolgerungen für die Gestaltung von Entwicklungswegen für geeignete P[erspektiv]IM auf der Linie CDU«.[209]

»Konservative« IMs

Zur Bearbeitung der CDU standen der Abteilung 1986 die West-IM »Delphin«, »Franz Josef« und »Rossommé« zur Verfügung, von denen letzterer zwei Jahre später nicht mehr genannt wird – dafür aber die Kontaktpersonen »Nickel« und »Taifun«.[210] Wie in so vielen Fällen sind diese bis heute nicht zu entschlüsseln, obwohl sich die komplette Agentenkartei des MfS seit langem im Westen befindet.

Bei der Quelle »Delphin« handelte es sich dem letzten Arbeitsplan der Abteilung zufolge um einen Bauunternehmer und CDU-Funktionär, dessen enge Beziehungen zur CDA-Spitze zur »qualitativen Steigerung der Informationen, besonders zur Vorbereitung und Auswertung der Wahlen zum Abgeordnetenhaus zur sogenannten Deutschlandpolitik und zur Beurteilung der Bundespolitik der CDU« genutzt werden sollten. »Franz Josef« war ein Angestellter und CDU-Funktionär, der 1989 in den Deutschlandpolitischen Arbeitskreis der CDU eingeschleust werden sollte. Bei der Kontaktperson »Nickel« handelte es sich um ein Mitglied des Abgeordnetenhauses, der durch den IM »Robert« abgeschöpft wurde; bei der Kontaktperson »Taifun« um einen anderen Abgeordneten und Unternehmer mit Geschäftsbeziehungen zum Fernsehen der DDR, an den der IM »Kästner« oder die Kontaktperson »Thein« angeschleust werden sollten, da, wie es hieß, der IM »Gnida« in Rente ging. Darüber hinaus plante die Abteilung, die Quelle »Laubach« als verantwortlichen Redakteur für Wirtschaft und Kirchenpolitik in die CDU-Zeitung Berliner Rundschau und in den Wirtschaftsrat der CDU einzuschleusen. Außerdem führte man noch einen »CDU/CSU-Funktionär« als Quelle »Louis«, dessen »informationsträchtige Beziehungen zu Mitarbeitern westlicher Geheimdienste und Abwehrorgane im Rahmen seiner Funktionen« ausgebaut werden sollte. Zur Kontaktperson »Ilja«, einem Westberliner Staatssekretär, sollten zudem die Beziehungen des DDR-Werbers »Stephan« ausgebaut werden, mit dem Ziel, einen »Abschöpfvorgang« zu entwickeln und Informationen über den CDU-Sozialsenator Ulf Fink zu beschaffen. Schließlich bearbeitete man 1989 eine Sekretärin in der Landesgeschäftsstelle der CDU als Hinweisperson »Kassandra« mit dem Ziel ihrer Anwerbung.[211]

Ermittlungen der Bundesanwaltschaft haben ergeben, daß sich die Abteilung ab Mitte der siebziger Jahre auch intensiv darum bemühte, den Fraktionsvorsitzenden der Berliner CDU, Heinrich Lummer, anzuwerben. Zu diesem Zweck wurde eine Inoffizielle Mitarbeiterin mit dem Decknamen »Susanne Rau« beauftragt, bei Lummers Besuchen in Ostberlin ein intimes Verhältnis zu ihm herzustellen. Tatsächlich kam es bald zu regelmäßigen Begegnungen, die vom MfS teilweise fotografisch dokumentiert wurden. Lummer wurde als »Kontaktperson« von der Stasi »abgeschöpft«.

Im Auftrag von Markus Wolf sollte 1981 ein »klassisches« Werbegespräch stattfinden, in dessen Folge der damalige Präsident des Abgeordnetenhauses als IM »Wilhelm« registriert wurde. Als Lummer, der im Juni 1981 Innensenator und Bürgermeister der Stadt wurde, sich jedoch zu weiteren Treffs nicht bereit fand, sandte ihm die HVA, die den Vorgang inzwischen bearbeitete, mehrere kompromittierende Fotos zu und schrieb ihm, es liege in seinem »eigenen Interesse«, den Kontakt fortzusetzen. Als er auch darauf nicht reagierte, erhielt er ein weiteres, von Markus Wolf redigiertes Schreiben, in dem ihm damit gedroht wurde, es gehe um sein »politisches Überleben«, wenn er sich nicht zu einem Gespräch bereit fände. 1986 unternahm die HVA einen erneuten Anlauf, der jedoch ebenso erfolglos blieb. Zu weiteren Anwerbungsversuchen kam es nicht, nachdem der Regierende Bürgermeister von Berlin, Richard von Weizsäcker, die Sowjetunion auf diplomatischem Wege um entsprechende Einflußnahme gebeten hatte.[212]

Eine wichtige Rolle bei der »Bearbeitung« der Westberliner CDU spielten auch die Inoffiziellen Mitarbeiter anderer Diensteinheiten. Überliefert sind hier insbesondere zwei IM-Vorgänge der sogenannten Abwehr des MfS, die in der Westberliner CDU ebenfalls Quellen führte. Eine von ihnen war Harald Müller, Vorsteher der Bezirksverordnetenversammlung (BVV) von Charlottenburg und Leiter eines Besucherbüros des Senates, in dem Westberliner Einreisevisa in die DDR beantragen konnten; unter dem Decknamen »Herbert Hildebrandt« war er für die Hauptabteilung XX/5 tätig.[213] Mehr als dreißig Jahre lang übergab er dem Staatssicherheitsdienst Personalakten, denunzierte Fluchthelfer und bespitzelte Parteifreunde, wofür er mit zwölf Orden und monatlichen Geldzuwendungen von zuletzt 600 DM belohnt wurde – zusammengenommen rund 200 000 DM.

Bereits Ende der fünfziger Jahre wurde er darauf angesetzt, Informationen aus der CDU zu beschaffen. Nach dem Willen seines Führungsoffiziers, Horst Gerlach, sollte er nach den Wahlen 1963 in der CDU eine Funktion einnehmen. Die Parteikarriere des IM verzögerte sich jedoch, so daß er erst 1971 in die BVV einziehen konnte und zehn Jahre später deren Vorsteher wurde. Müller wurde nun auch von der Berliner Aufklärungsabteilung regelmäßig in Anspruch genommen. 1975 erhielt die Stasi von ihm eine interne Schattenkabinettsliste, die der CDU-Politiker Jürgen Wohlrabe für den Fall eines Wahlsieges aufgestellt hatte. 1978 fertigte er eine »analytische Betrachtung« über den CDU-Kreisverband Charlottenburg an, die umgehend an die »Aufklärung« weitergeleitet wurde und detaillierte Vorgaben für den weiteren »Informationsbedarf« zur Folge hatte.[214] Wunschgemäß übergab Müllers Ehefrau, die als IM »Gisela Hildebrandt« ebenfalls für das MfS tätig war, beim nächsten Treff dann diverse Personencharakteristiken.

Nach dem Sieg der CDU bei den Abgeordnetenhauswahlen 1981 meldete die Aufklärungsabteilung XV erneut einen umfangreichen »Informationsbedarf« an – Müller und dem Kreisverband Charlottenburg wurde nun eine größere Bedeutung beigemessen. Die Kollegen von der Aufklärung wollten nunmehr alles wissen, was den Landesverband, die Junge Union und die Parteipresse betraf. Außerdem verlangten sie spezielle Auskünfte zu »operativinteressanten Personen« im Kreisverband Charlottenburg – über ihre Arbeitsstelle und ihr Einkommen, über ihre Familienverhältnisse, ihre intellektuellen Fähigkeiten und ihr moralisches Verhalten.[215] Auch diese Fragen wurden sogleich beantwortet. Von nun an fertigte Müllers Führungsoffizier regelmäßig ausführliche Informationen zur Lage im CDU-Kreisverband Charlottenburg. Seinen IM wies er an, »in seiner politischen Tätigkeit innerhalb der CDU ungeachtet der Kräftekonstellationen die derzeitige Einbeziehung in die sogenannte Reformgruppe beizubehalten, um vom politischen Standpunkt keine Anfechtungen zuzulassen«.[216] Ein 1994 eingeleitetes Ermittlungsverfahren wegen geheimdienstlicher Agententätigkeit wurde drei Jahre später wegen Verjährung eingestellt.

Dieselbe Abteilung führte auch den Spandauer Lehrer Günter Schmidt, der sich im Auftrag der Stasi in diversen Organisationen, überwiegend im rechten Spektrum, betätigte und Ende der siebziger Jahre vorübergehend Mitglied der CDU-Fraktion des Berliner Abgeordnetenhauses war.[217] Der Akte zufolge wurde er 1954 als Student von der Dresdener Bezirksverwaltung unter dem Decknamen »Zady« angeworben und siedelte vier Jahre später nach Westberlin über, wo er über dreißig Jahre für die Staatssicherheit arbeitete. 1958 trat er dem Ring christlich-demokratischer Studenten (RCDS) bei, dessen Landessekretär er 1961 wurde. Protokolle der Landesausschußsitzungen der Organisation finden sich ebenso in den Akten wie die Mitteilung, daß »er im Augenblick dabei ist, den gesamten Schriftverkehr des RCDS durchzusehen und dabei schon einige interessante Dinge festgestellt hat«;[218] auch einen Nachschlüssel für das RCDS-Heim übergab »Zady« der Stasi. In der Folgezeit berichtete er von seiner Tätigkeit als Organisationsleiter der Jungen Union in Spandau, als Mitglied im Kreisausschuß der CDU sowie als Delegierter zum Kreisparteitag, später vom Wissenschaftsausschuß im Berliner Abgeordnetenhaus und von den Sitzungen der CDU-Fraktion. 1975 ließ er im Auftrag der Stasi einen Fluchtversuch auffliegen, wofür er mit 500 DM prämiert wurde – die betroffene Frau saß fast vier Jahre im DDR-Gefängnis. Über 400 Treffen mit seinem Führungsoffizier, »Zuwendungen« im Gesamtwert von rund 100 000 DM sowie drei Medaillen »für treue Dienste der NVA« sind die Bilanz der fünfunddreißigjährigen IM-Karriere. Schmidt, der seine Zusammenarbeit mit dem MfS vor Gericht als einen »Beitrag zur friedlichen Wiedervereinigung« bezeichnete, wurde im Mai 1999 zu einer zweijährigen Bewährungsstrafe und zur Zahlung von 30 000 DM verurteilt.

Keine Unterlagen liegen über die Aktivitäten der HVA-Zentrale vor, die Mitte der achtziger Jahre immerhin sechs Mitglieder des Abgeordnetenhauses und zwei Bundestagsabgeordnete der Berliner CDU »bearbeitete«.[219] Durch einen Überläufer wurde nach der Wende jedoch bekannt, daß der ehemalige Redenschreiber des Regierenden Bürgermeisters Diepgen, Stephen Laufer, seit 1977 für den KGB tätig war. Laufer, der zwischen 1984 und 1987 in der Senatskanzlei tätig war und über Lageeinschätzungen und Planungen berichtete, wurde 1992 zu achtzehn Monaten Gefängnis auf Bewährung verurteilt – es ist anzunehmen, daß seine Informationen auch an das MfS weitergeleitet wurden.[220]

Die Unterwanderung der FDP durch Inoffizielle Mitarbeiter ist bereits im Zusammenhang mit den Aktionen gegen den Berliner Landesvorsitzenden Carl-Hubert Schwennicke in den fünfziger Jahren deutlich geworden. Mit William Borm stellte das MfS seit 1960 sogar den Landesvorsitzenden der Partei. Während Borm vom Leiter der HVA geführt wurde, war die Aufklärungsabteilung der Berliner Bezirksverwaltung für die »Bearbeitung« des FDP-Landesverbandes »in eigener Zuständigkeit« verantwortlich.[221] Ihrem letzten Arbeitsplan zufolge führte die Abteilung dort die Quelle »Rudi« und die Kontaktpersonen »Meister« und »Ziegel«. Rudi wird als stellvertretender Schuldirektor und FDP-Funktionär geschildert, der 1989 in die Bezirksverordnetenversammlung von Berlin-Charlottenburg »eingeschleust« werden sollte. Außerdem sollte er die »konzeptionellen Schritte« des Arbeitskreises »Deutschland- und Außenpolitik« der FDP sowie die »feindlichen Aktivitäten« des Kreises um den SED-Kritiker Mleczkowski aufklären. Bei »Meister« handelte es sich um den FDP-Bundestagsabgeordneten Wolfgang Lüder, der über einen IM »Fritz« von der Stasi ausgehorcht wurde und schon als Berliner Wirtschaftssenator Mitte der siebziger Jahren ein Jahr lang die MfS-Agentin Gertraude Heilmann in seinem Vorzimmer beschäftigte. »Ziegel« war Professor und Mitglied im Landesvorstand der FDP, zu welchem ein IM »Havel« Kontakt hielt.[222]

Quellen in der Alternativen Liste

Gut vertreten war die Stasi auch in der Alternativen Liste (AL) – dem Westberliner Pendant zu den Grünen. Berichte der »Zentralen Auswertungs- und Informationsgruppe« (ZAIG) zeigen, wie gut das MfS aus dem Innenleben der Partei informiert wurde.[223] Dem Arbeitsplan für 1989 zufolge operierte hier die Berliner Aufklärungsabteilung mit den Quellen »Linda«, »Zeitz« und »Ludwig«. Verantwortlich war das Referat XV/1a, das regelmäßig »durch eine zuverlässige und überprüfte Quelle des Operationsgebietes erarbeitete« Informationen verbreitete.[224] Daneben informierte Mitte der achtziger Jahre auch eine Quelle »Fluß« aus dem eigentlich für die FDP zuständigen HVA-Referat II/2 mehrfach über »Einschätzungen« führender Mitglieder der AL-Fraktion im Berliner Abgeordnetenhaus.[225] »Linda«, von Beruf Kulturwissenschaftlerin, war im Bereich Kultur und Medien aktiv. Für sie sah der Plan im Jahr 1989 vor: »Nutzung ihrer kulturpolitischen Kompetenz (SFB-Rundfunkrat, Senatsabteilung für Kulturfragen) zur Aufklärung senatsgesteuerter Pläne im Rahmen der feindlichen Kontakttätigkeit im Kunstbereich«.[226] Über die Einsatzrichtung des bereits erwähnten IM »Ludwig« im Jahr 1989 wird in dem aufgefundenen Arbeitsplan der Berliner Bezirksverwaltung ausgeführt, daß er Informationen aus allen Gremien der Partei beschaffen solle, mit Schwerpunkt auf der Fraktion und dem Geschäftsführenden Ausschuß der AL. Außerdem sollte er die »Verbindungen«

zu SED-Kritikern in Ostberlin auskundschaften. Als Aufgabenstellung für 1989 wurde festgelegt: »Sicherung seiner Wiederwahl als Pressesprecher«.[227]

Eine bedeutende Quelle in der AL war auch der IM »Zeitz«, der als Professor an der Freien Universität geschildert wird und 1969 schon den Republikanischen Club für die Abteilung ausgeforscht hatte;[228] zehn Jahre später wurde er, zusammen mit »Ludwig«, unter anderem zur »Gewinnung von Personenhinweisen« aus der trotzkistischen »Gruppe Internationaler Marxisten« (GIM) eingesetzt.[229] 1989 ging es der Stasi um die »Sicherung seiner Position im Hauptausschuß [der Grünen], Teilnahme an den Bundesdelegiertenversammlungen, Ausbau seiner Position in den Berlin-Gremien (Berlin-AK) und des Kontakts zum deutschlandpolitischen Sprecher der Fraktion«. Zudem sollte er über die Evangelische Akademie oder das Vorbereitungsgremium zum Berliner Kirchentag 1989 seine Beziehungen zur evangelischen Kirche intensivieren.[230] Trotz dieser verhältnismäßig detaillierten Beschreibung des IM ist die Quelle bis heute nicht eindeutig entschlüsselt worden.

»Zeitz« informierte in den späten siebziger Jahren vor allem über DDR-kritische Aktivitäten in Westberlin, darunter zu Wolf Biermann, Rudi Dutschke, Robert Havemann oder das Komitee für die Freilassung Rudolf Bahros. Nach Gründung der Alternativen Liste und der Grünen lag bei diesen Parteien sein Schwerpunkt. Unter anderem lieferte er der Stasi Personeneinschätzungen über Politiker aus dem grün-alternativen Spektrum, beispielsweise über den früheren Vorsitzenden der AL-Fraktion im Berliner Abgeordnetenhaus, Jürgen Wachsmuth. Verzeichnet hat die Stasi darüber hinaus das Protokoll der Gespräche des Arbeitskreises Atomwaffenfreies Europa mit dem sowjetischen Friedenskomitee in Moskau im Oktober 1982 sowie einen Bericht über »Auseinandersetzungen im Liaison-Komitee [der Russell Peace Foundation] über Versuche Westberliner Friedensgruppen, die deutsche Frage zu einem zentralen Thema des zweiten Europäischen Friedenskongresses zu machen«. Auch die Vorbereitung des sowjetkritischen »Jalta-Forums« in Westberlin wird vermeldet. »Zeitz« informierte zudem über Zusammenkünfte der Gustav-Heinemann-Initiative sowie über mehrere Begegnungen mit DDR-Kirchenvertretern, darunter über die Reaktion Rainer Eppelmanns auf ein Treffen mit dem DDR-Staatssekretär für Kirchenfragen, Klaus Gysi, am 7. Mai 1982, sowie über die Auffassungen von Mitarbeitern der Theologischen Studienabteilung beim DDR-Kirchenbund zu der Absicht, in Ostdeutschland eine grüne Partei zu gründen. Der Bericht über das Gespräch in der Studienabteilung landete später in einer Opfer-Akte.[231]

1982 meldete »Zeitz« auch die Gründung einer DDR-Arbeitsgemeinschaft in der Alternativen Liste durch ehemalige DDR-Bürger, womit offenbar die Arbeitsgruppe Berlin- und Deutschlandpolitik gemeint war, in der sich auch eine

Reihe ausgewiesener DDR-Oppositioneller zusammengefunden hatte. Über die Aktivitäten der Arbeitsgruppe, die der Stasi wegen ihrer kritischen Haltung zur SED und der Thematisierung der nationalen Frage zweifellos ein Dorn im Auge war, lieferte »Zeitz« auch in der Folgezeit regelmäßig Berichte. Überliefert ist in diesem Zusammenhang ein aufschlußreicher Bericht der Diensteinheit, die »Zeitz« führte, über die Vorbereitung und Durchführung eines Treffens von Mitgliedern der Arbeitsgruppe mit kritischen Kirchenvertretern aus Ostberlin.[232] Wie sich Teilnehmer der Zusammenkunft erinnern, gab es unter den Westberliner Beteiligten nur einen Professor der Freien Universität – den aus Ostdeutschland stammenden Institutsdirektor und AL-Politiker Randolf Lochmann; seine Frau war Funktionärin der Gustav-Heinemann-Initiative.

Aus der Arbeitsgruppe berichteten auch noch andere inoffizielle Mitarbeiter wie der IMS »van Haaren«.[233] Gegen mehrere Mitglieder, unter ihnen das Mitglied des Abgeordnetenhauses, Wolfgang Schenk, ging die Stasi-Hauptabteilung XX/5 im Operativ-Vorgang »Spinne« vor. Zum Sprecher, dem Architekten Walther Grunwald, leitete die Berliner Bezirksverwaltung für Staatssicherheit 1983 eine »Operative Personenkontrolle« ein, weil er über »intensive Verbindungen zu Initiatoren der sogenannten blockübergreifenden Friedensbewegung« in Westberlin verfüge. Die Stasi wollte feststellen, welche »objektiven Fakten und Zusammenhänge« darauf hinweisen, daß er im Auftrag des amerikanischen Geheimdienstes tätig sei. Jahrelang wurde Grunwald daraufhin in Westberlin überwacht, einschließlich »Überprüfung des G. bei den Freunden«, wie die Stasi den KGB bezeichnete. Manuskripte von ihm wurden »inoffiziell beschafft«, Vorträge bespitzelt, sein Wohnort »aufgeklärt« und eine inoffizielle Mitarbeiterin »Ursula« in Marsch gesetzt sowie Bekannte überprüft, um zu klären, »ob aus diesem Kreis ausgewählte Personen in den Prozeß der Kontroll- und Überprüfungsmaßnahmen einbezogen werden sollten«.[234] Erst im April 1987 wurde das Verfahren gegen Grunwald ergebnislos eingestellt.

Immerhin ist der Nachwelt auf diese Weise jene im nachhinein geradezu komische Episode überliefert, als die Stasi den AL-Politiker 1983 an der Grenze »aus dem Reisestrom herauslöste« und einer Körperdurchsuchung unterzog, bei der man in seiner Schuhspitze einen Zettel mit Notizen fand. Auf die Frage, wie der Zettel in seinen Schuh gekommen sei, antwortete Grunwald laut Stasi-Bericht, daß der Zettel beim Schuheabstreifen in der U-Bahn dort hineingekommen sein müsse, woraufhin ihm entgegengehalten wurde, »daß man doch üblicherweise seine Schuhe nicht in der U-Bahn auszieht«. Grunwald entgegnete gelassen, daß er dies häufig tun würde, so daß ihm der Stasi-Mann nunmehr vorhielt, daß er den Zettel in Wahrheit versteckt transportiert habe. Darauf

Grunwald: »Sagen wir nicht Versteck, sondern ungewöhnlicher Aufbewahrungsort.«[235] Die Stasi mußte passen.

Auch innerhalb der Partei sahen sich die Mitglieder der Arbeitsgruppe einem wachsenden Druck ausgesetzt, so daß sie ab Mitte der achtziger Jahre nach und nach die AL verließen – später löste sich die Arbeitsgruppe ganz auf. Front gegen sie hatte in erster Linie der erwähnte AL-Politiker Dirk Schneider gemacht, der die Arbeitsgruppe als »Pickelhauben-Fraktion« denunzierte und unter anderem kolportierte, zwei ihrer Mitarbeiter seien nationalrevolutionäre Rechtsextremisten oder würden in deren Publikationen veröffentlichen – eine klassische Zersetzungsmaßnahme.[236] Die Stasi vertrat schon im September 1986 die Einschätzung, »daß die realistischen, dialogbereiten, vernünftigen Kräfte, einschließlich der ›Mittelposition‹ innerhalb der Fraktion und des Führungsgremiums (Geschäftsführender Ausschuß) derzeitig immer mehr die Oberhand gewinnen«. Darauf ausgerichtet sei auch die »operative Konzeption der Bearbeitung« durch die Berliner Aufklärungsabteilung, »mit guten operativen Positionen unter den realistischen Kräften zur Zurückdrängung des Einflusses negativer, reaktionärer Elemente«.[237]

Insbesondere die Bezirksgruppe Neukölln war der Stasi verdächtig, weil sie ihrer Ansicht nach zu jenen Gruppierungen in der Alternativen Liste gehörte, »auf die sozialismus- und DDR-feindliche Kräfte starken politischen Einfluß ausüben«. Dem MfS war bekannt, daß die beiden Parteimitglieder Wolfgang Ewert und Elsbeth Zylla »aktive Verbindungen« zu SED-kritischen Gruppen in der DDR hatten. Zylla hatte sich zum Beispiel darum bemüht, daß 1983 zu einer Friedenskundgebung in Westberlin die ostdeutschen Schriftstellerinnen Christa Wolf und Irmtraud Morgner eingeladen wurden, um wenigstens indirekt auf die Anliegen der heftig verfolgten Friedensgruppen in der DDR aufmerksam zu machen. Auf Ewert, der von der Abwehrabteilung XX/8 bearbeitet wurde, setzte die Stasi eigens den Iraner Ahmad M. (IM »Amir«) an, der ihn bei einer Sitzung der AL Neukölln ansprach, er habe seinen Namen bei Besuchen in Ostberlin gehört.[238] In »Auskunftsberichten« wurde Ewert als »ausgesprochener Antikommunist« charakterisiert. Um Ewert zu neutralisieren, sollte er zudem beim Landesamt für Verfassungsschutz wegen seiner »undurchsichtigen Verbindungen« nach Ostberlin angeschwärzt werden. Der Vorgang wurde erst im September 1989 eingestellt, weil »im gesamten Bearbeitungsprozeß keine feindlichen und strafrechtlich-relevanten Handlungen nachgewiesen werden« konnten.[239]

Der Output der Agenten

Das Agentennetz des MfS sicherte der Geheimpolizei der SED einen umfassenden und kontinuierlichen Informationsfluß über das politische Geschehen in der Bundesrepublik. Ergänzt durch die Ergebnisse einer umfassenden Funkaufklärung, die Fernschreiben, Telefongespräche und Autotelefonate von Politikern, Beamten und Wirtschaftsvertretern per »Zielkontrolle« aufzeichnete, lagen die internen Überlegungen, Konflikte und Entscheidungsprozesse mehr oder weniger offen vor den Machthabern in Ostberlin. Die einlaufenden Berichte und Unterlagen wurden im MfS von speziellen Auswertungsabteilungen ausgewertet und analysiert. Innerhalb der HVA geschah dies durch die Abteilung VII, auf zentraler Ebene durch die Auswertungs- und Informationsgruppe (ZAIG) des MfS. Die geheimdienstlich beschafften Fakten sollten »jederzeit abrufbereit« zur Verfügung stehen und wurden gleichzeitig in Form von mündlichen und schriftlichen Informationen laufend weiterverbreitet. Das Wissen über Personen, Einrichtungen und politische Vorgänge im Westen diente einerseits der laufendenden »Unterstützung der Politik der Partei«, wie es in den Planvorgaben hieß, andererseits den »Erfordernissen der operativen Arbeit«, also dem internen Informationsbedarf des MfS. Keine andere »Institution« verfügte in der Bonner Republik über ein derartig weitgefächertes, jeder Kontrolle entzogenes und zentral angeleitetes geheimes Unterstützernetz wie der Staatssicherheitsdienst der DDR.

Über den Output der HVA gibt ein Aktenbestand Auskunft, der in den Beständen der ZAIG gefunden wurde, eigentlich aber Auswertungsberichte der »Aufklärung« enthält. Die meisten von ihnen gingen direkt an das Politbüro. Die sogenannten Einzelinformationen für die SED-Spitze füllten jeden Monat jeweils einen eigenen Aktenordner, rund fünfzig an der Zahl, wobei außer Berichten aus der hohen Politik vor allem außenpolitische, militärische und wirtschaftliche Themen behandelt wurden. Eine überraschend große Zahl an Berichten beschäftigte sich auch mit den internen Diskussionen in den westdeutschen Gewerkschaften – Basisinformationen für den Klassenkampf.

Aus dem Bereich Parteien und Regierung lieferte die HVA beispielsweise von Mitte Juni bis Mitte Juli 1967 jeweils mehrseitige Berichte zur Tagung des Landesvorstandes und zur sogenannten Sekretärskonferenz der Westberliner SPD, zur Sitzung des Ausschusses für Bundesangelegenheiten und Gesamtberliner Fragen des Berliner Abgeordnetenhauses sowie zur Tagung der »Führungsgremien« der SPD in Bonn – mit ausführlichen Schilderungen der mündlichen Diskussionen. Im März desselben Jahres standen die Sitzung des Bundestagsausschusses für gesamtdeutsche und Berliner Fragen, die Bemühungen um die Bildung einer neuen Regierungskoalition in Berlin und die Sitzung der dortigen

SPD-Fraktion, eine interne Klausurtagung des Kuratoriums Unteilbares Deutschland sowie Äußerungen des Westberliner Senatsdirektors Hartkopf »in einem internen Gespräch« auf dem Programm. Im Februar 1968 fertigte sie ausführliche Informationen über die konstituierende Sitzung des CDU-Beirates für Hochschul- und Forschungspolitik, über die SPD-interne Einschätzung des Westberliner Landesparteitages, über die Ausführungen Willy Brandts vor dem Auswärtigen Ausschuß des Bundestages sowie über Stellungnahmen führender SPD-Funktionäre zu den Landtagswahlen in Baden-Württemberg. Im April 1968 belieferte die HVA das Politbüro mit Berichten über die Einführung von Hans-Jürgen Wischnewski als neuem Bundesgeschäftsführer der SPD, über die Sitzung des Bundeskabinetts am 17. Juni, über die Lage in der FDP-Führung, die Vorbereitungen des Landesparteitages der CDU, eine Sitzung des kleinen Ausschusses für Öffentlichkeitsarbeit der SPD, interne Äußerungen Herbert Wehners und ein Seminar der Friedrich-Ebert-Stiftung mit leitenden finnischen Sozialdemokraten – Schlaglichter auf den Informationsfluß vom MfS zur SED.

Die Informationen, die oftmals bereits wenige Tage nach dem Ereignis gefertigt wurden, trugen alle den Vermerk, daß sie »streng vertraulich« seien und nach Kenntnisnahme an das MfS zurückgegeben werden sollten. Außerdem enthielten sie den Hinweis, daß sie »aus Gründen der Sicherheit der Quellen nicht publizistisch ausgewertet« werden dürften. Fast immer beginnen sie mit dem Satz: »Durch zuverlässige und vertrauenswürdige Quellen wurde bekannt ...«. Wer letztlich die Lieferanten der Informationen war, ist auch zehn Jahre nach Auflösung des Staatssicherheitsdienstes nur in Ausnahmefällen zu rekonstruieren. So stammen die Berichte einer »zuverlässigen Quelle« über die geheimen Sitzungen des Aussschusses für Bundesangelegenheiten und Gesamtberliner Fragen des Berliner Abgeordnetenhauses im Juni 1967 und 1968 aus einer Zeit, als der HVA-Informant Bodo Thomas (IM »Hans«) noch nicht dem Gremium angehörte.[240] Auch die Information über die Sitzung des Landesvorstandes der Berliner SPD vom Juli 1967, die »nach Angaben einer zuverlässigen Quelle« angefertigt wurde, kann weder von dem damals bereits verstorbenen Bundestagsabgeordneten Josef Braun (»Freddy«) noch von dem erst 1972 berufenen Parteisprecher Heinrich Burger (»Eisenstein«) stammen.[241] Ähnliches gilt für die Tagung der Führungsgremien der SPD Ende Juni 1967, als Günter Guillaume (»Hansen«) noch in Frankfurt war und sich auch Paul Gerhard Flämig (»Julius«) noch nicht zur konspirativen Zusammenarbeit bereitgefunden hatte. Und welches waren die »vertrauenswürdigen Quellen«, die Informationen über die internen Vorbereitungen des Parteitages der Berliner CDU im Juni 1968 geliefert haben? Die Aufarbeitung des Agentennetzes in den bundesdeutschen Parteien ist noch nicht zu Ende.

Die Affärenmacher – Politische Einflussnahme im »Operationsgebiet«

Es war die *Spiegel*-Affäre von links: Als die Wartezimmer-Illustrierte *Quick* im August 1972 den vertraulichen Rücktrittsbrief von »Superminister« Karl Schiller an Bundeskanzler Willy Brandt veröffentlichte, stand auf einmal die Polizei vor der Tür. Auf Veranlassung der Bonner Staatsanwaltschaft wurden die Redaktionsräume der Zeitschrift durchsucht, um in Erfahrung zu bringen, wie sie in den Besitz des Schreibens gelangt war. Begründet wurde die Aktion mit einem Ermittlungsverfahren, das wegen des Verdachts der Bestechung eingeleitet worden war. Die Öffentlichkeit indes konnte sich des Eindrucks nicht erwehren, daß hier ein unliebsames Oppositionsblatt mundtot gemacht werden sollte – auf Veranlassung des Chefs des Bundeskanzleramtes Horst Ehmke.

Tatsächlich hatte die Illustrierte die sozialliberale Bundesregierung immer wieder unter Beschuß genommen. Vor allem gegen die Ostpolitik richteten sich die Attacken des von Heinz van Nouhuys verantworteten Blattes. Ernsthaft in Bedrängnis war die SPD-geführte Regierung gekommen, als *Quick* im Juli 1970 das sogenannte »Bahr-Papier« veröffentlichte, ein streng geheimes Papier der zwischen Bahr und dem sowjetischen Außenminister Andrej Gromyko erzielten Verhandlungsergebnisse.[1] 1971 hatte das Blatt unter der Schlagzeile »Bonn will Berlin verschenken« vertrauliche Berliner Vier-Mächte-Dokumente veröffentlicht. Wenige Wochen nach der Durchsuchungsaktion vom August 1972 legte es noch einmal kräftig nach und veröffentlichte einen Bericht, dem zufolge Ehmke den BND innenpolitische Aufklärung unter Journalisten und Verlagen betreiben lasse.[2]

Was dann geschah, ist bis heute nicht restlos aufgeklärt. Vier Tage nach der Veröffentlichung, am 15. September 1972, traf sich Egon Bahr mit dem inoffiziellen Stasi-Mitarbeiter Hermann von Berg in Westberlin. Über das Treffen ist nur eine kurze Notiz überliefert, die aus folgenden Worten besteht: »Auftrag zur Weiterleitung einer politisch aktiven Maßnahme an H. Ehmke (*Quick*-Affäre). Bericht von ›Günther‹ über Erledigung«.[3] Im Sprachgebrauch der Staatssicherheit bedeutete dies, daß man Horst Ehmke Material zukommen ließ, mittels dessen die politische Entwicklung in der Bundesrepublik »aktiv« beeinflußt werden sollte, ohne daß das MfS dabei sichtbar in Erscheinung trat.

Worum es sich konkret handelte, bleibt offen. Auch in seinen 1994 erschienenen Memoiren schweigt Ehmke sich darüber aus.[4]

Ein Jahr später, am Vorabend einer Vernehmung von *Quick*-Redakteuren durch den Untersuchungsausschuß zum gescheiterten Mißtrauensvotum gegen Willy Brandt, veröffentlichte die Zeitschrift *Stern* einen Bericht, dem zufolge der Redaktionschef von *Quick* mehr als sechs Jahre lang für den Staatssicherheitsdienst der DDR gearbeitet habe. Zum Beweis druckte er handschriftliche Quittungen, auf denen van Nouhuys verschiedene Agentenaufträge bestätigt hatte. Sein Deckname beim MfS habe »Nante« gelautet, doch zugleich habe er für den Bundesnachrichtendienst (BND) gearbeitet, wo er als »Handwerker« geführt worden sei. Für seine Tätigkeit als Doppelagent von 1954 bis etwa 1960 habe er fast 200 000 DM erhalten. Eine Gruppe von BND-Mitarbeitern, so der Bericht weiter, habe nach Bildung der sozialliberalen Koalition »ganze Aktenberge« verschwinden lassen, um in Zusammenarbeit mit der CSU einen parteieigenen Geheimdienst aufzuziehen.[5]

In seinen »Erinnerungen« gibt Markus Wolf zu, daß die im *Stern* veröffentlichten Quittungen seinerzeit von ihm geliefert wurden. Als die DDR zu fürchten begonnen hätte, die Ostverträge könnten durch das publizistische Dauerfeuer von *Quick* torpediert werden, habe er, um van Nouhuys »mundtot zu machen«, sich das Einverständnis »abringen« lassen, daß dem *Stern* eine Quittung mit seiner Unterschrift »ausgehändigt« wurde. Ein Verstoß gegen alle Gesetze der Geheimdienstarbeit, doch nur auf diese Weise habe ihn das Hamburger Magazin beweiskräftig der Agententätigkeit bezichtigen konnte.[6] Überbringer der Dokumente war nach eigenen Angaben Wolfs Mitarbeiter Herbert Brehmer, der sie 1973 dem Redakteur der Illustrierten Sepp Ebelseder übergeben haben will.[7] Anderen Quellen zufolge war der *Stern* von führenden Sozialdemokraten auf die Existenz der Unterlagen hingewiesen worden.[8]

Das Prinzip »aktiver« Maßnahmen

»Aktive Maßnahmen« wie diese galten im MfS als »Spielwiese« von Markus Wolf. Mindestens einmal wöchentlich traf er dazu mit dem Leiter der zuständigen HVA-Abteilung X zusammen. Die »Aktionen« erfolgten in enger Absprache mit dem Zentralkomitee der SED, das über die politischen Vorgaben zu entscheiden hatte.[9]

Ziel der geheimdienstlichen »Bearbeitung« der Bonner Republik durch das Ministerium für Staatssicherheit war es nicht nur, politische Prozesse zu registrieren, sondern sie im Sinne der SED zu beeinflussen und zu steuern. Die

Umsetzung der entsprechenden Aufträge in »Vorgängen« zu Tätern und Opfern, zu »Objekten«, »Aktionen« und »Kontaktpersonen«, ist freilich nur punktuell nachzuvollziehen, da die einschlägigen Akten fast alle vernichtet wurden. Schon die bisher bekanntgewordenen Fakten zeigen aber deutlich, auf welche Weise das MfS in Westdeutschland politisch Einfluß nahm.

Die offensive Zielrichtung geht unter anderem aus den einschlägigen Richtlinien hervor, die die Arbeit mit den Inoffiziellen Mitarbeitern im »Operationsgebiet« regulierten. Neben der »Aufklärung« der politischen, militärischen, wissenschaftlichen und geheimdienstlichen »Zentren« waren die »politisch-operativen Kräfte« im Westen auf aktive Maßnahmen zur »direkten Unterstützung der Politik der Partei- und Staatsführung« zu konzentrieren. In der Sprache der 1968 in Kraft getretenen IM-Richtlinie bedeutete dies: »Ausnutzung des Differenzierungsprozesses, von Widersprüchen, Ansatzpunkten und besonderen Vorkommnissen im Operationsgebiet zur Bekämpfung des Feindes mit allen geeigneten Methoden, insbesondere seiner Entlarvung im Sinne des Kampfes gegen die friedensfeindliche, sozialreaktionäre und antinationale Politik der Bonner Regierung und der ökonomisch, politisch und militärisch herrschenden Kreise in Westdeutschland«.[10]

Zehn Jahre später wurde diesem Ziel trotz Entspannungspolitik und sozialliberaler Koalition noch größeres Gewicht beigemessen: Die Nachfolge-Richtlinie von 1979 widmete den »aktiven Maßnahmen« jetzt einen eigenen Abschnitt. Danach waren diese darauf angelegt, mit Hilfe »operativer Kräfte, Mittel und Methoden den Feind bzw. einzelne feindliche Kräfte und Institutionen zu entlarven, zu kompromittieren bzw. zu desorganisieren und zu zersetzen; progressive Ideen und Gedanken zu verbreiten und fortschrittliche Gruppen und Strömungen im Operationsgebiet zu fördern; die Entwicklung von Führungspersönlichkeiten und solchen Personen zu beeinflussen, die bei der Bestimmung der öffentlichen Meinung eine besondere Rolle spielen.« Der Einsatz der »konspirativen Kräfte, Mittel und Methoden« war dabei so vorzunehmen, »daß Ausgangspunkte, handelnde Personen und Zielsetzung der aktiven Maßnahmen verschleiert werden«. Ziel der »operativen Arbeit« im Westen war es nicht nur, Informationen zu beschaffen, sondern »die internationale Position des Sozialismus und seiner Verbündeten in der Klassenauseinandersetzung mit dem Imperialismus zu festigen und zu stärken, die offensive Friedenspolitik der sozialistischen Staatengemeinschaft zu unterstützen, antiimperialistische Bewegungen, Kräfte und Organisationen zu fördern und den fortschrittlichen Regierungen in den Entwicklungsländern bei der Festigung ihrer Macht zu helfen«.[11]

In einem »Kommentar« zur Richtlinie werden die Strategien politischer Einflußnahme weiter konkretisiert. Mit verdeckten Mitteln wollte man vor allem den Entspannungsprozeß fördern und die Politik der Koexistenz unterstützen. Inzwischen war man zu der Einsicht gekommen, daß »die Fortsetzung der Entspannungspolitik dem Wesen des Sozialismus entspricht und die günstigsten äußeren Bedingungen für den weiteren Aufbau der entwickelten sozialistischen Gesellschaft und für die Vertiefung des revolutionären Weltprozesses bietet«. Aus diesem Grunde hatte die Stasi »durch geeignete operative Maßnahmen den Differenzierungsprozeß zwischen den imperialistischen Hauptstaaten und innerhalb der herrschenden Kräfte der imperialistischen Länder zu fördern, die ultrarechten Kreise zurückzudrängen und den Einfluß der realistischeren Kräfte auf die Politik der imperialistischen Staaten zu verstärken«. Für »aktive Maßnahmen« sollten insbesondere alle Möglichkeiten genutzt werden, »um den Frieden in der Welt sichern zu helfen; den westeuropäischen Staaten die Gefahren vor Augen zu führen, die sich aus der amerikanischen Konfrontationspolitik gegen den Sozialismus für Westeuropa ergeben; durch Aufdeckung zwischenimperialistischer Widersprüche den USA-Imperialismus daran zu hindern, die gesamte imperialistische Welt auf ihren [sic!] Abenteuerkurs zu zwingen; durch Nutzung innenpolitischer Differenzen in den imperialistischen Ländern realistischer denkende Kräfte zu stärken«.[12] Die Stasi als Friedensfreund?

Tatsächlich ging es dem sowjetischen Lager in dieser Zeit vor allem darum, das enorme militärische und politische Machtpotential, das es – sechzig Jahre nach dem Putsch der Bolschewiki im Oktober 1917 – aufgebaut hatte, auf dem erreichten Niveau zu stabilisieren. Eine Fortsetzung des Wettrüstens konnte sich angesichts der Produktivitäts- und Innovationsschwäche des sozialistischen Wirtschaftssystems nur zum eigenen Nachteil auswirken. Daß damit keineswegs die Aufgabe der ursprünglichen politischen Stoßrichtung verbunden war, zeigen die gleichzeitig verstärkten Bemühungen, »offensive Maßnahme gegen feindliche Zentren und gegen im Operationsgebiet tätige feindliche Kräfte durchzuführen« – also die Kritiker und Gegner der SED zum Schweigen zu bringen. Neben der Informationsbeschaffung war deshalb die »Durchführung aktiver Maßnahmen gegen feindliche Kräfte und Institutionen und zur Unterstützung demokratischer Kräfte und Bewegungen« im Westen nach wie vor »Hauptaufgabe« der HVA.[13]

Die Einflußnahme ging auf verschiedenen Wegen vonstatten: Durch die Agenten selbst, wie im Fall von William Borm, Julius Steiner oder Brigitte Heinrich; durch andere Inoffizielle Mitarbeiter und Kontaktpersonen, die die beschafften Informationen politisch einsetzten; durch »legale« politische Einwirkung, insbesondere über Gesprächspartner aus der DDR und über mit der SED verbundene Parteien, Organisationen und Einrichtungen in der Bundesrepublik; durch die gezielte Lancierung von Fakten, Dokumenten oder Fehlinformationen in die Öffentlichkeit oder einen speziell zugeschnittenen Adressatenkreis, um dort, auch ohne Einsatz von Agenten, die angestrebten politischen Wirkungen zu erzielen.

Die Möglichkeiten zur direkten politischen Einflußnahme über Inoffizielle Mitarbeiter hingen stark vom Einsatzort und dem Profil des jeweiligen Agenten sowie nicht zuletzt von den Sicherheitsüberlegungen des MfS ab: Während eine Sekretärin oder ein nach außen als »Rechter« auftretender IM vergleichsweise wenig Möglichkeiten hatten, im Sinne der SED Position zu beziehen, konnten »progressive« Spione sehr viel direkter Einfluß nehmen, ohne Gefahr zu laufen, die eingenommene Position zu verlieren oder sich womöglich zu »dekonspirieren«. Bei letzteren mischten sich politische Überzeugung und geheimdienstliche Anbindung in einer Weise, daß eine spezielle Auftragsstruktur oft gar nicht mehr erforderlich war, um den Erwartungen des MfS zu entsprechen. In der Regel legte das MfS aber großen Wert darauf, die allgemeine strategische Zielrichtung im Zuge der »ständigen politisch-ideologischen Erziehung« des IM regelmäßig vorzugeben und zu stabilisieren – Eigenanteil und Fremdsteuerung lassen sich in diesen Fällen nur schwer voneinander trennen. Die Einflußmöglichkeiten waren aber auch situationsabhängig und konnten sich beispielsweise aus der Beratung eines konkreten Problems mit dem Führungsoffizier ergeben, wenn dieser dem IM Anweisungen für sein weiteres Verhalten gab. Da sich Informationsbeschaffung und aktive Einwirkung nur schwer separieren ließen, gab es beim MfS auch keine spezielle Kategorie für sogenannte Einflußagenten. Lediglich für IM, die überwiegend mit der Durchführung von »aktiven Maßnahmen« beauftragt waren, in der Regel Journalisten, gab es die spezielle Bezeichnung »IM für besondere Aufgaben« (IMA).[14]

Die Arbeit der Abteilung X

»Spezialisiert« auf diese Art der Einflußnahme war die HVA-Abteilung X, die 1966 nach sowjetischem Vorbild gegründet worden war. Geleitet wurde sie bis zum Schluß von Rolf Wagenbreth, der zuletzt den Dienstrang eines Obersten bekleidete und dem Chef der HVA direkt unterstellt war. In den Anfangsjahren der Staatssicherheit suchten praktisch alle in Richtung Westen operierenden MfS-Abteilungen in der Bundesrepublik politisch Einfluß zu nehmen. IM-Akten und Operativvorgänge aus dem Bereich der »Abwehr«, die von den Bürgerkomitees vor der Vernichtung bewahrt wurden, weisen in den fünfziger

Jahren eine Fülle von konspirativen Eingriffen in politische Prozesse im Westen aus, insbesondere in Westberlin. Auch die Abteilung Agitation betätigte sich in enger Zusammenarbeit mit dem Chefpropagandisten der SED, Albert Norden, in den sechziger Jahren in dieser Richtung. Mit der von Markus Wolf durchgesetzten Bildung einer speziellen Abteilung in seinem Zuständigkeitsbereich konzentrierte sich die Durchführung von »aktiven Maßnahmen« jedoch zunehmend bei der HVA, die sich dabei mit den ZK-Abteilungen für Agitation und Propaganda, für internationale Verbindungen oder für Westarbeit abstimmte.[15]

Aus der Arbeit dieser Abteilung sind nur wenige Dokumente erhalten. Ermittlungen der Bundesanwaltschaft gegen Wagenbreth und weitere Angehörige der Abteilung, Aussagen abgesprungener Mitarbeiter sowie vereinzelt aufgefundende Unterlagen geben jedoch ein relativ dichtes Bild über ihre Vorgehensweise.[16] Die etwa sechzig hauptamtlichen Mitarbeiter der Abteilung X waren vor allem damit beschäftigt, über ausgewählte Personen in Politik und Medien auf die öffentliche Meinung im Westen einzuwirken, wozu sie die unterschiedlichsten »Aktionen« ersannen. Zumeist geschah dies durch vom MfS beschaffte, aufbereitete, verfälschte oder hergestellte Informationen, Dokumente, Briefe, Pressedienste, Flugblätter, Bücher usw., die über Inoffizielle Mitarbeiter oder Kontaktpersonen gezielt in die westliche Öffentlichkeit gelenkt wurden – eine »Hexenküche« geheimdienstlicher Einflußnahme, bei der der Phantasie keine Grenzen gesetzt waren. »Auftrag: Irreführung« betitelten nicht ohne Grund die Exmitarbeiter Günter Bohnsack und Herbert Brehmer den Erfahrungsbericht über ihre Arbeit in der Abteilung X.

Diese Art von Desinformation war im »Wörterbuch der politisch-operativen Arbeit« als »bewußte Verbreitung von den Tatsachen grundsätzlich oder teilweise widersprechenden Informationen durch Wort, Schrift, Bild oder Handlungen« definiert. Die Desinformation, so heißt es da, werde vom MfS angewandt mit dem Ziel, »feindliche Kräfte über die eigenen Pläne, Absichten und Maßnahmen zu täuschen und eigene Kräfte, Mittel und Methoden zu konspirieren« sowie »Aktivitäten und Kräfte des Feindes in dem MfS genehme Richtungen zu lenken bzw. diese Kräfte zu verunsichern«.[17]

Zur Durchführung ihrer Arbeit konzentrierte sich die Abteilung bei der Werbung Inoffizieller Mitarbeiter im Westen auf Journalisten, Schriftsteller und »progressive« Politiker in Parteien und Bewegungen. Zu ihnen gehörten der erwähnte ehemalige SPD-Sprecher aus Schleswig-Holstein, Bernd Michels (»Bernhard«),[18] die Journalisten Holger Oehrens (»Alf«)[19] von der *Bild*-Redaktion sowie Gerhard Fleischle (»Alpha«) und Erhard Barunke (»Karl Herbst«) vom Deutschlandfunk, der Diplomat Rainer Müller (»Siggi«) und die bereits als Studenten angeworbenen Wissenschaftler Wolfgang Fischer (»Heinrich Heine«) und Rudolf Horst Brocke (»Thomas Müntzer«).[20] Auch der Schriftsteller Günter Wallraff wurde einem – von ihm selber dementierten – »Auskunftsbericht« der Abteilung zufolge von 1968 bis 1971 als IM »Wagner« geführt.[21] Den Aussagen von Bohnsack und Brehmer zufolge arbeitete die Abteilung darüber hinaus mit dem Chefredakteur des *Berliner Extradienstes*, Carl Guggomos (»Gustav«), zusammen und versorgte ihn laufend mit Artikeln und Geld für das Westberliner APO-Blatt.[22] Den Ermittlungen der Bundesanwaltschaft zufolge waren auch der Herausgeber des Kölner Polit-Magazins *Geheim*, Michael Opperskalski (»Abraham«), sowie die Herausgeberin der in Westberlin erscheinenden Zeitung *Incontri*, Evalouise Panzer-Tamponi, für die Hauptabteilung X tätig – ersterer wurde im November 1994 wegen Spionageverdachts vorübergehend festgenommen.[23]

Der 1975 in die DDR übergetretene Journalist Rudolf Schelkmann (IM »Karstädt«, IM »Goldring« und IM »6004«) gab in Köln den Pressedienst *X-Information* heraus und brachte als Mitarbeiter des Bundespresseamtes politische Positionen der SED in amtliche Bonner Argumentationspapiere zu den Ostverträgen.[24] Der in Bayern lebende Schriftsteller Kurt Hirsch (IM »Helm«) wurde dazu genutzt, Ausarbeitungen der Abteilung X zur rechtsextremen Szene über verschiedene Buchprojekte in die westdeutsche Öffentlichkeit zu transportieren.[25] Der Redakteur der »Deutschen Welle« Herbert Siegmar Kloss (IM »Siegbert«) lieferte der HVA unter anderem eine Vielzahl von Informationen über den Militärischen Abschirmdienst (MAD), indem er vorgab, über diesen ein Buch verfassen zu wollen, wobei er vom MfS so präpariert wurde, daß er gegenüber hochrangigen MAD-Mitarbeitern als »Fachmann« in Erscheinung treten und auch in Fachzeitschriften publizieren konnte. 1993 wurde Kloss zu einer Freiheitsstrafe von drei Jahren und sechs Monaten verurteilt.[26]

Als Spitzenquelle der Abteilung fungierte der Stabsoffizier für Psychologische Verteidigung (PSV) beim Münchener Wehrbereichskommando VI, Wilhelm Reichenbach (»Admiral«), der dem MfS zahlreiche hochsensible Informationen übermittelte und 1985 zu sechs Jahren Gefängnis verurteilt wurde. Anfang der achtziger Jahre konnte dieser auch den Publizisten Helmut Bärwald für die Lieferung von vertraulichen Unterlagen gewinnen, indem er ihn mit seinem Instrukteur Jürgen Hartmann (»Schneider«) bekannt machte, der vorgab, für ein der US-Regierung nahestehendes Institut zu arbeiten.[27] Ein anderer IM, der Hamburger Kaufmann Dieter Vogel (»A. Horn«), hatte sich 1978 im Auftrag des CIA selber ins Blickfeld der HVA gebracht und führte für die Abteilung verschiedene Aufträge aus – 1980 wurde er in der DDR verhaftet, wo er zwei Jahre später im Gefängnis ums Leben kam, wahrscheinlich durch Mord.[28]

Insgesamt verfügte die Abteilung X 1988 über mindestens zweiundsechzig Inoffizielle Mitarbeiter, davon sechzehn »für besondere Aufgaben«.[29] Eine wichtige Rolle spielten aber auch die zahlreichen »Kontaktpersonen« in der Bundesrepublik, über die die vom MfS präparierten Materialien verbreitet wurden. Als solche fungierte beispielsweise der Fraktionsvorsitzende der SPD im nordrhein-westfälischen Landtag, Friedhelm Farthmann, der in den späten achtziger Jahren wiederholt zu mehrtägigen Jagdaufenthalten in die DDR eingeladen und dabei intensiv ausgehorcht wurde. Bevorzugtes Zielobjekt für »aktive Maßnahmen« war der *Stern*, dessen Redakteure mal anonym, mal bei persönlichen Begegnungen mit Unterlagen und Informationen gespickt wurden. So wurden die Redakteure Gerd Heidemann und Thomas Walde 1980 bei Recherchen auf DDR-Gebiet im Zusammenhang mit den angeblichen Hitler-Tagebüchern unterstützt und veröffentlichten im Gegenzug Karten des KGB über amerikanische Raketenstellungen in der Bundesrepublik.

Darüber hinaus verfügte die Abteilung über eine bislang unbekannte Zahl von Inoffiziellen Mitarbeitern in der DDR, die vorzugsweise unter sogenannten legalen Dächern wie dem Verband der Journalisten (VDJ), dem Internationalen Pressezentrum (IPZ), dem Institut für Politik und Wirtschaft (IPW) sowie dem Staatlichen Zentralarchiv in Potsdam angesiedelt waren und die West-Journalisten mit einschlägigen Informationen versorgten. Bekannt geworden ist zudem eine Reihe sogenannter Instrukteure, die zur Anleitung von West-Agenten eingesetzt wurden, darunter der ehemalige Chefredakteur bei der DEFA, Jürgen Hartmann, der Leipziger Parteienforscher Wolfgang Fischer, der Ostberliner Professor Gerhard Huber von der Akademie der Wissenschaften, der Mitarbeiter der Abteilung Journalistenreisen des Reisebüros der DDR, Lutz Beuchler, und der Redaktionsleiter der in Leipzig erscheinenden CDU-Zeitung *Die Union*, Klaus-Peter Bigalke.[30]

Zusammenarbeit mit dem KGB

Einen Einblick in die Arbeit der Abteilung X geben im Sekretariat von Erich Mielke aufgefundene Unterlagen über eine mehrtägige Beratung mit dem KGB im April 1967. An ihr nahm unter anderem der Leiter der Deutschland-Abteilung bei der Auslandsaufklärung des KGB, Sergej A. Kondraschow, teil.[31] Jahr für Jahr legten beide Geheimdienste eine Fülle gemeinsamer »aktiver Maßnahmen« in bilateralen Plänen fest. 1967 beschloß man ein Dutzend »Aktionen«, die vor allem dazu dienten, die Bundesrepublik international zu diskreditieren. Bei der Ausarbeitung der Vorschläge sollte das »Augenmerk« an erster Stelle auf die Kompromittierung führender Vertreter der Regierung und »aktiver reaktionärer Persönlichkeiten und Organisationen« in der Bundesrepublik gerichtet werden. Namentlich »Personen mit nazistischer Vergangenheit« sollten aufs Korn genommen werden und die »revanchelüsterne und militaristische Politik« der westdeutschen Regierung »entlarvt« werden. Auch einzelne »rechte« SPD-Führer sollten kompromittiert werden. Darüber hinaus wollte man die »Gegensätze« zwischen der Bundesrepublik und den USA »vertiefen«, die westdeutsche »Position« in der NATO »beeinträchtigen«, die amerikanische »Aggression« in Vietnam und die westdeutsche »Beteiligung« daran »kompromittieren« sowie den Einfluß der Bundesrepublik in Afrika, Asien und dem Nahen Osten »unterminieren«. »Über die vorstehend genannten Probleme«, so heißt es in dem Protokoll, »hat ein Meinungsaustausch sowohl bezüglich der bereits von beiden Seiten durchgeführten Maßnahmen und dabei gewonnener Erfahrungen als auch hinsichtlich wirkungsvoller Aktionen für die Zukunft stattgefunden.«[32]

Die Aktion »Wissenschaft« diente beispielsweise der »Vertiefung von Gegensätzen und dem Erwecken von Mißtrauen zwischen der westdeutschen Bundesrepublik und den USA im Interesse der DDR und der UdSSR durch Enthüllung der Spionagetätigkeit Westdeutschlands in den USA und der der USA in Westdeutschland«. Zu diesem Zweck schlug das MfS dem KGB eine nicht näher erläuterte Aktion »Edison« vor, während der sowjetische Geheimdienst nach »Belastungsmaterial« gegen deutsche Wissenschaftler, die in den USA arbeiten, suchen wollte, namentlich gegen die in der Raketenforschung tätigen Gebrüder von Braun. Das MfS wollte »dokumentarisches Material« vorbereiten, um bis zum Herbst 1967 zusammen mit dem KGB ein »desinformierendes Dokument über die nazistische Vergangenheit« des deutsch-amerikanischen Luftfahrtmediziners Hubert Strughold herzustellen und über den KGB in »gesellschaftspolitische Kreise der USA« zu bringen.[33]

Eine Aktion mit dem Tarnnamen »Marabu« zielte auf die »Verschärfung der Gegensätze zwischen Westdeutschland und den arabischen Ländern«. Der KGB verpflichtete sich in diesem Zusammenhang, in Regierungskreisen von Ländern wie Algerien, Jemen, Irak oder Syrien vom MfS hergestellte Dokumente zu streuen, die die »Zusammenarbeit« der Bundesrepublik mit Israel und die Spionagetätigkeit Westdeutschlands und der USA in den betreffenden Ländern »entlarven« sollten. Zur »Beeinträchtigung« der Stellung der Bundesrepublik in Afrika vereinbarte man die »Herstellung eines desinformatorischen Dokumentes im Namen des Bonner Auswärtigen Amtes«, das die »neokolonialistischen« Ziele der westdeutschen Afrikapolitik »entlarven« sollte (Aktion »Sonne«). »Die sowjetische Seite«, so heißt es in dem Protokoll, »wird bei ihr vorhandene Unterlagen über die Politik der westdeutschen Bundesrepublik in Afrika zusammenfassen und bis zum 20. Dezember 1967 gemeinsam mit desinformatorischen Angaben, die bei der Vorbereitung des Dokumentes ausgewertet werden können, zur Verfügung stellen. Das MfS wird aus den gemeinsamen Angaben das desinformatorische Dokument bis zum 31. März 1968 anfertigen.« Das sogenannte Dokument sollte anschließend vom KGB »realisiert« werden.[34]

Zur Diskreditierung der Bundesrepublik im Fernen Osten verpflichtete sich der KGB, »bei der Weiterleitung von Desinformations- und Originaldokumenten über die Militärhilfe der westdeutschen Bundesrepublik für Pakistan an indische Regierungskreise Hilfe [zu] leisten« (Aktion »Taifun«). Darüber hinaus wollte sich der KGB bemühen, eine vom MfS vorbereitete »Dokumentation über die Verwandtschaft der Politik Hitler-Deutschlands mit der Politik Westdeutschlands gegenüber Indien« herauszugeben. Außerdem hatte man vor, den damaligen Bundeskanzler Kiesinger im Zusammenhang mit seiner im Herbst 1967 geplanten Indien-Reise zu diskreditieren. Ständige Aufgabe des KGB war es auch, »aktive Maßnahmen« zur Stärkung der internationalen Position der DDR, zu ihrer diplomatischen Anerkennung und zur Kompromittierung der Hallstein-Doktrin durchzuführen. Namentlich in Syrien, den Vereinigten Arabischen Emiraten sowie in Finnland, Tansania, Jemen und Algerien sollte der KGB seine diesbezüglichen Aktivitäten fortsetzen (Aktion »Anerkennung«).

Zur »Entlarvung« des Neonazismus in der Bundesrepublik wurde vereinbart, Unterlagen zur Diskreditierung der NPD zu sammeln, mit deren Hilfe »bestimmte Kreise Westdeutschlands« angeregt werden sollten, ein Verbot der Partei zu fordern (Aktion »Neo«). Der KGB wollte dem MfS zu diesem Zweck unter anderem Material für eine Broschüre »NPD – die Nachfolgerin der NSDAP« übergeben. Das MfS verpflichtete sich, die Broschüre auf Kosten des KGB »über seine Möglichkeiten« in Westdeutschland herauszugeben und zu verbreiten.

Zur Kompromittierung des Bundesamtes für Verfassungsschutz vereinbarte man die Herausgabe einer »Dokumentation« über Otto John, den ersten Präsidenten des Amtes, der 1954 über Nacht in der DDR auftauchte und im Dezember 1955 in die Bundesrepublik zurückkehrte, wobei bis heute offen ist, ob er seinerzeit aus eigenem Entschluß nach Ostberlin ging oder, wie er selbst behauptete, verschleppt wurde (Aktion »Jesuit«). Tatsächlich erschien 1971 in München eine entsprechende Veröffentlichung von Hans Frederik, die dem ehemaligen *Spiegel*-Journalisten Peter-Ferdinand Koch und dem früheren KGB-Beauftragten Sergej A. Kondraschow zufolge eine Auftragsarbeit von beiden Geheimdiensten gewesen sein soll.[35] Weitere »Aktionen« von MfS und KGB dienten der Diskreditierung des amerikanischen Vorgehens in Vietnam (Aktion »Tribunal«), der Verschärfung der Gegensätze in der NATO (Aktion »Sturm«), der »Enthüllung« der Produktion von ABC-Waffen in der Bundesrepublik (Aktion »Verwüstung«) und der Kompromittierung von Politikern und Regierungsbeamten in der Bundesrepublik als ehemalige Nazis (Aktion »Nazikamarilla«).

Die Zusammenarbeit mit dem KGB ging auch in der Folgezeit munter weiter. In einem Papier vom September 1982 heißt es dazu beispielsweise, daß »auf der Grundlage eines gemeinsamen Planes« zur Unterstützung der westlichen Friedensbewegung »umfangreiche gemeinsame bzw. abgestimmte Maßnahmen« durchgeführt worden seien. Darüber hinaus seien Maßnahmen zur »Entlarvung und Kompromittierung der Tätigkeit imperialistischer Geheimdienste« ergriffen worden, insbesondere gegen CIA und BND und deren »Einmischung in die inneren Angelegenheiten« Polens im Zusammenhang mit der unabhängigen Gewerkschaftsbewegung »Solidarność«. Andere Maßnahmen hätten sich gegen die sowjetkritischen Sender »Radio Freies Europa« und »Radio Liberty« sowie gegen »Feindorganisationen« wie die Internationale Gesellschaft für Menschenrechte in Frankfurt am Main gerichtet. »Im Rahmen gemeinsamer Maßnahmen«, so kann man dem Papier ebenfalls entnehmen, »wurde die großmachtchauvinistische Politik der Pekinger Führung entlarvt sowie Einfluß auf führende politische und wirtschaftliche Kreise Westeuropas genommen, sich in ihrer Politik gegenüber China distanziert zu verhalten.«[36]

Praktische »Aktionen«

Während die mit dem KGB zusammen geplanten »aktiven Maßnahmen« vor allem außenpolitische Fragen betrafen, zielten die vom MfS allein durchgeführten »Aktionen« vor allem auf die westdeutsche Innenpolitik. Im Zuge der Ermittlungen gegen Wagenbreth konnte eine Reihe derartiger Einwirkungen auf die bundesdeutsche Innenpolitik rekonstruiert werden.

Zur Einwirkung auf die Parteien fingierte die HVA beispielsweise sogenannte Informationsdienste, die an politische Multiplikatoren geschickt wurden. An ausgewählte Bundestagsabgeordnete der CDU wurde der Pressedienst *Die Mitte* versandt, der von 1973 bis 1983 etwa drei- bis fünfmal im Jahr in einer Auflage von 80 bis 100 Exemplaren erschien. Er enthielt neben Kommentaren und Diskussionsbeiträgen zu aktuellen politischen Themen auch bloßstellende Informationen über interne Vorgänge in der CDU, von denen das

MfS Kenntnis erlangt hatte, und sollte der Stärkung eines linken, DDR-freundlichen Flügels in der Partei dienen. Für die SPD produzierte das MfS in der ersten Hälfte der siebziger Jahre den monatlichen Pressedienst *intern*, der in einer Auflage von etwa 250 Exemplaren erschien und laut Impressum vom SPD-Parteivorstand und der SPD-Bundestagsfraktion herausgegeben wurde. Adressaten waren Funktionäre und Abgeordnete der SPD auf Bundes- und auf Länderebene. Auch hier wurden nachrichtendienstlich gewonnene Fakten, herabwürdigende Wertungen und SED-genehme Positionen veröffentlicht und der Eindruck einer internen linken Opposition erweckt. Mit Zielrichtung FDP erschienen gleich zwei Informationsdienste: ein von William Borm herausgegebener Pressedienst sowie der von 1964 bis 1968 in Köln erscheinende Hintergrunddienst *X-Information*. Letzterer wurde von dem erwähnten Journalisten Rudolf Schelkmann (IM »Karstädt«) in einer Auflage von etwa 500 Exemplaren alle vierzehn Tage herausgebracht und diente insbesondere der Förderung einer der SED genehmen Ostpolitik der FDP. Der von Borm und anderen links-liberalen Politikern ab Anfang der siebziger Jahre herausgegebene *Pressedienst* hatte inhaltlich ein ähnliches Profil und basierte ebenfalls teilweise auf Manuskripten der HVA.[37]

Eine andere Form »aktiver Maßnahmen« bestand darin, durch die Verbreitung von einzelnen, verfälschten »Dokumenten« Einfluß auf die innenpolitische Entwicklung in der Bundesrepublik zu nehmen. So wurde 1975 die Niederschrift eines abgehörten Telefonats zwischen dem CDU-Vorsitzenden Helmut Kohl und seinem Generalsekretär Kurt Biedenkopf auf ein Formblatt des US-Abwehrdienstes »Military Intelligence Group« übertragen und anschließend an die Zeitschriften *Spiegel* und *Stern* übersandt – letzterer veröffentlichte das Protokoll in vollem Wortlaut.[38] Die Maßnahme diente nicht nur der Diskreditierung des CDU-Vorsitzenden und der Vertiefung bestehender oder vermuteter Differenzen zwischen den beiden Politikern, sondern legte auch den Verdacht illegaler Abhörpraktiken durch westliche Geheimdienste nahe, was zu mehreren kritischen Bundestagsanfragen führte.

Eine ähnliche Aktion betraf ein Telefonat zwischen dem CSU-Vorsitzenden Franz Josef Strauß und dem Chefredakteur des *Bayernkurier*, Wilfried Scharnagl. Das im September 1976 in München geführte Ortsgespräch betraf die Arbeit des Lockheed-Untersuchungsausschusses des Bundestages und war von der Stasi abgehört worden. Als sich die Arbeit des Ausschusses im Dezember 1977 ihrem Ende näherte, wurde im Rahmen der Aktion »Dschungel«, die die Diskreditierung westdeutscher Geheimdienste bezweckte, der Wortlaut des Telefonates von der Stasi um einige den CSU-Vorsitzenden belastende Passagen ergänzt und anschließend in der Aufmachung eines offiziellen G 10-Abhörprotokolls des Bundesnachrichtendienstes an die *Süddeutsche Zeitung* geschickt, die es wenig später auszugsweise veröffentlichte.[39] Auf diese Weise geriet nicht nur Strauß in den Verdacht der Aktenunterdrückung und der Bestechlichkeit, sondern auch der BND in den einer unzulässigen Abhörmaßnahme – ein Untersuchungsausschuß des Bundestages bemühte sich mehr als zwei Jahre lang vergeblich um Aufklärung der vermeintlichen Affäre.[40]

Erhebliche Irritationen löste das MfS auch mit gefälschten »Verhörprotokollen« aus, die es 1977 nach der Entführung und Ermordung des Arbeitgeberpräsidenten Hanns-Martin Schleyer durch Angehörige der »Roten Armee Fraktion« (RAF) anfertigte und im Bundesgebiet verbreitete. Sie beruhen auf dem abgehörten Fernsprechverkehr des seinerzeit eingerichteten Krisenstabes der Bundesregierung und erweckten den Eindruck, daß Schleyer in der Hand seiner Entführer belastende Aussagen über führende westdeutsche Politiker gemacht hätte und diese deshalb an seiner Befreiung kein Interesse gehabt hätten. In einer ähnlichen Aktion ließ die Abteilung X ein Jahr später in der Bundesrepublik ein gefälschtes Schreiben des Bundesinnenministeriums verbreiten, in dem der Eindruck erweckt wurde, daß die Behörden Vorbereitungen für den Fall einer Kernkraftwerksexplosion getroffen hätten, denen zufolge nur ein ausgewählter Personenkreis zur Evakuierung vorgesehen wäre.[41]

Die Aktionen der Abteilung X erfolgten häufig im Rahmen sogenannter Objektvorgänge, die zu verschiedenen westdeutschen Parteien und Institutionen über einen längeren Zeitraum hinweg geführt wurden. Die rechtsextremen Parteien DVU und NPD wurden beispielsweise im Objektvorgang »Extrem« bearbeitet. Dieser verfolgte das Ziel, die beiden Parteien zu diskreditieren und die bundesdeutschen Behörden zu Maßnahmen gegen sie zu veranlassen. Zu diesem Zweck fertigte das MfS unter anderem ein Flugblatt mit dem Emblem der DVU an, in dem zur gewaltsamen Vertreibung der in der Bundesrepublik lebenden Ausländer aufgefordert wurde. Unter der Überschrift »Deutsche, wehrt Euch!« hieß es unter anderem: »Bekämpft jeden Türken, Griechen, Jugoslawen, Italiener und Nordafrikaner, bis auch der letzte Fremdarbeiter deutschen Boden verlassen hat«. Etwa 200 Exemplare der Schrift wurden 1974 gezielt in verschiedenen Gastarbeiterzentren der Bundesrepublik abgelegt.[42]

Der Objektvorgang »Schwarz« richtete sich gegen die Unionsparteien. Die Maßnahmen waren vor allem darauf angelegt, politische Differenzen im konservativen Spektrum auszulösen oder zu verstärken. So sandte das MfS dem Chefredakteur des *Bayernkurier*, Scharnagl, seit Ende der siebziger Jahre eine Reihe von Briefen zu, die überwiegend auf Abhörerkenntnissen basierten und den Eindruck erwecken sollten, die CDU erfahre durch eigene »Quellen« regelmäßig Parteiinterna aus der CSU. In eine ähnliche Richtung zielte eine Aktion im Vorfeld der Bundestagswahlen vom Oktober 1980, als die Abteilung X ein vermeintliches Strategiepapier der CSU-Führung anfertigte, in dem die »Rückbesinnung« auf einen alten Beschluß, die Fraktionsgemeinschaft mit der CDU aufzukündigen, gefordert wurde. Eine Woche vor den Wahlen wurde das Papier, das die bundesweite Ausdehnung der CSU befürwortete, vom *Spiegel* veröffentlicht, der es von der HVA anonym zugeschickt bekommen hatte.[43]

Ein anderes CDU-»Grundsatzpapier«, das die Trennung der Ämter des Bundeskanzlers und des Parteivorsitzenden forderte und den niedersächsischen Ministerpräsidenten Ernst Albrecht statt Helmut Kohl für den Parteivorsitz vorschlug, wurde ebenfalls vom MfS hergestellt und dem sozialdemokratischen *Parlamentarisch-Politischen-Pressedienst (ppp)* zugesandt, wo es bald darauf veröffentlicht wurde. Die Stasi scheute sich auch nicht, einen Brief des ehemaligen Ministerpräsidenten von Schleswig-Holstein, Uwe Barschel, an den damaligen Bundesminister Gerhard Stoltenberg zu fingieren, um den Eindruck zu erwecken, Stoltenberg sei in die damaligen Machenschaften gegen den SPD-Spitzenkandidaten Björn Engholm eingeweiht gewesen. Trotz einer Strafanzeige Stoltenbergs sendete das Fernsehmagazin »Panorama« am 18. Oktober 1988 wesentliche Teile des Briefes, nachdem es sich von einen Linguisten die »Echtheit« hatte bestätigen lassen.[44]

Zur Beeinflussung der öffentlichen Meinung in der Bundesrepublik fertigte die HVA sogar ganze Bücher und Dokumentationen an – oder übermittelte Informationen der Stasi an westdeutsche Autoren, die sie dann in eigenen Veröffentlichungen verwerteten. Zur Verunglimpfung des CDU-Politikers und Brandt-Herausforderers Rainer Barzel ließ die Stasi vor den Bundestagswahlen im November 1972 beispielsweise ein Buch in der Aufmachung eines »rororo-Taschenbuches« herstellen und beauftragte anschließend die Studenten Wolfgang Fischer (»Heinrich Heine«) und Rudolf Horst Brocke (»Thomas Müntzer«), es einem festgelegten Adressatenkreis in verschiedenen Städten der Bundesrepublik in den Briefkasten zu werfen.[45] In einem anderen Fall spielte die Stasi über zwei IM – den Schriftsteller Karl-Georg Egel und den stellvertretenden Leiter des NS-Dokumentationszentrums der DDR, Ludwig Nestler – dem westdeutschen Autor Bernt Engelmann nachrichtendienstlich gewonnene Informationen über Wahlkampfspenden zu. Dieser veröffentlichte sie im Februar 1973 in einer Broschüre mit dem Titel »Das schwarze Kassenbuch – Die heimlichen Wahlhelfer der CDU/CSU«, wobei der Eindruck erweckt wurde, Politiker der Union seien von der Industrie gekauft worden. Mehrere diffamierende Broschüren mit echten und gefälschten Dokumenten verbreitete die Stasi auch gegen den außenpolitischen Sprecher der Union, Werner Marx, nachdem seine Sekretärin Inge Goliath sich 1979 in die DDR abgesetzt hatte. Darin wurde dem Politiker unter anderem vorgeworfen, er intrigiere mit konservativen Kräften in den westdeutschen Geheimdiensten gegen die Politik der sozialliberalen Regierung und lasse Politiker von SPD und FDP mit geheimdienstlichen Mitteln ausspähen.[46] Die früheren Mitarbeiter der Abteilung X, Günter Bohnsack und Herbert Brehmer, berichteten überdies, daß der bayerische Verleger und Buchautor Hans Frederik (»Fredy«) regelmäßig von der HVA mit Manuskripten und Dokumenten unterstützt worden sei.[47]

Die Maßnahmen der Abteilung X betrafen nicht nur die Bundesrepublik. Auch in der DDR trat sie, natürlich konspirativ, als Autor zahlreicher Filme, Bücher und Broschüren in Erscheinung. Die »Entlarvung friedensgefährdender, entspannungsfeindlicher und antisozialistischer Pläne« stand ebenso auf dem Programm wie die »Bekämpfung des subversiven Wirkens imperialistischer Geheimdienste«. Vor allem aber ging es um die »Entlarvung der Ziele, Hintergründe, Inspiratoren und Organisatoren gegen die DDR und andere sozialistische Länder gerichteter Provokationen und Einmischungsversuche«.[48]

Gerade dieses Ziel verfolgte die Abteilung X auch im Westen – was die Behauptung von Markus Wolf und anderen Stasi-Mitarbeitern, die HVA habe mit der Bekämpfung von Oppositionellen nichts zu tun gehabt, Lügen straft. Die Dienstanweisung »zur vorbeugenden Verhinderung, Aufdeckung und Bekämpfung politischer Untergrundtätigkeit« verpflichtete die HVA, mit ihren Mitteln die Kritiker der SED zurückzudrängen. Zur »Zersetzung beziehungsweise Einschränkung der Wirksamkeit feindlicher Stellen und Kräfte« waren sogenannte »aktive Maßnahmen« durchzuführen.[49] Die Agenten der Abteilung X bespitzelten nicht nur den Liedermacher Wolf Biermann während seiner Konzertreise im November 1976, die den Anlaß für seine Ausbürgerung bot, und noch lange danach.[50] In vielen Operativ-Vorgängen finden sich vielmehr Belege für die Beteiligung der Abteilung X an Einschüchterungsmaßnahmen gegen ausgebürgerte Dissidenten.

Vergangenheitsbewältigung per Stasi-Dossier – Der Fall Heinrich Lübke

Die SED schwelgte im Gefühl des Triumphes: Als der westdeutsche Bundespräsident Heinrich Lübke am 14. Oktober 1968 bekanntgab, daß er vorfristig sein Amt aufgeben werde, schrieb das Parteiorgan *Neues Deutschland*: »Sein vorzeitiger Rücktritt ist das Ergebnis der Enthüllungen der DDR über seine Naziverbrechen.« Ganze Schwadronen Reinwäscher seien von Bonn aufgeboten worden, um Lübkes Weste sauber zu waschen, doch alle seien gescheitert. Mit Ekel habe die ganze Welt auf diesen KZ-Baumeister gewiesen, und immer bohrender sei die Frage geworden: »Was muß das für ein Staat sein, dessen oberster Repräsentant ein solcher Verbrecher ist.«[1]

Der Rücktritt von Heinrich Lübke zählt zu den spektakulärsten Ereignissen der bundesdeutschen Nachkriegsgeschichte, bei denen das Ministerium für Staatssicherheit in unmittelbarer Weise auf die Bonner Republik Einfluß nahm. Sein resignierter Abgang, mühsam begründet mit einer zeitlichen Entflechtung der Wahlen von Bundestag und Bundespräsident, stand am Ende einer jahrelangen Kampagne, mit der die SED die Bundesrepublik und ihren Präsidenten vor aller Welt an den Pranger stellte. Mit Lübke trat dabei nicht nur ein Politiker ab – mit ihm verabschiedete sich auch eine Epoche, die geprägt war vom konservativen Grundkonsens weiter Teile der Gesellschaft und von der Überzeugung der politischen Eliten, daß die kommunistischen Machthaber in Ostberlin keine Gesprächspartner für Demokraten sein könnten.

Der Startschuß zur »Affäre Heinrich Lübke« fiel am 29. Juni 1964 – einen Tag vor der Wiederwahl des CDU-Politikers zum Bundespräsidenten. Lübke, der 1959 mit einer knappen Stimmenmehrheit in sein Amt gewählt worden war, wurde diesmal auch von der Parteiführung der SPD unterstützt, die damit – gegen den Widerstand vieler linker Sozialdemokraten – die Weichen in Richtung einer großen Koalition zu stellen suchte. Dies und der Ort der Bundesversammlung – das nicht zur Bundesrepublik gehörende Westberlin – bildeten für die SED den Anlaß, dem alten und neuen Bundespräsidenten mit einer propagandistischen Großoffensive entgegenzutreten. Auf einer Pressekonferenz des Nationalrates der Nationalen Front verglich Albert Norden die Präsidentenwahl mit der Kaiserkrönung des Preußenkönigs Wilhelm I. im Spiegelsaal von Versailles und bezeichnete sie als »eklatante Verletzung der internationalen Rechtslage«. Dem Bundespräsidenten warf er vor, »Vertrauensmann der Gestapo« und mitverantwortlich »für die Anforderung, den Einsatz, die Mißhandlung und Ermordung ungezählter KZ-Häftlinge« gewesen zu sein. Zum »Beweis« seiner Anwürfe präsentierte er einen Schriftwechsel der Geheimen Staatspolizei, in dem es hieß, daß bei einem Marinebauvorhaben in Peenemünde »erhebliche Fälle von Arbeitsverweigerung« vorgekommen seien und deshalb ein Sonderlager errichtet werden solle. Auch auf Lübke, der seinerzeit Mitarbeiter des mit dem Bauvorhaben befaßten Architekturbüros Walter Schlempp gewesen war, könne dabei zurückgegriffen werden.[2]

Es war nicht das erste Mal, daß die SED die Bundesrepublik und ihre Repräsentanten als »faschistisch« oder »nazistisch« anzuprangern versuchte. Der agitatorische Antifaschismus bildete eines der wichtigsten Instrumente der DDR-Führung, um gegenüber der Bevölkerung das eigene Legitimationsdefizit zu verdecken und der Ausstrahlungskraft der westdeutschen Demokratie entgegenzuwirken. Zugleich bot er einen bequemen Weg, sich aus der Verantwortung für die deutsche Geschichte davonzustehlen und die fatalen Kontinuitäten zwischen beiden Diktaturen zu verdecken.

Während die herrschaftsstabilisierende Funktion des instrumentellen Antifaschismus im Innern der DDR inzwischen vielfach reflektiert wurde,[3] haben seine Auswirkungen auf die alte Bundesrepublik bislang nur wenig Beachtung gefunden. Tatsächlich bot er jedoch den vielleicht wirksamsten Hebel bei den Bestrebungen der SED, in Westdeutschland ideologisch Fuß zu fassen. Die Auseinandersetzung mit der nationalsozialistischen Diktatur wurde von den Machthabern der DDR von Anfang an und mit geradezu unglaublicher Systematik für ihre eigenen Zwecke instrumentalisiert, wobei dem Ministerium für Staatssicherheit eine Schlüsselrolle zufiel. Wie sehr das große Thema der Vergangenheitsbewältigung in Westdeutschland zur Rechtfertigung der SED-Diktatur mißbraucht wurde, hat sich erst nach der Öffnung der DDR-Archive in seiner ganzen Tragweite gezeigt. Für Historiker, die die Aufarbeitung der Verantwortung für Gewalt und Unterdrückung auf ihre Fahnen geschrieben haben, gehört die Verschränkung der beiden Diktaturgeschichten zu den schwierigsten Befunden bei der Analyse der Stasi-Vergangenheit.

Kampagnen aus Ostberlin

Vor allem in den sechziger Jahren, als die SED den Zusammenbruch des kommunistischen Systems nur noch mit dem Bau einer Mauer durch Berlin abwenden konnte, wurden die Bundesrepublik und deren politisch-soziales System generalstabsmäßig als ein Staat diskreditiert, in dem ehemalige Nazis und Militaristen das Sagen hätten.[4] Regelmäßig fanden dazu Beratungen der obersten Führungsspitze statt, wo die Kampagnen gegen die »Bonner Ultras« abgestimmt wurden. »In diesem Sinne«, so heißt es in einer Information über ein Gespräch bei Walter Ulbricht, »muß jetzt täglich die Kampagne geführt und entwickelt werden, daß die Adenauer-Ära zu Ende geht. Wir konzentrieren dabei das Feuer gegen die Adenauer, Strauß, Gehlen, Globke usw. Wir müssen uns dabei klar sein, daß wir für diese Kampagne etwa 1 Jahr Zeit haben. In dieser Zeit muß der Rücktritt Adenauers erzwungen werden. Wenn es soweit ist, muß für alle Welt klar sein, daß er von uns gestürzt wurde.«[5]

Hinter verschlossenen Türen sprachen die Funktionäre unverhohlen aus, daß es ihnen nicht um eine Erneuerung der westdeutschen Gesellschaft ging, sondern um kurzfristige propagandistische und politische Erfolge gegenüber Bonn. Anschaulich wird dies beispielsweise in einem Bericht des Chefredakteurs Dokumentation des (Ost-)Deutschen Fernsehfunks, Gerhard Mackat, über Recherchen in Moskau für einen Film zum Nürnberger Prozeß aus dem Jahre 1965. Darin berichtet er unter anderem über »ganz erschütternde Aufnahmen in Bergen-Belsen« sowie weiteres Filmmaterial zu einigen weniger bekannten SS-Verbrechern, die im Kaukasus »schlimme Schandtaten« verübt hätten. »Diese Leute«, so Mackat in seinem Bericht ans Zentralkomitee, »sind jedoch weniger attraktiv, da sie heute keine sichtbare Stellung im Bonner Staate einnehmen.« Ihm ging es aber darum, einen »wirksamen Film« zu machen, der »exakte Beweise für Parallelen zwischen den in Nürnberg Verurteilten und der Bonner Gegenwart enthält«. Geplanter Titel des Films: »Auferstehung der Gehenkten«.[6]

Die Kampagnen aus Ostberlin, die sich nicht nur gegen bestimmte Politiker, sondern gegen ganze Berufsgruppen wie Diplomaten, Juristen, Bundeswehroffiziere oder Polizeiangehörige richteten, blieben in der Bundesrepublik nicht ohne Resonanz. Zwar zeigte sich das politische Establishment zunächst weitgehend immun und ablehnend gegenüber Vorwürfen, die von der SED dazu gedacht waren, von ihren eigenen Unterdrückungsmaßnahmen abzulenken, und zumeist in einem schrillen Propagandajargon vorgetragen wurden. Da, wo sie berechtigt waren, mußten sie aber früher oder später zu politischen Kontroversen und zur Forderung nach Konsequenzen führen. Vor allem bei der jungen Generation und im linken politischen Spektrum konnte sich die SED auf diese Weise ein Einfallstor schaffen, über das sie bis tief in die westdeutsche Gesellschaft wirken konnte. Während der Kommunismus noch in den fünfziger Jahren fast überall auf Ablehnung stieß, wurde er vor allem über den »Antifaschismus« zunehmend gesellschaftsfähig.

Die Empörung über die »unbewältigte Vergangenheit« des Nationalsozialismus, die die junge westdeutsche Demokratie tief verunsicherte, wurde von SED und MfS zielstrebig gefüttert und forciert. Von den Protesten gegen Oberländer und Globke über die Kampagnen gegen ehemalige NS-Richter bis hin zur Medienjagd auf Heinrich Lübke gab es kaum einen Skandal um persönliche Verstrickungen in den Nationalsozialismus, an der die Machthaber der DDR nicht beteiligt gewesen wären. Obwohl auch in der DDR ehemalige Funktionsträger der NS-Diktatur wichtige Positionen bekleideten und das Politbüro bereits 1952 der überwiegenden Mehrzahl der ehemaligen Mitglieder der NSDAP in der DDR pauschal bescheinigt hatte, daß sie »beim Aufbau eines friedliebenden und demokratischen Deutschland tatkräftig mitgearbeitet« und sich damit des »in sie gesetzten Vertrauens würdig erwiesen« hätten,[7] versuchte die SED das Problem der nationalsozialistischen Vergangenheit allein dem westdeutschen Teilstaat zuzuschieben. Wer, wie der Berliner Psychotherapeut Bernd Heller, das Gegenteil behauptete und beispielsweise darauf hinwies, daß über vierzig Prozent der DDR-Volkskammerabgeordneten ehemalige NSDAP-Mitglieder waren, landete im Gefängnis – in seinem Fall für »nur« achtzehn Monate, weil seine Familie selber zu den Opfern des Faschismus (OdF) zählte.[8] Die Instrumentalisierung der Geschichte ging so weit, daß man zielstrebig den Eindruck zu erwecken suchte, in der Bundesrepublik wäre ein Prozeß der »Renazifizierung« im Gange, wohingegen allein die DDR »konsequent antifaschistisch« agieren würde – wenn nötig durch die demonstrative Hinrichtung von Beschuldigten auf unmittelbare Veranlassung des Politbüros.[9] Über den Umweg eines solchen politisch-moralischen Vergleichs hoffte man, dem innen- und außenpolitisch weithin isolierten Regime Akzeptanz zu verschaffen.

Ab Ende der fünfziger Jahre wurden in der DDR zu diesem Zweck mit unvorstellbar großem Aufwand nach Hinweisen gefahndet, die eine NS-Belastung von Politikern, Ministerialbeamten, Unternehmern, Juristen und anderen herausgehobenen Vertretern der westdeutschen Gesellschaft aufzeigen sollten. Entlastende Dokumente blieben hingegen unter Verschluß. Gesteuert wurde diese Art von Geschichtspolitik durch das Politbüro, wo der für Agitation und Propaganda zuständige ZK-Sekretär Albert Norden in Abstimmung mit Ulbricht und der Westabteilung des Zentralkomitees die Stoßrichtung der einzelnen Kampagnen vorgab. Die Stasi war vor allem für die Beschaffung einschlägiger Dokumente, aber auch für ihre Lancierung zuständig. Ein Großteil der Dokumente wurde dabei über »unverfängliche« DDR-Einrichtungen wie den Nationalrat der Nationalen Front, den Ausschuß für Deutsche Einheit oder die Staatliche Archivverwaltung sowie in regelmäßigen propagandistischen Pressekonferenzen an die Öffentlichkeit gebracht. Eigenständige Nachforschungen durch Historiker, Juristen oder Journalisten blieben hingegen weitgehend ausgeschlossen, denn über Auswahl, Zugänglichmachung und Verifikation der zum Teil gefälschten Dokumente entschied allein die DDR. Westliche Autoren, die unter diesen Bedingungen den Kampf gegen »alte Nazis« in Westdeutschland führten, von Günter Wallraff über Henry Nannen bis Bernt Engelmann, hingen dadurch ebenso am Tropf der Stasi wie der SDS-Aktivist Reinhard Strecker, der in der jungen Bundesrepublik gegen die »Blutrichter« agitierte – unabhängig davon, ob ihnen bewußt war, wem sie die belastenden Dokumente zu verdanken hatten. Auch Beate Klarsfeld, die 1968 Schlagzeilen machte, nachdem sie Bundeskanzler Kiesinger eine Ohrfeige gegeben hatte, hatte ihr Belastungsmaterial von der Stasi erhalten.

Der SED gelang es auf diese Weise tatsächlich, eine ganze Reihe von bundesdeutschen Politikern direkt oder indirekt »abzuschießen«. Symptomatisch für das damalige Vorgehen ist ein Schreiben von Albert Norden an Erich Mielke aus dem Jahr 1960, in dem es heißt: »Nachdem die Suche nach den Oberländer-Akten so außerordentlich erfolgreich gewesen ist und wir jetzt uns anderen Persönlichkeiten der Bundesregierung zuwenden müssen, bitte ich Dich zu veranlassen, daß eine systematische Nachforschung in der Richtung betrieben wird, ob über die Minister Seebohm und Lemmer sowie den Staatssekretär im Lemmer-Ministerium, Thedieck, Aktenmaterial vorhanden ist. Ich bin überzeugt, daß eine systematische Suche in den verschiedenen Ministerien und Archiven uns mindestens Teilerfolge bringen wird.«[10] Wenig später beschloß die Führungsspitze des MfS, die »Maßnahmen zur Entlarvung der Kriegspolitik Adenauers und seiner Komplicen« weiterzuführen; die HVA erhielt den Auftrag, dem Minister »eine Liste der Personen vorzulegen, die in den Aktionen weiter bearbeitet werden sollen«.[11]

Zu den ersten und erfolgreichsten Kampagnen dieser Art gehörte die gegen den langjährigen Staatssekretär im Bundeskanzleramt, Hans Globke. Der enge Mitarbeiter Konrad Adenauers und frühere Oberregierungsrat im Reichsministerium des Innern hatte 1936 einen amtlichen Kommentar zu den Nürnberger Rassegesetzen mitverfaßt – eine Tat, die in der Regel das erste und oftmals auch einzige ist, was politisch interessierten Zeitgenossen beim Namen Globke einfällt. Tatsächlich war Hans Globke jedoch ein entschiedener Gegner der Nationalsozialisten gewesen und hatte zahlreichen von rassischer Verfolgung bedrohten Menschen geholfen, wovon nach dem Krieg viele Betroffene und Mitglieder des Widerstands Zeugnis ablegten.[12] Nachdem im Mai 1960 Adolf Eichmann nach Israel entführt worden war, versuchte die SED, die Bundesrepublik in der Person Globkes mit auf die Anklagebank zu setzen.[13] In direkter Abstimmung mit Ulbricht war Albert Norden darum bemüht, den Fall Eichmann »maximal gegen das Bonner Regime zuzuspitzen«.[14] In Zusammen-

125

arbeit mit Erich Mielke sollten dazu unter anderem »bestimmte Materialien besorgt bzw. hergestellt werden«, denn: »Wir brauchen unbedingt ein Dokument, das in irgendeiner Form die direkte Zusammenarbeit Eichmanns mit Globke beweist.«[15] Zugleich suchte man, beispielsweise bei der Vorbereitung der Notstandsgesetzgebung, eine unmittelbare Verbindung zwischen Globkes früherer und seiner gegenwärtigen Tätigkeit herzustellen.[16] Höhepunkt der mehrjährigen Kampagne war ein mit Claqueuren bestückter »Strafprozeß« in der DDR, mit dem die SED im Juli 1963 in einer Art zweitem Eichmann-Prozeß Globke aufgrund seiner »Verbrechen« in der NS-Zeit in Abwesenheit zu lebenslangem Zuchthaus »verurteilen« ließ.[17] Ein Ostberliner Gericht hatte gegen ihn »Haftbefehl« erlassen, in der DDR wurde er »steckbrieflich gesucht«.[18] Wie man heute weiß, war der ausschließlich propagandistischen Zwecken dienende Prozeß vom SED-Politbüro beschlossen worden, um Globkes altersmäßige Pensionierung im Herbst 1963 »als Auswirkung der von der DDR geführten Kampagne« erscheinen zu lassen.[19]

Fingierter Antisemitismus

Um die Proteste in der Bundesrepublik zu schüren und die westdeutsche Demokratie international zu diskreditieren, fingierte die Stasi parallel dazu antisemitische Aktionen. Ein entsprechender Verdacht wurde zum ersten Mal geäußert, als zur Jahreswende 1959/1960 eine Serie derartiger Vorfälle die Reputation der jungen Bonner Republik erschütterte. Sie begann damit, daß zwei Mitglieder der neonazistischen Deutschen Reichspartei (DRP), der dreiundzwanzigjährige Arno Strunk und der fünfundzwanzigjährige Paul Schönen, in der Nacht vom 24. Dezember 1959 die neu errichtete Synagoge von Köln mit Hakenkreuzen und antisemitischen Losungen beschmierten. In den ersten Januartagen folgten weitere Schmieraktionen in Hamburg, Bremen, Dortmund, Nordbayern, Rheinland-Pfalz, Braunschweig und Coburg, bis Monatsende stieg die Zahl der registrierten Vorfälle auf 470 an.[20] Die braune Welle, die die Bundesrepublik im Vorfeld der Pariser Vier-Mächte-Konferenz international stark diskreditierte, wurde von der SED sofort propagandistisch ausgeschlachtet. Die Bundesregierung erklärte hingegen, die Schmieraktionen seien Teil »der seit Jahren betriebenen kommunistischen Diffamierungskampagne«, die »in skrupelloser Weise die Weltöffentlichkeit davon überzeugen soll, daß in der Bundesrepublik ein ständiges Ansteigen des Antisemitismus zu beobachten sei« – ein Vorwurf, der seinerzeit oft als antikommunistische Propaganda abgetan wurde.[21]

Tatsächlich gab es dafür nur Indizien. Der Verfassungsschutz hatte Bundeskanzler Adenauer darüber informiert, daß das MfS an der Kölner Aktion beteiligt gewesen sei. Aufgrund der ihm vorgelegten Berichte war Adenauer überzeugt, daß die Vorfälle von kommunistischer Seite gesteuert worden waren.[22] Auch die DRP, die die beiden Täter umgehend aus ihren Reihen ausschloß, sowie mehrere übergelaufene KGB-Agenten machten den Osten für die Aktionen verantwortlich.[23] Aus dem Amt Gehlen verlautete, daß unter Vorsitz von Ulbricht der geheime Einsatz von Aktionskommandos gegen jüdische Einrichtungen in Westdeutschland besprochen worden sei. Zudem wiesen einige der gefaßten Täter eine kommunistische Einstellung auf. In einer Gruppe von rechtsextremen Jugendlichen, die im Januar 1960 im Glienicker Schloßpark eine Sonnenwendfeier abgehalten hatten, befand sich ein geständiger DDR-Agent.[24] Doch schriftliche Beweise für eine Beteiligung des Staatssicherheitsdienstes an den antisemitischen Schmieraktionen vom Januar 1960 wurden bis heute nicht gefunden.[25]

Belegt ist aber die Urheberschaft des MfS bei einer zweiten Welle im Mai 1961. Diese rollte an, als in Israel der Prozeß gegen den Organisator der Judenvernichtung, Adolf Eichmann, eröffnet wurde und die Weltöffentlichkeit in geballter Form mit den Verbrechen des Nationalsozialismus konfrontiert wurde. Einer Akte der Kirchenabteilung der Stasi zufolge betrieb das MfS seinerzeit eine »Aktion« mit dem zynischen Namen »Vergißmeinnicht«. In derem Rahmen, so geht aus einem überlieferten »Vorschlag« hervor, sollte ein »Rundbrief mit Absender der Deutschen Reichspartei (DRP)« und dem Aufruf verschickt werden, »gemeinsam finanzielle Mittel zur Verteidigung Eichmanns zu schaffen und durch eine antisemitische Welle die Notwendigkeit der Judenvernichtung propagandistisch zu rechtfertigen«. Dieser Rundbrief, so heißt es weiter, »könnte von der Redaktion der DRP-Zeitung *Reichsruf* oder der *Deutschen Wochenzeitung* versandt werden. Verantwortlich zeichnen müßte Wilhelm Meinberg, ehem[aliger] SS-Gruppenführer« und Vorsitzender der DRP. Sodann folgt eine Liste rechtsradikaler Organisationen in Westdeutschland, an die die Briefe adressiert beziehungsweise die in die Aktion »einbezogen« werden sollten – von der Deutschen Sozialen Union Otto Strassers über die Deutsche Gemeinschaft von August Haussleiter bis zur antisemitischen Ludendorff-Bewegung und zur Wiking-Jugend.[26]

Der Verdacht, daß die DRP aus der DDR unterstützt würde, wurde bereits Mitte der fünfziger Jahre geäußert. Damals war bekannt geworden, daß der Herausgeber der ostfinanzierten Zeitschrift *Nation*, Rudolf Steidl, im April 1955 den Vorsitzenden des Kreisverbandes Nienburg, mit einer Spende von 2000 DM unterstützt hatte.[27] Die DRP agitierte seinerzeit gegen die Westintegration der

Bundesrepublik und vertrat einen ausgesprochen national-neutralistischen Kurs. Zeitgenössischen Berichten zufolge wurden auch die *Deutsche Nationalzeitung* sowie sogenannte »Soldatentreffen« aus kommunistischen Quellen finanziert.[28] 1961, dem Jahr der Aktion »Vergißmeinnicht«, wurden erneut Vorwürfe laut, daß der im Dezember gewählte Parteivorsitzende Adolf von Thadden »Ostgeld« in Empfang genommen habe, was zu dessen vorübergehender Suspendierung führte.[29] Auch in den achtziger Jahren arbeitete die Stasi mit westdeutschen Rechtsextremisten zusammen, darunter mit dem Rechtsterroristen Odfried Hepp.[30]

Ein zweiter »Vorschlag« bezog sich auf die Gesamtdeutsche Partei, deren Programm den »Schutz des deutschen Volkes gegen kollektive Verunglimpfungen« vorsah. Unter diesem Gesichtspunkt, so heißt es in dem Stasi-Dokument, »müssen von der Leitung dieser Partei verfaßte Schreiben an die Landesverbände gesandt werden mit Aufforderungen zu antisemitischen Aktionen«.[31] Mit Datum vom 20. 4. 1961, dem Geburtstag Hitlers, verfaßte die Stasi zudem einen sogenannten Kettenbrief, in dem es hieß: »Wir sind Kameraden der Waffen-SS, die es auf sich genommen haben, der Beschimpfung des deutschen Namens und der deutschen Ehre ein Ende zu setzen. [...] Dieser Brief soll zur Bereitschaft aufrufen, zum offenen Kampf gegen den jüdischen Bolschewismus. Wir haben den Kampf wieder aufgenommen. Unsere Kameraden haben bereits in verschiedenen Gauen gegen die Juden losgeschlagen.«[32]

In der Akte finden sich sodann mehrere »Entwürfe« von antisemitischen Hetz- und Drohbriefen, die an überlebende Juden in Westdeutschland geschickt wurden. Zur »Beschaffung von Adressen jüdischer Bürger« hatte man eigens einen inoffiziellen Stasi-Mitarbeiter nach München entsandt, der eine lange Liste mit Anschriften lieferte. Als Absender fungierten Personen, die nach Erkenntnissen der Stasi bereits vorher mit antisemitischen Äußerungen hervorgetreten waren. Die Briefe hatten beispielsweise folgenden Wortlaut: »Habt Ihr noch nicht genug, Ihr Judenschweine? 5 Millionen reichen Euch wohl noch nicht? Dich hat man wohl vergessen zu vergasen? Deutschland erwache! (1 Deutscher).« Und in einem anderen Brief hieß es: »Auch Du stehst auf unserer Liste. Wir werden das vollenden, was unser Kamerad Eichmann begonnen hat!«[33]

Die sogenannte Aktion »J« sah überdies vor, Briefe zu versenden, in denen betroffene Juden anonym über die Drohbriefe Klage führten. Aus Augsburg sollte beispielsweise ein Brief abgesandt werden, in dem es hieß: »Auf der Jahresversammlung unserer Israelitischen Kultusgemeinde Schwaben-Augsburg am 15. 4. 1961 hat unser erster Vorsitzender, Herr Ludwig Müller, auch über die antisemitischen Zwischenfälle bei uns berichtet. Weil ich selbst Opfer derartiger Beschimpfungen geworden bin, schreibe ich diesen Brief. Ich getraue mich nicht meinen Absender anzugeben, sonst, befürchte ich, könnten noch schmutzigere Angriffe gegen mich stattfinden. Die Herren, die vor meiner Wohnung Hakenkreuze ›verloren‹ haben, die mir schon drei Schmierbriefe ins Haus gesandt haben, fühlen sich schon so sicher, daß sie ihren Antisemitismus öffentlich zu Wort kommen lassen.« Ein aus München abgeschickter Brief lautete dagegen: »Ich habe eines der Flugblätter an die ›Kameraden der *SS*‹ in die Hand gedrückt bekommen. […] Das kann 1961 am Stachus in München, zu einer Zeit, in der Eichmann gerichtet wird, geschehen? Haben wir Juden nicht genug gelitten? […] Soll die große Flucht wieder beginnen? Es wird der einzige Weg sein, der meiner Familie und mir bleibt«.[34]

Einiges spricht dafür, daß die in den Briefen erwähnten Vorfälle von der Stasi selbst durchgeführt wurden, obwohl darüber keine unmittelbaren Belege enthalten sind. In der Akte finden sich aber Zeitungsartikel und Aufzeichnungen über die stattgefundenen antisemitischen Aktionen, die der Sammlung wie »Erfolgsmeldungen« angeheftet sind. In einem »Bericht« heißt es, daß derartige Aktionen in sieben namentlich aufgeführten Städten der Bundesrepublik stattgefunden hätten; nur sechs der Vorfälle konnte die Stasi aber durch Zeitungsartikel »belegen«, zwei davon durch das SED-Zentralorgan *Neues Deutschland*. Woher wußte sie von dem siebten Fall? In einem der DDR-Artikel wird exakt jener Fall beschrieben, der auch in einem der Stasi-Briefe eine Rolle spielt – daß »SS-Banditen« am Münchener Stachus antisemitische Flugblätter verteilt hätten mit einem Aufruf gegen das jüdische Volk; sogar die Anrede auf dem Flugblatt (»Kameraden der SS«) war dem *Neuen Deutschland* bekannt. Die Aktion fand zudem genau an jenem Tag statt, als der nach München entsandte DDR-IM dort wieder abreiste. Die von der SED finanzierte *Deutsche Volkszeitung* veröffentlichte hingegen ein Foto des Küsters der Hamburger Synagoge, auf dem dieser ein gestanztes Hakenkreuz in die Höhe hält, von denen er am 20. April zahllose Exemplare vor dem jüdischen Gotteshaus gefunden hatte – auch diese »Aktionsform« findet sich in den Stasi-Briefen wieder.[35]

Auf der anderen Seite wurden, wenn es opportun erschien, auch ausgewiesene Hitler-Gegner von der SED als eingefleischte Nazis vorgeführt. Ein Beispiel dafür ist die Kampagne gegen den CDU-Politiker Eugen Gerstenmaier, der als Mitglied der Bekennenden Kirche und des Widerstandes gegen Hitler nach dem mißlungenen Attentat vom 20. Juli 1944 zu sieben Jahren Zuchthaus verurteilt worden war. Schon Anfang der sechziger Jahre hatte das MfS versucht, die Gegensätze zwischen dem seit 1954 amtierenden Bundestagspräsidenten und Konrad Adenauer zu schüren, um oppositionelle Kreise in der CDU im Sinne der SED zu beeinflussen.[36] Zugleich veröffentlichte die DDR-Presse »Dokumente«, die ihn als »Denunzianten und nazistischen Gleichschalter« belasten sollten.[37] 1965 wurde er dann im sogenannten Braunbuch der DDR als »Nazi-Propagandist in geheimer Mission« vorgeführt.[38]

Zwei Jahre später teilte die Stasi in einer Besprechung mit dem KGB mit, »daß aus den bisher vorhandenen Dokumenten über Gerstenmaier zur Zeit eine ihn belastende Dokumentation erarbeitet wird mit dem Ziel, die Person Gerstenmaier zu einem geeigneten Zeitpunkt zu entlarven«. Andererseits müsse man ihn »auch unter operativen Gesichtspunkten« betrachten, da er in den der Stasi vorliegenden Dokumenten besonders aufgrund seiner starken kirchlichen Bindungen als »unzuverlässige Person« gekennzeichnet werde. Der Vertreter des KGB, Oberst Kondraschow, pflichtete dieser Einschätzung bei und meinte, »daß er momentan keine Notwendigkeit sieht, Gerstenmaier zu entlarven, da er seine Person zur Zeit mehr in operativer Hinsicht sieht«.[39] Im Klartext: MfS und KGB wollten Gerstenmaier anwerben oder in anderer Weise für sich nutzen.

Dem Vorhaben war aber offensichtlich kein Erfolg beschieden. Ein Jahr später wartete vielmehr die Illustrierte *Stern* mit der Meldung auf, Gerstenmaier habe im Rahmen der Wiedergutmachung 281 000 DM als Versorgungsbezüge für eine theologische Professur erhalten, die ihm 1938 aus politischen Gründen verweigert worden war – der Beginn einer zwölfmonatigen Kampagne, in deren Verlauf ihm von einigen Medien vorgeworfen wurde, das Geld zu Unrecht in Anspruch genommen zu haben. Am 23. Januar 1969 erklärte der Bundestagspräsident deshalb seinen Rücktritt, was vom SED-Zentralorgan *Neues Deutschland* zum Anlaß für die Überschrift genommen wurde: »Nazi Gerstenmaier muß zurücktreten«.[40]

Wie sehr die HVA in die Kampagne gegen den CDU-Politiker involviert war, geht aus einem Dokument vom Februar 1969 hervor. Darin berichtet die Abteilung X von der »Erarbeitung umfangreichen belastenden Materials gegen den ehemaligen Bundestagspräsidenten Gerstenmaier und verschiedene Bundestagsabgeordnete, das auf der für den 21. 2. vorgesehenen Pressekonferenz des Gen[ossen] Norden eingesetzt« werde.[41] Vier Wochen später meldete HVA-Chef Wolf gegenüber seinem Minister den Vollzug: »Die erarbeitete Gerstenmaier-Dokumentation wurde auf einer internationalen Pressekonferenz der Öffentlichkeit übergeben.«[42] Tatsächlich hatte SED-Politbüromitglied Albert Norden am 21. Februar auf einer Pressekonferenz des Nationalrates der Nationalen Front behauptet, Gerstenmaier sei »lange Jahre unter der Registriernummer P 38/546 verpflichteter V-Mann des Sicherheitsdienstes im Himmlerschen Reichssicherheitshauptamt und Agent der nazistischen Auslandsspionage« gewesen, der »von seinem Auftraggeber bewußt in den Kreis der Verschwörer des 20. Juli 1944 eingeschleust« worden sei und »nachweislich mindestens 17 Angehörige des Kreisauer Kreises an die Gestapo und damit an den Henker ausgeliefert« habe – »das von uns darüber aufgefundene Material«, so Norden zu den Journalisten, »steht zu Ihrer Verfügung.«[43]

Bei all diesen Kampagnen spielte das Ministerium für Staatssicherheit eine Schlüsselrolle, ohne freilich nach außen hin in Erscheinung zu treten. Maßgeblich beteiligt waren die Abteilung Agitation, die Hauptverwaltung A unter Markus Wolf sowie die für Untersuchungsverfahren zuständige Hauptabteilung IX. Im Januar 1961 erklärte Wolf bei einer Kollegiumssitzung: »Wichtig ist die aktive Fortsetzung der Aktion ›Nazi-Kamarilla‹, z. Z. besonders die Durchführung aller Maßnahmen im Zusammenhang mit dem bevorstehenden Eichmann-Prozeß. Die am 13. 1. 1961 von uns vorbereitete Pressekonferenz gegen das westdeutsche Innenministerium und die Polizei wird fortgesetzt durch Maßnahmen gegen die Bonner Diplomaten, gegen die bei der NATO tätigen ehemaligen faschistischen Offiziere und Generale und ähnliches mehr. [...] Die Entlarvung der Träger des Bonner Staates muß auch durch geeignete Maßnahmen ins Ausland gebracht werden.«[44]

Zuständig für die konspirative Lancierung von echten oder gefälschten Dokumenten in den Westen war die Abteilung X der HVA, die Kontakt zu zahlreichen westdeutschen Journalisten unterhielt. Wie zwei ehemalige Mitarbeiter dieser Abteilung, Günther Bohnsack und Herbert Brehmer, nach der Wende berichteten, wurden vom MfS nicht nur »Personalakten aus der NS-Zeit [...] aus den Archiven angefordert und nach belastendem Material durchsucht«, sondern auch »je nach Maßgabe ›vervollständigt‹ durch Dokumente aus eigener Fertigung«.[45] Die Abteilung kooperierte dabei eng mit den gleichgerichteten Abteilungen befreundeter Geheimdienste. So bat ihr Leiter, Rolf Wagenbreth, Mitte der sechziger Jahre seine tschechoslowakischen Kollegen um Unterstützung bei der »weltweiten Jagd nach Nazidiplomaten« und um belastende Dokumente zu Heinrich Lübke.[46] Aus einem Protokoll »über gemeinsame aktive Maßnahmen für das Jahr 1967«, das von den regelmäßigen Konsultationen zwischen MfS und KGB überliefert ist, geht hervor, daß unter dem Decknamen »Nazikamarilla« auch mit den Russen Aktionen zur »Diskreditierung der höheren Politiker und Regierungsbeamten der westdeutschen Bundesrepublik auf der Grundlage ihrer Nazivergangenheit« vereinbart wurden.[47]

Die Abteilung Agitation unterstützte ebenfalls, wie sie sich selber rühmte, »direkt und unmittelbar« die politischen Kampagnen der Partei und anderer DDR-Einrichtungen, »ohne daß in der Öffentlichkeit und damit auch für den Feind sichtbar wird, daß Pressekonferenzen oder Pressepublikationen in irgendeinem Zusammenhang mit dem MfS stehen«.[48] Zur »Entlarvung des Feindes« arbeitete sie dabei eng mit der Agitationskommission des Zentralkomitees zusammen und organisierte eine aktuelle Pressearbeit – im MfS-Jargon: »operative Agitation«.[49] Unter demselben Decknamen »Nazikamarilla« betrieb die Abteilung über Jahre hinweg die »Entlarvung des militaristischen Charakters des Bonner Staates und seiner führenden Politiker als Kriegsverbrecher und Exponenten der faschistischen Politik.«[50] Wann immer die SED eine neue »Aktion« plante, saß der Leiter der Abteilung, Oberstleutnant Halle, in der entsprechenden Arbeitsgruppe und übte sich in »operativer Agitation«.

Das NS-Archiv des MfS

Bereits unmittelbar nach Kriegsende nahmen getarnte Mitarbeiter der KPD in Berlin zahlose NS-Akten in Verwahrung, darunter umfangreiche Bestände des Volksgerichtshofes und der Gestapo.[51] Die SED sicherte sich den alleinigen Zugriff auf diese Akten, indem sie diese zunächst in das SED-Zentralsekretariat bringen und Anfang der fünfziger Jahre ins MfS überführen ließ. Auch die bei der politischen Polizei (K 5) der ostdeutschen Länder zusammengetragenen Unterlagen kamen mit der Bildung des MfS in den Besitz der Staatssicherheit. Darüber hinaus erhielt das MfS Anfang der fünfziger Jahre umfangreiche Aktenbestände, die bei Kriegsende in die Sowjetunion überführt worden waren.[52]

Zur systematischen personenbezogenen Auswertung aller in der DDR lagernden NS-Akten kam es jedoch erst in den sechziger Jahren. Nach dem Ende der Globke-Kampagne sannen MfS und SED über die Möglichkeiten nach, wie die »erfolgreiche« Politik in dieser Frage fortgeführt werden könne. Im Dezember 1963 klagte das MfS über die »gegenwärtige zersplitterte Aufbewahrung derartiger Unterlagen in der DDR« und über deren mangelhafte Nutzung zur »wissenschaftlichen, systematischen und vor allem politischen Auswertung«.[53] Wenig später fand auf Einladung des Zentralkomitees der SED eine Beratung statt, um »einen Überblick über alle noch vorhandenen Unterlagen von ehem. Nazis, die heute noch in Bonn Funktionen ausüben, zu schaffen«. Im Zusammenhang mit der drohenden Verjährung von Nazi-Straftaten in der Bundesrepublik sollte »eine Methode erarbeitet werden, die es ermöglicht, alle Dokumente und Unterlagen aufzuarbeiten, die über ehem. Nazis noch in den Archiven der DDR vorhanden sind«.[54] Eine Kommission aus Vertretern verschiedener DDR-Einrichtungen wurde beauftragt, ein Konzept zu erarbeiten, das unter anderem die »zentrale listen- und karteimäßige Erfassung der belasteten Personen und des dazugehörigen Materials« beinhalten sollte.[55]

Zur Lösung dieser Aufgabe wurde vorgeschlagen, eine »Dokumentationsstelle« zu schaffen, die als Teil der Staatlichen Archivverwaltung dem Ministerium des Innern (MdI) unterstellt sein sollte. Pensionierte MdI-Mitarbeiter sollten »in allen wesentlichen Archiven der DDR« die Akten aus der Zeit des Nationalsozialismus durcharbeiten. Sogar im Ausland sollten einschlägige Archivunterlagen angekauft werden.[56] »Die dokumentarische Beweisführung«, so hieß es im Konzept zum Aufbau der neuen Stelle, »hat zu erfolgen mit dem Ziel der wirksamen Unterstützung der Politik der Partei und Regierung im Kampf gegen den Militarismus und Revanchismus in Westdeutschland.« Für diese Aufgabe erhielt sie das Recht, »bei Notwendigkeit« Originaldokumente und ganze Quellenbestände aus anderen staatlichen Archiven herauszulösen und in die »Dokumentationsstelle« zu überführen.[57] Sie hatte die Aufgabe, »alle Bestände, Dokumente und Materialien der im faschistischen Staatsapparat und in verschiedenen Organisationen der NSDAP und ihrer Gliederungen tätigen Personen unter Berücksichtigung ihrer jetzigen Tätigkeit in Westdeutschland zu erfassen«.[58]

Im März 1964 wurden diese Vorschläge vom Sekretariat des Zentralkomitees abgesegnet. In der Vorlage hieß es, daß die DDR »durch ihre bisherigen Enthüllungen über die verbrecherische Nazi-Vergangenheit führender Bonner Minister, Revanchepolitiker, Blutjuristen und Hitler-Generäle einen wesentlichen Beitrag zur Ausschaltung dieser Elemente aus dem westdeutschen Staatsapparat geleistet und zur Isolierung des revanchistischen Bonner Systems im Ausland beigetragen« hätte. Es könnten jedoch noch bessere Ergebnisse erzielt werden, wenn eine systematische Auswertung des in der DDR vorhandenen umfangreichen Akten- und Dokumentenmaterials erfolgen würde.[59] Nach dieser Weichenstellung faßte auch der Ministerrat einen entsprechenden Beschluß, der zeitgleich mit dem Beginn der Anti-Lübke-Kampagne veröffentlicht wurde – allerdings in stark gekürzter Form und ohne die Beteiligung der Stasi mit einem Wort zu erwähnen.[60]

Die »Dokumentationsstelle« hatte ein ehrgeiziges Programm zu absolvieren. Ohne die förmliche Beschlußfassung des Ministerrates abzuwarten, war Anfang April von der »Arbeitsgruppe 1933–1945« festgelegt worden, daß »ca. 750 000 registrierte Aktenvorgänge und mutmaßliche 250 000 weitere Aktenvorgänge, die noch nicht archiviert sind, zu registrieren und politisch auszuwerten« seien. Vor allem letztere interessierten das MfS. Der Leiter der Abteilung Agitation, Oberstleutnant Halle, schrieb handschriftlich dazu: »Op[erative] Kontrolle durch MfS, Mat[erial] einziehen«.[61] Dieser Standpunkt wurde auch vom Minister für Staatssicherheit geteilt, der darauf aufmerksam machte, »daß operativ Sorge dafür getragen werden muß, daß die im Protokoll erwähnten noch nicht erfaßten Akten unbedingt durch unsere Kontrolle gehen bzw. für unser Archiv eingezogen werden müssen«.[62] Schwerpunkte bei der Erfassung und Aufarbeitung der

Archivbestände sollten sein: »a) alle führenden Personen der Bonner Regierung (Minister und leitende Beamte, insbesondere Außenministerium), b) Bonner Innenministerium und Polizeiangehörige, c) Generale und Offiziere der Bundeswehr, d) Blutrichter, e) Bundes- und Länderministerien für Vertriebene und revanchistische Organisationen und Ostforschungsinstitut[e]«.[63]

Die »Dokumentationsstelle« verfügte zu diesem Zeitpunkt (Mai 1964) über eine Personenkartei mit 5000 Erfassungen von Personen aus dem Staatsapparat und aus örtlichen Verwaltungen der Bundesrepublik – Titel: »Westdeutschland heute«. Eine weitere Kartei enthielt Angaben über 4000 registrierte und 25 000 für die Erfassung vorbereitete Personen aus der NS-Zeit.[64] Der Bestand des MfS umfaßte dagegen bereits 1963 exakt 102 767 NS-belastete Personen.[65] In der ganzen DDR wurde nun jedoch nach neuem Belastungsmaterial gesucht und zugleich die karteimäßige Erfassung vorangetrieben. Schon im Juli 1964 hatte die »Dokumentationsstelle« 8500 westdeutsche Staatsbeamte registriert und insgesamt 50 000 Karteikarten angelegt, das »Sachgebiet Nazi-Justiz« galt bereits als »vollständig karteimäßig erarbeitet«. In den Staatsarchiven der DDR waren im Rahmen der »Aktion« rund 160 000 Personen auf Karteikarten erfaßt worden und über 110 000 Akteneinheiten durchgearbeitet worden. Über 360 Personen waren dort im Einsatz, um die Aktenlese in zehn Monaten zu Ende führen zu können.[66]

Die Staatssicherheit sorgte dafür, daß sie ihre Rolle als »Herr der Akten« bei diesen Aktivitäten beibehielt.[67] Durch Intervention des Ministers für Staatssicherheit wurde sie – vertreten durch die Abteilung Agitation und die für die »Sicherung« des MdI zuständige Hauptabteilung VII – Mitglied der »Arbeitsgruppe 1933–1945« und sorgte dort für die Berücksichtigung ihrer »operativen« Interessen.[68] Stellvertretender Leiter der »Dokumentationsstelle« wurde der Mitarbeiter des für »Desinformation« und »aktive Maßnahmen« im Westen zuständigen Sonderreferates F der HVA-Abteilung VII, Kurt Stumpf, der nunmehr als »Offizier im besonderen Einsatz« konspirativ für die Stasi arbeitete.[69] Auch sein Nachfolger, Ludwig Nestler, arbeitete für die HVA. Außer ihm waren noch mehrere andere Mitarbeiter der Einrichtung als OibE dafür eingesetzt, dem MfS die operative Nutzung der NS-Akten zu ermöglichen.[70] Mit der »Beschaffung von Dokumenten über Personen, die in der faschistischen Zeit Verbrechen begangen [haben] und heute in Westdeutschland und Westberlin auf politischem, wirtschaftlichem und militärischem Gebiet führend tätig sind«, wurden zwei Mitarbeiter der Abteilung Agitation beauftragt, die, mit Hausausweisen ausgestattet, freien Zugang zur Personen- und Sachkartei der »Dokumentationsstelle« hatten und »die jeweiligen Aufträge mit Hilfe des Mitarbeiters Gen. Stumpf« realisieren sollten.[71] Der Gesamtbestand der Unterlagen trug Verschlußsachen-Charakter,[72] während es in umgekehrter Richtung – auf die NS-Akten des MfS – keinen direkten Zugriff gab.

Die Ansprüche des MfS gingen aber noch weiter. Der Leiter der Abteilung Agitation warf im Juli 1964 die Frage auf, wie angesichts des Umfangs der zusammengetragenen Dokumente festgestellt werden könne, was »a. politisch für uns interessant ist, b. abwehrmäßig bearbeitet werden muß [und] c. zugunsten unseres Archivs eingezogen werden sollte«.[73] Wenig später insistierte er in einer Stellungnahme erneut: »Ich sehe bei der ganzen Sache noch immer nicht, wie wir als [Abteilung] Agit[ation] in den Besitz der uns interessierenden Sachen kommen.« Er plädierte deshalb für eine »Grundsatzbestimmung«, der zufolge »wir über bestimmte Mat[erialien] zu inform[ieren] sind + auf unser Ermessen hin, bestimmte Mat[erialien] uns zu übergeben sind«.[74] Erich Mielke, dem Sicherheitsfanatiker, lag noch ein anderer Aspekt am Herzen. Ihm ging es, so ein Aktenvermerk, vor allem darum, »daß alle Ausgaben von Unterlagen einer verstärkten Kontrolle unterzogen« würden.«[75]

1965 begann das MfS mit dem Aufbau einer eigenen Diensteinheit, in der alle einschlägigen NS-Unterlagen zusammengeführt und zur »operativen Nutzung« bereitgehalten werden sollten. In der Untersuchungsabteilung des MfS, der Hauptabteilung IX, wurde zu diesem Zweck auf Befehl Mielkes die Abteilung 11 unter Oberstleutnant Stolze aus der Taufe gehoben. Diese war verantwortlich für die »systematische Erfassung, Archivierung, politisch-operative Auswertung und Nutzbarmachung aller im Ministerium für Staatssicherheit vorhandenen und noch zu beschaffenden Materialien des Faschismus aus der Zeit bis 1945, um die in Westdeutschland und [...] Westberlin im Staats-, Wirtschafts- und Militärapparat sowie in Parteien und Organisationen tätigen und durch ihre faschistische Vergangenheit belasteten Personen noch zielgerichteter zu entlarven«.[76] Bis Ende der achtziger Jahre war durch die Auswertung riesiger Aktenbestände eine über eine Million Karten umfassende Personenkartei herangewachsen, die auch Hinweise auf Signaturen anderer Archive enthielt und von der Geheimpolizei der DDR nach Belieben genutzt werden konnte.[77]

Der Beginn der Lübke-Kampagne

Gegen Heinrich Lübke war in den Archiven der DDR bereits unmittelbar nach seiner Wahl zum Bundespräsidenten 1959 nach Material gesucht worden. Die Angriffe, die ihn als Interessenvertreter der »Großagrarier und des Monopolkapitals« kennzeichneten, waren jedoch überwiegend propagandistischer Natur gewesen und hatten keinen besonderen Widerhall gefunden.[78] Die Herangehensweise der Stasi wird durch einen Vermerk vom August 1962 illustriert, in dem es unter Bezugnahme auf eine Zeitungsveröffentlichung heißt: »Dringend benötigt wird belastendes Material über die von Lübke geförderten« Personen Theodor Sonnemann, Hanns Deetjen, Hermann Reischle und Hans Eiche. »Von allen Fotos erwünscht!«[79] Nach Lübkes Nominierung für eine zweite Amtsperiode erhielt die neu gegründete »Dokumentationsstelle« beim Ministerium des Innern der DDR dann den »Forschungsauftrag«, nach neuem »Belastungsmaterial« gegen Lübke zu suchen. Das Politbüro der SED befürwortete die Einleitung einer öffentlichkeitswirksamen Kampagne, die mit der Pressekonferenz im Juni 1964 ihren Anfang nahm.[80] In den Medien der DDR wurde er von nun an als »Gestapo-Spitzel« und »Bauleiter in Peenemünde, wo die V-Waffen der Nazis hergestellt wurden«, bezeichnet.[81]

Dabei gehörte gerade Heinrich Lübke zu den Politikern der Nachkriegszeit, die für eine rückhaltlose Aufarbeitung der Nazi-Vergangenheit eintraten und der Versuchung ihrer Verdrängung entschieden widersprachen. Bei einem Besuch des ehemaligen Konzentrationslagers Bergen-Belsen 20 Jahre nach dessen Befreiung erklärte er beispielsweise im April 1965: »Das Ansehen Deutschlands leidet Schaden, wenn wir unsere Bereitschaft zur Selbstreinigung nicht durch die Tat beweisen. Alle müssen wir dabei helfen; denn ein Haus bietet keine gesunde Wohnmöglichkeit, wenn nur die Zimmer auf der ersten Etage in Sauberkeit erstrahlen, während im Keller und auf dem Boden noch der Unrat modert. Es gibt keine Koexistenz mit dem Unrat, kein Nebeneinander von Anständigkeit und Verbrechen, von Friedensliebe und Machtgier. Wer heute die geschichtliche und politische Auseinandersetzung mit dem Nationalsozialismus und seinen Untaten abbrechen will, breitet lediglich eine Decke über den Schmutz, die es aber nicht verhindern wird, daß der Fäulnisprozeß unter ihr weitergeht und nach und nach die ganze Atmosphäre vergiftet.«[82]

Gleichwohl betrieben Staatssicherheitsdienst, Zentralkomitee und Nationalrat der Nationalen Front unter der Federführung von Albert Norden in dieser Zeit systematisch Lübkes Rufmord. Die Kampagne zeigt exemplarisch das nahtlose Zusammenspiel von staatlichen, politischen und geheimdienstlichen Institutionen des DDR-Systems und die Führungsrolle der SED dabei. Ablauf und Hintergründe der Kampagne gegen Heinrich Lübke lassen sich aus verschiedenen Überlieferungen wie unter einem Vergrößerungsglas rekonstruieren. Allein in den Archiven des Bundesbeauftragten für die Stasi-Unterlagen ist zu seiner Person ein Aktenkonvolut von sechs laufenden Metern erhalten geblieben. Der Bestand wurde in den sechziger Jahren von der Abteilung Agitation des MfS angelegt, verwaltet und im Zuge der Auflösung dieser Diensteinheit im Jahr 1985 archiviert. Auch im ehemaligen Zentralen Parteiarchiv der SED finden sich in den Beständen Albert Nordens und der Abteilung Agitation zahlreiche Ordner, die das seinerzeitige Vorgehen bis ins einzelne dokumentieren.

Die systematische Suche nach Belastungsmaterial führte dazu, daß bald weitere Unterlagen gefunden wurden. Ein halbes Jahr nach Lübkes Wiederwahl, im Januar 1965, wandte sich Albert Norden schriftlich an den Chef der SED, Walter Ulbricht, und berichtete diesem, daß man »wirklich sensationelle neue« und den Bundespräsidenten »schwer belastende Tatsachen« aufgetan habe. Über die Tätigkeit Lübkes während der Nazizeit lägen zwei neue Aktenbände vor, die weit über das hinausgingen, was man bisher gewußt und bekanntgegeben habe. Diese müßten nunmehr so enthüllt werden, »daß es wirklich Weltaufmerksamkeit erregt«. An Fakten wußte Norden allerdings nur zu berichten, daß Lübke als leitender Mitarbeiter der »Baugruppe Schlempp« am Ausbau von Kali-Schächten zu unterirdischen Flugzeugproduktionsstätten mitgewirkt hätte und daß dazu auch 2000 KZ-Häftlinge angefordert worden wären. Für Albert Norden war dies der Anlaß, in Absprache mit Ulbricht am 29. Januar 1965 eine zweite internationale Pressekonferenz durchzuführen.[83]

»In den letzten Wochen«, erklärte Norden den 200 anwesenden Journalisten, »sind bei der systematischen Auswertung der in den verschiedenen Archiven der DDR vorhandenen Akten zahlreiche Dokumente entdeckt worden, die beweisen, daß Lübke gerade in der letzten Phase des Hitlerkrieges, in den Jahren 1944/45, zu einer Schlüsselfigur bei der Planung und Durchführung der geheimsten und kriegswichtigsten Rüstungsvorhaben der faschistischen Führung wurde und daß er dabei maßgeblich den massenweisen Einsatz von Konzentrationslager-Häftlingen unter den unmenschlichsten Bedingungen organisierte, die den Tod von Hunderten der Unglücklichen zur Folge hatten.« Drastischer drückte sich das SED-Zentralorgan »Neues Deutschland« aus, das auf seiner ersten Seite verkündete: »An der Spitze des Bonner Staates steht ein überführter Kriegsverbrecher. Heinrich Lübke war ein aktiver Helfer der Hitlerdiktatur, eine Schlüsselfigur der faschistischen Regierung, so wie er heute ein Exponent der Kriegsvorbereitung des Bonner Staates ist. Lübke ist angeklagt des Mordes an 279 KZ-Häftlingen, die in seinem Privat-KZ Leau allein vom 29. Januar bis 1. April 1945 unter qualvollsten Umständen starben.«[84]

Bei der Pressepräsentation der wenig aussagefähigen Dokumente sollte es jedoch nicht bleiben. Mit dem Ministerium für Staatssicherheit und der Staatsanwaltschaft der DDR, so hatte Norden gegenüber Ulbricht im Januar 1965 bereits angekündigt, »klären wir jetzt, ob es Zeugen für die Vorkommnisse in dem betreffenden KZ gibt, wieviel Häftlinge dort umgekommen sind, ob und welche Gräber existieren usw.«[85] Einen Monat später unterbreitete ihm der »Star-

137

anwalt« von MfS und SED, Friedrich Karl Kaul, den konkreten Vorschlag, einen ehemaligen Häftling (»möglichst ein Franzose«) ausfindig zu machen, der »Zivilklage auf Schadenersatz für den vorenthaltenen Lohn und die menschenunwürdige Behandlung beim Arbeitseinsatz in den Kalischächten gegen die Baugruppe Schlempp bzw. Heinrich Lübke persönlich« erheben könnte.[86] Im April 1965 berichtete die Westkommission beim Politbüro an Norden: »Gegenwärtig sind wir dabei, mit aller Kraft zu versuchen, daß Überlebende aus Leau aus Frankreich bzw. Polen Schadensersatzklage bzw. Strafanzeige gegen Lübke erstatten. Das wird dann die Möglichkeit geben, mit einem neuen größeren Schlag gegen Lübke aufzutreten.«[87]

Die Bemühungen der SED zielten vor allem darauf, »daß Lübke eines Tages wie Oberländer und Globke sein Schweigen brechen muß, was bei den beiden bekanntlich der Anfang vom Ende war«. Zu diesem Zweck griff man jeden zweiten oder dritten Tag »die Angelegenheit Lübke« von den verschiedenen Seiten her auf und fütterte die Nachrichtenagentur der DDR mit entsprechenden Meldungen. »Vor allem die Genossen der Presseabteilung des MfS«, so erfuhr Norden von seinen Mitarbeitern, »haben dabei große Initiative und Ideenreichtum entwickelt.«[88] Eine eigene »Arbeitsgruppe ›Lübke‹«, in der Vertreter der Staatssicherheit, des Zentralkomitees und anderer DDR-Einrichtungen saßen, beriet regelmäßig die nächsten Schritte.[89] Von der Nationalen Front wurde sogar ein »Konto Lübke« geführt, aus dem unter anderem die diversen Gutachter bezahlt wurden. Zahlreiche Mitarbeiter wurden später mit Danksagungen für ihren »hervorragenden Einsatz« bei der Kampagne belohnt.[90]

Die Debatte über eine Verlängerung der Verjährungsfristen für Kriegs- und NS-Verbrechen, die im März 1965 durch einen entsprechenden Beschluß des Bundestages ihren vorläufigen Abschluß fand, beflügelte die DDR-Agitatoren. Die »Arbeitsgruppe 1933–1945« beauftragte die Dokumentationsstelle im Oktober 1964, das zusammengetragene Material zur Veröffentlichung in einem »Weißbuch« vorzubereiten, das – als sogenanntes »Braunbuch« – im Juli 1965 auf einer weiteren Pressekonferenz vom Nationalrat der Nationalen Front vorgelegt wurde.[91] Es war mit wesentlicher Unterstützung der Abteilung Agitation des MfS entstanden, die zu allen Abschnitten Materialien geliefert hatte. »Die Abschnitte ›SS-Mörder von A bis Z‹ (Seite 75) und ›Angehörige der Gestapo, des SD und der SS in der Westberliner Polizei‹ (Seite 91)«, so rühmte sich deren stellvertretender Leiter nach dem Erscheinen gegenüber Erich Mielke, »wurden fast nur aus unseren Materialien zusammengestellt.«[92]

Zu Jahresbeginn 1966 bemühte man sich, die Kampagne gegen Heinrich Lübke erneut zu forcieren. Angesichts der vergleichsweise geringen Resonanz auf die bisherigen Maßnahmen, war die SED inzwischen zu der Ansicht gekommen, die »Entlarvung Lübkes« müsse nunmehr vor allem außerhalb der DDR vorangetrieben werden. Nach umfangreichen Recherchen, in deren Verlauf die Stasi systematisch nach Zeugen fahndete und »Befragungen« durchführte,[93] lud Albert Norden am 24. Januar ein weiteres Mal zu einer Pressekonferenz, die diesmal noch gründlicher vorbereitet wurde. Kern der »Enthüllungen« bildeten zehn Blatt mit Bauzeichnungen, die die Unterschrift Lübkes trugen und mit einem Deckblatt versehen waren, auf dem zu lesen war: »Vorentwurf zur Erstellung eines KZ-Lagers für 2000 Häftlinge der Fa. Kalag bei Schacht VI in Neu-Staßfurt«. Auf den Plänen selbst war der Begriff »Konzentrationslager« nicht zu lesen. Unter dem Titel »Bundespräsident Lübke baute Hitlers Konzentrationslager« wurden die »Dokumente« im Haus des Nationalrates von nun an mehrere Monate lang ausgestellt.

»Arbeit nach dem Ausland«

Die politische Stoßrichtung war zuvor in einem »Plan zur Vorbereitung und Auswertung der Pressekonferenz« vorgegeben worden. »Die Entlarvung des Bonner Staatsoberhauptes als Kriegs- und Naziverbrecher«, so hieß es darin, »ist in der Arbeit nach dem Ausland zu benutzen, um zur weiteren Isolierung des westdeutschen Systems und der revanchistischen und aggressiven Politik Bonns beizutragen«. Durch entsprechende »Verbindungen« waren dazu im Ausland Veröffentlichungen und Stellungnahmen »zu erreichen«.[94] Überhaupt nichts hielt Norden hingegen davon, »daß man jetzt ununterbrochen in und um Staßfurt« propagandistische Versammlungen durchführte, da dies der Wirksamkeit der Kampagne eher Abbruch tat.[95] »Hauptfrage«, so hieß es in einem achtseitigen Plan zur »Auswertung« im Ausland, ist, »in den verschiedenen Ländern gezielt ein entsprechendes Echo auf die Pressekonferenz zu organisieren und Proteste der Öffentlichkeit gegen Lübke als Bundespräsidenten in Westdeutschland zu erreichen. In dieser Richtung sind die Verbindungen zu Journalisten, Persönlichkeiten und anderen Multiplikatoren entsprechend zu nutzen, wobei besonders die Erfahrungen der Braunbuch-Aktion berücksichtigt werden sollten.« Schwerpunkte müßten dabei die Länder der Anti-Hitler-Koalition, besonders in Westeuropa, sowie die jüdischen Kreise in Europa und den USA sein.[96]

Die Vorwürfe gegen Lübke wurden jetzt in die ganze Welt getragen. Die Auslandsvertretungen der DDR wurden über das Ministerium für Auswärtige Angelegenheiten beauftragt, zeitgleich mit der Pressekonferenz in Ostberlin in ihren Gastländern Presseinformationsgespräche durchzuführen und Faksimiles der Dokumente zu verteilen. In denjenigen Staaten, in denen die DDR nicht vertreten war, sollten die Dokumente mit Hilfe der »guten Dienste« anderer Ostblockstaaten popularisiert werden. Die Kultur- und Informationszentren der DDR hatten darüber hinaus – wie in Ostberlin – am Tag der Pressekonferenz eine Ausstellung zur »Entlarvung« Lübkes zu eröffnen. Die Liga für Völkerfreundschaft wurde dafür verantwortlich gemacht, daß die Todeslisten der Konzentrationslager in den betroffenen Ländern Westeuropas »ausgewertet« würden, um »in der Öffentlichkeit entsprechende Stellungnahmen und Proteste der Hinterbliebenen zu erreichen (Leserbriefe an Zeitungen usw.).« In den westeuropäischen Ländern sollte zudem eine Postkartenaktion organisiert werden, die sich, »auf der Grundlage der 10 Fragen des Genossen Norden«, an den Bundestag und an das Außenministerium des jeweiligen Landes wenden sollte mit der Bitte um »Aufklärung« – die graphische Gestaltung und gegebenenfalls auch der Druck wurden von der DDR übernommen. Schließlich wollte man »für den Soforteinsatz« die wichtigsten Materialien in verschiedenen Sprachen nachdrucken und Abzüge der »Fotodokumente« weltweit an 500 Multiplikatoren versenden.[97]

Drei Wochen nach der Pressekonferenz konnte die Arbeitsgruppe Auslandsinformation die ersten Erfolge melden. In Italien war mittlerweile ein »Aktionskomitee« unter Vorsitz eines Senators gebildet worden, das Anfragen im Parlament vorbereitete und die vorgesehene Postkartenaktion organisierte sowie ein »Sonderbulletin« in 20 000 Exemplaren herausgab. Auch in Dänemark und Norwegen war ein derartiges Komitee im Aufbau. Aus Warschau verlautete, daß täglich über 150 Besucher die dortige Lübke-Ausstellung besuchten, und in Frankreich wurde in den betroffenen Départments weiter nach Angehörigen der Ermordeten gesucht. Sogar in Marokko, das der Bundespräsident wenig später besuchen wollte, erhielten 3000 Adressaten einen »speziellen Brief« mit den wichtigsten »Fakten« der Pressekonferenz zugesandt.[98]

Verfälschte Dokumente

Als einen taktischen Erfolg konnten die Organisatoren der Kampagne verbuchen, daß das Bundespräsidialamt den Vorwurf, Lübke habe Konzentrationslager entworfen, öffentlich zurückwies. Der Pressesprecher erklärte, daß es sich bei den sogenannten Dokumenten um Fotokopien handele, in die man den Namen Lübke überall habe hineinmontieren können.[99] Mit sicherem Instinkt stellte Norden fest, daß das Dementi aus Bonn auch als ein indirektes Eingeständnis des belastenden Charakters der Unterlagen verstanden werden könnte.»Dadurch, daß die Echtheit der Unterschriften geleugnet wird, wird ja zugegeben, daß es sich bei den KZ-Entwürfen um eine verbrecherische Sache handelt (sonst würde sich ja der Pressereferent von Lübke nicht so ins Zeug legen). In dieser Sache muß schnell etwas Spektakuläres geschehen. [...] Beweisen wir auch durch westlich anerkannte Persönlichkeiten die Echtheit der Unterschriften, können die Folgen unabsehbar sein.«[100] Tatsächlich konzentrierte sich die Auseinandersetzung nunmehr zusehends darauf, ob die Unterschriften auf den vorgelegten Bauplänen echt seien, was die SED in der Folgezeit durch mehrere Schriftgutachten, auch von westlichen Sachverständigen, nachzuweisen suchte.

Genau diese Frage wird wohl niemals mehr mit letzter Gewißheit zu beantworten sein. Obwohl die Unterlagen noch 1985 einem westdeutschen Schriftsachverständigen zur Prüfung vorgelegt wurden, hinterließ die Stasi der Nachwelt nur Kopien.[101] Dieser hatte zunächst geurteilt, daß es sich bei den von ihm als echt beurteilten Unterschriften um solche Schriftstücke gehandelt habe, »die mehr oder minder banalen Inhalts sind«, während die eigentlich belastenden Urkunden Unterschriften aufwiesen, die »in einigen Merkmalen herausfallen«.[102] Erst bei einer zweiten Untersuchung, für die die Stasi weitere Unterschriftenproben beschaffte, erklärte der Sachverständige einem Aktenvermerk zufolge, »daß diese Dokumente geeignet sind, seine Zweifel an der Echtheit weiter auszuräumen und er sein Gutachten entsprechend ausfertigen werde. Problematisch bliebe weiterhin die Begutachtung der Kurzzeichen (Paraphen), wo er sich nicht festlegen wolle.«[103] Im Gutachten selbst hieß es dann, daß sich »keine Befunde« ergeben hätten, die Zweifel an der Echtheit der fraglichen Unterschriften begründen könnten, und auch bei den »graphisch wenig ergiebigen« Paraphen »die größere Wahrscheinlichkeit für eine Schrifturheberschaft« Lübkes spreche.[104]

Vermutlich handelte es sich bei dem »Belastungsmaterial« um eine Mischung aus echten und verfälschten Dokumenten. Fälschungsabsichten der Staatssicherheit hatte schon Anfang der siebziger Jahre ein ehemaliger Mitarbeiter der tschechischen Desinformationsabteilung bezeugt, der nach der Niederschlagung des Prager Frühlings in den Westen übergelaufen war und von entsprechenden Vorschlägen seiner ostdeutschen Kollegen berichtet hatte.[105] Nach der Wende erklärte dann einer der beteiligten HVA-Offiziere, Günter Bohnsack, das Konvolut der Barackenbaupläne sei so »ergänzt« worden, »daß es zweifelsfrei ›bewies‹, was wir beweisen wollten: daß Bundespräsident Lübke dereinst mitgebaut hatte an den KZ der Nazis«. Die Verfälschungen seien mit großer Sorgfalt angefertigt worden, damit sie einer Prüfung standhielten. So seien die Deckblätter derartig geschickt bearbeitet worden, daß sogar

Kriminalisten der Humboldt-Universität die Fälschung nicht erkannt hätten.[106] Später präzisierte er, daß den Bauzeichnungen Deckblätter aus eigens besorgtem »Papier aus der Nazi-Zeit« hinzugefügt worden seien, auf die man mit Hilfe einer »entsprechenden Schreibmaschine« als Verwendungszweck explizit das Wort »Konzentrationslager« geschrieben hatte.[107]

Das Bundespräsidialamt hatte bereits im Juni 1966 auf diverse Ungereimtheiten bei den »Dokumenten« hingewiesen. Die mit Lübkes Unterschrift versehenen Bauzeichnungen trügen das Datum vom 16. 9. 1944, seien aber bereits am 5. 4. 1944 genehmigt worden – ein »etwas ungewöhnliches Verfahren«, so das Amt. Verschiedene mit dem Verschlußsachengrad »Geheim« ausgezeichnete Papiere hätten zudem weder Geheim-Tagebuchnummer noch Aktenzeichen. Die wirklich belastenden Dokumente trügen Lübkes Namenszug aus jüngster Zeit, und einer der Stempelaufdrucke weise so starke Abweichungen auf, daß es sich »mit an Sicherheit grenzender Wahrscheinlichkeit« um eine Fälschung handele.[108] Spezialisten des Bundeskriminalamtes und des Bundesamtes für Verfassungsschutz bekräftigten wenig später, daß die »Dokumente« gefälscht seien. Verschiedene Unterschriften unter den Plänen seien »absolut deckungsgleich«, was für einen Schrifturheber schlechterdings nicht möglich sei. Von dem Deckblatt der Pläne existierten sogar zwei Versionen mit offenkundigen Unterschieden. Ein und dasselbe »Dokument« sei mit zwei verschiedenen Daten in Umlauf gebracht worden, ein anderes trage im Kopf eine falsche Anschrift – »Platz des Führers« statt »Platz Adolf Hitlers«.[109]

Aufschlußreich sind in diesem Zusammenhang die im ehemaligen Parteiarchiv der SED überlieferten handschriftlichen Anmerkungen eines namentlich nicht genannten Mitarbeiters, der die Bonner Expertise Punkt für Punkt durcharbeitete. Irritiert notierte er zum Vorwurf der Unterschriftenfälschung: »Eine ziemliche Deckungsgleichheit existiert tatsächlich.« Und zum ominösen »Platz des Führers«: »Kann Versehen der ›Stabshelferin‹ [die den Text getippt haben sollte] gewesen sein.« In puncto Deckblatt hielt er bestürzt fest: »Dies ist *nicht* dasselbe Deckblatt wie Anlage 6!! Warum haben wir *2* in Umlauf gebracht? Deshalb erscheint dies als Fälschung« (Hervorhebungen im Original).[110] In einer Widerlegungsschrift der Nationalen Front wurden die Fälschungsvorwürfe freilich allesamt zurückgewiesen. Für manche Unstimmigkeiten lieferte man mehr oder weniger überzeugende Erklärungen. So begründete der Direktor des Instituts für Kriminalistik der Humboldt-Universität, Ehrenfried Stelzer, zugleich Offizier im besonderen Einsatz des Ministeriums für Staatssicherheit, die Existenz der beiden Deckblatt-Versionen damit, daß es sich einmal um das »Original-Deckblatt« und einmal »um die Aufschrift auf dem Kartonumschlag der gesamten Akte« handele. Andere Merkwürdigkeiten wurden mit dem Satz erledigt, daß wer fremde Originaldokumente vorlege, »nicht nach den Gründen für Tipp- und sonstige Fehler der Verfasser gefragt werden« könne.[111]

Das Dementi des Bundespräsidialamtes vom Januar 1965 wurde umgehend mit einem neuen Plan mit »Sofortmaßnahmen« beantwortet. Dieser sah unter anderem vor, weitere Zeugenaussagen und Auszüge aus einem Schriftgutachten nach einem abgestimmten Zeitplan in allen wichtigen DDR-Medien zu veröffentlichen.[112] An den Grenzübergangsstellen der DDR sollten Besucher einen Handzettel bekommen mit den »zehn Fragen« Albert Nordens und der fettgedruckten Überschrift »Antworten Sie, Herr Lübke!«[113] Die Rede Nordens auf der Pressekonferenz, in der er Lübke als »Beleidigung des deutschen Volkes und der ganzen zivilisierten Welt« bezeichnet und zum Rücktritt aufgefordert hatte, wurde in einer Auflage von 75 000 Exemplaren verbreitet.[114] Zudem organisierte man für westliche und ostdeutsche Journalisten eine Pressefahrt zu den ehemaligen Konzentrationslagern Leau und Neu-Staßfurt, die jedoch im Westen nur auf ein geringes Interesse stieß und sich auch inhaltlich als Flop erwies – trotz oder besser: wegen der vom MfS aufgebotenen Zeugen.[115]

»Spezielle Maßnahmen« in Westdeutschland

Im kleinen Kreis berieten SED und Stasi Anfang Februar über die Weiterführung der Kampagne. Das ZK hatte inzwischen Vorbereitungen getroffen, daß ein ehemaliger französischer Häftling bei einem namentlich feststehenden französischen Anwalt eine zivilrechtliche Klage gegen Lübke anstrengen konnte.[116] Zur Gewinnung eines solchen Zivilklägers wurden eigens die »Genossen Friedemann und Leo« nach Frankreich geschickt.[117] Darüber hinaus wollte man verschiedene Schriftsachverständige für eine Prüfung der Unterlagen gewinnen. Am Ende der Sitzung bat Albert Norden schließlich den Leiter der Stasi-Agitationsabteilung, Halle, »unter vier Augen«, ob es dem MfS nicht möglich sei, die Kampagne gegen Lübke durch »spezielle aktive Maßnahmen« in Westdeutschland zu unterstützen, wobei Norden insbesondere folgende Vorstellungen hatte: »a) Lancierung des Lübke-Materials in westliche Presseorgane; b) Maßnahmen, um den Diffamierungsprozeß um Lübke zu fördern, wobei die sich durch die Koalitionsfrage gebildeten Fraktionen innerhalb der CDU/CSU ausgenutzt werden könnten; c) Organisierung des öffentlichen Auftretens eines prominenten FDP-Funktionärs, der unter Berufung auf den ›einwandfreien‹ ehemaligen FDP-Bundespräsidenten Heuss die sich aus der Vergangenheit ergebende Disqualifikation Lübkes für das Amt des Bundespräsidenten feststellt.« Markus Wolf, so schlug Oberstleutnant Halle dem Minister für Staatssicherheit deshalb vor, sollte gebeten werden, die Realisierung dieses Punktes durch seine Möglichkeiten zu prüfen.[118]

Aus Westdeutschland kamen ähnliche Signale. Der Mitarbeiter des Presseamtes der DDR und IM der HVA, Hermann von Berg, hatte nach Gesprächen mit westdeutschen Journalisten über deren große Skepsis berichtet und festgestellt: »Vermutlich läßt sich unsere Kampagne gegen Lübke noch am besten vom Ausland her weiterführen, weil der Widerstand in der Bundesrepublik nicht nur vom Bundespräsidialamt und vom Bundespresseamt, sondern auch von der Springer-Presse her, die weitgehendst die öffentliche Meinung prägt, ziemlich stark ist.«[119] In der Folgezeit verschob sich der Schwerpunkt der Kampagne zusehends von Ost nach West.

Einen Monat nach der Pressekonferenz beschloß die »Arbeitsgruppe Lübke« für die »weitere Arbeit im Ausland« ein ganzes Bündel an Maßnahmen, darunter die »Entwicklung von Initiativen im französischen Parlament«, die »Durchführung einer Pressekonferenz in Israel« und die »Entwicklung von Protesten gegen die Verleihung der Ehrendoktorwürde an Lübke durch die Universität Neu-Delhi«. Kopien der belastenden Dokumente sollten an die 150 französischen Partnerstädte der DDR »sowie an jene Orte geliefert werden, in denen französische Bürger wohnten, die in Lübkes KZ ermordet wurden«. Auch in Westdeutschland sollte den Städten, die Lübke die Ehrenbürgerschaft verliehen hatten, belastendes Material übermittelt werden. Ferner hatte man vor, den SDS zu Aktivitäten gegen Lübke anzuregen und zu »prüfen, welche Möglichkeiten des Auftretens gegen Lübke in Kreisen der FDP und der Jungdemokraten gefunden werden können.«[120]

Ein weiteres Maßnahmenpaket für das Ausland wurde eine Woche später vorgelegt. »Im Mittelpunkt der gegenwärtig im Ausland eingeleiteten Aktionen gegen Lübke«, so heißt es darin, »steht jetzt die Organisierung von Einzel- und Kollektivprotesten in der Öffentlichkeit der verschiedenen Länder gegen das Fortwirken dieses Kriegsverbrechers im höchsten Amt der Bundesrepublik (Anfragen in Parlamenten, Stellungnahmen in Presse, Rundfunk und Fernsehen, Organisierung von Ausstellungen, Demonstrationen u.a.).« Diese sollten nach Möglichkeit mit »konkreten Schritten« verbunden sein wie »Aberkennung verliehener Auszeichnungen und Ehrendoktorate, Erhebung von Zivilklagen, Strafanzeigen« etc. Ferner gehörte dazu die Organisierung eines fortdauernden Presseechos in Ost und West. In Frankreich sollten Professoren der Sorbonne und andere Persönlichkeiten des öffentlichen Lebens einen offenen Brief an den Präsidenten schreiben, auf dessen Grundlage dann eine Anfrage im Parlament gestartet werden sollte. Mitglieder der französischen Ehrenlegion sollten ihre Besorgnis äußern, daß durch die Auszeichnung Lübkes das Ansehen der Legion herabgesetzt werden könnte – »die Veröffentlichung dieses Briefes in der französischen Presse ist Ende März vorgesehen«. Aus Norwegen sollten weiterhin Postkarten an den Bundestag gesandt werden, von denen bereits rund 200 abgeschickt worden seien. Für Afrika seien im Zusammenhang mit der geplanten Reise des Bundespräsidenten »zahlreiche Maßnahmen eingeleitet, um entsprechende Proteste und Kommentierungen zu erhalten«.[121]

Ende März trat die »AG Lübke« ein weiteres Mal zusammen.[122] In der Aussprache wurde darauf hingewiesen, daß in stärkerem Maße die Tatsache als »symptomatisch« für die gesellschaftliche Situation in der Bundesrepublik herausgestellt werden sollte, »daß ein Kriegsverbrecher wie Lübke an der Spitze des westdeutschen Staates steht« – eine Forderung, die auch Walter Ulbricht wenig später vor dem Zentralkomitee mit Nachdruck erhob.[123] Bereits einen Tag später wurde ein fünfseitiges Papier vorgelegt über »die gegenwärtig eingeleiteten und vorgesehenen Aktionen«, die wiederum den Westen als Schwerpunkt hatten. In der Bundesrepublik wollte man jetzt namhafte Persönlichkeiten dafür gewinnen, Briefe oder offene Fragen an Lübke zu richten. Darüber hinaus wollte man versuchen, »einige Lübke-Transparente in einem der Ostermärsche unterzubringen«, und DDR-Korrespondenten sollten in Westdeutschland weitere »Zeugen« interviewen. Wenige Tage vor einem geplanten Auftritt Lübkes in Westberlin sollten neue »Tatsachen über seine Beteiligung an den Naziverbrechen« veröffentlicht werden. »Bei allen Aktionen nach Westdeutschland«, so heißt es in dem Papier, »soll künftig noch stärker auf die moralische Disqualifikation Lübkes für das Amt des Bundespräsidenten hingewiesen werden, um vor allem diejenigen Kräfte im Bonner Staat gegen Lübke in Bewegung zu bringen, denen es um die politische Sauberkeit in der Bundesrepublik geht.«[124]

Im Frühjahr 1966 zeigte die konzertierte Aktion von SED und Stasi erste Wirkungen. In der italienischen Zeitung *La Voce* war eine ganzseitige Publikation mit den Vorwürfen zu Lübke erschienen, in Griechenland hatten ehemalige Widerstandskämpfer Protesttelegramme und -briefe an den Bundestag geschickt. In Frankreich hatte der Landeskongreß der Résistance-Kämpfer mittlerweile wie gewünscht die Aberkennung des Kreuzes der Ehrenlegion gefordert, und die von den SED-Emissären angeregten Initiativen waren in diesen Kreisen »sehr positiv aufgenommen« worden. In einer Zwischenbilanz mußte man gleichwohl einräumen, daß bislang keine »durchschlagende Aktion« erfolgt sei, die dazu angetan gewesen wäre, die »Angelegenheit Lübke« in die große internationale Presse zu bekommen. Namentlich die Bemühungen um eine Aberkennung der Ehrendoktorwürde in Indien betrachtete man »faktisch als gescheitert«. Auf einer Beratung am 14. Mai 1966 wurden deshalb neue propagandistische Aktionen beraten und festgelegt: »Der Stimmung, nur Schwierigkeiten und keine Möglichkeiten zu sehen, ist energisch entgegenzuwirken.«[125]

Um der Kampagne Nachdruck zu verleihen, scheute sich die SED auch nicht, die wenigen der in Ostdeutschland verbliebenen Juden zu instrumentalisieren, die selber in der DDR aufgrund des amtlich verordneten Antizionismus nur ein Schattendasein führen durften.[126] Im Juli 1966 übergab der Staatssekretär für Kirchenfragen, Seigewasser, dem Zentralkomitee »die endgültige Fassung« eines Schreibens, in dem der neue Oberrabbiner der DDR, Ödön Singer, den westdeutschen Kardinal Döpfner mit bewegenden Worten dazu aufforderte, »in Wort und Tat« gegen Lübke Stellung zu nehmen. »Ihre Antwort«, so schloß der Brief, »erwartet ein Arbeiter im Weingarten des ewigen Gottes.«[127] Tatsächlich war der aus Budapest stammende Rabbiner ein Inoffizieller Mitarbeiter der Staatssicherheit, der bei seiner Ankunft in der DDR im September 1965 von den ungarischen Sicherheitsorganen der Kirchenabteilung der Stasi regelrecht »übergeben« worden war und dieser fortan unter dem Decknamen »Reb« zu Diensten war.[128] Mit der Veröffentlichung seines Briefes wollte die Abteilung Agitation noch bis zum Eintreffen der Antwort abwarten. Norden fand das Schreiben jedoch so »eindrucksvoll«, daß er für dessen Verbreitung schon einmal die Aufstellung eines eigenen Planes anordnete. Der Brief, so Norden, selber Rabbinersohn, müsse »auf solche Weise verbreitet werden, daß er vor allem in der israelischen und nordamerikanischen (nichtkommunistischen) und der jiddischen Presse sowie in den Landeszeitungen der Inder abgedruckt wird«.[129]

Das Zentralkomitee fertigte noch eine »Einfügung« für den Brief von Singer an, in der Döpfner ausdrücklich daran erinnert wurde, »daß von meinen jüdischen Glaubensgenossen nahezu 600 000 (sic!) Menschen der physischen Vernichtung durch die Nazibarbarei zum Opfer fielen, so daß wenige Tausend übrigblieben, die, stellvertretend für unsere Toten, täglich schreiende Anklage gegen diese dunkelste Zeit deutscher Geschichte erheben und dringend mahnen, daß nie wieder Faschismus und Krieg von deutschem Boden aus Unheil anrichten«.[130] Die Antwort, die Singer wenig später von Döpfners Sekretariat erhielt, wurde dem ZK-Sekretär umgehend vorgelegt – verbunden mit dem Vorschlag seines Mitarbeiters, den Briefwechsel, zusammen mit den Dokumenten, »die Lübkes Schuld beweisen«, in der Zeitung der DDR-CDU zu veröffentlichen. »Die Arbeitsgruppe Auslandsinformation«, so hieß es abschließend, »stellt die Auswertung des Briefwechsels im Ausland sicher. Oberrabbiner Singer [...] denkt, daß man etwa an 100 Persönlichkeiten und Zeitungen des Auslandes (jüdische Organe) diesen Briefwechsel versenden soll.«[131]

Die Rolle der Zeitschrift Konkret

Den Umschwung in der Anti-Lübke-Kampagne erreichte die SED im Sommer 1966. Erstmals gelang es ihr, in Westdeutschland eine Reihe »neutraler« Multiplikatoren zu gewinnen und die Kampagne zu einem innenpolitischen Thema der Bundesrepublik zu machen. Westdeutsche Medien beschäftigten sich jetzt nicht nur mit den Beschuldigungen aus Ostberlin, sondern kritisierten auch die Strategie des Bundespräsidenten, sich weder zu den Vorwürfen äußern noch juristisch dagegen vorgehen zu wollen.[132] Den Auftakt machte die auf Beschluß der FDJ gegründete Zeitschrift *Konkret* in Hamburg. In ihrer Juli-Ausgabe veröffentlichte sie einen Artikel des Vizepräsidenten des westdeutschen PEN, Robert Neumann, der auf dokumentarischem Material aus der DDR beruhte. Der *Stern* zog mit einem Artikel von Sebastian Haffner nach.[133] In München stellte ein Kabarett mit dem Namen »Rationaltheater« die Unterlagen in einem Schaukasten aus, und in Karlsruhe lud ein »Freundeskreis des Deutschen Widerstandes« um den kommunistischen Fellow-traveller Wolfgang Koppel zu einer Pressekonferenz. Im August beschloß die SED, dem Schriftsteller Neumann neue Dokumente zu übergeben, »damit er sie in Westdeutschland veröffentlichen und auswerten kann«, im Gegenzug wollte man ihm Material für die geplante Neuauflage seines Hitler-Buches zusichern. Im September 1966 sollte eine weitere Pressekonferenz in Westdeutschland mit neuen Materialien organisiert werden, diesmal in Hannover.[134]

Die Ostberliner Strategie zielte jetzt noch stärker darauf, die Vorwürfe zum Gegenstand gerichtlicher Auseinandersetzungen und dadurch zu einem Medienereignis zu machen. Fieberhaft überlegte man in der DDR, wie man den Bundespräsidenten in einen Prozeß verstricken könnte. Schon im Februar 1966 hatte Norden Ulbricht mitgeteilt, daß »unsere Staatsanwälte […] morgen in Bonn neues Beweismaterial gegen Lübke übergeben [werden] und anschließend versuchen, dort Vertreter der Presse darüber zu informieren.«[135] Jetzt bot sich erneut ein Anlaß, denn die westdeutsche Polizei hatte in Karlsruhe und München die in der DDR hergestellte »Dokumentation« beschlagnahmt. Weil Lübke juristische Schritte ablehnte, mußten die beschlagnahmten Gegenstände jedoch wieder zurückgegeben werden. Anfang August legte die SED dann fest, Neumann und Koppel für eine Unterlassungsklage gegen das Bundespräsidialamt zu gewinnen, damit dieses nicht mehr behauptete, die Dokumente seien gefälscht. Da inzwischen die ersehnte Vollmacht eines ehemaligen Häftlings aus Frankreich vorlag, wurde überdies eine Arbeitsgruppe zur Vorbereitung der geplanten Zivilklage gegen die Baufirma Schlempp gebildet. Der MfS- und SED-Anwalt Friedrich Karl Kaul meinte hingegen, daß die »wirkungsvollste politische Aktion« eine Strafanzeige Nordens gegen Lübke wegen Beleidigung beim Amtsgericht Bonn sei, was vom Zentralkomitee aber nicht befürwortet wurde.[136] Statt dessen wurde der westdeutsche »Genosse [Ludwig] Landwehr« damit beauftragt, Strafanzeige gegen Lübke zu erstatten, die von der zuständigen Generalstaatsanwaltschaft in Köln jedoch abgewiesen wurde.[137]

Kaul war es auch, der die Kontakte zu Neumann und zur Zeitschrift *Konkret* weiterentwickelte. Unter der Überschrift »Was sagen Sie nun, Herr Lübke?« erschien dort Ende Oktober ein zweiter Artikel Neumanns mit Dokumenten zum Strafverfahren von 1935, die, wie er sibyllinisch formulierte, »in meine Hände gekommen sind«. In dem Beitrag forderte er dreizehn namentlich aufgeführte Publizisten aus Westdeutschland dazu auf, »sich selbst mit Hilfe von Fachleuten ein Urteil über die Echtheit der in Ostberlin zur Inspektion bereitliegenden Dokumente [zu] bilden«.[138] Neumann hatte zusätzlich eine Reihe persönlicher Briefe – unter anderem an die Herausgeber der *Zeit* und des *Spiegel*, Bucerius und Augstein – verfaßt, die dasselbe Anliegen verfolgten und die Kaul bei einer Unterredung mit dem Herausgeber von *Konkret* in Hamburg, Klaus Rainer Röhl, vorab zur Einsicht erhielt. Röhl, dessen Haltung von Kaul als »einwandfrei« gekennzeichnet wurde, bat bei dieser Gelegenheit darum, daß im DDR-Fernsehen auf den Aufruf von Neumann »Bezug genommen« werde. »Aus den Briefen selbst«, so berichtete Kaul zufrieden seinen Auftraggebern, »ergibt sich überaus geschickt keinerlei Sympathie für uns.«[139]

Im Dezember 1966 saß man erneut zusammen, diesmal in Ostberlin mit Röhls Ehefrau Ulrike Marie Meinhof. Zusammen mit Funktionären der Nationalen Front wurden dabei die Möglichkeiten besprochen, in der Sache Lübke »weiterzukommen«. In den Augen von Frau Meinhof hatte der Aufruf von Robert Neumann »der Sache nicht genutzt«, weil seine Adressaten »Gefangene ihrer eigenen Umgebung« seien und deshalb der Aufforderung, nach Ostberlin zu kommen, nicht Folge leisten würden. Sie fragte deshalb, den Aufzeichnungen Kauls zufolge, »ob wir nicht neues Material nachschieben könnten, das von *Konkret* veröffentlicht würde, wodurch eine neue Aktion gestartet würde«. Die DDR-Vertreter hielten dies jedoch nicht für »durchführbar«, da man in dieser Sache bereits alles publiziert habe, was vorhanden sei. Daraufhin schlug Frau Meinhof vor, »sich an westdeutsche Journalisten der unteren Ränge zu wenden, die weit beweglicher sein könnten« als die von Neumann angeschriebenen.[140]

Parallel zu den *Konkret*-Kontakten, über die Stasi-Minister Mielke von Kaul laufend unterrichtet wurde, verfolgte der DDR-Anwalt noch ein anderes Projekt in Westdeutschland: die Veröffentlichung der Lübke-Dokumente im Rowohlt Verlag. Im Oktober 1966 legte er dem zuständigen Lektor, Fritz J. Raddatz, bei einer Besprechung in Reinbek dar, »daß ein Interesse besteht, daß die Dokumente über Lübke in der literarisch gemäßen Form von Rowohlt veröffentlicht werden«. Zu diesem Zweck hatte Kaul Ablichtungen mitgenommen, nach deren Lektüre sich Raddatz »sehr angetan« zeigte von der Möglichkeit der Veröffentlichung.[141] Im Dezember 1966 berichtete der Leiter der Abteilung Agitation, Halle, dem Minister für Staatssicherheit, daß das »von uns unterstützte Bemühen der Partei, im westlichen Ausland und auch in Westdeutschland bestimmte Kreise und Persönlichkeiten in der Front gegen Lübke zu mobilisieren«, nunmehr noch größere Bedeutung gewinne. Unter diesem Aspekt seien im Auftrag der Westabteilung des ZK seit einiger Zeit mit dem renommierten Hamburger Rowohlt Verlag Verhandlungen geführt worden über die Herausgabe eines »rororo-aktuell-Bandes«, der in einer Auflage von etwa 75 000 Exemplaren »zum ersten Mal im Buchformat die wesentlichen Belastungsmaterialien gegen Lübke in Westdeutschland veröffentlichen soll«. Auch Walter Ulbricht und Erich Honecker würden das Vorhaben unterstützen. Aufgrund des weltweiten Rufes des Verlages würde eine derartige Ausgabe die Lübke-Kampagne auf eine Ebene stellen, die beträchtliche internationale Auswirkungen verspräche und »ein für allemal jegliche Versuche Bonns, die Lübke belastenden Dokumente als Fälschungen hinzustellen«, aus der Welt schaffen.[142]

Vor einer Veröffentlichung des Buches hatte Raddatz allerdings eine »absolute Garantie über die Echtheit« der Dokumente verlangt und vorgeschlagen, die Unterschriften durch einen Schweizer Schriftsachverständigen prüfen zu lassen. Zu diesem Zweck wurden die Dokumente in einer aufwendigen Aktion in die Schweiz gebracht und dort vom Chef des Wissenschaftlichen Dienstes der Stadtpolizei Zürich im Februar 1967 geprüft. Nach einer Intervention der Deutschen Botschaft lehnte der Experte jedoch die Erstellung des verlangten Gutachtens ab, da dessen Resultate zu politischen Zwecken verwendet werden könnten. Der Rowohlt Verlag nahm daraufhin von der geplanten Publikation Abstand. Entnervt schrieb Raddatz an Kaul: »Ich nehme diese Absage als definitiv, verständige auch den *Stern* davon und möchte in dieser Angelegenheit nicht mehr tätig werden oder mit Ihnen verhandeln.«[143]

Der Plan Lübkes, die Kampagne der SED durch Nichtbeachtung ins Leere laufen zu lassen, ließ sich trotz Nichterscheinens des Rowohlt-Buches immer weniger durchhalten. Im September 1966 veröffentlichte das Bundespräsidialamt eine Stellungnahme, in der die Vorwürfe als »frei erfunden« zurückgewiesen wurden.[144] Auch Bundesregierung und Bundestag stellten sich in einer Erklärung hinter den Präsidenten.[145] Der damalige Bundesinnenminister Paul Lücke erklärte, daß diejenigen »Dokumente«, die eine Verbindung zwischen Lübkes Tätigkeit im Architekturbüro Schlempp und dem Bau von Konzentrationslagern bzw. der Verwendung von Häftlingen im Arbeitseinsatz »samt und sonders aus Fälschungen und Verfälschungen« bestünden. Die »gewisse Raffinesse« der Verleumdungsaktion bestehe darin, daß durch die Kombination zweifellos oder wahrscheinlich echter Dokumente mit fabrizierten Fälschungen versucht werde, belastende Tatbestände zu konstruieren. Das Bundesministerium des Innern legte in diesem Zusammenhang die erwähnte Dokumentation vor, die sich erstmals detailliert mit den Vorwürfen auseinandersetzte.[146]

Albert Norden reagierte darauf mit einer weiteren Pressekonferenz, der mittlerweile vierten in Sachen Heinrich Lübke. Bei dieser Gelegenheit wurde eine ausführliche Expertise eines polnischen Schriftsachverständigen vorgelegt, der der SED bescheinigte, daß die Paraphen und Unterschriften keine Fälschung seien.[147] In einer 93seitigen Broschüre »Zur Tätigkeit Heinrich Lübkes 1933–1945« wagte die SED jetzt die Prognose: »Die wachsende internationale Empörung und der zunehmende Protest auch innerhalb der Grenzen der Bundesrepublik über einen KZ-Baumeister als Staatsoberhaupt lassen heute den Schluß zu, daß der neue Präsident der Bundesrepublik schon vor dem 1. Juli 1969 gewählt werden muß.«[148] Zufrieden informierte der Leiter der Abteilung Agitation des MfS, Halle, wenig später seinen Minister, daß mit der Pressekonferenz der vom Bonner Innenministerium unternommene »Entlastungsversuch« für Lübke zerschlagen worden sei. Da mit der »Auffindung weiteren belastenden Materials nicht zu rechnen« sei, dürfte die Kampagne jedoch ihren vorerst letzten Höhepunkt erreicht haben.[149]

Das Ende der Kampagne

Ein wichtiger Ansatzpunkt lag in den Augen von SED und MfS nach wie vor darin, Lübke im Ausland zu diskreditieren. Wie im Märchen von Hase und Igel waren die SED-Emissäre bei jeder Auslandsreise, mit denen sich Lübke vor allem für die Staaten der Dritten Welt zu engagieren suchte, immer bereits vor ihm da, um im jeweiligen Land eine Protestbewegung aus dem Boden zu stampfen. Nach Afrika waren im November 1966 Lateinamerika und im darauffolgenden Jahr Asien an der Reihe. Schon Monate vor Lübkes Abreise nach Mexiko, so ein interner Bericht an Norden, waren zahlreiche Maßnahmen angelaufen, »um Proteste und Widerstand [...] und ein für uns günstiges Echo in der lateinamerikanischen Öffentlichkeit zu erreichen«. Unter anderem sollten sich die Schriftsteller Anna Seghers und Ludwig Renn, die in Mexiko im Exil gewesen waren, in persönlichen Briefen an »bekannte mexikanische Kulturschaffende« wenden. Die Verbindungen zu Persönlichkeiten des öffentlichen

Lebens sollten genutzt werden, um »Stellungnahmen zu Lübke zu erreichen«. Der DDR-Auslandssender sollte »ab sofort« mit »entlarvenden Beiträgen über Lübke« beginnen und in anschaulicher Weise darlegen, »wie die Bevölkerung afrikanischer Staaten sich gegen seinen Besuch verwahrt hat und in Westdeutschland selbst sich die Proteste entwickeln«. Daneben sollten Plakate, »Klebestreifen« und Broschüren zum Einsatz kommen, nachdem man zuvor bereits an die wichtigsten mexikanischen Redaktionen »enthüllende Materialien« geschickt hatte.[150] Auch zur Asien-Reise Lübkes wurde ein detaillierter Plan mit ähnlichen Maßnahmen aufgestellt, über den Albert Norden wie gewohnt Walter Ulbricht eingehend unterrichtete.[151]

Innerhalb der Bundesrepublik entwickelte sich die Kampagne auch ohne neue Dokumente zunehmend zum Selbstläufer. Westdeutsche Journalisten, aber auch Aktivisten der Außerparlamentarischen Opposition (APO), die direkt oder indirekt aus der DDR mit Materialien gefüttert wurden, sorgten dafür, daß Lübke in den Schlagzeilen blieb. In der Umbruchssituation am Ende der sechziger Jahre bot sich die »Affäre Lübke« geradezu an als symbolhafter Konflikt für die kritische Auseinandersetzung mit dem »restaurativen Adenauer-Staat«. Im August 1967 gab eine »Antifaschistische Arbeitsgemeinschaft« um den früheren SDS-Aktivisten Wolfgang Koppel in Karlsruhe den ersten Band einer »Dokumentation« heraus, die den Titel trug: »Heinrich Lübke – Präsident der Deutschen?«. In einer vom SED-Zentralorgan *Neues Deutschland* nachgedruckten Pressemitteilung wurde darum gebeten, »die Dokumentation von Hand zu Hand gehen zu lassen, damit die Wahrheit bekannt, das Schweigen gebrochen und der unhaltbare Zustand bereinigt wird. Ein Bundespräsident, der an NS-Verbrechen beteiligt war und von seinem Tun auch nicht nachträglich abgerückt ist, bedeutet eine offene Verhöhnung der NS-Opfer und angesichts des Anspruchs, ganz Deutschland zu vertreten, eine Beleidigung aller gutwilligen und human gesinnten Deutschen überhaupt.« Zugleich wurde darauf hingewiesen, daß das Ermittlungsverfahren gegen Koppel wegen Verunglimpfung des Bundespräsidenten eingestellt worden sei, was als erneuter Beweis dafür angesehen wurde, »daß der westdeutsche Bundespräsident einer gerichtlichen Klärung seiner NS-Vergangenheit aus dem Wege zu gehen versucht«.[152]«

Vor allem *Spiegel* und *Stern* widmeten sich jetzt mit wachsender Entschlossenheit dem vermeintlichen Skandal.[153] Letzterer veröffentlichte unter anderem im Januar 1968 das Gutachten eines amerikanischen Schriftsachverständigen, der die Echtheit der Unterschriften bestätigte, nachdem ihm der westdeutsche Kriminalschriftsteller Frank Arnau fünf »Dokumente« aus der DDR vorgelegt hatte.[154] An der Universität Bonn organisierte der Sozialistische

Deutsche Studentenbund (SDS) – getreu der SED-Konzeption – eine massive Kampagne mit dem Ziel, Lübke die Ehrensenatorwürde abzuerkennen.[155] Statt eigene »Strafverfolgungsmaßnahmen« gegen Lübke einzuleiten, erschien es dem Leiter der Abteilung Agitation, Halle, vor diesem Hintergrund nunmehr endgültig zweckmäßiger, »Aktionen gegen Lübke von Westdeutschland oder aber vom westlichen Ausland ausgehen zu lassen«, mit denen »viel größere Wirkungen erzeugt« werden könnten.[156]

Im März 1968 informierte die Westabteilung des ZK Albert Norden über Vorschläge zum weiteren Vorgehen. Insbesondere wollte man den westdeutschen Behörden eine Reihe ausgewählter Dokumente zur Prüfung anbieten, um »auch das letzte Argument Bonns – in den letzten Tagen mehrfach vom Innenministerium vorgebracht – gegen die Lübke-Beweise zusammenbrechen [zu] lassen«. Das Ministerium für Staatssicherheit wurde in diesem Zusammenhang darum gebeten, einen Vorschlag auszuarbeiten, wie einzelne Dokumente den zuständigen Bonner Behörden vorgelegt werden könnten, wobei »keine zu schwachen Dokumente«, aber auch nicht solche »von für uns unersätzlichem Wert« ausgewählt werden sollten.[157] Auch der Vorschlag eines Dokumentenbandes in Westdeutschland, diesmal eventuell im Desch-Verlag, wurde wieder aufgewärmt. Schließlich sollte ein weiteres Schriftgutachten eines westlichen Experten eingeholt sowie eine zusammenfassende Broschüre herausgebracht werden. Vom »Braunbuch«, das im Oktober 1967 kurz vor Ende der Frankfurter Buchmesse beschlagnahmt worden war und inzwischen vergriffen war, sollten noch einmal 10 000 Exemplare nachgedruckt werden. Schließlich wurde Norden davon unterrichtet, »daß der *Stern* in der nächsten oder übernächsten Ausgabe nochmals auf den Fall Lübke zurückkommt und dabei auch eine Reihe weiterer Dokumente abdrucken will«.[158]

Weitere Maßnahmen der Ostberliner Kampagnenmaschinerie sollten sich jedoch bald erübrigen. Nicht zuletzt durch seine eigene zunehmende Unbeholfenheit wurde Lübkes Stellung angesichts der kritischen Berichterstattung der Medien sowie negativer Meinungsumfragen immer prekärer. Nach langem Drängen seiner Parteifreunde gab er deshalb bei einem Empfang aus Anlaß seines vierundsiebzigsten Geburtstages bekannt, daß er sein Amt vorzeitig aufgeben und Ende Juni 1969 zurücktreten werde. Die SED hatte damit ihr Ziel erreicht und verlor von einem Tag zum anderen das Interesse an dem Schicksal des sogenannten »KZ-Baumeisters«. Vier Wochen nach Lübkes Abgang sandte der Leiter der Abteilung Agitation die mühsam zusammengetragenen Dokumente zurück ins Archiv. »Nach Rücktritt des ehemaligen Bundespräsidenten Lübke im Juli 1969«, so sein Vermerk, »kann die politische Kampagne als beendet angesehen werden.«[159]

WIE VERRÄTER GEMACHT WERDEN –
DIE AKTE WEHNER

Die Veröffentlichung der »Erinnerungen« von Markus Wolf im Juni 1997 begann mit einem Paukenschlag: Der langjährige Spionagechef der DDR überließ es der Illustrierten *Stern*, noch vor der Auslieferung des Buches eine sensationelle Mitteilung publikumswirksam an den Mann zu bringen. Unter der Schlagzeile »Das Doppelleben des Herbert W.« berichtete das Blatt, daß Zitate aus Treff-Berichten den Verdacht belegten, Herbert Wehner habe über Jahre für Honecker und Mielke gearbeitet – »bis hin zum Verrat an eigenen Genossen«.[1] Im Buch selbst, das nach dem wochenlangen Medienecho auf diese für viele schockierende Mitteilung zum Bestseller wurde, stand der angebliche Geheimnisverrat Wehners dann nur noch in Anführungsstrichen und reduzierte sich auf die Begegnungen des SPD-Politikers mit dem SED-Unterhändler für humanitäre Fragen, Wolfgang Vogel, und, in den fünfziger und frühen sechziger Jahren, mit einem Ostberliner Journalisten. »Wenn man das aus westdeutscher Perspektive als Verrat deuten will«, so Wolf in Umkehrung der tatsächlichen Urheberschaft für die Behauptung, »ist das eine allzu platte Sicht.«[2]

Die Unterlagen, die SED und Staatssicherheit über Herbert Wehner hinterlassen haben, deuten in eine gänzlich andere Richtung, als Wolf sie der Öffentlichkeit nahelegte: Nicht Wehner war ein Verräter mit konspirativen Beziehungen zum Ministerium für Staatssicherheit, sondern die Stasi selbst versuchte ihm im Auftrag der SED-Spitze jahrelang das Stigma des Verrates anzuhängen. Vor allem in den sechziger Jahren, als der SPD-Politiker seine Partei aus ihrer politischen Fundamentalopposition herausführte, forschte sie mit unglaublichem Aufwand nach »Belastungsmaterial« gegen Herbert Wehner. An der Spitze der für die Beschaffung und Lancierung der Materialien verantwortlichen Hauptverwaltung A stand niemand anders als Markus Wolf, in dessen Auftrag für diesen Zweck immer neue Propagandalügen fabriziert wurden. Anders als Wolf in seinen Memoiren suggeriert, war »Wotan« nicht der Deckname eines Stasi-Informanten Wehner, sondern bezeichnet einen »Opfervorgang« von annähernd siebzig Bänden.[3]

Obwohl die von Wolfs Aufklärungsapparat geführten Akten auch im Falle Wehners restlos beseitigt wurden, haben sowohl beim Minister selbst als auch in der Untersuchungsabteilung der Staatssicherheit genügend Unterlagen überdauert, die zeigen, mit welchen Methoden die HVA gegen Wehner vorging. Hinzu kommen die Akten des Zentralkomitees der SED, die deutlich machen, daß die Parteispitze der eigentliche Auftraggeber der Stasi war. Am Rande erwähnt auch Wolf in seinem Buch den Auftrag, soviel Belastendes wie möglich gegen Wehner zu sammeln. »Das Material war dazu gedacht, ihn in der westdeutschen Öffentlichkeit bloßzustellen«, doch er selbst habe daran »mit gemischten Gefühlen« gearbeitet – weil Wehner nachrichtendienstlich »von großem Wert« gewesen sei.[4]

Die Kompromittierungskampagne gegen Wehner ähnelte in vielerlei Hinsicht dem Vorgehen gegen andere Spitzenpolitiker der Bundesrepublik, die von der SED als »reaktionär«, »militaristisch« oder »faschistisch« bekämpft wurden – und doch war Wehner ein besonderer Fall. Als ehemaliger Funktionär der KPD und Moskau-Exilant war er für eine der üblichen Rufmordaktionen durch den Griff ins NS-Archiv der Staatssicherheit nicht geeignet. Als Abtrünniger und »Renegat«, den viele SED-Führer aus nächster Nähe kannten, hatte er den persönlichen Haß Walter Ulbrichts und anderer ostdeutscher Kommunisten auf sich gezogen. Als Politiker, der die SPD mit dem Godesberger Programm auf das Konzept einer interessenübergreifenden Volkspartei eingeschworen und wenig später mit seinem Bekenntnis zur Westeinbindung der Bundesrepublik die Weichen für eine künftige Regierungsbeteiligung gestellt hatte, wurde er von der SED als personifizierter »Arbeiterverräter« betrachtet.

Frühe Denunziationen

Der Vorwurf des Verrates gegen Wehner war so alt wie seine Abkehr vom Kommunismus. Sofort nach Wehners Rückkehr nach Deutschland und seinem Eintritt in die SPD im Herbst 1946 leitete der als Abteilung Personalpolitik getarnte Nachrichtendienst der SED Nachforschungen über ihn ein.[5] Sein oberster Chef, Franz Dahlem, zuständig für Kaderfragen in der Parteiführung, ordnete im November 1946 persönlich an, »alles konkrete Material über seinen Verrat und seine Tätigkeit vor und nach dem Ausschluß aus der Partei zusammentragen zu lassen«.[6] Schon wenige Wochen später lagen ausführliche Aussagen von mehreren Genossen vor, die Wehner aus dem Widerstand kannten und ihn als ein »vom Ehrgeiz zerfressenes Individuum« schilderten (Karl Mewis) oder behaupteten, daß er »neben der schwedischen Polizei, vor allem der Gestapo und dem Intelligence Service« gedient hätte (Erich Glückauf). Diese Denunziationen bildeten den Ausgangspunkt für alle späteren Verunglimpfungen. Über entgegenstehende Aussagen, wie die eines Hamburger

Kommunisten, wurde dabei großzügig hinweggegangen – weil sie mit der Feindschaft Ulbrichts kollidierten und die Auffassung des Abwehrdienstes der SED über »die Bindung Wehners [...] an den englischen Geheimdienst nicht genügend beachtet[en]«.[7]

Herbert Wehner war seit Beginn seiner politischen Arbeit in der SPD immer wieder Gegenstand diskreditierender Beschuldigungen gewesen, die auf seine kommunistische Vergangenheit zielten – in seltener Übereinstimmung von rechts und links. Schon 1951 erschien in der KPD-Zeitung *Vowärts* ein »Steckbrief« Wehners, der von Diffamierungen und Beschimpfungen nur so strotzte und den »elenden Lumpen« des »Verrates an von ihm in den Tod geschickten Antifaschisten« beschuldigte.[8] 1953 beklagte sich Wehner dann bei Bundeskanzler Adenauer, daß man ihm in einem *Spiegel*-Bericht geheime Verbindungen zum KGB in Karlshorst unterstellt hatte;[9] ein Jahr darauf verbreitete das Blatt den Verdacht, Wehner hätte mit der Verhaftung des KPD-Vorsitzenden Thälmann und des Fraktionsvorsitzenden der Partei im Reichstag, Torgeler, zu tun gehabt.[10] 1957 sah sich Wehner gezwungen, zu einem Artikel in der Zeitung *Die Welt* Stellung zu nehmen, was wiederum den kommunistischen *Vorwärts* zu einer »Richtigstellung« durch die KPD veranlaßte, in dem die meisten der späteren Diffamierungen bereits enthalten waren: vom Vorwurf, sich 1942 im schwedischen Exil »durch eine bewußt herbeigeführte Fahrlässigkeit selbst in die Hände der schwedischen Polizei« gespielt zu haben, über die Behauptung, »aus erbärmlicher Feigheit« vor den Untersuchungsbehörden »infamen Verrat an der Partei« begangen zu haben, bis hin zur Unterstellung, Wehner sei als englischer Agent unmittelbar nach Kriegsende »mit einer englischen Militärmaschine« nach Hamburg geflogen worden. Letzteres wurde schon unmittelbar nach Erscheinen des Artikels von einem Leser in einem persönlichen Schreiben an Politbüro-Mitglied Hermann Matern aus eigener Anschauung dementiert.[11]

Auch in der Folgezeit war Wehner immer wieder Opfer herabsetzender »Enthüllungen«. Während die *Deutsche Soldatenzeitung* ihn 1957 der Zusammenarbeit mit dem Reichssicherheitshauptamt verdächtigte, bezeichnete ihn eine dänische Zeitung ein Jahr später als ehemaligen »Sowjetspion« und Leiter eines »schwedischen Nachrichtendienstes der Komintern«. In einer 15seitigen Stellungnahme, die Wehner an den damaligen Bundestagspräsidenten Eugen Gerstenmaier sandte, wies er diese Verleumdungen zurück – auf unbekannten Wegen gelangte sein Brief mitsamt Anlagen auch in die Hände der Stasi.[12] Bereits im Vorjahr, so Wehner damals, habe er davon Kenntnis erhalten, daß in schwedischen Militärkreisen ein Schriftstück verbreitet worden sei, in dem er von einem ehemaligen kommunistischen Schriftsteller als »Spion« bezeichnet worden sei. Nachdem die Nachkriegs-KPD und die Organe der SED jahrelang durch Verleumdung und physische Bedrohung versucht hätten, ihn zur Kapitulation zu zwingen, werde nun »offenbar mit dem Mittel der Verleumdung und des Rufmordes von anderer Seite dasselbe versucht«.[13]

Die Vorwürfe gegen Wehner stammten jedoch nicht von politischen Gegnern in der Bundesrepublik, sondern wurden, den überlieferten Unterlagen zufolge, vor allem von seinen ehemaligen Kampfgefährten in Moskau und Ostberlin lanciert. Partei und Staatssicherheit suchten zu diesem Zweck gezielt nach Belastungsmaterial und nutzten alle geheimdienstlichen Möglichkeiten, um dem verhaßten SPD-Politiker zu schaden. Schon Anfang der fünfziger Jahre mißbrauchte das MfS Herbert Wehners Engagement für die Freilassung des nach Ostberlin verschleppten Linkssozialisten Alfred Weiland, um zwei MfS-Agenten an ihn heranzubringen – den Bonner Journalisten Otto Weil und seinen DDR-Kollegen Ernst Hansch, der bei der HVA den Decknamen »Henkel« trug.[14] Auch Kurt Vieweg, abgesetzter und nach einer vorübergehenden Flucht in den Westen arrestierter Landwirtschaftsfunktionär der SED, wurde 1957 intensiv zu seinem Freund Herbert Wehner vernommen – und berichtete im Angesicht der drohenden Haftstrafe seinen Vernehmern über solchermaßen kommunismusfreundliche Äußerungen Wehners, daß er später selber darüber erstaunt war.[15] 1956 wollte man Wehner sogar selbst in den Osten locken, indem man ihm das Angebot eines Gespräches mit Hermann Matern übermittelte – ein wohlüberlegter Plan, der nach Darstellung des Wehner-Historikers August-Hermann Leugers-Scherzberg von Markus Wolf persönlich veranlaßt wurde.[16]

Deckname »Wotan«

Die Angriffe gegen Wehner kamen nicht aus heiterem Himmel, sondern standen in unmittelbarem Zusammenhang mit seiner politischen Rolle in der SPD. Nur wenige Wochen nachdem Wehner sich in einer Rede hinter die Adenauersche Politik der Westintegration der Bundesrepublik gestellt hatte, konterte das Zentralorgan der SED im August 1960 mit einem Frontalangriff: Wehner, so schrieb das *Neue Deutschland*, sei 1942 in Schweden nicht wegen seiner Widerstandsarbeit gegen Hitler verhaftet worden, sondern habe sich selber festnehmen lassen, um nicht, wie von der KPD angeordnet, nach Deutschland gehen zu müssen – ein Vorwurf, für den man wieder jeden Beweis schuldig blieb und der von Markus Wolf auch noch 1997 kolportiert wurde.[17]

Vom Anfang der sechziger Jahre stammen die ersten Dokumente, die zeigen, daß Wehner bereits damals unter dem Decknamen »Wotan« vom Ministerium für Staatssicherheit bearbeitet wurde. So sind vom Februar 1961 handschriftliche Ausführungen des HVA-Obersten und ehemaligen Wehner-Mitstreiters in Schweden, Richard Stahlmann, überliefert, in denen dieser eine Reihe von Vorwürfen erhob, die in den nächsten Jahren von SED und Stasi fast stereotyp wiederholt wurden. Stahlmann erklärte darin, daß Wehner, als die KPD ihn 1942 nach Deutschland schicken wollte, vor Zorn »seine Pfeifenspitze zerbiß«. Darüber hinaus habe er darauf gedrungen, mit der Frau eines verhafteten Emigranten in Verbindung zu treten, obwohl diese unter Polizeibewachung stand – mit der zwangsläufigen Folge, daß er kurz darauf bei ihr verhaftet worden wäre. Schon am nächsten Tag wären die Zeitungen voll von Aussagen Wehners gewesen, so daß selbst der schwedische Rechtsanwalt seine Verteidigung mit den Worten »Der Mann ist ein Verräter« abgelehnt hätte.[18] In ähnlicher Weise äußerte sich gegenüber der Stasi auch eine andere Genossin namens Charlotte Bischoff, die mit Wehners Hilfe 1942 illegal nach Deutschland gereist war. Sie behauptete, daß Wehner in Schweden zum »Verräter« geworden wäre und über ihre damaligen Aufträge »alle Einzelheiten« ausgesagt hätte.[19]

1962 gelangte die SED in den Besitz von Kopien der schwedischen Prozeßakten, die über Wehners Verhaftung und Verurteilung in Schweden authentisch Auskunft gaben. Die Akten waren auf merkwürdigen Wegen in die DDR gekommen. Ein bayerischer Journalist und Verleger namens Hans Frederik hatte sie, fünf Jahre vor Ablauf der Geheimhaltungsfrist, dem Institut für Marxismus-Leninismus beim Zentralkomitee der SED »zur Verfügung gestellt«;[20] im Gegenzug bat er ein halbes Jahr später um Belastungsmaterial über westdeutsche Politiker für seinen »Politischen Informations- und Archiv-Dienst« (PINAR-Dienst).[21]

Die SED rätselte seinerzeit, was es mit diesem ominösen Aktenlieferanten auf sich hatte. Die »Sicherheitsorgane« mußten über ihn eine »Auskunft« erstellen und an das Politbüro senden.[22] Auch die Westkommission beim Politbüro berichtete ausführlich, wie der Kontakt zu dem Verleger zustande gekommen war. Demzufolge war er durch Vermittlung eines Funktionärs der SED-nahen »Deutschen Friedensunion« (DFU), des ehemaligen SPD-Bundestagsabgeordneten Arno Behrisch, in der DDR erschienen und hatte erklärt, mit Albert Norden oder Hermann Matern über die Möglichkeit einer Spaltung der SPD sowie über den CDU-Politiker Ernst Lemmer sprechen zu wollen. Die Wehner-Akten, so sei von ihm zu erfahren gewesen, habe er schon vor zwei Jahren von »Gerichtspersonen, die dafür bezahlt wurden, erhalten« und später dem Ostberliner Institut für Marxismus-Leninismus (IML) übergeben. Gegenüber seinen Gesprächspartnern, die ihn als »konservativ« einschätzten, habe er ferner erklärt, daß er es für richtig halte, »Hilfstruppen und Kader außerhalb der KPD zu schaffen, um eine stärkere Einflußnahme auf die Bevölkerung zu ermöglichen«.[23] Nachdem ihm der Nationalrat der Nationalen Front »Material« über den CSU-Abgeordneten Max Frauendorfer ausgehändigt habe, habe er dieses umgehend in seinem Informationsdienst veröffentlicht. Auf die Frage, nach welchen Prinzipien er Personen aufbaue oder anprangere, habe er erklärt, »daß es ihm darauf ankommt, so zu informieren, daß es der Entspannung und der Verständigung der beiden deutschen Staaten diene«.[24]

Vieles deutet darauf hin, daß der SED die Wehner-Akten seinerzeit von einem östlichen Geheimdienst unauffällig zugespielt werden sollten – möglicherweise sogar von der Stasi selbst. Dem ehemaligen *Spiegel*-Journalisten Peter-Ferdinand Koch zufolge soll Frederik schon in den fünfziger Jahren für den KGB gearbeitet und gegen Ende des Jahrzehnts erstmals Markus Wolf vorgestellt worden sein.[25] In ähnlichem Sinne äußerte sich der ehemalige Leiter der Deutschlandabteilung des KGB, Sergej A. Kondraschow, dem zufolge Frederik im Auftrag des KGB tätig gewesen sei und in dieser Eigenschaft unter anderem ein diskreditierendes Buch über den ersten Chef des Bundesamtes für Verfassungsschutz, Otto John, geschrieben habe.[26] Die früheren HVA-Mitarbeiter Günter Bohnsack und Herbert Brehmer enthüllten 1992, Frederik sei von ihrer für Desinformation zuständigen Abteilung X unter dem Decknamen »Fredy« geführt und regelmäßig mit Manuskripten, Dokumenten sowie »enormen Summen« Geldes versorgt worden.[27] Tatsächlich erschien in den sechziger und siebziger Jahren in seinem Privatverlag eine Serie von Enthüllungsbüchern über führende westdeutsche Politiker und deren Vorleben, die die Betreffenden gezielt in Mißkredit brachten. Sie offenbaren ein umfangreiches, quellenmäßig nicht belegtes Insiderwissen und wurden wahrscheinlich von der HVA gespickt und finanziert.[28] Sogar ein Foto von Markus Wolf, von dem bis 1979 im Westen keinerlei Ablichtung existierte, konnte er schon 1974 unbemerkt in einer Schmähschrift zum Fall Guillaume veröffentlichen – Wolf zeigt sich darin in Uniform, so daß er nur im Osten aufgenommen worden sein konnte.[29]

Unter Berufung auf namentlich nicht genannte schwedische Zeugen berichtet der Historiker Michael F. Scholz, daß sich das Ministerium für Staatssicherheit »frühzeitig« – vor der Übergabe der Akten durch Frederik – über den für die Bekämpfung der SPD zuständigen HVA-Major Paul Laufer »Einblick in die Prozeßakten Wehners verschafft« habe.[30] Dieser Verdacht wird dadurch bestärkt, daß sich Markus Wolf im Dezember 1962 »in der Angelegenheit W.« an Erich Mielke wandte und um Bestätigung seiner im November vorgeschlagenen Maßnahmen bat, über die die Akten keine nähere Auskunft geben. Dem Schreiben zufolge erhielt Mielke von Wolf bei dieser Gelegenheit »eine kurze Zusammenfassung und Ergänzung einiger Fragen der Übersicht, die seinerzeit mit der Rohübersetzung der aus Schweden beschafften Materialien übergeben wurde«. Erarbeitet hatte sie Paul Laufer. Wolf wußte Mielke dabei zu berichten, daß Frederik – »der Verfasser des Buches gegen Willy Brandt, ›...da war auch ein Mädchen‹« – in Schweden Material gegen Wehner suche und die Materialien, welche die HVA besitze, ebenfalls habe fotokopieren lassen. Die Aussagen Wehners in Schweden, so Wolf, hätten bei den seinerzeitigen Verhaftungen von KPD-Mitgliedern durch die Gestapo eine erhebliche Rolle gespielt, was, ebenso wie der Fall der Genossin Bischoff, die ja als lebende Zeugin zur Verfügung stehe, noch ausführlicher dargestellt werden könnte. Nach Wolfs Meinung ging es aber »zunächst um eine grundsätzliche Entscheidung, ob und in welcher Form eine öffentliche Auswertung vorgenommen werden soll«.[31]

Aus den schwedischen Prozeßunterlagen ging freilich nur hervor, daß Wehner, der von den Nazis ausgebürgert worden war und über keine Legitimationspapiere verfügte, nach seiner Verhaftung darum bemüht war, durch seine Aussagen den vom Staatsanwalt erhobenen Vorwurf der Spionage für die Sowjetunion zu widerlegen. Während er in den Verhören anfangs kunstvoll falsche Fährten auslegte, entschloß er sich nach einigen Wochen zu einem Teilgeständnis, als die Gefahr einer Auslieferung an die Gestapo durch das traditionell deutschfreundliche Schweden zunahm. Aus diesem Grunde berichtete er offen über seine politischen Auffassungen und die Arbeit der KPD gegen die Hitler-Regierung, ohne dabei jedoch Angaben zu machen, die andere Menschen unmittelbar gefährden konnten. Er ging davon aus, daß seine Genossen »draußen« inzwischen die belastenden Unterlagen vernichtet hätten – was jedoch nicht geschehen war. So gab Wehner seine Kontakte zu Mitgliedern der legalen Kommunistischen Partei Schwedens zu, bestritt aber, daß diese eine organisierende Rolle gespielt hätten. Aussagen zu Charlotte Bischoff machte er erst, nachdem ihm ein entsprechendes Foto vorgelegt wurde, hielt sie aber so allgemein, daß sie – im Gegensatz zu vielen anderen ins Land geschickten Instrukteuren – bis Kriegsende unentdeckt blieb. Tatsächlich endete der Prozeß vergleichsweise glimpflich: Wehner wurde zu einem Jahr Zwangsarbeit verurteilt, während die schwedische Mitangeklagte Solveig Hansson, auf die Wehner einen Teil des Verdachtes gelenkt hatte, um gefährdete Illegale zu schützen, nach der Urteilsverkündung auf freien Fuß gesetzt wurde.[32]

Die SED brauchte jedoch eine Bestätigung des »Verrats« als Munition gegen den ungeliebten SPD-Politiker. Zu diesem Zweck fertigte die Westkommission beim Politbüro im Januar 1963 das sogenannte »Material Wehner« an, in dem die Behauptung aufgestellt wird, Wehner habe »mehrere schwedische Antifaschisten, die ihm bei der Arbeit geholfen und illegal Quartier gewährt hatten, schwer belastet und zu ihrer Verhaftung und Verurteilung beigetragen«. Darüber hinaus hätte er »deutsche antifaschistische Emigranten, die in Schweden und in anderen Ländern lebten, verraten«.[33] Auch die HVA verfaßte einen Bericht über den »Verrat Wehners vor der schwedischen Polizei«, der alle bis dahin vom MfS zusammengetragenen Fakten enthielt.[34] Das SED-Material sollte offenbar veröffentlicht werden, denn über die Intentionen heißt es im weiteren Verlauf des Papiers: »Wir nehmen die Enthüllungen über Wehner vor, um den westdeutschen Sozialdemokraten und der SPD als solcher zu helfen.« Viele Sozialdemokraten stellten sich die Frage, wie es möglich sei, daß der stellvertretende Vorsitzende ihrer Partei die SPD immer weiter nach rechts dränge; daß er selbst mit beiden Beinen im Lager des Revanchismus stehe, daß er jedes Zusammengehen der westdeutschen Arbeiter und Friedenskräfte und jede Verständigung mit der DDR zu torpedieren trachte. »Die veröffentlichten Fakten über den Verrat Wehners zeigen, daß er nur seine Rolle konsequent weiterspielt.«[35]

Im Sommer 1963 übergab das IML der SED-Spitze eine ausführliche Übersicht über »die uns von Frederik zur Verfügung gestellte schwedische Gerichtsakte über Herbert Wehner«.[36] Der Chef der Zentralen Parteikontrollkommission, Hermann Matern, vermerkte darauf, daß alle vorliegenden Akten daraufhin geprüft werden sollten, welche schwedischen Leute und deutsche Genossen aufgrund von Angaben Wehners verhaftet worden seien und ob Angehörige von ihnen in der DDR oder Westdeutschland lebten. »Wir müssen vorbereiten – Anzeigen und Anträge auf Strafverfolgung«.[37] Eine weitere Ausarbeitung mit umfangreichen Auszügen aus den Akten und Vorschlägen für ihre »Auswertung« übergab die Westkommission wenig später der Parteispitze.[38] Auch sie hielt zusätzliche Nachforschungen für notwendig und schlug unter anderem vor, im Zentralkomitee und beim MfS zu recherchieren sowie schwedische und deutsche Zeugen zu den damaligen Vorgängen aufzutun. Zudem sollten die Genossen der schwedischen Kommunistischen Partei konsultiert werden. Einige Tage später verfaßte auch Paul Laufer von der HVA einen Bericht zu Wehner, der jedoch nicht überliefert ist.[39] Das MfS prüfte im Zentralkomitee das von Frederik übergebene Material und stellte fest, daß es erheblich umfangreicher als die eigenen Bestände war und nicht nur die Polizeiberichte, sondern auch alle Gerichtsakten umfaßte, die seit Anfang der fünfziger Jahre in Schweden auslagen. »Es ist zu bemerken«, notierte die Stasi, »daß für Frederik das Material mit hohen finanziellen Aufwendungen verbunden ist. Es umfaßt ungefähr 500 Schreibmaschinenseiten Text, wovon ca. 400 Seiten aus dem Schwedischen ins Deutsche zu übersetzen waren.«[40]

Der Beginn der Kampagne

Nach gründlicher Durchsicht der Akten schlug Gabo Lewin von der Westkommission der SED vor, ein Buch über den »Verrat« von Wehner herauszugeben (»Das Buch müßte hier geschrieben werden«). Unterstützt von Belastungszeugen, sollte es auf einer Pressekonferenz der internationalen Öffentlichkeit präsentiert werden. »Wir müßten die Sache so anlegen, daß sich der Stoß ausschließlich gegen X. [=Wehner] richtet und eine Hilfe für die SPD darstellt, die durch einen berufsmäßigen, skrupellosen, feigen und abenteuerlichen Verräter davon abgehalten wird, eine richtige Politik zu betreiben.« Man könnte behaupten, so Lewins Konzeption, »daß bestimmte Ultras in Bonn über die gesamten Prozeßakten verfügen« und Wehner dadurch in der Hand hätten. Unter Androhung der Veröffentlichung seiner »prokommunistischen Äußerungen« und seines gleichzeitigen »Verrats« an der »antifaschistischen Bewegung« hätten diese ihn nicht nur gezwungen, den Deutschlandplan der SPD zu annullieren, sondern auch die SPD auf den Kurs der Gemeinsamkeit mit den Ultras zu steuern und sich für die Aufrüstung einzusetzen. »Es wäre zu beweisen, daß X. mit derselben Skrupellosigkeit, mit der er seine deutschen und schwedischen kommunistischen Genossen und andere Antifaschisten verraten hat, heute im Parteiapparat der SPD wütet.«[41]

Grünes Licht für die Kampagne gegen Wehner gab es jedoch erst ein halbes Jahr später. Grund für die Verzögerung dürfte vor allem gewesen sein, daß in den Akten auch die Aussagen von Karl Mewis enthalten waren. Mewis war 1942 Leiter des Auslandsbüros der KPD in Schweden gewesen und hatte es inzwischen bis zum Chef der DDR-Plankommission und Kandidaten des Politbüros gebracht. In weit stärkerem Maße als Wehner hatte er bei den Vernehmungen detaillierte Angaben über seine illegale Tätigkeit gemacht und den schwedischen Vernehmungsbeamten gesagt, daß er sich nur aus Furcht vor einer Auslieferung nach Deutschland nicht selbst der Polizei gestellt hätte. Schon kurz nach Erhalt der Akten, im Januar 1963, wurde Mewis ohne nähere Begründung seines Amtes enthoben und als Botschafter nach Polen geschickt.[42] Ein Jahr später wurden die Prozeßunterlagen auf Weisung von Ulbricht aber dann doch gegen Wehner eingesetzt, nachdem dieser in einem Fernsehinterview seine Erfahrungen mit dem nationalsozialistischen und dem sowjetischen Totalitarismus illusionslos miteinander verglichen hatte.[43] Zudem hatte das Politbüro erst kurz zuvor beschlossen, eine propagandistische Offensive zu starten, mit der die linken Kräfte in der SPD und der europäischen Sozialdemokratie gestärkt werden sollten.[44]

Ausgangspunkt der Kampagne sollte eine Veröffentlichung in der *Berliner Zeitung* werden. Schon wenige Tage nach der Ausstrahlung des Wehner-Interviews sandte Chefredakteur Joachim Herrmann den Entwurf eines entsprechenden Manuskriptes an Albert Norden.[45] Dieser wollte jedoch nicht nur einen Artikel publiziert sehen, sondern eine umfangreiche »Dokumentation mit Kommentierung«, die »zusammen mit Klischees usw. ruhig eine Seite in der *BZ* ausmachen soll«.[46] Dort sollte behauptet werden, daß Bundeskanzler Adenauer im Besitz eines schwedischen Dossiers über Wehner sei, mit dem er den SPD-Politiker faktisch erpressen würde. Wehner fürchte dessen Veröffentlichung, weil es »vernichtendes Material über den Mensch[en] und Politiker Wehner« enthalte. Fortschrittliche liberale und sozialdemokratische Kreise aus Skandinavien hätten nunmehr jedoch der DDR Akten zur Verfügung gestellt, die von dieser veröffentlicht würden – »weil die Mitglieder der SPD erfahren sollen, wer der Mann ist, der ihrer Partei seinen Kurs aufdrängen will, weshalb Wehner für eine gemeinsame Politik mit der CDU/CSU plädiert, welcher Verräter die Herrschaft in der von Bebel und Wilhelm Liebknecht gegründeten Partei an sich reißen möchte«.[47]

Die *BZ*-Veröffentlichung, die am 24. Januar 1964 erschien, sollte jedoch nur den Auftakt bilden.[48] Noch am Tag ihres Erscheinens wurden die nächsten Schritte der Kampagne in einem Papier zur »Auswertung der Enthüllung über Wehner« festgelegt.[49] Wichtig war der SED vor allem, ihre Botschaft auch in Westdeutschland und im europäischen Ausland an den Mann zu bringen. Zu diesem Zweck sollten die *Sozialistischen Briefe* – eine speziell für Sozialdemokraten gemachte Zeitschrift der SED – eine Sondernummer herausbringen;[50] die *Neue Bildzeitung* sollte Auszüge veröffentlichen. Auch die westdeutsche (illegale) KPD sollte alle Möglichkeiten zur Publizierung nutzen. In der DDR-Presse wollte man zudem Material über Wehners angebliche Zusammenarbeit mit den »Revanchisten-Verbänden« publizieren. Für die Veröffentlichung im Ausland sollte ein eigener Plan der Abteilung Auslandsinformation des ZK erstellt werden.[51]

Zur selben Zeit trug die HVA, die bereits ein Zusammentreffen mit der schwedischen Mitangeklagten Wehners, Solveig Hansson, arrangiert hatte, ihre Erkenntnisse in einem Bericht zusammen, den Markus Wolf kurz darauf Erich Mielke übersandte. Die siebenundzwanzigseitige Ausarbeitung über die Vorgänge in Schweden endete mit den Worten: »Der Verrat Wehners an der deutschen Arbeiterklasse und am deutschen Volk, an der internationalen proletarischen Solidarität und an den friedliebenden Völkern begann nicht erst 1942 in Stockholm. Der Verrat geschah nicht zufällig. Der Stockholmer Verrat war ein bewußter, von langer Hand vorbereiteter, organisatorischer, politischer und ideologischer Verrat. [...] Zu analysieren und anhand konkreter Einzelheiten herauszuarbeiten, daß die derzeitige politische und ideologische Tätigkeit Wehners identisch ist mit seiner politisch-ideologischen Tätigkeit –

einschließlich Verrat – 1942 in Schweden, das ist ein unabwendbares Erfordernis im Kampf um die deutsche Arbeiterklasse.«[52]

Um die internationalen Maßnahmen zu koordinieren, fand in der Abteilung Auslandsinformation des ZK am 28. Januar 1964 eine Beratung statt, bei der festgelegt wurde, daß gegenüber den »Bruderparteien« nicht die SED, sondern die (illegale) KPD in Westdeutschland als Informant in Erscheinung treten und die entsprechenden Materialien übermitteln sollte. Deren Zentralkomitee sollte das vom DDR-»Freiheitssender 904«[53] veröffentlichte Material versenden und mit einem Begleitbrief versehen, in dem »besonders die gegenwärtige Haltung Wehners zur Verständigung und Entspannung in Deutschland darzulegen« sei. Nur zur Einwirkung auf die sozialdemokratischen Parteien Europas sollten auch alle bestehenden Kontakte aus der DDR genutzt werden. »Durch die Westkommission«, so wurde weiter festgelegt, »wird dafür Sorge getragen, daß die auszuwertenden Reaktionen in der Wehner-Diskussion innerhalb der SPD und in anderen politischen Kreisen Westdeutschlands der Arbeitsgruppe Auslandsinformation zur Verfügung gestellt werden, um sie für die Information des Auslandes auszunutzen.«[54]

Das Zentralkomitee, so war bei der Besprechung festgelegt worden, sollte zur Weiterführung der Aktion Stellungnahmen von Zeitzeugen organisieren, die Wehner zusätzlich belasteten. »Durch die Westkommission wird veranlaßt, daß Genossin Bischoff und die Genossen Bick und Werder [gemeint: Werther] in geeigneter Form öffentlich Stellung nehmen.« Auch zur »Genossin Hansson«, die 1942 verhaftet worden war und in Schweden inzwischen als Übersetzerin bei der DDR-Nachrichtenagentur ADN arbeitete, sollte Kontakt aufgenommen werden, »um gemeinsam mit ihr zu prüfen, welche Maßnahmen durch sie und möglicherweise auch durch die schwedische Partei getroffen werden können« – beispielsweise ein persönlicher Brief an leitende Sozialdemokraten in Westdeutschland und anderen Staaten.[55] Nach ihr hatte man erfolgreich die Fühler ausgestreckt, um weitere Belastungszeugen aufzutun und um die Prozeßakten auf ihre Vollständigkeit zu prüfen. Wie sich dabei herausstellte, hatte sie in der DDR bereits »Verbindung zu Paul von der Sicherheit«, aller Wahrscheinlichkeit der erwähnte Paul Laufer, der für die HVA gegen Wehner arbeitete. Auch der Verleger Hans Frederik sei bereits bei ihr gewesen und habe Kopien der Akten angefertigt.[56]

Vierzehn Tage später stand fest, daß im Deutschlandsender, in der *Berliner Zeitung* und über ADN Interviews beziehungsweise Beiträge von »Antifaschisten, die durch den Verrat Wehners besonders betroffen wurden«, erscheinen sollten. Darin sollte auch den Dementis des SPD-Parteivorstandes entgegengetreten werden.[57] Die Antworten in den »Interviews« wurden vom Zentralkomitee gleich mit verfaßt – zum Beispiel so: »Ich wurde damals verhaftet, angeklagt und verurteilt auf Grund dessen, daß W. eine genaue Beschreibung von mir gab«.[58] Zwei Wochen später erhielt Albert Norden den Text zur Zustimmung vorgelegt, nachdem er zuvor schon eine andere »Zeugenaussage« gebilligt hatte. Weitere Aussagen waren in Arbeit, auch Fotos hatte man beschafft.[59] In Ostberlin erwartete man zur selben Zeit die »Genossin Hansson«, um mit ihr zu besprechen, »daß schwedische Antifaschisten in Stockholm die Akten ansehen, in der Öffentlichkeit die Enthüllungen in der *Berliner Zeitung* bestätigen und sich mit entsprechenden Appellen an die westdeutschen Sozialdemokraten wenden«.[60] Anfang März erschienen dann in der *Berliner Zeitung* die solcherart organisierten Stellungnahmen, die dort als spontaner »Leserbrief« oder als Ergebnis eines Redaktionsbesuchs ausgegeben wurden.[61]

Stärkung der »oppositionellen Kräfte«

Der SED ging es dabei weniger darum, Wehner als Person zu diskreditieren, als vielmehr darum, über diesen Umweg die von ihm vertretene Politik zu bekämpfen. Frühzeitig bat die Westkommission deshalb Albert Norden, »bei einer Aussprache mit den Genossen der KPD noch einmal darauf hinzuweisen, daß die Sache in westdeutschen Presseorganen ausgewertet werden muß«.[62] Vorgesehen waren unter anderem Veröffentlichungen in linken Zeitungen wie *Andere Zeitung, Blinkfüer* und *Sozialistische Korrespondenz*. In ihnen müßte auch die Frage auftauchen: »Warum schweigt Wehner noch immer zu den Anklagen der *Berliner Zeitung*?« Sobald in Westdeutschland Veröffentlichungen erfolgt seien, sollten diese dann vom SED-Parteiorgan *Neues Deutschland* nachgedruckt werden.[63] Um über westeuropäische sozialdemokratische Parteien Einfluß auf eine Änderung der Politik der SPD – insbesondere ihrer Deutschlandpolitik – und auf die Stärkung der »oppositionellen Kräfte« zu nehmen, wurde ein eigener Maßnahmenkatalog aufgestellt, der unter anderem vorsah, daß sich namhafte Sozialdemokraten mit offenen Briefen an den Vorstand der SPD wenden und unter Hinweis auf die »erfolgreichen Verhandlungen in der Passierscheinfrage« der Hoffnung Ausdruck geben sollten, daß damit nunmehr »eine Politik der Annäherung und Verständigung, gegen die Atomaufrüstung eingeleitet wurde«.[64] Als Eigentor mußte man allerdings einen Artikel in der sowjetischen Presse verbuchen, in dem es von Fehlinformationen wimmelte, so daß die Westkommission umgehend in Moskau vorsprechen ließ – aus Besorgnis, »daß durch solche Veröffentlichungen unsere sachlich richtigen Feststellungen in der Wirkung beeinträchtigt werden können«.[65]

Über den Fortgang der Kampagne und die taktischen Überlegungen im Zentralkomitee sind für die nächsten Monate nur noch wenige Aufzeichnungen überliefert. Im November 1964 quittierte das Büro des ZK-Sekretärs für Sicherheit, Erich Honecker, den Erhalt diverser Unterlagen über Wehner aus dem Archiv des MfS.[66] Vierzehn Tage später erhielt Honecker von Mielke auch noch die sogenannten »Notizen« Herbert Wehners über seine Zeit als kommunistischer Funktionär übersandt – eine über 200 Seiten starke Ausarbeitung, die später noch eine wichtige Rolle spielen sollte.[67] Das Material stammte von der HVA, wie aus einem beigefügten Aktenvermerk hervorgeht. Danach wußte der zuständige HVA-Major Paul Laufer unter anderem zu berichten, daß das Material etwa im Jahre 1957 von einem Instrukteur »bei einer zuverlässigen Quelle« fotokopiert worden sei;[68] tatsächlich hatte Wehner es im März 1957 einer Reihe von Repräsentanten der Bundesrepublik zugesandt.[69] Ebenfalls im November bestätigte Erich Mielke einen Vorschlag der Hauptabteilung IX »zur weiteren Beschaffung von belastenden Materialien gegen Herbert Wehner«, der unter anderem umfangreiche Recherchen in NS-Akten sowie die »Zusammenfassung und Analysierung der bisher erarbeiteten Materialien bei der H[aupt]A[bteilung] XX und HVA zu Wehner« vorsah.[70]

1966 kam erneut Bewegung in die Angelegenheit. Im März erregte ein von der *Zeit* veröffentlichtes Memorandum anonymer Sozialdemokraten in der Bundesrepublik Aufsehen, in dem Wehner vorgeworfen wurde, die SPD wie eine kommunistische Partei zu lenken. Das umfangreiche Papier erneuerte nicht nur den von der SED lancierten Verratsvorwurf, sondern war mit zahllosen internen Informationen über Wehners Tätigkeit im »ZK-Apparat« der KPD, seine als skrupellos beschriebene Personalpolitik sowie seine angeblichen Verbindungen zum Verfassungsschutz gespickt;[71] über diese hatte der Berliner Politikwissenschaftler Dietrich Staritz, der im Auftrag des MfS unter anderem als V-Mann des Verfassungsschutzes agierte, schon 1963 die Stasi informiert.[72] Das Papier brachte Wehner immerhin so in Bedrängnis, daß sich Willy Brandt öffentlich vor ihn stellen mußte.[73] Als Urheber wurde seinerzeit Carl Guggomos verdächtigt, Chef vom Dienst beim *Vorwärts* und wenig später als Chefredakteur des *Berliner Extra-Dienstes* ein enger Kontaktmann von SED und Stasi.[74] In den übriggebliebenen MfS-Unterlagen ist über dieses Pamphlet nur eine winzige Notiz überliefert, in der auf einen – nicht überlieferten – »fotokopierten Bericht der HVA« hingewiesen wird.[75] Die entsprechenden Zeitungsartikel sind jedoch alle, zum Teil mit persönlichen Unterstreichungen des SED-Chefs, in einem Ordner des »Büros Ulbricht« abgelegt, der zahllose weitere Artikel und Materialien mit Angriffen auf die Person Herbert Wehners enthält und über Jahre hinweg geführt wurde.[76]

Im Frühjahr 1966 kam es zu einer vorübergehenden Aussetzung der Anti-Wehner-Kampagne. Der SPD-Parteivorstand hatte zum ersten Mal auf einen der zahlreichen propagandistischen »Offenen Briefe« der SED reagiert, mit denen sie die SPD regelmäßig zur »Einheitsfront« aufforderte, und einen Redneraustausch zwischen Bundestag und Volkskammer vorgeschlagen.[77] Die SED konnte dies nicht einfach ignorieren und mußte das propagandistische Trommelfeuer gegen die SPD vorübergehend aussetzen. An einem aufrichtigen politischen Dialog mit dem »Klassenfeind« in Westdeutschland hatte sie freilich kein Interesse, ein wie auch immer geartetes »Eindringen« in den »Arbeiter- und-Bauern-Staat« sollte ausgeschlossen bleiben.[78] Einen Tag, nachdem sich die Beauftragten beider Parteien über die Termine für den Redneraustausch geeinigt hatten, veröffentlichte das Zentalorgan der SED *Neues Deutschland* deshalb einen scharfen Angriff gegen Herbert Wehner, dem in den nächsten Tagen weitere folgten.[79] Als die Mehrheit des Deutschen Bundestages dann im Juni 1966 ein Gesetz verabschiedete, das den ostdeutschen Rednern – wie von der SED gefordert – sicheres Geleit verschaffen sollte, nahm das Politbüro dies zum Vorwand, ihren geplanten Auftritt in Westdeutschland gänzlich abzusagen, weil die SPD damit der »Einbeziehung aller Deutschen in die Jurisdiktion der Bundesrepublik« zugestimmt habe. »Es ist selbstverständlich«, so durfte Albert Norden auf einer internationalen Pressekonferenz verkünden, »daß diese Provokation beseitigt werden muß, ehe unsere Vertreter in Hannover auftreten können.«[80]

In den Wochen vor der Absage beschäftigten sich SED und MfS erneut mit dem »Fall« Wehner, der mittlerweile Vorsitzender des Bundestagsausschusses für Gesamtdeutsche Fragen war und sich über den »Dialog« mit der SED wenig Illusionen machte. In der SED liefen die Fäden beim ZK-Sekretär für Sicherheit, Erich Honecker, zusammen, der Wehner noch aus den Tagen seiner Arbeit für die Kommunistische Partei im Saarland in den dreißiger Jahren kannte.[81] Im Mai 1966 machte der Leiter des Desinformationsreferates der Stasi, Oberstleutnant Rolf Wagenbreth, einen »Vorschlag«, wie mit Hilfe eines fingierten Artikels das Verhältnis zwischen Helmut Schmidt und Herbert Wehner im Parteivorstand der SPD »beeinträchtigt« werden könnte: Wehner hätte danach erfahren, »daß Schmidt mit zu den Hintermännern des gegen ihn gerichteten Pamphlets« gehöre, und deshalb »die Nichtwahl von Schmidt« erreicht.[82] Einem Schreiben vom Juni 1966 zufolge gab HVA-Chef Markus Wolf wenig später seinem Minister eine »Mappe mit den Unterlagen über Wehner« zurück, die dieser an Honecker weiterleitete. Wolf teilte in diesem Zusammenhang etwas nebulös mit, daß die Unterlagen »seinerzeit für denselben Zweck zusammengestellt« worden seien und »in dieser Form übergeben werden«

könnten. Zusätzlich werde durch Paul Laufer innerhalb einer Woche »ein Material über die Auswirkungen des Verrates [von Wehner] zusammengestellt, die sich auf etwa 200 Verhaftungen beziehen«. Wolf schien es dabei »zweckmäßig, wenn der Genosse Laufer zu dem für die Auswertung Verantwortlichen eine Verbindung erhält, da die Bedeutung einzelner Dokumente und Zusammenhänge zusätzlich erläutert werden müßte im Interesse eines wirksamen Herausstellens der entscheidenden Momente«.[83]

In seinem Begleitbrief an Honecker machte sich Mielke Wolfs Auffassung zu eigen und ließ später darauf notieren, daß die Unterlagen am 27. Juni durch seinen Adjutanten Carlsohn »im ZK in Empfang gen[ommen] wurden]«.[84] Ungefähr zur selben Zeit übersandte auch die Westabteilung des ZK Erich Honecker »das von Dir gewünschte Material«, wobei es sich »um verschiedene Erklärungen und um Auszüge aus den Prozeßakten, die in der Vergangenheit von unserer Abteilung gemacht wurden«, handelte. Eine Kopie der Prozeßakte, so wurde Honecker ferner mitgeteilt, liege im Institut für Marxismus-Leninismus (IML) und könnte bei Bedarf jederzeit beschafft werden.[85] Zugleich erhielt die Untersuchungsabteilung der Stasi, die für die strafrechtliche Beurteilung zuständig war, bei einer Besprechung mit Erich Mielke weitere Unterlagen über Wehner ausgehändigt.[86] Inzwischen hatte Wolf seinem Minister zudem die angekündigte »Ergänzung« übersandt, die von den MfS-Mitarbeitern Laufer (HVA) und Liebezeit (HA IX) erarbeitet worden war. Sie sei »das vorläufige Ergebnis der Sichtung umfangreicher Unterlagen, die aber noch weitergeführt werden muß«. Das Papier gipfelte in der Behauptung, daß Wehner 1942 »feigsten und erbärmlichen Verrat« begangen habe, der in der Geschichte der deutschen Arbeiterbewegung seinesgleichen suche und »nachweisbar einunddreißig Antifaschisten dem Tode überantwortet« hätte.[87]

»Keine direkten Beweise«

Im August 1966 legte das MfS eine umfassende Zwischenbilanz »über die bisherige Arbeit am Komplex Wehner« vor, der unter anderem zu entnehmen ist, daß sich mittlerweile beträchtliche Teile des schwedischen Prozeßmaterials sowie eine Reihe weiterer Dokumente in den Händen der Staatssicherheit befanden. Moniert wird in dem »Informationsbericht«, daß es sich nur um auszugsweise Wiedergaben handele, während sich die kompletten Gerichtsunterlagen »nur beim ZK der SED« befänden. Andere Berichte und Erklärungen Wehners, von deren Existenz man wisse, seien in der DDR überhaupt nicht vorhanden.[88] In einem speziellen »Maßnahmeplan für die Schaffung von Beweismitteln und Beweismaterialien gegen Wehner« wurde deshalb festgelegt, die Unterlagen aus dem ZK zu beschaffen und beglaubigte Übersetzungen anzufertigen, außerdem zahlreiche Gestapo-Unterlagen durchzuarbeiten, sowie »operative Maßnahmen« einzuleiten, um die damaligen Aussagen Wehners bei der schwedischen Kriminalpolizei zu bekommen. Ein gutes Dutzend Zeugen sollte befragt sowie umfangreiches Material zur »Erarbeitung von Beweismitteln über die Fortsetzung des Verrats [von] Wehner nach 1945« beschafft werden.[89]

Im Unterschied zur Kampagne des Zentralkomitees fiel die Einschätzung des »Materials« durch die Untersuchungsabteilung des MfS allerdings ernüchternd aus: »Die bisher durchgearbeiteten umfangreichen Materialien über Prozesse gegen die von Holland, Dänemark und Schweden nach Deutschland geschickten und 1943 in die Hände der Gestapo gefallenen Instrukteure sowie die von ihnen angeleiteten Kommunisten und Antifaschisten der verschiedenen Widerstandsgruppen haben bisher keine direkten Beweise erbracht, daß deren erfolgte Verhaftung und spätere Verurteilung – ein nicht unerheblicher Teil davon zum Tode – auf der Grundlage der von Wehner vor der schwedischen Polizei und dem Gericht gemachten Aussagen erfolgt ist«. Ein kausaler Zusammenhang zwischen den Aussagen Wehners und den Verhaftungen habe »bisher« nicht erbracht werden können. Vielmehr gebe es für die durch die »Genossin Bischoff« angeführten Fakten »keine Beweise«, so daß es auch keine Handhabe zu einem strafrechtlichen Vorgehen gegen den SPD-Politiker gebe. Dessenungeachtet kennzeichnete Markus Wolf in seinen »Erinnerungen« auch noch dreißig Jahre später Herbert Wehner sibyllinisch als einen »Mann, den ich für einen Verräter halten mußte«.[90]

Das MfS gab sich mit dieser Bilanz jedoch nicht geschlagen. Hinsichtlich der »weiteren Bearbeitung des Komplexes Wehner« wurde vielmehr vorgeschlagen, »zu dem Verrat Wehners und dessen Auswirkung wirksame Materialien zu erarbeiten mit dem Ziel, dazu zu kommen, daß eine strafrechtliche Verfolgung möglich wird, auch aus der Sicht der bürgerlichen Rechtsprechung des westlichen Auslandes«. Das Material müsse so zusammengestellt werden, daß ersichtlich werde, Wehner sei »kein Widerstandskämpfer, sondern Karrierist, Feigling«. Eine weitere Möglichkeit, Wehner »vor allen fortschrittlich gesinnten Menschen ganz Deutschlands und der breiten Weltöffentlichkeit bloßzustellen und mit strafrechtlichen Mitteln gegen ihn vorgehen zu können«, bestehe in der »zielstrebigen Zusammenfassung aller Fakten der von Wehner nach 1945 fortgesetzt begangenen friedensfeindlichen und gegen die Interessen des deutschen Volkes gerichteten Handlungen«.[91]

Zur Umsetzung dieses Vorhabens war in der Hauptabteilung IX/10 eine spezielle Arbeitsgruppe gebildet worden, die in Zusammenarbeit mit dem HVA-

Oberstleutnant Laufer einen konkreten Maßnahmeplan für die Schaffung der notwendigen Beweismaterialien erarbeiten sollte. Unter anderem wollte man sämtliche »offiziellen« Materialien über Bundestagssitzungen, SPD-Parteitage und andere Gremien, in denen Wehner tätig war, sowie seine öffentlichen Äußerungen beschaffen und als »Beweismaterial« auswerten, um daraus »die wichtigsten Schwerpunkte seiner friedensgefährdenden Tätigkeit herauszuarbeiten«. In diesem Zusammenhang könnte dann auch das »erarbeitete Material zu seinem Verrat vor 1945 zur Charakterisierung seiner Person und seines fortgesetzten Verrats an den Interessen des deutschen Volkes verwendet werden«. Für die »Bearbeitung des Komplexes« wurde ein Zeitraum von etwa drei Monaten veranschlagt. Erich Mielke selbst, für den der Bericht erstellt worden war, hatte zuvor bereits die »operativen Linien« im MfS benannt, die bei der Beschaffung und Bearbeitung der notwendigen Materialien helfen sollten.[92]

Tatsächlich begann nun eine umfangreiche Fleißarbeit im MfS. Bis in das Jahr 1950 zurück wurden sämtliche Presseveröffentlichungen aus Ost und West zu Wehner besorgt und ausgewertet. Dabei stellte man freilich fest, daß viele in der DDR-Presse erhobene Beschuldigungen »auch nach heutigem Stand nicht durch entsprechendes Material belegt werden könnten« – ein Anlaß, die Untersuchungen noch weiter auszudehnen.[93] Gerade für die wichtigsten Vorwürfe – den »Verrat« an Charlotte Bischoff und die »Schuld« an der Hinrichtung der deutschen Antifaschisten – fand die Stasi »keine dokumentarischen Beweise«.[94] Um dieser Beweisnot abzuhelfen, wurde festgelegt, die bisherigen Kronzeugen der Kampagne noch einmal durch das MfS vernehmen zu lassen.[95] In mühevoller Arbeit wurden auch die Protokolle des Bundestages und der SPD-Parteitage sowie zahlreiche Akten des Volksgerichtshofes und des Reichssicherheitshauptamtes nach Belastendem durchforstet.

Im Dezember 1966 erstattete die Hauptabteilung IX/11 erneut Bericht. Wieder mußte eingeräumt werden, daß die Auswertung des Materials über Schweden bisher »noch« keine Hinweise erbracht habe, daß »durch die Aussagen Wehners vor der schwedischen Polizei einzelne in Deutschland illegal tätig gewesene Genossinnen oder Genossen bzw. Gruppen im Ergebnis des Verrates Wehners verhaftet, verurteilt und hingerichtet wurden«. Auch die Auswertung der beim MfS vorhandenen Unterlagen zu V-Leuten des Reichssicherheitshauptamtes habe »keine Hinweise zur V-Mann-Tätigkeit Wehners« erbracht. Lediglich Wehners Rede im Juni 1960, in der er die außenpolitischen Gemeinsamkeiten mit der CDU/CSU herausgestellt hatte, erschien dem MfS »auswertbar«. Aus diesem Grund sollten nun auch entferntere »Zeugen«, die, wie Karl Mewis, zum Teil Nomenklaturkader waren, vernommen werden und fehlende Unterlagen aus Schweden »durch geeignete Maßnahmen der HVA beschafft werden«. Ziel war es, einen umfassenden »Bericht mit Beweismittelakten als Grundlage für eine Dokumentation« zu erarbeiten.[96] Zum selben Ergebnis kam ein Bericht vom Januar 1967, in dem nunmehr eine Bundestagssitzung von 1951 als besonders geeignetes »Beweismittel für den von Wehner nach 1945 fortgesetzten Verrat« angeführt wurde – Wehner hatte damals gefordert, eine Volksbefragung in Sachen Wiederbewaffnung für ungesetzlich zu erklären.[97]

Wehner wird Minister

Der Kampf gegen den SPD-Politiker war noch wichtiger geworden, nachdem dieser in der Großen Koalition im Dezember 1966 Bundesminister für gesamtdeutsche Fragen geworden war. Auf einer Delegiertenversammlung der Parteiorganisation der HVA erklärte Mielke im Februar 1967, »daß bedeutende Vorstellungen der SPD-Führer, besonders Wehners und Brandts, zum Kampf gegen die DDR [jetzt] zu einem festen Bestandteil der offiziellen Bonner Regierungspolitik und Feindtätigkeit gegen die DDR geworden sind bzw. werden«. Dies zeige sich »insbesondere bei den verstärkten Versuchen des Gegners zur Intensivierung der politisch-ideologischen Diversions- und Aufweichungspolitik, der sogen[annten] Kontaktpolitik und auf dem gesamten Gebiet der sogen[annten] Ostpolitik«. Während die Vertreter der CDU/CSU »doch zu einem gewissen Teil öffentlich stark kompromittiert« seien, verstünden es die »rechten SPD-Führer und SPD-Minister […] sehr gut, ihre wirklichen Absichten demagogisch zu tarnen.«[98]

Einen Monat später legte Oberstleutnant Laufer eine fünfseitige »Teilkonzeption der operativen Arbeit gegen Wehner« vor, in der jedoch »konkrete operative Fragen nicht behandelt« wurden.[99] Ihr lag »der Gedanke zugrunde, daß die Feindtätigkeit Wehners wachsen wird, daß diese nicht nur gegen unsere DDR, unsere Arbeiter-und-Bauernmacht, sondern grundsätzlich ebenso gegen die KPD, gegen die Arbeiterklasse, ihre Organisationen und ihre Weltanschauung, den Marxismus-Leninismus im internationalen Maßstab gerichtet ist.« Die Schlußfolgerung daraus lautete, »daß wir es unternehmen müssen, neue, breitere Kräfte gegen Wehner zu mobilisieren und ihnen konkrete operative Aufgaben, die in den meisten Fällen getarnterweise werden erfolgen müssen, zu stellen.« Zu diesem Zweck sollten zunächst einmal juristisch »einwandfreie« Übersetzungen angefertigt werden von dem Bericht einer schwedischen Untersuchungskommission, die sich 1945/46 den Vorgängen während des Krieges gewidmet hatte. Auf dieser Basis sollte dann geklärt werden, wie man an das dem Bericht zugrunde liegende Ermittlungsmaterial der Kommission herankommen könnte. Insbesondere interessierte das MfS, »wer von den Mitgliedern der parlamentarischen Untersuchungskommission noch lebt bzw. zu wem ein inoffizieller Zugang möglich wäre«. Schließlich wurde in dem Bericht die Auffassung vertreten, »daß wir prinzipiell die gesamten Gerichtsakten auf möglichst legale oder halblegale Weise beschaffen sollten«.

Um Wehner doch noch des Verrats »überführen« zu können, wollte man eine Expertenkommission einrichten, die in einem juristischen Gutachten feststellen sollte, daß Wehner »in dem Gerichtsverfahren gegen sich und die Genossin Solveig der alleinige Belastungszeuge war« und daß er »unverantwortlich und verbrecherisch handelte«, als er gegenüber der schwedischen Sicherheitspolizei und dem Gericht über die illegale Arbeit der Komintern in Schweden aussagte. Das MfS wollte zudem herausfinden, »welcher IM direkt oder über zuverlässige Mittelspersonen Gespräche mit [dem ehemaligen schwedischen Innenminister] Erlander bezüglich Wehner führen könnte«. Darüber hinaus wollte man Wehner die Verhaftung und Bestrafung von Mitgliedern der illegalen Parteiorganisation in Deutschland anlasten, weil nach seiner Festnahme das Kuriersystem über schwedische Seeleute von der KP unterbrochen worden war und es dadurch zu einem »Stau« der monatlich nach Moskau gehenden Tätigkeitsberichte kam. Bei der Verhaftung des Leiters der Parteiorganisation in Deutschland fielen diese in die Hände der Gestapo und belasteten zahlreiche weitere Kommunisten. »Diese Seite des Verrates Wehners bedarf noch gründlicher Untersuchungen.«

Bei den Methoden, Wehner zu »entlarven«, war man nicht zimperlich. So wollte man beispielsweise den Nachweis erbringen, daß ein Foto von Charlotte Bischoff, das allein Herbert Wehner besessen habe, bei mehreren Gestapo-Verhören Verwendung fand – so wie es die *Berliner Zeitung* bereits 1964 verlautbart hatte. Einer der seinerzeit Genannten wurde nun zur Vorbereitung einer zeugenschaftlichen Vernehmung aufgesucht, erklärte dabei jedoch, »daß ihm weder von der Gestapo noch seitens des Gerichts ein Bild der Charlotte Bischoff vorgelegt« worden sei. Im sogenannten Vernehmungsplan, der nicht nur die Fragen, sondern auch schon die Antworten des »Zeugen« enthielt, schrieb die Stasi dann im Namen des Betroffenen: »Das Bild der Charlotte Bischoff wurde mir nach meiner am 5. 2. 1943 erfolgten Verhaftung und Vernehmung bei der Gestapo vorgelegt. Ich sollte an Hand des mir vorgelegten Bildes von Charlotte Bischoff diejenige Person identifizieren, über welche Elfriede Baudewin mit mir gegen Ende des Jahres 1942 gesprochen hatte.«[100]

Einen anderen Ansatzpunkt meinte man in Wehners Stellungnahme gegen die Initiative für eine Volksbefragung zur Remilitarisierung Westdeutschlands erkennen zu können, die 1951 vom KPD-gesteuerten Komitee der Kämpfer für den Frieden ausgegangen war. Mit seinen damaligen Äußerungen hätte er sich »zu denen gesellt und sie mit dieser seiner Politik unterstützt, die heute die Forderung auf Gebiete anderer Staaten immer lauter erheben« – und damit im Dienste der Kriegshetze gehandelt, die in der DDR strafbar sei.« »Ein strafrechtliches Vorgehen gegen Herbert Wehner im Sinne des Gesetzes zum Schutz des Friedens«, so die Untersuchungsabteilung des MfS, »gäbe unter Anwendung des § 5 die Möglichkeit, diesen Arbeiterverräter zu treffen und seinen Einfluß in Westdeutschland zu mindern. Es kann durch das Protokoll des westdeutschen Bundestages von 1951, 139. Sitzung, am 26. April dokumentarisch der Nachweis geführt werden, daß Herbert Wehner den Tatbestand nach § 5 des Gesetzes zum Schutz des Friedens der DDR erfüllt hat.«[101]

Schließlich wollte man Wehner auch zum Vorwurf machen, daß er »seit Jahren die zentrale Figur bei der gesamten Diversions-, Hetz- und Spionagetätigkeit der SPD gegen die DDR war«. So sei er der eigentliche Chef des Ostbüros gewesen, bei dem alle Fäden zusammengelaufen seien. Auch habe er aktiv im Kuratorium »Unteilbares Deutschland« und im Forschungsbeirat für Fragen der Wiedervereinigung mitgearbeitet. Seine führende Rolle in der gesamten Diversionstätigkeit gegen die DDR sei unter anderem darin zum Ausdruck gekommen, daß er Vorsitzender des Bundestagsausschusses für »Gesamtdeutsche und Berliner Fragen« war, »der auf sein Betreiben mehrere Male provokatorische Sitzungen in Westberlin durchführte«.[102]

Im April 1967 kam es zu einer Arbeitsberatung zwischen den für Desinformation und »aktive Maßnahmen« zuständigen Abteilungen von KGB und HVA in Moskau, an der auch der Leiter der Deutschland-Abteilung der sowjetischen Auslandsaufklärung, Kondraschow, teilnahm.[103] In der überlieferten Niederschrift heißt es, daß im Zusammenhang mit dem Besuch Herbert Wehners in Finnland seitens des KGB »aufgrund einer Reihe guter Möglichkeiten in Regierungs- und Kreise der Sozialdemokratie, eine systematische Arbeit durchgeführt [wird] mit dem Ziel, die Wühltätigkeit Wehners zu entlarven und Differenzen zwischen den beiden [sozialdemokratischen] Parteien zu erzeugen«.

Wenige Wochen später wandte sich KGB-Chef Semitschastny an Erich Mielke und sandte ihm Materialien über Wehner aus den Archiven des ehemaligen NKWD – das erste wirkliche Belastungsmaterial.[104] Es handelte sich um handschriftliche Berichte Wehners für den sowjetischen Geheimdienst, in denen er mehr als zwanzig deutsche Emigranten als »Trotzkisten« schwer belastet und seine Hilfe bei ihrer »Bearbeitung« angeboten hatte. »Einige von diesen«, so heißt es in dem Schreiben des KGB-Chefs mit stillem Vorwurf und in merkwürdiger Schuldverkehrung, »wurden in den Jahren 1938/39 inhaftiert, zur Höchststrafe verurteilt und 1957/59 rehabilitiert«. Darüber hinaus übersandte Semitschastny Fotokopien der Personalakten von Wehner aus dem Archiv der Komintern. Er bezog sich auf die vorangegangenen Beratungen zwischen den Desinformationsabteilungen beider Geheimdienste in Moskau und erklärte, daß entsprechend der mit Mielke getroffenen Vereinbarung die HVA-Offiziere Wagenbreth und Knaust mit ihren sowjetischen Kollegen ausführlich die Frage möglicher Maßnahmen gegen Wehner erörtert hätten. Dabei seien sie zu der »völligen Übereinstimmung« gekommen, daß es aufgrund der »besonders gefährlichen Rolle«, die dieser bei der Ausarbeitung der gegen die DDR und UdSSR gerichteten Politik der westdeutschen Regierung und der SPD spiele, »zweckmäßig ist, aktive Maßnahmen gegen ihn zu überlegen und durchzuführen«. Ziel dieser Maßnahmen könne es sein, Wehner als einen der gefährlichen Funktionäre des rechten Flügels innerhalb der SPD von der politischen Bühne zu entfernen. »Wir nehmen an«, so schloß das Schreiben des KGB-Chefs, »daß das Studium dieser Dokumente in Verbindung mit den Materialien, über die Ihr Apparat verfügt, die Erarbeitung scharfer aktiver Maßnahmen gegen ›CORNELIUS‹ [=Wehner] ermöglicht. Wir sind bereit, am Studium und der Einschätzung dieser Maßnahmen teilzunehmen. Unter Berücksichtigung der aktiven Tätigkeit von ›CORNELIUS‹ in Verbindung mit seinen Fahrten in einige Länder, insbesondere Finnland, sind wir bereit, Maßnahmen zur Kompromittierung von ›CORNELIUS‹ in den Augen der Leitung der finnischen sozialdemokratischen Funktionäre und der Regierungskreise zu ergreifen. Unsere Vertreter in Berlin werden an der Erörterung dieser Maßnahmen und der Ausarbeitung konkreter Aktionen teilnehmen.«

Stahlmanns Falschaussage

Zur selben Zeit wurde im MfS der »Stand der Untersuchungen gegen Herbert Wehner« zusammengefaßt – mit niederschmetterndem Ergebnis: Die Behauptung Richard Stahlmanns, daß die schwedischen Zeitungen nach dessen Festnahme »voll« gewesen seien von seinen Aussagen, hatte sich als falsch herausgestellt. Außer zwei kurzen Artikeln über die Verhaftung Solveig Hanssons und eines namentlich nicht genannten »Ausländers« sei in der gesamten Jahresausgabe des *Aftonbladets* von 1942 nicht ein einziger Hinweis auf die Vorgänge erschienen. Ein Beweis dafür, daß auf Grund von Wehners Aussagen illegal tätige Genossen verhaftet oder verurteilt worden seien, konnte auch durch das jetzt vorliegende vollständige Material nicht erbracht werden. Die Vernehmungen der Zeugen hätten »keinerlei Belastungsmomente gegen Wehner« ergeben.

Im Gegenteil: Laut Unterlagen der Berufungsverhandlung gegen Wehner habe er ausgesagt, einen im August 1942 ebenfalls in Schweden verhafteten Genossen nicht zu kennen, obgleich sich beide bereits seit 1935 von der Leninschule in Moskau kannten. Die Aussage Wehners zu einem kommunistischen Instrukteur war hingegen bedeutungslos (und wahrscheinlich bewußt gemacht worden), da dieser bereits sechs Wochen vor Wehners Verhaftung in Deutschland zum Tode verurteilt worden war. In einem Fahndungsbuch der Gestapo für die UdSSR wurde Wehner sogar explizit als »gefährliche Person« genannt – »eine Zusammenarbeit Wehners mit der Gestapo bis zum Zeitpunkt seiner Inhaftierung in Schweden 1942 dürfte demnach nicht in Betracht kommen«. Auch die Kominternakte Wehners habe »keine Belastungsmomente« ergeben, während die NKWD-Materialien gar nicht erst erwähnt wurden, also von Mielke oder Wolf wegen ihrer politischen Brisanz wahrscheinlich gleich unter Verschluß genommen worden waren.

Statt dessen mußte das MfS aber zur Kenntnis nehmen, daß der ehemalige Chef der DDR-Plankommission, Karl Mewis, den Unterlagen zufolge in unverantwortlicher Weise gegenüber den schwedischen Behörden ausgesagt hatte. Es sei davon auszugehen, so der MfS-Bericht, daß die von der Gestapo in ihren Schlußberichten aufgeführten Fakten zu Richard Stahlmann und die von diesem genannten Veröffentlichungen in der schwedischen Presse über seine Vergangenheit »insbesondere auf die Aussagen von Karl M[ewis] zurückzuführen« seien. Dieser habe auch den kommunistischen Instrukteur, der nach einem etwa neunmonatigem Aufenthalt in Holland nach Deutschland gegangen und kurz darauf verhaftet und hingerichtet worden sei, benannt. In einem anderen Fall habe Mewis bei einer Gegenüberstellung mit einem – von Wehner durch seine Aussage geschützten – Genossen bestätigt, mit diesem Verbindung gehabt zu haben, obgleich dieser angegeben habe, ihn nicht zu kennen.[105]

Die einmal eingeschlagene Richtung wurde trotzdem weiter verfolgt. In seiner deftigen Art verkündete Erich Mielke seinen Mitarbeitern, was diese längst wissen mußten: »Stahlmann und die anderen sagen doch alle nicht die Wahrheit.« Kernfrage sei jedoch, die weitere Untersuchung nicht nur strafrechtlich zu sehen, sondern auch pressemäßig. »Es gilt«, so Mielke, »Wehner im Volk unmöglich zu machen.«[106] In einer umfangreichen Ausarbeitung wurden deshalb die alten Vorwürfe erneut formuliert – im gleichen Propagandaton: Um sich seinem Einsatz in Deutschland zu entziehen, habe sich Wehner im Gegensatz zu Tausenden von standhaften Antifaschisten in die Hände der schwedischen Polizei gespielt. Dort habe er gemeinsten und umfangreichen Verrat begangen. »Er verriet fast alles, was er aus seiner illegalen Tätigkeit, was er über die antifaschistische Bewegung in der Illegalität wußte.«[107]

Im Februar 1968 übersandte Markus Wolf den erwähnten »Teilplan« Laufers aus dem Vorjahr an den für die innere Sicherheit zuständigen Mielke-Stellvertreter Bruno Beater. Handschriftlich vermerkte er darauf, daß dieser »z. T. realisiert ist bzw. an dem noch gearbeitet wird neben anderen Fragen. Bitte Gen[ossen] Laufer hören.«[108] Die seinerzeit angemahnte »einwandfreie« Übersetzung liege jetzt vor.[109] Im Mai 1968 legte das MfS schließlich einen achtundachtzigseitigen »Auskunftsbericht« über Wehner vor, in dem die überlieferten Unterlagen noch einmal ausführlich dargestellt werden.[110]

Das Anti-Wehner-Buch

Danach verdunkeln sich die Spuren der Anti-Wehner-Kampagne in den archivalischen Hinterlassenschaften des MfS. Die Legende vom »Verrat« Herbert Wehners tauchte jedoch 1969 erneut auf, drei Monate vor den Wahlen zum Deutschen Bundestag am 28. September. Überbringer der Botschaft war diesmal jedoch keine DDR-Zeitung, sondern ein alter Gewährsmann in der Bundesrepublik – eben jener Hans Frederik, der die schwedischen Prozeßakten der SED gebracht hatte. Im Juni 1969 erschien in seinem hauseigenen Verlag und unter seinem Namen ein Buch über Herbert Wehner, das den programmatischen Titel trug »Gekennzeichnet vom Zwielicht seiner Zeit«.[111] Auf über 400 Seiten schilderte Frederik darin den politischen Werdegang Wehners vom Kommunisten zum Minister in der Großen Koalition. Die Zeugenaussagen und Dokumente aus Schweden standen im Mittelpunkt des Buches, das zwei ehemaligen MfS-Mitarbeitern zufolge unmittelbar von der HVA inspiriert worden war;[112] von deren Abteilung X hatte es übrigens auch die Untersuchungsabteilung der Stasi erhalten.[113] Das Buch aus dem Verlag Politisches Archiv (vpa) beschäftigte seinerzeit in Westdeutschland nicht nur die Medien, sondern wurde mit 200 000 verkauften Exemplaren ein echter Bestseller.[114]

Der Autor und Verleger flankierte die Medienoffensive im Westen mit subtil formulierten »Briefen« an Herbert Wehner, die er über seine »Verlagmitteilungen für Presse und Buchhandel« verbreitete. In seinem Brief vom 19. Mai 1969 schlug Frederik beispielsweise einen Bogen vom gerade erfolgten Rücktritt des Bundespräsidenten zum starken Mann der SPD: »Die Korrektur zweckbedingter Lebenslegenden eines Eugen Gerstenmaier wie auch eines Heinrich Lübke ist ebenso zeitbedingt und notwendig wie die Korrektur der Herbert-Wehner-Legende.« Weder der eigenen Partei noch der heranwachsenden deutschen Generation dürfe der wahre Verlauf des Lebens eines führenden Parteipolitikers, der in die Geschicke der SPD und in die der Bundesrepublik so verhängnisvoll eingegriffen habe, vorenthalten werden. Drei Wochen später suchte er in einem zweiten Brief an Wehner den Verdacht seiner eigenen publizistischen Fremdsteuerung mit folgenden Worten zu entkräften: »Der Hinweis auf CDU oder CSU ist Ihrer doch wirklich nicht würdig. Sie selbst müßten am besten wissen, daß meine unumstritten fundierten Veröffentlichungen über Gerstenmaier, Oberländer, Globke, Lübke, Zimmermann und Strauß – um nur einige der von mir verfaßten Biographien von CDU/CSU-Politikern zu nennen – eher der Förderungsbereitschaft anderer Fraktionen zuzuschreiben wären, als gerade den Unionschristen. [...] Auch Ihr Hinweis auf den Osten, der Sie mit solchen Anwürfen stets verfolge, ist lediglich ein leicht durchschaubarer Trick. Ihnen und anderen ist genau bekannt, daß Ihr Dossier in Ostberlin und Moskau aus denselben Motiven wie bei Otto John zum Beispiel unter strengem Verschluß gehalten wird.«[115]

Ob der Hinweis auf die genannten Personen einer Reinwaschung des Autors dienlich war, mag dahingestellt bleiben – sie alle waren, wie man heute zahlreichen DDR-Dokumenten entnehmen kann, Gegenstände von zum Teil langjährigen Kompromittierungskampagnen durch SED und Stasi. Zu Otto John, dem ersten Leiter des Bundesamtes für Verfassungsschutz,[116] ist sogar der Beschluß von MfS und KGB überliefert, eine »Dokumentation« herauszugeben, mit der das Kölner Amt kompromittiert werden sollte – vier Jahre später erschien ein solches Buch aus der Feder von Frederik.[117] 1972 kam in seinem Verlag noch ein weiteres Buch heraus, das zahlreiche Interna aus der SPD-Zentrale enthielt und Wehner vorwarf, sich im Kampf um die Macht in der Partei auch der bundesdeutschen Geheimdienste zu bedienen.[118] Verfaßt war es – wie 1966 das »Memorandum« in der *Zeit* – angeblich von anonymen ehemaligen Sozialdemokraten, die mit verblüffenden Detailkenntnissen Wehners Aufstieg und Rolle in der Partei schilderten.

Die Anti-Wehner-Kampagne konnte – wen wundert's? – auch und gerade auf ausgewiesene Gegner des Sowjetkommunismus zurückgreifen. Das SPD-Buch des in konservativen Kreisen verkehrenden Verlegers Frederik wurde von der *Welt* und dem *Bayernkurier* ausführlich besprochen.[119] Wenig später veröffentlichte das CSU-Organ einen Brief von Margarethe Buber-Neumann, in dem sie einer Freundin von dem erwähnten »APO-Raubdruck« mit Wehners Erinnerungen an seine Untergrundarbeit berichtete. Ob die Stasi beim Erscheinen behilflich war, ist ungeklärt; Wehner verklagte damals den Verband der Deutschen Studentenschaften auf Herausgabe aller Exemplare.[120] Buber-Neumann, deren Mann ein führender KPD-Funktionär gewesen und 1937 in Moskau ermordet worden war, schrieb nach der Lektüre der »Notizen« in ihrem Brief, daß Wehner in Moskau Genossen denunziert habe, und vermutete, daß er deshalb bis in die Gegenwart erpreßbar sei. Mit der Ostpolitik der SPD sei Wehners Deutschlandplan von 1959 zehn Jahre später in die Tat umgesetzt worden. »Glaubst Du nicht auch, daß es über diese Tätigkeit Wehners in Moskau ein umfangreiches Aktenstück gibt?«[121]

Das »Wehner-Material« diente auch dann noch als sporadisch abgefeuerte Kampfmunition, als der Fraktionschef der SPD in den siebziger Jahren vom politischen Buhmann zum intimen Gesprächspartner von SED-Chef Erich Honecker avancierte. Bereits seit seinem Amtsantritt als Minister für gesamtdeutsche Fragen (1966) pflegte Wehner einen vertraulichen Umgang mit Wolfgang Vogel, der über diese Gespräche lediglich Mielke und Honecker unterrichtete. Mehrfach bat Wehner zwischen 1968 und 1971 dabei um die Vermittlung eines DDR-Politikers »als Gesprächspartner«.[122] In der festgefahrenen deutschlandpolitischen Situation nach Abschluß des Grundlagenvertrages kam es dann im Mai 1973 zu einer persönlichen Begegnung zwischen Wehner und Honecker in der Schorfheide, aus der sich in der Folgezeit ein zunehmend freundschaftliches Vertrauensverhältnis entwickelte.[123] Auf diese Weise, so der Historiker Heinrich Potthoff in seiner Darstellung der »vertraulichen Kanäle« dieser Zeit, »wurde die Basis für direkte vertrauliche Kontakte zur Nr. 1 der DDR geschaffen und eine Schiene um die diplomatischen Kanäle herum und ›ohne den großen Bruder‹ gelegt«.[124] Sowohl unter Bundeskanzler Willy Brandt als auch unter Helmut Schmidt wurde über diesen Draht in den siebziger Jahren eine Reihe kniffliger Probleme sondiert oder gelöst, namentlich im Bereich des Häftlingsfreikaufs und der Familienzusammenführung, aber auch bei schwierigen zwischenstaatlichen Fragen.

Nur wenige Wochen nach dem Besuch Wehners bei Honecker und dem Inkrafttreten des Grundlagenvertrags zwischen beiden deutschen Staaten erschienen 1973 die Erinnerungen seines ehemaligen Mitstreiters in Schweden, Karl Mewis, in »verbesserter« Auflage. Sie apostrophierten Wehner erneut als »Renegaten«, »Verräter« und »Feigling« – wohl deshalb, um die neue Nähe nicht zu eng erscheinen zu lassen.[125] 1982 legte auch Hans Frederik mit einem zweiten Wehner-Buch nach, wobei er sich diesmal hinter einem dänischen Gewährsmann versteckte, der statt seiner in den Parteiarchiven der DDR angeblich »ungehindert Eingang und Förderung seines kritischen Bemühens« gefunden hatte.[126] Da zu diesem Zeitpunkt die Anti-Wehner-Kampagne auf allerhöchste Weisung bereits gestoppt worden war, liegt die Vermutung nahe, daß damit bewußt das besondere Vertrauensverhältnis zwischen Wehner und Honecker torpediert werden sollte, das den Falken in Moskau und Ostberlin seit längerem ein Dorn im Auge war.[127]

Honeckers Veto

Auf Veranlassung Honeckers hatte der Vorgang »Wotan« nämlich schon im Jahre 1978 eine jähe Wendung genommen. Im Februar und März ergingen an die zuständigen MfS-Mitarbeiter mehrere Aufträge, die Vergangenheit Wehners erneut zu überprüfen. Im Mai erhielten sie den förmlichen Auftrag, für Mielke einen »objektiven Bericht«, insbesondere zum »Verrat« in Schweden, zu fertigen. Zudem ließ er Mielke anfragen, »ob er bei der [HV]A die Akte zu dem Buchverfasser beschaffen muß« – wohl diejenige zu Hans Frederik. Der Grund für die dringende Bitte: Der Generalsekretär selbst habe die Notizen Wehners von 1946 »mit Erschütterung« gelesen und dabei festgestellt, »was dieser durchgemacht hat«. Heute zähle aber nicht mehr, was früher war, sondern was die Genossen in der Gegenwart für die internationale Arbeiterbewegung täten.[128] Neun Tage später war der Bericht »zum möglichen Verrat Wehners in Schweden« fertig – eine nahezu hundertprozentige Rehabilitierung Wehners und die erste annähernd objektive Darstellung der Vorgänge in Schweden.[129]

Auf der Grundlage der auch schon früher vom MfS ausgewerteten Dokumente war man jetzt zu dem Ergebnis gekommen, daß Wehner tatsächlich deshalb vor den schwedischen Behörden ausgesagt hatte, »um nachzuweisen, daß es sich bei ihm um einen verantwortlichen Funktionär der Kommunistischen Partei Deutschlands handelt, der von Schweden aus den illegalen Kampf in Deutschland organisiert und Vorbereitungen trifft, nach Deutschland zu gehen, um dort illegal weiterzuarbeiten«. Aus den Dokumenten sei eindeutig zu entnehmen, daß Wehner damit die Behauptungen der schwedischen Polizei zu entkräften suchte, daß er ein Spion bzw. ein Gestapoagent sei, und gleichzeitig damit verhindern wollte, daß er möglicherweise nach Deutschland ausgeliefert wurde. Dabei habe er nur solche Personen genannt, die international bereits als Gegner des Faschismus bekannt waren oder denen er – wie im Fall des vor Wehners Verhaftung zum Tode verurteilten Instrukteurs – mit seinen Aussagen nicht mehr schaden konnte. Weder den Namen Solveig Hanssons noch den Charlotte Bischoffs habe die schwedische Polizei von Wehner erfahren, auch zu Richard Stahlmann habe er »keinerlei sachdienliche Hinweise« gegeben. Um von den wirklichen Zusammenhängen abzulenken, habe er vielmehr bewußt falsche Angaben gemacht.

Erst nach drei bis vier Wochen habe Wehner überhaupt erste allgemeine Angaben über seine schwedischen Kontaktpartner gemacht. Es sei nicht zu widerlegen, so die Stasi in ihrem Bericht, »daß Wehner erst, nachdem er annahm, daß seine Wohnung [in] Stockholm [...] geräumt war, diese Adresse der Polizei mitteilte, ohne jedoch den Namen seiner Wirtin zu nennen«. Aussagen der Hausbewohner und weitere Ermittlungen hätten dann jedoch zur Festnahme Solveig Hanssons und weiterer Genossen geführt. »Insbesondere durch die Angaben von Mewis erhielten die allgemeinen Aussagen von Wehner dadurch Gewicht, weil dieser dazu interessante Personen- und Sachzusammenhänge preisgab.« Im Gegensatz zu den Angaben, die Richard Stahlmann 1946 und 1967 in seinen Berichten an die Partei gemacht habe, sei die schwedische Presse auch keineswegs »voll« mit Wehners Aussagen gewesen, die Verhandlungen hätten vielmehr unter Ausschluß der Öffentlichkeit stattgefunden. Die Durcharbeitung der Materialien hätte schließlich auch keinen Beweis dafür erbracht, daß Wehner, »wie in den Veröffentlichungen der vergangenen Jahre behauptet wurde, sich bewußt durch sein Verhalten der schwedischen Polizei in die Hände gespielt und seine Verhaftung provoziert hätte«. Zusammenfassend stellte die Stasi fest, daß durch Wehners Aussagen keine in Deutschland illegal tätig gewesenen Genossen verhaftet, verurteilt oder hingerichtet worden seien.

Bereits am nächsten Tag bedankte sich Erich Mielke »für die kurze und sachliche Darstellung« der Vorgänge in Schweden. Er werde den Bericht an Honecker weitergeben; vorläufig ergäben sich keine weitere Aufgaben.[130] Tatsächlich muß Erich Honecker dem einst als Verräter geschmähten SPD-Politiker in der Folge Absolution erteilt haben. Fortan war es nämlich in der DDR verboten, den Verratsvorwurf gegenüber Wehner öffentlich zu wiederholen. Laut Beschluß der obersten Führung mußten nunmehr sämtliche Veröffentlichungen zu diesem Thema dem Institut für Marxismus-Leninismus vorgelegt werden, wo sie vor der Drucklegung jeweils sorgfältig überprüft wurden. Schon 1976 waren die Passagen über Wehner in den Lebenserinnerungen seines einstigen Mitkämpfers – und späteren SED-Funktionärs – Max Seydewitz kurzerhand für »überflüssig« erklärt worden.[131] Und als die Prüfung 1987 einmal verabsäumt und in einem DDR-Buch erneut die These vom Verrat Herbert Wehners verfochten worden war, sah sich der Chefideologe der SED, Politbüromitglied Kurt Hager, genötigt, Erich Honecker persönlich über die »unangenehme Angelegenheit« zu informieren und ihm eine »parteimäßige Auswertung des Vorgangs« sowie einen sofortigen Auslieferungsstopp des wissenschaftlichen Werkes zu versprechen.[132]

Zu diesem Zeitpunkt war Herbert Wehner freilich längst aus der aktiven Politik ausgeschieden und zudem von schwerer Krankheit gezeichnet – als Feind der SED spielte er keine Rolle mehr. Von Alzheimer und Diabetes geschlagen, von starken Sprach- und Gedächtnisstörungen geplagt, vegetierte er nach Einschätzung von Honeckers Unterhändler Vogel in der zweiten Hälfte der achtziger Jahre eigentlich nur noch beschäftigungslos dahin.[133] In dieser Situation nahm die Haßliebe der ostdeutschen Kommunisten zu Herbert Wehner ein ebenso bizarres wie menschliches Ende: Der SED-Chef selbst kümmerte sich nun in geradezu rührender Weise um den großen alten Mann der Sozialdemokratie, der in der eigenen Partei bereits weitgehend vergessen worden war. Was ihn dazu bewogen haben mag, darüber kann man heute nur spekulieren – das schlechte Gewissen wegen der zu Unrecht erhobenen Beschuldigungen, die Ahnung des alternden Parteichefs, daß auch er bald von den an die Macht drängenden jüngeren Kadern verdrängt werden würde, oder die romantische Verklärung der gemeinsamen kommunistischen Vergangenheit. Vielleicht war es aber auch nur das pragmatische Interesse, Wehners Stieftochter Greta zu »beeinflussen, alle Unterlagen, die seine Kontakte zu E[rich] H[onecker] betreffen, mit nach Schweden zu nehmen oder bei ihrem Bruder in Hamburg zu verwahren« – ein Anliegen, das Wolfgang Vogel bei allen Reisen zu Wehner ansprach, selbst dann noch, als Honecker vom Politbüro bereits abgesetzt worden war.[134]

Wehner jedenfalls nahm die Zuvorkommenheit Erich Honeckers, der ihm durch Vogel zu jedem Geburtstag ein Geschenk überbringen ließ und ihn auch dann noch in Schloß Hubertusstock empfing, als ernsthafte Gespräche mit ihm kaum mehr möglich waren, dankbar an. Auch er weilte jetzt in seinen lichten Phasen gedanklich überwiegend in seiner kommunistischen Jugendzeit: »Die weitentfernte Vergangenheit – vor allem die Kampfzeit – ist ihm näher als das jüngste Geschehen«, faßte Vogel 1986 seine Eindrücke von dem Kranken zusammen.[135] In diesem letzten Lebensstadium erschien ihm Honecker zunehmend als seine letzte menschliche Stütze.

Diese unerwartete Wendung wird von Markus Wolf, dem die Vermerke Vogels nach eigenen Angaben bei der Abfassung seines Buches »zur Verfügung« standen, zum Anlaß genommen, Herbert Wehner in seinen »Erinnerungen« gleichsam ein zweites Mal und diesmal postum als Verräter zu stigmatisieren. Wehner, so schreibt er, »war nie ein Agent im klassischen Sinn«. Aber: »Die Konspiration war für ihn von Jugend an ein Mittel der Machtpolitik und auch des politischen, ja bisweilen des physischen Überlebens. Von den ersten Kontakten zu uns bis zur Freundschaft mit Honecker hat er wohl immer geglaubt, der Stärkere im politischen Spiel zu sein.«[136] Eine geheimdienstliche Ausdeutung, die durch die überlieferten Dokumente in keiner Weise bestätigt wird und der auch Wolfgang Vogel nach der Veröffentlichung des *Stern*-Artikels energisch widersprach.[137]

Vielleicht hatte die späte Nähe zwischen Wehner und Honecker ja auch damit zu tun, daß sie beide ein Geheimnis teilten, dessen Wahrheit so erdrückend war, daß sowohl Wehner als auch Honecker es vorzogen, es mit in ihr

Grab zu nehmen – jener furchtbare Verrat nämlich, dessen sich Wehner unter den Bedingungen der stalinistischen Säuberungen während seines Moskauer Exils tatsächlich schuldig gemacht hatte. Die Akten, die seine damaligen Denunziationen dokumentierten und die der KGB 1967 an die Stasi weiterleitete, wurden von Erich Mielke bis zum Ende der DDR unter Verschluß gehalten und erst 1993 auf der Basis der in Moskau lagernden Originale veröffentlicht.[138] Sie zu benutzen haben weder SED noch Stasi gewagt – weil sie gezeigt hätten, wie sehr vor allem die Schöpfer des DDR-Staates selbst, Wilhelm Pieck und Walter Ulbricht, in den innerkommunistischen Verrat und Terror der dreißiger Jahre verstrickt gewesen waren.

Mythos und Wirklichkeit –
Die Studentenbewegung

Für manche war es wie eine Gotteslästerung: Als der Historiker und ehemalige Frankfurter SDS-Funktionär Wolfgang Kraushaar im April 1998 einen Aufsatz mit dem Titel »Unsere unterwanderten Jahre« veröffentlichte, erntete er empörte Reaktionen. Der *Stern*, in dessen Auftrag er den Beitrag geschrieben hatte, weigerte sich, ihn abzudrucken, so daß sich Kraushaar zum ersten Mal in seiner publizistischen Laufbahn an die *Frankfurter Allgemeine Zeitung* wenden mußte – ein Blatt, das in Achtundsechzigerkreisen bis heute als »Flaggschiff der Reaktion« gilt. Dort legte er den Finger auf eine Wunde, die auch sieben Jahre nach Öffnung der Stasi-Akten für viele noch ein Tabu ist: die »barbarische und gar nicht schöne Infiltration der Studentenbewegung durch die Organe der Staatssicherheit«.[1]

Tatsächlich ist die Außerparlamentarische Opposition (APO) in der alten Bundesrepublik bislang vor allem als eine zwar zuweilen überzogene, in ihrer befreienden Wirkung für die westdeutsche Nachkriegsgesellschaft aber gar nicht hoch genug zu veranschlagende Emanzipationsbewegung rezipiert worden. Die überfällige Reform des Bildungswesen, die Auseinandersetzung mit dem Nationalsozialismus, die sexuelle Revolution und die Demokratisierung großer gesellschaftlicher Lebensbereiche – all das wird der westdeutschen Studentenbewegung bis heute als bedeutendes Verdienst angerechnet. Für manche stellt sie deshalb die tiefgreifendste Zäsur in der Geschichte der Bonner Republik dar. Auch drei Jahrzehnte später ist der Mythos der Studentenbewegung, jedenfalls im Westen Deutschlands, weitgehend ungebrochen, obgleich die politischen Aktivitäten der Studierenden seinerzeit nur einen kleinen Teil der Gesellschaft erfaßten und ihre Ideologie – der Marxismus – an den meisten Schauplätzen dieser Erde alles andere als befreiend wirkte.

Es lag in der Logik der Blockkonfrontation, daß ein Aufbegehren gegen den Bonner Staat, zumal wenn es von links kam, automatisch das Interesse der SED-Führung und des von ihr gelenkten Staatssicherheitsdienstes hervorrufen mußte. Von Anfang an suchte die kommunistische Machtzentrale in Ostberlin nicht nur über die ab 1956 illegale KPD im Westen Deutschlands Einfluß auszuüben. Vor allem linke Sozialdemokraten, Gewerkschafter und Studenten wurden zielstrebig als Bündnispartner umworben, genutzt und mißbraucht.

Mit großem Aufwand wurden Gewerkschaften, Parteien und Organisationen infiltriert, um sie zu Verstärkern der kommunistischen Politik umzupolen oder zumindest in ihrem Innern eine »linke« Opposition zu schaffen.[2] Die SED unterhielt für diese Art von »Westarbeit« (bis zum Mauerbau: »gesamtdeutsche Arbeit«) einen zentral gelenkten Apparat, der auch die Bezirke und die Massenorganisationen der DDR umfaßte und systematisch in der Bundesrepublik Einfluß nahm.[3]

Der Sozialistische Deutsche Studentenbund (SDS)[4] stand spätestens seit dem Unvereinbarkeitsbeschluß der SPD vom November 1961 bei der SPD weit oben auf der Liste der potentiellen Verbündeten im Kampf gegen den Klassenfeind. Während politische Kontakte zur SED im Westen bis weit in die sechziger Jahre tabu waren, kam es zwischen SDS und FDJ frühzeitig zur Zusammenarbeit.[5] Auch die Anti-Atom-Ausschüsse der fünfziger Jahre und die 1955 als Studentenblatt entstandene Zeitschrift *Konkret* wurden massiv von der DDR unterstützt. Die von Klaus Rainer Röhl verantwortete Zeitschrift war, wie man heute weiß, vom Zentralrat der FDJ gegründet worden und wurde alsdann mit Erfolg zum organisatorischen Zentrum kommunistischer Einflußnahme auf die westdeutsche Studentenschaft ausgebaut.[6]

Bei der Infiltrierung und Nutzung des »progressiven« Potentials an den westdeutschen Universitäten ging die SED in einer Zangenbewegung vor. Während die Partei und ihr Jugendverband für politische Propaganda, Einladungen, Kontakte, »Aktionsbündnisse« und die Werbung von Genossen für die illegale Arbeit im Westen zuständig waren,[7] operierte das MfS parallel dazu im verborgenen mit eingeschleusten Agenten. Auf diese Weise waren die politischen »Gesprächspartner« in Ostdeutschland nicht nur über alle wesentlichen Interna im Westen informiert, sondern erhielten regelmäßig Hinweise auf Ansatzpunkte für die Instrumentalisierung der linken Opposition in Westdeutschland.

Beide Ebenen der Durchdringung waren überwiegend konspirativ organisiert und sind bis heute nur punktuell aufgearbeitet. Da die Forschung zur Studentenbewegung bislang vor allem von ehemaligen Achtundsechzigern bestimmt wurde, wirken auch in der Zeitgeschichtsschreibung die alten Mythen fort.[8] Über die Infiltration der linken Gruppierungen in der Bundesrepublik durch das Ministerium für Staatssicherheit sind freilich auch nur vereinzelte Unterlagen überliefert, denn zuständig war dafür in erster Linie die HVA. Das Vorgehen der Stasi läßt sich jedoch vergleichsweise detailliert am Beispiel Westberlins rekonstruieren, da hier auch Diensteinheiten der sogenannten »Abwehr« in starkem Maße involviert waren – insbesondere die Hauptabteilung XX (bis 1964: Hauptabteilung V), die systematisch in den

SDS eindrang. Dem Berliner Landesverband des SDS kam dabei eine Schlüsselrolle zu, weil er mit etwa 200 Mitgliedern rund ein Viertel der Gesamtmitgliedschaft stellte.[9]

Unterwanderung des SDS

Die ersten Dokumente über die Infiltration des SDS durch die Staatssicherheit stammen bereits aus den späten fünfziger Jahren. Damals war es DDR-freundlichen Kräften gelungen, innerhalb des Studentenverbandes beträchtlichen Einfluß zu gewinnen. Die Methode war, daß man sich an Universitäten, an denen es keinen SDS gab, einschreiben ließ und eine neue SDS-Gruppe gründete, der automatisch zwei Delegiertenstimmen zustanden.[10] Mit Oswald Hüller war infolgedessen auf der Delegiertenkonferenz im Oktober 1958 erstmals ein Vertreter der orthodoxen Linken zum Bundesvorsitzenden gewählt worden.

Ein Vierteljahr später, am 3. und 4. Januar 1959, organisierten die studentischen Anti-Atomausschüsse in Westberlin einen Kongreß, der, wie der Chefredakteur von *Konkret*, Klaus Rainer Röhl, später offenbarte, mit ähnlichen Mitteln manipuliert wurde.[11] Die meisten Studenten, so heißt es in einem Spitzelbericht aus dieser Zeit, hätten dank geschickter Regie »für etwas gestimmt, wofür sie gar nicht stimmen wollten«.[12] Mit Verfahrenstricks (Röhl: »Wir wollten den Sieg, obwohl wir nicht die Mehrheit besaßen«) setzte man eine Resolution durch, die direkte Verhandlungen mit der DDR und die Prüfung der »möglichen Formen einer interimistischen Konföderation« zwischen beiden deutschen Staaten bis zum Abschluß eines Friedensvertrages verlangte – Forderungen, die der politischen Generallinie der SED entsprachen und in der Öffentlichkeit seinerzeit einen Sturm der Entrüstung auslösten.[13] Mit einem von Hüller eigenmächtig in Auftrag gegebenen Flugblatt stellte sich der SDS-Vorstand anschließend hinter die umstrittenen Kongreßbeschlüsse. Der Text wurde in hoher Auflage gedruckt und bundesweit an den Universitäten verteilt. Geradezu beschwörend hieß es darin: »Der Studentenkongreß hielt in seinem gesamten Verlauf streng die demokratischen Spielregeln ein; alle Beschlüsse kamen nach ernster und eingehender Diskussion legitim zustande.« Schon damals wurde im SPD-Parteivorstand mißtrauisch gefragt, woher die Geldmittel für die Flugblattaktion stammten, die später in der wissenschaftlichen Literatur der achtziger Jahre als erster Ansatz einer »studentischen Gegenöffentlichkeit« gefeiert wurde.[14] Der SDS-Vorsitzende Eberhard Dähne, in den siebziger Jahren wissenschaftlicher Mitarbeiter des Instituts für Marxistische Studien und Forschungen (IMSF) in Frankfurt am Main, ließ freilich dem SPD-Vorsitzenden Erich Ollenhauer unter Androhung einer Geldstrafe von 100 000 DM gerichtlich die Behauptung untersagen, daß der SDS in Berlin »einen eindeutig von der SED infiltrierten Kongreß veranstaltet« und »dabei Geld aus dem Osten empfangen« habe – der SPD fehlten die Beweise.[15]

Nach dem Erfolg in Berlin initiierte Hüller im Mai 1959 in Frankfurt einen weiteren Kongreß, der unter dem Motto stand »Für Demokratie – gegen Restauration und Militarismus«. Aus Furcht vor einer erneuten Überrumpelung verweigerten die übrigen Mitglieder des Bundesvorstandes zunächst die Zustimmung zu Hüllers Plänen und erhoben dann, weil die Referenten bereits eingeladen worden waren, zur Bedingung, daß keine Resolutionen beschlossen werden dürften. Gleichwohl setzte die *Konkret*-Fraktion in einer Kampfabstimmung eine Entschließung durch, in der mit scharfen Formulierungen der zunehmende »Militarismus« in der Bundesrepublik gebrandmarkt und ein einseitiger Abbau der Bundeswehr gefordert wurde.[16]

Eine andere Stoßrichtung bildete der propagandistische Kampf gegen echte oder vermeintliche Nazis in der Bundesrepublik. Die seit Ende der fünfziger Jahre vom Zentralkomitee der SED generalstabsmäßig geführte Kampagne zur »Entlarvung« des Bonner Staates fand im SDS beträchtlichen Widerhall. Zu den Schlüsselfiguren zählten dabei die SDS-Mitglieder Wolfgang Koppel und Reinhard Maria Strecker. Koppel, der 1954 aus der DDR in die Bundesrepublik kam, war ein enger Mitstreiter Hüllers aus Karlsruhe. Er gründete im November 1959 ein »Organisationskomitee«, das – unter Umgehung des Bundesvorstandes – eine vornehmlich auf östlichen Quellen beruhende Ausstellung mit dem Titel »Ungesühnte Nazijustiz« an den Sitz der Bundesanwaltschaft holte.[17] Der Parteivorstand der SPD, der ein abermaliges Fait accompli der *Konkret*-Fraktion fürchtete, lehnte die Ausstellung ab und schloß Koppel im Januar 1960 wegen parteischädigenden Verhaltens aus der SPD aus. Im Nachgang zu der Ausstellung veröffentlichte Koppel ein halbes Jahr darauf eine umfangreiche Dokumentation mit Urteilen bundesdeutscher Richter aus der Nazizeit.[18] Später wurde er Funktionär der von der DDR unterstützten »Deutschen Friedensunion« (DFU).[19] In den sechziger Jahren gab er noch eine Reihe weiterer Publikationen über ehemalige Nationalsozialisten in der Bundesrepublik heraus.[20]

Koppels Verbindungen in die DDR liefen, den bisher bekannten Unterlagen zufolge, nicht zur Stasi, sondern zu »offiziellen« Einrichtungen wie der Staatsanwaltschaft und dem Nationalrat der Nationalen Front. Eine MfS-interne Recherche vom Dezember 1966 weist ihn jedenfalls im zentralen Personenspeicher als nicht »erfaßt« aus.[21] Ausgelöst worden war die Überprüfung durch eine Anfrage der Generalstaatsanwaltschaft der DDR, ob man Koppel, wie in der Vergangenheit mehrfach geschehen, Material über einen ehemaligen Regierungsrat des Reichssicherheitshauptamtes übergeben könne. Der zuständige Mitarbeiter des Nationalrates, Wolfgang Steinke, hatte dies zuvor abgelehnt. Die Vorbehalte seien entstanden, weil er mit dem sogenannten Freundeskreis des Deutschen Widerstandes Aktionen gestartet habe, »aus denen man nicht ganz schlau werden konnte«.[22] Jetzt sollte die Stasi entscheiden.

Dabei ging es wahrscheinlich um die Mitwirkung der Gruppe an der Kampagne gegen Bundespräsident Lübke, an der sich der »Freundeskreis« mit einer Pressekonferenz beteiligt hatte. In einem Maßnahmeplan der Westabteilung der SED vom August 1966 findet sich im Zusammenhang mit einer weiteren Pressekonferenz zu Lübke darüber hinaus der Hinweis: »Eventuell erfolgt diese Aktion in Zusammenarbeit mit dem Publizisten Koppel aus Karlsruhe.« Tatsächlich gab Koppel wenig später eine achtzehnseitige Broschüre »Der Fall Dr. Heinrich Lübke« heraus und forderte öffentlich den Rücktritt des Bundespräsidenten.[23] Im August 1967 veröffentlichte dann eine »Antifaschistische Arbeitsgemeinschaft« in Karlsruhe eine Dokumentation »Heinrich Lübke – Präsident der Deutschen?« und gab bekannt, daß das seit April 1967 gegen den Studenten Wolfgang Koppel laufende Ermittlungsverfahren wegen Verunglimpfung des Bundespräsidenten eingestellt worden sei.[24] Vor diesem Hintergrund teilte der »Genosse Günther Döring« vom Nationalrat der DDR im Dezember 1967 mit, daß die gegenüber Koppel geäußerten Bedenken »heute nicht mehr bestehen«. Es hätte sich erwiesen, daß Koppel richtig gehandelt habe. Der Nationalrat stehe deshalb auf dem Standpunkt, »daß Herr Koppel ohne Bedenken weiter unterstützt werden soll«, und lasse ihm auch selber jede erdenkliche Unterstützung zuteil werden.[25] Die Stasi blieb allerdings bei ihrer ablehnenden Haltung zu Koppels Anfrage, weil, falls Koppels Verdacht gegen den ehemaligen Regierungsrat richtig sei, »sich zwangsläufig andere Schritte als die Übersendung der Materialien an Koppel notwendig machen«.[26]

Die Ausstellung zur »Nazijustiz« hatte der Student Reinhard Maria Strecker zusammengestellt, der zur SDS-Gruppe an der Freien Universität Berlin gehörte. Die Delegiertenkonferenz des SDS hatte ihm 1959 grünes Licht für diese Aktion gegeben. Gestützt auf Archivmaterialien aus der DDR stellte Strecker wenig später Strafanzeige gegen dreiundvierzig sogenannte Blutrichter. 1961 veröffentlichte er dann im Verlag Rütten & Loening eine Sammlung von 288 belastenden Dokumenten über den Staatssekretär im Bundeskanzleramt, Hans Globke, der zu dieser Zeit im Mittelpunkt der DDR-Propaganda gegen Bonn stand.[27] Strecker hatte Kontakt zum DDR-Ausschuß für Deutsche Einheit und trat im Dezember 1961 zusammen mit dem »Staranwalt« von SED und MfS, Friedrich Karl Kaul, im (Ost-)Deutschen Fernsehfunk (DFF) auf. Das Ministerium für Staatssicherheit lobte Streckers Aktivitäten, zeigte sich ihm gegenüber später aber auch mißtrauisch wegen seiner angeblich undurchschaubaren Geldquellen. In einem Auskunftsbericht vom März 1962 heißt es: »Das Gesamtverhalten Streckers und sein Auftreten in der Öffentlichkeit unterstützt bisher objektiv (unabhängig von den Beweggründen, die St. dabei verfolgen mag, und seiner persönlichen Einstellung zur DDR) die propagandistische Linie unserer Partei über die Entlarvung der Blutrichter und Antisemiten in der Westzone.«[28] Einer erneuten MfS-Recherche vom September 1966 zufolge war Strecker inzwischen für die Abteilung X der HVA »erfaßt«. Der Leiter der Abteilung, Wagenbreth, teilte über ihn mit, daß er derzeit Material über NS-Verbrechen für eine neuerliche Dokumentation sammle. Im Verkehr mit ihm empfahl er Vorsicht, da er »trotz einer ganzen Reihe progressiver Tendenzen, die in seinem Bestreben, die in Diensten des Bonner Staates stehenden Beamten zu entlarven, zum Ausdruck kommen, eine äußerst zweifelhafte Person« sei.[29]

Die Unterwanderung des SDS führte dazu, daß in der SPD die Bestrebungen wuchsen, den SDS nicht länger zu unterstützen und einen anderen, parteiloyalen Studentenverband ins Leben zu rufen. Um einem entsprechenden Beschluß des Parteispitze vorzubeugen, sah sich die Mehrheit des Bundesvorstandes im Juni 1959 veranlaßt, Hüller und den Pressereferenten Gerhard Bessau von ihren Ämtern zu suspendieren und die Mitgliedschaft im SDS mit einer Mitarbeit bei der Zeitschrift *Konkret* für unvereinbar zu erklären. Gleichwohl suchte die FDJ, namentlich in Berlin, ihren Einfluß auf den SDS durch Veranstaltungen, durch Vorschläge für gemeinsame Aktionen sowie durch die speziell für Westberliner Studenten gemachte Zeitschrift *tua res* zielstrebig auszubauen – das Blatt wurde damals vom späteren Präsidenten des Schriftstellerverbandes der DDR, Hermann Kant, ediert, dessen IM-Karriere gerade begann.[30] Das MfS schleuste in dieser Zeit weiterhin gezielt Agenten in den SDS ein.

Ein IM im Bundesvorstand

Einer von ihnen war der damalige Student an der Freien Universität (FU) Berlin, Peter Heilmann.[31] Der ehemalige FDJ-Funktionär hatte sich 1956 in einem DDR-Gefängnis zur Zusammenarbeit mit dem MfS verpflichtet und war nach seiner Entlassung im Auftrag der Stasi nach Westberlin »geflohen«. Dort nahm er auf Geheiß des MfS ein Studium auf, knüpfte Kontakt zu sozialdemokratischen Kreisen und engagierte sich im Sozialistischen Deutschen Studentenbund (SDS). Auch im Internationalen Studentenbund, im Verband Deutscher Studentenschaften (VDS) und in einer Unterorganisation dieses Verbandes, dem Studentischen Arbeitskreis, war Heilmann für die Stasi tätig. Heilmann, der seine Berichte zunächst unter dem Decknamen »Julius Müller«, später dann als »Adrian Pepperkorn« verfaßte, war bis zum Ende der achtziger Jahre als Agent aktiv und erhielt bereits in den fünfziger Jahren zwischen 400 und 600 DM »Monatsgehalt« sowie »Spesen« und einmalige Sonderzahlungen.

Im Berliner Landesverband des SDS gehörte Heilmann bald zum inneren Zirkel, zu dem seinerzeit auch die Studenten Klaus Meschkat, Ansgar Skriver, Manfred Rexin, Erik Nohara und andere zählten. Als eifriger Berichterstatter des MfS agierte er nach außen mit einer Position der »gemäßigten Mitte«. Vor allem zwischen 1959 und 1961 lieferte er der Staatssicherheit regelmäßig Einschätzungen zur Situation im SDS, übermittelte interne Beschlüsse und Sitzungsprotokolle und gab taktische Hinweise, wie der Verband von der SED am wirkungsvollsten instrumentalisiert werden könnte.

Heilmann, der 1959 an dem umstrittenen Frankfurter Kongreß teilgenommen hatte, warnte seinerzeit die Stasi, daß durch das Vorpreschen der Hüller-Fraktion der Bogen überspannt werden könnte. In seinem Bericht monierte er, daß die *Konkret*-Gruppe Forderungen gestellt habe, die sogar weit über die der Sowjetunion hinausgegangen seien, und teilte der Stasi mit: »Es ist ganz selbstverständlich, daß eine solche Politik nicht dazu beitragen kann, die Einheit der linken Kräfte innerhalb der SPD zu fördern, sondern den Erfolg hat, sie zu spalten.«[32]

Tatsächlich beschäftigte sich das SPD-Parteipräsidium schon am nächsten Tag mit der in Frankfurt verabschiedeten Resolution, und ein führender Sozialdemokrat, der Bundestagsabgeordnete und Fraktionsgeschäftsführer Karl Mommer, forderte alle diejenigen »sozialistischen Studenten, die sich nicht als trojanische Esel für Pankow einspannen lassen wollen« dringend auf, sich vom SDS zu trennen.[33] In Berlin mehrten sich die Stimmen, die für eine Auflösung und Neugründung des Landesverbandes plädierten. Heilmann rechnete es sich als persönliches Verdienst an, bei einer Vollversammlung im Juni 1959 einen derartigen Beschluß vereitelt zu haben, indem er dafür plädiert hätte, den Konflikt lieber auf einer außerordentlichen Bundesdelegiertenkonferenz auszutragen. »Meine Argumentation, daß es unklug wäre, den Landesverband des SDS in Berlin jetzt allein in Berlin aufzulösen«, so brüstete er sich gegenüber der Stasi, »machte schwankend. [...] Damit war erreicht, daß die Gruppe Beier, die am Schluß der Versammlung mit 15 Personen den Saal verließ, nicht dazu gekommen war, die Auflösung des Landesverbandes durchzusetzen.«[34] Geschlossen stimmten die verbliebenen Versammlungsteilnehmer für den Verbleib im SDS.[35]

Heilmanns Auftritt vor den etwa 100 anwesenden SDS-Mitgliedern brachte ihm auch innerhalb des Verbandes einen beträchtlichen Prestigegewinn. Schon wenig später entsandte ihn der Berliner SDS zur außerordentlichen Delegiertenkonferenz nach Göttingen. Dort kam es jedoch nicht zur angekündigten Auflösungsdebatte, sondern es gelang der sogenannten Mittelfraktion noch einmal, die anwesenden SPD-Vertreter davon zu überzeugen, daß der Verband um eine innere Selbstreinigung bemüht sei. Schon am Tag vor der Konferenz schloß der amtierende Vorstand zwei *Konkret*-Mitarbeiter aus dem Verband aus. Auf der Versammlung selbst verstand es die Mittelgruppe, so Heilmann, »sowohl das Präsidium in der Mehrheit zu besetzen, als auch in allen Kommissionen [...] die Mehrheit zu erringen«.[36] Bei der anschließenden Wahl des neuen Bundesvorstandes ging die *Konkret*-Fraktion leer aus – statt dessen zog mit Peter Heilmann ein MfS-Agent in die fünfköpfige Verbandsspitze ein.[37]

Heilmann lieferte von nun an nicht nur sämtliche Protokolle der Vorstandssitzungen, sondern auch die Anschriften aller Vorstandsmitglieder, Informationen über bevorstehende Personalentscheidungen, Berichte über den nach wie vor virulenten Konflikt mit der SPD-Spitze und über geplante verbandsinterne Aktivitäten. In Sachen *Konkret*-Fraktion legte er der Stasi dringlich ans Herz, die Strategie bei deren Auftreten zu ändern. Vor allem die unkritische Haltung gegenüber der DDR und die Übernahme von sprachlichen Wendungen aus dem *Neuen Deutschland* habe den reaktionären Kräften erst die »Möglichkeit zum Einbruch« gegeben. *Konkret* hätte demgegenüber die Möglichkeit, »durch ernsthafte Betrachtungen über die DDR, in der Positives und Negatives miteinander abgewogen werden, wobei zweifellos in geschickter Weise das Positive überwiegen kann, zu wirken. [...] *Konkret* müßte darüber hinaus seinen Freunden empfehlen, intensiv und praktisch im SDS mitzuarbeiten, ohne sich zunächst in ideologische Debatten zu schmeißen.«[38]

Heilmann wies auch auf den verheerenden Eindruck hin, den das vorübergehende, freilich erfolglose Bündnis zwischen »Rechten« und »Linken« auf der Göttinger Delegiertenkonferenz hinterlassen habe. Er empfahl dem MfS, daß sich die *Konkret*-Fraktion lieber an der Aktion gegen »Naziverbrecher in der Justiz« beteiligen sollte, die auch nicht das volle Verständnis des SPD-Parteivorstandes fände, aber in der Öffentlichkeit eine so starke Unterstützung finden könnte, »daß eine Basis zur Wirkung gegeben ist«.[39] Im Bundesvorstand machte er sich dafür stark, den SDS als einen Verband »links von der SPD« zu profilieren und ganz allmählich offizielle Verbindungen in die DDR aufzunehmen.[40] Tatsächlich reiste im Oktober 1959 die erste offizielle SDS-Delegation nach Leipzig, nachdem Heilmann zuvor detailliert über die verbandsinternen Erwägungen zu der politisch delikaten Einladung der FDJ berichtet hatte.[41] Im März 1961 gab er gegenüber dem MfS zu Protokoll: »Nach wie vor wird eine direkte Verbindung zwischen SDS und FDJ nicht funktionieren, aber über andere Stellen, wie z.B. Leipziger Messe, Universitäten, verschiedene Institute, wird wahrscheinlich ein Kontakt möglich sein und sollte zumindest ins Auge gefaßt werden.«[42]

Um den Staatssicherheitsdienst auf dem laufenden zu halten, traf sich Heilmann in der Regel alle vierzehn Tage mit der Stasi – neun Treffen registrierte sein Führungsoffizier allein zwischen Juni und Oktober 1959, wo er fast immer ausführliche Berichte »über die Lage und Vorkommnisse im SDS« sowie »über geplante Maßnahmen der SPD« gab. Zufrieden schrieb Hauptmann Willmann in einem Aktenvermerk: »In der Arbeit ist der G[eheime]M[itarbeiter] willig und entwickelt Eigeninitiative. Er ist immer bestrebt, interessante und für das MfS wertvolle Informationen und Hinweise zu geben, da es in seinem Wesen liegt, immer gut und vorbildlich dazustehen.« Zum Dank erhielt Heilmann sogar eine Sonderprämie in Höhe von 300 DM – aus Anlaß des 10. Jahrestages der DDR.[43] Wenige Wochen nach dem Mauerbau wurde der ehrgeizige Agent dann in die Benutzung eines Geheimschrift-Verfahrens, eines Toten Briefkastens und eines Gerätes zur Lesbarmachung von fingernagelgroßen Filmverkleinerungen, sogenannten »Mikraten«, eingewiesen. Sein »Gehalt« legte die Stasi an einem versteckten Ort ab, wobei Heilmann in dieser Frage auf Pünktlichkeit der Zahlung Wert legte: »Lieber H.«, so beschwerte er sich nicht nur einmal in seinen mit unsichtbarer Tinte geschriebenen Briefen, »Finanzfrage nicht geklärt. Besuch am verabredeten Ort ohne Erfolg. Bitte um baldige! Regelung und Nachricht.«[44]

Auf mittlere Sicht hatte die Staatssicherheit allerdings eine andere »Einsatzperspektive« für Heilmann vorgesehen, als aus dem SDS Nachrichten zu beschaffen. Vorgesehen war, »daß er besonders innerhalb der SPD und den Institutionen, die sich besonders mit der politisch-ideologischen Diversion befassen, populär und zur Mitarbeit herangezogen wird«.[45] Hinzu kam, daß der Stasi offensichtlich Hinweise auf eine »Gefahr der Dekonspiration« vorlagen, die es ihr opportun erscheinen ließen, »die intensive Zusammenarbeit mit dem GM für längere Zeit ruhen« zu lassen.[46] Tatsächlich war er verschiedentlich verdächtigt worden, zumindest in seiner Haftzeit für das MfS gearbeitet zu haben, so daß er im Auftrag der Staatssicherheit sogar einen Studenten verklagte, »um ein für allemal die Verleumdungen gegen ›Pepperkorn‹ aus der Welt zu schaffen«.[47] Die Stasi wies ihn nun an, sich schrittweise aus der Arbeit im SDS zurückzuziehen und stattdessen seine Dissertation fertigzustellen – eine Anweisung, von der freilich nur der erste Teil befolgt wurde.

Der Berliner Landessekretär

Der Verzicht auf Heilmanns Mitarbeit im SDS fiel dem MfS auch deshalb nicht besonders schwer, weil es ihm zur selben Zeit gelang, im Berliner Landesverband die neugeschaffene Stelle eines hauptamtlichen Sekretärs mit einem anderen Agenten zu besetzen: Walter Barthel, umtriebiger SDS-Aktivist, der in den folgenden Jahren eine Schlüsselrolle in der Westberliner Studentenbewegung spielen sollte.[48] Barthel, langjähriges Mitglied der SED, hatte an der Humboldt-Universität Wirtschaftswissenschaften studiert und als Angehöriger der Kasernierten Volkspolizei bereits Anfang der fünfziger Jahre für das MfS Berichte angefertigt. Aufgrund von Auseinandersetzungen mit der Universitätsparteileitung ging er 1956 jedoch nach Westberlin. Als er drei Jahre später der FDJ interne Unterlagen aus der Arbeit des SDS anbot, kamen statt der Vertreter des Zentralrates Mitarbeiter des MfS zum verabredeten Treffen – sofort erklärte sich Barthel erneut zu einer Zusammenarbeit bereit, obwohl er auch den Russen bereits als Informant verpflichtet war.

»Auf Grund seiner Tätigkeit und persönlichen Verbindungen zu leitenden Funktionären des SDS«, so schätzte die Stasi damals seine Perspektive ein, »kann der G[eheime]I[informator] umfangreiche Aufklärungsarbeiten über die Politik des SDS und den dort in Erscheinung tretenden Personenkreis durchführen.« Zum weiteren Vorgehen legte man fest: »In der politischen Arbeit des GI muß in der Perspektive eine Wendung erreicht werden, um ihn als Gegner aus dem Blickfeld der rechten Kreise im SDS herauszuhalten.«[49] Wenig später wurde er instruiert: Die »bisherige linke Einstellung schrittweise auf die Position des 3. Weges bringen [...]. Alle Aufgaben unter der Zielstellung durchführen, die hauptamtliche Sekretärsstelle zu besetzen.«[50] Im Februar 1960 war es dann soweit, und Barthel befand sich nach seiner von der SPD finanzierten Festanstellung im Zentrum des Berliner SDS.

Die Quelle »Kurt« begann schon unmittelbar nach der Anwerbung kräftig zu sprudeln. Bei jedem Treff überbrachte Barthel dem MfS gewöhnlich gleich ein ganzes Bündel Berichte, die er entweder selber tippte oder auf Tonband diktierte. Eine seiner ersten Aufgaben war es, eine Information anzufertigen »über die rechte und linke Gruppierung innerhalb des SDS sowie über die Pläne des SDS in bezug auf ihre gesamtdeutsche Politik.«[51] Dann folgten detaillierte Berichte über SDS-Seminare, einzelne SDS-Gruppen sowie zahlreiche Personen, ergänzt durch aufschlußreiche verbandsinterne Unterlagen wie Sitzungsprotokolle, Rundschreiben, Briefe oder ein Mitgliederverzeichnis. Kontinuierlich und manchmal sogar täglich informierte er das MfS über »Die Lage des SDS«. Selbst die von ahnungslosen SDS-Mitgliedern auf Geheiß von Barthel ausgefüllten Personalfragebögen landeten auf diese Weise auf den Schreibtischen der Staatssicherheit.

Barthel war jedoch nicht nur ein passiver Informationsbeschaffer. Regelmäßig machte er vielmehr Vorschläge für eine »Verbesserung« der Unterwanderung. Gleich zu Beginn kündigte er eine schriftliche »Konzeption« an, wie die in seinen Augen oftmals dilettantisch durchgeführte kommunistische Beeinflussung Westberliner Studenten verbessert werden könnte. Immer wieder wies er in diesem Zusammenhang darauf hin, daß man diese doch verstärkt zu Kulturveranstaltungen, beispielsweise zu Theateraufführungen des »Berliner Ensembles«, einladen sollte, um sie zunächst auf dieser Ebene für die Politik der SED zu gewinnen. Bei eher »theoriefreudigen« Kandidaten empfahl er gezielte Kontaktaufnahmen durch bestimmte Dozenten der Humboldt-Universität, bei denen auch eine bestimmte menschliche Nähe hergestellt werden müßte. Manchmal lieferte er ganze Listen mit Empfehlungen für eine Zusammenarbeit und Tips für die Gewinnung, sorgfältig unterschieden nach Kandidaten für die FDJ und solchen für das MfS. Unter anderem empfahl er auch, die Kandidaten doch unter einem Pseudonym in der DDR-Presse schreiben zu lassen, um einerseits ihre Eitelkeit zu befriedigen und andererseits eine politische und finanzielle Abhängigkeit herzustellen. »Diese Methode der Abhängigmachung durch journalistische Mitarbeit, die den Schreiber im Fall des Bekanntwerdens im Westen unmöglich machen würde, halte ich bei den meisten zu werbenden SDSlern für sehr elegant und wirkungsvoll.«[52]

Barthel erhielt regelmäßig Instruktionen für sein Auftreten im SDS und bat um Anweisungen, wie er sich den verschiedenen Strömungen gegenüber verhalten sollte. In seinen Berichten benannte er immer wieder Ansatzpunkte für eine Stärkung der DDR-Positionen im SDS und zur Zurückdrängung der SPD-loyalen Kräfte. So empfahl er etwa dem MfS zur Westberliner Kundgebung am 1. Mai 1960, bei der die SPD nur parteikonforme Transparente dulden wollte, um einen erneuten Anlaß für einen öffentlichen Eklat auszuschließen: »Eine Möglichkeit, diesen antikommunistischen Maiaufmarsch zu stören [...], sehe ich darin, daß man kurz vor dem Platz der Republik, wo die Züge der sozialistischen Jugendorganisationen auf die Züge der Revanchisten-Organisationen treffen werden, Auseinandersetzungen provoziert, die, wenn sie vielleicht sogar in Schlägereien ausarten, zur Sensation des Tages werden könnten und man damit das gleiche erreicht, als wenn die Falken wie im Vorjahre provozierende Losungen mittragen würden. Das könnte zum Beispiel dadurch geschehen, daß einige Leute, die bei den Falken mitmarschieren, die Revanchisten durch Zurufe und Anrempeleien provozieren.«[53]

1959 war es mit Heilmanns Hilfe noch gelungen, das Ende des SDS als Studentenverband der SPD zu verhindern. Im Juli 1960 beschloß die SPD jedoch angesichts neuer Vorkommnisse, die finanzielle Unterstützung für den SDS einzustellen – auch Barthel verlor dadurch sein Parteigehalt. Der Geheime Mitarbeiter der Stasi verlangte nun, daß die FDJ diese Lage für sich nutzen und verstärkt in das entstandene Vakuum eindringen sollte. Eine Reihe von Studenten, so berichtete er dem MfS, seien aus Unzufriedenheit über die SPD gerade in diesen Wochen dem Verband neu beigetreten, diese »positive Haltung« müsse durch verstärkte Aktivitäten dringend gefestigt werden. »Dazu ist es notwendig, daß sich sofort geeignete SDS-Mitglieder, die über die FDJ lanciert werden können, bereit finden, Funktionen zu übernehmen. […] Ich schlage vor, daß die FDJ die ihnen bekannten und befreundeten SDS-Genossen dahingehend instruiert, daß diese von sich aus an […], […] oder Barthel herantreten und ihre Bereitschaft zur Mitarbeit zu erkennen geben.« Und weiter: Die derzeitige »Katakombentaktik« dieser Leute müsse in positive Aktivität umschlagen, weil sie sonst nicht genügend bekannt seien, um von der Mitgliedschaft in Führungspositionen gewählt zu werden. Wenn die Existenz des Verbandes auf dem Spiele stünde, müßten sie jedoch ausreichend populär sein, »um sich für Vorstandspositionen bewerben zu können, damit der SDS in ihren Händen weitergeführt werden kann.« Schließlich regte er im Zusammenhang mit den akuten Finanzproblemen des SDS an, »daß in dieser Hinsicht dem ›SDS‹ sofort Unterstützung durch anonyme Einzahlungen gewährt wird« – ein Anliegen, das er von da an immer wieder vortrug.[54]

Das Zusammenspiel zwischen FDJ und Stasi

Barthels Ratschläge stießen nicht auf taube Ohren. Als im Oktober 1960 nach dem Ende der Unterstützungszahlungen durch die SPD erstmals wieder eine Bundesdelegiertenkonferenz des SDS stattfand, hatte er dem MfS schon im Vorfeld die damit verbundenen finanziellen Probleme des Verbandes geschildert. Als »Maßnahme« hielt sein Führungsoffizier im Treffbericht fest: »Rücksprache mit Z[entral]R[at] [der] FDJ betr. finanz[ielle] Unterstützung.«[55] Wenige Tage später machte Barthel erneut auf die Schwierigkeiten aufmerksam und teilte mit, daß auf dem Konto des SDS nur noch 5,50 DM seien. Zur Finanzierung des Transportes zur Konferenz sowie anderer anfallender Unkosten wäre es erforderlich, »daß dem SDS ein gewisser Betrag überwiesen wird, der ihm diese Kostendeckung ermöglicht.«[56] Gleichzeitig lieferte er eine detaillierte Charakterisierung aller Berliner Delegierten und benannte zwei von ihnen, »mit denen eine direkte Kontaktaufnahme versucht werden könnte«. Schon am folgenden Tag fertigte das MfS daraufhin eine ausführliche »Information«, in der die Delegierten nach den Angaben Barthels beschrieben wurden und bei den beiden »empfohlenen« jeweils vermerkt wurde, daß sie »für eine Zusammenarbeit mit der FDJ geeignet« seien. Einer der beiden, so wurde hinzugefügt, solle für den Bundesvorstand als Berliner Vertreter kandidieren. Wörtlich hieß es dann weiter: »Vorschlag für die FDJ! Hier besteht die Möglichkeit, sich mit einem PKW anzubieten. Die bisherige finanzielle Lage des SDS ist denkbar ungünstig, da zur Zeit nur noch 5 DM auf dem Konto vorhanden sind. Zur Finanzierung des Transportes und aller anfallenden Unkosten wäre es erforderlich, daß die geplante Infiltrierung von Geld durch die FDJ schnellstens durchgeführt wird. Anfang November finden die Neuwahlen zum Landesvorstand des SDS in Berlin statt. [...] Dies wäre wiederum eine Möglichkeit, einen geeigneten Kandidaten der FDJ zu lancieren.«[57]

Für die Delegiertenkonferenz (DK) selbst war Barthel bestrebt, trotz der finanziellen Misere den SDS unbedingt am Leben zu halten. Namentlich die sogenannte Mittelfraktion erwog damals nämlich, unter den neuen Bedingungen zumindest die Bundesorganisation aufzulösen. »Man sollte«, so Barthel an das MfS, »bei der Vorbereitung dieser Delegiertenkonferenz besonders darauf hinarbeiten, daß von den Delegierten kein Auflösungsbeschluß für den Bundesvorstand gefaßt wird. [...] Die wichtigste Frage bei der bevorstehenden DK scheint deshalb zu sein, daß man unter allen Umständen die Existenz des Bundesverbandes weiterhin sichert. Dem sollten auch andere Forderungen, die sich in Form von Resolutionen oder in Form eines neuen Programmes niederschlagen, vorläufig untergeordnet sein.« Da die Berliner Delegierten für die Weiterexistenz des Bundesverbandes eintreten wollten, wäre es sinnvoll, »wenn man hier eine finanzielle Unterstützung finden würde«, um es ihnen zu ermöglichen, in Frankfurt geschlossen dafür zu stimmen. Und erneut forderte er dazu auf, »daß die FDJ sich intensiv um personelle Vorschläge bemühen sollte, sowohl für den neuen Bundesvorstand [...] als auch für den kommenden neuen Landesvorstand des SDS in Berlin«. Namentlich in der Gruppe an der Technischen Universität Berlin seien »rührige SDS-Mitglieder wie [...], die durchaus die Gewähr für eine gute Zusammenarbeit mit der FDJ in der späteren Zeit bieten könnten«.[58]

Die Erfahrungen mit der Delegiertenkonferenz, bei der eine klare Abwendung von der SPD vermieden wurde, veranlaßten Barthel wenig später, seinen Auftraggebern erneut strategische Hinweise zu geben. Anders als die Hüller-Leute dürfe man nicht mit uniformen Schlagworten, die teilweise direkt aus dem *Neuen Deutschland* entnommen gewesen sein, operieren, sondern müsse nun Schritt für Schritt mit einer klaren Zielstellung, aber richtigem taktischem Verhalten eine neue linke Opposition aufbauen.[59] Eine SDS-Vertreterin, die er dem MfS für »nähere Kontakte« empfohlen hatte, sollte unbedingt für den nächsten Berliner Landesvorstand kandidieren. »Die FDJ sollte sofort mit ihr sprechen und [sie] dazu bringen, daß sie, wenn ich sie danach frage, zusagt und sich bereit erklärt, die Nachfolge des Organisationssekretärs im Landesvorstand zu übernehmen. Damit wäre für ein weiteres Jahr die systematische Kontrolle des SDS-Landesvorstandes gewährleistet.«[60]

Nicht immer funktionierte das Zusammenspiel zwischen FDJ und Stasi so, wie es sich Barthel wünschte. Als im Oktober 1960 Personalvorschläge für den neuen Landesvorstand des SDS beraten wurden, beklagte er sich beim MfS über die Strategie der DDR-freundlichen SDS-Gruppe an der Technischen Universität (TU): »Unter der Voraussetzung, daß die Vorschläge der TU-Gruppe in Übereinstimmung [mit] der FDJ gemacht wurden, halte ich dieses Vorgehen für reichlich ungeschickt. Es wäre klüger gewesen, wenn, wie bereits mehrfach vorgeschlagen, die Vorschläge von Leuten, mit denen die FDJ zusammenarbeiten kann, rechtzeitig in unverfänglicher Weise an Barthel gegeben worden wären und dieser die Möglichkeit gehabt hätte, sie bei der Diskussion im Landesvorstand mit auf die Liste zu setzen.«[61]

Vielfach wurden Barthels »Empfehlungen« vom MfS aber umgehend umgesetzt bzw. weitergeleitet. Als er die erwähnte SDS-Aktivistin bei einem Treff zur »Kontaktaufnahme« vorschlug und zudem noch auf ihre ärmlichen Lebensverhältnisse hinwies, fertigte das MfS sofort einen ausführlichen »Informationsbericht« an, der als Quintessenz festhielt: »Für eine Zusammenarbeit mit der FDJ ist sie geeignet.«[62] In einem anderen Fall griff das MfS seinen Vorschlag auf, DDR-Journalisten zu einer Pressekonferenz nach Westberlin zu entsenden, um die SPD in politische Verlegenheit zu bringen – sogar die Fragen, die Barthel zu stellen empfahl, waren in der entsprechenden »Information« wörtlich übernommen worden.[63]

Die Pressekonferenz, um die es ging, berührte in der Tat ein heißes Eisen. Es ging dabei um die Eröffnung der Ausstellung »Ungesühnte Nazi-Justiz«, die wegen ihres Gleichklangs mit der DDR-Propaganda sowie dunkler Finanzierungsquellen von der SPD-Führung abgelehnt wurde.[64] »Die Berliner SPD«, so Barthel im Februar 1960 zur Stasi, »befürchtet, daß die Ostpresse von dieser Ausstellung groß berichten wird, was sie in eine peinliche Lage wegen ihrer Distanzierung bringen könnte.«[65] Tatsächlich erschien am folgenden Tag unter der Überschrift »Blutrichter am Pranger« ein großer Bericht im SED-Zentralorgan *Neues Deutschland*, in dem der Finger auf eben diese Wunde gelegt wurde.[66] Zwei Wochen später faßte der Parteivorstand der SPD den Beschluß, neben dem SDS erstmals auch konkurrierende studentische Vereinigungen finanziell zu unterstützen – bald darauf wurde der Geldhahn vollends zugedreht.[67]

Die Ausstellung, die auch in Tübingen, München, Freiburg, Stuttgart sowie in Holland und Großbritannien gezeigt wurde, beschäftigte Barthel auch noch in der Folgezeit. In einem Bericht vom März 1960 machte er das MfS darauf aufmerksam, daß durch das unabgestimmte Vorgehen eines jungen SDS-Mitgliedes die Ausstellung nach Amsterdam gelangt sei und »jetzt die Möglichkeit besteht, [...] im westlichen Ausland [da]mit herumzureisen und die Kampagne gegen die Bundesrepublik anzustacheln«. Die Ausstellung, so Barthel, müßte aber optisch noch attraktiver gemacht werden, zudem müßte zumindest versucht werden, noch »einen oder zwei erfahrene ältere Agitationsspezialisten mit hineinzubringen«.[68]

Mit ähnlichen Vorschlägen wandte er sich immer wieder an die Stasi. Um naive West-Besucher verstärkt für die SED einzunehmen, empfahl er beispielsweise Anfang 1961, in Ostberlin ein »Informationszentrum« einzurichten, mit einer ständigen Ausstellung, Filmveranstaltungen und »gut gekleidete[n], sprachlich versierte[n]« Beratern.[69] Die FDJ sollte darüber hinaus in Westberlin Vorträge von bekannten Professoren und »locker geführte Gesprächabende« organisieren, Einladungen sollten dabei gezielt und unter »werbepsychologischen« Gesichtspunkten an junge, aufgeschlossene Akademiker ergehen. Auch »progressive« Professoren aus Westberlin sollten hinzugebeten werden, denn das trüge »dazu bei, die Basis der Arbeit zu verbreitern und zu ›legalisieren‹«.[70] »Ich gebe zu überlegen«, so Barthel voller Eifer, »ob es nicht vorteilhaft ist, ein Büro zu schaffen, das sich ausschließlich mit der psychologisch gezielten Zersetzung der bürgerlichen Ideologie der etwa 25 000 Westberliner Studenten befaßt« – und dann folgt das komplette Konzept einer Barthel vorschwebenden »Zersetzungsagentur«, die mit professionellen Methoden auf Westberliner Studenten einwirken und deren Leiter selbstverständlich ein Mitarbeiter des MfS sein sollte.[71]

Auch wenn Barthels Vorschläge dem MfS zuweilen wie Blütenträume eines ungebärdigen Revoluzzers erscheinen mochten, handelte es sich bei seiner Wühlarbeit im SDS keineswegs lediglich um eine »spezielle« Form des politischen Engagements, womöglich von dem ehrenwerten Ziel getragen, durch »genauere Detailkenntnis der jeweils anderen Seite [...] Fehlbeurteilungen vermeiden [zu] helfen« – wie er im Mai 1966 an seinen Freund und Mitstreiter aus SDS-Tagen, Ekkehart Krippendorf, schrieb. Barthels zahllose Berichte, von denen rund 2000 Seiten überliefert sind, lassen vielmehr das Bild eines ebenso kaltblütigen wie umtriebigen Spitzels entstehen, der das Vertrauen seiner Freunde und Gesinnungsgenossen bedenkenlos mißbrauchte und das Agentengewerbe mit lässiger Routine betrieb.

Schon nach dem ersten Treff legte Barthels Führungsoffizier, Major Eichler, als »Maßnahmen« fest: »Anfertigung eines Containers« und »Besorgen einer Minox« – das Handwerkszeug eines jeden Spions, das bald darauf durch eine Einweisung in das »Trockenschriftverfahren« und ein Gerät namens »Meise 5« zur Lesbarmachung von Mikraten komplettiert wurde.[72] Kaum hatte Barthel die Stelle des hauptamtlichen SDS-Sekretärs ergattert, instruierte er von sich aus das MfS, wie die Geschäftsstelle in der Berliner Ziethenstraße unbemerkt bei Nacht durchsucht werden könnte. Um seine Glaubwürdigkeit im Westen zu erhöhen, forderte er wenig später die Stasi sogar auf, ihn in der DDR-Presse bewußt verunglimpfen zu lassen. Einen Artikelentwurf, in dem er sich selbst den Vorwurf machte, den SDS in ein »braves Anhängsel der Brandt-Clique« zu verwandeln, lieferte er gleich mit.[73] Keinerlei Hemmungen zeigte er auch, die persönlichen Notizbücher zweier Freunde komplett für die Stasi abzuschreiben, als sich zufällig eine günstige Gelegenheit dafür ergab. Zu einem seiner politischen Gegenspieler im SDS bat er das MfS gar um »belastendes Material«. Zu guter Letzt ließ er sich im Oktober 1960 mit Zustimmung der Staatssicherheit auch noch vom Verfassungsschutz anwerben, der ihm für seine Tätigkeit als Informant unter dem Decknamen »Student« nunmehr ebenfalls ein regelmäßiges Salär zahlte.[74]

Diese neue Einsatzperspektive, die bald auch Barthels Umzug nach Köln zur Folge hatte, ließ für seine Aktivitäten im SDS freilich nur noch wenig Zeit übrig. Jetzt stand die Ausforschung des Verfassungsschutzes und insbesondere des von diesem unterstützten ehemaligen FDJ-Funktionärs Heinz Lippmann ganz im Vordergrund.[75] Hier war bisher vor allem der ebenfalls in linken Kreisen agierende Westberliner Journalist und MfS-Agent Michael »Pit« Gromnica tätig gewesen, der wenige Tage nach dem Mauerbau für eine Propagandakampagne gegen den Westen in die DDR zurückgezogen wurde.[76] Befriedigt konnte die Stasi im Zusammenhang mit dieser neuen Tätigkeit Barthels bereits im Oktober 1961 notieren, daß er »über die Agenten Wilson und Mascher Material lieferte, welches mit zur Grundlage der Festnahme dieser Personen führte«.[77]

Eine Quelle im Landesvorstand

Statt seiner sorgte nun ein persönlicher Freund Barthels für den Informationsfluß vom SDS zum MfS – der junge Politikwissenschaftler Dietrich Staritz, der von Barthel zunächst der Stasi und dann auch dem Verfassungsschutz zugeführt wurde. In einer Presseerklärung, die er nach dem Bekanntwerden seiner Stasi-Akte verbreitete, legitimierte er das eine mit dem anderen und behauptete, niemandem wissentlich geschadet zu haben – inzwischen schreibt der emeritierte Professor und DDR-Forscher Rezensionen für das ehemalige SED-Zentralorgan *Neues Deutschland*. Staritz war bereits 1958, zu Beginn seines Studiums, Mitglied des SDS geworden und bekleidete 1961 die Funktion des Gruppenvorsitzender am Westberliner Otto-Suhr-Institut (OSI). 1962 wurde er dann in den politischen Beirat des Berliner SDS-Vorstandes gewählt. In der Akte, die seine Anwerbung dokumentiert, findet sich unter anderem ein von Staritz ausgefüllter Personal-Fragebogen des SDS, den Barthel im April 1960 im Namen des Landesverbandes an alle Berliner Mitglieder verschickt und anschließend an die Stasi weitergereicht hatte.[78] Staritz, der im September 1961 vom MfS angeworben worden war,[79] berichtete unter dem Decknamen »Erich« regelmäßig aus dem SDS, kaum weniger eifrig als sein »Vorgänger«. Schon Anfang Oktober übernahm er beispielsweise die Berichterstattung über die Delegiertenkonferenz des SDS in Frankfurt, bei der es, in Erwartung des drohenden Unvereinbarkeitsbeschlusses der SPD, um eine grundlegende Neuorientierung des SDS ging.[80] Der SDS mußte damals insbesondere seine Haltung zur Deutschen Friedensunion (DFU) bestimmen, die von Vertretern der *Konkret*-Fraktion wie Oswald Hüller und Reinhard Opitz sowie verschiedenen pazifistischen Gruppen im Dezember 1960 gegründet worden war, um an den Bundestagswahlen im September 1961 teilzunehmen.[81]

Im Gegensatz zu Barthel überließ es Staritz jedoch weitgehend der Stasi, strategische Schlußfolgerungen aus seinen Berichten zu ziehen. Wenn er »Zur Lage des SDS« aufs Tonband sprach, wirkte er beinahe wie ein Unbeteiligter. Das MfS wurde von Staritz vor allem über die Konflikte innerhalb des SDS unterrichtet, nach dem die SPD endgültig ihren Unvereinbarkeitsbeschluß gefaßt hatte. Während die *Konkret*-Fraktion und die Vertreter einiger weiterer Gruppen den SDS verstärkt zu praktischen Aktionen verpflichten wollten, plädierte insbesondere der Frankfurter SDS für eine Intensivierung der theoretischen Arbeit. Detailliert informierte Staritz das MfS etwa über die Bestrebungen, die von sympathisierenden Professoren gegründete »Förderergesellschaft« des SDS nach dem Unvereinbarkeitsbeschluß der SPD in einen »Sozialistischen Bund« umzuwandeln.[82] Genauen Einblick gewährte er auch in die Rolle des Berliner »Arbeitskreises Neue Linke«, der von DDR-freundlichen SDSlern organisiert wurde und 1962, zwecks Bündelung der »linken Kräfte«, mit der »Vereinigung Unabhängiger Sozialisten« verschmolzen wurde.[83] Im Auftrag des Bundesvorstandes, des MfS und des Verfassungsschutzes vertrat Staritz dann den SDS im Juli 1962 bei einer Tagung der »International Union of Socialist Youth« (IUSY) in Kopenhagen – eine internationale Vereinigung sozialistischer Jugendorganisationen, die den SDS auf Druck der SPD soeben ausgeschlossen hatte.[84] Darüber hinaus hatte er vom MfS den »Auftrag der Teilnahme« an einem zeitgleich stattfindenden internationalen Jugendcamp bekommen, wo er insbesondere »alle Hinweise über Störtätigkeit« zu den drei Wochen später stattfindenden kommunistischen Weltfestspielen in Helsinki sammeln und die »Möglichkeit ausnutzen [sollte], in so eine Störgruppe zu gelangen«.[85] Beim Festival selbst informierte Staritz das MfS laufend per Handzettel über geplante Aktionen, während in der DDR-Presse täglich neue Meldungen über »Störmanöver« der von der »NATO bezahlten Krawallmacher« sowie westlicher »Agenten« erschienen.[86]

Bei jedem Treff bekam Staritz vom MfS gewöhnlich verschiedene »Aufgaben« gestellt. Das Spektrum reichte von der Berichterstattung über SDS-interne Sitzungen und Versammlungen bis hin zur »Besorgung von Adressenmaterialien über Personen«. Vor allem aber wurde er immer wieder beauftragt mit »Feststellungen bzw. Ermittlungen nach u[nd] nach zu dem festgelegten Personenkreis, die für eine Zusammenarbeit geeignet erscheinen«.[87] Tatsächlich liest sich die Staritz-Akte über weite Strecken wie ein »Who's who« des SDS. Mitglieder und Funktionäre, insbesondere des Berliner Verbandes, werden mit allen Eigenarten, biographischen Details und politischen Auffassungen charakterisiert. Bei einzelnen Treffen lieferte Staritz dem MfS gleich bündelweise Personeneinschätzungen mit Hinweisen für eine mögliche »Gewinnung«.[88] Im November 1962 übergab er der Stasi zudem die komplette Mitgliederliste des SDS-Landesverbandes, sein Führungsoffizier vermerkte vorsorglich: »nach Fotokopie Rückgabe«.[89] Zwei Monate später sprach Staritz über einen führenden Vertreter der »Vereinigung Unabhängiger Sozialisten« aufs Tonband: »Ich halte […] für geeignet, daß man an ihn herantritt und versucht, mit ihm zu einer nachrichtendienstlichen oder politischen Zusammenarbeit zu kommen.«[90]

Wie erfolgreich Staritz' Rekrutierungsbemühungen für die Stasi waren, muß offenbleiben, denn die meisten der von ihm benannten SDS-Aktivisten sind in der zentralen Personenkartei vom MfS nicht »erfaßt« – einiges spricht dafür, daß die entsprechenden Karteikarten bei der Selbstauflösung der HVA entfernt wurden. Immerhin ist hinter verschiedenen Namen handschriftlich das Wort »Kontaktaufnahme« vermerkt, und mit Staritz wurde wiederholt beraten, wie er die für das MfS interessanten Personen unauffällig zu einem Besuch im »Demokratischen Berlin« bewegen könnte.[91] Über ein als DDR-freundlich geschildertes Vorstandsmitglied des Berliner SDS ist zumindest ein »Kurzbericht« überliefert, in dem es heißt: »Von unserer Seite wird der […] in positiver Hinsicht bearbeitet.«[92] 1963 verlagerte sich Staritz' Berichterstattung dann verstärkt auf seine Tätigkeit für das Bundesamt für Verfassungsschutz, wo er im April den Decknamen »Rabe« erhielt.[93] Doch schon im darauffolgenden Jahr lieferte Staritz erneut umfangreiche Berichte über den SDS und seine Funktionäre.

Zu Jahresbeginn beteiligte er sich beispielsweise an der Vorbereitung eines SDS-Bundesseminares zur DDR, zu dem – in Absprache mit dem Zentralrat der FDJ – erstmals auch ostdeutsche Referenten nach Westberlin eingeladen werden sollten. Da der SDS nach wie vor in finanziellen Schwierigkeiten steckte, erklärte sich der Leiter der Evangelischen Akademie, Erich Müller-Gangloff, bereit, die Finanzierung zu übernehmen; »um die progressive Richtung des Gespräches zu präjudizieren«, so Staritz, wollte er den gleichen Teilnehmerkreis dann im Anschluß zu einer anderen Akademieveranstaltung einladen.[94] Tatsächlich lud die Berliner SDS-Vorsitzende Renate Lichte dann im April zu dem Seminar sowie zu einer anschließenden (von der FDJ vorgeschlagenen) »Studienreise« in die DDR ein. Ziel beider Veranstaltungen sollte es dem Einladungsschreiben zufolge sein, »die Grundlagen für eine politische Arbeit des SDS [zu] legen, die an den Universitäten das pathologische Verhältnis zum Kommunismus und seinen staatlichen Ausformungen durch besseres Wissen abzutragen hilft«.[95]

Im Mai 1964 entsandte der SDS erstmals eine offizielle Delegation zum sogenannten Deutschlandtreffen der FDJ – bis dahin war keiner der westdeutschen Jugend- oder Studentenverbände bereit gewesen, auf dieser Ebene mit der SED zu kooperieren.[96] Unter den neun Delegationsmitgliedern befand sich auch Dietrich Staritz, der auch hier sein dubioses Doppelspiel trieb: Während er sich soeben noch von seinem Führungsoffizier beim Verfassungsschutz in einem Brief pathetisch verabschiedet hatte (»Morgen vormittag werde ich die Höhle des Löwen betreten«), fraternisierte er schon kurz darauf mit der Gegenseite. Am Vormittag nahm er in Ostberlin zunächst an einem Forum teil, auf dem der stellvertretende SDS-Bundesvorsitzende Hellmut Lessing über das Verhältnis von Wissenschaft und Politik referierte (»Referat wird noch besorgt«) und dem unter anderem der SED-Funktionär Kurt Hager beiwohnte. Anschließend traf er sich mit seinem ostdeutschen Führungsoffizier, um taufrisch über Verlauf und Einschätzung der Veranstaltung durch den SDS zu berichten. Ein Vorschlag auf dem Forum, so konnte Staritz unter anderem vermelden, hätte »allgemeine Zustimmung« gefunden: ein »Artikel-Austausch« zwischen der FDJ-Zeitschrift *Forum* und der SDS-Zeitschrift *Neue Kritik*.[97]

In dieser Zeit lieferte Staritz auch wieder vermehrt Personeneinschätzungen zu führenden SDS-Vertretern – mit praktischen Hinweisen für die Anwerbung. In einer dreiunddreißig Personen umfassenden Aufstellung heißt es zum

Beispiel zu einer SDS-Funktionärin: »[...] ca. 24 Jahre alt, [...] anscheinend unbemannt, starke DDR-Sympathien, unverschleiert-naiv, sicher politisch, vielleicht politisch-erotisch ansprechbar, aber auch bei ihr käme es darauf an, möglichst gescheit, d. h. delikat vorzugehen, jede direkte Aktion zerstörte die Chancen und zerschlüge daneben auch politisches Porzellan.« Und über einen sogenannten »Uralt-SDSler« wird ausgeführt: »Klaus Meschkat, ca. 28 Jahre alt, [...] starker DDR-Sympathisant, zur Mitarbeit im nachrichtendienstlichen Bereich m. E. unbedingt ansprechbar, radikaler Linker, PKW-Besitzer«.[98]

Gerade bei diesem prominenten SDS-Aktivisten machte sich die Stasi offenbar große Hoffnungen auf eine Anwerbung, von einer anderen Abteilung wurde er zu diesem Zeitpunkt bereits seit einem Jahr »abgeschöpft«. In einer »Kurzauskunft« über ihn hieß es 1967: »[...] lehnt die Entwicklung des Bonner Staates ab und bekennt sich zur gesellschaftlichen Entwicklung der DDR und des gesamten sozialistischen Lagers. Er schätzt sich als ›äußerster Linker‹ ein und bezeichnet sich selbst als Marxist.«[99] Auf Betreiben des MfS überließ er seinem Kontaktmann in der DDR, dem Wirtschaftswissenschaftler und HVA-IM Hermann von Berg (»Günther«), nach dem Militärputsch in Chile (1973) seine »Ausreisedokumente« aus dem Andenstaat – doch den dann folgenden Anwerbeversuch wies er mit den Worten zurück: »Offenbar habt ihr mir einen Nachrichtenmann geschickt, den wollen wir nicht wiedersehen.« Eine nachrichtendienstliche Nutzung, so die HVA-Abteilung X in einem Bericht von 1977, »wurde nicht erreicht«.[100]

Dietrich Staritz, der den SDS-Veteranen zur Werbung vorgeschlagen hatte, stand als Mitglied des politischen Beirates des Berliner SDS Mitte der sechziger Jahre freilich selber im Zentrum des Geschehens. Immerhin wurde der Landesvorsitzende Dietrich Wetzel, von Staritz als »linker Mann und großer DDR-Sympathisant« geschildert, 1964 auf seinen Vorschlag hin gewählt – die Stasi revanchierte sich bei ihrem IM im Oktober mit einer »Medaille für treue Dienste der NVA in Bronze«.[101] Seine Berichte gingen zur Auswertung auch an einen nicht näher beschriebenen »Gen[ossen] Turber«, möglicherweise jener SED-Jugendfunktionär Kurt Turber, der beim Frankfurter »Kongreß gegen Restauration – für Demokratie« im Mai 1959 die DDR-Delegation leitete.[102] Warum Staritz dann vom Januar 1965 bis zum März 1967 an die für die Kirchen zuständige Hauptabteilung XX/4 »ausgeliehen« wurde, geht aus den Akten nicht hervor, die Überlieferung über die Zeit der Notstandsgesetzgebung und der ersten Vietnam-Proteste ist deshalb ausgesprochen dürftig. Erst 1967/68, als die Außerparlamentarische Opposition (APO) ihren Höhepunkt erreichte, belieferte er die Stasi wieder mit Informationen aus dem Herzen der Studentenbewegung.

Förderung einer linken Opposition

Die DDR und das sowjetische Lager bemühten sich seinerzeit, die wachsende Opposition von links nach Kräften zu unterstützen und in ihrem Sinne zu beeinflussen. Die »politisch-operativen Aufgaben zur Förderung und Formierung fortschrittlich sozialer Kräfte und politischer Plattformen« beschäftigten das MfS so sehr, daß sich der spätere Leiter der für die westdeutsche Parteienlandschaft zuständigen HVA-Abteilung II, Kurt Gailat, mit diesem Thema an der Stasi-Hochschule sogar zum Dr. jur promovieren ließ.[103] Und Erich Mielke erklärte 1965 seinen Generalen: »In der gegenwärtigen Wahlbewegung in Westdeutschland sind alle Kräfte gegen die Erhard-Regierung und ihre revanchistische Politik, gegen die Notstandsgesetze und die Atomaufrüstung und zur Ablehnung der Hilfe für den Vietnamkrieg zu mobilisieren. Die Menschen sollen erkennen, daß die Atompolitik Abenteurerpolitik ist.« Daß der Aufbruch im Westen auch Rückwirkungen auf den eigenen Machtbereich haben konnte, beunruhigte ihn allerdings, denn er forderte zugleich, stärker »zu beachten, daß durch die Weckung niedriger und primitiver Instinkte bei [DDR-]Jugendlichen für den Gegner günstige Momente geschaffen werden sollen« – beispielsweise durch den »Auftritt von Tanzkapellen mit westlicher Orientierung«, was er – so wörtlich – als »ein Element des verdeckten Krieges« gegen den Sozialismus bezeichnete.[104]

Im November 1965 stellte der Zentralrat der FDJ befriedigt fest, daß sich »im SDS ein Prozeß zur realeren politischen Aufgabenstellung« vollziehe. »Ein ehemaliges vordergründiges Anliegen des SDS, nicht nur kritisch zur Bundesrepublik, sondern auch zur DDR zu sein und beim Auftreten in der DDR der ›Demokratisierung‹ und ›Liberalisierung‹ zum Durchbruch zu verhelfen«, so heißt es in einer »Konzeption zur weiteren Einflußnahme der FDJ auf den Sozialistischen Deutschen Studentenbund (SDS)«, finde nur noch geringe Unterstützung und Resonanz. Der erweiterte Einfluß der progressiven Kräfte habe sich unter anderem »in der personellen Vertretung linker Kräfte im Beirat des SDS (Deppe-Marburg, Helberger-Westberlin)« und in den »konsequenteren Aktivitäten des Bundesvorstandes« gezeigt. Diese konzentrierten sich insbesondere in den SDS-Gruppen von Köln, München, Münster, Mannheim, Hamburg, Kiel und Karlsruhe. »Die gegenwärtigen Positionen des SDS ergeben weitere und neue Möglichkeiten, durch verstärkte Bemühungen unsererseits die Beziehungen zu dieser Studentenorganisation – zu den Gruppen und Leitungen – auszubauen, um zur weiteren progressiven Entwicklung beizutragen.«[105]

Zu den »Anknüpfungspunkten« für die Westarbeit der DDR rechnete man insbesondere die Proteste gegen die »USA-Aggression in Vietnam« – ein

Thema, das man systematisch dazu nutzte, einen Keil in die deutsch-amerikanischen Beziehungen zu treiben. So unterstützte die FDJ 1965 nach eigenen Angaben eine Ausstellung des SDS über die Situation in Vietnam durch zahlreiche Dokumente.[106] Im Februar 1966 trugen Mitglieder der (Westberliner) FDJ maßgeblich dazu bei, daß Studenten im Anschluß an eine Demonstration gegen den »schmutzigen Krieg in Vietnam« vor das Berliner Amerika-Haus zogen und dort die US-Flagge herunterholten – in dem von der Unterstützung der Amerikaner vollkommen abhängigen Eiland Westberlin seinerzeit eine unglaubliche Provokation. In der Folgezeit steigerten sich die antiamerikanischen Proteste noch, obgleich der kommunistische Vietcong kaum weniger grausame Greueltaten verübte.[107]

Aber auch beim Kampf gegen die Notstandsgesetze, gegen Bundeswehr und NATO, für die Anerkennung der DDR und für die Reform des westdeutschen Bildungssystems fand der SDS in Ostberlin Unterstützung.[108] Als am 2. Juni 1967 der Student Benno Ohnesorg bei einer Demonstration gegen den Besuch des Schahs von Persien durch einen Polizisten erschossen wurde, ließ die DDR den Konvoi mit seinem Leichnam fast wie bei einem Staatsbegräbnis durch ihr Hoheitsgebiet reisen. Ein Jahr später stellte sie dem SDS einen Sonderzug zur Verfügung, als dieser zum Sternmarsch gegen die Notstandsgesetze nach Bonn mobilisierte. Zuweilen kümmerte sich Walter Ulbricht sogar persönlich um die Redaktion einzelner Papiere aus der Studentenbewegung, etwa als er im Oktober 1967 Vorschläge der Vereinigung Unabhängiger Sozialisten (VUS) zu einem Aktionsprogramm für die Zusammenarbeit der sozialistischen Gruppierungen in der Bundesrepublik mit dem Vermerk versah: »Das Programm ist wenig wirkungsvoll. Man muß nach kurzer Einleitung mit Bilanz der Adenauer- und Kiesinger-Brandt-Politik beginnen.«[109]

Enge Verbindungen hatte die SED insbesondere zum Kreis um den Marburger Professor Wolfgang Abendroth. In einem Brief an Ulbricht vom August 1967 berichtete beispielsweise der Leiter der Westabteilung, Heinz Geggel, von einer Beratung des Arbeitsausschusses der Sozialistischen Opposition zur Vorbereitung einer Konferenz in Frankfurt am Main und schrieb: »Wir werden über unsere Verbindungen zu diesem Kreis an dem notwendigen Klärungsprozeß mitwirken. Prof. Abendroth hat vor kurzem den Wunsch geäußert, Ende September/Anfang Oktober in die DDR zu kommen und die Gelegenheit zu erhalten, mit führenden Genossen unserer Partei eine Aussprache zu führen. In Absprache mit Genossen Albert Norden haben wir Prof. Abendroth bereits eine prinzipielle Zusage gegeben.« Beigefügt hatte er seinem Brief die erste Ausgabe der von Frankfurter und Marburger Genossen herausgegebenen neuen Zeitschrift »Informationen der Sozialistischen Opposition«, die einen Artikel von

Wolfgang Abendroth enthielt. Handschriftlich findet sich daran Ulbrichts rätselhafter Kommentar: »Gen[osse] Geggel: Vorschlag: Mit öffentlicher Diskussion in Westdeutschland beginnnen. Zu Abendroth durch Sozialdemokraten Stellung nehmen«.[110]

Ein wichtiges Einfallstor für die SED bildete nach wie vor die kritische Auseinandersetzung mit der NS-Vergangenheit. Nach den Aktionen gegen die »Ungesühnte Nazijustiz« richteten sich jetzt die Aktivitäten vor allem gegen Bundespräsident Heinrich Lübke, der nach seiner Wiederwahl im Juni 1964 von der SED zur Zielscheibe einer Kampagne gemacht wurde. »Mit der vom Zentralrat der FDJ eingeladenen Delegation der Leitung des SDS«, so beschloß im Februar 1966 die gemeinsame »Arbeitsgruppe Lübke« von SED und MfS, »wird ein Besuch der Lübke-Ausstellung und eine Aussprache bei Gen[ossen] Dr. Dengler durchgeführt, mit dem Ziel, den SDS zur Aktivität gegen Lübke anzuregen.«[111] Tatsächlich stellte der SDS später die vom Staatssicherheitsdienst präparierten »Dokumente« in der Bundesrepublik aus. Namentlich an der Universität Bonn, die Lübke im Oktober 1966 die Ehrensenatorwürde verlieh, kam es zu heftigen Protestaktionen, bei denen Angehörige des SDS im Februar 1968 unter anderem Lübkes Unterschrift im Ehrenbuch der Universität mit dem von der SED geprägten Propagandabegriff »KZ-Baumeister« beschmierten.[112] Der Kampf um die Aberkennung von Auszeichnungen wie diesen war von der SED schon im März 1966 zur Taktik erhoben worden.[113]

Rudi Dutschke

Auf der anderen Seite war die SED irritiert von den starken antiautoritären Tendenzen in der Studentenbewegung, die sich nicht nur gegen den westlichen »Klassenfeind«, sondern auch gegen linke Traditionalisten und – nicht zuletzt unter dem Einfluß der »Abweichler« in China – zum Teil gegen den »real existierenden Sozialismus« selbst richteten. Namentlich Rudi Dutschke, der im Januar 1965 zusammen mit Bernd Rabehl in den SDS eingetreten war und wenig später in den Landesbeirat gewählt wurde, stieß mit seinem von Dieter Kunzelmann inspirierten Konzept der »subversiven Aktion« bei den Altgenossen auf Mißtrauen. Als er im Vorfeld der Studentendemonstration vom Februar 1966 eine nächtliche Plakataktion organisierte, bei der die »Unterdrückten« zum »Griff zu den Waffen« aufgefordert wurden, wollte ihn die sogenannte »Alte-Keulen-Riege« im SDS wegen seines Vorpreschens am liebsten gleich aus dem Verband ausschließen.[114] Der mittlerweile wieder nach Berlin zurückgekehrte ehemalige SDS-Sekretär Barthel kommentierte den Vorfall ge-

genüber der Stasi: »Dutschke vertritt im SDS eine völlig anarchistische Position
[...]. Ich halte es für erforderlich, daß den politischen Folgen der Tätigkeit dieser [seiner] Gruppe in Westberlin größte Aufmerksamkeit geschenkt wird.« Bei der Beurteilung der Leute um Dutschke sollte man sich nicht durch »sympathische Zeugnisse« ihrer Aktivität blenden lassen. Selbst wenn es ihnen nicht gelänge, im SDS eine Mehrheit zu erreichen, so würde doch die von ihnen in Gang gesetzte Auseinandersetzung für einige Zeit zur Lahmlegung, zur Diskreditierung und vielleicht sogar zum Auseinanderbrechen des SDS führen. »Nach meiner Beurteilung hat die Tätigkeit dieser Gruppe einen solch unsinnigen, provokatorischen Charakter, daß alles getan werden müßte, diese Aktivität zu ersticken.«[115]

Auch Dietrich Staritz schilderte Dutschke dem MfS unmißverständlich als einen verschworenen DDR-Gegner, auf den es unter anderem zurückzuführen sei, daß bei der Vietnam-Demonstration im Dezember 1966 beinahe ein Bild von Walter Ulbricht verbrannt worden sei. »Dutschke«, so Staritz, »spricht ausschließlich vom Scheißsozialismus in der DDR.«[116]

Tatsächlich hatte Dutschke einschlägige Erfahrungen mit dem SED-Sozialismus gesammelt. 1940 in Schönefeld bei Luckenwalde geboren, hatte er eigentlich Sportjournalist werden sollen. Doch weil er sich weigerte, den sogenannten »Ehrendienst« bei der Nationalen Volksarmee (NVA) abzuleisten, durfte er in der DDR nicht studieren und siedelte vier Tage vor dem Mauerbau nach Westberlin über – ein klassischer »Republikflüchtling«. Trotz seiner Schlüsselrolle in der Studentenbewegung ist über ihn in den Stasi-Hinterlassenschaften nur ein schmales, zweibändiges Personendossier überliefert, das erst in den siebziger Jahren wegen seiner Kontakte zu Wolf Biermann angelegt wurde und keinerlei relevante Spitzelberichte aus seiner Zeit als Studentenführer enthält.[117] Ein IM »Duo«, bei dem es sich um den Ostberliner Journalisten Herbert Thur handelte, teilte darin beispielsweise 1967 mit, daß Dutschke zur »chinesischen Fraktion« im Westberliner SDS gehören soll, und die HVA vermeldete im selben Jahr, daß er nach Abschluß seines Studiums nach Mexiko gehen wolle.[118] Ein Auskunftsbericht der Kreisdienststelle Luckenwalde vom März 1968 enthält nur nichtssagende Ausführungen über sein politisch unauffälliges Verhalten in seiner Heimatstadt.[119] Durch seine Informanten in der Studentenbewegung muß das MfS jedoch eine Fülle von Spitzelberichten zu Rudi Dutschke besessen und gesammelt haben.

Aus den Unterlagen geht hervor, daß Dutschke wegen seiner Verbindungen zum Zentralkomitee der SED schon vor 1968 vom Büro der Leitung II erfaßt worden war, eine Diensteinheit, die die West-Kontakte von Partei und FDJ nachrichtendienstlich »abzusichern« hatte. Als SDS-Vorsitzender von Westberlin hatte er insbesondere im Vorfeld des Vietnamkongresses vom Februar 1968 direkte Verhandlungen mit der FDJ über eine »Aktionseinheit« geführt und – vergeblich – den Vorschlag gemacht, ein Schiff mit Waffen zu beladen und mit Freiwilligen nach Vietnam zu schicken.[120] Kurze Zeit später bat die Hauptabteilung XX um »sofortige Überprüfung«, ob sich Dutschke am 27. Januar in Ostberlin aufgehalten habe, ohne einen Grund für diese Anfrage zu nennen.[121] So bleibt das Bild des prominentesten Führers der Studentenbewegung in den Stasi-Akten nebulös.

Daß SED und Stasi gerade die Proteste gegen den Vietnamkrieg nach Kräften förderten, geht aus einer Reihe anderer Unterlagen hervor. Schon im Februar 1966 unterrichtete Albert Norden seinen Politbüro-Kollegen Werner Lamberz über die Unterstützung der Anti-Vietnam-Proteste in Westberlin. Seinem Schreiben fügte er eine Abhandlung bei, die den Titel trug »Zum Vietnamkrieg der USA und der Auseinandersetzung in Westdeutschland« und in der es pathetisch hieß: »Die in Deutschland gegen den Massenmord in Vietnam protestieren, sind ein Teil der Weltfront, die für Recht und Selbstbestimmung, für Frieden und Freiheit eintritt. Sie sind es, die den deutschen Namen retten.«[122]

Überliefert sind zudem die Beschlüsse einer Beratung über sogenannte »aktive Maßnahmen« im April 1967 in Moskau, bei der es auch um geheimdienstliche Operationen zur »Kompromittierung der amerikanischen Aggression in Vietnam und der westdeutschen Beteiligung an dieser Aggression« ging. Mit derartigen »Maßnahmen« suchten MfS und KGB die internationale Öffentlichkeit zu beeinflussen und politische Konfliktlagen gezielt zu schüren. In einem Protokoll »über gemeinsame aktive Maßnahmen für das Jahr 1967« wurde dabei unter anderem die »Kompromittierung der USA-Politik gegenüber Westdeutschland sowie [die] Vertiefung der Gegensätze zwischen der westdeutschen Bundesrepublik und den USA« beschlossen. Im Rahmen der Aktion »Tribunal« sollten insbesondere die »Internationale Kommission Demokratischer Juristen« und weitere Organisationen unterstützt werden, die den »schmutzigen Charakter der amerikanischen Aggression« in Vietnam entlarvten.[123] Dazu wollte der KGB Unterlagen über die »Folgen der chemischen Kriegführung« und über die angebliche »amerikanisch-westdeutsche militärische Zusammenarbeit bei der Kriegführung« in Vietnam bereitstellen. Umgekehrt wollte auch das MfS dem KGB entsprechende Materialien zur Verfügung stellen – zwecks »Realisierung durch Kanäle« des KGB in der UNO, in der Sowjetpresse und in ausgewählten Staaten. Ein »Material über die Herstellung von Giftgasen« in der Bundesrepublik, das die Stasi den KGB-Kollegen mitgebracht hatte, sollte nach einer wissenschaftlichen Begutachtung in Frankreich »realisiert« und dann vom KGB durch die Presseagentur APN »unter Berufung auf französische Quellen« verbreitet werden. Weiter heißt es dann im Protokoll:»›Das MfS prüft die Möglichkeiten für die Herstellung eines Dokumentes, das die Zusammenarbeit zwischen der westdeutschen Bundesrepublik und den USA bei der Aggression in Vietnam entlarvt und auf glaubwürdigen Angaben beruht. Realisierung durch Möglichkeiten des KfS [= KGB] an das Russellkomitee in einem kapitalistischen Land.«[124] Speziell im Rahmen der Maßnahmen aus Anlaß des 50. Jahrestages der Oktoberrevolution wurde schließlich festgelegt, einen »Komplex von Maßnahmen zur Kompromittierung der Beteiligung der D[eutschen]B[undes]R[epublik] am Krieg in Vietnam durchzuführen« und »die Tätigkeit des Russeltribunals und der MAJUD-Kommission für Vietnam zu unterstützen.«[125]

Das von dem englischen Philosophen Bertrand Russell initiierte Tribunal, auf dem das amerikanische Vorgehen im Vietnamkrieg öffentlichkeitswirksam angeprangert worden war, hatte auch Rückwirkungen auf die Berliner Studentenbewegung. Zeugen und Mitarbeiter des Tribunals sollten nach dem Willen der Studentenvertreter der Freien Universität in Berlin auch auf einer Veranstaltung im Audimax referieren – wie Dietrich Staritz der Stasi im Mai 1967 berichtete. Der als weiterer Redner vorgesehene westdeutsche Publizist Erich Kuby hatte den Organisatoren dabei mitgeteilt, daß er sein Auftreten nur für sinnvoll hielte, »wenn gleichzeitig mit der Verurteilung des amerikanischen Engagements in Vietnam die Forderung erhoben würde, die amerikanischen Truppen aus Westberlin abzuziehen«. Auf einer internen Sitzung wurde in diesem Zusammenhang ein Flugblatt entworfen, mit dem die in Berlin lebenden Amerikaner aufgefordert werden sollten, sich an den Protesten zu beteiligen und sich gegebenenfalls einer Verschiffung nach Vietnam zu widersetzen. Die geplanten Veranstaltungen waren dazu gedacht, »die bisher nur moralische Protesthaltung der Westberliner Studenten […] zu koordinieren und zu direkten Aktionen weiterzutreiben«.[126] Auch im Republikanischen Club fand im Mai eine Diskussion mit den Mitgliedern des Russeltribunals statt.[127]

November-Gesellschaft und Republikanischer Club

Einfluß auf die Studentenbewegung übte die Stasi zu diesem Zeitpunkt unter anderem über die im November 1966 gegründete »November-Gesellschaft« aus, zu deren innerstem Kreis sowohl Staritz als auch sein Agentenkollege Barthel gehörten. Diese Gruppierung setzte sich vorwiegend aus linken Traditionalisten zusammen, die sich der inzwischen überwiegend antiautoritären Politik des SDS in Berlin widersetzten.[128] Ihr Startkapital erhielt sie einem Spitzelbericht von Staritz zufolge aus Kreisen der IG Metall; darüber hinaus rechnete man damit, daß »Freunde und Finanziers« des Berliner FDP-Politikers und Bundestagsabgeordneten William Borm weitere 30 000 bis 40 000 DM beisteuern würden.[129] Borm trat seinerzeit als Radikaldemokrat und »Verständigungspolitiker« in Erscheinung – in Wahrheit war er ein bedeutender Einflußagent der HVA, der seit 1969 seine Instruktionen von Markus Wolf persönlich empfing.[130] Führende Berliner Linke unterstützten 1967 seine Kandidatur für den Bundestag, weil er der einzige sei, »der für eine Politik der Verständigung und der Aufweichung der bisherigen recht starren Position im Verhältnis zur DDR beitragen könnte«.[131] Zu den Unterzeichnern des entsprechenden Aufrufes gehörte, neben dem Schriftsteller Günther Grass und dem Politologen Ossip Flechtheim, auch Dietrich Staritz. Die Kampagne, in deren Verlauf im März rund 1500 Sympathisanten bei einer Versammlung im »Studentenhaus« am Berliner Steinplatz zusammenströmten, blieb nicht erfolglos. Borm wurde sogar Alterspräsident des Deutschen Bundestages sowie Ehrenvorsitzender der Berliner FDP (1969) und Mitglied des Bundesvorstandes (1970), so daß die Stasi direkten Einfluß auf die damalige FDP-Spitze nehmen konnte.

Die Gründung der November-Gesellschaft war eine Reaktion auf die Bildung der Großen Koalition, die nicht nur bei vielen Linken in und außerhalb der SPD auf Ablehnung stieß – auch die SED bekämpfte den mit dem Parteitag von Bad Godesberg (1959) eingeleiteten Richtungswechsel der SPD von der Arbeiterpartei zur Volkspartei und bekämpfte insbesondere Herbert Wehner als »Verräter«.[132] Ziel der November-Gesellschaft war es Staritz zufolge, die linken Kritiker »organisatorisch zu fassen« und einen »Klub zu bilden, in denen sich das ganze linke intellektuelle wie gewerkschaftliche Potential versammeln und diskutieren könnte«. Der Klub sollte auch Stellungnahmen zu aktuellen politischen Fragen abgeben und mit einer »Bücherstube« verbunden werden. Ein Teil der Mitglieder trat sogar dafür ein, zusammen mit dem »Sozialistischen Bund« und anderen Linken eine neue sozialistische Partei ins Leben zu rufen.[133] Die Stasi-Berichte aus dem Inneren der Gesellschaft gingen bis hoch zum SED-Parteichef Walter Ulbricht, eingeschlossen der Hinweis: »Gegen Spenden aus der DDR hätte man nichts, wenn es anonym geschehe«.[134]

Nach längerer Vorbereitungszeit gründete die sogenannte »Keulenriege« des SDS im April 1967 in Westberlin den »Republikanischen Club« (RC), der zunächst in der Charlottenburger Wielandstraße Quartier bezog. Erster Vorsitzender wurde der ehemalige Sprecher des Verbandes Deutscher Studentenschaften (VdS), Klaus Meschkat, Stellvertreter wurden Marianne Regensburger und Lothar Pinkall. Als weitere Vorstandsmitglieder fungierten unter anderem Horst Mahler, Bernhard Blanke, Nikolaus Neumann und Knut Nevermann. Diese Zusammensetzung des Vorstandes war offensichtlich ganz in Staritz' Sinne, denn nur zu zwei der neun Mitglieder teilte er der Stasi mit, daß diese von Mal zu Mal »neutralisiert« werden müßten.[135] Ideen und Vorstellungen der November-Gesellschaft, so informierte er im nächsten Bericht, könnten ohne weiteres durchgesetzt werden.[136] Seine Berichte wurden im MfS umgehend weiterverbreitet und fanden auch Eingang in ein spezielles Dossier zum RC.[137] Neben Staritz und Barthel arbeitete auch der IM »G. Schneider« für die Hauptabteilung XX/5 im Republikanischen Club.[138] Darüber hinaus waren noch weitere Diensteinheiten vertreten. So führte der Aufklärungsapparat der Stasi einer Übersicht vom Februar 1969 zufolge drei eigene Inoffizielle Mitarbeiter (IM) und vier sogenannte Kontaktpersonen (KP) im RC.[139] Zu ihnen gehörten die IM »Heinemann« und »Dr. Zeitz«, die auch zwanzig Jahre später noch im Einsatz waren – der eine als sogenannter Führungs-IM (FIM), der inzwischen selber verschiedene Quellen steuerte, der andere als bis heute unenttarnter Funktionär der Alternativen Liste. Beide belieferten die Stasi über Jahre hinweg mit zahlreichen Informationen.[140] William Borm soll dem Club bei seiner Gründung mit 150 000 DM unter die Arme gegriffen haben, bei denen es sich in Wahrheit um HVA-Devisen gehandelt habe.[141]

Der Republikanische Club (RC) wurde rasch zu einem organisatorischen Zentrum der Bewegung. Prominente SDS- und APO-Führer wie Johannes Agnoli, Peter Brückner oder Fritz Teufel gingen ein und aus, in zahlreichen Städten der Bundesrepublik fanden sich Nachahmer, so daß im Oktober 1968 insgesamt 42 derartige Clubs in Deutschland existierten. Im Berliner RC trafen sich schon wenige Tage nach der Gründung Vertreter verschiedener linker Gruppen, darunter der »Falken«, der November-Gesellschaft und des SDS, um eine engere Kooperation bei künftigen politischen Aktionen zu verabreden[142] – der Beginn des sogenannten »Koordinierungsausschusses«, der von nun an regelmäßig und zeitweise täglich in den Räumen des Clubs zusammentrat. Insbesondere nach den gewaltsamen Zusammenstößen im Zuge der Anti-Schah-Demonstration am 2. Juni 1967 verzeichneten die Club-Initiatoren einen derart regen Zulauf, daß sie Probleme hatten, »die Spreu vom Weizen zu trennen, d. h. nur diejenigen hineinzulassen, die als Interessenten respektive spätere Mitglieder in Frage kommen könnten«.[143]

Regelmäßig fanden in dem Club nunmehr Zusammenkünfte der Universität, des ASTA oder des Vietnam-Ausschusses statt. Zu den im kleinen Kreis geführten Diskussionen über Strategie und Taktik wurden auch Funktionäre aus der DDR eingeladen, wie aus einem ausführlichen Bericht von Dieter Klein, Professor an der Humboldt-Universität, vom März 1968 hervorgeht. Klein warf damals den Uralt-SDSlern, unter ihnen auch Walter Barthel, vor, daß die ganze Arbeit des Clubs zu wenig von einer politökonomischen Analyse des westdeutschen Imperialismus ausgehe – eine Kritik, die, wie er schrieb,»von den Gesprächspartnern als sehr nützlich bezeichnet« worden sei. Auch seine Kritik an den Positionen Herbert Marcuses (»Leugnung des revolutionären Potentials der Arbeiterklasse und die Verketzerung des Sozialismus als ebenfalls bürokratisiertes Herrschaftssystem«) sei zu einem großen Teil akzeptiert worden. Er selbst sei dringend darum gebeten worden, sich dafür einzusetzen, »daß in der nächsten Zeit regelmäßig DDR-Referenten die politischen Diskussionen im Klub mitbestimmen«; unter anderem bat man darum, daß ein Professor Knipping in der Vorbereitung weiterer Springer-Aktionen als Referent auftrete.»Meine Auffassung ist«, so Klein in seinem in einer Stasi-Akte abgehefteten Bericht,»daß man unbedingt die Möglichkeit nutzen müßte, auf diese Weise ein richtiges Verhältnis der außerparlamentarischen Opposition zum Sozialismus herzustellen.« Im Zusammenhang mit dem Wunsch der Anwesenden, die Diskussion bald fortzusetzen, sei er gebeten worden,»zusammenfassend eine Gesprächsgrundlage über die Arbeiterklasse als revolutionäre Hauptkraft der antiimperialistischen Bewegung zu geben, um in dieser Richtung die Kräfte im Republikanischen Club zu unterstützen«. Bei einer anschließenden Veranstaltung habe der Vorstand des Clubs die Frage der Aktionseinheit mit der SED Westberlin »uneingeschränkt bejaht«.[144]

Namentlich Horst Mahler, Klaus Meschkat und Knut Nevermann waren einem Stasi-Bericht zufolge für die Aktionseinheit mit dem SED-Ableger in Westberlin. Als sie diese Linie in einem Interview mit dem *Tagesspiegel* auch öffentlich bekräftigten, gab es jedoch aus dem SDS Widerspruch. Der Generalrat sprach sich mehrheitlich dafür aus, daß die Vertreter des RC nicht im Namen der APO sprechen dürften, und kritisierten die Unterwanderungsstrategie der SED. Im Gegensatz zu Dutschke-Freund Bernd Rabehl, der im *Tagesspiegel* eine Entgegnung veröffentlichen wollte, beschloß man jedoch »nach Angaben zuverlässiger und vertrauenswürdiger Quellen«, daß man die Differenzen »intern« behandeln wolle.[145]

Extrablatt und Extra-Dienst

In die Räume des Republikanischen Clubs zog auch die Redaktion des *Berliner Extra-Dienstes* ein, nachdem sich der Herausgeber des *Spiegels*, Rudolf Augstein, aus der Finanzierung eines von der Studentenbewegung inspirierten Zeitungsprojektes zurückgezogen hatte. Die damaligen Versuche, der Außerparlamentarischen Opposition (APO) ein publizistisches Forum zu geben, unterlagen von Anfang an der geheimdienstlichen Durchdringung. Die Idee stammte ursprünglich von Horst Mahler und Walter Barthel, der 1964 nach Berlin zurückgekehrt war. Im Januar 1966 kam es zu einer Zusammenkunft mit Augstein, bei der dieser sich bereit erklärte, eine neue, zunächst wöchentlich erscheinende Zeitung für Westberlin herauszugeben. Nach seinen Vorstellungen sollte sie den Weg bahnen für eine neue Politik des Westberliner Senats gegenüber der DDR und die bestehenden deutschlandpolitischen Tabus »in einer bisher nicht bekannten rücksichtslosen Weise« ignorieren.[146] In der fünfköpfigen Vorbereitungskommission, die die erste Nullnummer produzieren sollte, war die Stasi mit Peter Heilmann und Walter Barthel gleich zweifach vertreten. Wenige Tage später machte man die ersten Personalvorschläge, die Barthel, einem Auftrag seines Führungsoffiziers folgend, umgehend der Staatssicherheit übermittelte. Danach hatte Heilmann inzwischen vorgeschlagen, auch noch seine Frau, die ebenfalls für das MfS tätig war, als Redaktionssekretärin in das Projekt mit hineinzunehmen.[147] Außerdem stellte Barthel fest, daß sich Heilmann sehr danach gedrängt habe, die Liste der personellen Vorschläge zusammenstellen, d.h. Zugang zu den diversen Bewerbungsunterlagen zu bekommen.[148]

Die Zeitung sollte unter dem Titel *Heute* erscheinen. Die Vorarbeiten wurden im Auftrag Augsteins im wesentlichen von Walter Barthel geleistet, der das MfS regelmäßig unterrichtete. Gegen Heilmann formulierte Augstein hingegen bald starke Bedenken. Tragende Kräfte der Redaktion wurden schließlich die Journalisten Stefan Reißner, Hermann L. Gremlitza, Martin Buchholz, Walter Barthel sowie Carl Guggomos, der bis dahin beim *Vorwärts* arbeitete und als Chef vom Dienst fungieren sollte. Obgleich das MfS über das Vorhaben bestens informiert war, finden sich über die Akteure von einst heute nur noch vage Hinweise in den Archiven. Gegen Gremlitza, heute Chef der Zeitschrift *Konkret*, wurde vom Generalbundesanwalt 1993 ein – ergebnisloses – Ermittlungsverfahren wegen Spionage eröffnet, Buchholz ist in den Karteien des Bundesbeauftragten für die Stasi-Unterlagen überhaupt nicht »erfaßt«, obgleich er 1972 einem Stasi-Vermerk zufolge als Korrespondent für die DDR vorgesehen war sowie Kontakte zum DDR-offiziellen »Verband der Journalisten« (VDJ) hatte, der wiederum als legale Residentur der HVA fungierte.[149] Guggomos dürfte es, der zentralen Personenkartei des MfS nach zu urteilen, gar nicht gegeben haben, obwohl er intensive Beziehungen in die DDR unterhielt.

Gerade Guggomos' Rolle in dieser Zeit bedürfte der Aufhellung. Im März 1966 war er verdächtigt worden, eine umfassende anonyme »Anklage« gegen den SPD-Politiker Herbert Wehner verfaßt zu haben, die zu veröffentlichen sich nur die *Zeit* bereit gefunden hatte und die just auf dem Höhepunkt einer konzertierten Anti-Wehner-Kampagne der SED erschien.[150] In der Folgezeit spielte er eine Schlüsselrolle bei diversen linken Zeitungsprojekten, die ideologisch und wohl auch finanziell eng mit der DDR verbunden waren. Nach der Wende berichteten zwei ehemalige Mitarbeiter der HVA-Abteilung X, daß Guggomos beim MfS den Decknamen »Gustav« getragen habe. Über zahlreiche ohnehin vorhandene Ostkontakte sei er seinerzeit beim VDJ »und damit auch bei uns« aufgelaufen.[151] Später konkretisierte einer der beiden, Guggomos sei noch als Journalist des *Vorwärts* von einem MfS-Offizier im VDJ zu »vertraulichen Beratungen« an den Dämeritzsee bei Berlin eingeladen worden. Dort sei das Projekt eines linken Blattes für Westberlin entworfen worden, für das die Stasi nicht nur Geld, sondern auch journalistische Unterstützung angeboten habe – der spätere *Berliner Extra-Dienst*, dessen Chefredakteur Guggomos wurde.[152]

Tatsächlich ist in den Hinterlassenschaften der HVA eine Quelle der genannten Abteilung X mit dem Decknamen »Gustav« und einer Registriernummer aus dem Jahr 1967 erfaßt.[153] Den Aufzeichnungen zufolge setzten dessen Lieferungen jedoch erst 1977 ein, was unter Umständen damit erklärt werden könnte, daß bis dahin Lancierungsaufgaben im Vordergrund standen, für die die Abteilung X in erster Linie zuständig war. Ende der siebziger Jahre berichtete »Gustav« jedenfalls über Themen wie »Biermann und die linke Szene« oder die Aktivitäten des Westberliner Schutzkomitees »Freiheit und Sozialismus«. Auch über Zusammenkünfte des (linkssozialdemokratischen) Frankfurter Kreises, die »Lage in der SPD« und den Versuch, eine linkssozialistische Partei zu gründen, informierte »Gustav« die Stasi. 1981 ist ein »Stichwortprotokoll« des SPD-Bundestagsabgeordneten Hansen registriert zur Fraktionssitzung seiner Partei im Zusammenhang mit einem von Hansen geschriebenen Artikel in der Zeitschrift *Konkret*, 1983 finden sich Informationen zu einer Tagung des »Liaison-Komitees« der Russell Peace Foundation und zur Finanzierung der Europäischen Akademie in Westberlin.

Augsteins Berliner Engagement für die Zeitung *Heute* währte freilich nicht sehr lange. Nach dem Erscheinen der ersten drei Nullnummern beklagte er sich über den mangelnden »journalistischen Pfiff« und verwarf das Projekt im Januar 1967, wobei er einen Teil der Redakteure in den *Spiegel* kooptierte. Barthel schlug in dieser Situation der November-Gesellschaft vor, »ein zumindest im Wahlkampf wöchentlich erscheinendes Extrablatt in Form einer Boulevard-Zeitung herauszugeben«. Wenige Tage später trafen sich deshalb die ehemaligen Mitarbeiter von *Heute* mit Mitgliedern der Gesellschaft und berieten über die redaktionelle Gestaltung der ersten Nummer. Diese erschien am 11. Februar 1967 in einer Auflage von zunächst 10 000 Exemplaren und wurde von rund 150 Freiwilligen im Straßenverkauf angeboten. Um die Fäden zur Berliner Studentenbewegung nicht ganz abreißen zu lassen, unterstützte Augstein das Blatt mit einem Scheck über 10000 DM und stellte weitere finanzielle Hilfe in Aussicht. Hergestellt wurde das *Extrablatt* in einer Druckerei, die der Parteivorstand der Westberliner SED dem frischgebackenen Chefredakteur Barthel vermittelt hatte.

Das politische Profil des Blattes wurde Staritz zufolge »im wesentlichen von Kurt [= Barthel] bestimmt, der sich allerdings vor jeder Ausgabe mit dem Kreis der ›November-Gesellschaft‹ zusammensetzt und hier die allgemeine politische Linie erarbeiten bzw. diskutieren läßt«. Geschäftsführer der im Mai 1967 noch nicht gegründeten Extrablatt GmbH sollte Carl Guggomos werden.[154] Artikel, die unter dem Kürzel »Konzeptor« erschienen, waren in der Regel ein Gemeinschaftsprodukt der SDS-Veteranen. Ein Korrespondent des DDR-Rundfunks erklärte nach den ersten Ausgaben, daß die im *Extrablatt* gefundene Sprache genau die Sprache sei, mit der man in Westberlin gut Politik machen könne.[155] Durch Augsteins Vermittlung war die vierte Ausgabe, die am 4. März erschien, bereits an allen Westberliner Kiosken zu haben. Über all diese Vorgänge informierten Barthel und Staritz fortlaufend das MfS.[156]

Das vielversprechende Boulevardblatt der Studentenbewegung mußte allerdings kurz darauf die Segel streichen, weil sich die geheimdienstlichen Auftraggeber Barthels von ihrem Agenten übergangen fühlten. Einem Bericht von Staritz zufolge war der Verfassungsschutz nämlich »sehr erbost«, weil Barthel diesen über die Gründung des *Extrablattes* nicht ausreichend informiert hatte.[157] Das Kölner Amt informierte daraufhin den *Spiegel* über Barthels Verfassungsschutzkontakte, woraufhin Augstein seine finanzielle Unterstützung sofort einstellte.[158] In der Folge erschien das *Extrablatt* nur noch zu besonderen Anlässen und auf der Basis anderer Zuwendungen. Beispielsweise bereitete die November-Gesellschaft aus Anlaß des Schah-Besuches in Westberlin eine Sonderausgabe vor. Mit einem Kredit des ASTA der FU kam nach der Erschießung des Studenten Benno Ohnesorgs am 2. Juni 1967 eine weitere Ausgabe heraus, von der insgesamt 46000 Exemplare verkauft wurden. Angeblich um die Redakteure (Walter Barthel, Carl Guggomos, Martin Buchholz und Hannes Schwenger) zusammenzuhalten, rief Barthel jedoch nunmehr den *Extra-Dienst* ins Leben, der nach seinen Vorstellungen zweimal in der Woche erscheinen und »Exklusivinformationen über die DDR und die Ost-West-Problematik enthalten« sollte.[159]

Der *Extra-Dienst* wurde in der Folgezeit zum Sprachrohr linker Traditionalisten, das vor allem in gewerkschaftlichen und sozialdemokratischen Kreisen gelesen wurde. Verantwortlich für den Inhalt zeichnete Carl Guggomos, der als Chefredakteur und zweiter Geschäftsführer fungierte und darüber hinaus das angeschlossene Lokal »Drehscheibe« leitete; erster Geschäftsführer war Walter Barthel.[160] Mit den Machthabern in der DDR war das zweimal wöchentlich erscheinende Blatt gleich mehrfach verknüpft. Aus dem Innenleben berichtete in der Anfangszeit Dietrich Staritz dem MfS, der seine Informationen offenbar direkt von Barthel bezog und, wie dieser, die Stasi auch für eine finanzielle Unterstützung zu gewinnen suchte. »Nach Einschätzung des GM«, so vermerkte sein Führungsoffizier etwa nach einem Treff im Juni 1967, »wäre es politisch wertvoll, wenn das Erscheinen des *Extra-Dienstes* weiterhin gesichert würde.« Und unter »Maßnahmen« notierte er anschließend: »Beratung über evtl. Unterstützung des *Extra-Dienstes*«. Darüber hinaus, so hatte ihm Staritz berichtet, habe der Herausgeber Guggomos eventuell in Leipzig eine Verbindung zum Zentralkomitee geknüpft, um eine finanzielle Unterstützung aus der DDR zu ermöglichen.[161]

Staritz' umfassende Berichte über Entstehung und Entwicklung des *Extra-Dienstes* erleichterten dem MfS aber auch die Instrumentalisierung des Blattes durch inoffizielle Mitarbeiter, Kontaktpersonen und Offiziere im besonderen Einsatz, die speziell zur Beeinflussung der westdeutschen Öffentlichkeit eingesetzt wurden. Einfluß auf die Berichterstattung des *Extra-Dienstes* nahm man zum Beispiel über den DDR-»Verband der Journalisten«, der als »legales Dach« der HVA fungierte und Kontakt zu diversen westlichen Journalisten pflegte, unter anderem um sie mit Material für Enthüllungskampagnen in der Bundesrepublik zu spicken. Ein Vertreter des VDJ, so mußte sich sogar Staritz im März 1968 bei seinem Führungsoffizier beschweren, habe ihn auf plumpe Weise anwerben wollen.[162] Chefredakteur Guggomos, so berichteten nach der »Wende« zwei ehemalige Mitarbeiter der Staatssicherheit, erfuhr durch die HVA seinerzeit »jede Hilfe, ohne daß der Geheimdienst sichtbar in Erscheinung getreten wäre«. Sein Blatt sei vom MfS »massiv gefördert« worden und hätte »ohne unsere redaktionellen Beiträge und ohne unser Geld gar nicht leben können«.[163] Wie weit die Verfügungsgewalt des MfS über den *Extra-Dienst* gegangen sein muß, illustriert ein von Markus Wolf unterschriebener Plan vom Februar 1969 zur Störung der Bundespräsidentenwahl in Westberlin, in dem unter anderem die »Herausgabe einer Sonderausgabe« des Blattes beschlossen wurde.[164]

Trotz permanenter Finanzkrise begleitete der *Extra-Dienst* die linke Bewegung in Berlin und anderswo mehr als ein Jahrzehnt und machte regelmäßig Stimmung für DDR-konforme Positionen. Zehn Jahre nach dem Beinahe-Revolutionsjahr 1968 ging die Redaktion sogar daran, aus dem bescheidenen Infoblatt eine »richtige« Zeitung zu machen, nicht zuletzt um die zeitgleich geplante Gründung der linksalternativen *tageszeitung* (taz) zu konterkarieren. Das Vorhaben war für die SED immerhin so bedeutsam, daß der Leiter der Westabteilung des ZK der SED, Herbert Häber, dem Staatsratsvorsitzenden der DDR Erich Honecker höchstpersönlich ein Exemplar der Probenummer zukommen ließ – Auflage: 50 000 Stück.»Nach Erklärungen der Herausgeber«, so Häber in seinem Begleitbrief,»soll es das politische Hauptanliegen der Zeitung sein, ein breites Bündnis der verschiedenen politischen und gesellschaftlichen Kräfte in der BRD und Westberlin herzustellen, um an der ›Überwindung der kapitalistischen Strukturen unserer Gesellschaft‹ mitzuwirken.«[165] Tatsächlich war das unter dem Titel *Die Neue* erscheinende Blatt ab Februar 1979 dann bundesweit zu haben. Obwohl Chefredakteur Guggomos für die Finanzierung der Zeitung erneut bei DDR-Stellen hausieren ging, mußte sie jedoch angesichts stagnierender Abonnentenzahlen nach einiger Zeit ihr Erscheinen wieder einstellen.[166]

Über Barthels Engagement in den Zeitungsprojekten der Berliner Studentenbewegung zeigte sich die Stasi nicht erfreut. Weil sie»Hinweise« bekommen hatte, daß Barthel vom Westberliner Verfassungsschutz für einen»Agenten des Ostens« gehalten wurde, hatte sie ihn frühzeitig angewiesen, sich nicht daran zu beteiligen. Nach den Vorstellungen der Stasi sollte Barthel lieber beim *Stern* oder beim Westberliner *Telegraf* mitarbeiten, als sich politisch so zu exponieren. Als sein Führungsoffizier ihm Anfang 1966 trotzdem den Auftrag gab, weiter an den Vorbereitungen teilzunehmen, schrieb dessen Chef kurzerhand an den Rand»Alles über Kiemle beschaffen«.[167] Barthel setzte sich jedoch über die Weisung der Staatssicherheit hinweg, so daß seine Führungsstelle im April 1966 vorschlug,»die Verbindung zu dem G[eheimen]M[itarbeiter] auf eine unbefristete Zeit zu unterbrechen« – zu seiner eigenen Sicherheit.[168] Ein Jahr später verhängte das MfS sogar ein Einreiseverbot gegen ihn, weil er in seinen Artikeln, insbesondere im *Kölner Stadtanzeiger*, die DDR verleumdet hätte – eine Maßnahme, die allerdings nach einer Intervention des Westberliner SED-Vorsitzenden Gerhard Danelius»auf Weisung des ZK wieder aufgehoben« wurde.[169]

Daß Barthel 1967 eigenmächtig mit der Westberliner SED in Verbindung trat, war in den Augen der Staatssicherheit ein schwerer Fehler, da die Westarbeit von Partei und Stasi einer zentralen Festlegung zufolge grundsätzlich voneinander getrennt bleiben sollten. Obwohl Staritz dem MfS wiederholt das Angebot des geheimen Stasi-Mitarbeiters»Kurt« überbrachte,»Hinweise über das *Extrablatt* zu vermitteln«, blieb die Verbindung nach»Rücksprache mit der Leitung« zu ihm unterbrochen.[170] Erst im Januar 1968 kam es auf seinen Wunsch hin noch einmal zu einem Treffen, bei dem die Stasi ihm empfahl, eine andere Tätigkeit in Westdeutschland zu übernehmen. In einem internen Vermerk monierte das MfS danach »eine gewisse Selbstherrlichkeit« Barthels, die sich unter anderem darin ausdrücke, daß nach seiner Meinung die Westberliner SED ohne ernsthafte Rückschläge für die oppositionelle Bewegung nicht auf ihn verzichten könne. Demgegenüber meinte das MfS: »Es sollte von der Partei überprüft werden, ob es aufgrund der früheren Verbindung des Genossen Barthel zum B[undes]V[erfassungs]S[chutz]A[mt] weiterhin zweckmäßig ist, daß der Genosse B. in Westberlin mitarbeitet bzw. engen Kontakt zur SED Westberlin unterhält und weiterhin Aufträge durchführt.«[171] Zumindest bis Oktober 1971 müssen SEW und SED jedoch weiter ihre schützende Hand über Barthel gehalten haben, wie das mittlerweile ernsthaft beunruhigte MfS konstatieren mußte, nachdem es zu der Überzeugung gelangt war, daß die beiden Agenten Staritz und Barthel womöglich doch stärker für den Verfassungsschutz als für die eigene Seite arbeiteten.[172]

Tatsächlich knüpfte Barthel in dieser Zeit zunehmend engere Bande zur SED in Westberlin. Im Mai 1968 entwickelte er den Plan, mit einer eigenen Rotaprint-Maschine Bücher aus der DDR nachzudrucken und aus den Einnahmen eine eigene Boulevard-Zeitung zu finanzieren – ein kostenträchtiges Projekt, für das wieder die DDR zahlen sollte. Bald mußte er sein Vorhaben abspecken und plante jetzt nur noch den Kauf einer kleineren Druckmaschine, die in erster Linie zur Herstellung des *Extra-Dienstes* dienen sollte. Unter diesem Eindruck forderten seinerzeit Sprecher der APO, das Blatt stärker unter die Kontrolle des SDS zu stellen, was Barthel zu der Befürchtung veranlaßte, zusammen mit Guggomos von den anderen Blatt-Gesellschaftern an den Rand gedrängt werden zu können – auch darüber informierte Staritz die Stasi.[173]

Konzepte für den Umsturz

Extra-Dienst, November-Gesellschaft und Republikanischem Club ging es nicht um einen abstrakten Seminarmarxismus, sondern um die praktische Beseitigung des verhaßten »kapitalistischen« Systems. Zusammen mit dem SDS, den Falken und anderen linken Gruppen planten sie nichts Geringeres als den politischen Umsturz, der ihnen 1967 zumindest in dem von der DDR eingeschlossenen Westberlin zunehmend in greifbare Nähe zu rücken schien. Schon im Mai hatte die November-Gesellschaft dazu das Konzept einer »Gegeneskalation« entwickelt, mit dem die »direkte Konfrontation von rebellierender Jugendlichkeit mit städtischer Obrigkeit bzw. mit der amerikanischen Militärpolizei bezweckt« wurde. Man rechnete damit, daß insbesondere die

Proteste gegen den Vietnamkrieg »zu einer starken Zuspitzung nicht nur der Lage an der Universität, sondern auch der Lage in Westberlin führen« würden.[174] Als sich nach der Erschießung des Studenten Benno Ohnesorg bei der Anti-Schah-Demonstration am 2. Juni die Proteste dann wirklich radikalisierten, notierte das MfS in einer Information: »Die Protestbewegung war mit diesen Folgerungen nicht geplant. [...] Linke SDSler u[nd] ›Commune‹-Anhänger vertreten die Absicht, die Eskalation seitens der Studenten weiterzuführen.«[175]

Mitte Juni legten die Auswerter der Hauptverwaltung A eine ausführliche »Operativinformation« zur APO vor. »Im Ergebnis mehrerer Diskussionen im Vorstand des RC«, so heißt es da, »wird die Lage der Außerparlamentarischen Opposition in Westberlin wie folgt eingeschätzt.« Die Außerparlamentarische Opposition könne von den Herrschenden nicht mehr als »Mini-Minorität« abgetan werden, die Bürgerschreck-Periode der Kommune sei abgeschlossen und habe ihre Aufgabe erfüllt. »Die Rote Fahne wurde für breite Kreise der Westberliner Bevölkerung wieder salonfähig gemacht und der SED Westberlin wurde die Gelegenheit verschafft, als Partei gegenüber der Bevölkerung wieder in Erscheinung zu treten und aus der Selbstisolierung der letzten Jahre herauszukommen.« Als »hemmend« für die Entwicklung der APO wird in dem Papier der »Antikommunismus« bezeichnet sowie die Verfolgung unterschiedlicher Wege und Methoden durch die einzelnen Gruppen. Auch die »Lehre von Herbert Marcuse« wirke sich hemmend aus, da dieser auf die Industriearbeiterschaft keine Hoffnung setze. Solle die APO weiter wachsen, müsse sie sich organisatorisch weiter festigen und sich auf eine langfristige Strategie der massenhaften Aufklärung orientieren, wie sie von den fortschrittlichsten Kräften in den verschiedenen Gruppen angestrebt und zum Teil in Form von Basisgruppen auch bereits praktiziert werde. Zur »noch qualifizierteren Einschätzung der Vorgänge und der Entwicklung der APO« werden am Ende des Papiers Schwerpunkte der weiteren Informationsbeschaffung vorgegeben, die insbesondere die Haltung der einzelnen Gruppen zum sozialistischen Lager und zur SED-Westberlin, ihre Zusammensetzung und ihre Zielsetzungen sowie ihre Arbeitsweise und ihre Finanzierung umfassen.[176]

Ende Juni 1968 kam es zu einer Besprechung innerhalb der November-Gesellschaft, bei der strategische Leitlinien für die »weitere Zuspitzung der Situation in Westberlin« ausgearbeitet wurden. Damit bereitete man sich auf eine Arbeitsbesprechung mit Repräsentanten des SDS vor, die wenig später in der Jugendschule der IG Metall stattfand. Die selbsternannten Revolutionäre entwickelten bei dieser denkwürdigen Besprechung eine »Konzeption« für ihr weiteres politisches Vorgehen – gleichsam die nächsten Schritte bis zur Revolution. Einigkeit bestand unter den Teilnehmern, daß Westberlin, einer langjährigen Forderung der SED und der Sowjetunion entsprechend, eine »freie Stadt« werden solle[177], wobei die SDS-Vertreter darunter eine von der Bundesrepublik losgelöste politische Einheit verstanden, deren Unabhängigkeit von den Alliierten garantiert wäre. Rudi Dutschke versprach sich davon einen sogenannten »Transmissionseffekt«, das heißt, er hoffte, daß ein solches Versuchsfeld eines »wahren« Sozialismus sowohl auf Westdeutschland als auch auf die DDR ausstrahlen und dort Veränderungen herbeiführen würde.

Entscheidend war jedoch die Frage, wie der revolutionäre Funken von den Hochschulen auf breitere Bevölkerungskreise und insbesondere die Arbeiter überspringen könnte. In diesem Zusammenhang meinte man, daß die Studentenunruhen bereits jetzt zu einer deutlichen »Unlust« der Unternehmer geführt hätten, in Westberlin zu investieren. Diese nähme durch jede weitere Unruhe zu, so daß »eine Verstärkung der studentischen Bewegung und ihr Übergreifen auf die Betriebe zu einem größeren Unruhe- oder Rebellionspotential führen könnte«. Um den Kontakt zu den Industriearbeitern herzustellen, hielt man es deshalb für notwendig, einen »strategischen Betrieb zu finden, d.h. einen Betrieb, in dem schon jetzt die Sorge um den Arbeitsplatz, die Sorge um die Auftragsentwicklung so stark sei, daß eine weitere Zuspitzung der wirtschaftlichen Situation sich dort in politische Unruhe umsetzen ließe«. Wörtlich diktierte Dietrich Staritz dann der Stasi folgende »Konzeption« auf Tonband:

»a) Verstärkung der politischen Unruhe durch studentische Demonstrationen oder Willenskundgebungen,
 b) Herstellung respektive Vertiefung der Kontakte zu einzelnen Betrieben, damit eventuell studentische Unruhen durch die Betriebe unterstützt würden,
 c) Versuch, in jenen Betrieben obengenannte wilde Streiks zu initiieren, in deren Verlauf sich spontan Räte bilden könnten,
 d) vorsichtiges Lancieren des Gedankens an eine politisch von der Bundesrepublik unabhängige Stadt Westberlin,
 e) Zusammenfassung aller so bewegten oder politisierten Kräfte zu einer Massenbewegung, die in der Lage sein könnte, den Senat, sprich die bisherige politische Obrigkeit, aus den Angeln zu heben und das oben skizzierte Fernziel zu verwirklichen. Der vorgestellte Zeitraum umfaßt nach den Schätzungen der in Pichelsberg Versammelten etwa 5–10 Jahre.«[178]

So viel revolutionärer Elan war offenbar selbst der SED nicht ganz geheuer. Führende Vertreter der November-Gesellschaft meinten jedenfalls einem Spitzelbericht zufolge, daß die DDR versuche, die Bewegung in Westberlin zu

»bremsen«. Unter dem Einfluß von Dutschke sei die Ausdehnung eines gewissen »Anti-DDR-Komplexes« zu verspüren, der bereits zu direkten Kontroversen mit Barthel geführt habe, der als ein DDR-Apologet bezeichnet worden sei.[179] Drei Tage nach der »Arbeitsbesprechung« diskutierte die Stasi mit Staritz die »Erfordernisse der derzeitigen oppositionellen Bewegung« in Westberlin, einschließlich der »zweckmäßigsten Losungen dieser Bewegung«. Als »Hauptaufgabe« wurde dabei die »enge Verbindung mit [den] Arbeitern in [den] Betrieben« sowie mit Gewerkschaftsfunktionären herausgestellt. Der Kampf gegen die Notstandsgesetze und den »Ausverkauf« Westberlins sollte im Mittelpunkt stehen. Unter »Maßnahmen« notierte sich Führungsoffizier Brabant: »Beratung [im MfS] über evtl. Unterstützung der ›linken‹ Kräfte.«[180]

Die Hinwendung zur Arbeiterklasse zeitigte freilich nur begrenzte Erfolge. Erfolgreicher war man an der Hochschule selbst, wo gegen Dutschke und andere im Sommer 1967 ein Disziplinarverfahren durchgeführt wurde und sich deshalb viele Kommilitonen mit ihnen solidarisierten. Darüber hinaus startete die Westberliner APO eine großangelegte politische Kampagne zur Enteignung des Verlegers Axel Cäsar Springer. Zur Vorbereitung eines entsprechenden Tribunals sammelte der sogenannte »Springer-Ausschuß« des Republikanischen Clubs »sehr intensiv alles Material«, über die konzeptionellen Überlegungen wurde die Stasi schon im Vorfeld informiert.[181] Der SDS mobilisierte auch für die staatliche Anerkennung der DDR. Als »Auftakt« für eine entsprechende Kampagne fand – nach Vorbesprechungen zwischen Rudi Dutschke und dem Vorsitzenden der Westberliner SED, Gerhard Danelius – im Dezember 1967 eine sogenannte Stehdemonstration statt. Bei der Aktion, an der sich auch der Republikanische Club beteiligte, sollten die Studenten Plaketten mit der Aufschrift tragen: »Ich bin auch Anhänger der Anerkennungspartei«.[182]

Die November-Gesellschaft suchte in dieser Zeit ihre Führungsrolle in der APO zu verstärken. Im September 1967 teilte Staritz der Stasi mit, daß man die Gesellschaft umgestalten und »ihr endlich die Funktion als Koordinierungsausschuß der Westberliner Linken« geben wolle.[183] Im Oktober wurde auf einer Klausurtagung ein Organisationskonzept beschlossen, daß die »verbindliche Disziplin« und Weisungsgebundenheit aller Mitglieder und Funktionäre sowie die Unvereinbarkeit mit Ämtern in anderen Organisationen vorsah.[184] Später übernahm jedoch immer mehr der Republikanische Club die Rolle des organisatorischen Zentrums, und die November-Gesellschaft wurde aufgelöst.

Das Attentat

Einen gravierenden Einschnitt in der Geschichte der Studentenbewegung bedeutete der Mordanschlag auf Rudi Dutschke am 12. April 1968. Obgleich der Studentenführer die Schüsse überlebte, verlor die antiautoritäre Linke über Nacht ihre wichtigste Symbolfigur. Ein Werk der Staatssicherheit? Den überlieferten Unterlagen zufolge kam das Attentat für die Stasi genauso überraschend wie für die westdeutsche Öffentlichkeit. Zwar stammte der Attentäter, der Malergeselle Joseph Bachmann, aus dem ostdeutschen Städtchen Reichenbach, wo er bis 1989 bei der örtlichen Kreisdienststelle der Staatssicherheit erfaßt war,[185] doch der DDR hatte er lange vorher den Rücken gekehrt. Die eingeölte Maschinerie des MfS lief in diesen dramatischen Apriltagen jedenfalls tagelang auf Hochtouren, um die Hintergründe des Anschlags aufzudecken. So berichtete eine Quelle mit dem Decknamen »Erika« noch am selben Tag über den Verlauf der Demonstration in Westberlin, bei der auch Schüsse zu hören gewesen seien. 24 Stunden später sandte die Kreisdienststelle Reichenbach ein Blitztelegramm nach Berlin, in dem sie übermittelte, daß der Attentäter Joseph Bachmann im Alter von 12 Jahren zusammen mit seinen Eltern 1956 illegal die DDR verlassen habe. Am 15. April faßte das MfS dann seine Erkenntnisse in einer Information zusammen, in der unter Hinweis auf sein antikommunistisches Elternhaus betont wurde: »Die aus der Westpresse zu ersehende Orientierung, den Bachmann als ›Sonderling‹ darzustellen, soll offensichtlich von seiner neofaschistischen Grundeinstellung ablenken.«[186] Bereits am Vortag hatte das *Neue Deutschland* die Linie gewiesen, wie der Mordversuch für die Politik der SED zu instrumentalisieren sei: »Die Saat der Renazifizierung geht auf: Ein Anschlag auf alle Notstandsgegner«.[187] Ansonsten beschränkte sich das MfS den überlieferten Akten zufolge darauf, Zeitungsartikel und Flugblätter zum Attentat möglichst komplett abzuheften.[188]

Nach dem Attentat auf Rudi Dutschke und der Niederlage der Linken beim Mai 1968 in Paris setzte in der Studentenbewegung eine Phase der Ernüchterung ein. Während die revolutionäre Bewegung an Dynamik verlor, rüsteten sich die Sozialdemokraten zur Übernahme der Macht in Bonn und zur Umsetzung ihrer neuen Ostpolitik. Der innere Kern des Republikanischen Clubs, darunter Barthel und Guggomos, traf sich vor diesem Hintergrund im Juni 1968 erneut zu einer Strategiebesprechung, bei der festgelegt wurde, die Arbeit der APO in Westberlin auf drei Ebenen fortzusetzen – in den Basisgruppen, als zentrale »Stadtkampagnen« und in den vorhandenen Institutionen. Einem Spitzelbericht zufolge grenzte man sich dabei ebenso von den »antiautoritären« Tendenzen ab wie von Vorschlägen, auch die »Auseinandersetzung mit dem DDR-Sozialismus« zum Gegenstand einer Kampagne zu machen. Tatsächlich hatte die Einführung der Visumspflicht für Transitreisen zu dieser Zeit in der APO zu Kritik geführt und sogar eine kleinere Demonstration am Grenzübergang Heinrich-Heine-Straße zur Folge gehabt.[189] Im Republikanischen Club wurde der Vorwurf laut, die DDR habe damit eine »konterrevolutionäre Situation« geschaffen, andere bezeichneten die Maßnahmen hingegen als »längst überfällig«. Die Traditionalisten im RC vertraten die Meinung, daß eine »Wiederbelebung der SDS-Revoluzzerei« zwar verhindert werden müßte, auf der anderen Seite aber nicht die gesamte Aktivität in der momentanen Weise stillgelegt bleiben dürfte. »Es gilt also, das durch die ›Müdigkeit‹ der Ultralinken entstandene Vakuum schnell und sinnvoll auszufüllen.«[190]

Der Differenzierungsprozeß innerhalb der Studentenbewegung wurde durch den Einmarsch sowjetischer Truppen in die Tschechoslowakei am 21. August 1968 weiter vorangetrieben. Staritz erhielt noch am selben Tag den Auftrag, »geplante Maßnahmen der APO und anderer Organisationen in Erfahrung [zu] bringen«.[191] Einen Monat später wurde dann in Westdeutschland die »Deutsche Kommunistische Partei« (DKP) aus der Taufe gehoben und im Januar 1969 der DDR-hörige »Marxistische Studentenbund Spartakus« (MSB) gegründet. Getreu der sowjetischen Drei-Staaten-Theorie nannte sich die Westberliner SED wenig später in »Sozialistische Einheitspartei Westberlins« (SEW) um, zu deren »Grundsätzen und Zielen« auch die Teilnahme an »außerparlamentarischen Aktivitäten« gehörte. Tatsächlich gewann die SEW bis 1970 etwa 3000 junge Mitglieder aus dem Umfeld der APO.[192]

Die Proteste gegen die Bundesversammlung

In der Folgezeit entfaltete die SED beträchtliche Anstrengungen, die Studentenbewegung insbesondere für die Durchsetzung ihrer von der Sowjetunion bestimmten Berlinpolitik zu instrumentalisieren. Während in der Vergangenheit direkte Pressionen die antikommunistischen Gegenkräfte in der Regel noch gestärkt hatten, gab es nun einen Bündnispartner im Inneren Westberlins, der erstmals nicht mehr nur aus Kadern und Sympathisanten der Partei bestand. Vorrangiges Ziel war es dabei, die Bindungen der Halbstadt zur Bundesrepublik zu lockern und die Herrschaft der SED in Ostdeutschland völkerrechtlich zu legitimieren.

Das Vorgehen der SED läßt sich exemplarisch zeigen anhand einer Bundesversammlung am 5. März 1969 in Berlin, bei der Gustav Heinemann zum Bundespräsidenten gewählt wurde. Nach der jahrelangen Kampagne von SED und

MfS hatte dessen Vorgänger, Heinrich Lübke, 1968 seinen vorzeitigen Amtsverzicht angekündigt. Obwohl die SED seinem designierten Nachfolger wohlwollender gegenüberstand, agitierte sie jetzt von innen und außen dagegen, daß eine Amtshandlung der Bundesrepublik auf Wunsch des Berliner Senates in Westberlin stattfinden sollte – so wie es auch bei den vorangegangenen beiden Präsidentenwahlen der Fall gewesen war. Mit Zuckerbrot und Peitsche versuchte sie, das »völkerrechtswidrige Vorhaben« zu Fall zu bringen. In einer offiziellen Note legte sie im Februar 1969 gegenüber der Bonner Regierung »schärfsten Protest« ein und forderte sie auf, »die geplante provokatorische Durchführung der Bundesversammlung in Westberlin zu verhindern«.[193] Mit einer speziellen Anordnung verbot der Innenminister der DDR zwei Tage später allen Mitgliedern und Mitarbeitern der Bundesversammlung sowie Generälen und Offizieren der Bundeswehr die Durchreise durch die DDR; auch Arbeitsmaterialien durften zu diesem Zweck nicht transportiert werden.[194] Auf der anderen Seite erklärte man sich gegenüber dem Berliner Regierenden Bürgermeister Klaus Schütz überraschend bereit, der Westberliner Bevölkerung zu Ostern erstmals wieder die Möglichkeit zu Verwandtenbesuchen im Ostteil der Stadt einzuräumen – »unter der Voraussetzung, daß die Bundesversammlung und die Wahl des westdeutschen Bundespräsidenten nicht in Westberlin stattfindet«.[195] In einer parteiinternen Dokumentation wurde diese Offerte damit begründet, daß die Bundesregierung durch »gewisse Kanäle« der DDR die Mitteilung habe zukommen lassen, daß eine Verlegung des Versammlungsortes in Erwägung gezogen werde, wenn diese mit dem Berliner Senat wieder Kontakte aufnehme »und über Ostern eine gewisse Verhandlungsbereitschaft für Verwandtenbesuche zeige«.[196] Die Stimmung in der Bevölkerung, so die SED-interne Einschätzung, richte sich »immer klarer gegen die westdeutsche Provokation in Westberlin«, und selbst bei den NATO-Verbündeten wachse der Unmut über den Bonner »Kollisionskurs«.[197] Im wahrsten Sinne bis zur letzten Minute versuchte die DDR in Verhandlungen mit dem Senatsbeauftragten Horst Grabert, eine Verlegung des Versammlungsortes zu erpressen.

Zugleich agitierte die DDR mit allen zur Verfügung stehenden Mitteln gegen die Versammlung, die als »Unrechtsakt«, »verbrecherisches Vorhaben« oder »Anschlag auf Europas Sicherheit« bezeichnet wurde. Arbeiterbrigaden verurteilten in Stellungnahmen die »widerrechtliche Revanchistenprovokation in Westberlin« und brandmarkten insbesondere die Teilnahme von einigen Abgeordneten der NPD, darunter auch deren Vorsitzender Adolf von Thadden. Um dem Standpunkt der SED zusätzlichen Nachdruck zu verleihen, griff das MfS in bewährter Manier auf sein »NS-Archiv« zurück und überprüfte in der Aktion »Schwarz« sämtliche Mitglieder der Bundesversammlung auf mögliche Belastungen.[198] Aber auch in der Bundesrepublik mobilisierte man den Widerstand. Der Parteivorstand der SEW bezeichnete die Bundesversammlung als »heimtückischen Anschlag auf die Sicherheit und Lebensfähigkeit« Westberlins und rief zu Demonstrationen auf. Gewerkschaftsfunktionäre wie der sozialdemokratische Betriebsrat des Mannesmann-Hüttenwerkes in Duisburg, Herbert Dräger, verurteilten im SED-Vokabular die »offene Provokation gegenüber den sozialistischen Ländern«. In Köln und Düsseldorf blockierten Demonstranten die Zufahrtsstraßen der Flughäfen, von denen aus die Wahlmänner nach Berlin fliegen wollten. Auch der Schriftsteller Erich Kästner warnte in einer Erklärung vor dem »törichten Vorhaben« und meinte, die »Politik der Stärke« sei in Wahrheit nichts anderes als »halbstarke Politik«.[199]

An der Organisierung der Proteste beteiligte sich auch das MfS. »Auftragsgemäß« übersandte Markus Wolf seinem Minister dazu am 18. Februar einen vierseitigen von der Abteilung X entworfenen Plan mit »aktiven Maßnahmen« – ein seltenes Fundstück aus der praktischen Arbeit der dafür zuständigen HVA-Abteilung X.[200] Es ging um »die Störung der Vorbereitung und Durchführung der Bundesversammlung vor allem durch Unterstützung der geplanten Aktionen der Außerparlamentarischen Opposition in Westberlin und durch Ausnutzung und Vergrößerung der Unsicherheit in politischen Kreisen Bonns und Westberlins sowie durch verstärkte Bekämpfung der Politik und der Person von [Bürgermeister] Schütz«. Zusätzlich hatte auch die Stasi-»Verwaltung Groß-Berlin« einen Plan entworfen, der jedoch nicht mehr überliefert ist. Ein Teil der aufgelisteten Maßnahmen, so heißt es in dem Wolf-Plan, sei bereits realisiert worden beziehungsweise befinde sich im Stadium der Realisierung. Entsprechend der politischen Zielsetzung werde der Plan auch nach der Wahl mit weiteren Maßnahmen fortgesetzt.

Die geplanten Maßnahmen der Westberliner APO gegen die Bundesversammlung und den eine Woche zuvor stattfindenden Besuch des amerikanischen Präsidenten Nixon sollten dem Papier zufolge »mittels aller nutzbaren operativen Verbindungen in APO-Kreise unterstützt« werden. Im einzelnen ging es um die »Orientierung auf einheitliche Aktionen aller Gruppierungen der APO«, um »Hilfe bei der Organisierung politischer Demonstrationen (besonders bei der geplanten Veranstaltung des Republikanischen Clubs am 5. 3. in Westberlin)«, um »Einflußnahme auf den Charakter und die Losungen der Demonstrationen« sowie um »Hilfe bei der Erarbeitung und Verbreitung von Flugblättern und anderen Agitationsmaterialien (insbesondere einer Agitationsschrift des Westberliner Republikanischen Clubs über den Zusammenhang zwischen den Bonner Berlin-Provokationen und den Nachteilen für die Westberliner Bevölkerung)«. Verhindert werden sollten dagegen eventuelle »Proteste und Provokationen« gegen die DDR durch bestimmte Kreise der Studentenbewegung. Zugleich wollte man über die »operativen Verbindungen« des MfS auf »politische Formen der Auseinandersetzung« hinwirken und »Sabotageakten« des antiautoriäten Flügels der APO »keine Unterstützung« zukommen lassen.

Außer dieser unmittelbaren Einflußnahme auf die Aktionen der APO sah der Plan auch eine Reihe sogenannter »Presselancierungen« vor. So sollte der *Berliner Extra-Dienst* genutzt werden für eine »Kampagne von Meldungen und Artikeln gegen die Bundesversammlung und die Politik des Schütz-Senats und die Folgen für Westberlin«, wofür die Abteilung X der HVA und die Abteilung XV der Stasi-»Verwaltung Groß-Berlin« verantwortlich zeichneten. Ein nicht näher erläutertes Projekt »Troja« sollte für eine »Presselancierung unter französischer Flagge« herangezogen werden, und ein IM »Freddy« für Lancierungen im Pressedienst dpa. Über das sogenannte Projekt »Karstädt« wollte die Stasi »aus FDP-Sicht« gegen die Bundesversammlung agieren – wahrscheinlich eine Umschreibung für den von der HVA gesteuerten Pressedienst *X-Informationen*, der von dem Kölner Journalisten Rudolf Schelkmann (IM »Karstädt«) zur Beeinflussung der FDP-Politik betrieben wurde.[201] Schließlich sollten in »Schwerpunktländern der Außenpolitik der DDR« ebenfalls »Stellungnahmen und Meldungen gegen die provokatorische Bonner Westberlinpolitik« lanciert werden. Über »Presseprojekte und -kanäle der Abt. X«, so wurde darüber hinaus vorgeschlagen, sollten »zur Erhöhung der Unsicherheit in den führenden politischen Kreisen Bonns und Westberlins« Informationen gestreut werden, daß die DDR und ihre Verbündeten konkrete Maßnahmen gegen die Bundesversammlung ergreifen würden.

Als dritten Schwerpunkt enthielt der Plan noch flankierende »andere aktive Maßnahmen«. So wollte die HVA umfangreiches »belastendes Material« gegen den ehemaligen Bundestagspräsidenten Gerstenmaier und verschiedene Bundestagsabgeordnete erarbeiten, das in politische Kreise sowie in die Presse Westdeutschlands und anderer Länder »lanciert« werden sollte. In Westberlin sollten Flugblätter verbreitet werden, die die damaligen Auseinandersetzungen in der Firma AEG »mit den Folgen der Bundesversammlung für die Westberliner Bevölkerung in Verbindung bringen«. Schließlich waren nicht näher erläuterte »Maßnahmen zur Beeinflussung der FDP-Führung gegen die Durchführung der Bundesversammlung« vorgesehen, die für HVA-Chef Markus Wolf offenbar von solcher Bedeutung waren, daß er sie mit einem handschriftlichen Zusatz unter das Papier noch einmal bekräftigte. Im Bundesvorstand und in der Bundestagsfraktion der FDP saß seinerzeit, wie erwähnt, der Einflußagent der HVA, William Borm, der als Alterspräsident die Bundespräsidentenwahl zu leiten hatte.

Mittels der Inoffiziellen Mitarbeiter (IM) und Kontaktpersonen (KP) in der APO versprach Markus Wolf seinem Minister darüber hinaus, eine Einschätzung der Pläne der einzelnen Gruppen für den Tag der Bundesversammlung vorzunehmen und »unsere Haltung dazu« festzulegen. Auch eine Einschätzung der »Zuverlässigkeit und des letzten Standes der Zusammenarbeit der IM u[nd] KP« sollte noch vorgenommen werden. Ferner kündigte er an, daß »in Verbindung mit der noch zu erwartenden Orientierung ein entspr[echender] spezieller Plan der Einflußnahme zu ergänzen« sei. In seinem Anschreiben an Mielke hieß es schließlich: »Der Plan ist bewußt allgemein gehalten, beinhaltet nicht die politische Steuerung einzelner wichtiger IM der operativen Abteilungen (zum Beispiel Bundestagsabgeordneter) und geht nicht auf die Möglichkeit der Beeinflussung bestimmter Aktionen der APO im einzelnen ein. Diese Möglichkeiten werden z. Z. noch präzisiert und ergeben sich allgemein aus der als Anlage zum Plan beigefügten noch unvollständigen Aufstellung über die operativen Verbindungen, die in Zukunft durch das neu geschaffene Arbeitsgebiet in der Abteilung II der HV A koordiniert werden sollen.«[202]

Eine von der HVA beschlossene Sonderausgabe des *Extra-Dienstes* zum Thema »Bundesversammlung und die Folgen für Westberlin« erschien Anfang März und mobilisierte unter dem Titel »Bonn demonstriert – Westberlin stirbt« den Widerstand gegen die Präsidentenwahl. Gezielt wurden darin die Ängste in der Bevölkerung geschürt: »Am Donnerstag werden die westdeutschen Bundeswahlmänner wieder zu Hause sein: Spätestens dann werden wir schwerwiegende Einschränkungen des zivilen Personenverkehrs von und nach Westberlin haben. [...] Solche Pressionen haben weder Richard Nixon noch die Leute in Bonn auszubaden. Die anderen fahren wieder zurück. Wir nicht.« Trotz gegenteiliger Äußerungen habe der Senat »eiskalte Füße« und wisse genau, daß die östlichen Maßnahmen kein kurzfristiger militärischer Operettendonner sein würden, sondern an den Lebensnerv Westberlins gingen. »Dann werden noch weniger Investitionen nach Westberlin gegeben. Noch mehr Industrie-Firmen werden still und leise davonziehen. [...] Die Bevölkerung wird noch rascher schrumpfen.« Es sei an der Zeit, daß die Westberliner und die westdeutsche Öffentlichkeit gegen das »unverantwortliche Pokerspiel« auftreten, denn Westberlin könne und dürfe kein Land der Bundesrepublik werden, sondern müsse zur offenen Freien Stadt ganz Europas werden. Den Kopf des Sonderblattes zierte ein Demonstrationsaufruf, der unter anderem eine Flugblattaktion am Kurfürstendamm und die »Begrüßung« prominenter Bonner Wahlmänner vor dem Hotel am Zoo umfaßte. Für 20 Uhr wurde zu einem Teach-in in der nahegelegenen Technischen Universität aufgerufen.[203]

Tatsächlich kam es am 4. und 5. März in Westberlin zu massiven Protestaktionen der APO. Horst Mahler, Mitbegründer des Republikanischen Clubs, hatte schon im November 1968 erklärt, daß die Außerparlamentarische Opposition Bonn und den Westberliner Senat dazu zwingen werde, entweder die Bundesversammlung abzusagen oder sie hinter Stacheldrahtbarrikaden abzuhalten. In einem anonymen Flugblatt war darüber hinaus die »Verhinderung und Zerschlagung dieses westdeutschen Demokratiespiels [...] durch zielstrebige militante Massenaktionen« angekündigt worden.[204] Ein »Berliner Bürgerkomitee«, zu dem einer Aufstellung der HVA zufolge unter anderem William Borm, Professor Gerhard Kade, aber auch Günter Grass und Heinrich Albertz gehörten, hatte ebenfalls gegen die Versammlung Stellung genommen – entsprechende Äußerungen des Leiters der Evangelischen Akademie, Erich Müller-Gangloff, in der Ostberliner Presse hatten zuvor für heftige Auseinandersetzungen gesorgt.[205]

Am Steinplatz, wo die SEW am Vortag der Wahl eine vom Polizeipräsidenten verbotene Demonstration hatte stattfinden lassen wollen, hatten sich, dem Aufruf des *Extra-Dienstes* folgend, am Nachmittag etwa 200 Demonstranten eingefunden, die von der Polizei umzingelt und zur Auflösung der Versammlung aufgefordert wurden. Danach versammelten sich zwischen 1000 und 2000 Menschen in der Mensa der Technischen Universität, wo unter anderem der SDS-Aktivist und FU-Assistent Johannes Agnoli zu Straßenblockaden aufrief. Andere Sprecher forderten zur Belagerung der Hotels auf, in denen die Wahlmänner für die Bundesversammlung untergebracht waren. Gleichzeitig wurde von einigen Diskutanten vor »putschistischen Aktionen« gewarnt, zum Beispiel gegen einzelne Bundestagsabgeordnete. Nur Dutschke-Freund Bernd Rabehl kritisierte auch die DDR, die lediglich symbolisch die Zufahrt nach Berlin gesperrt hätte und »den Kapitalisten« gleichzeitig auf der Leipziger Messe Geschäfte anbiete. Im Anschluß an die Versammlung zogen mehrere hundert Studenten dann im Laufschritt zum Kurfürstendamm, wo es vor der Hotelunterkunft führender Teilnehmer der Bundesversammlung zu heftigen Auseinandersetzungen mit der Polizei kam. Am Amerika-Haus und später am Café Kranzler wurden mehrere Fensterscheiben eingeworfen. Der Kurfürstendamm, so berichtete der *Tagesspiegel*, war mit Tausenden anonymer Handzettel übersät, auf denen Losungen wie »West-Berlin braucht Sicherheit – Entspannung – Verständigung« standen.[206]

Das Ende des SDS

Gleichwohl zeigten sich bei dieser Aktion auch die Risse, die die Studentenbewegung mittlerweile durchzogen. Selbst innerhalb des Republikanischen Clubs war man über das Verhältnis zu SPD und SEW zerstritten, wobei der Arbeitskreis Propaganda und sozialistische Theorie ausdrücklich die Zusammenarbeit mit der SEW befürwortete – wie ein IM im Juli 1969 aus einer Zusammenkunft von zehn Vertretern berichtete.[207] Die verschiedenen Strömungen gingen inzwischen auch organisatorisch verschiedene Wege, so daß sich der Bundesverband des SDS im März 1971 auf Antrag des Vorstandsmitgliedes Udo Knapp offiziell auflöste. Für das MfS war das Kapitel »Studentenbewegung« damit freilich noch nicht beendet, denn nun galt es die diversen neomarxistischen Gruppen und Parteien »aufzuklären« und zu infiltrieren. Namentlich die maoistischen Gruppierungen, die, wie die sogenannte KPD, der SED sogar ihr ureigenstes Erbe streitig zu machen versuchten und die Sowjetunion dabei als »sozialfaschistisch« geißelten, waren der DDR-Führung ein Dorn im Auge und wurden so wichtig genommen, daß die Westabteilung des Zentralkomitees Erich Honecker höchstpersönlich über deren Entwicklung laufend unterrichtete.[208] Dem MfS fiel in diesem Zusammenhang die Aufgabe zu, die Pläne dieser Gruppen, besonders gegenüber der DDR, in Erfahrung zu bringen und zu sabotieren sowie ein »Überschwappen« auf die DDR zu verhindern.[209] Wie ernst man diese Gefahr nahm, läßt sich daran erkennen, daß die für Terrorabwehr zuständige Abteilung XXII die »Federführung« bei der Aufklärung und Bekämpfung der K-Gruppen übertragen bekam, doch auch die HVA sollte gezielt in die »linksextremistischen und trotzkistischen Zentren« im Westen eindringen.[210] Welche Erfolge sie dabei erzielte, ist ein eigenes Thema, das an dieser Stelle nicht weiter vertieft werden kann.

Auf der anderen Seite bot die marxistische Orientierung vieler Studenten ein wichtiges Motiv bei der Werbung von neuen Informanten. Zur »laufenden Gewinnung von Perspektiv-IM und geeigneten Einschleusungskandidaten für das Eindringen in die Hauptobjekte des Feindes« befahl Markus Wolf 1971 eine verstärkte »Bearbeitung« der Universitäten.[211] Wie weit die ideologisch bedingte Bereitschaft zur Denunziation gehen konnte, zeigt das Beispiel des damaligen Westberliner Politologiestudenten Bernhard Langfermann, der später am Otto-Suhr-Institut beschäftigt und Mitarbeiter der Politologenzeitschrift »Sozialistische Politik« war. Einer überlieferten Stasi-Akte zufolge meldete er sich im Januar 1970 am Grenzübergang Friedrichstraße und berichtete, daß ein aus der DDR geflüchteter Kommilitone ihn gebeten habe, 35 Bücher in die DDR einzuschmuggeln. Laut Bericht brachte er dabei zum Ausdruck, daß er

»nicht die Absicht hat, unserem Staat zu schaden. Er nimmt an, daß die Durchführung des in dem genannten Brief dargelegten Auftrages nicht in unserem Interesse sei«.[212] Die Stasi registrierte Langfermann als IM-Vorlauf »Boris Buch« und setzte ihn zur Bearbeitung von Studenten ein, die gegen die Sprengung der Leipziger Universitätskirche protestiert hatten. Im Abschlußbericht hielt sie 1973 fest, daß mit seiner »qualifizierten und aktiven Mithilfe« der Operativ-Vorgang »Atom« abgeschlossen werden konnte. »Im Ergebnis des Abschlusses des Operativ-Vorgangs konnten vier Bürger der DDR inhaftiert werden, die versucht hatten, die DDR ungesetzlich über das sozialistische Ausland zu verlassen.« Da »Boris Buch« Mitglied der SEW sei und deshalb eine nachrichtendienstliche Nutzung vom MfS vermieden werden sollte, wurde das vorhandene Material »zur Ablage gebracht«.[213] Obwohl eine der damals Inhaftierten nach der Wende Langfermann wegen Beihilfe zur Freiheitsberaubung anzeigte, weigerte sich die Staatsanwaltschaft, Anklage zu erheben – mit der Begründung, daß die Verurteilung nach DDR-Recht rechtmäßig und deshalb keine Freiheitsberaubung gewesen sei.[214]

Das MfS suchte über seine IMs, auch in den siebziger und achtziger Jahren in diversen studentischen Gruppen politischen Einfluß auszuüben und die vom Zentralkomitee der SED angeleitete Arbeit der DKP und ihrer Studentenorganisation, des MSB Spartakus, zu unterstützen.[215] Über diese Form der politischen Einflußnahme an den Universitäten, für die die HVA zuständig war, sind jedoch bislang so gut wie keine Unterlagen aufgefunden worden. Abstrakte Hinweise darauf finden sich aber in einer Forschungsarbeit über die »politisch-operative Bearbeitung der Hochschulen in der BRD und in Westberlin«, die 1976 im Auftrag von Markus Wolf angefertigt wurde. Der Nutzung der Hochschulen für sogenannte »politisch-aktive Maßnahmen« wird darin ein eigenes Kapitel gewidmet.

Voraussetzung für die erfolgreiche Durchführung derartiger Maßnahmen, so heißt es da, sei unter anderem, »daß sie sich einfügen in den mehr oder weniger entwickelten Differenzierungsprozeß, was wiederum genaue Kenntnisse über den Differenzierungsprozeß und die im Konkreten Beteiligten erfordert«. Die Beeinflussung erfolge dabei »mit spezifischen Mitteln und Methoden, deren sich die DKP bzw. ihr nahestehende Organisationen in der Regel nicht bedienen können. Das trifft insbesondere zu auf das Eindringen in feindliche Organisationen, die Initiierung von Artikeln in bürgerlichen Zeitungen und Zeitschriften unter Verwendung von internen, tendenziös eingefärbten Informationen, das Lancieren von Geheimdokumenten etwa des Verfassungsschutzes, das Ausstreuen desorganisierender oder diffamierender Fakten und Gerüchte unter Verwischung der Herkunft und dergleichen.«[216]

Befriedigt wird in der HVA-Untersuchung beispielsweise konstatiert, daß an der Freien Universität Berlin, die früher ein »Hort reaktionärer Hochschullehrer« gewesen sei, nunmehr etwa 80 Prozent der Studenten die sogenannte »linke Fraktion« unterstützten.[217] »Eine solche Entwicklung in dieser Größenordnung zu beeinflussen«, so heißt es weiter, »bedarf des komplexen, auf lange Sicht konzipierten Einsatzes politisch-aktiver Maßnahmen.« Gegenüber dem als »reaktionär« und »gefährlich« eingestuften Ring Christlich-Demokratischer Studenten (RCDS) könnten derartige Maßnahmen an einer oder mehreren Hochschulen »eine bundesweite Wirkung auslösen und »den progressiven Kräften förderliche Betätigungsbedingungen einräumen«. Einzelne »reaktionäre« Professoren, die eine politisch »progressive« Entwicklung in ihrem Bereich verhindern wollten und eine besondere Symbolfigur darstellten, rechtfertigten ebenfalls den Einsatz solcher Maßnahmen. Sie könnten aber auch in Erwägung gezogen werden, wenn »operative Gesichtspunkte« dies erforderten, zum Beispiel »wenn ein bestimmter Lehrstuhl von einem IM besetzt« werden müßte.[218] Angesichts der Ablehnung des Verfassungsschutzes durch viele Studenten würde schließlich durch »gezielte« und »koordinierte« Maßnahmen zu seinen »Umtrieben« im Hochschulbereich »der Kette der Skandale dieses feindlichen Geheimdienstes nicht nur ein neues Glied hinzugefügt«, sondern würden auch für die Arbeit der HVA an den Hochschulen »begünstigende Umstände« geschaffen.[219]

In dieser Zeit rückte auch Rudi Dutschke noch einmal verstärkt ins Blickfeld der DDR-Staatssicherheit. Nach dem Attentat hatte er Deutschland zunächst verlassen, war aber, trotz seiner schweren Kopfverletzung, keineswegs gewillt, sich politisch zur Ruhe zu setzen. Ab 1973 intensivierte er insbesondere seinen Kontakt zu Wolf Biermann, mit dem er bei sporadischen Besuchen in Ostberlin über die Möglichkeiten eines Sozialismus diskutierte, der jenseits von westlichem Kapitalismus und östlicher Staatsdespotie liegen sollte. Im Mai 1973 unterzeichneten beide ein Flugblatt, in dem verlangt wurde, nicht nur in der Bundesrepublik, sondern auch in den sozialistischen Ländern gegen Berufsverbote zu kämpfen.[220] Im Juli protestierte er auf einer Pressekonferenz gegen ein Einreiseverbot, das die DDR gegen ihn aus Anlaß der Weltjugendfestspiele verhängt hatte, dann aber wieder aufheben mußte. Später kam es noch mehrfach zu freundschaftlichen Begegnungen, bei denen Biermann, einem überlieferten Tonbandmitschnitt der Stasi zufolge, mit Dutschke ein wenig schulmeisterlich die DDR-Verhältnisse debattierte.[221]

Zu diesem Zeitpunkt ging es Rudi Dutschke um einen politischen Schulterschluß von undogmatischen Sozialisten in Ost und West. In einer ausführlichen Information vom Oktober 1973 schrieb die Staatssicherheit über ihn:

»Seine ideologische Haltung ist wirr und entspricht der zahlreicher Vertreter der ›Neuen Linken‹: er ist »antiautoritär« eingestellt, befürwortet eine ›permanente Diskussion‹ und ist von Auffassungen des Maoismus und Trotzkismus beeinflußt. [...] Er lehnt den ›Staatssozialismus‹ in der UdSSR und der DDR ab und ist davon überzeugt, daß dieser ›von Krise zu Krise‹ gehen werde.«[222]

Im Juli 1975 gab Dutschke zusammen mit dem Havemann-Vertrauten Manfred Wilke ein Buch heraus, das den programmatischen Titel trug »Die Sowjetunion, Solschenizyn und die westliche Linke«.[223] Natürlich wurde es vom MfS als »antisowjetisch« eingestuft. Angesichts der unübersehbaren ideologischen Erosionserscheinungen im sozialistischen Lager zeigte sich die Staatssicherheit über derartige Aktivitäten stärker alarmiert als durch offen antikommunistische Kritiker. Erst nach Dutschkes Tod im Dezember 1979 wurde bekannt, daß er sich zu diesem Zeitpunkt von östlichen Geheimdiensten physisch bedroht fühlte. In einem Brief vom 25. Februar 1975, den seine Frau Gretchen nur im Falle eines Unglücks öffnen sollte, schrieb er: »Du hast mir wenig geglaubt in der Einschätzung von Personen aus unserem Umkreis. Darum hat es auch keinen Sinn, Dir meine Überzeugungen und Begründungen niederzuschreiben. Nur eins sollst Du *nie* aus dem Kopf verlieren, das ist die 99,9-Prozent-Überzeugung von mir, daß, wenn es einen ›Abgang‹ von mir gibt, dann ist das in der gegenwärtigen Phase eher durchgeführt durch SU-DDR-Geheimdienst als durch westlichen. [...] Was das Interesse für den ersteren wäre? Ganz einfach, und ohne Überheblichkeit, ich bin für sie leider die einzige wirkliche theoretische und politische Herausforderung. [...] Habe keine Lust, mich draufgehen zu lassen, werde wie ein Fuchs aufpassen. Aber nichts ist unmöglich. Darum schreibe ich diese Zeilen.«[224]

Zumindest aus dem überlieferten Personendossier zu Rudi Dutschke geht eine solche Bedrohung von Leib und Leben nicht hervor. Seine Frau Gretchen registrierte bei ihm in den Jahren zuvor aber wiederholt Angstzustände und Erscheinungen von Paranoia, die mit der schweren Kopfverletzung und seiner unsicheren sozialen Lage in Zusammenhang standen. Auf der anderen Seite schrieb er 1975 auch: »Ich kann mir kaum vorstellen, daß das DKP-Ziel ist, mich umzulegen.« Seine Vermutung, daß die haßerfüllten Angriffe der DKP gegen ihn nicht ohne Zustimmung oder sogar Weisung aus Ost-Berlin denkbar waren, war jedoch sicher richtig.[225] Über seine »Bearbeitung« durch das Ministerium für Staatssicherheit in dieser Zeit heißt es in einem Aktenvermerk von 1976: »Das B[üro]d[er]L[eitung] beabsichtigt, Dutschke zu löschen, da sie keinerlei Beziehungen zur op[erativen] Bearbeitung des D. mehr haben. D. wurde vor 1968 von ihnen erfaßt, da er Verbindungen zum ZK unterhielt. In letzter Zeit wurden ihnen mehrmals Beobachtungsberichte von der H[aupt]A[bteilung] VIII zugesandt, die für ihre Arbeit keinerlei op[erative] Bedeutung haben.«[226] Einem anderen Schriftstück zufolge begann die »operative Bearbeitung« von Rudi Dutschke angeblich sogar erst im Januar 1978. Wegen seiner Rolle als »maßgeblicher Mitorganisator« bei der Gründung eines »Kommunistischen Bundes«, der darum bemüht sei, »entsprechende Aktivitäten gegen die DDR zu entwickeln«, verhängte die Stasi gegen ihn 1979 schließlich ein Einreiseverbot.[227]

IMs in der APO

Wie groß das Netz der Inoffiziellen Stasi-Mitarbeiter in den Reihen der Studentenbewegung letztlich war und welche Wirkungen sie dort entfalteten, wird sich wohl niemals mehr genau feststellen lassen. Lediglich über Westberlin ist eine »Aufstellung über operative Verbindungen zu Organisationen und Gruppen der APO« überliefert, der zufolge allein der Aufklärungsapparat des MfS in der Berliner Studentenbewegung über mehr als zwei Dutzend Inoffizielle Mitarbeiter (IM) und Kontaktpersonen (KP) verfügte: drei IM und vier KP wirkten im Republikanischen Club, neun IM und vier KP im SDS, zwei IM und drei KP im ASTA von FU und TU sowie sechs IM in anderen Organisationen.[228] Diese Liste ist jedoch keineswegs vollständig, da die Agenten anderer Diensteinheiten – zum Beispiel Peter Heilmann, Dietrich Staritz und Walter Barthel – darin keine Berücksichtigung finden.[229] Für deren Diensteinheit – die für Westberlin zuständige Hauptabteilung XX/5 – berichteten aus der APO auch noch weitere IMs, etwa der gelernte Rohrleger Karl Schade, der unter dem Decknamen »Georg Schneider« vor allem in den sechziger Jahren aus SPD-Kreisen und linksradikalen Gruppierungen die Stasi informierte.[230]

Nur wenige dieser IMs sind bislang enttarnt worden. Bei dem in der Aufstellung genannten IM »Hoffmann«, der im SDS agierte, dürfte es sich um den späteren Politikprofessor Hanns-Dieter Jacobsen gehandelt haben, der den staatsanwaltschaftlichen Ermittlungen zufolge unter diesem Decknamen seit 1968 Kontakt zum MfS hatte und bei den etwa zweimonatlichen Treffen zielgerichtete Fragen zur Studentenbewegung beantwortete sowie bis zu zehn verschiedene Flugblätter übergab. Im Vorfeld des Stoph-Besuches in der Bundesrepublik, so war bei seinem Prozeß im November 1995 zu erfahren, fuhr Jacobsen Anfang 1970 auf Geheiß des MfS auch nach Kassel, um rechtsradikale Entwicklungen ausfindig zu machen.[231] Die ebenfalls im SDS angesiedelte Quelle »Jutta« könnte identisch sein mit einer Quelle gleichen Namens, die 1974 auch im Kampf gegen das Umweltbundesamt in Berlin zum Einsatz kam und bis 1989 als Angestellte in der Verbindungsstelle des West-Berliner Finanzsenators für die Aufklärung aktiv war; mit über 900 registrierten Berichten nahm sie unter den Agenten eine Spitzenposition ein.[232] Dem IM »Heinemann«, der eine führende Rolle in der Vereinigung Unabhängiger Sozialisten (VUS) spielte, kann zwar ein Klarname zugeordnet werden, doch alle handfesten Belege sind von der Stasi beseitigt worden. Wer aber war »Anita«, »Alfons«, »Rolf«, »Horst«, »Elias«, »Herbert«, »Malter«, »Berg«, »Sense«, »Strauch«, »Doktor« oder »Lang«?

Auch dann, wenn prominente Wortführer des SDS öffentlich als Stasi-Mitarbeiter geoutet wurden, bleibt ihre tatsächliche Rolle zumeist im dunkeln – wie etwa bei dem Arzt und Historiker Karl Heinz Roth, der einst Vorsitzender der Kölner SDS-Gruppe war und damals der illegalen KPD nahestand.[233] Anfang der siebziger Jahre publizierte er im »konkret Buchverlag« ein ominöses Buch, das – getreu der damaligen Stasi-Doktrin – die Ostpolitik der sozialliberalen Koalition »von links« verteufelte und drei »Hauptfeinde« des MfS vorführte: den »Forschungsbeirat für die Fragen der Wiedervereinigung«, die »Kampfgruppe gegen Unmenschlichkeit« (KgU) und die »Psychologische Kampfführung« der Bundeswehr. In einer Fußnote vermerkte er, daß »den Verfassern umfangreiche Archivmaterialien und Zeitungsausschnittdienste« zur KgU vorlägen, und bedankte sich bei dem Schriftsteller Günter Wallraff »für die Überlassung von Unterlagen, Dokumenten und Ausarbeitungen« zur KgU.[234] Einem neunseitigen Stasi-Vermerk zufolge war Wallraff 1968 für eine »Zusammenarbeit mit dem Nachrichtendienst der DDR« geworben worden und »im Auftrag« der Desinformationsabteilung X der HVA zu einem früheren KgU-Agenten nach Schweden gereist; auf der Grundlage des »erarbeiteten Materials« sei »eine Veröffentlichung« in der Zeitschrift *Konkret* erfolgt, die »vorher mit dem MfS abgestimmt war«. Wallraff selbst hat nach Auftauchen des Vermerkes der Berliner Stasi-Akten-Behörde eine siebenundvierzig Seiten umfassende »Gegendarstellung« übermittelt, in der er bestreitet, jemals Inoffizieller Mitarbeiter der Stasi gewesen zu sein oder auch nur wissentlich mit ihr zu tun gehabt zu haben.[235]

In den achtziger Jahren arbeitete Roth am Hamburger Institut für Sozialforschung, das ehemalige Achtundsechziger mit dem Geld des Zigarettenerben Jan Philipp Reemtsma gegründet hatten. Nach dem Ende der DDR beschuldigte die Bundesanwaltschaft in Karlsruhe Roth, von 1986 an unter dem Decknamen »Zeus« für die Abteilung X der HVA gearbeitet zu haben, und ließ im Oktober 1994 seine Wohnung durchsuchen. Im Potsdamer Dokumentationszentrum der DDR-Archivverwaltung – eine »legale Residentur« der HVA – habe ihn der Stasi-Mitarbeiter Detlef Blell für das Referat 3 rekrutiert, das zuständig war für Einflußagenturen und »Multiplikatoren« in der Bundesrepublik. Roth teilte daraufhin in einem Rundschreiben an Freunde und Kollegen mit, daß ihm zur Last gelegt werde, er habe die Aufgabe gehabt, Mitarbeiter für die HVA zu werben und in Richtung Hamburger Medien (*Spiegel* und *Stern*) zu arbeiten. Er habe jedoch nach Aufhebung seines Einreiseverbotes im Jahr 1985 lediglich als Historiker Archive und Bibliotheken der DDR genutzt, wobei »vielfältige Kontakte mit Einzelpersonen« entstanden seien – mehr wolle er angesichts der bundesanwaltschaftlichen Beschuldigungen nicht dazu sagen.

Tatsächlich verfügte die HVA-Abteilung X jedoch über eine gut informierte Quelle im oder am Institut. Dies belegt ein Schriftwechsel, der 1987 mit der Abteilung geführt wurde, in der Akte des ausgewiesenen Bürgerrechtlers Roland Jahn, nachdem die Stasi vom Schriftsteller Sascha Anderson (IMB »Peters«) erfahren hatte, daß Jahn dort tätig sei. »Den Aussagen einer Quelle zufolge«, so teilte die Abteilung seinerzeit den MfS-Kollegen von der Hauptabteilung XX/5 mit, »ist Jahn als Mitarbeiter dieses Institutes nicht bekannt.« Er könne aber eventuell eine ABM-Stelle haben oder einer von den etwa zwanzig bis dreißig Stipendiaten des Institutes sein. Wenig später bestätigte die HVA, daß Jahn in der Tat ein derartiges Stipendium habe, und lieferte weitere Interna aus dem Institut. Der Leiter der Hauptabteilung bedankte sich dafür, daß mit Unterstützung der HVA-Abteilung X »der inoffizielle Nachweis erbracht« worden sei, daß Jahn von dem Institut ein bis Herbst 1987 befristetes Stipendium erhalte.[236]

Doch im Rechtsstaat der Bundesrepublik, dem die Achtundsechziger über Jahre hinweg »Klassenjustiz« vorgeworfen hatten, fand Karl-Heinz Roth einen milden Richter: Mangels aussagekräftiger Unterlagen über die Tätigkeit des IM »Zeus« wurde das Verfahren 1997 wegen geringer Schuld und gegen Zahlung einer Geldstrafe eingestellt.[237] Roth selbst revanchierte sich wenig später durch eine neuerliche Desinformationsschrift über den Forschungsbeirat für Fragen der Wiedervereinigung Deutschlands – veröffentlicht im Auftrag der PDS.[238]

Strategien einer Unterwanderung – Die Friedensbewegung

Er war der große alte Mann der Friedensbewegung. Wann immer es in der Bonner Republik um Frieden und Versöhnung ging, war Martin Niemöller an prominenter Stelle dabei. In allen Kampagnen, von der Anti-Atomtod-Bewegung der fünfziger Jahre über die Ostermärsche der sechziger bis zu den Protesten gegen den NATO-Nachrüstungsbeschluß Anfang der achtziger Jahre, fand sich der langjährige Kirchenpräsident von Hessen-Nassau auf der Seite derer, die Politikern wie Militärs entgegentraten und lautstark nach Abrüstung riefen. Von vielen wird er deshalb bis heute als »unbequemer Mahner« verehrt.[1]

Und Martin Niemöllers Stimme hatte Gewicht. Als prominentester Vertreter der Bekennenden Kirche, der sieben Jahre als »persönlicher Gefangener Hitlers« in nationalsozialistischen Konzentrationslagern verbracht hatte, verurteilte er nach dem Kriege entschieden die Politik der Wiederbewaffnung und der Westintegration unter Konrad Adenauer – und brachte diesen damit in ernsthafte politische Verlegenheit. Er kämpfte gegen die Politik der atomaren Abschreckung und prägte in seiner berühmt gewordenen Kasseler Rede vom Januar 1959 den umstrittenen Satz: »Mütter und Väter sollen wissen, was sie tun, wenn sie ihren Sohn Soldat werden lassen. Sie lassen ihn zum Verbrecher ausbilden ...«[2]

Das Leben Martin Niemöllers ist aber auch die Geschichte eines Mannes, der sich wie kaum ein anderer für die Propaganda einer Diktatur mißbrauchen ließ – und sich am Ende mit dieser zunehmend identifizierte. Als Leiter des Kirchlichen Außenamtes der EKD erklärte er schon 1949 in einem Interview, daß die Deutschen, wenn man sie vor die Alternative einer dauernden Spaltung oder die Aussicht auf Wiedervereinigung unter einer russischen Diktatur stellte, es seiner Ansicht nach vorziehen würden, »das Risiko des Kommunismus einzugehen«.[3] Zwei Jahre später reiste er zu einem offiziellen Besuch nach Moskau, wo er unter anderem mit dem Vorsitzenden des sowjetischen Friedenskomitees zusammentraf – in einer Zeit, als der sowjetische Geheimdienst in der DDR reihenweise Christ- und Sozialdemokraten einsperrte. 1952, auf dem Höhepunkt der stalinistischen Gleichschaltung in der DDR, folgte er dann einer Einladung der Ost-CDU und hielt auf deren Sechstem Parteitag eine Eröffnungsansprache. Seit dieser Zeit war er, wie er später sagte, der Meinung, daß nicht der Kommunismus, sondern das Geld das schlimmste Übel sei,

»denn das Geld will den Menschen ganz haben, der Kommunismus läßt ihm noch ein paar Freiheiten übrig«.[4]

Martin Niemöller war eine der wichtigsten politischen Galionsfiguren in sowjetdominierten Organisationen wie dem Moskauer Weltfriedensrat, der Christlichen Friedenskonferenz oder den Allchristlichen Friedensversammlungen in Prag. Kritik an dieser seiner Rolle pflegte er mit den Worten zurückzuweisen, daß er als Christ mit jedem sprechen müsse. Auf der anderen Seite kritisierte er die Bonner Republik mit beißender Schärfe – etwa im Kampf gegen die Notstandsgesetze, bei dem er 1965 die westdeutsche Bevölkerung dazu aufrief, die Wahlzettel ungültig zu machen, weil die sich abzeichnende große Koalition in einer Diktatur enden müsse, gegen die »Hitler ein Waisenknabe sein wird«.[5] Seine kaum verbrämte Parteinahme für den Sozialismus stellte er auch 1967 unter Beweis, als er sich auf dem Höhepunkt des Vietnamkrieges mit dem Kommunistenführer Ho-Tschi-Minh zum Tee traf.[6] War Martin Niemöller ein Agent des Staatssicherheitsdienstes?

Die Unterwanderung der westlichen Bewegungen für Frieden und Abrüstung gehört auch zehn Jahre nach dem Untergang der SED-Herrschaft zu den weithin offenen Forschungsfeldern. Außer einschlägigen Dokumentationen des Verfassungsschutzes liegen bis heute nur einige wenige, zumeist aus der Zeit vor 1989 stammende Analysen vor.[7] Obwohl die einschlägigen Archive seit langem für die Forschung offenstehen, kommt die wissenschaftliche Aufarbeitung dieser Seite der deutschen Nachkriegsgeschichte nur schleppend in Gang.[8] Schon die bisher aufgefundenen Dokumente zeigen aber, wie sehr die SED darum bemüht war, gerade bei diesem Thema Einfluß zu nehmen – als hätten die plumpen und oftmals verspotteten Warnungen vor der »fünften Kolonne Moskaus« die Realität noch schöngeredet.

Anleitung durch die SED

Ulbricht persönlich ließ im Politbüro immer wieder darüber beraten, wie die Agitation gegen den »westdeutschen Militarismus« vorangetrieben werden könne. Während in Ostdeutschland seit 1948 zielstrebig Militärverbände aufgebaut wurden, die – getarnt als Kasernierte Volkspolizei (KVP) – zwei Jahre später bereits annähernd 50 000 Mann unter Waffen hielten, machte die SED im Westen gegen jede Form der Wiederbewaffnung Front.[9] In der Wahl ihrer Bündnispartner war sie dabei nicht wählerisch: Christen und Pazifisten, Sozialdemokraten und Neutralisten, Nationalisten und rechte Kritiker Adenauers – alles, was sich unter der Flagge des Friedens vereinigen ließ, war ihr willkommen. Ende der fünfziger Jahre wurde die westdeutsche Friedensbewegung tatsächlich erstmals ein bedeutender innenpolitischer Faktor: Mindestens 325 000 Menschen gingen zwischen Ostern und Frühsommer 1958 auf die Straße – für damalige Verhältnisse eine gewaltige außerparlamentarische Opposition.[10] Der schrittweise Rückzug der SPD, nicht zuletzt aufgrund der kommunistischen Unterwanderung der Komitees, führte jedoch bald zu einem Wiederabflauen der Bewegung »Kampf dem Atomtod«.

Nach dem Mauerbau entschwand die gesamtdeutsche Orientierung aus der Propaganda der SED und machte der Forderung nach Anerkennung des Status quo und friedlicher Koexistenz mit dem SED-Regime Platz.[11] Im Zusammenhang mit der Studentenbewegung nahm die Mobilisierungskraft der Friedensbewegung in der zweiten Hälfte der sechziger Jahren erneut zu und erreichte 1968 mit rund 300 000 Ostermarschierern annähernd das alte Niveau. Die verstärkte Instrumentalisierung der Ostermarsch-Kampagne durch die im September gegründete Deutsche Kommunistische Partei (DKP) und deren Hilfsorganisationen hatte jedoch auch Ende der sechziger Jahre zur Folge, daß sich der sozialdemokratisch-sozialistische Teil zurückzog und die Bewegung wieder weitgehend zerfiel.[12]

Einem Beschluß der SED folgend sollte in der DDR vor allem die Nationale Front »in Zusammenarbeit mit den Blockparteien die Friedensbewegung und die Atombewegung anleiten«.[13] Regelmäßig erarbeitete das Zentralkomitee Konzeptionen »für die weitere Entwicklung des Friedenskampfes in Westdeutschland«, wozu selbst von kleineren bundesdeutschen Gruppierungen in Ostberlin die Sitzungsprotokolle vorlagen.[14] Für die Einwirkung auf die Bundesrepublik wurde dabei die ganze Maschinerie des Parteistaates in Anspruch genommen. Sechsunddreißig Massenorganisationen, Parteien und Institutionen der DDR waren Ende der fünfziger Jahre damit beauftragt, »gesamtdeutsche Arbeit« in der Bundesrepublik durchzuführen.[15]

»Unter Ausnutzung der verschiedenen Forderungen und politischen Strömungen, die gegenwärtig in Westdeutschland hervortreten«, heißt es in einem Konzeptionspapier der Westkommission beim Politbüro vom Herbst 1963, »muß die Notwendigkeit eines deutschen Beitrages zur Entspannung und zum Frieden, eines eigenen Beitrages der Bundesrepublik zur Abrüstung und Entspannung hervorgehoben werden. Um diese Forderung müssen alle jene Kräfte mobilisiert werden, die in der SPD, in der CDU/CSU, in der FDP und in anderen Organisationen bzw. Schichten der Bevölkerung eine echte Alternative zur bisherigen Adenauer-Politik anstreben.« Wesentliche Aufgabe sei es, »die positiven Strömungen politisch wirksamer zu machen, unseren Einfluß geltend zu machen, damit politische Persönlichkeiten, besonders aus den Reihen der Gewerkschaften und der SPD, sich zu Wortführern der politischen Bestrebungen für eine realistische Politik machen« – Ziele, für die die SED ein ganzes Bündel an Maßnahmen bereithielt.[16]

Gemeinsam mit den »Genossen« der seit 1956 verbotenen KPD sollte zum Beispiel erreicht werden, »daß auf dem DGB-Kongreß ein Antrag eingebracht wird, in dem sich die Gewerkschaften für die strikte Einhaltung des Moskauer Teststopp-Vertrages, für einen Verzicht auf Atomwaffen in Westdeutschland, für die Senkung der Militärausgaben, für Schritte zur Entspannung und für einen Nichtangriffspakt zwischen der NATO und den Staaten des Warschauer Vertrages einsetzen«.[17] Tatsächlich kam es auf dem Außerordentlichen Kongreß des Deutschen Gewerkschaftsbundes (DGB) im November 1963 zu heftigen Auseinandersetzungen zwischen »Linken« und »Rechten« und zur Annahme eines Änderungsantrages zum neuen Grundsatzprogramm, in dem »die Ächtung und das Verbot aller Atomwaffen und aller sonstigen Massenvernichtungsmittel sowie die allgemeine und kontrollierte Abrüstung« gefordert wurde.[18]

Im »Kampf um die Sicherung des Friedens« fertigten selbst einzelne, unbedeutende DDR-Gewerkschaften »zur Aktivierung der Funktionäre und Mitglieder« ihrer Gegenstücke im DGB umfangreiche Maßnahmepläne an, die einer geheimdienstlichen Durchdringung kaum nachstanden. Überliefert ist beispielsweise ein Plan der Industriegewerkschaft Druck und Papier vom Oktober 1961, der unter anderem die »Schaffung eines Informantennetzes« und die »Einrichtung von Stützpunkten in Westdeutschland« vorsah, über die der Einfluß auf die westdeutsche Parallelgewerkschaft gesichert werden sollte. Konkret ging es unter anderem um die »Organisierung einer Gewerkschaftsopposition auf den verschiedensten Organisationsebenen« und um die »Organisierung von Artikeln und Stellungnahmen im Zentralorgan, in Gaumitteilungsblättern, in Tages- und Wochenzeitungen«. Ferner waren individuelle Gespräche mit den »zuverlässigsten und einflußreichsten Kollegen« vorgesehen, die »nach Klärung der prinzipiellen Fragen in jedem Fall zu konkreten Maßnahmen bzw. Aktionen in Westdeutschland führen« müßten.[19]

Obgleich diese Pläne nicht deckungsleich sein müssen mit den tatsächlichen Effekten, war zumindest die SED vom Erfolg ihrer Kampagnen überzeugt. So heißt es Mitte der sechziger Jahre in einem Papier der Agitationskommission: »Der nationale Widerstand gegen die Bonner Atomkriegspolitik hat gerade in den letzten Wochen seine Wirkung gezeigt. Die Bonner Militaristen, an ihrer Spitze Kriegsminister von Hassel, waren angesichts der zunehmenden Protestbewegung gegen den wahnsinnigen Plan der Errichtung eines Atomminengürtels an den östlichen Grenzen der Bundesrepublik gezwungen, ihre eigenen Erklärungen und Veröffentlichungen abzuleugnen. Die erzwungene Flucht aus der offenen wieder in die geheime Atomkriegsvorbereitung vermindert zwar noch nicht die Gefahr, zeigt aber die Kraft des nationalen Widerstandes schon in dieser Phase. Längst können die Bonner Militaristen nicht mehr tun und lassen, was sie wollen. [...] Das Zusammenwirken einer nationalen Widerstandsbewegung in Westdeutschland mit der DDR, den anderen sozialistischen Staaten und allen friedliebenden Kräften in der Welt wird es ermöglichen, die friedensgefährdende Macht der Ultras zurückzudrängen und die Atombewaffnung Bonns zu verhindern.«[20] Tatsächlich ließen sich die Ambitionen Bonns, die Bundeswehr mit eigenen Atomwaffen auszustatten, letztlich nicht durchsetzen.

Zusammenspiel mit dem MfS

Gewerkschafter und linke Sozialdemokraten, Studenten und westdeutsche Kirchenkreise bildeten die wichtigsten Zielgruppen beim Versuch der SED, in der Friedensbewegung Fuß zu fassen. Zu ihrer Beeinflussung und Steuerung arbeiteten die vom Zentralkomitee angeleiteten Einrichtungen eng mit dem Staatssicherheitsdienst zusammen. Wie in der gesamten Westarbeit der DDR bildeten sie gleichsam zwei verschiedene Hebel, die sich gegenseitig verstärkten.

Ein Beispiel für dieses Vorgehen ist die Popularisierung des erwähnten Deutschlandplanes des Volkes, mit dem die SED 1960 zur Beseitigung des »westdeutschen Militarismus« aufforderte.[21] Während im ZK »Vorschläge zu seiner Verbreitung unter den Massen« erarbeitet wurden, arbeitete die Stasi auf ihre Weise für dasselbe Ziel.[22] In seinem umfangreichen Papier vom Mai 1960 machte der Geheimdienst der DDR eine Fülle von Vorschlägen, wie er die Propagandakampagne der SED im Westen unterstützen wollte.[23]

Zur »Beeinflussung der christlichen Bruderschaften und anderer Kirchenkreise« war unter anderem die »Einflußnahme« auf den Ersten Vorsitzenden der Bruderschaften in Württemberg, Pfarrer Herbert Werner aus Stuttgart-Zuffenhausen, vorgesehen. Dieser war Herausgeber der kirchenoppositionellen Monatszeitschrift *Stimme der Gemeinde* und wurde, ebenso wie der zweite Vorsitzende der Organisation, ein Dekan aus Bad Cannstatt namens Weber, von der Stasi als »fortschrittlich und demokratisch« eingeschätzt. »Anknüpfungspunkt« für die Stasi sollte eine zurückliegende Tagung der Bruderschaften sein, an der auch 15 Vertreter des von der SED initiierten Pfarrerbundes der DDR teilgenommen hatten.[24] Bei der Tagung hatte man gegen die westdeutsche Atompolitik Stellung genommen und einen engeren wechselseitigen Kontakt beschlossen. Die DDR-Pfarrer sollten nun im Auftrag der Stasi ein neuerliches Treffen vorschlagen, um den Deutschlandplan der SED zu erörtern.[25]

Tatsächlich fand bereits am 17. Juni 1960 in Ostberlin eine solche Gesamtdeutsche Bruderschaftstagung statt, die jedoch nur teilweise die Erwartungen des MfS erfüllte.[26]

Die kirchlichen Bruderschaften standen seinerzeit im Mittelpunkt der Versuche der Staatssicherheit, eine Opposition gegen die tonangebenden Kräfte im Dachverband der evangelischen Kirchen in Deutschland, EKD, zu organisieren.[27] Ihre bekanntesten Vertreter waren der Kirchenpräsident von Hessen-Nassau, Niemöller, und der spätere Bundespräsident Gustav Heinemann. Vor allem die Versuche der linksorientierten Bruderschaften, die EKD zu einer ablehnenden Stellungnahme gegenüber der Atombewaffnung zu bewegen, erregten das Interesse der Staatssicherheit.[28] So bildete ein als »Anfrage« überschriebenes Thesenpapier der Bruderschaften 1958 auf der EKD-Synode in Berlin den Anlaß für heftige Auseinandersetzungen über die Atomwaffenfrage, wobei die SED massiven politischen Druck, vor allem auf die ostdeutschen Synodalen, ausübte.[29]

Die Stasi hatte sich einen genauen Überblick über Rolle und Aufbau der oppositionellen Gruppierungen in den Kirchen verschafft. Auskunft gab ihr unter anderem ein »Geheimer Informator« mit dem Decknamen »Willy«, der im Mai 1959 die Leitung des kirchlichen Burghardt-Hauses in Westberlin übernehmen sollte.[30] Durch einen ausführlichen Bericht vom August 1960 wollte Erich Mielke vor allem die Bezirksverwaltungen des MfS in die Lage versetzen, »die oppositionellen Kräfte zu stärken und ständig zu beeinflussen«.[31]

Zum »konsequent oppositionellen Flügel« in der Kirche rechnete die Stasi neben Niemöller und Werner insbesondere den Dortmunder Oberkirchenrat Kloppenburg und den Darmstädter Studentenpfarrer Mochalski. »Vorwärtsgetrieben und ausgerichtet« würden diese Kräfte durch die erwähnte Zeitschrift, die später unter dem Namen *Neue Stimme* im von der SED unterstützten Pahl-Rugenstein-Verlag erschien. Den Rückzug der Bruderschaften aus leitenden Kirchenfunktionen – beispielsweise im Falle Niemöllers, der 1956 seinen Sitz im Rat der EKD aufgegeben hatte – betrachtete die Stasi als »prinzipiellen Fehler«. Auf der anderen Seite sah sie im gemeindeorientierten Selbstverständnis ihrer Repräsentanten die Möglichkeit, die Bruderschaften »durch Kräfte aus der Gemeinde« entscheidend zu beeinflussen – dies auszunutzen sei eine »Hauptaufgabe« der Kirchenlinie des MfS. »Trotz der Mängel«, so Mielke in seinem Bericht, »kann jedoch festgestellt werden, daß alle Oppositionsgruppen für die Hierarchie und damit für die Ziele des Bonner Staates eine Gefahr darstellen, da sie in der Lage sind, deren Machenschaften in der Öffentlichkeit bloßzustellen.«[32]

Zur Popularisierung des Deutschlandplanes waren aber noch zahlreiche andere Maßnahmen vorgesehen. Durch »Ausnutzung von Kontakten des MfS«

sollten zum Beispiel Stellungnahmen bekannter Persönlichkeiten in die Marburger Zeitschrift *Freiheitsbote* lanciert werden, die die Stasi der »Niemöller-Gruppe« zurechnete.[33] Dem Blatt und einer Reihe weiterer Zeitungen wollte man auch »Anregungen geben zur Behandlung des Deutschlandplanes des Volkes in Einzelfragen« – wie auch immer man sich dieses konkret vorstellen soll. Zur »Beeinflussung von SPD- und DGB-Kreisen« war unter anderem die »Aktivierung« der Komitees gegen Atomrüstung in München und Westberlin vorgesehen, wozu Erich Mielke ein eigener Maßnahmeplan für die »Bewegung gegen den Atomtod« vorlag. Auch bei der Beeinflussung wissenschaftlicher und kulturschaffender Kreise sollte »Hauptinhalt« sein, daß man sie »für Stellungnahmen und Auftreten gegen [die] atomare Aufrüstung, Verbot der Kernwaffenversuche, für die Wiedervereinigung Deutschlands auf der Grundlage des Deutschlandplanes des Volkes und für eine wahrhaft nationale Kultur gewinnt und aktiviert«. Dazu wollte man unter anderem die Unterzeichner des Göttinger Aufrufes gegen Atomrüstung »aufsuchen«, an die Mitglieder der Karlsruher Gemeinschaft zum Schutz der freien Forschung »herangehen« und durch Geheime Mitarbeiter führende Wissenschaftler für gemeinsame Aktionen mit DDR-Kollegen »gewinnen«.[34] Hauptverantwortlich für all diese Maßnahmen war die HVA.

Das Stasi-Papier sah auch vor, daß oppositionelle Gruppierungen in Westdeutschland »in ihrer Absicht, Kandidaten für die Bundestagswahlen 1961 aufzustellen, bestärkt werden«. So sollte der »Bund Freier Wähler« aufgefordert werden, sein Ziel, durch Zusammenschluß der oppositionellen Kräfte in der Bundesrepublik eine Partei zu gründen, »noch energischer zu verfolgen«. Tatsächlich gründete sich wenig später die »Deutsche Friedensunion« (DFU), die hinfort eine wichtige Rolle im »Friedenskampf« spielte und von der DDR offiziell als »Partei fortschrittlicher Kräfte in Westdeutschland« bezeichnet wurde.[35]

Neben SED-nahen Kadern aus dem SDS, der Anti-Atomtod-Bewegung und der illegalen KPD betätigte sich auch eine Reihe linkspazifistischer Christen in der Partei. Der evangelische Pfarrer Simon-Peter Gerlach gehörte Anfang der achtziger Jahre sogar ihrem Bundesvorstand an. Die Geldmittel der Partei stammten zum großen Teil aus der DDR, wie Unterlagen aus dem ZK von 1973 belegen, denen zufolge die DFU mit knapp fünf Millionen DM pro Jahr unterstützt wurde. Die Mitgliederzahl lag danach zwischen fünf- und sechstausend, die von ihr herausgegebene »Deutsche Volkszeitung« hatte eine Auflage von 35 000 Exemplaren. Anderen Quellen zufolge stellte die SED der DFU 1989 »Solidaritätsmittel« in Höhe von 3,1 Millionen Mark zur Verfügung und finanzierte einunddreißig hauptamtliche Mitarbeiter.[36] Auch die politische Anleitung der DFU erfolgte durch die SED und ab 1968 durch die DKP. So heißt es in einer Information der Westabteilung des Zentralkomitees »über die weitere Tätigkeit der Deutschen Friedensunion in der BRD« vom Juli 1975: »Das Präsidium der DKP nahm in seiner Sitzung vom 2. Juli 1975 eine Information über die weitere Tätigkeit der DFU zur Kenntnis und gab Empfehlungen vor allem in Richtung auf die stärkere Herausarbeitung des spezifischen Charakters dieser Vereinigung.«[37] Und in einer anderen Notiz der Westabteilung für das Politbüromitglied Albert Norden wird mitgeteilt: »Das beiliegende Memorandum der DFU entstand aus einem Material, welches auf unsere Anregung vom [SED-Institut] IPW erarbeitet und dem Parteivorstand der DKP als Handreichung übergeben wurde. [...] Das Memorandum einschließlich der Liste der Erstunterzeichner ist in der BRD in 2000 Exemplaren verbreitet worden.«[38]

Aktion »Verwüstung«

Zur Verstärkung der Ostermarsch-Bewegung und zur Diskreditierung der Bundesrepublik entfaltete das MfS Ende der sechziger Jahre eine subtile Kampagne, in der die Bundesrepublik beschuldigt wurde, insgeheim ABC-Waffen herzustellen. Das MfS vereinbarte dazu im April 1967 mit dem KGB die sogenannte Aktion »Verwüstung«, die verschiedene »Maßnahmen des MfS zur Enthüllung der Herstellung von ABC- und Raketenwaffen, über Wissenschaftler, Konzerne und wissenschaftliche Einrichtungen Westdeutschlands« beinhaltete. Der KGB sollte dazu unter anderem aus seinen Archiven »belastende Dokumente« über bedeutende Wissenschaftler, die auf diesem Gebiet arbeiteten, zur Verfügung stellen. Zugleich sollte der sowjetische Geheimdienst die Materialien in der UNO und anderen internationalen Organisationen »realisieren«, wobei bezeichnenderweise extra vereinbart wurde, daß sie in diesem Falle »glaubwürdige Angaben« enthalten sollten. Weiteres Stasi-Material sollte der KGB an amerikanische Wissenschaftler und Politiker »heranbringen«, und zusätzlich noch eigene »Angaben« zu diesen Problemen streuen. Parallel dazu wollte man im Rahmen der Aktion »Sturm« die Militärpolitik der Bundesrepublik und »ihr Streben nach dem führenden Platz in der NATO« diskreditieren, einzelne Offiziere der Bundeswehr »durch die Auswertung von Unterlagen über ihren Dienst bei der Hitler-Wehrmacht« kompromittieren sowie oppositionelle Kräfte in Westdeutschland unterstützen, die gegen die »aggressive Militärdoktrin« der Bundeswehr auftraten.[39]

In einem Bericht vom März 1969 brüstete sich HVA-Chef Wolf, daß durch »das öffentliche Auftreten von mehreren wichtigen IM (Pressekonferenz, Fernsehen usw.)« entscheidend zu den »aktiven Maßnahmen« zum Thema »ABC-

Waffen-Produktion in Westdeutschland« beigetragen worden sei.[40] Gemeint sein dürfte damit der spektakuläre Übertritt von acht westdeutschen Physikern in die DDR, die auf einer Pressekonferenz im Januar die Bundesrepublik beschuldigten, an der Entwicklung von Atomwaffen zu arbeiten. Der Physiker Klaus Breuer von der Universität Frankfurt erklärte bei dieser Gelegenheit, die Bonner Regierung sei bestrebt, »die Voraussetzungen für die Eigenproduktion von Kernwaffen zu schaffen«. Sein Kollege Herbert Patzeld vom Kernforschungszentrum Karlsruhe ergänzte, daß gerade dieses »weitgehend für die militärische Forschung genutzt« werde. Und der frühere Sicherheitsbeauftragte eines Strahlenlabors im Schwarzwald, Hans Wieczorek, warf der Bundesregierung vor, daß spaltbares Material »keiner genügenden Kontrolle unterworfen« sei. Eine Dokumentation »Das Bonner Kernwaffenkartell – Ziele, Methoden, Hintergründe« sollte den Aussagen zusätzliche Beweiskraft verleihen. Anwesend waren auf der Pressekonferenz des Nationalrates der Nationalen Front ferner die Physiker Ehrenfried Petras, Hans Eschholz, Gerd Stiller, Hermann Steffen und Peter Möbius, die angeblich ebenfalls aus humanistischen Motiven in die DDR gegangen waren. In einem flammenden »Appell an die Wissenschaftler, Ingenieure und Techniker in der westdeutschen Bundesrepublik« forderten sie wenig später, die Entwicklung atomarer, biologischer und chemischer Massenvernichtungswaffen »sofort und bedingungslos« einzustellen.

Nach den Aussagen des für Kernforschungsspionage zuständigen MfS-Überläufers Werner Stiller handelte es sich bei den westdeutschen Physikern durchweg um zurückgezogene Agenten.[41] Möbius war von der bundesdeutschen Abwehr sogar bereits enttarnt und – so meinte man – »überworben« worden. Bei der ersten sich bietenden Gelegenheit setzte er sich jedoch in die DDR ab, wo er anschließend eine Professur in Dresden erhielt.[42] Einem Papier der Staatssicherheit ist zu entnehmen, daß ein Abgesandter des MfS in den Jahren 1961 und 1962 Kontakt zu Möbius aufgenommen und ihn seinerzeit zu Treffs nach Berlin bestellt hatte, die Stasi führte ihn als IM »Martin«.[43] Noch 1989, wohl in Erinnerung an den Propagandacoup, plante das MfS zum 40. Jahrestag der DDR eine Sendereihe fürs Fernsehen, mit der der Nachweis erbracht werden sollte, daß »entscheidende Schläge gegen den Feind geführt wurden« – unter anderem am Beispiel der »Bonner A-, B-, C-Waffenrüstung (Pressekonferenzen, Dokumentationen, Auftritte von Kundschaftern)«.[44]

Auch die Hamburger Zeitschrift *Konkret* beteiligte sich an der Kampagne. 1969 erschien dort unter anderem eine Reportage des Schriftstellers Günter Wallraff über »Die Giftmischer von Kiel«. Als angeblicher Ministerialrat Strathmann hatte er den Direktor des Hygiene-Institutes der Universität Kiel, Horst Gärtner, angerufen und gefragt, ob dieser für das Verteidigungsministerium spezielle Pockenerreger entwickeln könne, was Gärtner etwas verdattert bejahte – das Telefonat wurde dann von *Konkret* im Wortlaut abgedruckt. Wallraff arbeitete seinerzeit regelmäßig bei dem vierzehn Jahre zuvor auf Beschluß der FDJ als Studentenzeitschrift gegründeten Politblatt. In einem »Auskunftsbericht« der Stasi von 1976 wird dem Schriftsteller bescheinigt, daß er Ende der sechziger Jahre »vor allem unter der studentischen Jugend« wesentlich dazu beigetragen habe, »dem Kampf gegen die B- und C-Waffen in W[est] D[eutschland] [...] Richtung und Inhalt zu geben«. Interessant wird der Vorgang dadurch, daß Wallraff in dem Dokument als IM »Wagner« bezeichnet wird, der im April 1968 von der HVA-Abteilung X »direkt angesprochen« und »zu einer Zusammenarbeit mit dem Nachrichtendienst der DDR geworben« wurde – was Wallraff nach dem Auffinden des belastenden Schriftstückes, wie erwähnt, umgehend dementierte. Als die Münchener Zeitschrift *Focus* dreißig Jahre später den Schriftsteller fragte, wer ihm 1969 den ersten Tip für seine Reportage gegeben habe, gab er sich zugeknöpft: Dem Blatt zufolge ließ er erklären, es sei für ihn »selbstverständlich«, daß er »Informantenschutz« gewährleisten müsse.[45]

Die »neue« Friedensbewegung

Mit der Durchsetzung der Politik der friedlichen Koexistenz hörten die Bemühungen der SED zur Förderung einer regierungskritischen Friedensbewegung in Westdeutschland nicht auf – im Gegenteil: In den späten siebziger und frühen achtziger Jahren verstärkte sie ihre Bemühungen. Ein ganzes Netz von der DDR unterstützter Organisationen breitete sich nun in der Bundesrepublik aus. Wie man im Führungszirkel der SED die Dinge seinerzeit betrachtete, illustriert ein Schreiben des für Agitation zuständigen Politbüromitgliedes Albert Norden an den Leiter der Westabteilung des Zentralkomitees vom Mai 1978: »Richtig ist, daß die BRD-Friedensbewegung Hilfe braucht. Sie ist eine der schwächsten in ganz Westeuropa. In diesem Sinne ist die Initiative des [DDR-]Friedensrates zu begrüßen. [...] Setzt Euch also zusammen und macht einen gemeinsamen Vorschlag, den ich mir nach der Kur anschaue.«[46]

Eine Schlüsselrolle in dieser »zweiten« Friedensbewegung der Bundesrepublik spielte erneut der inzwischen pensionierte Martin Niemöller. In die meisten SED-nahen Friedensorganisationen war er fest eingebunden – so in die Deutsche Friedensgesellschaft, die im November 1974 mit der Vereinigung der Kriegsdienstgegner zur DFG/VK fusionierte und Niemöller zum Ehrenpräsidenten machte; Präsident der Friedensgesellschaft war er schon 1954 geworden. Aus Unterlagen des ZK-Apparates geht hervor, daß diese Organisation eng mit SED und DKP liiert war. Der Zusammenschluß, so heißt es in einer internen »Information« des Zentralkomitees vom Dezember 1974 – drei Wochen nach der Fusion –, werde von der DKP als »großer Erfolg« gewertet. Der Fusionsprozeß sei langfristig vorbereitet worden. In den 180 Gruppen mit etwa 25 000 Mitgliedern gebe es trotz der altersbedingten Fluktuation »bereits einen festen Stamm recht bewußt auftretender junger politischer Kader«. »Beide Organisationen wurden auf eine systemkritische Friedensarbeit orientiert, die Kriegsvorbereitung und Militarisierung der Gesellschaft aufs schärfste verurteilt und sich für Frieden, Sicherheit, Entspannung und Abrüstung einsetzt.«[47]

Ähnliches läßt sich auch für andere Organisationen und Initiativen sagen, an denen sich Niemöller an führender Stelle beteiligte – vom Komitee für Frieden, Abrüstung und Zusammenarbeit (KFAZ), das 1974 durch die DKP und andere kommunistische Organisationen gegründet wurde und dessen »Büro« Niemöller angehörte, bis zum Krefelder Appell, zu dessen »Vorbereitungs- und Leitungskreis« er 1980 zählte. Schon die Zusammensetzung des KFAZ-Büros macht deutlich, welcher Wind hier wehte: Außer Niemöller gehörten ihm 1982 noch Horst Trapp an, Mitglied des Bundesvorstandes der Deutschen Friedensunion (DFU), Klaus Mannhardt, Präsidiumsmitglied des Weltfriedensrates und Vorsitzender der Deutschen Friedensgesellschaft/Vereinigte Kriegsdienstgegner (DFG/VK), Gunnar Matthiesen, ehemals stellvertretender Leiter des Pahl-Rugenstein-Verlages, Mechthild Janssen, Bundesvorstandsmitglied des mit der SED eng liierten Sozialistischen Hochschulbundes,[48] Joseph Rossaint, Präsident der DKP-nahen »Vereinigung der Verfolgten des Naziregimes/Bund der Antifaschisten« (VVN/BdA), Konrad Lübbert, Pfarrer aus Uetersen und langjähriges Präsidiumsmitglied des Weltfriedensrates sowie Professor Gerhard Kade, Organisator der Gruppierung »Generale für den Frieden«, der als Kontaktmann der HVA fungierte und dort unter dem Decknamen »Super« geführt wurde.[49] 1982 kamen weitere Aktivisten hinzu, darunter Martha Buschmann, Mitglied des DKP-Präsidiums, und Anatol Feid, katholischer Pater und Vorstandsmitglied der »Gesellschaft für die Freundschaft zwischen den Völkern in der BRD und der Sozialistischen Republik Vietnam e.V.« sowie des westdeutschen Regionalausschusses der Christlichen Friedenskonferenz (CFK).[50]

Wenig anders sah es beim sogenannten Krefelder Appell aus, der von der Deutschen Friedensunion (DFU) initiiert worden war. Kontaktadresse der »Krefelder Initiative« war die Bundesgeschäftsstelle der DFU, die auch im wesentlichen die Finanzierung übernahm.[51] Ihr organisatorischer Leiter war der ehemalige Oberst der Deutschen Wehrmacht, Josef Weber, der ab 1951 in diversen Friedenskampagnen tätig war und in den fünfziger Jahren als Generalsekretär und Vorsitzender des »Bundes der Deutschen« fungierte – in späteren Jahren, wie erwähnt, eine Ansprechorganisation des MfS. 1960 war er Mitbegründer der DFU, deren Direktorium er angehörte; 1973 wurde er mit der Friedensmedaille des DDR-Friedensrates ausgezeichnet, 1985 mit dem Lenin-Preis.

Zum Konzept des Krefelder Appells gehörte es, auch nichtkommunistische Kräfte wie Petra Kelly oder Gert Bastian in den »Minimalkonsens« gegen die NATO-Raketen einzubinden – ohne die zuvor stationierten sowjetischen SS 20 zu erwähnen.[52] Auf Beschluß des Bundesvorstandes der DFU fand zu diesem Zweck im November 1980 in Krefeld ein »Forum« statt, auf dem der Aufruf öffentlich vorgestellt wurde, wobei sich die DFU bewußt im Hintergrund hielt. Ohne praktische Bedeutung blieb, daß Kelly und Bastian den Titel »Der Atomtod bedroht uns alle« durch den Zusatz »Keine Atomraketen in Europa« ergänzten.[53] Beide trennten sich erst 1984 von der Initiative. Der Aufruf fand in der Bundesrepublik Anfang der achtziger Jahre außerordentlich starke Resonanz. Bis zum Herbst 1983 wurde er nach Angaben der Initiatoren von rund 4,7 Millionen Menschen unterschrieben.[54] Auch die Kirchentage in Hamburg und Hannover, auf denen 1981 etwa 20 000 und zwei Jahre später mehr als 55 000 Unterschriften zu dem Aufruf gesammelt wurden, entwickelten sich zu regelrechten Aufmarschfeldern.[55] Die Abschlußveranstaltung in Hannover wurde schon optisch von Zehntausenden violetter Tücher bestimmt, die mit dem Motto der Friedenskampagne bedruckt waren, während der von der Kirchentagsleitung eingeladene Verteidigungsminister Hans Apel von den christlichen Teilnehmern niedergeschrien wurde.[56] Der westdeutsche Regionalausschuß der Christlichen Friedenskonferenz (CFK) hatte seinen Mitgliedern zuvor empfohlen, sich rechtzeitig »als Gruppe einer Kirchengemeinde oder als Friedensgruppe, nicht aber als CFK-Gruppe« anzumelden, weil von jeder Organisation nur ein Vertreter berücksichtigt werde.[57]

Einer Ausarbeitung des langjährigen Leiters der Stasi-Kirchenabteilung, Sgraja, zufolge war die CFK 1958 von den sozialistischen Ländern geschaffen worden, damit sich christliche Bürger »aktiv für den Friedenskampf organisieren konnten«. Alle Versuche, die CFK zu unterwandern oder zu isolieren, insbesondere während ihrer Krise nach der Niederschlagung des Prager Frühlings 1968, seien »durch das koordinierte Vorgehen der staatlichen Stellen der sozialistischen Länder vereitelt worden« – unter Teilnahme der IM »Meier«, »Sonja«, »Karl«, »Hartmut«, »Ingo« und anderer.[58] Die Federführung bei ihrer »weiteren politisch-operativen Sicherung [...] mit dem Ziel ihrer weiteren Profilierung im Kampf um Entspannung und Abrüstung und Erweiterung ihres Einflusses« hatten, einem Papier von 1980 zufolge, die Sicherheitsorgane der ČSSR.[59]

Die engen Verbindungen von KFAZ und Krefelder-Appell-Organisatoren zur DDR macht eine Notiz des Friedensrates der DDR anschaulich, in der die »Arbeitsgruppe BRD« über ein Gespräch mit Josef Weber im Januar 1981 berichtet. Der Notiz zufolge wurden Weber bei dem Treffen unter anderem »Anschriften von politischen Kräften (besonders ehemalige Offiziere aus NATO-Ländern) zur internationalen Unterstützung des Krefelder Appells übergeben«. Zugleich beklagte sich Weber – bezeichnenderweise in Ostberlin – über den »Versuch des Abwerbens von Persönlichkeiten, die den Appell unterzeichnet haben, wie zum Beispiel Prof. Dr. h.c. Karl Bechert, für andere Friedensorganisationen (erhält Briefe vom Komitee für Frieden, Abrüstung und Zusammenarbeit, die einen anderen Inhalt haben als Briefe, die von Josef Weber im Auftrage des Unterzeichnerkreises an ihn gerichtet sind).«[60] Eine Woche später übermittelte der für die West-Arbeit der SED zuständige Herbert Häber seinem Generalsekretär Honecker eine Information über eine Zusammenkunft mit dem DKP-Vorsitzenden Herbert Mies, in der er unter anderem mitteilt: »Ebenso wichtig ist die Bielefelder Initiative von Sozialdemokraten. Zu den Initiatoren gibt es Verbindungen. Es war und bleibt richtig, daß sich diese Initiative auf die Gewinnung von Mitgliedern und Funktionären der SPD konzentriert. Bestrebungen, sie möglichst rasch an den Krefelder Appell anzuschließen oder sogar dem bestehenden Komitee für Frieden und Abrüstung zuzuordnen, sind unterbunden worden.«[61]

Eine wichtige propagandistische Rolle (nicht nur) bei der Organisierung der Friedensbewegung spielte der in Köln ansässige Pahl-Rugenstein-Verlag, in dem 1981 unter anderen ein dickes Buch über die »Generale für den Frieden« erschien – wahrscheinlich unter direkter Beteiligung der HVA.[62] Der Verlag gehörte laut einer Mitteilung von Albert Norden an Erich Honecker vom Mai 1978, »zu den der DKP nahestehenden Verlagsunternehmen in der Bundesrepublik«. Der Mitteilung zufolge wurde er von einem DKP-Mitglied geleitet und verwirklichte sein Verlagsprogramm »in Absprache mit der Führung der Bruderpartei«. Im Unterschied zum Verlag Marxistische Blätter, der als offizieller Parteiverlag fungiere, habe Pahl-Rugenstein, dessen Entwicklung eng mit der APO verbunden gewesen sei, »bewußt einen linksliberalen antiimperialistischen Anstrich. Er wendet sich vorrangig an kritische nichtmarxistische Wissenschaftler, Pädagogen und Studenten und gibt im Interesse einer breiten Bündnispolitik in hohem Maße Autoren ein Forum, die nicht der DKP angehören, sondern auf kritisch-liberalen, links-sozialdemokratischen oder allgemeindemokratischen Positionen stehen (Stuby, Opitz, Behrisch, Bünemann usw.). Die Grundkonzeption des Verlages hat sich nach Ansicht der Bruderpartei insgesamt bewährt: Sie begünstigt die Verbreitung fortschrittlicher Ideen, macht dem Gegner die Verketzerung des Verlages schwerer und ermöglichte es, den Verlag, zu einem wichtigen Sammelpunkt des ›Bundes demokratischer Wissenschaftler‹ und der ›Bewegung für Frieden und Abrüstung‹ zu machen.«[63]

Seit 1967 war Martin Niemöller auch Ehrenpräsident des sowjetisch dominierten Weltfriedensrates mit seinen Zentralen in Prag und Helsinki. Diesem gehörten ausschließlich von der SED unterstützte westdeutsche Organisationen an wie die Deutsche Friedensunion (DFU), die Deutsche Friedensgesellschaft/Vereinigte Kriegsdienstgegner (DFG/VK), das Komitee für Frieden, Abrüstung und Zusammenarbeit (KFAZ) sowie die Vereinigung der Verfolgten des Naziregimes/Bund der Antifaschisten (VVN/BdA), deren Generalsekretär Kurt Erlebach zugleich Mitglied des DKP-Vorstandes war. Über die Einflußstrategien dieses Weltfriedensrates schrieb Wolfgang Leonhard schon 1984: »Die in diesen Organisationen tätigen kommunistischen Parteimitglieder erhalten die Anordnung, sorgfältig darauf zu achten, daß in diesen Organisationen kommunistische Zielsetzungen und Umgangsformen vermieden werden. Man spricht sich nicht mit ›Genosse‹ an, zeigt keine roten Fahnen, verzichtet auf das Singen der ›Internationale‹ und vermeidet sogar den Begriff ›Sozialismus‹, der durch die etwas offenere Formulierung vom ›sozialen Fortschritt‹ ersetzt wird.«[64]

Im Präsidium des Friedensrates saß auch der westdeutsche Pfarrer Herbert Mochalski, der in der Nazizeit »illegaler« Vertreter Niemöllers in Berlin-Dahlem war und 1945 Geschäftsführer des Bruderrates der Bekennenden Kirche wurde. Später arbeitete er als Studentenpfarrer in Darmstadt und als Chefredakteur der von der Stasi geschätzten Zeitschrift »Stimme der Gemeinde«. 1964 sollte er nach einem Besuch in der DDR, bei dem er in den Augen der Stasi »sehr positiv« auftrat, unter dem Decknamen »Diener« angeworben werden, doch weil die Abteilung »keine op[erative] Perspektive in der Richtung Kirche in W[est]D[eutschland]« sah, wanderte die Akte ins Archiv.[65] Mochalski, der 1967 in Bratislava die Ehrendoktorwürde verliehen bekam, war Mitbegründer der Christlichen Friedenskonferenz (CFK) und wurde 1971 zu einem ihrer Vizepräsidenten bestimmt. Dem SED-Zentralorgan *Neues Deutschland* diente er als ständiger Kronzeuge für die richtige Art westlicher Friedensbewegung, wie sich der 1977 verhaftete und nach zwei Jahren abgeschobene DDR-Dissident Rudolf Bahro später erinnerte. Über Mochalskis Predigt beim Friedensforum in Kassel (1981) notierte Bahro: »Er schimpfte salbungsvoll auf die amerikanischen NATO-Strategen, die kühl kalkulierend ihre Bombenziele auf die Karten zeichnen, und führte ins Feld, was Christus ihnen sagen würde. Ich frage dazwischen, was Christus wohl dem sowjetischen Generalstabschef Orgakow sagen würde, der doch mit derselben Art von Zielplanung beschäftigt ist. Pfarrer Mochalski antwortete, er wende sich nicht an sowjetische Strategen, da sie keine Christen seien. Das war der größte Heuchler vor dem Herrn, den ich in meinen bis dahin knapp zwei Jahren Bundesrepublik gehört hatte. Und genau dieser Mann bekam für seine abgestandene und grundverlogene Rhetorik den größten Beifall des Abends«.[66]

Mochalski gehörte auch dem Gründungskuratorium der Martin-Niemöller-Stiftung an, die im Januar 1977 zum 85. Geburtstag Niemöllers in Wiesbaden ins Leben gerufen wurde. Auch dieses Gremium war fest in der Hand von zuverlässigen Bündnispartnern: Martha Buschmann, Mitglied im Präsidium von DKP und Weltfriedensrat, Romesh Chandra, Mitglied des ZK der Kommunistischen Partei Indiens und Präsident des Weltfriedensrates, Bischof Károly Toth, Präsident der Christlichen Friedenskonferenz (CFK) und Präsidiumsmitglied des Weltfriedensrates, sowie die erwähnten Pastor Konrad Lübbert, Klaus Mannhardt und Gunnar Matthiesen. Als Nachfolger des langjährigen Vorsitzenden Eugen Kogon wurde 1988 der Tübinger Rhetorikprofessor Walter Jens zum Vorsitzenden der Stiftung gewählt, Stellvertreter wurde Kirchenpräsident Helmut Spengler aus Darmstadt.[67]

Förderung der Anti-Raketen-Proteste

In den Archiven der Staatssicherheit finden sich zu alldem nur nebelhafte Bezüge. Das Gros der Aktivisten ist, trotz häufiger Konsultationen in der DDR, in der zentralen Personenkartei der Stasi nicht (mehr) »erfaßt«. Für die Stasi waren sie dennoch keine Unbekannten, wie aus den zahlreichen überlieferten »Avisierungen« hervorgeht. Wenn sie zum Friedensrat der DDR reisten, sorgte das MfS regelmäßig für freie Grenzpassagen und ordnete ihre »besonders bevorzugte, höfliche Abfertigung« an – Stasi und Friedensrat arbeiteten nicht nur an dieser Stelle nahtlos zusammen.[68] Die DFU-Funktionäre und die Kandidaten der sogenannten Friedensliste, die 1987 bei den Wahlen zum Bundestag antrat, waren zudem in jener Stasi-Abteilung registriert, die für die geheimdienstliche »Absicherung« der Parteibeziehungen in den Westen zuständig war. Die SED legte aber Wert darauf, daß diese Beziehungen keinen nachrichtendienstlichen Charakter erhielten, um politischen Schaden bei einer möglichen Enttarnung zu vermeiden.

Gleichwohl bemühte sich der Staatssicherheitsdienst der DDR, die Anti-Raketen-Proteste in Westdeutschland nach Kräften zu fördern. Dazu bediente er sich seiner Inoffiziellen Mitarbeiter (IM) und Kontaktpersonen (KP) in der Bundesrepublik sowie der sogenannten legalen Residenturen im Friedensrat der

DDR und anderen offiziellen Institutionen. Über die einzelnen Gruppierungen und geplante Aktionen in der Bundesrepublik war die Stasi dadurch bestens informiert.[69]

Welche Bedeutung die Friedensbewegung für das MfS hatte, kann man unter anderem den Sitzungsprotokollen seines obersten Führungsorgans entnehmen. Im Februar 1982 wies Erich Mielke im sogenannten Kollegium seine Generale an, die bundesdeutsche Friedensbewegung »stärker zu fördern und zu unterstützen«. Mit seinen spezifischen Mitteln müsse das MfS dazu beitragen, die Wirksamkeit der westlichen Friedensbewegung weiter zu erhöhen und den Differenzierungsprozeß in politischen Kreisen der westlichen Länder zu fördern. Entscheidend sei die »kluge Nutzung aller Möglichkeiten, um die Antikriegsbewegung, besonders die Kräfte, die gegen die Stationierung neuer USA-Raketen auftreten, zu stärken und zu fördern«. Es gebe dabei, so Mielke weiter, »sehr günstige Ansatzpunkte, um mit unseren Mitteln und Möglichkeiten politische Kräfte, die sich in dieser Bewegung engagiert haben, zu unterstützen sowie neue operativ bedeutsame Kontakte im Operationsgebiet herzustellen und zu nutzen«.[70]

Ein Jahr später unterstrich der Stasi-Minister erneut die Notwendigkeit, die Anti-Raketen-Bewegung in der Bundesrepublik und anderen NATO-Staaten »durch geeignete, wirksame aktive Maßnahmen, unter Nutzung [der] Mittel und Möglichkeiten des MfS« zu unterstützen. »Es ist Aufgabe des MfS beizutragen, jene Kräfte zu unterstützen (in der SPD und FDP), die realistisch denken und jetzt für Aufhebung des Raketenbeschlusses eintreten.« Die Parteiführung der Sozialdemokraten müsse gedrängt werden, »endlich klar Stellung zu beziehen – möglichst noch vor Herbst (wenn Sonderparteitag darüber stattfinden soll). Die SPD darf nicht länger lavieren.« Voraussetzung für effektive Maßnahmen sei dabei eine »noch bessere Analyse, auf welche Kräfte man sich stützen kann (Funktionäre, Landesverbände, Parteibasis)«.[71] Tatsächlich lehnte der Sonderparteitag der SPD die Raketenstationierung ab, und auch im Bundestag stimmte die Mehrheit ihrer Abgeordneten dagegen.

Hauptverantwortlich für die »Bearbeitung« der Friedensbewegung war die HVA. In einer Rede, die ihr Chef Markus Wolf im Januar 1982 vor ihrer Parteiorganisation hielt, verwies er auf die gewaltigen Friedenskundgebungen in Westeuropa und die Fortschritte im Kampf um den Frieden. Diese seien dadurch gekennzeichnet, »daß wir mit der Friedenspolitik im Lager des Gegners ideologisch, und nicht nur ideologisch, wirksam sind«. Auch wenn die Friedensbewegung noch nicht stark genug sei, um den Rüstungswettlauf aufzuhalten, so sei sie doch bereits ein beträchtlicher politischer Faktor. Die sozialistischen Länder würden mit allen Mitteln dazu beitragen, die »Demagogie« des

Westens zu entlarven, damit die Friedensbewegung weiter erstarke und noch größeren Einfluß gewinne. Wolf: »Dabei wurde schon einiges erreicht und bewirkt, nicht zuletzt auch mit unseren Mitteln, mit denen ein nicht unerheblicher Beitrag zur weiteren Vertiefung und Ausweitung der Friedensbewegung in westeuropäischen NATO-Ländern und zur Einflußnahme auf die Entscheidungsfindung der betreffenden Regierungen geleistet wurde. Trotz der erreichten Ergebnisse sind weiter zunehmende Anstrengungen notwendig, um die Friedensbewegung in westeuropäischen Staaten mittels aktiver Maßnahmen weiter zu stärken und Spaltungsversuche abzuwehren, wie es die Aufgabenstellung der Planorientierung fordert.«[72]

Informationsstand, Ausforschungsinteressen und strategische Überlegungen der Staatssicherheit gehen aus einer Sammlung sogenannter Leiterinformationen der HVA aus der ersten Hälfte der achtziger Jahre hervor. Ziel war es danach, die westliche Friedensbewegung zu einer einheitlichen, massenwirksamen Opposition gegen die Außen- und Verteidigungspolitik der westlichen Regierungen zu formieren und blockübergreifende Vorstellungen zurückzudrängen. Im Mai 1982 stellte das MfS fest, daß sich die Friedensbewegung zu einer »wichtigen politischen Kraft« entwickelt hätte, mit der die »herrschenden Kreise Westeuropas und der USA rechnen« müßten«. Mit Wohlwollen registrierte es dabei die Bemühungen um eine bessere Koordinierung der Aktivitäten, insbesondere durch »prominente Persönlichkeiten wie Erhard Eppler (SPD), William Borm (FDP), Volkmar Deile (Aktion Sühnezeichen) und Heinrich Albertz (ehemaliger Regierender Bürgermeister von Berlin). Trotz ihrer Breite sei die Friedensbewegung aber noch nicht stark genug, um die Regierungen der entscheidenden NATO-Staaten zu ernsthaften Konzessionen zu zwingen. Aufgrund der Bedeutung der Bewegung für die »Durchsetzung der Friedenspolitik des sozialistischen Lagers« bestehe die Notwendigkeit, weitere zuverlässige und aussagefähige Informationen zu beschaffen.[73]

Nach der Übernahme der Regierungsverantwortung durch CDU/CSU und FDP im Oktober 1982 erwuchs der Friedensbewegung in den Augen der Stasi die »Aufgabe der verstärkten Mobilisierung aller demokratischen Kräfte der BRD gegen atomare Hochrüstung und den geplanten Stellenabbau«. Die neue Lage stelle »noch höhere Anforderungen an deren Aktionseinheit und Kampfkraft«, eröffne aber zugleich »neue Perspektiven für eine Mobilisierung der sich bisher abwartend verhaltenden Kräfte insbesondere in den Gewerkschaften und bei Teilen der in der Opposition befindlichen SPD-Mitgliedschaft«. Von der verstärkten »Einbeziehung der Arbeiterklasse in den Friedenskampf« hänge entscheidend die Festigung der gesamten Bewegung ab. Deren Aktivitäten, insbesondere die Massenkundgebungen anläßlich des Besuches von

US-Präsident Reagan im Juni 1982, hätten das Anwachsen der Bewegung verdeutlicht und »zweifellos die Verwirklichung der Rüstungspläne der NATO erschwert«. Dennoch müsse eingeschätzt werden, »daß die bisherigen Friedensaktivitäten nicht ausreichen, um den Brüsseler Raketenbeschluß zu Fall zu bringen«.[74]

Trotz der Niederlage der Friedensbewegung beim Stationierungsbeschluß des Deutschen Bundestages im November 1983 maß ihr die Stasi auch in der Folgezeit große Bedeutung bei. In einer »Leiterinformation« vom Januar 1984 heißt es, daß die Bewegung »auch künftig einen wesentlichen Beitrag zur Entwicklung des Friedensbewußtseins, zur Politisierung von Parteien, Organisationen, Berufsverbänden und Kirchen und zur Verbindung des außerparlamentarischen mit dem parlamentarischen Kampf leisten« werde. Eine Schlüsselrolle komme der Bildung weiterer betrieblicher Friedensinitiativen zu, wie sie unter anderem bei Hoesch in Dortmund, Mannesmann in Duisburg oder Opel in Bochum beständen.[75] Ein Jahr später stellte die Stasi fest, daß die Friedensbewegung trotz eines Rückgangs der Aktivitäten eine beträchtliche Aktions- und Mobilisierungsfähigkeit unter Beweis gestellt und sich weiterhin als »bedeutsamer politischer Faktor« erwiesen habe, der den außenpolitischen Kurs der westlichen Regierungen mit beeinflusse. Hervorzuheben sei vor allem das wachsende Engagement der Gewerkschaften und die enger werdende Verknüpfung zwischen Friedens- und Arbeiterbewegung. Bei der weiteren Ausforschung der Bewegung gehe es unter anderem um ein »frühzeitiges Erkennen der Entwicklung von weiteren Ansatzpunkten für eine wirksame Zusammenarbeit sozialistischer Länder mit der Friedensbewegung« sowie um die »Aufklärung der dafür in Frage kommenden Personen und Gruppierungen«.[76]

Wie die Stasi in der Friedensbewegung konkret operierte, darüber liegen wegen der Aktenvernichtung so gut wie keine Unterlagen vor. Unter den wenigen erhalten gebliebenen Dokumenten befindet sich ein aufschlußreiches »Konzept für aktive Maßnahmen zur Förderung der Friedensbewegung in der BRD«, das der Leiter der Abteilung II, Kurt Gailat, verfaßte;[77] diese war zuständig für Parteien, Kirchen und Verbände in Westdeutschland – und für die Friedensbewegung.[78] Ziel der im August 1981 konzipierten Maßnahmen war es, »den nachrichtendienstlichen Einfluß auf die sich in der BRD entwickelnde Friedensbewegung zu erhöhen, diese zu stimulieren und zu stärken«. Gailat hielt dafür den gezielten Einsatz der vorhandenen Inoffiziellen Mitarbeiter (IM) und Kontaktpersonen (KP) sowie die Schaffung neuer »operativer Positionen« des MfS für erforderlich. Als »Zentrum der Maßnahmen« sei die Herausbildung von Friedensinitiativen innerhalb der Gewerkschaften zu fördern. Durch das »aktive Wirken von IM und KP« sollten ferner kirchliche Organisationen und Einrichtungen beider Konfessionen in die Friedensbewegung eingebunden werden. Namentlich wollte man Einrichtungen wie »Pax Christi«, »Bund der Deutschen Katholischen Jugend« (BDKJ), Aktion »Ohne Rüstung leben«, »Aktion Sühnezeichen« sowie die von Martin Niemöller geprägte Evangelische Kirche in Hessen-Nassau unterstützen.

Das »operative Netz« könne die Arbeit der DKP nicht ersetzen, sondern sei »dort konzentriert, wo diese wenig wirksam ist«. Die Stasi wollte deshalb in solchen Organisationen »aktive Arbeit« leisten, die andere Einwirkungsmöglichkeiten auf SPD, FDP und Gewerkschaften hätten als die DKP – beispielsweise durch den Krefelder Appell, den Bielefelder Aufruf »Mut für eine bessere Zukunft«, den Heidelberger Appell oder das sogenannte Hamburger Forum. Insbesondere während des SPD-Parteitages im April 1982 wollte man durch IM und KP den Druck auf die Parteiführung verstärken. »Eine wesentliche Aufgabe«, so heißt es wörtlich, »ist es, während der Tagung Initiativanträge zu formulieren und zu lancieren, um die Manöver der Führung zu unterlaufen.« Mit besonderem Interesse verfolgte die Stasi auch die »Differenzierungsprozesse« bei den Jungsozialisten, die ein Leutnant der Abteilung II 1988 zum Thema einer fünfundsiebzigseitigen Abhandlung machte.[79] Auch auf die Politik der anderen sozialdemokratischen Parteien in Europa wollte man über verschiedene Friedensorganisationen Einfluß nehmen. Ein weiterer Plan war es, aus der Bundeswehr »Angehörige zu gewinnen, die den Sinn der geplanten Rüstungsmaßnahmen unter militärisch-strategischen Gesichtspunkten in Frage stellen«. Schließlich wollte man in den Medien verschiedene Aktivitäten »fortsetzen« – beispielsweise die »Durchführung öffentlicher Foren und Pressekonferenzen von Politikern und Einzelpersönlichkeiten« oder die »Veröffentlichung von Anzeigen in der Presse einschließlich lokaler Zeitungen«.

Das Stasi-Konzept sah vor, alle Gruppierungen der Friedensbewegung »als operative Objekte karteimäßig zu erfassen«. Die wichtigsten »Führungspersönlichkeiten« sollten bearbeitet werden, um sie als IM zu werben, als Kontaktpersonen zur aktiven Einflußnahme einzusetzen oder als »Konsultanten im Rahmen aktiver Maßnahmen« zu nutzen. Aus DDR-Institutionen sollten »Einsatzkader« zur »Kontaktarbeit« in die Bundesrepublik entsandt werden. Vor allem aber sollte der Verzicht auf die Schaffung eines organisatorischen Zentrums der westdeutschen Friedensbewegung »ergänzt werden durch eine zentrale Steuerung des inoffiziellen Netzes«, um eine »Potenzierung der Kräfte« und eine »Koordinierung von Aktionen« zu erreichen. Zu diesem Zweck sollte innerhalb der HVA eine »Leitstelle« geschaffen werden, wozu aus verschiedenen Abteilungen eine eigene Planungsgruppe gebildet wurde. Die politisch-aktiven Maßnahmen der HVA sollten dabei in enger Zusammenarbeit mit dem Zentralkomitee der SED, den DDR-Gewerkschaften, der FDJ und den Blockparteien organisiert werden – und mit dem KGB.

In einem Bericht vom September 1982, in dem verschiedene mit dem sowjetischen Geheimdienst durchgeführte Maßnahmen skizziert werden, heißt es, daß »wichtige Beiträge zur Vertiefung und Erweiterung der Friedensbewegung« geleistet worden seien. Die Maßnahmen zur »Einflußnahme auf die Verwirklichung der Vorschläge und Initiativen der UdSSR« seien in westeuropäischen Staaten und insbesondere in der Bundesrepublik »realisiert« worden. Hervorzuheben seien insbesondere die »Maßnahmen zur Beeinflussung von Politikern der SPD/FDP-Koalitionsregierung sowie holländischer und belgischer Regierungskreise, die Initiierung von Aktionen mit Massencharakter (Massendemonstrationen, Konferenzen usw.)«. Im Zusammenhang mit dem Europa-Besuch von US-Präsident Reagan seien »gezielte und Maßnahmen mit Massencharakter« in der Bundesrepublik und Westberlin »politisch und organisatorisch mitorganisiert und gestaltet« worden. »Sie forderten die Verurteilung und Nichtrealisierung des Brüsseler Raketenbeschlusses, der Konfrontationspolitik von Reagan und Verhandlungen zwischen der UdSSR und den USA«. Ergebnis gemeinsamer aktiver Maßnahmen mit dem KGB sei auch der »weiter voranschreitende Differenzierungsprozeß« in SPD, FDP und CDU. Diese hätten sich einerseits gegen die »zunehmend reaktionäre Politik rechter CDU/CSU- und FDP-Politiker« wie Strauß und Genscher gerichtet, andererseits »realistische Kräfte« unterstützt.[80] Vier Wochen später fiel die sozialiberale Koalition auseinander.

In dem Papier über die Zusammenarbeit mit dem KGB wird eine bedeutende westliche Friedensinitiative auch namentlich erwähnt. Die Bewegung »Generale für den Frieden«, so heißt es wörtlich, »wurde weiter ausgebaut, tritt auf internationaler Ebene auf (einschließlich im Rahmen der UNO) und ist fester Bestandteil der Friedensbewegung«. In seinen »Erinnerungen« beschreibt der langjährige Chef der HVA, Markus Wolf, wie das MfS die Gruppierung »Generale für den Frieden« infiltrierte: Schon kurz nach deren Gründung sei eine »Quelle« in Hamburg an den Organisator, Professor Gerhard Kade, herangetreten. Da dieser zu Gesprächen mit Abgesandten der DDR bereit schien, habe Wolf zwei Mitarbeiter zu ihm geschickt, die vorgaben, im Auftrag des Ministerrates der DDR zu kommen. Als Kade diesen gegenüber meinte, ein jährlicher »Zuschuß« von 100 000 DM würde der Gruppe »die Öffentlichkeitsarbeit entscheidend erleichtern«, habe Wolf diese Summe umgehend »bewilligt«. Ausgezahlt worden sei sie als Spende des Ostberliner Institutes für Politik und Wirtschaft (IPW) – eines der »legalen Dächer« der HVA, unter dem neben hohen SED-Funktionären auch viele Inoffizielle Mitarbeiter und geheime Offiziere im besonderen Einsatz (OibE) tätig waren. Darüber hinaus habe sich aber auch der KGB um Kade bemüht, mit der Folge, daß wenig später ein sowjetischer General um Aufnahme in die »Generale für den Frieden« bat. Obwohl die Gruppe kein Sprachrohr Moskaus gewesen sei, erkannte man Wolf zufolge »in Erklärungen der Generale den Einfluß wieder, den wir über Kade ausübten«.[81]

Den Ermittlungen der Bundesanwaltschaft zufolge beruhte sogar die gesamte Gründung der Gruppe auf einer Initiative der HVA. Danach wurde der Abteilung I bereits Ende der siebziger Jahre die Aufgabe zugewiesen, in Zusammenarbeit mit der Abteilung II pensionierte Generale und Admirale, die als »Multiplikatoren« für die militärpolitischen Positionen des Warschauer Paktes geeignet erschienen, zu einer »nachrichtendienstlich steuerbaren Gruppe zusammenzuführen«. Die Gruppe, der neben ehemaligen Militärs aus Norwegen, Portugal, England, Griechenland, Italien, Frankreich und den Niederlanden auch die westdeutschen Generale a.D. Gert Bastian und Günter Vollmer angehörten, sei in der Folgezeit mit einer Vielzahl von Argumentationspapieren und Hintergrundmaterialien versorgt worden, die von Mitarbeitern der HVA-Abteilung X zum Teil in enger Zusammenarbeit mit dem KGB ausgearbeitet worden seien. Diese Unterlagen seien ausschließlich durch Führungsoffiziere der Abteilung I und II weitergeleitet worden, die auch über eine »operative Verbindung« zum Kölner Pahl-Rugenstein-Verlag verfügt hätten, in dem wichtige Schriften der Gruppierung erschienen.[82] Als die politische Dimension der »Generalsbewegung« den nachrichtendienstlichen Rahmen gesprengt habe, sei der Leiter der Abteilung Auslandsinformation des Zentralkomitees und Schwager Erich Honeckers, Manfred Feist, mit der weiteren Anleitung des Vorgangs beauftragt worden.[83]

Der Organisator der »Generale für den Frieden«, Gerhard Kade, ist in der zentralen Personenkartei der Stasi nicht (mehr) »erfaßt«. Aus anderen Unterlagen geht aber hervor, daß er 1981 von der HVA registriert wurde. Unter seiner Registriernummer und dem von Wolf genannten Decknamen »Super« sind insgesamt 26 Informationslieferungen festgehalten.[84] Für 1990 ist zudem ein Dauervisum zur Einreise in die DDR überliefert. Zuvor avisierte die Stasi den Grenzkontrollstellen jeweils seine Besuche beim Friedensrat und beim IPW und teilte diesen per Formblatt mit: »Ohne Mindestumtausch. Schriftliche Unterlagen nicht beanstanden«.[85] Die Hauptabteilung XX notierte über ihn im Januar 1979: »Prof. Dr. Gerhard K. gehört zu den führenden Kräften im Komitee für Frieden, Abrüstung und Zusammenarbeit in der BRD. Er tritt bei Kundgebungen des Komitees und bei anderen Veranstaltungen sowohl in der BRD als auch international aktiv für die Beendigung des Wettrüstens, gegen die Neutronenwaffe, für Rüstungsbeschränkung und Abrüstung ein. Die Position realistischer demokratischer Kräfte und verantwortungsvoller Wissenschaftler vertritt er auch in zahlreichen Presseveröffentlichungen und anderen Publikationen. Als Vizepräsident des Internationalen Instituts für den Frieden, Wien, wirkt er mit, die Entspannungspolitik durch wissenschaftlichen Dialog und Meinungsaustausch international zu fördern. Seine Haltung zur Sowjetunion und zu den anderen sozialistischen Ländern ist loyal.«[86]

Die »Handakte« Niemöller

Wie Kade ist auch Martin Niemöller, trotz seiner intensiven Ost-Kontakte und seiner zentralen Rolle in Kirche und Politik, in der Personenkartei des Ministeriums für Staatssicherheit nicht verzeichnet. Da die HVA in der Wendezeit ihre Karteikarten gezogen hat, kann nur vermutet werden, daß Niemöller dabei aus der Kartei entfernt wurde. Das frühere Mitglied des DKP-Parteivorstands Peter Schütt hat 1994 enthüllt, daß man dem hochbetagten Kirchenmann einen persönlichen Referenten zur Seite gestellt habe, der diesen ständig begleitet und seine Reden und Stellungnahmen redigiert habe.[87] Andere Vermutungen gehen dahin, daß Niemöllers Sohn Jan, der lange in sowjetischer Kriegsgefangenschaft war, den Schlüssel bilde. Wie auch immer Niemöllers Beziehungen zu den Machthabern in der DDR konkret ausgesehen haben, wird wegen der Spurenbeseitigung wohl nie mehr zu klären sein.

Der Verdacht, daß Niemöller der großen Aktenvernichtung der HVA zum Opfer fiel, wird dadurch erhärtet, daß Niemöller an anderer Stelle bei der Stasi durchaus präsent war. So bekam die mit NS-Angelegenheiten befaßte Hauptabteilung IX/11, die 1970 nach Niemöller recherchierte, seinerzeit zur Antwort: »Hinweis: HVA-Archiv«.[88] Zugleich war er im NS-Archiv der Staatssicherheit mit diversen Unterlagen registriert.[89] Und einer anderen Karteikarte zufolge hatte allein die Kirchenabteilung der Stasi sieben »Handakten« über ihn zusammengetragen, von denen fünf überliefert sind.[90]

Diese Unterlagen – überwiegend Anträge auf Genehmigung seiner zahllosen Vortragsreisen in die DDR sowie Spitzelberichte über den Verlauf der Veranstaltungen – sind seltsam unvollständig und betrachten Niemöller ausschließlich unter dem Gesichtspunkt seiner Wirkungen in der DDR. Zeitlich stammen sie fast alle aus den fünfziger und sechziger Jahren. Das Bild, das sie von Niemöller zeichnen, ist widersprüchlich, wird aber im Laufe der Zeit immer freundlicher.

In der Anfangszeit wandte sich Niemöller danach bei seinen öffentlichen

Auftritten in der DDR nicht nur gegen die Wiederbewaffnung in Westdeutschland, sondern äußerte sich auch kritisch über die SED-Herrschaft und den russischen Kommunismus – was von den Spitzeln der Polizei und der Staatssicherheit umgehend weitergemeldet wurde.[91] In den Akten findet sich auch ein handschriftlicher Brief an Stasi-Minister Zaisser, in dem Niemöller um die Freilassung eines ostdeutschen Superintendenten bittet.[92]

Aus dem Jahr 1959 ist eine ausführliche »Information zur Lage um Niemöller« überliefert, in der die Auseinandersetzungen auf der Hessen-Nassauischen Synode nach Niemöllers umstrittener Kasseler Rede geschildert werden – die Stasi wurde von ihrem Geheimen Mitarbeiter »Herbert« informiert, der in der dreiköpfigen Delegation aus Magdeburg saß und seinen Bischof damals aufforderte, »doch noch einmal die Solidarität mit Niemöller zu bekräftigen, was der Bischof dann auch getan hat«.[93] Den Akten zufolge verbarg sich hinter »Herbert« der Leiter der Beschaffungsstelle im Magdeburger Konsistorium Hans Zimmermann, der, wie es in einem Stasi-Vermerk heißt, »politisch-operativ genutzt [wurde] auf der Linie Pfarreropposition« und unter anderem »zur Abgabe von positiven Presseerklärungen« eingesetzt wurde.[94]

In den sechziger Jahren wurde Niemöllers Auftreten in der DDR zunehmend »positiv« beurteilt. Während seine Zuhörer immer kritischer reagierten, zeigten sich die Geheimen Mitarbeiter der Stasi manchmal regelrecht begeistert.[95] Ambivalent bleibt ein umfangreicher Personenbericht der Stasi-Kirchenabteilung aus den frühen sechziger Jahren, in dem Niemöllers kritische Äußerungen aus der Vergangenheit zum Teil wörtlich wiederholt werden. »Er ist Gegner der atomaren Aufrüstung der Bonner NATO-Armee, tritt aber gleichzeitig auch gegen eine militaristische Stärkung der Staaten des Warschauer Vertrages in Erscheinung«, heißt es beispielsweise in dem Bericht. Während er in den Auseinandersetzungen mit Bischof Dibelius 1959/60 eine »positive Rolle« gespielt habe, mache er sich durch seinen Pazifismus »in verstärktem Maße zum Fürsprecher von Wehrdienstverweigerern in der DDR« – für die SED ein großes Problem, da sie gerade die Wehrpflicht eingeführt hatte, ohne die Möglichkeit einer Verweigerung aus Gewissensgründen einzuräumen. »Hauptschwäche« der politischen Haltung Niemöllers sei es, »daß er den Unterschied zwischen dem sozialistischen und dem imperialistischen Weltsystem nicht erkennt«.[96]

In den siebziger Jahren ist das Urteil der Stasi über den »fortschrittlichen Theologen« deutlich wohlwollender. In einer »Information« vom Dezember 1976 über seinen Besuch in Dresden bei »Kameraden« aus der Zeit der Naziverfolgung heißt es, Niemöller habe sich zu den Fragen der Weltpolitik »realistisch« geäußert. »Er anerkannte die Bemühungen vor allem der sozialistischen Länder und verurteilte alle Schritte, die zu einer Verschärfung der Situation und der Beziehungen zwischen den Völkern führen.« Allerdings habe es bei ihm auch »verschwommene Auffassungen« gegeben. Über die politischen Verhältnisse in der Bundesrepublik habe sich Niemöller »besorgt« geäußert. Aus diesem Grunde habe er auch dem DKP-Parteitag eine Grußadresse gesandt und sei gemeinsam mit dem DKP-Vorsitzenden Herbert Mies aufgetreten. Niemöller: »Es sind schließlich Menschen, die Gutes wollen, und als Christ begrüße ich eine solche Aktivität.« Lediglich eine gut besuchte Diskussion in der Kreuzkirche lief nach Stasi-Einschätzung »nicht ganz reibungslos«. Als Niemöller einem Pfarrer, der die verzerrende DDR-Berichterstattung über den Fall Brüsewitz angesprochen hatte, erwiderte, daß in der Bundesrepublik der Inhalt der Zeitungen dafür vom Anzeigengeschäft abhänge, habe er bei jüngeren Pfarrern »Gescharre und Zurufe« geerntet. »Sie müßten selbst mal hier leben! Sie haben ja keine Ahnung!« lautete danach einer der Zwischenrufe. Auch als Niemöller über die »Berufsverbote« in der Bundesrepublik sprach, habe es bei der Veranstaltung Gelächter gegeben. »Im Verlauf der Diskussion«, so der Stasi-Bericht, »äußerte Niemöller, daß der Sozialismus für ihn die einzig mögliche Gesellschaft sei. Er sei nicht für den Kapitalismus, und die Milliardäre müsse man enteignen.«[97]

Außer diesem Bericht aus Dresden gibt es in den Handakten der Stasi-Kirchenabteilung keine weiteren Spuren über Niemöllers Wirken in der letzten Phase seines Lebens. Die Wertschätzung, die er bei der SED genoß, läßt sich allerdings erahnen, wenn man den Bericht über einen »Studien- und Informationsbesuch« in der DDR liest, den der Friedensrat der DDR – vier Monate nach seinem Tod – für seine Witwe organisierte. Der Aufenthalt im Sommer 1984 sollte dazu genutzt werden, »um Frau Niemöller mit der erfolgreichen Entwicklung der DDR – insbesondere auf sozialpolitischem und kulturpolitischem Gebiet – vertraut zu machen«. Dabei stellte sich heraus, daß diese die politische Entwicklung in beiden deutschen Staaten nach 1945 »kaum verfolgt« hätte. Sie habe auch nicht »das Wirken Martin Niemöllers in seiner ganzen Tragweite« einzuschätzen vermocht. In vielen Gesprächen wurde ihr deshalb gezeigt, »wie das Erbe Pastor Niemöllers, der sich bis ins hohe Alter entschieden für die Abwendung einer atomaren Katastrophe und für ein breites Bündnis aller Kriegsgegner, ungeachtet unterschiedlicher religiöser, weltanschaulicher und politischer Auffassungen einsetzte, in unserem Lande wirkt und fortgeführt wird«. Auch an seinem Nachlaß zeigte man Interesse. »Insgesamt muß eingeschätzt werden«, so heißt es in dem Bericht, »daß Frau Niemöller während ihres DDR-Besuches vielfältige Denkanstöße und Impulse vermittelt werden konnten. Wir halten das für wichtig, da es seitens bestimmter Kräfte der BRD Bemühungen gibt, über Frau Niemöller das Vermächtnis Pastor Niemöllers zu annektieren.«[98]

Zurückdrängung »feindlicher« Kräfte

Eine wesentliche Aufgabe des Staatssicherheitsdienstes und seines Netzes aus Agenten und »Kontaktpersonen« in der Bundesrepublik bestand auch darin, »ein Überschwappen pazifistischer und antisozialistischer Parolen auf die DDR zu verhindern«.[99] Die Ausbreitung einer unabhängigen Friedensbewegung in der DDR und die Entstehung eines blockübergreifenden europäischen Politikansatzes in der ersten Hälfte der achtziger Jahre ließen diese Aufgabe in den Augen der Stasi sogar immer wichtiger werden.[100] Die entsprechenden Gruppierungen und Personen in Westeuropa wurden deshalb in umfangreichen »Operativ-Vorgängen« ausgeforscht und bekämpft – die andere Seite der Stasi-Durchdringung der Friedensbewegung.[101]

In den bereits erwähnten Leiterinformationen der HVA spielt dieser Aspekt eine zentrale Rolle. In Projektion der eigenen Methoden beschuldigte die Stasi den »Gegner«, die Friedensbewegung zersetzen oder manipulieren zu wollen. Ein »großangelegter Versuch zur Spaltung der Friedensbewegung«, so hieß es im Mai 1982, seien die Aktivitäten des »antikommunistisch ausgerichteten« Arbeitskreises atomwaffenfreies Europa in Berlin.[102] Den Organisatoren des Arbeitskreises, Rudolf Steinke und Jürgen Graalfs, wurde unterstellt, die Friedensbewegung »antikommunistisch umfunktionieren« zu wollen, so daß die Gruppe bereits Anfang der achtziger Jahre von der Stasi als »Feindobjekt« eingestuft und in einem »Operativ-Vorgang« bearbeitet wurde.[103] Unter anderem kamen dabei die Inoffiziellen Mitarbeiter »Ulli« (Hans-Christoph Buchholtz), »Jürgen« (Hans-Mario Bauer) und »Franz« zum Einsatz.[104]

Die von dem Arbeitskreis vorbereitete »2. Europäische Konferenz für ein atomwaffenfreies Europa«, die im Mai 1983 stattfand, stellte nach Meinung der Stasi einen »weitgehenden Versuch« dar, den »Spaltungsprozeß in der Friedensbewegung fortzusetzen, sie vom Kampf gegen den NATO-Raketenbeschluß abzubringen und zugleich in die sozialistischen Länder einzudringen«. Nach Einschätzung in der westdeutschen Friedensbewegung engagierter SPD-Politiker, so schrieb die Stasi weiter, diene die zeitweilige Anstellung Steinkes als Bundestagsmitarbeiter mit eigenem Büro in Bonn, die von dem SPD-Bundestagsabgeordneten Gert Weisskirchen vermittelt worden sei, der Intensivierung der Kontakte zu SPD-Politikern für eine aktive Unterstützung der Konferenz. SED und Staatssicherheitsdienst suchten deshalb die Konferenz von zwei Seiten her unter Beschuß zu nehmen: Den »Bruderparteien« SEW und DKP zufolge, so informierte die HVA in ihrer Leiterinformation, habe die »Spalterbewegung« ein Stadium erreicht, in dem »prinzipielle Entscheidungen« erforderlich seien. Sie gingen deshalb in ihrem weiteren taktischen Vorgehen davon aus, die Konferenz »zu boykottieren und deren Organisatoren im Rahmen der Friedensbewegung zu isolieren«.[105] Die Stasi unterstützte diese Ausgrenzungstaktik, indem sie unter anderem die Jungsozialisten in Berlin-Wilmersdorf mittels Inoffizieller Mitarbeiter dazu bewegen wollte, einen Brief mit der Behauptung zu veröffentlichen, daß einer der Organisatoren Geld vom CIA bekomme.[106] Tatsächlich wurde diese Desinformation, unter anderem von dem Politiker der Alternativen Liste (AL), Dirk Schneider, immer wieder über die Westberliner Friedensengagierten um Rudolf Steinke kolportiert.

Mit gleicher Intensität bekämpfte die Stasi auch andere Gruppierungen aus der blockübergreifenden Friedensbewegung. Der Aufruf der Bertrand-Russell-Stiftung vom April 1980, nicht gegenüber dem Osten oder dem Westen, »sondern untereinander loyal zu sein«, und das gesamte Territorium Europas, von Polen bis Portugal, von atomaren Waffen frei zu machen, wurde vom Ostblock als Spaltungs- und Einmischungsversuch zurückgewiesen.[107] Die ihn unterstützenden Friedensgruppierungen standen allesamt auf der schwarzen Liste, insbesondere die englische Bewegung für europäische atomare Abrüstung (END), der holländische Interkirchliche Friedensrat (IKV), das »Netzwerk für den Ost-West-Dialog« und die von der Russell-Stiftung unterstützte Konventbewegung mit ihrem sogenannten Liaison-Komitee. Die »Aufklärung und Bekämpfung von Organisationen und Einzelpersonen im Operationsgebiet, die unter dem Deckmantel der Schaffung einer ›blockübergreifenden‹ Friedensbewegung die Spaltung der westlichen Friedensbewegung betreiben«, erfolgte dabei nicht nur durch das MfS, sondern in enger Zusammenarbeit mit dem KGB, namentlich im Fall des IKV, des END und des »Netzwerkes für den Ost-West-Dialog«.[108]

Für die Zurückdrängung der blockübergreifenden Friedensbewegung war unter anderem ein dreiköpfiges Referat der Hauptabteilung XX/5 zuständig (HA XX/5/I), das vor allem in Westberlin operierte. Es konzentrierte sich auf die »Bearbeitung« von ehemaligen DDR-Bürgern, die in den Westen übergesiedelt waren und nun in der Friedensbewegung mitarbeiteten.[109] Insbesondere der Schriftsteller Jürgen Fuchs, der 1977 aus der DDR ausgebürgert worden war und sich in Westberlin für eine Zusammenarbeit mit den ostdeutschen Friedensgruppen einsetzte, wurde im Operativ-Vorgang »Opponent« mit massiven »Zersetzungsmaßnahmen« überzogen, um sein politisches Engagement einzudämmen. Wie die Stasi schrieb, dienten sie dem Ziel, »den Fuchs zu zwingen, sich mehr mit sich selbst zu beschäftigen, ihn durch alltägliche Ärgernisse kontinuierlich zu beschäftigen und damit zu verunsichern, ihn in der Öffentlichkeit zu diskreditieren und schließlich hinsichtlich der Angriffe gegen die DDR mehr und mehr handlungsunfähig zu machen«.[110]

Die Bekämpfung dieses Teils der westlichen Friedensbewegung war bei der

Stasi ganz oben angehängt. In seiner Zentralen Planvorgabe verlangte Mielke 1986 die »gründliche Aufklärung und vorbeugende Verhinderung der gesamten subversiven Tätigkeit« des Westens, wozu er auch die »Inspirierung einer sog[enannten] blockübergreifenden, staatlich unabhängigen Friedensbewegung in sozialistischen Staaten unter Einbeziehung negativer Kräfte, der westlichen Friedensbewegung und der Grünen« rechnete.[111] Auch in den Leiterinformationen der HVA werden immer wieder detaillierte Angaben über den Einfluß und die Aktivitäten der Gruppierungen »mit antisozialistischen und spalterischen Tendenzen« verlangt – und geliefert.[112] Markus Wolf war es, der in seinem Bericht über den »Beitrag der Hauptverwaltung A zur Gewährleistung der inneren Sicherheit der DDR« vom Januar 1986 die enge Zusammenarbeit mit den Diensteinheiten der »Abwehr« hervorhob und darauf verwies, wie sehr man diese unter anderem »durch Übergabe von Informationen über Aktivitäten feindlicher Kräfte gegen die DDR in der Friedensbewegung der BRD« unterstützt habe.[113]

Die westdeutsche Friedensbewegung diente dem MfS nicht zuletzt als Reservoir für neue Agenten. Wie Wolf in seinen »Erinnerungen« zu Protokoll gibt, konnte die Stasi vielfach »bei Sympathisanten der Friedensbewegung neue Mitarbeiter rekrutieren. Voraussetzung war, daß sie ein Studienfach hatten, das eine Perspektive als Quelle versprach, und daß sie sich nicht auffällig politisch engagiert hatten.«[114] Diese Aussage deckt sich mit sogenannten Operativen Schlußfolgerungen, in denen Wolf 1983 Orientierungen für das Vorgehen der HVA gab. Unter anderem hob er darin die Bearbeitung von »Basisstützpunkten« in der Friedensbewegung oder in alternativen Gruppen hervor, um dort Perspektiv-IM »aufzubauen, die von ihren Führungskräften in zentrale Schwerpunktobjekte mitgenommen bzw. empfohlen werden« – im Klartext: junge Friedensengagierte sollten als Mitarbeiter »fortschrittlicher« Politiker in die Apparate von Parteien und Parlamenten eindringen, wie es beispielsweise bei dem erwähnten IM »Jürgen« (Hans-Mario Bauer) gelang, der später als Mitarbeiter der SPD-Bundestagsabgeordneten Norbert Gansel und Horst Jungmann für die HVA spionierte. Mit Inoffiziellen Mitarbeitern aus der DDR, die über eine ausreichende »Abdeckung« im Westen verfügten, sei die Bearbeitung dieser »Basisstützpunkte« zu verstärken. Geeignete Einrichtungen, Institutionen und Organisationen der DDR sollten dazu intensiver genutzt werden. Der aufgeschlossene Wissenschaftler von der Humboldt-Universität und der freundliche Herr vom DDR-Friedensrat der DDR – sie sollten in der westlichen Friedensbewegung nach künftigen Perspektivagenten Ausschau halten.[115]

Stasi in den Kirchen – Eine Aktenlese

Für die Stasi war es eine der wichtigsten Kirchengemeinden der alten Bundesrepublik: Wenn Gottfried Busch im Bonner Prominentenstadtteil Röttgen zum Gottesdienst lud, kamen Politiker, Professoren und hohe Bundesbeamte. Vor allem zur Union gab es enge Kontakte, denn der Pfarrer der Thomas-Kirche war zugleich Vorsitzender des Evangelischen Arbeitskreises der CDU in der Bundeshauptstadt. Und er war langjähriger Mitarbeiter der DDR-Staatssicherheit. Im März 1994 wurde er wegen fortgesetzter geheimdienstlicher Nachrichtentätigkeit zu achtzehn Monaten Gefängnis auf Bewährung und 30 000 DM Geldstrafe verurteilt.[1]

Zu den bittersten Erkenntnissen bei der Aufarbeitung der Stasi-Vergangenheit gehört es, daß auch Pastoren und kirchliche Mitarbeiter dem Ministerium für Staatssicherheit zugearbeitet haben. Nur wenige vermochten sich bis dahin vorzustellen, wie jemand, der das Evangelium verkündet, zugleich Zuträgerdienste für einen kommunistischen Geheimdienst leisten kann. Nach und nach wurde jedoch deutlich, daß Spitzeltätigkeit in den Kirchen kein Einzelfall war. Als Schutzraum für Resistenz und Opposition in der SED-Diktatur kam ihnen in der »operativen Arbeit« der Stasi sogar besondere Priorität zu, und ihre Durchdringung und Beeinflussung wurde mit raffinierten psychologischen Strategien betrieben. Bis heute tun sich die Kirchen schwer, diese Vergangenheit aufzuarbeiten, Verdrängung und die Sehnsucht nach Versöhnung haben weithin die Oberhand behalten.[2] In den westdeutschen Kirchen, die den Sozialismus nur aus der Ferne kannten, sind die Widerstände vielleicht sogar noch größer als in Ostdeutschland, sich kritisch mit dem eigenen Verhältnis zum Kommunismus auseinanderzusetzen. Für die meisten ist die Stasi-Debatte längst erledigt – wenn es sie überhaupt gegeben hat.

Daß auch die Kirchen in der alten Bundesrepublik vom Staatssicherheitsdienst der DDR infiltriert wurden, zeigt nicht nur das Beispiel des Bonner Pfarrers Gottfried Busch. Von Anfang an hat das Ministerium für Staatssicherheit (MfS) vielmehr zielstrebig in den westdeutschen Religionsgemeinschaften operiert. Für das MfS besaßen sie zwar nicht die herausragende Bedeutung von Parteien, Ministerien oder Geheimdiensten, doch aus der Optik der SED waren sie gleich in mehrfacher Hinsicht relevant: als weltanschauliche Konkurrenz, als Bündnispartner innerer »Feinde« und als Machtfaktor der westlichen Gesellschaft. Während die staatliche Teilung Deutschlands spätestens 1961 mit dem Mauerbau unübersehbar vollzogen war, waren die jahrhundertealten kirchlichen Bindungen weniger einfach zu durchtrennen. Für die DDR-Führung bildeten sie ein fortwirkendes Sicherheitsrisiko. Einen besonderen Stellenwert genossen die westdeutschen Kirchen auch als Wirkungsfeld verdeckter Mobilisierungsstrategien, mit denen die SED namentlich auf dem Gebiet der Rüstungspolitik im Westen politisch Einfluß zu nehmen versuchte.

Trotz Öffnung der Stasi-Archive und einer regen Forschungstätigkeit kirchlicher Zeithistoriker ist die Unterwanderung der West-Kirchen durch den Staatssicherheitsdienst bis heute nicht richtig aufgearbeitet. Die meisten einschlägigen Unterlagen wurden 1989/90 vernichtet oder beiseite geschafft. Nicht nur die HVA beseitigte die Akten ihrer West-IM, auch aus der Kirchenabteilung der Stasi – der Hauptabteilung XX/4 – haben nur vereinzelte aussagekräftige Dokumente zur West-Arbeit überdauert. Arbeitspläne und IM-Akten anderer Diensteinheiten zeigen jedoch ebenso wie die Ermittlungsergebnisse der Staatsanwaltschaften das virulente Interesse der Staatssicherheit an den West-Kirchen. Was waren die Ziele der Stasi, welcher Strategien bediente sie sich, und wie erfolgreich war sie?

Zweigleisige Bearbeitung

Daß die Kirchen schon in der Frühzeit der DDR im Visier des Staatssicherheitsdienstes waren, entsprach der kirchenfeindlichen Politik der SED in diesen Jahren. Die Infiltrierung und Zurückdrängung der damals noch gesamtdeutsch organisierten Kirchen gehörte zu den Schlüsselaufgaben des 1950 gegründeten Ministeriums für Staatssicherheit (MfS). Insbesondere der Hauptabteilung V (ab 1964 Hauptabteilung XX) fiel dabei die Aufgabe zu, die harte kirchenpolitische Linie der SED in die Praxis umzusetzen, was geheimdienstliche Operationen über die Staatsgrenze hinweg naturgemäß mit einschloß.[3] In der Kirchenabteilung der Stasi wurde zu diesem Zweck 1958 ein eigenes Westreferat gebildet. Aber auch der 1951 geschaffene Außenpolitische Nachrichtendienst (APN) – der Spionageapparat der DDR – hatte, der sowjetischen Gründungsdirektive zufolge, von Anfang an die Aufgabe, die Kirchen in Westdeutschland auszuforschen.[4]

Da nur ein kleiner Teil der DDR-Bevölkerung katholisch war, zielten die geheimdienstlichen Aktivitäten vor allem gegen die Evangelische Kirche in Deutschland (EKD) unter ihrem Vorsitzenden und Bischof von Berlin-Brandenburg Otto Dibelius. Der Kirchenkampf der frühen fünfziger Jahre richtete sich dabei unter anderem gegen die kirchlichen Jugendgruppen, die »Jungen Gemeinden«, die in der DDR als Refugium geistiger Freiheit fungierten und von der SED als eine »unter religiöser Maske getarnte illegale Agenten- und Spionageorganisation« bezeichnet wurden.[5] In der katholischen Kirche war der SED insbesondere der Berliner Bischof Konrad Graf von Preysing ein Dorn im Auge – sein zweiter Nachfolger Julius Döpfner durfte wegen seiner kritischen Haltung den Ostteil der Diözese gar nicht erst betreten.[6]

Auch nach der Integration des APN ins MfS (1953) erfolgte die »Bearbeitung« der West-Kirchen mehrgleisig. Überliefert ist eine Bemerkung Erich Mielkes, der 1957 auf einer Kollegiumssitzung monierte: »Man muß sich endlich klarwerden, wer bearbeitet die Kirche in Westdeutschland, die HA V oder die HVA«.[7] Während die »Abwehr« vor allem solche Kircheneinrichtungen infiltrierte, die Rückwirkungen auf die DDR haben konnten, sammelte die »Aufklärung« mit ihren Agenten unabhängig davon Informationen aus den West-Kirchen.

Diese Arbeitsteilung in den Zuständigkeiten blieb bis zum Ende der DDR bestehen. Einer Aufstellung »feindlicher Stellen« aus dem Jahr 1985 zufolge war die HVA für die Bekämpfung von zwölf der insgesamt fünfundzwanzig aufgeführten kirchlichen Einrichtungen verantwortlich, darunter für die EKD, die katholische Kirche und den Weltkirchenrat in Genf. Für acht Institutionen – von der Aktion Sühnezeichen bis zu den Zeugen Jehovas – zeichnete die Hauptabteilung XX/4 verantwortlich, während die übrigen fünf von anderen Diensteinheiten »bearbeitet« wurden, vor allem von der für Spionageabwehr zuständigen Hauptabteilung II.[8] Daneben führten aber auch Stasi-Abteilungen ohne »Objektzuständigkeit« wichtige Agenten in den West-Kirchen.

In der labilen Situation der fünfziger Jahre war die Bearbeitung der Kirchen wiederholt Thema von Beratungen im MfS. Auf einer Kollegiumssitzung im Oktober 1956 schärfte Mielke seinen Generalen ein, daß »die Fragen der Arbeit auf dem Gebiet der Kirche auch nach Westdeutschland« zu den vordringlichen Aufgaben des Ministeriums zählten.[9] Vier Jahre später hielt er fest: »In den Fragen der Kirche geht es in der Hauptsache darum, den Einfluß der westlichen Kirchenleitungen und einzelner Kirchenführer zu entlarven.«[10]

Mit geheimdienstlichen wie politischen Mitteln suchte man vor allem, den Einfluß der »reaktionären Kirchenkräfte in Westdeutschland« in der EKD zurückzudrängen und die »progressiven« Kräfte zu stärken. So rechnete es sich die Stasi etwa als ihr Verdienst an, die »Abdankung« von Otto Dibelius als Ratsvorsitzender der EKD 1961 mit bewirkt zu haben. »Zwei wesentliche Maßnahmen – Entlarven und Isolieren – [von] Dibelius mit seinem Anhang«, so heißt es

263

in Aufzeichnungen des langjährigen Leiters der Stasi-Kirchenabteilung, Franz Sgraja, »wurden organisiert.« Zu diesem Zweck seien ein Buch über dessen Mitwirkung an der feierlichen Machtübernahme Hitlers in der Potsdamer Garnisonkirche herausgegeben und die Aktion »Obrigkeit« durchgeführt worden.[11] Mit dieser Aktion war die systematische Verbreitung einer ursprünglich nur in wenigen Exemplaren gedruckten und wieder eingezogenen Broschüre gleichen Namens gemeint, in der Dibelius geschrieben hatte, daß es im totalitären Staat kein Recht im christlichen Sinne des Wortes geben könne – was in der EKD 1960 zu einem heftigen »Obrigkeitsstreit« führte.[12] Dibelius, so Sgraja, sei dadurch »in die Isolierung« geraten, »seine Anweisungen wurden nicht mehr einheitlich befolgt«. »Teilnehmer« dieser MfS-Operation seien die IM »Karl«, »Konrad« und »Meier« gewesen, von denen die beiden erstgenannten Kirchenfunktionäre aus Ostdeutschland waren.[13]

Nach dem Mauerbau ging es der SED darum, die gesamtdeutsche Organisationsform der Kirchen zu zerschlagen, um so die Religionsgemeinschaften im eigenen Machtbereich besser gleichschalten zu können. Für das MfS bedeutete dies, »die politisch-operative Arbeit so zu organisieren, daß sich in der DDR dem Staat gegenüber loyale und von westdeutschen kirchlichen Zentren und politischen Institutionen unabhängige evangelische und katholische Kirchenleitungen sowie Sekten herausbilden«. Dazu sollten nicht nur die SED-kritischen Kräfte in Ostdeutschland zurückgedrängt werden, sondern zugleich »die Voraussetzungen zur Erkundung der Pläne und Absichten des Gegners im Operationsgebiet geschaffen werden«. Erforderlich hielt man dafür, »daß ein solches inoffizielles Netz geschaffen und gesteuert wird, das das Eindringen in die Zentren und die Aufklärung der Pläne und Absichten ermöglicht«.[14] Im November 1966 fand eine ausführliche Dienstkonferenz des MfS statt, bei der die Abtrennung der evangelischen Kirchen in der DDR von der EKD im Mittelpunkt stand. Mielke befahl dazu unter anderem, die Verbindungen der ostdeutschen Kirchen nach Westdeutschland und Westberlin »gründlicher aufzuklären und unter unsere Kontrolle zu bringen, um ihren Mißbrauch im Sinne der reaktionären Kirchenführer weitgehend zu verhindern«.[15]

Die zentralen kirchlichen Institutionen in beiden deutschen Staaten wurden von Ostberlin aus »bearbeitet«. Zu allen Einrichtungen wurden sogenannte Objektvorgänge geführt und inoffizielle Mitarbeiter zur Informationsbeschaffung und Einflußnahme geworben. In der HVA war dafür die Abteilung II verantwortlich, und zwar das Referat 1, das auch die Unionsparteien und deren Stiftungen ausforschte. In der Hauptabteilung XX/4, die zuletzt von Joachim Wiegand geleitet wurde,[16] war das Referat IV mit sieben Planstellen speziell für die Westarbeit zuständig. Auch die übrigen fünf Referate der vierundvierzigköpfigen Kirchenabteilung trugen jedoch mit ihren Inoffiziellen Mitarbeitern, die teilweise ebenfalls in der Bundesrepublik operierten, zur Ausforschung und Beeinflussung der West-Kirchen bei. So bespitzelte das Referat I die evangelische Kirche, das Referat II die katholische Kirche, das Referat III die Zeugen Jehovas und andere Sekten, während das 1983 geschaffene Referat V den »politischen Untergrund« in den Kirchen bekämpfen sollte. Das Referat VI war für »Auswertung und Information« verantwortlich – es fertigte unter anderem sogenannte Dokumentationen zu »feindlichen Zentralen« an, beispielsweise zur Westberliner Aktion Sühnezeichen.[17] Sämtliche kirchlichen Verbindungen nach Westdeutschland und in andere westliche Länder, auf die Stasi-Mitarbeiter in der DDR stießen, mußten der Hauptabteilung XX/4 zur »Erfassung« und »koordinierten Bearbeitung« gemeldet werden.

Neben der HVA und der Kirchenabteilung in Berlin spielten aber auch die Bezirksverwaltungen für Staatssicherheit eine wichtige Rolle. Sie verfügten wie die Zentrale über jeweils eigene Kirchenabteilungen, die die regionalen kirchlichen Einrichtungen in Ostdeutschland überwachten – und deren Kontakte in den Westen. Da bestimmte Gebiete der katholischen Kirche zu westdeutschen Bistümern gehörten, hatten namentlich die Bezirksverwaltungen Schwerin, Magdeburg, Erfurt und Suhl »die Ausnutzung der Verbindungen von Geistlichen ihres Bezirkes zu ihrer Bistumsleitung nach Westdeutschland mit inoffiziellen Mitarbeitern zu planen und zu organisieren«. Zu den Aufgaben der Bezirksverwaltungen gehörte es auch, die DDR-Verwandten von Mitarbeitern kirchlicher »Zentralen« in Westdeutschland »zum Zwecke der Anwerbung solcher Personen aufzuklären«. Die kirchlichen Patenschaftsverbindungen in den Westen waren ebenfalls mit Hilfe von Inoffiziellen Mitarbeitern »zum Zwecke der Aufklärung westdeutscher Kirchenleitungen und kirchlicher Schwerpunkte auszunutzen«.[18] Im Zuge der systematischen Überwachung derartiger Patenschaften gerieten zahlreiche Bundesbürger ins Visier der Stasi.[19] Schon bei der Einreise eines westdeutschen Geistlichen wurde die zuständige Diensteinheit per Fernschreiben verständigt. Die Bezirksverwaltungen spielten nicht zuletzt bei der Bekämpfung der Zeugen Jehova eine große Rolle, gegen die sie gemeinsam im Zentralen Operativ-Vorgang »Sumpf« vorgingen.[20]

Das IM-Netz in den Kirchen

Wie groß die Zahl der Inoffiziellen Mitarbeiter in den West-Kirchen war, läßt sich bis heute nicht genau sagen. Da sich an der Arbeit im und nach dem »Operationsgebiet« etwa zweihundert Diensteinheiten des MfS beteiligten, ist ein vollständiger Überblick auch kaum herzustellen, zumal in der Wendezeit zahlreiche Aktenvorgänge vernichtet wurden. Der umgekehrte Weg, Bedienstete und Funktionsträger im Westen auf eine eventuelle Stasi-Tätigkeit zu überprüfen, ist nach der Wende von den Kirchen abgelehnt worden. Als ein Duisburger Pfarrer, aufgerüttelt durch die Berichterstattung über die Zahl von 20000 West-IM, 1998 einen entsprechenden Antrag stellte, teilte ihm die evangelische Kirche im Rheinland mit, daß die Kirchenleitung »keine Notwendigkeit« für eine solche Überprüfung sehe, solange keine konkreten Verdachtsgründe dafür vorlägen. »Eine solche Situation liegt nach Kenntnis der Kirchenleitung jedoch nicht vor.«[21]

Lediglich die Synoden- und Ratsmitglieder der seit 1991 wieder vereinigten EKD sowie die Mitarbeiter des Kirchenamtes wurden nach 1992 überprüft. Von den westdeutschen Synodalen weigerten sich allerdings zwei ordentliche Mitglieder und neun Stellvertreter, an dem Prüfungsverfahren teilzunehmen. Nach Angaben des Präses der Synode, des SPD-Politikers Jürgen Schmudes, sei allen Überprüften bescheinigt worden, daß sie keine unzulässigen Stasi-Kontakte gehabt hätten. Kritiker wandten allerdings ein, daß nicht die etwa 1500 Kirchenparlamentarier aus der Zeit der Teilung, sondern nur jene Synodalen und Ratsmitglieder überprüft wurden, die erst nach der Wende ins Amt gekommen waren, so daß für einschlägig Belastete Zeit genug für einen Rückzug war. Der damalige Präsident des Kirchenamtes, Otto von Campenhausen, der in der Stasi-Frage zu den klärungswilligen Kirchenfunktionären zählte, begründete dies in einem Interview mit den Bestimmungen des Stasi-Unterlagen-Gesetzes. Tatsächlich räumt dieses jedoch für Zwecke der Aufarbeitung ausdrücklich die Möglichkeit ein, auch über ehemalige »Amtsträger in Ausübung ihres Amtes« Stasi-Unterlagen zur Verfügung zu stellen.[22]

Das IM-Netz in den West-Kirchen zu rekonstruieren gleicht vor diesem Hintergrund einem Puzzlespiel. Statistiken, Arbeitspläne und zufällige Enttarnungen müssen zusammengelegt und nach Möglichkeit verifiziert werden – ein mühseliges und oftmals trockenes Unterfangen, das aber notwendig ist, um ein Gesamtbild von Ausmaß und Grenzen der Durchdringung zu erhalten.

Wie viele Inoffizielle Mitarbeiter die beiden wichtigsten Referate – HVA/II/1 und HA XX/4/IV – in den Westkirchen führten, ist bislang nicht sicher festzustellen. Aus dem HVA-Referat sind lediglich die Namen von sieben sogenannten »Objektquellen« überliefert, die in der Endphase des MfS (1988) dort erfaßt waren – darunter der erwähnte Bonner Prominentenpfarrer Gottfried Busch.[23] Über die Hauptabteilung XX/4 sind aus demselben Zeitraum nur Zahlen über den gesamten IM-Bestand überliefert: 156 IM, von denen achtunddreißig »im und nach dem Operationsgebiet« arbeiteten – elf von ihnen waren keine DDR-Bürger.[24]

Näheren Aufschluß über den IM-Bestand der Hauptabteilung XX/4 gibt ein Werbungs- und Qualifizierungsplan aus dem Jahr 1969, in dem die Vorhaben der Stasi für die kommenden zwei Jahre formuliert sind. Er zeigt, wie systematisch das MfS auch im Westen auf Agentensuche ging, ohne daß freilich jede »Anbahnung« zum Erfolg führte. Wie mit einem überdimensionalen Netz fischte die Stasi unter den »operativ interessanten« Kirchenleuten und war schon zufrieden, wenn darin nur ein Teil der Kandidaten hängenblieb.

Das Referat I (Evangelische Kirche) beabsichtigte dem Plan zufolge zwei Werbungen von Mitarbeitern der Evangelischen Akademie in Westberlin: ein Mitarbeiter der Geschäftsstelle mit dem Decknamen »Mühle«, der engen Kontakt zu kirchlichen Persönlichkeiten in Westberlin hatte und über Grundbesitz in der DDR verfügte, sowie eine leitende Mitarbeiterin mit der Tarnbezeichnung »Eva Kramer«, die intensive Beziehungen zu sogenannten positiven, also SED-freundlichen Theologen in der DDR und zu oppositionellen Gruppierungen in Westberlin unterhielt und unter »Legende« angesprochen werden sollte. Im Auftrag des MfS sollte zudem der ostdeutsche IM »Heiner«, der über viele Verbindungen in den Westen verfügte, in wichtigen internationalen Gremien tätig werden – nach der Wende wurde er, trotz Vernichtung der IM-Akte, als der Theologe Heinrich Fink identifiziert, der daraufhin als Rektor der Humboldt-Universität entlassen wurde und heute für die PDS im Bundestag sitzt. Ein anderer DDR-Theologe, Professor Hans-Georg Fritsche (»Fritz«), der dem Plan zufolge eine Berufung an die Universität Kiel in Aussicht hatte, sollte mit dazu beitragen, »Initiatoren der feindlichen Kontaktpolitik gegenüber der DDR aufzuklären«.[25] Eine Mitarbeiterin mit dem Decknamen »Eva«, die an zentraler Stelle in der kirchlichen Jugendarbeit der DDR tätig war und »legal« nach Westberlin umziehen sollte, wollte man in eine zentrale Westberliner Dienststelle der Kirchen einschleusen; tatsächlich brachte sie es aber nur bis zur Krankenhausseelsorgehelferin im Kirchenkreis Kreuzberg.[26]

Das Referat II (Katholische Kirche) listete in dem Plan nur eine »Qualifizierungsmaßnahme« im Westen auf: Der Inoffizielle Mitarbeiter mit Feindberührung (IMF) »Berger«, der nach der Wende als der konservative Professor für Wirtschaftswissenschaften an der Gesamthochschule Kassel, Ludwig Bress, enttarnt wurde, sollte 1969 eine »Qualifizierung auf wissenschaftlichem Gebiet« abschließen und anschließend »in einer wichtigen westdeutschen Dienststelle« eingesetzt werden.[27] Sein »Einbau in eine staatliche Institution, die sich mit der ideologischen Diversion gegen die DDR befaßt«, so hieß es acht Monate später, »erfolgt noch 1969«.[28] Tatsächlich wurde Bress seinerzeit Assistent an der Universität Marburg und in dieser Funktion auch Beauftragter für die Arbeit des von der Stasi bekämpften Forschungsbeirates für Fragen der Wiedervereinigung Deutschlands. Vor dem Mauerbau hatte er die katholische Studentenszene ausspioniert. Auf dem Studententag in Eichstätt forschte er 1957 für die Stasi nach DDR-Studenten, und über die katholische Studentenvereinigung Unitas fertigte er ein neunundzwanzigseitiges handschriftliches Organisationsprofil an. In seinen ausführlichen IM-Berichten informierte er darüber hinaus über den Katholikentag in Berlin (1958), über die Feste der Unitas sowie über Tagungen und Treffen, insbesondere in der katholischen Studentengemeinde und der Evangelischen Akademie von Berlin.[29] Seinen Aussagen nach sollte er eigentlich in die kirchliche Administration eintreten, doch im November 1961 bekam er eine Stelle bei dem renommierten katholischen Herder-Verlag in Freiburg, aus dem er der Stasi hinfort über Jahre berichtete. Ein anderer »zuverlässiger« Mitarbeiter des Referates, der katholische Pfarrer Werner Jahr aus Schwedt (IM »Willi«), wurde bereits Ende der fünfziger Jahre angeworben und verzog 1963 »auf eigenen Wunsch und mit Genehmigung des MfS« nach Westdeutschland. Vor seiner Übersiedlung unterschrieb er eine Erklärung, in der er sich verpflichtete, im Westen für das MfS »verschiedene Aufgaben« durchzuführen – aus Krankheitsgründen kam es jedoch nicht dazu.[30]

Die DDR-IM des Katholiken-Referates spielten eine wichtige Rolle bei der Westarbeit. Der Inoffizielle Mitarbeiter mit »Feindverbindung« (IMF) »Dietrich«, Leiter des ökumenischen Jugenddienstes beim DDR-Kirchenbund, sollte beispielsweise dem Plan zufolge durch eine »intensive Trefftätigkeit und Anleitung« befähigt werden, Kontakte in Westberlin aufzunehmen, »um umfangreich über die Tätigkeit des Westberliner Ordinariats berichten zu können«.[31] Der IM »Horst« und der Leiter einer Ordensniederlassung »Franz«, beide mit umfangreichen Westverbindungen, sollten zu »vorbehaltloser« Berichterstattung »erzogen« werden. Fünf der für eine Werbung vorgesehenen IM-Kandidaten, darunter ein Bischof, ein Prälat und ein Studentenpfarrer, hatten ebenfalls intensive Kontakte in den Westen, die die Stasi interessierten. Das für die Bearbeitung der Zeugen Jehovas verantwortliche Referat III hatte unter anderem vor, einen IMF »Jan« in die Wiesbadener Zentrale einzuschleusen und eine Reihe weiterer IM für deren Aufklärung zu »qualifizieren«.[32]

Drei seiner Agenten in der Bundesrepublik hatte das für die Koordinierung der Westarbeit zuständige Referat IV für »Qualifizierungsmaßnahmen« vorgesehen: Ein IMF »Verleger«, westdeutscher Geistlicher und hauptamtlicher Mitarbeiter einer kirchlichen Organisation, sollte bei regelmäßigen Treffs in Leipzig und Berlin für die Überwachung von Tagungen Evangelischer Akademien in Westdeutschland »ausgebildet« werden.[33] Zu einem IMF »Brückner«, Leiter einer Evangelischen Akademie in Westdeutschland, sollte die durch die »Abkommandierung des op[erativen] Mitarbeiters« vorübergehend abgebrochene Verbindung, wiederhergestellt werden – offensichtlich mit Erfolg, denn bis Ende 1972 trafen von diesem bei einer eigens eingerichteten Deckadresse zirka fünfzehn »Briefe« ein.[34] Ein IMF »Rep«, Leiter einer Religionsgemeinschaft in Westberlin, sollte durch »ständige Treffs« stärker an das MfS gebunden werden – er konnte bis heute nicht identifiziert werden.[35] Darüber hinaus sollten sieben Bundesbürger und ein Österreicher als IM geworben werden, darunter ein Kirchenredakteur eines westdeutschen Rundfunksenders (»Redakteur«), ein hauptamtlicher Mitarbeiter einer Evangelischen Akademie (»Gerhardt«), ein Mitarbeiter einer evangelischen Dienststelle in Westberlin (»Ziegel«), der Leiter eines katholischen Jugendamtes in Westdeutschland (»Werner«) sowie zwei katholische Geistliche (»Priester« und »Lorenz«).[36]

In einem anderen Dokument vom Ende der sechziger Jahre berichtete die Kirchenabteilung der Stasi über die »Erfüllung der Verpflichtungen« ihrer Mitarbeiter »zu Ehren des 20. Jahrestages« der DDR. Beim »Kampf gegen feindliche Zentralen, Gruppierungen und Personen« hatte das Referat I danach unter anderem erreicht, daß durch die im September 1969 beschlossene Auflösung der Dienststellen der EKD in der DDR der Alleinvertretungsanspruch der Bonner Regierung auf kirchlichem Gebiet »zerschlagen« worden sei. Unter der Überschrift »Werbungen« berichtete man von einem sogenannten IM-Vorlauf »Möwe« – ein Theologiestudent und Vorstandsmitglied der »Aktion Sühnezeichen« in Westdeutschland, der perspektivisch aus dem Inneren dieser Organisation berichten sollte. Der erwähnte IM »Heiner« war inzwischen in eine internationale Arbeitsgruppe des Christlichen Weltstudentenbundes in Genf »eingebaut« worden, außerdem sollte der Leiter der Zentralstelle für die evangelische Studentenarbeit der DDR, Udo Skladny, als neugeworbener IM »Udo« seine Verbindungen in diese Richtung ausbauen.[37]

Das Referat III berichtete stolz, daß die von den Zeugen Jehovas in Wiesbaden organisierte »Materialschleuse« über Westberlin »aufgeklärt und unterbunden« worden sei. Über ihre Methoden der »Feindtätigkeit« seien »Bilddokumentationen« angefertigt worden. Auch über eine neue »Kurierverbindung« sei eine Analyse erstellt worden – als Kurier fungierte nun der Stasi-Mitarbeiter »Jan«. Ein anderer IM mit dem Decknamen »Hans Voß« habe das für die Sektenleitung in der DDR bestimmte Kuriermaterial »konzentriert« und dem MfS »zur Einsichtnahme« übergeben. Außerdem sei ein Mitglied der Religionsgemeinschaft der Mormonen als IM »Utah« geworben worden und habe Aussicht, in deren Zentrale in Frankfurt am Main zu arbeiten.[38]

Das Referat IV vermeldete im Oktober 1969 drei neue IM-Werbungen: Ein

IM-Vorlauf »Melder«, Mitarbeiter im Gesamtkirchenverband Hamburg und Angestellter des dortigen Landeseinwohneramtes, war für die Berichterstattung über die Hamburger Landeskirche und deren DDR-Kontakte vorgesehen. Der Kirchenredakteur beim Westdeutschen Rundfunk, Anhänger katholischer Oppositionsgruppen, sollte in Zukunft als IMF »Doktor« über »Pläne und Absichten reaktionärer katholischer Kräfte in Westberlin« informieren und Einfluß auf die Tätigkeit kleruskritischer Gruppen nehmen. Laut Arbeitsplan für 1970 hatte man ihn »zur Beschaffung interner Informationen aus katholisch-klerikalen Kreisen in Westdeutschland« angeworben.[39] Ein italienischer Wissenschaftler an der Humboldt-Universität sollte als IMV »Ugo« über die »Tätigkeit vatikanischer Kreise in bezug auf die DDR« berichten und später in Rom selbst eingesetzt werden. Ferner rapportierte das Westreferat, daß man über die »Kontakttätigkeit« westlicher kirchlicher Vertreter im Rahmen der Leipziger Messen eine umfangreiche Analyse erarbeitet habe.[40]

Näheren Aufschluß über die Inoffiziellen Mitarbeiter »Doktor« und »Ugo« geben die überlieferten IM-Vorgänge – schmale Aktenbände, die eher etwas über die Methoden bei der Agentensuche aussagen, als daß sie spektakuläre Spionagefälle offenbaren. Der promovierte Wissenschaftler »Ugo«, der später den Decknamen »Emilio« erhielt,[41] war 1969 vom Kirchenreferat bei der Suche nach Agenten für den Kirchenbereich über das Ausländeramt »ermittelt« worden. Als Mitglied der SED sollte er nach einem Kontaktgespräch im Februar 1969 »mit der Methode der Überzeugung geworben werden«.[42] Einem Bericht des vorgangsführenden Stasi-Offiziers Wiegand zufolge hatte er bei dem Gespräch zum Ausdruck gebracht, »daß er gewillt ist, den Mitarbeiter über Fragen des katholischen Klerikalismus in Italien zu beraten und zu unterstützen«.[43] In einer »Einschätzung« des IM hieß es ein Jahr später, daß er seit seiner Werbung im Oktober 1969 eine »gute und zuverlässige Zusammenarbeit« zeige. »Im Zusammenhang mit Aufklärungsarbeiten über die Verbindungen kirchlicher Organisationen der DDR zum Sozialwerk von Danilo Dolci auf Sizilien gab der IM genaue und zutreffende Berichte«.[44] Eine schriftliche Verpflichtungserklärung ist in der Akte allerdings nicht enthalten. Die bis 1973 dokumentierten Treffberichte behandeln vielmehr überwiegend offenes Material, das der Wissenschaftler übersetzt oder übergeben hatte. Die darin erwähnten Tonbandberichte, beispielsweise zum Sekretariat der Nichtglaubenden im Vatikan, sind nicht abgeheftet.[45] Im Abschlußbericht vom November 1977 heißt es jedoch, daß der IM »willig und zuverlässig gewesen sei« und in einer Zeit, als die Beziehungen DDR-Italien noch nicht entwickelt waren, besonders über den Vatikan berichtet habe. »Bereitwillig half er dem MfS, bestimmte Fragen zu beantworten und Übersetzungen vorzunehmen.« Aufgrund seiner zunehmenden Kon-

takte zum Zentralkomitee der SED sei jedoch eine direkte Zusammenarbeit
»nicht mehr möglich« – die Akte wurde archiviert.[46]

»Doktor« arbeitete zunächst als kirchenpolitischer Redakteur beim SFB und hatte im April 1966 bei einem Besuch in der DDR an der Grenze angegeben, daß er Kontakt zu »fortschrittlichen Katholiken in der DDR« suchte. Der Leiter der Abteilung Dokumentation bei der Neuen (Ost-)Berliner Illustrierten, der in den Akten als IM »Horst« fungiert, nahm dann eine Rundfunksendung des Kandidaten zum Anlaß, ihm zu schreiben und ein Treffen zu verabreden. In der Folgezeit wurde der Kontakt zu dem West-Journalisten bei mehreren Begegnungen systematisch »gefestigt« – durch politische Gespräche, durch Einbeziehung der Ehefrauen, durch die Bereitstellung von Material und durch die Beschaffung von Büchern. Während »Doktor« nach Belastungsmaterial über den Chefredakteur des Westberliner *Petrusblattes* fragte, bat der DDR-IM um ebensolches über den CDU-Politiker Rainer Barzel. Im Januar 1970 schlug das West-Referat der Hauptabteilung XX/4 dann vor, den Journalisten »unter Legende zu werben«. Im Juni 1971 war die »direkte Kontaktaufnahme« geplant, wozu es den Unterlagen zufolge aber offenbar nicht kam. Weil der Journalist inzwischen nach Köln gezogen und dort aus der Kirchenredaktion des WDR ausgeschieden war, sah das MfS im September 1973 »keine Perspektive mehr für eine Zusammenarbeit« und archivierte den Vorgang.[47]

Enttarnungen nach 1989

Nach der Auflösung des MfS wurde in den Kirchen eine Reihe weiterer Bundesbürger bekannt, die für den Staatssicherheitsdienst tätig waren. Einer von ihnen war Gottfried Busch, der unter dem Decknamen »Baum« fast drei Jahrzehnte für die Stasi spionierte.[48] Vor Gericht gab er an, als Student der evangelischen Theologie in Leipzig von der Stasi angeworben und 1961 in den Westen geschickt worden zu sein. Nach seiner Verurteilung durch das Oberlandesgericht Düsseldorf wurde er vom Landeskirchenamt der Evangelischen Kirche im Rheinland fristlos entlassen.[49] Ein ähnlicher Fall ist der des 1984 verstorbenen hessen-nassauischen Pfarrers Wilhelm Brink, der bereits im Juni 1945 von einer sowjetischen Dienststelle angeworben wurde. Brink war zunächst in der anhaltinischen Landeskirche tätig, unter anderem als Landesgeschäftsführer der Inneren Mission in Dessau. Sein Deckname bei der Stasi-Kirchenabteilung lautete »Dr. Brücke«. Seit 1960 steuerte er einen »Geheimen Informator« in Westdeutschland, um 1963 im Auftrag des MfS schließlich selbst überzusiedeln. In der Bundesrepublik arbeitete er von 1963 bis 1974 als Krankenhausseelsorger und war dem IM-Vorgang zufolge unter anderem auf den späteren Vizepräsidenten des Diakonischen Werkes der EKD, Ludwig Geißel, angesetzt. Erst als Brink herzkrank wurde, stellte die Stasi die Verbindung zu ihm 1969 ein.[50]

Auch der ehemalige Jugendbildungsreferent der Evangelisch-Lutherischen Kirche in Oldenburg, Arnd Sensenschmidt, war 1966 durch einen fingierten Grenzdurchbruch von der Stasi in den Westen expediert worden. Der damals Vierundzwanzigjährige stammte aus einem thüringischen Pfarrhaus und hatte sich zwei Jahre zuvor schriftlich zur Stasi-Mitarbeit verpflichtet. Während seines politikwissenschaftlichen Studiums in Tübingen lieferte er vor allem Stimmungsberichte über die Universität und die evangelische Studentengemeinde. Später wurde er dann auf Flüchtlinge und abgeschobene Dissidenten, insbesondere aus Jena, angesetzt. Laufend berichtete er über Interna aus der Oldenburgischen Landeskirche und der Arbeitsgemeinschaft der Evangelischen Jugend (aej), deren Ost-West-Ausschuß er zeitweise angehörte. Auch über den Deutschen Evangelischen Kirchentag und die »Aktion Sühnezeichen« informierte er die Stasi. Als IM »Roland Müller« kam er mit seinen Führungsoffizieren Horst Laube und Heinz Hohberger aus Gera ungefähr fünfzigmal zu geheimen Treffs in der DDR zusammen. Der Anklage zufolge umfaßten seine Berichte bis 1989 rund 1800 doppelseitig beschriftete Briefbögen, wofür ihm rund 31 000 DM Agentenlohn gezahlt wurde. Obwohl der IM-Vorgang vernichtet wurde, zeigte sich Sensenschmidt weitgehend geständig und wurde im Oktober 1993 vom Oberlandesgericht in Celle zu einer Freiheitsstrafe von einem Jahr auf Bewährung sowie zur Zahlung von 10 000 DM verurteilt.[51]

Vorübergehend angeworben wurde auch ein anderer Mitarbeiter der Oldenburgischen Landeskirche: Der heute im Ruhestand lebende Oldenburger Pfarrer Heinz Georg Raisin wurde vom MfS von 1978 bis 1981 unter dem Decknamen »Schorsch« als Inoffizieller Mitarbeiter »mit Feindverbindung« (IMB) geführt. Der Theologe war im Rahmen des Operativvorganges »Transport« in der DDR festgenommen worden, weil er regelmäßig Literatur für kirchliche Stellen sowie andere Waren auf der Transitstrecke an Mittelsmänner übergeben hatte. Vor die Alternative gestellt, vor ein DDR-Gericht zu kommen oder mit der Stasi zusammenzuarbeiten, ließ er sich am 2. Mai 1978 von der Stasi anwerben. Im Gegenzug durfte seine aus der DDR stammende Frau wieder nach Ostdeutschland einreisen, um ihre Eltern zu besuchen. Außerdem erhielt er bei den konspirativen Treffen in Cottbus, Ostberlin und Eisenhüttenstadt von seinem Führungsoffizier Geldbeträge in Ost- und Westmark. Raisin sollte nach dem Willen der Stasi mit dem ehemaligen EKD-Ratsvorsitzenden, dem Berliner Bischof Kurt Scharf, in Kontakt treten und über diesen eine Beschäftigung im

Bereich der Ostmission, etwa bei der »Hilfsaktion Märtyrerkirche« oder dem Missionsbund »Licht im Osten«, erlangen. Den Unterlagen zufolge erfüllte der Pfarrer jedoch nicht die ihm gestellten Aufgaben, sondern machte lediglich Versprechungen. Bei einem Treff im Juni 1981 wollte er dann von der Stasi Bundesbürger genannt bekommen, die ihm bei seiner Mission behilflich sein könnten. Da dies der Stasi verdächtig vorkam, brach sie die Verbindung ab und verhängte gegen ihn eine Einreisesperre. Nach Angaben seiner Landeskirche soll der Pfarrer nach der Anwerbung seinen damaligen Bischof über den Kontakt informiert haben.[52]

Auf eine langjährige Stasi-Tätigkeit blickte der evangelische Theologe Frank Rudolph zurück, bis er 1992 aufgrund von Einsichtnahmen in Opferakten enttarnt wurde. Rudolph der bis 1985 Pfarrer in der Berlin-Brandenburgischen Kirche war und dann in den Westen übersiedelte, arbeitete seit 1963 unter dem Decknamen »Klaus« für die Kirchenabteilung der Staatssicherheit. Der als oppositionell bekannte Pastor, dessen IM-Akte vernichtet wurde, spionierte in der DDR nicht nur geheime Bahro-Seminare aus, sondern verriet der Stasi auch illegale Büchertransporte und Fluchtabsichten; mehrere Betroffene wurden daraufhin verhaftet und kamen ins Gefängnis.[53] Aufgrund zwischenkirchlicher Absprachen wurde Rudolph im Westen zunächst nicht in den Pfarrdienst übernommen, sondern nahm 1988 eine Tätigkeit beim Gemeinschaftswerk der Evangelischen Publizistik (GEP) in Frankfurt am Main auf, wo seine Frau Chefsekretärin war. In der Bundesrepublik sollte er unter dem Decknamen »Zander« vor allem kirchliche Organisationen auskundschaften, die sich mit der Menschenrechtssituation in der DDR und Osteuropa beschäftigten. Aus diesem Grunde wurde er Mitglied im Deutschen Zweig des Forschungsinstitutes »Glaube in der 2. Welt« und knüpfte Kontakte zum Brüsewitz-Zentrum und zur Internationalen Gesellschaft für Menschenrechte (IGFM). Den Ermittlungen zufolge gab er seine Erkenntnisse bei konspirativen Treffen in Prag und Ostberlin weiter, wobei er jeweils eine »Auslagenerstattung« von 1000 DM erhielt. Seit seiner Übersiedlung bekam er zudem eine monatliche Entlohnung. Im September 1994 wurde er vom Oberlandesgericht in Frankfurt zu einer achtmonatigen Bewährungsstrafe und einer Geldbuße von 10000 DM verurteilt.[54]

In Westberlin waren SED und MfS sogar in der Kirchenleitung vertreten: Die Vorsitzende der reformierten Gemeinden, Horsta Krum, die von 1979 bis 1990 im obersten Leitungsgremium der ehemaligen Westregion der Evangelischen Kirchen von Berlin-Brandenburg saß, wurde 1993 beurlaubt, nachdem man Unterlagen fand, denen zufolge sie der DDR vertrauliche Informationen und Materialien aus der Kirchenleitung übermittelt hatte. Akten aus der Stasi-Filiale in Potsdam hatten offenbart, daß das Pfarrer-Ehepaar Horsta und Ulrich

Krum über Jahre konspirative Gespräche mit einem hochrangigen Mitarbeiter des Potsdamer Bezirksrates geführt hatte, der Mitarbeiter der Staatssicherheit war (IMS »Freidank«).⁵⁵ Der Fall war nur durch Zufall bekanntgeworden, denn die Reformierten Gemeinden hatten eine Überprüfung ihrer Mitarbeiter auf Stasi-Kontakte strikt abgelehnt. Der Ostberliner Vorsitzende der Reformierten, Pastor Horst Greulich, erklärte nach der Entdeckung, der Aktenbestand zeige ein »beklemmendes und erschreckendes Ausmaß an Informationen über interne kirchliche Angelegenheiten und Personen aus Ost und West«, die für einzelne wie für die evangelische Kirche insgesamt »brisant und folgenreich« gewesen seien.⁵⁶

Der von der Stasi eingefädelte Kontakt zwischen der Westberliner Pastorin und dem Inoffiziellen Mitarbeiter »Freidank« bestand der überlieferten IM-Akte zufolge seit 1975. Die Werbung erfolgte im Dezember 1976, wobei ihr erklärt wurde, daß die von ihr übergebenen Materialien für eine »Analysegruppe« des Staatssekretärs für Kirchenfragen bestimmt seien. Aufgrund ihrer Bedeutung als Quelle wurde sie als Inoffizielle Mitarbeiterin »mit Feindberührung« unter dem Decknamen »Helena« eingestuft. Unter anderem verriet sie der Stasi, daß der französische Militärpfarrer in seinem Diplomatengepäck regelmäßig Materialien in die DDR »einschleuse«. In einer »Einschätzung« vom Oktober 1980 hieß es, daß die Verbindung zwischen »Freidank« und »Helena« stabil sei und die Zusammenkünfte in Abständen von vier bis sechs Wochen in Potsdam stattfänden. »Durch den IM werden jetzt *alle* verfügbaren innerkirchlichen Materialien übergeben. Er informiert sowohl über Sachverhalte als auch über personelle Fragen mit Kenntnis und voller Unterstützung des Ehepartners« [Hervorhebung im Original]. Weiter heißt es, sie stelle alle Materialien zur Verfügung und beschaffe diese auch zielgerichtet zur Übergabe. »Bisher wurden umfangreiche, ausgezeichnete Informationen übergeben, die zur Einschätzung der Lage im Operationsgebiet dienten.«⁵⁷ Tatsächlich finden sich in der Akte lange Aufstellungen der übergebenen kircheninternen Materialien.

Wie es im Abschlußbericht des Vorgangs heißt, hatte das Pfarrerehepaar »offiziell keine Kenntnis, daß es mit dem MfS zusammenarbeitet«. Es sei aber mit Sicherheit anzunehmen, daß es ihm aus den Umständen der Zusammenarbeit bewußt sei. Bei dem Ehepaar handele es sich um »positive Theologen«, die in der Christlichen Friedenskonferenz (CFK) mitarbeiteten sowie der SEW nahestünden bzw. Mitglieder seien. »Zur Verhinderung politischen Schadens« bei einer eventuellen Enttarnung wurde der Vorgang eingestellt, doch durch den Potsdamer Stasi-Mitarbeiter erfolge weiterhin die »Abschöpfung«.⁵⁸ Tatsächlich kam es auch in der Folgezeit zu Zusammenkünften in der DDR. So sprach die Theologin im Februar 1988 ohne Wissen der Kirchenleitung im Ostberliner Gästehaus des Zentralkomitees mit einem SED-Funktionär über die Planungen für den Westberliner Kirchentag, dessen Vorbereitungsgruppe sie angehörte. In einer Aktennotiz der Arbeitsgruppe Kirchenfragen der SED hieß es, die Pastorin sei Mitglied der SEW und habe »wiederholt darum gebeten, uns über einige Aspekte der Vorbereitung des Kirchentages, der im Juni 1989 in Westberlin stattfinden soll, zu informieren. [...] Schon in der Vorbereitungsphase würden sich negative Kräfte regen, die sich um die CDU und den Senat gruppieren«. Insbesondere wies sie auf angebliche Bestrebungen hin, dem Kirchentag einen gesamtdeutschen Charakter zu geben. Bei der Kirchenleitung in Westberlin gebe es eine Stelle, wo Materialien, Nachrichten, Videoaufzeichnungen über das Auftreten negativer Kräfte ausgewertet würden – offensichtlich das Pressearchiv im Westberliner Konsistorium.[59]

Obwohl die Kirchenleitung von Berlin-Brandenburg schon 1992 über die ZK-Gespräche unterrichtet worden war, leitete sie erst 1994 ein kirchliches Disziplinarverfahren gegen die Pastorin ein. Diesem entzog sie sich, indem sie sich 1995 auf eigenen Wunsch aus dem Dienst ihrer Landeskirche entlassen ließ und zur reformierten Kirche nach Frankreich wechselte.

Zum konspirativen Netz des MfS gehörte auch die Berliner Sekretärin Traute-Lore Wagner, die in verschiedenen kirchlichen Einrichtungen arbeitete und in der zweiten Hälfte der achtziger Jahre von der Aufklärungsabteilung der Stasi in Leipzig als IM »Wanda« geführt wurde. Ihr jüdischer Vater war den Akten zufolge in Auschwitz ermordet worden. Das MfS hatte Ende 1984 den Kontakt zu ihr aufgenommen, um sie als »anmeldungsfreies Quartier« für einen anderen IM zu nutzen.[60] Ihre Wohnung diente dann als Deckadresse für den hauptamtlichen IM »Herrmann«, bei dem es sich um einen als Künstler »legendierten« deutschen Juden mit englischer Staatsbürgerschaft handelte. Im Auftrag des MfS informierte sie zudem über den SPD-Politiker Jürgen Schmude, mit dem sie über ihre Arbeit bei der Evangelischen Kirche der Union (EKU) in Berlin Berührung hatte.[61] Nach ihrer Verrentung übernahm sie im Mai 1986 eine Tätigkeit im Berliner Haus der Kirche, wo sie eine Reihe von Mitarbeitern ausforschte, die die Stasi als »Hinweispersonen« mit dem Ziel der Anwerbung »bearbeitete«. Im Nachgang einer Reise in die Sowjetunion »tippte« sie den Akten zufolge gleich sechs Mitreisende für den Staatssicherheitsdienst. Zudem übergab sie Materialien aus der Evangelischen Studentengemeinde und der Aktion Sühnezeichen (ASF), wo sie 1986 Mitglied wurde. 1987 wechselte »Wanda« als Sekretärin zu einer konfessionellen Rheumaklinik am Wannsee, wurde aber weiterhin »gebeten«, Informationen zur ASF zu beschaffen. Zudem sollte sie »Regimewissen zum Krankenhausaufenthalt« sowie »personenbezogene Nebendokumente«, die die Stasi für ihre Agenteneinsätze brauchte, besorgen. »Bei politischen Fragen«, so vermerkte ihr Leipziger Führungsoffizier Hoffmann noch im Januar 1989, »wurde wiederum eine tiefe emotionale Verbundenheit mit der DDR festgestellt.«[62] »Wanda« sollte 1988 auf Anweisung von HVA-Chef Werner Großmann auch zum Einsatz kommen im Zuge einer verstärkten Aufklärung der EKD als »Objekt der politisch-ideologischen Diversion«.[63] Der letzte »Treffplan« mit »Wanda« datiert vom 6. September 1989.[64]

Zum Kirchenbereich im weiteren Sinne ist auch der Journalist Lutz Kuche zu zählen, der im Mai 1995 wegen geheimdienstlicher Agententätigkeit für das MfS zu zweieinhalb Jahren Haft und 200 000 DM Geldstrafe verurteilt wurde. Kuche verantwortete den Medienteil der katholisch-ökumenischen Wochenzeitung *Rheinischer Merkur/Christ und Welt* und galt als ein besonders gut informierter Bonner Journalist. Regelmäßig nahm er an Tagungen von Evangelischen und Katholischen Akademien teil. Vor Gericht gestand er, daß er 1966 von einem Jugendfreund nach Magdeburg eingeladen worden war. Dieser brachte den damals zweiundzwanzigjährigen mit einem Mitarbeiter des Staatssicherheitsdienstes zusammen, der ihn dafür gewann, die rechte Szene in der Bundesrepublik »auszuleuchten«. Im Auftrag der Stasi trat er der NPD bei, wurde 1970 Bundesvorsitzender ihrer Studentenorganisation und damit Mitglied des NPD-Bundesvorstandes. Nach dem Niedergang der rechtsextremen Partei, kehrte er ihr den Rücken und trat 1976 auf Wunsch des MfS der CDU bei. Vier Jahre später wurde er Chefredakteur der Zeitschrift des Verbandes der Deutschen Zeitungs- und Zeitschriftenverleger. Geführt wurde Kuche, alias »Bakker«, von der Aufklärungsabteilung der Magdeburger Bezirksverwaltung, und zwar als Werber zur Bearbeitung des »Hauptobjektes CDU«. Seine Aufgabe war es, für das MfS potentielle Agenten auszukundschaften. In der zweiten Hälfte der achtziger Jahre lieferte er jährlich rund vierzig »Informationen«, die von der Zentrale zumeist mit der Note 3 bewertet wurden. Für seine dreiundzwanzigjährige Agententätigkeit, die mit einem Treffen im Dezember 1989 ihr Ende fand, erhielt er vom MfS mindestens 850 000 DM, womit er ein besonders hoch bezahlter DDR-Spion war.[65]

Spionageobjekt Vatikan

So zufällig das Spektrum der bekanntgewordenen Agenten in den Kirchen erscheint, so systematisch erfolgte ihr Einsatz nach ausgearbeiteten Plänen zur Ausforschung der von der Stasi ausgewählten Ziele. Was die eher abwehrbezogene Arbeit der Hauptabteilung XX/4 betrifft, zeigen Arbeitspläne aus den frühen siebziger Jahren, wo deren Schwerpunkte bei der »zielstrebigen und offensiven operativen Bearbeitung der feindlichen Zentren im Operationsgebiet« lagen. Das Westreferat der zentralen Kirchenabteilung der Stasi konzentrierte seine Kräfte danach auf den Vatikan, auf die Deutsche Bischofskonferenz mit dem Ordinariat in München, deren nachgeordnete »Osteinrichtungen« und ihrem »Stützpunkt« in Westberlin, auf die EKD in Hannover und deren kirchliches Außenamt in Frankfurt, auf die Bonner Verbindungsstellen der katholischen und evangelischen Kirche, auf die Evangelischen Akademien in Westdeutschland sowie auf die großen internationalen Organisationen Weltkirchenrat, Lutherischer Weltbund und Konferenz Europäischer Kirchen. Aufgabe des Referates war es, in diese »Zentren« einzudringen und Voraussetzungen für einen kontinuierlichen Informationsfluß zu schaffen, um, wie es hieß, die Effektivität der »Bekämpfung und Entlarvung reaktionärer und feindlicher Kräfte des politischen Klerikalismus zu erhöhen«. Ähnliche Ziele verfolgte auch die HVA, mit der man eine »enge Zusammenarbeit, Koordination und Wechselwirkung« anstrebte.[66]

Bei der »Bearbeitung« des Vatikans ging es dem Leiter der Kirchenabteilung, Joachim Wiegand, Anfang der siebziger Jahre vor allem um das sogenannte Sekretariat der Nichtglaubenden. Dessen Mitarbeiter wurden nach einem genauen Plan ausgekundschaftet, um einerseits »feindlich« tätige Personen festzustellen und andererseits für »weitere Werbungen« zu sorgen. Dazu wurden die »vorhandenen IM« eingesetzt und andere »operative Maßnahmen« wie Postkontrolle, Observationen oder gezielte Zollüberprüfungen ergriffen. Systematisch suchte das MfS vor allem unter italienischen Studenten an der Humboldt-Universität und am Dolmetscherinstitut in Leipzig nach Nachwuchsagenten – mit unterschiedlichem Erfolg.[67]

Zur ständigen Informationsbeschaffung »über politisch-klerikale Ereignisse im Vatikan« wollte sich das MfS dem Arbeitsplan von 1970 zufolge unter anderem des erwähnten IM »Ugo« bedienen, der monatlich berichten sollte.[68] Auch in den folgenden Jahren hatte er als IM »Emilio« die Aufgabe, »über politisch wichtige Entscheidungen im Vatikan sofort zu berichten« – gemessen an der IM-Akte reichlich großspurige Festlegungen.[69] Ähnliches gilt für die Arbeit des italienischen Schauspielers und Dramaturgen »Terli«, für den laut Arbeitsplan von 1971 eine »operative Kombination« erarbeitet werden sollte, um ihn »in die Konspiration des Vatikans einzuschleusen«. Zwei Jahre später war vorgesehen, die »vom IM geschaffene Verbindung zum italienischen Generalkonsulat in Westberlin [...] zur Abschöpfung politisch interessanter Informationen aus dem Vatikan« zu festigen.[70] In Wirklichkeit beschränkte sich seine Zusammenarbeit mit dem MfS der schmalen Akte zufolge auf einige Treffen, die für die Stasi wenig ergiebig waren. Auch »Terli« war 1968 in der DDR über das Ausländeramt

»ermittelt« worden und anschließend von der Kirchenabteilung als IM registriert worden. »In der bisherigen Zusammenarbeit mit dem MfS«, so heißt es in einer Einschätzung von 1971, »nutzte der IM vor allem seine Verbindungen zu italienischen Journalisten und zu Künstlerkreisen, um politisch wertvolle Informationen für das MfS zu erarbeiten.«[71] Im Anschluß an seine Übersiedlung nach Westberlin entzog er sich 1975 der Verbindung zum MfS.

Mit dem Ziel, eine ständige direkte Verbindung zur »Aufklärung von Personen aus dem Vatikan« zu schaffen, war 1971 die Werbung des »Kandidaten K., Italien« vorgesehen – ein Fall, der bisher nicht rekonstruiert werden konnte. Auch die westdeutschen IMF »Verleger« und »Doktor« sollten eingesetzt werden »unter Ausnutzung ihrer Möglichkeiten und Positionen in Westdeutschland zur Beschaffung interner Informationen aus dem Vatikan.«[72] Darüber hinaus setzte das MfS eine Reihe von DDR-Bürgern mit einschlägigen Verbindungen in Marsch wie die IM »Horst«, »Bill«, »Peter« oder »Hubert«, die zum Teil als Journalisten getarnt agierten. Von Bedeutung war insbesondere der Chefredakteur der DDR-offiziellen Katholikenzeitschrift *Begegnung*, Hubertus Guske (»Hubert«), der zahlreiche Kontakte zu katholischen und ökumenischen Kreisen hatte. Nach den überlieferten Unterlagen wurde er bereits 1960 angeworben und spitzelte bis zur Auflösung für die Stasi; Berichte und Aufträge finden sich an den verschiedensten Stellen. Dem Kirchenhistoriker Bernd Schäfer zufolge entwickelte sich Guske nach seiner Anwerbung »zu einem der wichtigsten Agenten der Staatssicherheit auf dem Gebiet der katholischen Linie.«[73] »Peter«, bei dem es sich um den katholischen Prälaten Paul Dissemond gehandelt haben soll, der als Gesprächsbeauftragter von Kardinal Bengsch fungierte, wurde laut Arbeitsplan 1971 »unter Legende« in der Bundesrepublik eingesetzt, um Analysen zum Vatikan zu erarbeiten. Treffberichte von ihm sind, trotz Vernichtung der IM-Akte, beispielsweise über die Verhandlungen von Erzbischof Casaroli in der DDR im Juni 1975 oder über eine Reise des IM zum Vatikan im Frühjahr 1977 überliefert.[74]

Parallel dazu operierte auch die HVA in Richtung Vatikan. Im Arbeitsplan der Kirchenabteilung für 1971 findet sich der Hinweis, daß zur umfassenden Ausnutzung aller »politisch-operativer Möglichkeiten« und zur »Gewährleistung der Wechselwirkung und gegenseitigen Ergänzung« zwischen Aufklärung und Abwehr eine spezielle Konzeption zur Bearbeitung des Kirchenstaates erarbeitet werde – ein Papier, das bislang nicht aufgefunden werden konnte.[75] In einem Bericht über den »Beitrag der Hauptverwaltung A zur Gewährleistung der inneren Sicherheit der DDR« wies HVA-Chef Wolf Minister Mielke 1986 zudem darauf hin, daß er die Diensteinheiten der »Abwehr« auch zu »feindlichen Aktivitäten des Vatikans, der Christlichen Internationale und der BRD- und Westberliner Kirchen« informiert habe.[76] Auch in den Ablagen der Stasi-Kirchenabteilung finden sich verschiedene Informationen der HVA zum Vatikan, darunter zum spektakulären Attentat auf den Papst im Jahr 1985.[77] Der Beseitigung des HVA-Archivs nach der Wende ist es zu verdanken, daß sich die Suche nach »dem« Spion im Vatikan immer noch überwiegend auf der Ebene von Indizien und Pressespekulationen bewegt.

Nach bisherigem Kenntnisstand lieferten zwei Spione, »Lichtblick« und »Antonius«, dem MfS zusammen 760 Informationen aus dem Vatikan, die teilweise auch an den KGB weitergeleitet wurden. Ihre Lieferungen sind in einer Ende 1998 entschlüsselten Datenbank der HVA verzeichnet. »Antonius«, mit 122 Datensätzen der unbedeutendere Agent, war für das Kirchenreferat der HVA registriert; nach Zeitungsberichten soll er in den sechziger Jahren angeworben worden sein und für die Katholische Nachrichtenagentur (KNA) gearbeitet haben.[78] Aktenkundig ist auch, daß ein West-IM der HVA mit dem Decknamen »Wieland« 1968 Informationen über die »Absichten der katholischen Kirche« im Zusammenhang mit dem Prager Frühling beschaffen sollte. Den »Erinnerungen« von HVA-Chef Wolf zufolge handelte es sich dabei um den ehemaligen Jesuitenschüler Joachim Moitzheim, der bereits kurz nach dem Krieg angeworben worden sei und später als sogenannter Tripelagent für die HVA arbeitete, nachdem er bei einem Versuch ertappt worden war, einen Mitarbeiter des Bundesamtes für Verfassungsschutz für das MfS zu gewinnen. 1990 wurde er verhaftet und später verurteilt.[79]

Als Agent für das MfS war dem Kirchenhistoriker Bernd Schäfer zufolge auch der deutsche Benediktinerpater Eugen Brammertz tätig, der seit 1975 in Rom ansässig war. Dieser habe zudem den zeitweiligen Rom- und späteren Wiesbaden-Korrespondenten der Katholischen Nachrichtenagentur (KNA), Alfons Waschbüsch, zur Tätigkeit für die Stasi geworben und von ihm gegen Geld Dokumente aus der deutschen Abteilung des vatikanischen Staatssekretariates bekommen – sie stammten von dem ahnungslosen deutschen Prälaten Erwin Josef Ender.[80] Markus Wolf erklärte, bei dem »Maulwurf« im Vatikan habe es sich um einen Deutschen gehandelt, der bei einer wissenschaftlichen Akademie im Vatikan gearbeitet habe und beim Ausscheiden Wolfs (1986) bereits über achtzig Jahre alt gewesen sei – möglicherweise der 1987 verstorbene Benediktinerpater Brammertz.[81] Schließlich erreichte eine Berliner Boulevardzeitung 1998 ein anonymes Schreiben, in dem behauptet wurde, der zuvor ermordete Kommandeur der Schweizergarde, Alois Estermann, habe unter dem Decknamen »Werder« seit 1979 für die Stasi gearbeitet – ein Vorwurf, für den freilich keinerlei Beweis geliefert wurde.[82]

Eine Fülle von Berichten erhielt das MfS zudem von anderen kommunistischen Geheimdiensten. Die ungarischen Sicherheitsorgane waren über ihre Agenturen beispielsweise imstande, ebenso detailliert über den »Gesundheitszustand von Papst Johannes Paul II.« zu informieren wie über die »Möglichkeit eines Westberlin-Besuches des Papstes«.[83] Auch der KGB versorgte das MfS mit einschlägigen Nachrichten.[84] Vor allem aber lieferte der polnische Geheimdienst laufend Informationen aus dem Innenleben des Vatikans, häufig mit wörtlichen Zitaten, die umgehend an HVA-Chef Wolf und seinen »Abwehr«-Kollegen Mittig weitergeleitet wurden. Auf diesem Wege erhielt die Stasi nicht nur detaillierte Zusammenfassungen oder Mitschriften zahlloser Beratungen und Audienzen beim Papst, sondern auch interne Charakterisierungen des Führungspersonals sowie vertrauliche Überlegungen zur Kirchen-, Personal- oder Ostpolitik. Wie eng die Zusammenarbeit gewesen sein muß, illustriert ein Schreiben vom April 1974, in dem der polnische Geheimdienst von einem Gespräch unter sechs Augen zwischen den Kardinälen Wyszyński, Bengsch und Döpfner berichtet, bei dem wichtige Entscheidungen getroffen worden seien und über das »noch keine Information in die Römische Kurie gelangt« sei – der polnische Dienst tappte ausnahmsweise einmal im dunklen. »In diesem Zusammenhang«, heißt es in dem Brief, »bitten die befreundeten Sicherheitsorgane um Übersendung evtl. beim MfS vorliegender Hinweise über dieses Zusammentreffen.« Da die Kirchenabteilung der Stasi unter den drei Kardinälen ebenfalls keinen Agenten besaß, mußte sie jedoch passen und ließ die polnischen Genossen nun umgekehrt wissen: »An Angaben über den Inhalt der Gespräche ist das MfS interessiert«.[85]

Dank der Arbeit des polnischen Geheimdienstes ist – neben Mitschriften der Papst-Gespräche mit anderen hochrangigen Politikern – unter anderem ein denkwürdiges Stenogramm der Verhandlungen überliefert, die Bundeskanzler Willy Brandt im Juli 1970 mit Papst Paul VI. führte. Es stammte, wie es im Begleitbrief hieß, von einer »überprüften Quelle« der polnischen Aufklärung, von der diese »bereits mehrere wertvolle Informationen« erhalten habe. In dem Gespräch ging es um Fragen der Ostpolitik, aber auch der inneren Situation in der Bundesrepublik sowie um die Beziehungen Bonns zu seinen westlichen Verbündeten. Brandt berichtete dem Heiligen Vater danach von seinen Bemühungen, »friedliche Wege mit unseren osteuropäischen Nachbarn« zu suchen, und bat ihn, mäßigend auf die katholische Opposition im Bundestag einzuwirken. Der Papst antwortete ihm sibyllinisch: »Jegliche Tätigkeit zum Wohle des Friedens genießt den Segen des Himmels, Herr Kanzler.« Darauf Brandt: »Ich möchte, daß die Worte Eurer Heiligkeit die Herren Kiesinger, Barzel und Strauß hören.« Danach geht es noch eine Weile hin und her, über Ostverträge und Bistumsgrenzen, bis der Papst beim Stichwort Berlin auf einmal auf ein anderes

Thema zu sprechen kommt: »Kardinal Bengsch hat mir gesagt, daß Berlin eine Oase der Sünde geworden ist, der sich besonders junge Menschen unterwerfen.« Brandt: »Das ist nicht nur eine Berliner Erscheinung [...]. Mein Sohn nimmt z. B. keine Narkotika, doch er ist ein Aufrührer. Andere junge Menschen nehmen Rauschgift, und das beunruhigt mich heute mehr als die kommunistische Gefahr.« Papst: »Diese Frage ruft, außer der Frage des Friedens, vor allem unsere Beunruhigung hervor. Herr Kanzler, man muß handeln, solange es noch Zeit dafür gibt. Morgen kann es schon zu spät sein. Die jungen Menschen in den kommunistischen Ländern werden auf gesünderen Grundlagen erzogen.«[86]

Ob das MfS aus eigenen Quellen ähnlich plastisch aus dem Vatikan informiert wurde, ist bis heute nicht zu sagen. Als die Kirchenabteilung jedoch 1978 von der Leitung aufgefordert wurde einzuschätzen, ob die gerade eingetroffenen Informationen aus Polen über den neuen Papst Karol Wojtyła »weitere Hinweise als unsere enthalten«, erklärte sie vollmundig: »Die Information deckt sich mit unseren Kenntnissen über die Person des Papstes« – immerhin war der »Auskunftsbericht« achtzehn Seiten stark.[87] Fünfundsiebzig Seiten umfaßte eine Einschätzung der Ostpolitik des Vatikans und der »zu ihrer Durchsetzung geschaffenen klerikalen Institutionen und Organisationen« vom Mai 1970.[88] Auf eigenen »operativen Erkenntnissen und Erfahrungen« beruhte auch eine Abschlußarbeit von Stasi-Major Werner Sprotte, Mitarbeiter der Hauptabteilung XX/4, der 1982 die »Rolle der katholischen Kirche in der DDR im System der vatikanischen Ostpolitik« untersuchte.[89]

Für die »operative Arbeit« war es letztlich auch nicht bedeutsam, welcher östliche Geheimdienst die Informationen beschaffte. Schon 1980 hatten KGB und MfS den »Bruderorganen« vorgeschlagen, »zur Aufklärung und Bekämpfung der Ostpolitik des Vatikans unter besonderer Beachtung der Rolle des neuen Papstes, Johannes Pauls II.« ihre Einschätzungen kontinuierlich auszutauschen und gemeinsame Maßnahmen festzulegen. Eine ähnliche Zusammenarbeit zwischen KGB und MfS gab es auch zu Einrichtungen wie der »Slawischen Ostmission«, dem »Brüsewitz-Zentrum«, der »Christlichen Ostmission«, dem Gustav-Adolf-Werk und der Organisation »Glaube in der 2. Welt«.[90]

Weitere Ausforschungsobjekte

Weniger Ansatzpunkte für geheimdienstliche Operationen fand die Kirchenabteilung der Stasi offensichtlich bei der Deutschen Bischofskonferenz. Anfang der siebziger Jahre suchte Hauptmann Wiegand jedenfalls noch nach einem IM zu deren »operativen Bearbeitung«. Zu diesem Zweck war 1970 die Werbung des »katholischen Journalisten F.« vorgesehen, und während der Leipziger Messen sollte nach weiteren Kandidaten Ausschau gehalten werden. 1971 sollte dann der neu geworbene IM »Karo« geschult und nach Westdeutschland »abgesetzt« werden, um dort »in die Konspiration des Feindes einzudringen«. Darüber hinaus wollte man sich auch des bereits erwähnten IM »Verleger« bedienen, der »aufgrund seiner interkonfessionellen Tätigkeit und seiner Verbindungen gute Möglichkeiten besitzt, Beziehungen der katholischen Kirche zu Bonner Dienststellen herauszuarbeiten und in der Perspektive deren Charakter festzustellen«.[91]

Anfang der siebziger Jahre war die HVA offensichtlich auch im Ständigen Arbeitskreis für Ostfragen beim Zentralkomitee der deutschen Katholiken (ZdK) verankert. In einem Bericht aus dem Jahr 1973 informiert sie jedenfalls eingehend über die Diskussionen und Beschlüsse einer Vollversammlung des Arbeitskreises im September.[92] Möglicherweise stammten die Informationen auch von der Sekretärin Edith Dötsch, die im politischen Referat des Zentralkomitees der deutschen Katholiken (ZdK) arbeitete und sich 1975 über Nacht in die DDR absetzte – zusammen mit ihrem bei der CDU beschäftigten Ehemann und einem MfS-Agenten namens Dieter Hansch, der seit 1970 bei der Katholischen Nachrichtenagentur (KNA) in Bonn tätig war. Alle drei trugen falsche Namen und hatten offensichtlich in erheblichem Maße über Interna des ZdK und des politischen Katholizismus berichtet und umfangreiches Material in die DDR geliefert.[93]

Auch der Weltkirchenrat in Genf wurde von der Stasi ausspioniert. Zu regelmäßigen Besuchen »mit dem Ziel der systematischen Aufklärung und der Beschaffung von internen Informationen« sollte 1970 von der Kirchenabteilung des MfS wiederum der IM »Verleger« eingesetzt werden – offenbar das beste Pferd im Stall. Daneben kam eine Reihe von DDR-IM zum Einsatz wie »Scheune«, »Bruno«, »Anton«, »Bill« oder »Giesela«.[94] Es wurde aber noch nach einem speziellen IM aus dem Westen »zur operative Bearbeitung der feindlichen Zentrale« gesucht.[95] Drei Jahre später sollte der IM »Günther« »wertvolle Informationen des Presse- und Informationsdienstes des Weltkirchenrates« beschaffen.[96] Aus dem Ökumenischen Jugendrat in Europa, einer wichtigen Institution des Weltkirchenrates, berichteten der von 1972 bis 1978 amtierende Vorsitzende des Exekutivkomitees Dietrich Gutsch (»Dietrich«) und der von 1978 bis 1982 tätige Geschäftsführer Giselher Hickel (»Kiesel«) dem MfS.[97] Unklar ist, wieweit es der Stasi gelang, die internationale Einrichtung auch politisch zu unterwandern. In einem Kooperationsvertrag von KGB und MfS aus dem Jahr 1978 war festgelegt worden, daß IM von beiden Seiten den »Einfluß antikommunistischer Kräfte auf den Weltkirchenrat zurückdrängen« sollten – die Stasi nominierte unter anderem den IM »Sekretär«, hinter dem sich der heutige Ministerpräsident von Brandenburg, Manfred Stolpe, verbarg.[98] Überliefert ist jedoch ein Vorschlag des MfS aus dem Jahr 1980, mit den Geheimdiensten der Bruderstaaten über die »Bearbeitung« des Ökumenischen Rates der Kirchen Beratungen aufzunehmen – »vor allem zu bestehenden Möglichkeiten der positiven Beeinflussung seiner führenden Repräsentanten«.[99]

Die Arbeitspläne der Stasi-Kirchenabteilung hielten noch weitere Aufgaben bereit. Der IMF »Bill«, der regelmäßig in Westberlin weilte, sollte Anfang der siebziger Jahre auch das dortige Ökumenische Zentrum »aufklären« sowie interne Unterlagen aus dem Gustav-Adolf-Werk in Kassel beschaffen, mit denen eine Verbindung zu »Bonner Dienststellen« nachgewiesen werden könnte. Zur weiteren Ausforschung der Evangelischen Akademien in Westdeutschland waren »Erich« und »Bruckner« vorgesehen, von denen letzterer als Akademiedirektor und Geistlicher beste Voraussetzungen dafür mitbrachte. Bei »Erich« handelte es sich um den ostdeutschen Redakteur und CDU-Mann Gerd Pfau, auf den man durch einen Artikel in der Zeitung »BZ am Abend« aufmerksam geworden war. Nach seiner Anwerbung im September 1966 schrieb er für das MfS unter anderem lange Berichte über seine Besuche an der Evangelischen Akademie Bad Boll. 1980 wurde er an die für die Überwachung von West-Journalisten zuständige Hauptabteilung II/13 »übergeben«, die den Vorgang 1985 archivierte, weil Pfau aus gesundheitlichen Gründen ausfiel.[100]

Der ostdeutsche Pfarrer Heinz Knick, der in der DDR als IMF »Schwalbe« gute Dienste geleistet hatte und nach seiner Pensionierung 1970 in die Bundesrepublik übergesiedelt war, wurde laut Arbeitsplan der Kirchenabteilung »kontinuierlich weiter dazu eingesetzt, [...] sich im Evangelischen Pressezentrum in B[ielefeld] zu engagieren«. Den überlieferten Akten nach verlagerte sich allerdings der Schwerpunkt seiner Berichterstattung zunehmend auf die Zeitschrift »Glaube in der 2. Welt« und das »Brüsewitz-Zentrum« in Bad Oeynhausen, wo er »im Auftrag des MfS« zahlendes Mitglied wurde. Um mit ihm in die »Konspiration des Gegners« einzudringen, wurde 1980 von der Stasi-Kirchenabteilung in Zusammenarbeit mit sowjetischen Sicherheitsorganen eine nicht näher beschriebene »operative Kombination« eingeleitet – ein Vorgang, der nach wie vor der Aufklärung harrt.[101] Mit »Färber«, der den Plänen zufolge »zu den kirchenleitenden Personen in Hannover« gehörte, sollte 1970 während der Leipziger Frühjahrsmesse ein »ausführlicher Treff« stattfinden, um ihn zielstrebig an eine Zusammenarbeit mit der Stasi »heranzuführen« – zu einer Zusammenarbeit kam es allerdings nach Lage der Akten nicht.[102]

Nach dem Inkrafttreten des Grundlagenvertrages (1972) und der partiellen

Öffnung der DDR verschoben sich die Arbeitsschwerpunkte der Stasi-Kirchenabteilung. Getreu Mielkes Anweisungen, den »Gefahren« der Entspannungspolitik für die innere Stabilität der SED-Herrschaft entschieden entgegenzuwirken, ging es nun verstärkt um die »konkrete operative Bearbeitung und Aufklärung von Personen klerikaler Zentren, die sich mit ›Ostarbeit‹ und einer Wühltätigkeit gegen die DDR befassen, um deren Methoden und Arbeitsweisen festzustellen, in sie einzudringen und vorbeugende Abwehrmaßnahmen einzuleiten«.[103] Im Mittelpunkt standen dabei Einrichtungen in Westberlin wie die Evangelische und die Katholische Akademie sowie die Katholische Nachrichtenagentur, deren Mitarbeiter nunmehr in speziellen »Vorgängen« gezielt bearbeitet wurden.

1973 führte das West-Referat der Kirchenabteilung insgesamt sieben »Operative Personenkontrollen« (OPK) durch, davon eine mit dem Ziel der »Überwerbung«.[104] Einen »Schwerpunkt der Personenaufklärung« bildete ein als Ostexperte bekannter Jesuit und Professor, wozu insbesondere der erwähnte DDR-IM »Hubert« (Hubertus Guske) eingesetzt wurde. Zu einem in Westberlin tätigen amerikanischen Pfarrer und seiner Mitarbeiterin, die Kontakt zu einem DDR-Pfarrer hatten, existierte ein sogenanntes Ausgangsmaterial, das zu einem »Vorgang« entwickelt werden sollte. Darüber hinaus setzte das West-Referat seine IM in mehreren »Operativ-Vorgängen« (OV) ein, mit denen vermeintliche DDR-Gegner bekämpft wurden und die so hübsche Namen trugen wie »Giftspinne«, »Schild«, »Spaten« oder »Elster«. Neben den bisher genannten Informanten führte das Referat 1973 noch die IM »Sonja«, »Maria«, »Martin«, »Eva«, »Tulpe«, »Günther«, »Michael« und »Glocke«, die teilweise im Westen lebten, teilweise regelmäßig dorthin fuhren.[105]

In einem »Rapport« zum 30. Jahrestag der Bildung des MfS berichtete die Hauptabteilung XX/4 im Februar 1980, daß im Rahmen des Operativvorganges »Transport« fünf »Literaturfahrzeuge« der Christlichen Ostmission aus Westdeutschland »liquidiert« worden seien. Die Fahrzeuge seien eingezogen und gegenüber dreizehn Personen Geldstrafen von insgesamt 31 000 DM verhängt worden; weitere achtundzwanzig Fahrzeuge stünden noch »in Fahndung«. »Durch den Einsatz von IM«, so der Bericht, »konnten weitere Aktivitäten der klerikalen Zentren im Operationsgebiet festgestellt und Hinweise für die Sicherheitsorgane der S[owjet]U[nion] erarbeitet werden.« Eine besondere Rolle spielte dabei der ostdeutsche Pfarrer Gerd Bambowski, der jahrelang illegale Bibel-Transporte in die Sowjetunion organisierte – und unter den Decknamen »Kornelius Hammer« und »Heinz Wendland« regelmäßig die Stasi unterrichtete.[106] Im Ergebnis des Zentralen Operativ-Vorganges »Sumpf« seien 1979 insgesamt dreizehn Kuriere des Ostbüros der Zeugen Jehovas »liquidiert« worden und auf der

Basis von Zoll- und Devisenverfahren Geldstrafen von zusammen 23 000 DM ausgesprochen worden; auch hier seien mehrere Fahrzeuge eingezogen worden. Der Hauptabteilung sei es zudem gelungen, im Rahmen des Operativvorganges »Kleber« die Einfuhr von Aufklebern des Bahro-Komitees sowie von »Hetzschriften und politisch-negativer Literatur« zu verhindern – »durch Maßnahmen der Zersetzung erfolgte eine Verunsicherung der Personen«.[107]

Dem Bericht nach setzte die Stasi-Kirchenabteilung Ende der siebziger Jahre in der Bundesrepublik insgesamt fünfzehn Inoffizielle Mitarbeiter ein »zur operativen Aufklärung und Bearbeitung der Zentren, die unmittelbar in die DDR wirken« und zur »Festigung der inneren Sicherheit« der DDR. In zentralen kirchlichen Einrichtungen der DDR seien überdies IM »in solchen Positionen geschaffen worden wie z. B. evangelischer Bischof, Leitung des Diakonischen Werkes, Leitung der ESG-Geschäftsstelle, zur Bearbeitung von O[perativ-]V[orgängen] in der Bundessynode, in der katholischen Kirchenleitung« – naturgemäß verfügten auch diese über interessante West-Kontakte. Zusammen mit der Stasi-Filiale in Halle seien im Operativ-Vorgang »Quelle« schließlich »Verbindungen« von DDR-Personen zum »Brüsewitz-Zentrum« bearbeitet worden, während durch die Bezirksverwaltung Schwerin der IM »Schütz« erfolgreich eingesetzt worden sei – zur Festigung seines Kontaktes zur Organisation »Glaube in der 2. Welt« und zur Erarbeitung neuer Erkenntnisse durch einen »operativ wertvollen Einsatz« in Ungarn.[108]

Als »wesentlichstes Ergebnis«, so der Bericht, sei 1979 aber das Eindringen in das »Brüsewitz-Zentrum« gelungen. »Dadurch konnten das ›Brüsewitz-Zentrum‹ und die dort tätigen Personen umfassend aufgeklärt, Originaldokumente beschafft und der Nachweis erbracht werden, daß es sich nicht um eine religiöse, sondern um eine politisch-klerikale Einrichtung handelt, die systematisch Hetze gegen die DDR betreibt.« Wie dies geschah, darüber gibt eine Art Ehren-Dokumentation Auskunft, mit der der »maßgebliche Anteil« des IM »Heinrich Hoffmann« an der Aufklärung des Zentrums »belegt und gewürdigt« werden sollte. Demzufolge filterte die Kirchenabteilung schon kurz nach Gründung des Brüsewitz-Zentrums über die Grenzkontrollstellen der DDR einen Invalidenrentner heraus, den man für einen entsprechenden Einsatz rekrutieren wollte. Nach der erfolgreichen Werbung wurde er im März 1978 zu einem Kuraufenthalt nach Bad Oeynhausen geschickt, um unauffällig Kontakt aufzunehmen. Bald beteiligte er sich ehrenamtlich an der Arbeit und bezog im Januar 1979 ein Zimmer im »Objekt«. Auf Vorschlag des Leiters des Zentrums sei er schließlich Hausmeister des Brüsewitz-Zentrums geworden. Aus »Sicherheitsgründen« wurde der IM jedoch im Januar 1980 in die DDR zurückgezogen, wo er 1982 starb – nicht ohne vorher noch die Verdienstmedaille der NVA in Gold erhalten zu haben und für einen Schulungsfilm posiert zu haben. In der Akte finden sich nicht nur, Reliquien gleich, Plakate, Einladungen und sogar das Original-Gründungsprotokoll des Zentrums, sondern auch ein umfangreiches »Gutachten« eines Dr. S. Stübner vom Institut für Internationale Politik und Wirtschaft der DDR (IPW). Das den Menschenrechten und der Verständigung verpflichtete christliche Zentrum wird darin verurteilt als »eine extrem antikommunistische Einrichtung zur Störung aller Ansätze für ein friedliches Nebeneinanderbestehen der Staaten in Mitteleuropa und zur aktiven Diversion insbesondere gegen die DDR« – eine pseudowissenschaftliche Bestätigung für die Stasi.[109]

Der Kampf gegen das Gedenken an den ostdeutschen Pastor Oskar Brüsewitz, der sich im August 1976 in der Fußgängerzone von Zeitz selbst verbrannt hatte, um, wie er auf einem Transparent geschrieben hatte, gegen die »Unterdrückung der Kirchen« in den Schulen der DDR zu protestieren, gehört zu den widerwärtigsten Operationen des Ministeriums für Staatssicherheit. Die Maßnahmen beschränkten sich dabei nicht auf Ostdeutschland, wo das MfS mit dem Kirchenjuristen und »Offizier im besonderen Einsatz« Detlef Hammer direkt in der zuständigen Kirchenleitung saß, sondern richteten sich auch und gerade gegen das »Brüsewitz-Zentrum« in Bad Oeynhausen, das dafür Sorge trug, daß der Name des Pfarrers nicht in Vergessenheit geriet. In mehreren »Operativ-Vorgängen« (OV) wurden Freunde, Bekannte, Kollegen und Verwandte des Pfarrers über Jahre hinweg mit konzentrierten Überwachungs- und Einschüchterungsmaßnahmen überzogen: Auf Veranlassung des MfS wurden Pastoren versetzt oder in die Bundesrepublik ausgewiesen, anonyme Briefe wurden versandt und mehr als ein Dutzend IMs mit Bespitzelungs- und Diskreditierungsaufgaben beauftragt. Ein Pfarrer, der das westdeutsche Fernsehen über die Selbstverbrennung informiert hatte, wurde in aufwendigen Aktionen als Krimineller abgestempelt, so daß ihm schließlich die Ordinationsrechte aberkannt wurden. Unter dem Druck des Staates bemühten sich kirchenleitende Persönlichkeiten in Ost und West, darunter der Magdeburger Bischof Werner Krusche, zugleich massiv, die Gründung des Zentrums zu verhindern und, nachdem dies erfolglos blieb, die Witwe Brüsewitz' zu einer Distanzierung zu veranlassen.[110] Die Bekämpfung des Brüsewitz-Zentrums – und des Evangeliumsrundfunks in Wetzlar – machte Stasi-Major Günter Pietras von der Kirchenabteilung 1982 sogar zum Gegenstand seiner »Diplomarbeit« an der Juristischen Hochschule des MfS.[111]

Die Spitzelberichte der IMs dienten SED und Stasi in Fällen wie diesen als Grundlage für das politische, geheimdienstliche oder polizeiliche Vorgehen. Die Führungsoffiziere fertigten daraus Berichte, die entweder direkt weitergeleitet wurden oder in der Auswertungsabteilung verdichtet wurden. Nicht wenige landeten direkt auf den Schreibtischen der Politbüro-Mitglieder.[112] Viele fanden in Objektakten oder Operativ-Vorgängen Verwendung, in denen die Stasi ihre angeblichen Gegner bekämpfte. Selbst einzelne Beratungen von Kirchenältesten in Westberlin wurden von der Stasi durch »zuverlässige inoffizielle Quellen« ausgeforscht.[113] Allein im Jahre 1979 wurden dem »Rapport« zum 30. Jahrestag zufolge durch die Kirchenabteilung der Stasi 213 »Informationen« erarbeitet, darunter solche über Äußerungen leitender Mitarbeiter der Ständigen Vertretung der Bundesrepublik in Ostberlin, über Pläne und Aktivitäten des Ostbüros der Zeugen Jehovas oder über den Besuch des Papstes in Polen; zusätzlich hatte man in diesem Jahr eine »Dokumentation« über die Königsteiner Anstalten »erarbeitet«.[114]

Die Evangelische Akademie Westberlin

Ein Beispiel für die geheimdienstliche Durchdringung kirchlicher Institutionen im Westen ist die Evangelische Akademie in Westberlin. In einem vor dem Mauerbau verfaßten Dokument heißt es, daß insgesamt acht Geheime Informatoren an der damals noch Gesamtberliner Akademie tätig seien; die »Arbeit« mit ihnen sei jedoch ungenügend, da sie zum Teil nur Tagungen besuchen würden.[115] Wie viele »Objekte« der Staatssicherheit wurde die Akademie von mehreren Diensteinheiten gleichzeitig »bearbeitet«. Sie führten dazu sogenannte Objektvorgänge, in denen Informationen über Mitarbeiter und Aktivitäten fortlaufend gesammelt wurden.[116] Im Arbeitsplan des Westreferates der Kirchenabteilung hieß es 1973, daß die »Bearbeitung« der Akademie in enger Zusamenarbeit mit den Referaten I und V sowie mit den Bezirksverwaltungen Groß-Berlin, Potsdam, Cottbus und Frankfurt an der Oder erfolgen sollte. »Es kommt besonders darauf an, die Ausnutzung klerikaler Einrichtungen für feindliche Organisationen beziehungsweise feindlich tätige Personen festzustellen.« Ein »Auskunftsbericht« sollte erarbeitet werden, um »feindliche Kräfte und Personengruppen, deren Arbeitsweise und Methoden festzustellen und vorbeugende Abwehrmaßnahmen einzuleiten«.[117] Die wichtigsten Mitarbeiter der Akademie waren dabei von der Stasi-Kirchenabteilung schon 1968 durchleuchtet worden, zu den meisten führte sie mindestens »Handakten«.[118]

Für die »ständige Überwachung« der DDR-Informationsabende und anderer Veranstaltungen der Evangelischen und Katholischen Akademie sollten nach dem Arbeitsplan von 1973 die IM »Tulpe«, »Maria«, »Bill«, »Hubert« (Hubertus Guske) und »Martin« eingesetzt werden.[119] In den siebziger Jahren berichtete auch der Mitarbeiter des DDR-Staatssekretärs für Kirchenfragen, Helmut Dressler, unter dem Decknamen »Harry« wiederholt über Tagungen und Abende der

Westberliner Evangelischen Akademie.[120] Ein IM »Jutta« informierte die Hauptabteilung XX/5 über Zusammenkünfte des DDR-Arbeitskreises,[121] und selbst die für Terrorabwehr zuständige Diensteinheit beteiligte sich an der Überwachung von Akademieveranstaltungen.[122] Die HVA war mit Agenten wie der Quelle »Baron« ebenfalls bei Tagungen präsent.[123] Aus dem Innenleben der Akademie berichtete 1986/87 zudem die erwähnte »Wanda«, die von der Leipziger Staatssicherheit geführt wurde und eine Zeitlang als persönliche Sekretärin des Direktors des Evangelischen Bildungswerkes arbeitete.[124] Zuweilen lag der Stasi dadurch schon zwei Stunden nach Ende der Veranstaltung der erste Bericht vor.[125]

Wichtigster Agent des Staatssicherheitsdienstes war der langjährige Studienleiter Peter Heilmann, der fast zwanzig Jahre in der Akademie beschäftigt war und auf diese, zuletzt als Leiter, einen nachhaltigen Einfluß ausübte. In seiner Biographie vermengen sich in besonderer Weise Täter- und Opferdimensionen, politischer Fanatismus und verinnerlichte Unterdrückung. Geboren 1922, mußte er noch als Kind die Erfahrung machen, wie sein Vater Ernst, der Fraktionsvorsitzender der SPD im Preußischen Landtag war, 1933 von den Nationalsozialisten ins Konzentrationslager eingewiesen wurde und sieben Jahre später in Buchenwald ums Leben kam. Als Halbjude kam Peter Heilmann 1944 selber in ein Arbeitslager, aus dem er im Februar 1945 floh. Nach dem Krieg wurde er dann von den sowjetischen Besatzungstruppen zum Bürgermeister von Eichkamp ernannt, bald darauf wurde er Funktionär im Zentralrat der von Erich Honecker angeführten FDJ.[126] 1951 verhaftete ihn das Ministerium für Staatssicherheit unter dem Vorwurf der Spionage und ließ ihn bis 1956 hinter Gefängnismauern verschwinden, wo er kurz vor seiner Entlassung als Geheimer Mitarbeiter geworben wurde.

Nach seiner Freilassung siedelte Peter Heilmann im Auftrag der Staatssicherheit nach Westberlin über, studierte und arbeitete an der Freien Universität, wurde Mitglied von SDS und SPD. Regelmäßig berichtete er der Stasi aus diesen Einsatzgebieten. Auch seine Frau beteiligte sich seit 1957 an der nachrichtendienstlichen Arbeit, unter anderem als Chefsekretärin der Evangelischen Akademie. Als Vorzimmerdame des Westberliner Wirtschaftssenators Wolfgang Lüder (FDP) lieferte sie dem MfS ab Mitte der siebziger Jahre handfestes Spionagematerial, von vertraulichen Protokollen über die Privatanschriften aller Senatsmitglieder bis hin zum Code für den Panzerschrank des Senators. Nach einem Jahr mußte sie jedoch wieder gehen, weil sie die Sicherheitsüberprüfung nicht bestanden hatte.

Während Heilmann in seinen »Erinnerungen an die Nachkriegszeit« die Durchsicht der Denunziationen, die Deutsche damals an die sowjetische Kommandatur gerichtetet hatten, als die »widerlichste Beschäftigung« seiner einstigen Tätigkeit als Bürgermeister bezeichnete, denunzierte er selber bis zur Auflösung der Staatssicherheit sein gesamtes berufliches, politisches und persönliches Umfeld.[127] Vom MfS erhielt er dafür mehr als dreißig Jahre lang eine monatliche »Zuwendung« von durchschnittlich 500 DM, dazu diverse Geschenke, sowie insgesamt neun Orden. Zudem erfüllte die Stasi mehrfach die Bitte des Ehepaars um eine offiziöse Besuchs- und Besichtigungsreise in die DDR – um, wie es in einem der zahllosen Treffberichte heißt, Kraft zu gewinnen »für manch schwierige Situation«.[128]

Heilmanns fast zwanzigjährige Spitzeltätigkeit an der Evangelischen Akademie zeigt die Hypertrophie des Staatssicherheitsdienstes, der auf der Suche nach »Feinden« weder Kosten noch Mühen scheute – selbst wenn sich diese alles andere als feindlich gebärdeten. Die Westberliner Akademie zeichnete sich in ihrer knapp vierzigjährigen Geschichte nämlich vor allem durch Verständnis und Wohlwollen gegenüber dem real existierenden Sozialismus aus und erhob die kommunistischen Machthaber im Bemühen um »Dialog« und »Versöhnung« schon in den sechziger Jahren in den Rang von freundlich umworbenen Partnern. Gleichwohl hegte das MfS ein ständiges Mißtrauen gegenüber diesem »feindlichen Zentrum« und seinen offiziellen und halboffiziellen Kontakten in den eigenen Machtbereich. Der Aufwand, mit dem der ostdeutsche Geheimdienst diese kirchliche Einrichtung ausforschte, stand jedenfalls in keinem Verhältnis zur Bedeutung der Erkenntnisse, die er hier gewinnen konnte.

Die Stasi erteilte ihrem IM regelmäßig den Auftrag, die Akademie und ihre Verbindungen »aufzuklären«. Die Berichte, die er der Hauptabteilung XX/3 und später der Leitung der Abteilung lieferte, umfassen fast 2000 Blatt. Sie geben Aufschluß über nahezu jedes Detail, das die Stasi interessieren konnte. Vertrauliche Reiseberichte aus Prag oder Moskau finden sich ebenso in den Akten wie interne Finanzaufstellungen, Sitzungsberichte oder Charakteristiken von Kollegen und Vorgesetzten. Auch überregionale Zusammenkünfte, etwa des Leiterkreises der Evangelischen Akademien, der zum Teil mit hohen Bonner Politikern zusammentraf, wurden von Heilmann bespitzelt. Noch nach seiner Pensionierung im Sommer 1988 versicherte er seinem Führungsoffizier Horst Gerlach, daß »auf unbegrenzte Zeit alle Informationen des Deutschen Leiterkreises der Evangelischen Akademien weiter an den Informanten übermittelt« würden.[129]

Unter der unverfänglichen »Legende« der Akademiearbeit waren auch weitergehende Aufträge leicht zu erfüllen. Die Herstellung von Kontakten zur KPD/ML gehörte ebenso dazu wie die Beschaffung von Informationen aus der Kirche, der DDR-Forschung oder dem Sportbereich, für den Heilmanns Diensteinheit »federführend« verantwortlich war. Hemmungslos berichtete der Studienleiter auch über seine zahlreichen Zusammenkünfte mit ostdeutschen Christen, die gegenüber dem westlichen Kirchenmann meist rasch Vertrauen faßten. Von besonderem Interesse für die Stasi waren seine Berichte über heimliche Materiallieferungen, Patenspenden und Geldtransfers, mit denen die Ost-Region der Berlin-Brandenburgischen Kirche unterstützt wurde. Auch über den geheimen Transport einer Abzugsmaschine, den ein französischer Militärpfarrer bewerkstelligt hatte, informierte er die Stasi. Getreu seinem Auftrag meldete er alle »feindlichen« Verbindungen, die er in Erfahrung bringen konnte – von Kontakten zu Wolf Biermann bis zu solchen zur Ostberliner Umweltbibliothek.

Die Berichterstattung des IM, der seinen Decknamen »Adrian Pepperkorn« Thomas Manns »Zauberberg« entlehnt hatte, erfolgte in Ostberlin, überwiegend per Tonbanddiktat. In der Regel traf man sich dazu auf einem Parkplatz, an einem S-Bahnhof oder direkt im konspirativen Objekt »Städtchen«, wo man bis zu vier Stunden zusammensaß. Am nächsten Tag wurden die Bänder im MfS abgeschrieben, und Major Gerlach fertigte aus ihnen sogenannte Informationen, die er anschließend an die Kirchenabteilung der Stasi und an die Leitung seiner Hauptabteilung weiterleitete.[130] Während Heilmann in professioneller Agentenmanier auch über sich selber (in der dritten Person) informierte, löschte Führungsoffizier Gerlach in seinen Berichten fürsorglich alle Hinweise, die auf »feindliche« Bestrebungen seines West-IM schließen ließen. Fünf Tage nach Heilmanns Diktaten waren die MfS-Kollegen auf diese Weise über die neuesten Entwicklungen an der Akademie zumeist bereits ins Bild gesetzt. Gerlach behielt es sich dabei vor, daß »weitere Maßnahmen nur nach Rücksprache« mit ihm ergriffen wurden. Darüber hinaus bildeten die Berichte Heilmanns und weiterer Informanten die Grundlage für zusammenfassende »Informationen« und »Wochenübersichten«, mit denen das gesamte MfS und zum Teil auch das Politbüro versorgt wurden.[131] Vor allem aber halfen sie bei der Bekämpfung von Kritikern der SED, die vom MfS in zahllosen »Operativ-Vorgängen« bearbeitet wurden. Spuren von Heilmanns Berichten finden sich dadurch an den unterschiedlichsten Stellen der Stasi-Hinterlassenschaften wieder.[132]

Im Gegensatz zu anderen MfS-Agenten machte Heilmann im Westen aus seinen Bindungen zur SED kaum einen Hehl. Im von ihm geleiteten DDR-Arbeitskreis sollten »Vorurteile« abgebaut werden, auf den monatlichen DDR-Informationsabenden, bei denen Journalisten, Wissenschaftler oder auch DDR-Funktionäre referierten, wurde um »Verständnis« für die Politik der SED geworben – obgleich Heilmann, wie er gegenüber seinem Führungsoffizier beteuerte, »vor allem auf den sogenannten DDR-Tagungen der Akademie weitestgehend versucht, seine wahre politische Überzeugung anderen gegenüber nicht zu erkennen zu geben«.[133] Im DDR-Arbeitskreis war davon freilich wenig zu merken, wie aus einem Tonbandbericht hervorgeht, in dem er nach einer Sitzung über den Entwurf des neuen Parteiprogramms der SED zufrieden resümierte: »Am Schluß der Diskussion wurden die positiven Elemente der Entwicklung hervorgehoben, wobei die Dialektik von Schöpfertum und ideologischer Arbeit klargestellt wurde.«[134] Dem Bericht zufolge gab es auf dieser Sitzung nur von einem Teilnehmer Widerspruch – seinen Namen meldete Heilmann prompt der Staatssicherheit.

Auch bei den zahlreichen Berlin-Seminaren mit westdeutschen Gewerkschaften oder den regelmäßigen Tagungen mit der Züricher Paulus-Akademie wurden die Teilnehmer regelrecht indoktriniert. Eine Teilnehmerin war darüber so aufgebracht, daß sie einen empörten Bericht schrieb – der ebenfalls bei der Stasi landete. Der Geldgeber, der Berliner Bevollmächtigte der Bundesregierung, merkte davon freilich nichts, denn offizieller »Tagungsbeobachter« war ein langjähriger Freund Heilmanns, der die Seminare als »ausgewogen« und »erfolgreich« lobte. Grundlage für diese Arbeit, die im Laufe der Zeit über dreihundert Gruppen zu »Studienwochen« an die Akademie führte, war eine zweihundertseitige Broschüre über die DDR, die Heilmann 1973 zusammen mit der Berliner Pastorin Bé Ruys herausgegeben hatte. Das Buch, so Heilmann zu seinem Führungsoffizier, sei »unbedingt geeignet«, den westlichen Teilnehmern »die Vorzüge des Sozialismus in der DDR gegenüber der BRD zu demonstrieren«. Es enthalte eine ganze Anzahl von Passagen, die eindeutig marxistisch seien, »ohne das zu sagen.«[135] Tatsächlich las es sich über weite Strecken wie eine parteioffizielle Selbstdarstellung der SED, etwa wenn es hieß: »Mit dem Eigentum an Produktionsmitteln wurden die Werktätigen in der DDR in die Lage gebracht, ihre Zukunft selbst mitbestimmen zu können.«[136] In Kirchenkreisen stieß die in 2500 Exemplaren gedruckte »Dokumentation« deshalb weithin auf Ablehnung. Auch Bischof Scharf betrachtete sie, Heilmanns Berichten nach zu urteilen, als »Machwerk« und als »Buch der DDR«, er unterstützte den Druck gleichwohl mit 5000 Mark aus seiner »Privatschatulle«.[137]

Trotz seiner offensichtlichen DDR-Nähe erregte Peter Heilmann bei seinen Zeitgenossen nur selten Mißtrauen. Seine Lebensgeschichte als Sohn eines ermordeten jüdischen Sozialdemokraten und ehemaliger politischer Häftling der DDR verlieh ihm Schutz. Als einem Studienleiterkollegen Anfang der siebziger Jahre der Widerspruch zwischen diesen Erfahrungen und seiner politischen Überzeugung sowie Heilmanns regelmäßige Besuche in Ostberlin »dubios« erschienen, konnte »Pepperkorn« das MfS sofort beruhigen, daß der Leiter der Akademie die Vorwürfe mit Nachdruck zurückgewiesen habe – nicht Heilmann, sondern der Kollege verließ bald darauf die Akademie.[138] In der Folgezeit nahm

Heilmanns politisches Gewicht sogar noch zu, so daß selbst der in Kirchenkreisen als weit links stehend geltende Gründer und langjährige Direktor der Akademie, Erich Müller-Gangloff, sich 1974 gegen die »einseitige ideologische Ausrichtung« der kirchlichen Bildungsstätte unter Heilmanns Einfluß wandte.[139]

Heilmann nahm bei seinen Berichten an die Stasi kein Blatt vor den Mund. Wenn ihm ein Gesprächspartner nicht behagte, denunzierte er ihn ohne Bedenken auch bei seinem Führungsoffizier. Manchmal schoß er so sehr über das Ziel hinaus, daß seine Kommentare im nachhinein wie unfreiwillige Satire wirken – etwa wenn er über den Berliner Journalisten Gerhard Rein urteilte:»»Rein gehört zu der Sorte Journalisten, die dauernd dabei sind, Neuigkeiten aufzustöbern, Hintergründe aufzudecken, und der ein besonderes Vergnügen daran hat, Streitereien, die nicht öffentlich ausgetragen werden, in die Öffentlichkeit zu bringen. [...] Rein hat, wie es scheint, keine klare politische Position, was de facto bedeutet, daß er Antikommunist ist.«[140]

In politischen Auseinandersetzungen agierte Heilmann gleichsam auf doppeltem Boden. Seine Gegner bekämpfte er nicht nur direkt durch vielerlei Winkelzüge, sondern informierte zugleich das MfS laufend über die »feindlichen« Absichten seiner Kritiker. Deutlich wird dies in den Konflikten um das Profil der Akademie in den späten achtziger Jahren, als sich zwei neue Studienleiter der DDR-freundlichen Linie widersetzten. Angesichts von Glasnost und Perestroika wollten die den Grünen und der SPD nahestehenden Mitarbeiter das Spektrum möglicher Dialogpartner breiter fassen. Veranstaltungen, die zusammen mit dem Westberliner »Ost-West-Forum« durchgeführt wurden, befaßten sich nun nicht mehr nur in apologetischer Weise mit den östlichen Nachbarn. Heilmann, der zu diesem Zeitpunkt bereits im Ruhestand war, kämpfte gegen diese Entwicklung auf allen Ebenen. Unter anderem erschien im Frühjahr 1989 unter der Überschrift »Wende in der Akademie?« ein als »sachkundiger Beitrag« bezeichneter Artikel, in dem sich fast alle Einschätzungen wiederfanden, die Heilmann auch seinem Führungsoffizier übermittelte. Unterzeichnet war der Artikel mit einem Pseudonym – Philipp Müller, dem Namen eines von der SED als Märtyrer geehrten Kommunisten, der 1952 bei einer verbotenen FDJ-Demonstration in Essen von der Polizei erschossen worden war.[141] Beim konspirativen Treff unterrichtete Heilmann Major Gerlach dann in allen Einzelheiten über die neuen Bestrebungen an der Akademie, die in »Richtung Aufweichung sozialistischer Gesellschaft« tendierten, und erklärte ihm, daß dahinter die Absicht stehe, »die Akademie, die bisher eher progressiv war und in der Evangelischen Kirche als rot galt, in die Hände der konservativen Kräfte zu bringen«. Sein Bericht fand alsbald Eingang in den Operativ-Vorgang »Netz«, mit dem die Initiatoren des »Ost-West-Forums« von der Stasi bekämpft wurden.[142]

Nach der Wende und seiner Enttarnung im Dezember 1992[143] – ein Großteil des IM-Vorganges war von seinem Führungsoffizier bereits ins Archiv gegeben worden und blieb deshalb erhalten – verweigerte Peter Heilmann selbst nächsten Freunden und Weggefährten jedes Gespräch über seine jahrzehntelange IM-Tätigkeit. Führungsoffizier Gerlach hatte ihm immer wieder den »festen Grundsatz« eingeschärft, »in keinem Fall Angaben der Verbindungen zum MfS zu machen oder zuzugestehen«. Bei solchen Gelegenheiten versicherte ihm dann der IM, Stillschweigen zu bewahren und »daß er aus seinen eigenen persönlichen Erfahrungen ausreichend Lehren gezogen hat, um auf dieser Linie diese Aufgaben mit uns gemeinsam zu realisieren«.[144]

Gestützt auf das umfangreiche Aktenmaterial, erhob die Staatsanwaltschaft beim Kammergericht Berlin im September 1997 Anklage gegen das Ehepaar Heilmann wegen geheimdienstlicher Agententätigkeit für eine fremde Macht.[145] Angesichts der erdrückenden Beweismittel entschloß sich Heilmann bei der Verhandlung im April 1999 doch noch zu einer Aussage, in der er sich als verfolgter Jude, Sozialist und Anhänger einer »guten Sache« präsentierte – von Scham oder Reue keine Spur. Die Akademie, die ihre anfänglichen Bemühungen, den Fall aufzuarbeiten, im Sande hatte verlaufen lassen, lehnte es ab, in dem Verfahren als Nebenkläger aufzutreten. Peter Heilmann wurde schließlich zu zwanzig, seine Frau Gertraude zu zwölf Monaten Gefängnis auf Bewährung verurteilt. Dem von der Staatsanwaltschaft errechneten Agentenlohn von 200000 DM stand eine Geldstrafe von insgesamt 8000 DM gegenüber. Sein Haus, so räumte er vor Gericht ein, hatte er vorsichtshalber bereits seinem Sohn übertragen. Die Evangelische Kirche von Berlin-Brandenburg teilte nach der Verurteilung mit, daß keine Möglichkeit bestehe, Heilmann von kirchlicher Seite aus »rechtlich zur Rechenschaft zu ziehen«, da er weder Pfarrer noch Kirchenbeamter, sondern Angestellter gewesen sei.[146]

Für die Aufarbeitung der Stasi-Vergangenheit in den West-Kirchen ist der Fall Heilmann nicht nur deshalb aufschlußreich, weil er zeigt, mit welcher Zielstrebigkeit das MfS eine an und für sich eher unbedeutende kirchliche Einrichtung im Westen jahrzehntelang ausforschte. Belegt durch einen nahezu kompletten Aktenvorgang, macht er auch deutlich, daß es nicht erst der Stasi bedurfte, um in westlichen Institutionen DDR-freundliche Positionen durchzusetzen. Zwar war Heilmann dafür an der Akademie ein bedeutender Motor, und zweifellos stand dies in engem Zusammenhang mit seiner Anbindung ans MfS – doch ein ausdrücklicher Auftrag, die Akademie auf einen SED-freundlichen Kurs zu bringen, findet sich nicht in dem umfangreichen Aktenkonvolut. Sein Führungsoffizier betrachtete es eher mit einer gewissen Sorge, daß der umtriebige IM »Pepperkorn« seine DDR-Sympathien so offen zum Ausdruck brachte, denn er fürchtete das Risiko seiner Enttarnung. Wiederholt wies er ihn deshalb auf die Gefahren seiner Tätigkeit hin und rügte ihn wegen seiner Unvorsichtigkeit. 1977 unterbrach er sogar monatelang die »Verbindung«, weil Heilmann in einer Krisensitzung über die Zukunft der Akademie zunächst unbemerkt per Tonband die Ausführungen des Bischofs mitgeschnitten hatte. Noch auf der Sitzung war es darüber zu einem Eklat gekommen, und Heilmann drohte die Entlassung. Gerlach empfahl ihm in dieser Situation, »alles, was im Zusammenhang mit Entschuldigungen erforderlich ist, zu tun«, und legte ihm nahe, »unbedingt alle Unsicherheiten und etwaigen Fehler in dieser oder ähnlicher Richtung zukünftig zu vermeiden«.[147]

Tatsächlich war es, den bisher bekannten Akten nach zu urteilen, nicht zuvörderst der Staatssicherheitsdienst, der dafür sorgte, die Akademie auf eine SED-freundliche Linie zu bringen. Die Ursachen, daß eine kirchliche Einrichtung so unkritisch mit der kommunistischen Diktatur umging, reichen tiefer. Im dunkeln liegen bislang die Wirkungen der Einflußstrategien der SEW, die an der Evangelischen Akademie und ihrem Umfeld über starke Bastionen verfügte. Heilmanns prokommunistischer Kurs fiel aber weit darüber hinaus auf fruchtbaren Boden und wurde von der Mehrheit der Studienleiter auch ohne äußeres Zutun mitgetragen. Noch nach der Enttarnung Peter Heilmanns erklärte der Leiter des Bildungswerkes, Manfred Karnetzki: »Heilmanns Verdienste, sein Engagement für die Evangelische Akademie und das gesamte Bildungswerk bleiben für uns unbestritten.« Trotz mancher Differenzen habe der Konsens mit ihm darin bestanden, »daß wir dem Sozialismus in der DDR eine Chance geben wollten«.[148]

Die Auflösung des antitotalitären Konsenses

Um die politischen Irrungen dieser Zeit zu erklären, muß man deshalb auch nach den ideologischen und psychologischen Einfallstoren suchen, die es der SED ermöglichten, in den evangelischen Kirchen politischen Einfluß zu gewinnen. Die Westberliner Akademie ist dafür ein anschauliches Beispiel, denn bei der Auflösung des antitotalitären Konsenses der Nachkriegszeit spielte sie eine Vorreiterrolle.

Spätestens seit dem Mauerbau meinte man in »fortschrittlichen« christlichen Kreisen, daß die Ablehnung des Kommunismus in eine Sackgasse geführt habe. Die äußere, in Berlin besonders sichtbare Unterdrückung wurde gleichsam politisch verinnerlicht und als Chance für einen »Neubeginn« der Deutschen ausgedeutet. Im Mittelpunkt der Argumentation standen nun die Bejahung der Teilung und der Aufruf, mit den kommunistischen Machthabern in einen »Dialog« zu treten.

Der Direktor der Akademie, Erich Müller-Gangloff, begann frühzeitig, in diese Richtung zu wirken, und gehörte bald zu den profiliertesten Versöhnungspolitikern im deutschen Protestantismus. Ende der fünfziger Jahre war er Mitbegründer der »Aktion Sühnezeichen« und Vorsitzender der Bewegung »Kampf dem Atomtod« in Berlin. 1961 nahm er an der Christlichen Friedenskonferenz in Prag teil, zwei Jahre später an einem spektakulären, propagandistischen Gespräch, das Nikita Chruschtschow in Ostberlin »mit Vertretern der Bevölkerung Westberlins« führte.[149] 1965 forderte er dann in einem Buch, die Wiedervereinigung als politische Zielsetzung aufzugeben und – so der Titel – »Mit der Teilung leben« zu lernen. »Wir müssen endlich beginnen«, lautete seine Botschaft aus dem geteilten Berlin, »über Nichtwiedervereinigung nachzudenken, das heißt über eine Konzeption, die aus dem selbstverfertigten Käfig eines sinnlos gewordenen Anschlußdenkens in eine Zukunft minimaler Hoffnungen führen kann.«[150]

Fünf Jahre später spitzte er seine Auffassungen zu und erklärte, daß es des »Totalverzichts auf den Gedanken einer wie immer gearteten Wiedervereinigung« bedürfe. Nun vertrat er die Meinung, daß es mit seinem früheren Appell nicht mehr getan sei, sondern »daß dieses kranke, seelisch zerrüttete und von der Hitlerkrankheit noch längst nicht genesene Volk nur dadurch gesunden und einen neuen politischen Weg finden kann, daß es sich zu einem tapferen Ja zu seinem Teilungsschicksal durchringt«. Die Deutschen, so Müller-Gangloff in seinem neuen Buch, dürften das Faktum der Nicht-Wiedervereinigung nicht wie eine unerträglich bittere Arznei hinnehmen, sondern müßten die Teilung »als ein hinter uns liegendes Ereignis deutscher Geschichte vorbehaltlos bejahen lernen«. Die historische Entwicklung und der Blick in die Zukunft zwängen sie »zu einem klaren Ja und zwar zu einem Ja nicht nur zur Teilung unseres Volkes und Landes, sondern auch zu einem Ja zur geteilten Stadt«. Dieses Ja dürfe kein verlegenes und betretenes, sondern müsse ein entschiedenes und artikuliertes Ja sein – »Heilung durch Teilung«.[151]

Wie viele deutsche Intellektuelle stellte Müller-Gangloff damit eine direkte Kausalitätsbeziehung zwischen der zwölfjährigen Herrschaft der Nationalsozialisten und der staatlichen Zerstückelung Deutschlands her. Die Teilung war danach die ebenso zwangsläufige wie gerechtfertigte Folge der Hitler-Diktatur, die den Deutschen als irreversible Folge ihrer Untaten auferlegt sei. Der Schock über die Naziverbrechen mündete in ein Schuldgefühl, das merkwürdig narzißtische Züge trug, weil es die »Singularität« der eigenen Verbrechen zum Maßstab aller Dinge machte und andere Formen totalitärer Herrschaft ignorierte. Selbst gegenüber dem sowjetischen Weltfriedensrat, der den Westberliner

Atomwaffengegner 1959 bei einem Besuch in Moskau in die große Familie der Friedensbewegung aufnehmen wollte, beharrte er deshalb darauf: »Wir können von niemand die noch so ehrlich gemeinte Freundschaft annehmen, der die Sühne für das eigene Verschulden verweigert.«[152]

Außer Betracht blieb bei dieser Sichtweise, daß nicht nur die Deutschen, sondern auch zahlreiche »unschuldige« Völker mit der Spaltung des Kontinents »bestraft« worden waren. Gerade die Opfer deutscher Greueltaten im Osten befanden sich ja jenseits des Eisernen Vorhangs. Unbeachtet ließ man auch, daß selbst in Deutschland den nachfolgenden Generationen kaum nahezubringen gewesen sein dürfte, warum sie für die Verbrechen ihrer Großeltern und Urgroßeltern büßen sollten, an denen sie nicht den geringsten Anteil hatten – wenn es überhaupt zu vertreten war, in derartigen Kollektivschuldkategorien zu denken. Infam wurde die Vorstellung von der Teilung als Sühne aber vor allem dadurch, daß jene, die sie bejahten, diese in Freiheit und Wohlstand »ableisten« durften, während der andere Teil der Deutschen auf Dauer einer wirtschaftlich maroden Diktatur ausgeliefert bleiben sollte.

Gerade dieser Aspekt war es, der viele in der DDR verbittern mußte, wie aus einem Brief hervorgeht, den Müller-Gangloff 1972 von einem Ostberliner Leser erhielt – auch dieses Dokument landete in Heilmanns Stasi-Akte. Der Verfasser schrieb an den in Westberlin lebenden Akademiedirektor: »Vor ein paar Tagen kam mir durch Zufall Ihr Buch ›Vom gespaltenen zum doppelten Europa‹ aus dem Jahr 1970 in die Hand. Als Bewohner des von ihnen so gepriesenen ›zweiten deutschen Staates‹ überkam mich beim Lesen eine solche Wut, daß ich Sie am liebsten zerfetzt hätte […]. Ich gehöre zu denen, die Ihrer unmaßgeblichen Meinung nach für den gesamten Rest ihres Lebens den Russen und unseren Bonzen zum Fraß vorgeworfen werden sollen. Das sagt ein Mann so ziemlich am Ende seines Lebens, also kein junger Hippi oder Gammler, der angeblich einmal national eingestellt war und der selbst einige Jahre in der Russenzone wohnte, aber beizeiten abgehauen ist. Nicht alle machten es sich so leicht wie Sie. Wir konnten nicht alle in den Westen gehen, dauernd warnten die Behörden bei Ihnen ja davor. Auch familiäre Bindungen hielten manche, wie mich zum Beispiel. Dann war da noch so eine kleine Hoffnung, wenn wir hier bleiben, die noch eine Wiedervereinigung wünschen und auch bereit gewesen wären, wenn es Zweck hatte, etwas mehr dafür einzusetzen, als Sie jetzt tun, nämlich blanken Verrat an uns.«[153]

Wie viele Christen mit hohem politisch-moralischem Anspruch bewegte sich Müller-Gangloff nach den Erfahrungen mit dem Nationalsozialismus in einer Art »Schuld-Falle«, die seinen Mißbrauch als Werkzeug der SED möglich machte, ohne daß er Mitarbeiter der Staatssicherheit war. Die zu ihm überlieferten Akten zeigen das merkwürdige Paradox, daß die Stasi die politischen Aktivitäten des von der SED geschätzten Theologen sogar mit großem Mißtrauen verfolgte.[154]

Noch vor dem Mauerbau wandte sich Müller-Gangloff an den stellvertretenden Staatssekretär für Kirchenfragen der DDR und erbat eine ständige Ein- und Ausreisegenehmigung, um, wie es in einem Bericht des Geheimen Informators »Gerhard« heißt, »an den Ev[angelischen] Akademien und anderen Stellen ›unverdächtig‹ gegen die Verkrampfung des kalten Krieges vorgehen zu können«.[155] In einer Unterredung wurde diese Anliegen zwar abschlägig beschieden, aber zugleich mitgeteilt, daß die Ablehnung sich »nicht gegen seine Person, sondern gegen die Westberliner ev[angelischen] Akademie, die er repräsentiert, richtet«.[156] Gesprächspartner bei dieser und einer Serie nachfolgender Zusammenkünfte war Hans-Joachim Seidowsky, persönlicher Referent des Staatssekretärs und seit 1957 IM des MfS, der darüber gleich doppelt – an beide Dienststellen – berichtete.[157] Unter dem Decknamen »Gerhard« teilte er der Stasi-Kirchenabteilung im Juni 1960 mit, daß Müller-Gangloff ihm sein Interesse an »gewissen diskreten Verhandlungen« signalisiert hätte. Dieser sei bereit, »über bestimmte Dinge ständige Informationen zu geben«, wenn er dafür »Gegenleistungen« wie Passierscheine oder eine Einfuhrgenehmigung für seine Zeitschrift »Kommunität« erhalte.[158] Tatsächlich informierte ihn Müller-Gangloff in der Folgezeit über die innere Lage verschiedener Evangelischer Akademien, über vertrauliche Gespräche mit dem CDU-Politiker Ernst Lemmer oder über die Vorbereitungen für den gesamtdeutschen Kirchentag – von der Stasi wurden diese Berichte umgehend als nachrichtendienstlich gewonnene Information weiterverbreitet.[159]

Doch statt den progressiven Akademiedirektor aus dem Westen anzuwerben, witterte die Staatssicherheit eine wilde Agentengeschichte. Sie verdächtigte ihn, in der DDR ein »System« sogenannter Hauskreise anzuleiten, das unter der Ägide von ehemaligen Mitarbeitern der Wehrmachtsabwehr, Mitgliedern der Anti-Hitler-Verschwörung vom 20. Juli und Vertretern westlicher Geheimdienste stehe. Diese wollten damit eine »breite Veränderung der Struktur der Führung der DDR im westlichen Sinne« und eine »breite Liberalisierung bis hin zur Liquidierung des antifaschistischen Schutzwalls in Berlin« erreichen. Die von Müller-Gangloff geleitete »Aktion Sühnezeichen« in Westberlin sei, so wörtlich, eine kirchliche Organisation, »die vom Bonner Auswärtigen Amt finanziert wird und unter einer antifaschistischen Legende das Ziel verfolgt, unter Ausnutzung legaler Möglichkeiten in die Volksdemokratien einzudringen«.[160] Obwohl man zugeben mußte, daß die Evangelische Akademie »als eine geschickte politische Taktik […] auch progressiven Westberliner und westdeutschen Geistlichen die Möglichkeit« gebe, ihre Auffassungen darzulegen, betrachtete man auch diese als einen Ort »aktiver ideologischer Diversion«. Müller-Gangloff sei ein typischer Vertreter der Theorie des III. Weges, der auf der Basis der Anerkennung zweier deutscher Staaten eine politische Brückenfunktion errichten wolle und dabei gleichzeitig immer wieder bestimmte Angriffe gegen die sozialistische Entwicklung richte.[161]

Der Aufwand, mit dem die Kirchenabteilung der Stasi das »operative Material« über Jahre hinweg bearbeitete, war beträchtlich. Bei seinen Besuchen in der DDR ließ sie Müller-Gangloff von der Grenze an beschatten. Die vertraulichen Gespräche in der Ostberliner Akademie wurden abgehört und ausgewertet.[162] Auch sein Vorleben wurde von der Stasi intensiv durchleuchtet. Durch immer neue »Kombinationen« schaffte sie es 1963 zudem, Seidowsky als angeblichen Reformer und SED-Abtrünnigen in einen der Hauskreise einzuschleusen.[163]

Während der erste »Beobachtungsauftrag« vom Mai 1962 mit dem »Verdacht auf Agententätigkeit« begründet wurde und der zweite die »Feststellung der Verbindungen des Objektes« verlangte, heißt es im dritten vom Juli 1965: »Bei M.-G. handelt es sich um einen der Köpfe, die von Westberlin aus eine umfangreiche ideologische Diversion gegen die DDR durchführen. Dabei bedient er sich im demokratischen Berlin [= Ostberlin] gewisser konspirativer Methoden der Treffdurchführungen mit uns operativ interessanten Personen [sic!].« 1967 wollte die Kirchenabteilung dann von den Observateuren wissen, ob »Material übergeben wird bzw. ob Aktentaschen ausgetauscht werden«, und erläuterte, Müller-Gangloff sei »im System der pol[itisch-]ideol[ogischen] Diversion tätig«. Zwei Jahre später nannte Hauptmann Kullik nur noch lapidar »Untergrundtätigkeit« als Grund der operativen Bearbeitung, während er 1970 erneut vom Verdacht geheimdienstlicher Tätigkeit sprach – fast ein Jahrzehnt lang währte der Verfolgungswahn der Stasi.[164]

Einen Beweis für ihre These fand die Staatssicherheit freilich nicht. Sie flüchtete sich statt dessen in die Einschätzung, daß es sich »um eine spezielle Form der geheimdienstlichen Konspiration handelt, wo ein Geheimdienst auf die Organisierung von Gruppen unter einer bestimmten Legendierung, zum Beispiel der Kirche angewiesen ist, aber bei einer eventuellen Liquidierung der Gruppe nicht bekannt werden darf, daß ein Geheimdienst dahintersteht. Das heißt, es darf in einem solchen Falle dem einzelnen Mitglied der Gruppe nicht das Wissen um eine Verbindung zu einem imperialistischen Geheimdienst nachgewiesen werden können.«[165]

Bei alldem zeigte sich Müller-Gangloff gegenüber der DDR immer als konzilianter Gesprächspartner. Bei seinen Vorsprachen beim Nationalrat der Nationalen Front, die von der HVA protokolliert und an die Stasi-Kirchenabteilung weitergeleitet wurden, zeigte er eine »betont progressive Haltung« und betonte, daß er seine Aufgabe darin sehe, »von Westberlin aus die Verständigung mit der DDR und den anderen sozialistischen Ländern durch eine Vielzahl von Begegnungen und Gesprächen zu erreichen«. Besonders interessierte ihn danach, welche Alternative in Westdeutschland der These der Wiedervereinigung entgegengesetzt werden könnte.[166]

Auch in einem Stasi-Gutachten zu seinem Buch »Mit der Teilung leben« heißt es, der Autor vertrete in wichtigen politischen Fragen »positive« Standpunkte. »Soweit es die Vorbehalte und Kritiken des Autors gegenüber der revanchistischen, atomaren und militaristischen Ostpolitik Westdeutschlands betrifft, erfüllt das Buch für westdeutsche Verhältnisse einen teilweise nützlichen Zweck. Es baut eine ganze Reihe Vorurteile gegenüber der DDR ab.« Nur in der DDR selbst befürchtete man negative politische Wirkungen aufgrund der ebenfalls enthaltenen »Entstellungen und Verleumdungen«, so daß man es als »ungeeignet« für die »wissenschaftliche politische Bildung« betrachtete.[167]

Müller-Gangloffs Eintreten für eine »Normalisierung« der deutsch-deutschen Beziehungen wurde – im Gegensatz zur Staatssicherheit – von der DDR-Presse so sehr goutiert, daß er sich 1967 beim Nationalrat förmlich darüber beschweren mußte, daß man ihn in der DDR anscheinend als »5. Kolonne in Westdeutschland« betrachten würde – mit der Folge, daß er »durch die Popularisierung seiner progressiven Vorstellungen und Meinungen sich schnell in Westdeutschland und Westberlin abwirtschaften und er dadurch keine Möglichkeiten einer größeren Einflußnahme haben würde«. Müller-Gangloff bat deshalb die SED-Funktionäre darum, in Zukunft »seine progressiven Ausführungen zur Deutschlandpolitik in einem sachlichen Rahmen zu halten«.[168]

Das Verhältnis zur Demokratie

Das blauäugige Engagement vieler Christen für Frieden, Versöhnung und eine »gerechte Gesellschaft« und ihre Bereitwilligkeit, sich dabei für die Legitimierung einer kommunistischen Diktatur benutzen zu lassen, wirft auch heute noch die Frage nach den tiefer liegenden geistigen und mentalen Ursachen auf. Der Journalist und Historiker Michael J. Inacker hat, gestützt auf eine umfangreiche Untersuchung über die Entwicklung des kirchlichen Demokratieverständnisses, in diesem Zusammenhang eine besondere »Ideologieanfälligkeit« des deutschen Protestantismus konstatiert und die provozierende Frage gestellt: »Gibt es eine Demokratieunfähigkeit der evangelischen Kirche?«[169]

Inacker geht zu ihrer Beantwortung bis zur Reformation zurück. Die Geburt des mündigen Individuums habe den Protestanten zum freiesten Menschen der Geistesgeschichte gemacht, ihn damit aber zugleich in weltliche Einsamkeit und persönliche Verlorenheit in einer zerrissenen Umwelt geworfen. Aus diesem »Risiko« erwachse eine Ablehnung der offenen Gesellschaft und eine Sehnsucht, die Welt mit einheitlichen Konzepten und möglichst einfachen Antworten zu ordnen. Viele von ihnen seien deshalb in diesem Jahrhundert den großen politischen Ideologien gefolgt, statt die Demokratie zu gestalten und zu verteidigen.[170]

Inacker zieht damit eine irritierende Linie von der alten Anfälligkeit des Protestantismus für den Nationalsozialismus zum Friedensengagement der achtziger Jahre und den Sympathien für den real existierenden Sozialismus – eine Linie, die tatsächlich bei führenden Aktivisten wie Martin Niemöller oder Erich Müller-Gangloff biographisch nachzuzeichnen ist.

Müller-Gangloff war einer von ihm selbst verfaßten biographischen Notiz zufolge, in der Weimarer Republik schon als Student politisch aktiv und stand damals »rechts vom Nationalsozialismus«.[171] In Stasi-Dossiers heißt es, Müller-Gangloff habe der rechtsradikalen Jugendorganisation »Adler und Falken« angehört und Anfang der dreißiger Jahre die nationalbolschewistische Zeitung »Die Kommenden« herausgegeben. Tatsächlich veröffentlichte er 1933 eine Broschüre, in der er eine auf der Ablehnung der Weimarer Republik beruhende Synthese aus Bolschewismus und expansivem Nationalismus herzustellen versuchte.[172] Über seine Sippen- und Ahnenforschung war er laut MfS-Recherchen zu einer »aktiven Mitarbeit in faschistischen Organisationen« gekommen und »im Rahmen der faschistischen Germanisierungspropaganda tätig« geworden.[173] Er sei »durch antisemitische und profaschistische Veröffentlichungen in Erscheinung« getreten und habe dann Kontakt zu den Verschwörern des 20. Juli 1944 bekommen.[174]

Auch Niemöller begann seinen politischen Lebensweg im äußersten rechten Spektrum. 1892 als Sohn eines protestantischen Pfarrers geboren, trat er mit achtzehn Jahren als Seekadett in die Kaiserliche Marine ein und meldete sich während des Ersten Weltkrieges freiwillig zur Unterseeboot-Flotte. Bei Kriegsende weigerte sich der junge kaisertreue Kommandant, der bei den Engländern der »Schrecken von Malta« hieß, deutsche U-Boote als Reparationsleistungen nach England zu überführen. Als glühender Nationalist konnte er die Niederlage der Mittelmächte nicht verwinden und hoffte auf Revanche. In den zwanziger Jahren verließen er und sein Bruder beispielsweise empört den Saal, als ein Professor in einer Predigt andeutete, daß Deutschland möglicherweise eine gewisse Schuld am Ausbruch des Krieges anzulasten sei. Noch bei Hitlers

Machtantritt empfand er, wie einer seiner Biographen schrieb, »große Erbitterung über die Demütigung Deutschlands durch die Siegermächte« und verachtete »diejenigen, die im Vertrag von Versailles die bedingungslose Kapitulation Deutschlands beglaubigt hatten«.[175]

Die Weimarer Republik lehnte Niemöller ab, weil sie, wie er Mitte der achtziger Jahre sagte, »auf uns Deutsche nicht paßte«, die »an und für sich keine Demokraten« seien. »Was wir uns vorstellten, das war nicht die Weimarer Republik, sondern das, ja, als was sich der Nationalsozialismus gab.«[176] Als 1920 eine Rote Ruhrarmee gegen den rechten Kapp-Putsch zu Felde zog, bekämpfte er diese als Bataillonskommandeur der »Akademischen Wehr« von Münster. Mit nationalrevolutionärem Pathos beschrieb er später in einem vielverkauften Buch, wie ihn die Menschen »als Befreier aus der Hölle des Bolschewismus« begrüßt hätten, es dem Land aber »an den inneren und sittlichen Voraussetzungen für ein echtes völkisches Wollen und Handeln« gefehlt habe.[177] Bei der preußischen Landtagswahl von 1924 stimmte Niemöller ebenso für die NSDAP wie bei der letzten halbfreien Wahl im März 1933, fasziniert hatte er zuvor Hitlers Propagandaschrift »Mein Kampf« gelesen. »Wo ist der Führer?« fragte er im Herbst 1931 in einer Rundfunkansprache. »Wenn er kommt, wird er als ein Geschenk, eine Offenbarung Gottes kommen.«[178] Nur seine Auffassung, daß er als Gemeindepastor schlecht ein Parteiabzeichen tragen könne, hielt ihn davon ab, wie sein Bruder bereits in den zwanziger Jahren Mitglied der NSDAP zu werden.

Für Niemöller war es deshalb »so etwas wie eine Befreiung, als Hitler kam«.[179] Noch im November 1933 gelobte er dem »Führer [...] treue Gefolgschaft und fürbittendes Gedenken«.[180] Weil er jedoch die Kirche frei von politischer Einflußnahme sehen wollte, geriet er im Zuge der plumpen Nazifizierung des Glaubens durch die Deutschen Christen und deren Machtergreifung in der preußischen Landeskirche in Gegensatz zu den neuen Machthabern. So wandte er sich entschieden gegen die Einführung des Arier-Paragraphen in der Kirche, weil dieser seinen Vorstellungen einer »missionierenden« Kirche widersprach. Im innerkirchlichen Widerstand gegen die Deutschen Christen wuchs er dann mehr und mehr in eine Führungsrolle hinein, so daß er im Januar 1934 von Landesbischof Müller »wegen seines kirchenpolitisch und staatspolitisch untragbaren Verhaltens« beurlaubt wurde.[181] Da sich die Gemeinde darüber hinwegsetzte und Niemöller als Mitglied der Bekennenden Kirche in seinen Predigten weiterhin Kritik am Nationalsozialismus übte, wurde er 1937 wegen Kanzelmißbrauchs und staatsfeindlicher Äußerungen verhaftet. Niemöller kam ins Konzentrationslager.

Auch nach seiner Befreiung aus dem KZ im Mai 1945 fand die idealistische, antirepublikanische Linie in seinen Auffassungen ihre Fortsetzung – nunmehr jedoch unter umgekehrten politischen Vorzeichen. In einem Memorandum über die Möglichkeiten eines demokratischen Neubeginns in den Deutschland, das er für die Amerikaner verfassen sollte, sprach er sich 1945 explizit gegen eine Wiederzulassung der Parteien aus. Dabei stand er mit der Ablehnung der Demokratie als »ausländischer Weltanschauung«, wie sie der neue Bischof von Berlin-Brandenburg, Otto Dibelius, im Juli 1945 nannte, in der Kirche keineswegs allein.[182] Doch im Unterschied zu ihm korrigierten die wichtigsten Kirchenführer ihre Einstellung zum parlamentarischen System. Bei Niemöller hingegen begann ein scheinbar unaufhaltsamer Weg zum Schulterschluß mit dem Kommunismus, bei dem die ursprüngliche Absage der Bekennenden Kirche gegenüber jeder Form der Einlassung der Kirchen auf eine politische Ideologie in Vergessenheit geriet.

Illusionen bezüglich der diktatorischen Qualität des real existierenden Sozialismus mischten sich auch bei anderen Vertretern des Protestantismus mit der Faszination, die die Idee einer gerechten und herrschaftsfreien Gesellschaft auf sie ausübte. So verabschiedete 1947 eine Minderheit im Reichsbruderrat der Bekennenden Kirche um Niemöller und Karl Barth eine Erklärung, in der als Konsequenz aus der Mitschuld der Kirchen an der Machtergreifung Hitlers ein neues, positives Verhältnis zum Kommunismus formuliert wurde: »Wir sind in die Irre gegangen«, so hieß es in der fünften These des sogenannten Darmstädter Wortes, »als wir übersahen, daß der ökonomische Materialismus der marxistischen Lehre die Kirche an den Auftrag und die Verheißung der Gemeinde für das Leben und Zusammenleben der Menschen im Diesseits hätte gemahnen müssen. Wir haben es unterlassen, die Sache der Armen und Entrechteten gemäß dem Evangelium vor Gottes kommendem Reich zur Sache der Christenheit zu machen.«[183] Während die Erklärung anfangs vor allem als Absage an die CDU und als Hinwendung zu demokratisch-sozialistischen Auffassungen gemeint war und dabei eine Art Äquidistanz zu Kapitalismus und Kommunismus postulierte, diente sie in der Folgezeit immer mehr als Begründung für politische Bekenntnisse von Christen zu einem nebulösen Sozialismusbegriff. In der Zeit der Teilung Europas war damit fast zwangsläufig ein positives oder zumindest aufgeschlossenes Verhältnis zur SED-Diktatur verbunden.[184]

Karl Barth, der geistige Führer der Bekennenden Kirche nach dem Krieg, lehnte beispielsweise 1949 jede Gegenüberstellung von Nationalsozialismus und Kommunismus ab, weil es sich bei dem, was letzterer beabsichtige, eben nicht »um helle Unvernunft, um eine Ausgeburt des Wahnsinns und Verbrechens«, sondern um »eine konstruktive Idee« und »immerhin die Lösung« der sozialen Frage handle – eine Vorstellung, die trotz stalinistischem Terror und ideologisch begründetem Massenmord bis zur Debatte um das »Schwarzbuch des Kommunismus« immer wieder Anhänger fand.[185] Barth, der 1935 in die Schweiz ging, weil er als Professor in Bonn keinen Eid auf Hitler ablegen wollte, schrieb auf dem Höhepunkt kommunistischer Gleichschaltung in Osteuropa: »Es entbehrte nun wirklich alles Sinnes, wenn man den Marxismus mit dem ›Gedankengut‹ des Dritten Reiches, wenn man einen Mann von dem Format von Joseph Stalin mit solchen Scharlatanen wie Hitler, Göring, Heß, Goebbels [...], auch nur einen Augenblick im gleichen Atem nennen wollte.«[186] Zugleich verwischte er die Unterschiede zwischen Kommunismus und Demokratie, indem er »das Schalten und Walten der allmächtigen Partei, Propaganda und Polizei« im Osten mit »der ebenso allmächtigen Presse, Privatwirtschaft, Protzerei und Publikumsmeinung« im Westen gleichsetzte. Sein öffentlicher Rat an einen Pfarrer in der DDR lautete deshalb 1958: »Ich würde an Ihrer Stelle keine Schwierigkeiten sehen, der DDR in diesem Sinne [unter dem Vorbehalt des Widerspruchs gegen bestimmte »Explikationen« der Staatsordnung] Loyalität entgegenzubringen«.[187]

Die Debatten und Orientierungen dieser Zeit in Erinnerung zu rufen ist deshalb wichtig, weil sie den geistigen Nährboden bildeten, auf dem die Einflußnahmen von SED und MfS überhaupt erst möglich wurden. Ohne den Überschuß an Gesinnungsethik in den evangelischen Kirchen, der Protestanten wie Niemöller und Müller-Gangloff in den zwanziger Jahren zu einem emphatischen Nationalismus geführt hatte und der nach der Katastrophe des Nationalsozialismus eine neue Richtung suchte, hätte das atheistische SED-System unter überzeugten Christen wohl kaum so viele Bündnispartner finden können. Eine wachsende Zahl von ihnen, wiewohl immer eine Minderheit in den kirchlichen Strukturen, geriet dadurch in den Bann säkularer Erlösungsvorstellungen, die, wie der real existierende Sozialismus, die Befreiung des Menschen versprachen. Hinzu kamen die Berufung auf das dem Evangelium entlehnte Gebot der Versöhnung und die Überzeugung von der prinzipiellen Schuldhaftigkeit des Menschen. Ausgerechnet die kritische Auseinandersetzung mit dem Nationalsozialismus, die Besinnung auf den Widerstand und die Tradition der Bekennenden Kirche führten so zur Öffnung gegenüber den kommunistischen Diktaturen in Osteuropa.

Die Aufarbeitung dieser »zweiten« Verstrickung der Kirchen in die Diktaturgeschichte dieses Jahrhunderts ist bis heute nicht in Angriff genommen worden. Wer spricht heute noch darüber, was es bedeutet, daß die rumäniendeutschen Schriftsteller Herta Müller und Richard Wagner vom Berliner Kirchentag 1989 wieder ausgeladen wurden, weil man meinte, ihr Auftreten könnte die Politik der Verständigung mit dem kommunistischen Osten gefährden? Wer reflektiert das vielfältige Bemühen der EKD um gute Beziehungen zum DDR-

Staatssekretariat für Kirchenfragen, während oppositionelle Pastoren wie Rainer Eppelmann oder Markus Meckel weithin geschnitten wurden? Wer fragt nach der Verantwortbarkeit der Finanzgeschäfte, die vor allem das Diakonische Werk jahrzehntelang mit der SED und ihrem Devisenbeschaffer Alexander Schalck-Golodkowski praktizierte? Eine Erklärung nach Art des »Stuttgarter Schuldbekenntnisses«, in dem die evangelischen Kirchen ihr Verhalten gegenüber dem Nationalsozialismus einer kritischen Prüfung unterzogen, ist nach dem Ende der SED-Diktatur ausgeblieben.[188] Und nur wenige Kirchenvertreter haben, wie der ehemalige Bevollmächtigte der EKD in Bonn, Heinz-Georg Binder, sich selbst die Frage vorgelegt, »ob wir allezeit nüchtern genug waren oder doch wieder einmal anfällig für Ideologie«.[189] Kumpanei mit der SED, wie sie der Kirchenhistoriker Gerhard Besier nach der Wende den evangelischen Kirchen der DDR indirekt vorgeworfen hat, gab es jedoch nicht nur in den Ostkirchen – im Westen war sie, weil ohne äußeren Zwang erfolgt, noch weniger zu akzeptieren.

Der lange Arm der Stasi –
Die Verfolgung von SED-Kritikern
im Westen

Es war der 7. Juli 1952: Kurz nach sieben Uhr verließ der Rechtsanwalt Dr. Walter Linse seine Wohnung in Westberlin und ging in Richtung S-Bahnhof Lichterfelde-West. Von dort aus wollte er wie jeden Morgen in sein Büro in der Limastraße 29 fahren, wo er für den Untersuchungsausschuß freiheitlicher Juristen (UfJ), eine Art frühe Menschenrechtsorganisation, als Experte für Wirtschaftsrecht tätig war. Er bereitete gerade einen internationalen Juristenkongreß in Berlin vor, der in zweieinhalb Wochen die vielfältigen Rechtsbrüche in der DDR zum Thema machen sollte. Auf der Straße kam ein unbekannter Herr auf ihn zu und bat um Feuer. Als der Anwalt in seine Tasche faßte, packte der muskulöse Mann plötzlich sein Handgelenk und warf ihn zu Boden; ein zweiter Mann schlug ihm mit der Faust gegen die Schläfe. Gleichzeitig schob sich ein am Straßenrand wartendes Taxi so nach vorn, daß Linse in den offenen Wagenschlag gezogen werden konnte. Mit quietschenden Reifen fuhr das Taxi an, während die Beine des Rechtsanwaltes noch nach draußen hingen. Als Passanten und ein Autofahrer, die den Vorfall beobachtet hatten, sich dem Wagen entgegenstellten, zückte der Beifahrer unversehens seine Pistole, schoß und warf eine Handvoll »Reifentöter« auf die Straße. Um den Widerstand des Rechtsanwaltes, der sich verzweifelt wehrte und mit den Füßen nach dem Fahrer trat, zu brechen, schoß man ihm ins Bein.

Auf diese Weise entführte das Ministerium für Staatssicherheit den UfJ-Mitarbeiter Walter Linse nach Ostberlin. Zusammen mit dem KGB war die Tat minutiös geplant worden, mit der Ausführung hatte die Stasi vorbestrafte Berufsverbrecher beauftragt, die dafür jeweils 1000 DM bekamen; den Bandenchef hatte sie zur Durchführung eigens eine Woche zuvor aus dem Gefängnis freigelassen. Nach monatelangen Vernehmungen wurde Walter Linse im Dezember 1952 den Sowjets übergeben, von denen er zu weitreichenden Selbstbezichtigungen gezwungen wurde. Am 15. Dezember 1953 hat man ihn in Moskau hingerichtet.[1]

Die Entführung des Westberliner Rechtsanwaltes ist nicht der einzige Fall, in dem der Staatssicherheitsdienst SED-Kritiker im Westen auf brutale Weise ausschaltete. Vor allem in den fünfziger Jahren gehörten derartige Verschleppungen zum »normalen« Handlungsarsenal der Stasi. Mit sogenannten »konzentrierten Schlägen« versuchte die Staatssicherheit den Widerstand gegen das SED-Regime auszuschalten, der sich aufgrund der Verfolgungen in der DDR zunehmend in den Westen, vor allem nach Westberlin, verlagert hatte.[2] Insgesamt wurden bis 1989 mehrere hundert Menschen in die DDR entführt, weitere Verschleppungen von prominenten SED-Gegnern wie Wolfgang Leonhard oder Carola Stern scheiterten oft nur an Zufällen. Nach der Wende wurde allein bis September 1997 in 444 Fällen wegen des Verdachts auf Verschleppung ermittelt.[3]

Die überlieferten Unterlagen über die kriminellen Aktionen der Staatssicherheit im Westen dokumentieren immer wieder erschütternde menschliche Schicksale. Ein Teil der Fälle, deren Darstellung ein eigenes Buch füllen würde, ist inzwischen auch wissenschaftlich aufgearbeitet worden. Sie offenbaren die Entschlossenheit der SED, ihre Gegner aus dem Weg zu räumen, auch wenn sie sich außerhalb ihres Machtbereiches befanden. Der Charakter der DDR-Geheimpolizei entlarvt sich dabei oftmals schon in den Formulierungen, wenn sich, um nur ein Beispiel zu nennen, der Entführer des Journalisten Karl Wilhelm Fricke, Kurt Rittwagen, noch im April 1989 an seine »Kundschaftertätigkeit« im Westen erinnerte: »Fricke wohnte in Steglitz, zu dem ich sehr schnell Kontakt aufnehmen konnte, nachdem mich Springer des öfteren mit Informationen und Schriftstücken zu ihm geschickt hatte. Aus diesen Informationen stellte Fricke ein Hetzjournal her. [...] Im Auftrag des Ministeriums für Staatssicherheit hatte ich mit einem Mitarbeiter unseres Organs den Fricke als sogenanntes Paket in die Deutsche Demokratische Republik zu überführen. [...] Das sogenannte Paket Fricke wurde ordnungsgemäß dem Ministerium für Staatssicherheit übergeben. Fricke erhielt in der Deutschen Demokratischen Republik eine Haftstrafe.«[4]

Auch wenn spektakuläre Entführungen wie diese nach dem Mauerbau nur noch selten durchgeführt wurden, blieb die dahinter liegende politische Stoßrichtung der Stasi im Westen bis zu ihrer Auflösung unverändert. In Einzelfällen scheute man dabei auch in späteren Jahren nicht vor brutalen Einsätzen in der Bundesrepublik zurück, wobei aus außenpolitischen Gründen darauf geachtet werden mußte, daß die Urheberschaft des Staatssicherheitsdienstes verborgen blieb. So wurde beispielsweise der SED-Gegner Michael Gartenschläger, der 1961 wegen seines Protestes gegen den Mauerbau verhaftet worden war und nach zehn Jahren Haft durch die Bonner Regierung freigekauft werden konnte, 1976 von Grenzsoldaten der DDR hinterrücks erschossen. Anlaß war, daß er zum wiederholten Male versucht hatte, ein Selbstschußgerät am Sperrzaun abzumontieren; einen der schon entwendeten Sprengkörper hatte er zuvor bereits dem *Spiegel* zur Verfügung gestellt. Durch einen Inoffiziellen

Mitarbeiter war die Stasi von dem Vorhaben informiert worden und hatte dem damals zweiunddreißigjährigen Gartenschläger an der Grenze aufgelauert.[5]

Überliefert ist auch eine Anfrage der HVA aus dem Jahr 1982, in der »im direkten Auftrag von Markus Wolf« die für Kampfeinsätze zuständige Arbeitsgruppe des Ministers darum gebeten wird, »die Bereitstellung, Ausbildung und ständige Gewährleistung der Einsatzbereitschaft einiger weniger vertrauensvoller Einsatzkader für ganz spezifische Aufgaben im Operationsgebiet« zu prüfen. Zu den »Hauptrichtungen der vorgesehenen Aufgaben« zählte danach unter anderem die »Bekämpfung feindlicher Personen in der vollen Breite der möglichen Maßnahmen zu ihrer Bestrafung, Unschädlichmachung, ihrer Verbringung in sicheren Gewahrsam«.[6] Der Leiter der Arbeitsgruppe empfahl, dem Anliegen zuzustimmen, doch über die Umsetzung der »Anfrage« liegen keine Unterlagen vor.[7]

In den siebziger und achtziger Jahren suchte das MfS vor allem durch unsichtbare »Zersetzungsmaßnahmen« Kritiker der SED zu neutralisieren.[8] Nur wenigen Westdeutschen ist bewußt, wie weit der lange Arm der Stasi gerade auf diesem Gebiet bis in den Westen reichte. Mit ungeheurem Aufwand widmete sich das MfS der Ausforschung und Bekämpfung von DDR-kritischen Einrichtungen und Personen in der alten Bundesrepublik. Als Zentren der »politisch-ideologischen Diversion« stufte das MfS 1978 insgesamt 113 westdeutsche Institutionen ein, vom Bundesministerium für innerdeutsche Beziehungen über den Deutschlandfunk und Amnesty International bis hin zur Bundeszentrale für politische Bildung.[9] 1985 waren es schon 225 Gruppen und Institutionen, für die Mielke jeweils eine bestimmte Diensteinheit beauftragte, in »ihre Ausgangsbasen und Führungsgremien einzudringen, rechtzeitig und umfassend ihre Pläne, Absichten und Maßnahmen zu erkennen, wirksam ihre feindlichen Machenschaften zu entlarven sowie nachhaltig ihr Wirksamwerden in der DDR und anderen sozialistischen Staaten zu verhindern«.[10] Annähernd 1400 Namen enthält eine Liste aus dem Jahr 1989 über Personen im Westen, die von der Stasi als Unterstützer des »politischen Untergrundes« (PUT) in der DDR betrachtet wurden.[11] Eine (unvollständige) zentrale »Feindobjektkartei« des Staatssicherheitsdienstes umfaßt sogar über 20 000 Karteikarten zu Einrichtungen und Organisationen im Westen – das MfS war großzügig bei der Bestimmung seiner Feinde.

Die »feindlichen« Institutionen, aber auch zahlreiche Einzelpersonen wurden vom Staatssicherheitsdienst nachrichtendienstlich ausspioniert und planmäßig bekämpft. Feindobjektakten, Operativ-Vorgänge oder Zentrale Operativ-Vorgänge geben Auskunft über die ungeheuren Anstrengungen des Staatssicherheitsdienstes, auch im Westen echte oder vermeintliche Feinde der SED auszuschalten. Allein zur Westberliner »Kampfgruppe gegen Unmenschlichkeit«, in der sich Gegner der SED in den fünfziger Jahren zusammenfanden, wurden laut einer Stasi-Aufstellung 64 verschiedene Aktenvorgänge mit in der Regel zahlreichen Bänden angelegt.[12] Ähnliches gilt für die Ostbüros von SPD, CDU, FDP und DGB.[13] Auch die »Vereinigung der Opfer des Stalinismus« (VOS) wurde vom MfS jahrzehntelang verfolgt, Anfang der fünfziger Jahre unter dem Decknamen »Pest«, später vor allem durch die Zentrale Koordinierungsgruppe, die Mitte der siebziger Jahre zur Zurückdrängung von Ausreise- und Fluchtbestrebungen geschaffen wurde.[14] In Berlin stellte das MfS mit Kurt Thiele (IM »Nielsen«) bis 1981 sogar den Landesgeschäftsführer des VOS.[15]

Die Aufarbeitung der Stasi-Maßnahmen zur »Zurückdrängung« und »Zersetzung« von Kritikern der DDR in der Bundesrepublik steht – trotz vergleichsweise guter Überlieferungslage – noch weitgehend am Anfang. Vor allem die Systematik, mit der Personen, Gruppierungen und Institutionen in Westdeutschland in ihren politischen Aktivitäten eingeschränkt wurden, ist im öffentlichen Bewußtsein bislang kaum präsent. Was im Einzelfall als eine Vielzahl von punktuellen Maßnahmen und Nadelstichen erscheint, folgte einer wohlüberlegten Strategie geheimpolizeilicher »Abwehrarbeit«, deren Wirkungen auf die westdeutsche Gesellschaft noch lange nicht bilanziert sind. Das Vorgehen des MfS richtete sich dabei nicht nur gegen einige ausgebürgerte Dissidenten oder erklärte Antikommunisten, sondern stellte einen umfassenden Angriff auf die demokratische Struktur der Bundesrepublik dar. Da alles, was der SED im Westen als Kritik an ihrer Herrschaft erschien, automatisch den Staatssicherheitsdienst der DDR auf den Plan rief und zu umfangreichen verdeckten Interventionen führte, stellt sich die Frage, ob überhaupt noch von einem freien politischen Diskurs die Rede sein kann. Daß fundamentale Kritik an der DDR in den siebziger und achtziger Jahren immer seltener geäußert wurde, ist zweifellos auch den einschlägigen Maßnahmen des MfS geschuldet.

Die »Agentenbande Fuchs«

Ein Beispiel für die Energie, mit der das MfS seine Gegner im Westen bekämpfte, ist der Schriftsteller Jürgen Fuchs.[16] 1950 in Reichenbach im Vogtland geboren, begann er nach seinem Wehrdienst in Jena Psychologie zu studieren und nebenbei kleinere literarische Arbeiten zu veröffentlichen. Weil seine Texte den Machthabern in der DDR nicht paßten, wurde er 1975 kurz vor dem Examen wegen »Schädigung des Ansehens der Universität in der Öffentlichkeit« exmatrikuliert und aus der SED und der FDJ ausgeschlossen.

Mit seiner Frau und der gerade geborenen Tochter Lilli fand er damals Unterschlupf im Gartenhaus des Dissidenten Robert Havemann. Kurz nach der Ausbürgerung Wolf Biermanns und den darauffolgenden Protesten im November 1976 wurde er verhaftet und nach monatelanger Untersuchungshaft vor die Alternative gestellt, entweder in den Westen zu gehen oder zu einer langjährigen Haftstrafe verurteilt zu werden. Im August 1977 schob ihn der Staatssicherheitsdienst nach Westberlin ab, nicht ohne vorher die eindeutige Drohung auszusprechen: »Legen Sie sich später nicht mit uns an. Wir finden sie überall. Auch im Westen. Autounfälle gibt es überall.«[17]

Beim Rausschmiß aus der Universität und später in der Haft hatte sich Jürgen Fuchs der Charakter der SED-Herrschaft offenbart: Die Vernehmer, die die sozialistische Utopie im Munde führten, entlarvten sich als gnadenlose Vollstrecker einer Diktatur. Seine literarischen Arbeiten werteten sie als »staatsfeindliche Hetze«, die sie mit bis zu zehn Jahren Gefängnis bestrafen konnten. Mit dieser Drohung und den ausgeklügelten Demütigungen der Untersuchungshaft wollten sie damals den Widerstandswillen des Sechsundzwanzigjährigen brechen.

Jürgen Fuchs hatte in diesem ungleichen Kampf nur eine Waffe – die Literatur. Er machte sich selbst zum Beobachter des Geschehens und verkehrte damit für sich die Rollen. Mit geradezu wissenschaftlichem Interesse schaute er seinen Widersachern bei ihrer »Arbeit« zu und protokollierte das Erlebte erst im Kopf und dann in seinen Büchern.[18] Daß er die Mechanismen der Machtausübung auf solche Art vor aller Welt offenlegte, trug ihm den ewigen Haß der DDR-Obrigkeit ein. Zugleich engagierte er sich ganz praktisch für die von der SED verfolgten kritischen Gruppen und Personen in Ostdeutschland, etwa für Robert Havemann, Rudolf Bahro oder die Mitglieder der Jenaer Friedensgemeinschaft.

Aufgrund seiner Aktivitäten im Westen leitete die Untersuchungsabteilung des MfS 1982 gegen Jürgen Fuchs ein Ermittlungsverfahren wegen »landesverräterischer Nachrichtenübermittlung« und »staatsfeindlicher Hetze im schweren Fall« ein. Fuchs, der damals seit fünf Jahren Bundesbürger war, wurde in der DDR zur Fahndung ausgeschrieben, der Generalstaatsanwalt erließ im Auftrag der Stasi Haftbefehl. Um »offizielles« Beweismaterial für den geplanten Prozeß zu sichern, ordnete Generalmajor Fister unter anderem die Überwachung und Aufzeichnung der Telefongespräche zwischen Fuchs und dem Ostberliner Pfarrer Rainer Eppelmann an. Weil der Schriftsteller in weiser Voraussicht die Transitwege durch die DDR nicht benutzte und seine Festnahme somit nicht möglich war, wurde das Ermittlungsverfahren gegen ihn 1984 vorläufig eingestellt.

Die Stasi bearbeitete Jürgen Fuchs, als er noch in der DDR lebte, im Operativ-Vorgang »Pegasus«.[19] 1982 wurde dann der Operativ-Vorgang »Opponent« eröffnet, der ein Jahr später zum Zentralen Operativ-Vorgang erweitert wurde. In diesem Rahmen wurde der Schriftsteller in Westberlin systematisch überwacht – durch Inoffizielle Mitarbeiter ebenso wie durch das Abhören seiner Telefongespräche. In regelmäßigen Zwischenberichten über den Stand der »Bearbeitung« firmierte er als »Agentenbande«, »feindliche Agentur« oder schlicht als »Fuchs-Bande«. Auch seine Familienangehörigen in der DDR wurden von der Stasi in umfangreichen »Vorgängen« ausgeforscht und eingeschüchtert. Seiner Schwiegermutter in Jena wurde gedroht, sie dürfe nicht in den Westen reisen, wenn Fuchs seine »Beschimpfungen der DDR« nicht unterlasse; als sie im Oktober 1982 von den Behörden ein zweites Mal vorgeladen werden sollte, fand man sie tot in ihrer Wohnung auf, die Hähne des Gasherdes waren geöffnet.

Am 30. Oktober 1986 explodierte vor Jürgen Fuchs' Wohnhaus in Westberlin eine Sprengladung im Kofferraum eines Autos. Autoteile flogen übers Dach, eine 30 Meter hohe Stichflamme war zu sehen, Fuchs' zwölfjährige Tochter Lilli befand sich in unmittelbarerer Nähe der Explosion. Der Westberliner Staatsschutz konnte den Vorfall niemals aufklären. Ein Inoffizieller Mitarbeiter des MfS mit dem Decknamen »Mario« bemühte sich wenig später, »am Rande« zu erfahren, welche Reaktionen auf »das Attentat« zu verzeichnen seien. Durchtrennte Bremsleitungen, löchrige Benzinschläuche, gelockerte Vorderachsen, verschwundene Hauptschrauben am Motorblock – mehrfach machte Jürgen Fuchs auch im Westen die Erfahrung, daß sein Leben direkt bedroht war.[20] Doch in den übriggebliebenen Akten der Staatssicherheit finden sich dazu keine Aufzeichnungen.

Belegt ist aber, wie die Stasi versuchte, Jürgen Fuchs durch einen systematisch organisierten Nervenkrieg zu zermürben und gleichzeitig zu diskreditieren. Wie ihn das MfS in Westberlin unter anderem drangsalierte, dokumentiert ein vor der Vernichtung gerettetes Schriftstück aus den über ihn angelegten Akten. Danach wurde er allein im September 1982 mit einer wahren Fülle von »speziellen Maßnahmen« überzogen, um ihn »zu verunsichern und in seinem Handlungsspielraum zu beeinträchtigen«: Nächtliche anonyme Telefonanrufe, fingierte Bestellungen, unter anderem von pornographischen Artikeln, nächtliche Order an Taxiunternehmen oder Notdienste aller Art, Terminvereinbarungen mit Dienstleistungsunternehmen zur Polstermöbelaufarbeitung, Wohnungsreinigung oder Abholung von Schmutzwäsche – die Stasi setzte ihn unter Dauerstreß und prüfte zugleich mit Inoffiziellen Mitarbeitern die Wirkungen. »Die dazu durchgeführten Überprüfungen«, so heißt es am Ende des Berichts über die Maßnahmen, »ergaben, daß sich Fuchs angesichts der von den beauftragten Unternehmen veranlaßten Aktivitäten, der wiederholten Störungen und des massiven Eintreffens von Materialien unterschiedlichster Art belästigt fühlt und darüber verärgert ist.«[21]

Im März 1983 beauftragte die Stasi den Betreiber eines Westberliner Schlüsseldienstes, der als Inoffizieller Experte für das MfS tätig war, das Wohnhaus von Jürgen Fuchs auszukundschaften. »Besteht die Möglichkeit, Nachschlüssel für die Haustür und den Briefkasten anzufertigen?« lautete eine der Fragen des mit 200 DM honorierten Auftrages, »Wie ist die Wohnungstür schließtechnisch abgesichert?« eine andere. Die Beschaffung der Nachschlüssel sollte gesondert vergütet werden.[22] Im vierzehn Tage später vorliegenden »Aufklärungsergebnis zum Wohnhaus F.« heißt es: »Das Sicherheitsschloß in der Wohnungstür von F. ist ein Zeißsicherheitsschloß, Typ [...]. Es konnte in Erfahrung gebracht werden, daß Zeiß eine Schlüsselvertretung für diese Schloßtypen (und somit Rohlinge, Schließtabellen und Lehrenschlüssel) nur dann vergibt, wenn der Interessent für diese Schloßtypen mindestens für 20 000 DM diesbezüglich Ware abnimmt. [...] Aufgrund des Sachverhaltes erfolgte vom IM eine Aufklärung der Kellerräume, da dort in der ›Regel‹ ein Bund Reserveschlüssel deponiert ist. [...] Entsprechend der Aufgabenstellung fertigte der IM noch einen Originalschlüssel für die Hauseingangstür an.«[23] Sechs Wochen später lieferte der IM dem Staatssicherheitsdienst dann auch den Kellerschlüssel sowie eine »Fotodokumentation« – beides wurde umgehend dem »Genossen General« übergeben. Bei dem Treff wurde der IM zudem gefragt, »ob perspektivisch seine Bereitschaft vorliegt, im Gebiet der BRD von einem Kfz einen Nachschlüssel anzufertigen, wozu der IM seine Zustimmung unter der Bedingung gab, daß er am Kfz keine Alarmanlage feststellt«.[24]

Die Stasi war auch dabei, als es in den achtziger Jahre im Verband deutscher Schriftsteller (VS) zu heftigen Auseinandersetzungen um die Beziehungen zur DDR kam. Die damaligen Vorgänge, die zum Austritt von Jürgen Fuchs und weiteren prominenten Schriftstellern führten, sind bis heute nicht richtig aufgeklärt. Die SED bemühte sich seinerzeit darum, den VS für ihre politischen Zwecke zu instrumentalisieren, insbesondere für ihre Friedenspropaganda, und suchte den »schädlichen« Einfluß von exilierten DDR-Autoren zurückzudrängen. Die Einwirkung geschah zum einen durch Kader der DKP, zum anderen durch Spitzenfunktionäre des ostdeutschen Schriftstellerverbandes, dessen Vorsitzender Hermann Kant selber als IM »Martin« lange Zeit für den Staatssicherheitsdienst tätig war.[25] Überliefert ist etwa der Bericht über eine Reise von Kant und seinem Sekretär Gerhard Henniger im März 1984 nach München, wo beide mit Bernt Engelmann und Dieter Lattmann »über die Lage im VS der BRD und über die Friedensaktivitäten der Verbände« Gespräche führten.²⁶ Darüber hinaus war das MfS mit westlichen Quellen engagiert, wie aus einem Bericht der HVA über die »operative Lage im Westberliner Schriftstellerverband« vom Mai 1986 hervorgeht. Darin beschreibt eine nicht näher bezeichnete Quelle, wie eine »reaktionäre« Gruppe im Westberliner Verband versuche, den »Einfluß der progressiven Kräfte« weiter zu paralysieren – gemeint waren Jürgen Fuchs, Hans Christoph Buch, Günter Grass, Hannes Schwenger und andere DDR-kritische Autoren. Der Bericht enthält die Ergebnisse der Vorstandswahlen, einschließlich Kurzporträts der Kandidaten, und die jeweilige Stimmenzahl. Über Fuchs heißt es wörtlich: »Jürgen Fuchs (Republikflüchtling; wütender Antikommunist und nach eigener Aussage ›DDR-Dissident‹; einer der Drahtzieher jeweiliger antisozialistischer Aktivitäten des Kreises um Schwenger und Buch; will sich im neuen Vorstand um den ›Ost-West-Dialog‹ kümmern!) = 43 Stimmen (dieser hohe Anteil zeigt den Zustand des VS!).«²⁷ Ein Deckname der Quelle ist nicht genannt, das Begleitschreiben kam aus dem Vorzimmer von Markus Wolf.

Daß Jürgen Fuchs zum Freundeskreis der VS-Vorsitzenden Anna Jonas gehörte, erfuhr die Stasi ebenfalls von »zuverlässigen Quellen«; inoffizielle Mitarbeiter der HVA berichteten ausführlich »Zur Situation um Anna Jonas im VS«. Im »internsten Kreis«, so heißt es in einem Bericht vom Juni 1988, habe Fuchs nach einer Zusammenkunft zwischen dem VS und dem offiziellen ostdeutschen Schriftstellerverband verbreitet, daß dieser ausgebürgerten DDR-Autoren wieder zur Einreise in die DDR verhelfen wolle – wovon, laut Stasi, keine Rede sein konnte. Demselben Bericht zufolge teilte der ehemalige SPD-Bundestagsabgeordnete und Buchautor Dieter Lattmann der Leitung des DDR-Schriftstellerverbandes mit, daß Anna Jonas für mehrere »Dienste« der NATO arbeite und man deshalb ihr gegenüber »vorsichtig« sein müsse. Anna Jonas erhielt Einreiseverbot.²⁸

Zersetzungsmaßnahmen in Westberlin

Als einen gefährlichen Staatsfeind betrachtete das MfS in der zweiten Hälfte der achtziger Jahre auch den aus Jena stammenden SED-Kritiker Roland Jahn. Nach seiner Exmatrikulierung von der Universität und späterer Inhaftierung wurde er 1983 in den Westen abgeschoben – eingesperrt auf der Plattform eines Eisenbahnwaggons. Von Westberlin aus unterstützte er dann maßgeblich die Friedens-, Umwelt- und Menschenrechtsgruppen in der DDR. Zusammen mit anderen Exil-Jenensern verfolgte ihn das MfS zunächst von Jena aus im Operativ-Vorgang »Weinberg« und ab August 1987 von Berlin aus im gleichna-

migen Zentralen Operativ-Vorgang. Mehr als dreißig Diensteinheiten der Stasi unterstützten die »federführende« Hauptabteilung XX/5 mit Informationen, Spitzeln, Zersetzungsmaßnahmen oder technischer Hilfe. Bei der Übergabe des Vorgangs verlangte die Abteilung von den Kollegen aus Jena unter anderem »Aussagen über Jahns charakterliche Eigenschaften sowie zu beachtende psychische Momente, die die Erarbeitung eines Psychogramms gestatten«.[29]
Am 22. Dezember 1987 erließ das Stadtbezirksgericht Berlin-Mitte im Auftrag der Stasi Haftbefehl gegen den Westberliner, weil »der Beschuldigte seine Rückverbindungen in die DDR zur zielgerichteten Sammlung nicht [sic!] geheimzuhaltender Nachrichten der Aktivitäten feindlich-negativer Kräfte sowie Maßnahmen staatlicher Organe« nutze und sie westlichen Massenmedien übergeben habe. Da die Stasi seiner nicht habhaft werden konnte, verhaftete sie drei Wochen später in Ostberlin namhafte Bürgerrechtler, um sie aufgrund ihrer Beziehungen zu Jahn wegen Landesverrats vor Gericht zu stellen – eine folgenschwere Zäsur in der Geschichte der DDR-Opposition.[30]

Ziel der Stasi war es, auch über ihre im Westen lebenden Opfer alles zu erfahren. Zu diesem Zweck wurden die »Feinde Fuchs und Jahn« von der Hauptabteilung III »in Zielkontrolle gestellt«. Das bedeutete, daß, wenn sie telefonierten, »weitgehend gewährleistet wird, daß alle Informationen im grenzüberschreitenden Verkehr (DDR-Westberlin/DDR), innerhalb Westberlins und der BRD sowie zwischen der BRD und Westberlin aufbereitet und der H[aupt]A[bteilung] XX/5 zugänglich gemacht werden«.[31] Zu Roland Jahn fertigte die Stasi unter anderem eine spezielle Analyse seines Telefonverhaltens an, um herauszufinden, wann er sich gewöhnlich in seiner Wohnung aufhielt und zu welchen Tageszeiten er seine Gespräche hauptsächlich abwickelte. Schon nach vierzehn Tagen konnte sie auf dieser Basis ein erstes Psychogramm des Bürgerrechtlers liefern.[32]

Wie umfassend die Telefonkontrolle im Westen funktionierte, zeigen die zusammenfassenden Protokolle, die die Stasi darüber anfertigte. Gesprächspartner, Themen, Uhrzeit und Quelle werden exakt dokumentiert. Für den 25. November 1987, 9.06 Uhr, meldete die Hauptabteilung III beispielsweise ein Telefonat mit dem Büro des grünen Bundestagsabgeordneten Wilhelm Knabe über die Durchsuchung der Umweltbibliothek in Ostberlin durch den Staatssicherheitsdienst. Um 13.28 Uhr und um 15.15 Uhr telefonierte Jahn laut Mitteilung der Abteilung 26 mit der Bürgerrechtlerin Bärbel Bohley. Für 15.30 Uhr registrierte die Stasi ein Gespräch mit der grünen Abgeordneten Antje Vollmer, für 17.35 ein weiteres mit Bärbel Bohley. 19.50 Uhr, 21.01 Uhr und 21.44 Uhr wurden weitere Telefonate aufgezeichnet – alles, was dabei besprochen wurde, landete auf dem Schreibtisch des zuständigen Stasi-Mitarbeiters.[33]

Ein wichtiges Überwachungsinstrument bildeten die Inoffiziellen Mitarbeiter, die das MfS auf seine Gegner im Westen ansetzte – über zwanzig allein auf Roland Jahn. Private Lebensverhältnisse interessierten die Stasi ebenso wie politische Äußerungen und praktische Aktionen. Für die Spitzel entwickelte das MfS sogenannte Einsatzkonzeptionen, in denen der jeweilige »Informationsbedarf« vorgegeben wurde. In einer Konzeption für den Inoffiziellen Mitarbeiter mit »Feindberührung« (IMB) »Christian« heißt es beispielsweise: »Das Ziel des Einsatzes von IMB ›Christian‹ bei der Aufklärung und Bearbeitung des Exponenten der politischen Untergrundtätigkeit in der DDR, Jahn, Roland, soll darin bestehen, 1. seine Feindtätigkeit dokumentieren [zu] helfen, 2. Hinweise und Ansatzpunkte zur Durchführung offensiver Maßnahmen zu erarbeiten, um 3. seinen feindlichen Einfluß auf die Exponenten der politischen Untergrundtätigkeit im Innern der DDR maximal zurückzudrängen.« Anschließend findet sich eine Liste mit Fragen, die der IM in Westberlin klären sollte.[34]

Was das MfS alles über seine Spitzel in Erfahrung zu bringen suchte, illustriert ein Dokument mit dem »Informationsbedarf«, den der Schriftsteller Sascha Anderson (IMB »Peters«) decken sollte. Darin werden auf drei Seiten ergänzende Fragen zum bisherigen »Informationsbedarf« zu Jürgen Fuchs und Roland Jahn formuliert. Unter anderem heißt es da: »Zu welchen Medien hat er [Jahn] Kontakt? Sind dabei konkrete Kontaktpartner bekannt, bietet er Informationen an oder realisiert er Aufträge? [...] Politische Aktivitäten von Jahn und Fuchs: In welcher Form erfolgt eine konkrete Tätigkeit? Welchem Flügel der AL ordnen sie sich zu und warum? Wie ist gegenwärtig der Kontakt zu Funktionären der Partei ›Die Grünen‹ wie z. B. Bastian und Kelly? Welche Kontakte bestehen zu welchen anderen alternativen Gruppierungen: wer zu wem?«[35]

Anderson berichtete der Stasi auch über so heikle Dinge wie das von Jahn organisierte Einschmuggeln einer Videokamera in die DDR durch einen *Spiegel*-Korrespondenten, einschließlich seiner Vermutung, bei welchem Oppositionellen sich die Kamera jetzt befinde. Genauso hemmungslos informierte er über Roland Jahns finanzielle Situation. Ein Agent der HVA mit dem Decknamen »Christian« ergänzte, Jahns »Geldquellen für den Lebensunterhalt seien, so auch nach Worten von Fuchs, nicht offensichtlich«. Die Inoffiziellen Mitarbeiter »Plato« und »Franz« informierten die Stasi über Roland Jahns Aktivitäten in der Alternativen Liste (AL).[36] Die Hauptabteilung VI ließ ihren IM »Siegfried« Jahns Wohnhaus ausforschen, die Hauptabteilung VIII schickte ebenfalls Observateure. Besonders eifrig war jedoch »Mario«, ein in der DDR lebender Exil-Chilene, der für die Stasi im Zeitraum von 1984 bis 1989 über fünfzehn Reisen und mehrere Kurzreisen nach Westberlin absolvierte und dafür regelmäßig Geld bekam; die Reisen wurden mit »Reiseaufträgen« jeweils schriftlich vorbereitet. Dem MfS lieferte der Chilene unter anderem eine detaillierte Zeichnung von der Wohnung Jahns, die er nach einem seiner Besuche angefertigt hatte.[37]

Der Inoffizielle Mitarbeiter »Heiko« war sogar eigens aus der DDR nach Berlin-Kreuzberg umgesiedelt worden, wo Roland Jahn wohnte. In einer ausführlichen Schulungs- und Einsatzkonzeption vom Juni 1984 finden sich alle Einzelheiten seiner Übersiedlung und der vorgesehenen Spitzeltätigkeit, einschließlich genauer Verhaltensregeln für eventuelle Vernehmungen oder Befragungen durch westliche Geheimdienste.[38] Nach seiner Ausreise im Juni 1985 traf ihn die Stasi regelmäßig in der ČSSR, wo sie ihn ebenfalls für seine Dienste bezahlte. Zur »Erstattung von Ausgaben des IMB für Fahrtkosten, Verpflegung, Hotelübernachtung, Mindestumtauschgebühr und Auftragsrealisierung« übergab sie ihrem Agenten allein beim Treff im April 1988 eintausend Mark. Im Gegenzug versorgte er die Stasi mit »operativen Fotos« aus Westberlin.

Zum Repertoire der Stasi gehörte es auch, im Westen Abhöreinrichtungen zu installieren – im MfS-Deutsch: »B-Maßnahme«. Als ein Inoffizieller Mitarbeiter von einem Gespräch mit Roland Jahn in einem Westberliner Café berichtete, versuchte die Stasi wochenlang herauszufinden, um welches Café es sich handelte. Nach zwei Monaten hatte man es als das Café Einstein »identifiziert« und beschloß die »Einleitung der B-Maßnahme« durch die für Ermittlungen und Observationen zuständige Hauptabteilung VIII. In dem entsprechenden »Absprachenprotokoll« findet sich ferner die »Festlegung«, daß in Zusammenarbeit mit der HVA-Abteilung II eine Arbeitsaufnahme Jahns bei den »Grünen« zu verhindern sei – seinerzeit gab es gerade Verhandlungen zwischen Roland Jahn und dem deutschlandpolitischen Sprecher der Fraktion, Wilhelm Knabe, ihn als Mitarbeiter der Fraktion einzustellen.[39]

Um Roland Jahn zu neutralisieren, leitete die Stasi eine Fülle von »Zersetzungsmaßnahmen« ein. Gezielt versuchte sie, seinen Ruf unter DDR-Oppositionellen und westlichen Journalisten zu untergraben. 1987 tauchte ein ganze Serie anonymer Briefe auf, die Roland Jahn in seinem Umfeld diskreditieren sollten. So erhielten seine Eltern im Mai den Brief eines ungenannten »Freundes« mit erfundenen Zitaten Jahns, in dem es scheinbar mitfühlend hieß, der Bürgerrechtler hätte sich »in einer für mich unerklärlichen abfälligen Weise über seine Eltern« geäußert. »Er sagte, daß es ihn ankotze, wenn Sie zu Besuch kämen und er sich das dumme Gerede anhören müsse. Ihm würde das die Zeit stehlen, die Nerven rauben und dazu noch Geld kosten.« Roland Jahn hatte so etwas nie gesagt, doch die destruktive Phantasie der Stasi kannte keine Grenzen. Im Oktober ging in der Ostberliner Umweltbibliothek, einem Zentrum der DDR-Opposition, ein Schreiben mit dem Briefkopf der Alternativen Liste ein, in dem über Jahns angebliche enge Zusammenarbeit mit rechten CDU-Politikern »informiert« wurde. Als »Beleg« war eine Fotokopie beigefügt, die wie der Teil eines Briefes an Jahn wirken sollte, in dem unter anderem die »gute Nachricht« übermittelt wurde, daß man ihn bald mit dem Fraktionsvorsitzenden und dem Generalsekretär der Christdemokraten bekannt machen werde. Die Alternative Liste bekam ein siebenseitiges Grundsatzpapier zugesandt, in dem Jahn unter anderem beschuldigt wurde, durch seine Aktivitäten den dringend nötigen Schulterschluß der Grünen im Wahlkampf ernstlich zu gefährden. Zudem wurde auf andeutungsvolle Weise suggeriert, er arbeite im Auftrag anderer Kräfte: »Wer ihn auch immer vor seinen Karren spannen will – Jahn zieht diesen Karren nicht nur für seinen Kutscher. Ein tiefsitzender Haß auf die DDR-Führung und persönliche Rachegelüste trüben seinen Blick für politische Realitäten. So wird er – bewußt oder unbewußt – zum Werkzeug in einer Auseinandersetzung, die zu überschauen er nicht imstande ist.«

Auch seine in Westberlin lebenden Freunde aus Jena bekamen einen Brief, in dem Jahn unter bewußter Verwendung seines Spitznamens »Gag« wie folgt diskreditiert wurde: »Es ist unglaublich, aber wahr. Unser großer Wort›führer‹ – Gag – bezeichnet uns im Kreise ihm vertrauter und einträglicher Partner als Figuren, die nicht einmal für Statistenrollen in einer Szene geeignet sind. Nicht anders denkt er über sein ›Fußvolk‹ in der DDR. Hauptsache für ihn – ›ich kann gut leben‹ und ›was interessiert mich deren Lage‹! [...] Hohn über uns, das ist seine Meinung. Jetzt wird mir vieles klarer! Trotzdem, so schecht ist unser Gag wieder nicht! Er hat noch einige brauchbare Statisten und Figuren wie Fuchs und die jetzt noch ›Marktwert‹ besitzenden Rubs. Oder sehe ich das falsch?! Außerdem ist er in den persönlichen Unterhaltungen mit uns zu jedem doch recht freundlich. Sicher aus gutem Grund und warum wohl? [...] Was haltet ihr davon, daß wir uns einmal zu einem Austausch – aber ohne ihn – bei Misch oder Tarzan in einem Freundeskreis zusammenfinden! Oder wo sonst? Übrigens: In Jena gibt es ähnliche Erfahrungen über ihn.«[40]

Die Reaktionen Jahns auf die Stasi-Maßnahmen wurden genau registriert. In sogenannten Monatsberichten »über die von der Feindperson Jahn, Roland, entwickelten feindlichen Aktivitäten« wurde über die Wirksamkeit der Maßnahmen regelmäßig Rechenschaft abgelegt; auf dieser Basis beschlossen die beteiligten Diensteinheiten dann neue Schritte. Im Oktober 1987 berichtete die Hauptabteilung XX/5 beispielsweise in einem Vermerk: »Der operativ bekannte Jahn, Roland zeigte erste Reaktionen auf eine gemeinsam mit der HVA X und der H[aupt]A[bteilung] XX/5 durchgeführte politisch-operative Maßnahme. Streng vertraulich wurde bekannt, daß sich Jahn im Rahmen eines Informationsaustausches mit seinem engsten Kontaktpartner in der DDR, Templin, Wolfgang, über anonyme Briefe, die unter anderem beim Büro der ›Alternativen Liste‹ Westberlin eingegangen wären, beklagt. Dadurch würden für ihn noch nicht näher bekannt gewordene Probleme entstehen.«[41] Drei Monate später hieß es in einem sogenannten Absprachenprotokoll: »Die im Rahmen der Aktion ›Keil‹ eingeleiteten Maßnahmen zeigen Wirkungen.« Die Stasi-Offiziere beschlossen nun die »Erarbeitung einer langfristigen Konzeption für Zersetzungsmaßnahmen in Zusammenarbeit mit der HVA/X«.[42]

Der Aufwand bei derartigen Diskreditierungsmaßnahmen war beträchtlich. Ein Beispiel dafür ist eine Aktion, bei der das MfS eine herabsetzende Collage in Jahns Stammkneipe anbringen wollte. Sie zeigte ein Titelblatt des *Spiegel*, auf dem eine Landkarte der DDR und ein Tausendmarkschein mit dem einmontierten Porträt von Roland Jahn abgebildet war. Die Schlagzeile lautete: »Das Geschäft mit der DDR«, darunter stand, als scheinbares Zitat des Bürgerrechtlers: »Auf die richtigen Wasserholer kommt es an«. Zur Realisierung der Maßnahme schickte das MfS zunächst verschiedene Spitzel in das Westberliner Café »Punkt«, das Roland Jahn hin und wieder mit Freunden aufsuchte. Akribisch schilderten sie in ihren Berichten die Örtlichkeiten und fertigten mehrere Lagepläne an. Am 9. April 1987 realisierte dann der Inoffizielle Mitarbeiter »Streit« seinen Auftrag wie folgt: »Kurz nach 20.00 Uhr begab sich der IMS in das ihm bereits bekannte Café ›Punkt‹. Nach einem kürzeren Aufenthalt im Gastraum betrat er die Herrentoilette und klebte die Fotomontage auf den dort befindlichen, einen erheblichen Teil der Wand bedeckenden Spiegel. Danach verließ er das Lokal, ohne daß Aufsehen erregt wurde.«[43]

Bei einer weiteren Diskreditierungsaktion wurde auch die Parteipresse eingeschaltet. Wenige Tage nach den Verhaftungen prominenter Ostberliner Bürgerrechtler im Januar 1988 erschien im SED-Zentralorgan *Neues Deutschland* sowie in mehreren kommunistischen Zeitungen der Bundesrepublik ein Brief Roland Jahns an verschiedene westdeutsche Firmen, in dem er darum gebeten hatte, die oppositionellen Gruppen in der DDR mit Spenden zu unterstützen. Die Stasi hatte sich das Schreiben – auf welche Weise auch immer – im Westen besorgt. Die DKP-Tageszeitung *Unsere Zeit* schrieb dazu: »Die Schaltzentrale für die technische und finanzielle Ausrüstung ›regimefeindlicher Gruppen‹ in der DDR operiert von Westberlin aus. Das geht eindeutig aus einem Brief hervor, in dem Firmen um Geld- und Sachspenden angegangen werden, weil ›durch die Ereignisse der letzten Zeit … Bedarf an Kommunikationstechnik entstanden‹ ist. […] Zu den ›Ausrüstern‹ einer von westlichen Medien und interessierten politischen Kreisen so heiß ersehnten ›DDR-Opposition‹ gehört ein gewisser Roland Jahn« – es folgte seine genaue Anschrift.[44]

Im Monatsbericht des MfS hieß es wenig später: »Die bereits im Monat Januar 1988 festgestellte Tendenz des Rückgangs der offenen feindlichen Aktivitäten gegen die DDR des Jahn, Roland, und dessen diesbezügliche Inspirierung feindlich-negativer Kräfte in der DDR sowie seiner Rolle als ›Schaltstelle‹ im Operationsgebiet setzte sich auch im Monat Februar 1988 fort. […] Ursächlich für diese Tendenz sind die konsequenten und offensiven Maßnahmen gegen die Kräfte der politischen Untergrundtätigkeit im Innern der DDR [gemeint sind die Verhaftungen im Januar 1988], verbunden mit den direkt gegen Jahn gerichteten publizistischen Maßnahmen, die zu einer starken Verunsicherung bei mehreren Kontaktpartnern des Jahn in der DDR und im Operationsgebiet geführt haben.«[45] Im Juli bestätigte sich für die Stasi dieser Eindruck: Mehrere seiner Kontaktpartner sowohl in der DDR als auch in der Bundesrepublik wurden dem Monatsbericht zufolge »verunsichert bzw. verhalten sich bei Verbindungsaufnahmen durch Jahn vorsichtig, zurückhaltend und teilweise ablehnend«. Insbesondere die Arbeit der HVA-Abteilung X zur »gezielten Zersetzung und Verunsicherung« Jahns, der »abgestimmte und koordinierte Einsatz inoffizieller Kräfte« gegen ihn sowie die »gegen Jahn gerichteten Veröffentlichungen in Medien der DDR auf der Grundlage erarbeiteter operativer Erkenntnisse« hätten ihn in seinen »feindlichen Aktivitäten gegen die DDR erheblich eingeschränkt«.[46]

Laut einem Absprachenprotokoll vom August 1988 sollten sich die Maßnahmen in der Folgezeit auf die »Schürung der Differenzen« zwischen Jahn und dem inzwischen nach Westberlin abgeschobenen Bürgerrechtler Ralf Hirsch konzentrieren sowie weiterhin auf die »Störung der Verbindung Jahn« zur Ostberliner Umweltbibliothek. Zum ersten Punkt sollte erneut mit der HVA-Abteilung X »eine Konzeption zur Einleitung von langfristigen Zersetzungsmaßnahmen« erarbeitet werden. Außerdem war die »Prüfung der Möglichkeit, Jahn die Arbeitslosenunterstützung zu streichen« vorgesehen.[47] Über die Weiterführung der Kampagne finden sich in den Akten nur noch wenige Dokumente – die entsprechenden Unterlagen wurden wahrscheinlich im Herbst 1989 vernichtet.

Wolf Biermann und sein Manager

Mit enormem Aufwand ging die Stasi auch gegen den Dichter und Dissidenten Wolf Biermann vor – nicht nur im Osten, sondern ebenso im Westen. Obwohl in den mehr als einhundert Akten, die bisher über ihn aufgefunden wurden, kaum Material über seine Hamburger Jahre enthalten ist, zeigt sich, daß die Stasi keine Grenzen kannte, wenn es darum ging, Kritiker der SED mundtot zu machen. Biermann wurde seit 1965 von der für Kultur zuständigen Stasi-Hauptabteilung XX/7 im Operativ-Vorgang »Lyriker« bekämpft. Seit Anfang der siebziger Jahre wirkten auch andere Abteilungen systematisch an seiner »Zersetzung« im Rahmen eines Zentralen Operativ-Vorganges mit. Nach der von der SED-Führung beschlossenen Aberkennung der DDR-Staatsbürgerschaft im November 1976 übernahm die für den sogenannten politischen Untergrund verantwortliche »Operativgruppe« der Hauptabteilung XX die Federführung.

Schon 1969 legte die Stasi in einem Maßnahmeplan fest, Biermanns West-Verbindungen nachrichtendienstlich auszuforschen. Der Verlag Klaus Wagenbach, in dem Biermanns Lieder und Texte anfangs erschienen, sollte »allseitig« ausspioniert werden. Für vier namentlich genannte Westdeutsche ergingen Informationsbeschaffungsaufträge an die HVA, wobei ihr politisches Verhalten, ihre Familienverhältnisse, ihre berufliche Tätigkeit sowie »Anhaltspunkte von Verbindungen zu Zentren der politisch-ideologischen Diversion gegen die DDR« im Mittelpunkt standen. Selbst Biermanns in Hamburg lebende Mutter sollte umfassend ausgeforscht werden – von ihrer politischen Haltung in der westdeutschen kommunistischen Partei über ihre finanzielle Lage bis hin zu ihren Kontakten im linken Spektrum der Bundesrepublik.[48]

Zwei Jahre später hatte die Stasi bereits acht Westdeutsche identifiziert, denen sie unterstellte, daß sie direkt und indirekt an der »Übermittlung und Verbreitung seiner negativen literarischen Schriften und feindlichen Ideologien« beteiligt gewesen seien – allesamt erhielten sie Einreiseverbot. Eine weitere »Verbindungsperson« sollte in Frankfurt am Main und Westberlin ausgekundschaftet werden, unter anderem durch spezielle »Ermittler« der Stasi. Auf den Westberliner Verleger Klaus Wagenbach, der in der DDR auf der Suche nach Autoren war, sollte gezielt ein Spitzel angesetzt werden. Auch seine Verbindungen in Westberlin, vor allem zum damaligen Präsidenten der Freien Universität Berlin, Hartmut Jäckel, sollten ausspioniert werden.[49] Über eine Diskussionsveranstaltung in der Westberliner Evangelischen Akademie, bei der sich Wagenbach von Biermann distanzierte, erhielt die Stasi einen ausführlichen Spitzelbericht.[50] Wie weit der Arm der Stasi reichte, geht aus einem Maßnahmeplan hervor, in dem zur Eindämmung der »feindlichen« Wirksamkeit Biermanns festgelegt wurde, über inoffizielle Mitarbeiter im Westen »Konflikte zwischen den Verlegern« herbeizuführen und einen »geeigneten Journalisten-IM zur Diffamierung« einzusetzen – er sollte in den Medien »sinnentstellende Äußerungen« Biermanns veröffentlichen.[51]

Auf Hochtouren lief die Stasi-Maschinerie, als Wolf Biermann im November 1976 – mit Genehmigung der DDR-Behörden und auf Einladung der DKP-beeinflußten IG Metalljugend – in Köln ein öffentliches Konzert geben sollte.

Bereits Ende Oktober hatte das MfS in einem Maßnahmeplan zu Protokoll gegeben, daß der Liedermacher in Westdeutschland »unter einer ständigen lückenlosen Kontrolle steht und sein Verhalten und Auftreten im Rahmen von öffentlichen Veranstaltungen dokumentiert wird«. Tatsächlich lieferte die HVA später ausführliche Spitzelberichte und Tonbandmitschnitte.[52] Die Stasi wollte dabei nicht nur wissen, wie sich Biermann äußerte, sondern auch die Diskussionsbeiträge sowie die Reaktionen der Medien und »namhafter Einzelpersonen« in Erfahrung bringen. Seine Verbindungen in der Bundesrepublik sollten ebenso »operativ aufgeklärt« werden wie die Organisatoren der geplanten Veranstaltungen und die gemeinsam mit ihm auftretenden Personen. Sämtliche Aktivitäten rund um die Konzertreise, einschließlich Aufrufen, Unterschriftensammlungen, Plakatierungen, Verlesung von Briefen etc. waren zu »dokumentieren«, auf Schritt und Tritt sollte Biermann im Westen beschattet werden.[53] Mittlerweile hatte die Stasi siebenundfünfzig Westdeutsche identifiziert, die irgendwann einmal Kontakt zu Biermann hatten und von denen viele nun nachrichtendienstlich »bearbeitet« wurden.[54] Darüber hinaus hatte das MfS vierunddreißig westliche Einrichtungen ausfindig gemacht, die angeblich Verbindungen zu ihm unterhielten.[55] Nach seiner Ausbürgerung, die im Anschluß an das Kölner Konzert erfolgte, wurden in der Bundesrepublik systematisch die Reaktionen auf diese politisch für die SED durchaus riskante Maßnahme ausgekundschaftet – von »Kreisen der BRD-Regierung« und der SPD über den Westberliner Senat und ungenannte Journalisten bis hin zu einem »maßgeblichen« Beamten der Ständigen Vertretung der Bundesrepublik in Ostberlin.[56]

Auch nach der Ausbürgerung blieb die Stasi Biermann auf den Fersen. Befriedigt registrierte sie in ihren monatlichen Sachstandsberichten seine rückläufige »Öffentlichkeitswirksamkeit«.[57] Bis ins Detail war sie nicht nur über seine Auftritte in Westdeutschland informiert, sondern auch über seine finanzielle Lage, Probleme mit der Plattenfirma und seine persönliche Situation. Als ergiebige Quelle erwies sich dabei insbesondere der Frankfurter Liedermacher Diether Dehm und dessen Lebensgefährtin Christa Desoi, die beim MfS die Decknamen »Willy« und »Christa« trugen.

Dehm, der seinerzeit unter dem Künstlernamen Lerryn auftrat und heute Mitglied des Bundesvorstandes der PDS ist, war erstmals 1970 von dem FDJ-Funktionär und Stasi-Mitarbeiter Herbert Thur (IM »Duo«) bei einem sogenannten Antifa-Jugendlager kontaktiert worden. Thur betreute damals westdeutsche Jugendgruppen, die die Konzentrationslager in Buchenwald und Sachsenhausen besuchten, und versuchte anschließend, die Teilnehmer der Stasi zuzuführen.[58] Im Auftrag der DKP-Zeitung *Unsere Zeit* nahm Dehm ein Jahr später am II. Festival des politischen Liedes in der DDR als Berichterstatter teil. Bei einer »Aussprache« mit einem Stasi-Mitarbeiter im Zentralhaus für Kulturarbeit in Leipzig erklärte er den Akten zufolge im Juni 1971 »seine Bereitschaft zur Unterstützung«. Für Dezember vermerkte die Stasi seine Werbung »auf der Basis der politischen Überzeugung«, wobei ihn das MfS zunächst als Perspektiv-IM »Dieter« registrierte.[59]

Diether Dehm gehörte seit 1967 der SPD an, wollte aber am liebsten der DKP beitreten, was ihm von der Stasi nur mit Mühe ausgeredet werden konnte. Für das MfS beschaffte er laut IM-Akte in den siebziger Jahren auf diese Weise zahlreiche »operativ verwertbare Informationen« über die Jungsozialisten und den SPD-Unterbezirk Südhessen, aber auch über linke politische Gruppierungen und die Universität Frankfurt, über das Bundesministerium für Forschung und Technologie, die Internationale Gesellschaft für Menschenrechte, über westdeutsche Künstlermilieus und weitere Themen. Regelmäßig erhielt er von der Stasi entsprechende Aufträge. Da er als linker Liedermacher im Wahlkampf der SPD eine wichtige Rolle spielte, konnte er auch über seine Gespräche mit sozialdemokratischen Parteigrößen berichten. Auf Geheiß der Stasi sollte er insbesondere die Verbindung zum damaligen SPD-Finanzminister Matthöfer intensivieren und sich um den Posten des Wahlkreissprechers bemühen.[60] Mengenweise übermittelte er der Stasi aus seinem Umfeld nachrichtendienstlich relevante »Personenhinweise«, zum Teil mit »Bildmaterial«.

Seine Lebensgefährtin Christa Desoi wurde in die Beziehungen zum MfS nach und nach einbezogen und der überlieferten IM-Akte zufolge im März 1976 von Oberleutnant Notroff angeworben. »Die Kandidatin«, so heißt es in dem obligatorischen Werbevorschlag, »ist zur Übernahme konkreter Aufgabenstellungen bereit und erfüllt diese zuverlässig, ehrlich und mit entsprechender Eigeninitiative.« Es folgt eine Auflistung der bereits vor der Werbung von ihr »erarbeiteten« Informationen.[61] »Christa« traf sich Ende der siebziger Jahre etwa alle sechs Wochen mit ihrem Führungsoffizier in Ostberlin, die Flugkosten übernahm der Staatssicherheitsdienst. Wie »Willy« legte sie dabei großen Wert auf Konspiration. Auch »Christa« belieferte die Stasi mit einer großen Zahl von Informationen: von Rudi Dutschkes Bemühungen, eine neue sozialistische Partei zu gründen, über ein internes Gespräch mit Karsten Voigt zur Vorbereitung des SPD-Wahlkampfes in Frankfurt bis hin zu ausführlichen Berichten über die Arbeit der Jungsozialisten oder den Pfingstkongreß des Sozialistischen Büros. Auch Mitgliederlisten der Falken und ihres SPD-Ortsvereins sowie nachrichtendienstlich nutzbare Personenhinweise übergab sie der Stasi. Laut einem undatierten »Komplexauftrag« sollte sie zudem für die HVA die Universität Frankfurt und insbesondere deren Fachbereich 3 ausspionieren, wo sie verschiedene Vorlesungen belegte. Die Stasi interessierten dabei die führenden Professoren und Mitarbeiter, die politischen Gruppierungen sowie Studenten, die eine positive Einstellung zur DDR hatten.[62]

Diether Dehm und Christa Desoi hatten Wolf Biermann schon kurz nach dessen Ausbürgerung kennengelernt. Die Verbindung war durch den Schriftsteller Günter Wallraff vermittelt worden, bei dem der heimatvertriebene Dissident in den ersten Monaten wohnte. Im Februar 1977 erteilte das MfS dem IM »Willy« den Auftrag, den Kontakt zu Wolf Biermann zu festigen. Obgleich »Willy« der Ausbürgerung kritisch gegenüberstand, konnte die Stasi mit seiner Hilfe schon wenige Wochen später ausführlich »über gegenwärtige Aktivitäten zur Person Biermann im Operationsgebiet« berichten.[63] Tatsächlich vermochte sich der geschäftstüchtige Liedermacherkollege Dehm rasch in Biermanns Vertrauen einzuschleichen. Gegen Zahlung einer Provision übernahm er es, seine Konzerte im Westen zu managen. Christa Desoi bemühte sich ebenfalls um einen engen persönlichen Kontakt. Auf Vermittlung Biermanns verbrachte auch Jürgen Fuchs im Juli 1978 mit seiner Familie seinen Sommerurlaub im Landhaus des Agentenduos, zeigte sich jedoch zum Leidwesen der Stasi äußerst verschlossen.

Auf diese Weise war die Stasi in den kritischen Monaten nach der Ausbürgerung aus erster Hand über Biermanns Reaktionen und seine weiteren Pläne informiert. »Christa«, die laut IM-Akte als Instrukteurin von »Willy« fungierte, berichtete unter anderem detailliert über Biermanns vorgesehene öffentliche Auftritte, beispielsweise bei einer Konzerttournee im April 1978, einschließlich der zu erwartenden Einnahmen. In dem entsprechenden Bericht informierte sie zugleich über seine persönliche Lage, insbesondere über das komplizierte Beziehungsgeflecht zwischen ihm, seiner Frau und Sybille Havemann: mit beiden Frauen hatte er jeweils ein gemeinsames Kind.[64] Aus den Spitzelberichten fertigte der Staatssicherheitsdienst sogenannte Informationen, in denen Biermanns Konzerte schon in der Planungsphase MfS-weit angezeigt wurden und um »Unterstützung bei der weiteren Aufklärung, Kontrolle und Überwachung« gebeten wurde.[65]

Die Stasi kannte Biermanns persönliche Befindlichkeit, seine politischen Auffassungen, seine wirtschaftlichen Einkünfte und sein Mißtrauen gegenüber möglichen MfS-Spitzeln. Durch »Willys« und »Christas« Berichte konnte sie insbesondere die tiefe künstlerische und politische Krise betrachten, in die Biermann durch seine Ausbürgerung geraten war. In einer Information vom Februar 1977 hieß es beispielsweise, daß Biermann zehn Wochen nach seiner Ausbürgerung noch »äußerst labil und mitunter ausgesprochen hysterisch« sei. Vor allem von trotzkistischer Seite, von der SPD und von der spontanen Linken gebe es Bestrebungen, ihn für sich zu gewinnen. »Biermann selbst verkraftet diese vielseitigen Bemühungen offensichtlich nicht, denn er ist völlig unsicher und holt sich ständig Rat bei Wallraff und dem IM. Eine selbständige Entscheidung hinsichtlich der weiteren Arbeitsbasis traut er sich nicht zu fällen.«[66]

Tatsächlich war Wolf Biermann zu diesem Zeitpunkt von falschen Freunden regelrecht eingemauert. Die Stasi-Akten dokumentieren eindrücklich, wie er nach seiner Ausbürgerung politisch neutralisiert werden sollte. Eine Schlüsselrolle spielten dabei sein damaliger Gastgeber Günter Wallraff und das Agentenduo »Willy« und »Christa«. Als Konzertmanager konnte Diether Dehm direkten Einfluß darauf nehmen, wo und wann Wolf Biermann auftrat. Ausgerechnet in der Bundesrepublik hing der bisherige Staatsfeind Nr. 1 damit auf unsichtbare Weise an den Strippen des Staatssicherheitsdienstes. Auf der anderen Seite zeigen die Spitzelberichte aber auch, wie sich die Stasi an dem rebellischen Dichter die Zähne ausbiß. Wie die Einflußnahme funktionierte, beschreibt eine MfS-Information vom März 1977, der zufolge Biermann mit einem »BRD-Liedermacher« – gemeint war Dehm – einen Vertrag geschlossen hatte, der die Beratung für die Annahme oder Ablehnung von Einladungen zu Veranstaltungen westdeutscher politischer Gruppierungen beinhalte. »Es konnte durch diese Möglichkeit bisher verhindert werden, daß Biermann direkt durch die Frankfurter Initiative ›Freiheit der Meinung, der Kunst und der Wissenschaft in West und Ost‹ für deren feindliche Tätigkeit genutzt wird. Mehrere Anträge [...] konnten dadurch abgeblockt werden.«[67]

Zugleich wurde Biermann politisch-psychologisch unter Druck gesetzt. So berichtete »Christa« der Stasi von den intensiven Bemühungen seiner »Freunde«, ihn von öffentlichen Äußerungen über die DDR abzuhalten. Anlaß dazu bot eine Veranstaltung im März 1977, bei der es zu heftigen Diskussionen mit Vertretern kommunistischer Splittergruppen gekommen war. Nach dieser Erfahrung habe Biermann erklärt, daß er sich in Zukunft »auf die Ratschläge seiner Freunde (Wallraff) verlassen und nicht mehr selbständig bei derartigen Veranstaltungen in Erscheinung treten« wolle. Für die nächste Veranstaltung sei festgelegt worden, daß Biermann keine Fragen aus dem Publikum beantworten werde.[68] Im April 1977 berichtete »Christa« erneut von »ernsthaften Auseinandersetzungen« zwischen Biermann und seiner engeren Umgebung. Auslöser war seine Teilnahme an einer Solidaritätsveranstaltung für die Charta 77. »Versuche, Biermann von dieser Verbindung fernzuhalten bzw. eine Beteiligung an der Veranstaltung zu verhindern, verliefen negativ, da Biermann entgegen erst gegebenen Zusagen – daß er nicht an dieser Veranstaltung teilnimmt – dann doch dorthin fuhr.«[69] Anschließend wurde Biermann von Wallraff und Dehm zur Rede gestellt, die ihn, dem Spitzelbericht zufolge, »von derartigen Personenkreisen und einer Ausnutzung durch diese fernhalten wollten«.[70]

Im Juni 1977 vermeldete die Stasi, »im Ergebnis offensiver Maßnahmen« sei erreicht worden, »daß Biermann schriftliche und mündliche Anfragen für Auftritte an eine Person zur Begutachtung und Beratung weiterleitet« – gemeint war erneut sein Manager Diether Dehm. Hierdurch sei es gelungen, mehrere Auftritte Biermanns bei DDR-kritischen Veranstaltern zu verhindern. Die betreffenden Initiativen seien direkt an den Liedermacher herangetreten, von diesem jedoch an seinen »Berater« weiterverwiesen worden. Nachdem letzterer seine Ablehnung mitgeteilt habe, seien von ihnen keine weiteren Anträge für einen Auftritt Biermanns gestellt worden. Positive Reaktionen habe hingegen in Biermanns Umgebung sein Lied zur Zulassung der spanischen KP hervorgerufen, und man hoffe, »daß Biermann in dieser Richtung weitermacht und sich aktuellen Erscheinungen in der BRD zuwendet«.[71]

Wie zufrieden die Stasi mit ihrem Agentenpaar war, geht aus einem von Generalmajor Kienberg bestätigten »Vorschlag« vom November 1977 hervor, den IM »Willy« mit einer Geldprämie in Höhe von 500 DM auszuzeichnen. In der Begründung hieß es: »Der IM arbeitet zuverlässig, auf der Basis der politischen Überzeugung mit dem MfS zusammen. Durch eine hohe Einsatzbereitschaft des IM ist es gelungen, Biermann nach dessen Ausbürgerung im Operationsgebiet zeitweilig gut unter Kontrolle zu bekommen. Der IM erarbeitete wertvolle Informationen zur Person des Biermann, dessen Pläne und Absichten sowie der politischen Wirksamkeit. Durch den Einsatz des IM konnten einige geplante Veranstaltungen feindlicher Kräfte und damit die Ausnutzung Biermanns für deren Zwecke verhindert werden.«[72] Auch »Christa« wurde den Akten zufolge mit einer Geldprämie von 500 DM ausgezeichnet, weil sie wesentlich dazu beigetragen habe, »daß der Biermann nach seiner Ausbürgerung inoffiziell unter Kontrolle gebracht werden konnte«.[73]

Nach Überwindung seiner ersten Unsicherheit im Westen befreite sich Biermann jedoch aus dem Einflußgeflecht. In einem Bericht vom November 1977 erfuhr die Stasi, daß es zu einem massiven Streit gekommen sei, weil Biermann Wallraffs damalige Freundin als Agentin der DKP bezeichnet hatte, die zielgerichtet auf ihn angesetzt worden sei.[74] Im Juli 1978 kündigte er den Vertrag mit seinem Manager und organisierte seine Konzerte hinfort selbst. »Christa« und »Willy« teilten der Stasi aber mit, daß sie weiterhin guten Kontakt zu Biermann hätten.[75] Biermann wollte, wie es in einem MfS-Bericht heißt, »Christa« und »Willy« auf der Hülle seiner neuesten Platte sogar seinen Dank für ihre Unterstützung aussprechen.[76] Wenig später beschaffte »Willy« der Stasi eine Kopie von Biermanns Stempel.[77] Kurz darauf versiegten die Quellen »Willy« und »Christa« jedoch, weil, wie ihr Führungsoffizier schrieb, im Dezember 1978 der Kontakt zu ihnen »abbrach« – trotz mehrfacher Mahnungen und telefonischer Zusagen kamen die Inoffiziellen Mitarbeiter nicht mehr zum Treff.[78]

Wolf Biermann selbst hat nach Lektüre der Akten unterstrichen, daß die Stasi-Aktionen letztlich nicht die erhoffte Wirkung erzielten, ihn als »Staatsfeind« außer Gefecht zu setzen. Während es die vornehmste Aufgabe aller in den Westen geworfenen DDR-Oppositionellen gewesen sei, dort zu scheitern, um nachwachsenden Aufrührern in der DDR als warnendes Beispiel vor die Nase gehalten werden zu können, sei es ihm zum Leidwesen der DDR-Oberen anders und besser ergangen. In den Jahren nach der Ausbürgerung seien Tausende in seine ausverkauften Konzerte gekommen, und gerade weil er ein Problem für die SED geblieben sei, habe man Dehm als »politischen Stoßdämpfer« auf ihn angesetzt. Natürlich sei er tief besorgt gewesen über das Schicksal seiner in der DDR zurückgebliebenen Frauen mit den zwei kleinen Kindern, seines hausarretierten Mitstreiters Robert Havemann und seiner eingesperrten Freunde Jürgen Fuchs, Gerulf Pannach und Christian Kunert. Aber von Hysterie könne keine Rede gewesen sein. Es sei ihm im Gegenteil erstaunlich stabil gegangen. Vor allem aber habe er sich politisch von niemandem entmündigen lassen. Dehm, mit dem er nie einen Vertrag abgeschlossen habe, habe als sein Manager zwar die Möglichkeit gehabt, diesen oder jenen Termin wegzudrükken oder ihn für ein Konzert zu verpflichten, um ihn damit von einer anderen, unerwünschten Veranstaltung fernzuhalten – alles andere indes sei Wunschdenken der Stasi gewesen. Auch Wallraff habe entgegen den Berichten nicht auf ihn Einfluß zu nehmen versucht, sondern sei eher anarchistisch-libertär gewesen; nur dessen damalige Freundin habe massiv gegen ihn Stellung bezogen. Obwohl es stimme, daß er auch von Dehm & Co. politisch-psychologisch unter Druck gesetzt worden sei, habe er sich mit Sicherheit nicht das absurde Versprechen abringen lassen, »nicht mehr selbständig bei derartigen Veranstaltungen in Erscheinung treten zu wollen«. Für die Charta 77 habe er sich immer wieder öffentlich eingesetzt, und ein Spitzel, der versucht hätte, ihn gegen seine natürlichsten Verbündeten und Freunde aufzuhetzen, hätte sofort und für immer eine Trennung von ihm bewirkt.[79]

Diether Dehm machte, nach den guten Geschäften mit den Biermann-Konzerten, in der Folgezeit gleich mehrfach Karriere: als Kulturmanager, als SPD-Politiker und als Erfinder der 1988 zusammen mit Willy Brandt im Berliner Reichstag vorgestellten Hymne »Das weiche Wasser bricht den Stein« zum 125jährigen Bestehen der SPD. Damals gestand er Wolf Biermann überraschend seine Tätigkeit für die Stasi, nachdem man, wie er später erläuterte, in der DDR versucht hatte, ihn damit unter Druck zu setzen – Dehm vermittelte der FDJ inzwischen Auftritte von prominenten West-Künstlern.[80] Als ihn 1990 die Frankfurter CDU-Politikerin Erika Steinbach unter Berufung auf einen Bericht des Wirtschaftsmagazins *Forbes* als Inoffiziellen Mitarbeiter des Staatssicherheitsdienstes bezeichnete, ließ er ihr diese Behauptung vom Landgericht Frankfurt bei Androhung eines Ordnungsgeldes von bis zu 500 000 Mark verbieten und erklärte an Eides Statt: »Ich war niemals ›Stasi-Mitarbeiter‹, Ostagent oder anderweitig nachrichtendienstlich bzw. geheimdienstlich tätig.« In einem Schreiben an »Freunde, Kollegen, GenossInnen und Bekannte« warf er dem Magazin »gemeine Verleumdung« und »Rufmord« vor und beauftragte seine Anwälte, gegenteilige Behauptungen zu unterbinden. In Stolpescher Ungerührtheit hielt er auch dann noch an dieser Version fest, als das Gericht unter dem Eindruck der MfS-Akten und einer eidesstattlichen Erklärung von Biermann seine frühere Entscheidung 1996 wieder aufhob.[81] Vergeblich hatte er zuvor versucht, die Beiziehung der Stasi-Unterlagen mit rechtlichen Mitteln zu verhindern. Dem Bundesbeauftragten, Joachim Gauck, drohte er in diesem Zusammenhang eine Klage an, weil dieser die Akten als »glaubwürdig« bezeichnet hatte. Und gegen den Publizisten Henryk M. Broder stellte er Strafanzeige, nachdem dieser ihn in einem Buch unter der Überschrift »Heil Diether« zu den »linken Würstchen« der Bonner Republik gezählt hatte, die der Versuchung nicht hätten widerstehen können, »jenseits der Mauer die dicke Salami« zu spielen.[82]

Wochenlang tobte 1996 bei den Sozialdemokraten der Streit, ob man den Frankfurter Stadtrat, SPD-Bundesvorständler (ohne Stimmrecht) und Bundesvorsitzenden der Arbeitsgemeinschaft Selbständige und Unternehmer in der SPD, der 1994 vorübergehend im Bundestag saß, wegen seiner Stasi-Vergangenheit aus der Partei ausschließen solle. Eine Unterstützerinitiative »pro Dehm« gründete sich, und die Bundesvorsitzende der Jungsozialisten, Andrea Nahles, meinte: »Wenn Stasi-Akten zum Maulkorb für politische Linke werden, hat die Stasi zum zweiten Mal mit furchtbarer Wirkung gewonnen.«[83] Das Parteiordnungsverfahren wurde schließlich eingestellt, nachdem Dehm seine Posten aufgegeben und sich bereit erklärt hatte, bis Ende 1997 keine Parteiämter mehr zu übernehmen. Dehms Rechtsbeistand, der frühere hessische Innenminister Horst Winterstein (SPD), erklärte indes, nur ein Freispruch für seinen Mandanten wäre gerecht gewesen, weil Dehm niemanden bespitzelt hätte, sondern selbst bespitzelt worden sei.[84]

Bundesbürger als Stasi-Opfer

Die Stasi verfolgte im Westen nicht allein ehemalige DDR-Bürger. Auch Bundesbürger, die niemals in Ostdeutschland lebten und sich kritisch gegenüber der

SED verhielten, wurden mit großen Anstrengungen überwacht und bekämpft. Ein Beispiel dafür ist der ehemalige Vorsitzende des Verbands deutscher Schriftsteller (VS) in Westberlin, Hannes Schwenger, auf dessen Initiative nach der Biermann-Ausbürgerung im November 1976 ein – ausdrücklich links orientiertes – »Schutzkomitee Freiheit und Sozialismus« gegründet wurde.[85] Es setzte sich für rund vierzig inhaftierte DDR-Bürger wie Jürgen Fuchs, Thomas Auerbach, Christian Kunert und Gerulf Pannach ein – vielfach junge Marxisten, die aus politischen Gründen von der SED verfolgt wurden. Dem Komitee gehörten namhafte Schriftsteller, Künstler, Gewerkschafter und Kirchenleute an, darunter Heinrich Böll, Romy Schneider, Otto Schily, Heinrich Albertz, Robert Jungk und Max Frisch. Es informierte regelmäßig die Presse über das Schicksal der Gefangenen und ließ ihnen auch finanzielle Unterstützung zukommen, die damals von dem ostdeutschen Rechtsanwalt und Stasi-Informanten Wolfgang Schnur (IM »Torsten« und »Dr. Schirmer«) entgegengenommen wurde.

Die Staatssicherheit ging gegen das Komitee im Operativ-Vorgang »Konzept« vor. Zur Ausforschung stand ihr in erster Linie der Westberliner Rechtsanwalt Hans-Christoph Buchholtz zur Verfügung, bis zu seiner Enttarnung 1993 wichtigster Rechtsvertreter der Landes-SPD. Als Perspektivagent »Christoph« verriet er dem MfS buchstäblich alles, was im Komitee besprochen wurde. Den Akten zufolge wurde der Inoffizielle Mitarbeiter »Christoph« 1976 per Handschlag geworben und kam etwa einmal im Monat zu konspirativen Treffs nach Ostberlin. Die Treffen mit dem MfS, die bis 1982 dokumentiert sind, sollte er mit einer angeblichen Liebesbeziehung begründen. Mehrfach wurde der als »ehrlich und zuverlässig« charakterisierte Inoffizielle Mitarbeiter mit Geldzahlungen prämiert, zum Abfotografieren von Dokumenten erhielt er eine Kleinbildkamera. Das MfS bekam von ihm anfangs vor allem militärpolitische Informationen aus der Berliner Berghof-Stiftung, in der Buchholtz tätig war. Auch Unterlagen und Hinweise aus seiner anwaltlichen Tätigkeit stellte er dem MfS zur Verfügung, darunter die Vermutungen einer Mandantin, daß der in der DDR lebende Vater ihres Kindes einen Fluchtversuch vorbereite.[86]

Im November 1977 legte die zuständige Hauptabteilung XX/5 eine »Konzeption zur Bearbeitung des Dr. Hans Schwenger« vor, in der »Maßnahmen zur Zersetzung seiner feindlichen Aktivitäten gegenüber der DDR« vorgeschlagen wurden. Die Maßnahmen zielten auf eine »Verunsicherung« des VS-Vorsitzenden und seiner ostdeutschen Gesprächspartner. In fehlerhaftem Deutsch wurde festgelegt: »Durch geeignete Maßnahmen in der Westberliner Öffentlichkeit beziehungsweise in entsprechenden Organisationen und Institutionen ist zu erreichen, eine solche Stimmung zu erzeugen, wonach die Aktivitäten des Schwenger im Rahmen des ›Schutzkomitees‹ nicht in Einklang zu bringen sind mit seiner politischen Arbeit als Funktionär des DGB, Vorsitzender des Westberliner Schriftstellerverbandes, Geschäftsführer des Verbandes Bildender Künstler und seiner Mitgliedschaft in der SPD.«

Inoffizielle Mitarbeiter sollten auch gegen Schwenger Gerüchte in Umlauf bringen. Sie sollten ihm beispielsweise gezielt eine vom MfS geplante Festnahme in die Schuhe schieben und behaupten, daß er durch sein »dilettantisches Verhalten« DDR-Bürger in Gefahr bringe. Darüber hinaus sollten sie an der Freien Universität und im Landesvorstand des DGB »Handzettel« verbreiten, mit dem Tenor, Schwengers Aktivitäten im Schutzkomitee würden die SPD und den DGB in Mißkredit bringen. »Mit dieser Maßnahme soll erreicht werden, daß die entsprechenden politischen Funktionäre der Organisationen, denen Schwenger angehört, gezwungen werden, sich mit ihm auseinanderzusetzen.« Durch einen Inoffiziellen Mitarbeiter sollte Schwenger zudem beim Bundeskriminalamt als Verbindungsmann von »in Fahndung stehenden« Terroristen denunziert werden.[87]

Im März 1978 legte die Stasi einen »Maßnahmeplan zur Kriminalisierung des Dr. Schwenger« vor. Unter Einsatz geeigneter Agenten sollte kurzfristig erreicht werden, »daß Schwenger als politischer Funktionär gegenüber den Mitgliedern seiner SPD-Abteilung, den Mitgliedern des ›Schutzkomitees Freiheit und Sozialismus‹ sowie der politischen Öffentlichkeit in Westberlin, in der er bekannt ist, nicht mehr akzeptiert wird«. Die Stasi wollte bewirken, daß er als politischer Funktionär ungeeignet erschien und sich besonders die Mitglieder des Schutzkomitees von ihm zurückzogen. An Mitglieder von Schwengers SPD-Ortsgruppe sollten beispielsweise fünfzig »Briefe mit diskreditierendem Inhalt versandt« werden. Als Absender sollte ein besonders rechtes Mitglied der SPD-Ortsgruppe angegeben werden. Insbesondere sollte Schwenger darin verdächtigt werden, die an das Komitee geflossenen Spenden für sich selbst zu verwenden. Unter Benutzung eines fiktiven Westberliner Absenders wollte man ihn zudem bei der Westberliner Zollfahndung denunzieren und behaupten, daß er am Ostberliner Bahnhof Friedrichstraße in großem Umfang zollfreie Waren kaufe, um sie in Westberlin weiterzuvertreiben.[88]

Als nächste Eskalationsstufe sah der Maßnahmeplan vor, an die Bewohner von Schwengers Wohnhaus »Porno-Bilder« zu versenden, die ihn »als Homosexuellen darstellen und verunglimpfen«. Weiter hieß es: »In einer Westberliner Tageszeitung wird eine Annonce aufgegeben, in der sich der Schwenger unter Angabe seiner privaten Telefonnummer als männliches Top-Modell anbietet.« Darüber hinaus war vorgesehen, beim Versandhaus »Beate Uhse« unter seinem Namen diverse Mengen Porno-Artikel zu bestellen, bei einer Weingroßhandlung eine größere Bestellung aufzugeben und im Namen des von ihm vertretenen Verbandes Bildender Künstler in großem Umfang Büromaterial anzufordern. »Alle vorgeschlagenen Maßnahmen werden durch geeignete IM der Hauptabteilung XX/5 eingeleitet und realisiert. Nach Feststellung der Wirkung dieser Maßnahmen und der Reaktion des Schwenger werden auf Grund einer Analyse weitere Maßnahmen vorgeschlagen.«[89]

Im Juni 1976 berichtete der Inoffizielle Mitarbeiter »Christoph« ausführlich über eine Sitzung des Schutzkomitees in der Wohnung von Schwenger. Unter anderem ging es dabei um finanzielle Fragen. Das Komitee hatte eine größere Zahl von Spenden bekommen, mit denen DDR-Bürger unterstützt worden waren, und Schwenger wollte vor seinem Urlaub die entsprechenden Unterlagen an Otto Schily übergeben. »Christoph« informierte die Stasi, daß Schwenger sich bei diesem Thema sehr »konspirativ« verhalten habe, offenbar weil er befürchtete, »daß die Sicherheitsorgane der DDR sehr starkes Interesse an dieser Frage haben und daß man anhand der finanziellen Unterstützung von DDR-Bürgern dem ›Schutzkomitee‹ DDR-feindliche Aktivitäten nachweisen könne«. Sodann teilte er der Stasi mit, wo sich die Unterlagen bis zur geplanten Übergabe an Schily höchstwahrscheinlich befänden – »in einer an der Wand befindlichen Aktenablage links neben dem Schreibtisch, aufgezeichnet in einem schwarzen, DIN-A5-großen Büchlein«. Zur Vorbereitung eines Einbruchs hatte die Stasi bereits eine technische Zeichnung seiner Wohnungstür anfertigen lassen.[90]

Die Maßnahmen des MfS blieben nicht ohne Wirkung. Zum 1. Juli 1978 erklärte Hannes Schwenger seinen Rücktritt als Sprecher des Komitees. Er begründete dies damals mit den »in letzter Zeit sehr unangenehmen Begleitumständen« der Arbeit wie seiner gerüchteweisen »Einstufung« als »SED-freundlich« oder als »Stasi-Agent«. Für ihn sei dies ein Signal für einen »Hitzegrad politischer Auseinandersetzungen«, der nur noch zu Explosionen führen könne, in deren Zentrum er aus persönlichen und politischen Gründen nicht mehr stehen wolle.[91] Nach der Lektüre seiner Stasi-Akte schrieb er 1995: »Überrascht hat mich [...] das Ausmaß und die Intensität der vom MfS betriebenen Zersetzung gegen das Komitee und seine Mitglieder im Westen. Nicht nur IMs des MfS wurden an das Komitee herangeschleust, es wurden auch Agenten und Kontaktleute des MfS bei Verfassungsschutz, Bundeskriminalamt und Zollbehörden bemüht, um uns zu verunsichern und zu diskreditieren. Rivalitäten in der westdeutschen Linken wurden ausgespielt, Einflußagenten in SPD und Gewerkschaften bemüht, um das Komitee zu isolieren. Ich kann nicht leugnen, daß einiges davon Wirkung gezeigt hat.«[92]

Mit ähnlichen Maßnahmen ging das MfS wenig später auch gegen den neuen Vorsitzenden des Schutzkomitees vor, den Hochschullehrer Manfred Wilke. Der Inoffizielle Mitarbeiter Walter Völkel (IM »Walter Rosenow«) sollte ihn beim Verfassungsschutz als linksextrem denunzieren, eine IM »Martina« sollte ihn beim Rauschgiftdezernat als Drogenhändler anzeigen, ein dritter Spitzel sich beschweren, daß Wilke an der Technischen Universität »kommunistisches Gedankengut verbreiten kann und damit die studentische Jugend verseucht«. Von der konservativen »Notgemeinschaft Freier Berliner« druckte die Stasi sogar zweihundert Kopfbögen, um in deren Namen von Abgeordneten und Funktionären der CDU Maßnahmen gegen den »eingefleischte[n] Kommunist[en], Dr. Manfred Wilke, der aus Hamburg zugereist ist« zu verlangen.[93]

Ein MfS-Mann als Rechtsbeistand

Der Westberliner Rechtsanwalt Hans-Christoph Buchholtz engagierte sich noch in weiteren SED-kritischen Gruppen. Nach der Wende entdeckten Mitglieder des Selbsthilfevereins ehemaliger DDR-Bürger (SHV), daß sich in den Stasi-Akten die Korrespondenz mit dem Finanzamt befand, die Buchholtz 1979 im Auftrag des Vereins geführt hatte – Buchholtz fungierte damals als Rechtsbeistand des Vereins. In einer Information von Stasi-Major Lothar Jaeckel hieß es, daß der zur Vorlage beim Finanzamt erarbeitete Tätigkeitsbericht »von der Quelle beschafft« worden sei. »Der Tätigkeitsbericht ist nur wenigen Personen in *dieser Form* zugänglich gemacht worden und bedarf bei weiterer Auswertung des Quellenschutzes« [Hervorhebung im Original].[94] Als Quelle wird der Inoffizielle Mitarbeiter »Ulli« angegeben. Unter diesem Decknamen führte die Stasi den Rechtsanwalt Buchholtz, nachdem dieser in der Zwischenzeit zum Inoffiziellen Mitarbeiter »mit Feindberührung« aufgestiegen war. Sein Führungsoffizier hieß Lothar Jaeckel.

Der Selbsthilfeverein ehemaliger DDR-Bürger wurde von der Stasi im Operativ-Vorgang »Konföderation« bekämpft. Ziel war es, dem zwei Monate nach der Vereinsgründung aufgestellten »Operativplan« zufolge, »im Ergebnis der Realisierung gezielter Zersetzungs- und anderer Maßnahmen die Wirksamkeit des Vereins und seiner Tätigkeit zu lähmen«.[95] Wichtigste Informationsquelle war »Ulli«, der die Stasi regelmäßig über die Arbeit des Vereins unterrichtete, wobei Personalia, interne Konflikte und finanzielle Fragen im Vordergrund standen; seitenlang werden die Äußerungen der Vorstandsmitglieder wiedergegeben.[96] Einem überlieferten Bericht über eine Pressekonferenz des Vereins lagen sogar Fotos mit Erläuterungen zu den fotografierten Personen bei. Auch vor direkten Denunziationen scheute »Ulli« nicht zurück. So teilte er im Dezember 1981 mit, »daß nunmehr eindeutig feststehe, daß der Herausgeber eines Hetzflugblattes (siehe Anlage) gegen die Erhöhung des Pflichtumtausches für Einreisen in die DDR jene Person ist, die seit Sommer 1981 aktiv im SHV mitwirkt« – es folgte der Name.

Geradezu impertinent war die Reaktion des Anwaltes nach seiner Enttarnung. Obwohl den betroffenen Mitgliedern des Selbsthilfevereins vom Bundesbeauftragten schriftlich mitgeteilt worden war, daß er es war, der sich hinter den Decknamen »Christoph« und »Ulli« verbarg, bestritt er monatelang alle Vorwürfe und setzte seine ehemaligen Mitstreiter unter Druck, die Erkenntnisse nicht publik zu machen. Nachdem die ehemalige Vereinsvorsitzende Ulrike Marie Wetz, die mit Buchholtz eng befreundet war und selber im DDR-Gefängnis gesessen hatte, ihn zur Rede gestellt hatte, bombardierten seine Anwälte sie mit Briefen voller unterschwelliger Drohungen. Er selbst stilisierte sich ihr gegenüber als Opfer und fabulierte in langen Briefen von einer »so tückischen und verlogenen Akten-Geschichte«, der er und seine Familie nun zum Opfer fielen. Um Ulrike Marie Wetz zum Stillschweigen zu bewegen, flog Buchholtz im April 1993 eigens zu ihr nach Hamburg und ließ ihr, angeblich aufgrund einer »Aktenverwechslung«, anschließend auch noch die Reisekosten in Rechnung stellen. Führungsoffizier Jaeckel gab unterdessen vor Buchholtz' Anwälten eine fünfseitige Erklärung ab, in der er die üblichen Entlastungslegenden auftischte: Er habe sich gegenüber Buchholtz immer als wissenschaftlicher Mitarbeiter der SED ausgegeben und ihn lediglich über »gesellschaftsrelevante Probleme« abgeschöpft«, habe »niemals auch nur ein Wort schriftlich erhalten« und »mit Herrn Buchholtz selbstverständlich über Dinge wie Konspiration oder dergleichen niemals gesprochen«. Wenn es in den Akten heiße, daß die Quelle Unterlagen für das Finanzamt »beschafft« habe, dann nur für sich selbst und keinesfalls, um sie dem MfS zu übergeben.[97] Das von der Bundesanwaltschaft eingeleitete Verfahren gegen Buchholtz wurde 1994 gegen Zahlung einer Geldbuße und Verzicht auf seine Zulassung als Rechtsanwalt eingestellt. Auch die Berliner Rechtsanwaltskammer legte ihm keine Steine in den Weg: Die schriftliche Beschwerde eines seiner Ausspähungsopfer vom Januar 1994 blieb so lange unbeantwortet, bis die Kammer im September mitteilen konnte, daß man »in der Sache nichts mehr veranlassen« könne, denn Buchholtz unterläge nicht mehr ihrer standesrechtlichen Aufsicht – die Kanzleigeschäfte hatte inzwischen sein Vertreter übernommen.

Der Inoffizielle Mitarbeiter »Christoph« wird auch in einer Konzeption zur Bekämpfung des Westberliner Komitees zur Freilassung Rudolf Bahros vom Februar 1979 an erster Stelle genannt. Das Komitee war entstanden, nachdem der ehemalige SED-Funktionär Rudolf Bahro aufgrund der Veröffentlichung eines kritischen Buches über den real existierenden Sozialismus 1977 verhaftet und anschließend wegen »Spionage« zu acht Jahren Haft verurteilt worden war. Im November 1978 organisierte das Komitee einen internationalen Kongreß in Westberlin, an dem Bahros nur im Westen erschienenes Buch öffentlich diskutiert wurde. Der Kongreß wurde von der Stasi rundum überwacht, unter anderem durch einen als »absolut zuverlässig« geschilderten Agenten der HVA-Abteilung II/6 und durch den inoffiziellen Mitarbeiter »Karl Ernst«, der auch im Schutzkomitee Freiheit und Sozialismus mitarbeitete.[98] Wenig später eröffnete die Stasi-Hauptabteilung XX/5 einen Operativ-Vorgang, in dem fast dreißig Personen ausgeforscht und »bearbeitet« wurden.

Ziel der geheimdienstlichen Maßnahmen war, einer Konzeption vom Februar 1979 zufolge, die »allseitige Aufklärung« der Komitee-Mitglieder und ihre »Bearbeitung mit offensiven Mitteln und Methoden im Operationsgebiet«. Dazu sollten neben Buchholtz (»Christoph«) noch fünf weitere IM zum Einsatz kommen, darunter der DDR-Forscher Walter Völkel (»Walter Rosenow«) und das Frankfurter Agentenpärchen Diether Dehm (»Willy«) und Christa Desoi (»Christa«). Darüber hinaus waren solche Diensteinheiten mit von der Partie, die »über günstige inoffizielle Möglichkeiten der Aufklärung« verfügten. Als erstes wurden die Komiteemitglieder »in Fahndung« gestellt beziehungsweise mit Einreiseverbot belegt und ihr Briefverkehr überwacht. Alle einlaufenden Informationen über Emigranten aus sozialistischen Ländern, die mit dem Bahro-Komitee in Verbindung standen, wurden den »befreundeten Diensteinheiten« des Ostblocks gemeldet.[99] Für ihre Agenten formulierte die Stasi einen umfangreichen »Informationsbedarf« mit den »aufklärungsmäßig zu beschaffenden Informationen«.[100] Die Bearbeitung des Komitees erfolgte »mit der Zielstellung des Nachweises von Verbrechen dieser Feindgruppe bzw. von Einzelpersonen gemäß §§ 100 [Landesverräterische Agententätigkeit], 106 [Staatsfeindliche Hetze] und 107 [Verfassungsfeindlicher Zusammenschluß]« des Strafgesetzbuches der DDR.[101]

Schon nach wenigen Wochen konnte die Stasi einen ausführlichen Überblick über die Arbeit des Komitees geben. In einem neunzehnseitigen Sachstandsbericht vom Mai 1979 heißt es, daß die durch IM beschafften Dokumente des Bahro-Komitees »eindeutig« den Straftatbestand der staatsfeindlichen Hetze erfüllten. Im Mittelpunkt der Bearbeitung stünden die sechsundzwanzig bekanntgewordenen Mitglieder des Komitees sowie dreiundzwanzig weitere Personen, die bereits beim Bahro-Kongreß mitgewirkt hatten. Eine Adressenliste war beigefügt, viele von ihnen hatten inzwischen Einreiseverbot. Daß einige weiterhin in die DDR durften – was den Beteiligten seinerzeit nicht recht erklärlich war –, hatte einen einfachen Grund: »Gegen einige Personen wurden keine Sperr- und Fahndungsmaßnahmen eingeleitet, um die Erhaltung von Möglichkeiten der offensiven Bearbeitung und die Sicherheit der eingesetzten IM zu garantieren.«[102] Wenn alle gesperrt gewesen wären, hätten auch die Spitzel nicht mehr reisen können.

Richtig in Gang kam die Stasi-Maschinerie im Juni 1979. In einem zehnseitigen Maßnahmeplan wurde festgelegt, daß die Inoffiziellen Mitarbeiter »Christoph« (Hans-Christoph Buchholtz), »Walter Rosenow« (Walter Völkel) und »Peter« (Karl Heinz Schmidt-Schmierer) das Bahro-Komitee ausspionieren und für Stör- und Verunsicherungsmaßnahmen eingesetzt werden sollten. Die Spitzel galten als »wichtigstes Mittel für eine offensive Bearbeitung sowie zur zielgerichteten Informationsgewinnung.« Auch ein ungenannter Agent der HVA, der von Hauptmann Melzer geführt wurde, sollte genutzt werden und »Voraussetzungen zur Einleitung von Zersetzungs- bzw. Verunsicherungsmaßnahmen« schaffen. Die West-IM »Wolfgang«, »Renate«, »Beyer«, »Gerhard Büchner«, »Wenzel« und »Peter Vogel« hatten die Wohnhäuser und Wohnungen der Komiteemitglieder auszukundschaften. Der Sitz des Komitees – ein Zimmer in der Wohnung eines Mitgliedes – sollte durch einen IM mit »Fotodokumentation« ausgeforscht werden. Andere Diensteinheiten mit inoffiziellen Ausforschungsmöglichkeiten sollten systematisch hinzugezogen werden. Telefonanschlüsse, Schlösser, Schlüssel und Schreibmaschinen waren »aufzuklären«, einschließlich »Entnahme von Schriftproben«. Der IM »Peter« sollte Handschriften der Komiteemitglieder beschaffen, damit sie in der »Schriftenvergleichskartei« der Stasi gespeichert werden konnten. Der IM »Wolfgang« erhielt den Auftrag, das Postfach des Bahro-Komitees auszukundschaften, wobei die Stasi besonders die genaue Lage, An- und Abfahrtswege sowie »Personenbegängnis« interessierten. Für die Durchführung sogenannter offensiver Maßnahmen zur »Einschränkung und Unterbindung des Wirksamwerdens der feindlichen Angriffe gegen die DDR« wurde ein eigener Plan erarbeitet, der jedoch nicht überliefert ist.[103]

Bereits im Dezember 1979 konnte die Stasi resümieren, daß es gelungen sei, durch Einschleusung von IM in das Bahro-Komitee sowie durch die Zusammenarbeit mit anderen Diensteinheiten, insbesondere den HVA-Abteilungen X und XII, die inoffizielle Kontrolle »im wesentlichen zu garantieren«. Von den Sitzungen des Komitees erhielt sie ausführliche Protokolle. Durch Einreiseverbote gegen aktive Mitglieder sei es gelungen, diese teilweise zu verunsichern. Eine gezielte Verunsicherungsmaßnahme gegen das Komiteemitglied Jürgen Graalfs habe bei diesem zu beruflichen Schwierigkeiten geführt.[104] Tatsächlich hatte der Inoffizielle Mitarbeiter Walter Völkel (»Walter Rosenow«) im Auftrag der Stasi beim Personalchef des Schering-Konzerns – dem Arbeitgeber des Rechtsanwaltes – angerufen und damit gedroht, daß Graalfs' politische Aktivitäten die Ost-Geschäfte des Konzerns gefährden würden. Darüber hinaus müssen noch weitere Maßnahmen ergriffen worden sein, denn die beruflichen Schwierigkeiten waren, wie es in einem späteren Bericht heißt, durch enges Zusammenwirken mit der Aufklärungsabteilung XV der Berliner Bezirksverwaltung für Staatssicherheit und den Einsatz zweier Inoffizieller Mitarbeiter der Hauptabteilung XX/5/1 bewirkt worden.[105]

In einem siebzehnseitigen Sachstandsbericht vom April 1980 werden die Ergebnisse der Stasi-Operationen noch einmal zusammengefaßt: Eingeschleust in das Komitee wurden danach die Inoffiziellen Mitarbeiter »Peter«, »Ulli«, »Franz« und »Jerry«, von denen letzterer für die HVA arbeitete. Einem Bericht des *Spiegel* zufolge handelte es sich dabei um den Sekretär des Komitees, Jerry Hodges, der einen Raum seiner Wohnung dem Komitee als Büro zur Verfügung gestellt hatte und unter anderem für den *Berliner Extra-Dienst* schrieb.[106] Aus »peripheren Bereichen« berichteten Walter Völkel (»Walter Rosenow«) sowie IM der HVA-Abteilung X. Das Büro des Komitees war inzwischen wie geplant »aufgeklärt« worden. Auch über Einnahmen und Ausgaben des Komitees konnten detaillierte Angaben »inoffiziell erarbeitet werden«. Bekannt geworden war der Stasi überdies, daß Jürgen Graalfs an der »Einschleusung von Hetzliteratur« in die DDR beteiligt gewesen war. Auch der Verlag Olle und Wolter, der über den Bahro-Kongreß ein Buch gemacht hatte, war »territorial aufgeklärt« worden, zudem sind Hinweise auf Zersetzungsmaßnahmen gegen den Verlag überliefert.[107] Alle wesentlichen Aktivitäten des Komitees, von der Finanzierung der Arbeit über die Kontakte zu Politikern, Journalisten und Gewerkschaftern bis hin zu Auflagenzahl und Druckort der Flugblätter, waren der Stasi bekannt. Nur den ersehnten Nachweis über die geheimdienstliche Steuerung des Komitees oder wenigstens Geheimdienstverbindungen einzelner Mitglieder konnte sie nicht erbringen.

Obwohl sich das Komitee nach der Freilassung und Ausreise Bahros im Dezember 1979 offiziell auflöste, wurden die ehemaligen Mitglieder von der Stasi jahrelang weiter ausspioniert. »Die Notwendigkeit der Bearbeitung«, so heißt es in einem Maßnahmeplan vom April 1980, »erfolgt auf der Grundlage der gewonnenen Erkenntnisse und Erfahrungen, daß der aktive Kern des ehemaligen Komitees [...] weiterhin feindlich gegen die DDR wirksam wird.« Jetzt warf man dem früheren Sprecher Rudolf Steinke vor, eine »Sozialistische Konferenz« in Hannover vorzubereiten. Mit einem gesonderten Plan wurden erneut »offensive Maßnahmen zur Verunsicherung« eingeleitet. Der Rechtsanwalt Jürgen Graalfs wurde zusätzlich einer »Operativen Personenkontrolle« unterworfen.[108] »Da die angeführten Personen in den letzten anderthalb Jahren nicht aktiv in Erscheinung getreten sind«, so legte die Stasi im November 1981 unfreiwillig paradox fest, »werden die bereits eingeleiteten Kontrollmaßnahmen weitergeführt.« Wieder sollte ein gesonderter »Maßnahmeplan zur Verunsicherung bzw. weiteren Zersetzung« erarbeitet werden.[109] Erst 1985 wurde der Vorgang eingestellt – die Mehrzahl der Mitglieder sei seit der Auflösung des Komitees »nicht mehr feindlich in Erscheinung« getreten.[110]

Die Stasi in Frankfurt am Main

Der lange Arm der Stasi reichte nicht nur bis nach Westberlin, Hamburg oder Köln. Ein Beispiel für die Verfolgung SED-kritischer Gruppierungen weitab vom Machtbereich der SED ist auch die Internationale Gesellschaft für Menschenrechte (IGfM) in Frankfurt am Main. Die 1972 entstandene Organisation engagierte sich gegen Menschenrechtsverletzungen in kommunistischen Staaten und unterstützte Häftlinge und Ausreisewillige in der DDR. Seit 1976 wurde sie deshalb vom MfS in einem Feindobjekt-Vorgang, seit 1979 im Zentralen Operativ-Vorgang »Zentrale« bearbeitet, von dem allein mehr als 60 Aktenordner überliefert sind.[111] Ziel war es, wie es in einer »Bearbeitungskonzeption« vom April 1976 heißt, »die Pläne, Absichten und Maßnahmen, ihre Struktur, Arbeitsweisen, insbesondere ihre konspirativen Mittel und Methoden der gegen die DDR gerichteten feindlichen Aktivitäten aufzudecken und zielstrebig zu bearbeiten, um sie durch inoffizielle und offizielle Maßnahmen zu zerschlagen«.[112]

Bereits kurz nach Anlage des Feindobjekt-Vorgangs tauchten in der Bundesrepublik gefälschte Schreiben der Gesellschaft auf, mit denen ihre Arbeit diskreditiert und gestört werden sollte. In einem Brief an ausländische Arbeitnehmer »verpflichtete« sich die Gesellschaft beispielsweise, sofort Hilfsmaßnahmen zu deren Unterstützung zu treffen, wenn sie der Meinung seien, daß sie nicht alle Grundrechte in der Bundesrepublik ausüben könnten und sich deshalb an die Gesellschaft wenden würden. In einem anderen Rundschreiben bot sie türkischen Verbänden ihre Hilfe an und erklärte, daß man die vielfältigen Verletzungen der Menschenrechte in der Bundesrepublik nicht länger dulden werde. Über Jahre hinweg bemühte sich die Stasi zudem, die IGfM geheimdienstlich zu infiltrieren. Allerdings gelang es ihr nach eigenem Eingeständnis bis 1983 nicht, »unter den hauptamtlichen und ehrenamtlichen Mitgliedern der Zentrale [in] Frankfurt/Main und unter den einflußreichsten Funktionären eine inoffizielle Basis zu schaffen«.[113]

Dies hinderte die Stasi freilich nicht, zielstrebig Ansatzpunkte herauszuarbeiten »für die Durchführung von offensiven Maßnahmen zur Störung, Verunsicherung, Lähmung bis zur Liquidierung feindlicher Kräfte im Operationsgebiet beziehungsweise Stützpunkte im Innern der DDR«.[114] Die Menschenrechtsorganisation sollte diskreditiert werden und ihr Rückhalt in Politik und Gesellschaft der Bundesrepublik, aber auch bei DDR-Bürgern geschwächt werden. Zu diesem Zweck suchte die Stasi systematisch nach Informationen, die geeignet waren, führende Mitglieder der IGfM zu kompromittieren und ihre Arbeit als unseriös, entspannungsfeindlich und antikommunistisch zu geißeln. Darüber hinaus ging es dem MfS um »Erfindung oder Fälschung von Informationen zum Zwecke der Hetze und Verleumdung u.a.m. für öffentlich wirksame, politisch-diplomatische oder andere spezifische offensive politisch-operative Maßnahmen«. Das so zusammengetragene Material wurde nach Möglichkeit veröffentlicht oder gezielt in das politische Umfeld und in die »existenzwichtigen Verbindungen« der Organisation hineingetragen. Die überlieferten Akten dokumentieren eine Fülle derartiger »aktiver Maßnahmen«, mit denen das MfS die IGfM politisch zu neutralisieren suchte. Immer wieder gelang es, die Gesellschaft öffentlich in Mißkredit zu bringen und von ihrem eigentlichen Anliegen abzulenken. Wie weit ihre Stigmatisierung ging, zeigt die Entscheidung des Deutschen Evangelischen Kirchentages, der IGfM zu untersagen, auf dem Markt der Möglichkeiten 1989 in Berlin mit einem Stand über ihre Arbeit zu informieren – während die kommunistische SEW problemlos zugelassen wurde. Linksorientierte Gewalttäter hatten 1987 und 1989 die IgfM-Vertreter auf dem Kirchentag sogar tätlich angegriffen.[115]

Ganz ähnlich verfuhr die Stasi mit der kleinen, aber wirkungsvollen Menschenrechtsorganisation »Hilferufe von drüben« (Hvd), die sich im westdeutschen Lippstadt für die Freilassung politischer Häftlinge in der DDR einsetzte und dazu unter anderem Appelle der Betroffenen im Zweiten Deutschen Fernsehen ausstrahlen ließ. Im Rahmen des Zentralen Operativ-Vorganges »Kontra« wurden insgesamt dreiundachtzig Inoffizielle Mitarbeiter auf den 1977 vom ZDF-Redakteur Gerhard Löwenthal mitgegründeten Verein angesetzt; zwanzig Stasi-Hauptamtliche waren allein dafür abgestellt, Hvd und IfGM zu bekämpfen. Ziel war es, einer »Bearbeitungskonzeption« vom April 1987 zufolge, die »personelle Basis« der Gruppe »zu verunsichern und zu diskriminieren sowie an ihrer Zersetzung zu arbeiten«. Durch umfassende Ausforschung und Einschüchterung der Organisatoren wollte die Stasi die »Auflösung der Organisation bzw. Einstellung der gegen die DDR gerichteten subversiven Aktivitäten« erreichen.[116]

Der Aufwand, mit dem die Stasi dieses Ziel verfolgte, wirkt im nachhinein geradezu grotesk. Über Monate hinweg wurde der gesamte Postverkehr zwischen Lippstadt und der DDR kontrolliert; praktisch alle persönlichen Verbindungen in die Kleinstadt wurden durchleuchtet, um potentielle Spitzel herauszufiltern. Zwar gelang es nicht, einen solchen in den inneren Kreis der Organisatoren einzuschleusen, doch mit sogenannten »offensiven Maßnahmen« im Rahmen der Aktion »Natter« übte die Stasi massiven Druck aus.

Ein Beispiel dafür ist das Vorgehen des Staatssicherheitsdienstes gegen das Siebte Bundestreffen der Organisation im Dezember 1984. Auskunft darüber gibt eine ausführliche »Vorlage«, die, wie bei allen derartigen Maßnahmen, Mielke oder einem seiner Stellvertreter vorgelegt werden mußte – eines der wenigen überlieferten Aktenstücke, das die Vorgehensweise des MfS auf diesem Gebiet dokumentiert. Das Papier beschreibt minutiös, wie die Organisatoren des Treffens durch eine fingierte Terrordrohung angeblich rechtsextremer Kreise eingeschüchtert werden sollten. Zu diesem Zweck sollten schon im Vorfeld fünf anonyme Anrufe – bei Journalisten, beim Besitzer der Tagungsstätte und beim Bürgermeister von Lippstadt – durchgeführt werden, bei denen es um die Möglichkeit eines Bombenanschlages gehen sollte; Text und »Legendierung« der Anrufe waren Wort für Wort vorformuliert. Eine Viertelstunde nach Eröffnung der Veranstaltung sollte dann die eigentliche Bombendrohung erfolgen – Text: »Wir werden uns Ihr Eintreten für eingeschleustes kommunistisches Pack, das uns die Arbeitsplätze wegnimmt, nicht länger gefallen lassen. [...] Heute noch wird es im Hotel bei Euch knallen«. Als letzte Stufe sollten Mitarbeiter der Gruppe und Lokalgrößen aus Lippstadt wenig später eine Trauerkarte bekommen, auf der zu lesen war: »In tiefer Trauer teilen wir mit, daß durch einen tragischen Unglücksfall in Ausübung seiner Funktion der Vorsitzende des Vereins ›Hilferufe von drüben‹, Claus Peter Clausen, für uns alle unfaßbar plötzlich und unerwartet verstorben ist. Die Trauerfeier findet am Donnerstag, dem 13. 12. 1984, 14.00 Uhr in der Halle ›Am Friedhof‹ (Kernstadt) statt. Lippstadt, am 5. 12. 1984. Die Hinterbliebenen.« Die Stasi ging wohl nicht zu Unrecht davon aus, daß durch ihre Aktion der Verlauf der Veranstaltung gestört würde und Helfer und lokale Stellen von einer Unterstützung abgeschreckt würden. Das weitergehende Kalkül aber lautete: »Die im Führungskern vorhandene Unsicherheit und die Furcht Clausens vor weiteren Maßnahmen gegen die Feindorganisation verstärken sich.«[117]

»Feindobjekt« Amnesty International

Das Vorgehen der Stasi richtete sich nicht allein gegen echte oder vermeintliche Gegner des DDR-Sozialismus. Das hypertrophe Feindbild führte vielmehr dazu, daß die Stasi überall im Westen Gefahren und Angriffe witterte und die unterschiedlichsten Gruppierungen und Strömungen auf die schwarze Liste

»feindlicher Stellen« setzte: Maoisten, Trotzkisten, blockübergreifende Friedensgruppen, selbst das Bundesamt für gewerbliche Wirtschaft in Frankfurt am Main oder die Umweltorganisation Greenpeace wurden vom MfS nachrichtendienstlich bekämpft. Als letztes Beispiel aus der langen Reihe der Feindobjekte im Westen sei deshalb die Menschenrechtsorganisation Amnesty International (AI) genannt, die seit 1977 von der HVA in einem Zentralen Operativ-Vorgang bearbeitet wurde und, im Gegensatz zu den vorgenannten Gruppierungen, gegenüber der DDR eher auf stille Diplomatie setzte als auf öffentliche Proteste. Obwohl der Vorgang selbst nicht überliefert ist, geben die übriggebliebenen Dokumente zumindest teilweise Aufschluß, wie der Staatssicherheitsdienst gegen die Menschenrechtsorganisation vorging.[118]

Erich Mielke persönlich hatte 1977 auf einer zentralen Dienstkonferenz die »politisch-operative Bearbeitung von ›Amnesty International‹« angeordnet.[119] Im darauffolgenden Jahr rühmte er sich in einer Rede, daß eine ganze Reihe von Menschenrechtsvereinigungen als »Feindzentralen« entlarvt worden seien; bei Amnesty International müsse man sich jedoch – ähnlich wie bei dem Schriftsteller Heinrich Böll – aus taktischen Gründen größere Zurückhaltung auferlegen, was jedoch nichts an deren »antisozialistischem Charakter« ändere.[120] Auch in einer umfangreichen Untersuchung aus dieser Zeit wird darauf hingewiesen, daß bei der »Abwehr und Bekämpfung der AI-Machenschaften« ihr international anerkannter Status beachtet und deshalb »differenziert« vorgegangen werden müsse.[121]

Konkret ging es der Stasi darum, in die »Organe und aktivsten nationalen Sektionen einzudringen, um deren Pläne und Aktivitäten zu erkunden, zu entlarven und wirksam zu bekämpfen«. Von besonderem Interesse waren dabei die AI-Zentrale in London, die westdeutsche Sektion sowie die Sektionen in denjenigen Ländern, die sich mit der DDR beschäftigten.[122] Da politische Gefangene der DDR nicht von bundesdeutschen Gruppen betreut wurden, war es für das MfS allerdings schwieriger, in diese einzudringen, als bei westdeutschen Menschenrechtsorganisationen. Darüber hinaus wollte man die Zusammenarbeit von AI mit anderen »feindlichen« Organisationen und Einrichtungen erkunden. Insgesamt hatte man Ende der siebziger Jahre 111 haupt- oder ehrenamtliche Mitarbeiter in London und achtundsechzig Westdeutsche ermittelt, die sich bei AI engagierten.[123] Aus den nachrichtendienstlich gewonnenen Erkenntnissen sollten unter anderem »beweiskräftige Dokumentationen für die öffentlichkeitswirksame Entlarvung der subversiven Pläne und Aktivitäten von AI« erarbeitet werden. Wörtlich wurde in der zitierten Untersuchung unter Beachtung der »Grundsätze der Differenzierung« die »Erkundung des Vorhandenseins beziehungsweise Einschleusung progressiver, humanistischer Kräfte in die Zentrale, in einzelne nationale Sektionen, Bezirks- und Adoptionsgruppen« verlangt, um damit »Voraussetzungen für deren Unterwanderung, Zersetzung und Abschwächung der antikommunistischen Hauptstoßrichtung zu schaffen«.[124]

Wieweit dies der Stasi gelang, ist bis heute ungeklärt. Zuständig für die nachrichtendienstliche Bearbeitung der AI-Zentrale in London war die HVA-Abteilung III, deren Referat III/A/1 in Großbritannien und weiteren westeuropäischen Ländern operierte und in England unter anderem die Agenten »Armin«, »Sender« und »Diana« geführt haben soll.[125] Ein IM »Nero« sollte 1973 Kontakte zu AI-Mitarbeitern herstellen.[126] Im Ehrenpräsidium von Amnesty International saß Ende der siebziger Jahre der FDP-Politiker und HVA-Agent William Borm. Ein IM »Werner« berichtete der Stasi-Kirchenabteilung 1978 über den Verlauf einer »Monatsversammlung« des AI-Bezirks Westberlin.[127] Und in einem Auskunftsbericht der für die DDR-Gefängnisse zuständigen Stasi-Abteilung wurden 1983 detaillierte Überlegungen angestellt, wie der »Einsatz bereits vorhandener IM sowie die Gewinnung neuer« zur Ausforschung von AI erfolgen solle, mit dem Ziel der Nutzung von solchen Mitgliedern, »die hauptamtlich tätig sind [...] oder über Einflußmöglichkeiten verfügen«.[128] Auch aus einem Plan für die Zusammenarbeit mit dem KGB aus dem Jahr 1986 geht hervor, daß die Hauptabteilung XX ihre »Möglichkeiten« zur Beschaffung von Informationen über Pläne, Absichten und Aktivitäten der Menschenrechtsorganisation nutzen wollte.[129]

Der Reformprozeß im sowjetischen Lager brachte die SED Ende der achtziger Jahre auch in Sachen Amnesty International in eine schwierige Lage. Mit ihrer dogmatischen Haltung zu Menschenrechtsfragen bei der Wiener Folgekonferenz der KSZE hatte sich die DDR von ihren Verbündeten zunehmend isoliert – vollends ratlos machte die Staatssicherheit der im Abschlußdokument vom Januar 1989 enthaltene Beschluß, das Engagement von Nicht-Regierungsorganisationen (NGO) auf diesem Gebiet in Zukunft zu respektieren.[130] In einer internen Ausarbeitung hieß es wenig später: »Noch im Februar 1989 wurde eingeschätzt, daß es sich dabei, insbesondere bei ›AI‹, um eine ›von imperialistischen Geheimdiensten unterstützte Organisation‹ handelt, deren Hauptstoßrichtung ›die Verleumdung sozialistischer Staaten und progressiver Entwicklungsländer‹ ist«. Einen ähnlichen Standpunkt hätten lange Zeit auch die anderen sozialistischen Staaten vertreten, doch im Ergebnis tiefgreifender Umgestaltungsprozesse in den sozialistischen Ländern habe sich die Position einiger dieser Staaten gegenüber Amnesty International wesentlich geändert: »Sie akzeptieren diese NGO nunmehr als Dialogpartner.«[131] Die SED stand mit ihren Feindbildern zunehmend allein.

DIE HOCHSCHULEN –
KADERSCHMIEDEN DES MFS

Es war wie ein Stich ins Wespennest: Als Studenten der Gesamthochschule Kassel im Sommer 1998 den förmlichen Antrag stellten, Wissenschaftler und höhere Verwaltungsbeamte auf eine frühere Tätigkeit für das Ministerium für Staatssicherheit zu überprüfen, lösten sie in der Professorenschaft eine Welle empörter Reaktionen aus. Der Stadtplaner Pfromm bezeichnete den Antrag als »bescheuert« und meinte, nun solle auch noch im Westen »ohne Not auf Hexenjagd gegangen werden«. Der Psychologe Lantermann stand ihm bei und erklärte, die »Fehler«, die im Osten begangen worden seien, »müssen wir doch nicht wiederholen«. Auch der Präsident der Hochschule, Hans Brinckmann, wandte sich gegen eine »Schleierfahndung in den Stasi-Unterlagen« und verglich sie mit dem »Radikalenerlaß« der siebziger Jahre. Wer die prinzipielle Unschuldsvermutung gegen den prinzipiellen Verdacht eintausche, stelle den Rechtsstaat in Frage. Eine große Koalition aus allen politischen Lagern stimmte schließlich für den Antrag des Vertreters der konservativ-liberalen Professorenliste, das Thema zu vertagen. Im Oktober 1998 wurde er gänzlich zurückgewiesen. Die Vertreter der Juso-Hochschulgruppe und der Freien Liste, die den Antrag eingebracht hatten, zeigten sich enttäuscht und meinten, jene Professoren, die mit Jürgen Habermas den kritisch-rationalen Diskurs gefordert hätten, seien selber zu diesem offenbar nicht mehr fähig.[1]

Dabei gab es durchaus Anlaß, auch im provinziellen Kassel nach ehemaligen Stasi-Spitzeln zu forschen. Schon drei Jahre zuvor hatte die Hochschule ein disziplinarrechtliches Vorermittlungsverfahren gegen den Wirtschaftsprofessor und Mitbegründer der Gesellschaft für Deutschlandforschung, Ludwig Bress einleiten müssen, nachdem die Bundesanwaltschaft Ermittlungen wegen des Verdachts des Landesverrats aufgenommen hatte. Auslöser waren Aktenfunde über eine IM-Tätigkeit in den Jahren 1957 bis 1967 gewesen. Das Verfahren, das normalerweise nach sechs Monaten abgeschlossen sein sollte, zog sich so lange hin, bis Bress in den vorzeitigen Ruhestand treten konnte und die Hochschule keine rechtliche Handhabe mehr zur Akteneinsicht hatte. Im Oktober 1996 tauchten dann weitere Teile seines IM-Vorgangs »Berger« auf, die aus zerrissenen Unterlagen zusammengesetzt worden waren. Zwölf Bände mit knapp 4000 Seiten dokumentierten jetzt eine rund dreißigjährige Agententätigkeit für die Hauptabteilung XX/4, zu der auch der Gebrauch geheimdienstlicher Mittel wie chiffrierte Funkverbindungen oder Geheimtinte gehörte.[2] Eine weitere ehemalige Universitätsangestellte, die einstige zweite Kasseler Frauenbeauftragte Heidemarie Regus (IM »Bärbel Ziegler«), hatte zusammen mit ihrem Mann Folke (IM »Rolf Köster«) für die Stasi jahrelang »Ermittlungen« durchgeführt und bereits als Studentin die politischen Gruppen an der Gesamthochschule ausgeforscht.[3]

Tatsächlich bildeten die Universitäten der Bundesrepublik ein zentrales Aktionsfeld des Staatssicherheitsdienstes. Seit Gründung der DDR-Geheimpolizei lagen sie im Visier des Ministeriums, in kaum einem anderen Bereich der westdeutschen Gesellschaft war das MfS quantitativ bis zuletzt so präsent wie hier.[4]

Der DDR-Staatssicherheit ging es dabei nicht vorrangig um Informationsbeschaffung. Die traditionell an den Hochschulen betriebene Grundlagenforschung wurde vom Staatssicherheitsdienst vielmehr als »wenig ergiebig« betrachtet. Realistischerweise ging man davon aus, daß die allerorten gesuchten Informationen über die »Pläne, Absichten und Maßnahmen des Feindes« an den Universitäten kaum zu finden seien. Allerdings ergäben sich durch die vielfältigen Verbindungen der Hochschulen zu den »feindlichen Zentren« in Wirtschaft, Politik oder Militär durchaus bedeutsame »Ressourcen«.[5]

Relevant erschien der Staatssicherheit dabei besonders die Auftrags- und Drittmittelforschung an den Universitäten, als, wie man meinte, »vorherrschende« Form der Verbindung zu den als »feindlich« eingestuften Institutionen. Inhaltlich interessierte man sich vor allem für die DDR- und Osteuropaforschung an den Universitäten, etwa am Osteuropa-Institut der Freien Universität Berlin, am Institut für Ostrecht an der Universität Kiel und an anderen einschlägigen Instituten.[6] »Aufklärungsnotwendigkeit« bestand nach einer MfS-internen Untersuchung aus dem Jahr 1976 über die »politisch-operative Bearbeitung der Hochschulen« in der Bundesrepublik auch im Fall des Sonderforschungsbereiches 10 der Freien Universität Berlin (»Die Sowjetunion und ihr Einflußbereich seit 1917«), da hier durch die zentrale Zusammenführung von 48 Wissenschaftlern aus 11 Wissenschaftsdisziplinen »eine neue Qualität« entstanden sei.[7]

Als wichtig wurden zudem Forschungen eingestuft, denen in den Augen des MfS eine militärische Bedeutung zukam – beispielsweise Untersuchungen am Mikrobiologischen Institut der Universität Göttingen, im Fachbereich Chemie der Universität Freiburg oder im Sonderforschungsbereich »Flugführung« der Technischen Universität Braunschweig, um nur einige Beispiele aus den siebziger Jahren zu nennen. Auch persönlichen Verbindungen von Hochschullehrern zu »militärischen Zentren«, wie im Fall des wissenschaftlichen Beirats beim Bundesministerium für Verteidigung, dem zwanzig Professoren und Wissenschaftler angehörten, sei große Aufmerksamkeit zu widmen.[8]

Verbindungen zu anderen Regierungseinrichtungen, etwa im Rahmen der Beratungs- und Gutachtertätigkeit von Hochschullehrern, erschienen dem MfS ebenfalls von Bedeutung, wobei man zwischen den einzelnen Politikfeldern große Unterschiede machte: »Während zum Beispiel ein wissenschaftlicher Beirat beim Gesundheitsministerium kein politisch-operatives Aufklärungsinteresse begründet, ist das beim Arbeitskreis für vergleichende Deutschlandforschung beim Minister für innerdeutsche Beziehungen unbedingt der Fall. Ein Hochschullehrer, der zum Beispiel ein führendes Mitglied dieses Arbeitskreises ist, bietet Möglichkeiten zur Erarbeitung politisch-operativer Informationen.« Als »wertvolle Informationsträger« wurden auch solche Professoren betrachtet, die persönliche Verbindungen in die Regierung hatten, wie Karl-Dietrich Bracher und Hans-Adolf Jacobsen, oder solche, die in einer Partei ein hohes Amt bekleideten, wie Horst Ehmke (SPD), Werner Maihofer (FDP) oder Kurt Biedenkopf (CDU).[9]

Zur »Förderung des revolutionären Weltprozesses«, so die erwähnte MfS-Untersuchung, sei es auch erforderlich, nach Möglichkeiten zu suchen, wie die beschafften Informationen politisch genutzt werden könnten. Durch »aktive Maßnahmen« wollte man die Position der DDR-freundlichen Kräfte an den Universitäten stärken. Voraussetzung dafür waren nach Ansicht des MfS genaue Kenntnisse über die politischen Auseinandersetzungen und Gruppierungen an den Universitäten, damit sich seine Maßnahmen unauffällig darin einfügten und nicht als MfS-gesteuert erkannt würden.[10]

Tatsächlich war die Staatssicherheit in vielen studentischen Gruppierungen durch Inoffizielle Mitarbeiter vertreten. Die Liste der Berichterstatter reicht vom 1961 angeworbenen Gruppenvorsitzenden des SDS am Berliner Otto-Suhr-Institut, Dietrich Staritz (»Erich«), und dem Berliner SDS-Funktionär und späteren Initiator des »Extra-Dienstes«, Walther Barthel (»Kurt«), über die siebzehn Inoffiziellen Mitarbeiter und elf Kontaktpersonen, die Ende der sechziger Jahre der Aufklärungsapparat des MfS in der Berliner Studentenbewegung führte, bis hin zum früheren Bundesvorsitzenden der Studentenorganisation des NPD, Lutz Kuche (»Bakker«).[11] Über das politische Leben an den Universitäten war die Stasi auf diese Weise in der Regel gut informiert. Die von ihr gesammelten Berichte bilden heute einen umfangreichen, kaum genutzten Quellenbestand zur westdeutschen Studentenbewegung.

Das MfS ging davon aus, daß geheimdienstliche Aktionen an den Universitäten »die Politik der Zentren des Feindes in der Tendenz nicht direkt« träfen.

Studenten wurden deshalb auch für »politisch-aktive Maßnahmen« gegen außeruniversitäre Ziele eingesetzt, beispielsweise im Fall der erwähnten Diskreditierungsaktion gegen den CDU-Politiker Rainer Barzel. Zudem war man sich bewußt, daß die konspirative Einflußnahme auf die Universitäten »immenser Kräfte« bedurfte und unter Umständen auch unerwünschte politische Folgen nach sich ziehen könnte. »Mithin sind die Hochschulen nicht das Hauptfeld für politisch-aktive Maßnahmen. Dennoch sind die sich an den Hochschulen bietenden Möglichkeiten für politisch-aktive Maßnahmen zur weiteren Differenzierung des Kräfteverhältnisses zugunsten der Progressiven zu nutzen.«[12]

Die Rekrutierung von »Perspektivagenten«

Die eigentliche Bedeutung der westdeutschen Hochschulen lag für das MfS darin, sie systematisch für die Gewinnung von Nachwuchsagenten zu nutzen – als eine Art Kaderreservoir und Anlernstätte für die spätere geheimdienstliche Arbeit in einem »feindlichen« Objekt. »Die Nutzung des personellen Potentials«, so formulierte es die 1976 erstellte Untersuchung der HVA, bilde den »Schwerpunkt der konzentrierten Bearbeitung.«[13] Ausschlaggebend dafür war, daß hier die Werbung von inoffiziellen Mitarbeitern verhältnismäßig einfach vonstatten ging – einfacher, als in den Zentren der Macht, die oftmals durch besondere Sicherheitsvorkehrungen geschützt waren und deren Mitarbeiter in der Regel wenig Neigung zeigten, sich mit dem MfS einzulassen. Studenten, so die frühzeitige Erfahrung des Staatssicherheitsdienstes, waren mit finanziellen Gegenleistungen oder aufgrund einer regierungskritischen Einstellung als Informanten dagegen leichter anzuwerben als andere Bevölkerungsgruppen. Waren sie erst einmal verpflichtet, gelangten sie, jedenfalls bis zur Bildungsexpansion der siebziger und achtziger Jahre, im Verlauf ihres normalen beruflichen Aufstiegs fast automatisch in eine gehobene und für das MfS interessante Position.

Schon in den fünfziger Jahren schickte das MfS deshalb seine Mitarbeiter in den Westen, um an den dortigen Universitäten Agenten zu werben. In seinem Buch »Ohne Chance« beschreibt der ehemalige HVA-Offizier Hans Eltgen, wie er – damals selber noch Student an der Technischen Hochschule Dresden – in Braunschweig, Hannover, Hamburg, Aachen, Darmstadt, Göttingen, Stuttgart und München Kommilitonen technischer Fachrichtungen observierte und an das MfS zu binden versuchte. »Ich erarbeitete dabei Hinweise auf interessante Personen, prüfte in erster Instanz, ob sie sich für eine Zusammenarbeit eignen könnten, und vermittelte den Kontakt in einem fortgeschrittenen Stadium an andere Mitarbeiter unseres Dienstes, die den jeweiligen Besonderheiten entsprechend legendiert in Erscheinung treten konnten« – etwa, indem sie sich als Mitarbeiter eines unverdächtigen DDR-Institutes ausgaben.[14] Fast immer hätten aktuelle politische Ereignisse, wie das KPD-Verbot (1956) oder der Erfolg der »Sputnik«-Mission (1957), den Ausschlag gegeben, »daß sich meine Gesprächspartner für eine Unterstützung der DDR entschieden«. Bei aller Bescheidenheit habe er, wie viele andere, »eine gehörige Portion beigetragen, das Agentennetz des erst wenige Jahre alten DDR-Aufklärungsdienstes mit aufzubauen.«[15]

Über ähnliche Vorgehensweisen berichtet auch der ehemalige MfS-Offizier Wolfgang Hartmann, der seit 1964 für die HVA arbeitete und als sogenannter »Einzelkämpfer« in der Bundesrepublik eingesetzt war: »In den 60er Jahren suchte und fand ich an Universitäten der BRD Studenten, deren Fach, Leistungsniveau und andere Eigenschaften besonders gute Karrierechancen erwarten ließ.« Die Idee sei gewesen, sie entweder durch politische Überzeugungsarbeit oder durch Vorgaukelung eines anderen Auftraggebers (»unter fremder Flagge«) als sogenannte »Perspektiv-IM« für das MfS zu werben. Tatsächlich hätten seine Kandidaten später »hohe Funktionen in der bundesdeutschen Ministerialbürokratie« erreicht. Die Suche, Werbung und Zusammenarbeit mit den gewonnenen Agenten, so Hartmann über die Besonderheiten seines Gewerbes, habe es erforderlich gemacht, mit den »Regimeverhältnissen« – das heißt, mit den Lebensverhältnissen in der Bundesrepublik – gut vertraut zu sein. »Ich mußte mich glaubhaft wie ein Bundesbürger bewegen, hatte also buchstäblich eine ›Doppelexistenz‹ zu führen. Einmal im mehr technischen Sinn, im Westen also mit falscher Identität, falschen Papieren, ohne verräterische Sprachmelodie und Dialekt. Viel wichtiger war aber, daß ich alles, was in den Beziehungen zu meinen Partnern von Belang sein könnte, nicht nur mit dem eigenen Kopf bedenken mußte, sondern hineinversetzt immer auch in die Denkweise der Partner.«[16]

Die auf diese Weise geworbenen Mitarbeiter im Westen wurden dann selber oft als »Tipper« eingesetzt. Dazu gaben sie regelmäßig Einschätzungen über Personen aus ihrem persönlichen, politischen oder universitären Umfeld und machten Vorschläge für Neuanwerbungen. Das MfS überprüfte dann die Kandidaten mittels verschiedener Quellen und entwickelte ein Konzept zur Werbung. Gelang diese wie vorgesehen, wurde auch der neue IM aufgefordert, »Personenhinweise« zu geben – das Agentennetz der Staatssicherheit verbreiterte sich nach dem Schneeballsystem.

Anschaulich wird dieses Verfahren in dem überlieferten IM-Vorgang von Dietrich Staritz. Aufgewachsen im Westteil Berlins, studierte er ab 1956 an der

Humboldt-Universität in Ostberlin und wurde 1957 in die SED aufgenommen. Nach der Verhaftung seines Bruders und politischen Auseinandersetzungen an der Universität ging er 1958 in den Westsektor, um sein Studium an der damaligen Hochschule für Politik fortzusetzen. Dort wurde er durch seinen Freund Walther Barthel für die Stasi »aufgeklärt und getippt«, er war wie Staritz im SDS aktiv war und arbeitete schon vor diesem für das MfS.[17] »Die Möglichkeit, Staritz zur Mitarbeit zu gewinnen, halte ich grundsätzlich für gegeben«, heißt es in einem Spitzelbericht, der auf die Rückseite eines Geschäftsrundbriefes von Barthels Frau getippt worden war, mit dem sie dem Berliner Fachhandel ein neues Universal-Reinigungsmittel offerierte – offenbar Altpapier, dessen Nutzung das MfS aus Gründen der Konspiration später unterband. Allerdings, so der Bericht, sei ein psychologisch kluges Vorgehen geboten. Recht konkret wird dann empfohlen: »Ich halte es nicht für sinnvoll, wenn Staritz allein durch seine Schwiegermutter angesprochen wird [...]. Die Überzeugung von Staritz sollte von einem Genossen übernommen werden, der auf seine Mentalität flexibel eingehen kann.«[18]

Nach seiner Anwerbung im September 1961 betätigte sich Staritz dann selbst als »Tipper«, indem er, wie erwähnt, der Stasi seitenweise Empfehlungen für die Gewinnung neuer Informanten gab.[19] Das MfS hatte ihm dabei die Perspektive zugedacht, daß er nach Abschluß seiner Promotion eine Assistentenstelle an der Universität übernehmen sollte. Grund war, daß so »ein ständiger Kontakt mit den Studenten möglich wäre und die Aufklärung evtl. geeigneter Kandidaten systematisch erfolgen könnte«.[20]

Richtig bezahlt machten sich die Agenten aber erst, wenn sie – manchmal erst nach Jahren – in ein sogenanntes »Hauptobjekt« eindringen konnten. »Fürsorglich« begleitete das MfS deshalb den beruflichen Aufstieg der angeworbenen Studenten. Monatliche »Stipendienzahlungen« wie an die Kasseler Studenten Wolfgang Fischer und Rudolf Horst Brocke gehörten ebenso dazu wie die »väterlichen« Ermahnungen an den FU-Studenten Dietrich Staritz, sein Studium rasch abzuschließen und ein gutes Examen zu machen. Berufliche Perspektiven, Bewerbungsmöglichkeiten sowie die einzelnen Stufen der weiteren Karriere wurden zumeist detailliert mit dem Führungsoffizier besprochen und, wenn möglich, durch bereits vorhandene IM aktiv befördert.

In Spionageprozessen ist immer wieder deutlich geworden, wie viele Spitzenquellen des MfS bereits während ihrer Studienzeit angeworben worden waren. Der Vortragende Legationsrat im Auswärtigen Amt, Klaus Kurt von Raussendorf, der nach der Wende von einem Überläufer enttarnt wurde, hatte sich schon 1957 während seines Studiums der Geschichte und Germanistik in Berlin aus politischer Überzeugung zu einer Zusammenarbeit bereit erklärt.

Von seiner Führungsstelle bestärkt, hatte er sich im Sommer 1960 beim Bonner Außenministerium als Attaché beworben und wurde 1961 eingestellt. Auch sein Kollege Hagen Blau, ebenfalls Vortragender Legationsrat, wurde 1960 während seines Studiums der Japanologie und Sinologie an der Freien Universität Berlin zur geheimdienstlichen Mitarbeit verpflichtet und bewarb sich, von seinem Führungsoffizier ermuntert, noch im selben Jahr mit Erfolg beim Auswärtigen Amt.[21] Eine hochrangige Quelle für das MfS wurde auch der ehemalige Student der Rechtswissenschaften an der Universität Freiburg, Knut Gröndahl, der sich während seines Studiums 1966 mit einem als Wissenschaftsjournalisten getarnten IM der HVA anfreundete und nach seiner Anstellung beim Bundesministerium für innerdeutsche Beziehungen ab 1972 die HVA (Referat I/5) mit Informationen belieferte.[22] Eine steile Karriere als Fachmann für Ost-West-Beziehungen machte nicht zuletzt der Politikwissenschaftler Hanns-Dieter Jacobsen, der 1968 als Vierundzwanzigjähriger von der HVA angeworben worden war und es bei seiner Festnahme im Oktober 1992 bis zum Dekan des Otto-Suhr-Institutes der Freien Universität (FU) Berlin gebracht hatte.[23]

Auf Agentenwerbung an bundesdeutschen Hochschulen gingen fast alle »operativen« Diensteinheiten der Staatssicherheit – auch die, deren Aufgaben eigentlich vorrangig im Innern der DDR lagen. Während Eltgen und Hartmann für die HVA Agenten rekrutierten, zu der auch von Raussendorf und Blau zählten, war Staritz von der Hauptabteilung V/6 angeworben worden, die vor allem SED-Kritiker bekämpfen sollte. Nach einer Umbenennung war für Staritz dann ab 1964 die Hauptabteilung XX/5 verantwortlich,[24] aus deren Tätigkeit im »Operationsgebiet« ein ganzer Schwung von IM-Akten überliefert ist. Einige ihrer West-IM wirkten ebenfalls über Jahre hinweg an der FU, etwa der Student und spätere Assistent im Bereich Publizistik, Peter Heilmann (IM »Adrian Pepperkorn«), der später an die Evangelische Akademie ging, oder der wissenschaftliche Mitarbeiter im Arbeitsbereich DDR-Forschung und Archiv, Walter Völkel (IM »Walter Rosenow«).[25] An der Bremer Universität arbeitete deren Pressesprecher Wolfgang Schmitz (IM »P. Lothringer«) für die Abteilung.

Darüber hinaus wurden die Westberliner Universitäten von der Aufklärungsabteilung XV der Stasi-Verwaltung Groß-Berlin infiltriert, die in den sechziger Jahren eine eigene »Arbeitsgruppe D« unterhielt, in der vier hauptamtliche Mitarbeiter ausschließlich »an der Werbung Westberliner Studenten« arbeiteten.[26] Über die Zahl der auf diese Weise angeworbenen Studenten sind bislang keine Angaben aufgefunden worden, doch allein in der Westberliner APO verfügte diese Abteilung 1969 über acht Inoffizielle Mitarbeiter (IM) und drei Kontaktpersonen (KP). Systematisch bearbeitet wurden die westdeutschen Universitäten auch von den anderen Bezirksverwaltungen der Staatssicherheit, von den »operativen« Hauptabteilungen und Abteilungen der Stasi-Zentrale sowie vor allem von der HVA, die in den Organisationen und Gruppen der APO in Westberlin noch einmal elf IM und fünf KP führte.[27] Resümierend heißt es in einer »Diplomarbeit« der Stasi aus dem Jahr 1968, »daß die Abteilungen XV der Bezirke und auch die HV A sehr konzentriert an den Westberliner Universitäten arbeiten«.[28]

Die angeworbenen Studenten wurden frühzeitig zur regelmäßigen Berichterstattung »erzogen«. Heilmann, der sich 1956 zur Mitarbeit verpflichtete und sein Studium an der FU Berlin im Auftrag des MfS aufnahm, berichtete unter anderem über die Gewerkschaftliche Studentengemeinde, den Sozialistischen Deutschen Studentenbund (SDS), den Internationalen Studentenbund, den Verband Deutscher Studentenschaften (VDS) und eine Unterorganisation dieses Verbandes, den Studentischen Arbeitskreis. Aus der FU informierte er auftragsgemäß über seine Verbindungen zu Studenten, Beschäftigten, Assistenten und Professoren, über hochschulpolitische Belange, Studententage usw. Darüber hinaus übergab er dem MfS eine Vielzahl von schriftlichen Unterlagen. Zudem knüpfte er im Auftrag der Stasi Kontakte zur SPD, berichtete über Mitglieder und Funktionäre der Partei, informierte über Veranstaltungen der CDU und SPD, über Flüchtlinge aus der DDR, Vorkommnisse im Interzonenverkehr, Personen mit öffentlichen und politischen Ämtern, Gäste der Industrie- und Handelskammer sowie angebliche Mitarbeiter des Verfassungsschutzes in Berlin.[29]

Auch Dietrich Staritz (»Erich«) berichtete über ein breites Spektrum von Personen und Vorgängen. In der von ihm selbst formulierten Verpflichtungserklärung von September 1961 schrieb er: »Alle Kenntnisse, die ich mir im Verlaufe meiner beruflichen oder anderer Tätigkeiten aneignen kann – seien es Informationen über politische, ökonomische, personelle oder sonstige Angelegenheiten, werde ich den Mitarbeitern der Sicherheitsorgane – MfS – zur Kenntnis bringen.«[30] Staritz kam zirka alle drei Wochen zum Rapport nach Ostberlin, das MfS revanchierte sich mit Beträgen zwischen 200 DM und 500 DM und finanzierte unter anderem seinen Führerschein. Später sprach Staritz seine Berichte auf Sprechplatten, die seine Frau dem Führungsoffizier überbrachte. Bald belieferte er – wie Barthel – auch noch das Bundesamt für Verfassungsschutz mit Berichten, das ihn, ausweislich der MfS-Akten, mit einem monatlichen Fixum von 900 DM honorierte.

Staritz lieferte zahlreiche Hinweise auf Personen in seinem Umfeld und wurde vom MfS auch zur gezielten »Kontaktanbahnung« eingesetzt. Darüber hinaus interessierten die Stasi sogenannte »Stimmungsberichte« aus Westberlin – insbesondere über Reaktionen auf bestimmte politische Entscheidungen und Entwicklungen in der DDR. Vor allem aber berichtete er umfassend und regelmäßig über das Otto-Suhr-Institut, wo er als studentische Hilfskraft und dann als wissenschaftlicher Hilfsassistent arbeitete; vermittelt hatten ihm den Job zwei andere IM, darunter der erwähnte Peter Heilmann. Das Institut war für das MfS aufgrund der dort angesiedelten Forschungen zur DDR von großem Interesse.[31] Systematisch ging Staritz mit seinem Führungsoffizier, Hauptmann Wilhelm Nistler, Aufbau, Personen, Forschungsschwerpunkte und politische Ansichten der Mitarbeiter durch – so ausführlich, daß die mehrstündigen Treffs nicht ausreichten und man sich auf die nächste Zusammenkunft vertagen mußte. Außerdem sollte Staritz aus seinen Zusammenkünften mit SDS-Funktionären sowie mit ehemaligen DDR-Bürgern berichten und, natürlich, von seinem Kontakt zum Verfassungsschutz, für den ihn den Akten nach der frühere Honecker-Vertraute und FDJ-Funktionär Heinz Lippmann anwarb. Zwecks Entwicklung einer vielversprechenden Einsatzperspektive befürwortete das MfS auch seine vom Verfassungsschutz in Aussicht gestellte Einstellung beim DGB. Erst 1973 wurde der Vorgang eingestellt, weil nach Ansicht des MfS »keine effektive und zuverlässige Zusammenarbeit mehr möglich« sei – man hatte das Gefühl, daß sich der sonst immer als »ehrlich und gewissenhaft« eingeschätzte IM allmählich zurückziehen wolle und womöglich dem Verfassungsschutz mehr diene als dem eigenen Geheimdienst.[32]

Werbeerfolge in den siebziger Jahren

Eine neue Qualität gewann die Nutzung der westdeutschen Hochschulen als Kaderschmiede des MfS zu Beginn der siebziger Jahre. Die Hinwendung vieler Studenten zum Marxismus oder zu einer sozialismusfreundlichen Einstellung eröffnete den Werbern der DDR-Staatssicherheit bis dahin ungeahnte Wirkungsmöglichkeiten. Beinahe penetrant sprach die Stasi Mitte der siebziger Jahre von den »gegenwärtig günstigen politischen Bedingungen für die Erschließung der Ressourcen der Hochschule«.[33] Der Kreis von Studenten, die als »potentielle Kandidaten für eine politisch-ideologische Werbung« in Betracht kämen, sei sehr groß. »Die politische Aufgeschlossenheit vieler Studenten ist für uns von Wert und eröffnet eine Reihe von Möglichkeiten, um auf ideologischer Grundlage anzuknüpfen.« Das Problem bestand eher in einem Überangebot an Kandidaten oder, wie es die HVA-Experten formulierten, darin, »die gegenwärtig politisch günstige Situation optimal zu nutzen, die Masse der Sympathisanten zu erfassen und die geeignetsten durch effektive Methoden für die Aufklärung zu gewinnen.«[34]

Die Aktivitäten der HVA an den Hochschulen der Bundesrepublik wurden unter diesen Umständen seit Anfang der siebziger Jahre intensiviert und umorganisiert. Auf einem zentralen Führungsseminar des MfS im März 1971 hatte Mielke-Stellvertreter Markus Wolf in einem Grundsatzreferat noch einmal betont, daß die angestrebten Einschleusungen die »Gewinnung geeigneter Perspektiv-IM, besonders Studenten, Sekretärinnen, Schreibkräfte und andere Kategorien« voraussetzten. Deshalb müsse ein »ausreichender Vorlauf« an Nachwuchsagenten geschaffen werden, wofür »objektiv günstige politische und operative Bedingungen« bestünden, namentlich eine von ihm konstatierte »zunehmende Ernüchterung breiter Bevölkerungskreise, besonders auch unter der studentischen Jugend«. Wolf forderte eine bessere Nutzung des »Gesamtsystems« des MfS und kündigte die Ausarbeitung eines »Modells« an, welche Personenkategorien am zweckmäßigsten für die »aktive operative Bearbeitung« zu erfassen seien: Studenten bestimmter Studienrichtungen wie Jura, politische Wissenschaften, Journalistik, Sprach- und Naturwissenschaften, Personengruppen, die in Opposition zur Entwicklung in Westdeutschland stünden, Mitglieder der Außerparlamentarischen Opposition und studentischer Organisationen sowie Personen in »freien Berufen«.[35] Auch künftige Soziologen und Psychologen waren gefragt.[36] Außerdem benötigte die Stasi für ihre Einschleusungen Werber, Residenten und »austauschbare Originalpersonen«, deren Personalien sie benutzen konnte. »Der Bedarf an IM aller Kategorien ist sehr groß«, heißt es in der zitierten Untersuchung zur Bearbeitung der Hochschulen, und der jährliche Zuwachs sei noch immer zu gering.[37]

Mit einer speziellen Dienstanweisung befahl HVA-Chef Wolf 1971 die verstärkte »zielgerichtete operative Bearbeitung der Universitäten und Hochschulen im Operationsgebiet«. Zur laufenden Gewinnung von »Perspektiv-IM« und »Einschleusungskandidaten für das Eindringen in die Hauptobjekte des Feindes« sollten an den westdeutschen Universitäten feste »operative Stützpunkte« geschaffen werden.[38] Für die wichtigsten Hochschulen der Bundesrepublik wurde jeweils eine Diensteinheit bestimmt, die zuständig war für deren systematische »Bearbeitung«.

Bei der Zuweisung der Universitäten ging die Stasi pragmatisch vor. Die Abteilung I der HVA, verantwortlich für die Ausforschung des zentralen Staatsapparates der Bundesrepublik, erhielt beispielsweise den Auftrag, die Universität Bonn federführend zu bearbeiten. Sie war in der Bundeshauptstadt ohnehin mit zahlreichen IM vertreten und brachte somit in den Augen des MfS die besten Voraussetzungen mit für eine nachrichtendienstliche Durchdringung. Für die Technische Hochschule Aachen zeichnete hingegen die HVA-Abteilung XV verantwortlich, die hauptsächlich die Rüstungsindustrie, die Raumfahrtforschung sowie den Anlagen- und Fahrzeugbau in der Bundesrepublik ausspionierte und daher interessiert sein mußte. Für die Technische Universität Braunschweig war die HVA-Abteilung XIII zuständig, die sich auf die Beschaffung von Forschungsergebnissen auf den Gebieten Geologie, Geophysik, Kernphysik, Chemie, Biologie, Biochemie und Landwirtschaft konzentrierte.[39] Unter den Bezirksverwaltungen der Staatssicherheit kam insbesondere der Berliner Stasi-Filiale Bedeutung zu, weil sie, zusammen mit Potsdam, die West-Berliner Universitäten »objektmäßig« zu bespitzeln hatte. Aber auch den meisten Stasi-Dependancen in der Provinz wurden »eigene« Unis zugewiesen, etwa der Erfurter Bezirksverwaltung die Universität Würzburg oder der Bezirksverwaltung in Schwerin die Universität Bremen.[40]

An der koordinierten Bearbeitung bundesdeutscher Hochschulen beteiligten sich insgesamt zehn Diensteinheiten der Zentrale und dreizehn Aufklärungsabteilungen der Bezirke. Daß den regionalen Ablegern des MfS ein so großer Stellenwert zuerkannt wurde, war eine Folge des bereits in den fünfziger Jahren eingeführten Prinzips, bei der Ausforschung der Bundesrepublik auch und gerade die Regionen und Städte der DDR einzubeziehen, in denen eine Fülle unterschiedlichster Ost-West-Verbindungen »anfiel« – von Verwandtenbesuchen über Geschäftskontakte bis zu touristischen Reisen. Tatsächlich waren von den 1975 an westdeutschen Hochschulen vorhandenen Inoffiziellen Mitarbeitern 65 Prozent durch »Nutzung der Basis DDR« bekanntgeworden, also über direkte Kontakte nach Ostdeutschland. 32,4 Prozent hatten ostdeutsche Einsatzkader aufgetan. Lediglich 3,6 Prozent der Hinweise auf Perspektiv-IM stammten indes von Inoffiziellen Mitarbeitern aus dem »Operationsgebiet«[41] – genau dies wollte man ändern.

Die verantwortlichen Diensteinheiten wurden durch die Dienstanweisung verpflichtet, über »ihre« Hochschule sogenannte Objektvorgänge zu führen, in denen alle bedeutsamen Materialien fortlaufend zu sammeln und auszuwerten waren, angefangen bei »Angaben über den Personalbestand, zur Struktur, zu den politischen Gruppierungen und ihren Aktivitäten« über Informationen »zu Institutionen der sogenannten DDR- und Ostforschung und deren subversiver Tätigkeit« bis hin zu Erkenntnissen zur »Tätigkeit imperialistischer Geheimdienste und anderen Regimefragen«.[42] Der Aufbau der Objektakten war zentral vorgegeben und umfaßte gemeinhin sieben Kapitel – von der »Stellung und Funktion des Objektes im imperialistischen Herrschaftssystem« über die »Personalpolitik und personelle Besetzung« der jeweiligen Universität bis hin zu ihrer »territorialen Lage, baulichen Beschaffenheit und technischen Ausrüstung«.[43]

Darüber hinaus mußten die zuständigen Diensteinheiten regelmäßig sogenannte Objektanalysen erarbeiten. Diese Analysen, »einschließlich der Feinstruktur, der operativen Basis, Personalpolitik und optimalen Einschleusungswege« galten als Voraussetzung, um »auf dieser Grundlage das Eindringen real planen zu können«.[44] Konkret forschte die Stasi dabei vor allem nach Erkenntnissen über »die Möglichkeit der Einschleusung und den Aufbau von Förderverbindungen, günstige Positionen für die Schaffung von Stützpunkten, institutionelle oder personelle Verbindungen zu anderen Hauptobjekten, die Tätigkeit der Geheimdienste sowie andere Regimefragen, die eine effektive und sichere Lösung der Aufgaben gewährleisten«.[45]

Das Beispiel Technische Universität Berlin

Ein Beispiel für einen Objektvorgang über eine westliche Hochschule ist die Objektakte, die die Bezirksverwaltung für Staatssicherheit Neubrandenburg über die Technische Universität Berlin (TUB) führte und die die Vernichtungsaktionen von 1989/90 überstanden hat. Das etwas abseits gelegene Neubrandenburg war, zusammen mit den Aufklärungsabteilungen von Berlin und Potsdam, 1971 mit der »operativen Bearbeitung« der Hochschule beauftragt worden, wobei gerade diese Diensteinheit dem Vorgang zufolge offenbar Schwierigkeiten hatte, in das Objekt wirklich einzudringen.[46] Die zweibändige Akte gliedert sich in zwanzig Kapitel, von »1. Objektanalysen/Bearbeitungskonzeptionen« bis »7. 2. Unterlagen über den inneren Dienstbetrieb (Telefonverzeichnis, Postverteilerschlüssel, Ausweise, Fragebögen, Dienstpläne, Kopfbögen, Stempelaufdrucke u.a. Unterlagen)«.[47] Abgelegt wurden unter anderem Namenlisten von Hochschulmitarbeitern, Telefonverzeichnisse, Auszüge aus Zeitungs-, Buch- und Universitätsveröffentlichungen, Orts- und Situationsbeschreibungen, Bilddokumentationen und Lageskizzen, Organigramme, Zeugniskopien, Stellenausschreibungen, Einschreibungsformulare, Flugblätter etc. Daneben finden sich politische Einschätzungen und Analysen zu aktuellen hochschulpolitischen Tendenzen, zur westdeutschen Bildungspolitik oder zu studentischen Problemen, die in der Regel aus einem »linken« Blickwinkel geschrieben sind. Auch konkrete Informationen zu einzelnen Themen (z.B. zur Strukturentwicklung an der TUB oder zu neuen Sonderforschungsbereichen) enthält die Akte, ferner Teile einer Diplomarbeit der HVA aus dem Jahr 1968. Über die konkrete »operative Arbeit« geben diverse IM-Berichte Auskunft sowie Vorgaben zum aktuellen »Informationsbedarf« und MfS-interne Unterstützungsbitten zwischen verschiedenen Stasi-Diensteinheiten – etwa um die Personalien von Westberliner Studenten zu erhalten, die die Ostberliner Staatsbibliothek nutzten.

Der Stand bei der Führung der Objektakte wurde 1981 als »stagnierend« bezeichnet; ohne die Schaffung inoffizieller Quellen in den Objekten werde es kaum noch möglich sein, zu wesentlich neuen Erkenntnissen zu gelangen.[48] Nachdem 1983 ein anderes Referat für die Bearbeitung zuständig wurde, betrachtete man die Lage allerdings wesentlich optimistischer. In einer »Analyse des Standes der Bearbeitung« heißt es, daß durch die Übernahme von Beständen anderer Diensteinheiten, die Beschaffung offiziell zugänglicher Materialien und den Einsatz von Inoffiziellen Mitarbeitern im Objekt Aussagen zum Personalbestand seit 1973/74 und zur wissenschaftlichen Entwicklung ausgewählter Personen getroffen werden könnten. Ferner sei man informiert über die Forschungen einzelner Fachbereiche, über die personelle Zusammensetzung ausgewählter Gremien sowie über aktuelle Probleme der hochschulpolitischen Entwicklung und der Forschungs- und Personalsituation.[49]

Im Rahmen der »Objektbearbeitung« wurde von der Aufklärungsabteilung Neubrandenburg eine Personenkartei angelegt, in der alle Wissenschaftler der TU, alle Mitarbeiter des Fachbereiches 16 (Bergbau und Geowissenschaften) sowie sämtliche in den Materialien erwähnten Studenten, die in universitären Gremien tätig waren, erfaßt wurden. »Zu den Personen«, so heißt es in der erwähnten Analyse, »wurden unter Einbeziehung ihrer wissenschaftlichen Veröffentlichungen Personendossiers angelegt. So liegen zu ca. 70 bis 80 Prozent der promovierten Mitarbeiter des Objektes Angaben zur Persönlichkeitsentwicklung vor.«[50] Einzeldossiers wurden nicht nur zur Leitungsebene der Universität (Präsident, Vizepräsidenten, Kanzler, Fachbereichsleiter, Büro des Präsidenten etc.), sondern auch zu einzelnen Funktionsbereichen (Planungsgruppe, Sicherheitsingenieur, Presse- und Informationsreferat, Postverteilung etc.) und Instituten (Hahn-Meitner-Institut für Kernforschung, Heinrich-Hertz-Institut für Schwingungsforschung, Institut für Turbulenzforschung etc.) geführt.[51] Auch »Personen mit Rückverbindungen in die DDR« seien herausgearbeitet worden, ihre Ostkontakte würden »systematisch« aufgearbeitet. Postkontrolle, Paßkontrolle und andere Abwehrdiensteinheiten der Stasi arbeiteten ebenfalls systematisch Hinweise zu.

Bei der Werbung von Inoffiziellen Mitarbeitern war die Neubrandenburger Dienststelle offenbar weniger erfolgreich. In der Akte finden sich nur vereinzelt IM-Berichte. In einem »Maßnahmeplan« vom März 1983 war deshalb vorgesehen, »Anforderungsbilder« für zu entwickelnde IM zu erstellen, sämtliche IM-Einsätze in Westberlin gemäß dem »Informationsbedarf« vorher abzustimmen sowie »auf der Grundlage der ständigen Führung schwerpunktbezogener Personendossiers und der Analyse der Regimebedingungen [...] dem Leiter Zielpersonen und Kontakt-/Werbungsmethoden sowie Möglichkeiten zur Informationsgewinnung vorzuschlagen.«[52] Und in einem »Informationsblatt zur Lage im Objekt TUB – September/Oktober« 1983 heißt es unter anderem: »Durch den Beginn des neuen Semesters bestehen günstige Möglichkeiten für Erst- und Schulungseinsätze von IM. [...] Dienststellen der TU erwarten, daß in dieser Zeit Personen Fragen stellen und Materialien erhalten wollen.«[53]

Tatsächlich setzte die Aufklärungsabteilung von Neubrandenburg wiederholt eigene IM ein, um Informationen über die Entwicklung der Forschung, studentische und universitäre Probleme sowie über die sogenannten »Regimebedingungen« (Lage, Umgebung, Bewachung der Universität etc.) zu beschaffen. Während die IM-Berichte dabei anfangs eher von Unwissenheit zeugen, enthalten sie ab Mitte der achtziger Jahre immer mehr interne Informationen, vor allem aus dem linken Hochschulmilieu. Vielfach wurden dazu offenbar Kontaktpersonen systematisch vom MfS abgeschöpft. In den Berichten werden außerdem konkrete Vorschläge gemacht, wie das MfS an zusätzliche Interna herankommen könnte, beispielsweise durch Mitarbeit an der linken Uni-Zeitschrift »Kassandra«. Wörtlich heißt es dazu: »Für uns wäre es ein erstklassiges Informationsmedium, faktisch in die redaktionelle Arbeit hineinzukommen, an die Leute heranzukommen. Wir müssen überlegen, ob wir einen Studenten in diese Richtung bringen bzw. auch einen jüngeren engagierten Mitarbeiter, jemanden, der mal TU-Mitglied war und nach wie vor großes Interesse an der TU hat.« Auch das sogenannte »Info« böte die Möglichkeit, in bestimmte Kreise einzudringen.[54] »Von operativem Interesse« sei überdies der von der TU getragene »Wissenschaftsladen Berlin e.V.«.[55] Schließlich wird vom IM »J. Schüler« ein Konzept entwickelt, unter dem Namen »Ratio-Transfers« in Westberlin eine Firma zu gründen, »die uns Möglichkeiten eröffnen könnte, in die TU und in die Bereiche der Wirtschaft stabile Beziehungen anzuknüpfen«.[56] Diese Firma sollte Wissenschaftler auf kommerzieller Basis an die Industrie vermitteln und dabei eine »leicht konservative oder liberale Tendenz« zeigen.[57]

Auch über die Friedrich Alexander-Universität Erlangen-Nürnberg ist eine Objektakte überliefert, die durch mehrere Beiakten mit Personendossiers, Objektanalysen und sogenannten »Regimematerialien« ergänzt wurde.[58] Die Objektakte selbst enthält überwiegend legal beschafftes Material wie Zeitungsartikel oder Bekanntmachungen, die oftmals nur abgeschrieben wurde. Die Akte informiert über die historische Entwicklung der Universität, über Studentenzahlen, Strukturen, Sozialeinrichtungen, Partnerschaften, Studienberatung, Stipendien, Bibliothek, politische Verhältnisse etc. Enthalten ist auch das Personendossier eines bayerischen Staatssekretärs, eine Bilddokumentation der Örtlichkeiten sowie ein IM-Bericht mit Tips zum unauffälligen Auftreten von Stasi-Mitarbeitern in der Stadt.

Das System der »Stützpunkt-IMs«

Während die Objektakten das Basiswissen über die jeweilige Universität dokumentierten, lag der Schwerpunkt der Bearbeitung in der »Aufklärung« von Personen. Die federführenden Diensteinheiten hatten dafür Sorge zu tragen, »daß alle geeigneten Personen-Hinweise in Richtung der festgelegten Objekte zielstrebig bearbeitet werden« – wenn sie selbst dazu nicht in der Lage waren, dann durch andere Diensteinheiten.[59] Ausgangspunkt waren normalerweise kurze Hinweise mit den wichtigsten Personengrunddaten oder kleinere Personendossiers, die von inoffiziellen Mitarbeitern erarbeitet worden waren. Bei Bedarf wurde auf dieser Basis eine sogenannte »Operative Personenkontrolle« (OPK) eingeleitet, in deren Rahmen die Betroffenen über einen längeren Zeitraum hinweg von der Stasi »aufgeklärt« wurden, bis das MfS der Ansicht war, ein klares Persönlichkeitsbild zu besitzen, und über das weitere Vorgehen entscheiden konnte.[60] Bei für das MfS positiver Entwicklung des Vorgangs erfolgte meist die Umregistrierung zur »Kontaktperson« (KP) und schließlich zum IM.

Das riesige Heer der Studenten und Universitätsangehörigen – das MfS ging davon aus, daß sich allein durch den Abschluß des Studiums alle vier Jahre die Zahl der Studierenden in einer Größenordnung von 800 000 erneuere – verlangte aus Sicht der Stasi eine »rationelle Methode«, die eine »systematische Auswahl« und »weitestgehende Prüfung der Eignung bzw. Ergiebigkeit« ermöglichte. »Eine optimale und effektive Nutzung der Ressourcen«, so die Schlußfolgerung des MfS, »ist nur zu sichern, wenn wir in und an den Hochschulen selbst über qualifizierte IM verfügen, die mit Sachkenntnis als Spezialisten Entwicklungen sowie Möglichkeiten erkennen und befähigt sind, die Erkenntnisse operativ zu verwerten« – die sogenannten »Stützpunkt-IMs«.

Diese besondere Form des Inoffiziellen Mitarbeiters war eine Art verdeckte Stasi-Residentur an bundesdeutschen Universitäten. Ein »Stützpunkt-IM« sollte mit dem Milieu der Hochschulen »vertraut« sein und durch »stabile Beziehungen« in der Lage sein, dort legal und unauffällig zu arbeiten. Fest an seiner Hochschule »verankert«, sollte er für das MfS die »Ressourcen« aufklären und vorrangig »das personelle Potential erschließen«. Durch die nachrichtendienstlich ausgebildeten und mit dem MfS festverbundenen IM, so das Kalkül der Staatssicherheit, könnten »operativ interessante Personen, Vorgänge und Entwicklungen an Hochschulen über längere Zeiträume unter Kontrolle gehalten« werden. Dabei war es in erster Linie ihre Aufgabe, eine effektive Aufklärung, Auswahl und Werbung »leistungsstarker« und »perspektivreicher« IM zu sichern, diese anzuleiten, zu fördern sowie für den geplanten geheimdienstlichen Einsatz zu motivieren.[61]

Die HVA reagierte damit auch auf die Probleme, die mit den häufigen, relativ unvorbereiteten Anwerbungsversuchen gegenüber westdeutschen Studenten bei Besuchen in der DDR verbunden waren. Zum einen mußte das MfS feststellen, daß die Sicherheitsüberprüfungen im Westen schärfer geworden waren und »Bewerber mit DDR-Herkunft oder mit engeren Beziehungen in die DDR oder andere sozialistische Länder für eine Einstellung in wichtigen Geheimbereichen feindlicher Hauptobjekte in der Regel kaum noch eine Chance« hätten.[62] Zum anderen bestand bei unzureichender »Personenaufklärung« das Risiko, daß die Werbung mißlang und das Vorgehen des MfS auf diese Weise für den »Feind« transparent wurde.

Die Agentenrekrutierung sollte deshalb nach Möglichkeit in das »Operationsgebiet« selbst verlagert werden. Der »Stützpunkt-IM« war in der Lage zum »aktuellen Studium der Reaktion der Kandidaten, die operativ bearbeitet werden, auf politische Ereignisse, auf die Kontaktentwicklung bzw. auf Werbeprozesse«. Die beim MfS vorliegenden »Hinweise« konnten »durch das Studium der Personen in ihrem unmittelbaren Tätigkeits- und Freizeitbereich« zunächst gründlich überprüft werden – mit dem Ziel, »die persönliche, berufliche Perspektive, die Motivation der Handlungen, das politische Denken bzw. die Suche nach einem politischen Engagement sowie die begünstigenden und hemmenden Faktoren herauszuarbeiten«. Damit würden wichtige Voraussetzungen für den effektiven und sicheren Einsatz der Werber, insbesondere aus der DDR, geschaffen.[63]

Zur besseren Selektion der aussichtsreichsten Kandidaten bemühte sich das MfS auch um den Aufbau von Datenbanken über »operativ interessante Personen« aus dem Bereich der Hochschulen. »Dabei wird das Bestreben sichtbar«, so die Stasi-Expertise von 1976, »nicht mehr jeden Hinweis zu bearbeiten, sondern langfristig zu beobachtende Personen zu speichern, die Bearbeitungsrealität ständig zu prüfen und das Wissen ständig zu vervollkommnen. Der Vorlauf reicht aber noch nicht aus. Es muß erreicht werden, daß in allen Diensteinheiten die Zahl der langfristig zu beobachtenden Personen jene, die aktiv bearbeitet werden, um ein Vielfaches übersteigt.«[64]

Die Stützpunkt-IM sollten der einschlägigen Dienstanweisung zufolge nicht nur »Perspektiv-IM« gewinnen und Möglichkeiten zu ihrer Protegierung und Lancierung in die zu infiltrierenden »Objekte« schaffen, sondern auch zur Informationsbeschaffung genutzt werden. Entsprechend den von der HVA vorgegebenen »Schwerpunkten« hatten sie insbesondere die »Aufklärung« der politischen Gruppierungen an den Universitäten zu betreiben, vor allem, wenn sie maoistischer oder »rechtsextremer« Couleur waren, die DDR- und Osteuropaforschung an den Hochschulen auszuforschen und zu bekämpfen,

Forschungsergebnisse auf politischem, ökonomischem, militärtechnischem und naturwissenschaftlichem Gebiet zu beschaffen sowie alle Aktivitäten von Geheimdiensten im Hochschulbereich festzustellen. Außerdem sollten sie Möglichkeiten für die Durchführung »aktiver politisch-operativer Maßnahmen« eruieren, also Ansatzpunkte für eine verdeckte politische Einflußnahme in Erfahrung bringen.[65]

Als besonders geeignet für eine Tätigkeit als »Stützpunkt-IM« wurden Professoren, Hochschulassistenten, wissenschaftliche Mitarbeiter und Tutoren betrachtet, aber auch Mitarbeiter der Verwaltung sowie bestimmte Studenten.[66] Laut einer Untersuchung aus dem Jahr 1976 erschienen dem MfS »der Präsident, sein Vizepräsident und die jeweiligen persönlichen Referenten« einer Universität als »potentiell am besten geeignet«. Da dieser Personenkreis bestimmten Wahlperioden unterliege, sei jedoch den zentralen hochschulleitenden Beamten wie dem Leiter des Präsidialamtes, dem Kanzler oder den Dezernenten mit ihren Arbeitsstäben der Vorrang einzuräumen. Hochschullehrer besäßen ebenfalls »eine hervorragend geeignete gesellschaftliche Stellung, um neue Quellen zu gewinnen«. Professoren, die als Stützpunkt-IM arbeiteten, sollten dabei »in einer operativ interessanten Fachrichtung tätig sein, um Einschleusungskandidaten auswählen, erziehen und ihre Karriere fördern bzw. Informationen erarbeiten zu können«. Besonders günstige Möglichkeiten für die Aufklärung und Beeinflussung der Kandidaten böten die Vergabe und Betreuung wissenschaftlicher Ausarbeitungen von Studenten beziehungsweise deren Einbeziehung in den Forschungsprozeß. Als »außerordentlich effektiv« galten auch IM-Stützpunkte in studentischen Vereinigungen, da sie in der Lage seien, »politisch interessierte Studenten zu einem frühen Zeitpunkt« zu erfassen, die Motive und Stabilität des politischen Handelns zu testen, den politischen Reifegrad in der Praxis des Lebens zu überprüfen«. Laborleiter, Bibliothekare, Repetitoren oder IM in Studentenwohnheimen, Druckereien, Studentenlokalen etc. wurden dagegen als eher ungeeignet betrachtet, da sie weniger Gelegenheit zu intensiven persönlichen Kontakten hätten – es sei denn, daß der Stützpunkt-IM »bestimmte fehlende operative Möglichkeiten durch hohe Leistungs- und Verhaltenseigenschaften ausgleichen« könne.[67]

Über ihre Erfahrungen bei der Werbung von Stützpunkten an Westberliner Hochschulen berichtete 1982 die Ostberliner Aufklärungsabteilung: »Mit der Stützpunktproblematik an Universitäten befassen wir uns in unserer Abteilung ca. 8 Jahre. [...] Grundvoraussetzungen, auch an die richtigen Personen zu kommen, sind ausgezeichnete Objektkenntnisse, die wir durch Sammlung von Material zu Personen und Sachverhalten über das schon bestehende inoffizielle Netz erarbeiteten, aber auch durch zielstrebige Analyse offiziellen Materials, zum Teil auch mit Hilfe von DDR-IM und Verbindungen. Bei der Suche und Auswahl geeigneter Stützpunktkandidaten legten wir auch Wert darauf, daß sie politisch in einer Partei oder Organisation fest gebunden waren und sind und dort aktiv wirken. Wir legten und legen nicht Wert auf solche Kandidaten, die im ›Elfenbeinturm‹ sitzen, praktisch Fachidioten sind, sondern solche, die über den universitären Bereich hinaus ein breites natürliches Umfeld haben. Dies verbinden wir mit der zielgerichteten Feststellung ihrer personellen und Objektverbindungen, um hier systematisch ihre Förder- und Lancierungsmöglichkeiten festzustellen und später aktiv operativ nutzen zu können.«[68]

Die Aufklärer aus Ostberlin konzentrierten sich bei der Schaffung von Stützpunkt-IM hauptsächlich auf die gesellschaftswissenschaftlichen Bereiche an der Freien und an der Technischen Universität Berlin. In dem entsprechenden Referat existierten 1982 mehrere Stützpunktvorgänge. Aufgrund ihrer sozialen Stellung und ihrer langfristigen Förder- und Abschöpfmöglichkeiten galten Professoren als geeignetste Kandidaten. Über die praktischen Wege zu ihrer Anwerbung heißt es: »Solche Professoren haben wir und bearbeiten sie zur Zeit mit hochgestellten, wissenschaftlich international ausgewiesenen DDR-Einsatzkadern, die sich global mit Imperialismusforschung befassen bzw. Bezugspunkte in dieser Richtung haben. Oft war es notwendig, noch einen zusätzlichen DDR-Hintergrund im Kontakt aufzubauen (wir nutzen IM aus Verlagen, Presse und anderen staatlichen Einrichtungen, die leitende Stellungen haben und den Hintergrund tatsächlich verkörpern können). Kontakte bereiteten und bereiten wir langfristig mit den E[insatz]-Kadern vor, so durch zielgerichtete Veröffentlichungen, auf den Kandidaten zugeschnitten, bei Verlagen der DDR. Der oder die Kandidaten werden rezensiert, zitiert, widerlegt. Dies gut gemacht, ist schon die halbe Kontaktaufnahme. Vorbereitungsdauer 1–3 Jahre. Gut sind auch die Möglichkeiten der Kontaktherstellung oder Anbahnung auf Symposien und Tagungen im Ausland.«[69]

Ideologische Anknüpfungspunkte und quantitative Dimensionen

Tatsächlich wurde eine beträchtliche Zahl hochrangiger DDR-Spione während ihres Studiums in den siebziger Jahren angeworben – fast immer auf der Basis von »progressiven« politischen Überzeugungen. »Das effektivste Motiv für die Bereitschaft zur bewußten operativen Arbeit«, so formulierte es am Ende des »roten« Jahrzehnts ein »Kommentar« zur Richtlinie für den Einsatz von

West-IM, »ist die im Klassenstandpunkt der Arbeiterklasse, in der Verbundenheit mit der Sowjetunion und der sozialistischen Staatengemeinschaft sowie in der marxistisch-leninistischen Weltanschauung wurzelnde Überzeugung von der Notwendigkeit und Rechtmäßigkeit der sozialistischen Kundschaftertätigkeit als einer spezifischen Form des Klassenkampfes gegen den Imperialismus und andere reaktionäre Kräfte.« Zunehmende Bedeutung hätten aber auch solche »progressiven« Überzeugungen wie Friedensliebe, die Solidarität mit den unterdrückten Völkern, Patriotismus, bürgerlich-demokratische und humanistische Bestrebungen und Absichten oder der »Wille zur Wiedergutmachung«, wie im MfS-Jargon Erpressungssituationen umschrieben wurden.[70]

Aus ideologischen Gründen hatte sich beispielsweise der spätere Bonner Ministerialrat Dr. Hartmut Meyer (»Rubinstein«) Anfang der siebziger Jahre während seines Psychologiestudiums an der FU Berlin zur Mitarbeit bereit erklärt – der Beginn einer langen Agentenkarriere.[71] Ähnliches gilt für den zeitweiligen SPD-Landtagsabgeordneten in Nordrhein-Westfalen, Dr. Wilhelm V., der als Student und Mitglied des Sozialistischen Hochschulbundes (SHB) bei einer Reise nach Leipzig ins Blickfeld des MfS geriet und sich gleichfalls Anfang der siebziger Jahre zur Zusammenarbeit verpflichtete – wie Meyer berichtete er dem MfS in erster Linie aus dem Bereich der Jungsozialisten und der SPD.[72] Als typischen Vertreter der 68er Generation betrachtete das MfS auch den Diplom-Politologen Dr. Reinhard Ott (»Richard«), der 1973 von seinem Bruder Rainer der HVA »zugeführt« worden war und dieser später unter dem Decknamen »Richard« gegen ein Honorar von insgesamt 250 000 DM berichtete – unter anderem als wissenschaftlicher Mitarbeiter im seinerzeit von Kurt Biedenkopf geleiteten Institut für Wirtschafts- und Gesellschaftspolitik sowie als wissenschaftlicher Referent der CDU-Landtagsfraktion von Nordrhein-Westfalen.[73]

Aufgrund politischer Sympathien für die DDR verpflichtete sich auch die spätere Referentin beim Parteivorstand der SPD in Bonn, Ursula Vollert (»Udo«), spätestens 1975 schriftlich zur Mitarbeit beim MfS.[74] Ins Blickfeld der Abteilung XV der Leipziger Bezirksverwaltung des MfS war die Studentin der Rechtswissenschaften, später der Politologie und der Orientalistik, bei offiziellen Besuchsreisen in die Messestadt geraten, zu denen sie als Funktionärin des SHB von der örtlichen Kreisleitung der FDJ eingeladen worden war. Ähnlich war die Anwerbung der Jura-Studentin Lilli P. verlaufen, die als Vertreterin des SHB im Sommer 1975 von der FDJ zu einer zweiwöchigen Studienfahrt nach Potsdam eingeladen worden war.[75] An ihrem Studienort Frankfurt am Main wurde sie wenig später von zwei IM der HVA aufgesucht, die sich als Mitarbeiter des »Instituts für Imperialismusforschung« der DDR ausgaben, und nach einer Reihe weiterer Treffen erklärte sie sich unter dem Decknamen »Angelika« zur Mitarbeit bereit. Sie beantragte die Mitgliedschaft in der SED sowie für den Fall einer eventuellen Flucht die DDR-Staatsbürgerschaft und wechselte auf Anraten des MfS zur als »konservativer« geltenden Universität Köln. Von der DDR wurde sie wegen ihrer guten Examensnote sogar mit einem Orden ausgezeichnet.

Auch der spätere Spitzenagent in der NATO, Rainer Rupp alias »Mosel«, ab 1979 »Topas«, war vom MfS bereits als Student »entdeckt« worden. Ein unter falschem Namen in der Bundesrepublik operierender Werber der HVA hatte ihm und mehreren anderen Teilnehmern einer Demonstration gegen die Notstandsgesetze in einer Mainzer Gaststätte eine Gulaschsuppe spendiert. »Kurt«, ein Mitarbeiter der für die USA und die NATO zuständigen Abteilung III, beeindruckte den Volkswirtschaftsstudenten mit seinem klaren, bestimmenden Auftreten so sehr, daß dieser nach seiner Einstellung als »Country Rapporteur« der NATO im Januar 1977 die HVA – gegen Zahlung von insgesamt 550 000 DM – mit zahllosen geheimen Dokumenten belieferte. Die Liste der übergebenen Dokumente umfaßt mehr als zwanzig Seiten – im Kriegsfall wären sie kriegsentscheidend gewesen.[76] Noch deutlicher war die ideologische Übereinstimmung mit der DDR bei dem Berliner Publizistikstudenten Peter W., der als Mitglied und Funktionär der Sozialistischen Einheitspartei Westberlin (SEW) 1974 in das Blickfeld der HVA geriet und sich 1977 zu einer konspirativen Zusammenarbeit bereit erklärte – er berichtete unter anderem über das Bundesamt für Verfassungsschutz, wo sein Onkel den Sprachendienst leitete.[77]

1974 wurden die Zuständigkeiten im Staatssicherheitsdienst für die »objektmäßige« Bearbeitung der westdeutschen Hochschulen noch einmal umverteilt, um dem Grad der »operativen Verankerung« besser Rechnung zu tragen.[78] In seiner Orientierung für die Arbeitsplanung der HVA nach dem IX. Parteitag der SED (1976) unterstrich HVA-Chef Wolf, wie wichtig die Schaffung eines größeren Vorlaufs an Perspektiv-IM sei, die hohen »qualitativen Anforderungen« entsprächen. »Dazu ist die koordinierte Bearbeitung der Universitäten und Hochschulen entsprechend der D[ienst]A[anweisung] 5/71 so zu intensivieren, daß in diesen Objekten stabile operative Stützpunkte geschaffen werden, die eine allseitige Nutzung im Sinne der Hauptaufgabe ermöglichen.«[79] Bereits im Januar hatte er den Auftrag erteilt, die in der Praxis gesammelten Erfahrungen zu untersuchen und Vorschläge für das weitere Vorgehen auszuarbeiten. Zu diesem Zweck wurde eine dreiköpfige Forschungsgruppe gebildet, die eine umfangreiche Befragung unter den betroffenen Mitarbeitern, Referatsleitern und Abteilungsleitern durchführte und eine statistische Erhebung über die bereits vorhandenen IM und Kontaktpersonen an den Hochschulen anfertigte.[80] Wie wichtig der HVA-Spitze das Thema war, zeigte sich auch daran, daß der stellvertretende Leiter der für die Ausforschung des westdeutschen Staatsapparates zuständigen Abteilung I, Helmut Reinhold, persönlich daran mitarbeitete – er erwarb sich auf diese Weise den Titel eines »Doktors der Rechtswissenschaften«.[81]

Die Gespräche mit den Leitern der Diensteinheiten, so die Autoren der Untersuchung, hätten die Gewißheit vermittelt, daß die Anlaufzeit bei der Arbeit mit Stützpunkt-IM zu Ende gehe und die Erschließung der »Ressourcen« verbessert worden sei. Die Aufklärung verfüge inzwischen über neunundzwanzig inoffizielle Mitarbeiter an bundesdeutschen Hochschulen, die als »Stützpunkte« wirksam bzw. vorgesehen seien – nach Ansicht der Autoren noch eine »geringe« Zahl. Als positives Beispiel wird ein »Stützpunkt« angeführt, der aufgrund seiner Stellung in der Lage sei, das Potential seiner Hochschule »komplex« zu erschließen und die relevanten Forschungsbereiche aufzuklären. »Der Stützpunkt besitzt ausgezeichnete Möglichkeiten für die Gewinnung von Perspektiv-IM, für den Aufbau geeigneter Protektionen und für die Aufklärung aktueller Aspekte des politisch-operativen Regimes an den Hochschulen. Der genannte Stützpunkt zeigt Möglichkeiten der Einflußnahme auf die studentische Bewegung und für die Erarbeitung aktiver Maßnahmen.«[82] Mehr verriet die Stasi nicht zu diesem offenbar besonders erfolgreichen Agenten.

Was die eigentliche Nachwuchsrekrutierung anbetrifft, kamen die Autoren zu dem Ergebnis, daß die HVA an den Universitäten der Bundesrepublik über eine »relativ hohe« Zahl an Perspektiv-IM und Kontaktpersonen (KP) verfüge. »Diese relativ hohe Anzahl ist Ergebnis der Anstrengungen der Diensteinheiten, des konzentrierten Einsatzes der Kräfte, der Anwendung vielfältiger operativer Methoden und Mittel sowie des Verständnisses für die Notwendigkeit der verstärkten Arbeit mit Perspektiv-IM.« Das quantitative Anwachsen des Bestandes sei Folge der verstärkten Anstrengungen bei der Bearbeitung der Hochschulen sowie der Nutzung der »günstigeren« politischen Möglichkeiten.[83] Die Autoren waren aber mit dem Erreichten noch nicht zufrieden. Sie hielten es vielmehr für unabdingbar, daß »mehrere IM aus dem vorhandenen Netz stärker auf Wachstumsfragen orientiert werden« – sprich: als Stützpunkt-IM selber Agenten rekrutierten. »Eine solche Orientierung schwächt das vorhandene Potential zum Eindringen in feindliche Zentren auf Perspektive nicht, sondern führt im Gegenteil zu einer quantitativen und qualitativen Verstärkung des operativen Potentials.«[84]

Hochgerechnet verfügten die »objektmäßig« verantwortlichen Diensteinheiten 1975 an bundesdeutschen Hochschulen wahrscheinlich über 170 IM, von denen 22,5 Prozent als Werber, siebzehn Prozent als »Stützpunkt-IM«, drei Prozent als Residenten und 57,5 Prozent für die »Einschleusung in feindliche Hauptobjekte« vorgesehen waren. Nicht in diesen Zahlen enthalten sind die Hochschul-IM der Abwehrdiensteinheiten, die ebenfalls an westdeutschen Universitäten operierten. An einer ungenannten »großen« Hochschule hatte die HVA nach eigenen Angaben insgesamt siebenunddreißig IM. Neun von ihnen waren Professoren, zwei waren Dozenten und zwei hatten andere Berufe; fünfundzwanzig studierten noch. Von den siebenunddreißig IM waren siebenundzwanzig als Perspektiv-IM, fünf als Objektquellen, drei als Abschöpfquellen und je einer als Werber und als Sicherungs-IM eingestuft; ihre Führungsoffiziere saßen in acht verschiedenen Diensteinheiten.[85]

Vorschläge für eine »konzentriertere Bearbeitung«

In ihrer Untersuchung machten die Autoren, ungewöhnlich für das MfS, eine Menge kritischer Bemerkungen zum bisherigen Vorgehen. So hätten die meisten Diensteinheiten, als ihnen eine Universität als »Objekt« zugewiesen wurde, über »keine operative Basis am Ort« verfügt. Zudem würden sie sich auf ihre sogenannten Hauptobjekte konzentrieren, etwa ein westdeutsches Ministerium oder einen Rüstungskonzern, wofür die Schaffung von »Stützpunkten« an einer bestimmten Hochschule keinen erkennbaren Nutzen bringe. Um hier Erfolge zu erzielen, müßten die Diensteinheiten vielmehr an mehreren Hochschulen gleichzeitig operieren, zum »Eindringen« sei auch nicht unbedingt eine Hochschulausbildung erforderlich. Schließlich monierte man, daß die meisten IM-Werbungen auf dem Boden der DDR erfolgt seien; die »erfolgreiche Praxis« bei der Werbung von westdeutschen Studenten in der DDR hätte dazu geführt, daß diese immer noch nicht genügend in den Westen verlagert worden sei.[86]

Oft agierten die Diensteinheiten auch nur in bestimmten, für sie interessanten Fachbereichen, da ihnen zur Bearbeitung der gesamten Hochschule die Kraft fehle. Die Aktivitäten konzentrierten sich dabei vorrangig auf die Hochschulen in Bonn, München, Hamburg, Köln, Frankfurt/Main, Stuttgart, Mannheim und Westberlin. Überfordert seien besonders die Aufklärungsabteilungen der Bezirksverwaltungen, wo in der Regel nur ein oder zwei Mitarbeiter mit der Ausforschung der zugeteilten Universität befaßt seien. Die Zuständigkeiten seien auch nicht kongruent mit denen für die »Absicherung« der Kontakte von SED und FDJ in die westdeutschen Hochschulen durch den Staatssicherheitsdienst – hierfür seien zumeist andere Bezirksverwaltungen verantwortlich. Mangels »natürlicher Verbindungen« zur zugewiesenen Hochschule erhielten die Aufklärungsabteilungen nur wenig »Personenhinweise«, so daß ihnen eine ausreichende »operative« Bearbeitung ohne beträchtlichen Aufwand an Kraft, Mitteln und Risiken nicht möglich sei. Von den dreiundzwanzig verantwortlichen Diensteinheiten hätten deshalb elf noch keine IM-Verbindungen in den ihnen zugewiesenen siebzehn Objekten.[87]

Die Autoren der Untersuchung kritisierten auch die mangelhafte Zusammenarbeit innerhalb des MfS. »Eine Übersicht, welche Diensteinheiten in einer zur Bearbeitung zugewiesenen Hochschule arbeiten, besteht bei den verantwortlichen Diensteinheiten in der Regel nicht. Die in der D[ienst]A[nweisung] 5/71 begründete Mitteilungspflicht wird nur von wenigen Diensteinheiten realisiert.«[88] Materialien zu einzelnen Hochschulen würden nicht an die jeweils verantwortliche Diensteinheit übergeben, sondern der Auswertungsabteilung IV, da sie dort eine »Note« erhielten. In den eigentlichen Objektvorgängen würden dagegen vorrangig offen zugängliche Materialien gesammelt wie Personen- und Vorlesungsverzeichnisse, Hochschul- und Studentenzeitungen sowie Veröffentlichungen politischer und studentischer Gruppen oder nachrichtendienstlich wenig bedeutende IM-Berichte über die äußeren Rahmenbedingungen. »Personenhinweise« von anderen Diensteinheiten würden die zuständigen Abteilungen nur selten erhalten. Die Dezentralisierung der »Objektbearbeitung« habe dazu geführt, daß die legalen Institutionen der DDR – etwa das Ministerium für Hoch- und Fachschulwesen, der Zentralrat der FDJ oder die Berliner Staatsbibliothek – nicht systematisch genutzt würden, daß zentrale Publikationen zur Situation an den Hochschulen der Bundesrepublik nicht ausgewertet würden und daß Kenntnisse über Aktivitäten des Verfassungsschutzes an den Hochschulen aus Gründen der Konspiration nicht weitergegeben würden.[89] Fazit der Untersuchung: Die Informationsströme flössen nicht wie festgelegt, der Koordinierungsmechanismus funktioniere nicht.

Zur Behebung dieser Probleme wurden verschiedene Vorschläge gemacht. Zunächst sei zu prüfen, ob die Arbeit durch eine Herabsetzung der Zahl der bearbeiteten Hochschulen oder durch eine günstigere Verteilung effektiviert werden könnte. Weil sich die Bedeutung einer Hochschule verändern könne, sei es freilich kaum möglich, eine Hochschule ganz auszusondern, ohne an »operativem Vorlauf« zu verlieren. Eine geringfügige Verringerung der Gesamtzahl sei zwar möglich, würde aber durch die notwendige Hinzunahme der neugegründeten Bundeswehrschulen wieder kompensiert werden. Eine Neuverteilung der Hochschulen nach dem Aufteilungsschlüssel für die »Absicherung« der Parteibeziehungen würde zwar »gewisse Reserven« erschließen, doch »prinzipiell dürfen die Beziehungen über das Büro der Leitung II nicht mit nachrichtendienstlichen Verknüpfungen belastet werden«.[90]

Die Autoren kommen deshalb zu dem Schluß, daß es sinnvoller wäre, nicht mehr ganze Hochschulen durch eine einzelne Abteilung bearbeiten zu lassen, sondern sich statt dessen auf bestimmte universitäre Teilbereiche zu konzentrieren. Einzelne Institute oder Fachbereiche sollten von derjenigen Diensteinheit alleinverantwortlich bearbeitet werden, für deren »Hauptobjekte« diese von besonderer Bedeutung seien. Hochschulen bzw. Fachbereiche, die nur in indirekter Beziehung zu den Hauptobjekten stünden, könnten dagegen von allen Diensteinheiten beliebig infiltriert werden. »Demnach werden einzelne Diensteinheiten an operativ interessanten Fachbereichen mehrerer Hochschulen und mehrere Diensteinheiten an einem operativ interessanten Fachbereich operative Aktivitäten entfalten«, heißt es in bestem Stasi-Deutsch.[91] Für die konzentrierte Bearbeitung im »Stellvertreterbereich BRD« der HVA – gemeint war damit der Teil des Aufklärungsapparates, der für die Infiltrierung der Bundesrepublik zuständig war – kämen die Hochschulen in Bonn, Köln, München, Hamburg, Frankfurt am Main und Westberlin in Betracht, da sie im Territorium der »feindlichen Hauptobjekte« lägen und über vielfältige Beziehungen zu diesen verfügten. An diesen Hochschulen seien die Diensteinheiten dieses Stellvertreterbereiches zudem bereits mit IM verankert. Die Spionageabteilungen im Sektor Wissenschaft und Technik (SWT) könnten dagegen bestimmte Technische Hochschulen übernehmen.[92]

Wichtigster Punkt der Neukonzipierung war es, in der HVA eine zentrale Analysegruppe Hochschulen und eine entsprechende Koordinierungsstelle zu bilden. Hier sollten in Zukunft zu den wichtigsten Hochschulen der Bundesrepublik »Objektvorgänge« geführt werden, mit Angaben über Leitungsgremien und Hochschullehrer zum Erkennen »günstiger Positionen« für die IM-Rekrutierung, mit Informationen über vorhandene Beziehungen zu »Hauptobjekten« zum Erkennen möglicher »Förderverbindungen« und »Einschleusungsmöglichkeiten«, mit Materialien zur politischen Lage an der jeweiligen Universität und den sich daraus ergebenden Möglichkeiten für »politisch-aktive Maßnahmen« sowie mit Hinweisen zu Aktivitäten der Geheimdienste. Auf Grundlage eines detaillierten Informationskataloges sollten alle Diensteinheiten der Aufklärung dazu verpflichtet werden, für diese Zwecke Materialien zu erarbeiten und an die Analysegruppe zu übersenden. Die Objektvorgänge zugewiesener Hochschulbereiche, die man weiterhin dezentral bearbeiten wollte, sollten – außer dem Personalteil – Bestandteil dieser zentralen Objektvorgänge über die westdeutschen Hochschulen werden.

Ziel des neuen Konzeptes war es, die Hochschulbereiche, die in direkter Beziehung zu den »Hauptobjekten« der Liniendiensteinheiten standen, in deren Arbeit zu integrieren, die anderen »operativ« relevanten Bereiche dagegen zentralisiert zu bearbeiten. In den Bereichen »BRD« und Wissenschaftsspionage (SWT) sollte die Arbeit mit Stützpunkten zentralisiert werden, so daß eine bessere Koordinierung möglich würde, während daneben noch ein »Gesamtfonds« an Nachwuchsagenten geschaffen werden sollte, aus dem im Bedarfsfall – »nach den Gesamtinteressen der HVA« – der passende IM ausgewählt werden könnte. »Perspektivisch«, so schließen die Autoren ihre Untersuchung, »ist die Bildung einer Diensteinheit in der HVA zur komplexen operativen Bearbeitung der Hochschulen vorstellbar.«[93]

Im Juni 1977 wurden die »Forschungsergebnisse« im Rahmen eines förmlichen Promotionsverfahrens ausführlich beraten. HVA-Chef Wolf würdigte dabei den Wert der Arbeit, wandte sich aber gegen eine schwerpunktmäßige Einengung und Einschränkung bei der Bearbeitung der Hochschulen. Bis zur Verabschiedung eines neuen Leitungsdokumentes seien zunächst »Empfehlungen« an die Diensteinheiten herauszugeben, wobei diese »sehr kurzfristig« erarbeitet werden sollten. Für die stärkere Konzentration auf die Nachwuchsrekrutierung an den Hochschulen müßten an einigen Universitäten entsprechende Beispiele geschaffen und die vorgeschlagenen Stützpunkte entwickelt werden. Außerdem stellte er zur Aufgabe, die Arbeit zu einem handlichen Schulungsmaterial umzuarbeiten.[94] Die Untersuchung selbst wurde mit dem Prädikat »magna cum laude« gewertet.[95]

Ob und inwieweit die »Forschungsergebnisse« der HVA später in die Praxis umgesetzt wurden bzw. warum dies möglicherweise unterblieb, ist nicht eindeutig feststellbar. Fest steht, daß es in der Hauptverwaltung A 1989 weder eine spezielle Diensteinheit zur Infiltration der Hochschulen noch die genannte Analysegruppe und Koordinierungsstelle gegeben hat – die Bearbeitung erfolgte vielmehr weiterhin dezentral. Die Aufklärungsabteilungen der Bezirke infiltrierten bis zum Schluß »ihre« Universitäten als von der HVA zugewiesene Objekte und fertigten dafür regelmäßig Objektanalysen, Personengruppenanalysen und Bearbeitungskonzeptionen an. Unabhängig von der bürokratischen Form blieb die Infiltration der bundesdeutschen Hochschulen aber bis zum Ende der DDR eine der wichtigen Aufgaben des Ministeriums für Staatssicherheit, an der sich nicht nur die zentralen Diensteinheiten, sondern auch die Bezirksverwaltungen und Kreisdienststellen beteiligten.

Den Zentralisierungsüberlegungen zum Trotz war die Aufklärung und Anwerbung von westdeutschen Studenten aus den Bezirken der DDR heraus offenbar immer noch das wirksamste Verfahren, um in ausreichender Zahl Agentennachwuchs zu rekrutieren. Die regionalen Aufklärungsabteilungen wurden deshalb durch die Dienstanweisung 3/79 erneut dazu verpflichtet, die sich bietenden Möglichkeiten für die Arbeit ins »Operationsgebiet« effektiv zu nutzen, um neue Informanten an den Universitäten zu schaffen und Hinweise auf »operativ interessante« Personen zu geben. Die Berliner Stasi-Dependance erhielt in diesem Zusammenhang die Freie Universität mit dem Osteuropa-Institut, dem Otto-Suhr-Institut und der DDR-, Friedens- und Zukunftsforschung zugewiesen.[96]

Mielke selbst war es, der in seinen Zentralen Planvorgaben in den achtziger Jahren immer wieder die »Aufklärung« von Studenten verlangte, um sie auf ihre Eignung als Nachwuchsagenten zu prüfen. Dabei interessierten ihn in erster Linie Studenten der technischen Fachrichtungen, Jura- und Volkswirtschaftsstudenten, Dolmetscher und Übersetzer, »die sich nicht in linken Gruppen exponiert haben« – die westdeutschen Abwehrstellen hatten offenbar mitbekommen, wie sehr sich das MfS in der Vergangenheit gerade hier bedient hatte. Es seien, so Mielke, konkrete, abrechenbare Aufgaben festzulegen, um Verbindungen der vorhandenen IM zu diesem Personenkreis »kontinuierlich zu erfassen, aufzuklären und gemeinsam mit den zuständigen Diensteinheiten der HVA bzw. den Abteilungen XV der Bezirksverwaltungen auf ihre Bearbeitungswürdigkeit und -möglichkeit zu prüfen.«[97] Auch Markus Wolf betonte 1983 in sogenannten »Operativen Schlußfolgerungen« noch einmal die Notwendigkeit einer verstärkten Entwicklung von »Stützpunkten« an westdeutschen Universitäten, um die Suche und Auswahl geeigneter »Perspektiv-IM«, vorrangig »in operativen Schwerpunktterritorien oder Objektstädten«, zu effektivieren.[98]

Eine größere Zahl von Perspektiv-IM war in den Augen des MfS auch deshalb erforderlich, weil deren Erfolgsaussichten aufgrund der Akademikerarbeitslosigkeit und der demographischen Entwicklung in den achtziger Jahren drastisch sanken. Allein aufgrund der unterschiedlichen Jahrgangsstärken männlicher Berufsanfänger und der aus dem Berufsleben Ausscheidenden kam das MfS zu dem Ergebnis, »daß in den Jahren von 1980 bis 1984 die Konkurrenzbedingungen für neu eintretende akademisch qualifizierte Nachwuchskräfte deutlich viel ungünstiger sind als in den Jahren zuvor«.[99] Hinzu kam, daß man auch für den Fall eines Regierungswechsels in Bonn mit Perspektiv-IM aus allen politischen Lagern gewappnet sein wollte. »Das zwingt uns zur Schaffung von Reserven für beide Grundmöglichkeiten bzw. von Reserven an hochqualifizierten Akademikern, um parteipolitische Kriterien leichter überspielen zu können.«[100]

Agentengewinnung aus Gera

Wie das Verfahren der breitflächigen IM-Werbung unter Studenten zuletzt funktionierte, zeigen Unterlagen aus der Stasi-Dependance in Gera.[101] Die dortige Aufklärungsabteilung bekam zu diesem Zweck von allen Seiten regelmäßig »Personenhinweise« geliefert – von der Zentrale der HVA, von eigenen IM, aus Ost und West, sowie von »Offizieren für Aufklärung« (OfA), die in den Kreisdienststellen Dienst taten. Die Betroffenen wurden »aufgeklärt«, wenn möglich kontaktiert und bei positiver Entwicklung des Vorgangs schließlich angeworben. Nach einer Übergangszeit wurde der frischgebackene IM zumeist an die HVA-Zentrale abgegeben – wenn er nicht für die eigene Arbeit gebraucht wurde. Hatte ein IM den ersten »Tip« gegeben, lieferte er dem MfS oft gleich ein komplettes Personendossier mit und übernahm die Anfangsbearbeitung des Kandidaten. So heißt es beispielsweise in einem Bericht vom Mai 1989 zum Hinweis »Töpfer«: »›Töpfer‹ hat nach Beendigung seines Dienstes bei der Bundeswehr ein Jura-Studium an der Universität Hamburg begonnen. Über die Eltern von ›Töpfer‹ wurde durch den GMS ›Jürgen Kunst‹ der persönliche Kontakt zu ›Töpfer‹ im Operationsgebiet aufgenommen. Neben der ergänzenden Dossierarbeit wurden durch den GMS Voraussetzungen für die Überleitung des persönlichen in einen operativen Kontakt geschaffen.«[102]

Wenn der Kontaktpartner kein IM war, zum Beispiel bei einem bloßen Verwandtenbesuch in der DDR, bemühte sich das MfS umgehend darum, diesen für die Bearbeitung des Kandidaten zu »gewinnen«. Unter der Überschrift »Verdichtung vorgegebener Personenhinweise« berichtete die Aufklärungsabteilung in Gera über ihre Ergebnisse bei der Abarbeitung einer langen Liste der HVA-Zentrale dann beispielsweise so:

»Wolfgang Schmitz [Name geändert – es folgen kleine Personalien], Student, Uni Göttingen, Verbindung zu: Hans Müller [Name geändert – es folgen kleine Personalien], [es folgt der ›interessierte‹ HVA-Mitarbeiter] – Gastgeberbasis zur Bearbeitung [der] Zielperson ungeeignet. [...]

Andrea Weber [Name geändert – es folgen kleine Personalien], Student, Uni Regensburg, Verbindung zu: Norbert Mosel [Name geändert – es folgen kleine Personalien], [es folgt der ›interessierte‹ HVA-Mitarbeiter] – Positive DDR-Basis gewissenhaft aufgeklärt und am 6. 6. 1989 an Fachabteilung übergeben.«[103]

Auch die Angestellten westlicher Universitäten wurden auf diese Weise durchleuchtet und auf ihre Verwendbarkeit für das MfS geprüft. Den überlieferten Plänen und Arbeitsberichten der Geraer Aufklärungsabteilung zufolge – sie stellte nicht einmal ein Prozent der hauptamtlichen Aufklärer der Stasi[104] –

wurden dort im Zeitraum 1988/89 insgesamt sechzehn Beschäftigte aus bundesdeutschen Hochschulen oder Instituten »bearbeitet«, davon sechs als IM und acht als »Hinweise« (HW). Als IM geführt wurden unter anderem ein Dozent der Universität Brüssel (IM »Dover«), ein Mathematiker und Institutsleiter der Universität Helsinki (IM »Larsen«), ein portugiesischer Germanist und Anglist mit Verbindungen zur Freien Universität Berlin (IM »Pedro«), ein Dozent und zeitweiliger (1988) Dekan für Anglistik an der Gesamthochschule Kassel (IM »Adler«) sowie der persönliche Mitarbeiter des Leiters des Institutes für Außenhandel und Überseewirtschaft der Universität Hamburg (IM »Klaus Franz«). Die meisten von ihnen wurden als »Werber« genutzt oder sollten dazu »qualifiziert« werden. Im Fall des 1987 zunächst als »Kontaktperson« (KP) registrierten IM »Adler« beschränkte sich allerdings die »Zusammenarbeit« nach gegenwärtigem Erkenntnisstand auf die Übergabe von Broschüren und Konferenzmaterial an eine Bekannte aus der DDR.[105]

Die Geraer Aufklärungsabteilung agierte vor allem an den Universitäten Bayerns, das ihr als »Schwerpunktterritorium« zugewiesen worden war. Zum Geschäftsführer des Zentralinstitutes für Sportwissenschaft der Technischen Universität München (HW »Techniker«) hielt ein DDR-IM im Rahmen einer Wissenschaftlerverbindung »stabilen operativen Kontakt« – Zielsetzung für 1989: »Entwicklung einer Abschöpfquelle«. Zu einem freischaffenden Konservativismusforscher der Universität München (KP »Bürger«) knüpfte ebenfalls ein DDR-IM den Kontakt – er sollte zur »Quelle« im Bereich der bayerischen Staatskanzlei entwickelt werden. An die Universität Würzburg – eigentlich »Objekt« der Aufklärungsabteilung in Erfurt – entsandte das MfS 1989 den hauptamtlichen DDR-IM »Gerhard Menge«, der dafür eigens eine Funkausbildung erhielt und im April über die Grenze geschleust wurde. Ein westdeutscher Unternehmer, der IM »Georg Schumann«, verschaffte ihm seinerzeit ein fiktives Arbeitsverhältnis in seinem Unternehmen und ein »operatives Quartier«, damit »Menge« im Rahmen einer »zeitweiligen Übersiedlung« unauffällig an der Uni Agenten werben konnte. Ein anderer Unternehmer, Besitzer einer Software-Firma in Bitz, arbeitete für das MfS unter dem Decknamen »Steiner« als Werber und sollte, nachdem er eine spezielle Ausbildung erhalten hatte, ab Ende 1989 in Baden-Württemberg an der Universität Tübingen zum Einsatz kommen.

Besondere Anstrengungen entfaltete man bei den von der HVA-Spitze als »Basisobjekt« zugewiesenen Hochschulen. Hier ging man im wahrsten Sinne des Wortes »planmäßig« vor. Die Aufklärungsabteilung in Gera war, wie erwähnt, zuständig für die Friedrich-Alexander-Universität Nürnberg/Erlangen, Deckname »Isar«. Die Hochschule galt – nach München – als die bedeutendste des Landes Bayern, der Ausbau der »operativen Positionen« in der Region als »von höchster Priorität«. Jedes Jahr erarbeitete die Stasi zu dieser Universität eine ausführliche Objektanalyse. Dazu wurden zunächst die analytischen Schwerpunkte bestimmt und dann die Erkenntnisse zu Sachverhalten und Personen aufbereitet und schriftlich zusammengefaßt. Zur Vervollständigung der »Objekt- und Personengruppenanalyse« sollten alle »zugänglichen Speicher« des MfS ausgewertet werden. Regelmäßig fanden »Leiterberatungen« zum Fortgang der Bearbeitung statt, die Strategien zum »Eindringen« wurden in langfristigen Konzeptionen festgelegt.

In einer überlieferten Konzeption von 1986[106] heißt es, Ziel der »Bearbeitung« sei die Schaffung neuer operativer Positionen und die damit erreichbare Deckung des Informationsbedarfes des HVA. Durch planmäßige Kontaktarbeit am und im Objekt sollten »Hinweise« (HW) auf Personen erarbeitet werden, die als »Stützpunkte« und »Zwischenwerber« oder als »Perspektiv-IM« (PIM) zum »Eindringen in feindliche Hauptobjekte« geworben werden könnten. Zugleich sollten Informationen aus Wissenschaft und Technik, Politik, Geheimdiensten sowie zu den allgemeinen »Regimebedingungen« beschafft werden. Um »der objektiven Forderung nach verstärkter Bearbeitung der Hauptobjekte des Feindes durch die Methode des Einschleusens gerecht zu werden«, wurden die Schritte für die nächsten Jahre dann wie folgt festgelegt: Planjahr 1987 – Schaffung eines »Stützpunktes« an der Universität und eines weiteren »zur Abdeckung operativer Handlungen« in der Region; Rekrutierung zweier Kontaktpersonen und dreier Bearbeitungskandidaten. Planjahr 1988 – Werbung eines Perspektiv-IM mit Eignung zur Einschleusung und Rekrutierung von drei weiteren Kontaktpersonen; Schaffung von vier »Bearbeitungskandidaten«, davon einer als künftiger »Stützpunkt« an der Universität. Planjahr 1989 – Werbung von zwei IM, davon ein »Werber« und ein »IM Verbindungswesen«, sowie Einschleusung des Perspektiv-IM in ein Hauptobjekt; Schaffung von zwei Kontaktpersonen als Bearbeitungskandidaten.

Um diese Ziele zu erreichen, ging man mehrgleisig vor. Zum einen nutzte man die »offiziellen« Verbindungen, die zwischen der Universität Erlangen und DDR-Einrichtungen bestanden. In erster Linie waren dies Kontakte zur Friedrich-Schiller-Universität in Jena, zur Martin-Luther-Universität in Halle sowie zur Karl-Marx-Universität in Leipzig; aber auch die Beziehungen zu Kombinaten, Betrieben oder Einrichtungen im Bezirk Gera sollten »aufgeklärt« werden, um sie auf eine nachrichtendienstliche Nutzung zu prüfen. Systematisch wurden insbesondere als IM verpflichtete DDR-Wissenschaftler damit beauftragt, im Rahmen ihrer fachlichen Kontakte in den Westen geheimdienstliche Verbindungen anzubahnen.[107] Als positiv wurden Ende der achtziger

Jahre deshalb die zusätzlichen »operativen« Möglichkeiten durch das Kultur- und Wissenschaftsabkommen mit der Bundesrepublik gewertet, und auch die neue Städtepartnerschaft Jena-Erlangen kam dem MfS in dieser Beziehung gelegen. »Unter strikter Beachtung des Befehls, keine direkten operativen Aktivitäten in diesen Partnerschaftsbeziehungen durchzuführen,« heißt es dazu in einem Bericht von 1988, »werden vorhandene Möglichkeiten vorwiegend für Dossierarbeit genutzt.«[108]

Zum zweiten setzte das MfS gezielt sogenannte »Werber« in Marsch. So war in der »Bearbeitungskonzeption« vorgesehen, daß zwei DDR-IM – ein hauptamtlicher IM des MfS (»Gerhard Menge«) und ein IM aus der Abteilung Kultur im Bezirk Karl-Marx-Stadt (»Frank Beier«) – »längerfristige Einsätze im und am Objekt durchführen«. Sie sollten dort, vorwiegend im technisch-naturwissenschaftlichen Sektor der Universität, aber auch in den Bereichen Gesellschaftswissenschaften, Kultur und Literatur neue Kandidaten auftun. Schon 1986 war dazu der Vorschlag gemacht worden, auch Veranstaltungen der Volkshochschule Erlangen zur »operativen Kontaktherstellung« zu nutzen, wobei als Voraussetzung gesehen wurde, daß die Teilnehmer – und damit auch die Abgesandten des MfS – dabei nicht namentlich registriert wurden. Auch Tischtennis, so hieß es, »dürfte wohl in unserem Fall als Sportart in Frage kommen, um als Möglichkeit der Kontaktschaffung erprobt zu werden«.[109] Die »Werber« hatten darüber hinaus die bereits vorhandenen Kandidaten weiterzubearbeiten oder einen unmittelbaren »operativen Kontakt« zu ihnen herzustellen. Zwei West-IM, darunter der erwähnte Unternehmer mit dem Decknamen »Schumann«, sollten ihnen bei der »Abdeckung der Arbeits- und Aufenthaltslegende« behilflich sein. Auch die »operativen Kräfte im Operationsgebiet« wurden gezielt zur Informationsbeschaffung eingesetzt; unter anderem sollte in diesem Zusammenhang der Einsatz einer namentlich nicht genannten »Kontaktperson« in den sozialen bzw. gastronomischen Einrichtungen der Universität geprüft werden.

Ausweislich der Pläne und Arbeitsberichte gelang es auf diese Weise, im Oktober 1988 einen Dozenten am Institut für Werkstoffwissenschaften – aufgrund »persönlicher Zuneigung« und aus »Achtung als international anerkannter Wissenschaftler« gegenüber dem DDR-Werber »Wolfgang Klein« – anzuwerben. Der IM »Wegner« sollte zum »Stützpunkt« entwickelt werden, fungierte aber vor allem als »Quelle« im Bereich Konstruktionskeramik.[110] Anwerben wollte man auch den Lehrstuhlleiter für Strömungsmechanik, der unter dem Decknamen »Störmer« bereits als »Kontaktperson« geführt wurde und vom DDR-IM »Röbel« bearbeitet wurde. Obwohl das MfS befriedigt den Erhalt erster Informationen registrierte, war der Werbeprozeß zu dem Kandidaten 1989 »noch nicht abgeschlossen« – die Werbung sollte 1990 erfolgen.

Darüber hinaus bemühte sich das MfS 1989 noch um einen anderen wissenschaftlichen Mitarbeiter der Universität, den Hinweis »Weber«, zu dem ein DDR-IM im Rahmen seiner wissenschaftlichen Tätigkeit Kontakt geknüpft hatte – auch er sollte »Stützpunkt« oder »Werber« werden. Daß andere Diensteinheiten über weitere Quellen an der Uni Erlangen verfügten, von denen man in Gera offenbar nichts wußte, zeigt der bereits erwähnte Fall des Erlanger Politikwissenschaftlers Rudolf Horst Brocke, der von der Abteilung X der HVA geführt wurde.[111]

Zur Verbesserung der Rekrutierungsbedingungen an der Universität Erlangen ließ sich das MfS noch etwas anderes einfallen: Ein DDR-Ehepaar – die Inoffiziellen Mitarbeiter »Hans und Regina Bogen« – wurde in einer von langer Hand vorbereiteten »Übersiedlungskombination« in die Bundesrepublik ausgesiedelt. »Hans« war zuvor Diplom-Mathematiker am Rechenzentrum der Universität Jena und ging im November 1988 als »spezieller Einsatzkader« in den Westen. Nach einer einjährigen »Legalisierungsphase« sollte er im Raum Bayern »operativ ausbaufähige Personendossiers« erstellen und 1990 einen ersten Kandidaten werben – die Wende machte diese Pläne zunichte. Seine Frau war in der medizinischen Datenerfassung an der Uni Jena tätig und erhielt nach der Ausreise ihres Mannes eine gründliche Ausbildung für ihre künftige Funktion als »Stützpunkt« an der Universität Erlangen. In einem Bericht vom 9. November 1989 hieß es, daß ihre Übersiedlung für Anfang 1990 vorbereitet sei – am selben Tag fiel in Berlin die Mauer, und drei Wochen später wurde in Gera die Stasi-Zentrale besetzt. Die Rekrutierungsmaschinerie für den Agentennachwuchs funktionierte nicht mehr.

Eine Wissenschaft als Feindobjekt – Die DDR- und Osteuropaforschung

Die wissenschaftliche Beschäftigung mit den Staaten Ost- und Mitteleuropas hat in Deutschland eine lange Tradition. Die an vielen Universitäten schon in den zwanziger Jahren mit Lehrstühlen verankerte Forschung belebte sich nach dem Ende des Nationalsozialismus erneut, auch wenn ihr Untersuchungsobjekt jetzt kommunistisch regiert wurde. Gegenüber dem Osten Deutschlands, der mit einemmal in den sowjetischen Machtbereich geraten war, gab es ebenfalls schon kurz nach dem Krieg ein wachsendes Bedürfnis nach wissenschaftlich fundierten Informationen. Vor allem geflüchtete SED-Gegner und enttäuschte Kommunisten legten, mit Unterstützung des Bundesministeriums für gesamtdeutsche Fragen, bereits in den frühen fünfziger Jahren die Anfänge eines Forschungszweiges, dem sich zunehmend auch die Vertreter traditioneller universitärer Disziplinen wie Politikwissenschaftler, Ökonomen oder Germanisten zuwandten.[1]

Für das Ministerium für Staatssicherheit waren alle diese Forscher »Feinde« – unabhängig von der Validität ihrer wissenschaftlichen Aussagen, von ihrer institutionellen Zugehörigkeit oder von ihrem politischen Standpunkt. In seinen Augen spielten sie eine Schlüsselrolle bei den Versuchen des »Klassengegners«, den Sozialismus zu beseitigen. Mit ihren Aussagen über das kommunistische System, so wie es sich ihnen darstellte und wie sie es interpretierten, seien sie Teil eines »Systems«, mit dem der Gegner »die sozialistische Gesellschaft in ihrer Gesamtheit angreift, um Bedingungen zur Vorbereitung, Organisierung und Entfaltung der schleichenden Konterrevolution zu schaffen«.[2] Als verlängerter Arm »kapitalistischer Führungszentren« und westlicher Geheimdienste betrieben sie die innere Aushöhlung der sozialistischen Staatsmacht durch das, was man bei der Stasi seit den sechziger Jahren als »politisch-ideologische Diversion« und bald nur noch als »PID« bezeichnete.[3]

Ein ganzer Forschungszweig stand damit unter dem Verdikt, die Sicherheit der SED-Herrschaft direkt zu bedrohen. Dem Ministerium für Staatssicherheit fiel deshalb die Aufgabe zu, die einschlägig orientierten Universitäten, Institute und Wissenschaftler mit nachrichtendienstlichen Mitteln auszuforschen und zu bekämpfen. Entsprechend der hohen Priorität, mit der diese Aufgabe von der Führungsspitze versehen wurde, kam ein geradezu aberwitziges

Potential an inoffiziellen Mitarbeitern, technischen Mitteln und analytischen Bemühungen zum Einsatz, um eine verhältnismäßig kleine Wissenschaftlergruppe zu »bearbeiten«. Zur Rechtfertigung dieses enormen Aufwandes wurde dabei stereotyp die »Gefährlichkeit« der sogenannten imperialistischen DDR- und Ostforschung unterstrichen – selbst dann, wenn sie, wie in den siebziger und achtziger Jahren, dem »Modell DDR«[4] zunehmend wohlwollend gegenübertrat.

Um so erstaunlicher ist es, daß bislang keiner der professionellen DDR-Experten die Durchdringung der DDR- und Osteuropaforschung durch das Ministerium für Staatssicherheit zum Thema einer wie auch immer gearteten Aufarbeitung gemacht hat. Die einstmals von politischen Grabenkämpfen erschütterte Zunft schweigt sich trotz Öffnung der Stasi-Akten zu diesem Thema aus. Nur Anfang der neunziger Jahre, als der unerwartete Untergang des Kommunismus auch die Frage nach den Fehleinschätzungen der Wissenschaftsdisziplin auf die Tagesordnung setzte, brach in der Öffentlichkeit eine kurze, heftige Debatte aus.[5] Angesichts der damaligen Entschlossenheit der Politik, mit der DDR auch die mit ihrer Erforschung beauftragten westdeutschen Forschungseinrichtungen abzuwickeln, war damals für kritische Selbstreflexion allerdings wenig Platz. Mit schriller Stimme verteidigten vielmehr viele der bis dahin tonangebenden Wissenschaftler die Validität ihrer früheren Forschungsergebnisse.

Eine Ausnahme bildet der emeritierte Berliner Juraprofessor Siegfried Mampel, der in den siebziger und achtziger Jahren von vielen als rückwärtsgewandter kalter Krieger betrachtet wurde, weil er entgegen dem Zeitgeist an der Vorstellung der Wiedervereinigung festhielt. In seiner zurückhaltenden Art schrieb er Mitte der neunziger Jahre eine Studie, in der er vor allem untersuchte, *warum* die Stasi die DDR- und Osteuropaforschung von Anbeginn so verbissen bekämpft hat. In bester totalitärer Tradition, so Mampel, fürchtete das MfS jede unabhängige Erkenntnisbildung über die DDR, weil diese dem Griff auf das Bewußtsein der Untertanen im Wege stand – die Stasi als »Ideologiepolizei«.[6]

Die »operative« Seite des geheimdienstlichen Kampfes gegen eine international anerkannte Wissenschaft liegt indes immer noch überwiegend im dunkeln. Da die Zuständigkeit für die meisten Einrichtungen der DDR- und Osteuropaforschung bei der HVA lag, sind dazu in den Archiven des Bundesbeauftragten nur wenige Unterlagen überliefert. IM-Vorgänge aus anderen Diensteinheiten und Ausarbeitungen der Hochschule des MfS zeigen allerdings, wie intensiv die Ausforschung betrieben wurde und von welchen Vorstellungen das MfS dabei getragen wurde.

Kampf gegen »Agentenzentralen«

Schon in den fünfziger und sechziger Jahren spielte der Kampf gegen Bundesbürger, die sich wissenschaftlich mit der DDR beschäftigten, für das MfS eine bedeutende Rolle. Da es sich meist um »republikflüchtige« SED-Gegner handelte, galten sie im unmittelbaren Sinne als »Feinde« und waren von den Abwehrdiensteinheiten entsprechend zu »bearbeiten«. Auch die staatlichen Einrichtungen, die sich mit Analysen zur DDR-Entwicklung befaßten, galten als direkte Instrumente des »westdeutschen Militarismus« und waren dementsprechend zu bekämpfen. Insbesondere der 1952 gegründete »Forschungsbeirat für Fragen der Wiedervereinigung Deutschlands« beim Bundesministerium für gesamtdeutsche Fragen galt als eine hochgefährliche Einrichtung, weil er die Aufgabe hatte, eine wissenschaftlich zuverlässige Bilanzierung der DDR-Wirtschaft vorzunehmen und auf dieser Basis ein wirtschaftspolitisches Sofortprogramm für den Tag der Wiedervereinigung zu erstellen.[7] Aber auch andere wissenschaftliche Einrichtungen wie das Institut für politische Wissenschaft im Westteils Berlins wurden als angebliche »Agentenzentralen« intensiv ausgeforscht.[8]

Eine der ersten und wichtigsten Aufgaben des MfS sowie des 1953 darin aufgegangenen Außenpolitischen Nachrichtendienstes (APN) war es deshalb, eigene Agenten in die entsprechenden Institutionen und Gruppierungen einzuschleusen. Einer von ihnen war der Gewerkschaftssekretär Wilhelm Gronau, der mit Paul Laufer vom selben Führungsoffizier gelenkt wurde, der auch den späteren Kanzleramtsspion Günter Guillaume in die Bundesrepublik geschleust hatte.[9] Als Leiter des Referates Wiedervereinigung im Vorstand des Deutschen Gewerkschaftsbundes (DGB) arbeitete Gronau eng mit dem Bundesministerium für gesamtdeutsche Fragen zusammen und war Mitglied des Forschungsbeirates. Nach einer MfS-internen Publikation beschaffte er der Staatssicherheit »äußerst wertvolle Informationen und hatte wesentlichen Anteil an der Beschaffung der Grauen Pläne« – jener Ausarbeitungen des Forschungsbeirates, die die im Fall einer Wiedervereinigung zu ergreifenden Maßnahmen enthielten und wegen ihres grauen Einbandes von der DDR-Propaganda dergestalt bezeichnet wurden.[10] »Mit Akribie, Detail für Detail, Tag für Tag, Woche um Woche, Monat für Monat«, so würdigte Markus Wolf später Gronaus Tätigkeit, »durchforschte und ermittelte [er und] und setzte sich auf zahllosen Sitzungen und Begegnungen genau ins Bild.«[11] Erst 1972 wurde Gronau wegen Spionage in Westberlin festgenommen – ein Jahr später wurde er ausgetauscht.

Einen ähnlichen Fall bildete der langjährige MfS-Agent Götz Schlicht, der erst nach der Auflösung des Staatssicherheitsdienstes enttarnt wurde. Schlicht hatte sich Ende der vierziger Jahre dem erwähnten »Untersuchungsausschuß freiheitlicher Juristen« (UfJ) angeschlossen und war 1950 beim Verteilen von Informationsschriften verhaftet worden. 1957 wurde er vorzeitig aus dem Gefängnis entlassen, nachdem ihn das MfS unter dem Decknamen »Dr. Lutter« angeworben hatte – laut Arbeitsplan vom 27. Juni eine »Werbung zum Eindringen in Feindobjekte«. »Auftragsgemäß« flüchtete der Jurist mit seiner Familie nach Westberlin und wurde kurz darauf beim UfJ angestellt. Zunächst arbeitete er jeweils einen halben Tag im Flüchtlingslager Marienfelde und als Referent der Organisation in der Abteilung Zivilrecht. Ab 1957 war er dann als Redakteur der Zeitschrift »Recht in Ost und West« tätig, die er ab 1958 allein redigierte. Nach der Übernahme des UfJ in das Gesamtdeutsche Institut setzte er in dessen Räumen seine Arbeit auf Honorarbasis fort. Über dreißig Jahre lang belieferte er das MfS mit sensiblen Informationen und wurde dafür mit umfangreichen Geldzahlungen und mehreren Orden belohnt.[12]

In den sechziger Jahren veränderten sich in der Bundesrepublik allmählich Zielsetzungen und institutionelle Schwerpunkte bei der Erforschung der DDR. Spätestens mit dem Mauerbau schwanden die Hoffnungen auf eine baldige Wiedervereinigung, so daß der Forschungsbeirat beim Gesamtdeutschen Ministerium auf die Ausarbeitung konkreter Maßnahmeempfehlungen für den »Tag X« nunmehr weitgehend verzichtete. Statt dessen rückten die Bestandsaufnahme und Analyse der wirtschaftlichen und sozialen Realitäten der DDR in den Mittelpunkt seiner Arbeit. In der Wissenschaft mehrten sich zudem die Stimmen, die den antitotalitären Duktus der älteren Forschungen ablehnten und die DDR »objektiver« analysieren wollten.[13] Insbesondere in Berlin entwickelte sich an der Freien Universität um den Politologen Peter Christian Ludz eine neue »Schule« der DDR-Forschung.

Über den sich andeutenden wissenschaftlichen Paradigmenwechsel zeigte sich das MfS frühzeitig informiert. In einem IM-Bericht aus dieser Zeit heißt es über Ludz: »Neuerdings ist Ludz mit einigen Aufsätzen und Reden bzw. Vorträgen zur Totalitarismus-Forschung hervorgetreten. Im Rahmen dieser seiner Beschäftigung ist Ludz in eine scharfe Gegenposition zu den vorherrschenden Meinungen und Lehrsätzen geraten. Ludz betont, im Gegensatz zu den anderen Theoretikern des Totalitarismus, den Wandel der sozialen Ordnung in den sozialistischen Staaten und weigert sich daher, diese an sich dynamische Gesellschaft mit starren Begriffen zu belegen oder zu umschreiben. Dieses Ludzsche Hervortreten, die Ludzsche Kritik, ist in vieler Hinsicht progressiv, trägt sie doch dazu bei, daß im Laufe der Zeit eine Reihe landläufig gewordener Vorstellungen überprüft werden. Speziell im Rahmen seiner jüngsten Tätigkeit, das heißt, im Rahmen einer Vorlesung, die er im Wintersemester 1963/1964 im Otto-Suhr-Institut in der Freien Universität über die DDR hält, gewinnt diese seine Kritik an den landläufigen Kommunismus-Vorstellungen auch breitere politische Bedeutung.«[14]

Verfaßt hatte diese Einschätzung der seinerzeit noch am Beginn seiner Universitätskarriere stehende Politikwissenschaftler Dietrich Staritz. Unter dem Decknamen »Erich« hatte sich dieser, wie erwähnt, 1961 dem MfS als Informant verpflichtet und nach dem Ende seines Studiums (1963) eine Stelle als Hilfsassistent am Institut für politische Wissenschaften der Freien Universität (FU) Berlin übernommen, wo er mit Unterstützung der Stasi über »Die NDPD in der DDR« promovierte.[15] In den ersten Monaten seiner IM-Tätigkeit hatte er der Staatssicherheit ein umfassendes Bild über die Westberliner DDR-Forschung geliefert, das er in der Folgezeit regelmäßig ergänzte. Sein Führungsoffizier hatte dazu gleich einen ganzen Katalog an Fragen ausgearbeitet, vom »Charakter« und »Aufbau« des Instituts, über dessen »Ziele« und »Auftraggeber« bis hin zu »personellen Angaben« (politische Einstellung, fachliche Tätigkeit, Charaktereigenschaften und familiäre Lage der Mitarbeiter), die in der Folgezeit nach und nach abgearbeitet wurden.[16]

Für die Staatssicherheit war das Westberliner Institut bald weitgehend transparent – nicht zuletzt durch Staritz' zahlreiche Personeneinschätzungen, die selbst vor dem Intimleben seiner Kollegen und Förderer nicht haltmachten (»Bettgeschichten mit gutgewachsenen potenten und nicht dummen Leuten unbedingt zugetan«).[17] Auch über das Osteuropa-Institut der FU und den Forschungsbeirat für die Wiedervereinigung Deutschlands informierte er, verbunden mit dem Angebot, sich bei letzterem um eine Einstellung zu bemühen. Die Stasi verfolgte jedoch andere Pläne und lehnte ab, »da nach einer nochmaligen Überprüfung bei uns diese Tätigkeit nicht interessant ist« – sie war dort bereits inoffiziell vertreten.[18] Staritz' Berichte aus der DDR- und Osteuropaforschung wurden nun seltener, seine Informationen über Flüchtlingstunnel, die Berliner Studentenbewegung sowie aus seiner Doppelagententätigkeit für den Verfassungsschutz genossen offenbar Vorrang. Gleichwohl erhielt er nach der Verleihung der »Verdienstmedaille der NVA« in Bronze (1964) und seiner vorübergehenden Abordnung zur Bearbeitung eines nicht näher bezeichneten »speziellen Vorgangs« an die für Kirchenfragen zuständige Hauptabteilung XX/4 (ab Juli 1966), im September 1967 erneut den Auftrag, eine Übersicht über die Situation der »Ostforschung« in Westberlin zu erarbeiten.«[19]

Selbst nachdem Staritz 1968 die DDR-Berichterstattung beim *Spiegel* übernahm, behielt er sein altes Arbeitsfeld für das MfS im Auge – beispielsweise mit Berichten über das Erlanger Institut für Gesellschaft und Wissenschaft (IGW) und dessen Leiter, Clemens Burrichter, oder über den Wirtschaftswissenschaftler Ludwig Bress, von dem er nicht wissen konnte, daß dieser ebenfalls für den Staatssicherheitsdienst tätig war. Darüber hinaus arbeitete das MfS »mit Hilfe der Quelle intensiv an der Herstellung eines Kontaktes zu einer anderen Person aus dem Operationsgebiet«, einem künftigen Professor, über den heute beim Bundesbeauftragten weder Karteikarten noch Akten überliefert sind – die »Kontaktaufnahme«, so vermerkte die Stasi 1969 zu ihm, »konnte noch nicht realisiert werden«.[20]

In einem Perspektivplan vom April 1971 hieß es zur weiteren Perspektive des IM »Erich« unter anderem: »Ausnutzung der beruflichen Tätigkeit für die Zersetzungstätigkeit gegen DDR-feindliche Institutionen und Organisationen« sowie »Ausnutzung der Lehrtätigkeit an der Universität zum Tippen von Werbungskandidaten«. Und unter der Überschrift »Informationsbedarf« wird aufgelistet: »Informationen über interne politisch-strategische und taktische Varianten in der Ostpolitik der Bundesregierung und des Westberliner Senats; Informationen über die imperialistische DDR-Forschung; [...] Anfertigung von Charakteristika von Personen, die zu den für die offensive Abwehrarbeit der HA XX/5 interessanten Personenkategorien gehören.«[21] Wenig später wird Staritz noch einmal bescheinigt: »Informationen über die Situation und in dem Bereich der imperialistischen DDR-Forschung tätigen Personen wurden in großer Zahl erarbeitet.« So habe er etwa eine vom »Restapparat« des SPD-Ostbüros erarbeitete Analyse über die wirtschaftliche Situation der Datenverarbeitung in der DDR beschafft, die von der zuständigen Diensteinheit als »sehr wertvoll bei der Bearbeitung von feindlicher Tätigkeit in diesem volkswirtschaftlich wichtigen Bereich« eingestuft worden sei.[22] Doch kurz darauf wurde der Vorgang ins Archiv gegeben, weil Staritz der Staatssicherheit zunehmend unzuverlässig erschien – seine zweite und eigentliche Karriere in der DDR-Forschung als Professor an der Universität Mannheim bleibt deshalb in den Unterlagen unerwähnt.

Das Phantom der »Diversion«

Aufmerksam verfolgte das MfS in dieser Zeit die Neukonzipierung der DDR-Forschung. In einer 1972 fertiggestellten Dissertation wird beispielsweise die erste DDR-Forschertagung im September 1967 in Tutzing ausführlich geschildert. Einer der wichtigsten Referenten, nämlich Ludz, habe dort betont, daß die »primitive Schwarzmalerei« zu überwinden sei. In vier Grundsatzforderungen für die DDR-Forschung habe er seriöse und relevante Informationen, Analysen streng objektiver Art, einen komparativen Forschungsansatz und einen Beitrag zur Entideologisierung und Rationalisierung politischer Entscheidungen verlangt. Ziel der Tagung, an der alle hohen Beamten des Bundesministeriums für gesamtdeutsche Fragen teilgenommen hätten, sei es gewesen, die DDR-Forschung als »spezifischen Gegenstandsbereich« der Sowjetologie zu bestimmen und »auf die Bedingungen der Verstärkungen der politisch-ideologischen Diversion gegen die DDR« umzustellen.[23]

Paradoxerweise war es gerade die neue Ostpolitik der sozialliberalen Koalition, die das MfS in erhöhte Alarmbereitschaft gegenüber der DDR- und Osteuropaforschung versetzte. Für die HVA bedeutete die Entspannungspolitik kein Ende der »Gefahren« aus dem Westen, der Kampf sei vielmehr in mancher Beziehung sogar »komplizierter« geworden. Eine objektive und nüchterne Analyse der sogenannten Ostpolitik, so verlautbarte das MfS auf einer Beratung der »Aufklärungsorgane« der sozialistischen Staaten im Dezember 1970, lasse keine andere Einschätzung zu, als daß es sich hier um eine Variante der gegen das gesamte sozialistische Lager gerichteten imperialistischen Politik handele. »Zur Analyse und Planung der politisch-ideologischen Diversion, wie zur Verstärkung der Kontakte in die sozialistischen Länder bedient sich der westdeutsche Imperialismus verstärkt der sogenannten Marxismus- und Ostforschung [...]. Dabei geht ein Prozeß der Intensivierung und Zentralisierung der Ostforschung vor sich, dessen Ergebnisse von der Bundesregierung in die Entscheidungsfindung einbezogen werden.«[24]

Der Standpunkt der SED fand damals auch in der Bundesrepublik seine Fürsprecher. Dieselbe Ablehnung der Ostpolitik »von links« findet sich in einer 1971 im Buchverlag der Zeitschrift *Konkret* erschienenen Schrift des ehemaligen SDS-Vorsitzenden von Köln, Karl Heinz Roth, der, wie erwähnt, in den sechziger Jahren der illegalen KPD nahestand und später der Spionage für das MfS beschuldigt wurde.[25] Das Buch, in dem Roth im typischen Propagandaton der SED unter anderem den Forschungsbeirat für Fragen der Wiedervereinigung Deutschlands »entlarvt«, stellte die Entspannungspolitik in einen direkten Zusammenhang zur »Ostpolitik« in der ersten Hälfte des 20. Jahrhunderts, vom Kaiserreich bis zum Naziregime. Dem Klappentext zufolge sollte es zeigen, »wie aus den Taktiken des Kalten Krieges [...] neue Taktiken hervorgegangen sind, die ihr strategisches Ziel nur verdecken«.[26]

Der Kampf gegen den Sozialismus, so warfen SED und MfS der Bonner Regierung vor, erfolge nun nicht mehr frontal, sondern über den Umweg der inneren »Aufweichung«, was sich im MfS-Jargon so las: »Politisch-ideologische Diversion« – wozu die westliche Kommunismusforschung ebenso wie die in irgendeiner Weise auf den Osten bezogene Arbeit von Ministerien, Institutionen, Vereinigungen oder Medien gerechnet wurde – sei »der bewußte, planmäßige und differenzierte Kampf imperialistischer Kräfte und Einrichtungen,

377

die unter Einsatz eines Komplexes von subversiven Mitteln vorwiegend getarnt und verdeckt gegen die Theorie und Praxis des Sozialismus mit dem Ziel ankämpfen, in einem mehrstufigen Prozeß die ideologische Substanz und die politischen Grundlagen der sozialistischen Gesellschaft von innen heraus zu zersetzen, im Innern der sozialistischen Länder den Widerstand gegen die führende Rolle der kommunistischen Parteien und des sozialistischen Staates zu organisieren und über die ›Sozialdemokratisierung‹ und ›Liberalisierung‹ der sozialistischen Gesellschaft den Prozeß der Restauration der imperialistischen Verhältnisse in Gang zu setzen.«[27]

Als Einpeitscher im MfS betätigte sich seinerzeit insbesondere der Chef des Aufklärungsapparates, Markus Wolf, der sich heute gerne als großmütiger Förderer der Entspannungspolitik stilisiert. Im März 1968 hob er auf einer Sitzung der Führungsspitze der Staatssicherheit hervor, daß hinsichtlich der Gefährlichkeit der Bonner Politik »keine Illusionen« bestehen dürften. Er schlug deshalb vor, »in der Leitung des Ministeriums nochmal eine Abstimmung herbeizuführen, um eine noch systematischere Bearbeitung der Einrichtungen und Kräfte zu erreichen, die als Initiatoren bzw. Träger der politisch-ideologischen Diversion gegenüber der DDR wirken«. Er erhielt daraufhin den Auftrag, eine erste Konzeption zu diesem Problem zu entwerfen.[28] Wie Mielke im Juli 1968 betonte, lag die »Federführung« für die Aufklärung der Zentren und Ausgangspunkte der politisch-ideologischen Diversion im Operationsgebiet bei der HVA, die für deren »wirksame Bearbeitung im Operationsgebiet« verantwortlich zeichnete.[29]

Im März 1971 wurden die »Gefahren« der Entspannungspolitik und ihre Bekämpfung zum Gegenstand eines zentralen Führungsseminars der Staatssicherheit gemacht, auf dem die Arbeit des MfS einer kritischen Revision unterzogen wurde. In einer 735 (!) Seiten langen Rede warnte Mielke die MfS-Führung, daß der Westen mit seiner neuen Politik nur die Absicht verfolge, »die Klarheit über die vom westdeutschen Imperialismus ausgehenden Gefahren durch Vertrauensseligkeit gegenüber Bonn abzulösen«.[30] Er betonte, daß der »Gegner« seinen »Kampf« gegen die DDR nun »zunehmend langfristig angelegt« habe und »weitgehend planmäßig, systematisch und unter Einbeziehung aller für diese Zwecke geeignet erscheinenden Potenzen« führe. Der »Systemcharakter der Feindtätigkeit«, so Mielke in MfS-typischer Redundanz, zeige sich am deutlichsten »durch den weiteren Ausbau eines umfassenden institutionell-organisatorischen Systems feindlicher Zentralen, Institutionen, Organisationen und Kräfte, der weitgehend einheitlich gestalteten inhaltlichen Ausrichtung ihres Vorgehens sowie der weitgehenden zentralen Lenkung und Koordinierung ihrer subversiven Tätigkeit«. Neben Regierungsorganen, Parteien, Massenmedien, Verbänden, Konzernen und »feindlichen Zentren« gehörten dazu auch wissenschaftliche Einrichtungen, vor allem der sogenannten Ost- und DDR-Forschung, beziehungsweise die dort tätigen Personen.

Mielke zeichnete die Arbeit der Wissenschaftler in düsteren Farben. »In der Hauptsache ist ihre Tätigkeit vor allem darauf gerichtet, geeignet erscheinende Ansatzpunkte für das gegenwärtige und in noch größerem Maße für das langfristig angelegte Bonner Vorgehen gegen die DDR herauszufinden. Zu diesem Zweck und in der Regel in Ausführung von Regierungsaufträgen werden umfassende Analysen erarbeitet und Vorschläge für die Anwendung erfolgversprechender Varianten unterbreitet.« So sei etwa der kurz zuvor von der Bundesregierung gegebene »Bericht zur Lage der Nation« Ergebnis dieser »von sogen[annten] DDR-Experten, ausnahmslos Spezialisten des Antikommunismus, angestellten angeblich wissenschaftlichen Untersuchungen« und gebe »den Feindzentralen zahlreiche Ansatzpunkte und Hinweise für die Entfaltung gegnerischer Aktivitäten«. Die Forschung, so der Minister, solle die Bundesregierung in die Lage versetzen, in ihrem Vorgehen gegen die DDR zielgerichteter und effektiver zu operieren; sie wolle »Meinungsverschiedenheiten« innerhalb der DDR-Führung sowie zwischen Führung und Bevölkerung aufdecken und nutzbar machen und verfolge das Ziel, »mit Hilfe der Wissenschaften in das System der DDR einzusteigen«. Dabei würden die westlichen Geheimdienste nicht nur auf die Institutionen der Forschung »einwirken«, sondern enge Verbindungen zu ihnen unterhalten, während die Wissenschaftler wiederum »verstärkte Anstrengungen zum Ausbau von Verbindungen zu geeignet erscheinenden Institutionen und Personen in der DDR mit dem Ziel ihrer sogen[annten] legalen Abschöpfung und ihrer Beeinflussung unternehmen.«[31] Mielke schwor deshalb sein Ministerium darauf ein, die Aktivitäten gegen den Wissenschaftszweig zu verstärken. »Entsprechend der Rolle und Bedeutung der sogen. Ost- und DDR-Forschung für das Vorgehen des Gegners erhöht sich für uns die Notwendigkeit, die von solchen Institutionen entwickelten Vorstellungen, Varianten, Vorschläge usw. gründlich aufzuklären, zu erfassen und zu analysieren.«[32]

Die Suche nach dem Masterplan für die Aufweichung und Zersetzung der DDR wurde hinfort zum beherrschenden Auftrag der Staatssicherheit. Im Innern wie in der Bundesrepublik bekam der Kampf gegen die »Politisch-ideologische Diversion« oberste Priorität. Während es im eigenen Land um die Eindämmung der Auswirkungen von westlichen Informationen über die DDR ging, sollten in der Bundesrepublik deren »Ausgangspunkte« neutralisiert werden. In weiteren Dienstkonferenzen belehrte deshalb der »Genosse Minister« die »Organe des MfS« über die »sich herausbildende neue politische Lage und die sich daraus ergebenden politisch-operativen Aufgaben zur Sicherung und Unterstützung der Politik von Partei und Regierung. Der Genosse Minister verwies dabei auf die Notwendigkeit, den Feind mit geeigneten operativen Mitteln und Methoden bereits auf seinem eigenen Territorium empfindlich zu schlagen.«[33]

Diese Sichtweise bestand auch dann noch fort, als die SED die Früchte der Entspannungspolitik eingefahren hatte und ihr Staat sich weltweiter Anerkennung erfreute.[34] In einer Zeit, als fundamentale Kritik am kommunistischen Herrschaftssystem in Deutschlands zunehmend obsolet erschien, nahm die Bekämpfung geistiger Einflüsse aus dem Westen sogar immer größere Ausmaße an. Ab Mitte der siebziger Jahre fürchtete die Stasi namentlich das »Gift von Helsinki«. Sofort nach Unterzeichnung der KSZE-Schlußakte verpflichtete Mielke 1975 das MfS dazu, alle Möglichkeiten zu nutzen, um Informationen über deren »mißbräuchliche Ausnutzung« durch Einrichtungen der DDR- und Osteuropaforschung sowie durch andere »Zentren der politisch-ideologischen Diversion« zu beschaffen.[35] Auf eigens einberufenen internationalen Konferenzen berieten die mit der Sowjetunion verbündeten Geheimdienste 1974 und 1977 über gemeinsame Gegenmaßnahmen. Der stellvertretende KGB-Chef Tschebrikow bezeichnete dabei die westlichen Einflüsse als eines der gefährlichsten Mittel des »subversiven Eindringens« in die sozialistischen Staaten.[36]

Diese Doktrin wurde auch in den achtziger Jahren fortgeschrieben. Im Stasi-»Wörterbuch der politisch-operativen Arbeit« hieß es 1985, daß der »Feind in einem langfristig angelegten, mehrstufigen Prozeß subversive Ziele« anstrebe. Diese reichten von der »Zersetzung des sozialistischen Bewußtseins bzw. der Störung und Verhinderung seiner Herausbildung«, über die »Untergrabung des Vertrauens breiter Bevölkerungskreise zur Politik der kommunistischen Parteien und der sozialistischen Staaten« bis hin zum »Hervorrufen von Unzufriedenheit, Unruhe, Passivität und politischer Unsicherheit unter breiten Bevölkerungskreisen«.[37] Zu den »Zentren« der »Diversion« rechnete die Stasi dabei insbesondere die Einrichtungen der Kommunismus-, Osteuropa- und DDR-Forschung.[38]

Das Phantom der »politisch-ideologischen Diversion« beherrschte die DDR-Staatssicherheit bis ans Ende ihrer Tage. Verzweifelt suchte sie dem Westen die Schuld für die zunehmenden ideologischen Erosionserscheinungen im Kommunismus anzulasten. Diversion war nach einer Begriffsbestimmung von 1987 »das subversive Einwirken auf das gesellschaftliche Bewußtsein ihrer Bürger, insbesondere durch das planmäßige und systematische Verbreiten von Konzeptionen, Anschauungen, Wertungen und Grundsätzen, deren Inhalt sowohl von militant-grobschlächtigem als auch von flexibel-verschleiertem Antikommunismus geprägt ist. [...] Sie wird durch das imperialistische Herrschaftssystem entsprechend den strategischen Grundlinien seines Kampfes gegen die sozialistischen Staaten konzipiert, durch spezielle Einrichtungen und Organe in imperialistischen Ländern geleitet, unter Anwendung und Mißbrauch wissenschaftlicher Erkenntnisse und Methoden vorbereitet und vor allem über elektronische Medien, den Mißbrauch von Kontakten und die Einschleusung von Informationsträgern in sozialistische Länder realisiert.«[39] Nach dieser Definition war jede öffentliche Äußerung zur DDR, die nicht von vorbehaltloser Zustimmung getragen war, ein gefährlicher Angriff auf die SED-Herrschaft.

Strategien der Bekämpfung

Den dienstlichen Bestimmungen des MfS zufolge war die »Aufklärung der Pläne, Absichten und Maßnahmen der ›Ost- und DDR-Forschung‹ und ihrer Führungsorgane, deren Behinderung, Einschränkung und offensive Bearbeitung« in erster Linie Aufgabe der HVA. In enger Zusammenarbeit mit dieser waren die übrigen Diensteinheiten des MfS zugleich dazu verpflichtet, »mit den bewährten tschekistischen Methoden« im Inneren der DDR die »subversiven Aktivitäten« frühzeitig zu erkennen und »zielstrebig zu liquidieren«.[40] Schon 1971 hatte HVA-Chef Markus Wolf die Anweisung erteilt, die »Aufklärung und Bekämpfung der an den Universitäten und Hochschulen wirkenden Kräfte beziehungsweise Institutionen der politisch-ideologischen Diversion, insbesondere auf dem Gebiet der sogenannten DDR- und Ostforschung« zu verstärken.[41] In Zusammenarbeit mit dem KGB wurde seinerzeit eine 500 Seiten starke Forschungsarbeit in Angriff genommen über »Die Anforderungen an die Bekämpfung der politisch-ideologischen Diversion durch die Diensteinheiten des MfS im Zusammenwirken mit anderen Staatsorganen und gesellschaftlichen Organisationen«.[42] 1973 erließ Wolf eine weitere Dienstanweisung, in der er die Ausforschung von allen westdeutschen Einrichtungen befahl, die sich intensiver mit der DDR und Osteuropa beschäftigten.[43]

Die »Bekämpfung der imperialistischen Ost- und DDR-Forschung und ihrer Einrichtungen in der BRD« wurde 1974 zum Gegenstand einer gesonderten, 550 Seiten starken Untersuchung gemacht.[44] Weil die »imperialistische Ost- und DDR-Forschung eine immer größere Rolle im System der Feindtätigkeit« erhalte, hatte Wolf persönlich darum gebeten, die Hochschule des MfS in Zusammenarbeit mit der Abteilung X der HVA damit zu beauftragen, eine politisch-operative Analyse und Wertung der Forschung vorzunehmen und »qualifizierte Materialien für die Durchführung politisch-aktiver Maßnahmen zu ihrer Bekämpfung in der BRD auszuarbeiten«.[45] Erwartet wurden konkrete Vorschläge, wie die Forschung mit Hilfe verschleierter Desinformations- und Zersetzungsstrategien beeinflußt und zurückgedrängt werden konnte.

Schon in der ersten Analyse von 1972 war man zu dem Schluß gekommen, daß die Zentren der »politisch-ideologischen Diversion« mit »allen den Organen der Staatssicherheit zur Verfügung stehenden Mitteln und Methoden, vom Eindringen in ihre Konspiration bis zur Desinformation, Zersetzung und Zerschlagung, offensiv zu bekämpfen« seien.[46] Wie das mit Blick auf die DDR- und Osteuropaforschung geschehen könnte, dazu entwickelten die Autoren der zweiten Untersuchung nunmehr verschiedene Strategien. Sie hatten dazu einen umfassenden Einblick in die inoffiziellen Materialien der HVA bekommen und auch die »offiziellen« Quellen gründlich gesichtet. In der Arbeit selbst werden die nachrichtendienstlich gewonnenen Informationen allerdings nur verallgemeinert wiedergegeben oder durch sogenanntes offenes Material »abgedeckt«, so daß auf ihre Herkunft kaum Rückschlüsse möglich sind.[47]

Während der erste Teil der Arbeit eine stark ideologisierte Darstellung der Forschung und ihrer Ziele enthielt, ging es im zweiten Teil um wirksame Gegenmaßnahmen. Auf mehr als einhundert Seiten machten die Autoren dazu kaum verklausulierte praktische Vorschläge. Die Stasi ging davon aus, daß sie die Forschung nicht aus der Welt schaffen oder »gar in eine den Sozialismus fördernde Erscheinung« umfunktionieren könne. Ziel war es vielmehr, die internen Auseinandersetzungen in der Forschung anzuheizen, eine »permanente Situation der Selbstbeschäftigung« zu erzeugen und auf ihren »friedensgefährdenden Charakter« aufmerksam zu machen. »Die politisch-operativen Materialien sind deshalb so angelegt, die gegen die Entspannungspolitik gerichteten Aktivitäten und Machenschaften zu entlarven, Unruhe und Unsicherheit in und zwischen ihnen zu schaffen sowie unter den beteiligten Institutionen und Personen Widersprüche und Mißtrauen zu erzeugen.«[48]

Konkret sah die Stasi die Chance, »die rechten Kräfte weiter zurückzudrängen und die realistisch denkenden Elemente zu unterstützen« sowie »die Wirkung des Antikommunismus und Antisowjetismus allmählich abzubauen und den Gedanken der friedlichen Koexistenz zu fördern« und dadurch »störend, zersetzend und desorientierend« auf die Forschung einzuwirken.[49] Auch dem MfS war dabei klar, daß eine reine Anti-Propaganda wenig erfolgreich sein würde. Sie versuchte deshalb, gleichsam von innen heraus die ihr genehmen Tendenzen zu unterstützen. »Bei der Ausarbeitung der politisch-operativen Materialien«, so die Autoren, »mußte von einer Position demokratischer und progressiver Kräfte in der BRD ausgegangen werden, welche von progressivliberal bis links sozialdemokratisch zu bestimmen war.« Die Vorschläge würden deshalb von vornherein in einer »Diktion« abgefaßt, die ihre »operative Verwertung« in der Bundesrepublik erleichtern und ihre ostdeutsche Herkunft verschleiern sollte.[50]

Einen großen Raum nahmen dabei rechtliche Argumente und Sanktionsmöglichkeiten ein, die vom Boden der Bundesrepublik ergriffen werden sollten. Aus der Sicht der Stasi konnten sie beispielsweise »effektivitätshemmende Grundsatzdiskussionen auslösen«, »verwaltungsrechtliche Entscheidungen herbeiführen« oder die Befugnisse konservativer Forscher einschränken. Völkerrechtliche Argumente schienen dem MfS dafür ebenso geeignet wie »bestimmte Verwaltungsakte zu verfügen, welche im Sinne der Zielstellung der politisch-aktiven Maßnahmen liegen«. Als Beispiel wird etwa das Ziel genannt, einen mißliebigen Verein durch den Bundesinnenminister verbieten zu lassen. Da dies im Einzelfall schwer zu bewerkstelligen sei, müsse man zunächst die politischen und rechtlichen Voraussetzungen eines Vereinsverbotes »erarbeiten« und darangehen, »diesen Verein durch politisch-aktive Maßnahmen mit politischen, publizistischen, diplomatischen und anderen Mitteln anzugreifen« – mit dem Ergebnis, daß zunächst vielleicht nur die Mittel gekürzt würden. Eine andere Möglichkeit sei es, rechtliche Regelverletzungen aufzudecken, deren Anprangerung eine politische Wirkung auslösen und dem »Kampf progressiver Kräfte dienen« müßte.[51] Ein drittes Beispiel zielt darauf, im Bereich der DDR- und Osteuropaforschung Bundes- und Länderkompetenzen gezielt gegeneinander auszuspielen; unter »günstigen« Voraussetzungen könne sich daraus ein Verfassungsstreit entwickeln.[52]

Eine zweite Ebene der Einflußnahme zielte darauf, die Forschung über die Politik an die Kandare zu nehmen. Die sozialliberale Bundesregierung sollte die »konservativen und CDU/CSU-hörigen« Wissenschaftler an den Rand drängen, wofür die Stasi seitenlang Argumentationsmuster entwickelte. Was sich wie das Gutachten einer sozialdemokratischen Evaluierungskommission liest, zielte in Wahrheit auf eine politische Amputierung der DDR- und Osteuropaforschung. Die Stasi wandte sich zum Beispiel dagegen, daß »weiterhin Personen den Ton angeben, welche bis vor kurzer Zeit die starre außenpolitische Konzeption der von der CDU/CSU geführten Bundesregierung in der Ost- und DDR-Forschung vertreten haben. Durch ihr weiteres Verbleiben in Schlüsselpositionen und der Protektion von ihnen herangebildeter und politisch mit ihren Ansichten und Auffassungen infizierter Nachwuchskräfte belasten sie nicht nur die Ost- und DDR-Forschung mit politischen Rudimenten einer vergangenen Periode scharfer politischer Konfrontation und Auseinandersetzung [...], sondern nehmen einen verderblichen Einfluß auf die Entwicklung der Ostpolitik der gegenwärtigen Regierungskoalition von SPD und FDP.«[53]

Die Stasi nannte ein knappes Dutzend Forscher mit Namen, die bei ihr auf besondere Ablehnung stießen, darunter der Kölner Ostrechtler Boris Meisner, der Berliner Politologe Richard Löwenthal und der damalige Direktor des Erlanger Instituts für Gesellschaft und Wissenschaft (IGW), Hans Lades, der als »treuer Gefolgmann« der CSU charakterisiert wird.[54] Meisner, der 1971 wegen Differenzen zur neuen Bundesregierung aus dem Direktorium des Bundesinstituts für internationale und osteuropäische Studien (BIOST) ausschied, betrachtete man als »Verfechter der gescheiterten Ostpolitik der CDU/CSU« und beschuldigte ihn dabei sogar »teilweise zur Kriminalität neigender Mittel«.[55] Auf der anderen Seite lobten die Autoren Peter Christian Ludz, der »die Gefahr des erneuten Mißbrauchs der Ost- und DDR-Forschung für politische Propaganda zu ahnen« scheine.

Um diesen »Mißbrauch« zu unterbinden, sollte die sozialliberale Bundesregierung nach Meinung der Stasi noch konsequenter jenen Institutionen und Personen die Unterstützung versagen, welche ihre Forschung im Widerspruch zu den ostpolitischen Zielen der Regierung betreiben, und dafür jene Kräfte fördern, »die sich darum bemühen, der Ost- und DDR-Forschung ein friedensförderndes Gesicht zu geben«.[56] Namentlich das Bundesministerium für Finanzen sollte darauf achten, daß »Gegner der Ostpolitik der SPD/FDP-Regierung und der Verträge nicht gefördert werden«. Als Hebel dazu böten sich besonders die sterilen Begründungen der einzelnen Bundesorgane für die Unterstützung einschlägiger Forschungseinrichtungen in den Bundeshaushaltsplänen an.[57] So wäre die Förderung des Collegium Carolinum in Erlangen »politisch fragwürdig«, so daß es »endlich angebracht [wäre], daß die SPD/FDP-Regierung auch hier energische Maßnahmen ergreift, um der Verschwendung staatlicher Mittel in unproduktive Bereiche der Ost- und DDR-Forschung ein Ende zu setzen«.[58]

Auf der Grundlage ihrer Analysen selektierte die Stasi eine Reihe von Institutionen, »auf die die operativen Kräfte, Mittel und Methoden zu konzentrieren« seien. Dazu zählten das Forschungsinstitut der Stiftung Wissenschaft und Politik in Ebenhausen, das Institut für Gesellschaft und Wissenschaft in Erlangen, das Bundesinstitut für ostwissenschaftliche und internationale Studien in Köln, das Gesamtdeutsche Institut sowie das Deutsche Institut für Wirtschaftsforschung in Berlin. In jeder Einrichtung benannte die Stasi »junge perspektivvolle Kader« mit Namen, die voraussichtlich »Spitzenpositionen« in der DDR- und Osteuropaforschung gewinnen würden. Diese »operativ relevanten« Sachverhalte, Institutionen und Personen bildeten den Ausgangspunkt »für die Erarbeitung von operativen Dokumenten für aktive Maßnahmen des MfS«.[59]

Als Mittel zur Einwirkung betrachtete man auch die sogenannte »Kontaktpolitik«. Auf der Suche nach fundierten Informationen und einer damit verbundenen Möglichkeit zur wissenschaftlichen Profilierung suchten sozialliberal wie konservativ orientierte Institute und Forscher vielfach nach direkten Kontakten in die DDR. Die Stasi unterstellte beispielsweise der Leitung des auf Koalitionslinie liegenden Institutes für Gesellschaft und Wissenschaft (IGW) in Erlangen, daß dieses durch gezielte Ost-Kontakte einen Vorlauf zu den Verhandlungen über den Grundlagenvertrag habe gewinnen wollen, um seine Stellung als Beratungsorgan der Bundesregierung politisch und sachlich weiter auszubauen.[60] Beim Institut für Ostrecht an der Universität Köln sah man 1975 ähnliche Tendenzen.[61] Zu derartigen Dialogbemühungen vertrat Mielke einen Standpunkt, den er im Juni 1973 auf einer Aktivtagung der Kreisparteiorganisation des MfS so kundtat: »Natürlich suchen wir uns dabei die Leute aus, mit denen wir sprechen, bestimmen wir selbst die Partner, mit denen wir uns auseinandersetzen. Das dient dazu, unsere Politik voranzubringen, konkrete Ergebnisse zu erreichen und auch einen Differenzierungsprozeß im imperialistischen Lager zu fördern.«[62]

»Linke« gegen »rechte« Forscher

Tatsächlich kam es Anfang der siebziger Jahre zu umfassenden Bemühungen einer Neuprofilierung der Forschung durch die sozialliberale Bundesregierung. Die Versuchung, mit finanziellen Mitteln Einfluß zu nehmen, war dabei besonders groß, da die Ostforschung stärker als andere Disziplinen am Tropf von ministeriellen Subventionen hing. Neben einem effektiveren Mitteleinsatz ging es ihr dabei vor allem um die Anpassung der Forschungsförderung an die neue Ost- und Deutschlandpolitik – was bei der Opposition und den ihr nahestehenden Wissenschaftlern auf Ablehnung stieß, weil diese an der Wiedervereinigung als langfristige Perspektive der Forschung festhielten. Zu heftigen Auseinandersetzungen kam es besonders, nachdem 1971 ein Wissenschaftlerteam unter Leitung von Peter Christian Ludz mit der regelmäßigen Erstellung von »Materialien zur Lage der Nation« für die Bundesregierung beauftragt worden war, während der »Forschungsbeirat zu Fragen der Wiedervereinigung Deutschlands« aufgelöst werden sollte. In diese Entscheidungsprozesse wollte die Stasi mit ihren »aktiven Maßnahmen« hineinwirken.

Auch in der Folgezeit ging der Evaluierungsprozeß weiter. Ausgangspunkt für die Beratungen in den betroffenen Forschungseinrichtungen und Bundesministerien waren dabei mehrere Gutachten, die im Auftrag der Bundesregierung zur Jahresmitte 1974 vorgelegt wurden. Verfasser des Gutachtens zur DDR-Forschung war der ehemalige FDP-Bundestagsabgeordnete und Einflußagent der HVA, William Borm; alle Institute stellten ihm dazu umfangreiche Hintergrundinformationen über ihre Arbeit zur Verfügung.[63] In seinem Gutachten stellte Borm seinerzeit eine unbefriedigende Forschungssituation fest, die nicht der politischen Notwendigkeit entspreche. Die Ursachen dafür sah er in der Entstehungsgeschichte der DDR-Forschung als Neuland, in der ursprünglichen politischen Ausrichtung der Forschung sowie in der Tatsache, daß die Diskussion über zeitgemäße Konzeption, Zielstellung, Schwerpunktbildungen, Auswertung und eine zweckentsprechende Organisationsform noch nicht abgeschlossen sei. Die mangelnde Koordination zwischen Forschung und Bundesministerien, zwischen den Forschungseinrichtungen untereinander sowie zwischen den Auftraggebern habe Unsicherheit und Fluktuation unter den DDR-Forschern hervorgerufen und so die Herausbildung eingespielter Forschungsteams verhindert.[64]

Als Folge dieser Debatten wurde im Herbst 1974 die Bildung eines »Arbeitskreises für vergleichende Deutschlandforschung« beim Bundesministerium für innerdeutsche Beziehungen (BMB) beschlossen, während der Forschungsbeirat unter Protest aufgelöst wurde. Das neue Gremium hatte die Aufgabe, die Forschungsaktivitäten zu koordinieren und den Einfluß des Ministeriums auf die Inhalte der Forschung zu verstärken. Er sollte zudem Vorschläge erarbeiten, auf deren Grundlage das Ministerium Kommissionen und einzelne Wissenschaftler mit der Bearbeitung von bestimmten Themen beauftragen konnte. Zu diesem Zweck erarbeitete der Arbeitskreis unter anderem ein umfassendes »Gutachten zur Lage der DDR-Forschung«. Vorsitzender des wegen politischer Differenzen über die Zusammensetzung erst im April 1975 eingesetzten Arbeitskreises wurde Peter Christian Ludz, dem ein ständiges Sekretariat mit wissenschaftlichen und technischen Mitarbeitern zur Seite gestellt wurde.

Die unter der Leitung von Ludz herausgegebenen »Materialien zur Lage der Nation« trugen jetzt (1974) nach Ansicht der Stasi dazu bei, »das verschobene Bild in der Bundesrepublik Deutschland über den anderen deutschen Staat allmählich realistischer darzustellen«. Der bei der Ausarbeitung beschrittene Weg unterscheide sich von den »erstarrten und unfruchtbaren« Formen der Ost- und DDR-Forschung, die in den vorangegangenen Jahren unter den CDU/CSU-Regierungen Fuß gefaßt hätten. Das mit der Ausarbeitung verbundene »Risiko« ordne sich dabei ein in die Absicht der Regierung, mehr Demokratie zu wagen. »Dieses Wagnis zu mehr Demokratie, angewandt auf die Politikberatung durch die Ost- und DDR-Forschung, wurde mit dem Ludz-Team auf eine

Art und Weise demonstriert, die einen Mißbrauch der Demokratie und des Vertrauens weitgehend ausschloß.«[65]

Über die inneren Entwicklungen in der DDR-Forschung zeigte sich die HVA gut informiert. Selbst vertrauliche Gespräche wurden registriert, wie aus einer »Operativinformation« vom April 1975 hervorgeht.[66] Am Rande der DDR-Forscher-Tagung in Tutzing, so heißt es darin, hätte eine Anzahl Wissenschaftler erklärt, daß sie regelmäßig nach Ostberlin reisen würden, um sich dort »Faktenmaterial« zu holen.[67] In dem einundzwanzigseitigen Papier wurden nicht nur die internen Diskussions- und Entscheidungsprozesse aus der DDR- und Osteuropa-Forschung detailliert wiedergegeben, sondern auch konkrete Vorgaben für die weitere Informationsbeschaffung gemacht. Neben Berichten über den Fortschritt bei der Neuprofilierung der Forschung, über ihre Finanzierung sowie über ihre Beziehungen zur Industrie, zu Geheimdiensten und zu den Massenmedien verlangten die Auswerter der HVA vor allem weitere Fakten über die virulenten Konflikte in der Zunft: »In welchen Forschungseinrichtungen und bei welchen Wissenschaftlern stoßen die Bestrebungen der Bundesregierung auf Ablehnung? [...] Gibt es konkrete Beweise, daß die Bundesregierung CDU/CSU- bzw. landsmannschaftsnahen Ost- und DDR-Forschungseinrichtungen Mittel aus politischen Gründen gekürzt hat? Gibt es innerhalb der Bundesregierung beziehungsweise zwischen den für die Neuordnung der Ost- und DDR Forschung Verantwortlichen Differenzen über Inhalt und Form der angestrebten Neuordnung? In welchen Forschungseinrichtungen gibt es parteipolitische Auseinandersetzungen um die Besetzung der Führungspositionen (SPD/CDU/FDP-Proporz) und damit um die Ausrichtung der Forschungseinrichtungen?«[68] Für das MfS bildeten diese Differenzen Ansatzpunkte für die beabsichtigte geheimdienstliche Einflußnahme.

In den »Schwerpunktaufgaben« der HVA für die Informationsbeschaffung im Jahr 1976 spielten die »Aufgabenstellungen und Aktivitäten der bedeutendsten Institutionen der politisch-ideologischen Diversion«, darunter diejenigen der DDR- und Osteuropa-Forschungsinstitute, erneut eine bedeutende Rolle.[69] In diesem Jahr kam es in der Fachzeitschrift »Deutschland Archiv« zu einem heftigen Schlagabtausch über das kurz zuvor unter der wissenschaftlichen Leitung von Ludz herausgegebene »DDR-Handbuch«.[70] Die Autoren mußten eingestehen, daß sie »viel Tadel«, aber »wenig Lob« erhalten hätten. Namentlich der für die DDR zuständige *Zeit*-Redakteur Joachim Nawrocki hatte ihnen vorgehalten, daß die Vorstellung, durch »systemimmanente« Darstellungen ein höheres Maß an Objektivität und Wertneutralität erreichen zu können, ein Irrtum sei. Allzuleicht gerieten »solche systemimmanenten Deskriptionen an den Rand der Kritiklosigkeit oder gar in das Fahrwasser marxistisch-leninistischer

Ideologien und Wertungen«.[71] William Borm hatte demgegenüber zwei Hefte zuvor die bisherige systemvergleichende Deutschlandforschung als »Relikt aus vergangener Zeit« bezeichnete, die sich an die geänderten Umstände anpassen müßte. Der »Ballast falscher Voraussetzungen« müsse ausgeräumt werden, damit die DDR-Forschung »auch wirklich fruchtbar« werde. Vorschläge dazu lägen dem zuständigen Ministerium seit Jahren vor und warteten darauf, nach der Bundestagswahl endlich umgesetzt zu werden.[72]

Die Differenzen spitzten sich zu, als konservative Wissenschaftler um den langjährigen Deutschlandforscher und Mitarbeiter des Gesamtdeutschen Institutes Siegfried Mampel 1977 eine eigene »Gesellschaft für Deutschlandforschung« (GfD) ins Leben rufen wollten; auch Nawrocki zählte zum Kreis der Initiatoren. Die ursprünglich für Ende Oktober geplante Gründung scheiterte am massiven Widerstand des damaligen Bundesministers für innerdeutsche Beziehungen (BMB), Egon Franke, der in einer Pressemitteilung ankündigen ließ, daß »mit einer ideellen oder materiellen Förderung dieser Gesellschaft [...] nicht gerechnet werden« könne.[73] Von linksliberalen Wissenschaftlern und Medien wurde das Vorhaben mit nachgerade hämischen Kommentaren verworfen.[74] Im Dezember berichtete Götz Schlicht dem MfS über Mampels Pläne: »Seine beabsichtigte Gründung der Gesellschaft für Deutschlandforschung, wie er sie versteht, war vorübergehend Hauptgespräch beim BMB und im Bundeshaus. Alles lachte Mampel aus. [...] Bekanntlich sind angeschlagene Boxer am gefährlichsten.« Vom MfS suchte Schlicht sodann Orientierung zu erhalten, ob er sich an dem als »rechts« abgestempelten Vorhaben beteiligen sollte: »Eine etwaige Mitarbeit ist im Interesse anderer Unternehmungen nicht ungefährlich, weil die Abhängigkeit [des IM] vom BMB nicht zu übersehen ist und dieser diese Gesellschaftsgründung gar nicht gern sieht, die Gründe sind hinlänglich bekannt.«[75]

Allen Widerständen zum Trotz konnte die Gesellschaft im April 1978 doch noch gegründet werden – im MfS galt sie fortan als ein weiteres »Koordinierungsorgan der politisch-ideologischen Diversion« und als »organisierte Basis von rechtsorientierten ›DDR-Forschern‹«.[76] Zur Ausspähung diente dem Staatssicherheitsdienst vor allem der Kasseler Wirtschaftsprofessor Ludwig Bress, der dem Vorstand der Gesellschaft schon bei ihrer Gründung angehörte und für das MfS unter dem Decknamen »Berger« tätig war. »Im Verlaufe der Zusammenarbeit«, so resümierte das MfS im Januar 1980 dessen langjährige konspirative Tätigkeit, »berichtete der IMF über operativ bedeutsame Sachverhalte in der ›DDR-Forschung‹ der BRD, lieferte Einschätzungen über führende Personen in der ›DDR-Forschung‹ und übergab Fotokopien und Originaldokumente aus diesem Bereich. Darüber hinaus informierte der IMF auch über andere bedeutsame Fragen und Personen, mit denen er in der Zwischenzeit konfrontiert wurde. Die erhaltenen Aufträge realisiert er perspektivisch und auf lange Sicht.«[77] Die Spuren von Peter Christian Ludz – dem wichtigsten Protagonisten der systemimmanenten DDR-Forschung – sind in den Stasi-Hinterlassenschaften, wie so oft, merkwürdig nebulös. Unter seinem Namen ist lediglich ein Gruppenvorgang »Unkraut« registriert, der 1954 gegen angebliche amerikanische Agenten in Westberlin eröffnet und 1971 archiviert wurde. Ludz taucht darin nur am Rande auf, in Spitzelberichten des Geheimen Informators »Lenz«, der das Institut für politische Wissenschaft an der Freien Universität Berlin ausforschte. 1960 leitete die Stasi in diesem Zusammenhang Ermittlungen gegen ihn ein, auf einem entsprechenden Auftrag an die Observationsabteilung des MfS findet sich dabei der maschinenschriftliche Zusatz: »Vorbereitung zur Anwerbung.«[78] Auf einer Karteikarte steht ferner der Hinweis, daß er als »Verbindungsperson« im Vorlauf-Operativ »Schmeichler« bearbeitet wurde – ein Vorgang gegen den ostdeutschen Bildungsforscher Klaus Korn, der 1974 durch dessen Werbung abgeschlossen wurde.[79] 1970 kam Ludz dann in die Zuständigkeit der HVA, und zwar der Arbeitsgruppe »K«, die den Einsatz von »legalen Residenturen«, also getarnten nachrichtendienstlichen Einrichtungen, vornehmlich im Wissenschaftsbereich, koordinierte.[80] In dieser Zeit machte der Wissenschaftler eine steile Karriere: 1970 wurde er Professor an der Universität Bielefeld, 1975 bekam er einen Ruf an das »Geschwister-Scholl-Institut« der Universität München, ein Jahr später wurde er Forschungsdirektor der Stiftung Wissenschaft und Politik in Ebenhausen. Auf dem Höhepunkt seines wissenschaftlichen Erfolges verschwand er 1979 und wurde wenig später in einem Wald tot aufgefunden – den Untersuchungen zufolge hatte er Selbstmord begangen.[81] Während der damalige Bundesminister für innerdeutsche Beziehungen, Egon Franke, in einem Nachruf den schweren Verlust für die DDR- und vergleichende Deutschlandforschung bedauerte,[82] kennzeichnete das MfS seine Karteikarte mit einem schwarzen Kreuz und löschte 1987 die Erfassung.

Die Auffassungen und Absichten der Staatssicherheit gegenüber der DDR- und Osteuropa-Forschung Mitte der achtziger Jahre gehen aus einer Diplomarbeit hervor, die der Mitarbeiter der Aufklärungsabteilung in der Berliner Bezirksverwaltung, Bernd Grohmann, 1985 über die entsprechenden Einrichtungen in Westberlin geschrieben hat.[83] In Bonn hatten sich inzwischen erneut die Machtverhältnisse geändert, und die neue Koalition aus CDU/CSU und FDP wollte der konservativen Deutschlandforschung wieder stärkeres Gewicht geben. »Unter dem Deckmantel einer ›wissenschaftlichen Forschung‹«, so Grohmann, »geht es den ›Ost- und DDR-Forschern‹ in erster Linie darum, Doktrin und Konzeptionen, Argumente und Fakten für den antikommunistischen Kampf gegen den sich entwickelnden Sozialismus zu liefern.« Mit seiner Arbeit wollte er aufzeigen,»daß die ›Forschungs‹einrichtungen koordiniert, abgestimmt und komplex von staatlichen Führungsorganen eingesetzt, gelenkt und geführt werden, ein enges Wechselspiel mit den imperialistischen Geheimdiensten sowie mit anderen feindlichen Einrichtungen und Kräften stattfindet und daß die Ergebnisse der Tätigkeit der ›Forschungs‹einrichtungen unmittelbarer Bestandteil praktischer Regierungspolitik sind.«[84]

Grohmann benutzte für seine Arbeit vor allem Veröffentlichungen aus der DDR und aus der Bundesrepublik sowie Analysen der Juristischen Hochschule, inoffizielle Erkenntnisse aus seiner Abteilung und mündliche Auskünfte der dort tätigen Stasi-Offiziere – den Nachweis für seine weitreichende These lieferte er indes nicht. Im Gegenteil: Bei seiner Darstellung der Westberliner Forschungseinrichtungen, darunter das Wissenschaftszentrum Berlin, das Deutsche Institut für Wirtschaftsforschung (DIW) und der Arbeitsbereich DDR-Forschung an der Freien Universität Berlin, mußte er selber einräumen, daß diese »nach wie vor nicht auf eine militante Konfrontationspolitik gegenüber der DDR und den anderen sozialistischen Staaten« ausgerichtet seien.[85]

Gleichwohl wird auch in dieser Arbeit »die zwingende Notwendigkeit der konzentrierten und umfassenden politisch-operativen Bearbeitung« der Forschung bekräftigt. Für die Diensteinheiten der Aufklärung bedeute dies:»Energisches Eindringen in die feindlichen PID-Zentren zur Aufklärung feindlicher Ziele, Absichten und Konzeptionen«. Insbesondere aber wird eine »tiefgründige Aufklärung des politischen Differenzierungsprozesses« verlangt, um auf diese Weise »politisch-operative Ansatzpunkte sowie aktive Einflußmöglichkeiten« zu erkennen und zu nutzen. Neben der »Aufklärung« der Einrichtungen selbst sei es besonders notwendig, den Nachweis des »Zusammenspiels mit in der DDR wirkenden feindlichen Kräften« zu erbringen – wie beispielsweise im Fall des mit dem Regimekritiker Robert Havemann befreundeten FU-Professors Hartmut Jäckel; auf diese Weise würden die Voraussetzungen dafür geschaffen, »daß seitens der DDR politische, diplomatische, publizistische und öffentlichkeitswirksame Maßnahmen gegen diese PID-Einrichtungen getroffen werden können«.[86]

Ein Lehrbuch zur »Feindbekämpfung«

Je verständnisvoller westliche Wissenschaftler die sozialistischen Systeme beurteilten, desto bedeutsamer wurde es offenbar für das Ministerium für Staatssicherheit, den »feindlichen« Charakter der Forschung herauszustreichen –

auch gegenüber den eigenen Mitarbeitern. In der zweiten Hälfte der achtziger Jahre, als der DDR von namhaften Forschern bescheinigt wurde, zur zehntstärksten Industrienation aufgestiegen zu sein und über beträchtliche Reformpotentiale zu verfügen, begann jedenfalls das MfS mit umfangreichen Arbeiten an einem speziellen »Lehrbuch«, das dazu beitragen sollte,»das Wesen der politisch-ideologischen Diversion zu erkennen«, und das in der Ausbildung von Stasi-Offizieren zum Einsatz kommen sollte. Damit sollte, wie es in den Vorbemerkungen zum 1987 fertiggestellten Entwurf hieß,»ein spezifischer Beitrag zur Formierung eines wissenschaftlich begründeten tschekistischen Feindbildes geleistet sowie die zunehmende Verantwortung jedes Tschekisten bei der Feindbekämpfung veranschaulicht werden«.[87] Zu den praktischen Aufgaben bei der Bekämpfung der »Diversion« sollte noch ein gesondertes Material erarbeitet werden.[88]

Von Wissenschaftlichkeit konnte freilich nicht die Rede sein. Obgleich in dem Lehrbuch eingeräumt werden mußte, daß die Art der Betrachtung der DDR durch die Forschung »stark differenziert« sei, wurde schon im nächsten Satz apodiktisch festgestellt:»Im Prinzip sind sich die ›DDR-Forschungsorgane‹ insgesamt über den Beitrag der ›DDR-Forschung‹ zur konterrevolutionären Beseitigung der sozialistischen Machtverhältnisse in der DDR einig.« Unterschiedliche Meinungen bestünden zwar zur Art und Weise und den Mitteln und Methoden zur Veränderung der gesellschaftlichen Verhältnisse in der DDR, doch »einigendes Band aller Einrichtungen« sei der Antikommunismus.[89] Sodann werden alle bedeutenden Einrichtungen der DDR- und Osteuropaforschung der Reihe nach aufgezählt, um schließlich festzustellen,»daß sie sowohl an der ›wissenschaftlich-theoretischen Vorbereitung‹ des subversiven ideologischen Einwirkens beteiligt sind als auch wesentliche andere Aufgaben zur Systemerhaltung bzw. -stabilisierung zu realisieren haben«.[90] Konkret wurden ihnen so »gefährliche« Handlungen vorgeworfen wie Spezialisierung auf bestimmte Fachgebiete, Auswertung aller offiziellen Informationsquellen, Gespräche mit DDR-Bürgern, Studienaufenthalte oder touristische Aufenthalte in sozialistischen Ländern, Erarbeitung von Gutachten und Studien sowie Entscheidungshilfen für die Bundesregierung, Publizierung der Forschungsergebnisse und Zurverfügungstellung in Bibliotheken, Durchführung periodischer Fachtagungen und Ausbildung von wissenschaftlichem Nachwuchs – was im wissenschaftlichen Leben als selbstverständlich gilt, wurde vom MfS zu zielstrebig geplanter »Diversion« aufgeblasen.

Tatsächlich veranschaulicht gerade dieses Lehrbuch das Dilemma einer Geheimpolizei, die von den Machthabern zu einer strikt ideologischen Weltsicht verpflichtet wurde und deshalb auf die inneren Zerfallserscheinungen nur mit hilflosen Floskeln reagieren konnte.»Mit der ständigen Vergrößerung der Ausstrahlungskraft des sozialistischen Weltsystems«, so die Autoren,»verringern sich die objektiven Möglichkeiten für ein Wirksamwerden der P[olitisch]I[deologischen]D[iversion].« Durch die führende Rolle der SED in Staat und Gesellschaft würden diese immer besser befähigt, die Angriffe des Feindes rechtzeitig zu erkennen und wirkungsvoll zu bekämpfen.»Dabei ist es« – so heißt es dann auf einmal ungewollt kritisch –»für den einzelnen Genossen nicht immer leicht, alle politischen Entscheidungen der Partei- und Staatsführung, die im Interesse der Friedenserhaltung und einer flexiblen Politik unerläßlich sind, richtig zu werten. Auch nicht immer kann jedem jede Entscheidung erklärt werden.« Deshalb sei es Grundanliegen der Leiter, bei allen Genossen eine Haltung zu entwickeln und immer wieder zu festigen,»daß die politischen Entscheidungen der Parteiführung für uns oberstes Gesetz sind«.[91]

Wie das reale Problem einer kritischen Sicht großer Bevölkerungsteile auf den real existierenden Sozialismus durch das MfS gelöst werden sollte, dafür bietet das Lehrbuch ein simples Rezept: noch mehr Propaganda und noch mehr »vorbeugende Verhinderung von Rechtsverletzungen«, wie der Ausbau des Überwachungsstaates euphemistisch umschrieben wird.[92] Die Eindämmung der »feindlichen« Einflüsse sei Aufgabe aller operativen Diensteinheiten des MfS, wobei diese »bereits an den Ausgangspunkten, im Prozeß des Entstehens durch geeignete politisch-operative Maßnahmen zu verhindern oder so weit einzuschränken [seien], daß Auswirkungen begrenzt bleiben«. Die »offensive Bekämpfung« ihrer Zentren, die Aufklärung und Durchführung »offensiver Gegenmaßnahmen« erfolge in der »koordinierten objekt-, personen- und vorgangsbezogenen Arbeit« der Staatssicherheit.[93] Die politische Differenzierung in Forschungseinrichtungen der Bundesrepublik ermögliche es dabei, »partielle Verbündete in der Herstellung einer Koalition der Vernunft und des Realismus im Kampf um die Erhaltung des Friedens zu erkennen«.[94]

Der Kampf gegen die DDR- und Osteuropaforschung setzte sich fort bis in die letzten Tage des Kommunismus. In einem Schreiben des Leiters der Hauptverwaltung A, Werner Großmann, vom Januar 1988 wird – wenige Tage nach den Verhaftungen prominenter Bürgerrechtler in Ostberlin – bekräftigt, daß »die verstärkten Angriffe des Feindes auf ideologischem Gebiet [...] mit Nachdruck aufzuklären« seien. Den in den »Objekten der PID« tätigen IM seien entsprechende Aufgabenstellungen der Informationsbeschaffung über »aktuelle Schwerpunkte und Vorhaben der Ost-Kommunismus- und DDR-Forschungseinrichtungen« zu übertragen.[95] Auch in der Planauflage der HVA für 1990 wird noch die »Erarbeitung von Hinweisen auf operativ interessante Personen des Operationsgebietes« aus dem Bundesinstitut für ostwissenschaftliche und internationale Studien in

Köln, aus dem Bundesinstitut für ostdeutsche Kultur und Geschichte in Oldenburg sowie aus »Ostforschungseinrichtungen« im Raum München verlangt.[96] Die für die »Sicherung« der DDR-Wirtschaft zuständige Hauptabteilung XVIII sah Ende der achtziger Jahre gleichermaßen in den westdeutschen Forschern ein allgegenwärtiges Gefahrenpotential agieren. Gegenüber den Wissenschaftlern der DDR, so eine »Information« vom November 1988, versuchten sie deutlich zu machen, daß die marxistisch-leninistische Weltanschauung versagt habe und die politische Ökonomie des Sozialismus nicht in der Lage sei, Wirtschaftswachstum durch wissenschaftlich-technischen Fortschritt auf Dauer zu gewährleisten. Namentlich das Institut für Gesellschaft und Wissenschaft (IGW) in Erlangen versuche, den Wissenschaftsaustausch mit der DDR »im Interesse übergeordneter deutschlandpolitischer Zielstellungen im Sinne des Anspruchs des bundesdeutschen Monopolkapitals auf die Wiedervereinigung unter ihrer Ägide« zu benutzen. Dies war zweifellos eine groteske Verzeichnung, wenn man bedenkt, daß der Leiter des Institutes, Clemens Burrichter, das SED-System noch im November 1989 für eine »Diskursgesellschaft« hielt und in der Institutszeitschrift die Auffassung vertrat, die DDR würde sich in Richtung auf einen »menschenrechtlich geläuterten Sozialismus hin« modernisieren.[97]

Subversive Angriffe sah man aber auch anderswo. Eine ähnliche Rolle wie das IGW spielten der »Information« nach auch der Deutsche Akademische Austauschdienst (DAAD) und der für das Wissenschaftsabkommen zuständige Mitarbeiter der Ständigen Vertretung der Bundesrepublik in Ostberlin. Die »durch agenturische Arbeit beschafften Informationen« über den Arbeitskreis ehemaliger DDR-Akademiker und dessen Vorsitzenden, Professor Wolfgang Seiffert, bestätigten ebenfalls eindringlich die in der Satzung dieser Vereinigung fixierten feindlichen Zielstellungen. Nach Einschätzung der Quellen der Abteilung wären auch die Aktivitäten zahlreicher sozialwissenschaftlicher Forschungseinrichtungen darauf gerichtet, »den ›ideologischen Einstieg‹ zu forcieren, um mittels Nutzung der von der DDR-Soziologie erbrachten Forschungsergebnisse das sozialistische Gesellschaftssystem in Frage zu stellen«.[98]

Noch dramatischer schilderte dieselbe Abteilung die Rolle der westdeutschen Wissenschaftler im Oktober 1989: Während die Bundesregierung sowie CDU und CSU die DDR systematisch destabilisieren und »sturmreif« machen wollten, wolle die SPD den inneren Veränderungsdruck auf dem Wege der »Sozialdemokratisierung« verstärken – beide Konzepte stützten sich dabei maßgeblich auf die DDR- und Ostforscher. Die »vorliegenden agenturisch gesicherten Erkenntnisse« des MfS höben den »Arbeitskreis ehemaliger DDR-Akademiker« und das »Institut für Gesellschaft und Wissenschaft« (IGW) an der Universität Erlangen/Nürnberg »beim Angriff gegen Wissenschaft und Technik als besonders gefährlich hervor«. Die Universität Bielefeld, die Technische Universität München, die Europäische Akademie Otzenhausen und das Zentralarchiv der Bundesrepublik in Köln würden sich hingegen verstärkt den Soziologen in der DDR als »Kontaktpartner« anbieten. Auch das »Deutsche Institut für Wirtschaftsforschung« (DIW) suche nach engeren Beziehungen in die DDR, um Informationen zur Entwicklung der Wirtschaft, des Umweltschutzes und möglicher Reformen »abzuheben«. Weitere Konzepte der Zusammenarbeit zwischen BRD und DDR würden durch Mitarbeiter der »Stiftung Wissenschaft und Politik« in Ebenhausen erarbeitet, »zum prinzipiellen Vorteil für die westliche Seite«. Das MfS müsse sich darauf einstellen, daß Gedanken der Sozialdemokratisierung, »Neuvereinigungskonzepte« sowie die Hinwendung zur DDR-Opposition zunehmen würden.[99] Datiert ist die Analyse auf den 18. Oktober – den Tag, an dem Erich Honecker im Politbüro seinen Rücktritt erklären mußte.

Ausforschung der Institute

Zur Umsetzung seiner Aufklärungs- und Abwehrstrategien bemühte sich das MfS vor allem, mit Hilfe seines weitgespannten Spitzelnetzes in die betroffenen Institutionen »einzudringen«. Während Anfang der siebziger Jahre der Schwerpunkt beim Kampf gegen die »Politisch-idelogische Diversion« noch auf der IM-Arbeit in den »Angriffsschwerpunkten des Feindes«, also im Innern der DDR lag, rückte in der Folgezeit der Einsatz von »IM zur Aufklärung von Ausgangspunkten« im Westen immer mehr in den Mittelpunkt, insbesondere von »Mitarbeitern der Führungszentren und operative Organe, einschließlich privater Institutionen, Einzelpersonen und Gruppierungen«.[100]

Über den von Peter Christian Ludz geleiteten »Arbeitskreis für vergleichende Deutschlandforschung« beim Bundesministerium für innerdeutsche Beziehungen bezeichnete sich das MfS 1978 als »umfassend auskunftsfähig« – mit mindestens einer Quelle muß es demnach dort vertreten gewesen sein. Einer Übersicht zufolge, in der elf Seiten den »Einrichtungen der DDR- und Ostforschung« gewidmet sind, besaß die HVA auch zum Bundesinstitut für ostwissenschaftliche und internationale Studien (BIOST) in Köln und dem »Institut für Gesellschaft und Wissenschaft« in Erlangen »umfassende Angaben«.[101] »Vereinzelte« inoffizielle Angaben hatte sie unter anderem über die Osteuropa-Institute in München und Berlin, über die Institute für Ostrecht in München und Köln, über das Deutsche Institut für Wirtschaftsforschung (DIW) in Berlin, über die

Stiftung Wissenschaft und Politik in Ebenhausen, über das Forschungsinstitut der Deutschen Gesellschaft für auswärtige Politik in Bonn, über die Deutsche Gesellschaft für Osteuropakunde e.v., über die Bundeszentrale für politische Bildung, über das Forschungsinstitut der Friedrich-Ebert-Stiftung sowie über die gerade gegründete Gesellschaft für Deutschlandforschung.

Die betroffenen Einrichtungen wurden in der Regel in einem speziellen »Vorgang« bearbeitet, um den sich oft noch weitere Vorgänge zu einzelnen Personen gruppierten. Derartige Vorgänge führte die HVA 1983 unter anderem zum Kuratorium »Unteilbares Deutschland«, zur »Gesellschaft für Deutschlandforschung« und zur »Arbeitsgemeinschaft für Osteuropaforschung« – in der entsprechenden Übersicht werden sie zusammen mit westlichen Geheimdiensteinrichtungen und obskuren Organisationen wie dem »Kampfbund für Rudolf Heß« oder die »Kampfgruppe Priem« als sogenannte »Objekte des Feindes« aufgeführt.[102] Zu wichtigeren Instituten entstanden an der Stasi-Hochschule ganze Forschungsarbeiten.[103] Selbst Diskussionen im kleinen Kreis wie beispielsweise ein Vortrag des tschechischen Emigranten Jiří Pelikan vor zwanzig »Ostexperten« der Freien Universität Berlin im Mai 1983 wurden von der HVA registriert und zu ausführlichen Berichten über die »Feindtätigkeit« der Wissenschaftler verarbeitet.[104]

Mitte der achtziger Jahre verschärfte Erich Mielke das Vorgehen gegen die »feindlichen Stellen und Kräfte im Operationsgebiet, die subversiv gegen die DDR und andere sozialistische Staaten tätig sind«.[105] Vierundvierzig westliche Forschungseinrichtungen lagen nun im Visier der Staatssicherheit, sorgsam aufgeteilt auf diejenigen Diensteinheiten, die über die besten »operativen« Möglichkeiten verfügten. In zwölf Institute sollte die für den zentralen Staatsapparat der Bundesrepublik zuständige HVA-Abteilung I eindringen, darunter das BIOST in Köln, die Forschungsstelle für gesamtdeutsche, wirtschaftliche und soziale Fragen in Berlin und die Stiftung Wissenschaft und Politik in Ebenhausen. Neun Einrichtungen waren von der für die Parteien verantwortlichen Abteilung II aufzuklären, darunter das Gesamtdeutsche Institut – Bundesanstalt für Gesamtdeutsche Aufgaben in Bonn, die Hessische Stiftung für Friedens- und Konfliktforschung in Frankfurt am Main und das Institut für Gesellschaft und Wissenschaft (IGW) in Erlangen. Die restlichen Institutionen verteilten sich auf andere Diensteinheiten, von denen nur drei nicht zum Aufklärungsbereich zählten.[106]

Ihre Erkenntnisse über die einzelnen Forschungseinrichtungen faßte die HVA in sogenannten Operativauskünften zusammen, die regelmäßig aktualisiert und anderen Stasi-Abteilungen für ihre geheimdienstlichen Aktionen zur Verfügung gestellt wurden. Im Bestand der für Wirtschaftsfragen zuständigen

Hauptabteilung XVIII ist eine derartige Operativauskunft aus dem Jahr 1987 zum Institut für Gesellschaft und Wissenschaft (IGW) erhalten geblieben. In dem vierunddreißig Seiten umfassenden Papier, das vom Bereich »K« der HVA verfaßt wurde,[107] wird ein ausführlicher Abriß über die Entwicklung und die innere Organisation des Institutes gegeben, wobei die Quellen der HVA nicht erkennbar werden. Allgemein heißt es lediglich, daß die Auskunft »auf der Grundlage der Analyse einer langjährigen operativ gezielten Bearbeitung« erarbeitet worden sei; die Einschätzungen stützten sich auf das Aufkommen inoffizieller Informationen, auf Inhalte vertraulicher Abschöpfgespräche mit »kompetenten BRD-Insidern«, auf unmittelbare Erkenntnisgewinne durch DDR-Verbindungen vor Ort und auf die Auswertung dokumentarischer Materialien. Tatsächlich waren neben West-Wissenschaftlern wie Rudolf Horst Brocke und Ludwig Bress auch DDR-Kollegen wie der Professor am Zentralinstitut für Philosophie der Akademie der Wissenschaften, Ulrich Röseberg (IM »Aspirant«), mit der Aufklärung und Kontrolle des Institutes beauftragt.[108]

Positiv wird in dem Papier hervorgehoben, daß sich unter der sozialliberalen Koalition in den Arbeitsergebnissen des Institutes tendenziell eine »Versachlichung und Objektivierung« der Aussagen über die DDR gezeigt habe. Auf der anderen Seite zeigte man sich beunruhigt über das »zur Zeit umfangreichste Wissen« des IGW zum Wissenschaftssystem der DDR, über die rege »Kontaktarbeit« gegenüber DDR-Wissenschaftlern und die »hohe Politikrelevanz« seiner Arbeit. Ohne Beweise dafür anzuführen, ging man »von einer Arbeit des IGW mit und für feindliche Dienste« aus und plädierte deshalb für eine Weiterführung der »bisher eingeschlagenen Linie einer absoluten Begrenzung von Kontakten zu DDR-Wissenschaftlern sowie der Kanalisierung auf solche, die unter zuverlässige operative Kontrolle gestellt werden können«.[109]

Die »Bearbeitung« des Gesamtdeutschen Institutes

Ein Beispiel für das Vorgehen gegen bundesdeutsche Einrichtungen der DDR- und Osteuropaforschung ist das »Gesamtdeutsche Institut – Bundesanstalt für gesamtdeutsche Aufgaben« (BfGA), das vom MfS als gefährliches »Feindobjekt« eingeschätzt und mit großem Aufwand ausgeforscht wurde. In den Augen der Staatssicherheit lag seine Aufgabe darin, Analysen und Entscheidungshilfen auszuarbeiten sowie »die Bevölkerung der BRD ideologisch gegen die wachsende Ausstrahlungskraft des Sozialismus abzuschirmen, sie fest an das imperialistische System zu binden und breitere Kreise dafür zu gewinnen, im Rahmen der feindlichen Kontakttätigkeit antikommunistisches, sozialdemokratisches, revisionistisches, maoistisches und nationalistisches Gedankengut in die sozialistischen Länder zu infiltrieren und die politisch-ideologische Zersetzungstätigkeit zu verstärken«.[110]

Schon die Gründungsvorbereitungen für die »Diversionszentrale Wehners«, wie die DDR-Presse das Institut nannte,[111] wurden von der Staatssicherheit sorgfältig registriert, »zuverlässige« Quellen sorgten von Anfang an für einen ständigen Informationsfluß.[112] Als Spitzel fungierten seinerzeit vor allem der Wehner-Vertraute Armin Hindrichs (IM »Talar«), der bis 1972 im Gesamtdeutschen Institut tätig war und dann Mitarbeiter der SPD-Fraktion für Deutschland- und Entwicklungspolitik wurde, sowie der bereits erwähnte Redakteur der Zeitschrift »Recht in Ost und West«, Götz Schlicht (IM »Dr.« oder »Dr. Lutter«), die beide erst nach der Wende enttarnt wurden.[113]

Bereits fünf Monate nach Gründung des Institutes konnte die Hauptabteilung XX »durch den qualifizierten Einsatz und eine gute zentrale Steuerung vorhandener inoffizieller Mitarbeiter wertvolle Originaldokumente und Informationen« über die BfGA vorlegen. In einer umfangreichen Dokumentation vom Januar 1970 hatte man nicht nur die wichtigsten internen Verwaltungsschriftstücke (von der Geschäftsordnung und der Registraturanweisung über die Weisung zur Geheimhaltungspflicht bis hin zum Aktenplan) zusammengestellt, davon viele im Original; vielmehr konnten auch siebenundzwanzig »Auskunftsberichte« über einzelne Mitarbeiter vorgelegt werden – alles »zu Ehren des 20. Jahrestages der Gründung des Ministeriums für Staatssicherheit«.[114]

Während die Bundesanstalt in ihrer Gesamtheit von der für die Bonner Parteien zuständigen HVA-Abteilung II bearbeitet wurde, galt ihr Westberliner Ableger, die Abteilung IV der BfGA, als ein »gegen den Sicherungsbereich der HA XX wirkendes Feindobjekt«.[115] Tatsächlich war in ihm eine Reihe Einrichtungen und Vereine aufgegangen, die bis dahin von der Hauptabteilung XX/5 bekämpft worden waren, darunter der »Untersuchungsausschuß Freiheitlicher Juristen« (UFJ), dessen Vorsitzender, Walther Rosenthal, nunmehr Leiter der Berliner Abteilung wurde. Nur diesem Umstand ist es zu verdanken, daß verhältnismäßig viele Unterlagen über die Infiltration des Institutes überliefert sind.

Die Westberliner Einrichtung war nach Ansicht des MfS »feindlich« tätig, indem sie offizielle und inoffizielle Informationen über die Sicherungsbereiche der Hauptabteilung XX (Kultur, Massenmedien, Jugend, Wehrerziehung, Volksbildung, Sport, Parteien, gesellschaftliche Organisationen, Staatsapparat, Rechtsprechung und Gesundheitswesen) »sammelt, analysiert, dokumentiert und zu Materialien aufbereitet und diese an Massenmedien zur Organisierung von Hetzkampagnen, an sogenannte bildungspolitische Einrichtungen zur Durchführung von Seminaren und Studienreisen in die DDR mit dem Ziel der

Durchsetzung der Kontaktpolitik/Kontakttätigkeit und der politisch-ideologischen Diversion [weitergibt]. Die Abteilung IV nimmt Einfluß und versucht zu koordinieren die Tätigkeit politischer Bildungseinrichtungen zur ›deutschlandpolitischen‹ Problematik und ist beauftragt mit der Koordinierung der Tätigkeit der verschiedensten Einrichtungen auf dem Gebiet der ›DDR-Forschung‹.«[116] Einblick in das Vorgehen der Staatssicherheit gibt unter anderem eine Art Objektvorgang, in dem auf über 550 Seiten Erkenntnisse und Aktivitäten des MfS dokumentiert werden.[117] Die Akte enthält eine Unmenge von Schriftstücken und Berichten über vertrauliche Vorgänge, von Verfügungen über die Arbeitszeit über Mitteilungen zu geplanten Reisen und Vorträgen von Mitarbeitern bis hin zu Einladungen zur Weihnachtsfeier und zum Betriebsausflug. Ein Dutzend zum Teil hochkarätiger IM lieferte dem MfS zahllose Schilderungen von Veranstaltungen, Sitzungen und Gesprächen. Auch eine vierzehnseitige Aufstellung über Personen aus Ost und West, die sich hilfesuchend an das Institut gewandt hatten, eine Liste mit Namen und Anschriften von Flüchtlingen, die einen »Schleusungskostenzuschuß« beantragt hatten, sowie »Auskunftsberichte« zu dreiundvierzig Mitarbeitern finden sich in dem Konvolut. Maßnahmepläne und Bearbeitungskonzeptionen sind nicht überliefert, wohl aber eine Liste mit älteren Operativ-Vorgängen anderer Diensteinheiten zu neun führenden Mitarbeitern des Institutes.[118] Eine Reihe von Spitzelberichten ist auch in eine »Zentrale Materialablage« eingegangen.[119]

Die Institutsbeschäftigten Armin Hindrichs und Götz Schlicht erhielten vom MfS regelmäßig umfangreiche Anweisungen zur Informationsbeschaffung.[120] Das Spektrum der »Aufträge« reichte von der Ermittlung von Vornamen einzelner Mitarbeiter über die Beschaffung von Briefköpfen bis hin zu detaillierten Fragen nach dem Dienstbetrieb: »Wann finden mit welchem Personenkreis Besprechungen statt. (Mitarbeiter-, Referats-, Abteilungsbesprechungen. Gibt es einen feststehenden Zyklus?)«.[121] Ein solcher »Auftrag« konnte dann beispielsweise so lauten:

»Bitte durch IM ›Talar‹ feststellen lassen
- welche konkreten Maßnahmen bzw. Auffassungen gibt es unter den leitenden Mitarbeitern und Angestellten des GI im Zusammenhang mit dem Viermächteabkommen?
- Können zu den Mitarbeitern des GI in Ergänzung der bereits vorhandenen weitere Personalien beschafft werden (vor allem Geburtsdatum, Wohnanschrift)?
- Welche Mitarbeiter des GI reisen in oder durch die DDR? [...]
- An welche graphischen Betriebe Westberlins werden Druckaufträge zur Herstellung von Publikationen vergeben?

- Welche Personenkreise der DDR wenden sich schriftlich oder persönlich (z.B. Rentnerreisende) um Rat an das GI?
- Nähere Angaben über den mehrmals jährlich erscheinenden Artikeldienst (vom Ref. III/6 herausgegeben), der sich über Möglichkeiten zu privaten ›innerdeutschen‹ Beziehungen befaßt. Kann ein Exemplar beschafft werden? [...]«[122]

Ein Einfallstor in das Institut bildete insbesondere der Kreis der rund hundert Honorarreferenten, die im Auftrag des Institutes jede Woche vor den zahlreichen Berlin-Besuchergruppen Vorträge hielten – darunter der ehemalige SPD-Fraktionsvorsitzende in der Bezirksverordnetenversammlung von Berlin-Kreuzberg, Rainer Klebba (IM »Kleinert«),[123] die DDR-Forscher Walter Völkel (IM »Rosenow«) und Andreas Kurjo (IM »Thaer«) sowie der ehemalige Berliner SPD-Abgeordnete Bodo Thomas (IM »Hans«).[124] Überliefert sind in der Objektakte darüber hinaus die Decknamen »Christoph« (Hans-Christoph Buchholtz), »Hansen«, »Walter Krause«, »Moritz«, »Nielsen« (Kurt Thiele) und »Zady« (Günter Schmidt).[125] Auch Dietrich Staritz alias IM »Erich« berichtete von den Anfängen des Instituts, und der in den Westen übergesiedelte DDR-IM Andreas Sinakowski sollte sich im Auftrag des MfS beim Besucherdienst bewerben.[126]

Ein wichtiger Nachrichtenlieferant war insbesondere der wissenschaftliche Mitarbeiter im Arbeitsbereich DDR-Forschung und Archiv der Freien Universität Berlin, Walter Völkel (IM »Rosenow«), der für das Institut Vorträge über die Grundbegriffe des Marxismus-Leninismus und deren Auslegung durch die SED hielt. Völkel berichtete beispielsweise seinem Führungsoffizier Jaeckel über eine Befragung im kleinen Kreis, bei der ein ehemaliger DDR-Häftling und ein geflüchteter DDR-Wissenschaftler aus dem SED- und HVA-»Institut für Politik und Wirtschaft« (IPW) Rede und Antwort standen – Informationen, die in Ostberlin automatisch die Stasi-Maschinerie in Gang setzten. Auch über einzelne Veranstaltungen, über geplante Besuche in der bundesdeutschen Vertretung in Ostberlin, über die zentrale Erfassung bundesdeutscher Forschungsprojekte zur DDR[127] sowie über die Zusammenkünfte und Weiterbildungsseminare der Honorarreferenten informierte Völkel die Stasi.

Von besonderem Interesse waren dabei die latenten Spannungen zwischen dem Präsidenten des Institutes, Detlef Kühn, und den Honorarkräften, die sich an inhaltlichen wie an arbeitsrechtlichen Fragen entzündeten und 1981 sogar zu einem Streik führten. Als einige Referenten, die ihre Vorträge hatten ausfallen lassen, von Kühn nicht mehr weiter beschäftigt wurden, erschien im *Spiegel* seinerzeit ein ausführlicher Artikel, in dem von »politischer Säuberung« die Rede war.[128] Kühn wird darin als »im deutschlandpolitischen Spektrum der FDP sehr weit rechts« beschrieben, während die »Geschaßten und ihre Sympathisanten [...] ausschließlich zum linken bis radikaldemokratischen Flügel« gehören würden. Ob das MfS diesen Konflikt mit angeheizt hat, geht aus den Unterlagen nicht hervor, zumindest hat es ihn aber aufmerksam verfolgt – in dem Vorgang findet sich außer dem Artikel eine Fülle inoffiziell beschafften Materials dazu.

So hatte der IM »Rosenow« schon 1976 darüber berichtet, daß Kühn stichprobenartige Kontrollen bei den Vortragsveranstaltungen durchführen wolle und vor der Verwendung eines allzu SED-konformen Ansatzes bei der Darstellung der DDR gewarnt habe. »Wenn jemand eine ausschließlich immanente Betrachtungsweise für richtig halte, so habe Kühn nachdrücklich erklärt, so sei sein Platz wohl eher in der DDR.«[129] Mehrfach wird auch erwähnt, daß es starke politische und persönliche Divergenzen zwischen dem Präsidenten und dem für den Besucherdienst zuständigen Referatsleiter gebe.[130] Dieser sei, so heißt es in einem Bericht eines anderen IM, engagiertes SPD-Mitglied (»›linker‹ Flügel«) und nehme »gezielt dahingehend Einfluß, daß vorwiegend ›linke‹ Sozialdemokraten als Honorarreferenten herangezogen« würden, was in der Vergangenheit mehrfach zu Protesten von Referenten geführt habe, »die als rechts gelten bzw. offene CDU-Mitglieder sind und sich [...] übergangen fühlen«.[131] Durch seine Informanten erfuhr das MfS auch von der bevorstehenden Versetzung des Referatsleiters nach dem Erscheinen des *Spiegel*-Artikels; der zuständige Mitarbeiter schlug als »Auftrag an ›Dr.‹« vor: »Reaktion im Kreis der Honorarreferenten auf Artikel und geplante Ablösung« feststellen.[132]

Zur »Bearbeitung« des Institutes zählte auch die Überwachung der wichtigsten Telefonanschlüsse, die vom MfS per »Zielkontrollauftrag« automatisch abgehört werden konnten. Bei einzelnen Mitarbeitern wie dem ehemaligen DDR-Häftling Bernd Eisenfeld wurde die Ehefrau gleich mitbelauscht, eine Westberliner Werkzeugmaschinenfirma, wo sie arbeitete, geriet allein aus diesem Grund in die »Rufnummernselektierungsanlage« der Stasi.[133] Andere wie der Leiter des Referates IV/4 (Pressespiegel/Archiv), Günter Buch, wurden vom MfS mit sogenannten »Zersetzungsmaßnahmen« überzogen, um ihn zu verunglimpfen. So fälschte das MfS beispielsweise eine Hausmitteilung des Axel-Springer-Verlages, in der verbreitet wurde, der Verlag erhielte immer wieder Interna aus dem Institut durch einen »gutplazierten Informanten« – eben durch Günter Buch. »In Absprache mit der *Welt*-Chefredaktion«, so hieß es weiter, »bot der Redakteur Ingo Urban daraufhin dem Buch für den Fall, daß dieser aufgrund seines kooperativen Verhaltens gezwungen würde, beim ›Gesamtdeutschen Institut‹ seinen Dienst zu quittieren, eine ›gute Stelle‹ bei der *Welt* an.«[134]

Es ist anzunehmen, daß die in Bonn ansässigen Abteilungen des Institutes mit ähnlicher Intensität bearbeitet wurden. Da hierfür jedoch die HVA zuständig war, sind darüber nur wenige Unterlagen überliefert. Auch von dort wurde das MfS aber nachweislich mit Berichten beliefert, beispielsweise über die unterschiedlichen deutschlandpolitischen Positionen der Abteilungen. Anfang der siebziger Jahre wurde beispielsweise mitgeteilt, die Abteilung II des Instituts hätte die Orientierung gegeben, die These »Zwei Staaten in einer Nation« könne unter der Voraussetzung, daß die DDR unter dem Zwang der internationalen Entwicklung zu mehr Kooperation mit der Bundesrepublik und zu größeren menschlichen Erleichterungen genötigt sei, durchaus akzeptiert werden – das Referat IV in Berlin (Recht und Verwaltung) halte dagegen am Gebot der Wiedervereinigung fest.[135] Zum Gesamtdeutschen Institut liegen mehrere längere MfS-Analysen vor, darunter die »Diplomarbeit« eines Mitarbeiters der Abteilung Agitation, die jedoch über das Vorgehen der Staatssicherheit keinen weiteren Aufschluß gibt.[136]

Überwachung der Forscher

Ein anderes Beispiel für die systematische »Bearbeitung« von wissenschaftlichen Einrichtungen und deren Beschäftigten ist die »Forschungsstelle für gesamtdeutsche wirtschaftliche und soziale Fragen«, die sich ebenfalls in Westberlin befand und gleich von mehreren Seiten ausgeforscht wurde.[137] 1962 war sie als Forschungs- und Dokumentationsstelle des Forschungsbeirates für Fragen der Wiedervereinigung Deutschlands gegründet worden und machte sich in den Augen des MfS schon allein dadurch verdächtig. Von der Staatssicherheit wurde sie zu den wichtigsten Einrichtungen der DDR- und Ostforschung gezählt, deren Aufgabe in der ständigen Beobachtung und wissenschaftlichen Analyse der wirtschaftlichen und sozialen Entwicklung der DDR bestehe. Die von ihr erarbeiteten Erkenntnisse dienten als »Grundlagenmaterial« für »die effektive Gestaltung der politisch-ideologischen Diversion gegen die DDR«, zur wirksamen Manipulierung der eigenen Bevölkerung durch die Massenmedien« und als »Entscheidungshilfen für Regierungsstellen der BRD sowie für Konzerne, Außenhandelsgesellschaften und andere Einrichtungen«.[138]

Dies war Grund genug, daß die mit Wirtschaftsfragen beschäftigte Abteilung XVIII in Potsdam gegen zwei wissenschaftliche Mitarbeiter der Forschungsstelle Anfang der achtziger Jahre sogenannte »Operative Personenkontrollen« (OPK) einleitete, in deren Rahmen umfangreiche Überwachungsmaßnahmen eingeleitet wurden. Darüber hinaus ermittelte die Abteilung im Operativ-Vorgang »Nachfolger« noch gegen einen weiteren Ökonomen des Deutschen Instituts für Wirtschaftsforschung.[139]

Auf die Westberliner Wirtschaftswissenschaftlerin Maria Haendcke-Hoppe-Arndt, die fünf Jahre lang in der OPK »Betty« bearbeitet wurde, war man bereits 1978 durch die IM-Berichte des Westberliner Agrarwissenschaftlers Andreas Kurjo aufmerksam geworden. Ziel der Überwachung war die »Erarbeitung des Verdachtes der Begehung von Verbrechen gemäß §§ 97 [Spionage] und 99 [Landesverräterische Nachrichtenübermittlung]« des Strafgesetzbuches der DDR, das »Erkennen von Kontaktpersonen mit feindlich-negativer Einstellung, die durch die H. für ihre Verbrechen genutzt werden beziehungsweise tateinheitlich mit ihr zusammenwirken, sowie das vorbeugende Verhindern beziehungsweise Einschränken ihres Wirksamwerdens«.[140]

Zu diesem Zweck setzte der vorgangführende Oberleutnant Seltmann gegen die Forscherin das ganze zur Verfügung stehende Arsenal an Überwachungsmaßnahmen ein: Alle ihre Einreisen in die DDR wurden bis ins Jahr 1974 zurückverfolgt und analysiert. Brief- und Paketsendungen unter ihrem Namen standen seit Juli 1981 in »Zielfahndung«. Eine Handschriftenprobe wurde in der Schriftkartei der Staatssicherheit geprüft, Experten-IM unterzogen ihre wissenschaftlichen Publikationen einer umfangreichen Begutachtung. Bei Aufenthalten in der DDR erfolgte die Observation, einschließlich Fotodokumentation und Abhören des Telefons, Gastgeber und Gesprächspartner wurden überprüft und nach Möglichkeit in die Überwachung mit einbezogen. Die »Erarbeitung eines aktuellen Persönlichkeitsbildes« war ebenso Bestandteil des »Maßnahmeplans« wie die »Verstärkung der IM-Basis«, die »Einleitung von Ermittlungen im Operationsgebiet« sowie die Überprüfung in den diversen Speichern des MfS. Sogar beim Abendessen mit einem Mitarbeiter der Ständigen Vertretung in Ostberlin saß die Stasi mit am Tisch – durch einen mit eingeladenen IM, der der Staatssicherheit anschließend Bericht erstattete.

Gleichwohl war der Wissenschaftlerin auch nach fünfjähriger Bearbeitung keines der ihr zur Last gelegten »Verbrechen« nachzuweisen. Weder bestätigten sich die angeblichen »Hinweise auf eine mögliche nachrichtendienstliche Tätigkeit«, noch konnte der Beweis dafür erbracht werden, daß die Ergebnisse ihrer Tätigkeit »objektiv als Grundlagenmaterial für Lageeinschätzungen imperialistischer Geheimdienste geeignet« sind und von diesen »mit hoher Wahrscheinlichkeit auch als solche genutzt« werden. Die Suche nach der geheimdienstlichen Steuerung der DDR-Forschung hatte sich als vergeblich erwiesen. Was blieb, war das resignierende Fazit, daß die Wissenschaftlerin »mit ihrer engagierten Tätigkeit« in der Forschungsstelle »aktiv auf seiten des Gegners in die aktuellen Klassenauseinandersetzungen ein[greift], ohne mit ihrer Tätigkeit gültige Strafrechtsnormen der DDR zu verletzen«.[141] Der Vorgang wurde eingestellt und archiviert.

Mit welchem Aufwand DDR- und Osteuropaforscher vom MfS oftmals über Jahre hinweg bearbeitet wurden, zeigt auch das in der Aufklärungsabteilung von Gera überlieferte Material über einen wissenschaftlichen Mitarbeiter des Bundesinstitutes für internationale und osteuropäische Studien (BIOST) in Köln.[142] Ein Sprachwissenschaftler aus Jena mit dem Decknamen »Berger« hatte ihn 1986 bei einem Weiterbildungsseminar für Mazedonisch kennengelernt und den Kontakt im Auftrag des MfS in der Folgezeit systematisch »gefestigt«. In Abstimmung mit der HVA wurde das Material unter dem Decknamen »Blei« ab 1987 im Jahresplan der Abteilung geführt und »abgerechnet« – mit der Perspektive: »Entwicklung eines stabilen Abschöpfkontaktes«.[143] Vor jedem Wiedersehen erhielt der IM von nun an detaillierte Instruktionen, wie er sich dem Kölner Slawisten gegenüber verhalten sollte. Regelmäßig fertigte der zuständige Offizier dazu »Konzeptionen zur Kontaktfestigung« an, die sein Abteilungsleiter zusätzlich präzisierte, etwa so: »IM ›Berger‹ muß den Charakter seiner Privatreise *eindeutig* demonstrieren, das heißt, fachbezogene Probleme müssen sich *natürlich* einbetten. In diesem Stadium des Kontaktes ›Berger/Blei‹ *kein* schriftliches Material abfordern beziehungsweise entgegennehmen [Hervorhebungen im Original].«[144] Auf dieser Basis wurden sodann »Reisepläne« mit »operativen Aufträgen« an den IM formuliert, deren Umsetzung wiederum in Form von »Reiseauswertungen« und ausführlichen Berichten geprüft wurde. Zufrieden stellte die Abteilung in einem Rapport aus Anlaß des 40. Jahrestages der DDR 1989 fest: »Die KP ›Blei‹ wurde durch aktive Maßnahmen mit dem DDR-IM ›Berger‹ zu einer perspektivischen Abschöpfquelle [...] entwickelt.«[145]

Tatsächlich ging es dem MfS bei der »Bearbeitung« der DDR- und Osteuropaforschung nicht um abstrakte Organisationen und deren Arbeitsweise. Im Mittelpunkt der Ausforschung standen konkrete Personen und deren Einstellungen und Absichten. Dazu wurden nicht nur die einschlägigen Veröffentlichungen sorgfältig registriert und ausgewertet, sondern über inoffizielle Mitarbeiter sowie Telefon- und Postkontrolle auch auf verdecktem Wege Informationen beschafft. Bei der Durchführung »aktiver Maßnahmen« gegen bestimmte Personen seien zur Erreichung einer hohen Effektivität »einige Differenzierungsmerkmale zu beachten«. Das MfS interessierte sich vor allem für die politische Einstellung der Forscher, für ihre Bedeutung in der Wissenschaftsdisziplin, für ihre Forschungsgegenstände sowie für ihre arbeitsrechtliche Stellung. Zudem suchte man systematisch nach Anhaltspunkten für die Verletzung von Strafbestimmungen wie Unterschlagung, Betrug, Untreue oder Rechtsbeugung. Schon 1974 hieß es in der zitierten MfS-Untersuchung, daß über die jeweilige Person unter anderem die folgenden Informationen in Erfahrung gebracht werden müßten: »Ist sie ein aktiver und überzeugter Vertreter der gegenwärtigen Regierungspolitik? War sie bei der Ausarbeitung der sogenannten neuen Ostpolitik mit profilbestimmend oder wesentlich an einzelnen Teilbereichen mitbeteiligt? Hat sie sich der sogenannten neuen Ostpolitik angepaßt? Gehört sie zu den Vertretern der alten Linie in der ›Ost- und DDR-Forschung‹, insbesondere der Linie der früheren CDU-Regierungen? [...] Handelt es sich um eine in der Wissenschaft angesehene und profilierte Person? Ist es eine an Lebensjahren alte Person, deren Einfluß durch natürliche Faktoren in der nächsten Zeit von selbst abnimmt oder verschwindet? Gehört sie zu den perspektivvollen Nachwuchskräften, so daß zu erwarten ist, daß sie in kürzester Zeit für die ›Ost- und DDR-Forschung‹ mit profilbestimmend ist? Ist ihre Stellung relativ gefestigt, jedoch im wesentlichen am Ende ihrer Entwicklungsmöglichkeiten, so daß zwar noch eine längere Tätigkeit in der ›Ost- und DDR-Forschung‹ angenommen werden kann, jedoch kein besonderer profilbestimmender Einfluß künftig zu erwarten ist?«[146]

Die Inoffiziellen Mitarbeiter

Eine Schlüsselrolle für die Beantwortung dieser Fragen spielten die Inoffiziellen Mitarbeiter des MfS. Wie viele Bundesbürger im Bereich der DDR- und Osteuropaforschung vom MfS »eingeschleust« oder »herausgeworben« werden konnten, ist bis heute unbekannt. Allein das Dutzend bislang aufgedeckter Fälle zeigt jedoch, wie intensiv die Ausforschung betrieben wurde. Überraschend ist dabei immer wieder, mit welcher Energie sich gerade Geistesarbeiter als Schnüffler betätigten. Was Joachim Walther bei den ostdeutschen Schriftstellern, die für die Stasi arbeiteten, konstatieren mußte,[147] gilt gleichermaßen für die westdeutschen Wissenschaftler, deren Stasi-Berichte der Nachwelt überliefert wurden: Eloquent, systematisch und etwas überheblich erledigten sie mit Eifer die Zuträgerdienste für das Ministerium für Staatssicherheit. Im Unterschied zu ihren östlichen Kollegen ließen sie sich dafür freilich auch noch finanziell entlohnen.

Die IMs berichteten fast immer über Personen, seltener über Sachverhalte oder Strukturen. Sie hintertrugen dem MfS die wissenschaftlichen Meinungen der Auszuspähenden, ihre politischen Standpunkte sowie zahlreiche Dinge aus dem Privatleben, die die Kollegen ihnen nichtsahnend anvertraut hatten. Sie sammelten diese Informationen, schrieben sie auf, diktierten sie oder berichteten sie mündlich ihrem Führungsoffizier, der all dies in einem »Vorgang« festhielt und systematisch auswertete. Der Stasi-Hauptamtliche, wiewohl niemals im Westen, bewegte sich dadurch im jeweiligen Institut zumindest gedanklich bald wie ein Fisch im Wasser.

Ein eifriger Berichterstatter war beispielsweise der erwähnte Kasseler Wirtschaftsprofessor Ludwig Bress. Schriftlich verpflichtet hatte er sich bereits 1957, weil er »etwas für den Frieden tun« wollte, wie er nach der Enttarnung sagte. Ein Jahr später stand der GM »Berger« bereits auf der Gehaltsliste des MfS und bekam im letzten Jahr seines Studiums an der Ostberliner Humboldt-Universität von diesem mit monatlich 200 Mark fast das Doppelte eines normalen Stipendiums. Nach einer Ausbildung im Gebrauch von Geheimtinte, im Chiffrieren von Nachrichten und in Methoden des »einseitigen Funkverkehrs« arbeitete Bress von 1961 bis 1966 als Wirtschaftsredakteur in der Sowjetologischen Abteilung des Herder-Verlages in Freiburg, der damals eine fünfbändige Enzyklopädie »Sowjetsystem und demokratische Gesellschaft« erstellte. Dort entwendete er unter anderem die gesamte Autorenkartei, um sie vom MfS kopieren zu lassen, und fertigte den Akten zufolge sogar Nachschlüssel für den Schreibtisch seines Vorgesetzten und die Panzerschränke an.

Ende der sechziger Jahre wurde Bress Assistent an der Universität Marburg und in dieser Funktion auch Beauftragter für die Arbeit des Forschungsbeirates beim Bundesministerium für gesamtdeutsche Beziehungen. In den siebziger und achtziger Jahren kam er dann regelmäßig nach Ostberlin in die konspirative Wohnung »Wendenschloß«, um sich dort mit seinen Führungsoffizieren aus der Hauptabteilung XX/4 zu treffen. Obwohl die Abteilung eigentlich für die Überwachung der Kirchen in der DDR zuständig war, behielt sie den wertvollen West-IM auch dann noch, als er längst Professor geworden war und als Vorstandsmitglied der Gesellschaft für Deutschlandforschung und der Deutschen Gesellschaft für Zeitgeschichtliche Fragen e.V., eine Art Förderverein des Institutes für Gesellschaft und Wissenschaft (IGW), über ganz andere Themen berichtete.[148] Einem Auskunftsbericht der Hauptabteilung XX/4 vom Januar 1980 zufolge war der IMF »Berger« für die »Gewinnung von Informationen geheimdienstlicher Praktiken in der ›DDR-Forschung‹ eingesetzt« – die Stasi suchte auch hier die Bespitzelung von westdeutschen Wissenschaftlern vor sich selbst mit deren angeblicher geheimdienstlicher Steuerung zu rechtfertigen.[149]

Als Spezialist für Agrarfragen agierte der promovierte Diplom-Landwirt aus Berlin-Steglitz, Andreas Kurjo, für das MfS. In den siebziger und achtziger Jahren veröffentlichte er zahlreiche Fachbeiträge zum Thema Landwirtschaft und profilierte sich damit in der DDR-Forschung.[150] Kurjo war noch während seines Studiums von der Staatssicherheit angeworben worden und erhielt im Gegenzug vom MfS eine sogenannte »Studienbeihilfe«. Ein angeblicher Mitarbeiter vom Landwirtschaftsrat der DDR hatte ihn Ende der sechziger Jahre auf der Autobahn angesprochen und ohne größere Überredungskünste zu regelmäßiger Berichterstattung bewogen. Im November 1969 wurde er von der für Wirtschaftsfragen zuständigen Abteilung XVIII in Potsdam unter dem Decknamen »Thaer« als Inoffizieller Mitarbeiter mit Feindberührung (IMF) registriert, im September 1970 unterschrieb er seine Verpflichtungserklärung. Geworben hatte ihn ausgerechnet jener MfS-Offizier namens Trebeljahr, der im Dezember 1979 wegen Spionage und Fahnenflucht hingerichtet wurde – das MfS beschuldigte ihn, daß er die DDR mit Hilfe eines westlichen Geheimdienstes illegal verlassen wollte.[151]

Von Anfang an erwies sich Kurjo als beflissener Zuträger. Über alles, was die Stasi interessieren konnte, fertigte er umfangreiche Berichte an, anfangs in Form handschriftlicher Aufzeichnungen, die er in einer sogenannten »Container-Tasche« versteckte, später dann per Tonbanddiktat. Bis zum Sommer 1972 traf er sich neunundzwanzigmal mit seinem Führungsoffizier oder einem speziell eingesetzten Kurier, nach einem Jahrzehnt füllten seine Berichte bereits sechs Aktenbände mit rund 1800 Seiten. Bei einem einzigen Treff übergab er oft mehr als ein Dutzend schriftlicher Informationen und ließ sich diese mit Geldzahlungen von bis zu 3000 DM sowie Einladungen zur Jagd honorieren. Bald trat er auch der SED bei, während er in Westberlin im Auftrag des MfS Kontakt zur CDU suchte.

In der Anfangszeit berichtete er vor allem über das Institut für Agrarpolitik an der Technischen Universität und dessen Leiter, Professor Konrad Merkel, bei dem Kurjo studiert hatte und später auch promovierte – eine Art Vaterfigur, der sich des jungen Wissenschaftlers auch persönlich annahm. Für das MfS waren diese Informationen von hohem »operativem« Wert, da Merkel Mitglied des erwähnten Forschungsbeirates für Fragen der Wiedervereinigung war und als führender Experte für DDR-Landwirtschaft im Auftrag der Bundesregierung am »Bericht zur Lage der Nation« mitschrieb. Stolz konnte der Führungsoffizier schon nach einem Jahr vermelden: »Es gilt jetzt als bestätigt, daß das Institut für Agrarpolitik und Agrarstatistik umfangreiche Arbeiten am Forschungsbericht der Landwirtschaft des Ministeriums für innerdeutsche Beziehungen erarbeitet.«[152] Darüber hinaus hatte Merkel enge Beziehungen zum »Bauernverband Berlin e.V.« (BVB), den das MfS in einem sechzigbändigen Zentralen Operativen Vorgang jahrelang als gefährliche Feindorganisation bekämpfte. Die Organisation bemühte sich darum, die Interessen ostdeutscher Bauern zu vertreten und sie auch materiell zu unterstützen[153] – für das MfS eine interessante zusätzliche Einsatzperspektive. Tatsächlich hieß es wenig später in der Akte: »Durch die Tätigkeit als Standhilfe [bei der »Grünen Woche« in Berlin] und durch die Einflußnahme unseres Organs ist ›Thaer‹ seit dem 01. 11. 71 im BVB tätig.«[154] Alle wichtigen Interna der Organisation gelangten nun an das Ministerium für Staatssicherheit, einschließlich der Namen jener DDR-Bürger, die sich hilfesuchend an den Verband gewandt hatten und dafür in der DDR in die Mühlen des MfS kamen.

Als der Verband sich 1973 unter Zutun des MfS auflöste,[155] hatte Kurjo eine neue Aufgabe als Mitarbeiter und später als Abteilungsleiter der Berliner Messegesellschaft »Ausstellungen-Messen-Kongresse« (AMK) übernommen. Auch in dieser Position erwies sich Kurjo als eifriger Berichterstatter, der das MfS selbst über sein eigenes Privatleben gewissenhaft unterrichtete. In bis zu zwanzig Seiten langen handschriftlichen Notizen informierte er unter anderem über die Forschungsstelle für gesamtdeutsche wirtschaftliche und soziale Fragen, über seine Kontakte zum Landwirtschaftsattaché der bundesdeutschen Vertretung in Ostberlin, über Begegnungen mit Politikern und hohen Beamten, über seinen Kontakt zu einer Sekretärin bei der Bundeswehr und nicht zuletzt von seinem Aufstieg im Westberliner Jagdclub »DIANA« – alles genau nach Auftrag. »Insgesamt kann eingeschätzt werden«, so vermerkte sein Führungsoffizier zufrieden, »daß der IMF mit großem Eifer seit Sommer/Juni 1976 bei der Aufspürung von feindlich tätigen Personen ist und meines Erachtens es jetzt begriffen hat, daß eine umfangreiche Kleinarbeit zur Informationssammlung notwenig ist.«[156]

1980 bricht die Akte mit einemmal ab, und die HVA übernimmt den Vorgang – vielleicht wegen des Falles Trebeljahr.[157] In einem Bericht seiner alten Diensteinheit heißt es zwei Jahre später, daß der IMB »Thaer« jetzt von der Aufklärungsabteilung XV der Potsdamer Bezirksverwaltung für Staatssicherheit geführt werde.[158] In dieser Zeit nahm Kurjo regelmäßig an den Jahrestagungen der DDR-Forscher in Bonn teil und wurde Referent an der Forschungsstelle für gesamtdeutsche wirtschaftliche und soziale Fragen, wo er weiter seine Kollegen bespitzelte.[159] Akten sind aus dieser Zeit nicht überliefert. In einem Prozeß wurde ihm aber 1992 vorgeworfen, unter den Decknamen »Thaer« und »Alexander« bis 1989 auch als Mitarbeiter der Forschungsstelle und einer Zeitarbeitsfirma aus Nürnberg sowie als Berater des Landwirtschaftsattachés der Ostberliner US-Botschaft dem MfS Berichte geliefert zu haben. Etwa alle sechs Wochen habe er sich dazu mit seinen Führungsoffizieren in konspirativen Wohnungen in Ostberlin getroffen und für seine Informationen zusammengerechnet rund 60 000 DM erhalten. Im Mai 1992 wurde er zu einer einjährigen Freiheitsstrafe auf Bewährung und einer Geldbuße von 4000 DM verurteilt.[160]

Einen ähnlichen Fall stellt der wissenschaftliche Mitarbeiter der Freien Universität (FU) Berlin, Walter Völkel, dar, der seit Ende der siebziger Jahre am

Arbeitsbereich DDR-Forschung und Archiv des Zentralinstitutes für Sozialwissenschaftliche Forschung (ZI 6) spionierte. Unter dem Decknamen »Walter Rosenow« lieferte er der Hauptabteilung XX/5, zuständig für die Bekämpfung von DDR-kritischen Bestrebungen in Westberlin, Berichte über die Forschungen seiner Kollegen. Unter anderem hatte er 1988 den kompletten Antrag auf Förderung eines Forschungsvorhabens, den der Autor dieses Buches beim Arbeitsbereich DDR-Forschung und Archiv an der FU Berlin eingereicht hatte, der Stasi zugänglich gemacht. Auch über die jährlichen DDR-Forschertagungen sowie über einen Besuch des Bürgerrechtlers Wolfgang Templin im März 1988 beim Leiter des Arbeitsbereiches, Hartmut Zimmermann, berichtete er dem MfS. Völkel, der für den Forschungsbereich an einer umfangreichen Bibliographie arbeitete und Mitverfasser des »DDR-Handbuchs« der Bundesregierung war, bespitzelte auch das Westberliner Komitee zur Freilassung von Rudolf Bahro und beteiligte sich an sogenannten Zersetzungsmaßnahmen gegen DDR-Kritiker im Westen. Nach seiner Enttarnung im Frühjahr 1992 wurde er von der Universität fristlos entlassen.[161]

Aus dem Bereich der DDR-Forschung berichtete auch der langjährige Studienleiter an der Evangelischen Akademie Berlin (West), Peter Heilmann, der dort regelmäßig Tagungen, Seminare und Informationsabende zur DDR veranstaltete und einen speziellen DDR-Arbeitskreis leitete. In diesem Zusammenhang hatte er Kontakt zu zahlreichen Wissenschaftlern und Einrichtungen, die sich schwerpunktmäßig mit der DDR beschäftigten. Unter den Decknamen »Julius Müller« und »Adrian Pepperkorn« berichtete er unter anderem über das Gesamtdeutsche Institut und seine Berliner Außenstelle, über die Deutsche Gesellschaft für Osteuropakunde, das Institut für politische Wissenschaft an der Freien Universität Berlin und das wissenschaftliche DDR-Symposium in Conway/USA. Zur Zusammenarbeit mit dem MfS hatte er sich, wie erwähnt, bereits 1956 verpflichtet, wofür er jeden Monat zwischen 400 und 600 DM sowie insgesamt neun Orden erhielt.[162]

Über die von der »Aufklärung« geführten Agenten sind dagegen so gut wie keine Unterlagen überliefert. Am Erlanger »Institut für Gesellschaft und Wissenschaft« (IGW), so ergaben die Ermittlungen der Generalbundesanwaltschaft nach der Wende, hatte die Abteilung X der HVA 1986 den Diplom-Politologen Rudolf Horst Brocke plazieren können.[163] Brocke, der bereits während seines Studiums an der Universität Kassel Anfang der siebziger Jahre als »Perspektiv-IM« angeworben worden war, hatte zunächst eine Anstellung als wissenschaftlicher Mitarbeiter der Universität Marburg. Als Assistent des Politikprofessors Wilfried von Bredow hatte er Zugang zu diversen Forschungsergebnissen und Manuskripten, die sich mit Sicherheitspolitik, Wirtschaftsbeziehungen und der amerikanischen Außenpolitik beschäftigten. 1985 erstellte Brocke zudem eine umfangreiche Dokumentation zu den deutschlandpolitischen Positionen der im Bundestag vertretenen Parteien, die ihm dazu bereitwillig ihre Ausarbeitungen überließen und für weitergehende Gespräche zur Verfügung standen.[164]

Ab Oktober 1986 setzte Brocke seine wissenschaftliche Karriere am IGW fort und versorgte die HVA auch von dort mit schriftlichen Materialien zur Deutschlandpolitik. Dort betätigte er sich unter anderem als Organisator des »Erlanger Arbeitskreises zur Deutschlandpolitik«, der Anfang der achtziger Jahre als Forum für konzeptionelle Debatten der einschlägig interessierten Wissenschaftler gegründet worden war.[165] Seine Analysen, so berichtete 1996 der zuständige Richter am Oberlandesgericht Düsseldorf, Klaus Wagner, hätten bei der HVA große Wertschätzung gefunden und seien bis ins Politbüro gelangt. Brocke, der sich selber den Decknamen »Thomas Müntzer« zugelegt hatte, sollte deshalb nach der Wende sogar vom KGB übernommen werden.[166]

Ebenfalls für die »Aufklärung« arbeitete der Spezialist für internationale Wirtschaftsbeziehungen, Hanns-Dieter Jacobsen, der als Politikwissenschaftler eine steile Karriere machte. Bereits im Alter von vierundzwanzig Jahren war er 1968 zu Mitarbeitern des Ministeriums für Staatssicherheit in Kontakt gekommen und verpflichtete sich drei Jahre später schriftlich zur Zusammenarbeit. Unter anderem hatte ihm das MfS seinerzeit ein Darlehen und Material für seine Doktorarbeit angeboten. Nach Studium, Promotion und Habilitation sowie Gastprofessuren in den USA wurde er mit dreiundvierzig Jahren als Professor an das Otto-Suhr-Institut berufen und 1992 Dekan des Fachbereiches Politische Wissenschaft. Bis 1987 war er Mitarbeiter des Forschungsinstitutes in Ebenhausen, das Beratungsaufgaben gegenüber Parlament und Bundesregierung wahrnimmt. Unter dem Decknamen »Hoffmann« ließ Jacobsen der Stasi vor allem Studien und Aufsätze über internationale Beziehungen zukommen und erhielt dafür insgesamt 82000 DM »Auslagenerstattung«. Das MfS hatte ihn dazu mit einer Nikon-Kamera ausgestattet, mit deren Hilfe er die Berichte ablichten, in einer Spraydose verstecken und in Berlin sowie in New York einem Kurier übergeben konnte. Im einzelnen handelte es sich um dreiundfünfzig Studien, ebenso viele Aufzeichnungen, fünfundsechzig Arbeitspapiere, zweiundzwanzig Lagenotizen, fünf Konferenzberichte, sechzig eigene Publikationen sowie weitere Materialien, darunter auch Protokolle über Konferenzen des »Arbeitskreises für europäische Zusammenarbeit« und des »Politischen Clubs«. Die letzte Materialübergabe erfolgte kurz vor Weihnachten 1989. In neu aufgefundenen Unterlagen der HVA ist der bereits 1967 registrierte IM »Hoffmann« mit über 440 Informationslieferungen verzeichnet, davon viele zu Jacobsens Fachgebiet der Ost-West-Beziehungen.[167] Für seine langjährige Mitarbeit wurden ihm die Verdienstmedaille der DDR und der Kampforden für Volk und Vaterland verliehen. Im Oktober 1992 wurde er vorübergehend festgenommen und drei Jahre später zu zehn Monaten Haft auf Bewährung verurteilt.[168]

Aus Unterlagen der Aufklärungsabteilung in Gera geht hervor, daß diese am Institut für Außenhandel und Überseewirtschaft ebenfalls einen renommierten Osteuropaforscher in eine nachrichtendienstliche Arbeit einzuspinnen suchte. Zu diesem Zweck reisten zwei als IM verpflichtete DDR-Wissenschaftler zwischen 1985 und November 1989 regelmäßig in die Bundesrepublik und baten ihren Gesprächspartner mit dem Decknamen »Klaus Franz« um Forschungsmaterial. Den überlieferten Informationsbegleitbögen zufolge reichte das Spektrum der übergebenen Unterlagen von Informationen über die Analyse der Hamburger Ostforschungsinstitute zur Wirtschaftsentwicklung in der DDR über diverse wissenschaftliche Aufsätze, Vorträge, Tagungsberichte und Veröffentlichungen bis hin zu einer namentlichen Aufstellung der Mitarbeiter des Bundesamtes für Zivilschutz, die als »vertraulich – nur für Dienstgebrauch ausgezeichnet« war.[169]

Verantwortlich für den 1986 registrierten Abschöpfvorgang »Klaus Franz« (Reg.-Nr. XV/2185/86) war der Geraer MfS-Major Höll, während die HVA-Abteilung II und VII (Parteien, Auswertung) als »Konsultationspartner« fungierten. In einem Bericht über die Arbeitsergebnisse der Abteilung im ersten Halbjahr 1988 heißt es über den IM: »Der IM ›Klaus Franz‹ informierte über die Durchführung eines EG-Seminars zum Vergleich von EG und RGW und daraus abzuleitende Maßnahmen und Vorgehensweisen der EG zur Herbeiführung von Differenzen zwischen den Partnern des RGW.« Ferner wird vermerkt, daß die Einführung des IM »Heigel« als Instrukteur des Wissenschaftlers erfolgreich verlaufen sei. »Es konnte eine stabile operative Verbindung aufgebaut und damit die Effektivierung der Quelle auf Linie VII [Auswertung] und IX [Gegenspionage] der HVA erhöht werden.«[170] Im Jahresarbeitsbericht für 1988 ist davon die Rede, daß die Aufklärungszentrale in Berlin mit Hilfe des IM über »Aufgabenstellungen, Planungen und Angriffsrichtungen des Instituts« informiert werden konnte.[171] Und im Jahresarbeitsplan für 1989 heißt es, daß der IM unter anderem »Informationsbeiträge« zur Politik staatlicher und privater Wirtschaftsorganisationen gegenüber den sozialistischen Staaten liefern werde.[172]

Die Liste der bundesdeutschen DDR- und Osteuropaforscher, die auf die eine oder andere Weise für das MfS tätig waren, ist damit noch nicht abgeschlossen. Auch die Aufklärungsabteilung der Berliner Bezirksverwaltung hat in diesem Bereich seit 1981 mindestens einen IM geführt, der sich bis heute zu seinen früheren Stasi-Verbindungen ausschweigt. Der Berliner Politikwissenschaftler mit dem Decknamen »Falke«, der wiederholt Gastprofessuren in Nordamerika innehatte und Mitte der achtziger Jahre auch als deutschlandpolitischer Berater der Grünen fungierte, ist in Unterlagen der HVA mit vierundachtzig Informationslieferungen verzeichnet, darunter diverse Berichte über die jährlichen DDR-Forschertagungen in Bonn und Conway (USA). 1984 informierte »Falke« unter anderem über »Pläne, Absichten und Aktivitäten des Bundesministeriums für innerdeutsche Beziehungen zur Schaffung eines ständigen Beratergremiums für Fragen der DDR-Forschung« sowie über ebensolche »Pläne, Absichten und Aktivitäten der Bundestagsfraktion der Grünen zur Erarbeitung einer deutschlandpolitischen Konzeption«, einschließlich »Inhalt und Schlußfolgerungen einer Beratung am 21. 10. 1984 in Westberlin«.[173]

In HVA-Unterlagen sind auch drei Berichte einer für das CDU- und Kirchenreferat der HVA registrierten Quelle »Nachfolger« aus dem Jahr 1987 erfaßt, die Bezüge zum Deutschen Institut für Wirtschaftsforschung (DIW) erkennen lassen und unter anderem die Haltung vom damaligen Wirtschaftsminister Martin Bangemann und des SPD-Parteivorstandes zur Bildung einer gemischten Kommission zwischen der DDR und der Bundesrepublik betreffen.[174] Unter demselben Decknamen wurde, wie erwähnt, Anfang der achtziger Jahre ein Mitarbeiter des Institutes in einer Opferakte ausgeforscht. Und unter dem Aliasnamen »Dorn« registrierte die Berliner Aufklärungsabteilung 1987 eine renommierte Wirtschaftswissenschaftlerin des DIW als sogenannte »Kontaktperson«.[175] Über alle anderen Vorgänge hat das MfS bei seiner Auflösung großzügig den Mantel des Schweigens gelegt.

Wirtschaftsspionage –
Die Stasi als kriminelle Vereinigung

An einem frostigen Winterabend im Januar 1979 verließ der Oberleutnant des MfS, Werner Stiller, mit einem Koffer streng geheimer Unterlagen der HVA die DDR. Der im Sektor Wissenschaft und Technik (SWT) beschäftigte Stasi-Offizier hatte sich ein dreiviertel Jahr zuvor dem Bundesnachrichtendienst (BND) angeboten und diesem einen Einblick in die Spionagepraxis des MfS gewährt. Das Bundesinnenministerium mußte wenig später einräumen,»daß Intensität und Erfolg der Wirtschafts- und Wissenschaftsspionage seitens der DDR-Nachrichtendienste in der Bundesrepublik bisher unterschätzt worden sind.«[1]

Tatsächlich erfuhren die Sicherheitsbehörden der Bundesrepublik durch den Übertritt Werner Stillers erstmals Einzelheiten über das Ausmaß der DDR-Spionage im Bereich von Wirtschaft und Forschung. Stiller, seit 1972 hauptamtlicher Mitarbeiter des MfS,[2] arbeitete in der Abteilung XIII der HVA, die für die Aufklärung und Bearbeitung von Forschungseinrichtungen, Universitäten, Behörden und Wirtschaftsinstituten zuständig war. Die Abteilung hatte den Auftrag, aus der naturwissenschaftlichen Grundlagenforschung des Westens – unter anderem auf den Gebieten Kernphysik, Biologie, Chemie und Biochemie – neueste Forschungsergebnisse zu beschaffen und auszuwerten. Stiller selbst war Mitarbeiter des Referates 1, das für die Ausspionierung der physikalischen Grundlagenforschung und der Nukleartechnik verantwortlich war. Aus erster Hand konnte er darüber Auskunft geben, wie die Wirtschaftsspionage des MfS im Westen funktionierte.

Für die westdeutschen Sicherheitsbehörden war Stillers Übertritt eine glückliche Fügung. Der MfS-Offizier war im Frühjahr 1978 von sich aus an den BND herangetreten und hatte eine Zusammenarbeit angeboten. Ab Juli kam es zu einer festen Verbindung. Doch schon nach wenigen Wochen fiel dem MfS bei der routinemäßigen Kontrolle des DDR-Postverkehrs ein Brief mit fingiertem Absender in die Hände, in dem Stiller mit unsichtbarer Tinte dem BND per Zahlencode eine Nachricht übermitteln wollte. Mit gigantischem Aufwand suchte die Stasi nun im Operativ-Vorgang »Borste« den Urheber des Briefes zu ermitteln. Im Dezember 1978 kam sie zu dem Ergebnis, daß die Handschrift einer Kellnerin aus Oberhof gehörte – der Freundin Stillers.[3]

Ohne es zu ahnen, schwebte Stiller seit diesem Moment in Lebensgefahr. Aufgrund des plötzlichen Wintereinbruchs und der Schneekatastrophe zum Jahreswechsel verzögerten sich jedoch die Ermittlungen bis in den Januar. Als der stellvertretende Leiter der Hauptabteilung II, Oberst Klippel, dann persönlich nach Oberhof zur »Einleitung von Kontroll- und Überprüfungsmaßnahmen« reiste, erreichte ihn am 20. Januar die Nachricht von Stillers Übertritt – die Stasi war anderthalb Tage zu spät gekommen.[4]

In der Hierarchie des MfS war Werner Stiller zwar nur ein kleiner »operativer« Mitarbeiter, doch durch seinen Aufstieg zum Ersten Sekretär der Parteiorganisation »und damit zum zweitmächtigsten Mann der Abteilung auf Parteiebene« im November 1978 hatte er einen relativ großen Überblick.[5] Zudem hatte er seinen Übertritt in den Westen sorgfältig vorbereitet, so daß er nicht mit leeren Händen kam. Insgesamt, so konnte man in seinen 1986 erschienenen Erinnerungen erfahren, hatte er 20 000 Blatt mit geheimen Operativakten und Namenslisten, Befehlen, Dienstanweisungen und Ausbildungsmaterialien der Staatssicherheit in die Bundesrepublik gebracht.[6] Ein Mitarbeiter des Westberliner Landesamtes für Verfassungsschutz, der bei Stillers Erstvernehmung am Flughafen Tegel dabei war, berichtete dem MfS später, allein der Stapel der mitgebrachten Mikrofiches sei »etwa zehn Zentimeter hoch« gewesen.[7] Obwohl es Stiller nicht gelang, den Panzerschrank seines Abteilungsleiters Günter Jauck aufzubrechen, war das von ihm entwendete Material so umfangreich, daß die betroffene Abteilung neun Seiten brauchte, um alle Unterlagen, Akten und Dokumente aufzulisten. Außer streng geheimen Befehlen, Direktiven, Analysen, Schulungsmaterialien, Mitarbeiterverzeichnissen und Aufzeichnungen aus Dienstbesprechungen waren darunter auch Personalakten von drei West-IM und einem Kandidaten, diverse gefälschte Westberliner Ausweise, die Stillers DDR-IM zu benutzen pflegten, sowie eine Objektauskunft des KGB über das Kernforschungszentrum in Karlsruhe.[8]

Stillers Material und sein Wissen über die Arbeit des MfS führten dazu, daß siebzehn Inoffizielle Mitarbeiter, vornehmlich aus dem Bereich der westdeutschen Kernenergieforschung, festgenommen wurden. Mindestens fünfzehn weitere wurden vom MfS aus Furcht vor einer Enttarnung aus der Bundesrepublik abgezogen, wobei es sich in nahezu allen Fällen um hochqualifizierte Wissenschaftler handelte. Insgesamt leitete der Generalbundesanwalt mehr als einhundert Ermittlungsverfahren wegen des Verdachts geheimdienstlicher Agententätigkeit ein.[9] »Aus Führungsoffizieren, die bislang allenfalls als Schemen aufgetaucht waren«, so erinnerte sich später der ehemalige Richter am Oberlandesgericht Düsseldorf, Wagner, »wurden Personen aus Fleisch und Blut mit Klarnamen und Arbeitsbereichen.« Insbesondere die von

Stiller mitgebrachten »Materialbegleitlisten« warfen Licht auf das geheime Agentennetz der Stasi, da darin die aus dem Westen gelieferten Berichte und Dokumente allesamt verzeichnet waren.[10]

Für den perfektionierten Apparat des MfS war Stillers Übertritt eine große Niederlage – »ein Schock für die Hauptverwaltung Aufklärung«, wie zwei leitende Mitarbeiter sich nach der Wende erinnerten.[11] Der »Gegner« bekam durch Stiller detaillierte Einblicke in die Organisation und Arbeitsweise der Staatssicherheit. Schlimmer noch: Der für die Rekrutierung von West-IM so wichtige Nimbus der absoluten Konspiration im MfS war erschüttert worden. »Der Feind verfolgt [...] das Ziel«, so formulierte es Markus Wolf in einer Weisung zwei Tage nach der Flucht, »das IM-Netz des MfS und der sozialistischen Bruderorgane im Operationsgebiet zu verunsichern und labile oder schwankende IM und K[ontakt]P[ersonen] zur Offenbarung und zum Verrat zu bewegen.«[12] Und Anfang Mai, nach der Serie von Verhaftungen und Rückzügen aus dem »Operationsgebiet«, machte Mielke seinen Mitarbeitern in einem Schreiben Mut: »Die Erkenntnisse des MfS, aber auch des Feindes, besagen, daß sie nicht verhindern können, daß wir weitere Kämpfer an der unsichtbaren Front gewinnen werden.«[13]

Stillers Übertritt machte aber auch deutlich, wie wenig die bundesdeutsche Spionageabwehr bis dahin vom Vorgehen des MfS im Westen wußte. So fungierten die Stasi-Informanten in den Berichten des Verfassungsschutzes bis dahin grundsätzlich als »Geheime Mitarbeiter«, obwohl diese Bezeichnung bereits 1968 abgeschafft worden war – seit über einem Jahrzehnt hießen sie nur noch »Inoffizielle Mitarbeiter«.[14] Entsprechend euphorisch wurde Stiller als »einer der wertvollsten Überläufer« bezeichnet, der den westlichen Abwehrdiensten ein nahezu lückenloses Bild über den »Sektor Wissenschaft und Technik« (SWT) der HVA vermittelt habe. Die von ihm mitgebrachten Unterlagen belegten, so das Bonner Innenministerium nach Auswertung des Materials, daß in den Jahren 1975, 1977 und 1978 mehr als 50 DDR-Agenten etwa 530 wissenschaftlich-technische Ausarbeitungen von teilweise erheblichem Umfang an die HVA geliefert hätten.[15] »Nach dem Übertritt des MfS-Offiziers Stiller steht fest, daß die Wirtschafts- und Wissenschaftsspionage innerhalb der nachrichtendienstlichen Tätigkeit der DDR einen besonderen Rang einnimmt und in großem Umfang der DDR-Wirtschaft zugute kommt.«[16]

Das Agentennetz des Werner Stiller

Der spektakulären Stiller-Flucht ist es auch zu verdanken, daß heute über die Wirtschafts- und Wissenschaftsspionage des MfS eine Reihe von Unterlagen überliefert ist, die die praktische Arbeit der Staatssicherheit auf diesem Gebiet anschaulich machen. Während über das Spitzelnetz des Sektors Wissenschaft und Technik (SWT) ansonsten so gut wie keine Akten überliefert sind, ist Stillers frühere Tätigkeit für das MfS vergleichsweise gut dokumentiert.[17] Um die Auswirkungen des »Verrats« zu analysieren und entsprechende Gegenmaßnahmen einzuleiten, wurden die ihn betreffenden Unterlagen seinerzeit nämlich der für Spionageabwehr zuständigen Hauptabteilung II übergeben – und entgingen so dem Vernichtungsfeldzug bei der »Selbstauflösung« der HVA.

Aus Stillers Jahresplan für 1978 geht hervor, daß der Schwerpunkt seiner Arbeit in der Bearbeitung der Gesellschaft für Kernforschung (GfK) in Karlsruhe lag.[18] Neben einer gründlichen »Objektanalyse« ging es der HVA vor allem um die »Schaffung eines personellen Stützpunktes« im dortigen Kernforschungszentrum, dem sogenannten Objekt »Waffe«, wofür bereits zwei »Ausgangsmaterialien« zur Verfügung standen. Stiller konnte sich bei seinen Bemühungen vor allem auf den stellvertretenden Verwaltungsdirektor der Gesellschaft für die Wiederaufbereitung von Kernbrennstoffen, Rainer Fülle, stützen, der vom MfS als IM »Klaus« geführt wurde und sogar einen Generalschlüssel für das Kernforschungszentrum lieferte.[19] »Klaus« sollte den Plänen nach nicht nur »qualifizierte Hinweise« auf mögliche IM-Kandidaten erarbeiten, sondern auch »wichtige Unterlagen zum Komplex nukleare Wiederaufbereitung und Endlagerung« beschaffen. Außerdem erhoffte sich das MfS Aussagen über angebliche Bestrebungen der Bundesrepublik, eigene Kernwaffen zu produzieren. Das Kernforschungszentrum wurde vom MfS für so bedeutend gehalten, daß sogar einzelne Studien daraus an Parteichef Walter Ulbricht weitergeleitet wurden.[20]

Wie der gesamte Fall Stiller könnte auch Fülles Schicksal einem Agententhriller entnommen sein. Mehr als hundertmal traf er sich mit Kurieren der Staatssicherheit, die meist als Tagungsteilnehmer oder Handelsvertreter in den Westen fuhren. Über Funk wurde ein Trefftermin vereinbart, dann gab es Vortreffs, »Briefkästen« mit Reißzwecksignalen usw.; seine Aufwendungen ließ er sich vom MfS mit 90 000 DM honorieren.[21] Nur wenige Stunden nach dem Übertritt seines Führungsoffiziers am Abend des 18. Januars 1979 wurde Fülle in der Bundesrepublik verhaftet und kurz darauf vernommen. Auf dem Weg geriet jedoch sein Bewacher auf einem Stück Glatteis ins Stolpern, so daß sich Fülle zur sowjetischen Militärmission in Baden-Baden durchschlagen konnte; von dort aus wurde er dann in einer Holzkiste in die DDR geschmuggelt.[22] Seine Frau, die nach Fülles abenteuerlicher Flucht von Süddeutschland nach Westberlin zog, um sich mit ihrem Mann besser treffen zu können, wurde vom Verfassungsschutz nunmehr ebenfalls der Spionage verdächtigt. Da Fülle mit seinem neuen Leben in der DDR jedoch bald unzufrieden wurde und am liebsten zurück in die Bundesrepublik wollte, wurde im Berliner Landesamt für Verfassungsschutz (LfV) der Plan entwickelt, ihn in den Westen zurückzuholen. Seine Frau überbrachte ihm dazu einen vom LfV besorgten westdeutschen Reisepaß, mit dem er im September 1981 über Ungarn aus der DDR flüchtete. Über die Einzelheiten dieser Aktion wurde die Stasi wenig später von einem übergelaufenen Mitarbeiter des Verfassungsschutzes informiert, der dem MfS im April 1982 die internen Abläufe in aller Ausführlichkeit offenbarte – auch diese Unterlagen haben in der Stiller-Akte überlebt.[23] Nach Zahlung einer Kaution wurde Fülle damals vom Generalbundesanwalt auf freien Fuß gesetzt und 1984 vom Oberlandesgericht Stuttgart zu sechs Jahren Haft verurteilt.[24]

Neben Fülle führte Werner Stiller noch eine Reihe weiterer Agenten im Westen. Der selbständige Computerfachmann Gerhard Arnold, Deckname »Sturm«, konzentrierte sich dem Jahresplan zufolge auf die Beschaffung von Unterlagen zur Datenverarbeitung und zu Datenbanksystemen »mit hoher volkswirtschaftlicher und auch militärischer Bedeutung«. »Sturms« Kontakt zu einem Professor sollte zudem zur »Abschöpfung parteipolitischer Informationen« aus der CSU genutzt werden – nach Stillers Übertritt wurde er 1981 zu zweieinhalb Jahren Haft verurteilt. Rolf Dobbertin, Spezialist beim französischen nationalen Rat für wissenschaftliche Forschung, informierte dagegen als IM »Sperber« über Fragen der Kernfusion, der Lasertechnik und der Plasmaphysik. Ein emeritierter Physikprofessor und Institutsdirektor aus Göttingen, Karl Hauffe, sollte als IM »Fellow« Unterlagen zur Energieproblematik und zur Werkstoffentwicklung beschaffen und zur Schaffung von »qualifizierten« Personenhinweisen seinen Kontakt zu den Konzernen Hoechst und Bayer ausbauen – 1982 wurde er zu einem Jahr Gefängnis auf Bewährung verurteilt. Für einen neu geworbenen Ingenieur bei Siemens in Coburg mit dem Decknamen »Hauser« war schließlich »der Aufbau einer Förderverbindung zur Vorbereitung der Schleusung« in das Tochterunternehmen KWU vorgesehen, während eine Sekretärin der Friedrich-Ebert-Stiftung in Bonn (IM »Gabi«) Informationen zur Parteipolitik der SPD beschaffen sollte.[25]

Darüber hinaus waren für Stiller rund vierzig DDR-IMs tätig, die, getarnt als Tagungsteilnehmer oder Handelsreisende, vor allem als Kuriere eingesetzt wurden. Für die Treffen mit ihnen stand Stiller unter anderem eine Konspirative Wohnung (KW) in der Marienburger Straße 5 in Ost-Berlin zur Verfügung (KW »Burg«), in der er vor seiner Flucht in den Westen auch die für den BND beschafften Unterlagen deponierte.[26] Dem Jahresplan für 1978 zufolge sollte der DDR-IM »Sekretär« beispielsweise eine Reise nach Karlsruhe dazu nutzen,

Möglichkeiten der legalen Informationsbeschaffung über das Kernforschungszentrum festzustellen. Zudem sollte die »Physikalische Gesellschaft der DDR« zu einer »legalen Residentur« entwickelt werden – das heißt mit MfS-Mitarbeitern bestückt werden, die unter dem Deckmantel einer offiziellen Wissenschaftsorganisation spionieren und IM-Kandidaten ausfindig machen sollten.[27]

Außer den eigenen Agenten kannte Stiller noch zahlreiche andere West-IM oder konnte zumindest Hinweise auf sie geben. Die Übersicht der Staatssicherheit vom April 1979 über verhaftete, vernommene oder zurückgezogene IM umfaßt insgesamt siebenundzwanzig Seiten. Festgenommen wurden laut MfS beispielsweise der Personalleiter in den Rheinisch-Westfälischen Elektrizitätswerken (IM »Bronze«), ein Diplom-Ingenieur bei Messerschmidt-Bölkow-Blohm (IM »Nathan«) und ein Wissenschaftler vom Zentrallabor für Mutagenitätsprüfung in Freiburg (IM »Rolf«). In Frankreich verhaftet und in die Bundesrepublik abgeschoben wurde ein Atomphysiker im Europäischen Atomforschungszentrum in Genf, der für den Aufklärungsdienst der NVA arbeitete, während ein Mitarbeiter für Öffentlichkeitsarbeit bei der Firma Boehringer (IM »Grundmann«) gegen Kaution freigelassen wurde. »Ermittelt« wurden neun weitere West-IM, darunter ein Mitarbeiter von BASF, der interne Materialien aus der chemischen Großindustrie beschaffte, ohne zu wissen, daß diese direkt ans MfS gingen. Durch »Materialbegleitlisten« waren den westdeutschen Sicherheitsbehörden darüber hinaus noch sechzehn IM unter Decknamen bekannt geworden. Den überlieferten Unterlagen nach mußte die Stasi seinerzeit einundzwanzig Inoffizielle Mitarbeiter in die DDR zurückziehen, darunter Abteilungsleiter der Firmen Preußag, Degussa, Osram und Interatom, den Produktionsdirektor bei Hoechst Holland, den Hauptbuchhalter der Firma Concord in Wien, einen Referenten aus dem Hessischen Sozialministerium sowie mehrere Professoren. Manche von ihnen waren zum Teil mehr als zwanzig Jahre früher im Auftrag des MfS in die Bundesrepublik übergesiedelt.[28]

Spionage als Planfaktor

Die Unterlagen zum Fall Stiller machen deutlich, wie umfassend die Unterwanderung von westdeutschen Forschungsstätten, Entwicklungslabors und Wirtschaftsunternehmen durch das Ministerium für Staatssicherheit angelegt war. Tatsächlich war die Wirtschaftsspionage kein unbedeutender Nebenzweig des MfS, sondern wurde von diesem mit enormem personellem und materiellem Aufwand betrieben. Dabei ging es nicht um die punktuelle Ausforschung potentieller Konkurrenten oder herausragender technologischer

417

Entwicklungen, sondern um den systematischen Diebstahl fremder ökonomischer Werte. Im Unterschied zu »herkömmlichen« Formen der Betriebsspionage operierte die Staatssicherheit dabei unter der Ägide eines anerkannten Staates und mit den Potenzen eines 91 000 Mann starken Ministeriums. Außerdem war die Stasi verantwortlich für die konspirative Beschaffung von Hochtechnologien, deren Ausfuhr in den Osten strafrechtlich verboten war, sowie für die geheimdienstliche Unterstützung von DDR-Betrieben, die in den Westen exportieren wollten und dazu vom MfS beispielsweise die Angebotsunterlagen konkurrierender Firmen erhielten.

Die vielfache Zusammenarbeit von westdeutschen Professoren, Entwicklungsingenieuren, Geschäftsleuten oder Wissenschaftlern mit dem Staatssicherheitsdienst der DDR ist bis heute dennoch kaum ins öffentliche Bewußtsein gedrungen. Wenn überhaupt Agenten in diesem Bereich enttarnt wurden, haben die betroffenen Firmen oder Institute zumeist einer »stillen« Lösung den Vorzug gegeben. Anträge auf Überprüfung des westdeutschen Personals durch den Bundesbeauftragten für die Stasi-Unterlagen – im Gesetz ausdrücklich vorgesehen – hat es kaum gegeben. Die erste systematische Darstellung des Problems hat bezeichnenderweise eine Amerikanerin geschrieben.[29]

Den Auftrag zur umfassenden Wirtschafts- und Wissenschaftsspionage hatte das MfS direkt von der Staats- und Parteiführung der DDR bekommen. Ihre Ergebnisse waren fest in das ökonomische System eingeplant und wurden durch eine ausgefeilte bürokratische Struktur implementiert. Bei der Beschaffung war das MfS so erfolgreich, daß es nicht nur die Sowjetunion laufend mit versorgte, sondern ein beträchtlicher Teil der ausspionierten technologischen Neuerungen überhaupt nicht eingesetzt werden konnte – den DDR-Betrieben fehlten die Voraussetzungen für die Anwendung allen Spionagematerials. Ziel der nachrichtendienstlichen Ausforschung war es nicht nur, weltmarktbestimmende leistungsfähige Technologien auszuspionieren, westdeutsche Konkurrenzunternehmen auszubooten und von den Milliardeninvestitionen der Bundesrepublik im Bereich der Grundlagenforschung zu profitieren. SED und MfS zielten vielmehr auf eine grundlegende Veränderung des ökonomischen Kräfteverhältnisses zugunsten des sozialistischen Lagers.

Während in den frühen Jahren die Wirtschaftsspionage der DDR oftmals damit begründet wurde, die »Aufklärung« von Konzernen und Forschungslabors im Westen diene dem Zweck, deren »aggressive Pläne« zu erkunden, um einen »Überraschungsschlag« zu verhindern, sprechen die Planvorgaben in den achtziger Jahren unumwunden aus, worum es dem MfS tatsächlich ging: »Geeignete Inoffizielle Mitarbeiter sind zur Erkundung vor allem derjenigen Forschungs- und Entwicklungsvorhaben der führenden kapitalistischen Industrieländer einzusetzen, die unserem eigenen Entwicklungsstand überlegen sind und die zur Stärkung des ökonomischen und wissenschaftlich-technischen Potentials der DDR und der anderen sozialistischen Länder beitragen können. [...] Die qualifizierte Auswertung, Überarbeitung und Nutzung operativ beschaffter wissenschaftlich-technischer Erkenntnisse ist dabei so zu organisieren, daß sie, bei Gewährleistung der Sicherheit der zur Informationsbeschaffung eingesetzten IM, unmittelbar und wesentlich zur Intensivierung der gesellschaftlichen Produktion beitragen.«[30]

Von Anfang an gehörte die Wirtschaftsspionage zum zentralen Aufgabenrepertoire des DDR-Geheimdienstes. Schon bei der Gründung des Außenpolitischen Nachrichtendienstes der DDR (APN) im Jahr 1951 legte die sowjetische Direktive über den als »Institut für wirtschaftswissenschaftliche Forschung« getarnten Dienst fest, daß dieser »die wissenschaftlich-technischen Zentren und Laboratorien« der Bundesrepublik ausforschen sollte.[31] Den »Erinnerungen« des langjährigen HVA-Chefs Wolf zufolge war eine spezielle Abteilung 2 dafür zuständig, »wirtschaftliche und wissenschaftlich-technische Aufklärung auf den Gebieten der Kern- und Trägerwaffen, der Kernenergie, Chemie, Elektronik und Elektrotechnik, des Flugzeug- und Maschinenbaus und der konventionellen Waffen« zu betreiben.[32] Darüber hinaus beteiligte sich auch die für die DDR-Wirtschaft zuständige Hauptabteilung III des damals noch separaten Ministeriums für Staatssicherheit frühzeitig an der Ausspionierung von westlichen Forschungseinrichtungen und Unternehmen.

Nach der Integration des APN in den Staatssicherheitsdienst der DDR, erließ der damalige Staatssekretär für Staatssicherheit, Ernst Wollweber, Mitte der fünfziger Jahre eine Dienstanweisung, die die Bildung einer neuen Linie »Konzerne« vorsah, um »Unterlagen und Material zu beschaffen, welches über die Wirtschaft Westdeutschlands sowie Wissenschaft und Technik, insbesondere auf militärischem Gebiet, Aufschluß gibt«. Innerhalb der Hauptabteilung III wurde dazu ein eigenes Referat »für wirtschaftliche und wissenschaftlich-technische Aufklärung« mit Dependancen in fast allen Bezirksverwaltungen geschaffen, welches das anfallende Material konzentriert bearbeiten und mit geheimen Informanten in westdeutsche Laboratorien, Konstruktionsbüros, Forschungsorganisationen und Wirtschaftsvereinigungen eindringen sollte. Aufgabe der Agenten war es, »die gegen die DDR und gegen alle friedliebenden Völker gerichteten Maßnahmen zu erkunden und wirtschaftliches sowie wissenschaftlich-technisches Material zwecks Auswertung in der volkseigenen Wirtschaft zu beschaffen«.[33]

Zur Umsetzung dieser Vorgaben folgte wenig später eine detaillierte Richtlinie, die vorschrieb, zu den wichtigsten Konzernen und Wirtschaftsvereinigungen in Westdeutschland sogenannte »Objektvorgänge« anzulegen, »in denen alle das Objekt umfassenden Informationen, auch personeller Art, so einzuordnen sind, daß eine ständige konzentrierte operative Bearbeitung des Objektes gewährleistet wird«. Die Liste der auszuforschenden Unternehmen reichte von den großen westdeutschen Werften über die Firmen AEG, Daimler-Benz und Siemens bis hin zu Krupp, Telefunken und Schering. Da die vollständige »Bearbeitung« dieser Unternehmen die damaligen Möglichkeiten des MfS überstieg, konzentrierte man sich, neben der Erstellung einer allgemeinen Übersicht über den jeweiligen Konzern, »auf die Forschungs- und Entwicklungsabteilungen sowie die Labors und Versuchsanlagen in den Betrieben und auf die wichtigsten Abteilungen (wirtschaftspolitische Abteilungen) in den Generaldirektionen«. Die Richtlinie beschrieb ausführlich die Möglichkeiten, wie in diesen Bereichen Informanten zu gewinnen wären, »die uns ständig Aufklärung über den Betriebsablauf und die Produktion geben«.[34]

In der zweiten Hälfte der fünfziger Jahre bemühte sich das MfS, auf ökonomischem Gebiet »Aufklärung«, »Abwehr« und »Auswertung« auszubauen und enger zu verzahnen. Das Spitzelnetz in Wirtschaft und Außenhandel der DDR sollte dazu ebenso systematisch herangezogen werden wie der Agentenbestand der Auslandsaufklärung. Im Mai 1956 wurde deshalb die »Bearbeitung der westdeutschen Konzerne und der zugehörigen Forschungsstellen und Versuchsanlagen« auf eine breitere Basis gestellt. Per Dienstanweisung löste Wollweber die spezielle Linie »Konzerne« auf und übertrug deren Aufgaben auf die gesamte Linie III (Volkswirtschaft); lediglich für die Ausforschung der Flugzeugkonzerne wurde die Linie VI verantwortlich. Ausdrücklich erklärte Wollweber auf dem Gebiet der Wirtschaftsspionage die »systematische Werbung von G[eheimen] M[itarbeitern]« zur Aufgabe aller Mitarbeiter der betroffenen Linien.[35] Zur Nutzung der einlaufenden Spionageergebnisse wurde im MfS eine eigene Arbeitsgruppe Wissenschaftlich-technische Auswertung (WTA) gebildet.[36] In der HVA zeichnete ab 1959 die Abteilung V für die wissenschaftlich-technische Aufklärung verantwortlich.[37]

Wie wichtig die Spionage schon damals für die Wirtschaft der DDR war, illustriert ein Beschluß der Führungsspitze des MfS vom Juli 1959, in dem festgelegt wurde, »besonders solche Unterlagen [zu] beschaffen, die die Rekonstruktion beschleunigen«, speziell auf dem Gebiet der Halbleiter-Elektrotechnik. Durch die Linien III, WTA und HVA/V müsse erwirkt werden, daß »die Kader zuverlässig sind und die Sicherheit der vom MfS beschafften Unterlagen garantiert ist«.[38] Daß das MfS dabei nicht erfolglos war, belegt eine Belobigung Mielkes aus dem Jahr 1960, in der er »bedeutende Ergebnisse« auf dem Gebiet der wissenschaftlich-technischen Aufklärung würdigt. Darin wird unter anderem dem Leiter der Hauptabteilung III für die erzielten Ergebnisse auf dem Gebiet der Elektronik und Radiotechnik gedankt und auch der Dank des damaligen Leiters des sowjetischen Komitees für Staatssicherheit übermittelt.[39]

In den sechziger Jahren, als die Parteiführung der SED dem wissenschaftlich-technischen Fortschritt eine geradezu metaphysische Bedeutung zumaß, wurde die Wirtschafts- und Wissenschaftsspionage zu einem umfassenden Beschaffungsapparat für die DDR-Ökonomie ausgebaut. Die Federführung lag nun bei der Abteilung V der HVA, der 1962 auch die Auswertung übertragen wurde.[40] Alle Diensteinheiten des MfS waren verpflichtet, dieser Abteilung die im Westen beschafften Materialien und Muster zu übergeben. Ihre Bedeutung wuchs so an, daß sie 1969 in eine Reihe hochspezialisierter Einzelreferate untergliedert wurde.[41] Zugleich wurde der Auswertungsbereich (WTA) um dreiundzwanzig Planstellen vergrößert, um die Spionageergebnisse schneller und effektiver der DDR-Wirtschaft zugute kommen zu lassen.[42] Ein Jahr später wurde dann aus den bestehenden Strukturen der »Sektor Wissenschaft und Technik« (SWT) geschaffen – das Herzstück der DDR-Wirtschaftsspionage.

Die Entspannungspolitik der siebziger Jahre brachte zusätzliche Möglichkeiten der Wirtschaftsspionage. Sie bedeutete in den Augen des MfS aber auch eine Vergrößerung der »Gefahr«, daß im Zuge des innerdeutschen Handels unkontrollierte Verbindungen entstanden. Mit ungeheuren Anstrengungen bemühte es sich deshalb um die »Sicherung« der Handelsbeziehungen in den Westen, indem es Geschäftsleute, Reisekader und Beschäftigte im Außenhandel systematisch überwachte und die Zahl der »Inoffiziellen Mitarbeiter mit Feindverbindung im Operationsgebiet« weiter erhöhte – 123 IM führte 1976 allein die für den Außenhandel zuständige Hauptabteilung XVIII/7. Obwohl die Hauptabteilung XVIII (bis 1964: Hauptabteilung III) eigentlich zur »Sicherung der Volkswirtschaft« im Innern der DDR diente, waren ihre Aktivitäten im Westen mittlerweile so umfangreich, daß zu deren Bündelung im Januar 1977 eine eigene Struktureinheit geschaffen wurde: die Arbeitsgruppe Operationsgebiet. Diese erhielt 1981 den Status einer Operativgruppe und 1987 den einer eigenen Abteilung (Hauptabteilung XVIII/14).

Mit umfangreichen Anweisungen zur Arbeit der Hauptabteilung XVIII und der HV A wurde die Wirtschaftsspionage Anfang der achtziger Jahre weiter perfektioniert. In einer Dienstanweisung wurde die Linie XVIII beauftragt, mit ihren spezifischen »operativen« Kräften und Mitteln die DDR-Wirtschaft zu unterstützen. Als Basis für die »Entwicklung« von »Inoffiziellen Mitarbeitern mit Feindverbindung« sollten vor allem Auslands- und Reisekader der DDR-Wirtschaft dienen, »Zielpersonen des Gegners« in DDR-Betrieben sowie westliche

Geschäftsleute und Techniker. Zu den Aufgaben der Hauptabteilung XVIII gehörte nun unter anderem

- die »Bereitstellung aussagefähiger Informationen zu Zielstellungen, Strategien und Taktiken von Konzernen, Firmen, Einrichtungen und Personen aus dem Operationsgebiet [...] (zum Beispiel Preisvergleiche, Kredit-, Liefer- und Leistungsbedingungen)«,
- die »volle Nutzung rechtlicher, vertraglicher und politisch-operativer Möglichkeiten zur Erlangung von Wiedergutmachungsleistungen«[43],
- die »Erschließung zusätzlicher effektiver Exportmöglichkeiten« sowie
- die »volle Ausschöpfung der Möglichkeiten für die Erlangung, Überprüfung und Bereitstellung bedeutsamer wissenschaftlich-technischer Informationen in Abstimmung mit der HVA«.[44]

Die konspirativ beschafften Technologien, Erzeugnismuster und Forschungsergebnisse mußten »unverzüglich« an den Sektor Wissenschaft und Technik (SWT) der HVA übergeben werden – »zur Veranlassung der Auswertung und volkswirtschaftlichen Nutzung bzw. zur Gewinnung von Schlußfolgerungen für die Qualifizierung« der Wirtschaftsspionage, wie es in der 1983 erlassenen Durchführungsbestimmung über die Auswertung der Spionageergebnisse hieß.[45] Umgekehrt sollte der SWT den operativen Diensteinheiten »Orientierungshilfen« geben, wenn es darum ging, die »Zielobjekte« zu bestimmen und neue »Quellenpositionen« zu schaffen, mit denen das Informationsaufkommen erhöht werden sollte. Ein spezielles Referat sollte dazu eine genaue Übersicht über die in Bearbeitung befindlichen Objekte führen, ein anderes wurde mit der »ständigen Aktualisierung der Informationsschwerpunkte unter Beachtung des Informationsbedarfs der Parteiführung und der zuständigen Staats- und Wirtschaftsorgane« beauftragt. Die sogenannte »Wirtschaftsaufklärung« war nunmehr als »zentrale Schwerpunktaufgabe« in den Jahresarbeitsplänen und -berichten separat »abzurechnen«.[46]

Zur aufgabenbezogenen Diversifikation der MfS-Strukturen gehörte es auch, daß 1983 eine eigene Diensteinheit für den Arbeitsbereich von Alexander Schalck-Golodkowski gebildet wurde – die Arbeitsgruppe Bereich Kommerzielle Koordinierung (AG BKK). Der KoKo-Bereich war 1966 zur »maximalen Devisenerwirtschaftung außerhalb des Plans« geschaffen worden und dem Ministerium für Außenhandel (MAH) unterstellt. Schalck war dort Staatssekretär, zugleich aber auch Offizier im besonderen Einsatz (OibE) der Staatssicherheit. In dem Firmengeflecht waren überdies zahlreiche IM plaziert. Mit der AG BKK sollte die nachrichtendienstliche Kontrolle des Schalck-Imperiums verstärkt werden, nachdem zwei führende Manager in den Westen übergelau-

fen waren. Die Arbeitsgruppe hatte zuletzt über 120 hauptamtliche Mitarbeiter, denen eine unbekannte Zahl von IM in Ost und West zuarbeitete.[47]
Eine große Rolle spielte in den achtziger Jahren auch der illegale Technologieimport in die DDR. Dieser wurde nicht nur vom geheimdienstlich unterwanderten KoKo-Bereich organisiert, sondern vom Ministerium für Staatssicherheit selbst umfassend und systematisch betrieben. Zur Beschaffung sogenannter »Embargowaren« wurde 1987 eine strukturübergreifende Arbeitsgruppe im MfS gebildet, die den Auftrag hatte, alle Möglichkeiten des Technologieschmuggels auszuforschen und diesen über die in Frage kommenden Diensteinheiten zu realisieren. Verantwortlich dafür war der Leiter des SWT, Generalmajor Vogel. Die Arbeitsgruppe sollte auch die vorhandenen Beschaffungsaufträge bzw. -möglichkeiten mit den volkswirtschaftlichen Erfordernissen abstimmen und alle Aktivitäten »seitens anderer Organe der DDR (Institutionen, Einrichtungen, Außenhandelsunternehmen)« auf diesem Sektor kontrollieren. Dabei hatte sie »höchste Anforderungen an die Gewährleistung der Konspiration und Geheimhaltung zu stellen und durchzusetzen«.[48] Die Beschaffung ausgewählter Spezialausrüstungen der Hochtechnologie sowie »qualifizierter Dokumente« zu Erzeugnissen, die unter die COCOM-Regelungen fielen, blieb bis zur Auflösung des MfS eine »vorrangige« Aufgabe der Stasi, die »durch den koordinierten Einsatz geeigneter operativer Kräfte und Mittel« gelöst werden sollte.[49]

Der Sektor Wissenschaft und Technik (SWT)

Dem MfS stand mit diesen Strukturen und Regelungen ein hochkomplexer Spionageapparat zur Verfügung, dessen Aufgabe allein darin bestand, wissenschaftlich-technische Erkenntnisse, geheime Unternehmensinformationen und mit Ausfuhrverboten belegte Güter illegal aus dem Westen zu beschaffen – die Stasi als kriminelle Vereinigung. Sein Kernstück bildete der Sektor Wissenschaft und Technik der HVA, der aus vier verschiedenen Abteilungen bestand: den Aufklärungsabteilungen XIII (Grundlagenforschung; ca. fünfundsechzig hauptamtliche Mitarbeiter), XIV (Elektronik, Optik und EDV; zirka siebzig hauptamtliche Mitarbeiter) und XV (Wehrtechnik und Maschinenbau, etwa vierzig bis fünfzig hauptamtliche Mitarbeiter) sowie der für die Auswertung und Umsetzung der Spionageergebnisse verantwortlichen Abteilung V (rund hundert hauptamtliche Mitarbeiter).[50] Hinzu kamen drei Arbeitsgruppen, die für Spezialaufgaben zuständig waren wie die Vorbereitung von Mitarbeitern auf Einsätze in Auslandsvertretungen der DDR (AG 1), die heimliche Beschaf-

423

fung von Rüstungsgütern im Westen (AG 3) sowie die systematische Nutzung von offiziellen Kontakten, beispielsweise durch die Auswertung der Berichte von Reisekadern, die ins Ausland fahren durften (AG 5).

In sich waren die Abteilungen noch einmal in vier bis sechs Referate gegliedert, die in der Regel für ein bestimmtes Themenfeld und die dazugehörigen »Objekte« verantwortlich waren – vom Referat XIII/1, das den Bereich der Nukleartechnik und hier unter anderem die Firma Kraftwerk-Union (KWU) in Erlangen bearbeitete, bis zum Referat XV/4, das Banken und Wirtschaftsverbände[51] ausforschte und unter anderem für den Bund Deutscher Arbeitgeber (BDA) zuständig war. Die Abteilung V unterhielt daneben in Betrieben, Forschungseinrichtungen und Ministerien sogenannte Operative Außengruppen, die für die Anforderung, fachliche Bewertung und praktische Nutzung des Spionagematerials zuständig waren – beispielsweise in den Kombinaten Nachrichtenelektronik und Robotron, in der Akademie der Wissenschaften oder in den Ministerien für Chemische Industrie, Wissenschaft und Technik sowie für Hoch- und Fachschulwesen.[52] Darüber hinaus beteiligten sich auch die bezirklichen Aufklärungsabteilungen, die fachlich der HVA unterstellt waren, mit eigenen IM-Netzen an der Wirtschafts- und Wissenschaftsspionage im »Operationsgebiet«.

Eine zweite, eng mit dem SWT verbundene Struktur bildete die mit der »Sicherung« der DDR-Wirtschaft beauftragte Hauptabteilung XVIII des Ministeriums für Staatssicherheit, die für alle wesentlichen Branchen eigene Abteilungen unterhielt – vom Bauwesen (Abteilung 1) über die Landwirtschaft (Abteilung 6) und die moderne Elektronik (Abteilung 8) bis hin zur Leichtindustrie (Abteilung 11). Auch diese Abteilungen untergliederten sich nochmals in hochspezialisierte Referate – im Fall der Abteilung 8 unter anderem für Rechentechnik (Referat 1), Automatisierungstechnik (Referat 2), Mikroelektronik (Referat 3) etc. Diese Hauptabteilung mit ihren zuletzt 647 hauptamtlichen Mitarbeitern, darunter 229 IM-führende, verfügte über eine unbekannte Anzahl Inoffizieller Mitarbeiter im »Operationsgebiet«, die zusätzlich für einen Zufluß einschlägiger Erkenntnisse sorgten.[53]

Allein die Zahl der wichtigsten vom Sektor Wissenschaft und Technik bearbeiteten »Haupt- und Basisobjekte« in der Bundesrepublik betrug einer Aufstellung aus dem Jahre 1986 zufolge rund 150.[54] Hinzu kamen die Objekte anderer HVA-Abteilungen wie einzelne Universitäten oder Ministerien sowie die der bezirklichen Aufklärungsabteilungen. Ob und gegebenenfalls welche Objekte der Hauptabteilung XVIII in Westdeutschland zugewiesen waren, um diese auszuspionieren, ist bisher nicht bekannt.[55] Belegt ist jedoch, daß sich die »Linie« intensiv an der Ausforschung westdeutscher Unternehmen und

Forschungseinrichtungen wie Siemens oder des Deutschen Instituts für Wirtschaftsforschung (DIW) beteiligte. So ließ die Abteilung XVIII der Bezirksverwaltung Potsdam beispielsweise jahrelang drei Wirtschaftsforscher aus Westberlin bespitzeln, und 1985 wurde die »personenbezogene Arbeit in und nach dem Operationsgebiet auf Linie XVIII« sogar zum Thema einer »Dissertation« an der Juristischen Hochschule des MfS gemacht.[56]

Praktisch bedeutete die Zuständigkeit für ein »Objekt«, daß – wie bei den Universitäten – zur jeweiligen Institution ein »Objektvorgang« geführt wurde, der die wichtigsten Informationen zu Personal-, Sach- und anderen geheimdienstlich interessanten Fragen enthielt und durch regelmäßige »Objektanalysen« unterlegt wurde. Die zahlreichen Objektvorgänge zu westdeutschen Unternehmen wurden 1989/90 wahrscheinlich alle vernichtet. Zusätzlich wurden zu den »operativ« relevanten Personen – Agenten, »Kontaktpersonen« oder »Aufzuklärende« – eigene Dossiers geführt. Während das »Eindringen« in die »Hauptobjekte« ganz oben auf der Prioritätenliste stand, galten die Basisobjekte eher als Ausgangspunkt für die Informationsbeschaffung, als Reservoir zur Werbung von Perspektivagenten und als Sprungbrett in die »Hauptobjekte«.

Als Hauptobjekte der Abteilung XIII (Grundlagenforschung) galten beispielsweise im Bereich der chemischen Industrie 1986 die Firmen Bayer und Hoechst, einschließlich der Dortmunder Tochterfirma Uhde, die Essener Bergbauforschung GmbH sowie die Fachbereiche Chemie und Biologie der Technischen Universität München. Die dazugehörigen Basisobjekte bildeten die Chemischen Institute der Universitäten Frankfurt, München und Hamburg, das Max-Planck-Institut für Kohleforschung in Mülheim sowie die Behringwerke in Marburg. Zusätzlich wurden elf weitere Firmen als Objekte der chemischen Verfahrenstechnik bearbeitet sowie als vorgelagertes Basisobjekt das Engler-Bunte-Institut der Universität Karlsruhe.[57] 1989 hatte die Abteilung XIII unter anderem den Auftrag, Forschungsergebnisse aus den Unternehmen Siemens, KWU, Hoechst und Bayer sowie aus diversen wissenschaftlichen Instituten zu beschaffen.[58]

Die Abteilung XIV (Elektronik, Optik und EDV) bearbeitete hingegen das Bonner Verteidigungsministerium, das Bundesamt für Wehrtechnik und Beschaffung sowie die Firmen Siemens, AEG Telefunken, Standard Elektrik Lorenz, IBM, Philips, Zeiss und Schott als »Hauptobjekte«. Als »Basisobjekte« fungierten ein Dutzend verschiedener Forschungsinstitute, das Fernmeldetechnische Zentralamt der Deutschen Bundespost sowie diverse Universitäten und Unternehmen. Bei den Hauptobjekten wurden in der Regel bestimmte Unternehmensbereiche als »operativ bedeutend« besonders hervorgehoben – bei der Firma Siemens beispielsweise die Bereiche Nachrichtentechnik/Sicherungstechnik, Bauelemente der Elektronik und Mikroelektronik, Forschung und Technik sowie Kommunikationstechnik. Auch die jeweiligen Zweigbetriebe zählten dazu.[59] 1989 war die Abteilung XIV unter anderem damit beauflagt, die Institute der Forschungsgemeinschaft für angewandte Naturwissenschaften in Karlsruhe, Meckenheim, München, Tübingen und Wachtberg-Werthoven auszuforschen sowie die Fraunhofer-Gesellschaft, das Max-Planck-Institut für Festkörperphysik und den Zentralverband der elektronischen Industrie in Frankfurt am Main auzuspionieren.[60]

Die Objekte der Abteilung XV (Wehrtechnik und Maschinenbau) lagen in erster Linie im militärischen Bereich: das Bundesministerium für Verteidigung, das Bundesamt für Wehrtechnik, die Rüstungsfirmen Krauss-Maffei, Krupp, Rheinmetall, Messerschmidt-Bölkow-Blohm (MBB) etc.; auch eine Reihe von einschlägigen Forschungsinstituten gehörte dazu. Zu ihren Hauptobjekten zählten aber auch der Bundesverband der Deutschen Industrie (BDI), der Bundesverband der Deutschen Arbeitgeberverbände (BDA), der Deutsche Industrie- und Handelstag (DIHT), der Bundesverband Deutscher Banken (BDB) sowie die westdeutschen Großbanken Deutsche Bank, Commerzbank und Dresdner Bank. Basisobjekte waren unter anderem das Finanzinstitut der Universität Köln, der Fachbereich Finanzwirtschaft der Universität Frankfurt/ Main, die Hauptabteilung Außenwirtschafts- und Entwicklungspolitik des Hamburger Institutes für Wirtschaftsforschung sowie die Industrie- und Handelskammern der westdeutschen Bundesländer.[61]

Bei der »Bearbeitung« dieser Objekte stützte sich die HVA auf ein Spitzelnetz aus Bundesbürgern und zeitweilig eingesetzten DDR-Bürgern. Abschriften aus der zentralen Kartei des MfS, die 1992 von den USA dem Bundesamt für Verfassungsschutz übergeben wurden und sich heute im Zentralarchiv des Bundesbeauftragten für die Stasi-Unterlagen befinden, weisen aus, daß der SWT Ende 1988 mindestens 261 Bundesbürger als Inoffizielle Mitarbeiter und siebzig als Kontaktpersonen führte. Dreiundachtzig dieser IM waren im Bereich der Wirtschaft eingesetzt, 104 waren als »Objektquelle« registriert – das heißt unmittelbar in einem Zielobjekt der HVA verankert. Dreiundvierzig IM bezogen ihre Informationen durch »Abschöpfung« und waren als »Abschöpfquelle« erfaßt, achtunddreißig fungierten als »Werber«, zwanzig als »Perspektiv-IM« und fünf als Residenten, die übrigen einundfünfzig erfüllten im wesentlichen logistische Aufgaben.[62] Daß diese Zahlen vollständig sind, ist unwahrscheinlich – hinzuzurechnen ist auf jeden Fall eine bislang unbekannte Zahl von Ausländern und DDR-Bürgern, die ebenfalls für den SWT Spionageaufträge erfüllten.

Eine beliebte Anwerbebasis, besonders nach dem Bau der Mauer, stellte die Leipziger Messe dar, wo das MfS gleichsam auf heimischem Gelände westliche Geschäftsleute in Augenschein nehmen konnte. Vor allem die HVA unter ihrem stellvertretenden Leiter Hans Fruck war dort regelmäßig mit einem großen Aufgebot präsent. Zufrieden hieß es etwa in einem »Abschlußbericht« zur Herbstmesse von 1962: »Der Einsatz der Mitarbeiter der HV A in Leipzig und an den Grenzkontrollpunkten hat sich für die Herstellung neuer operativer Kontakte gelohnt.«[63] Unter dem Vorwand lukrativer Handelsmöglichkeiten führten MfS-Offiziere während der Messen mit westdeutschen Geschäftsleuten sogenannte »Anbahnungsgespräche«, die bei der zweiten oder dritten Begegnung dann nach Möglichkeit in eine förmliche Werbung überführt wurden. Auf diese Weise wurde beispielsweise der niederrheinische Baustoffhändler H.J.L. 1985/86 durch verschiedene »Handelsvertreter« der DDR bei Leipziger Messen an eine nachrichtendienstliche Arbeit herangeführt, in deren Rahmen er dann unter anderem das Haus eines BND-Mitarbeiters filmte und dem MfS weitere Werbekandidaten zuführte.[64]

Eine Reihe weiterer Wirtschaftsspione wurde nach Auflösung des MfS enttarnt und juristisch zur Verantwortung gezogen. Über dreißig Jahre lang spionierte beispielsweise Gerhard Müller bei der Stuttgarter Elektronik-Firma Standard Elektrik Lorenz (SEL) und beschaffte dem MfS unter anderem die Unterlagen eines neuen Systems digitaler Vermittlungstechnik, in die das Unternehmen rund drei Milliarden Mark investiert hatte.[65] Beinahe drei Jahrzehnte lang war auch der Vertriebsbeauftragte der Firma IBM in Essen als DDR-Agent tätig, der für seine Lieferungen modernster Software unter anderem mit der »Medaille für treue Dienste« in Bronze, Silber und Gold ausgezeichnet wurde.[66] Auf zwanzig Jahre Spionagetätigkeit brachte es der Abteilungsleiter der Firma Siemens in Westberlin, Gerhard P., der ebenfalls aus der Computerbranche dem MfS Informationen lieferte.[67] Mit Ausschreibungs- und Angebotsunterlagen für Großfeuerungsanlagen versorgte hingegen ein vietnamesischer Diplom-Ingenieur, der als Projektleiter eines westdeutschen Konzerns für Kraftwerksanlagen arbeitete, in den achtziger Jahren das MfS – der Firma entstand ein Schaden in Millionenhöhe.[68]

»Beschaffungsaufträge« und »Informationsschwerpunkte«

Die Beschaffungstätigkeit der Agenten erfolgte nicht zufällig oder ziellos, sondern nach genauen Planvorgaben, die von der Spitze des MfS bis hinunter zum einzelnen operativen Mitarbeiter immer weiter konkretisiert wurde. So verpflichtete die Zentrale Planvorgabe für 1986 bis 1990 das gesamte MfS zur »maximale[n] Unterstützung der Verwirklichung der ökonomischen Strategie der Partei« entsprechend der Fünfjahrplan-Direktive des letzten SED-Parteitages. Zur Beschleunigung des wissenschaftlich-technischen Fortschritts und zur Erhöhung von Produktivität und Effektivität in der Volkswirtschaft« seien »zielgerichtete Maßnahmen zur wissenschaftlich-technischen und Wirtschaftsaufklärung« durchzuführen. Im Mittelpunkt müsse dabei die Beschaffung von Informationen, Materialien und Gegenständen zu Forschungsvorhaben und Entwicklungsprojekten der führenden kapitalistischen Unternehmen, zu Spitzenerzeugnissen und Schlüsseltechnologien stehen, die vor allem die Realisierung der Vorhaben im Staatsplan Wissenschaft und Technik wirksam unterstützten. Ganz oben auf der Wunschliste standen dabei »neue wissenschaftlich-technische Erkenntnisse auf dem Gebiet der Mikro- und Optoelektronik, Verfahren für energieeinsparende Prozesse in allen Zweigen der Volkswirtschaft sowie [...] Forschungs- und Entwicklungsarbeiten für neuartige Werkstoffe und neue Ergebnisse und Lösungen zur Biotechnologie und Gentechnik«.[69]

In den Jahresplanungen wurden diese Aufgaben näher spezifiziert. In seiner Zentralen Planvorgabe für das Jahr 1985 verlangte Mielke beispielsweise vor allem diejenigen Forschungs- und Entwicklungsvorhaben zu erkunden, die dem eigenen Entwicklungsstand überlegen seien und zur Stärkung des ökonomischen und wissenschaftlich-technischen Potentials der DDR beitragen könnten. Die Auswertung und Nutzung der vom MfS beschafften Erkenntnisse sei so zu organisieren, daß sie – bei Gewährleistung der Sicherheit der Informanten – unmittelbar der Produktion zugute kämen. Aus diesem Grund legte Mielke auch auf die »Gewährleistung eines umfassenden Geheimnisschutzes« extrem großen Wert.[70] Darüber hinaus sollten alle geeigneten IM zur Umgehung der Embargobestimmungen des Westens und »zur Herausarbeitung von Ansatzpunkten für die Erweiterung des Exports der DDR in das nichtsozialistische Wirtschaftsgebiet« eingesetzt werden.[71]

Die speziellen Planvorgaben der Aufklärung enthielten weitere Angaben zur Wirtschaftsspionage. So verlangte die Planorientierung der HVA für 1989 von den Diensteinheiten, ihren Beitrag zur schnelleren Entwicklung der DDR-Wirtschaft zu leisten und das »Streben nach im Weltmaßstab überdurchschnittlichen Leistungen und Zeitgewinn sowie hohen ökonomischen Effekten maximal zu unterstützen«. Die Beschaffung von Informationen zu wissenschaftlich-technischen Spitzenerzeugnissen und Schlüsseltechnologien sei auf solche Gebiete zu konzentrieren, die unmittelbar der Lösung von Schwerpunktaufgaben des Staatsplanes Wissenschaft und Technik dienten. Katalogartig wurden die prioritär zu beschaffenden Informationen aus den Bereichen Elektronisierung der Volkswirtschaft, komplexe Automatisierung von Fertigungslinien, Weiterentwicklung der energetischen Basis, Biotechnologie sowie Herstellung und Verarbeitung von neuen Werkstoffen aufgelistet. Eine vorrangige Aufgabe sei zudem die Beschaffung ausgewählter Spezialausrüstungen der Hochtechnologie sowie qualifizierter Dokumente zu Erzeugnissen, die unter die COCOM-Regelungen fielen.[72]

Zusätzlich formulierte die HVA sogenannte »Schwerpunktaufgaben zur Informationsbeschaffung« als Teil der Orientierungen für die Arbeitsplanung der Aufklärung. Diese wurden auch an die anderen Diensteinheiten des MfS versandt, damit diese der HVA entsprechend zuliefern konnten – praktisch eine Aufforderung an das gesamte MfS, sich, wann immer möglich, an der Wirtschaftsspionage zu beteiligen. Unter der Überschrift »Wichtige Probleme auf dem Gebiet des wissenschaftlich-technischen Fortschritts, der Technologie und der Sicherung und Versorgung mit Rohstoffen und Energie« verlangte die HVA beispielsweise »Angaben über Neuentwicklungen und Entwicklungstendenzen auf dem Energiesektor, insbesondere auf den Gebieten Kernenergie (Urananreicherung mit Gaszentrifugen und Plasmazentrifugen, Verfahren für die Wiederaufbereitung von Kernbrennstoffen und für die Behandlung und Lagerung radioaktiver Abfälle, Entwicklung von natrium- und gasgekühlten schnellen Brütern und Hochtemperaturreaktoren, Fusionsreaktoren, magneto-hydrodynamischen Generatoren, Kernkraftwerksanlagen, Errichtung von Kernkraftwerken im Meer und unter der Erde) und neuer Sekundärenergiesysteme«. Ähnlich detaillierte Beschaffungswünsche wurden auch für die anderen Wirtschafts- und Wissenschaftsbereiche formuliert. »Konkrete wissenschaftlich-technische Aufgabenstellungen«, so der Schlußsatz des Papiers, »können vom Sektor Wissenschaft und Technik/SWT der HVA angefordert werden.«[73]

Noch konkreter wurde es in den sogenannten »Informationsschwerpunkten zum Komplex Wirtschaftsaufklärung«. Überliefert sind beispielsweise die sechzehn Seiten umfassenden »Informationsschwerpunkte« vom November 1985. Diese gliedern sich in zwölf Kapitel, die den Informationsbedarf zu Außenhandels- und wirtschaftspolitischen Fragen sowie zu branchenbezogenen Ausforschungsfeldern wie Elektronik, Biotechnologie, Maschinenbau etc. im einzelnen vorgeben. Zum Bereich Chemieindustrie lauteten die Beschaffungsziele zum Beispiel:

»– Langfristige Entwicklungspläne führender Konzerne auf wissenschaftlich-technischem und technologischem Gebiet. Insbesondere interessieren die Entwicklung energiesparender hocheffektiver Produktionsverfahren; moderne Herstellungstechnologien und Verarbeitungsverfahren für Plast- und Elastwerkstoffe sowie der Einsatz von ökonomisch günstigen Rohstoffen.
– Interne Markteinschätzungen führender Konzerne und Wirtschaftsinstitute zu ihren Produkten sowie zu Exportprodukten der DDR-Chemieindu-

strie einschließlich Preisvergleiche, ökonomische Folgeabschätzungen, Hinweise über erforderliche Qualitätsverbesserungen, zu Veränderungen der Verbrauchsstruktur in den verschiedenen Bereichen sowie zum Auftreten von Marktlücken und zu in diesem Zusammenhang geplanten Maßnahmen der Konzerne.
– Hinweise auf Pläne und Absichten führender kapitalistischer Industriestaaten bzw. einzelner Konzerne/Verbände, durch Embargomaßnahmen die Versorgung der DDR-Volkswirtschaft mit spezifischen Produkten zu stören.«[74]

Die »Informationsschwerpunkte« wurden vom stellvertretenden HVA-Chef Vogel als Vorgaben nach unten »durchgestellt« und durch spezielle Leiterinformationen zu Einzelproblemen ergänzt. Nicht nur die eigentlichen Aufklärungsabteilungen, sondern auch die vornehmlich nach innen gerichteten Diensteinheiten wie die Kreis- und Objektdienststellen des MfS wurden auf diese Weise ausführlich instruiert.[75] Tatsächlich war nach der einschlägigen Dienstanweisung »die Nutzung der politisch-operativen Möglichkeiten zur Erlangung von wissenschaftlich-technischen Erkenntnissen aus dem Operationsgebiet [...] Aufgabe aller Diensteinheiten«.[76] An den SWT lieferten deshalb, entsprechend ihren jeweiligen Möglichkeiten, auch die anderen Bereiche des MfS regelmäßig Informationen oder Dokumente – ein ständiger Zustrom an Spionagematerial, das von der HVA am Jahresende mit Punkten honoriert wurde. Koordiniert wurden all diese Aktivitäten durch den Leiter des Sektors Wissenschaft und Technik.[77]

Während die Jahrespläne und die Informationsschwerpunkte nur den thematischen Rahmen der Wirtschaftsspionage absteckten, erfolgte die eigentliche Informationsbeschaffung noch zielgerichteter. Die Auswertungsabteilung V des SWT sandte dazu regelmäßig sogenannte »Aufgabenstellungen« an diejenigen Diensteinheiten, die für die Beschaffung einer bestimmten Information in Frage kamen. In einem standardisierten Begleitschreiben hieß es dann beispielsweise: »Berlin, den 6. 8. 1986. [Betr.:] Keramikherstellung bei Fa. Elektroschmelzwerk Kempten. Als Anlage erhalten Sie unsere Aufgabenstellung mit der Kenn-Nr. 97. 86. 60 138 zur o.g. Thematik. Wir bitten um Rückantwort bis 20. 9. 1986, ob o.g. Aufgabenstellung innerhalb der Laufzeit durch Ihre Diensteinheit realisiert werden kann. Sollten keine Realisierungsmöglichkeiten bestehen, bitten wir um Rücksendung der Aufgabenstellung.«[78]

Die »Aufgabenstellung« selbst enthielt neben der vorgegebenen Lieferzeit – in diesem Fall das vierte Quartal 1987 – alles das aufgelistet, was die Stasi konkret wissen wollte. Bezüglich der Keramikherstellung im Elektroschmelzwerk Kempten interessierten das MfS beispielsweise Muster und interne wissenschaftlich-technische Unterlagen zu den dort benutzten Ausgangspulvern sowie zu den aufbereiteten Massen für die anschließende Press-, Gieß- bzw. Spritzformgebung. Unter anderem fragte die Staatssicherheit: »Nach welcher Technologie werden die Pulver hergestellt? Wie erfolgt der Versatz beziehungsweise das Mischen des Ausgangspulvers (prozentuale Zusammensetzung)? […] Welcher Ofenvorgang wird eingesetzt bzw. wie erfolgt das Heißpressen (genaue Beschreibung der Anlage)? Welcher Zeitverlauf besteht bezüglich Temperatur, Gasdruck, Preßdruck (beim Heißpressen), Schutzgaszugabe (Luft, Sauerstoff, Stickstoff, Argon oder Wasserstoff)?« – und so weiter und so fort.[79]

Wie viele derartige »Aufgabenstellungen« die Stasi Jahr für Jahr verschickte, ist nicht bekannt. Der Versand erfolgte zielgerichtet zu den Diensteinheiten, die über einschlägige »operative« Möglichkeiten verfügten, zum Teil auch auf deren Anforderung.[80] In einer Mappe aus der Aufklärungsabteilung in Gera sind insgesamt neunundsechzig Anforderungen enthalten, die den Zeitraum von 1982 bis 1989 betreffen. Das Spektrum reichte vom »Dünnfilm-Hochtemperatur-Supraleiter« über »Software zu speicherprogrammierbaren Steuerungen der Firma Siemens« bis zur »Fernwärmeauskopplung aus Kernkraftwerken«. Die meisten Aufgaben in diesem Konvolut stammten jedoch aus dem Bereich der Keramikherstellung und der Kernenergie, wo die Geraer Wirtschaftsspionage einen Schwerpunkt besaß.[81] Unter anderem war die Diensteinheit für die Bearbeitung der Universität Erlangen zuständig und führte am dortigen Institut für Werkstoffwissenschaften einen Dozenten als Quelle.[82]

Sah sich eine Diensteinheit zur Beschaffung in der Lage, teilte sie dies der Auswertungsabteilung V des SWT per Formbrief mit. War die gesetzte Frist nicht ausreichend, wurde um Verlängerung der Laufzeit gebeten. Wenn die Zentrale das erwünschte Material erhalten hatte, wurde die »Aufgabenstellung« annulliert. Daneben wurden die Diensteinheiten aber auch von sich aus aktiv und sandten die von ihren Agenten beschafften Unterlagen oder Informationen an die Zentrale und baten um deren Bewertung. Manchmal kam es auch zu Korrespondenzen über einzelne Beschaffungsangebote oder über zusätzliche Möglichkeiten, den Informationshunger des SWT zu stillen.[83] Da der SWT verpflichtet war, jede Information auf einer Stufenskala von I bis V zu benoten, und diese Noten wiederum die Grundlage dafür bildeten, die Arbeit der Diensteinheit einzuschätzen, waren letztere daran interessiert, möglichst viele wertvolle Informationen an die Auswertung zu liefern. Am Jahresende erstellte die HVA dann eine statistische Übersicht, welche Informationen welcher Agenten mit welchem Wert benotet wurden. Einer solchen Übersicht zufolge hatte beispielsweise die Aufklärungsabteilung in Gera 1989 dem SWT insgesamt 106 Informationen geliefert, von denen 68 mit III und 37 mit II bewertet worden waren.[84] Spitzenreiter war der IM »Holger Rum« – ein Firmenangestellter aus Westdeutschland, der 41 Informationen, größtenteils aus dem Bereich der Optoelektronik, beschafft hatte.[85]

Auswertung und Implementierung

Da die Spionageergebnisse vom SWT unbearbeitet an die zuständigen Ministerien, Kombinate und Betriebe weitergeleitet wurden, mußten die Führungsoffiziere für eine »völlige Neutralisierung« der Informationen sorgen und durften keine MfS-typischen Begriffe benutzen. Der Quellenschutz bestand auch gegenüber der Auswertungsabteilung der HVA. In der Praxis sollte gegebenenfalls wie folgt verfahren werden: »Ergibt sich die Notwendigkeit zu Aussagen über den IM und evtl. weitere Beschaffungsmöglichkeiten usw., kann das mit erforderlichem Abstand zusammenfassend am Ende der Information dargestellt werden. Das schneiden die Genossen nach Kenntnisnahme weg.«[86] War die Konspiration auf andere Weise nicht zu gewährleisten, konnten die liefernden Diensteinheiten diese in drei verschiedenen Stufen auch als vertraulich deklarieren. Der SWT mußte dann, wie beispielsweise bei einem vom IM »Holger Rum« beschafften Service-Handbuch für eine CCD-Farbkamera, gegebenenfalls um Herabsetzung des Vertraulichkeitsgrades auf 4 (= offen) bitten – zur, wie es hieß, »weiteren Erhöhung der Effektivität der Auswertung und zur Verbesserung der Umsetzungsmöglichkeiten der Erkenntnisse«.[87]

Der Sektor hatte zu gewährleisten, daß alle geeigneten wissenschaftlich-technischen Erkenntnisse aus dem Westen unverzüglich der DDR-Wirtschaft zur Auswertung und Nutzung bereitgestellt wurden.[88] Zu diesem Zweck wurden die Spionageergebnisse an speziell ausgewählte Geheimnisträger in zentralen Wirtschafts- und Wissenschaftseinrichtungen geleitet, wobei der SWT ebenfalls verpflichtet war, »Hinweise auf Quellen und das Quellobjekt weitestmöglich zu entfernen«.[89] Dort wurden die Materialien in eigens dafür eingerichteten Hauptstellen der HVA für Verschlußsachen entsprechend ihrem Geheimhaltungsgrad als »Geheime Verschlußsache« (GVS), »Vertrauliche Verschlußsache« (VVS) oder »Vertrauliche Dienstsache« (VD) gekennzeichnet. Von dort wiederum wurden die Verschlußsachen an vom MfS sorgfältig überprüfte, schriftlich bestätigte und ständig überwachte Auswerter – in der Regel Wissenschaftler oder betriebliche Experten des jeweiligen Fachgebietes – gesandt, wobei die Sendung »ausschließlich und ungeöffnet dem benannten Empfänger ausgehändigt« werden durfte.[90] Welchen Stellenwert in manchen Branchen die Auswertung dieses staatlich organisierten »Ideen-Diebstahls«

hatte, zeigt das Beispiel des Optik-Kombinates Carl Zeiss Jena, in dem eine ganze Abteilung dieser Tätigkeit nachging.[91]

Die Verzahnung zwischen Wirtschaft und Spionage funktionierte auch in umgekehrter Richtung und war dort ähnlich konspirativ organisiert. Spitzenleute in Ministerien, Betrieben oder Instituten der DDR waren als inoffizielle Mitarbeiter verpflichtet und formulierten gegenüber dem MfS den Beschaffungsbedarf. In den wichtigsten Fachministerien existierten sogenannte legale Residenturen, die für einen engen Kontakt zum Auftraggeber sorgten – im Stasi-Jargon als »Operative Außengruppe« (OAG) bezeichnet.[92] Wie das Zusammenspiel zwischen Staat, Partei und MfS in der Praxis funktionierte, zeigt das Beispiel der sogenannten »Führungsgruppe Schlüsseltechnologien«. Zu ihren Mitgliedern gehörten der Abteilungsleiter im ZK der SED, Tautenhahn, der Staatssekretär im Ministerium für Außenhandel und MfS-»Offizier im besonderen Einsatz«, Alexander Schalck, der Staatssekretär in der Staatlichen Plankommission, Siegfried Wenzel, sowie der Staatssekretär im Ministerium für Elektrotechnik und Elektronik, Karl Nendel, der gleichzeitig als IM geführt wurde.

Die Umsetzung der Aufträge erfolgte beispielsweise so: »Entsprechend einem Auftrag der Staatssekretäre Gen[ossen] Dr. Schalck/Gen[ossen] Nendel an den A[ußen]H[andels]B[etrieb] Elektronik, Handelsbereich 4 zur Beschaffung eines 64-bit-Rechners, Typ ›Convex‹, USA (Wert 5,7 Mio US-Dollar) und eines Rechenbeschleunigers FPS 264 (Floating Point System), USA (Wert 5,2 Mio DM) wurde aufgrund der Kompliziertheit der Beschaffung (strengstes Embargo) in Abstimmung mit Gen[ossen] Nendel/Gen[ossen] Ronneberger der IMS ›Hans‹ mit der Realisierung beauftragt. Über eine mehrfach bewährte Embargolieferlinie (›Sunny‹) gelang es, beide Systeme vollständig und funktionstüchtig [...] in die DDR zu verbringen.«[93] Auch Ronneberger, der den für »Importe« zuständigen Handelsbereich 4 des Schalck-Imperiums leitete, war für die Stasi tätig – als IM »Saale« gehörte er zu den Schlüsselfiguren des internationalen High-Tech-Schmuggels.[94]

Der Rechenbeschleuniger machte es möglich, die Geschwindigkeit von DDR-Computern von 1,2 auf 38 Millionen Rechenoperationen pro Sekunde zu erhöhen. Der eingeschmuggelte Hochleistungsrechner versetzte die DDR in die Lage, Spitzenleistungen bei wissenschaftlich-technischen und ökonomischen Rechenoperationen zu vollbringen, beispielsweise bei Simulationsrechnungen von Speicherschaltkreisen oder bei Berechnungen für optische Systeme. Voraussetzung war freilich, daß auch die passende Software zur Verfügung stand. Vierzehn Tage später einigte man sich deshalb darauf, den Agenten noch einmal in Marsch zu setzen. Dazu legte man fest: »Im Zusammenhang mit der erfolgreichen Beschaffung eines 64-bit-Rechners vom Typ

CONVEX im Januar 1988 wurde durch den Staatssekretär Gen[ossen] Schalck nach vorheriger Abstimmung mit dem Präsidenten der A[kademie] d[er] W[issenschaften], Gen[ossen] Prof. Scheler, und dem Leiter des Z[entralinstituts für] K[ybernetik und] I[nformationsprozesse], Gen[ossen] Prof. Kempe, ein Auftrag zur Beschaffung eines leistungsfähigen, multivalent nutzbaren Softwarepaketes ausgelöst. Mit der Realisierung dieses Auftrags wurde in Abstimmung mit dem Staatssekretär Gen[ossen] Nendel der A[ußen]H[andels]B[etrieb] Elektronik/Handelsbereich 4 beauftragt. Ausgehend von der Spezifik dieses Auftrages (strengstes Embargo) wurde dem IM ›Hans‹ die Realisierung übertragen.«[95]

Wie immer wurde bei der Stasi alles bestens vorbereitet. Durch die Beschaffungslinie »System« war in der Gemeinde Kirchberg bei Wien ein Wochenendhaus gepachtet und mit einem adäquaten Rechner bestückt worden. Zwei Techniker der Beschaffunsglinie »Sunny« standen mit der Software in Wien bereit, und in Zagreb hielt sich »der einbezogene Mitarbeiter aus dem USA-Laboratorium« zur Verfügung. Die Softwarespezialisten der DDR, darunter der Leiter des Zentralinstitutes für Kybernetik, sollten durch den IM von Wien nach Kirchberg gebracht werden, um in dem Landhaus die Software acht Tage lang auszuprobieren.[96] Für ihre Einweisung zeichnete der DDR-IM »Norbert« verantwortlich, der den Rechner im Kybernetikinstitut im Rahmen einer Numerikgruppe nutzen wollte.[97] Anschließend sollten auch die West-Techniker in das Landhaus gebracht werden. Sechs Tage später befand sich die im amerikanischen Lawrence-Livermore-Laboratory entwickelte 3-D-Software in der DDR.[98]

Umfang der Spionage

Welchen Umfang die auf diese Weise organisierten Beschaffungsaktivitäten des MfS hatten, geht zumindest ansatzweise aus vereinzelt überlieferten MfS-Unterlagen zum »output« der DDR-Wirtschaftsspionage hervor. So meldete beispielsweise die Abteilung V der HVA im Oktober 1967 an Markus Wolf, daß sie insgesamt 11770 Blatt an die »Freunde«, das heißt, dem sowjetischen KGB übergeben habe. Damit habe sie ihre im April eingegangene Verpflichtung »erfüllt und übererfüllt«; Anlaß der großzügigen Materialübermittlung war der 50. Jahrestag der russischen Oktoberrevolution. Die einundzwanzig Positionen umfassende Auflistung umfaßte unter anderem »das gesamte Know-how Polyester der Hoechster Farbwerke«, das von DDR-Chemikern bereits als »vollständig und realisierbar« eingeschätzt worden war. Darüber hinaus gehörten interne Unterlagen aus dem Bereich der Datenverarbeitung dazu (Systemunterlagen von Spectra 70 und Siemens 4004, beschreibende Unterlagen zum System 6000/6400/6600 von Control Data Corporation etc.) sowie Konstruktionspläne zum Druckwasserreaktor der Firma Siemens in Stade. Ferner enthielt die Lieferung Unterlagen aus dem Kernforschungszentrum in Karlsruhe (unter anderem über durchgeführte und künftige Forschungs- und Entwicklungsvorhaben), aus der Firma Zeiss in Oberkochen (Unterschiede zur Meßgeräteproduktion im VEB Carl Zeiss Jena) sowie die Einstellungsbedingungen der Farbwerke Leverkusen. Die Position 8 (die »Prognos Reporte« Nr. 1 und 2), so hieß es im Anschreiben an Wolf, sei »bei unseren IM von den Genossen des ZK bestellt und von uns besorgt worden«, das Original werde der Parteiführung von Wissenschaftsminister Prey übergeben – Diebstahl im Auftrag der Parteispitze.[99]

In einer anderen Auflistung wird über die Spionageergebnisse im Jahr 1968 berichtet, daß allein die für die DDR-Wirtschaft zuständige »Linie« XVIII im Westen insgesamt 289 »Materialien« für die wissenschaftlich-technische Auswertung (WTA) des MfS beschafft habe. Vier davon galten als »sehr wertvoll« mit großem und direktem Nutzen für die DDR, dreizehn als »im Komplex« sehr wertvoll, 195 als brauchbar und vierundsiebzig als zum Teil noch brauchbar; fünfzig waren an den sowjetischen Verbindungsoffizier übergeben worden.[100] Nach einer anderen Übersicht vom Juni 1968 waren in diesem Jahr von der »Linie« XVIII insgesamt 411 im Westen beschaffte wissenschaftlich-technische Materialien der DDR-Industrie zur »Auswertung« zugeleitet worden. Spitzenreiter unter den Empfängerbetrieben waren dabei mit 126 Materialien die Vereinigung Volkseigener Betriebe (VVB) Regelungstechnik, Gerätebau und Optik und mit 125 Materialien die VVB Bauelemente und Vakuumtechnik, die fünfundfünfzig Muster von Festkörperschaltkreisen und gedruckten Schaltungen erhielt. An dritter Stelle folgten mit dreiundsechzig Materialien die VVB Elektromaschinen und mit zweiundfünfzig die VVB Datenverarbeitung und Büromaschinen.[101]

Über die Spionageerfolge der HVA auf dem Gebiet von Wirtschaft und Forschung gibt ein Bericht von Markus Wolf vom März 1969 Aufschluß, in dem er seinem Minister »über die Erfüllung der politisch-operativen Verpflichtungen der II. Etappe der Vorbereitung des 20. Jahrestages der Deutschen Demokratischen Republik« Rapport erstattet. Darin heißt es, daß die zuständige Abteilung V »eine Reihe wichtiger politisch-operativer Verpflichtungen zur Lösung von Schwerpunktaufgaben in strukturbestimmenden Zweigen der Volkswirtschaft« ganz oder teilweise erfüllt habe. Erfüllt worden sei beispielsweise das »Projekt Ammoniak«, so daß die entsprechende Anlage in Schwedt nun mit fünfundachtzig Prozent Produktionsausstoß arbeite und mit Sicherheit auf einhundert und mehr Prozent zu bringen sei; zusätzlich seien Wege ermittelt worden, wie die Ensaanlage Kalkammonsalpeter auf vollen Produktionsausstoß zu bringen sei. Erfüllt worden seien auch die Verpflichtungen, verschiedene Rezepte für Kunststoffverbindungen zu beschaffen (Polyurethane, Schnellpolymerisate von Hochpolymeren, Copolymerisate des Vinylchlorids, des Styrols der Polyurethane). Ebenso erfolgreich sei man bei den Verpflichtungen »Äthylen-Oxyd Propylen-Oxyd«, »Komplettierung der Unterlagen zum TEL-Verfahren« und »Erarbeitung einer Marktanalyse technisches Glas« sowie bei der Beschaffung von Materialien über schnelle Brutreaktoren gewesen.[102]

Im selben Jahr übergab die Abteilung V der HVA zudem umfangreiche Materialien zum Datenverarbeitungssystem »IBM 360«, die als entscheidender »Stock bei der Produktion und geplanten Anwendung von Datenverarbeitungsanlagen der dritten Generation in der DDR (Modell 40/21 und Modell 400) entsprechend dem Regierungsabkommen« mit der Sowjetunion bezeichnet wurden. Zur Information der sowjetischen »Spezialisten« sollte eine Titelliste über insgesamt 150 000 Seiten Material und etwa sechzig Programme, die dem MfS zu diesem Zeitpunkt vorlagen, weitergeleitet werden. Die Materialien waren, so hieß es in einem Begleitschreiben, »unter Hilfestellung des Ministeriums für Nationale Verteidigung beschafft« worden, also vermutlich durch den militärischen Spionagedienst der DDR.[103] Die »operativen Arbeiten« zur Realisierung der Arbeit am östlichen Einheitssystem elektronischer Datenverarbeitung wurden auch in der Folgezeit weitergeführt, so daß allein in den Betriebsteilen Dresden und Karl-Marx-Stadt (Chemnitz) des Kombinates Robotron bis Mitte 1971 ein ökonomischer Nutzen von acht Millionen Mark zu verzeichnen war. Der erwartete Gesamtgewinn für die DDR aus den Vereinbarungen mit den Bruderstaaten wurde zu diesem Zeitpunkt auf rund 100 Millionen Mark veranschlagt (ohne Software).[104]

Aus dem Jahr 1971 ist ein sogenannter »Kurzbericht« des seinerzeit gerade gebildeten Sektors Wissenschaft und Technik überliefert, in dem »wichtige Arbeitsergebnisse der wissenschaftlich-technischen Aufklärung« aufgelistet werden. In insgesamt vierzehn Positionen werden darin die Ergebnisse der Wirtschaftsspionage im ersten Halbjahr des Jahres 1971 zusammengefaßt.[105] Man habe sich, so heißt es hier, »auf wesentliche Fragen des Planteiles Wissenschaft und Technik der Volkswirtschaft der DDR konzentriert, aber auch viele perspektivische Fragen der technischen Revolution bearbeitet« sowie eine Reihe von Fragen »befreundeter Dienststellen«, besonders der Sowjetunion. Ein »echter Schwerpunkt« sei die Herstellung von Festkörperschaltkreisen geworden, da das sozialistische Lager oft fünf- bis zehnmal so teuer produziere wie auf dem Weltmarkt üblich. Die »für die Aufklärung daraus abgeleiteten Aufgabenstellungen« hätten zum Teil realisiert werden können, so daß das

Halbleiterwerk in Frankfurt/Oder und das Funkwerk in Erfurt einen volkswirtschaftlichen Nutzen von 4,5 Millionen Mark erwarteten.

Einen zweiten Schwerpunkt bildete dem »Kurzbericht« zufolge die Produktion von elektronischen Bauelementen in den Keramischen Werken Hermsdorf, die sich mit der sogenannten »Dünnfilmtechnik« in »nicht gangbare Wege« hineinentwickelt hätten. Das MfS habe deshalb Meßsysteme zur Automatisierung der Produktion sowie Know-how und Pilotsysteme zur Herstellung von Bauelementen auf der Basis der Dickfilmtechnik beschafft bzw. werde diese noch 1971 beschaffen. Das werde noch 1971 oder 1972 folgende Effekte ergeben:

»a.) Sicherstellung der Produktion von Gerätesystemen in der DDR;

b.) Sicherstellung der Produktion von Gerätesystemen in der DDR, die eine geringe Anzahl von Bauelementen brauchen, die aber von wechselnder Type sind;

c.) Herstellung von Bauelementen mit angenähertem Weltmarktpreis.«

Ein anderer Schwerpunkt im Bereich Datenverarbeitung war die Herstellung von Bauelementen auf der Basis der Ionenimplantation. In dem Bericht heißt es dazu: »Zur Zeit ist eine vom MfS beschaffte Anlage [...] in der wissenschaftlichen Testung. Eine Kleinstpilotanlage, die direkt produzieren soll (Anfang 1972), wird zur Zeit von einer IM-Gruppe des MfS aufgebaut.« Darüber hinaus habe das MfS »konzentriert« an Problemen der Herstellung von Peripheriegeräten gearbeitet, da die östliche Industrie hier nicht weltmarktfähig sei. Dazu habe man »operativ« zwei Varianten der Produktion eines Schnelldruckersystems erarbeitet (Mosaikdruck), so daß 1972/73 die Serienproduktion zu erwarten sei.

Zufrieden äußerte sich der Leiter des Sektors auch über die Beschaffungserfolge im Bereich der Kunststoffherstellung. Die Pilotanlage Direktverspinnen von Polyesterseide in Guben arbeite bereits, zusätzlich seien der Industrie in der DDR und der Sowjetunion weitere »wertvolle Unterlagen« zur Verfügung gestellt worden. Die »Auswertung unserer Unterlagen« über die Herstellung von Finalprodukten Polyurethane habe allein im ersten Halbjahr 1971 einen ökonomischen Nutzen von 618 000 Mark ergeben; zugleich seien »kostenlos« vierundvierzig weitere Lizenzmaterialien beschafft worden, deren Nutzen schätzungsweise fünfzehn Millionen Mark betrage. Auf dem Gebiet der Energiewirtschaft profitierte die DDR in ähnlicher Weise von der geheimdienstlichen Technologie-Beschaffung. Das Institut für Energetik, so der SWT-Chef, habe den »Informationsnutzen« aus den Materialien zur Brutreaktortechnologie mit insgesamt acht Millionen Mark beziffert, der Außenhandel der DDR habe durch konspirativ beschaffte Materialien über Weltmarktpreisvergleiche fünfzehn Millionen Mark des Kaufpreises eines Atomkraftwerkes einsparen können. Die durch das MfS ermöglichte Einsparung bei Erdgas- und Erdöltransporten durch Pipelines entspreche auf zehn Jahre berechnet sogar einer neunstelligen Zahl.

Insbesondere sollte das MfS die hoffnungslos veraltete Produktionsweise modernisieren helfen, denn die DDR produzierte auf zahlreichen Gebieten weit über dem Weltmarktpreis. Der SWT hatte deshalb »Dokumentationen« zur Effektivierung der Glasschmelze, der Fördertechnik, der Schweinemast, der Zementindustrie, der Konsumgüterindustrie sowie der Herstellung von Schädlingsbekämpfungsmitteln und optischer Aufheller von Synthesefarbstoffen besorgt. »Nutzensnachweise« lagen dem MfS für das erste Halbjahr 1971 für insgesamt fünfunddreißig Objekte der Chemie mit einem Wert von 3,5 Millionen Mark vor, für siebzehn Objekte der Elektronik (14,9 Millionen Mark) und für fünf Objekte des Maschinenbaus (acht Millionen Mark), zuzüglich eines Nutzens von 15,4 Millionen Mark durch die »halblegale Beschaffung von Mustern und Unterlagen«.[106]

Neuere Zahlen enthält ein Bericht der für die DDR-Wirtschaft zuständigen Hauptabteilung XVIII vom Januar 1986. Allein das für Elektronik und Elektrotechnik zuständige Referat 8 konnte danach 1985 sogenannte »Embargoimporte« in Höhe von siebenundneunzig Millionen Valutamark tätigen. Das Kombinat Elektronische Bauelemente Teltow erhielt beispielsweise eine komplette Fertigungslinie für Chip-Kondensatoren im Wert von elf Millionen Valutamark. Bei zweiunddreißig Millionen Valutamark lag der Wert der an das Kombinat Mikroelektronik gelieferten Ausrüstungen, bei vier Millionen der für das Kombinat Robotron.[107]

Eine umfassende Bilanz der Wirtschaftsspionage der DDR läßt sich auf der Basis der bislang vorliegenden Unterlagen freilich nicht erstellen. Exakte Übersichten über den Nutzen für die DDR und den Schaden für die Bundesrepublik beziehungsweise die betroffenen Unternehmen gibt es nicht und wären angesichts des Ausmaßes des »Ideen-Diebstahls« auch nur mit großem Aufwand zu erstellen. Schätzungen zufolge soll der jährliche Nutzen der SWT-Informationen für die DDR-Wirtschaft zwischen 150 und 300 Millionen DM betragen haben, denen Aufwendungen von zwei bis drei Millionen gegenübergestanden hätten.[108] Der Überläufer Werner Stiller wird mit der Aussage zitiert, daß das MfS mit einem Aufwand von fünf Millionen Mark insgesamt 300 Millionen Mark Entwicklungskosten eingespart habe.[109] Tatsächlich weist das Ausgabenbuch des SWT im Zeitraum von 1986 bis 1989 Ausgaben in Höhe von gut zwei Millionen DM auf.[110] Nach anderen Quellen soll der Beitrag des SWT zur Stärkung der DDR-Volkswirtschaft im Jahr 1979 150 Millionen Valuta-Mark betragen haben, gegenüber einem Aufwand von 2,5 Millionen. In den frühen achtziger Jahren habe der jährliche Nutzen rund 300 Millionen Ostmark ausgemacht, während für Ausgaben 1,2 Millionen DM und 400000 Ostmark angefallen seien.[111]

Die ökonomische Relevanz der Wirtschaftsspionage daran zu bemessen, daß sie, wie der selbsternannte Geheimdienstforscher Erich Schmidt-Eenboom schreibt, statistisch nur 0,2 Prozent zum Nationaleinkommen der DDR beigetragen habe, dürfte jedenfalls zu kurz greifen. Die Bremsen lagen nicht bei der Beschaffung, sondern bei der Implementierung der technologischen Neuerungen.[112] Erinnerungen ehemaliger HVA-Offiziere zufolge waren die Ergebnisse der Industriespionage für die ständig mit Schwierigkeiten kämpfende DDR-Wirtschaft von großer Bedeutung. Innerhalb des MfS wurden die SWT-Mitarbeiter deshalb mitunter beneidet, weil sie, im Gegensatz zu anderen Stasi-Abteilungen, mit relativ geringem operativem Aufwand Ergebnisse präsentieren konnten, »deren Wert sich meist auch noch exakt in Millionen Valuta-Mark ausdrücken ließ«.[113] Tatsächlich präsentierte der Leiter der für Wirtschaftsfragen verantwortlichen Hauptabteilung XVIII, Kleine, noch im November 1989 dem für Sicherheitsfragen zuständigen Politbüromitglied Wolfgang Herger eine Kosten-Nutzen-Rechnung, aus der hervorging, wieviel die DDR seiner Arbeit zu verdanken hatte: 6,5 Millionen DM Einnahmen gegenüber 150000 DM Ausgaben habe seine Abteilung von 1986 bis 1989 allein durch die Eintreibung sogenannter »Wiedergutmachungszahlungen« bei Rechtsverletzungen von westlichen Personen und Firmen »erwirtschaftet«. Fachminister und Generaldirektoren hätten die wertvolle Beschaffungstätigkeit der Abteilung gewürdigt. Tief enttäuscht und besorgt sei man deshalb über die »unzureichende« Darstellung der MfS-»Erfolge« durch Erich Mielke in der DDR-Volkskammer, als dieser Anfang November nach seinem berühmt gewordenen Ausspruch »Ich liebe Euch doch alle!« von den Abgeordneten öffentlich ausgelacht worden war.[114]

Trotz unmittelbar drohender Zahlungsunfähigkeit der DDR konnten diese Berechnungen zur »Wirtschaftlichkeit« der Wirtschafts- und Wissenschaftsspionage die aufgebrachte Bevölkerung Ostdeutschlands nicht davon abhalten, die endgültige und vollständige Auflösung des Staatssicherheitsdienstes zu verlangen. Nachdem der Zentrale Runde Tisch Anfang Dezember einen entsprechenden Beschluß gefaßt und sich Anfang Januar der damalige Ministerpräsident Hans Modrow vorläufig diesem Druck gebeugt hatte,[115] stand auch die Wirtschaftsspionage zur »Abwicklung« an. Innerhalb einer einzigen Woche verzeichnete der SWT noch einmal Ausgaben in Höhe von 3,5 Millionen Mark – und »rutschte« damit wohl zum ersten und letzten Mal in seiner Geschichte in die roten Zahlen.[116]

Epilog

Die Aufarbeitung der Stasi-Verstrickungen im Westen Deutschlands ist mit diesem Buch nicht beendet. Auch eine gründliche Untersuchung der Aktivitäten des Staatssicherheitsdienstes in der alten Bundesrepublik hinterläßt am Ende mehr Fragen als Antworten. Viele Wirkungsfelder – von den Gewerkschaften über den Terrorismus bis zum Rechtsextremismus – harren weiterhin der Erforschung. Eines steht jedoch schon heute fest: Der Westen Deutschlands war für den Staatssicherheitsdienst kein unbedeutender Nebenschauplatz. Aus diesem Grund kann die deutsche Nachkriegsgeschichte nicht geschrieben werden, ohne die Stasi-Aktivitäten mit in den Blick zu nehmen. Die traditionelle Zurückhaltung deutscher Historiker, wenn es um die Erforschung der Geheimdienste geht, führt zwangsläufig zur Ausblendung einer wichtigen Dimension des politischen Geschehens. Eine systematische Aufarbeitung der Jahre deutscher Teilung verlangt, daß auch die westdeutschen Geheimdienste ihre Archive öffnen und daß die vor der Vernichtung geretteten Stasi-Unterlagen der Forschung endlich vollständig zugänglich gemacht werden.

Deutlich geworden ist, daß die Stasi kein rein ostdeutsches Problem ist. Wie die SED kannte auch der Staatssicherheitsdienst keine Grenzen, wenn es um die Stärkung des »ersten Arbeiter- und Bauernstaates auf deutschem Boden« und seiner Verbündeten ging. Bespitzelung und Verrat im Auftrag des MfS hat es auch in Westdeutschland mannigfach gegeben.

Die Kooperation mit dem Geheimdienst der DDR war jedoch nicht die einzige und nicht einmal die bedeutendste Form der Mitverantwortung vieler Westdeutscher für die vierzigjährige SED-Diktatur. In den tragenden intellektuellen Milieus des Westens galt es seit den sechziger Jahren als fortschrittlich, für die Anerkennung der DDR einzutreten. Am Ende suchten sich die Parteien mit ihren guten Beziehungen zur SED-Spitze gegenseitig zu übertreffen und waren zunehmend bereit, das Wiedervereinigungsgebot des Grundgesetzes aufzugeben. Auch ideologisch gab es manche Affinität zum real existierenden Sozialismus, denn für viele Westdeutsche stand fest, daß der »Feind« in Deutschland nur rechts stehen könnte. Daß in der DDR – im Gegensatz zu anderen kommunistischen Ländern – nur in der Frühzeit eine Fundamentalopposition gegen das kommunistische Herrschaftssystem existierte, dürfte auch damit zu erklären sein, daß sich der Westen mit der SED-Diktatur zunehmend abfand. Die Aufarbeitung der vielfältigen Formen geistiger und politischer Kollaboration gegenüber dem zweiten totalitären Gesellschaftsentwurf in diesem Jahrhundert ist eine Aufgabe, deren Bewältigung den Deutschen noch bevorsteht.

ANMERKUNGEN

Vorwort

1 Knabe: Die Stasi war immer dabei (1997).

Das Schattenkabinett des MfS – Die Stasi und die hohe Politik

1 Zitiert nach Lotze: Drahtzieher (1995), S. 106.
2 Wolf bestätigte dies 1997 in seinen »Memoiren«. Vgl. Wolf: Erinnerungen (1997), S. 261.
3 Generalbundesanwalt: Wolf-Anklage (1992), S. 101 f.
4 »Einmal in der Stalinallee«, in: Der Spiegel Nr. 29 vom 15. Juli 1991, S. 32 ff.
5 Keworkow: Kanal (1995), S. 110–122.
6 Wienand behauptete nach der Wende, insgesamt drei Oppositionsabgeordnete überzeugt zu haben, nicht für den Barzel-Antrag zu stimmen. Vgl. Lotze: Drahtzieher (1995), S. 110.
7 Wolf: Erinnerungen (1997), S. 185 f. Weitere Hinweise bei: Müller-Enbergs (Hrsg.): Anleitungen (1998), S. 202 (Anm. 842).
8 Wienand bestritt im Verfahren die gegen ihn erhobenen Vorwürfe. Nach dem Scheitern der Revision und einer Beschwerde beim Bundesgerichtshof wurde er im April 1999 von Bundespräsident Roman Herzog begnadigt. Wienand kündigte jedoch einen Antrag auf Wiederaufnahme des Verfahrens an. Vgl. »Fall Wienand bleibt rätselhaft«, in: Süddeutsche Zeitung vom 29. April 1999.
9 Vgl. Schlomann: Maulwürfe (1993), S. 108.
10 Vgl. Schreiben von Markus Wolf an Erich Mielke vom 18. 2. 1969; BStU, ZA, SdM 1439, Bl. 299. Leiter der HVA: Bericht über die Erfüllung der politisch-operativen Verpflichtungen der II. Etappe der Vorbereitung des 20. Jahrestages der Deutschen Demokratischen Republik vom 18. 3. 1969; BStU, ZA, SdM 1474, Bl. 23–35, hier: 29.
11 Direktive 2/56 zur »Erfassung aller operativen Möglichkeiten des MfS im Zusammenhang mit den Bundestagswahlen 1957« vom 25. 8. 1956; BStU, ZA, BdL/Dok. 002 613.
12 Protokoll der Kollegiumssitzung am 19. 9. 1957; BStU, ZA, SdM 1553, Bl. 166 ff.
13 Protokoll der Kollegiumssitzung am 1. 9. 1958; BStU, ZA, SdM 1903, Bl. 197–200, hier: 198 f.
14 Maßnahmeplan zur Aktion »Klarheit«. Anlage zum Schreiben der Abteilung V der HV A an Generalmajor Wolf vom 16. 10. 1958; BStU, ASt Berlin, XV 25.
15 Der umfangreiche Vorgang ist überliefert unter der Signatur: BStU, ZA, AOP 1539/65. Vgl. die aufschlußreiche Zusammenfassung des Materials von Buschfort: Schwennicke (1997), S. 252–257.
16 Vgl. Dehler: Bundestagsreden (1973), S. 221 ff. Klingl: Deutschland (1997). Engelmann: Verbindungen (1993), S. 13–132. Ders.: Beziehungen (1997), S. 54–81. Schollwer: Opposition (1991). Papke: Machtwechsel (1992).

Anmerkungen zu den Seiten 9–31

17 Ausführlicher zu »Radeberg«: Buschfort: Ostbüros (1998), S. 62 ff. Vgl. den überlieferten IM-Vorgang »Radeberg«; BStU, ZA, AIM 748/61.
18 Hauptabteilung V/1/IV: Treffbericht GI »Herbert Hildebrandt« vom 16. 2. 1957; BStU, ZA, AIM 16024/89, Teil II, Bd. 3, Bl. 56 f.
19 Hauptabteilung V/1: [Einschätzung] GI »Herbert Hildebrandt« vom 25. 8. 1958; BStU, ZA, AIM 16024/89, Teil II, Bd. 5, Bl. 244 f. Ausführlicher zur Rolle von Harald Müller bei der Zersetzung der FVP: Decker: Fallbeispiel (1999), S. 35–41.
20 Maßnahmeplan zur Aktion »Klarheit«. Anlage zum Schreiben der Abteilung V der HV A an Generalmajor Wolf vom 16. 10. 1958; BStU, ASt Berlin, XV 25.
21 Ebenda.
22 Ebenda.
23 Haftbeschluß von Müller/Jänicke/Wolf gegen Georg Angerer vom 13. 3. 1959; Entlassungsbeschluß von Mielke betreffend Georg Angerer vom 27. 7./26. 9. 1959; BStU, ZA, AU 4000/65, Bl. 8 f.
24 Protokoll der Kollegiumssitzung am 24. 11. 1958; BStU, ZA, SdM 1903, Bl. 177 f.
25 Zitiert nach Lilge: Deutschland (1978), S. 208.
26 Protokoll der Kollegiumssitzung am 16. 12. 1958; BStU, ZA, SdM 1903, Bl. 169 ff.
27 Vgl. Hirsch (Hrsg.): Deutschlandpläne (1967), S. 284 f.
28 Entwurf über Vorschläge und Maßnahmen für die Verbreitung des Deutschlandplanes des Volkes und zur Beeinflussung westdeutscher und Westberliner Bevölkerungsschichten für den Deutschlandplan vom 6. 5. 1960; BStU, ZA, SdM 1121, Bl. 203–215.
29 Namentlich genannt werden die SPD-Bundestagsabgeordneten Birkelbach, Metzger, Jahn, Schmitt-Vockenhausen und Professor Meyer; ebenda, Bl. 206. Zum Deutschlandplan der SPD vgl. Hirsch (Hrsg.): Deutschlandpläne (1967).
30 Vgl. Staadt: Westpolitik (1993), S. 40 ff.
31 Protokoll der Kollegiumssitzung am 13. 1. 1961; BStU, ZA, SdM 1902, Bl. 377 ff.
32 Gewerkschaftskommission Entwurf: Zur Situation in der westdeutschen Gewerkschaftsbewegung (eine Analyse). Abgeschlossen am 25. November 1960, zitiert nach: Wilke/Müller: SED-Politik (1990), S. 240. Vgl. »Atomgefahr bewegt die Delegierten«, in: Neues Deutschland vom 20. Oktober 1960.
33 Protokoll über die erweiterte Kollegiumssitzung am 20. 6. 1961; BStU, ZA, SdM 1902, Bl. 322 ff.
34 Protokoll der Kollegiumssitzung am 13. 12. 1961, Fortsetzung am 20. 12. 1961; BStU, ZA, SdM 1558, Bl. 7 f.
35 Abteilung für Sicherheitsfragen des ZK der SED, Bericht über den Brigadeeinsatz der Abteilung für Sicherheitsfragen in der HA Aufklärung des Ministeriums für Staatssicherheit Berlin vom 15. 3. 1962; BStU, ZA, SdM 1351, Bl. 125.
36 Protokoll über die Sitzung des Kollegiums [des MfS] am 20. Juli 1965; BStU, ZA, SdM 1562, Bl. 154 ff.
37 Inf[ormation] über ein Gespräch mit Ellrodt am 21. u. 23. 4. 65; BStU, ZA, GH 25/87, Bd. 8, Bl. 362 f.
38 Information vom 17. 1. 1966; BStU, ZA, GH 25/87, Bd. 8, Bl. 365.
39 Schreiben Minister Mielke – 28. 5. 1966 – Wörtliche Wiedergabe aus dem Gesamtbericht des IM »Günther« v. 27. Mai 1966; BStU, ZA, GH 25/87, Bd. 8, Bl. 349 f.
40 Zu den Vorgängen um das »Spiegel-Manifest« vgl. die ausführliche Darstellung von Geppert: Störmanöver (1996).
41 Sonder-Operativvorgang (SOV) »Tal«, Reg.Nr. XV 4361/85; BStU, ZA, GH 25/87. Der

443

Anmerkungen zu den Seiten 31–32

IM-Vorgang »Günther« wurde 1960 unter der Nummer 10698/60 registriert; langjähriger Führungsoffizier war Rolf Rabe von der HVA-Abteilung X, den von Berg in seinen Vernehmungen als »den kleinen Rolf« bezeichnet – im Unterschied zum »großen« Rolf Wagenbreth, Leiter der HVA-Abteilung X. Hermann von Berg wurde 1947 Mitglied der FDJ und 1950 hauptamtlicher FDJ-Funktionär. 1952 trat er in die SED ein und wurde 1954 1. Sekretär einer FDJ-Kreisleitung und Mitglied der SED-Kreisleitung. Seit dieser Zeit wurde er mit Aufgaben der gesamtdeutschen Arbeit betraut und für seine besonderen Aktivitäten ausgezeichnet. Nach der Sonderreifeprüfung an der Arbeiter- und Bauern-Fakultät nahm er 1954 ein Lehrerstudium an der Karl-Marx-Universität in Leipzig auf, an der er 1959 den Abschluß eines Diplomlehrers für Marxismus-Leninismus erreichte. Anschließend arbeitete er als Hauptreferent im Ministerium für Hoch- und Fachschulwesen sowie als Dozent für Marxismus-Leninismus an der Fachhochschule für Außenhandel in Plessow. Von 1962 bis 1966 war er Abteilungsleiter im Presseamt beim Vorsitzenden des Ministerrates der DDR. Nach seinem Ausscheiden kam er mit Unterstützung des MfS zum Institut für Gesellschaftswissenschaften beim ZK der SED und nach seiner Promotion (cum laude) 1970 zur Humboldt-Universität, wo er 1972 zum Professor ernannt wurde. 1978 wurde er von der Stasi vorübergehend festgesetzt und mehrere Wochen lang verhört. Später stellte er einen Ausreiseantrag und durfte 1986 – nach einer Fürsprache von Willy Brandt – die DDR verlassen. Vgl. Wolf: Erinnerungen (1997), S. 234–239. Generalbundesanwalt: Wagenbreth-Anklage (1993), S. 143–170.

42 Hauptabteilung IX/5: Bericht vom 7. 2. 1978; BStU, ZA, GH 25/87, Bd. 1, Bl. 157–175, hier: 158f.

43 Hauptverwaltung A, Abteilung X: Einschätzende Bemerkungen zum Vorgang »Günther« – Vorg.-Nr.: 10698/60 vom 18. 11. 1977, mit handschriftlichen Korrekturen von Markus Wolf am 9. 1. 1978 an Bruno Beater weitergeleitet; BStU, ZA, GH 25/87, Bd. 1, Bl. 8–17, hier: 8f. Siehe auch Bl. 23 (Wolf-Vermerk).

44 Inf. 10. 3. 1967 – Gespräch mit einem den Kreisen um W[illy] B[randt] nahestehenden W[est]B[erliner] Journalisten; BStU, ZA, GH 25/87, Bd. 8, Bl. 350f.

45 Hauptverwaltung A, Abteilung X: Einschätzende Bemerkungen zum Vorgang »Günther« – Vorg.-Nr.: 10698/60 vom 18. 11. 1977; BStU, ZA, GH 25/87, Bd. 1, Bl. 8–17, hier: 10.

46 Hauptverwaltung A, Abteilung X: Einschätzende Bemerkungen zum Vorgang »Günther« – Vorg.-Nr.: 10698/60 vom 18. 11. 1977; BStU, ZA, GH 25/87, Bd. 1, Bl. 8–17, hier: 15. Zur Stoph-Legende erklärte Führungsoffizier Rabe: »Eine Verbindung des IM zu Gen. Stoph bestand in Wirklichkeit nicht. Der IM war aber in den 60er Jahren beauftragt, gegenüber seinen BRD-Gesprächspartnern eine derartige Verbindung vorzugeben.« Oberstleutnant Krüger (HA IX): Aktenvermerk vom 11. 1. 1978; BStU, ZA, GH 25/87, Bd. 1, Bl. 39f. Von Berg gab dazu zu Protokoll: »Diese Legende haben wir im Fall der Gespräche mit der Erhard-Regierung weisungsgemäß in die Welt gesetzt. Sie wurde verstärkt, als Gen. Stoph mich in Kassel bei seiner Ankunft vor den Augen aller besonders begrüßte und Brandt deshalb warten ließ, desgleichen bei anderen Anlässen, wie Gesprächen auf Empfängen etc.«. Stellungnahme; ebenda, Bl. 99. Vgl. auch Hauptabteilung IX/5: Bericht vom 7. 2. 1978; BStU, ZA, GH 25/87, Bd. 1, Bl. 157–175, hier: 160. In einem undatierten Bericht informierte der IM wie folgt über ein kurzes Gespräch, das sich 1970 mit Stoph ergeben hatte: »Ich sagte Gen. Stoph noch, daß es mir persönlich nicht angenehm sei, hier dauernd mit seinem Namen verquickt zu werden. Er erwiderte darauf, das sei sehr gut so, völlig in Ord-

nung, er habe Brandt nicht umsonst gesagt, der Berichterstatter sei unser Mann. Aus diesem Grunde habe er mich beim Eintreffen in der Schloßhalle auch als einzigen und somit demonstrativ begrüßt.« Ohne Autor, ohne Titel, ohne Datum (Hermann von Berg: Bericht an die HVA, 1970); BStU, ZA, GH 25/87, Bd. 8, Bl. 185.

47 Rolf Wagenbreth: Vermerk vom 22. 3. 1970; BStU, ZA, GH 25/87, Bd. 8, Bl. 215. Auf westdeutscher Seite benannte er die SPD-Politiker Horst Ehmke und Dieter Spangenberg als Ansprechpartner für vertrauliche Kontakte zwischen den Regierungschefs.

48 Auszüge aus den Gesprächen Spangenberg, Bahr, Ellroth. Informationsvorgang »Diestel«, Information – 14. 3. 1967; BStU, ZA, GH 25/87, Bd. 8, Bl. 347–349, hier: 347 f.

49 Wolf: Erinnerungen (1997), S. 239 und S. 259.

50 Hinweise für das Schlußwort auf der Delegiertenkonferenz der Parteiorganisation V (HVA) – 2. 2. 1967, S. 22 ff.; BStU, ZA, SdM 1343.

51 Protokoll der Kollegiumssitzung am 25. 3. 1968; BStU, ZA, SdM 1902, Bl. 25.

52 Leiter der HV A, Bericht über die Erfüllung der politisch-operativen Verpflichtungen der II. Etappe der Vorbereitung des 20. Jahrestages der Deutschen Demokratischen Republik vom 18. 3. 1969, S. 4 f.; BStU, ZA, SdM 1474.

53 Instruktion zur Bearbeitung der politischen Kontakte innerhalb der SPD, 5. 10. 1969, Unterschrift: Günther; BStU, ZA, GH 25/87, Bd. 8, Bl. 233 f.

54 Auftrag vom 14. 5. 1970 und Einsatz zum Treffen in Kassel, handschriftlich: Auftrag »Günter«; BStU, ZA, GH 25/87, Bd. 8, Bl. 131–136, hier: 132 und 134 f.

55 Hauptverwaltung A, Abteilung X: Einschätzende Bemerkungen zum Vorgang »Günther« – Vorg.-Nr.: 10698/60 vom 18. 11. 1977; BStU, ZA, GH 25/87, Bd. 1, Bl. 8–17, hier: 12.

56 Ohne Autor [H. von Berg]: Egon Bahr, beamteter Staatssekretär im Bundeskanzleramt und Bundesbevollmächtigter für Berlin, am 26. 10. 1969 zur bevorstehenden Regierungserklärung der Regierung Brandt/Scheel; BStU, ZA, GH 25/87, Bd. 8, Bl. 247–250, hier: 248 f.

57 Ohne Autor [H. von Berg]: Bericht: Klaus Ellrodt am 16. 11. 1969; BStU, ZA, GH 25/87, Bd. 8, Bl. 216–220, hier: 217 f.

58 Vgl. HVA, Abteilung X: Gespräch mit dem »FAZ«-Korrespondenten Dr. Cramer, 19. 1. 1970; BStU, ZA, GH 25/87, Bd. 8, Bl. 181–183, hier: 181 f.

59 Ohne Autor [H. von Berg]: Dr. D. Cramer am 1. 3. 1970; BStU, ZA, GH 25/87, Bd. 8, Bl. 175.

60 HV A, Abteilung X/3, Information vom 28. 6. 1969, S. 1 f.; BStU, ZA, SdM 1439. Franz Lorenz von Thadden (CDU) war 1969 Mitglied des Deutschen Bundestages.

61 Ohne Autor [H. von Berg]: Dr. D. Cramer am 3. 3. 1970; BStU, ZA, GH 25/87, Bd. 8, Bl. 179.

62 Ohne Autor [H. von Berg]: Anruf von Minister H. Ehmke am 3. 3. 1970, 22.00 Uhr; BStU, ZA, GH 25/87, Bd. 8, Bl. 202. HVA, Abteilung X: Gespräch mit dem Korrespondenten der »FAZ«, Dr. Dettmar Cramer, am 12. 3. 1970; ebenda, Bl. 195. HVA, Abteilung X: Telefonat mit Minister Ehmke, 14. 3. 1970; ebenda, Bl. 194.

63 HV A, Abteilung X, Begleitschreiben zur Information vom 28. 6. 1969; ebenda.

64 Ebenda, Bl. 10.

65 Bericht (16. 11. 1969); BStU, ZA, GH 25/87, Bd. 8, Bl. 216–220, hier: 220.

66 Hauptabteilung IX/5: Bericht über die bisher durchgeführten Befragungen und Überprüfungen zu dem IM der HVA/Abteilung X, Prof. Dr. von Berg, Hermann, vom 7. 2. 1978; BStU, ZA, GH 25/87, Bd. 1, Bl. 157–175, hier: 160.

⁶⁷ So erklärte der Berliner Senator Dietrich Stobbe den Aufzeichnungen des IM »Günther« zufolge im September 1976, daß Bundeskanzler Helmut Schmidt in seiner bevorstehenden Regierungserklärung nicht »wolkig« über die Entspannung oder die »Mauer« reden wolle. Daß »die DDR-Grenze die Entspannung mit möglich gemacht« habe, wisse er ebenso wie der Regierende Bürgermeister Klaus Schütz, »aber so etwas aussprechen könnten eben nur Berater des US-Präsidenten«. Dietrich Spangenberg, inzwischen Staatssekretär im Innerdeutschen Ministerium, verstieg sich wenig später sogar zu der Äußerung, er teile den Standpunkt, daß die sogenannte Familienzusammenführung von Ost nach West vielfach eine Farce sei. »Er kenne aus seiner Dienststelle genügend Vorgänge, die damit selbst formal nichts mehr zu tun hätten (Die Cousine der Cousine, die von der Cousine gehört hat, daß die eine Cousine hat). Er wisse auch, daß die Antragsteller immer frecher würden, früher hätte sich das niemand getraut, bei den Dienststellen so aufzutreten.« HVA/Abteilung X: Gespräch mit Dietrich Stobbe und Dettmar Cramer am 27. 9. 1976; BStU, ZA, GH 25/87, Bd. 8, Bl. 104–107, hier: 105. HVA/Abteilung X: Gespräch mit Staatssekretär Dieter Spangenberg am 19. 10. 1976; ebenda, Bl. 86–91, hier: 90.

⁶⁸ Oberstleutnant Krüger (HA IX): Aktenvermerk vom 23. 1. 1978; BStU, ZA, GH 25/87, Bd. 1, Bl. 97. Vgl. auch Hauptabteilung IX/5: Bericht vom 7. 2. 1978; BStU, ZA, GH 25/87, Bd. 1, Bl. 157–175, hier: 165.

⁶⁹ Beitrag der Delegation des MfS der DDR für die Beratung der Aufklärungsorgane in Budapest, Dezember 1970; BStU, ZA, SdM 355, Bl. 23–45, hier: 24 ff.

⁷⁰ Ebenda.

⁷¹ Referat des Generalleutnant Wolf zum zentralen Führungsseminar vom 1.–3. 3. 1971; BStU, ZA, ZAIG 7691, Bl. 3–66, hier: 47.

⁷² Zentrale Planvorgabe für 1976 und den Perspektivplan-Zeitraum bis 1980, Dezember 1975; BStU, ZA, BdL/Dok. 005 927, S. 33 ff.

⁷³ Ebenda, S. 31 ff.

⁷⁴ Zentrale Planvorgabe für die Jahresplanung 1978 vom 2. 1. 1978; BStU, ZA, BdL/Dok. 006 300, S. 13 ff.

⁷⁵ Auszug aus dem Referat des Genossen Generaloberst Wolf auf der Aktivtagung der Parteiorganisation der HVA am 13. 1. 1982 [gemeint: 1983]; BStU, ASt. Gera/Abt. XV 389, Bl. 2f und 15f.

⁷⁶ Ebenda, Bl. 17 ff.

⁷⁷ Zentrale Planvorgabe für die Jahresplanung 1983; BStU, ZA, BdL/Dok. 007 702, S. 12.

⁷⁸ Zentrale Planvorgabe für 1986 und den Zeitraum bis 1990; BStU, ZA, BdL/Dok. 006 019, Bd. I, S. 20 und 29.

⁷⁹ Zentrale Planvorgabe für 1989; BStU, ZA, BdL/Dok. 005 999, S. 19.

⁸⁰ Planorientierung des Leiters der Hauptverwaltung A für das Jahr 1989; BStU, ASt Bln XV 24, Bl. 15.

⁸¹ Ebenda, Bl. 17 ff.

Die Durchdringung der Parteien – Eine Flurbegehung

¹ Guillaume: Aussage (1990). Guillaume: Aussage (1988). Anonymus: Guillaume (1974). Vielain/Schell: Verrat (1978). Knopp: Verräter (1994).

² Aufgefunden wurde – bezeichnenderweise – lediglich eine Karte, die Guillaumes Rentenansprüche dokumentiert.

Anmerkungen zu den Seiten 44-52

3 Deckname Stabil (1988), S. 82-86. Guillaume: Aussage (1990), S. 54f.
4 Oberst Rudolf Genschow/Oberst Otto Wendel: Forschungsergebnisse zum Thema »Die Entwicklung operativer Prozesse zum systematischen Eindringen in bedeutende Führungsstellen« – am Beispiel zentraler Vorgänge untersucht, Dissertation an der Juristischen Hochschule, Potsdam 1974, S. 198; BStU, ZA, JHS 21 842.
5 Schreiben von Emil Bernt vom 8. 12. 1997 an den Verfasser.
6 Guillaume: Aussage (1990), S. 384.
7 Wolf: Erinnerungen (1997), S. 291.
8 Zur Entwicklung der Krise der SPD/FDP-Koalition in der BRD und zum Verfall der Autorität Brandts. Anlage zum Schreiben des Ministers vom 21. 5. 1974; BStU, ZA, BdL/Dok. 004703.
9 Wolf: Erinnerungen (1997), S. 497.
10 »Richtlinie 2/79 für die Arbeit mit Inoffiziellen Mitarbeitern im Operationsgebiet« vom 8. 12. 1979; BStU, ASt Berlin, XV 22, vollständig dokumentiert in: Müller-Enbergs (Hrsg.): Anleitungen (1998), S. 471-513, hier: 471.
11 Vgl. ebenda, S. 206 (Anm. 864).
12 »200 000 Mark Buße für Nase«, in: Frankfurter Rundschau vom 13. März 1998. »Das Pharaonengrab der Stasi«, in: Der Spiegel Nr. 3/1999, S. 32-38, hier: 37.
13 Der IM-Vorgang »Sense« wurde bereits 1960 unter der Nummer XV/18 187/60 registriert. Vgl. Müller-Enbergs (Hrsg.): Anleitungen (1998), S. 205f. (Anm. 859).
14 Vgl. ebenda, S. 204 (Anm. 850). Wolf: Erinnerungen (1997), S. 240-243, hier: 242f.
15 Ebenda, S. 176ff.
16 BStU, ZA, HA II/6, Nr. 1158, Bl. 475.
17 Ebenda, Bl. 502.
18 Ebenda, Bl. 538.
19 Ebenda, Bl. 515.
20 Ebenda, Bl. 538.
21 Ebenda, Bl. 463.
22 Wolf: Erinnerungen (1997), S. 178.
23 Ebenda, S. 182.
24 MfS: Befehl Nr. 128/57 vom 4. 4. 1957; BStU, ZA, KuSch 1072, Bl. 218f. Vgl. Harich: Wahrheit (1993), S. 74. Harich selbst äußert dort den Verdacht, daß er durch seine Mutter und seine Freundin aus Unvorsichtigkeit verraten wurde.
25 Vgl. Der Spiegel vom 5. März 1979 (Titelblatt).
26 Wolf: Erinnerungen (1997), S. 303ff. Siebenmorgen: Staatssicherheit (1993), S. 340. Generalbundesanwalt: Wolf-Anklage (1992), S. 247-253.
27 Wolf: Erinnerungen (1997), S. 157ff. Siebenmorgen: Staatssicherheit (1993), S. 339. Kahl: Spionage (1986), S. 189f. Quoirin: Agentinnen (1999), S. 37-39, 64-66, 161-166, 218-221.
28 Ebenda, S. 111ff. Holzweißig: Zensur (1997), S. 209. Hartmann: Gedanken (1992), S. 12-23. Hartmann: Reflexionen (1997), S. 5-19. Hartmann: Aufklärer (1997), S. 1123-1132.
29 Vgl. Generalbundesanwalt: Wagenbreth-Anklage (1993), S. 234-252. Michels: Spionage (1992). Müller-Enbergs (Hrsg.): Anleitungen (1998), S. 227 (Anm. 967).
30 Ebenda, S. 228 (Anm. 975).
31 Ebenda, S. 212 (Anm. 894). Schlomann: Maulwürfe (1993), S. 113. Siebenmorgen: Staatssicherheit (1993), S. 346.
32 Müller-Enbergs (Hrsg.): Anleitungen (1998), S. 202 (Anm. 842).

³³ Ebenda, S. 254.
³⁴ Schlomann: Maulwürfe (1993), S. 109.
³⁵ Müller-Enbergs (Hrsg.): Anleitungen (1998), S. 114 (Anm. 466).
³⁶ »Richtlinie 2/79 für die Arbeit mit Inoffiziellen Mitarbeitern im Operationsgebiet« vom 8. 12. 1979; BStU, ASt Berlin, XV 22, vollständig dokumentiert in: Müller-Enbergs (Hrsg.): Anleitungen (1998), S. 471–513, hier: 507f.
³⁷ Armin Hindrichs (IM »Talar«), Reg.-Nr. XII 1502/60, ging laut Vorgangsheft des letzten Führungsoffiziers, Herbert Schulze, am 4. 8. 1978 an die HVA; BStU, ZA, MfS AIM 7444/68 und Vorgangsheft Nr. 82, BStU, ZA, MfS AS 300/84.
³⁸ Schlomann: Maulwürfe (1993), S. 128f. »Mutmaßlicher Stasi-Spion offenbar seit 1959 auf die SPD angesetzt«, in: Der Tagesspiegel vom 25. Oktober 1991. »Drei Jahre Haft für Spion in der SPD«, in: Neues Deutschland vom 29. Mai 1996.
³⁹ Oberstleutnant Peter Kühn/Major Kurt Gailat: Der Kampf um die Durchsetzung demokratischer Entwicklungsprozesse in Westdeutschland sowie die politisch-operativen Aufgaben zur Förderung und Formierung fortschrittlich sozialer Kräfte und politischer Plattformen, Potsdam 1970; BStU, ZA, JHS 21 792, Bl. 7f.
⁴⁰ Ebenda, Bl. 22.
⁴¹ Ebenda, Bl. 27f und Bl. 31.
⁴² Ebenda, Bl. Bl. 41 und Bl. 408. Vgl. den IM-Vorgang »Willy«; BStU, ZA, AIM 4166/81.
⁴³ In Abschriften von Karteikarten der HVA sind für das Referat folgende IM genannt: »Antonius« (Reg.-Nr. XV/205/68), »Baum« (Reg.-Nr. XV/300/60), »Junior« (Reg.-Nr. XV/992/82), »Moritz« (Reg.-Nr. XV/5384/62) und »Nachfolger« (Reg.-Nr. XV/2843/87). Vgl. Müller-Enbergs (Hrsg.): Anleitungen (1998), S. 205 (Anm. 853).
⁴⁴ Wolf: Erinnerungen (1997), S. 261.
⁴⁵ Müller-Enbergs (Hrsg.): Anleitungen (1998), S. 251 ff.
⁴⁶ Wolf: Erinnerungen (1997), S. 172–176, hier: 174. Müller-Enbergs (Hrsg.): Anleitungen (1998), S. 23f (Anm. 38 und 42).
⁴⁷ Vgl. Brauchitsch: Erfahrungen (1999), S. 218.
⁴⁸ Wolf: Erinnerungen (1997), S. 245.
⁴⁹ Vgl. Brauchitsch: Erfahrungen (1999), S. 220ff..
⁵⁰ Zusammenfassender Bericht über die Zusammenarbeit mit der Aufklärung; BStU, ZA, AIM 1200/77, Bd. I/2, zitiert nach: Scholz: Bauernopfer (1997), S. 140.
⁵¹ Vgl. Wolf: Erinnerungen (1997), S. 97f.
⁵² Ebenda, S. 98ff.
⁵³ Vgl. Müller-Enbergs (Hrsg.): Anleitungen (1998), S. 246 (Anm. 1083).
⁵⁴ Hauptabteilung V/I/IV: Aktenvermerk vom 28. 4. 1958; BStU, ZA, AIM 16024/89, Teil II, Bd. 5, Bl. 91f. Vgl. Decker: Fallbeispiel (1999) S. 42–45. Wolf: Erinnerungen (1997), S. 146f und 163. Berg: Spione (1965), S. 213–220.
⁵⁵ Der Tagesspiegel vom 6. 10. 1996, S. 3. Schlomann: Maulwürfe (1993), S. 85. Kahl: Spionage (1986), S. 184–186.
⁵⁶ Ebenda, S. 190f.
⁵⁷ Vgl. Referat des Generalleutnant Wolf zum zentralen Führungsseminar vom 1.–3. 3. 1971; BStU, ZA, ZAIG 7691, S. 533–543 bzw. S. 8-12. Zentrale Planvorgabe für die Jahresplanung 1983, S. 12ff.; BStU, ZA, BdL/Dok. 007702.
⁵⁸ Vgl. Müller-Enbergs (Hrsg.): Anleitungen (1998), S. 69–73.
⁵⁹ Wolf: Erinnerungen (1997), S. 150.
⁶⁰ Pfister: Unternehmen Romeo (1999). Ähnlich Quoirin: Agentinnen (1999).
⁶¹ Schreiben von Oberst Armin Grohs an Oberst Manfred Ebert vom 22. 8. 1989; BStU,

Anmerkungen zu den Seiten 58–63

ASt Gera, Abt. XV 145, Bl. 8, zitiert nach: Müller-Enbergs (Hrsg.): Anleitungen (1998), S. 276.
62 Schreiben von Markus Wolf an den Leiter der Hauptabteilung Kader und Schulung vom 14. 7. 1970; BStU, ZA, JHS 135.
63 Oberst Rudolf Genschow/Oberst Otto Wendel: Forschungsergebnisse zum Thema »Die Entwicklung operativer Prozesse zum systematischen Eindringen in bedeutende Führungsstellen« – am Beispiel zentraler Vorgänge untersucht; BStU, ZA, JHS 21 842.
64 Wolf: Erinnerungen (1997), S. 151 f. Ob es sich bei dem »Referenten des Bundeskanzlers« tatsächlich um Hans Globke handelte, wie Wolf meint, ist nicht hundertprozentig sicher. In der »Forschungsarbeit« heißt es, der Betreffende sei in der Zeit vor 1959 wegen einer Bestechungsaffäre ins Ausland versetzt worden – eine Aussage, die in bezug auf Globke nicht verifiziert werden konnte.
65 Vollständiger Name nicht bekannt.
66 Oberst Rudolf Genschow/Oberst Otto Wendel: Forschungsergebnisse zum Thema »Die Entwicklung operativer Prozesse zum systematischen Eindringen in bedeutende Führungsstellen« – am Beispiel zentraler Vorgänge untersucht, S. 138; BStU, ZA, JHS 21 842.
67 Ebenda, S. 148.
68 Ebenda, S. 176.
69 Wolf: Erinnerungen (1997), S. 152.
70 Oberst Rudolf Genschow/Oberst Otto Wendel: Forschungsergebnisse zum Thema »Die Entwicklung operativer Prozesse zum systematischen Eindringen in bedeutende Führungsstellen« – am Beispiel zentraler Vorgänge untersucht, S. 201 f.; BStU, ZA, JHS 21 842.
71 Ebenda, S. 203.
72 Ebenda, S. 210.
73 Ebenda, S. 216.
74 Ebenda, S. 218 ff.
75 Ebenda, S. 226 f. und S. 104.
76 Siebenmorgen: Staatssicherheit (1993), S. 339.
77 Vgl. Wolf: Erinnerungen (1997), S. 156 ff. Kahl: Spionage (1986), S. 186–189.
78 Ebenda, S. 190. Schlomann: Maulwürfe (1993), S. 268. Siebenmorgen: Staatssicherheit (1993), S. 339. Quoirin: Agentinnen (1999), S. 51–56.
79 Vgl. Schlomann: Maulwürfe (1993), S. 85. Holzweißig: SED-Informationsdiktatur (1997), S. 206. Wolf: Erinnerungen (1997), S. 156 ff. Siebenmorgen: Staatssicherheit (1993), S. 341. Kahl: Spionage (1986), S. 189.
80 Ebenda.
81 Hauptverwaltung A: Kurzauskunft vom 10. 12. 1984; BStU, ZA, SdM 1571, Bl. 47.
82 Ebenda, S. 48.
83 Ebenda, S. 95.
84 Dieser »laufende Informationsfluß« wurde durch den Befehl 299/65 und dazugehörige Durchführungsbestimmungen, Arbeitsrichtlinien, Schlüsselpläne und »Auswertungskataloge« geregelt. Vgl. Befehl 299/65 des Ministers für Staatssicherheit vom 24. 7. 1965 »über die Organisierung eines einheitlichen Systems der politisch-operativen Auswertungs- und Informationstätigkeit im MfS«; BStU, ZA, BdL/Dok. 003 900. Für die Weiterleitung der aus der »Funkaufklärung« gewonnenen Informationen gab es eine eigene Ordnung. Vgl. Ordnung 5/87 vom 3. 7. 1987 »über

die Gewinnung, Aufbereitung und Weiterleitung operativ bedeutsamer Informationen durch Diensteinheiten der Linie III und deren Auswertung in den Diensteinheiten des MfS – Informationsordnung –«; BStU, ZA, BdL/Dok. 008752. 1. DB zur Ordnung 5/87 vom 7. 12. 1987 »Festlegungen zur Erteilung gezielter Informationsbedarfsvorgaben sowie Kontrollaufträge durch die Diensteinheiten des MfS an die Diensteinheiten der Linie III«; BStU, ZA, BdL/Dok. 008754.

85 Oberst Rudolf Genschow/Oberst Otto Wendel: Forschungsergebnisse zum Thema »Die Entwicklung operativer Prozesse zum systematischen Eindringen in bedeutende Führungsstellen« – am Beispiel zentraler Vorgänge untersucht, S. 113; BStU, ZA, JHS 21 842.
86 Ebenda, S. 239. Wolf: Erinnerungen (1997), S. 92.
87 Wolf irrt bei dieser Darstellung, wenn er schreibt, der erste Resident der HVA sei abgezogen worden, weil er durch einen Überläufer gefährdet gewesen sei.
88 Vgl. Engelmann: Verbindungen (1993), S. 13–132.
89 Bohnsack/Brehmer: Irreführung (1992), S. 168–170.
90 »Genschers Schatten«, in: Focus vom 21. Juni 1999, S. 60.
91 Müller-Enbergs (Hrsg.): Anleitungen (1998), S. 205 (Anm. 855).
92 Ebenda, S. 269 (Anm. 1185).
93 Ohne Autor: Zur Untersuchung des Apparates der ehem[aligen] Parteiaufklärung, 20. 10. 1952; BStU, ZA, HA II/6, Nr. 1158, Bl. 30–36 und Bl. 118–120. Vgl. Müller-Enbergs (Hrsg.): Anleitungen (1998), S. 113 (Anm. 462). Hartmann: Aufklärer (1997), S. 1131.
94 Kahl: Spionage (1986), S. 199.
95 Wolf: Erinnerungen (1997), S. 243.
96 Vgl. Dehler: Bundestagsreden (1973). Klingl: Weichenstellungen (1997). Engelmann: Deutschlandpolitik (1997), S. 54–81. Schollwer: Opposition (1991). Papke: Machtwechsel (1992).
97 Vgl. Zeller: Porst-Prozeß (1969). Generalbundesanwalt: Wolf-Anklage (1992), S. 237–247. Wolf: Erinnerungen (1997), S. 457–461.
98 Vgl. Generalbundesanwalt: Wolf-Anklage. 1992), S. 230–236.
99 Wolf: Erinnerungen (1997), S. 462.
100 Kahl: Spionage (1986), S. 200f. Koch: Bilanz (1994), S. 210.
101 Deutscher Bundestag, 6. Wahlperiode, 1. Sitzung, 20. Oktober 1969, S. 1-4.
102 Wolf: Erinnerungen (1997), S. 243f. HV A, Abteilung X: Plan aktiver Maßnahmen gegen die Bundesversammlung am 5. März in Westberlin vom 17. 2. 1969; BStU, ZA, SdM 1439.
103 Generalbundesanwalt: Wagenbreth-Anklage (1993), S. 114ff. Bohnsack: Legende (1997), S. 108f.
104 MfS: Einzel-Information über die gegenwärtige Lage in der FDP-Führung vom 24. 6. 1968; BStU, ZA, HVA 131, Bl. 172–180.
105 Hübsch/Frölich: Liberalismus (1997).
106 Engelmann: Verbindungen (1993), S. 13–132, hier: 121f.
107 Perspektiven liberaler Deutschlandpolitik. Beschluß des FDP-Parteitages vom Oktober 1975, in: Deutschland Archiv 9(1976)1, S. 34–37, hier: 34f.
108 »Wir sind keine Atomkolonie der USA«, in: Der Spiegel Nr. 35/1981 vom 24. August 1981, S. 31f.
109 Wolf: Erinnerungen (1997), S. 466.
110 Kahl: Spionage (1986), S. 189 und 193–197. Siebenmorgen: Staatssicherheit (1993), S. 345. Müller-Enbergs (Hrsg.): Anleitungen (1998), S. 151. Schlomann: Maulwürfe

Anmerkungen zu den Seiten 70–75

(1993), S. 187. Wolf: Erinnerungen (1997), S. 456. Wagner: Spione (1996), S. 66–70. Generalbundesanwalt: Wolf-Anklage (1992), S. 273–277.
111 Kahl: Spionage (1986), S. 201–203. Schlomann: Maulwürfe (1993), S. 83.
112 Jordan/Mitter/Wolle: Die Grünen (1994). Das Diskussionsforum trug den Titel »Die Deutschlandpolitik der Grünen in den 80er Jahren« und fand am 10. März 1994 in Bonn statt. Der Bundesvorstand der Grünen hatte zudem bereits 1991 die Erstellung einer Dokumentation zu diesem Thema in Auftrag gegeben.
113 Die Grünen im politischen System der BRD und ihre Positionen zu Grundfragen der Gegenwart. Politische und politisch-operativ bedeutsame Differenzierungsprozesse und Tendenzen; BStU, ZA, JHS 20007.
114 Müller-Enbergs (Hrsg.): Anleitungen (1998), S. 209 (Anm. 875).
115 Nachweislich für die HVA/II/6 waren erfaßt: Annemarie Borgmann, Ulrich Fischer, Lothar Probst, Jutta Ditfurth und Lukas Beckmann; zu ihnen sind jedoch weder Täter- noch Opfervorgänge überliefert; BStU, ZA, Arbeitsbereich Neiber, Bl. 20–25.
116 Vgl. die umfangreiche Dokumentenliste im Anhang von Jordan/Mitter/Wolle: Die Grünen (1994).
117 MfS: Information Nr. 83/88 über die aktuelle Lage in der Partei Die Grünen. MfS: Information Nr. 151/87 über die Situation in der Partei »Die Grünen« vor ihrer Bundesdelegiertenkonferenz. MfS: Information Nr. 47/86 über aktuelle Probleme der innerparteilichen Lage und der Politik der Grünen. MfS: Information Nr. 392/84 über aktuelle Entwicklungstendenzen in der Politik der Grünen gegenüber der DDR; BStU, ZA, Arbeitsbereich Neiber 437. In der Akte sind noch zahlreiche weitere Berichte über die Grünen und die Westberliner Alternative Liste (AL) überliefert.
118 HV A, Abteilung IX, Januar 1984: Einflußnahme des Beckmann auf die Zusammensetzung des Bundesvorstandes der Partei Die Grünen; BStU, ZA, HA XX/AKG 1586, Bl. 193–195.
119 HV A, Abteilung VII, Leiterinformation über die innerparteiliche Situation der Grünen und ihre Politik gegenüber der DDR vom 9. 9. 1985; ebenda, Bl. 183–185, hier: 185.
120 Quelle »Zeitz«, Reg.Nr. XV 2855/68, IM-führende Diensteinheit: Bezirksverwaltung Berlin, Abteilung XV.
121 Bezirksverwaltung für Staatssicherheit Berlin, Abteilung XV: Arbeitsplan der Abteilung XV der Bezirksverwaltung Berlin für das Jahr 1989 vom 16. 12. 1988; BStU, ASt Bln XV 24, Bl. 142–164, hier: 145.
122 Vgl. Schlomann: Maulwürfe (1993), S. 109 und 131.
123 Anne Borgmann, Dr. Antje Vollmer, Waltraud Schoppe: Schreiben vom 2. 10. 1984 an die Berlin- und Deutschland AG der Alternativen Liste, S. 2; Archiv d. Verf.
124 Vgl. Information Nr. 176/83 vom 13. 5. 1983 über das demonstrative Auftreten von fünf führenden Vertretern der »Grünen« der BRD in der Hauptstadt der DDR, Berlin, am 12. Mai 1983; BStU, ZA, ZAIG 3292.
125 Vgl. Information Nr. 361/83 vom 21. 10. 1983 über für den 22. 10. 1983 beabsichtigte feindlich-negative Aktivitäten in der Hauptstadt der DDR und über Maßnahmen zu ihrer Verhinderung; BStU, ZA, ZAIG 3324. Information Nr. 362/83 vom 24. 10. 1983 über durchgeführte Maßnahmen zur Verhinderung der für den 22. 10. beabsichtigten feindlich-negativen Aktivitäten in der Hauptstadt der DDR; ebenda.
126 Hinweise für die Kollegiumssitzung am 26. 6. 1983, S. 7; BStU, ZA, SdM 1567.
127 Politisch und politisch-operativ beachtenswerte Aspekte im Zusammenhang mit dem vorgesehenen Gespräch einer Delegation der Grünen (BRD) am 31. 10. 1983 mit Genossen Honecker; BStU, ZA, ZAIG 5096.

Anmerkungen zu den Seiten 75–77

[128] »Erich Honecker empfing Abordnung der Grünen«, in: Neues Deutschland vom 1. November 1983, S. 1.
[129] Hinweise zum Aufenthalt der Delegation der Grünen in der Hauptstadt der DDR am 31. 10. 1983 und auf weitere von ihnen beabsichtigte Aktivitäten; BStU, ZA, ZAIG 5097.
[130] Information über die geplante Aktion am 4. 11. 1983 vom 4. 11. 1983, BStU, ZA, ZAIG 5097, Bl. 25–29. Information über eine geplante gemeinsame Aktion von führenden Vertretern der Grünen, weiteren Personen aus westlichen Ländern und feindlich-negativen Kräften der DDR am 4. 11. 1983 in der Hauptstadt der DDR, Berlin vom 3. 11. 1983; ebenda, Bl. 18–23.
[131] Hinweise auf Reaktionen der Grünen nach der Verhinderung der für den 4. 11. 1983 geplanten provokativ-demonstrativen Aktion in der Hauptstadt der DDR vom 7. 11. 1983; BStU, ZA, ZAIG 5097, Bl. 37–39.
[132] Schreiben vom 21. 9. 1984 betreffs »Gestattung der Einreise in die DDR für Mitglieder der Bundestagsfraktion der Partei Die Grünen der BRD«; BStU, ZA, BdL/Dok. 008 064; Schreiben vom 29. 10. 1986 betreffs »Durchführung differenzierter operativer Kontroll- und Überwachungsmaßnahmen zu Mitgliedern der Partei Die Grünen und der Alternativen Liste/Westberlin während ihres Aufenthaltes auf dem Gebiet der DDR«; BStU, ZA, BdL/Dok. 008 316.
[133] Manfred Uschner: Hausmitteilung an Herbert Häber vom 6. 8. 1984; zitiert nach Staadt: Einflußnahme (1995), S. 2444f.
[134] »Grüne wenden sich gegen friedensbedrohenden Kurs. BRD-Regierung soll Forderungen der DDR erfüllen«, in: Neues Deutschland vom 19. September 1984.
[135] Die Grünen im Bundestag, Pressedienst: Pressemitteilung Nr. 478/84 vom 17. 9. 1984.
[136] In seiner Rede zur Eröffnung des Parteilehrjahres in Gera verlangte SED-Chef Erich Honecker die Anerkennung der DDR-Staatsbürgerschaft, die Auflösung der »Zentralen Erfassungsstelle für Menschenrechtsverletzungen in der DDR« in Salzgitter, die Umwandlung der Ständigen Vertretungen in Botschaften und die Festlegung des Grenzverlaufes auf der Elbe in der Mitte der Wasserstraße. Die Erfüllung dieser vier »Geraer Forderungen« wurde zur Voraussetzung für die Entwicklung »normaler Beziehungen« zwischen beiden deutschen Staaten erklärt. Vgl. Kuppe: Beziehungen (1989), S. 551–567, hier: 563.
[137] Anne Borgmann, Dr. Antje Vollmer, Waltraud Schoppe: Schreiben vom 2. 10. 1984 an die Berlin- und Deutschland AG der Alternativen Liste, S. 2; Archiv d. Verf.
[138] Die Grünen im Bundestag, Pressedienst: Pressemitteilung Nr. 538/84 vom 17. 10. 1984. Deutscher Bundestag, 10. Wahlperiode, 103. Sitzung am 27. 11. 1984, S. 7620ff. »Schwerer Eklat bei Nachtsitzung im Bundestag: Die Grünen wollten den RIAS abschaffen«, in: Berliner Morgenpost vom 30. November 1984.
[139] Telegramm Hans Schindler, Ständige Vertretung der DDR: Telegramm vom 17. 10. 1984; zitiert nach Staadt: Einflußnahme (1995), S. 2445. Herbert Häber: Information über einen Meinungsaustausch mit der Sprecherin der Bundestagsfraktion der Grünen, Antje Vollmer, und dem Bundestagsabgeordneten der Grünen Dirk Schneider am 9. November 1984 in Berlin; dokumentiert in: ebenda, S. 2563–2567, hier: 2563 und 2565.
[140] MfS: Information 392/84 über aktuelle Entwicklungstendenzen in der Politik der Grünen gegenüber der DDR; BStU, ZA, Arbeitsbereich Neiber 437, Bl. 222–225, hier: 222.

141 Entschließungsantrag der Fraktion Die Grünen zum »Bericht zur Lage der Nation« am 27. 2. 1985; Archiv Grünes Gedächtnis B.II.1, 2087.
142 Versendung von Materialien hetzerischen und verleumderischen Inhalts durch die Bundestagsabgeordnete der Partei »Die Grünen«, Petra Kelly, an hinlänglich bekannte Exponenten politischer Untergrundtätigkeit in der Hauptstadt der DDR, Anlage zur Wochenübersicht 49/85 vom 2. 12. 1985; BStU, ZA, ZAIG 4553.
143 Quelle »Ludwig«, Reg.Nr. XV 4646/75, IM-führende Diensteinheit: Bezirksverwaltung Berlin, Abteilung XV.
144 Ohne Autor: Thesen zum FS VD 905/86 aus Bonn vom 19. 9. 1986; BStU, ZA, Arbeitsbereich Neiber 437, Bl. 14–17. Das Papier bezog sich auf ein Fernschreiben der Ständigen Vertretung der DDR, die über ein Gespräch mit der Grünen-Sprecherin Annemarie Borgmann berichtet hatte. Schreiben vom 22. 6. 1987 betreffs »Einreisen von Mitgliedern und politischen Führungskräften der Partei Die Grünen der BRD und der Alternative Liste Westberlins in die DDR«; BStU, ASt Berlin, A 1202/1; Zentraler Maßnahmeplan zur Durchsetzung der Grundsatzentscheidung über die Einreisen von Mitgliedern und Sympathisanten der Partei Die Grünen in der BRD und der Alternativen Liste in Westberlin in die DDR vom 13. 4. 1987; ebenda.
145 Brigitte Heinrich (Personeneinschätzung), handschriftlich: »Taler«; BStU, ZA, AIM 278/89, Teil I, Bd. 1, Bl. 119f.
146 20 Thesen zu Westberlin. Nicht nationale Aufgabe, sondern Brücke des Friedens zwischen Ost und West, erarbeitet von Klaus Croissant, Dirk Schneider, Angelika und Werner Hirschmüller, Brigitte Apel, Thomas Fruth, Benno Hopmann, Dieter Liehmann, Barbara Lüdkecosmann, Heinz Kappei, Ellen Olms, Heiko Rohwedder und Angelika Schäfers; BStU, ZA, Arbeitsbereich Neiber 437, Bl. 110–115.
147 Abteilung XXII/8: Bericht über die erfolgte Kontaktaufnahme zur KP »Beate Schäfer« vom 3. 5. 1982; BStU, ZA, AIM 278/89, Teil I, Bd. 1, Bl. 177–190. hier: 179f.
148 Abteilung XXII/8: Treffauswertung vom 6. 5. 1982; ebenda, Bl. 181–182, hier: 181f.
149 Handschriftliche Notiz ohne Datum (1982); ebenda, Bl. 184.
150 Beurteilung über IMB »Beate Schäfer«, o.D. (handschriftlich auf Duplikat: 1986); BStU, ZA, AIM 278/89, Teil I, Bd. 1, Bl. 32f und Bd. 2, Bl. 109f.
151 Vgl. »Brigitte Heinrich: Prozeß-Vorentscheidung ohne Verteidigung«, in: die tageszeitung vom 14. 9. 1979. »Aktion Winterreise und die Uni Frankfurt«, in: die tageszeitung vom 16. 10. 1981. »Erklärung der Grünen: Amnestie für Brigitte Heinrich«, in: die tageszeitung vom 26. 4. 1983
152 Abteilung XXII/8: Auskunftsbericht über die Entwicklung der Zusammenarbeit mit dem IMB »Beate Schäfer« vom 18. 7. 1984; BStU, ZA, AIM 278/89, Teil I, Bd. 2, Bl. 66–69, hier: 67.
153 Vgl. Schlomann: Maulwürfe (1993), S. 111f.
154 Abteilung XXII/8: Auskunftsbericht über die Entwicklung der Zusammenarbeit mit dem IMB »Beate Schäfer« vom 18. 7. 1984; BStU, ZA, AIM 278/89, Teil I, Bd. 2, Bl. 66–69, hier: 68.
155 Abteilung XXII/8: Treffauswertung vom 19. 3. 1984; ebenda, Teil II, Bd. 1, Bl. 409–411.
156 Abteilung XXII/8: Konzeption für den Instruktions- und Schulungstreff mit dem IMB »Beate Schäfer« vom 27. 7. 1984; ebenda, Teil II, Bd. 2, Bl. 3–5.
157 Hauptverwaltung A, Abteilung II/8: Treffbericht vom 22. 8. 1984; ebenda, Teil II, Bd. 2, Bl. 11–15.
158 Generalleutnant Neiber: Schreiben an den Leiter der Abteilung XXII vom 24. 8. 1984; ebenda, Teil I, Bd. 2, Bl. 73.

[159] Abteilung XXII/8: Konzeption zur Entwicklung der Vorgänge »Beate Schäfer« und »Taler« vom 29. 11. 1984; ebenda, Bl. 78–82.
[160] Hauptverwaltung A, Abteilung II/6: Bericht zum Treff mit »Beate Schäfer« und »Taler« vom 25. 4.–28. 4. 85 in einem Objekt der Abteilung XXII; ebenda, Teil II, Bd. 2, Bl. 25–31, hier: 30.
[161] Terminplan Brigitte, handschriftlich: »Taler« 5./6.84; ebenda, Bl. 75.
[162] Abteilung XXII/8: Konzeption zum Treff mit »Taler« und »Beate Schäfer« vom 25.–28. 4. 1985; ebenda, Teil II, Bd. 2, Bl. 35–37.
[163] Hauptverwaltung A, Abteilung II/6: Bericht zum Treff mit »Beate Schäfer« und »Taler« vom 25. 4.–28. 4. 85 in einem Objekt der Abteilung XXII. Abteilung XXII: Treffbericht über den Treff mit dem IMB »Beate Schäfer« und dem IMB »Taler« vom 25.–28. 4. 1985 im Objekt »See«; ebenda, Teil II, Bd. 2, Bl. 25–31 und Bl. 38–40.
[164] Abteilung XXII/8: Treffkonzeption [für den] Treff mit IMB »Beate Schäfer« und IMB »Taler« vom 20. bis 25. 8. 1986 im Objekt »80«; ebenda, Teil II, Bd. 2, Bl. 106 f.
[165] HVA/Abteilung II/6: Information zur Tätigkeit der Arbeitsgruppe Osteuropa in der Regenbogenfraktion des Europaparlamentes; ebenda, Teil II, Bd. 2, Bl. 97–100.
[166] Beurteilung über IMB »Beate Schäfer«, o.D. (handschriftlich auf Dublikat: 1986); BStU, ZA, AIM 278/89, Teil I, Bd. 1, Bl. 32 f und Bd. 2, Bl. 109 f.
[167] HVA/Abteilung II/6: Einschätzung der Ergebnisse der koordinierten Zusammenarbeit mit den IM »Taler« und »Beate Schäfer« vom 17. 7. 1987; BStU, ZA, AIM 278/89, Teil I, Bd. 2, Bl. 112.
[168] Abteilung XXII/8: Treffauswertung IMB »Taler«, IMB »Beate Schäfer«, 20.–22. 3. 1987, Objekt »80«; ebenda, Teil II, Bd. 2, Bl. 126–128.
[169] Ebenda, Bl. 158 f.
[170] Ebenda, Bl. 160.
[171] Abteilung XXII/8: Treffauswertung vom 10. 1. 1988; BStU, ZA, AIM 278/89, Teil I, Bd. 2, Bl. 125.
[172] »Brigitte Heinrich ist tot« (Titelseite) und »Ich will zu den Stärksten gehören«, in: die tageszeitung vom 2. 1. 1988.
[173] Müller-Enbergs (Hrsg.): Anleitungen (1998), S. 209 (Anm. 875).
[174] Vgl. ebenda, S. 209 (Anm. 876 und 877).
[175] Pumphrey: Angeklagt (1998), S. 18–21, hier: 19 f.
[176] Vgl. den überlieferten Bericht zur Auflösung der Parteiaufklärung in: BStU, ZA, HA II/6, Nr. 1158, hier: Bl. 529 ff.
[177] Personalakte Nr. 38, Deckname »506«; BStU, ZA, HA XX 177. Der Vorgang wurde am 12. 12. 1951 von Alfred Schönherr von der Hauptabteilung I/Abteilung 4 des APN angelegt. 1952 übernahm ihn der spätere SPD-Spezialist der HVA, Kurt Gailat, und 1954 der »Referent« der III. Abteilung, Otto Ledermann. Dieser übergab den Vorgang 1958 an die Hauptabteilung V/2 der Abwehr »zur weiteren Bearbeitung«.
[178] Kahl: Spionage (1986), S. 167–177. Als Führungsoffizier wird hier Karl-Heinz Bärwald angegeben.
[179] [Bezirksverwaltung für Staatssicherheit Berlin,] Abteilung XV: Personengruppenanalyse SPD-Fraktionsgeschäftsstelle des Westberliner Abgeordnetenhauses vom 1. 8. 1984; BStU, ASt. Bln. XV-69, Bl. 80–83.
[180] Vgl. die Schriftstücke im überlieferten Ordner »SPD Fraktion u. Ausschüsse«; BStU, ASt. Bln. XV-69.
[181] Der Objektvorgang (Reg.Nr. MfS 3376/60) wurde 1954 von der Abteilung V der

Verwaltung Groß-Berlin angelegt und 1957 von der Abteilung XV übernommen; BStU, ASt Bln. XV-149.

182 Bezirksverwaltung für Staatssicherheit Groß-Berlin, Abteilung XV: Operativplan zur weiteren Bearbeitung der KP »Nordstern« vom 10. 1. 1977; BStU, ASt Bln. XV-70, Bl. 1-8.

183 Bezirksverwaltung für Staatssicherheit Berlin, Abteilung XV: Arbeitsplan der Abteilung XV der Bezirksverwaltung Berlin für das Jahr 1989 vom 16. 12. 1988; BStU, ASt Bln XV 24, Bl. 142-164, hier: 144, 150, 154 und 157.

184 Vgl. »Ehemaliger Abgeordneter der Berliner SPD soll für die Stasi gearbeitet haben«, in: Berliner Morgenpost vom 26. Februar 1993. »Berliner SPD-Abgeordneter wegen Spionage angeklagt«, in: Süddeutsche Zeitung vom 3. März 1994. »Stasi-Verdacht: SPD-Mann erhängte sich am Fenster«, in: Berliner Morgenpost vom 11. Mai 1995.

185 »Spionage-Verfahren gegen Abgeordnete Thomas eröffnet«, in: Berliner Morgenpost vom 16. März 1995. »Verfahren gegen Helga Thomas eingestellt«, in: Tagesspiegel vom 7. Mai 1997.

186 Vgl. Berliner Zeitung vom 4. 6. 1993. Der IM-Vorgang »Kleinert« wurde 1969 unter der Nr. XV 2541/69 registriert und bis 1989 weitergeführt; BStU, ZA, AIM 16046/89.

187 Wagner: Spione (1996), S. 81. Müller-Enbergs (Hrsg.): Anleitungen (1998), S. 207 (Anm. 868).

188 Vgl. BZ vom 17. 4. 1998.

189 Der Objektvorgang der Abteilung XV der Bezirksverwaltung Berlin zur »CDU Westberlin« trug die Registriernummer XV/3379/60, ist aber nicht überliefert.

190 Mitglieder des 11. Abgeordnetenhauses von Westberlin (CDU-Fraktion), mit erfassender Diensteinheit und, soweit es sich um die Abteilung XV der Bezirksverwaltung Berlin handelte, zuständigem Mitarbeiter; BStU, Ast. Bln. XV-48. Bezirksverwaltung für Staatssicherheit Berlin, Abteilung XV: Personengruppenanalyse zu Funktionsträgern des CDU-Landesverbandes Westberlin in zentralen Gremien der Bundes-CDU und des politischen Systems der BRD vom 27. 11. 1987, S. 5 und 7; BStU, ASt. Bln. Abt. XV-45.

191 Ergänzende Bemerkungen eines ungenannten Mitarbeiters der BV Berlin zur Berichterstattung: DA 3/75 in der Leiterbesprechung am 9. 8. 1984, S. 1; BStU, ASt Berlin, A 1121.

192 Die für »feindliche« Bestrebungen in Westberlin zuständige Hauptabteilung XX/5 sammelte über Diepgen Material, das sie bei Abschluß seines Studiums archivierte; BStU, ZA, AP 4025/67.

193 Die Angaben sind dem Dokument entnommen: Abteilung XV/A: Sachstandsanalyse zum Material »Monsum« vom 13. 11. 1979; BStU, ASt Bln XV 55, Bl. 290-293, hier: 293.

194 Ebenda, Bl. 292.

195 BV Berlin, Abteilung XV/203: Personenauskunft Eberhard Diepgen vom 18. 2. 1986; BStU, ASt Bln XV 55, Bl. 2-33. Der Auskunftsbericht stellt eine korrigierte und aktualisierte Fassung der Auskunft vom 13. 12. 1983 dar, die nicht überliefert ist.

196 Vgl. die überlieferten »Informationen« der zuständigen Hauptabteilung VI; Bl. 173.f, 319f. und 430-435.

197 Vgl. Major Harald Niederländer: Die Einflüsse politischer Spektren und Strömungen im CDU-Landesverband Westberlin auf dessen Neuformierungsprozeß und die gegenwärtige Kräftekonstellation, Potsdam 1985; BStU, ZA, JHS 20431.

¹⁹⁸ Bezirksverwaltung für Staatssicherheit Berlin, Abteilung XV/1a: Kurzauskunft über den CDU-Landesverband Westberlin vom 15. 11. 1980; BStU, ASt. Bln. Abt. XV-45.
¹⁹⁹ Dazu lag auch ein – nicht überliefertes – »Material« von einem Mitarbeiter der Abteilung XV der Bezirksverwaltung Berlin mit der VVS-Nr. MfS 068 A 63/84 vor.
²⁰⁰ Major Harald Niederländer: Die Einflüsse politischer Spektren und Strömungen im CDU-Landesverband Westberlin auf dessen Neuformierungsprozeß und die gegenwärtige Kräftekonstellation, Potsdam 1985, S. 30 und 33; BStU, ZA, JHS 20431.
²⁰¹ Bezirksverwaltung für Staatssicherheit Berlin, Abteilung XV/1a: Objektanalyse CDU-Landesverband Westberlin vom 2. 11. 1981, S. 80f.; BStU, ASt. Bln. Abt. XV-45.
²⁰² Bezirksverwaltung für Staatssicherheit Berlin, Abteilung XV/1a: Objektanalyse CDU-Landesverband Westberlin vom 1. 6. 1983, 6. Operative Schlußfolgerungen; BStU, ASt. Bln. Abt. XV-45.
²⁰³ Auskunft zum CDU-Landesverband Westberlin vom 2. 9. 1983; BStU, ASt. Bln. Abt. XV-45.
²⁰⁴ Abteilung XV: Analyse zur aktuellen Situation im CDU-Landesverband vom 31. 1. 1984, S. 6f.; BStU, ASt. Bln. Abt. XV-45.
²⁰⁵ Bezirksverwaltung für Staatssicherheit Berlin, Abteilung XV: Ergänzung der vorhandenen Objektanalyse über die Westberliner CDU vom 27. 11. 1987; BStU, ASt. Bln. Abt. XV-45.
²⁰⁶ Bezirksverwaltung für Staatssicherheit Berlin, Abteilung XV: Personengruppenanalyse Fraktionsgeschäftsstelle der CDU-Fraktion im Westberliner Abgeordnetenhaus vom 18. 6. 1986, S. 7ff.; BStU, ASt. Bln. Abt. XV-48.
²⁰⁷ Bezirksverwaltung für Staatssicherheit Berlin, Abteilung XV: Personengruppenanalyse zur Landesgeschäftsstelle der Westberliner CDU vom 13. 6. 1986, S. 7f.; BStU, ASt. Bln. Abt. XV-50.
²⁰⁸ Bezirksverwaltung für Staatssicherheit Berlin, Abteilung XV: Personengruppenanalyse zu Funktionsträgern des CDU-Landesverbandes Westberlin in zentralen Gremien der Bundes-CDU und des politischen Systems der BRD vom 27. 11. 1987, S. 12f.; BStU, ASt. Bln. Abt. XV-45.
²⁰⁹ Abteilung XV: Maßnahmeplan zur Erarbeitung einer Personengruppenanalyse über den Kreis der Mitarbeiter von CDU-Funktionsträgern vom 29. 3. 1988, S. 1; BStU, Ast. Bln. XV-50.
²¹⁰ Bezirksverwaltung für Staatssicherheit Berlin, Abteilung XV: Personengruppenanalyse Fraktionsgeschäftsstelle der CDU-Fraktion im Westberliner Abgeordnetenhaus vom 18. 6. 1986, S. 8; BStU, ASt Bln XV 48. Bezirksverwaltung für Staatssicherheit Berlin, Abteilung XV: Arbeitsplan der Abteilung XV der Bezirksverwaltung Berlin für das Jahr 1989 vom 16. 12. 1988; BStU, ASt Bln XV 24, Bl. 142-164.
²¹¹ Ebenda, Bl. 143ff. und 157.
²¹² Generalbundesanwalt beim Bundesgerichtshof: Anklage gegen Rolf Günter Wagenbreth, Wolfgang Albert Mutz, Rolf Otto Herbert Rabe, Bernd Werner Michels (1993), S. 217-230. Vgl. Bohnsack/Brehmer: Irreführung (1992), S. 170-174.
²¹³ IM-Vorgang »Herbert Hildebrandt«, Reg.Nr. MfS 10057/60; BStU, ZA, AIM 16024/89. Vgl. »Der CDU-Genosse: BZ öffnet die Stasi-Akte«, in: BZ vom 17. 4. 1998. Decker: Fallbeispiel (1999). Kunze: Grenzerfahrungen (1999).
²¹⁴ Bezirksverwaltung Berlin, Stellvertreter Aufklärung: Schreiben an den Leiter der HA XX/5 vom 25. 7. 1978; BStU, ZA, AIM 16024/89, Teil II, Bd. 18, Bl. 171.
²¹⁵ Bezirksverwaltung Berlin, Abteilung XV/1a: Informationsbedarf zum Schwerpunkt-

objekt »Landesverband der CDU Berlin (West)« vom 1. 7. 1981; BStU, ZA, AIM 16024/89, Teil II, Bd. 19, Bl. 328 ff.
216 HA XX/5: Treffbericht IMB »Herbert Hildebrandt« vom 9. 10. 1981; BStU, ZA, AIM 16024/89, Teil II, Bd. 20, Bl. 4 ff.
217 IM »Zady«, Reg.Nr. XV 10725/60; BStU, ZA, A 272/85 (Teilablage) und AIM 8799/91.
218 Hauptabteilung V/5/II: Treffbericht vom 26. 7. 1960; BStU, ZA, A 272/85, Teil II, Bd. 6, Bl. 155.
219 Bezirksverwaltung für Staatssicherheit Berlin, Abteilung XV: Personengruppenanalyse Fraktionsgeschäftsstelle der CDU-Fraktion im Westberliner Abgeordnetenhaus vom 18. 6. 1986. Anlage: Mitglieder des 11. Abgeordnetenhauses von Westberlin (CDU-Fraktion); BStU, ASt Bln XV-48. Bezirksverwaltung für Staatssicherheit Berlin, Abteilung XV: Personengruppenanalyse zu Funktionsträgern des CDU-Landesverbandes Westberlin in zentralen Gremien der Bundes-CDU und des politischen Systems der BRD vom 27. 11. 1987, S. 12 f.; BStU, ASt. Bln. Abt. XV-45.
220 Vgl. Schlomann: Maulwürfe (1993), S. 199 f.
221 Stellvertreter des Ministers: Dienstanweisung 3/79 »über Aufgaben, Arbeitsweise und Anleitung der Abteilungen XV in den Bezirksverwaltungen – Arbeit der Abt. XV/BV –« vom 3. 12. 1979 (Anlage); BStU, ASt Berlin, XV-2.
222 Bezirksverwaltung für Staatssicherheit Berlin, Abteilung XV: Arbeitsplan der Abteilung XV der Bezirksverwaltung Berlin für das Jahr 1989 vom 16. 12. 1988; BStU, ASt Bln XV 24, Bl. 142–164, hier: 144 f.
223 Vgl. MfS: Information Nr. 2/86 über gegenwärtige Diskussionen zur Gestaltung des künftigen Verhältnisses gegenüber der DDR in der Alternativen Liste (AL) Westberlin; BStU, ZA, Arbeitsbereich Neiber 437, Bl. 175–178. In der Akte ist noch eine Reihe weiterer zusammenfassender Berichte aus der AL überliefert.
224 Vgl. Bezirksverwaltung für Staatssicherheit Berlin, Abteilung XV: Schreiben an den Leiter der Hauptabteilung XX vom 30. 8. 1986 und 17. 9. 1986; BStU, ZA, HA XX AKG/1585, Bl. 170–172 und 272–279. Beiden Schreiben sind ausführliche Informationen über interne Überlegungen bei den Grünen und in der Alternativen Liste beigefügt. In der letztgenannten Information heißt es wörtlich, der für deutsch-deutsche Fragen zuständige Fraktionsmitarbeiter Lothar Probst hätte »der Quelle gegenüber folgende Angaben« gemacht – es folgt eine ausführliche Wertung einer offiziellen Reise der Grünen in die DDR vom 1. bis 5. September 1986 durch die Delegationsmitglieder; ebenda, Bl. 273.
225 Quelle »Fluß«, Reg.Nr. XV 147/72, vorgangsführende Diensteinheit: HVA II/2.
226 Bezirksverwaltung für Staatssicherheit Berlin, Abteilung XV: Arbeitsplan der Abteilung XV der Bezirksverwaltung Berlin für das Jahr 1989 vom 16. 12. 1988; BStU, ASt Bln XV 24, Bl. 142–164, hier: 146.
227 Ebenda, hier: 145.
228 Aufstellung über operative Verbindungen zu Organisationen und Gruppen der APO in Westberlin (Anlage zum Plan aktiver Maßnahmen gegen die Bundesversammlung am 5. März in Westberlin der HV A, Abteilung X, vom 17. 2. 1969); BStU, ZA, SdM 1439, Bl. 304.
229 Bezirksverwaltung für Staatssicherheit Berlin, Abteilung XV/A: Konzeption zur Bearbeitung von trotzkistischen Gruppierungen in Westberlin im Jahre 1979 vom 23. 5. 1979; BStU, ASt Bln. XV-148, Bl. 96 f.
230 Bezirksverwaltung für Staatssicherheit Berlin, Abteilung XV: Arbeitsplan der Abtei-

lung XV der Bezirksverwaltung Berlin für das Jahr 1989 vom 16. 12. 1988; BStU, ASt Bln XV 24, Bl. 142–164, hier: 145.
231 Ohne Autor, ohne Titel, ohne Datum; BStU, ASt Bln. AOPK 1822/87, Bd. 1, Bl. 23–25. Danach fand am 17. Juni 1982 in Ostberlin ein Treffen von vier Vertretern der Gustav-Heinemann-Initiative (GHI) mit Joachim Garstecki statt, der seinerzeit Referent für Friedensfragen der Theologischen Studienabteilung beim Bund evangelischer Kirchen in der DDR war. Der Bericht schildert auch einen Besuch der Ostberliner »Friedenswerkstatt« durch GHI-Vertreter am 27. Juni 1982. Neu aufgefundenen HVA-Unterlagen zufolge lieferte »Zeitz« auch eine Fülle von umweltpolitischen und technologischen Informationen wie mehrere Jahresberichte des Umweltbundesamtes, den Förderungskatalog des Bundesministeriums für Forschung und Technologie, den Abschlußbericht der Kommission für biologische Sicherheit, Verhaltensrichtlinien für Angehörige von bundesdeutschen Großforschungseinrichtungen gegenüber DDR-Wissenschaftlern, Konfigurationsbeispiele für IBM-Personalcomputer, Informationen über die »Haltung führender Industrie- und Wissenschaftlerkreise zur gesetzlichen Regelung zur Gentechnologie« sowie die »Forschungsvorhaben der Gesellschaft für Biotechnologieforschung mbH Braunschweig Stöckheim und Probleme des Patentschutzes beim Gentransfer«.
232 Bezirksverwaltung für Staatssicherheit, Abteilung XV/1a: Bericht über ein Treffen von Mitgliedern der Deutschland- und Berlin-AG der »Alternativen Liste« Westberlin am 6. Februar 1982 mit Vertretern kirchlicher Kreise in der Hauptstadt der DDR vom 10. 2. 1982; BStU, ASt Bln. AOPK 1822/87, Bd. 1, Bl. 15–19, hier: 16.
233 Bezirksverwaltung für Staatssicherheit, Abteilung XX/2: Information vom 8. 6. 1984, Quelle IMS »van Haaren«; BStU, ASt Bln. AOPK 1822/87, Bd. 2, Bl. 3–7.
234 Bezirksverwaltung für Staatssicherheit, Abteilung II: Bericht zur OPK »Mission« vom 23. 5. 1985; BStU, ASt Bln. AOPK 1822/87, Bd. 2, Bl. 40–42, hier: 41.
235 Hauptabteilung VI, PKE Bf. Friedrichstraße: Bericht zum Fahndungsobjekt 276705 und im Zusammenhang mit diesem Objekt stehende Feststellungen vom 18. 4. 1983; BStU, ASt Bln. AOPK 1822/87, Bd. 1, Bl. 158–160, hier: 160.
236 Schreiben von Walther Grunwald an Jürgen Schnappertz vom 19. 10. 1984; Archiv d. Verf. Mit »Zersetzungsmaßnahmen« ging das MfS gegen sogenannte feindlichnegative Kräfte vor, wenn strafrechtliche Maßnahmen nicht möglich waren oder vermieden werden sollten. Zu den regelmäßig angewandten Mitteln gehörte dabei unter anderem die systematische Diskreditierung des öffentlichen Rufes einer Person durch kompromittierende Mitteilungen aus dem persönlichen oder politischen Bereich. Vgl. Knabe: Waffen (1998), S. 303–329.
237 Ohne Autor: Thesen zum FS VD 905/86 aus Bonn vom 19. 9. 1986; BStU, ZA, Arbeitsbereich Neiber 437, Bl. 14–17, hier: 14.
238 Vollständiger Name nicht bekannt.
239 »Nach Ansicht des IM hat er rechtsgerichtete Auffassungen. Die DDR-Staatssicherheit war über die AL Neukölln aus erster Hand informiert« und »Eine persönliche Geschichte. Wie ein Neuköllner ALer von der Stasi in West-Berlin bespitzelt wurde«, in: Neuköllner und Treptower Stachel [Zeitung der Alternativen Liste], Nr. 19, April 1993, S. 9 sowie Nr. 20, Mai 1993, S. 6.
240 MfS: Einzel-Information über die 2. und 3. Sitzung des Ausschusses für Bundesangelegenheiten und »Gesamtberliner Fragen« des Westberliner Abgeordnetenhauses am 12. 6. und 19. 6. 1967 vom 24. 6. 1967; BStU, ZA, HVA 225, Bl. 198–202. MfS: Einzel-Information über die Reaktion der westdeutschen Bundesregierung auf die

Verordnungen des Ministers des Innern und des Ministers für Finanzen der DDR vom 29. 6. 1968; BStU, ZA, HVA 131, Bl. 110–117, hier: 114

241 MfS: Einzel-Information über die Tagung des SPD-Landesvorstandes Westberlin am 24. 6. 1967 und die Sitzung des Landesausschusses am 26. 6. 1967 zur Lage in Westberlin vom 6. 7. 1967; BStU, ZA, HVA 225, Bl. 108–115.

Die Affärenmacher – Politische Einflußnahme im »Operationsgebiet«

1 »Das hat sich Bonn in Moskau eingehandelt«, Quick vom 8. Juli 1970, S. 20ff. Vgl. Lotze: Drahtzieher (1995), S. 82.
2 Vgl. Schmidt-Eenboom: Undercover (1998).
3 Hauptverwaltung A, Abteilung X: Einschätzende Bemerkungen zum Vorgang »Günther« – Vorg.-Nr.: 10698/60 vom 18. 11. 1977; BStU, ZA, GH 25/87, Bd. 1, Bl. 8–17, hier: 14.
4 Ehmke: Mittendrin (1994).
5 »Der Name Nouhuys stand auf den Quittungen«, in: Frankfurter Rundschau vom 25. Oktober 1973. »Stern« bezeichnet van Nouhuys als Doppelagenten«, in: Frankfurter Allgemeine Zeitung vom 25. Oktober 1973. »Der Doppelagent«, in: Stern vom 25. Oktober 1975, S. 198–208.
6 Wolf: Erinnerungen (1997), S. 350f. Offen bleibt, warum die »Stern«-Veröffentlichung erst nach dem Inkrafttreten der Ostverträge (Juni 1972) und des Grundlagenvertrages (Dezember 1972) erfolgte.
7 Vgl. »Treffen auf der Parkbank«, in: Der Spiegel Nr. 30 vom 22. Juli 1991, S. 58–63, hier: 59f.
8 Schmidt-Eenboom: Undercover (1998), S. 196.
9 Vgl. Generalbundesanwalt: Wagenbreth-Anklage (1993), S. 52.
10 Richtlinie 2/68 für die Arbeit mit Inoffiziellen Mitarbeitern im Operationsgebiet vom Januar 1968; BStU, ZA, BdL/Dok. 002534, vollständig dokumentiert in: Müller-Enbergs (Hrsg.): Anleitungen (1998), S. 352–388, hier: 354.
11 »Richtlinie 2/79 für die Arbeit mit Inoffiziellen Mitarbeitern im Operationsgebiet« vom 8. 12. 1979; BStU, ASt Berlin, XV 22, vollständig dokumentiert in: Müller-Enbergs (Hrsg.): Anleitungen (1998), S. 471–513, hier: 476 und 472.
12 1. Kommentar zur Richtlinie 2/79 des Ministers für die Arbeit mit Inoffiziellen Mitarbeitern im Operationsgebiet. »Die Hauptaufgaben und Hauptrichtungen der operativen Arbeit der Diensteinheiten der Aufklärung des MfS. Die Anforderungen an das IM-Netz«; BStU, ASt Neubrandenburg, Abt. XV, vollständig dokumentiert in: Müller-Enbergs (Hrsg.): Anleitungen (1998), S. 514–552, hier: 521 und 524f.
13 Ebenda, S. 518 und 522.
14 Vgl. Müller-Enbergs (Hrsg.): Anleitungen (1998), S. 41f.
15 Abteilung Agitation: Aktennotiz vom 7. 3. 1963 betr.: Aussprache mit Gen. Generalmajor Wolf über die Vorlage »Arbeitsgruppe Agitation«, dokumentiert (ohne Archivsignatur) in: Bohnsack: Legende (1997), ohne Seitenzählung. Vgl. Generalbundesanwalt: Wagenbreth-Anklage (1993), S. 52.
16 Vgl. ebenda. Generalbundesanwalt: Wolf-Anklage (1992). Bohnsack/Brehmer: Irreführung (1992). Diess.: Zwie-Gespräch (1992), S. 29–31. Bohnsack: Legende (1997). Ferner die Spiegel-Serie »Stasi steuerte Bonner Affären«, in: Der Spiegel Nr. 29 vom 15. Juli 1991 und Nr. 30 vom 22. Juli 1991.

17 Suckut (Hrsg.): Wörterbuch (1996), S. 88.
18 Michels: Spionage (1992). Müller-Enbergs (Hrsg.): Anleitungen (1998), S. 227 (Anm. 967). Generalbundesanwalt: Wagenbreth-Anklage (1993) S. 178–195.
19 Ebenda, S. 210–216.
20 Ebenda, S. 195–210. Generalbundesanwalt: Wolf -Anklage (1992), S. 205–210. Wagner: Spione (1996), S. 83f.
21 HVA, Abteilung X: Auskunftsbericht über Wallraff, Günter (IM Wagner), vom 25. 11. 1976; BStU, ZA, HA XX 2961. »Auskunft über Wagner«, in: Focus Nr. 25 vom 25. Mai 1998, S. 34–38. »Auf Seite 17 verplaudert«, in: Focus Nr. 48/98 vom 2. November 1998, S. 58–62. Generalbundesanwalt: Wagenbreth-Anklage (1993), S. 171–178.
22 »Treffen auf der Parkbank. Die Ex-Stasi-Offiziere Günter Bohnsack und Herbert Brehmer über ihre Tricks gegen Geheimdienste und Medien«, in: Der Spiegel Nr. 30/91 vom 22. 7. 1991, S. 58–63, hier: 60. Bohnsack: Legende (1997), S. 107f. Koch: Bilanz (1994), S. 209.
23 Generalbundesanwalt: Wagenbreth-Anklage (1993), S. 69. Neues Deutschland vom 19./20. November 1994. Junge Welt vom 18. November 1994. Die tageszeitung vom 23. November 1994.
24 Generalbundesanwalt: Wagenbreth-Anklage (1993), S. 114ff. Bohnsack: Legende (1997), S. 108f.
25 Vgl. Hirsch: Blutlinie (1960). Hirsch: Gefahren (1960). Hirsch: Republikaner (1989).
26 Kloss: MAD (1987). Generalbundesanwalt: Wolf-Anklage (1992), S. 170f. Generalbundesanwalt: Wagenbreth-Anklage (1993), S. 69–77. Zu Schelkmann vgl. auch Bohnsack: Legende (1997), S. 108f.
27 Generalbundesanwalt: Wagenbreth-Anklage (1993), S. 178–195. Schmidt-Eenboom: Undercover (1998), S. 229–235.
28 Der Bundesanwaltschaft zufolge begründen Unterlagen aus der Hauptabteilung IX/7 den Verdacht, »daß Dieter Vogel in Strafhaft ermordet worden ist«. Generalbundesanwalt: Wagenbreth-Anklage (1993), S. 230–233, hier: 233.
29 Vgl. Müller-Enbergs (Hrsg.): Anleitungen (1998), S. 226f. und S. 958.
30 Generalbundesanwalt: Wagenbreth-Anklage (1993).
31 Die Verhandlungen zwischen dem KGB und dem MfS fanden vom 10. bis 15. April 1967 in Moskau statt. Protokoll über Verhandlungen zwischen Vertretern des MfS der DDR und des KfS beim Ministerrat der UdSSR über gemeinsame aktive Maßnahmen für das Jahr 1967; BStU, ZA, SdM 1465, Bl. 134–147. HVA, Abteilung X: Niederschrift über die Arbeitsberatung mit der Abteilung aktive Maßnahmen beim KfS vom 10.–15. 4. 1967; ebenda, Bl. 148–151. Kondraschow war von 1955 bis 1957 und von 1963 bis 1967 Leiter der Deutschland-Abteilung der Auslandsaufklärung des KGB und hat 1997, zusammen mit seinem amerikanischen Gegenspieler, ein Buch über seine frühere Tätigkeit in Berlin veröffentlicht: Bailey/Kondraschow/Murphy: Geheimdienste (1997).
32 Protokoll über Verhandlungen zwischen Vertretern des MfS der DDR und des KfS beim Ministerrat der UdSSR über gemeinsame aktive Maßnahmen für das Jahr 1967; BStU, ZA, SdM 1465, Bl. 134–147, hier: 136.
33 Ebenda, Bl. 139.
34 Ebenda, Bl. 141f.
35 Vgl. Frederik: Legende (1971). Koch: Bilanz (1994), S. 84. Bailey/Kondraschow/Murphy: Geheimdienste (1997), S. 248. John: Verschwörer (1969). Schiffers: Verfassungsschutz (1997).

36 Ohne Autor, ohne Titel [Bericht über gemeinsame aktive Maßnahmen mit dem KGB] vom 3. 9. 1982; BStU, ZA, ZAIG 5171, Bl. 111 f.
37 Generalbundesanwalt: Wagenbreth-Anklage (1993), S. 72 f. und S. 114 ff.
38 »Die Abhöraffäre«, in: Stern vom 19. Juni 1975, S. 12. Der »Stern« mußte später eine Gegendarstellung veröffentlichen.
39 »Ein anonymes Paket Zündstoff«, in: Süddeutsche Zeitung vom 14. Januar 1978.
40 Generalbundesanwalt: Wagenbreth-Anklage (1993), S. 120-122 und S. 125-127. »Gänsebraten im Dschungel«, in: Der Spiegel Nr. 29 vom 15. Juli 1991, S. 34-38, hier: 37 f. Danach trug die Aktion »Dschungel« beim MfS die Reg.Nr. XV/2139/67.
41 Generalbundesanwalt: Wagenbreth-Anklage (1993), S. 122-124 und S. 127 f.
42 Ebenda, S. 118-120.
43 »Wir müßten vollendete Tatsachen schaffen«, in: Der Spiegel vom 29. September 1980.
44 Generalbundesanwalt: Wagenbreth-Anklage (1993), S. 118-120, S. 129 und S. 135-142.
45 Generalbundesanwalt: Wolf-Anklage (1992), S. 187 ff. und 206 f. Generalbundesanwalt: Wagenbreth-Anklage (1993), S. 199.
46 Vgl. ebenda, S. 116-118 und S. 130-134.
47 Bohnsack/Brehmer: Irreführung (1992), S. 196 ff.
48 HVA, Abteilung X: Planorientierung für eine wirksame Öffentlichkeitsarbeit in den Jahren 1986-1990 (Grundrichtungen, Vorhaben, Grundsätze) vom 16. 6. 1986, dokumentiert (ohne Archivsignatur) in: Bohnsack: Legende (1997), Dokument 3.
49 Dienstanweisung 2/85 »Zur vorbeugenden Verhinderung, Aufdeckung und Bekämpfung politischer Untergrundtätigkeit« vom 20. 2. 1985; dokumentiert in: Fricke: MfS intern (1991), S. 146-163, hier: 148 f. und 156 ff. Vgl. auch Fricke: Abwehr (1997), S. 17-26, hier: 23-25.
50 HVA, Abteilung X: Informationsbericht über organisatorische Hintergründe und Ablauf der Konzertreise Biermanns nach Köln und Bochum vom 17. 11. 1976 im ZOV »Lyriker«, zitiert nach: Generalbundesanwalt: Wagenbreth-Anklage (1993), S. 54.

Vergangenheitsbewältigung per Stasi-Dossier – Der Fall Heinrich Lübke

1 »Enthüllungen erzwangen Rücktritt«, in: Neues Deutschland vom 16. 10. 1968.
2 »Bundespräsidentenwahl in Westberlin ist völkerrechtswidrig«, in: Neues Deutschland vom 30. 6. 1964. Das Architekturbüro war als »Baugruppe Schlempp« an der Errichtung verschiedener Rüstungswerke, darunter der Produktionsstätte der sogenannten V-Waffe in Peenemünde, beteiligt. In dem Schreiben der GeStaPo über das geplante Sonderlager hatte es geheißen, daß in der weiteren Bearbeitung des Vorgangs bei der mit dem Bauvorhaben befaßten Baugruppe »besonders auf die Herren Mahs und Lübke zurückgegriffen werden« könne, die sich beide als »vertrauenswürdig« erwiesen hätten. Ausführlich zu Lübkes damaliger Tätigkeit: Morsey: Biographie (1996), S. 118-135. Die auf der Pressekonferenz vorgestellten Dokumente beruhten auf Nachforschungen zur Heeresentwicklungsstelle Peenemünde, die Anfang der sechziger Jahre eingeleitet worden waren. Unter anderem war hier der Raketenforscher Wernher von Braun an leitender Stelle tätig gewesen. Einem Schreiben der Rostocker Staatssicherheit zufolge waren im September 1961 ehemalige Mitarbeiter der Versuchsstelle in Peenemünde »auf Ersuchen der Hauptverwaltung der Deutschen Volkspolizei« befragt worden, angeblich um »als Grundlage [...] für einen

Film, der in der ČSSR über den Raketenforscher Braun erarbeitet wird«, zu dienen. MfS, BV Rostock, Abteilung V: Schreiben an Gen. Kienberg vom 26. 9. 1962; BStU, ASt. Rst., Abt. XX/2 Nr. 1512, Bl. 92. Die dem MfS übersandten Fotokopien, die sich 1962 noch im Besitz der Bezirksverwaltung der Deutschen Volkspolizei befanden, haben einen Umfang von 72 Blatt und sind mit einem Vorblatt versehen, das die handschriftliche Aufschrift trägt: »Befragungen von Zeugen Objekt Peenemünde Vergangenheit Lübke«; ebenda, Bl. 28-91.

[3] Vgl. dazu u.a.: Wilke: Antifaschismus (1990), S. 52-64. Heinemann/Schuberth (Hrsg.): Staat (1992). Enquete-Kommission: SED-Diktatur (1995), S. 95-171. Münkler: Gründungsmythos (1998), S. 16-29.

[4] Vgl. Lemke: SED-Kampagnenpolitik (1995), S. 61-86.

[5] Information über eine Arbeitsberatung bei Genossen Ulbricht über die Weiterführung der Kampagne gegen die Bonner Ultras, o.D., S. 3. Anwesend: Warnke, Axen, Winzer, Honecker, Dengler, Geggel und Walter (MfS); BuArch Bln. DY 30/IV2/902/100.

[6] Gerhard Mackat, DFF, Chefredaktion Dokumentation: Bericht zum Film »Nürnberger Prozeß« vom 8. 11. 1965; BuArch Bln. DY 30 IV A 2/2.028/67.

[7] Anlage Nr. 4 zum Protokoll Nr. 132/52 der Politbürositzung am 16. 9. 1952; BuArch Bln J IV 2/2/232, Bl. 1. Vgl. Kappelt: Nazis in der DDR (1981).

[8] »Exakte Namensliste«, in: Der Spiegel Nr. 23/1991 vom 4. Mai 1991.

[9] Aus agitatorischen Gründen griff das Politbüro, jenseits aller formal auch in der DDR bestehenden Gewaltenteilung, zu diesem Zweck in Strafverfahren gegen ehemalige NS-Funktionäre ein und ordnete - beispielsweise in seiner Sitzung am 8. Februar 1960 - die Verhängung der Todesstrafe an. Anlage Nr. 4 zum Protokoll Nr. 6/60 der Politbürositzung am 8. 2. 1960; BuArch Bln. J IV 2/2/687, Bl. 19. Vgl. Werkentin: Souverän (1998), S. 179-195.

[10] Schreiben von Albert Norden an Mielke vom 9. 5. 1960; BStU, ZA, SdM 1121.

[11] Protokoll der Kollegiumssitzung am 9. 8. 1960; BStU, ZA, SdM 1556, Bl. 131.

[12] Dr. Hans Globke (1898-1973) war in der Weimarer Republik Mitglied der Zentrumspartei und Regierungsrat im Preußischen Innenministerium. Nach der Machtergreifung der Nationalsozialisten verblieb er - auf Bitten oppositioneller Kreise, wie er selbst und Überlebende des Widerstands später erklärt haben - in seinem Amt, trat aber nicht der NSDAP bei. Nach der Verkündung der Nürnberger Rassegesetze, an deren Abfassung Globke keinen Anteil hatte, kam es zu Auseinandersetzungen zwischen NSDAP und Innenministerium über deren Auslegung. Im Auftrag des Staatssekretärs Wilhelm Stuckart verfaßte Globke deshalb einen Kommentar, dem letzterer eine ideologische Einleitung voranstellte. Globke zufolge sollte der Kommentar dazu dienen, die für die Betroffenen günstigste Auslegung amtlich festzuschreiben. Nach dem Krieg wurde er tatsächlich als der mildeste Kommentar bewertet und festgestellt, daß durch seine Interpretation Tausenden von sogenannten Mischlingen das Leben gerettet worden sei. Zahlreichen Dankschreiben zufolge half er vor allem bei sogenannten Mischehen und Halb- oder Vierteljuden den Betroffenen mit juristischen Ratschlägen. Nach Kriegsbeginn, als die Rassendiskriminierung in die Rassenvernichtung überführt wurde, war Globke mit Rassefragen nicht mehr befaßt. In dieser Zeit hielt er vielmehr, nach Aussagen von Jakob Kaiser und anderen Mitgliedern des Widerstands, engen Kontakt zur Opposition und war als Staatssekretär einer neuen deutschen Regierung nach dem Hitler-Attentat vom 20. Juli 1944 vorgesehen. Auch der Berliner Bischof von Preysing berichtete 1946, Globke habe der Kirche

Anmerkungen zu den Seiten 125–128

Kenntnis von streng geheimgehaltenen Gesetzentwürfen gegeben. Beim Internationalen Militärtribunal in Nürnberg sagte Globke als Zeuge im Wilhelmstraßenprozeß aus; Anklage gegen ihn wurde – anders als gegen den Mitverfasser des Kommentars, Staatskretär Stuckart, der zu drei Jahren und zehn Monaten Haft verurteilt wurde – nicht erhoben. Hauptankläger Robert Kempner, der Globke noch aus seiner eigenen Tätigkeit im Innenministerium kannte, stellte sich vielmehr ohne Abstriche hinter ihn. 1947 wurde Globke dann in einem förmlichen Entnazifizierungsverfahren als unbelastet eingestuft. Erst nach seinem Eintritt in das Bundeskanzleramt wurden Vorwürfe laut wegen seiner Kommentierung der Rassegesetze. Zu seiner Entlastung standen ihm seinerzeit jedoch fast nur Aussagen von Zeugen zur Verfügung, da die Akten des ehemaligen Innenministeriums in der DDR lagerten. Noch Ende der 70er Jahre verweigerte die Staatliche Archivverwaltung in Potsdam unabhängigen Historikern aus der Bundesrepublik die Einsicht in die Unterlagen. Vgl. Hehl: Globke (1980), S. 230–282. Kempner: Begegnungen (1980), S. 213–229.

13 Ausführlicher dazu Lemke: Systemkrise (1993), S. 153–174, hier: 162 ff. Wolffsohn: Deutschland-Akte (1995), S. 39 ff. Die diesbezüglichen Aktivitäten waren ostblockweit abgestimmt und wurden vor allem über Polen und Ungarn lanciert. Vgl. Lévai (Hrsg.): Dokumente (1961), S. 7–21. Weinke: Akten (1999).
14 Schreiben von Albert Norden an Walter Ulbricht vom 28. 5. 1960; BuArch Bln. DY 30 IV 2/2028/2.
15 Notiz von Albert Norden »Zur Besprechung mit Gen[ossen] Ulbricht«, o.D.; BuArch Bln DY 30 IV 2/2028/3.
16 Vgl. Globkes Braune Notstandsexekutive (1963), S. 2 f.
17 Vgl. die vom MfS überlieferten Unterlagen zum Globke-Prozeß; BStU, ZA, Abt. XIV–14, Bl. 395–466.
18 Der »Steckbrief« ist dokumentiert in Hehl: Globke (1980), S. 246.
19 Anlage Nr. 6 zum Protokoll Nr. 7/63 der Politbürositzung am 19. 3. 1963; BuArch Bln J IV 2/2/871, Bl. 47.
20 Hochschule im Umbruch (1974), S. 21. Brochhagen: Vergangenheitsbewältigung (1994), S. 279. Greive: Antisemitismus (1983), S. 178. Nach anderen Angaben registrierten die Polizeibehörden bis zum 28. Januar 1960 685 antisemitische Vorfälle, 234 Personen wurden festgenommen. Vgl. Dudek/Jaschke: Rechtsextremismus (1984), S. 267.
21 Bundesregierung (Hrsg.): Vorfälle (1960), S. 52.
22 Schwarz: Adenauer (1994), S. 529. Wolffsohn: Deutschland-Akte (1995), S. 20 ff.
23 Dudek/Jaschke: Rechtsextremismus (1984), S. 268. Barron: KGB (1974), S. 221 f.
24 Mertens: Antisemitismus (1994), S. 1271.
25 Eine etwa 1934 geborene und aus Westdeutschland stammende Person namens Paul Schönen ist in der zentralen Personenkartei des MfS (F 16) ebensowenig erfaßt wie ein etwa 1936 geborener, in Westdeutschland lebender Arno Strunk. Über beide Täter sind in den Archiven des Bundesbeauftragten keine Unterlagen nachweisbar.
26 Ohne Autor: Vorschlag vom 3. 5. 1961; BStU, ZA, HA XX/4-513, Bl. 3–5, hier: 3 f.
27 Dudek/Jaschke: Rechtsextremismus (1984), S. 226.
28 Bericht über eine Sitzung des DRP-Vorstandes am 3./4. 12. 1955, in: Reichsruf vom 10. 12. 1955, auszugsweise dokumentiert in: Dudek/Jaschke: Rechtsextremismus (1984), S. 84 f.
29 Protokoll der Parteivertretung der DRP vom 2./3. 12. 1961 in Northeim, auszugs-

Anmerkungen zu den Seiten 128-132

weise dokumentiert in: Dudek/Jaschke: Rechtsextremismus (1984), S. 85 f. Adolf von Thadden ist in der zentralen Personenkartei des MfS (F 16) mit einem 1968 unter der Nummer MfS 1485/68 registrierten und 1976 unter der Nummer AS 137/76 archivierten Objektvorgang erfaßt, der von der HVA angelegt und in der Wendezeit gelöscht wurde.

30 Vgl. Der Spiegel Nr. 47/1991, S. 137-144.
31 Ohne Autor: Vorschlag vom 3. 5. 1961; BStU, ZA, HA XX/4-513, Bl. 3-5, hier: 5.
32 Ohne Autor: Entwurf, betr.: Kettenbrief, 20. 4. 1961; BStU, ZA, HA XX/4-513, Bl. 16.
33 Ebenda, Bl. 11 und Bl. 12.
34 Ebenda, Bl. 18 f.
35 Neues Deutschland vom 11. 5. 1961 und Deutsche Volkszeitung vom 28. 4. 1961; ebenda, Bl. 61 und 64.
36 Entwurf über Vorschläge und Maßnahmen für die Verbreitung des Deutschlandplanes des Volkes und zur Beeinflussung westdeutscher und Westberliner Bevölkerungsschichten für den Deutschlandplan; BStU, ZA, SdM 1121, Bl. 203-215, hier: 213.
37 Vgl. Neues Deutschland vom 11. November 1960 und Neue Zeit vom 15. Februar 1961.
38 Braunbuch (1968), S. 324-326.
39 HV A, Abteilung X: Vermerk vom 19. 4. 1967 betreffs Gerstenmaier, Eugen; BStU, ZA, SdM 1465, Bl. 152 f.
40 »Nazi Gerstenmaier muß zurücktreten«, in: Neues Deutschland vom 24. Januar 1969, S. 7.
41 HV A, Abteilung X: Plan aktiver Maßnahmen gegen die Bundesversammlung am 5. März in Westberlin vom 17. 2. 1969; BStU, ZA, SdM 1439, Bl. 300-303, hier: 302.
42 Leiter der HV A, Bericht über die Erfüllung der politisch-operativen Verpflichtungen der II. Etappe der Vorbereitung des 20. Jahrestages der Deutschen Demokratischen Republik vom 18. 3. 1969, S. 4 f.; BStU, ZA, SdM 1474, Bl. 23-35, hier: 27.
43 »Akute Bedrohung des Friedens und der Sicherheit der europäischen Völker. Aus der Erklärung von Prof. Albert Norden auf der internationalen Pressekonferenz des Nationalrates der Nationalen Front am 21. Februar 1969 in Berlin«, in: Neues Deutschland vom 22. Februar 1969, S. 6.
44 Protokoll der Sitzung des Kollegiums am 13. 1. 1961; BStU, ZA, SdM 1902, Bl. 379 f.
45 Bohnsack/Brehmer: Irreführung (1992), S. 49.
46 Bittman: Geheimwaffe (1972), S. 162 ff.
47 Protokoll über Verhandlungen zwischen Vertretern des MfS der DDR und des KfS beim Ministerrat der UdSSR über gemeinsame aktive Maßnahmen für das Jahr 1967; BStU, ZA, SdM 1465, Bl. 134-147, hier: 145.
48 Abteilung Agitation: Überblick über die Agitationstätigkeit des Ministeriums für Staatssicherheit vom 18. 7. 1969; BStU, ZA, SdM 1416, Bl. 10.
49 Vgl. das Organisationsschema »Funktionalbereiche der Agitationsarbeit des Ministeriums für Staatssicherheit«, in: Günter Halle/Kurt Blecha/Günter Köhler: Forschungsergebnisse zum Thema »Die Lösung von Aufgaben der staatlichen Öffentlichkeitsarbeit zum Schutz und zur Sicherung der DDR durch Kooperation des Ministeriums für Staatssicherheit und des Presseamtes beim Vorsitzenden des Ministerrates unter besonderer Berücksichtigung der Durchführung gemeinsamer Aktionen im Kampf gegen die subversive Tätigkeit des Feindes«; BStU, ZA, JHS 21 805, Bl. 401.
50 Vgl. Abteilung Agitation: Jahresplan für 1963; BStU, ZA, SdM 1941, Bl. 503 ff. Abteilung Agitation: Bericht über die Agitationsarbeit im Monat September 1964; BStU,

ZA, SdM 1941, Bl. 493 ff. Abteilung Agitation: Bericht über die Agitationsarbeit im Monat Februar 1965; BStU, ZA, SdM 1941, Bl. 470 ff.
51 Vgl. Deckname Stabil (1988), S. 57 ff. und 66 f.
52 Vgl. Muregger/Winkler: Quellen (1994), S. 88-97, hier: 88 ff.
53 ZAIG: »E[inzel]I[nformation] über einige Probleme der staatlichen Verwaltung der Archive der DDR« vom 9. 12. 1963; BStU, ZA, ZAIG 826, Bl. 1 f.
54 Stellvertretender Leiter der Abteilung Agitation, Oberstleutnant Kehl: Aktenvermerk vom 30. 1. 1964; BStU, ZA, ZAIG 10865, Bl. 222.
55 Abteilung Agitation, Leutnant Werner: Aktenvermerk vom 12. 2. 1964; BStU, ZA, ZAIG 10865, Bl. 220.
56 Stellvertretender Leiter der Abteilung Agitation, Oberstleutnant Kehl: Aktenvermerk vom 11. 3. 1964; BStU, ZA, ZAIG 10865, Bl. 218.
57 Aufbau, Struktur und Stärke der Dokumentationsstelle der Staatlichen Archivverwaltung des MdI vom 28. 2. 1964; BStU, ZA, ZAIG 10865, Bl. 203-217, hier: 205 und S. 207.
58 Schreiben des Stellvertreters des Ministers des Innern, Richard Wenzel, an den Stellvertreter des Ministers für Staatssicherheit, Bruno Beater, vom 1. 4. 1964; BStU, ZA, HA VII 324, Bln. Bl. 97.
59 Protokoll Nr. 24/64 der Sitzung des Sekretariats des Zentralkomitees der SED vom 25. 3. 1964; BuArch Bln. DY 30/J IV 2/3 A – 1.044.
60 Beschluß des Ministerrates der DDR über die Erfassung und Auswertung der in der Deutschen Demokratischen Republik befindlichen Dokumente über die Zeit der Hitlerdiktatur vom 28. Mai 1964, in: Gesetzblatt der DDR, Teil II, Nr. 61, 26. Juni 1964. Der vollständige Beschluß ist in den Unterlagen des MfS überliefert; BStU, ZA, SdM 2382, Bl. 216 ff. Vgl. auch »Zentrale Erfassung der Dokumente. Beschluß des Ministerrates löst bei Bonner Prominenz Unruhe aus«, in: Neues Deutschland vom 1. Juli 1964.
61 Leiter der Abteilung Agitation, Oberstleutnant Halle: Aktenvermerk über eine Beratung der Arbeitsgruppe bei der Dokumentationsstelle am 9. 4. 1964; BStU, ZA, ZAIG 10865, Bl. 183-185, hier: 183.
62 Ders.: Schreiben an den Leiter der HA VII, Oberst Jamin, vom 16. 4. 1964; BStU, ZAIG 10865, Bl. 182.
63 Ders.: Aktenvermerk über eine Beratung der Arbeitsgruppe bei der Dokumentationsstelle am 9. 4. 1964; BStU, ZA, ZAIG 10865, Bl. 183-185, hier: 184.
64 Abteilung Agitation, Oberleutnant Albers: Aktennotiz über eine Besprechung mit Mitgliedern der Dokumentenstelle beim MdI am 27. 5. 1964; BStU, ZA, ZAIG 10865, Bl. 179-180, hier: 180.
65 Abteilung XII: Analyse über das Jahr 1963 vom 25. 1. 1964; BStU, ZA, MfS, AS 97/70, Bl. 134-159, hier: 144.
66 Abteilung Agitation, Major Schliep: Protokoll über die Beratung der Arbeitsgruppe 1933-1945 am 8. 7. 1964; BStU, ZA, ZAIG 10865, Bl. 165-170, hier: 165 f.
67 Vgl. Leide: NS-Materialien (1998).
68 Vgl. Unverhau: NS-Archiv (1998), S. 65 ff. Vgl. auch den vollständigen Beschluß des Ministerrates der DDR über die Erfassung und Auswertung der in der Deutschen Demokratischen Republik befindlichen Dokumente über die Zeit der Hitlerdiktatur vom 28. Mai 1964; BStU, ZA, SdM 2382, Bl. 216 ff.
69 Stumpf war laut Kaderkarteikarte vom 1. 5. 1964 bis 29. 2. 1972 als »Offizier im besonderen Einsatz« (OibE) tätig; BStU, ZA, HA KuSch.
70 Generalbundesanwalt: Wolf-Anklage (1992), S. 185 f.

[71] Leiter der Abteilung Agitation, Oberstleutnant Halle: Schreiben an den Leiter der HA VII, Oberst Jamin betr. Festlegung der Zusammenarbeit zwischen der Abteilung Agitation des MfS und der Dokumentationsstelle des MdI vom 28. 9. 1964; BStU, ZA, ZAIG 10865, Bl. 18.

[72] Grundsätze zur Organisation der einheitlichen und planmäßigen Durchführung der Dokumentationsstelle 1933–1945 im Ministerium des Innern (Entwurf), o.D. (Juli 1964); BStU, ZA, ZAIG 10865, Bl. 23–41, hier: 34. Vgl. Leiter der HA VII, Oberst Jamin: Begleitschreiben an den Leiter der Abteilung Agitation, Oberstleutnant Halle, vom 3. 8. 1964; ebenda, Bl. 46.

[73] Abteilung Agitation, Major Schliep: Aktenvermerk vom 18. 7. 1964 über eine Absprache mit dem Leiter der HA VII, Oberst Jamin (mit handschriftlichen Anmerkungen des Leiters der Abteilung Agitation, Oberst Halle); BStU, ZA, ZAIG 10865, Bl. 129–130, hier: 129.

[74] Die Funktion der Kommission 1933–1945 (mit handschriftlichen Anmerkungen des Leiters der Abteilung Agitation, Oberst Halle), o.D.; BStU, ZA, ZAIG 10865, Bl. 43–45, hier: 45.

[75] Abteilung Agitation, Referat Sonderfragen, Major Schliep: Aktenvermerk vom 18. 7. 1964 über eine Absprache mit dem Leiter der HA VII, Oberst Jamin (mit handschriftlichen Anmerkungen des Leiters der Abteilung Agitation, Oberst Halle); BStU, ZA, ZAIG 10865, Bl. 129–130, hier: 129.

[76] Befehl Nr. 39/67 vom 23. 12. 1967; BStU, ZA, BdL/Dok. 001 172, dokumentiert in Unverhau: NS-Archiv (1998), S. 182–184, hier: 182.

[77] Vgl. den Bericht der beiden ehemaligen MfS-Mitarbeiter Muregger/Winkler: Quellen (1994), S. 90.

[78] Dokumentation der Zeit, Berlin (Ost), Heft 195 (1959), S. 37, zitiert nach: Morsey: Biographie (1996), S. 505; vgl. auch die Unterlagen in: BuArch Bln. DY 30/IV A 2/2028/690.

[79] Ohne Autor: Betr.: Anti-Lübke-Material, Bezug: Enthüllungen über Lübke in »Der Neue Weg«, Halle, 17. 8. 1962; BStU, ZA, AV 7/85, K 16, Bl. 61.

[80] Beschluß des Politbüros der SED vom 9. Juni 1964; BuArch Bln. A-1.033. Das systematische Zusammentragen »belastender« Dokumente aus unterschiedlichsten Archiven ist in den überlieferten Stasi-Unterlagen anschaulich dokumentiert; vgl. BStU, ZA, AV 7/85, Bd. 11 sowie AS 29/66, Ordner I und III.

[81] Allgemeine Deutsche Nachrichtenagentur (ADN) vom 2. 7. 1964 und Deutschlandsender vom 4. 7. 1964; zitiert nach: BuArch Bln. DY 30/IV A 2/10.02/147.

[82] Gedenkrede von Heinrich Lübke zum 20. Jahrestag der Befreiung des ehemaligen Konzentrationslagers Bergen-Belsen, in: Die Welt vom 29. 4. 1965.

[83] Schreiben von Albert Norden an Walter Ulbricht vom 11. 1. 1965; BuArch Bln. DY 30/IV A 2/2028/8.

[84] »Vertrauter der Nazis bei geheimsten Aufgaben heute Bonner Präsident« sowie »Erprobter Diener des Hitlerkrieges an der Spitze des Bonner Staates«, in: Neues Deutschland vom 30. Januar 1965.

[85] Schreiben von Albert Norden an Walter Ulbricht vom 11. 1. 1965; BuArch Bln. DY 30/IV A 2/2028/8.

[86] Schreiben von Arne Rehan (Westkommission) an Albert Norden vom 9. 2. 1965; BuArch Bln. DY 30/IV A 2/2028/8.

[87] Schreiben von Arne Rehan (Westkommission) an Albert Norden vom 30. 4. 1965; BuArch Bln. DY 30/IV A 2/2028/8.

88 Ebenda.
89 Mitglieder der Arbeitsgruppe »Lübke« waren: Heinz Schumann (Leiter der Dokumentationsstelle des MdI), Günter Halle bzw. Oberstleutnant Kehl (Leiter bzw. stellvertretender Leiter der Abteilung Agitation des MfS), Gerhard Ende (Oberste Staatsanwaltschaft der DDR), Hans-Joachim Müller (Allgemeine Deutsche Nachrichtenagentur), Günter Thalheim (ZK), Max Schmidt (stellvertretender Leiter der Westabteilung des ZK der SED), Günter Siemund (stellvertretender Leiter der Abteilung Propaganda im ZK der SED), Gerhard Dengler (Vizepräsident des Nationalrates der Nationalen Front), Wolfgang Steinke (Abteilungsleiter Dokumentation der Nationalen Front) und Günter Döring; BuArch Bln. DY 6/vorl. 1377a.
90 Die Danksagungen und umfangreiche weitere Korrespondenz in Sachen Lübke sind überliefert in: BuArch Bln. DY 6/vorl. 1377a.
91 Leiter der Dokumentationsstelle, Schumann: Kurzprotokoll der Beratung der Arbeitsgruppe 1933–1945 am 11. 8. 1964; BStU, ZA, ZAIG 10865, Bl. 127–128, hier: 128. Vgl. Braunbuch (1968).
92 Stellvertretender Leiter der Abteilung Agitation, Oberstleutnant Kehl: Schreiben an Erich Mielke vom 3. 7. 1965; BStU, ZA, SdM 1941, Bl. 463.
93 Vgl. den Ordner »Nachforschung über die faschistische Vergangenheit und Tätigkeit des Bonner Bundespräsidenten Lübke, Heinrich« der Bezirksverwaltung für Staatssicherheit in Rostock; BSTU, ASt Rostock, Abt. XX/2 Nr. 1512.
94 Plan zur Vorbereitung und Auswertung der Pressekonferenz am 24. Januar 1966, o.D. (handschriftlich: »Ausland durch M[inisterium] f[ür] A[uswärtige] A[ngelegenheiten]«; BuArch Bln. DY 6/vorl. 1377a.
95 Hausmitteilung von Albert Norden an Werner Lamberz vom 1. 2. 1966; BuArch Bln. DY 30 IV 2/2.106/3.
96 Erste Maßnahmen zur Auswertung der Pressekonferenz zur Entlarvung Lübkes im Ausland, o.D.; DY 30/IV A 2/2028/8.
97 Erste Maßnahmen zur Auswertung der Pressekonferenz zur Entlarvung Lübkes im Ausland. Anlage zum Schreiben der Arbeitsgruppe Auslandsinformation an Albert Norden vom 26. 1. 1966; BuArch Bln. DY 30/IV A 2/2028/8.
98 Hausmitteilung der Arbeitsgruppe Auslandsinformation an Albert Norden vom 16. 2. 1966; BuArch Bln. DY 30/IV A 2/2028/8.
99 Interview des Pressereferenten im Bundespräsidialamt im Deutschlandecho des Presse- und Informationsamtes vom 29. Januar 1965, zitiert nach: Abschrift eines Rundschreibens des Bundespräsidialamtes vom 27. 6. 1966; BuArch Bln. DY 30/IV 2/2.106/3.
100 Hausmitteilung von Albert Norden an Werner Lamberz vom 1. 2. 1966; BuArch Bln. DY 30 IV 2/2.106/3.
101 Einem Übergabeprotokoll aus dem Jahre 1969 zufolge übergab die Abteilung Agitation des MfS die »Originalunterlagen« nach Lübkes Ausscheiden der Hauptabteilung IX/11. Unter dem Datum vom 24. 4. 1985 ist darauf handschriftlich vermerkt, daß »o.a. Dok.nachweis d. HA IX/11 nicht mehr vorhanden« sei, sondern »nur noch beiliegende Kopien d. Abt. Agitation« existierten. Am 5./6. Dezember 1985 sowie am 24./25. Februar 1986 wurden die Unterschriften jedoch im Zusammenhang mit einem Zivilprozeß gegen den Axel Springer-Verlag ausweislich der Stasi-Akten von dem Mannheimer Psychologen Lothar Michel in Ostberlin erneut auf ihre Echtheit überprüft. Danach verliert sich die Spur der Unterlagen – ein nach den Bestimmungen des MfS erforderlicher Kassationsbeschluß ist nicht überliefert. Abteilung Agitation: Übergabeprotokoll vom 28. 7. 1969; BStU, ZA, AV 7/85, K 16, Bl. 7. Der

umfangreiche Schriftverkehr zur Begutachtung durch Michel befindet sich in: BStU, ZA, AV 7/85, Ordner I und IV. Ausführlicher dazu: Morsey: Biographie (1996), S. 532–535.

[102] Schreiben von Professor Lothar Michel an Rechtsanwalt Heinrich Senfft vom 27. 12. 1985; BStU, ZA, AV 7/85, K 634, Bl. 98–100, hier: 99.

[103] Ohne Autor: Aktenvermerk vom 3. 3. 1986; BStU, ZA, AV 7/85, K 634, Bl. 214f.

[104] Professor Lothar Michel: Schriftvergleichsgutachten vom 10. 4. 1986; BStU, ZA, AV 7/85, K 635, Bl. 88–139, hier: 139.

[105] Bitmann: Geheimwaffe (1972), S. 162f. Bitmann: Memoiren (1984), S. 151.

[106] Vgl. Bohnsack/Brehmer: Irreführung (1992), S. 59f.

[107] Interview mit Günter Bohnsack im Deutschlandfunk am 24. Februar 1994, zitiert nach: Morsey: Biographie (1996), S. 513 (Anm. 38). Generalbundesanwalt: Wolf-Anklage (1992), S. 186.

[108] Abschrift eines Rundschreibens des Bundespräsidialamtes vom 27. 6. 1966; BuArch Bln. DY 30/IV 2/2.106/3.

[109] Innere Sicherheit. Informationen zu Fragen des Staatsschutzes Nr. 11/1966 vom 28. Oktober 1966, hrsg. vom Bundesministerium des Innern; BuArch Bln. DY 6/vorl. 1703a.

[110] Handschriftliche Anmerkungen zu: Innere Sicherheit. Informationen zu Fragen des Staatsschutzes Nr. 11/1966 vom 28. Oktober 1966, hrsg. vom Bundesministerium des Innern; BuArch Bln. DY 6/vorl. 1703a.

[111] Nationalrat (Hrsg.): Fall Lübke (1966), S. 23.

[112] Sofortmaßnahmen zur weiteren Auswertung der Pressekonferenz, handschriftliche Datierung: 29. 1. 1966; BuArch Bln. DY 6/vorl. 1377a.

[113] Die Handzettel und weiteres Propagandamaterial sind im ehemaligen Parteiarchiv der SED überliefert; BuArch Bln. DY 6/vorl. 1377b.

[114] Bundespräsident Lübke baute Hitlers Konzentrationslager. Auflage am 3. 2. 1966: 75 000; BuArch Bln. DY 6/vorl. 1703b.

[115] Vgl. dazu den IM-Bericht des Stasi-Agenten und Korrespondenten des »Kölner Stadtanzeigers«, Walter Barthel, der vom Presseamt der DDR eingeladen worden war, dann jedoch, wie einige andere, seine Teilnahme absagte: Reiseveranstaltung des DDR-Presseamtes mit westdeutschen und ausländischen Korrespondenten nach Neu-Staßfurt (Abschrift vom Tonband), 14. 2. 1966; BStU, ZA, AIM 10996/66, Bd. 10, Bl. 73f. Ferner: Lutz Lehmann: Die enthüllten Enthüller, in: Die Zeit vom 18. Februar 1966.

[116] Schreiben des Leiters der Abteilung Agitation an Mielke vom 3. 2. 1966, S. 2f.; BStU, ZA, AV 7/85, Bd. 2, Bl. 138–140.

[117] Information über die gegenwärtig eingeleiteten und vorgesehenen Aktionen gegen Lübke, 31. 3. 1966; BuArch Bln. DY 30 IV A 2/2.028/8, S. 1. Hausmitteilung der Arbeitsgruppe Auslandsinformation an Albert Norden vom 6. 6. 1966; BuArch Bln. DY 30 IV A 2/2.028/8, S. 4.

[118] Schreiben des Leiters der Abteilung Agitation an Mielke vom 3. 2. 1966, S. 2f.; BStU, ZA, AV 7/85, Bd. 2, Bl. 138–140, hier: 139f. Eine Möglichkeit, den auf die FDP gemünzten Vorschlag zu realisieren, bildete der Bundestagsabgeordnete der FDP, William Borm, der zu diesem Zeitpunkt für die HVA tätig war.

[119] Herrmann von Berg: Gespräche mit westdeutschen Journalisten in der Zeit vom 2. 2. bis 7. 2. 1966 über unsere Enthüllungen zum Fall Lübke; BuArch Bln. DY 30 IV A 2/2.028/8.

120 Protokoll der Besprechung am 24. 2. 1966 über die weitere Auswertung der Pressekonferenz vom 24. 1. 1966; BStU, ZA, AV 7/85, Bd. 16, Bl. 190–195.
121 Aktionen zur Weiterführung der Kampagne gegen Lübke im Ausland, 7. 3. 1966; BStU, ZA, AV 7/85, Bd. 16, Bl. 196–201.
122 Protokoll der Beratung der Arbeitsgruppe »Lübke« am 30. März 1966; BuArch Bln. DY 6/vorl. 1377a, S. 1.
123 Wortprotokoll des Beitrages von Walter Ulbricht über den Briefwechsel mit der SPD auf der 12. Tagung des Zentralkomitees der SED am 28. 4. 1966; BuArch Bln. DY 30 IV 2/1/342.
124 Information über die gegenwärtig eingeleiteten und vorgesehenen Aktionen gegen Lübke, 31. 3. 1966; BuArch Bln. DY 30 IV A 2/2.028/8, S. 3f.
125 Hausmitteilung der Arbeitsgruppe Auslandsinformation an Albert Norden vom 6. 6. 1966; BuArch Bln. DY 30 IV A 2/2.028/8, S. 1f.
126 Mertens: Davidstern (1997). Timm: Davidstern (1997). Illichmann: Juden (1997).
127 Schreiben des Oberrabbiners des Verbandes der Jüdischen Gemeinden in der DDR, Ödön Singer, an Kardinal Döpfner, o.D. (Juli 1966); BuArch Bln. DY 30 IV 2/2.106/3.
128 Hauptabteilung XX/4: Bericht über die Verbindungsaufnahme vom 11. 10. 1965; BStU, ZA, HA XX/4 Nr. 754. Vgl. Wolffsohn: Deutschland-Akte (1995), S. 88ff.
129 Schreiben des Staatssekretärs für Kirchenfragen an die Abteilung Agitation des ZK der SED vom 6. 7. 1966 (mit handschriftlichen Zusätzen von Albert Norden und Günter Siemund); BuArch Bln. DY 30 IV 2/2.106/3.
130 Entwurf: Einfügung vor dem Schlußsatz im Brief des Oberrabbiners, Dr. Singer, an Präses Scharf und Kardinal Döpfner, o.D.; BuArch Bln. DY 30 IV 2/2.106/3.
131 Hausmitteilung der Agitationskommission an Albert Norden vom 28. 7. 1966; BuArch Bln. DY 30 IV 2/2.106/3. Der Historiker Michael Wolffsohn irrt also, wenn er schreibt, Singer habe sich den Bitten, einen derartigen Brief zu schreiben, entzogen. Vgl. Wolffsohn: Deutschland-Akte (1995), S. 90.
132 Vgl. Frankfurter Rundschau vom 3. Oktober 1966.
133 Konkret, Juli 1966. Stern vom 24. Juli 1966.
134 Hausmitteilung von Max Schmidt (Westabteilung) an Albert Norden vom 5. 8. 1966. Anlage: Maßnahmeplan für weitere Aktionen gegen den KZ-Baumeister Lübke, S. 1; BuArch Bln. DY 30/IV A 2/2.028/8. Vgl. Neumann: Ausflüchte (1960).
135 Schreiben von Albert Norden an Walter Ulbricht vom 16. 2. 1966; BuArch Bln. DY 30/IV A 2/2.028/8.
136 Hausmitteilung von Max Schmidt (Westabteilung) an Albert Norden vom 5. 8. 1996 (Anlage: Maßnahmeplan für weitere Aktionen gegen den KZ-Baumeister Lübke); BuArch Bln. DY 30/IV A 2/2.028/8.
137 Vermerk von Friedrich Karl Kaul über eine Besprechung bezüglich der Strafanzeige des Genossen Landwehr vom 24. 7. 1967; BuArch Bln. DY 30/IV A 2/2.028/8.
138 Konkret, 31. Oktober 1966, S. 30.
139 Bericht vom 26. 10. 1966 über die Besprechungen in Hamburg bezüglich der Aktion Lübke; BStU, ZA, SdM 1239, Bl. 217–221, hier. 219.
140 Protokoll vom 1. 12. 1966 über die Besprechung zwischen Ulrike Meinhof, Steinke, Dengler und Friedrich Karl Kaul, S. 2; BStU, ZA, SdM 1239, Bl. 189–191.
141 Bericht vom 26. 10. 1966 über die Besprechungen in Hamburg bezüglich der Aktion Lübke; BStU, ZA, SdM 1239, Bl. 215–221, hier: 220.
142 Schreiben des Leiters der Abteilung Agitation an Mielke vom 15. 12. 1966, S. 1f.; ebenda, Bl. 104–107.

¹⁴³ Schreiben von Fritz J. Raddatz an Friedrich Karl Kaul vom 12. 7. 1967; BuArch Bln. DY 30 IV A 2/2.028/8.
¹⁴⁴ »Gefälschte Dokumente«, in: Bulletin des Presse- und Informationsamtes der Bundesregierung vom 2. September 1966, S. 912.
¹⁴⁵ Der Spiegel vom 17. Oktober 1966.
¹⁴⁶ Innere Sicherheit. Informationen zu Fragen des Staatsschutzes Nr. 11/1966 vom 28. Oktober 1966, hrsg. vom Bundesministerium des Innern; BuArch Bln. DY 6/vorl. 1703a.
¹⁴⁷ Vgl. den 36seitigen Bericht von Prof. Pawel Horoszowski (Warschau) vom 14. 11. 1966; BuArch Bln. DY 6/vorl. 1703b. Vorbereitungsarbeiten und stenographisches Protokoll der Pressekonferenz sind dokumentiert in: BuArch Bln. DY 6/vorl. 1377 und DY 6/vorl. 3930.
¹⁴⁸ Ohne Autor: Zur Tätigkeit Heinrich Lübkes 1933–1945, S. 83; BuArch Bln. DY 6/vorl. 1703b.
¹⁴⁹ Schreiben des Leiters der Abteilung Agitation an Mielke vom 15. 12. 1966, S. 1 f.; ebenda, Bl. 104–107.
¹⁵⁰ Hausmitteilung der Arbeitsgruppe Auslandsinformation an Albert Norden vom 22. 9. 1966. Anlage: Maßnahmeplan zur Lübke-Reise nach Mexiko; BuArch Bln. DY 30/IV A 2/2.028/8.
¹⁵¹ Schreiben von Albert Norden an Walter Ulbricht vom 3. 3. 1967; BuArch Bln. DY 30/IV A 2/2.028/8.
¹⁵² »Dokumentation über Lübke erschienen«, in: Neues Deutschland vom 24. 8. 1967.
¹⁵³ Ausführlich dazu Morsey: Biographie (1996), S. 537 ff., 544 ff. und 556 ff.
¹⁵⁴ Stern vom 28. Januar 1968, S. 64–68.
¹⁵⁵ Ausführlich dazu Morsey: Biographie (1996), S. 537 und 540 f.
¹⁵⁶ Vermerk des Leiters der Abteilung Agitation vom 22. 3. 1968; BStU, ZA, AS 29/66, Bd. I, Bl. 21.
¹⁵⁷ Hausmitteilung der Westabteilung an Albert Norden vom 7. 3. 1968; BuArch Bln. DY 30/IV A 2/2.028/8.
¹⁵⁸ Ebenda.
¹⁵⁹ Schreiben des Leiters der Abteilung Agitation, Oberst Halle, an den Leiter der Hauptabteilung IX vom 28. Juli 1969; BStU, ZA, AV 7/85, K 16, Bl. 8.

Wie Verräter gemacht werden – Die Akte Wehner

¹ »Verrat auf höchster Ebene? Das Doppelleben des Herbert W.«, in: Stern vom 26. Mai 1997, S. 124–132.
² Wolf: Erinnerungen (1997), S. 218. Wolf zufolge soll Wehners Akte in der HVA unter dem Decknamen »Wotan« geführt worden sein. Nach der Veröffentlichung des »Stern«-Berichtes distanzierte er sich von diesem, wohingegen der zuständige Mitarbeiter der Illustrierten erklärte, Wolf habe den Text persönlich geprüft. Vgl. »Wolf: Ich wollte Wehner nicht nachträglich denunzieren«, in: Leipziger Volkszeitung vom 3. 6. 1997. »Der Spionagechef läßt sich nicht abhören. Warum Stern-Mitarbeiter Kai Herrmann an Markus Wolf fast verzweifelte«, in: Süddeutsche Zeitung vom 10. Juni 1997. Inzwischen findet die Verratslegende auch in seriöse Literatur Eingang. Vgl. Andrew/Mitrochin: Schwarzbuch (1999), S. 557–560.
³ Vgl. Wolf: Erinnerungen (1997), S. 197. 56 Bände umfaßt allein der von der Hauptabteilung IX/11 hinterlassene »Forschungsvorgang«, zwölf weitere lagerten direkt

beim Minister; BStU, ZA, MfS HA IX/11 AS 95/65 sowie SdM 1856, 1857, 1858, 1860, 1861, 1862, 1863, 1864, 1865, 1866, 1869, 1870. Akten mit HVA-Provenienz haben die »Selbstauflösung« der HVA nicht überlebt.
4 Wolf: Erinnerungen (1997), S. 203.
5 Schreiben der Abteilung Personalpolitik, Gen. Stahlmann, vom 10. 12. 1946 (ohne Adressat); BStU, ZA, HA IX/11 AS 95/65, Bd. 28, Bl. 280. Ein ähnliches Schreiben, das als Adressaten lediglich »Hamburg« aufweist, datiert vom 14. 10. 1946, also drei Wochen nach Wehners Ankunft in Lübeck; ebenda, Bl. 279. Zur Rolle der Abteilung Personalpolitik vgl. Kubina: Sicherheitsapparate (1996), S. 340-374.
6 Notiz Franz Dahlems vom 28. 11. 1946 auf einem Schreiben der Kommunistischen Partei, Bezirk Wasserkante, an die Kaderabteilung der SED vom 16. 11. 1946; BStU, ZA, HA IX/11 AS 95/65, Bd. 28, Bl. 278.
7 Hausmitteilung der Abteilung Personalpolitik, Bruno Haid, an Pieck, Ackermann und Dahlem vom 22. 1. 1947 (Anlage: Bericht von [...]) mit dem handschriftlichen Vermerk von Ulbricht: »An meiner Stellung kann sich nichts ändern«; BStU, ZA, HA IX/11 AS 95/65, Bd. 28, Bl. 214.
8 Pressedienst vom 18. August 1951, handschriftlich: »Veröffentlicht im Vorwärts«; BStU, ZA, HA IX/11 AS 95/65, Bd. 28, Bl. 25-29, hier: 29.
9 Schreiben von Herbert Wehner an Bundeskanzler Adenauer vom 10. 10. 1953; BStU, ZA, SdM 1858, Bl. 223-228.
10 Der Spiegel vom 6. Oktober 1954, zitiert nach: HA V/2: Bericht über die Tätigkeit Wehners 1933 vom 18. 8. 1958; BStU, ZA, HA IX/11 AS 95/65, Bd. 1, Bl. 199f.
11 »Zur Klärung der politischen Vergangenheit Wehners«, in: Vorwärts vom 18. März 1957. Schreiben eines Lesers an Hermann Matern vom 19. 3. 1957; BStU, ZA, SdM 1858, Bl. 15f.
12 Brief von Herbert Wehner an Gerstenmaier vom 14. 3. 1957 mit einer Erklärung vom 11. 3. 1957; BStU, ZA, HA IX/11 AS 95/65, Bd. 43, Bl. 8-23.
13 Herbert Wehner: Erklärung zu einer Veröffentlichung der Zeitung »Dagens Nyheter«, 11. 3. 1957; BStU, ZA, SdM 1858, Bl. 230-243, hier: 243, abgedruckt in: Wehner: Zeugnis (1982), S. 285-298. Zu den kommunistischen Attentatsversuchen gegenüber Wehner vgl. Der Spiegel Nr. 41, vom 6. Oktober 1954, S. 19.
14 Wolf: Erinnerungen (1997), S. 196-201.
15 Vernehmungsprotokoll vom 21. 11. 1957; BStU, ZA, AOP 468/59, Bd. 9. Handschriftlicher Bericht von Kurt Vieweg o.D. (1966); BStU, ZA, AIM 1200/77, Teil II, Bd. 1. Kurt Vieweg wurde am 29. 10. 1911 in Göttingen geboren und 1932 Mitglied der KPD. 1933 emigrierte er nach Skandinavien. Von 1950 bis 1954 war er Mitglied des Zentralkomitees der SED und von 1950 bis 1953 ZK-Sekretär für Landwirtschaft. 1954-1957 war er Professor an der Akademie für Landwirtschaftswissenschaften, wo er 1957 wegen »revisionistischer« Tendenzen abgesetzt wurde. Nach seiner Flucht in die Bundesrepublik kehrte er am 19. Oktober 1957 freiwillig in die DDR zurück und wurde 1959 zu zwölf Jahren Zuchthaus verurteilt. Im Dezember 1964 wurde er vorzeitig aus der Haft entlassen und war anschließend unter dem Decknamen »Nordland« für das MfS als Inoffizieller Mitarbeiter tätig. Vgl. Scholz: Bauernopfer (1997), hier: S. 207ff.
16 Wolf zufolge trug Weil den Decknamen »Wanger« und Hansch den Decknamen »Henkel«. Vgl. Wolf: Erinnerungen (1997), S. 196 und S. 201. Zu Wolfs eigener Beteiligung an dem »Gesprächsangebot«: »Die Rache des Wolfs. An Wehner ist der Ex-Geheimdienstchef stets gescheitert«, in: Die Zeit vom 28. 5. 1997.
17 »Herbert Wehner – ein Fremdling in der Arbeiterklasse. Der Weg Wehners vom

kleinbürgerlichen Anarchisten zum Lakaien des Militarismus«, in: Neues Deutschland vom 24. 8. 1960. Vgl. Wolf: Erinnerungen (1997), S. 202. Richtigstellend: Freudenhammer/Vater: Wehner (1978), S. 107. Die aktuelleste Darstellung der Vorgänge in Schweden gibt Scholz: Wehner (1995).

[18] Ausführungen von Generaloberst Stahlmann über »Wotan« vom 20. 2. 1961; BStU, ZA, HA IX/11 AS 95/65, Bd. 4, Bl. 115.

[19] Auszüge aus den Mitteilungen der Genossin Charlotte Bischoff vom 22. 3. 1961 zu Herbert Wehner; BStU, ZA, SdM 1857, Bl. 178–180, hier: 180. Charlotte Bischoff war seit 1930 Mitarbeiterin im ZK der KPD und reiste 1942 im Auftrag Wehners nach Deutschland, um in Berlin den Aufbau eines illegalen »Zentrums« vorzubereiten. Vgl. Soell: Wehner (1991), S. 469.

[20] Roland Bauer, Institut für Marxismus-Leninismus: Schreiben an Albert Norden vom 31. 7. 1963; BuArch Bln. DY 30/J IV 2/2028/24.

[21] Westkommission beim Politbüro: betr.: Herrn Frederik, Inning am Ammersee, 19. 8. 1963; BuArch Bln. DY 30/J IV 2/202–586. Dem Bericht zufolge erklärte Frederik, daß der PINAR-Dienst in einer Auflage von 3000 bis 4000 Exemplaren erscheine und unter anderem allen Bundestagsabgeordneten, rund 900 westdeutschen Zeitungen sowie den diplomatischen Vertretungen in der Bundesrepublik zugestellt werde.

[22] Schreiben von Gabo Lewin an Hermann Matern vom 19. 8. 1963; BuArch Bln. DY 30/J IV 2/202–586.

[23] Ebenda, S. 5.

[24] Aktennotiz über ein Gespräch mit Herrn Frederik im Hause des Nationalrates am 9. 9. 1963; BuArch Bln. DY 30/J IV 2/202–586.

[25] Koch: Bilanz (1994), S. 84f und S. 268ff.

[26] Bailey/Kondraschow/Murphy: Geheimdienste (1997), S. 248. Vgl. Frederik: Legende (1971).

[26] Bohnsack/Brehmer: Irreführung (1992), S. 196ff.

[28] Frederik: Die Kandidaten (1961). Frederik: Deutschland (1964). Frederik: Die Rechtsradikalen (1965). Frederik: Strauß (1965). Frederik: NPD (1966). Frederik: Schiller (1966); Frederik: Strauß (1969). Frederik: Zwielicht (1969). Frederik: Wehner (1973). Frederik: Prominenz (1980). Frederik: Wehner (1982).

[29] Anonymus: Guillaume (1974), S. 114. In dem Buch sind noch weitere Fotografien von Mielke und anderen MfS-Mitarbeitern ohne Quellenangabe abgedruckt.

[30] Scholz: Wehner (1995), S. 228.

[31] Schreiben von Markus Wolf an Erich Mielke vom 3. 12. 1962; BStU, ZA, HA IX/11 AS 95/65, Bd. 1, Bl. 322f. Als (nicht überlieferte) Anlagen waren beigefügt: ein Anschreiben, ein Vorschlag für Maßnahmen (3 Bl.), eine Ausarbeitung zu W[ehner] vom 1. 12. (18 Bl.) und eine Ausarbeitung zu M[ewis] vom 1. 12. (5 Bl.).

[32] Solveig Hansson wurde zunächst zu sechs und in der Berufungsverhandlung zu neun Monaten Gefängnis verurteilt. Bis zum Strafantritt wurde sie auf freien Fuß gesetzt. Vgl. Freudenhammer/Vater: Wehner (1978), S. 109ff. Staadt: Westpolitik (1993), S. 100f. Soell: Wehner (1991), S. 480ff. Scholz: Wehner (1995).

[33] Material Wehner vom 6. 1. 1963; BuArch Bln. DY 30/J IV 2/202–586.

[34] Der HVA-Bericht ist nicht überliefert, findet aber Erwähnung in einem 27seitigen »Material«, das Markus Wolf am 11. 2. 1964 an Erich Mielke übersandte. Vgl. Betr.: Herbert Wehner, 26. 1. 1964; BStU, ZA, HA IX/11 AS 95/65, Bd. 1, Bl. 145–172, hier: 145.

[35] Material Wehner vom 6. 1. 1963; BuArch Bln. DY 30/J IV 2/202–586.

Anmerkungen zu den Seiten 160–163

36 Institut für Marxismus-Leninismus: Übersicht über die Akte betr. Herbert Wehner vom 30. 7. 1963; BuArch Bln. DY 30/J IV 2/202–586. Vertrauliches Schreiben des Direktors des IML, Bauer, an Hermann Matern vom 31. 7. 1963; BStU, ZA, HA IX/11 AS 95/65, Bd. 1, Bl. 293.
37 Notiz von Hermann Matern für Werner [Müller?] vom 2. 8. 1963; BStU, ZA, HA IX/11 AS 95/65, Bd. 1, Bl. 292.
38 Westkommission beim Politbüro: Auszugsweise Wiedergabe von Aussagen des X [=Wehner] auf Grund der Prozeßakten, 17. 8. 1963; BuArch Bln. DY 30/J IV 2/202–586. Das Papier ging an Hermann Matern (Vorsitzender der Zentralen Parteikontrollkommission), Albert Norden (ZK-Sekretär für Agitation und Propaganda) und Erich Honecker (ZK-Sekretär für Sicherheit). Schreiben von Gabo Lewin an Erich Honecker vom 16. 8. 1963; ebenda. Schreiben der Westkommission an Hermann Matern und Albert Norden vom 17. 8. 1963; ebenda.
39 Auf den Bericht Laufers vom 28. 8. 1963 wird in einer später erstellten Unterlage Bezug genommen: HA IX/10: Informationsbericht über die bisherige Arbeit am Komplex Wehner vom 12. 8. 1966; BStU, ZA, SdM 1858, Bl. 249–255, hier: 251.
40 MfS-Vermerk betr.: Wehner-Material vom 28. 8. 1963; BStU, ZA, HA IX/11 AS 95/65, Bd. 1, Bl. 320.
41 Schreiben der Westkommission an Hermann Matern und Albert Norden vom 17. 8. 1963; BuArch Bln. DY 30/J IV 2/202–586.
42 Staadt: Westpolitik (1993), S. 108f. Schon vor Mewis' Verhaftung hatte Wehner schwere Vorwürfe gegen diesen erhoben und seine »Nach- und Fahrlässigkeit« im Umgang mit kommunistischen Instrukteuren als »Mord« gekennzeichnet. Vgl. Soell: Wehner (1991), S. 471.
43 Günter Gaus: Zur Person – Herbert Wehner. Interview im Zweiten Deutschen Fernsehen am 8. Januar 1964, abgedruckt in: Wehner: Zeugnis (1982), S. 299–321.
44 Das Politbüro der SED hatte am 10. Dezember 1963 u.a. beschlossen, Mitglieder und Funktionäre sozialdemokratischer Parteien in regelmäßigen Abständen zu »Begegnungen« in die DDR einzuladen. Vgl. dazu: Einfluß westeuropäischer sozialdemokratischer Parteien auf die SPD. Anlage zum Schreiben von Gabor Lewin (Westkommission) an Albert Norden vom 14. 2. 1964; BuArch Bln. DY 30/J IV 2/202–586.
45 Schreiben von Joachim Herrmann an Heinz Geggel vom 13. 1. 1964; BuArch Bln. DY 30/J IV 2/202–586.
46 Schreiben an Gabor Lewin o.D.; BuArch Bln. DY 30/J IV 2/202–586.
47 Vorschlag für die Dokumentation und Kommentierung, o.D.; BuArch Bln. DY 30/J IV 2/202–586.
48 »Zur Person: Herbert Wehner«, in: Berliner Zeitung vom 24. Januar 1964.
49 Auswertung der Enthüllung über Wehner, 24. 1. 1964; BuArch Bln. DY 30/J IV 2/202–586. Vollständig dokumentiert in Staadt: Einflußnahme (1995), S. 2471–2475.
50 Die Sonderausgabe erschien wenig später unter dem Titel: »Zur Person: Herbert Wehner. Notwendige Richtigstellung eines Lebensbildes«.
51 Auswertung der Enthüllung über Wehner, 24. 1. 1964; BuArch Bln. DY 30/J IV 2/202–586. Vollständig dokumentiert in Staadt: Einflußnahme (1995), S. 2471–2475.
52 Betr.: Herbert Wehner, 26. 1. 1964; BStU, ZA, HA IX/11 AS 95/65, Bd. 1, Bl. 145–172, hier: 171 f.
53 Der sogenannte Freiheitssender 904 wurde 1956 einen Tag nach dem Verbot der KPD von der SED eingerichtet, um in der Bundesrepublik politische Propaganda zu betreiben

und die illegal arbeitende Parteiorganisation der Kommunisten anzuleiten. Nach dem Abschluß des Grundlagenvertrages wurde der Sender im Mai 1972 aufgegeben.

54 Abschrift des Schreibens der Arbeitsgruppe Auslandsinformation an Albert Norden vom 8. 2. 1964; BuArch Bln. DY 30/J IV 2/202-586. Norden bestätigte diese Vorschläge am 25. 2. 1964. Vollständig dokumentiert in Staadt: Einflußnahme (1995), S. 2476f.

55 Ebenda.

56 L. Sager: Bericht über die Unterhaltung mit einigen schwedischen Genossen vom 14. 1. 1964; BuArch Bln. DY 30/J IV 2/202-586.

57 Zur weiteren Auswertung der Enthüllung über Wehner. Anlage zum Schreiben von Gabor Lewin (Westkommission) an Albert Norden vom 14. 2. 1964; BuArch Bln. DY 30/J IV 2/202-586.

58 Ohne Titel (vorformuliertes »Interview«), o.D.; BuArch Bln. DY 30/J IV 2/202-586.

59 Schreiben von Gabor Lewin an Albert Norden vom 27. 2. 1964; BuArch Bln. DY 30/J IV 2/202-586.

60 Zur weiteren Auswertung der Enthüllung über Wehner. Anlage zum Schreiben von Gabor Lewin (Westkommission) an Albert Norden vom 14. 2. 1964; BuArch Bln. DY 30/J IV 2/202-586.

61 »Zur Person: Herbert Wehner. Eine Zeugin sagt aus« (Charlotte Bischoff); »Zur Person: Herbert Wehner. Ein weiterer Zeuge sagt aus« (Paul Werther); »Zur Person: Herbert Wehner. Er hat uns alle verraten« (Erika Friedländer), in: Berliner Zeitung vom 5., 7. und 16. März 1964. »Fakten über den schmutzigen Verrat an deutschen und schwedischen Antifaschisten«, in: Tribüne vom 11. 3. 1964.

62 Schreiben von Gabor Lewin (Westkommission) an Albert Norden vom 14. 2. 1964; BuArch Bln. DY 30/J IV 2/202-586.

63 Zur weiteren Auswertung der Enthüllung über Wehner. Anlage zum Schreiben von Gabor Lewin (Westkommission) an Albert Norden vom 14. 2. 1964; BuArch Bln. DY 30/J IV 2/202-586.

64 Einfluß westeuropäischer sozialdemokratischer Parteien auf die SPD; Anlage zum Schreiben von Gabor Lewin (Westkommission) an Albert Norden vom 14. 2. 1964; BuArch Bln. DY 30/J IV 2/202-586.

65 Schreiben von Gabor Lewin an Werner Lamberz vom 16. 3. 1964; BuArch Bln. DY 30/J IV 2/202-586.

66 Aufstellung (von Materialien zu Herbert Wehners Rolle in Schweden); BStU, ZA, SdM 1869, Bl. 2f.

67 Schreiben von Erich Mielke an Erich Honecker vom 27. 11. 1964; BStU, ZA, SdM 1869, Bl. 1. In den zwischen Mai und Juli 1946 entstandenen »Notizen« reflektiert Wehner seine kommunistische Vergangenheit. Das Manuskript war lange Zeit nur wenigen Eingeweihten bekannt. 1969 erschien ein »APO-Raubdruck« und erst am Ende von Wehners politischer Laufbahn eine Buchausgabe. Vgl. Wehner: Zeugnis (1982).

68 Aktenvermerk über eine Auskunft Laufers am 1. 12. 1964; BStU, ZA, SdM 1869, Bl. 4. Paul Laufer, Jahrgang 1904, trat 1921 der SPD bei, wo er unter dem Decknamen »Stabil« als Agent für das ZK der KPD in der Berliner SPD tätig war. Nach Kriegsende arbeitete Laufer »an der Seite alter Kampfgefährten« zunächst in der »Pressestelle« des Berliner Polizeipräsidiums, ab 1946 im Referat »Untersuchungen und Schiedsgerichte« der KPD-Zentrale und ab 1947 als Hauptreferent des neugebildeten »Abwehrreferates« der Abteilung Personalpolitik der SED unter Bruno Haid. 1949 wechselte er in die Zentrale Parteikontrollkommission (ZPKK), wo er die Kader der SED zu prü-

fen hatte, und 1955 wurde er Major des MfS im sogenannten »Apparat Heidenreich«, der späteren HV A. Dort übernahm er die Leitung der für die Bearbeitung von SPD und DGB verantwortlichen Abteilung und schleuste unter anderem das Ehepaar Guillaume in die Bundesrepublik, dessen erster Führungsoffizier er war. Vgl. Deckname Stabil (1988). Koch: Bilanz (1994), S. 190 ff.

69 Wehner: Selbstbesinnung (1994), S. 11 f.
70 HA IX: Vorschlag zur weiteren Beschaffung von belastenden Materialien gegen Herbert Wehner vom 27. 11. 1964; BStU, ZA, HA IX/11 AS 95/65, Bd. 1, Bl. 141.
71 »Die Anklage der SPD-Fronde gegen Herbert Wehner«, in: Die Zeit vom 11. 3. 1966.
72 HA V/6: Tonbandabschrift vom 10. 5. 1963, Quelle: GM »Erich«; BStU, ZA, AIM 10998/66, Bd. 2, Bl. 96–111, hier: 98.
73 »Brandts Antwort auf das Pamphlet«, in: Die Zeit vom 18. März 1966.
74 Die Welt vom 16. 3. 1966.
75 Notiz o.D.; BStU, ZA, HA IX/11 AS 95/65, Bd. 1, Bl. 329.
76 Die ersten Zeitungsartikel in dem Ordner stammen von 1964, die letzten von 1973; BuArch Bln. DY 30/J IV 2/202–589.
77 Ausführlich dazu Staadt: Westpolitik (1993), S. 167–190.
78 Vgl. dazu die Grundsatzrede von Erich Honecker: »Die deutsche Frage kann nur durch Verständigung der Arbeiter gelöst werden. Rede Erich Honeckers vor dem Berliner Parteiaktiv«, in: Neues Deutschland vom 13. Mai 1966.
79 Vgl. Weber/Oldenburg: Chronik (1971), S. 164. Direkte Angriffe gegen Wehner erschienen im Neuen Deutschland am 27. und 31. Mai sowie am 7. Juni 1966.
80 Reinschriftprotokoll Nr. 25/66 der Sitzung des Zentralkomitees der SED am 28. Juni 1966; BuArch Bln. D 30 J IV/2/2/1064.
81 Im Vorfeld der Volksabstimmung vom Januar 1935 hatten Honecker und Wehner von der Auslandsleitung der KPD in Paris die Weisung erhalten, sich an der Parteikampagne gegen den Anschluß des Saarlandes an das Dritte Reich zu beteiligen. Erich Honecker schrieb später, er habe damals viel von Wehner gelernt. Vgl. Lippmann: Honekker (1971), S. 36 f. Wehner: Zeugnis (1982), S. 107 f. Honecker: Leben (1981), S. 80 f.
82 HVA, Abteilung VII/F: Schreiben an Markus Wolf vom 17. 5. 1966 (zur Entscheidung weitergeleitet an Erich Mielke); dokumentiert in Staadt: Einflußnahme (1995), S. 2478 f.
83 Mitteilung von Markus Wolf an Erich Mielke vom 7. 6. 1966; BStU, ZA, SdM 1869, Bl. 6. (Die Mappe trägt die Aufschrift »Wehner-Komplex«).
84 Schreiben von Erich Mielke an Erich Honecker vom 9. 6. 1966; BStU, ZA, SdM 1869, Bl. 5.
85 Abschrift eines Schreibens der Westabteilung an Erich Honecker vom 17. 6. 1966; BuArch Bln. DY 30/J IV 2/202–586.
84 Übersicht vom 19. 7. 1966 über das »Material Wehner«; BStU, ZA, HA IX/11 AS 95/65, Bd. 1, Bl. 289–291.
87 Schreiben von Markus Wolf an Erich Mielke vom 24. 6. 1966 (mit Anlage); BStU, ZA, HA IX/11 AS 95/65, Bd. 1, Bl. 106.
88 HA IX/10: Informationsbericht über die bisherige Arbeit am Komplex Wehner vom 12. 8. 1966; BStU, ZA, SdM 1858, Bl. 249–255, hier: 250. Dokumentiert in Staadt: Einflußnahme (1995), S. 2480–2485.
89 Maßnahmeplan für die Schaffung von Beweismitteln und Beweismaterialien gegen Wehner; BStU, ZA, HA IX/11 AS 95/65, Bd. 1, Bl. 64–68.
90 Wolf: Erinnerungen (1997), S. 203.

[91] HA IX/10: Informationsbericht über die bisherige Arbeit am Komplex Wehner vom 12. 8. 1966; BStU, ZA, SdM 1858, Bl. 249–255, hier: 254 f. Dokumentiert in Staadt: Einflußnahme (1995), S. 2480–2485

[92] Ebenda, Bl. 249 ff.

[93] Vorhandenes Pressematerial zur Person Wehners u. seinem Verrat, 23. 8. 1966; BStU, ZA, HA IX/11 AS 95/65, Bd. 35, Bl. 133 f.

[94] Pressematerial zum Verrat Wehners in Schweden, 25. 8. 1966; BStU, ZA, HA IX/11 AS 95/65, Bd. 1, Bl. 137 f.

[95] Plan zur Vernehmung von Zeugen zum Vorgang … vom 18. 12. 1966 (vernommen werden sollten Richard Stahlmann, Charlotte Bischoff, Erika Friedländer, Paul Werther und Kurt Siegmund); BStU, ZA, HA IX/11 AS 95/65, Bd. 1, Bl. 60 f.

[96] HA IX/11: Informationsbericht über die Bearbeitung des Vorganges Wehner vom 20. 12. 1966; BStU, ZA, HA IX/11 AS 95/65, Bd. 1, Bl. 37–42.

[97] HA IX/11: Bericht über die bisherigen Ergebnisse der Bearbeitung des Vorfgangs Wehner vom 4. 1. 1967; dokumentiert in Staadt: Einflußnahme (1995), S. 2486–2492, hier: 2490.

[98] Bericht des 1. Sekretärs der Parteiorganisation der HV A an das Sekretariat der Kreisleitung der SED am 11. 11. 1969; BStU, ZA, SED-KL 146.

[99] Teilkonzeption der operativen Arbeit gegen Wehner vom 21. 3. 1967 (laut handschriftlichem Vermerk von Markus Wolf durch Paul Laufer erstellt); BStU, ZA, SdM 1858, Bl. 258–262.

[100] Zeugenvernehmungsplan o.D. (April 1967); BStU, ZA, HA IX/11 AS 95/65, Bd. 40, Bl. 41–47.

[101] HA IX/11: Ausarbeitung o.T. zu politischen Äußerungen Wehners nach 1945 vom 13. 3. 1967; BStU, ZA, HA IX/11 AS 95/65, Bd. 27, Bl. 57–75.

[102] Angaben über Wehner, o.D., laut handschriftlichem Vermerk eines MfS-Mitarbeiters am 15. 3. 1967 »mit Hinweis erhalten, daß Auswertung dieser Fakten im Bericht enthalten sein müssen«; BStU, ZA, HA IX/11 AS 95/65, Bd. 48, Bl. 148–151.

[103] HV A, Abteilung X: Niederschrift über die Arbeitsberatung mit der Abteilung aktive Maßnahmen beim KfS vom 10.–15. 4. 1967; BStU, ZA, SdM 1465, Bl. 148–151, hier: 148. Kondraschow war von 1955 bis 1957 und von 1963 bis 1967 Leiter der Abteilung und hat 1997, zusammen mit seinem amerikanischen Gegenspieler, ein Buch über seine frühere Tätigkeit veröffentlicht: Bailey/Kondraschow/Murphy: Geheimdienste (1997).

[104] Schreiben des Vorsitzenden des Komitees für Staatssicherheit beim Ministerrat der UdSSR, Semitschastny, an Erich Mielke, handschriftliche Datumsangabe: 10. 5. 67; BStU, ZA, SdM 1858, Bl. 264 f.

[105] Stand der Untersuchung gegen Herbert Wehner (April 1967); BStU, ZA, HA IX/11 AS 95/65, Bd. 2, Bl. 148–156.

[106] Vermerk über eine Besprechung beim Gen. Minister, o.D. (1967); BStU, ZA, HA IX/11 AS 95/65, Bd. 1, Bl. 4.

[107] Der Verrat Wehners in Schweden, o.D. (1967); BStU, ZA, HA IX/11 AS 95/65, Bd. 2, Bl. 167–177.

[108] Handschriftliche Mitteilung von Markus Wolf an Bruno Beater vom 6. 2. 1968; BStU, ZA, SdM 1858, Bl. 257. Darüber hinaus schickte Wolf an Beater auch noch einen »Überblick über den Inhalt des Negativ-Filmes betr. Wehner« mit Dokumenten der Komintern und schrieb dazu: »Gehört in den *dicken* Wehner-Ordner«; BStU, ZA, SdM 1856, 175–182.

109 Handschriftliche Anmerkung von Markus Wolf zur Teilkonzeption der operativen Arbeit gegen Wehner vom 21. 3. 1967 (laut Wolf durch Paul Laufer erstellt); BStU, ZA, SdM 1858, Bl. 258.
110 Auskunftsbericht zu Herbert Wehner vom 6. 5. 1968; BStU, ZA, SdM 1866, Bl. 1–88.
111 Frederik: Zwielicht (1969).
112 Bohnsack/Brehmer: Irreführung (1992), S. 197f.
113 Aktennotiz von Major Schwabe vom 9. 6. 1970; BStU, ZA, HA IX/11 AS 95/65, Bd. 34, Bl. 132.
114 Vgl. die Rezension im »Stern« vom 8. 6. 1969.
115 VPA-Verlagsmitteilungen für Presse und Buchhandel, Juni 1969.
116 Otto John verschwand am 20. Juli 1954 überraschend in die DDR und trat dort auf mehreren propagandistischen Pressekonferenzen auf. Im Dezember 1955 kehrte er ebenso überraschend zurück und erklärte, nach Ostberlin entführt worden und unter Druck öffentlich aufgetreten zu sein. Der Bundesgerichtshof glaubte ihm nicht und verurteilte ihn 1956 wegen Landesverrats zu vier Jahren Haft. Auch in der neuesten Darstellung des »Falls« John bleibt – trotz Hinzuziehung von Akten und Zeitzeugenaussagen aus dem ehemaligen KGB – offen, ob sein spektakulärer Übertritt freiwillig oder unter Zwang erfolgte; vgl. Bailey/Kondraschow/Murphy: Geheimdienste (1997), S. 245ff. Schiffers: Verfassungsschutz (1997).
117 Protokoll über Verhandlungen zwischen Vertretern des MfS der DDR und des KfS beim Ministerrat der UdSSR über gemeinsame aktive Maßnahmen für das Jahr 1967; BStU, ZA, SdM 1465, Bl. 134–147, hier: 146. Vgl. Frederik: Legende (1971).
118 Anonymus: Deutschland (1972).
119 »Autorenkollektiv befaßt sich mit Wehners Vergangenheit«, in: Die Welt vom 19. 10. 1972. »Sowjetspion und Roter Agent. Ein Buch klagt Herbert Wehner an«, in: Bayernkurier vom 28. 10. 1972.
120 Bemerkenswert ist, daß sich die Grauschrift aus der Studentenbewegung nach der Wende, zusammen mit den anderen kompromittierenden Veröffentlichungen, ausgerechnet im Zentralarchiv der SED wiederfand; BuArch Bln. ZPA I 2/3/80. Der Berliner Historiker Jochen Staadt hat an dem »Raubdruck« zudem als ungewöhnlich hervorgehoben, daß er keinerlei – auch nicht fiktive – Herausgeberschaft nennt und jeweils auf die Seitennumerierung des Originaltextes hinweist. Vgl. Staadt: Westpolitik (1993), S. 104 (Anm. 65). Vgl. auch Scholz: Wehner (1995), S. 245.
121 Bayernkurier vom 11. 11. 1972.
122 Vermerk [des Mfs] vom 20. 7. 1971; dokumentiert in Staadt: Einflußnahme (1995), S. 2493f.
123 Vgl. Wiegrefe/Tessmer: Deutschlandpolitik (1994), S. 601–627.
124 Potthoff: Dialog (1997), S. 39.
125 Mewis: Auftrag (1973).
126 Frederik: Legende (1982), S. 166.
127 Namentlich die Politbüromitglieder Werner Krolikowski und Willi Stoph sowie Stasi-Minister Mielke und Verteidigungsminister Hoffmann hatten sich 1980 gegen Honeckers deutsch-deutschen Dialog gewandt und auch in Moskau dagegen interveniert. Vgl. Przybylski: Politbüro (1991), S. 340–348; Nakath/Stephan: Geschichte (1995), S. 23.
128 Aktenvermerke von Oberstleutnant Stolze vom 16. 2., 1. 3., 8. 5. und 9. 5. 1978; BStU, ZA, HA IX/11 AS 95/65, Bd. 2, Bl. 250f und 279f.
129 Bericht über die wesentlichsten Ergebnisse der Untersuchungen zur Handlungs-

weise und zum möglichen Verrat Wehners in Schweden vom 18. 5. 1978; BStU, ZA, HA IX/11 AS 95/65, Bd. 2, Bl. 282–290.

130 Aktenvermerk vom 19. 5. 1978; ebenda, Bl. 291.
131 Kurzmitteilung von Kurt Hager an Ernst Diehl vom 13. 10. 1976; dokumentiert in Staadt: Einflußnahme (1995), S. 2508.
132 Hausmitteilung von Kurt Hager an Erich Honecker vom 13. 5. 1987; BStU, ZA, HA IX/11 AS 95/65, Bd. 2, Bl. 294. Bei dem inkriminierten Buch handelte es sich um: Mammach: Widerstand (1987).
133 Wolfgang Vogel: Vermerk vom 18. 9. 1986 betr.: Besuch bei H.W. in seinem Ferienhaus auf Öland 11./13. Sept. 1986; BStU, ZA, ZKG 9619, Bl. 1–3, hier: 1.
134 Ebenda, hier: 2. Ähnlich: Vermerk vom 13. 7. 1987 betr.: Besuch bei H.W. auf Öland/ Schweden zum 81sten Geburtstag am 11. 7. 1987; ebenda, Bl. 8f. Vermerk vom 30. 10. 1989 betr.: Gespräch mit Greta Wehner vom 27. 10.; ebenda, Bl. 12.
135 Ebenda, Bl. 1–3, hier: 1.
136 Wolf: Erinnerungen (1997), S. 218.
137 »Vertraulich, aber nicht geheim. Der einstige DDR-Unterhändler Wolfgang Vogel über Herbert Wehner, Ständige Vertreter, den Freikauf von Häftlingen und Schüsse an der Grenze«, in: Berliner Zeitung-Magazin vom 31. 5. 1997, S. IV.
138 Müller: Wehner (1993).

Mythos und Wirklichkeit – Die Studentenbewegung

1 Kraushaar: Unterwanderte Jahre (1998). Ferner Kraushaar: SDS-Idee (1998).
2 Vgl. dazu die zeitgenössischen Darstellungen: Senator für Inneres (Hrsg.): Untergrundarbeit (1959). Münchner Arbeitsgruppe: Verschwörung (1960). Ost-Berlin (1960).
3 Die Zahl der auf dem Gebiet der Westarbeit tätigen hauptamtlichen Funktionäre betrug 1962 insgesamt 537 (ohne SED), darunter 135 beim FDGB, 45 beim Ausschuß für Deutsche Einheit und 38 bei der FDJ. In der Bundesrepublik hatte der Westapparat der SED allein auf Bezirks- und Kreisebene zur selben Zeit insgesamt 473 »feste Verbindungen« zu »KPD-Genossen, zu Sozialdemokraten, zu Mitgliedern der VUS, DFU und anderen fortschrittlichen Kräften«, von denen 209 SPD-Mitglieder und 75 SPD-Funktionäre waren. Vgl. Hans Rentmeister, Abteilung 62: Für Genossen Norden! Aufstellung der hauptamtlichen Mitarbeiter der verschiedenen Organisationen, die in der Westarbeit eingesetzt sind, vom 6. 2. 1962; SAPMO-BA, ZPA, IV 2/2028/17, Bestand Büro Norden. Hellmut Seifert/Mo: Einschätzung der Verbindungen (Kategorie I) der Bezirks- und Kreisleitungen unserer Partei; SAPMO-BA, ZPA, IV 2/1002/42, Bestand Westabteilung des Zk der SED. Zitiert nach Staadt: Westpolitik (1993), S. 36 und S. 38f.
4 Zur Geschichte des SDS vgl. Briem: SDS (1976). Fichter/Lönnendonker: Geschichte des SDS (1977). Fichter: SDS und SPD (1988). Albrecht: Studentenverband (1994). Fichter/Lönnendonker: Macht und Ohnmacht (1998).
5 So kam es beispielsweise auf Initiative der Westkommission bei der SED-Bezirksleitung Halle ab 1964 zu mehreren Begegnungen zwischen der Hochschulgruppe des SDS an der Universität Münster mit Vertretern von SED und FDJ an der Universität Halle-Wittenberg. Vgl. Mönnighoff: Westarbeit (1997), S. 239 ff.
6 Der Zentralrat der FDJ hatte den späteren DKP-Vorsitzenden Herbert Mies am 6. April 1955 damit beauftragt, in Westdeutschland eine von der FDJ bezuschußte

Studentenzeitschrift zu gründen, deren »feste Grundlage« die sowjetische Deutschlandpolitik sein sollte; Seitenumfang, Preis, Druck und Titel waren von der FDJ genau vorgegeben worden; vgl. SAPMO-BA FDJ A 2534. Am 8. Mai 1955 erschien die erste Ausgabe unter dem Namen »Studentenkurier«, ab Oktober 1957 nannte sie sich dann »Konkret«. Ihr langjähriger Chefredakteur Klaus Rainer Röhl hatte schon 1974 darüber berichtet, daß die Gelder für den Druck der Zeitung »direkt aus der DDR kamen«. Die im SDS über einen starken Einfluß verfügende »Konkret«-Gruppe sei bis 1959 durch »Instrukteure« der illegalen KPD angeleitet worden. Ab 1956 sei es dabei zu »immer häufigeren Besuchen« in Ostberlin gekommen, bei denen er mit kommunistischen Parteifunktionären in einer konspirativen Wohnung die »praktische Zusammenarbeit« besprochen hätte. Die seinerzeitige Sprecherin des Anti-Atomausschusses in Münster, Ulrike Meinhof, sei von ihm 1958 für die Partei geworben worden und von da an regelmäßig mit nach Ostberlin gekommen. Erst 1964 sei es zum Bruch mit der Partei gekommen, woraufhin alle Geldquellen versiegt seien. Röhl: Finger (1974), S. 9ff., S. 90ff. und S. 129ff.

7 Zur Westarbeit der SED vgl. Erker: Innenansichten (1993). Mönnighoff: Westarbeit (1997). Müller: Westarbeit (1995). Staadt: Einflußnahme (1995). Staadt: Westarbeit (1997). Staadt: Westpolitik (1993). Zur Westarbeit der FDJ vgl. Herms/Popp: Dokumentation (1997).
8 Im Gegensatz zu den Debatten in den fünfziger und sechziger Jahren wurde die Einflußnahme der DDR auf den SDS von der zeithistorischen Forschung bis 1989 nicht näher untersucht. Auch die umfassende Darstellung des SDS, die der Mitarbeiter der Friedrich-Ebert-Stiftung, Willy Albrecht, 1994 vorlegte, verzichtet auf eine Auswertung einschlägiger DDR-Archivalien. Vgl. Albrecht: Studentenverband (1994).
9 Die Zahlenangaben beziehen sich auf Ende der fünfziger Jahre. Vgl. Herms: Porträt (1996), S. 235.
10 Röhl: Finger (1974), S. 147ff. Fichter: SDS und SPD (1988), S. 281 (Anm. 34).
11 Röhl: Finger (1974), S. 142ff.
12 HA II/4a/C: Auszug aus dem Bericht des GM »Lenz« vom 28. 1. 1959; BStU, ZA, AOP 4220/71, Bd. 6, Bl. 151.
13 Zitiert nach Fichter/Lönnendonker: Geschichte des SDS (1977), S. 56.
14 Fichter: SDS und SPD (1988), S. 273 und S. 295.
15 Vgl. »Sozialistischer Studentenbund nie unterwandert«. Leserbrief von Dr. Eberhard Dähne in: Frankfurter Allgemeine Zeitung vom 11. 1. 1999, S. 11.
16 Ausführlich zu dem aus Anlaß des zehnten Jahrestages des Grundgesetzes am 23. und 24. Mai 1959 veranstalteten Kongreß: Albrecht: Studentenverband (1994), S. 325–330. Fichter: SDS und SPD. (1988), S. 274–277.
17 Zu Koppel und der Ausstellung vgl. Süddeutsche Zeitung vom 11. Oktober 1966. Albrecht: Studentenverband (1994), S. 356ff. Bundesminister der Justiz (Hrsg.): Ausstellungskatalog (1989), S. 402–405. Morsey: Biographie (1996), S. 520.
18 Koppel (Hrsg.): Nazijustiz (1960).
19 Morsey, S. 520.
20 Vgl. Koppel: Justiz (1960); Koppel/Sauer: Führer (1969).
21 Suchzettel der HA IX/11 vom 2. 12. 1966; BStU, ZA, HA IX/11, RHE-West 122, Bl. 32.
22 Schreiben des Mitarbeiters des Generalstaatsanwaltes, Fassunge, an den Leiter der Abteilung Ia, Gerhard Friedrich, vom 20. 12. 1967; BStU, ZA, HA IX/11, RHE-West 122, Bl. 17.
23 Hausmitteilung von Max Schmidt (Westabteilung) an Albert Norden vom 5. 8. 1966.

Anlage: Maßnahmeplan für weitere Aktionen gegen den KZ-Baumeister Lübke, S. 1; BuArch Bln,. DY 30/IV A 2/2.028/8. Vgl. Morsey: Biographie (1996), S. 520.

24 »Dokumentation über Lübke erschienen«, in: Neues Deutschland vom 24. 8. 1967.
25 Schreiben des Mitarbeiters des Generalstaatsanwaltes, Fassung, an den Leiter der Abteilung Ia, Gerhard Friedrich, vom 20. 12. 1967; BStU, ZA, HA IX/11, RHE-West 122, Bl. 17.
26 Schreiben des Mitarbeiters der Hauptabteilung IX/11, Hartwig, an den Leiter der Abteilung Ia der Generalstaatsanwaltschaft, Gerhard Friedrich, vom 2. 5. 1968; BStU, ZA, HA IX/11, RHE-West 122, Bl. 18.
27 Strecker (Hrsg.): Dokumente (1961).
28 Auskunftsbericht der Abteilung V vom 23. 3. 1962; BStU, ZA, AP 8098/77, Bl. 7–9, hier: 9.
29 Schreiben von Oberstleutnant Wagenbreth an Oberstleutnant Damm vom 30. 9. 1966; ebenda, Bl. 21 f.
30 Corino (Hrsg.): Akte Kant (1995), S. 20–29.
31 Vgl. dazu die 18bändige Teilablage des IM-Vorgangs »Adrian Pepperkorn«; BStU, ZA, A 589/85.
32 HA V/2: Bericht vom 29. 5. 1959; BStU, ZA, MfS A-589/85, Bd. VI, Bl. 306–322, hier: 310. Enthalten sind auch die Resolutionsentwürfe des Kongresses.
33 dpa-Meldung 64 – id vom 28. 5. 1959: »Mommer gegen Frankfurter Beschlüsse des SDS«. Zitiert nach Albrecht: Studentenverband (1994), S. 330.
34 HA V/2: Betr.: SDS (Abschrift eines Tonbandes), 13. 6. 1959; BStU, ZA, MfS A-589/85, Bd. VI, Bl. 328–342, hier: 333.
35 Fichter: SDS und SPD (1988), S. 321.
36 HA V/2: Betr.: Delegiertenkonferenz des SDS in Göttingen vom 30. Juli bis 1. August 1959 (Abschrift eines Tonbandes), 12. 8. 1959; BStU, ZA, MfS A-589/85, Bd. VI, Bl. 387–391, hier: 387.
37 Zur Wahl Heilmanns in den Bundesvorstand auf der Delegiertenkonferenz vom 30. Juli bis 1. August 1959 in Göttingen vgl. auch Albrecht: Studentenverband (1994), S. 352. Die erstmals durch einen Artikel der »Berliner Morgenpost« vom 29. 12. 1992 bekanntgewordene Stasi-Tätigkeit Heilmanns bleibt dort unerwähnt.
38 HA V/2: Betr.: Delegiertenkonferenz des SDS in Göttingen vom 30. Juli bis 1. August 1959 (Abschrift eines Tonbandes), 12. 8. 1959; BStU, ZA, MfS A-589/85, Bd. VI, Bl. 387–391, hier: 390.
39 Ebenda.
40 HA V/2: Bericht betr.: Bundesvorstandssitzung des SDS vom 19. 9. 1959; BStU, ZA, MfS A-589/85, Bd. VI, Bl. 417–428, hier: 427f.
41 HA V/2: Bericht betr.: Vorbereitung und Einschätzung der Reise der SDS-Delegation nach Leipzig vom 21. 10. 1959 (Abschrift eines Tonbandes); BStU, ZA, MfS A-589/85, Bd. VII, Bl. 20–22.
42 HA V/2: Betr.: Situation im SDS, 8. 3. 1961; ebenda, Bl. 184–189, hier: 189.
43 HA V/2: Bericht über durchgeführte Treffs mit dem GM »Pepperkorn« vom 26. 10. 1959; BStU, ZA, MfS A-589/85, Bd. VI, Bl. 447.
44 HA V/E: Abschrift eines Briefes des GM »Pepperkorn« vom 29. 10. 1961; BStU, ZA, MfS A-589/85, Bd. VII, Bl. 250.
45 HA V/2: Bericht über durchgeführte Treffs mit dem GM »Julius Müller« vom 13. 6. 1959; BStU, ZA, MfS A-589/85, Bd. VI, Bl. 355–356, hier: 356.

⁴⁶ HA V/2: Bericht über die durchgeführte Zusammenarbeit mit dem GM »Pepperkorn« in der Zeit vom 10. 6. bis 25. 11. 1960; BStU, ZA, MfS A-589/85, Bd. VII, Bl. 176.
⁴⁷ HA V/2: Bericht über den durchgeführten Treff mit GM »Pepperkorn« am 7. 3. 61; ebenda, Bl. 195f. und Bl. 201f.
⁴⁸ IM-Vorgang »Kurt« (11bändigeTeilablage); BStU, ZA, MfS 10996/66, 11 Bände.
⁴⁹ HA V/6: Treffbericht vom 15. 10. 1959; BStU, ZA, MfS 10996/66, Bd. 1, Bl. 88–94, hier: Bl. 93.
⁵⁰ HA V/6: Treffbericht vom 23. 12. 1959; ebenda, Bl. 104–107, hier: Bl. 106.
⁵¹ Ebenda.
⁵² Personenliste, o.D.; ebenda, Bl. 39f. Personenliste vom 13. 10. 1960; ebenda, Bl. 62–72, hier: 63.
⁵³ Betr.: 1. Mai-SDS-Losungen, 27. 4. 1960; BStU, ZA, MfS 10996/66, Bd. 2, Bl. 140–142, hier: 141.
⁵⁴ Betr.: Zur Lage im SDS, 21. 7. 1960; ebenda, Bl. 203–208, hier: 206ff. Zur »finanziellen Unterstützung« des SDS durch die FDJ schrieb Barthel ein halbes Jahr später, daß diese »nicht kampagnenhaft vorgenommen, sondern in der bekannten Weise regelmäßig mit Beiträgen zwischen 20 und 80 DM erfolgen [solle], mit einem monatlichen Durchschnitt von etwa 300 DM«. Betr.: SDS-Landesbeiratssitzung, 10. 1. 61; BStU, ZA, MfS 10996/66, Bd. 4, Bl. 41–51, hier: 50.
⁵⁵ HA V/6: Treffbericht vom 10. 9. 1960; MfS 10996/66, Bd. 2, Bl. 231.
⁵⁶ HA V/6: Treffbericht vom 21. 9. 1960; BStU, ZA, MfS 10996/66, Bd. 3, Bl. 8–16, hier: 15.
⁵⁷ HA V/6: Information vom 22. 9. 1960; ebenda, Bl. 21–25, hier: 23 und 25.
⁵⁸ Betr.: Lage im SDS, 9. 9. 1960; BStU, ZA, MfS 10996/66, Bd. 2, Bl. 232–237, hier: 232ff.
⁵⁹ Betr.: Lage im SDS, 5. 10. 1960; BStU, ZA, MfS 10996/66, Bd. 3, Bl. 42–53, hier: 45.
⁶⁰ BStU, ZA, MfS 10996/66, Bd. 3, Bl. 70.
⁶¹ Betr.: Berliner SDS; BStU, ZA, MfS 10996/66, Bd. 3, Bl. 117.
⁶² HA V/6: Treffbericht vom 1. 10. 1960; BStU, ZA, MfS 10996/66, Bd. 3, Bl. 28–35, hier: 43f. Informationsbericht vom 1. 10. 1960; ebenda, Bl. 36.
⁶³ IM-Bericht ohne Überschrift und Datum; BStU, ZA, MfS 10996/66, Bd. 2, Bl. 69. Information vom 23. 2. 1960; ebenda, Bl. 70.
⁶⁴ Zu den Auseinandersetzungen um die Ausstellung vgl. Albrecht: Studentenverband (1994), S. 356–359. Dort wird die Ausstellung indirekt rehabilitiert, indem darauf verwiesen wird, daß sie dreißig Jahre später in einer Ausstellung des Bundesjustizministers »als Pioniertat sehr lobend herausgestellt« worden sei (S. 358). Vgl. Bundesminister der Justiz (Hrsg.): Ausstellungskatalog (1989), S. 402–405.
⁶⁵ IM-Bericht ohne Überschrift und Datum; BStU, ZA, MfS 10996/66, Bd. 2, Bl. 69.
⁶⁶ »Blutrichter am Pranger«, in: Neues Deutschland vom 24. 2. 1960.
⁶⁷ Vgl. Fichter/Lönnendonker: Geschichte des SDS (1977), S. 65f sowie S. 167f. (Anm. 109).
⁶⁸ Betr: Ausstellung »Ungesühnte Nazijustiz« in Amsterdam, 31. 3. 1960; BStU, ZA, MfS 10996/66, Bd. 2, Bl. 112f.
⁶⁹ Betr.: SDS-Landesbeiratssitzung, 10. 1. 61; BStU, ZA, MfS 10996/66, Bd. 4, Bl. 41–51, hier: 41f.
⁷⁰ Ebenda, Bl. 45.
⁷¹ Ebenda, Bl. 47.

Anmerkungen zu Seite 197

72 HA V/6: Treffbericht vom 23. 12. 1959; BStU, ZA, MfS 10996/66, Bd. 1, Bl. 104–107, hier: 106. HA V/E: Unterweisungsbericht vom 2. 12. 1961; BStU, ZA, MfS 10996/66, Personalteil, Bl. 100f.
73 Quo vadis SDS?, Zusatz: Als Artikel vorgesehen; BStU, ZA, MfS 10996/66, Bd. 2, Bl. 103–105, hier: 104.
74 Betr.: Schumann, BVSA, 10. 10. 1960. Danach sollte Barthel monatlich 150 DM, zuzüglich Spesen und Sonderzahlungen für »gute Informationen«, bekommen; BStU, ZA, MfS 10996/66, Bd. 3, Bl. 73–76, hier: 74. Die Vereinbarung mit dem MfS sah eine monatliche Zahlung von 200 DM vor, de facto erhielt er von dort einer entsprechenden Aufstellung zufolge in den ersten vier Monaten des Jahres 1960 insgesamt 1900 DM und 700 Mark der DDR sowie fortan 200 bis 300 DM pro Treff; BStU, ZA, MfS 10996/66, Personalteil, Bl. 9f.
75 Heinz Lippmann (1921–1974) war bis zu seiner Flucht in den Westen 1953 zweiter Sekretär der FDJ und damit Stellvertreter Erich Honeckers; vom MfS wurde er im Operativvorgang »Verkäufer« bearbeitet; BStU, ZA, MfS AOP 8085/70. Ausführlicher dazu Herms: Porträt (1996), insbesondere S. 227–237.
76 Gromnica war seit 1951 in der sozialdemokratischen Jugendarbeit aktiv und vom MfS im Vorfeld der VI. Weltfestspiele in Moskau (1957) wegen seiner Verbindungen zur Jugendorganisation »Die Falken«, zum SDS, zum Westberliner Landesvorstand sowie zum Ostbüro der SPD angeworben worden. Der gebürtige Westberliner war Redakteur der »jungen Gemeinschaft« und schrieb daneben auch für die SPD-Parteizeitungen »Berliner Stimme« und »Vorwärts«. Am 19. August 1961 setzte er sich auf Geheiß des MfS in die DDR ab und fungierte am 23. November als Kronzeuge auf einer Pressekonferenz, bei der die SPD-Führung und das Ostbüro als »Diversionszentralen« scharf angegriffen wurden; BStU, ZA, MfS A 587/85. Vgl. Berliner Zeitung vom 23. 12. 1961 sowie Herms: Porträt (1996), S. 228ff.
77 HA V/6: Auskunftsbericht über GM »Kurt«, Reg.-Nr. 15143/60, vom 27. 10. 1961; BStU, ZA, MfS 10996/66, Personalteil, Bl. 127–130, hier: 129. Einer der beiden Festgenommenen war der Westberliner Bildjournalist Hans Joachim Helwig-Wilson, der auch für das Bildarchiv des Bundesministeriums für gesamtdeutsche Fragen und die Zeitschrift »Dritter Weg« in der DDR fotografierte. Wilson wurde 1961 mit einem fingierten Telegramm in die Redaktion des SED-Zentralorgans »Neues Deutschland« gelockt und am 22. Februar 1962 wegen Spionage zu dreizehn Jahren Haft verurteilt, von denen er insgesamt vier Jahre absitzen mußte. Aufgrund seiner Zusammenarbeit mit Lippmann war er, ohne davon zu wissen, vom Kölner Bundesamt für Verfassungsschutz unter dem Decknamen »Linse« als Informant geführt worden – wovon das MfS durch Barthel und Gromnica erfahren hatte. Bei dem anderen »Agenten« handelte es sich um den Volkskammerabgeordneten Heinz-Wolfram Mascher, der gleichfalls mit Lippmann Kontakt hatte. Während Maschers Begegnungen anfangs in Absprache mit dem MfS erfolgten, traf er sich später einige Male auf eigene Faust mit Lippmann – am 26. August 1961 wurde er deshalb in der DDR verhaftet. Vgl. Herms: Porträt (1996), S. 231 und S. 234f. In einem Sachstandsbericht vom Oktober 1971 wird demgegenüber ausgeführt, daß Barthel nicht zur Festnahme der beiden beigetragen habe, »da aus den Unterlagen eindeutig hervorgeht, daß der Barthel diese Personen erstmalig 1960 erwähnte, während der Mascher bereits 1959 durch das MfS offiziell zu seiner Verbindung mit dem Agenten Lippmann vernommen wurde« – eine Begründung, die so nicht nachvollziehbar werden kann. Vgl. HA XX/5: Sachstandsbericht über den ehemali-

gen IM »Kurt« der HA XX/5 vom 28. 10. 1971; BStU, ZA, MfS 10996/66, Bd. 10, Bl. 3–17. hier: 5.
[78] BStU, ZA, AIM 10998/66, Teil I, Bd. 1, Bl. 16.
[79] Vgl. HA V/6: Verpflichtungsbericht vom 30. 9. 1961; BStU, ZA, AIM 10998/66, Teil I, Bd. 1, Bl. 100–103.
[80] Zur Situation des SDS (Abschrift vom Tonband); BStU, ZA, AIM 10998/66, Teil II, Bd. 1, S. 83–89.
[81] Bei den Bundestagswahlen 1961 erhielt die DFU 2,2 Prozent der Stimmern. Erste Vorsitzende war die Stiefmutter von Ulrike Meinhof, Renate Riemeck. Vgl. Röhl: Finger (1974), S. 160–165.
[82] Zur Delegiertenkonferenz des SDS (Tonbandabschrift vom 19. 10. 1962); BStU, ZA, AIM 10998/66, Teil I, Bd. 1, Bl. 173–181, hier: 178f. Zur »Förderergesellschaft« vgl. Albrecht: Studentenverband (1994), S. 407–411.
[83] Zur Jahresvollversammlung der Sozialistischen Förderergesellschaft (Tonbandabschrift vom 19. 10. 1962); BStU, ZA, AIM 10998/66, Teil I, Bd. 1, Bl. 181–183, hier: 182f. Zur Landesvollversammlung des SDS am 17. 11. 1962 (Tonbandabschrift vom 30. 11. 1962); ebenda, Bl. 231–235, hier: 231f.
[84] IUSY-Camp in Kopenhagen vom 12.–20. Juli 1962; BStU, ZA, AIM 10998/66, Teil I, Bd. 1, Bl. 122–123. Vgl. Albrecht: Studentenverband (1994), S. 434.
[85] HA V/6: Treffbericht vom 3. 7. 1962; BStU, ZA, AIM 10998/66, Teil I, Bd. 1, Bl. 151.
[86] Handschriftliche Notizen von D. Staritz; BStU, ZA, AIM 10998/66, Teil I, Bd. 1, Bl. 130–150. Mit Wissen des MfS berichtete Staritz auch dem Kölner Bundesamt für Verfassungsschutz über die Weltfestpiele, die vom 29. 7.–6. 8. 1962 in Helsinki stattfanden. Ausführlicher dazu vgl. Herms: Porträt (1996), S. 238–243.
[87] HA V/6: Treffbericht vom 7. 11. 1962; BStU, ZA, AIM 10998/66, Teil I, Bd. 1, Bl. 197–200, hier: 200.
[88] Staritz' Führungsoffizier listete im Oktober 1962 insgesamt 33 relevante »Verbindungen« seines »Geheimen Mitarbeiters« auf. Vgl. HA V/6: Verbindungen des GM »Erich«, 30. 10. 1962; BStU, ZA, AIM 10998/66, Personalteil I, Bd. 1, Bl. 153–156. Beim Treff am 6. November 1962 empfahl Staritz dem MfS dann neun Personen für eine »Gewinnung«. HA V/6: Treffbericht vom 7. 11. 1962; BStU, ZA, AIM 10998/66, Teil A, Bd. 1, Bl. 197–200, hier: 199. Im Mai 1964 lieferte Staritz 33 Personeneinschätzungen, im November neun; ebenda, Teil A, Bd. 3, Bl. 54–60 sowie Bl. 99–120. Im Mai 1967 listete er dem MfS Kurzcharakteristiken von 40 Personen auf. HA XX/5/I: Übersicht über die Verbindungen des GM vom 26. 5. 1967; BStU, ZA, AIM 10998/66, Teil A, Bd. 3, Bl. 172–178.
[89] HA V/6: Treffbericht vom 14. 11. 1962; BStU, ZA, AIM 10998/66, Teil A, Bd. 1, Bl. 216.
[90] HA V/6: Bericht vom 2. 1. 1964; BStU, ZA, AIM 10998/66, Teil A, Bd. 2, Bl. 192.
[91] HA V/6: Treffbericht vom 12. 10. 1963; BStU, ZA, AIM 10998/66, Teil A, Bd. 2, Bl. 176–179, hier:177.
[92] HA V: Schreiben an Abteilung X vom 7. 12. 1963; BStU, ZA, AP 13581/64, Bl. 26.
[93] HA V/6: Treffbericht vom 7. 5. 1963; BStU, ZA, AIM 10998/66, Teil A, Bd. 2, Bl. 94.
[94] Betr.: Stand der Vorbereitungen des DDR-Seminares des SDS; BStU, ZA, AIM 10998/66, Teil A, Bd. 3, Bl. 20–21, hier: 21.
[95] SDS-Landesverband Berlin: Rundschreiben Nr. 14, 17. 4. 1964; BStU, ZA, AIM 10998/66, Teil A, Bd. 3, Bl. 40–41, hier: 41.
[96] Positiv zur Teilnahme: Fichter/Lönnendonker: Geschichte des SDS (1977), S. 82f.

[97] Betr.: Teilnahme des SDS am Deutschlandtreffen der FDJ, 16. 5. 1964 (»Rabe«); BStU, ZA, AIM 10998/66, Teil A, Bd. 3, Bl. 47–49, hier: 49. Treff mit GM »Erich« am 18. 5. betr.: Information über SDS-Delegation; ebenda, Bl. 51–53, hier: 52.

[98] BStU, ZA, AIM 10998/66, Teil A, Bd. 3, Bl. 55. Vgl. auch die – ausführlicheren – Personeneinschätzungen vom November 1964, wo es über Meschkat heißt, »daß er zu den DDR-freundlichsten SDS-Mitgliedern« gehöre; ebenda, Bl. 99–120, hier: 113.

[99] Kurzauskunft vom 4. 9. 1967; BStU, ZA, SdM 1439, Bl. 156–157. Diesem Dokument zufolge war Klaus Meschkat 1967 für die Abteilung X der HVA unter der Vorg.-Nr. XV 3951/63 für den HVA-Oberleutnant Dornberger registriert. »Abgeschöpft« wurde er vom Mitarbeiter des Presseamtes beim Ministerrat der DDR, Hermann von Berg, der als IM »Günther« für das MfS tätig war und dem Betreffenden unter anderem zu Ostern 1967 einen Passierschein für Ostberlin beschaffte. Vgl. HA XX/5/I: Treffbericht vom 18. 4. 1967; BStU, ZA, AIM 10998/66, Teil I, Bd. 3, Bl. 151–155, hier: 154.

[100] Hauptverwaltung A, Abteilung X: Einschätzende Bemerkungen zum Vorgang »Günther« – Vorg.-Nr.: 10698/60 vom 18. 11. 1977; BStU, ZA, GH 25/87, Bd. 1, Bl. 8–17, hier: 10 und 16. Dem Bericht zufolge handelte es sich um den Kontaktversuch des IM »Nero« zu Mitarbeitern von Amnesty International.

[101] SDS Westberlin; BStU, ZA, AIM 10998/66, Teil A, Bd. 3, Bl. 64. HA XX/5/1: Treffbericht vom 24. 10. 1964; ebenda, Bl. 87.

[102] Vgl. HA XX/5: Treffbericht vom 16. 4. 1964; BStU, ZA, AIM 10998/66, Teil A, Bd. 3, Bl. 33–35, hier: 35.

[103] Oberstleutnant Peter Kühn/Major Kurt Gailat: Der Kampf um die Durchsetzung demokratischer Entwicklungsprozesse in Westdeutschland sowie die politisch-operativen Aufgaben zur Förderung und Formierung fortschrittlich sozialer Kräfte und politischer Plattformen, Potsdam 1970; BStU, ZA, JHS 21792.

[104] Protokoll über die Sitzung des Kollegiums [des MfS] am 20. Juli 1965; BStU, ZA, SdM 1562, Bl. 154.

[105] Konzeption zur weiteren Einflußnahme der FDJ auf den Sozialistischen Deutschen Studentenbund (SDS) in Westdeutschland, Anlage zum Sekretariatsprotokoll Nr. 123, 23. 11. 1965; BuArch Bln. DY 24/1560/I. Zitiert nach: Herms/Popp: Westarbeit (1997), S. 324–332., hier: 324ff.

[106] Ebenda, S. 332.

[107] Vgl. Margolin: Vietnam (1998), S. 630–639.

[108] Konzeption zur weiteren Einflußnahme der FDJ auf den Sozialistischen Deutschen Studentenbund (SDS) in Westdeutschland, Anlage zum Sekretariatsprotokoll Nr. 123, 23. 11. 1965; BuArch Bln. DY 24/1560/I. Zitiert nach: Herms/Popp: Westarbeit (1997), S. 324–332., hier: 332. Vgl. auch die Arbeit des HVA-Mitarbeiters Heinz Geyer: Die westdeutsche Notstandsgesetzgebung und einige sich daraus ergebende Schlußfolgerungen für die operative Arbeit im westdeutschen Operationsgebiet, Potsdam 1968; BStU, ZA, JHS MF 518.

[109] Vermerk Walter Ulbrichts vom 10. 10. 1967 zu den Vorschlägen der Vereinigung Unabhängiger Sozialisten (VUS) zu einem Aktionsprogramm für die Zusammenarbeit der sozialistischen Gruppierungen in der BRD, die ihm am 27. 9. 1967 von der Westabteilung zugeleitet wurden; BuArch Bln DY 30/IV A 2/10.02/208.

[110] Hausmitteilung von Heinz Geggel an Walter Ulbricht vom 28. 8. 1967, S. 3. Anlage: Kopie der »Informationen der Sozialistischen Opposition«, Nr. 1 mit handschriftlichem Vermerk Ulbrichts vom 25. 9. 1967; BuArch Bln DY 30/IV A 2/10.02/208.

111 Protokoll der Besprechung zwischen Norden, Stadler, Dr. Dengler, Steinke, Max Schmidt, Heinrich Thalheim, Halle, Schumann, Ender und Mannbar am 24. 2. 1966 über die weitere Auswertung der Pressekonferenz vom 24. 1. 1966; BStU, ZA, AV 7/85, Bd. 16, Bl. 190–201.
112 Morsey: Biographie (1996), S. 537–541.
113 Aktionen zur Weiterführung der Kampagne gegen Lübke im Ausland, 7. 3. 1966; BStU, ZA, AV 7/85, Bd. 16, Bl. 196–201.
114 Vgl. dazu: Fichter/Lönnendonker: Geschichte des SDS (1977), S. 91 f.
115 HA XX/5: Studentendemonstration in Westberlin (Abschrift vom Tonband), 14. 2. 1966; BStU, ZA, AIM 10996/66, Teil A, Bd. 10, Bl. 74–81, hier: 75 ff.
116 HA XX/5: Zur Lage im SDS, 18. 1. 1967; BStU, ZA, AIM 10998/66, Teil A, Bd. 3, Bl. 196–199, hier: 197.
117 Bei dem Personendossier handelte es sich um eine sogenannte Archivierte Kerblochkartei (AKK), die nach seinem Tod im Dezember 1979 abgelegt wurde; BStU, ZA, MfS AKK 9615/80, Bd. 1 und 2. Einem Übersichtsbogen vom 10. 12. 1979 zufolge begann die Bearbeitung des »operativen Materials« durch die Hauptabteilung XX/5 im Januar 1978; ebenda, Bd. 2, Bl. 232. Allerdings sind in der Akte auch ältere Dokumente, darunter Beobachtungsberichte über seine Besuche bei Wolf Biermann, enthalten.
118 BStU, ZA, MfS AKK 9615/80, Bd. 2, Bl. 74. Vgl. den überlieferten IM-Vorgang »Duo«; BStU, ZA, AIM 5526/86.
119 BVfS Pdm, KD Luckenwalde: Auskunftsbericht zu Dutschke, Rudolf, vom 14. 3. 1968; BStU, ZA, MfS AKK 9615/80, Bd. 2, Bl. 46–49.
120 Vgl. Fichter/Lönnendonker: Geschichte des SDS (1977), S. 123 f.
121 Tatsächlich war er im November 1967 und zu Jahresbeginn 1968 zwar mehrfach eingereist, aber nicht an diesem Datum.
122 Hausmitteilung von Albert Norden an Werner Lamberz vom 6. 2. 1966. Anlage: Zum Vietnamkrieg der USA und der Auseinandersetzung in Westdeutschland; BuArch Bln DY 30 IV 2/2.206/3.
123 Gemeint ist wohl die Internationale Vereinigung Demokratischer Juristen (IVDJ), deren deutscher Zweig eng mit der SED verbunden war. Die Verbindungslinien liefen über das Institut für Politik und Wirtschaft zur HVA und von dort zum Zentralkomitee, wie ein denkwürdiger Vorgang aus dem Parteiarchiv illustriert: Der Vorsitzende der Vereinigung, Professor Gerhard Stuby, rief danach am Mittag nach der Biermann-Ausbürgerung im IPW an und berichtete von einer Initiative von Günter Wallraff, Bernt Engelmann, Wolfgang Abendroth und »anderen »Persönlichkeiten«, die DDR um Rücknahme der Entscheidung zu bitten. »Um die Meinungsbildung für die endgültige Formulierung seiner Stellungnahme zu erleichtern, bittet Prof. Stuby dringend darum, ihm und evtl. auch Prof. Abendroth die Möglichkeit für eine Besprechung dieser Angelegenheit mit kompetenten Personen von seiten der DDR zu geben«, teilte daraufhin Markus Wolf dem Leiter der Westabteilung, Herbert Häber, mit. Dieser legte die Bitte umgehend seinem Generalsekretär vor, der sie noch am selben Tag bejahte. Vgl. Schreiben von Herbert Häber (Westabteilung) an Erich Honecker vom 17. 11. 76; BuArch Bln DY 30 J IV 2/10.02/22. Zwei Jahre später stieg Stuby zum Generalsekretär der IVDJ auf. Einem Schreiben des Parteivorstandes der DKP an das ZK der SED zufolge verlangte er nun jedoch ein Büro, eine Sekretärin und einen persönlichen Referenten für diese Arbeit sowie die Erstattung seiner Reisekosten. In dem Schreiben heißt es dazu:»Wir machen auf das Problem aufmerksam und

fügen hinzu, daß der aus der Sozialdemokratie stammende Prof. Stuby eine bedeutende Persönlichkeit des öffentlichen Lebens unseres Landes ist.« [...] »Wir würden es begrüßen, wenn Eure Vertreter in der IVDJ diese Lage gebührend beachten würden.« Vgl. Schreiben von Karl Heinz Schröder, Sekretär des Parteivorstandes der DKP, vom 20. 7. 1978 an das ZK der SED, S. 1 f.; BuArch Bln DY 30 J IV 2/202–502.

124 Protokoll über Verhandlungen zwischen Vertretern des MfS der DDR und des KfS beim Ministerrat der UdSSR über gemeinsame aktive Maßnahmen für das Jahr 1967; BStU, ZA, SdM 1465, Bl. 134–147, hier: 135 und 138 ff. In einer gesonderten Niederschrift wird zu diesem Thema weiter vermerkt: »Es wurde nochmals auf die bekannten Schwierigkeiten im Rusel[l]-Komitee verwiesen (Rolle der Trotzkisten [...] und [...]) und zur Vorsicht, was die Umgebung Russel[l]s betrifft, angehalten. Dennoch soll dem Komitee wirksame Hilfe geleistet werden mit dem Ziel der Erreichung einer Massenwirksamkeit. Gleichzeitig ist die Organisation Demokratischer Juristen stärker zu unterstützen.« HVA/X: Niederschrift über die Arbeitsberatung mit der Abteilung aktive Maßnahmen beim KfS vom 10.–15. April 1967; ebenda, Bl. 148–151, hier: 150.

125 Anlage zum Plan der Maßnahmen, die gemeinsam mit Freunden anläßlich des 50. Jahrestages der Großen Sozialistischen Oktoberrevolution durchzuführen sind; BStU, ZA, SdM 1465, Bl. 158–160, hier: 159.

126 Zur Koordinierung linker Gruppen in Westberlin (Abschrift vom Tonband); BStU, ZA, AIM 10998/66, Teil A, Bd. 3, Bl. 158–160, hier: 160.

127 Zur Situation des »Republikanischen Clubs« (Abschrift vom Tonband), 26. 5. 1967; BStU, ZA, AIM 10998/66, Teil A, Bd. 3, Bl. 169–170.

128 Die am 26. November 1966 gegründete November-Gesellschaft wurde unter anderem getragen von Horst Mahler, Walter Barthel, Ulrich K. Preuß, Dietrich Staritz, Solveig Ehrler, Johannes Agnoli, Lothar Pinkall, Urs Müller-Plantenberg, Klaus Meschkat, Bernhard Blanke und Carl Guggomos, an denen die Staatssicherheit ausweislich der Staritz-Akten immer wieder großes »operatives« Interesse zeigte; vgl. Fichter/Lönnendonker: Geschichte des SDS (1977), S. 178 (Anm. 146).

129 November-Gesellschaft (Abschrift vom Tonband), 18. 1. 1967; BStU, ZA, AIM 10998/66, Teil A, Bd. 3, Bl. 201–207, hier: 203.

130 Generalbundesanwalt: Wolf-Anklage (1992), S. 230–236.

131 Allgemeine Ausführungen (Abschrift vom Tonband), 7. 3. 1967; BStU, ZA, AIM 10998/66, Teil A, Bd. 3, Bl. 143–144.

132 Vgl. dazu: Staadt: Westpolitik (1993), S. 100–110.

133 November-Gesellschaft (Abschrift vom Tonband), 18. 1. 1967; BStU, ZA, AIM 10998/66, Teil A, Bd. 3, Bl. 201–207, hier: 201 f. und 205 ff.

134 Ohne Kopf (maschinenschriftlich »Otto«): Einzelinformation über einige Probleme der »Linken«, insbesondere in Westberlin, vom 3. 3. 1967, Verteiler: Walter Ulbricht, Hermann Matern, Paul Verner u. a.; BStU, ZA, HVA 222, Bl. 297–305, hier: 300.

135 Planungen »Extrablatt« (Abschrift vom Tonband), 12. 5. 1967; BStU, ZA, AIM 10998/66, Teil A, Bd. 3, Bl. 156–157.

136 Zur Situation des »Republikanischen Clubs« (Abschrift vom Tonband), 26. 5. 1967; BStU, ZA, AIM 10998/66, Teil A, Bd. 3, Bl. 169–170, hier: 169.

137 Vgl. HA XX: Information 286/67 »Republikanische Clubgesellschaft mbH« vom 3. 5. 1967; BStU, ZA, HA XX ZMA 243, Bl. 34 f. MfS: Einzel-Information über Vorgänge im Republikanischen Club e.V. Westberlin (RC), Verteiler: Albert Norden, Paul Verner, Werner Lambertz u. a.; BStU, ZA, HVA 131, Bl. 271–275.

138 Abschrift einer Information der HA XX/5, Gen. Jäckel – Quelle: IM »G. Schneider«; BStU, ZA, HA XX ZMA 243, Bl. 72 f.
139 Aufstellung über operative Verbindungen zu Organisationen und Gruppen der APO in Westberlin (Anlage zum Plan aktiver Maßnahmen gegen die Bundesversammlung am 5. März in Westberlin der HV A, Abteilung X, vom 17. 2. 1969); BStU, ZA, SdM 1439, Bl. 304. Die Abteilung XV Groß-Berlin führte der Aufstellung zufolge im Republikanischen Club die IM »Heinemann«, »Horst« und »Dr. Zeitz« sowie die KP »Bartel« und »Fred Bauer«; die Abteilung III/B der HVA führte die KP »Schütze«, die Abteilung X die KP »Gustav«. Bei »Gustav« könnte es sich um das Vorstandsmitglied des Republikanischen Clubs, Carl Guggomos, gehandelt haben, der nach den Aussagen ehemaliger Mitarbeiter der HVA-Abteilung X von ihrer Abteilung unter diesem Decknamen geführt worden sei. Vgl. »Treffen auf der Parkbank. Die Ex-Stasi-Offiziere Günter Bohnsack und Herbert Brehmer über ihre Tricks gegen Geheimdienste und Medien«, in: Der Spiegel Nr. 30/91 vom 22. 7. 1991, S. 58–63, hier: 60. Bohnsack: Legende (1997), S. 107 f. Koch: Bilanz (1994), S. 209.
140 Quelle »Heinemann«, Reg.Nr. XV 2269/70, 1969 erfaßt für Abteilung XV der Verwaltung Groß-Berlin, 1988 für Abteilung XV der Bezirksverwaltung Berlin, letzter Führungsoffizier: Oberstleutnant Niederländer. Führungs-IM (FIM) und Mob-Residentur für den Spannungs- und Kriegsfall. Quelle »Zeitz«, 1969 auch »Dr. Zeitz«, Reg.Nr. XV 2855/68, 1969 erfaßt für Abteilung XV der Verwaltung Groß-Berlin, 1988 für Abteilung XV der Bezirksverwaltung Berlin, letzter Führungsoffizier: Major Fischer. Arbeitsplan der Abteilung XV der Bezirksverwaltung Berlin für das Jahr 1989 vom 16. 12. 1988, S. 4 und 21; BStU, ASt Berlin, XV 24.
141 Koch: Bilanz (1994), S. 209. Diese Information konnte nicht verifiziert werden. Koch beruft sich auf die Anklageschrift gegen Markus Wolf, in der diese Feststellung jedoch nicht getroffen wird. Vgl. Generalbundesanwalt: Wolf-Anklage (1992), S. 234.
142 Zur Koordinierung linker Gruppen in Westberlin (Abschrift vom Tonband), 12. 5. 1967; BStU, ZA, AIM 10998/66, Teil A, Bd. 3, Bl. 158–160
143 Zur Situation des Republikanischen Clubs (Abschrift vom Tonband), 16. 6. 1967; BStU, ZA, AIM 10998/66, Teil A, Bd. 3, Bl. 193–195, hier: 193.
144 Prof. Dr. habil Dieter Klein: Information über meinen Besuch im Republikanischen Klub Westberlin am 22. März 1968; BStU, ZA, HA XX ZMA 243, Bl. 56–65.
145 MfS: Einzelinformation über das Verhältnis der außerparlamentarischen Opposition zur SED-Westberlin vom 18. 5. 1968; BStU, ZA, HVA 130, Bl. 225–228. Vgl. Tagesspiegel vom 10. Mai 1968.
146 Ohne Titel (Tonbandabschrift eines Berichtes von Walter Barthel), 21. 1. 1966; BStU, ZA, AIM 10996/66, Teil A, Bd. 10, Bl. 51–56, hier: 52.
147 HA XX/5/I: Treffbericht vom 7. 2. 1966; BStU, ZA, AIM 10996/66, Teil A, Bd. 10, Bl. 63–68, hier: 65 f. Vgl. auch die um die vorgesehenen freien Mitarbeiter ergänzte Liste im Treffbericht vom 24. 2. 1966; ebenda, Bl. 90–92.
148 HA XX/5/I: Abschrift vom Tonband, 26. 2. 1966; BStU, ZA, AIM 10996/66, Teil A, Bd. 10, Bl. 103–113, hier: 104 f.
149 Gremlitza wurde vom Generalbundesanwalt verdächtigt, von 1979 bis zur Auflösung des MfS nachrichtendienstlich gegen die Bundesrepublik Deutschland tätig gewesen zu sein. Danach sei er unter dem Decknamen »Spieler«, Reg.-nr. XV/116/76, vom Referat 4 der Abteilung X der HVA geführt worden, zunächst vom HVA-Offizier Helmut Reinhardt (IM »Dach«), ab 1981 von Manfred Müller. Der Aktenvorgang ist nicht überliefert. Das Verfahren wurde 1996 eingestellt. Ein früherer Anlauf zur

»Kontaktaufnahme«, der im März 1968 nach einer Zollkontrolle in Gang kam, wurde im Juli 1969 eingestellt. Vgl. Material »Leonhard«; BStU, Ast. Pdm. AP 1207/71. Ein weiteres Dossier mit der Signatur Pdm. AP 116/71 wurde am 18. 5. 1989 »ersatzlos kassiert«. Zu Buchholz ist lediglich eine Karteikarte aus der Vorverdichtungs-, Such- und Hinweiskartei der für ausländische Korrespondenten zuständigen Hauptabteilung II/13 überliefert; BStU, ZA, HA II/Abt. 13 VSH: Buchholz, Martin.

[150] »Die Anklage der SPD-Fronde gegen Herbert Wehner«, in: Die Zeit vom 11. 3. 1966. Über die Hintergründe und den Verdacht gegen Guggomos: Die Welt vom 16. 3. 1966.

[151] »Treffen auf der Parkbank. Die Ex-Stasi-Offiziere Günter Bohnsack und Herbert Brehmer über ihre Tricks gegen Geheimdienste und Medien«, in: Der Spiegel Nr. 30/91 vom 22. 7. 1991, S. 58–63, hier: 60. Koch: Bilanz (1994), S. 209.

[152] Bohnsack: Legende (1997), S. 107f.

[153] Quelle »Gustav«, Reg.Nr. XV 1118/67, erfaßt für HVA X.

[154] Planungen »Extrablatt« (Abschrift vom Tonband), 12. 5. 1967; BStU, ZA, AIM 10998/66, Teil A, Bd. 3, Bl. 156–157, hier: 156.

[155] Berliner »Extrablatt« (Abschrift vom Tonband), 7. 3. 1967; BStU, ZA, AIM 10998/66, Teil A, Bd. 3, Bl. 139–142, hier: 141f.

[156] Vgl. »Heute« (Abschrift vom Tonband), 18. 1. 1967; BStU, ZA, AIM 10998/66, Teil A, Bd. 3, Bl. 215–216. Ohne Titel (Abschrift vom Tonband), 7. 3. 1967; ebenda, Bl. 217–219. Planungen »Extrablatt« (Abschrift vom Tonband), 12. 5. 1967; ebenda, Bl. 156–157

[157] HA XX/5/I: Treffbericht vom 18. 4. 1967; BStU, ZA, AIM 10998/66, Teil A, Bd. 3, Bl. 227–231, hier: 228 und 230.

[158] Reaktion [...], BAVS, auf das Eingehen des Extrablattes; BStU, ZA, AIM 10998/66, Teil A, Bd. 3, Bl. 238–239.

[159] Planungen »Extrablatt« (Abschrift vom Tonband), 12. 5. 1967; BStU, ZA, AIM 10998/66, Teil A, Bd. 3, Bl. 156–157, hier: 156.

[160] Waldman: Berlinpolitik (1972), S. 116f. Die Auflage betrug Waldman zufolge 4300 Exemplare.

[161] HA XX/5: Treffbericht vom 16. 6. 1967; BStU, ZA, AIM 10998/66, Teil A, Bd. 3, Bl. 187–189, hier: 188.

[162] Zu [...] (Abschrift vom Tonband), 1. 3. 1968; BStU, ZA, AIM 10998/66, Teil A, Bd. 4, Bl. 15.

[163] Bohnsack/Brehmer: Irreführung (1992), S. 193. »Treffen auf der Parkbank. Die Ex-Stasi-Offiziere Günter Bohnsack und Herbert Brehmer über ihre Tricks gegen Geheimdienste und Medien«, in: Der Spiegel Nr. 30/91 vom 22. 7. 1991, S. 58–63, hier: 60. Bohnsack: Legende (1997), S. 107f.

[164] HV A, Abteilung X: Plan aktiver Maßnahmen gegen die Bundesversammlung am 5. März in Westberlin vom 17. 2. 1969; BStU, ZA, SdM 1439, Bl. 299–303, hier: 301.

[165] Schreiben von Herbert Häber an Erich Honecker vom 28. 9. 1978, S. 1; BuArch Bln. DY 30 J IV 2/202–502. Die Nullnummer wurde danach kostenlos an die Abonnenten des »Extra-Dienstes«, an Gewerkschaftsmitglieder, Jungsozialisten, Jungdemokraten, Hochschulorganisationen, Buchhandlungen usw. verschickt bzw. verteilt.

[166] So bat Guggomos unter anderem die DDR-Nachrichtenagentur um Unterstützung durch einen vergünstigten Bezug von deren Auslandsdienst. Laut einer im Parteiarchiv der SED überlieferten Gesprächsnotiz ging es ihm dabei vor allem um die Berichterstattung über Osteuropa, die er »praktisch voll nach ADN machen« wollte. Da-

nach betrug seinerzeit das Defizit des Blattes ca. 90 000 DM, bei 17 000 Abonnenten und 3–5000 Exemplaren im Freiverkauf. Notiz über ein Gespräch mit dem Chefredakteur der Tageszeitung »Die Neue«, Carl L. Guggomos vom 18. 7. 1979; BuArch Bln. DY 30 J IV 2/202-502.

167 HA XX: Treffbericht vom 28. 1. 1966; BStU, ZA, AIM 10996/66, Teil A, Bd. 10, Bl. 57-62, hier: 61. Manfred Kiemle war Mitglied des Republikanischen Clubs und stellte später den wegen seiner Unterstützung der Baader-Meinhof-Gruppe inhaftiert gewesenen Rechtsanwalt Horst Mahler in seinem Architekturbüro an. Seine Rolle bleibt in den Akten unklar: Während in einer Information aus dem Jahr 1981 unter seinem Klarnamen über Versuche berichtet wird, den RC wieder zum Leben zu erwecken, heißt es in daraus gefertigten Bericht, diese Informationen seien »inoffiziell bekannt« geworden. Vgl. Information über ein Gespräch mit Dr. Manfred Kiemle vom 26. 1. 1981 sowie Hinweise über die geplante Reaktivierung des »Republikanischen Clubs« in Westberlin vom 6. 2. 1981; BStU, ZA, HA XX 243, Bl. 1–4.
168 HA XX/5/I: Vorschlag für die Unterbrechung der Verbindung zu GM »Kurt«, 22. 4. 1966; BStU, ZA, AIM 10996/66, Personalteil, Bl. 261-263, hier: 262.
169 Leiter der HA XX: Einreisesperre für den Journalisten Barthel, Walter, 31. 5. 1967; BStU, ZA, AIM 10996/66, Personalteil, Bl. 269. HA XX/5: Sachstandsbericht über den ehemaligen IM »Kurt« der HA XX/5 vom 28. 10. 1971; BStU, ZA, MfS 10996/66, Teil A, Bd. 10, Bl. 3–17. hier: 9.
170 HA XX/5/I: Treffbericht vom 18. 4. 1967; BStU, ZA, MfS 10998/66, Teil A, Bd. 3, Bl. 151–155, hier: 152 und 154.
171 Information vom 16. 2. 1968; BStU, ZA, AIM 10996/66, Personalteil, Bl. 275–278, hier: 277f. Danach sollte die Verbindung zu Barthel vorläufig abgebrochen und der Vorgang im Archiv abgelegt werden, was in einem Aktenvermerk vom Mai 1970 noch einmal bestätigt wurde. Vgl. HA XX/5: Aktenvermerk vom 19. 5. 1970; BStU, ZA, AIM 10996/66, Teil A, Bd. 10, Bl. 141.
172 HA XX/5: Sachstandsbericht über den ehemaligen IM »Kurt« der HA XX/5 vom 28. 10. 1971; BStU, ZA, MfS 10996/66, Teil A, Bd. 10, Bl. 3–17. hier: 15.
173 HA XX/5/I: Bericht (Abschrift vom Tonband), 20. 5. 1968; BStU, ZA, AIM 10998/66, Teil A, Bd. 4, Bl. 31–41, hier: 38ff. HA XX/5/I: Information (Abschrift vom Tonband), 17. 6. 1968; ebenda, Bl. 56–65, hier: 59.
174 Zur Koordinierung linker Gruppen in Westberlin (Abschrift vom Tonband); BStU, ZA, AIM 10998/66, Teil A, Bd. 3, Bl. 158–160, hier: 160.
175 HA XX/5/1: Information vom 6. 6. 1967 zur »Situation in Wb (studentische Protestbewegung); BStU, ZA, AIM 10998/66, Teil A, Bd. 3, Bl. 182.
176 HVA, Abteilung VII: Operativinformation zur außerparlamentarischen Opposition in Westberlin vom 12. 6. 1968; BStU, ZA, HA XX ZMA 243, Bl. 66–71.
177 In einer Note vom 27. November 1958 hatte die Sowjetunion den Westmächten erstmals offiziell vorgeschlagen, Westberlin in eine »selbständige politische Einheit« als entmilitarisierte »Freie Stadt« umzuwandeln. Vgl. Waldman: Berlinpolitik (1972), S. 39ff.
178 Ohne Titel (Abschrift vom Tonband); BStU, ZA, AIM 10998/66, Teil A, Bd. 3, Bl. 255–257. Vgl. auch die Darstellung der Arbeitsbesprechung in der Jugendschule der IG Metall bei: Dutschke: Biographie (1996), S. 142ff.
179 HA XX/5/I: Treffbericht vom 1. 8. 1967; BStU, ZA, AIM 10998/66, Teil A, Bd. 3, Bl. 262–264, hier: 263.
180 HA XX/5/I: Treffbericht vom 30. 6. 1967; ebenda, Bl. 249f.

[181] HA XX/5: Treffbericht vom 27. 11. 1967; ebenda, Bl. 284–288, hier: 284f.
[182] Ebenda. Danelius hatte Dutschke kurz zuvor die Einreise in die DDR ermöglicht, wo er sich aus Anlaß des Todes seiner Mutter vom 14. bis 16. November aufhielt. Vgl. Dutschke: Biographie (1996), S. 161 ff.
[183] HA XX/5: Treffbericht vom 5. 10. 1967; BStU, ZA, AIM 10998/66, Teil A, Bd. 3, Bl. 272–274, hier: 272.
[184] Ebenda, Bl. 293–295, hier: 295.
[185] Joseph Bachmann, geboren am 12. 10. 1944, war in der Kerblochkartei (KK) der Kreisdienststelle Reichenbach erfaßt, aus der er 1989 gelöscht wurde; eine derartige KK-Erfassung bedeutete, daß alles anfallende Material zur Person an einer Stelle im MfS zentral gesammelt wurde. Ein 1980 archivierter Vorgang zu seiner Person mit der Signatur MfS AKK 23754/80 wurde vom MfS aus unbekannten Gründen am 21. 12. 1988 ersatzlos kassiert, d. h. vernichtet.
[186] MfS: Einzel-Information Nr. 414/68 über den Attentäter an Dutschke, Josef Bachmann vom 15. 4. 1968; BStU, ZA, MfS AKK 9615/80, Bd. 2, Bl. 91–95, hier: 92.
[187] »Die Saat der Renazifizierung geht auf: Ein Anschlag auf alle Notstandsgegner«, in: Neues Deutschland vom 14. April 1968, S. 3.
[188] Vgl. den 277 Seiten starken Ordner der Zentralen Auswertungs- und Informationsgruppe (ZAIG) zum »Attentat auf R. Dutschke«, der allerdings eine Merkwürdigkeit enthält: Als Datum der Anlage gibt das Inhaltsverzeichnis, das sich in Tathergang, Person des Attentäters, Stimmen zum Attentat etc. gliedert, den 11. 3. 1968 an – also ein ganzer Monat *vor* dem Mordanschlag; BStU, ZA, ZAIG 10410, Bl. 1.
[189] HA XX/5/I: Information vom 17. 6. 1968; BStU, ZA, AIM 10998/66, Teil A, Bd. 3, Bl. 56–65, hier: 56ff.
[190] Maschinenschriftlicher Bericht ohne Titel vom 15. 6. 1968; BStU, ZA, AIM 10998/66, Teil A, Bd. 3, Bl. 53–55, hier: 55. Da der Bericht nicht mit dem Decknamen »Erich« unterschrieben ist und offenbar mit der normalerweise von Barthel benutzten Schreibmaschine geschrieben wurde, ist zu vermuten, daß er von Walter Barthel stammt und von Dietrich Staritz dem MfS nur übergeben wurde.
[191] HA XX/5/I: Treffbericht vom 24. 8. 1968; BStU, ZA, AIM 10998/66, Teil A, Bd. 3, Bl. 68f., hier: 69.
[192] Waldman: Berlinpolitik (1972), S. 65f. Müller: Westarbeit (1995), S. 2260. Niederstadt: SEW (1999), S. 70f.
[193] Note der Regierung der DDR an die Regierung der BRD zur geplanten Durchführung der Bundesversammlung in Westberlin vom 6. 2. 1969, dokumentiert in: Zur Politik der Partei- und Staatsführung der DDR gegen die Provokation der Bonner Regierung im Zusammenhang mit der Wahl des westdeutschen Bundespräsidenten in Westberlin [parteiinternes Material], o. O., o. D. [1969], S. 9; BuArch Bln. DY 30/IV A 2/10.02/147.
[194] Anordnung des Ministers des Innern vom 8. 2. 1969; ebenda.
[195] Schreiben des Vorsitzenden des Ministerrates der DDR, Willi Stoph, an den Regierenden Bürgermeister von Berlin, Klaus Schütz, vom 25. 2. 1969; ebenda, S. 18. Westberliner durften seinerzeit – im Gegensatz zu Westdeutschen und Angehörigen anderer Staaten – nicht nach Ostberlin reisen.
[196] Tatsächlich hatte Dietrich Staritz dem MfS berichtet, daß SPD und CDU, aber auch der sogenannte »Staatssekretärsausschuß« mit einer Verlegung der Bundesversammlung einverstanden wären, wenn die DDR als Gegenleistung den Westberlinern größere Freizügigkeit einräumen und ein entsprechendes Passierscheinabkommen ver-

einbaren würde – Forderungen, denen erst mit dem Viermächte-Abkommen über Berlin vom 3. September 1971 entsprochen wurde, als die DDR erstmals indirekt völkerrechtlich anerkannt wurde. HA XX/5: Bericht vom 29. 11. 1968; BStU, ZA, AIM 10998/66, Teil A, Bd. 4, Bl. 142–145.
[197] Ebenda, S. 21.
[198] Vgl. dazu den Vorgang der zuständigen Hauptabteilung IX/11 über die sogenannte Aktion »Schwarz«; BStU, ZA, HA IX/11, AF 310/68.
[199] Neues Deutschland vom 5. und 6. März 1969.
[200] HV A, Abteilung X: Plan aktiver Maßnahmen gegen die Bundesversammlung am 5. März in Westberlin vom 17. 2. 1969; BStU, ZA, SdM 1439.
[201] Bohnsack: Legende (1997), S. 108f. Danach führte Schelkmann auch die Decknamen »Goldring« und »6004«.
[202] Schreiben von Markus Wolf an Erich Mielke vom 18. 2. 1969; BStU, ZA, SdM 1439.
[203] Berliner Extra-Dienst. Sonderblatt zur Bundesversammlung, o.D. [März 1969], S. 1 f.
[204] »Hohe Alarmstufe für die Polizei«, in: Die Welt vom 5. März 1969.
[205] HVA, Abteilung VII: Operativinformation über das »Berliner Bürgerkomitee« vom 24. 2. 1969; BStU, ZA, HA XX AP 21498/92, Bl. 40–52, hier: 52. »West-Berlin in den Rücken gefallen. Offener Brief an Dr. Müller-Gangloff«, in: Berliner Morgenpost vom 16. Februar 1969. »Abweichende Gedanken über Berlins Situation. Dr. Müller-Gangloffs Antwort an Pfarrer Aurel von Jüchen«, in: Berliner Morgenpost vom 21. Februar 1969.
[206] »Mehrere Demonstrationen in Berlin«, in: Der Tagesspiegel vom 5. März 1969. Vgl. auch die umfangreiche sonstige Berichterstattung in der Berliner und westdeutschen Presse vom 4. bis 6. März 1969 sowie in: Der Spiegel vom 10. März 1969.
[207] HA XX: Information 270/69 vom 23. 7. 1969 über Diskussionen im Republikanischen Club über Perspektiven der linken Gruppierungen innerhalb der Westberliner S[ozialdemokratischen] P[artei]; BStU, ZA, HA XX ZMA 243, Bl. 77–79. Einladung und Thesen zu der Zusammenkunft sind dem Bericht als Anlage beigefügt.
[208] Vgl. z.B. die zwanzigseitige »Information über die linksopportunistischen Gruppierungen in der BRD«, die der damalige Leiter der Westabteilung, Heinz Geggel, am 10. 5. 73 an Honecker schickte. Zwei Monate später schrieb Honecker an den Rand einer Konzeption der DKP-Führung für ihren Parteitag in Hamburg, die ihm Albert Norden am 12. 7. 1973 zugeschickt hatte: »+ noch stärker den Schlag gegen den Maoismus und Helfer – ohne Forderung Verbot KPD etc. zu erheben«; BuArch DY 30 J IV 2/202–500.
[209] Vgl. dazu die aufschlußreiche Studie von Wunschik: KPD/ML (1997).
[210] Befehl 17/79 »zur Aufklärung, vorbeugenden Verhinderung und Bekämpfung subversiver Pläne, Absichten und Maßnahmen linksextremistischer und trotzkistischer Organisationen, Gruppen und Kräfte« vom 8. 12. 1979; BStU, ASt Berlin, XV 2. Vgl. dazu die überlieferte »Ergebniszusammenfassung« einer umfangreichen Arbeit von Oberstleutnant Helmut Bechert/Oberstleutnant Gerhard Zirke/Oberstleutnant Fritz Meyer/Major Reckhart Härtel: Wesen und Rolle in der BRD und in Westberlin existierender pseudorevolutionärer linksextremistischer Kräfte und Gruppen. Die Notwendigkeit ihrer Differenzierung. Erfordernisse der Abwehr terroristischer und anderer schwerwiegender krimineller Gewaltakte sowie der subversiven Zersetzungstätigkeit rechts- und linksextremistischer Kräfte und Gruppierungen, Potsdam 1976; BStU, ZA, JHS 21860. Hauptmann Udo Blankenburg: Zur Rolle terroristisch orientierter anarchistischer Kräfte und Gruppierungen in der BRD und in Westberlin,

zu ihrer praktischen Tätigkeit und den daraus erwachsenden politisch-operativen Aufgaben, dargestellt am Beispiel der Baader-Meinhof-Gruppe/»Rote Armee Fraktion (RAF)«, JHS MF VVS 001–281/75. Major Dieter Ganschow/Major Horst Schneider: Bestimmung des Wesens des Terrorismus und Analyse seiner Erscheinungsformen im Operationsgebiet, Potsdam 1981, BStU, ZA, JHS 21 909.

211 Dienstanweisung 5/71 des Stellvertreters des Ministers »über die systematische operative Bearbeitung der Universitäten und Hochschulen im Operationsgebiet – Bearbeitung von Universitäten und Hochschulen –« (Fassung vom 1. 8. 1971); BStU, ASt Berlin, XV 11, S. 1.

212 HA Paßkontrolle und Fahndung, Operativdienststelle Berlin: Bericht über eine Information des westdeutschen Bürgers Langfermann vom 6. 1. 1970; BStU, ZA, AIM 1373/74, Bl. 13–17, hier: 16.

213 Hauptabteilung VI, Operativdienststelle Berlin: Abschlußbericht zum IM-Vorlauf »Boris Buch« vom 27. 11. 1973; BStU, ZA, AIM 1373/74, Bl. 130.

214 Koch: Verrat (1998), S. 15.

215 Vgl. dazu Mönnighoff: Westarbeit (1998). Erker: Innenansichten (1993), S. 133 ff.

216 HVA: Forschungsergebnisse zum Thema »Die politisch-operative Bearbeitung der Hochschulen in der BRD und in Westberlin«, GVS 211-A 20/76, S. 40; BStU, ASt Berlin, XV 6.

217 Vgl. Operativinformation der Abteilung VII/HVA vom 2. 2. 1977 über aktuelle Aspekte der gegenwärtigen politischen Situation an den Hochschulen und Universitäten der BRD und Westberlins sowie zur Lage in den politischen Studentenorganisationen, S. 28, zitiert in: HV A: Forschungsergebnisse zum Thema »Die politisch-operative Bearbeitung der Hochschulen in der BRD und in Westberlin«, GVS 211-A 20/76, S. 41, Fußnote 40; BStU, ASt Berlin, XV 6, (Dokument bislang nicht aufgefunden).

218 HVA: Forschungsergebnisse zum Thema »Die politisch-operative Bearbeitung der Hochschulen in der BRD und in Westberlin«, GVS 211-A 20/76, S. 41; BStU, ASt Berlin, XV 6.

219 Ebenda, S. 41 f.

220 HA XX: Information 2070/73 vom 10. 10. 1973; BStU, ZA, MfS AKK 9615/80, Bd. 2, Bl. 51–72, hier: 55.

221 HA XX/7: Informationsbericht vom 27. 5. 1976; BStU, ZA, MfS AKK 9615/80, Bd. 2, Bl. 160–179.

222 HA XX: Information 2070/73 vom 10. 10. 1973; BStU, ZA, MfS AKK 9615/80, Bd. 2, Bl. 51–72, hier: 54 f.

223 Dutschke/Wilke (Hrsg.): Sowjetunion (1975).

224 Zitiert nach Kraushaar: Unterwanderte Jahre (1998).

225 Dutschke: Biographie (1996), S. 322 und S. 331 f.

226 Aktenvermerk vom 17. 10. 1976 zu Dutschke, Rudi; BStU, ZA, MfS AKK 9615/80, Bd. 2, Bl. 180. In einer Notiz vom 14. 6. 1977 heißt es dagegen, daß die Löschung seiner alten Erfassung unter BdL II bereits am 20. 5. 1976 erfolgt sei; ebenda, Bl. 190.

227 HA XX/5: Begründung der Reisesperre vom 17. 5. 1979; BStU, ZA, MfS AKK 9615/80, Bd. 2, Bl. 203 f.

228 Aufstellung über operative Verbindungen zu Organisationen und Gruppen der APO in Westberlin (Anlage zum Plan aktiver Maßnahmen gegen die Bundesversammlung am 5. März in Westberlin der HV A, Abteilung X, vom 17. 2. 1969); BStU, ZA, SdM 1439, Bl. 304 f. Im einzelnen wurden im SDS von der Abteilung V der HVA die IM

»Jutta«, »Anita«, »Alfons«, »Chor«, »Elias«, »Rolf« und »Herbert« sowie die KP »Kurt« geführt, von der Abteilung II der IM »Malter«, von der Abteilung III/A der IM »Hoffmann«, von der Abteilung III/B die KP »Schütze«, von der Abteilung I die KP »Duo« sowie von der Abteilung XV der Stasi-Verwaltung Groß-Berlin der IM »Herbert« und die KP »Klaus-Dieter«. Im Sozialistischen Hochschulbund (SHB) führte die Abteilung II der HVA die IM »Berg« und »Strauch«, bei den Jungsozialisten die IM »Sense« und noch einmal »Strauch«. In der Vereinigung Unabhängiger Sozialisten (VUS) führte die Abteilung XV der Stasi-Verwaltung Groß-Berlin die IM »Heinemann« und »Herbert«, im ASTA der Freien und der Technischen Universität die IM »Lang« und »Doktor« sowie die KP »Skaletz« und »Fred Bauer« sowie schließlich die Abteilung V der HVA die KP »Nicolé«.

229 Nicht enthalten ist in der Liste beispielsweise der IM »Georg Schneider«, der vom MfS im November 1967 dazu eingesetzt wurde, einen Vietnam-Aktivisten aus dem Republikanischen Club auf eine eventuelle Tätigkeit für den Verfassungsschutz zu überprüfen. Vgl. HA XX/5/V: Auftrag an Ref. III vom 7. 11. 1967; BStU, ZA, AIM 10998/66, Teil A, Bd. 3, Bl. 283. »G. Schneider« berichtete im Juni 1968 auch über die Vorstandswahlen im Republikanischen Club. Vgl. Abschrift einer Information der HA XX/5, Gen. Jäckel – Quelle: IM »G. Schneider«; BStU, ZA, HA XX ZMA 243, Bl. 72f.

230 Vgl. den überlieferten IM-Vorgang, Reg.-Nr. 5804/61; BStU, ZA, AIM 1622/61.

231 Vgl. dazu: »Spionageverdacht: Dekan des Otto-Suhr-Institutes festgenommen«, in: Berliner Morgenpost vom 23. 10. 1992. »Stasiverdächtiger Professor aus der U-Haft entlassen«, in: Berliner Zeitung vom 9. 11. 1992. »Provokation vor der Haustür. Das OSI im Fadenkreuz östlicher Geheimdienste«, in: Berliner Zeitung vom 12. 11. 1992. »Ex-FU-Dekan: Geld-Buße und Bewährung für Stasi-Spionage«, in: Berliner Morgenpost vom 10. 11. 1995. »Akademiker spionierte 21 Jahre für die Stasi«, in: Berliner Zeitung vom 10. 11. 1995.

232 Quelle »Jutta«, Reg.Nr. XV 1815/60, 1969 erfaßt für Abteilung XV der Verwaltung Groß-Berlin, 1988 für Abteilung XV der Bezirksverwaltung Berlin, letzter Führungsoffizier: Oberst Lange. Vgl. Arbeitsplan der Abteilung XV der Bezirksverwaltung Berlin für das Jahr 1989 vom 16. 12. 1988; BStU, ASt Berlin, XV 24, S. 5.

233 Fichter/Lönnendonker: Geschichte des SDS (1977), S. 94.

234 Roth: Kampfführung (1971), S. 110 (Anm. 2).

235 Tatsächlich veröffentlichte »konkret« 1969 zwei Artikel zur KgU, von denen mehrere Absätze wörtlich mit den von Roth veröffentlichten Dokumenten übereinstimmen. Vgl. »Auf Seite 17 verplaudert«, in: Focus Nr. 48/98 vom 2. November 1998, S. 58–62. Zu Wallraffs Dementi: »Anhang zur Akte«, in: Der Spiegel vom 17. August 1998, S. 20.

236 HVA, Abteilung X: Schreiben an den Leiter der HA XX/5 vom 3. 4. 1987 und vom 2. 9. 1987; ZOV »Weinberg«, BStU, ZA, AOP 16922/91, Bd. 3, Bl. 282–284. Hauptabteilung XX/5: Schreiben an die Hauptverwaltung A, Abteilung X, Genossen Oberst Raabe vom 25. 8. 1987; ebenda, Bl. 177.

237 Ein Vorgang ist weder zu Roth noch zum IM »Zeus« überliefert, ein schmales Dossier ist ohne Belang; BStU, ZA, HA XXII/8 AP 73405/92. Vgl. »Geheimdienst: Die göttliche Quelle«, in: Focus Nr. 23/97 vom 2. Juni 1997.

238 Roth: Wirtschaftsplanung (1998), S. 284–549.

Strategien einer Unterwanderung – Die Friedensbewegung

1 Aus der umfangreichen – zumeist sehr wollwollenden – Literatur zum Lebensweg Niemöllers vgl. Niemöller: Lebensbild (1952). Schmidt: Niemöller (1959). Mochalski: Bildbuch (1962). Niemöller: Biographie (1967). Bentley: Biographie (1985). Zu seinen Reden und Predigten: Niemöller: Predigten (1935). Niemöller: Predigten (1946). Niemöller: Reden (1958). Niemöller: Reden (1957). Niemöller: Reden (1961). Niemöller: Reden (1964). Der Großteil dieser Bücher erschien im Stimme-Verlag um die Zeitschrift »Stimme der Gemeinde« – Vorläuferin der »Neuen Stimme« aus dem DKP-nahen Pahl-Rugenstein Verlag.
2 Zitiert nach: Schmidt: Niemöller (1959), S. 245.
3 »Niemöller for United Reich. Even if It's Red«, in: New York Herald Tribune vom 14. 12. 1949, zitiert nach: Kirchliches Jahrbuch 1949, S. 241. Vgl. auch Inacker: Totalitarismus (1994), S. 321 f.
4 Niemöller: Reise (1986), S. 41.
5 »Destruktive Rolle«, in: Die Zeit vom 8. Januar 1965. »Wehner greift Niemöller scharf an«, in: Frankfurter Allgemeine Zeitung vom 24. Januar 1965.
6 »Deutsche Medikamente für ein Krankenhaus in Hanoi?«, in: Frankfurter Allgemeine Zeitung vom 14. Januar 1967.
7 Vgl. Münchener Arbeitsgruppe (1960). Bärwald: Friedenssehnsucht (1983). Bärwald: DKP (1979). Flechtheim/Rudzio/Vilmar/Wilke: Einflußstrategien (1980). Bundesminister des Innern (Hrsg.): Frontorganisationen (1985). Rudzio: Abgrenzung (1988). Motschmann: Pharisäer (1993). Boyens: Friedensbewegung (1996).
8 Einen ersten wichtigen Schritt zur Aufarbeitung der Friedensbewegung der achtziger Jahre bedeutete eine Tagung der Politischen Akademie in Tutzing vom 26. bis 28. Juli 1999, deren Ergebnisse auch veröffentlicht werden sollen.
9 Vgl. dazu Krause: Opposition (1971) – eine Propagandaschrift aus dem DKP-Verlag Marxistische Blätter, die die Sicht der SED auf die damalige Friedensbewegung ausführlich wiedergibt.
10 Vgl. Rupp: Außerparlamentarische Opposition (1980), S. 162–193.
11 Vgl. Staadt: Westpolitik (1993).
12 Vgl. Otto: Ostermarsch (1980), S. 172 f.
13 Beratung über die gesamtdeutsche Arbeit mit Gen. Walter Ulbricht am 27. 2. 1959, S. 9; BuArch Bln DY 30/IV2/902/100.
14 Vgl. Konzeption für die weitere Entwicklung des Friedenskampfes in Westdeutschland vom 28. 1. 1963; BuArch Bln DY 30/IV A2/902/199. Protokoll der Sitzung der Ostermarsch-Kampagne für Abrüstung, Arbeitsgruppe Rhein-Neckar am 20. 11. 62 in Mannheim; ebenda. Arbeitsplan der Westkommission beim Politbüro I. Halbjahr 1964; BuArch Bln DY 30/IV A2/2028/5, dokumentiert in: Staadt: Westpolitik (1993), S. 317–319, hier: 317.
15 Aufstellung der Parteien, Massenorganisationen und Institutionen, die gesamtdeutsche Arbeit in der Bundesrepublik durchführen, vom 26. 2. 1959; BuArch Bln DY 30/IV2/902/100: Die Liste reichte von der CDU, Abt. gesamtdeutsche Arbeit (1) über den Deutschen Friedensrat (13) bis zum Koordinierungsausschuß für Pädagogische Angelegenheiten (36). Vgl. auch die im ehemaligen Parteiarchiv der SED überlieferten Berichte über die sogenannten West-Einsätze aus den sechziger Jahren; BuArch Bln DY 30/IV A2/10.02/53.
16 Westkommission beim Politbüro: Über unsere Politik nach und in Westdeutschland

für die Zeit bis Ende Oktober 1963, 19. 9. 1963; BuArch Bln. DY 30 IV A2/ 10.02/221, dokumentiert in: Staadt: Westpolitik (1993), S. 309–316, hier: 310.
17 Ebenda, S. 314.
18 »Geplante Windstille beim DGB-Kongreß in Düsseldorf fand nicht statt: Erste Abstimmungen waren Niederlagen für die rechten Führer«, in: Neues Deutschland vom 22. November 1963.
19 IG Druck und Papier, Zentralvorstand: Maßnahmeplan zur Aktivierung der Funktionäre und Mitglieder in der IG Druck und Papier im DGB im Kampf um die Sicherung des Friedens vom 17. 10. 1961, dokumentiert in: Wilke/Hertle: Genossenkartell (1992), S. 242–251, hier: 247 ff.
20 Agitationskommission der SED: Entwurf Argumentation zur Tagung des Politischen Beratenden Ausschusses der Teilnehmerstaaten des Warschauer Vertrages vom 4. 2. 1965, S. 14; BuArch Bln DY 30/IV A 2/10.02/147.
21 Vgl. Hirsch (Hrsg.): Deutschlandpläne (1967), S. 284 f.
22 Zum gegenwärtigen Stand der Popularisierung des Deutschlandplanes – Vorschläge zu seiner Verbreitung unter den Massen und zur Verbindung mit den ökonomischen Aufgaben, o.D. (1960); BuArch Bln DY 30/IV2/902/100.
23 Entwurf über Vorschläge und Maßnahmen für die Verbreitung des Deutschlandplanes des Volkes und zur Beeinflussung westdeutscher und Westberliner Bevölkerungsschichten für den Deutschlandplan vom 6. 5. 1960; BStU, ZA, SdM 1121, Bl. 203–215.
24 Der Bund evangelischer Pfarrer in der DDR wurde 1958 in Leipzig gegründet und umfaßte 1960 etwa 150–200 Mitglieder. Trotz erheblicher staatlicher Finanzhilfe (1960: 226 483 DM) verfügte der Pfarrerbund nur über geringen Einfluß und löste sich 1974 wieder auf. Vgl. MfS: »Rolle und Aufbau oppositioneller Gruppierungen in den evangelischen Kirchen Westdeutschlands und der Deutschen Demokratischen Republik«, dokumentiert in Besier: Kirchen (1992), S. 228–250, hier: 246 ff.
25 Entwurf über Vorschläge und Maßnahmen für die Verbreitung des Deutschlandplanes des Volkes und zur Beeinflussung westdeutscher und Westberliner Bevölkerungsschichten für den Deutschlandplan vom 6. 5. 1960; BStU, ZA, SdM 1121, Bl. 203–215, hier: 214.
26 »MfS: Rolle und Aufbau oppositioneller Gruppierungen in den evangelischen Kirchen Westdeutschlands und der Deutschen Demokratischen Republik«, dokumentiert in Besier: Kirchen (1992), S. 228–250, hier: 231.
27 Kirchliche Bruderschaften bildeten sich unter anderem in Baden-Württemberg, Rheinland-Westfalen und Hessen-Nassau; nach Stasi-Angaben besaßen sie jeweils zwischen 300 und 1000 Mitglieder aus Geistlichen und Laien. Vgl. ebenda.
28 Vgl. Koch: Deutschlandfrage (1972), S. 438–452. Vogel: Wiederbewaffnung (1978).
29 Rupp: Außerparlamentarische Opposition (1980), S. 204–207.
30 Treffbericht vom 8. 4. 1959, Quelle GI »Willy«; BStU, ZA, AP 11 889/92, Bl. 148 f.
31 »MfS: Rolle und Aufbau oppositioneller Gruppierungen in den evangelischen Kirchen Westdeutschlands und der Deutschen Demokratischen Republik«, dokumentiert in Besier: Kirchen (1992), S. 228–250, hier: 249 f.
32 »MfS: Rolle und Aufbau oppositioneller Gruppierungen in den evangelischen Kirchen Westdeutschlands und der Deutschen Demokratischen Republik«, dokumentiert in Besier: Kirchen (1992), S. 228–250, hier: 249.
33 Laut Zeitschriftendatenbank (ZDB) erschien von 1951 bis 1962 in Marburg-Lahn die Zeitschrift »Der Freiheitsbote. Wochenzeitung für deutsche Politik. Organ der NPD«. Be-

lege für eine Beteiligung Martin Niemöllers oder einer anderen Person gleichen Namens im Jahr 1960 konnten nicht gefunden werden. Lediglich in der Ausgabe Nr. 22 vom 25. Juni 1960 erschien eine Rezension der Biographie von Schmidt: Niemöller (1959).

34 Entwurf über Vorschläge und Maßnahmen für die Verbreitung des Deutschlandplanes des Volkes und zur Beeinflussung westdeutscher und Westberliner Bevölkerungsschichten für den Deutschlandplan vom 6. 5. 1960; BStU, ZA, SdM 1121, Bl. 203–215, hier: 204, 208 und 211 f. Der Maßnahmeplan für die »Bewegung gegen den Atomtod« ist bislang nicht aufgefunden worden.

35 Meyers Neues Handlexikon (1971), Bd. 1, S. 214.

36 Der Umfang der Finanzierung der DFU durch die DDR geht aus einer geheimen Information (ohne Absender, aber in einer sonst nur von der HVA benutzten Schreibmaschinentype) für das Politbüromitglied Albert Norden zur Vorbereitung einer Zusammenkunft mit einer DFU-Delegation der DFU am 20. 2. 1973 hervor. Darin heißt es: »Geheim – nur persönlich. [...] Die DFU erhält von uns monatlich 277 000 DM, die D[eutsche]V[olks]Z[eitung] 121 000 DM, zusätzlich für die DVZ von Interwerbung 5000 DM.« Zusammengerechnet erhielt die DFU damit jährlich 4 836 000 DM aus der DDR; BuArch Bln. DY 30 IV B 2/2.208/5, Bl. 34. Zur Finanzierung im Jahr 1989 vgl. Struktur und Aufgaben der Abteilung Verkehr [der SED], dokumentiert in Deutscher Bundestag: Schalck-Golodkowski (1994), Anlagenband 1, S. 305. Danach erhielten die VVN 2,3 Millionen Mark für 28 Mitarbeiter, andere Organisationen und Stiftungen sowie Einzelpersonen 4,7 Millionen Mark für etwa 17 Mitarbeiter. Die DKP selbst bekam jährlich 69,4 Millionen Mark und beschäftigte 570 Mitarbeiter. Vgl. Schütt: Bruderpartei (1990), S. 1724.

37 Westabteilung: Information über die weitere Tätigkeit der Deutschen Friedensunion in der BRD vom 25. 7. 1975, S. 1; BuArch Bln DY 30 IV AB2/2.028/8.

38 Hausmitteilung von Karl Wildberger, Westabteilung der SED, an Albert Norden vom 18. 11. 1974. Anlage: »An die Welternährungskonferenz der UNO: Memorandum Gegen den Hunger der Welt«; BuArch Bln DY 30 IV B 2/2.208/7. Vgl. auch die Unterlagen zum Gespräch zwischen Albert Norden und einer Delegation der DFU am 20. 2. 1973, in denen unter anderem die folgenden »Angaben über die DFU« gemacht werden: »Größere Aktionen der DFU in der Vergangenheit waren der sehr positiv zu bewertende Appell gegen den Antikommunismus in der BRD mit 8000 Unterzeichnern [...]. Aktiv war die DFU im Kampf gegen den USA-Krieg in Vietnam, in der Bildungspolitik«; BuArch Bln DY 30 IV B 2/2.208/5, Bl. 33. Ferner: Aktivitäten der DFU der BRD für die Unterstützung der Aufnahme der DDR in die UNESCO, 20. 7. 1972; BuArch Bln DY 30 IV B 2/2.208/6. In diesem Papier heißt es u.a.: »Es kommt darauf an, den kalten Krieg aus den Schulen und Hochschulen zu verbannen. Die von den Kultusministern erlassenen Richtlinien zur sogenannten Ostkunde und zur Behandlung des Totalitarismus im Unterricht sind schnellstens ersatzlos abzuschaffen« (S. 2).

39 Protokoll über Verhandlungen zwischen Vertretern des MfS der DDR und des KfS beim Ministerrat der UdSSR über gemeinsame aktive Maßnahmen für das Jahr 1967; BStU, ZA, SdM 1465, Bl. 134–147, hier: 140f und 144f.

40 Bericht des Leiters der HV A über die Erfüllung der politisch-operativen Verpflichtungen der II. Etappe der Vorbereitung des 20. Jahrestages der Deutschen Demokratischen Republik vom 18. 3. 1969; BStU, ZA, SdM 1474, Bl. 26.

41 Vgl. Bundesminister des Innern (Hrsg.): Verfassungsschutz (1982), S. 142.

42 Vgl. »Welt ist alarmiert über neue Beweise« und »Kernwaffenkartell Bonns entlarvt«, in: Neues Deutschland vom 16. Januar 1969. »Der Drohung begegnen«, in: Neues

Deutschland vom 17. Januar 1969. »Appell an die Wissenschaftler, Ingenieure und Techniker in der westdeutschen Bundesrepublik«, in: Neues Deutschland vom 19. Februar 1969. Kahl: Spionage (1986), S. 31 f.

43 Hauptabteilung IX/1: Bericht über die Tätigkeit des Beschuldigten […] im Auftrage des amerikanischen Geheimdienstes gegen das Ministerium für Staatssicherheit vom 4. 1. 1969; BStU, ZA, SdM 1439, Bl. 168–176, hier: 172.

44 HVA, Abteilung X: Planorientierung für eine wirksame Öffentlichkeitsarbeit in den Jahren 1986–1990 (Grundrichtungen, Vorhaben, Grundsätze) vom 16. 6. 1986, dokumentiert (ohne Archivsignatur) in: Bohnsack: Legende (1997), Dokument 3, S. 5.

45 Vgl. HVA, Abteilung X: Auskunftsbericht über Wallraff, Günter (IM Wagner), vom 25. 11. 1976; BStU, ZA, HA XX 2961. »Auskunft über Wagner«, in: Focus Nr. 25 vom 25. Mai 1998, S. 34–38. »Auf Seite 17 verplaudert«, in: Focus Nr. 48/98 vom 2. November 1998, S. 58–62. Generalbundesanwalt: Wagenbreth-Anklage (1993), S. 171–178.

46 Schreiben von Albert Norden an Herbert Häber vom 8. 5. 1978; BuArch Bln DY 30 IV B 2/2.208/11.

47 Information vom 13. 12. 1974 über den Zusammenschluß der Deutschen Friedensgesellschaft/Internationale der Kriegsdienstgegner und des Verbandes der Kriegsdienstverweigerer; BuArch Bln DY 30 IV B 2/2.208/7.

48 Zu den Verbindungen zwischen SED und Sozialistischem Hochschulbund (SHB) vgl. Staadt: Westpolitik (1993), S. 289 ff.

49 Wolf: Erinnerungen (1997), S. 343.

50 Motschmann: Pharisäer (1993), S. 179 f.

51 Ebenda, S. 177 und 183.

52 Der Aufruf ist dokumentiert in: Mechtersheimer (Hrsg.): NATO-Doppelbeschluß (1981), S. 249 f.

53 Vgl. Rudzio: Abgrenzung (1988), S. 148–153.

54 Schreiben der Initiatoren an Bundeskanzler Helmut Kohl vom 6. 9. 1983, in: Unsere Zeit vom 10. September 1983.

55 Ausführlich Motschmann: Pharisäer (1993), S. 182 ff.

56 Vgl. Apel: Abstieg (1990), S. 180 f.

57 Rundbrief des Regionalausschusses der CFK vom 3. Mai 1983, zitiert nach Bundesminister des Innern (Hrsg.): Frontorganisationen (1985), S. 56.

58 Ohne Titel (handschriftliche Ausarbeitung von Franz Sgraja), ohne Datum, abgelegt unter dem Stichwort »Tradition«; BStU, ZA, HA XX/4 1682, Bl. 7 f. Bei dem IM »Ingo« dürfte es sich um den thüringischen Bischof Ingo Braecklein, bei »Karl« um den thüringischen Oberkirchenrat Gerhard Lotz gehandelt haben. Vgl. Vollnhals: Lotz (1994), S. 332–336. Vgl. auch die Dokumente aus der IM-Akte, die publiziert sind in: »Seid untertan der Obrigkeit«. Originaldokumente der Stasi-Kirchenabteilung XX/4, Berlin 1992, S. 140–148.

59 ZAIG: Zusammenstellung über die in den Zuarbeiten der HVA/VII, der HA II, VI, IX und XX enthaltenen Vorschläge zum Ausbau und zur Vertiefung der multi- und bilateralen Zusammenarbeit auf dem Gebiet der Bekämpfung der ideologischen Diversion (Multilaterale Beratung, Moskau, April 1980); BStU, ZA, ZAIG 5166, Bl. 52–70, hier: 58.

60 Notiz des Friedensrates der DDR, Arbeitsgr. BRD, über ein Gespräch mit Josef Weber, Mitherausgeber des Krefelder Appells, am 26. 1. 1981, S. 2; BuArch Bln DY 30 J IV 2/202–503.

61 Schreiben von Häber an Honecker vom 2. 2. 1981, S. 1 f.; BuArch Bln DY 30 J IV

2/202–503. Die »Bielefelder Initiative« wurde unter anderem von dem SPD-Bundestagsabgeordneten Dieter Begemann getragen und hatte im Dezember 1980 einen Appell vorgelegt, der die SPD aufforderte, die Stationierung amerikanischer Mittelstreckenraketen in Westeuropa zu verhindern. Der Appell ist dokumentiert in: Mechtersheimer (Hrsg.): NATO-Doppelbeschluß (1981), S. 252–254.

[62] Generale für den Frieden (1981).
[63] Albert Norden: Hausmitteilung an Erich Honecker vom 30. 5. 1978; BuArch Bln. DY 30 IV B 2/2.208/11, Bl. 109.
[64] Leonhard: Ostpolitik (1984), S. 151.
[65] Kreisdienststelle Zittau: Beschluß für das Einstellen eines GI-Vorlaufes vom 18. 2. 1965; BStU, ASt Dresden, Vorl. AIM 327/65, Bl. 17 f.
[66] Bahro: Wahnsinn (1982), S. 98.
[67] Vgl. Motschmann: Pharisäer (1993), S. 178 f.
[68] Vgl. beispielsweise die überlieferten Avisierungen aus der Hauptabteilung VI zu Horst Trapp, Helmut Spengler, Simon-Peter Gerlach, Konrad Lübbert oder Klaus Mannhardt.
[69] Vgl. Geplante Aktivitäten im Rahmen der Ostermarschbewegung 1982 in der BRD, anderen nichtsozialistischen Staaten und Westberlin, o.D.; BStU, ZA, ZAIG 3209, Bl. 41–45.
[70] Material über die erweiterte Kollegiumssitzung vom 19. Februar 1982 zur Auswertung der Beratung des Sekretariates des ZK der SED mit den 1. Sekretären der Kreisleitungen, Anlage zum Schreiben Erich Mielkes vom 25. 2. 1982, S. 13 ff.; BStU, ZA, BdL/Dok. 007596.
[71] Hinweise für die Kollegiumssitzung am 26. 6. 1983, S. 4; BStU, ZA, SdM 1567.
[72] Auszug aus dem Referat des Genossen Generaloberst Wolf auf der Aktivtagung der Parteiorganisation der HVA 1 m 13. 1. 1982; BStU, ASt Gera, BV Gera/Abt. XV 389, Bl. 10 f.
[73] HVA, Abteilung VII: Leiterinformation zur Lage und zu den Perspektiven der Friedensbewegung in Westeuropa und den USA vom 12. 5. 1982; BStU, ZA, ZAIG 6274, Bl. 3–5.
[74] HVA, Abteilung VII: Leiterinformation zu aktuellen Aspekten der Entwicklung der Friedensbewegung in der BRD und Westberlin vom 1. 11. 1982; ebenda, Bl. 6–12.
[75] HVA, Abteilung VII: Leiterinformation zur Situation und Entwicklungstendenzen in den Friedensbewegungen der BRD und anderer westeuropäischer Staaten nach Beginn der Raketenstationierung der USA in Westeuropa vom 9. 1. 1984, bestätigt durch Generaloberst Markus Wolf; ebenda, Bl. 13–15.
[76] HVA, Abteilung VII: Leiterinformation zu aktuellen Entwicklungen in der Friedensbewegung Westeuropas und der USA vom 30. 1. 1985, bestätigt durch Generaloberst Markus Wolf; ebenda, Bl. 18–19.
[77] HV A, Abt. II: Konzept für aktive Maßnahmen zur Förderung der Friedensbewegung in der BRD vom 17. 8. 1981, auszugsweise dokumentiert in Sélitrenny/Weichert: Spionageabteilung (1991), S. 196–200.
[78] Ausführlicher zur Arbeit der HVA-Abteilung II: Ebenda, S. 45–47. Müller-Enbergs (Hrsg): Anleitungen (1998), S. 204–209.
[79] Leutnant Lutz Brückner: Differenzierungsprozesse in der Arbeitsgemeinschaft der Jungsozialisten in der SPD unter den Bedingungen des Kampfes zur Sicherung des Friedens, Potsdam 1988; BStU, ZA, JHS 21 068.
[80] Ohne Autor, ohne Titel [Bericht über gemeinsame aktive Maßnahmen mit dem KGB] vom 3. 9. 1982; BStU, ZA, ZAIG 5171, Bl. 111 f.

81 Wolf: Erinnerungen (1997), S. 343.
82 Vgl. Generale für den Frieden (1981).
83 Generalbundesanwalt: Wagenbreth-Anklage (1993), S. 61–63.
84 Gerhard Kade wurde 1981 unter der Nummer XV/5704/81 für die HVA-Arbeitsgruppe K (Koordinierung) Abteilung XVI registriert, als vorgangsführende Mitarbeiter sind Rudolf Mnich und Hans Sacher von der HVA-Zentrale sowie Hans Walter von der Aufklärungsabteilung XV in Gera ausgewiesen.
85 HA VI/OLZ-Avisierung vom 17. 10. 1989.
86 HA XX/AKG-VSH; Gerhard Kade.
87 »Marionetten an roten Fäden«, in: Rheinischer Merkur/Christ und Welt vom 2. Dezember 1994.
88 Suchzettel vom 3. 6. 1970; BStU, ZA, PA 3473, Bl. 3f.
89 Bundesarchiv: Film 56737 A. 487–1156, Film 44327 A. 443ff. und Film 5997 NG:910. BStU, ZA, MfS HA IX/11 SV 4/84, PA 3473, SV 14/74 T. II, Bd. 2, S. 341–44, AS 98/66.
90 Martin Niemöller ist u. a. erfaßt in den Karteien HA XX/4-West, HA XX/AKG-VSH und HA VI/OLZ-Avisierung. Die Handakten der Hauptabteilung XX/4 haben folgende Signaturen: BStU, ZA, HA XX AP 11 889/92, 11 890/92, 11 891/92, 11 906/92; 11 907/92.
91 Vgl. Hauptverwaltung Deutsche Volkspolizei: Schreiben an das Ministerium für Staatssicherheit, ohne Datum (November 1952); BStU, ZA, AP 11 907/92, Bl. 22–24. Hauptverwaltung Deutsche Volkspolizei: Schreiben an das Staatssekretariat für Staatssicherheit vom 12. 2. 1954; ebenda, Bl. 5–7.
92 Schreiben von Martin Niemöller an den Minister für Staatssicherheit, Zaisser, vom 5. 10. 1950; ebenda, Bl. 124f.
93 Bericht zum Treff vom 21. 5. 1959, Quelle: GM »Herbert«; BStU, ZA, AP 11 889/92, Bl. 103f. Information zur Lage um Niemöller vom 330. 4. 1959; ebenda, Bl. 105–107. Synode der evangelischen Kirche von Hessen und Nassau in Frankfurt/M. vom 20. bis 24. April 1959; ebenda, Bl. 108–147.
94 Bezirksverwaltung für Staatssicherheit Magdeburg, Abteilung XX/4: Vorschlag vom 5. 5. 1970 zur Umstufung vom IMS zum GMS; BStU, ASt Magdeburg 1169/70, Handakten für GMS, Bl. 3f.
95 Vgl. Information vom 16. 5. 1964 betr.: Kirchenpräsident Dr. Martin Niemöller; BStU, ZA, AP 11 889/92, Bl. 41–45, hier: 44. Bericht des GM »Heide« über den Vortrag des Pfarrers Niemöller in Angermünde am 23. 7. 1965; ebenda, Bl. 11–14, hier: 14.
96 Bericht über Niemöller, Martin vom 3. 10. 1966 (nahezu wortgleich auch schon am 10. 12. 1963); BStU, ZA, AP 11 906/92, Bl. 3–6, hier: 4f.
97 Bezirksverwaltung für Staatssicherheit Dresden, Abteilung XX: Information vom 22. 12. 1976; BStU, ZA, AP 11 891/92, Bl. 7–10.
98 Information über den Aufenthalt von Frau Sibylle A. Niemöller vom 29. Juni bis 8. Juli 1984 in der DDR (handschriftlicher Vermerk: übergeben v[on] HA XX/1); BStU, ZA, AP 11 891/92, Bl. 1–5.
99 HV A, Abt. II: Konzept für aktive Maßnahmen zur Förderung der Friedensbewegung in der BRD vom 17. 8. 1981, auszugsweise dokumentiert in Sélitrenny/Weichert: Spionageabteilung (1991), S. 196–200, hier: 197.
100 Vgl. Material über die erweiterte Kollegiumssitzung vom 19. Februar 1982 zur Auswertung der Beratung des Sekretariates des ZK der SED mit den 1. Sekretären der Kreis-

leitungen, Anlage zum Schreiben Erich Mielkes vom 25. 2. 1982, S. 40–44; BStU, ZA, BdL/Dok. 007596. Referat von Erich Mielke auf der zentralen Dienstkonferenz zu ausgewählten Fragen der politisch-operativen Arbeit der Kreisdienststellen und deren Führung und Leitung, Potsdam-Eiche, 11. 10. 1982, S. 51–69; BStU, BdL/Dok. 006241. Zur DDR-Friedensbewegung: Ehring/Dallwitz: Friedensbewegung (1982).

101 Vgl. Auerbach: Friedensbewegung (1997), S. 369 ff.
102 HVA, Abteilung VII: Leiterinformation zur Lage und zu den Perspektiven der Friedensbewegung in Westeuropa und den USA vom 12. 5. 1982; BStU, ZA, ZAIG 6274, Bl. 3–5, hier: 4.
103 Vgl. Hauptabteilung XX/5: Einschätzung der politisch-operativen Lage für die Jahresplanung 1983 vom 5. 10. 1982; BStU, ZA, HA XX 224, Bl. 158. Schreiben des Ministers vom 15. 2. 1985, Anlage 1, dokumentiert in Siebenmorgen: Staatssicherheit (1993), S. 367–391, hier: 367. Danach war die HVA für die Aufklärung und Bekämpfung des Arbeitskreises federführend zuständig, doch auch die Hauptabteilung XX/5 ging im Operativ-Vorgang »Kongreß« gegen ihn vor; BStU, ZA, AOP 7013/85.
104 Hauptabteilung XX/5: Maßnahmeplan zur Weiterbearbeitung personeller Schwerpunkte im OV »Kongreß« vom 28. 7. 1983; BStU, ZA, AOP 7013/85, Bd. 1, Bl. 118–123, hier: 119.
105 HVA, Abteilung VII: Leiterinformation zu aktuellen Aspekten der Entwicklung der Friedensbewegung in der BRD und Westberlin vom 1. 11. 1982; BStU, ZA, ZAIG 6274, Bl. 6–12, hier: 8.
106 Hauptabteilung XX/5: Zuarbeit zur Analyse der Linie XX über politische Untergrundtätigkeit und ihrer vorbeugenden Verhinderung und Bekämpfung vom 2. 5. 1983, S. 4; BStU, ZA, HA XX, Bündel 9 (unerschlossenes Material), zitiert nach Auerbach: Friedensbewegung (1997), S. 973.
107 Der Aufruf der Bertrand Russell Peace Foundation »Für ein atomwaffenfreies Europa« ist dokumentiert in: Mechtersheimer (Hrsg.): NATO-Doppelbeschluß (1981), S. 256–259.
108 Plan für die Zusammenarbeit zwischen der Hauptabteilung XX des Ministeriums für Staatssicherheit der Deutschen Demokratischen Republik und der V. Verwaltung des Komitees für Staatssicherheit der Union der Sozialistischen Sowjetrepubliken für den Zeitraum 1986–1990, dokumentiert in: Besier: Kirchen (1992), S. 458–465, hier: 458.
109 ZAIG: Zusammenfassung politisch-operativer Erkenntnisse über die Einbeziehung ehemaliger DDR-Bürger in feindliche Aktivitäten, vor allem im Sinne der Inspirierung/Organisierung gegen die DDR [1982]; BStU, ZA, ZAIG 7201, Bl. 16.
110 Hauptabteilung XX/5: Einschätzung der politisch-operativen Lage für die Jahresplanung 1983 vom 5. 10. 1982; BStU, ZA, HA XX 224, Bl. 158. Vgl. Fuchs: Einmischung (1984).
111 Zentrale Planvorgabe für 1986 und den Zeitraum bis 1990, Bd. I, S. 21 und S. 23 f.; BStU, BdL/Dok. 006019.
112 HVA, Abteilung VII: Leiterinformation zur Situation und Entwicklungstendenzen in den Friedensbewegungen der BRD und anderer westeuropäischer Staaten nach Beginn der Raketenstationierung der USA in Westeuropa vom 9. 1. 1984, bestätigt durch Generaloberst Markus Wolf; BStU, ZA, ZAIG 6274, Bl. 13–15, hier: 14.
113 Beitrag der HV A zur Gewährleistung der inneren Sicherheit der DDR. Anlage zum Schreiben von Markus Wolf an Mielke vom 6. 1. 1986; BStU, ZA, ZAIG 7373, Bl. 2–10, hier: 9.

114 Wolf: Erinnerungen (1997), S. 341.
115 Stellvertreter des Ministers, Zu einigen Mitteln und Methoden der operativen Arbeit – Operative Schlußfolgerungen – vom 31. 10. 1983 (Neufassung der operativen Schlußfolgerungen vom 28. 5. 1979, S. 7; BStU, ASt Berlin, XV 8.

Stasi in den Kirchen – Eine Aktenlese

1 Vgl. idea Nr. 27/94 vom 7. März 1994, S. 5f. und idea Nr. 28/94 vom 9. März 1994, S. 7. Müller-Enbergs (Hrsg.): Anleitungen (1998), S. 205 (Anm. 854).
2 Vgl. dazu Neubert: Aufarbeitung (1993).
3 Die »Sachgebiete« CDU, LDP, Kirchen und Sekten gehörten zunächst zum Aufgabengebiet der Abteilung VI und wurden im September 1952 auf Anweisung Mielkes an die Abteilung V übergeben. Dazu wurde in dieser Abteilung ein neues Referat E geschaffen, das sich in die Sachgebiete E/I (Evangelische Kirche), E/II (Katholische Kirche) und E/III (CDU) untergliederte. Im Dezember 1954 ließ Ernst Wollweber daraus die Abteilung 6 in der inzwischen zur Hauptabteilung aufgewerteten Diensteinheit V bilden; diese gliederte sich nunmehr in die drei Referate »Katholische Kirche«, »Evangelische Kirche«, »Sekten«. Wenig später wurde die Hauptabteilung V/6 dann in V/4 umgenannt, aus der 1964 die Hauptabteilung XX/4 hervorging. Vgl. Dienstanweisung Nr. 6/52 V/E vom 17. 9. 1952, dokumentiert in: Besier: Kirchen (1992), S. 156–163. Staatssekretär für Staatssicherheit: Befehl vom 21. 12. 1954, dokumentiert in: ebenda, S. 189–192. Befehl 211/64 vom 9. 3. 1964; BStU, ZA, BdL/Dok. 000875.
4 Vgl. Bailey/Kondraschow/Murphy: Geheimdienste (1997), S. 181.
5 So die Volksbildungsministerin der DDR, Else Zaisser, im Mai 1953 auf der zentralen Konferenz der FDJ-Sekretäre an den Oberschulen, zitiert nach: Dähn: Konfrontation (1982), S. 44. Zum Kampf gegen die Jungen Gemeinden vgl. auch Besier: SED-Staat (1993), S. 106–124.
6 Döpfner amtierte von 1957 bis 1961 als Berliner Bischof und wurde dann nach München versetzt. Vgl. ausführlich Schäfer: Katholische Kirche (1998), S. 117–170.
7 Protokoll über die Kollegiumssitzung am 19. 9. 1957; BStU, ZA, SdM 1553, Bl. 169.
8 Schreiben des Ministers vom 15. 2. 1985, Anlage 1, dokumentiert in: Siebenmorgen: Staatssicherheit (1993), S. 367–391. Danach waren folgende Verantwortlichkeiten festgelegt: Abteilung II der Hauptverwaltung A, zuständig für Parteien und Verbände in der Bundesrepublik – Evangelische Akademie Bad Boll, Evangelische Akademie Loccum, Evangelische Akademie Tutzing, Evangelische Kirche in Deutschland (EKD), Katholische Kirche in der Bundesrepublik und nachgeordnete Einrichtungen, Katholische Militärseelsorge in der Bundesrepublik, Königsteiner Anstalten, Maximilian-Kolbe-Werk e.V., Deutsches Sekretariat von Pax Christi, Ständiger Arbeitskreis für Ostfragen beim ZK der Deutschen Katholiken, Weltkirchenrat in Genf; Abteilung III der Hauptverwaltung A, zuständig für geheimdienstlich genutzte offizielle Vertretungen der DDR im Ausland – Interkirchlicher Friedensrat (IKV) der Niederlande; Hauptabteilung XX/4, zuständig für die Überwachung der DDR-Kirchen – Aktion Sühnezeichen, Evangelismus-Rundfunk e.V. Wetzlar, Christlich-Paneuropäisches Studienwerk Bad Oeynhausen (Trägerverein des Brüsewitz-Zentrums), Hilfsaktion Märtyrerkirche e.V., Licht im Osten/Missionsbund zur Ausbreitung des Evangeliums e.V., Missionswerk Evangelica e.V., Slawische Ostmission Stockholm, Zeugen Jehovas; Arbeitsgruppe Ausländer (AGA) der Hauptabteilung II, verantwort-

lich für die »Absicherung und Kontrolle« der in der DDR ansässigen Ausländer – Caritas Betreuungs- und Rechtsberatungsstelle im Sammellager für ausländische Flüchtlinge Zirndorf, Innere Mission im Sammellager für ausländische Flüchtlinge Zirndorf, World Council of Church Zirndorf; Hauptabteilung XXII, zuständig für »Terrorabwehr« – Komm-mit-Verlag (»rechtsradikal, christlich getarnte Druckerzeugnisse«); Abteilung XX der Bezirksverwaltung Frankfurt/Oder, zuständig für innere Überwachung im Bezirk Frankfurt/Oder – Redaktion »Digest des Ostens« im »Haus der Begegnung« e.V. Königsstein.

[9] Protokoll über die Kollegiumssitzung am 9. 10. 1956; BStU, ZA, SdM 1551, Bl. 83.

[10] Protokoll über die Kollegiumssitzung am 2. 7. 1960; BStU, ZA, SdM 1903, Bl. 83.

[11] Ohne Titel (handschriftliche Ausarbeitung von Franz Sgraja), ohne Datum, abgelegt unter dem Stichwort »Tradition«; BStU, ZA, HA XX/4 1682, Bl. 9f. Bei dem erwähnten Buch dürfte es sich um die DDR-Propagandaschrift gehandelt haben: Hier spricht Dibelius. Eine Dokumentation [Gesamtherstellung: Neues Deutschland], Berlin (Ost), o.J. [1960].

[12] Vgl. Stupperich: Dibelius (1989), S. 539–567. Besier: Kirchen (1992), S. 14f. Besier: SED-Staat (1993), S. 311–327.

[13] Ohne Titel (handschriftliche Ausarbeitung von Franz Sgraja), ohne Datum, abgelegt unter dem Stichwort »Tradition«; BStU, ZA, HA XX/4 1682, Bl. 9f. Bei IM »Karl« dürfte es sich um den thüringischen Oberkirchenrat Gerhard Lotz, bei »Konrad« um den Oberkirchenrat Konrad Müller gehandelt haben; vgl. Vollnhals: Lotz (1994). Zu »Konrad«: BStU, ASt. Rostock, Teilablage A 1822/64 und ZA, AIM 3043/86.

[14] Hauptabteilung XX: Arbeitsrichtlinie für die Bezirksverwaltungen, Linie XX/4, zur koordinierten Bearbeitung operativer Schwerpunkte der Kirchen und Sekten im Gebiet der DDR und im Operationsgebiet vom 28. 11. 1967; BStU, ZA, HA XX/4 540, Bl. 118–136, hier: 118f.

[15] Erich Mielke: Referat auf der Dienstkonferenz am 30. 11. 1966; BStU, ZA, BdL 1460/66. Auszugweise dokumentiert in: Besier: Kirchen (1992), S. 268–271, hier: 271.

[16] Vorgänger waren: Willi Butter (1955–57), Hans Ludwig (1957–1969) sowie Franz Sgraja (1969–79).

[17] Hauptabteilung XX/4: Bericht über die Erfüllung der Verpflichtungen der Mitarbeiter der Hauptabteilung XX/4 zu Ehren des 20. Jahrestages der Deutschen Demokratischen Republik, Oktober 1969, dokumentiert (ohne Archivsignatur) in: Besier: Kirchen (1992), S. 284–295, hier: 295.

[18] Hauptabteilung XX: 1. Entwurf zur Arbeitsrichtlinie für die Bezirksverwaltungen zur koordinierten Bearbeitung operativer Schwerpunkte der Kirchen und Religionsgemeinschaften vom 13. 12. 1967; BStU, ZA, HA XX/4 540, Bl. 137–146, hier: 143ff.

[19] Vgl. die neunbändige Überlieferung über Patenschaften evangelischer Kirchgemeinden mit Gemeinden in der Bundesrepublik 1988/89; BStU, ZA, ASt Schwerin, BV Schwerin, Abt. XX 113 a-i.

[20] Hauptabteilung XX/4: Arbeitsdirektive vom 10. 8. 1966. Vgl. Hauptabteilung XX: Arbeitsrichtlinie für die Bezirksverwaltungen, Linie XX/4, zur koordinierten Bearbeitung operativer Schwerpunkte der Kirchen und Sekten im Gebiet der DDR und im Operationsgebiet vom 28. 11. 1967; BStU, ZA, HA XX/4 540, Bl. 118–136, hier: 133. Zu den Anfängen der Verfolgung: Dienstanweisungen Nr. 1/51/V und Nr. 3/51/V, dokumentiert in: Besier: Kirchen (1992), S. 150f und S. 152f.

[21] Der Vizepräsident der Evangelischen Kirche im Rheinland, Drägert: Schreiben an Pfarrer D. Reuter vom 10. 9. 1998; Arch.d.Verf.

²² Vgl. EPD-Zentralausgabe Nr. 212 vom 2. November 1995. Interview mit Otto von Campenhausen, in: idea Nr. 125/94 vom 2. November 1994, S. 1f. Gesetz über die Unterlagen des Staatssicherheitsdienstes der Deutschen Demokratischen Republik, § 32, 1 (Verwendung von Unterlagen für die Aufarbeitung des Staatssicherheitsdienstes), dokumentiert in: Deutschland Archiv 25 (1992 2, S. 203–221, hier: 216.

²³ In Abschriften von Karteikarten der HVA sind für das Referat folgende IM genannt: »Antonius« (Reg.-Nr. XV/205/68), »Baum« (Reg.-Nr. XV/300/60), »Junior« (Reg.-Nr. XV/992/82), »Moritz« (Reg.-Nr. XV/5384/62) und »Nachfolger« (Reg.-Nr. XV/2843/87). Vgl. Müller-Enbergs (Hrsg.): Anleitungen (1998), S. 205 (Anm. 853).

²⁴ Vgl. Vollnhals: Staatssicherheit (1996), S. 79–119, hier: 100ff. Der Anteil der IM des Westreferates am Gesamtbestand der Kirchenabteilung ist nur aus dem Jahr 1960 überliefert und betrug damals 19 zu 138. Ebenda, S. 86f.

²⁵ Zu der Berufung ist es offensichtlich nicht gekommen. Laut Decknamenkartei des MfS wurde der IM-Vorgang »Fritz« 1960 unter der Nummer MfS 14142/60 registriert und bis zur Wende weitergeführt; eine Teilablage wurde unter der Signatur MfS A 112/85 archiviert. Am 18. 12. 1989 wurde der Vorgang »gelöscht«, das heißt vernichtet. Dem überlieferten Anlagebeschluß vom 27. 12. 1976 zufolge wurde der IMV »Fritz« »durch langfristige op[erative] Legenden an leitende kirchliche Personen und Zentralen im Operationsgebiet angeschleust«. Dabei wurde der IMV »Fritz« zum IMF qualifiziert, das heißt zum Inoffiziellen Mitarbeiter mit Feindverbindungen im Westen. »Im Prozeß der Zusammenarbeit konnten besonders im Jahre 1976 wertvolle operative Informationen über Personen und Zentralen aus dem Operationsgebiet beschafft werden«; BStU, ZA, Beschluß MfS, Abt. XII/880, Bd. 2, Bl. 19f. Vgl. auch die Dokumente aus der IM-Akte, die publiziert sind in: »Seid untertan der Obrigkeit«. Originaldokumente der Stasi-Kirchenabteilung XX/4, Berlin 1992, S. 179–184.

²⁶ Hauptabteilung XX/4: Werbungs- und Qualifizierungsplan der Hauptabteilung XX/4 für die Jahre 1969/1970 über die Erweiterung und Qualifizierung des IM-Netzes vom 10. 2. 1969, dokumentiert (ohne Archivsignatur) in: Besier: Kirchen (1992), S. 274–283, hier: 276ff. Laut Decknamenkartei des MfS wurde der IM-Vorgang »Eva« 1964 unter der Nummer MfS 4457/64 registriert und bis zur Wende weitergeführt. Am 18. 12. 1989 wurde der Vorgang vernichtet. Dem überlieferten Anlagebeschluß vom 28. 11. 1964 nach wurde »Eva« am 10. 11. 1964 in der Haft für die inoffizielle Zusammenarbeit mit dem MfS gewonnen; am 12. 11. 1964 erfolgte die Entlassung. »Eva« sitze in einer »Schlüsselposition der Evangelischen Jugendarbeit, die für das gesamte Gebiet der DDR verantwortlich« sei; BStU, ZA, Beschluß MfS, Abt. XII/880, Bd. 2, Bl. 37f. Eine Teilablage des IM-Vorgangs enthält Treffberichte bis 1969. Der Akte nach ist »Eva« am 21. 3. 1969 »planmäßig« nach Westberlin ausgereist. Zwei Treffberichte betreffen die Zeit nach der Übersiedlung und enthalten Informationen zum Notaufnahmeverfahren, zur Evangelischen Kirche und zur Christlichen Friedenskonferenz (CFK) in Westberlin, darunter eine Liste mit 229 »Freunden und Mitgliedern der CFK; BStU; ZA, A 613/85, Bl. 93–111.

²⁷ Hauptabteilung XX/4: Werbungs- und Qualifizierungsplan der Hauptabteilung XX/4 für die Jahre 1969/1970 über die Erweiterung und Qualifizierung des IM-Netzes vom 10. 2. 1969, dokumentiert (ohne Archivsignatur) in: Besier: Kirchen (1992), S. 274–283, hier: 279. Ludwig Bress wurde 1960 unter der Nummer XV 10763/60 registriert. 1989 »löschte« die Stasi den zwölfbändigen Vorgang, von dem große Teile später aus Schnipseln wieder zusammengesetzt wurden. Vgl. Schäfer: Katholische Kirche (1998), S. 212 (Anm. 181). Aufgrund der staatsanwaltschaftlichen Ermittlun-

gen unterlag der IM-Vorgang zum Fall Bress bei Abfassung dieses Buches einem Sperrvermerk für die Forschung; vor der Sperrung berichtete jedoch der Berliner »Tagesspiegel« ausführlich über die Akten: Der Tagesspiegel vom 6. 10. 1996, S. 3.

[28] Hauptabteilung XX/4: Bericht über die Erfüllung der Verpflichtungen der Mitarbeiter der Hauptabteilung XX/4 zu Ehren des 20. Jahrestages der Deutschen Demokratischen Republik, Oktober 1969, dokumentiert (ohne Archivsignatur) in: Besier: Kirchen (1992), S. 284–295, hier: 290.

[29] Vgl. Hauptabteilung V/4: Betr. Wochenendtagung der KSG vom 8. 2.–9. 2. 1958 im Wilhelm-Weskamm-Haus Westberlin (Auszüge aus Treffbericht GI »Berger« vom 12. 2. 1958); BStU, ZA, AP 21 502/92, Bl. 80f.

[30] HA XX/4/II: Abschlußbericht vom 20. 5. 1965; BStU, ZA, AIM 7612/65, Bd. 1, Bl. 117.

[31] Der IM-Vorgang »Dietrich« wurde 1968 von der Hauptabteilung XX/4 unter der Nummer XV/799/78 registriert. Leiter des ökumenischen Jugenddienstes war seinerzeit Wolf-Dietrich Gutsch. Vgl. Der Spiegel Nr. 17/92, S. 43; Reuth: IM »Sekretär« (1992), S. 143 und S. 215; Besier: Rassismus (1996), S. 272 (Anm. 112); BStU, ZA, AIM 11 870/85.

[32] Hauptabteilung XX/4: Werbungs- und Qualifizierungsplan der Hauptabteilung XX/4 für die Jahre 1969/1970 über die Erweiterung und Qualifizierung des IM-Netzes vom 10. 2. 1969, dokumentiert (ohne Archivsignatur) in: Besier: Kirchen (1992), S. 274–283, hier: 278 ff.

[33] Im Zusammenhang mit dem IM-Vorgang »Verleger« nahm die Generalbundesanwaltschaft nach der Wende Ermittlungen gegen Dr. Reiner Edel auf. Diese stützten sich auf die Existenz eines 1967 registrierten und 1989 archivierten »Restvorganges« mit der Registriernummer XV/3391/67 und der Archivsignatur MfS AIM 15 211/89. Das Verfahren, das zuletzt von der Generalstaatsanwaltschaft Düsseldorf unter dem Aktenzeichen 3 OJS 102/94 geführt wurde, mußte 1997 eingestellt werden, da die Akte »nicht auffindbar« war. Edel betrieb in der Bundesrepublik den Oekumenischen Verlag Dr. R.F. Edel, Marburg, der auf theologische Fachliteratur spezialisiert war und heute nicht mehr existiert.

[34] Ein IM-Vorgang zu IMF »Brückner« ist nicht überliefert. Laut Decknamenkartei des MfS wurde er 1966 unter der Nummer XV 3217/66 registriert; diese Nummer führt jedoch zu einem IM-Vorgang »Max«, Registriernummer XV/3310/66, bei dem es sich um ein Ostberliner Ehepaar handelte, das seine Wohnung zwischen November 1966 und Januar 1973 als »Deckadresse« zur Verfügung stellte. In einer »Beurteilung« vom 13. 12. 1967 schreibt der »operative Mitarbeiter« Joachim Wiegand, die Deckadresse sei »seit ihrer Werbung mit dem G[eheimen] I[nformator] Brückner aus Westdeutschland belegt«. Von diesem seien bis dahin zirka 10 Briefe und Karten eingetroffen. Von April 1968 bis Dezember 1969 bestand »keine aktive Verbindung« zur Deckadresse, da der Führungsoffizier zu einer anderen Diensteinheit abkommandiert war. Im »Schlußbericht« des Vorgangs »Max« heißt es, im Verlaufe der Zusammenarbeit seien zirka 25 Briefe und Karten vom IM »Brückner« über die Deckadresse an das MfS weitergegeben worden; BStU, ZA, AIM 4007/73, Bl. 46, 49 und 60. In späteren Plänen wird der IMF »Brückner« auch als IM »Bruckner« bezeichnet.

[35] Ein IM dieses Decknamens ist in den überlieferten MfS-Karteien bisher nicht nachweisbar gewesen. Zu den Spekulationen, wer sich dahinter verbergen könnte, vgl. Wolffsohn: Deutschland-Akte (1995), S. 98 ff.

[36] Hauptabteilung XX/4: Werbungs- und Qualifizierungsplan der Hauptabteilung XX/4

für die Jahre 1969/1970 über die Erweiterung und Qualifizierung des IM-Netzes vom 10. 2. 1969, dokumentiert (ohne Archivsignatur) in: Besier: Kirchen (1992), S. 274–283, hier: 282f.

37 Hauptabteilung XX/4: Bericht über die Erfüllung der Verpflichtungen der Mitarbeiter der Hauptabteilung XX/4 zu Ehren des 20. Jahrestages der Deutschen Demokratischen Republik, Oktober 1969, dokumentiert (ohne Archivsignatur) in: ebenda, S. 284–295, hier: 284ff.

38 Ebenda.

39 Hauptabteilung XX/4/IV: Arbeitsplan für das Jahr 1970 vom 8. 1. 1970; BStU, ZA, HA XX/4 1528, Bl. 13–25, hier: 20.

40 Hauptabteilung XX/4: Bericht über die Erfüllung der Verpflichtungen der Mitarbeiter der Hauptabteilung XX/4 zu Ehren des 20. Jahrestages der Deutschen Demokratischen Republik, Oktober 1969, dokumentiert (ohne Archivsignatur) in: Besier: Kirchen (1992), S. 284–295, hier: 284ff.

41 Laut Decknamenkartei des MfS wurde der IM-Vorgang »Ugo«/»Emilio« 1969 unter der Nummer MfS 2742/69 registriert und 1978 archiviert; BStU, ZA, AIM 553/78.

42 HA XX/4: Vorschlag zur Werbung eines IMV vom 18. 9. 1969; BStU, ZA, AIM 553/78, Teil I, Bd. 1, Bl. 10–17, hier: 10 und 17.

43 HA XX/4: Bericht über die Kontaktaufnahme vom 1. 3. 1969; ebenda, Bl. 53–55, hier: 53.

44 HA XX/4: Einschätzung vom 16. 3. 1970; ebenda, Bl. 80.

45 BStU, ZA, AIM 553/78, Teil II.

46 HA XX/4: Abschlußbericht vom 11. 11. 1977; ebenda, Bl. 106.

47 BStU, ZA, AIM 13849/73, hier: Teil I, Bd. 1, Bl. 98 und 112.

48 In Abschriften von MfS-Unterlagen ist Gottfried Busch für den Zeitraum 1960–1989 als O-Quelle »Baum« des Referates 1 der HVA-Abteilung II erfaßt. Vgl. Müller-Enbergs (Hrsg.): Anleitungen (1998), S. 205 (Anm. 853 und 854).

49 Vgl. idea Nr. 27/94 vom 7. März 1994, S. 5f. und idea Nr. 28/94 vom 9. März 1994, S. 7.

50 BStU, ZA, AIM 12712/69. Vgl. auch idea Nr. 23/24/95 vom 28. Februar 1995, S. 4f.

51 Vgl. idea Nr. 29/90 vom 5. April 1990, S. 3; idea Nr. 100/93 vom 8. September 1993, S. 2f.; idea Nr. 103/104/93 vom 20. September 1993, S. 1f.; idea Nr. 110/93 vom 4. Oktober 1993, S. 2f.; idea Nr. 112/93 vom 7. Oktober 1993, S. Vf. idea Nr. 116/93 vom 18. Oktober 1993, S. 5f. In den MfS-Unterlagen finden sich nur noch wenige Spuren zu Sensenschmidt: Eine am 22. 4. 1964 angelegte Karteikarte (F 16) unter seinem Namen weist eine Registrierung der Bezirksverwaltung Gera mit der Nummer X/393/64 auf und führt als Beruf der 1973 angetretene Beschäftigung als Jugendbildungsreferent in Oldenburg auf. Die dazugehörige Vorgangskarteikarte (F 22) nennt einen am 4. 4. 1963 registrierten IM-Vorlauf der Kreisdienststelle Gera, der zufolge der Vorgang am 7. 12. 1965 zur Kreisdienststelle Jena wechselte und dort eine Woche später im Vorgang Gera X/199/65 aufging. Dieser Vorgang, ebenfalls als Vorlauf-IM kategorisiert, trug den Decknamen »Sonne«, wurde jedoch am 26. 10. 1973 beendet und archiviert. In der einbändigen Akte, die sich auf eine konspirative Wohnung einer anderen Person bezieht, findet sich keinerlei Material zu Sensenschmidt.

52 Vgl. idea Nr. 43/97 vom 17. April 1997, S. 6; idea Nr. 45/97 vom 23. April 1997, S. 4; edp-Zentralausgabe Nr. 77 vom 23. April 1997, S. 4.

53 Vgl. BStU, ZA, AOP 5005/80 (OV »Kleber«); BStU, ZA, AOP 0443/82 (OV »Pappel«); BStU, ZA, AOP 2811/85 (OV »Spaten«).

54 Vgl. »... darum werfe ich diese Fackel ins Stroh«, in: »Deutsches Allgemeines Sonn-

tagsblatt« vom 14. Februar 1992; »Pfarrer von Stasi-Gnaden«, in: Stern vom 5. März 1992, S. 84-94; »Der gute Freund war ein Stasi-Spitzel«, in: Neue Westfälische vom 12. März 1992; idea Nr. 36/37/1992 vom 4. mai 1992, S. 3; idea Nr. 100/92 vom 29. Oktober 1992, S. A; idea Nr. 103/94 vom 12. September 1994, S. A.

55 BStU, ASt Pdm Vorl. Archiv 146/89, Teil II, Bd. 1.
56 Vgl. idea Nr. 3/94 vom 10. Januar 1994, S. 7f.; idea Nr. 40/94 vom 11. April 1994, S. 7f.; idea Nr. 100/95 vom 4. September 1995, S. 2.
57 Bezirksverwaltung für Staatssicherheit, Abteilung XX: Einschätzung IM »Helena«, Reg.-Nr. IV/1662/74 vom 10. 10. 1980; BStU, ASt Pdm, AIM 1552/84, Teil I, Bd. 1, Bl. 489f.
58 Bezirksverwaltung für Staatssicherheit, Abteilung XX: Abschlußbericht zum IMB »Helena«, Reg.-Nr. IV/1662/74 vom 7. 5. 1984; BStU, ASt Pdm, AIM 1552/84, Teil I, Bd. 1, Bl. 628.
59 Aktennotiz der Arbeitsgruppe Kirchenfragen des Zentralkomitees der SED über ein Gespräch am 18. 2. 1988 mit der Leiterin der reformierten Gemeinden in Westberlin, Pastorin Horsta Krum; zitiert nach: idea Nr. 58/93 vom 24. Mai 1993, S. Vf.
60 BV Leipzig/XV: Treffbericht IM »Reiche« vom 30. 4. 1985; BStU, ASt. Lpz. AIM 1991/91, Teil II, Bl. 15f.
61 BV Leipzig/XV: Treffbericht »Wanda« und »Reiche« am 12. 8. 1985; BStU, ASt. Lpz. AIM 1991/91, Teil II, Bl. 32f. BV Leipzig/XV: Bericht über den Treff mit »Wanda« und »Reiche« am 29. und 30. 11. 1985; BStU, ASt. Lpz. AIM 1991/91, Teil II, Bl. 47-51, hier: 48.
62 BV für Staatssicherheit, Abteilung XV: Treffbericht »Wanda« vom 31. 1. 1989; BStU, ASt. Lpz. AIM 1991/91, Teil II, Bl. 242-244, hier: 243.
63 Schreiben des Leiters der HVA an den Leiter der Abteilung XV der Bezirksverwaltung Leipzig vom 22. 1. 1988, zitiert in: Besier: Kirchen (1992), S. 74 (Anm. 339).
64 BV für Staatssicherheit, Abteilung XV: Treffplan »Wanda« vom 6. 9. 1989; BStU, ASt. Lpz. AIM 1991/91, Teil II, Bl. 300f.
65 Vgl. idea Nr. 21/93 vom 22. Februar 1993, S. B; idea Nr. 51/95 vom 4. Mai 1995, S. A; idea Spektrum Nr. 19/95 vom 10. 5. 1995, S. 1. »Anklage wegen Spionage gegen Journalisten erhoben«, in: Süddeutsche Zeitung vom 8. Januar 1994. Schlomann: Maulwürfe (1993), S. 229. Müller-Enbergs (Hrsg.): Anleitungen (1998), S. 251 ff.
66 Hauptabteilung XX/4/IV: Arbeitsplan für das Jahr 1970 vom 8. 1. 1970; BStU, ZA, HA XX/4 1528, Bl. 13-25, hier: 13f. Hauptabteilung XX/4/IV: Arbeitsplan für das Jahr 1971 vom 11. 1. 1971; BStU, ZA, HA XX/4 1528, Bl. 47-58, hier: 47f.
67 Hauptabteilung XX/4: Werbungs- und Qualifizierungsplan der Hauptabteilung XX/4 für die Jahre 1969/1970 über die Erweiterung und Qualifizierung des IM-Netzes vom 10. 2. 1969, dokumentiert (ohne Archivsignatur) in: Besier: Kirchen (1992), S. 274-283, hier: 282f.
68 Hauptabteilung XX/4/IV: Arbeitsplan für das Jahr 1970 vom 8. 1. 1970; BStU, ZA, HA XX/4 1528, Bl. 13-25, hier: 14.
69 Hauptabteilung XX/4/IV: Arbeitsplan für das Jahr 1971 vom 11. 1. 1971; BStU, ZA, HA XX/4 1528, Bl. 47-58, hier: 49. Hauptabteilung XX/4/IV: Arbeitsplan für das Jahr 1973 vom 8. 1. 1973; BStU, ZA, HA XX/4 1528, Bl. 59-68, hier: 65.
70 Hauptabteilung XX/4/IV: Arbeitsplan für das Jahr 1970 vom 8. 1. 1970; BStU, ZA, HA XX/4 1528, Bl. 13-25, hier: 20. Hauptabteilung XX/4/IV: Arbeitsplan für das Jahr 1973 vom 8. 1. 1973; BStU, ZA, HA XX/4 1528, Bl. 59-68, hier: 65. Der IM-Vorgang »Terli« wurde laut Decknamenkartei des MfS 1968 unter der Nummer

Anmerkungen zu den Seiten 278–279

1918/68 registriert und erst in der Wendezeit abgebrochen und archiviert; BStU, ZA, AIM 8632/89.
71 Hauptabteilung XX/4: IMV »Terli« – Reg.Nr.: XV/1918/68, 28. 4. 1971; BStU, ZA, AIM 8632/89, Bd. I. Bl. 53f.
72 Hauptabteilung XX/4/IV: Arbeitsplan für das Jahr 1971 vom 11. 1. 1971; BStU, ZA, HA XX/4 1528, Bl. 47–58, hier: 49.
73 Vgl. Schäfer: Katholische Kirche (1999), S. 198 (Anm. 111 und 112) und S. 210 (Anm. 165). Der IM-Vorgang »Hubert« wurde 1960 unter der Nummer MfS 14 164/60 registriert und bis zur Wende weitergeführt. In der Auflösungszeit wurde der Vorgang 1989 »gelöscht«, so daß lediglich eine Teilablage aus der Anfangszeit überliefert ist: BStU, ZA, A 835/85. Ein Treffbericht über den Besuch von Erzbischof Casaroli in der DDR im Juni 1975 findet sich in: BStU, ZA, HA XX/4 1199, Bl. 108f. Ein anderer zur Nachfolge von Papst Paul VI. in: BStU, ZA, HA XX/4 233, Bl. 40. Der Westberliner Kirchenjournalist Reinhard Henkys fand in den zu ihm geführten MfS-Unterlagen einen Treffbericht des IMV »Hubert« vom November 1974, der über ein Gespräch Auskunft gibt, das er am Vortag mit Guske geführt hatte; Information an den Autor am 1. 4. 1999. Ein Auftrag zur Überprüfung einer Information des polnischen Geheimdienstes vom Juli 1974 ist überliefert in: BStU, ZA, HA XX/4 127, Bl. 117f. Vgl. auch Vollnhals: Staatssicherheit (1996), S. 79–119, hier: 115.
74 Hauptabteilung XX/4/IV: Arbeitsplan für das Jahr 1971 vom 11. 1. 1971; BStU, ZA, HA XX/4 1528, Bl. 47–58, hier: 50. Der IM-Vorgang »Peter« wurde laut Decknamenkartei des MfS 1968 unter der Nummer MfS 1171/68 registriert und am 17. Dezember 1976 an die HVA übergeben – eine Akte ist nicht überliefert. Einzelne Treffberichte des IMV »Peter« finden sich in: BStU, ZA, HA XX/4 1528, Bl. 91–98, 101–103 und 122–123 sowie in: BStU, ZA, HA XX/4 1199, Bl. 77–79. Abweichend davon berichtet der Kirchenhistoriker Bernd Schäfer, daß »Dissemonds Akte« 1975 unter der Registriernummer XV 655/75 angelegt und im Dezember 1989 von der Hauptabteilung XX/4 »gelöscht« worden sei. Vgl. Schäfer: Katholische Kirche (1999), S. 347 (Anm. 204). Grande/Schäfer: Richtlinien (1996), S. 398.
75 Hauptabteilung XX/4/IV: Arbeitsplan für das Jahr 1971 vom 11. 1. 1971; BStU, ZA, HA XX/4 1528, Bl. 47–58, hier: 50.
76 HV A: Beitrag der Hauptverwaltung A zur Gewährleistung der inneren Sicherheit der DDR, o. D. (mit Schreiben vom 6. 1. 1986 von Wolf an Mielke übersandt), S. 2; BStU, ZA, ZAIG 7373.
77 HVA/II: Information vom 30. 9. 1985 zu Hintergründen der Papstreise nach Liechtenstein; BStU, ZA, HA XX/4 2342, Bl. 124f. HVA/II: Information vom 14. 2. 1985 zum Vatikan – Papstattentat; ebenda, Bl. 126–128. HVA/II: Information vom 30. 9. 1985 zu aktuellen Akzenten der Politik des Papstes; ebenda, Bl. 135–137.
78 »DDR hatte zwei Spione beim Papst«, in: Bild am Sonntag vom 17. Januar 1999. In Abschriften von Karteikarten war die Objektquelle »Antonius« 1988 seit zwanzig Jahren unter der Reg.-Nr. XV/205/68 für das Referat 1 der Abteilung II der HVA erfaßt. Vgl. Müller-Enbergs (Hrsg.): Anleitungen (1998), S. 205 (Anm. 853).
79 Maßnahmeplan zur Zurückdrängung konterrevolutionärer Einflüsse und zur Stärkung progressiver Kräfte in der ČSSR vom 14. 6. 1968; BStU, ZA, SdM 1437. Dokumentiert in: Tantzscher: Prager Frühling (1994), S. 59–75. Wolf: Erinnerungen (1997), S. 305ff.
80 Schäfer: Katholische Kirche (1998), S. 212 (Anm. 180). Vgl. »War Estermann ein Stasi-Spion im Vatikan?«, in: Berliner Zeitung vom 9./10. Mai 1998.

[81] »Markus Wolf: Das Ganze ist eine Erfindung«, in: Der Tagesspiegel vom 11. 5. 1998.
[82] »Toter Papst-Leibwächter war Stasi-Spion«, in: Berliner Kurier vom 8. 5. 1998. Ein IM-Vorgang »Werder« ist 1979 tatsächlich unter der Nummer 3764/79 von der HVA registriert worden, aber von einer Abteilung, die keinen Bezug zum Vatikan hatte. Vgl. »Ein ganz normaler Junge«, in: Der Spiegel vom 11. 5. 1998, S. 147. Ferner: »Die Westspione müssen zittern«, in: die tageszeitung vom 18. 1. 1999.
[83] Information der Sicherheitsorgane der Ungarischen Volksrepublik über Gesundheitszustand von Papst Johannes Paul II, o.D.; BStU, ZA, HA XX/4 408, Bl. 25. Information der Sicherheitsorgane der Ungarischen Volksrepublik vom 13. 10. 1980 zur Möglichkeit eines Westberlin-Besuches des Papstes; ebenda, Bl. 97. In dieser und einer weiteren Akte befinden sich noch zahlreiche andere Vatikan-Berichte des ungarischen Geheimdienstes aus den frühen achtziger Jahren; vgl. BStU, ZA, HA XX/4 462.
[84] Vgl. Information der Sicherheitsorgane der Sowjetunion Nr. 941/85 vom 28. 8. 1975 über Papstnachfolge; BStU, ZA, HA XX/4 233, Bl. 43 f.
[85] Leiter der Abteilung X: Schreiben an den Leiter der Hauptabteilung XX vom 11. 4. 1974 sowie das Antwortschreiben vom 26. 4. 1974; BStU, ZA, HA XX/4 127, Bl. 126 f.
[86] Abteilung X: Information der Sicherheitsorgane der VR Polen über die Verhandlungen zwischen Papst Paul VI. und dem Kanzler der BRD, Willy Brandt, vom 14. 9. 1970; BStU, ZA, HA XX/4 127, Bl. 217–226, hier: 219 und 223 f. Dem Kirchenhistoriker Bernd Schäfer zufolge stimmt das »Wortprotokoll« allerdings nicht mit den deutschen Aktenüberlieferungen überein, so daß er es, ohne konkrete Belege anzuführen, als falsch einstuft. Vgl. Schäfer: Katholische Kirche (1998), S. 212 (Anm. 184).
[87] Notiz vom 18. 11. 1978 für Oberstleutnant Wiegand und dessen Antwort vom 24. 11. 1978; BStU, ZA, HA XX/4 127, Bl. 17 und 19. Auskunftsbericht zu Wojtyła, Karol; BStU, ZA, HA XX/4 1719, Bl. 1–18.
[88] Einschätzung vom 21. 5. 1970: Die Ostpolitik des Vatikans und die zu ihrer Durchsetzung geschaffenen klerikalen Institutionen und Organisationen; BStU, ZA, HA XX/4 2342, Bl. 42–117.
[89] Hauptmann Werner Sprotte: Die Rolle der katholischen Kirche in der DDR im System der vatikanischen Ostpolitik, Potsdam 1982; BStU, ZA, JHS MF 001-1401/83.
[90] ZAIG: Zusammenstellung über die in den Zuarbeiten der HVA/VII, der HA II, VI, IX und XX enthaltenen Vorschläge zum Ausbau und zur Vertiefung der multi- und bilateralen Zusammenarbeit auf dem Gebiet der Bekämpfung der ideologischen Diversion (Multilaterale Beratung, Moskau, April 1980); BStU, ZA, ZAIG 5166, Bl. 52–70, hier: 58 und 66.
[91] Hauptabteilung XX/4/IV: Arbeitsplan für das Jahr 1970 vom 8. 1. 1970; BStU, ZA, HA XX/4 1528, Bl. 13–25, hier: 16 f. Hauptabteilung XX/4/IV: Arbeitsplan für das Jahr 1971 vom 11. 1. 1971; BStU, ZA, HA XX/4 1528, Bl. 47–58, hier: 50 ff.
[92] Haltung führender katholischer Kreise zur Volksrepublik Polen, handschriftlicher Zusatz: A[ufklärungs]-Material, E 7967/73; BStU, ZA, HA XX/4 127, B. 141 f
[93] Der Tagesspiegel vom 6. 10. 1996, S. 3. Kahl: Spionage (1986), S. 184 ff.
[94] Bei »Bruno« handelte es sich um den Mitarbeiter im Sekretariat der katholischen »Berliner Konferenz«, Georg Wipler, der bereits 1950 als Geheimer Informator registriert wurde. Der Vorgang wurde Ende 1989 bis auf eine Teilablage vernichtet: BStU, ZA, A 116/85. »Anton« war der evangelische CDU-Funktionär und Professor an der Sektion Theologie der Ostberliner Humboldt-Universität, Herbert Trebs, der

ebenfalls seit 1950 mit dem MfS zusammenarbeitete; BStU, ZA, AIM 10990/68. Vgl. Schäfer: Katholische Kirche (1998), S. 210 (Anm. 166) und S. 108 (Anm. 122).
95 Hauptabteilung XX/4/IV: Arbeitsplan für das Jahr 1970 vom 8. 1. 1970; BStU, ZA, HA XX/4 1528, Bl. 13–25, hier: 17 ff. Hauptabteilung XX/4/IV: Arbeitsplan für das Jahr 1971 vom 11. 1. 1971; BStU, ZA, HA XX/4 1528, Bl. 47–58, hier: 52 ff.
96 Hauptabteilung XX/4/IV: Arbeitsplan für das Jahr 1973 vom 8. 1. 1973; ebenda, Bl. 59–68, hier: 65 f.
97 Der IM-Vorgang »Kiesel«, Reg.-Nr. 3044/79, wurde im Dezember 1989 vernichtet. Wichtige zerrissene Unterlagen konnten jedoch rekonstruiert werden; BStU, ZA, A-Sivo 25118/91. Vgl. »Mitglieder des Weltkirchenrates lieferten der Stasi zu«, in: Welt am Sonntag vom 30. Mai 1999, S. 6.
98 »Dieser Mann ist für uns von Interesse«, in: Die Welt vom 20. Juli 1999.
99 ZAIG: Zusammenstellung über die in den Zuarbeiten der HVA/VII, der HA II, VI, IX und XX enthaltenen Vorschläge zum Ausbau und zur Vertiefung der multi- und bilateralen Zusammenarbeit auf dem Gebiet der Bekämpfung der ideologischen Diversion (Multilaterale Beratung, Moskau, April 1980); BStU, ZA, ZAIG 5166, Bl. 52–70, hier: 58.
100 IM-Vorgang »Erich« Reg-Nr. XV 1807/66; BStU, ZA, AIM 10318/85.
101 Der IM-Vorgang »Schwalbe« wurde 1960 von der Bezirksverwaltung Potsdam unter der Nummer 1382/60 registriert und nach seiner Übersiedlung in die Bundesrepublik von der Hauptabteilung XX/4 übernommen. Aus »Altersgründen« wurde der Vorgang 1985 eingestellt und archiviert; BStU, ASt Pdm AIM 1331/70 und BStU, ZA, AIM 3707/85, hier: Teil I, Bd. 1, Bl. 215.
102 Hauptabteilung XX/4/IV: Arbeitsplan für das Jahr 1971 vom 11. 1. 1971; BStU, ZA, HA XX/4 1528, Bl. 47–58, hier: 53 f. Hauptabteilung XX/4/IV: Arbeitsplan für das Jahr 1970 vom 8. 1. 1970; BStU, ZA, HA XX/4 1528, Bl. 13–25, hier: 18 f. Bei dem IMF »Färber« handelte es sich um einen Mitarbeiter des publizistischen Zentrums der EKD in Hannover, der 1967 bei einer Zollkontrolle vom MfS unter der Legende eines »Beraters für Kirchenfragen zur Unterstützung des Zolls« kontaktiert worden war. Da er im Gespräch »sehr aufgeschlossen« wirkte, wurde er nach einer weiteren Zusammenkunft, die in den Akten als »Werbungsgespräch« firmiert, als Inoffizieller Mitarbeiter mit Feindberührung registriert. In einer Beurteilung vom 11. 2. 1970 heißt es jedoch, daß er »bei den Treffs nur über relativ allgemeine Fragen berichtete« und »mit ihm länger als 1 Jahr keine Treffs mehr durchgeführt wurden«. Einen Monat später verfaßte Hauptmann Mosiek dann einen Abschlußbericht, dem zufolge es nur ein einziges »Gespräch zur Festigung des Kontaktes« gegeben hatte und der Betroffene danach nicht wieder in die DDR einreiste. Tatsächlich findet sich im Berichtsteil des Vorgangs nur ein einziger Bericht über ein »Kontaktgespräch« in Wittenberg, das für das MfS letztendlich ergebnislos verlief. Im März 1970 wurde der Vorgang archiviert; BStU, ZA, AIM 2966/70, Bd. 1, Bl. 48 und 50.
103 Hauptabteilung XX/4/IV: Arbeitsplan für das Jahr 1973 vom 8. 1. 1973; BStU, ZA, HA XX/4 1528, Bl. 59–68, hier: 60.
104 Namentlich aufgeführt werden bei der Bearbeitung der Schwerpunkte im »Operationsgebiet« die OPK »Siegel«, »Ham«, »Bei«, »Liane«, »Lektor«, »Dominik« und »Foto«. Die OPK »Siegel« verfolgte das Ziel der »Überwerbung«. Hauptabteilung XX/4/IV: Arbeitsplan für das Jahr 1973 vom 8. 1. 1973; BStU, ZA, HA XX/4 1528, Bl. 59–68, hier: 61.
105 Ebenda, Bl. 60 ff.

[106] Vgl. die überlieferte Teilablage des IM-Vorgangs, Reg.-Nr. XV/1088/65; BStU, ZA, A 324/75.
[107] Hauptabteilung XX/4: Rapport zum 30. Jahrestag der Bildung des MfS vom 1. 2. 1980; BStU, ZA, HA XX/4/Org 53, Bl. 63–67, hier: 63 f. Tatsächlich wurde nicht die Einfuhr verhindert, sondern ein Teil der Bücher vor der geplanten Verteilung mit Hilfe des Pfarrers Frank Rudolph (IM »Klaus«) konspirativ beschlagnahmt. Vgl. Knabe: Akteneinsicht (1992), S. 229–253.
[108] Hauptabteilung XX/4: Rapport zum 30. Jahrestag der Bildung des MfS vom 1. 2. 1980; BStU, ZA, HA XX/4/Org 53, Bl. 63–67, hier: 65 f.
[109] Institut für Internationale Politik und Wirtschaft der DDR (IPW): Gutachten zum politischen Charakter und zu den Verbindungen des »Brüsewitz-Zentrums« in der BRD sowie zu seinen gegen die DDR gerichteten Aktivitäten vom 25. 4. 1979; BStU, ZA, HA XX/4 2471, Bl. 27–34.
[110] Vgl. dazu: Müller-Enbergs/Schmoll/Stock: Pfarrer Brüsewitz (1993), S. 211–311.
[111] Major Günter Pietras: Die Gewährleistung einer konzentrierten und schwerpunktbezogenen politisch-operativen Arbeit gegen feindliche politisch-klerikale Zentren im Operationsgebiet zur weiteren Stärkung der inneren Sicherheit der DDR, Potsdam 1982; BStU, ZA, JHS MF VVS 001–297/82.
[112] Vgl. die überlieferten Übersichten (einschließlich Verteiler): Von der ZAIG 1970 gefertigte Kircheninformationen, ohne Datum. ZAIG: Von der ZAIG 1971 gefertigte Kircheninformationen, Dezember 1971; BStU, ZA, HA XX/4/1241, Bl. 2–5.
[113] Vgl. Hauptabteilung XX: Information Nr. 275/69 betr.: Beratung der Kirchenältesten des Kirchenkreises Westberlin-Schöneberg vom 23. 7. 1969; BStU, ZA, HA XX/4/1241, Bl. 47 f.
[114] Hauptabteilung XX/4: Rapport zum 30. Jahrestag der Bildung des MfS vom 1. 2. 1980; BStU, ZA, HA XX/4/Org 53, Bl. 63–67, hier: 65 f.
[115] Ohne Autor, ohne Titel, ohne Datum [Auszug aus einer Analyse der HA V/4 zur »Feindtätigkeit« der Evangelischen Akademie Berlin-Brandenburg]; BStU, ZA, AP 21 502/92, Bl. 82–84, hier: 83.
[116] Vgl. den Hinweis auf die »Akte Ev. Akademie WB« auf der Kerblochkarteikarte der Hauptabteilung XX/4-West über eine Studienleiterin, die Ende der sechziger Jahre an der Akademie tätig war. Ferner den in einer Handakte zu ihr enthaltenen Hinweis auf einen »Objektvorgang« der Hauptabteilung XX/5, der 1968 von dem MfS-Mitarbeiter Herbert Schulze geführt wurde; BStU, ZA, HA XX, AP 11 345/92, Bl. 54.
[117] Ebenda, Bl. 62.
[118] Vgl. die Handakte der Hauptabteilung XX/4 zu der erwähnten Studienleiterin, in der auch zu mehreren anderen Akademiemitarbeitern sogenannte Suchzettel enthalten sind. Die Betreffende war zudem im Objektvorgang der Hauptabteilung XX/5 registriert und wurde über den Führungsoffizier des Studienleiters Peter Heilmann »abgeschöpft«. Anfang der fünfziger Jahre sollte sie, noch als Studentin, angeworben werden; BStU, ZA, AP 11 345/92, Bl. 8–15 und Bl. 54 sowie AP 8623/60. Hinweise auf weitere Handakten der HA XX/4-West, so zu Erich Müller-Gangloff (Nr. 1474) und Günter Berndt (Nr. 3863), enthält die Kerblochkarteikarte der HA XX/4-West zu Erich Müller-Gangloff.
[119] Hauptabteilung XX/4/IV: Arbeitsplan für das Jahr 1973 vom 8. 1. 1973; BStU, ZA, HA XX/4 1528, Bl. 62.
[120] Vgl. HA XX: Information Nr. 12 betr.: Tagung der Evangelischen Akademie Westberlin am 27. und 28. 2. 1971 zur Deutschlandpolitik der UdSSR 1941–1970 vom

5. 3. 1971; BStU, ZA, MfS HA XX ZMA 872, Bl. 14–17. Der IM-Vorgang »Harry« wurde am 18. 12. 1989 vernichtet, überliefert ist jedoch eine Teilablage; BStU, ZA, A 186/85.

121 Vgl. HA XX/5: Information Nr. 264/72 betr.: Zusammenkunft des DDR-Arbeitskreises der Evangelischen Akademie Westberlin im Februar 1972 vom 17. 3. 1972; BStU, ZA, MfS HA XX ZMA 872, Bl. 128–130.

122 Vgl. Hauptabteilung XXII, Lagezentrum: Information Nr. 350/89 vom 23. 6. 1989 über eine antikommunistische Veranstaltung in Westberlin am 19. 6. 1989; BStU, ZA, AOP 9103/91, Bd. 4, Bl. 158–160.

123 HVA X/4: Abwehrhinweis betr.: Evangelische Akademie Westberlin vom 18. 2. 1980, Quelle: »Baron«, Mitarbeiter: 550; BStU, ZA, HA XX/5, MfS A 589/85, Bd. 15, Bl. 241.

124 Vgl. idea Spektrum Nr. 32/33/1997, S. 8 sowie den überlieferten IM-Vorgang »Wanda«; BStU, ASt. Lpz. AIM 1991/91, Bl. 96ff.

125 Lagemeldung vom 2. 2. 1989, 0.30 Uhr, lfd. Nr. 449; BStU, ZA, HA XX ZMA 872.

126 Vgl. »Peter Heilmann wird 65«, epd-Landesdienst Berlin Nr. 152 vom 12. August 1987. Heilmann: Leben (1985), S. 52–58.

127 Ebenda, S. 57f. IM-Vorgang »Adrian Pepperkorn«; BStU, ZA, A 589/85 (18bändige Teilablage).

128 HA XX/3: Treffbericht vom 11. 3. 1972; BStU, ZA, A 589/85, Bd. 11, Bl. 303–306, hier: 304.

129 HA XX: Treffbericht vom 16. 12. 1988; BStU, ZA, A 589/85, Bd. 18, Bl. 275–279, hier: 275.

130 Aus dem am 17. 2. 1971 diktierten Bericht fertigte Heilmanns Führungsoffizier beispielsweise am 22. 2. 1971 mindestens zwei Informationen für die Hauptabteilung XX/4. Vgl. Abschrift vom Tonband vom 18. 2. 1981; BStU, ZA, A 589/85, Bd. 14, Bl. 159–164. HA XX/3: Information Nr. 57/71 vom 22. 2. 1971 betr.: Aktivitäten der Evangelischen Akademien in Westberlin und in der Hauptstadt der DDR; BStU, ZA, HA XX ZMA 872, Bd. 1, Bl. 2f. HA XX/3: Information Nr. 25/71 vom 22. 2. 1971 betr.: Kontaktversuche der Evangelischen Akademie Westberlin in die UdSSR; BStU, ZA, HA XX ZMA 872, Bd. 1, Bl. 4.

131 Vgl. MfS: Information Nr. 150/71 über die Informationstagungen der Evangelischen Akademie Westberlin am 6. 1. 1971 und 3. 2. 1971, o.D. (Februar 1971), im Verteiler die Politbüro-Mitglieder Erich Honecker, Albert Norden, Paul Verner und Werner Lamberz; BStU, ZA, ZAIG 1903. MfS: Information Nr. 206/73 vom 3. 3. 1973 über den »Informationsabend DDR« der Evangelischen Akademie Westberlin am 7. 2. 1973, im Verteiler die Politbüro-Mitglieder Paul Verner und Kurt Hager; BStU, ZA, ZAIG 2142. MfS: Information Nr. 156/89 vom 4. 4. 1989 über das Auftreten des Schriftstellers der DDR, Hanns Cibulka/Gotha, in der Evangelischen Akademie Berlin (West); BStU, ZA, HA XX/4 1519/89, Bl. 148–154.

132 Vgl. »Informationsabend DDR« der Evangelischen Akademie Westberlin am 2. 12. 1981; BStU, ZA, HA XX, ZMA 40316, Bl. 217–219. Auszug HA XX/Ltg. vom 22. 6. 1989, IM »Pepperkorn«: Evangelische Akademie Berlin/West; BStU, ZA, AOP 9103/91, Bd. 4, Bl. 152–154. Dieser Operativvorgang richtete sich gegen Mitglieder des Netzwerkes für den Ost-West-Dialog. Vgl. auch die auf Heilmann zurückgehenden »Informationen« in der Handakte über den früheren Leiter der Evangelischen Akademie, Erich Müller-Gangloff; BStU, ZA, AP 21 500/92, Bl. 4–8 sowie Bl. 86–88.

133 HA XX/3: Treffbericht vom 31. 1. 1972; BStU, ZA, A 589/85, Bd. 11, Bl. 269–271, hier: 269.

134 Abschrift vom Tonband, Treff am 30. 3. 1976; BStU, ZA, A 589/85, Bd. 11, Bl. 294–301, hier: 300 f.
135 HA XX/3: Treffbericht vom 21. 7. 1973; BStU, ZA, A 589/85, Bd. 12, Bl. 131–134, hier: 133.
136 DDR-Materialien zur politischen Bildung, Berlin 1973, S. 43. Broschüre der Evangelischen Akademie Berlin, verantwortlich für den Inhalt: Peter Heilmann und Be Ruys, zitiert nach Notgemeinschaft: Evangelische Akademie (1977), S. 14.
137 HA XX/3: Treffbericht vom 20. 8. 1973; BStU, ZA, A 589/85, Bd. 12, Bl. 138 f. HA XX/3: Treffbericht vom 25. 10. 1973; ebenda, Bl. 151–153, hier: 151.
138 Abschrift vom Tonband, 31. 1. 1972; BStU, ZA, A 589/85, Bd. 11, Bl. 273–280, hier: 279.
139 HA XX/3: Treffbericht vom 14. 10. 1974; BStU, ZA, A 589/85, Bd. 13, Bl. 27–29, hier: 27.
140 Zitiert nach Rein: Korrespondeneten (1999), S. 5.
141 Wende in der Akademie? Situation in der Westberliner Kirche vor und nach den Wahlen, in: Kirche aktuell, o.D. (Frühjahr 1989), S. 30 ff.
142 Auszug HA XX/Ltg. vom 22. 6. 1989, IM »Pepperkorn«: Evangelische Akademie Berlin/West; BStU, ZA, AOP 9103/91, Bd. 4, Bl. 152–154, hier: 153 f. Vgl. dazu auch die Arbeit des Offiziersschülers der HA XX/5, Jens Ziehnert: Analytische Einschätzung der »Initiative Ost-West-Dialog Berlin« und sich daraus ergebende politisch-operative Schlußfolgerungen, Potsdam 1988; BStU, ZA, JHS 21 191.
143 Vgl. Berliner Morgenpost vom 29. 12. 1992.
144 Hauptabteilung XX/3: Treffbericht vom 10. 2. 1977; BStU, ZA, A 589/85, Bd. 14, Bl. 174–178, hier: 176.
145 Auskunft des Vorsitzenden Richters am Kammergericht Berlin vom 26. 1. 1998.
146 Evangelische Kirche in Berlin-Brandenburg, Der Öffentlichkeitsbeauftragte: Pressemitteilung vom 28. 4. 1999.
147 HA XX/3: Treffbericht vom 30. 12. 1976; BStU, ZA, A 589/85, Bd. 14, Bl. 128–133, hier: 129 f.
148 Manfred Karnetzki: Stellungnahme – anläßlich des Neujahrsgottesdienstes des Ev. Bildungswerkes zur EPD-Meldung über eine angebliche Zusammenarbeit von Peter Heilmann mit dem Ministerium für Staatssicherheit der DDR vom 13. 1. 1993; Arch. d. Verf.
149 Vgl. »Chruschtschow sprach mit Westberlinern«, in: Neues Deutschland vom 23. Januar 1963. »Besser einen Brand verhüten – als einen Brand löschen. Aus dem Protokoll über das Gespräch N.S. Chruschtschows mit Westberliner Persönlichkeiten«, in: Neues Deutschland vom 1. Februar 1963.
150 Müller-Gangloff: Teilung (1965), S. 17.
151 Müller-Gangloff: Ostpolitik (1970), S. 8 und S. 54 f.
152 EPD vom 4. 12. 1959, zitiert nach: Arbeitsgebiet Evangelische Kirche: Einschätzung der Evangelischen Akademie Westberlin und des Leiters, Dr. Erich Müller-Gangloff vom 16. 10. 1963; BStU, ZA, AP 21 498/92, Bl. 188–194, hier: 193. Die Berichte über die Moskaureise von Müller-Gangloff sind archiviert in: BStU, ZA, AP 21497/92, Bl. 239–306.
153 Brief von Hans Schmidt [Name geändert] vom 6. 12. 1972 an Erich Müller-Gangloff; BStU, ZA, A 589/85, Bd. 12, Bl. 83–86, hier: 83.
154 In der zentralen Personenkartei des MfS ist Müller-Gangloff mit einem 1962 registrierten und archivierten Untersuchungsvorgang und einer Personenablage erfaßt;

Anmerkungen zu den Seiten 297-300

BStU, ZA, AU 22397/62 und MfS X AP 15048/78. Darüber hinaus sind zu ihm neun Handakten aus dem Bestand der Hauptabteilung XX/4 überliefert; BStU, ZA, HA XX AP 21481/92. 21495/92, 21496/92, 21497/92, 21498/92, 21499/92, 21500/92, 21501/92, 21502/92. In einer der Handakten findet sich auch ein »Suchauftrag« der HVA, auf dem vermerkt ist, Müller-Gangloff sei bereits seit 1960 unter der Registriernummer 2373/60 von der Hauptabteilung XX/4 erfaßt; BStU, ZA, AP 21495/92, Bl. 40f.

[155] Unterredung mit dem Leiter der Evangelischen Akademie Berlin, Dr. Müller-Gangloff, 14. 3. 1960, handschriftlich: Quelle: GI »Gerhard«, andere Handschrift: Bericht f[ür] MfS; BStU, ZA, AP 21481/92, Bl. 1 f.

[156] Aktennotiz vom 7. 3. 1960, handschriftlich: »Bericht f. Staatssekretär«; BStU, ZA, AP 21481/92, Bl. 3f.

[157] Der IM-Vorgang ist archiviert unter: BStU, ZA, AIM 3654/71. Zur Rolle Seidowskys vgl. auch Vollnhals: Staatssicherheit (1996), S. 79-119, hier: 86 und 89. Zahlreiche Berichte von »Gerhard« über seine Unterredungen mit Müller-Gangloff sind abgeheftet in einer zu ihm geführten Handakte; BStU, ZA, HA XX AP 21497/92.

[158] Information betr.: Unterredung mit Müller-Gangloff am 10. 6. 1960 in der Wohnung von Pfarrer Bassarak, handschriftlich: »Gerhard«; BStU, ZA, AP 21481/92, Bl. 3f.

[159] Vgl. Information vom 15. 6. 1960 betr: Vorbereitung eines Abkommens zwischen den Evangelischen Akademien in Deutschland und dem Ministerium für Verteidigung in Bonn; ebenda, Bl. 25-28.

[160] Bericht vom 10. 3. 1966 betr.: Operative Bearbeitung der Feindtätigkeit der Gruppe um Dr. Müller-Gangloff (Westberlin); BStU, ZA, AP 21498/92, Bl. 132-145, hier: 134 und 137.

[161] Arbeitsgebiet Evangelische Kirche: Einschätzung der Evangelischen Akademie Westberlin und des Leiters, Dr. Erich Müller-Gangloff vom 16. 10. 1963; BStU, ZA, AP 21498/92, Bl. 188-194, hier: 192.

[162] Vgl. die umfangreichen Abhörberichte in: BStU, ZA, AP 21496/92, II.

[163] Hauptabteilung V/4: Analyse betr.: Bearbeitung des operativen Materials über Dr. Müller-Gangloff durch den GI »Gerhard« vom 25. 12. 1963; BStU, ZA, AP 21496/92, II, Bl. 114-162, hier: 125.

[164] Vgl. die von der Hauptabteilung V/4 bzw. XX/4 in Auftrag gegebenen Beobachtungsberichte von 1962 bis 1970; BStU, ZA, HA VIII/RF/1757/28 und HA XX AP 21501/92.

[165] Hauptabteilung V/4: Analyse betr.: Bearbeitung des operativen Materials über Dr. Müller-Gangloff durch den GI »Gerhard« vom 25. 12. 1963; BStU, ZA, AP 21496/92, II, Bl. 114-162, hier: 145.

[166] HVA, Abteilung II/7: Schreiben an den Leiter der Hauptabteilung XX/4 vom 29. 7. 1964; BStU, ZA, AP 21498/92, Bl. 154-156.

[167] Information vom 12. 3. 1967 betr.: »Mit der Teilung leben«; BStU, ZA, 21496/92, II, Bl. 4-8, hier: 1 und 8.

[168] Bericht über das durchgeführte Gespräch mit Dr. Müller-Gangloff vom 25. 1. 1967; BStU, ZA, AP 21498/92, Bl. 123f.

[169] Inacker: Totalitarismus (1994). Inacker: Ideologieanfälligkeit (1997), S. 11-24.

[170] Ebenda, S. 12f.

[171] Müller-Gangloff: Ostpolitik (1970), S. 125.

[172] Müller: National-Bolschewismus (1933).

[173] Gemeint ist Müller-Gangloffs unter Pseudonym veröffentlichtes Buch: Obermüller: Stammesgeschichte (1941).

174 Hauptabteilung V/4: Analyse betr.: Bearbeitung des operativen Materials über Dr. Müller-Gangloff durch den GI »Gerhard« vom 25. 12. 1963; BStU, ZA, AP 21 496/92, II, Bl. 114–162, hier: 148 ff. Bericht vom 10. 3. 1966 betr.: Operative Bearbeitung der Feindtätigkeit der Gruppe um Dr. Müller-Gangloff (Westberlin); BStU, ZA, AP 21 498/92, Bl. 132–145, hier: 133. Vgl. auch Schüddekopf (1960), S. 429 (Anm. 13), 431 (Anm. 43), 457 (Anm. 6) und 529 (Anm. 19).
175 Bentley: Biographie (1985), S. 55.
176 Niemöller: Reise (1986), S. 23 f.
177 Niemöller: U-Boot zur Kanzel (1934), S. 179 f.
178 Bentley: Biographie (1985), S. 59.
179 Ebenda, S. 60.
180 Rundschreiben Nr. 1 des Pfarrernotbundes vom 2. 11. 1933, unterzeichnet im Namen des Bundesrates von Martin Niemöller, auszugsweise dokumentiert in: Niemöller: Reise (1986), S. 49.
181 Schreiben des Landesbischofs der Evangelischen Kirche der altpreußischen Union vom 26. 1. 1934, dokumentiert in: ebenda, S. 59.
182 Zitiert nach Inacker: Ideologieanfälligkeit (1997), S. 11–24, hier: 17.
183 »Darmstädter Wort« vom 8. August 1947; zitiert nach: Besier: SED-Staat (1993), S. 40.
184 Zum »Darmstädter Wort« des Reichsbruderrates und seiner Wirkungsgeschichte vgl. ebenda, S. 38–52.
185 Noch 1987 verwies Erhard Eppler bei einer Podiumsdiskussion mit dem Direktor der Akademie für Gesellschaftswissenschaften beim ZK der SED, Rdf Reißig, im Rahmen des Kirchentages in Frankfurt auf »einen ganz entscheidenden Unterschied« zwischen Nazismus und Kommunismus hin: »Der Marxismus/Leninismus ist ursprünglich aus einem humanistischen Ansatz entstanden. [...] In den schrecklichsten Zeiten Stalins blieb deshalb innerhalb der kommunistischen Parteien, vor allem in der Sowjetunion, immer noch ein Rest schlechten Gewissens. Es blieb der Stachel übrig eines – ja – Humanismus, der sich vergewaltigt und entwürdigt fühlte.« Vgl. Schlußwort von Erhard Eppler in der Arbeitsgruppe »Ideologien im Ost-West-Verhältnis – Von der Konfrontation zum Dialog?«, in: Bonin (Hrsg.): Kirchentag (1987), S. 704. Vgl. Courtois/Werth/Panné/Paczkowski/Bartosek/Margolin: Schwarzbuch (1998).
186 Barth: Kirche (1949), S. 21 ff.
187 Barth: Brief (1984), S. 417 und 429. Barths Brief, in dem die DDR auch als »Gottes geliebte Ostzone« bezeichnet wurde, löste unter den Christen in Ostdeutschland starken Widerspruch aus. So schrieb ihm der Pfarrkonvent Finsterwalde angesichts der »mit deutscher Gründlichkeit durchgeführte[n] atheistische[n] Kampagne« in der DDR und eines Systems, »das mit einer bisher nie erlebten Konsequenz seinen Totalitätsanspruch auf die Menschen zu verwirklichen trachtet«: »Wir vermissen, hochverehrter Herr Professor, in Ihren Äußerungen zu dieser Frage die herzerfrischende Eindeutigkeit, mit der Sie in der Zeit des Dritten Reiches über die Notwendigkeit einer entschiedenen Haltung gesprochen haben.« Vgl. Steinlein: Jahre (1993), S. 30. Ferner Besier: SED-Staat (1993), S. 301–311.
188 Mit der Erklärung des vorläufigen EKD-Rates in Stuttgart bekannten sich die evangelischen Kirchen im Oktober 1945 zu ihrer Mitschuld am Nationalsozialismus. Vgl. Greschat (Hrsg.): Schuld (1982). Besier/Sauter: Stuttgarter Erklärung (1985).
189 Zitiert nach Inacker: Ideologieanfälligkeit (1997), S. 11–24, hier: 19.

Anmerkungen zu den Seiten 305–312

Der lange Arm der Stasi – Die Verfolgung von SED-Kritikern im Westen

1 Vgl. die ausführliche Darstellung von Mampel: Entführungsfall (1999). Ferner Fricke: Entführungsopfer (1996). Fricke: Postkriptum (1996).
2 Fricke/Engelmann: Staatssicherheitsaktionen (1998).
3 Fricke: Entführungsaktionen (1998), S. 14.
4 Bericht des Genossen Major a.D. Kurt Rittwagen über seine Kundschaftertätigkeit vom 4. 4. 1989; BStU, ZA, Hauptabteilung XX/4 1424, Bl. 26–34, hier: 32. Ausführlicher dazu Fricke: Akten-Einsicht (1996), S. 41–52.
5 Vgl. Neubert: Geschichte der Opposition (1997), S. 209. Fricke: Opposition und Widerstand (1984), S. 143f. »Schnell das Ding vom Zaun«, in: Der Spiegel Nr. 16/76, S. 116–125. »Verrechnet! Bursche!«, in: Der Spiegel Nr. 20/21/76, S. 49f.
6 Leiter AGM/S: Information über ein Anliegen der HVA zur Bereitstellung von Einsatzkräften durch die AGM/S vom 12. 3. 1982, S. 1f; BStU, BF-Dok. 37.
7 Vgl. Auerbach: Sabotagevorbereitungen (1999).
8 Zu den »Zersetzungsstrategien« des MfS vgl. Knabe: Waffen der SED (1998), S. 303–329.
9 Übersicht über Zentren, Organisationen und Einrichtungen der politisch-ideologischen Diversion in der BRD und in Westberlin vom Mai 1978; BStU, ZA, MfS ZAIG 5161.
10 Schreiben des Ministers vom 15. 2. 1985, Anlage 1, dokumentiert in Siebenmorgen: Staatssicherheit (1993), S. 371–391.
11 Gesamt-PUT-Liste (NSW), Stand: 7. 4. 1989; BStU, ASt Berlin, A 1001/2.
12 Leiter der Abteilung XII: Schreiben an den Leiter der Hauptabteilung XX vom 3. 12. 1981 (Anlage); BStU, ZA, HA XX 522, Bl. 3–6.
13 Vgl. Buschfort: Ostbüro der SPD (1991). Buschfort: Ostbüros der Parteien (1998). Schollwer: DDR-Staatssicherheit (1996), S. 100–106.
14 Sachakte »Pest« vom 24. 1. 1953; BStU, ZA, BdL/Dok. 002087. Eisenfeld: Zentrale Koordinierungsgruppe (1995), S. 36f.
15 Vgl. den IM-Vorgang »Nielsen«, Reg.-Nr. XV 4529/64; BStU, ZA, AIM 17122/84.
16 Vgl. dazu die fünfteilige *Spiegel*-Serie von Fuchs: Landschaften der Lüge (1991). Ders.: Angst (1994). Ders.: Magdalena (1998).
17 Fuchs: Vernehmungsprotokolle (1978), S. 124.
18 Vgl. Fuchs: Gedächtnisprotokolle (1977). Ders.: Vernehmungsprotokolle (1978). Ders: Fassonschnitt (1984). Ders: Ende einer Feigheit (1988).
19 Vgl. ausführlich Fuchs: Nutzung der Angst (1994).
20 Jürgen Fuchs: »Landschaften der Lüge (III)«, in: Der Spiegel Nr. 49/1991, S. 94–108, hier: 104.
21 Zitiert nach Fuchs: Nutzung der Angst (1994), S. 39.
22 Auftrag für »Genua« – Westberlin vom 27. 2. 1983; BStU, ZA, A 377/81, Teil II, Bd. 2, Bl. 296f.
23 Hauptabteilung VII, AG K: Aufklärungsergebnis zum Wohnhaus F. in Westberlin vom 11. 4. 1983; BStU, ZA, A 377/81, Teil II, Bd. 2, Bl. 311–313.
24 Hauptabteilung VII, AG K: Treffbericht vom 24. 5. 1983; BStU, ZA, A 377/81, Teil II, Bd. 2, Bl. 318f.
25 Vgl. Corino: Akte Kant (1995).
26 Bericht über die Reise der Genossen Hermann Kant und Gerhard Henniger nach München vom 6.–9. 3. 1984; BStU, ZA, ZMA 4130, Bd. 2, Bl. 276–279, zitiert nach Walter: Sicherungsbereich Literatur (1996), S. 763.

27 HVA: Ergänzende Hinweise zu unserem Bericht vom 17. April 1986 zur operativen Lage im Westberliner Schriftstellerverband vom 16. 5. 1986; BStU, ZA, HA XX 1505, Bl. 1, zitiert nach: Walter: Sicherungsbereich Literatur (1996), S. 762f.
28 HA XX/9: [Bericht] über die Aktivitäten von Feindpersonen zur Störung der Kulturpolitik der Partei vom 29. 6. 1988; dokumentiert in Fuchs: Magdalena (1998), S. 250-253.
29 Kreisdienststelle Jena, Ref. PUT II: Bericht über [die] durchgeführte Beratung zum OV »Weinberg« - Reg.-Nr. X/318/84 - am 30. 10. 1987 in Jena vom 5. 11. 1987, S. 2; MDA, ZOV »Weinberg«, TV 1 (Gera), Bd. II.
30 Zu den sogenannten Januar-Ereignissen vgl. Rüddenklau: Störenfried (1992), S, 171-177. Neubert: Opposition in der DDR (1997), S. 696-699.
31 Hauptabteilung XX/5: Aktenvermerk vom 28. 7. 1986; BStU, ZA, AOP 16922/91, vermutlich Bd. 11 (Abstimmungen/Koordinierung mit anderen DE), Bl. 122f.
32 Hauptabteilung III: Analyse der festgestellten fernmündlichen Kontakte des ehemaligen DDR-Bürgers Jahn, Roland vom 27. 4. 1987; BStU, ZA, 16922/91, Bd. 7, Bl. 431 f.
33 Ohne Autor: Aktion »Falle« - polit[isch]-op[erative] Maßnahmen gegen den »Grenzfall« in den Gemeinderäumen der Zionskirche [Auflistung der am 25. 11. 1987 abgehörten Telefongespräche von Roland Jahn]; BStU, ZA, 16922/91, Bd. 16, Bl. 111-115, hier: 113.
34 Hauptabteilung XX/5: Hinweise für die Erarbeitung der Einsatzkonzeption für den IMB »Christian« zur gezielten Aufklärung und Bearbeitung von Jahn, Roland; BStU, ZA, AOP 16922/91, vermutlich Bd. 11 (Abstimmungen/Koordinierung mit anderen DE), Bl. Bl. 25f.
35 Hauptabteilung XX/5: Informationsbedarf für die HA XX/9 zu den ZOV »Weinberg« und »Opponent« vom 21. 5. 1987; ebenda, Bl. 86.
36 Hauptabteilung XX/5: inoff[i]z[iell]/IM »Plato«, 4. 11. 1986; BStU, ZA, AOP 16922/91, Bd. 16, Bl. 397. Hauptabteilung XX/5: Information vom 24. 11. 1987; ebenda, Bd. 7, Bl. 3.
37 IMB »Mario«: Skizze der Wohnung von Roland Jahn; MDA, ZOV »Weinberg«, TV 1 (Gera), Bd. II.
38 Kreisdienststelle Jena: Schulungs- und Einsatzkonzeption für den IMS »Heiko«, Reg.-Nr. X/18/76, vom 13. 6. 1984; MDA, ZOV »Weinberg«, TV 1 (Gera), Bd. I.
39 Hauptabteilung XX/5: Absprachenprotokoll vom ZOV »Weinberg« vom 13. 11. 1987; BStU, ZA, AOP 16922/91, Bd. 10, Bl. 20-22, hier: 21.
40 Der Verfasser dankt Roland Jahn für die Überlassung der zitierten anonymen Briefe.
41 Hauptabteilung XX/5: Vermerk über Reaktionen des Jahn, Roland im Zusammenhang mit einer operativen Maßnahme vom 20. 10. 1987; BStU, ZA, AOP 16922/91, Bd. 14a, Bl. 197.
42 Hauptabteilung XX/5: Absprachenprotokoll vom ZOV »Weinberg« vom 9. 1. 1988; BStU, ZA, AOP 16922/91, Bd. 10, Bl. 16f.
43 Auszug aus Treffbericht mit »Streit« vom 28. 4. 1987; BStU, ZA, AOP 16922/91, Bd. 14a, Bl. 92.
44 Unsere Zeit vom 23. Januar 1988, zitiert nach dem anschließenden Nachdruck in der DDR: »Zeit im Zitat: Leute mit denen wir im engen Kontakt stehen ...«, in: Junge Welt vom 27. Januar 1988.
45 Hauptabteilung XX/5: Monatsbericht über die im Februar 1988 von der Feindperson Jahn, Roland (ZOV »Weinberg«) entwickelten feindlichen Aktivitäten vom 1. 3. 1988; MDA, ZOV »Weinberg«, TV 1 (Gera), Bd. V.

⁴⁶ Hauptabteilung XX/5: Monatsbericht über die im Juni 1988 von der Feindperson Jahn, Roland (ZOV »Weinberg«) entwickelten feindlichen Aktivitäten vom 7. 7. 1988; MDA, ZOV »Weinberg«, TV 1 (Gera), Bd. V.
⁴⁷ Hauptabteilung XX/5: Absprachenprotokoll vom ZOV »Weinberg« vom 18. 8. 1988; BStU, ZA, AOP 16922/91, Bd. 10, Bl. 4f.
⁴⁸ Hauptabteilung XX/7: Maßnahmeplan zum Operativ-Vorgang »Lyriker«, Reg.-Nr. XV/3236/65 für die weitere operative Bearbeitung des Biermann, Karl-Wolf, vom 5. 12. 1969; BStU, ZA, AOP 11806/85, Bd. 55, Bl. 12-23, hier: 21-23.
⁴⁹ Hauptabteilung XX/7: Operativer Maßnahmeplan zur Durchsetzung der im Rahmenplan zum Zentral-Operativ-Vorgang »Lyriker« gestellten Aufgaben vom 24. 2. 1971; BStU, ZA, AOP 11806/85, Bd. 55, Bl. 67-79, hier: 75-77.
⁵⁰ Hauptabteilung XX: Information Nr. 1318/72 vom 14. 12. 1972 betr.: Meinungen zu Wolf Biermann; BStU, ZA, AOP 11806/85, Bd. 14, Bl. 370f. Der Bericht stammte von dem Studienleiter der Akademie, Peter Heilmann (IM »Adrian Pepperkorn«).
⁵¹ [Unvollständiger] Maßnahmeplan, ohne Autor, ohne Datum [in der Akte zwischen einem Dokument vom 28. 10. 1976 und einem Dokument vom 4. 11. 1976 abgeheftet]; BStU, ZA, AOP 11806/85, Bd. 55, Bl. 132-134, hier: 132.
⁵² Vgl. HVA, Abteilung X: Information zu einigen Aspekten und Hintergründen der Arbeit der Initiative »Freiheit der Meinung. Freiheit der Reise für W. Biermann. Wolf Biermann nach Bochum« vom 17. 11. 1976; BStU, ZA, AOP 11806/85, Bd. 55, Bl. 144-148. Dem Bericht waren Tonbandkassetten mit einem Mitschnitt der Veranstaltungen in Bochum und Köln sowie mit Flugblättern, Entwürfen für Protestresolutionen und weitere Materialien beigefügt. Ausführliche Spitzelberichte sind auch zu anderen Auftritten Biermanns überliefert.
⁵³ Hauptabteilung XX: Maßnahmeplan zur operativen Kontrolle und Dokumentierung des Auftretens von Biermann in der BRD vom 28. 10. 1976; BStU, ZA, AOP 11806/85, Bd. 55, Bl. 127-130.
⁵⁴ Vgl. die Namensliste »BRD-Bürger und Westberliner« mit kurzen Personencharakteristiken und Erfassungsverhältnissen; BStU, ZA, ZMA XX 20001, Bd. 8, Bl. 153-160.
⁵⁵ Hauptabteilung XX: Aufstellung von Institutionen, Einrichtungen und Organisationen des N[icht]S[ozialistischen]W[irtschaftsgebietes], die Verbindungen zum ehemaligen DDR-Bürger Biermann sowie Havemann, Heym und anderen oppositionellen Kräften in der DDR unterhalten, vom 29. 11. 1976; BStU, ZA, ZMA XX 20001, Bd. 7, Bl. 1-7.
⁵⁶ Vgl. MfS: Information Nr. 827/76 vom 6. 12. 1976 über weitere Reaktionen im Zusammenhang mit der Aberkennung der Staatsbürgerschaft für Biermann in der BRD und Westberlin; BStU, ZA, AOP 11806/85, Bd. 52, Bl. 264-268.
⁵⁷ Vgl. Hauptabteilung XX/OG: Monatsbericht 7/77 vom 8. 8. 1977; BStU, ZA, ZMA 20001, Bd. 8, Bl. 254f.
⁵⁸ Vgl. den IM-Vorgang »Duo«, Reg.-Nr. XV 5204/61; BStU, ZA, AIM 5526/86.
⁵⁹ Hauptabteilung XX/5/1: Bericht über [die] durchgeführte Kontaktaufnahme zu Diether Dehm vom 25. 6. 1971; BStU, ZA, AIM 4166/81, Teil I, Band 1, Bl. 135. Hauptabteilung XX/5: Abschlußbericht zum IM »Willy«, Reg.-Nr. XV/2180/71, vom 1. 12. 1980; ebenda, Bl. 284.
⁶⁰ HA XX/5/I: Treffbericht PIM »Willy« vom 3. 7. 1975; BStU, ZA, AIM 4166/81, Teil II, Band 1, Bl. 201-205, hier: 202.
⁶¹ Hauptabteilung XX/5: Vorschlag zur Werbung vom 15. 3. 1976, von Generalmajor Kienberg bestätigt; BStU, ZA, AIM 3965/81, Teil I, Band 1, Bl. 31-41, hier: 38.

62 [Ohne Autor, ohne Datum:] Komplexauftrag; BStU, ZA, AIM 3965/81, Teil I, Band 1, Bl. 121.
63 [Ohne Autor, ohne Datum]: Über gegenwärtige Aktivitäten zur Person Biermann im Operationsgebiet; BStU, ZA, AIM 4166/81, Teil II, Band 1, Bl. 242–246.
64 [Oberleutnant Notroff/»Christa«:] Hinweise über Aktivitäten Biermanns […] vom 26. 1. 1978; BStU, ZA, ZMA XX 20001, Bd. 8, Bl. 215–218. In handschriftlicher Form ist der Bericht auch in der IM-Akte von »Christa« abgeheftet; BStU, ZA, AIM 3965/81, Teil II, Band 1, Bl. 111–112a.
65 Hauptabteilung XX/5: Information vom 3. 2. 1977; BStU, ZA, AIM 4166/81, Teil II, Band 1, Bl. 238–240, hier: 238 f.
66 Ebenda.
67 Hauptabteilung XX/5: Information vom 8. 3. 1977; BStU, ZA, AIM 4166/81, Teil II, Band 1, Bl. 261 f.
68 Hauptabteilung XX/5: Information vom 8. 3. 1977; BStU, ZA, AIM 3965/81, Teil II, Band 1, Bl. 74–76, hier: 75.
69 Ohne Autor, ohne Datum: Über gegenwärtige Aktivitäten zur Person Biermann im Operationsgebiet; BStU, ZA, AIM 4166/81, Teil II, Band 1, Bl. 242–246, hier: 243.
70 Hauptabteilung XX/5: Information vom 27. 4. 1977; BStU, ZA, AIM 3965/81, Teil II, Band 1, Bl. 86.
71 Hauptabteilung XX/5: Information vom 13. 6. 1977; BStU, ZA, AIM 3965/81, Teil II, Band 1, Bl. 87 f.
72 Hauptabteilung XX/5: Vorschlag zur Auszeichnung des IM »Willy« vom 4. 11. 1977; BStU, ZA, AIM 4166/81, Teil I, Band 1, Bl. 191.
73 Hauptabteilung XX/5: Vorschlag zur Auszeichnung des IM »Christa« vom 4. 11. 1977; BStU, ZA, AIM 3965/81, Teil I, Band 1, Bl. 82.
74 Hauptabteilung XX/5: Information vom 24. 11. 1977; BStU, ZA, AIM 3965/81, Teil II, Band 1, Bl. 104 f.
75 Hauptabteilung XX/5: Information vom 27. 9. 1978; ebenda, Bl. 173–175, hier: 174.
76 Hauptabteilung XX/5/I: Treffbericht PIM »Christa« vom 23. 8. 1978; ebenda, Bl. 166–168, hier: 167.
77 Hauptabteilung XX/5: Treffbericht vom 28. 11. 1978; ebenda, Bl. 182–184, hier: 185. Hauptabteilung XX/5/I: Treffkonzeption vom 18. 12. 1978; ebenda, Bl. 188.
78 Hauptabteilung XX/5: Einstellungsbeschluß, o. Datum; BStU, ZA, AIM 4166/81, Teil I, Band 1, Bl. 38.
79 Wolf Biermann: Brief an Hubertus Knabe vom 12. 8. 1999.
80 »Dem roten Millionär«. Der Katarina-Witt-Manager und Frankfurter SPD-Linke Dr. Diether Dehm über »Brecht, Stasi-Banalitäten und Biermann«, in: Neues Deutschland vom 2. November 1996.
81 »Dehm darf Stasi-Spitzel genannt werden«, in: Frankfurter Rundschau vom 2. August 1996.
82 »Diether Dehm schlägt zurück: Strafanzeige gegen Broder«, in: Frankfurter Neue Presse vom 15. November 1996.
83 »Keinen Finger mehr. In der SPD gibt es kaum noch Zweifel an den Verstrickungen des Diether Dehm«, in: Focus Nr. 19/1996 vom 6. Mai 1996, S. 47. »Sozis reden von Treibjagd gegen Linke. Warme Worte für den vermutlichen Stasi-Spitzel Dehm«, in: die tageszeitung vom 25. 5. 1996.
84 »Vergleich im Fall Diether Dehm«, in: Frankfurter Allgemeine Zeitung vom 2. Okto-

ber 1996. »Dehm verzichtet bis 1998 auf SPD-Ämter«, in: Frankfurter Rundschau vom 2. Oktober 1996.
85 Vgl. Das Schutzkomitee Freiheit und Sozialismus (1995).
86 Vgl. den IM-Vorgang »Christoph«, 1976 geändert in »Ulli«, der als Inoffizieller Mitarbeiter »mit Feindberührung« bis zur Auflösung des MfS geführt wurde; BStU, ZA, AIM 8833/91 sowie Teilablage A 577/79.
87 Hauptabteilung XX/5: Konzeption zur Bearbeitung des Dr. Hans Schwenger – Westberlin vom 30. 11. 1977, zitiert nach: ebenda, S. 68–70.
88 Hauptabteilung XX/5: Maßnahmeplan zur Kriminalisierung des Dr. Schwenger, Hans, Erich, im Rahmen der Vorgangsbearbeitung »Kontakt« – Reg.-Nr. XV/4074/77 vom 27. 3. 1978, zitiert nach: ebenda, S. 83–85.
89 Ebenda.
90 Information vom 26. 6. 1978 (Abschrift vom Tonband), Quelle: PIM »Christoph«, erarbeitet: Major Jaeckel, ebenda, S. 90–92, hier: 92.
91 Hannes Schwenger: Rücktrittsschreiben vom 12. 6. 1978, dokumentiert in: ebenda, S. 55.
92 Hannes Schwenger: Einleitung, in: ebenda, S. 1 f.
93 Hauptabteilung XX/5: Maßnahmeplan zur weiteren Zersetzung der DDR-feindlichen Aktivitäten des »Schutzkomitees Freiheit und Sozialismus« sowie des »Komitees zur Freilassung von Rudolf Bahro« in Westberlin vom 16. 10. 1978; BStU, ZA, AOP 12003/83, Bd. 15, Bl. 5–8.
94 Hauptabteilung XX/5: Information vom 3. 3. 1980 über den »Selbsthilfeverein ehemaliger DDR-Bürger«, Quelle: IM »Ulli«, erarbeitet: Major Jaeckel; BStU, ZA, AOP 2151/84.
95 Hauptabteilung XX/5: Operativplan zur Bearbeitung des Operativ-Vorganges »Konföderation« vom 22. 6. 1979; ebenda, Bl. 22.
96 Vgl. Hauptabteilung XX/5: Information zur gegenwärtigen Situation im »Selbsthilfeverein ehemaliger DDR-Bürger e.V.« (SHV), Quelle: IM »Ulli«, 16. 7. 1980; ebenda, Bl. 189 f. Hauptabteilung XX/5: Angaben zur aktuellen Situation innerhalb des »Selbsthilfevereins ehemaliger DDR-Bürger«, Westberlin, Quelle: IMB »Ulli«, 17. 9. 1981; ebenda, Bd. 4, Bl. 28 f.
97 Gesprächsvermerk vom 26. 3. 1993; Archiv Welz.
98 Klepper: Bahro-Komitee (1998), S. 12 f.
99 Hauptabteilung XX/5: Konzeption zur operativen Bearbeitung des »Komitees zur Freilassung Rudolf Bahros« Westberlin im Rahmen des Operativ-Vorganges »Kongreß« vom 14. 2. 1979; BStU, ZA, AOP 7013/85, Bd. 1, Bl. 20–27. Die Hauptabteilung XX/5 arbeitete der Konzeption zufolge namentlich mit der Hauptabteilung VI/OPD, den HVA-Abteilungen VI und XII, den Abteilungen XV und XX der Bezirksverwaltung für Staatssicherheit Berlin und der Abteilung XV der Bezirksverwaltung Gera zusammen. Vgl. auch Hauptabteilung XX/5: Eröffnungsbericht zur Anlage des OV »Kongreß« zur Bearbeitung der feindlich-negativen Gruppierung des »Komitees zur Freilassung Rudolf Bahros«, Westberlin vom 20. 3. 1979; ebenda, Bl. 6 f.
100 Hauptabteilung XX/5/AG AI: Informationsbedarf zur Analysierung der feindlichen Aktivitäten des »Bahro-Komitees« Westberlin vom 5. 4. 1979; BStU, ZA, AOP 7013/85, Bd. 1, Bl. 38–40.
101 Hauptabteilung XX/5: Sachstandsbericht zum OV »Kongreß«, Reg.-Nr. XV/1800/79 vom 22. 5. 1979; BStU, ZA, AOP 7013/85, Bd. 1, Bl. 41–59, hier: 41.

102 Hauptabteilung XX/5: Sachstandsbericht zum OV »Kongreß«, Reg.-Nr. XV/1800/79 vom 22. 5. 1979; BStU, ZA, AOP 7013/85, Bd. 1, Bl. 41–59, hier: 43.
103 Hauptabteilung XX/5: Maßnahmeplan zur Bearbeitung des »Komitees für die Freilassung Rudolf Bahros«, Westberlin, im OV »Kongreß« – Reg.-Nr. XV/1800/79 vom 6. 6. 1979; BStU, ZA, AOP 7013/85, Bd. 1, Bl. 60–69. Die Zusammenarbeit mit anderen Diensteinheiten, die über »inoffizielle Möglichkeiten der Aufklärung« des Bahro-Komitees verfügten, umfaßte die HVA-Abteilungen XII, X und VII sowie die Hauptabteilungen VI/OPD, XX/OG und XVIII/4.
104 Hauptabteilung XX/5: Übersichtsbogen vom 10. 12. 1979; BStU, ZA, AOP 7013/85, Bd. 1, Bl. 70f.
105 Hauptabteilung XX/5: Sachstandsbericht zum OV »Kongreß« – Reg.-Nr. XV/1800/79 vom 7. 4. 1980; BStU, ZA, AOP 7013/85, Bd. 1, Bl. 72–88, hier: 74.
106 Hauptabteilung XX/5: Sachstandsbericht zum OV »Kongreß« – Reg.-Nr. XV/1800/79 vom 7. 4. 1980; BStU, ZA, AOP 7013/85, Bd. 1, Bl. 72–88. Dem *Spiegel* zufolge erklärte Hodges, sein Name müsse von jemand anderem »benutzt« worden sein. Wie ein IM »Jerry« von Diskussionen aus dem Bahro-Komitee und dem Sozialistischen Osteuropakomitee habe berichten können, habe er nicht erklären können. Vgl. »Angst vor den Sozis«, in: Der Spiegel Nr. 27/1997 vom 30. Juni 1997, S. 54. In den Akten existiert ein Bericht über eine Sitzung des Komitees, an der 16 Personen teilgenommen hätten. Von zehn Personen war der Stasi der volle Name bekannt, darunter auch der von Hodges. Auffällig an dem Bericht ist, daß dort Otto Schily in einer seltsamen englischen Schreibweise (Otto Shilly) Erwähnung findet. Vgl. Sitzung des »Komitees für die Freilassung von Rudolf Bahro« am 8. 6. 1979; BStU, ZA, AOP 7013/85, Bd. 4, Bl. 227. Auch das ehemalige Komiteemitglied Peter Klepper geht von der Identität des HVA-IM »Jerry« mit dem Komiteemitarbeiter Jerry Hodges aus. Vgl. Klepper: Bahro-Komitee (1996), S. 16.
107 In einem Bericht über eine Komiteesitzung heißt es, daß zu Beginn der Zusammenkunft Schecks für den Verlag ausgeschrieben worden seien, wobei ein Komiteemitglied zeichnungsberechtigt gewesen sei, das bis dahin kaum eine Rolle im Komitee gespielt hätte. An den Rand dieses Passus hatte Stasi-Offizier Lothar Jaeckel geschrieben: »Nutzung für Zersetzungsmaßnahmen«. Der Chef des Verlages, Ulf Wolter, erhielt in den siebziger Jahren lange Zeit nächtliche Anrufe, bei denen sich der Anrufer nicht meldete. Im Januar 1982 wurde der Verlag durch einen aufgedrehten Wasserhahn in der oberen Etage unter Wasser gesetzt, wobei keinerlei Einbruchsspuren erkennbar waren. Das dadurch ausgelöste Mißtrauen innerhalb der Gruppe, die den Verlag getragen hatte, führte zu deren Zerfall. Vgl. Sitzung des »Komitees für die Freilassung von Rudolf Bahro« am 8. 6. 1979; BStU, ZA, AOP 7013/85, Bd. 4, Bl. 227. Schreiben von Ulf Wolter an den Autor vom 23. 6. 1999.
108 Hauptabteilung XX/5: Maßnahmeplan zur Bearbeitung des ehemals im »Bahro-Komitee«, Westberlin, organisierten Personenkreises vom 9. 4. 1980; BStU, ZA, AOP 7013/85, Bd. 1, Bl. 89–97.
109 Hauptabteilung XX/5: Maßnahmeplan zur weiteren Bearbeitung des OV »Kongreß«; BStU, ZA, AOP 7013/85, Bd. 1, Bl. 115–124, hier: 123f.
110 Einstellungsbeschluß vom 16. 5. 1985; BStU, ZA, AOP 7013/85, Bd. 1, Bl. 5.
111 Vgl. die aufschlußreichen Darstellungen zu diesem Thema von Wüst: IGFM (1996). Wüst: Internationale Gesellschaft (1997). Wüst: Imperialistisches Menschenrechtsgeschrei (1998), S. 418–427. Wüst: Menschenrechtsarbeit (1999).
112 Hauptabteilung VII: Konzeption zur politisch-operativen Aufklärung und Bear-

beitung der Feindorganisation vom 26. 4. 1976; BStU, ZA, AOP 6072/91, Bd. 3, Bl. 127.
113 Zentrale Koordinierungsgruppe: Einschätzung des ZOV »Zentrale« vom 15. 7. 1983; BStU, ZA, AOP 6072/91, Bd. 27, Bl. 38–51, hier: 41.
114 Zentrale Koordinierungsgruppe, Abteilung 5: Bearbeitungskonzeption vom 14. 1. 1984; BStU, ZA, AOP 6072/91, Bd. 3, Bl. 234.
115 »Gewalt auf dem Kirchentag. Menschenrechtsveranstaltung gestürmt«, in: idea, Nr. 54/89 vom 11. Juni 1989, S. 4f. und S. VIIf.
116 Zentrale Koordinierungsgruppe: Bearbeitungskonzeption zur Aufklärung und Bekämpfung der Feindorganisation »Hilferufe von drüben e.V.«, Lippstadt, im Zentralen Operativ-Vorgang Kontra, Reg.-Nr. XV/2968/79, vom 16. 4. 1987, zitiert nach: Clausen/Kamphausen/Löwenthal: Feindzentrale (1993), S. 255f.
117 Leiter der Zentralen Koordinierungsgruppe: Vorlage zur Durchführung offensiver Maßnahmen gegen die Feindorganisation »Hilferufe von drüben« zur Störung ihrer feindlichen Aktivitäten, dokumentiert in: ebenda, S. 267–280.
118 Vgl. dazu Wüst: Imperialistisches Menschenrechtsgeschrei (1998), S. 418–427. Brauckmann: Amnesty International (1996).
119 Vgl. Befehl des Ministers Nr. 6/77 »zur Vorbeugung, Verhinderung und Bekämpfung feindlich-negativer Handlungen im Zusammenhang mit rechtswidrigen Versuchen von Bürgern der DDR, die Übersiedlung nach nichtsozialistischen Staaten und Westberlin zu erreichen, sowie zur Unterbindung dieser rechtswidrigen Versuche« vom 18. 3. 1977, Anlage 1: Bisher bekannte Organisationen, Einrichtungen und Zentren in der BRD und in Westberlin, die feindliche Angriffe gegen die DDR vortragen mit dem Ziel, eine konterrevolutionäre Untergrundbewegung zu schaffen, indem sie Bürger der DDR zur Übersiedlung nach nichtsozialistischen Staaten und Westberlin inspirieren und zu provokatorischen Demonstrativhandlungen veranlassen sowie in die verbrecherische Tätigkeit der kriminellen Menschenhändlerbanden einbeziehen; BStU, ZA, MfS BdL-Dok. 004791, Bl. 43–47. Unter den 19 darin aufgelisteten Institutionen befindet sich auch Amnesty International.
120 Erich Mielke: Rede vor Mitarbeitern für Justizfragen der Bezirks- und Kreisleitungen sowie Parteisekretären der Bezirksstaatsanwaltschaften der Bezirksgerichte vom 22. 9. 1978; BStU, ZA, BdL/Dok. 006578.
121 Ohne Autor, ohne Datum: Dokumentation über Amnesty International (AI); BStU, ZA, MfS ZKG Nr. 38, Bd. 1, Bl. 1–191, hier: 122.
122 Vgl. Auskunftsbericht »Amnesty International« vom 24. 9. 1977 (1. Entwurf) mit genauen »Fragen zu ai«; BStU, ZA, HA XX/4 745-2, Bl. 309.
123 Ohne Autor, ohne Datum: Dokumentation über Amnesty International (AI); BStU, ZA, MfS ZKG Nr. 38, Bd. 1, Bl. 1–191, hier: Bl. 122–126 und 170–191.
124 Ebenda, Bl. 124.
125 Vgl. Müller-Enbergs (Hrsg.): Anleitungen (1998), S. 210 (Anm. 881).
126 Hauptverwaltung A, Abteilung X: Einschätzende Bemerkungen zum Vorgang »Günther« – Vorg.-Nr.: 10698/60 vom 18. 11. 1977; BStU, ZA, GH 25/87, Bd. 1, Bl. 8–17, hier: 16.
127 Hauptabteilung XX/4: Treffbericht vom 23. 9. 1978; BStU, ZA, HA XX/4 2884, Bl. 18f. Den Hinweis auf diesen Bericht verdanke ich Anja Mihr, die an einem voraussichtlich Ende 2000 abgeschlossenen Forschungs- und Dissertationsprojekt zur Arbeit von Amnesty International in Sachen DDR arbeitet.
128 Hauptabteilung VII: Auskunftsbericht über operativ bedeutsame Probleme und Er-

kenntnisse zur Entwicklung, zu Aufgaben und Zielstellung der Organisation »Amnesty International« vom 21. 3. 1983; BStU, ZA, BdL 330, Bl. 27 f.

129 Plan für die Zusammenarbeit zwischen der Hauptabteilung XX des Ministeriums für Staatssicherheit der Deutschen Demokratischen Republik und der V. Verwaltung des Komitees für Staatssicherheit der Union der Sozialistischen Sowjetrepubliken für den Zeitraum 1986–1990, dokumentiert bei Besier: Kirchen (1992), S. 458–465, hier: 459.

130 Vgl. Protokoll Nr. 49 der Politbürositzung am 8. 12. 1987, Tagesordnungspunkt 15: Direktive für das weitere Auftreten der DDR-Delegation in der Redaktionsphase des Wiener Folge-Treffens der Teilnehmerstaaten der KSZE für die Bereiche Menschenrechte und humanitäre Fragen. In der als Anlage beigefügten Direktive wird darauf hingewiesen, daß sich die DDR, zusammen mit Rumänien, aufgrund der vom Politbüro vorgegebenen Verhandlungslinie in Wien zunehmend isoliere und die Gefahr bestehe, daß sie »allein den Konsens verweigern müßte«. Aus diesem Grunde werden Vorschläge für zusätzliche Zugeständnisse wie z. B. Reiseerleichterungen gemacht, die vom Politbüro auch akzeptiert wurden. Ähnlich auch das Protokoll der Sitzung des Sekretariates des Zentralkomitees der SED am 16. 3. 1988, Tagesordnungspunkt 3: Zum gegenwärtigen Stand der Arbeit des Wiener KSZE-Folgetreffens im Menschenrechts- und humanitären Bereich. Ein weiteres Mal befaßte sich das Politbüro am 3. und am 7. 1. 1989 mit der schwierigen Situation der DDR-Verhandlungsdelegation auf der Wiener KSZE-Konferenz, und am 6. 6. 1989 beschloß es eine Erweiterung der Aufgaben des DDR-Komitees für Menschenrechte, »um die wirkungsvolle politisch-offensive Darstellung der Verwirklichung der Menschenrechte in der DDR zu erhöhen«; SAPMO-BuArch Bln DY 30 J IV 2/2 2251, DY 30 J IV 2/3/4232, DY 30 J IV 2/2/2309, DY 30 J IV 2/2/2310, DY 30 J IV 2/3/4405. Im Abschlußdokument des Wiener KSZE-Folgetreffens vom 15. Januar 1989 verpflichteten sich die Unterzeichnerstaaten, »das Recht von Personen, die Durchführung der KSZE-Bestimmungen zu beobachten und zu fördern und sich mit anderen zu diesem Zweck zusammenzuschließen, [zu] achten. Sie werden direkte Kontakte und Kommunikation zwischen diesen Personen, Organisationen und Institutionen innerhalb der Teilnehmerstaaten sowie zwischen Teilnehmerstaaten erleichtern und rechtliche und administrative Beeinträchtigungen, die nicht den KSZE-Bestimmungen entsprechen, wo immer sie vorhanden sind, beseitigen. Sie werden auch wirksame Maßnahmen ergreifen, um den Zugang zu Informationen über die Durchführung der KSZE-Bestimmungen und die freie Meinungsäußerung zu diesen Fragen zu erleichtern.« Zitiert nach: Deutschland Archiv 22 (1989) 4, S. 462–485, hier: 468.

131 Ohne Autor, ohne Datum: Zur DDR-Position zu »Amnesty International (AI)« und »Internationale Helsinki-Förderation (IHF)«; BStU, ZA, RS 209, Bl. 242.

Die Hochschulen – Kaderschmieden des MfS

1 Vgl. »Debatte zu Stasi-Überprüfung an Kasseler Hochschule vertagt«, in: Frankfurter Allgemeine Zeitung vom 10. 7. 1998. »Keine Stasi-Überprüfung für Professoren in Kassel«, in: die tageszeitung vom 10. 7. 1998. »Keine Suche nach Stasi-Spitzeln«, in: Hessische/Niedersächsische Allgemeine vom 9. 7. 1998. »Kasseler Professoren sollen sich gaucken lassen, in: Frankfurter Allgemeine Zeitung vom 13. 7. 1998 (Regionalteil).

2 Vgl. Der Tagesspiegel vom 6. 10. 1996, S. 3. Hauptabteilung XX/4: Auskunft über

den IMF »Berger« (Reg.-Nr.: 10 673/60); BStU, ZA, HA XX/4 1595, S. 1. Aufgrund des laufenden Ermittlungsverfahrens gegen Ludwig Bress waren die Akten bei der Abfassung dieses Buches für eine Nutzung zu Forschungszwecken gesperrt.

[3] Handschriftlicher Bericht vom 14. 4. 1978; BStU, ZA, AIM 2619/91, Teil II, Bd. 1, Bl. 205–208. Vgl. »Neuer Stasi-Fall an der Universität Kassel aufgedeckt«, in: Die Welt vom 25. Juni 1999.

[4] Vgl. Dienstanweisung Nr. 10/51 »Agentenanwerbung durch Universitäten und Hochschulen in Westdeutschland und Westberlin« vom 31. 5. 1951; BStU, ZA, MfS-BdL/Dok 002 014.

[5] HV A: Forschungsergebnisse zum Thema »Die politisch-operative Bearbeitung der Hochschulen in der BRD und in Westberlin«, GVS 211-A 20/76, S. 24 f.; BStU, ASt Berlin, XV 6.

[6] Eine Reihe der diesbezüglichen Forschungseinrichtungen, die politisch-operativ zu bearbeiten waren, wurden in der Dienstanweisung 3/73 des Leiters der HVA aufgezählt. Vgl. HV A: Forschungsergebnisse zum Thema »Die politisch-operative Bearbeitung der Hochschulen in der BRD und in Westberlin«, GVS 211-A 20/76, S. 29, Fußnote 27; BStU, ASt Berlin, XV 6. Die Dienstanweisung 3/73 wurde bislang nicht aufgefunden.

[7] HV A: Forschungsergebnisse zum Thema »Die politisch-operative Bearbeitung der Hochschulen in der BRD und in Westberlin«, GVS 211-A 20/76, S. 29; BStU, ASt Berlin, XV 6.

[8] Ebenda, S. 32 ff.

[9] Ebenda, S. 31 f.

[10] Ebenda, S. 34 f.

[11] Zu Staritz und Barthel: BStU, ZA, AIM 10 998/66. Zu den APO-Verbindungen der Aufklärung: HVA, Abteilung X: Plan aktiver Maßnahmen gegen die Bundesversammlung am 5. März in Westberlin vom 17. 2. 1969 (Anlage); BStU, ZA, SdM 1439. Zu Kuche: idea Nr. 51/95 vom 4. 5. 1995.

[12] HV A: Forschungsergebnisse zum Thema »Die politisch-operative Bearbeitung der Hochschulen in der BRD und in Westberlin«, GVS 211-A 20/76, S. 54 f.; BStU, ASt Berlin, XV 6.

[13] Ebenda, S. 55 f.

[14] Diese Arbeitsteilung wurde von der HVA als »Werber I« und »Werber II« formalisiert.

[15] Eltgen: Erinnerungen (1995), S. 37

[16] Hartmann: Aufklärer in der BRD (1997), S. 1124 f.

[17] Hauptabteilung XX/5/I: Auskunftsbericht und Perspektivplan zur Quelle »Erich« vom 21. 5. 1969; BStU, ZA, AIM 10 998/66, Teil I, Bd. II, Bl. 126–152, hier: 135. Hauptabteilung V/6: Vorschlag zur Werbung eines geheimen Mitarbeiters vom 8. 9. 1961; BStU, ZA, AIM 10 998/66, Teil I, Bd. 1, Bl. 92 und Bl. 95. Hauptabteilung V/6: Auskunftsbericht betr.: GM »Erich« vom 20. 6. 1962; ebenda, Bl. 148.

[18] Ebenda, Bl. 78 und Bl. 19. Walther Barthel wird in der Akte, wie erwähnt, als GM »Kurt« geführt, seine Frau als GM »Karin« und Staritz' Schwiegermutter als KP »Gerda«.

[19] Vgl. u.a. HA V/6: Treffbericht vom 7. 11. 1962; BStU, ZA, AIM 10 998/66, Teil I, Bd. 1, Bl. 197–200, hier: 199. Personeneinschätzungen ohne Datum; ebenda, Bd. 3, Bl. 54–60 sowie Bl. 99–120.

[20] HA XX/5/I: Treffbericht vom 30. 5. 1967; BStU, ZA, AIM 10 998/66, Teil I, Bd. 3, Bl. 162–168, hier: 164.

Anmerkungen zu den Seiten 346–349

21 Vgl. Wagner: Spione (1996), S. 76 ff. Generalbundesanwalt: Wolf-Anklage (1992), S. 262–272.
22 Wagner: Spione (1996), S. 75 f.
23 »Spionageverdacht: Dekan des Otto-Suhr-Institutes festgenommen«, in: Berliner Morgenpost vom 23. 10. 1992. »Stasiverdächtiger Professor aus der U-Haft entlassen«, in: Berliner Zeitung vom 9. 11. 1992. »Provokation vor der Haustür. Das OSI im Fadenkreuz östlicher Geheimdienste«, in: Berliner Zeitung vom 12. 11. 1992. »Ex-FU-Dekan: Geld-Buße und Bewährung für Stasi-Spionage«, in: Berliner Morgenpost vom 10. 11. 1995. »Akademiker spionierte 21 Jahre für die Stasi«, in: Berliner Zeitung vom 10. 11. 1995.
24 Befehl Nr. 211/64 vom 9. 3. 1964; BStU, ZA, BdL/Dok. 000875.
25 Zu Heilmann (»Pepperkorn«): BStU, ZA, A 589/85 (18bändige Teilablage). Zu Völkel (»Walter Rosenow«): BStU, ZA, A 529/79 (13bändige Teilablage).
26 Die Arbeitsgruppe zur »Bearbeitung von Studenten als Perspektiv-IM« wurde 1971 zur Erhöhung der »Wirksamkeit an den Schwerpunkten« mit der sogenannten »Außengruppe« zusammengelegt, die aus dem grenzüberschreitenden Reiseverkehr »Werber« und »Perspektiv-IM (Studenten und Sekretärinnen)« rekrutieren sollte – das neue Referat D der Abteilung. Verwaltung für Staatssicherheit Groß-Berlin, Abt. XV: Vorschlag vom 25. 3. 1971 zum Zusammenschluß der Arbeitsgruppe D und der Außengruppe zu einem Referat, S. 1; BStU, ASt Berlin, XV 25.
27 HVA: Aufstellung über operative Verbindungen zu Organisationen und Gruppen der APO in Westberlin (Anlage zum Schreiben von Markus Wolf an Erich Mielke vom 18. 2. 1969); BStU, ZA, SdM 1439, Bl. 304 f.
28 Auszüge aus der Diplomarbeit, von der weder Titel noch Autor bekannt sind, enthält der Objektvorgang der Bezirksverwaltung für Staatssicherheit Neubrandenburg über die Technische Universität Berlin; BStU, ASt Neubrandenburg, BV Neubrandenburg, Abt. XV, Nr. 163, Bd. 1, Bl. 269–274, hier: 272. Vgl. Förster: Bibliographie (1998).
29 Vgl. Staatsanwaltschaft beim Kammergericht Berlin, Anklageschrift vom 29. 9. 1997, S. 2 f. (unveröffentlicht). IM-Vorgang »Adrian Pepperkorn«, BStU, ZA, A 589/85.
30 BStU, ZA, AIM 10998/66, Teil I, Bd. 1, Bl. 104.
31 Vgl. Hauptmann Siegfried Schulze: Die Methodik der politisch-operativen Aufklärung und Bearbeitung der imperialistischen DDR-Forschungsorgane durch das MfS unter besonderer Berücksichtigung der Rolle des Institutes für Politische Wissenschaften an der sogenannten »Freien Universität« in Westberlin, Potsdam 1971; BStU, ZA, JHS MF VVS 160-155/71.
32 Hauptabteilung XX/5: Beurteilung und Einschätzung des Staritz, Dietrich, [...] vom 22. 7. 1964; ebenda, Teil I, Bd. 2, Bl. 24. Auftrag vom 29. 10. 1971 für die Realisierung nachfolgender Perspektivmaßnahmen zum Abbruch der Verbindung mit dem IM »Erich« der Hauptabteilung XX/5 und Einleitung eines Operativ-Vorganges zur Bearbeitung des IM »Erich« und seiner politisch-operativ relevanten Verbindungen in der DDR; ebenda, Teil I, Bd. 2, Bl. 217.
33 HV A: Forschungsergebnisse zum Thema »Die politisch-operative Bearbeitung der Hochschulen in der BRD und in Westberlin«, GVS 211-A 20/76, S. 144, ähnlich auch: S. 64, 66, 74, 134, 148; BStU, ASt Berlin, XV 6.
34 Ebenda, S. 135 und 148.
35 Referat des Generalleutnants Wolf zum zentralen Führungsseminar vom 1.–3. 3. 1971; BStU, ZA, ZAIG 7691, Bl. 22 f.

36 HV A: Forschungsergebnisse zum Thema »Die politisch-operative Bearbeitung der Hochschulen in der BRD und in Westberlin«, GVS 211-A 20/76, S. 84; BStU, ASt Berlin, XV 6.
37 Ebenda, S. 129.
38 Dienstanweisung 5/71 des Stellvertreters des Ministers »über die systematische operative Bearbeitung der Universitäten und Hochschulen im Operationsgebiet – Bearbeitung von Universitäten und Hochschulen –« (Fassung vom 1. 8. 1974), S. 1 f.; BStU, ASt Berlin, XV 11.
39 Zu den Zuständigkeiten der einzelnen HVA-Abteilungen vgl. Die Organisationsstruktur des MfS (1996), S. 366 ff.
40 Der Dienstanweisung 5/71 zufolge waren 1974 mit der »operativen« Bearbeitung von 25 westdeutschen Hochschulen folgende Diensteinheiten des MfS beauftragt: TH Aachen – HVA/Abt. XV; Augsburg – BV Suhl/Abt. XV; FU Berlin – BV Berlin/Abt. XV und BV Potsdam/Abt. XV; TU Berlin – BV Berlin/Abt. XV, BV Potsdam/Abt. XV und BV Neubrandenburg/Abt. XV; Bonn – HVA/Abt. I; TU Braunschweig – HVA/Abt. XIII; Bremen – BV Schwerin/Abt. XV; Dortmund – BV Frankfurt/Oder/Abt. XV; Düsseldorf – BV Karl-Marx-Stadt (Chemnitz)/Abt. XV; Erlangen-Nürnberg – HVA/Abt. XIII und BV Gera/Abt. XV; Frankfurt/Main – BV Cottbus/Abt. XV; Göttingen – HVA/Abt. XI; Hamburg – HVA/Abt. II und BV Rostock/Abt. XV; Hannover – BV Magdeburg/Abt. XV; Heidelberg – HVA/Abt. XI; TH Karlsruhe – BV Dresden, Abt. XV. Köln – HVA/Abt. I; Mainz – HVA/Abt. I und HVA/Abt. IV; Marburg – HVA/Abt. XI und BV Halle/Abt. XV; München – HVA/Abt. II und HVA/Abt. IX; TU München – HVA/Abt. XV; Münster – BV Leipzig/Abt. XV; Saarbrücken – HVA/Abt. XII; Stuttgart – HVA/Abt. XIV; Würzburg – BV Erfurt/Abt. XV. Vgl. Dienstanweisung 5/71 des Stellvertreters des Ministers »über die systematische operative Bearbeitung der Universitäten und Hochschulen im Operationsgebiet – Bearbeitung von Universitäten und Hochschulen –« (Fassung vom 1. 8. 1974), S. 4 (Anlage); BStU, ASt Berlin, XV 11. An anderer Stelle ist – 1976 – davon die Rede, daß mit der Dienstanweisung 5/71 »38 ausgewählte Hochschulen der BRD und Westberlins zu Objekten der Aufklärung bestimmt« worden seien. Entweder wurde die Zahl also zwischen 1974 und 1976 von 25 auf 38 erhöht oder aber, wie 1976 vorgeschlagen, verringert und die Liste der Objekte nachträglich aktualisiert; für letzteres spräche, daß die Anlage zur Dienstanweisung 5/71 im Kopf den Vermerk trägt: »1. Austauschblatt VVS MfS 198/A 44/74«. Vgl. HV A: Forschungsergebnisse zum Thema »Die politisch-operative Bearbeitung der Hochschulen in der BRD und in Westberlin«, GVS 211-A 20/76; BStU, ASt Berlin, XV 6, S. 175 und S. 192.
41 HV A: Forschungsergebnisse zum Thema »Die politisch-operative Bearbeitung der Hochschulen in der BRD und in Westberlin«, GVS 211-A 20/76, S. 128; BStU, ASt Berlin, XV 6.
42 Dienstanweisung 5/71 des Stellvertreters des Ministers »über die systematische operative Bearbeitung der Universitäten und Hochschulen im Operationsgebiet – Bearbeitung von Universitäten und Hochschulen –« (Fassung vom 1. 8. 1974), S. 1 f.; BStU, ASt Berlin, XV 11.
43 2. Durchführungsbestimmung zur Richtlinie 2/68 über die Führung von Objektakten vom 12. 11. 1976 (bisher nicht aufgefunden), hier zitiert nach: Gliederung der Objektakte zur Technischen Universität Berlin; BStU, ASt Neubrandenburg, BV Neubrandenburg Abt. XV, Nr. 163, Bd. 1, Bl. 8 f. Auch die Nachfolgebestimmung, die 2. Durchführungsbestimmung zur Richtlinie 2/79 über die Führung von Objektak-

ten, konnte bislang nicht aufgefunden werden. Vgl. Ordnung 1/84 über die operative Aktenführung im Bereich der HVA und der Abteilungen XV der Bezirksverwaltungen – Aktenordnung HVA –; BStU, ASt Gera, Abt. XV 367/7, dokumentiert in: Müller-Enbergs (Hrsg.): Anleitungen (1998), S. 830–857, hier: 840f und 854f.

44 Referat des Gen. Generalleutnant Wolf zum zentralen Führungsseminar vom 1.–3. März 1971; BStU, ZA, ZAIG 7691, Bl. 51.

45 HV A: Forschungsergebnisse zum Thema »Die politisch-operative Bearbeitung der Hochschulen in der BRD und in Westberlin«, GVS 211-A 20/76, S. 205; BStU, ASt Berlin, XV 6.

46 Zumindest 1981 verfügte die Abteilung XV der Bezirksverwaltung Neubrandenburg in den ihr zugewiesenen Westberliner Objekten (Technische Universität, Technische Fachhochschule, Polizeischule) nach eigenen Aussagen »noch nicht über inoffizielle Quellen«. BV Neubrandenburg, Abt. XV, Referat AI: Schwerpunktobjekte der Abteilung XV der BV und Territorium Westberlin vom 4. 6. 1981. BStU, ASt Neubrandenburg, BV Neubrandenburg Abt. XV, Nr. 163, Bd. 1, Bl. 83.

47 Gliederung der Objektakte zur Technischen Universität Berlin; BStU, ASt Neubrandenburg, BV Neubrandenburg Abt. XV, Nr. 163, Bd. 1, Bl. 8f.

48 Ebenda, Bl. 85.

49 Bearbeitungskonzeption für das Objekt Technische Universität Berlin, bestätigt: 8. 3. 1983; BStU, ASt Neubrandenburg, BV Neubrandenburg Abt. XV, Nr. 163, Bd. 1, Bl. 16.

50 Ebenda.

51 Ebenda, Bl. 24.

52 Ebenda, Bl. 21 f.

53 BV Neubrandenburg, Abteilung XV: Informationsblatt zur Lage im Objekt TUB – September/Oktober vom 27. 9. 1983; ebenda, Bl. 33.

54 Informationen zur Lage an der TU Westberlin, handschriftl.: Dez. 85; ebenda, Band 2, Bl. 243 f.

55 Objektakte Technische Universität Berlin; ebenda, Bl. 303.

56 Vorschlag für die Gründung einer Firma, die uns Möglichkeiten eröffnen könnte, in die TU und in die Bereiche der Wirtschaft stabile Beziehungen anzuknüpfen; ebenda, Bl. 300ff.

57 Ebenda, Bl. 300.

58 Vgl. Hinweise über die Führung von Beiakten zum Objekt »Isar«; BStU, ASt Gera, BV Gera/Abt. XV 0394, Bl. 108. Die insgesamt sechs dort aufgeführten Beiakten sind bislang nicht aufgefunden worden.

59 Dienstanweisung 5/71 des Stellvertreters des Ministers »über die systematische operative Bearbeitung der Universitäten und Hochschulen im Operationsgebiet – Bearbeitung von Universitäten und Hochschulen –« (Fassung vom 1. 8. 1974), S. 2; BStU, ASt Berlin, XV 11.

60 Richtlinie Nr. 1/81 über die Operative Personenkontrolle (OPK), GVS MfS o008-14/82; dokumentiert in: Gill/Schröter: Ministerium für Staatssicherheit (1991), S. 322ff.

61 HV A: Forschungsergebnisse zum Thema »Die politisch-operative Bearbeitung der Hochschulen in der BRD und in Westberlin«, GVS 211-A 20/76, S. 120ff.; BStU, ASt Berlin, XV 6.

62 Ebenda, S. 93.

63 Ebenda, S. 122 und 124.

⁶⁴ Ebenda, S. 133.
⁶⁵ Dienstanweisung 5/71 des Stellvertreters des Ministers »über die systematische operative Bearbeitung der Universitäten und Hochschulen im Operationsgebiet – Bearbeitung von Universitäten und Hochschulen –« (Fassung vom 1. 8. 1974); BStU, ASt Berlin, XV 11, S. 1 f.
⁶⁶ Erfahrungen und Erkenntnisse für die weitere operative Bearbeitung von Universitäten und Hochschulen entsprechend der DA 5/71 des Leiters der HVA – VVS A 12/74, S. 18, zitiert in: HV A: Forschungsergebnisse zum Thema »Die politisch-operative Bearbeitung der Hochschulen in der BRD und in Westberlin«, GVS 211-A 20/76, S. 148; BStU, ASt Berlin, XV 6. (Originaldokument bislang nicht aufgefunden).
⁶⁷ Alle Zitate aus: ebenda, S. 46 sowie S. 148–152.
⁶⁸ [Berliner] Bezirksverwaltung für Staatssicherheit, Abteilung XV: Die politisch-operative Situation an den Universitäten in Westberlin und methodische Erkenntnisse bei der Schaffung und Führung von Stützpunkten und PIM, 18. 11. 1982; BStU, ASt Neubrandenburg, BV Neubrandenburg, Abt. XV, Nr. 163, Bd. 1, Bl. 39 f.
⁶⁹ Ebenda, Bl. 40.
⁷⁰ 2. Kommentar zur Richtlinie 2/79, dokumentiert in Müller-Enbergs (Hrsg.): Anleitungen (1998), S. 553–584, hier: S. 577 f.
⁷¹ Wagner: Spione (1996), S. 81. Müller-Enbergs (Hrsg.): Anleitungen (1998), S. 206 (Anm. 868).
⁷² Wagner: Spione (1996), S. 83. Vollständiger Name nicht bekannt.
⁷³ Ebenda, S. 81 ff. Müller-Enbergs (Hrsg.): Anleitungen (1998), S. 202 (Anm. 841).
⁷⁴ Vgl. ebenda, S. 206 (Anm. 864). Wagne: Spione (1996), S. 80.
⁷⁵ Ebenda, S. 78 ff. Vollständiger Name nicht bekannt.
⁷⁶ Ebenda, S. 85 ff.
⁷⁷ Ebenda, S. 87 f.
⁷⁸ Dienstanweisung 5/71 des Stellvertreters des Ministers »über die systematische operative Bearbeitung der Universitäten und Hochschulen im Operationsgebiet – Bearbeitung von Universitäten und Hochschulen –« (Fassung vom 1. 8. 1974); BStU, ASt Berlin, XV 11. HV A: Forschungsergebnisse zum Thema »Die politisch-operative Bearbeitung der Hochschulen in der BRD und in Westberlin«, GVS 211-A 20/76, S. 195; BStU, ASt Berlin, XV 6.
⁷⁹ Orientierung des Leiters der Hauptverwaltung A für die Arbeitsplanung nach dem IX. Parteitag der SED (Dokument bisher nicht aufgefunden), zitiert nach: HV A: Forschungsergebnisse zum Thema »Die politisch-operative Bearbeitung der Hochschulen in der BRD und in Westberlin«, GVS 211-A 20/76, S. 9; BStU, ASt Berlin, XV 6.
⁸⁰ HV A: Forschungsergebnisse zum Thema »Die politisch-operative Bearbeitung der Hochschulen in der BRD und in Westberlin«, GVS 211-A 20/76; BStU, ASt Berlin, XV 6. Die in der Untersuchung zitierte »Statistik über die Entwicklung der IM/KP an den Hochschulen des Operationsgebietes« ist bislang nicht aufgefunden worden.
⁸¹ Hochschule des MfS: Beschluß der Kommission zur Leitung der Verteidigung der Forschungsergebnisse zum Thema »Die politisch-operative Bearbeitung der Hochschulen in der BRD und in Westberlin« vom 28. 7. 1977, S. 3 ff.; BStU, ZA, JHS 151.
⁸² HV A: Forschungsergebnisse zum Thema »Die politisch-operative Bearbeitung der Hochschulen in der BRD und in Westberlin«, GVS 211-A 20/76, S. 126 und S. 130; BStU, ASt Berlin, XV 6.
⁸³ Ebenda, S. 127.

84 Autorenreferat des Stellvertretenden Lehrstuhlleiters an der Schule der HVA, Elisath, S. 22; BStU, ZA, JHS 151.
85 Die Gesamtzahl kann wie folgt aus den Prozentangaben hochgerechnet werden: Wenn die 1975 vorhandenen 29 »Stützpunkt-IM« 17 Prozent des Gesamtbestandes ausmachten, muß dieser rund 170 IM umfaßt haben. Vgl. HV A: Forschungsergebnisse zum Thema »Die politisch-operative Bearbeitung der Hochschulen in der BRD und in Westberlin«, GVS 211-A 20/76, S. 65 und 126; BStU, ASt Berlin, XV 6. Hier heißt es, daß die »operative Perspektive« von 17 Prozent der Perspektiv-IM die »Erschließung der Ressourcen der Hochschulen« gewesen sei. Ob diese identisch mit den 29 als »Stützpunkt« wirksamen bzw. vorgesehenen IM waren, kann nicht mit Gewißheit festgestellt werden.
86 HV A: Forschungsergebnisse zum Thema »Die politisch-operative Bearbeitung der Hochschulen in der BRD und in Westberlin«, GVS 211-A 20/76, S. 130; BStU, ASt Berlin, XV 6.
87 Ebenda, S. 177 ff. und S. 193.
88 Ebenda, S. 186.
89 Ebenda, S. 182 ff.
90 Ebenda, S. 196.
91 Ebenda, S. 206.
92 Ebenda, S. 207.
93 Ebenda, S. 221 ff.
94 Hochschule des MfS: Protokoll der am 28. Juni 1977 durchgeführten Verteidigung der Forschungsergebnisse zum Thema »Die politisch-operative Bearbeitung der Hochschulen in der BRD und in Westberlin«, S. 3 f.; BStU, ZA, JHS 151.
95 Hochschule des MfS: Beschluß der Kommission zur Leitung der Verteidigung der Forschungsergebnisse zum Thema »Die politisch-operative Bearbeitung der Hochschulen in der BRD und in Westberlin« vom 28. 7. 1977, S. 3 ff.; BStU, ZA, JHS 151.
96 Stellvertreter des Ministers, Dienstanweisung Nr. 3/79 »über Aufgaben, Arbeitsweise und Anleitung der Abteilungen XV in den Bezirksverwaltungen – Arbeit der Abt. XV/BV –« vom 3. 12. 1979, Anlage; BStU, ASt Bln. XV 2.
97 Zentrale Planvorgabe für die Jahresplanung 1985 vom 18. 10. 1984, S. 10 f.; BStU, ZA, BdL/Dok. 008 001. Ebenso auch: Zentrale Planvorgabe für die Jahresplanung 1983 vom 17. 11. 1982, S. 12 ff.; BStU, ZA, BdL/Dok. 007 702.
98 Stellvertreter des Ministers, Zu einigen Mitteln und Methoden der operativen Arbeit – Operative Schlußfolgerungen – vom 31. 10. 1983 (Neufassung der operativen Schlußfolgerungen vom 28. 5. 1979), S. 3 ff.; BStU, ASt Berlin, XV 8.
99 HV A: Forschungsergebnisse zum Thema »Die politisch-operative Bearbeitung der Hochschulen in der BRD und in Westberlin«, GVS 211-A 20/76, S. 103; BStU, ASt Berlin, XV 6.
100 Autorenreferat des Stellvertretenden Lehrstuhlleiters an der Schule der HVA, Elisath, S. 25; BStU, ZA, JHS 151.
101 BStU, ASt Gera, Abt. XV 0142.
102 BV Gera, Abteilung XV: Bericht über die Arbeitsergebnisse im 1. Halbjahr 1989 vom 23. 5. 1989; BStU ASt Gera Abt. XV 0142/3, Bl. 210.
103 BV Gera, Abteilung XV: Schreiben an den Leiter der AG XV/BV der HVA, Genossen Oberst Ebert, vom 9. 11. 1989 (Anlage); BStU, ASt Gera, Abt. XV 0142, Bl. 40.
104 Der Mitarbeiterbestand der Abteilung XV der BV Gera entwickelte sich wie folgt (in Klammern: Gesamtbestand der HVA, zuzüglich der Abteilungen XV in den Bezirken,

ohne Offiziere für Aufklärung in den Kreisdienststellen): 1972: 18 (1 425); 1982: 32 (2 973); 1989: 43 (4 744). Jens Giesecke, Berechnungen im Rahmen des Projekts »Kaderpolitik und Personalstruktur der hauptamtlichen Mitarbeiter des MfS 1950 bis 1989/90« auf der Grundlage der Kaderbestandsmeldungen (unveröffentlicht); BStU, ZA, HA KuSch, Bündel Abt. Planung 10 III, unerschlossenes Material.

105 Vgl. die überlieferten Informationsbegleitbögen zum IM »Adler« von 1988/89; BStU, ASt Gera, Abt. XV 0005.
106 BV Gera, Abteilung XV: Bearbeitungskonzeption des Objektes »Friedrich-Alexander-Universität« Nürnberg/Erlangen vom 13. 2. 1986; BStU, ASt Gera, Abt. XV 0142, Bl. 231–237.
107 Zur Rolle von als IM verpflichteten DDR-Wissenschaftlern bei der Auskundschaftung von westlichen Kollegen vgl. Eckert: Westbeziehungen der Historiker (1998), S. 93–105.
108 BV Gera, Abteilung XV: Bericht über die Arbeitsergebnisse im 1. Halbjahr 1988, vom 12. 5. 1988; BStU, ASt Gera, Abt. XV 0142/3, Bl. 155–163, hier: 162.
109 Einige Überlegungen zum Sport- und Freizeitangebot der Region Erlangen auf der Grundlage der Programmübersicht der VHS Erlangen; BStU, ASt Gera, BV Gera/Abt. XV 0394, Bl. 51 und Bl. 56.
110 Vgl. u.a. BV Gera, Abteilung XV: Bericht über die Arbeitsergebnisse im 1. Halbjahr 1988 vom 12. 5. 1988. BStU, ASt Gera, Abt. XV 0142, Bl. 158.
111 Vgl. Generalbundesanwalt: Wolf-Anklage (1992), S. 205 ff. Wagner: Spione (1996), S. 83 f.

Eine Wissenschaft als Feindobjekt – Die DDR- und Osteuropaforschung

1 Vgl. Sywottek: DDR-Forschung (1990). Hamacher: DDR-Forschung (1991).
2 Vgl. dazu auch Major Primus Stern: Der Mechanismus des Zusammenwirkens der Führungsorgane und der operativen Organe der politisch-ideologischen Diversion mit den Organen der DDR-Forschung. Die Umsetzung und Verwendung der Ergebnisse der DDR-Forschung für die politisch-ideologische Diversion gegen die Deutsche Demokratische Republik, Potsdam 1971; BStU, ZA, JHS MF VVS 160-234/71. Oberleutnant Regina Brinkmann: Wesentliche Aspekte der »DDR-Forschung« der BRD in den 80er Jahren als Bestandteil der politisch-ideologischen Diversion gegen die DDR, Potsdam 1985; BStU, ZA, JHS 21 668
3 Zum Begriff der »Politisch-ideologischen Diversion« (PID) vgl. Oberstleutnant Dr. Helmut Eck (JHS)/Oberst Professor Dr. Tregubenkow (Hochschule des KGB): Die psychologische Kriegführung und politisch-ideologische Diversion des westdeutschen Imperialismus gegen das sozialistische Lager, insbesondere gegen die DDR. Die Anforderungen an die Bekämpfung der politisch-ideologischen Diversion durch die Diensteinheiten des MfS im Zusammenwirken mit anderen Staatsorganen und gesellschaftlichen Organisationen; BStU, ZA, JHS 21 808. Zitiert nach Mampel: Ministerium für Staatssicherheit (1996), S. 36 ff.
4 Vgl. Thomas: Modell DDR (1974).
5 Vgl. Hacker: Deutsche Irrtümer (1992); Schroeder/Staadt: DDR-Forschung (1992); »Kläglich versagt. Was die DDR-Forscher im Westen hinderte, die Wahrheit zu erkennen«, in: Die Zeit vom 24. Mai 1991; »Sind die Westforscher der SED auf den Leim gegangen?«, in: Neue Zeit vom 9. 1. 1993; »Der Preis der Entdämonisierung: Immanent, vorurteilsfrei und desinformierend – westdeutsche DDR-Forschung«, in: Frankfurter

Allgemeine Zeitung vom 7. Juli 1993 sowie die dadurch ausgelösten Leserbriefe in den Ausgaben vom 13. und 28. Juli sowie 16. August 1993.
6 Mampel: Ministerium für Staatssicherheit (1996).
7 Bundesministerium für gesamtdeutsche Fragen (1954), S. 7 und 10. Vgl. Adolph: Anfänge des Forschungsbeirates (1995), S. 1048 ff. Hacker: Deutsche Irrtümer (1994), S. 413 ff.
8 Dem Gruppenvorgang »Unkraut« zufolge, der sich gegen angebliche amerikanische Agenten in Westberlin richtete, arbeitete in der zweiten Hälfte der fünfziger Jahre insbesondere der Geheime Informator »Lenz« gegen das Institut und seine Mitarbeiter – namentlich gegen Ernst Richert und Otto Stammer, den damaligen Direktor des Institutes; BStU, ZA, AOP 4220/71, Band 6.
9 Wilhelm Gronau, geb. 1914, war seit 1955 als IM der HVA erfaßt; Führungsoffizier war u. a. Paul Laufer. Vgl. Deckname Stabil (1988), S. 81; Wolf: Erinnerungen (1997), S. 269 und 274; Koch: Bilanz (1994), S. 199 ff.
10 Deckname Stabil (1988), S. 86 ff.
11 Kundschafter des Friedens (1989), S. 297.
12 Götz Schlicht erhielt insgesamt 142 998 Ostmark auf ein DDR-Konto gutgeschrieben sowie weitere 800 DM bei jedem der etwa monatlich stattfindenden Treffen. Noch 1988 erhielt er aus Anlaß seines 80. Geburtstages von Erich Mielke die »Verdienstmedaille der DDR« verliehen. Vgl. Mampel: Untergrundkampf (1994), S. 54 ff. Aus dem umfangreichen IM-Vorgang sind folgende Akten überliefert: BStU, ZA, AIM 1725/64 und AOP 8915/91.
13 Vgl. Ludz: Situation (1968), S. 153.
14 Bericht des IM »Erich« über Dr. Peter Christian Ludz; BStU, ZA, AIM 10 998/66, Teil II, Bd. 3, Bl. 110–112, hier: 110.
15 Verpflichtungserklärung vom 29. September 1961; BStU, ZA, AIM 10 998/66, Teil I, Bd. 1, Bl. 104. Zur Hilfe bei der Materialbeschaffung für die Dissertation: HA XX/5: Treffbericht vom 23. 3. 1964; BStU, ZA, AIM 10 998/66, Teil II, Bd. 3, Bl. 29–32, hier: 31 f.
16 Vgl. Vorbereitung Treff am 17. 7. 1961 sowie die nachfolgenden Treffberichte; BStU, ZA, AIM 10 998/66, Teil I, Bd. 1, Bl. 21–66, hier: 21.
17 Staritz über eine studentische Hilfskraft am Institut; BStU, ZA, AIM 10 998/66, Teil II, Bd. 3, Bl. 58.
18 HA XX/5: Treffbericht vom 9. 8. 1963; BStU, ZA, AIM 10 998/66, Teil II, Bd. 2, Bl. 125–127, hier: 126.
19 HA XX/5: Treffbericht vom 26. 9. 67; BStU, ZA, AIM 10 998/66, Teil II, Bd. 3, Bl. 272–274, hier: 274. Über die Gründe für die »Abordnung« von Staritz zur HA XX/4 zwischen 1965/66 kann bislang nur spekuliert werden. Möglicherweise kam er in der Bearbeitung seines Chefs, des DDR-Forschers Peter Christian Ludz, zum Einsatz, der durch die HA XX/4 als »Verbindungsperson« im Vorlauf-Operativ (VO), Reg.-Nr. 3297/62 bearbeitet wurde; der VO wurde 1974 archiviert; vgl. BStU, ZA, HA XX/AKG-VSH, zweite Karte.
20 Vgl. HA XX/5/I: Auskunftsbericht und Perspektivplan zur Quelle »Erich«, Reg.-Nr. 3836/60, vom 21. 5. 1969; BStU, ZA, AIM 10 998/66, Teil I, Bd. 2, Bl. 126–152, hier: 138.
21 HA XX/5/I: Perspektivplan vom 28. 4. 1971; BStU, ZA, AIM 10 998/66, Teil I, Bd. 2, Bl. 155–157, hier: 156 f.
22 HA XX/5: Bericht vom 1. 7. 1971; BStU, ZA, AIM 10 998/66, Teil I, Bd. 2, Bl. 158–165, hier: 161. Fast schon grotesk wirkt der ausführliche Bericht über

einen »Informationsabend DDR« am 1. September 1971 in der Westberliner Evangelischen Akademie, bei dem Staritz über den VIII. Parteitag der SED referierte. Hier überwachten sich die Spitzel gegenseitig, denn neben dem Referenten war auch der einladende Studienleiter Peter Heilmann bei der Stasi – bereits am übernächsten Tage ging die entsprechende Information an die Leitung der Abteilung. Vgl. Information Nr. 63 vom 3. 9. 1971; BStU, ZA, AIM 10 998/66, Teil I, Bd. 2, Bl. 175–180.

23 Vgl. Oberstleutnant Dr. Helmut Eck (JHS)/Oberst Professor Dr. Tregubenkow (Hochschule des KGB): Die psychologische Kriegführung und politisch-ideologische Diversion des westdeutschen Imperialismus gegen das sozialistische Lager, insbesondere gegen die DDR. Die Anforderungen an die Bekämpfung der politisch-ideologischen Diversion durch die Diensteinheiten des MfS im Zusammenwirken mit anderen Staatsorganen und gesellschaftlichen Organisationen; BStU, ZA, JHS 21 808. Zitiert nach Mampel: Ministerium für Staatssicherheit (1996), S. 247 f.

24 Beitrag der Delegation des MfS der DDR für die Beratung der Aufklärungsorgane in Budapest/Dezember 1970/; BStU, ZA, SdM 355, Bl. 23–45, hier: 25 f., 32 und 38.

25 Fichter/Lönnendonker: Geschichte des SDS (1977), S. 94. »Geheimdienst: Die göttliche Quelle«, in: Focus Nr. 23/97 vom 2. Juni 1997.

26 Roth: Psychologische Kampfführung (1971), Klappentext.

27 Oberstleutnant Dr. Helmut Eck (JHS)/Oberst Professor Dr. Tregubenkow (Hochschule des KGB): Die psychologische Kriegführung und politisch-ideologische Diversion des westdeutschen Imperialismus gegen das sozialistische Lager, insbesondere gegen die DDR. Die Anforderungen an die Bekämpfung der politisch-ideologischen Diversion durch die Diensteinheiten des MfS im Zusammenwirken mit anderen Staatsorganen und gesellschaftlichen Organisationen; BStU, ZA, JHS 21 808. Zitiert nach Mampel: Ministerium für Staatssicherheit (1996), S. 40.

28 Protokoll der Kollegiumssitzung vom 25. 3. 1968; BStU, ZA, SdM 1902, Bl. 25.

29 Protokoll der Kollegiumssitzung vom 16. 7. 1968; BStU, ZA, SdM 1563, Bl. 211.

30 Referat des Genossen Minister auf dem zentralen Führungsseminar am 3. 3. 1971; BStU, ZA, BdL/Dok. 005 670, Bd. 3, S. 181.

31 Ebenda, S. 190 ff.

32 Ebenda, S. 194.

33 Major Erwin Dietrich/Hauptmann Hans-Peter Wagner: Die Bekämpfung der imperialistischen Ost- und DDR-Forschung und ihrer Einrichtungen in der BRD; BStU, ZA, JHS 21 835, 1. Hauptteil, Bl. 8.

34 Vgl. Information zur Diversionstätigkeit von Einrichtungen der BRD bzw. Westberlins gegen die DDR und andere sozialistische Staaten (Januar/April 1976), internes Informationsmaterial vom Mai 1976; BStU, ZA, MfS XX/AKG 1641, Bl. 123–151.

35 Schreiben des Ministers vom 6. 8. 1975, S. 3; BStU, ASt Berlin, A 1202.

36 Symposium zu Problemen der politisch-ideologischen Diversionstätigkeit des Imperialismus und ihrer Bekämpfung, Budapest, 23.–29. 5. 1977; BStU, ZA, ZAIG 5106, Bl. 1–251, hier: 216.

37 Suckut (Hrsg.): Wörterbuch (1996), S. 303.

38 Ebenda, S. 342.

39 Hochschule des MfS: Entwurf Lehrbuch »Die politisch-ideologische Diversion gegen die DDR«, vorgelegt von Oberstleutnant Fischer (Themenleiter), Oberstleutnant Andruschow, Oberstleutnant Herrmann, Oberstleutnant Philipp, Major Köhler, Hauptmann Pitsch und Hauptmann Rotbauer, Potsdam 1987, S. 9; BStU, ZA, MfS JHS 21 992.

⁴⁰ Ebenda, Bl. 9.
⁴¹ Dienstanweisung 5/71 des Stellvertreters des Ministers über die systematische operative Bearbeitung der Universitäten und Hochschulen im Operationsgebiet – Bearbeitung von Universitäten und Hochschulen – (Fassung vom 1. 8. 1974); BStU, ASt Berlin, XV 11, S. 1.
⁴² Oberstleutnant Dr. Helmut Eck (JHS)/Oberst Professor Dr. Tregubenkow (Hochschule des KGB): Die psychologische Kriegführung und politisch-ideologische Diversion des westdeutschen Imperialismus gegen das sozialistische Lager, insbesondere gegen die DDR. Die Anforderungen an die Bekämpfung der politisch-ideologischen Diversion durch die Diensteinheiten des MfS im Zusammenwirken mit anderen Staatsorganen und gesellschaftlichen Organisationen; BStU, ZA, JHS 21 808.
⁴³ Dienstanweisung 3/73 des Leiters der HVA (bislang nicht aufgefunden); zitiert nach: HVA, Abt. VII: Schwerpunktaufgaben zur Informationsbeschaffung für das Jahr 1976 vom 30. 12. 1975; BStU, ZA, HA XX/AKG 1641, Bl. 37–76, hier: 49.
⁴⁴ Major Erwin Dietrich/Hauptmann Hans-Peter Wagner: Die Bekämpfung der imperialistischen Ost- und DDR-Forschung und ihrer Einrichtungen in der BRD; BStU, ZA, JHS 21 835 (1. Hauptteil) und JHS 21 836 (2. Hauptteil).
⁴⁵ Ebenda, 1. Hauptteil, Bl. 9.
⁴⁶ Oberstleutnant Dr. Helmut Eck (JHS)/Oberst Professor Dr. Tregubenkow (Hochschule des KGB): Die psychologische Kriegführung und politisch-ideologische Diversion des westdeutschen Imperialismus gegen das sozialistische Lager, insbesondere gegen die DDR. Die Anforderungen an die Bekämpfung der politisch-ideologischen Diversion durch die Diensteinheiten des MfS im Zusammenwirken mit anderen Staatsorganen und gesellschaftlichen Organisationen; BStU, ZA, JHS 21 808. Zitiert nach Mampel: Ministerium für Staatssicherheit (1996), S. 84.
⁴⁷ Major Erwin Dietrich/Hauptmann Hans-Peter Wagner: Die Bekämpfung der imperialistischen Ost- und DDR-Forschung und ihrer Einrichtungen in der BRD; BStU, ZA, JHS 21 836 (2. Hauptteil), Bl. 10f.
⁴⁸ Ebenda, Bl. 8.
⁴⁹ Ebenda.
⁵⁰ Major Erwin Dietrich/Hauptmann Hans-Peter Wagner: Die Bekämpfung der imperialistischen Ost- und DDR-Forschung und ihrer Einrichtungen in der BRD; BStU, ZA, JHS 21 835 (1. Hauptteil), Bl. 14.
⁵¹ Major Erwin Dietrich/Hauptmann Hans-Peter Wagner: Die Bekämpfung der imperialistischen Ost- und DDR-Forschung und ihrer Einrichtungen in der BRD; BStU, ZA, JHS 21 836 (2. Hauptteil), Bl. 37f.
⁵² Ebenda, Bl. 49.
⁵³ Ebenda, Bl. 73f.
⁵⁴ Ebenda, Bl. 75. Weiterhin werden genannt Heinz Gehrmann, Walter Hildebrandt, Eckart Förtsch, Hermann Groß, Jens Hacker und Alexander Uschakow.
⁵⁵ Ebenda, Bl. 93.
⁵⁶ Ebenda, Bl. 129.
⁵⁷ Ebenda, Bl. 137.
⁵⁸ Ebenda, Bl. 124f.
⁵⁹ Major Erwin Dietrich/Hauptmann Hans-Peter Wagner: Die Bekämpfung der imperialistischen Ost- und DDR-Forschung und ihrer Einrichtungen in der BRD; BStU, ZA, JHS 21 835 (1. Hauptteil), Bl. 217–223.
⁶⁰ Ebenda, Bl. 168.

61 HVA, Abt. VII: Operativinformation über die Ost- und DDR-Forschung in der BRD vom 11. 4. 1975; BStU, ZA, HA XX/AKG 1641, S. 16.
62 Schlußwort des Genossen Minister auf der Aktivtagung der Kreisparteiorgansation des MfS am 21. 6. 1973, zitiert nach: Major Erwin Dietrich/Hauptmann Hans-Peter Wagner: Die Bekämpfung der imperialistischen Ost- und DDR-Forschung und ihrer Einrichtungen in der BRD; BStU, ZA, JHS 21 835 (1. Hauptteil), Bl. 170.
63 Vgl. Selbstdarstellung und Lagebericht der Forschungsstelle für gesamtdeutsche wirtschaftliche und soziale Fragen, Berlin, vom 5. 2. 1974, für das Gutachten von William Borm zum Stand und zur Zukunft der DDR- und vergleichenden Deutschlandforschung; Archiv Buck.
64 Vgl. HVA, Abt. VII: Operativinformation über die Ost- und DDR-Forschung in der BRD vom 11. 4. 1975, S. 12; BStU, ZA, HA XX/AKG 1641.
65 Major Erwin Dietrich/Hauptmann Hans-Peter Wagner: Die Bekämpfung der imperialistischen Ost- und DDR-Forschung und ihrer Einrichtungen in der BRD; BStU, ZA, JHS 21 836 (2. Hauptteil), Bl. 229.
66 HVA, Abt. VII: Operativinformation über die Ost- und DDR-Forschung in der BRD vom 11. 4. 1975; BStU, ZA, HA XX/AKG 1641.
67 An den DDR-Forschertagungen in Tutzing nahm auch wiederholt der ehemalige DDR-Funktionär Hermann von Berg teil, der für die Abteilung X der HVA als IM »Günther« tätig war. Vgl. den beim BStU überlieferten umfangreichen Sonder-Operativvorgang »Tal«; BStU, ZA, MfS GH 25/87.
68 HVA, Abt. VII: Operativinformation über die Ost- und DDR-Forschung in der BRD vom 11. 4. 1975, S. 15; BStU, ZA, HA XX/AKG 1641.
69 Vgl. HVA, Abt. VII: Schwerpunktaufgaben zur Informationsbeschaffung für das Jahr 1976 vom 30. 12. 1975; BStU, ZA, HA XX/AKG 1641, Bl. 37–76, hier: 49. Danach waren alle Diensteinheiten des MfS aufgefordert, »Aufgabenstellungen und Aktivitäten der bedeutendsten Institutionen der politisch-ideologischen Diversion« zu erkunden, vor allem des Bundesministeriums für innerdeutsche Beziehungen, der Stiftung Wissenschaft und Politik, des »Kuratoriums Unteilbares Deutschland« und der DDR- und Osteuropa-Forschungsinstitute.
70 Bundesministerium für innerdeutsche Beziehungen: DDR-Handbuch (1975).
71 Vgl. Bruns/Nawrocki/Schulz/Wilke/Lindemann/Hanke: Das neue DDR-Handbuch (1976), S. 627. Ludz/Kuppe: Eine Antikritik (1976), S. 925. Nawrocki/Hanke/Lindemann/Schulz: Anmerkungen zu einer Antikritik (1976).
72 Borm: DDR-Forschung (1976), S. 923–925.
73 Bundesministerium für innerdeutsche Beziehungen: Pressemitteilung vom 21. 10. 1977. Vgl. auch »Das innerdeutsche Ministerium legt sich quer«, in: Frankfurter Allgemeine Zeitung vom 29. Oktober 1977; »Wie das innerdeutschte Bundesministerium in Bonn die freie Forschung über die DDR torpediert«, in: Berliner Rundschau vom 28. 10. 1977.
74 Vgl. »Der rechte Pfosten«, in: Der Spiegel Nr. 20/1978.
75 Schriftlicher Bericht des IM »Dr. Lutter« an das MfS vom 16. 12. 1977. Zitiert nach Mampel: Ministerium für Staatssicherheit (1996), S. 102.
76 Hochschule des MfS: Entwurf Lehrbuch »Die politisch-ideologische Diversion gegen die DDR«, vorgelegt von Oberstleutnant Fischer (Themenleiter), Oberstleutnant Andruschow, Oberstleutnant Herrmann, Oberstleutnant Philipp, Major Köhler, Hauptmann Pitsch und Hauptmann Rotbauer, Potsdam 1987; BStU, ZA, MfS JHS 21 992. Zitiert nach Mampel: Ministerium für Staatssicherheit (1996), S. 101.

[77] HA XX/4: IMF »Berger« – Reg.-Nr.: 10673/60, vom 8. 1. 1980; BStU, ZA, HA XX/4 1595, S. 1.
[78] Ermittlungsauftrag der HA II/4a/C an die HA VIII vom 15. 1. 1960; BStU, ZA, AOP 4220/71, Bd. 6, Bl. 107.
[79] Die Bearbeitung erfolgte danach durch die HA XX/4, die den »Vorlauf-Operativ« 1974 archivierte; BStU, ZA, HA XX/AKG-VSH, zweite Karte; BStU, ZA, AOP 11 200/74.
[80] Die Erfassung durch die HVA erfolgte unter der Reg.-Nr. 4075/70 und wurde am 20. 3. 1987 gelöscht.
[81] Frankfurter Allgemeine Zeitung vom 10. 8. 1979.
[82] Nachruf auf Peter Christian Ludz, in: Deutschland Archiv 12 (1979) 10, S. 1021; vgl. auch: Kuppe: Gedenken (1980), S. 132.
[83] Hauptmann Bernd Grohmann (BV Berlin, Abt. XV): »Aktivitäten und Tendenzen der Westberliner ›Ost- und DDR-Forschung‹ unter den Bedingungen des Übergangs der aggressiven imperialistischen Kreise zur Hochrüstungs- und Konfrontationspolitik« (Diplomarbeit); BStU, ZA, JHS 20326. Die Arbeit enthält im Anhang Kurzdossiers über sechs Einrichtungen und neun Wissenschaftler aus dem Bereich der DDR- und Osteuropaforschung. Ausführlich behandelt werden das Aspen-Institut, die Gesellschaft für Deutschlandforschung, die Historische Kommission zu Berlin, die Evangelische Akademie, das Deutsche Institut für Wirtschaftsforschung, das Osteuropa-Institut und der Arbeitsbereich DDR-Forschung an der Freien Universität sowie die seinerzeit geplante Akademie der Wissenschaften zu Berlin.
[84] Ebenda, S. 4f.
[85] Ebenda, S. 20.
[86] Ebenda, S. 46f.
[87] Hochschule des MfS: Entwurf Lehrbuch »Die politisch-ideologische Diversion gegen die DDR«, vorgelegt von Oberstleutnant Fischer (Themenleiter), Oberstleutnant Andruschow, Oberstleutnant Herrmann, Oberstleutnant Philipp, Major Köhler, Hauptmann Pitsch und Hauptmann Rotbauer, Potsdam 1987, S. 4; BStU, ZA, MfS JHS 21 992. Im Februar 1988 war das Lehrbuch schließlich fertiggestellt: Die politisch-ideologische Diversion gegen die DDR. Lehrbuch für das Hochschuldirektstudium und das Hochschulfernstudium – Rechtswissenschaft, hrsg. von der Juristischen Hochschule Potsdam.
[88] Dieses Material wurde bislang nicht aufgefunden; u.U. konnte es bis zum Herbst 1989 nicht mehr fertiggestellt werden.
[89] Hochschule des MfS: Entwurf Lehrbuch »Die politisch-ideologische Diversion gegen die DDR«, vorgelegt von Oberstleutnant Fischer (Themenleiter), Oberstleutnant Andruschow, Oberstleutnant Herrmann, Oberstleutnant Philipp, Major Köhler, Hauptmann Pitsch und Hauptmann Rotbauer, Potsdam 1987, S. 109; BStU, ZA, MfS JHS 21 992.
[90] Ebenda, S. 113.
[91] Ebenda, S. 230f.
[92] Ebenda, S. 233.
[93] Ebenda, S. 236f.
[94] Hochschule des MfS: Entwurf Lehrbuch »Die politisch-ideologische Diversion gegen die DDR«, vorgelegt von Oberstleutnant Fischer (Themenleiter), Oberstleutnant Andruschow, Oberstleutnant Herrmann, Oberstleutnant Philipp, Major Köhler, Hauptmann Pitsch und Hauptmann Rotbauer, Potsdam 1987, S. 87; BStU, ZA, MfS JHS 21 992.

⁹⁵ Leiter der HVA: Schreiben an den Leiter der Abt. XV der BV Leipzig vom 22. 1. 1988. HVA: Informationsschwerpunkte zur politisch-ideologischen Diversion (PID) gegen die DDR und die anderen sozialistischen Staaten, 25. 1. 1988; MDA, Hefter BV Lpz. HVA.

⁹⁶ Stellvertreter des Ministers: Planauflage 1990 vom 10. 10. 1989; BStU, ASt Gera, BV Gera Abt. XV 0142, Bl. 56f.

⁹⁷ Burrichter: Wandel durch Annäherung (1989), S. 5-10.

⁹⁸ HA XVIII: Information zu aktuellen politisch-operativen Erkenntnissen bei der Aufklärung, Bekämpfung und Verhinderung des Vorgehens von Einrichtungen und Vertretern der imperialistischen ›Ost- und DDR-Forschung‹ gegen Schwerpunktbereiche von Wissenschaft und Technik vom 11. 11. 1988; BStU, ZA, HA XVIII 7375.

⁹⁹ Hauptabteilung XVIII: Information über aktuelle politisch-operative Erkenntnisse und Ergebnisse bei der Aufklärung und Bekämpfung der Angriffe, Mittel und Methoden von Einrichtungen der imperialistischen ›DDR- und Ostforschung‹ bei dem Angriff gegen Bereiche und Zielgruppen von Wissenschaft und Technik vom 18. 10. 1989; BStU, ZA, HA XVIII 563. Vgl. dazu auch die handschriftliche Arbeit des Offiziersschülers Ralf Goldammer: Zur Einschätzung der Lage in der DDR im Sommer 1989 durch die DDR-Forschung und die daraus abgeleiteten ideologischen Angriffe gegen die DDR; BStU, ZA, JHS 21 614.

¹⁰⁰ Oberstleutnant Dr. Helmut Eck (JHS)/Oberst Professor Dr. Tregubenkow (Hochschule des KGB): Die psychologische Kriegführung und politisch-ideologische Diversion des westdeutschen Imperialismus gegen das sozialistische Lager, insbesondere gegen die DDR. Die Anforderungen an die Bekämpfung der politisch-ideologischen Diversion durch die Diensteinheiten des MfS im Zusammenwirken mit anderen Staatsorganen und gesellschaftlichen Organisationen; BStU, ZA, JHS 21 808. Zitiert nach Mampel: Ministerium für Staatssicherheit (1996), S. 352. Die »Schaffung stabiler operativer Positionen und deren allseitige Nutzung« zu diesem Zweck gehörte nach der Richtlinie 2/79 für die Arbeit mit Inoffiziellen Mitarbeitern im »Operationsgebiet« zu den Hauptaufgaben bei der »Bearbeitung der feindlichen Zentren und Objekte«. Richtlinie 2/79 »für die Arbeit mit Inoffiziellen Mitarbeitern im Operationsgebiet« vom 8. 12. 1979, S. 8; BStU, ASt Berlin, XV 22.

¹⁰¹ Übersicht über Zentren, Organisationen und Einrichtungen der politisch-ideologischen Diversion in der BRD und in Westberlin vom Mai 1978; BStU, ZA, ZAIG 5161, Bl. 21 ff. In der Übersicht wurde in drei Stufen angegeben, wieweit die HVA über die jeweilige Einrichtung »auskunftsfähig« war: »A« bedeutete, daß umfassende Angaben vorlagen, also im Regelfall mindestens eine Quelle aus dem Inneren des Objekts berichtete. »B« hieß, es lagen nur vereinzelte Angaben vor, und »C«, man verfügte lediglich über offizielle Angaben. Vgl. auch MfS: Einzel-Information über die Gutachtertätigkeit des Instituts für ostwissenschaftliche und internationale Studien in Köln vom 11. 4. 1968; BStU, ZA, HVA 128, Bl. 191-202.

¹⁰² Abt. XII, Leiter: Schreiben an den stellvertretenden Leiter der ZAIG vom 10. 2. 1983, Anlage 1; BStU, Abt. Bildung und Forschung, Information und Dokumentation, Dokument 27.

¹⁰³ Hauptmann Günter Schmook: Zur Rolle des Bundesinstitutes für Ostwissenschaften und internationale Studien in Köln in der Auseinandersetzung mit der sozialistischen Staatengemeinschaft; BStU, ZA, JHS 282/82. Oberleutnant Hartmut Schmidt: Funktion, Arbeitsweise und Aktivitäten des Gesamtdeutschen Instituts im Rahmen der Politik des BRD-Imperialismus gegenüber der DDR, insbesondere im subversiven Kampf; BStU, ZA, JHS 348/80. Oberstleutnant Gerhard Poßekel: »Gesamtdeutsches

Institut – Bundesanstalt für gesamtdeutsche Aufgaben«. Die Rolle und Bedeutung der dem BMB nachgeordneten oberen Bundesbehörde bei der Konzipierung und Durchsetzung der sogenannten Deutschlandpolitik der Bundesregierung gegenüber der DDR; BStU, ZA, JHS 1439/83.

[104] Maßnahmen der USA zur Aktivierung oppositioneller Gruppen in sozialistischen Staaten und zur Orientierung der »Ostforschung« in Westberlin, Mai 1983. Anlage zum Schreiben von Generaloberst Markus Wolf an Erich Mielke vom 8. 6. 1983; BStU, ZA, HA XX 2326, Bl. 5 f.

[105] Schreiben des Ministers vom 15. 2. 1985 in der aktualisierten Fassung vom 14. 10. 1988 (GVS MfS o008-4/85), S. 1 f.; BStU, ZA, BdL/Dok. 005 598.

[106] Schreiben des Ministers vom 15. 2. 1985, Anlage 1, dokumentiert in: Peter Siebenmorgen: »Staatssicherheit« der DDR. Der Westen im Fadenkreuz der Stasi, Bonn 1993, S. 367–391. Im einzelnen gliederten sich die Zuständigkeiten wie folgt:
Abteilung I der HVA (zuständig für den zentralen Staatsapparat der Bundesrepublik):
Bundesinstitut für Internationale und Osteuropäische Studien, Köln
Bundesministerium für innerdeutsche Beziehungen, Bonn
Bundeszentrale für politische Bildung in Bonn sowie das ihr angeschlossene Ostkolleg in Köln
Forschungsinstitut der Deutschen Gesellschaft für Auswärtige Politik e.V., Bonn
Forschungsstelle für gesamtdeutsche, wirtschaftliche und soziale Fragen, Berlin
Gesellschaft für Deutschlandforschung, Berlin
Informationsstelle für DDR-Forschung
Institut für Ostrecht der Universität Köln
Johann-Gottfried Herder-Institut, Marburg
Seminar für politische Wissenschaften an der Universität Bonn
Ständiges Sekretariat für die Koordinierung der bundesgeförderten Osteuropaforschung, Bonn
Stiftung Wissenschaft und Politik – Forschungsinstitut für internationale Politik und Sicherheit, Ebenhausen
Abteilung II der HVA (zuständig für Parteien und Verbände in der Bundesrepublik):
Gesamtdeutsches Institut – Bundesanstalt für Gesamtdeutsche Aufgaben, Bonn
Hessische Stiftung für Friedens- und Konfliktforschung, Frankfurt/Main
Institut für Gesellschaft und Wissenschaft, Erlangen
Ostakademie Königstein
Koordinationsausschuß für Osteuropaforschung, Gießen
Kuratorium Unteilbares Deutschland, Bonn
Osteuropa-Institut München
Paul-Löbe-Institut/Institut für Gesamtdeutsche Bildungsarbeit, Berlin
Seminar für deutsche und nordische Rechtsgeschichte/Abteilung Ostrechtsforschung an der Universität Hamburg
Abteilung III der HVA (zuständig für geheimdienstlich genutzte offizielle Vertretungen der DDR im Ausland):
International Institute for Strategic Studies, London
Abteilung IX der HVA (zuständig für die Ausforschung westlicher Geheimdienste):
Samisdat-Archiv München e.V. HVA IX
Südost-Institut München HVA IX
Abteilung XI der HVA (zuständig für die USA, Kanada und Mexiko):
Hoover-Institution on Peace, War and Revolution, Stanford/USA

Hudson-Institut, New York/USA
Institute for East-West-Security Studies, New York/USA
Arbeitsgruppe »K« der HVA (zuständig für die geheimdienstliche Nutzung von offiziellen Einrichtungen und Vertretern der DDR):
Internationales Institut für Politik und Wirtschaft, Hamburg
Sektor Wissenschaft und Technik der HVA (zuständig für Wirtschafts- und Wissenschaftsspionage):
Institut für Recht, Politik und Gesellschaft der sozialistischen Staaten an der Universität Kiel
Abteilung 13 der Hauptabteilung II (zuständig für die Überwachung von westlichen Journalisten in der DDR):
Informationsbüro Berlin (IWE)
Abteilung XV der Bezirksverwaltung Berlin (zuständig für Spionage in der Bundesrepublik, vornehmlich Westberlin):
Aspen-Institut für humanistische Studien e.V., Berlin
Deutsches Institut für Wirtschaftsforschung, Berlin
Historische Kommission zu Berlin
Osteuropa-Institut der Freien Universität Berlin
Otto-Suhr-Institut der Freien Universität Berlin
Wissenschaftskolleg (Institute for Advanced Study), Berlin
Wissenschaftszentrum Berlin
Zentralinstitut für Sozialwissenschaftliche Forschung der Freien Universität Berlin (ZI 6)
Abteilung XV der Bezirksverwaltung Schwerin (zuständig für Spionage in der Bundesrepublik, vornehmlich Norddeutschland und Bremen)
Archiv und Forschungsstelle für unabhängige und oppositionelle Literatur Osteuropas an der Universität Bremen
Abteilung VI der Bezirksverwaltung Erfurt (zuständig für Grenzkontrolle und Tourismus):
Europa- und Deutschlandpolitisches Bildungsinstitut, Duderstadt
Abteilung XV der Bezirksverwaltung Erfurt (zuständig für Spionage in der Bundesrepublik, vornehmlich in Hessen):
Institut für vergleichende Wissenschaft, Ostrecht und vergleichendes Staatsrecht an der Universität Würzburg
Abteilung XV der Bezirksverwaltung Gera (zuständig für Spionage in der Bundesrepublik, vornehmlich in Südbayern):
Internationales Institut für Nationalitätenrecht und Regionalismus
Abteilung XX der Bezirksverwaltung Magdeburg (zuständig für die Überwachung von Staatsapparat, Kirchen, Kultur u.a.m. im Innern der DDR):
Ost-Akademie Lüneburg.

[107] Der Bereich »K« wurde 1985 gebildet, um DDR-Einrichtungen für die geheimdienstliche Arbeit der HVA verstärkt zu nutzen und die Zusammenarbeit mit den Diensteinheiten der Abwehr zu vervollkommnen. Drei Jahre später ging daraus die Abteilung XVI der HVA hervor. Vgl. Befehl Nr. 10/85 »Bildung des ›Bereich K‹ als Struktureinheit in der HVA« vom 5. 6. 1985; BStU, ZA, BdL/Dok. 004834. Befehl Nr. 11/88 »Erhöhung der Effektivität der Leitung und Vervollkommnung von Leitungsstrukturen in der Hauptverwaltung A« vom 20. 6. 1988; BStU, ZA, BdL/Dok. 004829.

[108] Vgl. EEK [Einsatz- und Entwicklungskaderkonzeption] für Reisekader-IM »Aspirant« vom 27. 3. 1984; BStU, ZA, AIM 17 155/89, Teil II, Bd. 4–6, Bl. 47–48.

[109] HVA, Bereich K: Operativauskunft zum IGW vom März 1987; BStU, ZA, HA XVIII 2053.
[110] Major Erwin Dietrich/Hauptmann Hans-Peter Wagner: Die Bekämpfung der imperialistischen Ost- und DDR-Forschung und ihrer Einrichtungen in der BRD; BStU, ZA, JHS 21 835, 1. Hauptteil, Bl. 81.
[111] Vgl. »Diversionszentrale Wehners«, in: Neues Deutschland vom 10. 7. 1969.
[112] HA XX: Information 530/68 »Geplante Bildung einer Bundesanstalt für innerdeutsche Beziehungen vom 22. 10. 1968, handschriftlicher Zusatz: »Talar«; BStU, ZA, HA XX 138, Bl. 473. Vgl. auch die Informationen vom 25. 8. 1968, 15. 4. 1969, 5. 6. 1969, 3. 7. 1969, 29. 7. 1969, 3. 11. 1969; ebenda, Bl. 455–477.
[113] Vgl. Frankfurter Rundschau vom 25. 10. 1991 und vom 17. 5. 1993. Hindrichs wurde 1996 zu drei Jahren Haft verurteilt. Sein Vorgang, Reg.-Nr. XII 1502/60, ging laut Vorgangsheft des letzten Führungsoffiziers, Herbert Schulze, am 4. 8. 1978 an die HVA, so daß nur noch eine Teilablage überliefert ist: BStU, ZA, MfS AIM 7444/68 sowie Vorgangsheft Nr. 82, BStU, ZA, MfS AS 300/84.
[114] Gesamtdeutsches Institut – Bundesanstalt für Gesamtdeutsche Aufgaben (BfGA); BStU, ZA, ZMA XX 827, Bl. 1. Die Dokumentation umfaßt insgesamt 229 Seiten.
[115] Hauptabteilung XX/5: Gegen den Sicherungsbereich der HA XX wirkende Feindobjekte, 15. 8. 1977; BStU, ZA, HA XX 138, Bl. 445.
[116] Ebenda, Bl. 445f.
[117] BStU, ZA, HA XX 138. Der eigentliche Objektvorgang zum Gesamtdeutschen Institut hatte die Registrierungsnummer XV 2392/60.
[118] 6. 1. Vorhandene Operativ-Vorgänge; BStU, ZA, HA XX 138, Bl. 361.
[119] Die Ablage enthält neben sogenannten Informationen über das Institut IM-Berichte von »Dr.« (Götz Schlicht), »Talar« (Armin Hindrichs) und »Hansen«; BStU, ZA, ZMA XX 827 b.
[120] Vgl. die »Aufträge« vom 13. 2. 1970, 14. 5. 1970, 25. 5. 1970, 10. 6. 1970, 6. 10. 1971, 12. 10. 1971, 1. 11. 1971, 2. 11. 1971, 10. 11. 1971, 27. 12. 1971, 3. 1. 1972, 17. 1. 1972, 25. 1. 1972, 15. 2. 1972, 16. 2. 1972, 27. 3. 1972, 2. 5. 1972, 21. 6. 1972, 22. 9. 1972, 7. 11. 1972, 25. 3. 1975 an »Dr.« und »Talar«; BStU, ZA, HA XX 138, Bl. 367–391.
[121] HA XX/5/V: Auftrag vom 25. 5. 1970; BStU, ZA, HA XX 138, Bl. 370.
[122] HA XX/5/V: Auftrag vom 1. 11. 1971; ebenda, Bl. 374.
[123] Vgl. Berliner Zeitung vom 4. 6. 1993; BStU, ZA, AIM 16046/89 sowie Teilablage A 148/81.
[124] Vgl. »Stasi-Verdacht: SPD-Mann erhängte sich am Fenster«, in: Berliner Morgenpost vom 11. 5. 1995. »Berliner SPD-Abgeordneter wegen Spionage angeklagt«, in: Süddeutsche Zeitung vom 3. 3. 1994.
[125] Zu IM »Christoph« (Hans-Christoph Buchholtz), Reg.-Nr. XV 4704/75, sind im Zentralarchiv des BStU die folgenden Unterlagen überliefert: MfS AIM 8833/91 und Teilablage MfS A 577/79. Zu »Nielsen« (Kurt Thiele), Reg.-Nr. XV 4529/64: MfS AIM 17 122/84. Zu »Zady« (Günter Schmidt), Reg.Nr. XV 10725/60: MfS A 272/85 (Teilablage) und MfS AIM 8799/91. Zu »Walter Krause«, Reg.-Nr. XV 821/67, ist die Ablage MfS A 624/79 registriert, die jedoch am 27. 12. 1983 im Zuge der Übergabe an eine andere Diensteinheit gelöscht wurde. Zu »Moritz«, der für die Abteilung XX/5 der Bezirksverwaltung Rostock tätig war, ist keine Erfassung mehr nachweisbar.
[126] Zu Staritz: BStU, ZA, AIM 10998/66, Teil II, Bd. 5, Bl. 11f und Bl. 165.
[127] Die »Aufstellung der im Ergebnis der Umfrage in den einzelnen Forschungseinrichtungen laufenden und geplanten Forschungsprojekte« umfaßt 37 Projekte von insge-

samt 13 Institutionen. Hauptabteilung XX: Information 179/76 vom 16. 2. 1976 »Maßnahmen zur Koordination der DDR-Forschung durch das Gesamtdeutsche Institut – Bundesanstalt für gesamtdeutsche Aufgaben in Bonn«, Anlage; BStU, ZA, HA XX 138, Bl. 281–283.

128 »Mach mal«, in: Der Spiegel Nr. 52/1981 vom 21. 12. 1981, S. 53 ff.

129 Hinweise über eine zukünftige verstärkte Kontrolltätigkeit der sogenannten bildungspolitischen Veranstaltungen durch leitende Mitarbeiter des »Gesamtdeutschen Instituts – Bundesanstalt für gesamtdeutsche Aufgaben« vom 22. 12. 1976; BStU, ZA, HA XX 138, Bl. 181.

130 Vgl. Hauptabteilung XX: Information 1973/73 vom 18. 10. 1973 »Aktivitäten des sogenannten Besucherdienstes des Gesamtdeutschen Instituts – Bundesanstalt für gesamtdeutsche Aufgaben in Westberlin; BStU, ZA, HA XX 138, Bl. 137.

131 Abschrift vom Tonband vom 15. 8. 1980, unterzeichnet: IM; BStU, ZA, HA XX 138, Bl. 262.

132 Vorschlag Auftrag an »Dr.« vom 30. 12. 1981; BStU, ZA, HA XX 138, Bl. 240.

133 Zielkontrollauftrag vom 8. 12. 1987; BStU, ZA, HA III ZKA.

134 Vgl. Holzweißig: Gesamtdeutsches Institut (1998), Folie 13.

135 Major Erwin Dietrich/Hauptmann Hans-Peter Wagner: Die Bekämpfung der imperialistischen Ost- und DDR-Forschung und ihrer Einrichtungen in der BRD; BStU, ZA, JHS 21 836 (1. Hauptteil), Bl. 81 ff.

136 Oberleutnant Hartmut Schmidt: Funktion, Arbeitsweise und Aktivitäten des Gesamtdeutschen Instituts im Rahmen der Politik des BRD-Imperialismus gegenüber der DDR, insbesondere im subversiven Kampf; BStU, ZA, JHS 348/80. Oberstleutnant Gerhard Poßekel: »Gesamtdeutsches Institut – Bundesanstalt für gesamtdeutsche Aufgaben«. Die Rolle und Bedeutung der dem BMB nachgeordneten oberen Bundesbehörde bei der Konzipierung und Durchsetzung der sogenannten Deutschlandpolitik der Bundesregierung gegenüber der DDR; BStU, ZA, JHS 1439/83. »Gesamtdeutsches Institut – Bundesanstalt für gesamtdeutsche Aufgaben«; BStU, ZA, HA VII 483, Bd. 11.

137 Die Forschungsstelle war 1982 für die Hauptabteilung XVIII/8 erfaßt (DDR-Volkswirtschaft, Bereich Elektrotechnik und Elektronik). Vgl. BV Potsdam, Abt. XVIII: Maßnahmeplan zur Durchführung der operativen Personenkontrolle »Betty« vom 11. 1. 1982, AOPK 1390/87, Bl. 23–26, hier: 26. Für ihre »Aufklärung und Bekämpfung« war 1985 die HVA-Abteilung I zuständig. Vgl. Schreiben des Ministers vom 15. 2. 1985, Anlage 1, dokumentiert in: Siebenmorgen: Staatssicherheit (1993), S. 367–391, hier: 377. Gegen zwei ihrer Mitarbeiter ging außerdem die Abt. XVIII der Potsdamer Bezirksverwaltung für Staatssicherheit vor.

138 BV Potsdam, Abt. XVIII: 1. Zwischenbericht zur Durchführung der operativen Personenkontrolle »Betty« vom 28. 12. 1982; BStU, ASt Pdm, AOPK 1390/87, Bl. 13.

139 Zwei Wirtschaftswissenschaftler von der Forschungsstelle wurde in den OPK »Betty« und »Referent« bearbeitet, ein Wirtschaftswissenschaftler vom Deutschen Institut für Wirtschaftsforschung (DIW) in der OPK (später OV) »Nachfolger«.

140 BV Potsdam, Abt. XVIII: Übersichtsbogen zur operativen Personenkontrolle vom 11. 1. 1982; BStU, ASt Pdm, AOPK 1390/87, Bl. 3.

141 BV Potsdam, Abt. XVIII: Vorschlag zur Einstellung der OPK »Betty«, Reg.-Nr. IV/111/82 vom 27. 5. 1987; BStU, ASt Pdm, AOPK 1390/87, Bl. 19–22, hier: 21 f.

142 BStU, ASt Gera, BV Gera, Abt. XV 0013/1 und 0013/2 sowie ZMA 062.

143 BVfS Gera, Abt. XV: Sachstandsbericht zur KP Blei, Reg.-Nr. XV/2376/86, vom 21. 11. 1988; BStU, ASt Gera, BV Gera, Abt. XV 0013/1, Bl. 76–78, hier: 77.

144 BVfS Gera, Abt. XV: Konzeption zur Kontaktfestigung »Blei« vom 3. 3. 1989; BStU, ASt Gera, BV Gera, Abt. XV 0013/1, Bl. 62–65, hier: 64.
145 BVfS Gera, Abt. XV: Rapport aus Anlaß des 40. Jahrestages der Gründung der DDR vom 13. 9. 1989; BStU, ASt Gera, BV Gera, Abt. XV ZMA 0142/3/4, Bl. 7–12, hier: 9.
146 Major Erwin Dietrich/Hauptmann Hans-Peter Wagner: Die Bekämpfung der imperialistischen Ost- und DDR-Forschung und ihrer Einrichtungen in der BRD; BStU, ZA, JHS 21 836 (2. Hauptteil), Bl. 61 f.
147 Vgl. Walter: Sicherungsbereich Literatur (1996).
148 Aufgrund der staatsanwaltschaftlichen Ermittlungen unterliegt der IM-Vorgang zum Fall Bress einem Sperrvermerk für die Forschung; vor der Sperrung berichtete jedoch der Berliner »Tagesspiegel« ausführlich über die Akten: Der Tagesspiegel vom 6. 10. 1996, S. 3.
149 HA XX/4: IMF »Berger« – Reg.-Nr.: 10 673/60, vom 8. 1. 1980; BStU, ZA, HA XX/4 1595, S. 1.
150 Vgl. u.a. Kurjo: Agrarproduktion (1974). Kurjo: Landwirtschaft (1985). Kurjo: SED-Agrarpolitik (1986).
151 Gert Trebeljahr war zuletzt Leiter der »Operativgruppe Elektronik« in der MfS-Bezirksverwaltung Potsdam. Er wurde am 6. Mai 1979 festgenommen und am 5. Dezember vom 1. Militärstrafsenat des Obersten Gerichtes der DDR zum Tode verurteilt; fünf Tage später wurde das Urteil durch Erschießen vollstreckt. Vgl. Fricke: Verräter (1994), 264. Fricke: MfS intern. (1991), S. 64.
152 BV Potsdam, Abt. XVIII: Treffbericht vom 11. 11. 1970; BStU, ASt Pdm, vorl. archiv. 18/75, Bd. I, Bl. 133.
153 ZOV »Bauernfeind« (Reg.-Nr. IV/1219/65); BStU, ASt Pdm, 1650/66. Der Bauernverband Berlin e.V. (BVB) ging aus einer 1950 gegründeten Geschäftsstelle des »Deutschen Bauernverbandes« in Berlin-Steglitz hervor und verstand sich, angesichts des Fehlens einer nennenswerten Landwirtschaft in Berlin, in erster Linie als Beratungsstelle für die ostdeutsche Landbevölkerung sowie für bäuerliche Flüchtlinge aus der DDR. Nach dem Mauerbau mußte er sich weitgehend auf postalische Kontakte, Paketsendungen sowie gelegentliche Begegnungen, vor allem mit Rentnern, beschränken, so daß sein Hauptaugenmerk nunmehr auf der Information über die Situation der Bauern in der DDR lag. Senat und Bundesregierung unterstützten die Arbeit des BVB, der aus einer Geschäftsstelle mit acht bis zehn hauptamtlichen Mitarbeitern bestand, mit finanziellen Zuwendungen – nach Feststellungen des MfS beispielsweise 1972 mit 230 000 DM. Ebenda, Bd. 1, Bl. 194.
154 BV Potsdam, Abt. XVIII: Plan für den Treff mit IMF »Thaer« vom 14. 8. 1972; BStU, ASt Pdm, vorl. archiv. 18/75, Bd. II, Bl. 135.
155 Der Bauernverband Berlin e.V. (BVB) wurde seit 1959 durch die Hauptabteilung XVIII und die Abteilungen XVIII der Bezirksverwaltungen Potsdam, Dresden und Karl-Marx-Stadt (Chemnitz) »operativ bearbeitet«. 1965 wurde in Potsdam ein »Zentraler Operativ-Vorgang« (ZOV) angelegt, in den 1968 alle übrigen Vorgänge eingegliedert wurden und der 1974 abgeschlossen wurde. Im Verlauf der Bearbeitung des BVB wurden vom MfS insgesamt 49 Einzelvorgänge angelegt, von denen 14 mit Ermittlungsverfahren, drei durch »Zersetzung« und fünf durch Anwerbungen abgeschlossen wurden. Im Zuge der Ostpolitik der sozialliberalen Koalition erschien der BVB zunehmend als »Relikt des Kalten Krieges« und wurde nach Abschluß des Grundlagenvertrages (1972) schließlich aufgelöst. Nach Auffassung des MfS hatte die Auflösung des BVB ihre »wesentliche Ursache« darin, daß der Charakter des BVB

als einer gegen die DDR »feindlich« tätigen Organisation »strafrechtlich« hätte bestätigt werden können. Vgl. BV Potsdam, Abt. XVIII: Abschlußbericht zum ZOV »Bauernfeind« – Reg.-Nr. 1219/65 vom 28. 1. 1974; BStU, ASt Pdm 1650/66, Bd. 1, Bl. 188–213, hier: 207–209.

[156] BV Potsdam, Abt. XVIII: Treffbericht vom 11. 11. 1976; BStU, ASt Pdm, vorl. archiv. 18/75, Bd. VI, Bl. 99.

[157] Vorgangsheft Thomas Böttcher; BStU, ASt Pdm., BV Potsdam, Abt. XVIII, Nr. 828.

[158] BV Potsdam, Abt. XVIII: Einleitungsbericht zur Durchführung der operativen Personenkontrolle »Betty«; BStU, ASt Pdm, AOPK 1390/87, Bl. 9. Aus der Tätigkeit der Abteilung XV der Potsdamer Bezirksverwaltung für Staatssicherheit sind nahezu keine Unterlagen beim Bundesbeauftragten überliefert.

[159] Vgl. BV Potsdam, Abt. XVIII: Einleitungsbericht zur Durchführung der operativen Personenkontrolle »Betty«; BStU, ASt Pdm, AOPK 1390/87, Bl. 4–10.

[160] Vgl. Berliner Zeitung vom 22. 5. 1992, S. 3.

[161] Vgl. »Stasi-Spitzel an der FU entlassen«, in: die tageszeitung vom 21. 8. 1992. »Erster Stasi-Spitzel an der Freien Universität enttarnt«, in: Berliner Zeitung vom 21. 8. 1992. »Deckname Walter Rosenow«, in: FU-Info 8–9/92, S. 4. Die beim BStU überlieferte Teilablage des IM-Vorgangs (13 Bände) hat die Signatur: BStU, ZA, A 529/79.

[162] IM-Vorgang »Adrian Pepperkorn«; BStU, ZA, A 589/85.

[163] Generalbundesanwalt: Wolf-Anklage (1992), S. 205 ff.

[164] Brocke: Bundestagsparteien (1985).

[165] Vgl. Brocke: Erlanger Arbeitskreis (1989).

[166] Wagner: Spione (1996), S. 83 f.

[167] Quelle »Hoffmann«, Reg.nr. XV/232/67, 1969 erfaßt für Abt. III/A der HVA. Zu »Hoffmann« hat die HVA zwischen 1969 und 1987 insgesamt 441 Berichte registriert, die jedoch nicht überliefert sind.

[168] »Spionageverdacht: Dekan des Otto-Suhr-Institutes festgenommen«, in: Berliner Morgenpost vom 23. 10. 1992. »Stasiverdächtiger Professor aus der U-Haft entlassen«, in: Berliner Zeitung vom 9. 11. 1992. »Provokation vor der Haustür. Das OSI im Fadenkreuz östlicher Geheimdienste«, in: Berliner Zeitung vom 12. 11. 1992. »Ex-FU-Dekan: Geld-Buße und Bewährung für Stasi-Spionage«, in: Berliner Morgenpost vom 10. 11. 1995. »Akademiker spionierte 21 Jahre für die Stasi«, in: Berliner Zeitung vom 10. 11. 1995.

[169] Informationsbegleitbögen zu »Klaus Franz«; BStU, ASt Gera, ZMA Abt. XV 0045/1. Reisepläne, operative Aufträge und Reiseberichte zu »Klaus Franz«; BStU, ASt Gera, ZMA Abt. XV 0045. Die ausführlichen Informationen der als »überprüft« und »zuverlässig« charakterisierten »Quelle« sind teilweise überliefert; vgl. BStU, ASt Gera, ZMA Abt. XV 0370.

[170] BVfS Gera, Abt. XV: Bericht über die Arbeitsergebnisse im 1. Halbjahr 1988 vom 12. 5. 1988; BStU, ASt Gera, BV Gera, Abt. XV 0142, Bl. 155–163, hier: 157 und 159.

[171] BVfS Gera, Abt. XV: Jahresarbeitsbericht der Abteilung XV/BV Gera; BStU, ASt Gera, BV Gera, Abt. XV 0142, Bl. 179–205, hier: 182.

[172] BVfS Gera, Abt. XV: Jahresarbeitsplan 1989 vom 4. Januar 1989; BStU, ASt Gera, BV Gera, Abt. XV 0196, Bl. 2–43, hier: 7. In der Jahresstatistik des »Sektors Wissenschaft und Technik« der HVA für 1989 ist allerdings unter dem Decknamen des IM nur ein einziger »Informations- und Mustereingang« ausgewiesen, der von der Zentrale mit der Note »III« bewertet wurde. Vgl. Statistik HVA Gesamtübersicht vom 6. 11. 1989, Sektor Wissenschaft und Technik, Informations- und Musterein-

gang je Quelle der D[ienst]E(inheit] [Abteilung] XV G[era]; BStU, ASt Gera, BV Gera, Abt. XV 0337.
173 IM »Falke«, Reg.-Nr. 6563/81, vorgangsführende MfS-Mitarbeiter: Helmut Wolff und Hans-Joachim Mertink, Bezirksverwaltung für Staatssicherheit Berlin, Abteilung XV.
174 IM »Nachfolger«, Reg.-Nr. XV 2843/87, vorgangsführende Diensteinheit: HVA II/1.
175 KP »Dorn«, Reg.-Nr. 1494/87, vorgangsführender MfS-Mitarbeiter: Andreas Höldtke, Bezirksverwaltung für Staatssicherheit Berlin, Abteilung XV.

Wirtschaftsspionage – Die Stasi als kriminelle Vereinigung

1 Bundesministerium des Innern (Hrsg.): Verfassungsschutz 1979 (1980), S. 116.
2 Zum Werdegang Stillers bis zu seiner Flucht vgl. seine MfS-Kaderakte: BStU, ZA, KS 32421/90. Danach arbeitete er zunächst unter dem Decknamen »Stahlmann« als IM und bestätigter Perspektivkader für das MfS. Ab 1. 8. 1972 war er Mitarbeiter der HVA/SWT/Abt. XIII, bis 1975 als Leutnant, dann als Oberleutnant. 1976 erhielt er aufgrund seiner Arbeitsergebnisse und seiner guten Einsatzbereitschaft die Verdienstmedaille der NVA in Bronze, und 1978 wurde er Erster Sekretär der Parteiorganisation seiner Abteilung.
3 Hauptabteilung II/5: Bericht ZOV »Tanne« – Vorgang »Borste« vom 8. 2. 1979; BStU, ZA, MfS GH 65/87, Bd. 1, S. 275–283. Entstehung und Bearbeitung des Vorganges »Borste«; ebenda, S. 284–291.
4 Hauptabteilung II/5: Bericht zur Dienstreise vom 19. – 23. 1. 1979 zur BV Suhl vom 27. 1. 1979; ebenda, S. 268–274.
5 Stiller: Spionage (1986), S. 349.
6 Ebenda, S. 372 (Nachwort von Karl Wilhelm Fricke).
7 Niederschrift über eine Auskunft vom 9. und 26. April 1982; BStU, ZA, HA II 3714, S. 1-20, hier S. 7. Das Dokument enthält die ausführliche Aussage eines namentlich nicht genannten Mitarbeiters des Berliner Landesamtes für Verfassungsschutz (LfV). Aller Wahrscheinlichkeit nach handelte es sich bei dem Verfasser um den im April 1982 überraschend verschwundenen Westberliner Regierungsamtmann Gerhardt Krützfeldt, der als Sachbearbeiter im Abwehrbereich sogenannter »Schleusenwärter« für den Verfassungsschutz illegale Ein- und Ausschleusungen über die Grenzen der DDR vorgenommen haben soll. Dreieinhalb Jahre nach seinem Verschwinden beantragten die Angehörigen, ihn für tot erklären zu lassen, damit seine in Westberlin zurückgebliebene Ehefrau die gemäß Beamtenrecht bestehenden Ansprüche auf Pensionszahlung geltend machen konnte. Auf eine in diesem Zusammenhang gestellte Anfrage des Westberliner Senats, ob sich der Beamte vielleicht in der DDR aufhalte, erhielt er zur Antwort, ein Mann dieses Namens sei dort nicht bekannt. Nach einer Auskunft des Berliner LfV vom 30. 7. 1998 war Krützfeldt langjähriger Mitarbeiter des Verfassungsschutzes gewesen und hat 1982 dem MfS sein umfangreiches Wissen offenbart. Nach der Wende sei er als Geschäftsführer einer Filiale der DDR-Einkaufskette »HO« in der Nähe von Weimar aufgespürt worden. Vgl. dazu: Kahl: Spionage (1986), S. 43 ff., wo er fälschlicherweise als »Amtsrat Grützfeld« firmiert.
8 SWT/Abteilung XIII: Bisherige Feststellungen zu Dokumenten, Unterlagen und operativen Mitteln, die der Verräter Stiller bei seiner Flucht mitführte – Stand: 03. 03. 1979; BStU, ZA, MfS AU 84/90, Bd. 1, S. 68–76.

9 Ebenda. Knopp: Verräter (1994), S. 330. Bundesministerium des Innern (Hrsg.): Verfassungsschutz 1979 (1980), S. 115.
10 Wagner: Spione (1996), S. 93.
11 Richter/Rösler: West-Spione (1992), S. 112.
12 Weisung von Markus Wolf vom 20. 1. 1979, S. 1; BStU, ZA, SdM 1931, Bl. 162–164.
13 Schreiben des Ministers vom 3. 5. 1979: Information über die Arbeit der feindlichen Abwehrorgane gegen Inoffizielle Mitarbeiter des MfS im Operationsgebiet; BStU, ZA, BdL/Dok. 004813.
14 Richtlinie 2/68 für die Arbeit mit Inoffiziellen Mitarbeitern im Operationsgebiet, dokumentiert in Müller-Enbergs (Hrsg.): Anleitungen (1998), S. 352–388.
15 Bundesministerium des Innern (Hrsg.): Verfassungsschutz 1979 (1980), S. 115f.
16 Bundesministerium des Innern (Hrsg.): Verfassungsschutz 1978 (1979), S. 146.
17 Vgl. BStU, HA II 3712; HA II 3714; SdM 1931; HVA 583.
18 SWT/Abteilung XIII: Jahresplan 1978 (für Werner Stiller) vom 6. 12. 1977; BStU, ZA, HVA 583, S. 183 ff.
19 Vgl. Knopp: Verräter (1994), S. 302.
20 Vgl. MfS: Einzelinformation über eine Studie des Kernforschungszentrums Karlsruhe zur Sicherung der Materialversorgung für die Atomwirtschaft vom 16. 4. 1968, Verteiler: Walter Ulbricht, Konrad Naumann, Günter Mittag u.a.; BStU, ZA, HVA 128, Bl. 225–227.
21 Knopp: Verräter (1994), S. 302f.
22 Zum Fall Fülle vgl. Richter/Rösler: West-Spione (1992), S. 118. Kahl: Spionage (1986), S. 26f.
23 Ohne Autor, ohne Titel [Aussagen eines namentlich nicht genannten Mitarbeiters des Landesamtes für Verfassungsschutz (LfV) in Westberlin] vom 24. 4. 1982; BStU, ZA, HA II 3714, S. 160 ff. Aller Wahrscheinlichkeit nach handelt es sich dabei um denselben LfV-Mitarbeiter, der dem MfS auch über den Übertritt Stillers ausführlich berichtete.
24 Knopp: Verräter (1994), S. 303.
25 SWT/Abteilung XIII: Jahresplan 1978 (für Werner Stiller) vom 6. 12. 1977; BStU, ZA, HVA 583, S. 183 ff.
26 Knopp: Verräter (1994), S. 301 ff.
27 SWT/Abteilung XIII: Monatsplan Januar 1978 (für Werner Stiller) vom 30. 12. 1977; BStU, ZA, HVA 583, S. 190f.
28 Übersicht über die erfolgten Verhaftungen, Entlassungen aus der Haft, durch den Feind vernommene und ermittelte IM sowie durchgeführte Rückzüge aus dem Operationsgebiet vom 23. 4. 1979; BStU, ZA, HA II 3714, S. 110 ff.
29 Macrakis: Spionage und Technologietransfers (1997).
30 Zentrale Planvorgabe für die Jahresplanung 1985, S. 14; BStU, ZA, BdL/Dok. 008001.
31 Bailey/Kondraschow/Murphy: Geheimdienste (1997), S. 181.
32 Wolf: Erinnerungen (1997), S. 59f. Zur Struktur des APN vgl. auch: Tagesbefehl vom 1. 10. 1952; BStU, ZA, SV 274/87, Bd. 2, Bl. 33.
33 Dienstanweisung Nr. 3/55 vom 21. 1. 1955, S. 1–4; BStU, ZA, BdL/Dok. 003106.
34 Richtlinie für die wirtschaftliche und technisch-wissenschaftliche Aufklärung und für die Bearbeitung von Konzernen vom 18. 4. 1955, S. 1–13, hier: S. 3; BStU, ZA, BdL/Dok. 003103.
35 Dienstanweisung 12/56 zur weiteren Bearbeitung der westdeutschen Konzerne vom 12. 5. 1956; BStU, ZA, BdL/Dok. 002134.
36 Dienstanweisung 14/56 über die Bildung der Arbeitsgruppe WTA vom 8. 6. 1956;

BStU, ZA, BdL/Dok. 002213. Richtlinie für die Arbeitsweise der Arbeitsgruppe WTA vom 9. 12. 1956; BStU, ZA, BdL/Dok. 002214.

[37] Befehl 48/59 vom 29. 1. 1959; BStU, ZA, BdL/Dok. 000634.

[38] Beschluß des Kollegiums des MfS Nr. 7/59 vom 27. 7. 1959, in: Protokoll der Kollegiumssitzung vom 27. 7. 1959; BStU, ZA, AGM 1903.

[39] Befehl 588/60 vom 15. 12. 1960; BStU, ZA, BdL/Dok. 000672, Bl. 1–4.

[40] Befehl 539/62 vom 1. 9. 1962; BStU, ZA, BdL/Dok. 000777.

[41] Die bis dahin bestehenden Referate B, D und E der Abteilung V wurden wie folgt umstrukturiert und umbenannt:
Referat 2: Chemische und Biologische Forschung und deren Anwendung – Chemische Großindustrie einschließlich der wissenschaftlichen Institute und Verbände des Fachgebietes.
Referat 3: Chemische Anlagen und Verfahrenstechnik.
Referat 6: Rüstungskonzerne – konventionelle Rüstung des Schiffbaus und Kriegsfahrzeugbau.
Referat 7: Objekte des Maschinenbaus – Chemieanlagenbau – Mechanisierung und Automatisierung – Grundlagenforschung des Fachbereiches.
Referat 9: Militärelektronik – Nachrichtentechnik – Starkstromtechnik.
Referat 10: Datenverarbeitung – Bauelemente. Vgl. Befehl 26/69 vom 9. 8. 1969, S. 1 f.; BStU, ZA, BdL/Dok. 001356.

[42] Befehl 539/62 vom 1. 9. 1962, S. 2; BStU, ZA, BdL/Dok. 000777.

[43] Derartige »Wiedergutmachungsleistungen« wurden Personen und Firmen im Westen systematisch abgepreßt, wenn das MfS sie bestimmter Rechtsverletzungen überführen konnte – zwischen 1986 und 1989 allein ein Betrag von 6576881 DM; OG der HA XVIII vom 14. 11. 1989; BStU, ZA, SdM 2289, Bl. 212.

[44] Dienstanweisung 1/82 »Die politisch-operative Sicherung der Volkswirtschaft der DDR« vom 30. 3. 1982, S. 11, 14 ff. und 26; BStU, ZA, BdL/Dok. 005491.

[45] 6. Durchführungsbestimmung des Stellvertreters des Ministers »Politisch-operative Sicherung der Auswertung und Nutzung politisch-operativ beschaffter wissenschaftlich-technischer Erkenntnisse in der Volkswirtschaft der DDR« vom 3. 1. 1983, S. 6 ff.; BStU, ZA, BdL/Dok. 005496.

[46] Die Objektübersicht sollte von einem speziellen Referat in der Abteilung XV des SWT geführt werden, während für die Formulierung der Informationsschwerpunkte nach den Vorgaben von Partei und Regierung das Referat 5 in der Auswertungsabteilung VII der HVA verantwortlich gemacht wurde. Vgl. Dienstanweisung 2/83 der HV A vom 15. 11. 83 zur Organisierung und Durchführung der Wirtschaftsaufklärung im Bereich der Hauptverwaltung A und der Abteilungen XV der Bezirksverwaltungen – Wirtschaftsaufklärung –, S. 1–9, hier: S. 2, 4 und 7 f.; BStU, ASt Berlin, XV 8.

[47] Zum KoKo-Komplex vgl.: Abweichender Bericht der Berichterstatterin der Gruppe Bündnis 90/Die Grünen im 1. Untersuchungsausschuß, Ingrid Köppe (MdB), S. 28–33 und 7–10 (Typoskript); Beschlußempfehlung und Bericht des Schalck-Untersuchungsausschusses vom 27. 5. 1994, BT 12/7600, S. 116. Verfügung 61/66 vom 1. 4. 1996, in: Erste Beschlußempfehlung und erster Teilbericht des 1. Untersuchungsausschusses nach § 44 des Grundgesetzes vom 14. 10. 1992, Bundestagsdrucksache 12/3464, Dokument 7, S. 58–61. Deutscher Bundestag (Hrsg.): Kommerzielle Koordinierung (1994). Koch: Das geheime Kartell (1992). Koch: Das Schalck-Imperium (1992). Seiffert/Treutwein: Die Schalck-Papiere (1991).

⁴⁸ Befehl 2/87 über die Koordinierung der Aufgaben und Maßnahmen zur Beschaffung von Embargowaren aus nichtsozialistischen Staaten und Westberlin, S. 1-3; BStU, ZA, BdL/Dok. 008 508.
⁴⁹ Planorientierung des Leiters der HV A für das Jahr 1989, S. 24; BStU, ASt Berlin, XV 24. Vgl. den Zeitzeugenbericht von Ronneberger: High-Tech-Schmuggler (1999). Ferner Deutscher Bundestag: Schalck-Bericht (1994).
⁵⁰ Exakte Zahlen über die hauptamtlichen Mitarbeiter der HVA liegen bislang nicht vor. Die hier gemachten Angaben beruhen auf Ermittlungsergebnissen des Bundesamtes für Verfassungsschutz aus dem Jahr 1994 und spiegeln den Stand vom 31. 12. 1989; die Offiziere im besonderen Einsatz (OibE) sind darin nur teilweise enthalten.
⁵¹ Vgl. Oberstleutnant Helmut Eck: Die Rolle der Unternehmerverbände im Kampf gegen die DDR; BStU, ZA, JHS 21 778.
⁵² Folgende Operative Arbeitsgruppen (OAG) der Abteilung V waren bis 1994 dem Bundesamt für Verfassungsschutz bekannt geworden: OAG 25.31 (25 Offiziere im besonderen Einsatz), identisch mit der Abteilung 11 des Zentralinstitutes für Information und Dokumentation des Ministeriums für Wissenschaft und Technik (MWT); OAG 20 im Ministerium für Hoch- und Fachschulwesen (1-2 OibE, 4-8 Hauptamtliche Inoffizielle Mitarbeiter); OAG 24 in der Akademie der Wissenschaften der DDR (1-2 OibE, 4-8 HIM); OAG 10 im Militärtechnischen Institut (3-5 HIM); OAG 50 im Institut für Rationalisierung beim Ministerium für Elektrotechnik und Elektronik (2 OibE, 4-5 HIM); OAG 51 im Kombinat Carl Zeiss Jena; OAG im Kombinat Nachrichtenelektronik; OAG 56 im Kombinat Robotron; OAG 40 im Ministerium für Chemische Industrie (1 OibE, ca. 6 HIM); OAG 25, identisch mit Abteilung 2.3.2 des Ministeriums für Wissenschaft und Technik.
⁵³ Ausführlich zur Geschichte und Tätigkeit der Hauptabteilung XVIII: Haendcke-Hoppe-Arndt: Die Hauptabteilung XVIII (1997).
⁵⁴ Sektor Wissenschaft und Technik: Aufstellung der wichtigsten Haupt- und Basisobjekte vom September 1986; BStU, ASt. Gera, BV Gera, Abt. XV 0187, S. 57 ff. Die Aufstellung umfaßt, nach Abteilungen gegliedert, insgesamt 21 Seiten. Zum Teil untergliederten sich die »Objekte« in mehrere Unterobjekte (z. B. verschiedene Institute einer Universität), zum Teil wurde eine Institution von mehreren Abteilungen parallel als »Objekt« bearbeitet (z. B. Universität München).
⁵⁵ Lediglich im Fall der Umweltschutzorganisation »Greenpeace Deutschland e.V.« ist bekannt, daß für deren Aufklärung und Bekämpfung gemäß der Geheimen Verschlußsache 4/85 ab 1988 die Hauptabteilung XVIII/6 verantwortlich zeichnete. Vgl. Anlage 1 zum Schreiben des Ministers für Staatssicherheit vom 14. 10. 1988, betrifft: »Verantwortlichkeiten von Diensteinheiten zur Aufklärung, Kontrolle bzw. Bearbeitung feindlicher Stellen und Kräfte im Operationsgebiet, GVS o008-4/85; BStU, ZA, BdL/Dok. 005 596. Ferner: HA XVIII, Leiter: Rückflußinformation zur weiteren Qualifizierung der Führung, Leitung und Organisation der politisch-operativen Abwehrarbeit bei der schwerpunktbezogenen Aufklärung und vorbeugenden Verhinderung subversiver Handlungen von »Greenpeace Deutschland e.V.« gemäß GVS o008 4/85 des Ministers; BStU, ZA, BdL/Dok. 009 046, dokumentiert in: Bastian: Greenpeace in der DDR (1996), Dokument 23. Vgl. auch Bastian: Greenpeace im unsichtbaren Visier (1995)
⁵⁶ Vgl. Haendcke-Hoppe-Arndt: Die Hauptabteilung XVIII (1997), S. 83. Oberstleutnant Gert Grund und Oberstleutnant Wolfgang Meinel: Die personenbezogene Arbeit im und nach dem Operationsgebiet auf Linie XVIII; BStU, ZA, JHS 20 089.

57 Sektor Wissenschaft und Technik: Aufstellung der wichtigsten Haupt- und Basisobjekte vom September 1986; BStU, ASt. Gera, BV Gera, Abt. XV 0187, Bl. 58 ff.
58 Unter anderem das Institut für Virologie in Hannover, die naturwissenschaftlichen und technischen Institute der Friedrich-Alexander-Universität Nürnberg-Erlangen, das Fraunhofer-Institut für Toxikologie und Aerosolforschung in Hannover, das Institut für Umweltchemie und Ökotoxikologie in Schmallenberg. HVA: Planauflage 1989 vom 31. 10. 1988; BStU, ASt Gera, Abt. XV 142/3, Bl. 150. HVA: Planauflage 1990 vom 10. 10. 1989; ebenda, Bl. 58 f.
59 Sektor Wissenschaft und Technik: Aufstellung der wichtigsten Haupt- und Basisobjekte vom September 1986; BStU, ASt. Gera, BV Gera, Abt. XV 0187, Bl. 63 ff.
60 HVA: Planauflage 1989 vom 31. 10. 1988; BStU, ASt Gera, Abt. XV 142/3, Bl. 151. HVA: Planauflage 1990 vom 10. 10. 1989; ebenda, Bl. 59 f.
61 Sektor Wissenschaft und Technik: Aufstellung der wichtigsten Haupt- und Basisobjekte vom September 1986; BStU, ASt. Gera, BV Gera, Abt. XV 0187, Bl. 70 ff.
62 Die Zahlenangaben beruhen auf Auszählungen von Müller-Enbergs (Hrsg.): Anleitungen (1998), S. 281 ff.
63 HV A, Stellvertreter Operativ, Abschlußbericht zur Aktion »Kooperation« vom 15. 9. 1962, BStU, Abt. Bildung und Forschung, Information und Dokumentation, Dokument 38, S. 5.
64 Vgl. Wagner: Spione (1996), S. 97. Vollständiger Name nicht bekannt.
65 Pressemitteilung des Generalbundesanwaltes vom 19. 3. 1992, zitiert nach: Schlomann: Maulwürfe (1993), S. 189.
66 Ebenda, S. 194 f.
67 Ebenda, S. 196. Vollständiger Name nicht bekannt.
68 Bayrisches Staatsministerium des Innern (Hrsg.): Verfassungsschutzbericht 1991, München 1992, S. 137, zitiert nach: Schlomann: Maulwürfe (1993), S. 190.
69 Zentrale Planvorgabe für 1986 und den Zeitraum bis 1990, Bd. I, S. 59 ff., hier: S. 65; BStU, ZA, BdL/Dok. 006 019.
70 Vgl. Dienstanweisung 1/82 »Die politisch-operative Sicherung der Volkswirtschaft der DDR« vom 30. 3. 1982; BStU, ZA, BdL/Dok. 005 491. Ministerrat der DDR: Beschluß zu Maßnahmen zur Gewährleistung des Geheimnisschutzes und von Ordnung und Sicherheit auf dem Gebiet von Wissenschaft und Technik vom 23. 11. 1982; BStU, ZA, HA XVIII/5, Bündel 494. Richtlinie 1/82 zur Durchführung von Sicherheitsüberprüfungen; BStU, ZA, BdL/Dok. 007 418. Alle drei Dokumente sind dokumentiert in: Buthmann: Kadersicherung (1997), S. 136–200.
71 Zentrale Planvorgabe für die Jahresplanung 1985 vom 18. 10. 1984; BStU, ZA, BdL/Dok. 008 001, S. 14 f. Zum Geheimnisschutz: Dienstanweisung 1/82 »Die politisch-operative Sicherung der Volkswirtschaft der DDR« vom 30. 3. 1982; BStU, ZA, BdL/Dok. 005 491.
72 Planorientierung des Leiters der Hauptverwaltung A für das Jahr 1989, S. 22 ff.; BStU, ASt Berlin, XV 24.
73 HVA, Abteilung VII: Schwerpunktaufgaben zur Informationsbeschaffung für das Jahr 1976 vom 30. 12. 1975; BStU, ZA, HA XX/AKG 1641, Bl. 37–76, hier: 71 ff.
74 Hauptverwaltung A, Stellvertreter: Schreiben mit Anlage vom 7. 11. 1985 betr. Informationsschwerpunkte zum Komplex Wirtschaftsaufklärung; BStU, ASt Gera, BV Gera Abt. XV 0187, Bl. 79 ff., hier: S. 86.
75 Vgl. Schreiben des Leiters der Bezirksverwaltung für Staatssicherheit Gera vom

10. 3. 1986 an die Leiter der Abteilungen, Kreisdienststellen und Objektdienststellen im Bezirk Gera; BStU ASt Gera, BV Gera, Abt. XV 0187, Bl. 40.
76 Stellvertreter des Ministers: 6. Durchführungsbestimmung zur Dienstanweisung Nr. 1/82 vom 30. 3. 1982, »Politisch-operative Sicherung der Auswertung und Nutzung politisch-operativ beschaffter wissenschaftlich-technischer Erkenntnisse in der Volkswirtschaft der DDR« vom 3. 1. 1983, S. 430; BStU, ZA, BdL/Dok. 005 496.
77 Dienstanweisung 2/83 der HV A »zur Organisierung und Durchführung der Wirtschaftsaufklärung im Bereich der Hauptverwaltung A und der Abteilungen XV der Bezirksverwaltungen« vom 15. 11. 1983, S. 5; BStU, ASt Berlin, XV 8.
78 HVA, SWT/Abteilung V: Schreiben an den Leiter der Abteilung XV der BV Gera vom 6. 8. 1986; BStU, ASt Gera, BV Gera Abt. XV 0199, Bl. 84.
79 Aufgabenstellung »Keramikherstellung bei der Fa. Elektroschmelzwerk Kempten«; ebenda, Bl. 85f.
80 Vgl. Schreiben der HVA/SWT/Abteilung V vom 7. 8. 1985 an den Leiter der Abt. XV der BV Gera, in dem die Übersendung von fünf »angeforderten Aufgabenstellungen« mitgeteilt wird; BStU, ASt Gera, BV Gera, Abt. XV 0199, Bl. 120.
81 Die überlieferte Ablage trägt die Signatur: BStU, ASt Gera, BV Gera, Abt. XV 0199.
82 Bei der Quelle handelte es sich um einen Dozenten aus dem Bereich Konstruktionskeramik, die den Decknamen »Wegner« trug. Vgl. BV Gera, Abteilung XV: Bericht über die Arbeitsergebnisse im 1. Halbjahr 1988 vom 12. 5. 1988; BStU, ASt Gera, BV Gera, Abt. XV 0142, Bl. 158.
83 Vgl. HVA, SWT/Abteilung V: Schreiben an den Leiter der Abteilung XV der BV Gera vom 3. 5. 1983; BStU, ASt Gera, BV Gera, Abt. XV 0199, Bl. 176.
84 Statistik HV A Gesamtübersicht vom 6. 11. 1989, Sektor Wissenschaft und Technik, Informations- und Mustereingang je Quelle der D[ienst]E(inheit) [Abteilung] XV G[era]; BStU, ASt Gera, BV Gera, Abt. XV 0337.
85 Zum IM »Holger Rum« vgl. die überlieferte Arbeitsakte: BStU, ASt Gera, ZMA XV 0031, Bd. 1-3.
86 [BV Gera], Abteilung XV: Hinweise zur Weiterleitung von Informationen an die HVA/SWT vom 30. 3. 1983; BStU, ASt Gera, BV Gera, Abt. XV 0199, Bl. 175.
87 HVA/SWT/Abteilung V: Schreiben an den Leiter der Abteilung XV der BV Gera vom 12. 7. 1988 betr. »Herabsetzung des Vertraulichkeitsgrades bereitgestellter Dokumente«; BStU, ASt Gera, BV Gera, Abt. XV 0199, Bl. 41.
88 Stellvertreter des Ministers: 6. Durchführungsbestimmung zur Dienstanweisung Nr. 1/82 vom 30. 3. 1982, »Politisch-operative Sicherung der Auswertung und Nutzung politisch-operativ beschaffter wissenschaftlich-technischer Erkenntnisse in der Volkswirtschaft der DDR« vom 3. 1. 1983, S. 432; BStU, ZA, BdL/Dok. 005 496.
89 Ebenda, S. 433.
90 Ebenda.
91 Buthmann: Kadersicherung (1997), S. 34.
92 Vgl. Richter/Rösler: West-Spione (1992), S. 52. Dienstanweisung 6/71 des Stellvertreters des Ministers über Grundsätze für die Arbeit mit operativen Außenarbeitsgruppen (OAG) – Operative Außenarbeitsgruppen – vom 14. 10. 1971; BStU, ASt Berlin, XV 11.
93 HA XVIII/8: Information über die Beschaffung modernster Rechentechnik aus dem NSW durch den IMS »Hans«/HA XVIII/8 vom 18. 1. 1988; BStU, ZA, HA XVIII 5969, Bl. 1.
94 Ausführlich dazu Ronneberger: High-Tech-Schmuggler (1999).

⁹⁵ HA XVIII/8: Konzeption zur operativen Sicherung und operativen Unterstützung bei der Beschaffung von Software aus dem NSW vom 4. 2. 1988; BStU, ZA, HA XVIII 5969, Bl. 2a
⁹⁶ Ebenda, Bl. 4.
⁹⁷ HA XVIII/5: Treffbericht IMS »Norbert« vom 17. 2. 1988; ebenda, Bl. 6.
⁹⁸ HA XVIII/8: Information zur operativen Sicherung und Unterstützung bei der Beschaffung von Software aus dem NSW vom 11. 3. 1988; ebenda, Bl. 9.
⁹⁹ Abteilung V, Verpflichtung zum 50. Jahrestag der Großen Sozialistischen Oktoberrevolution vom 26. 10. 1967; BStU, ZA, SdM 1465, Bl. 120–124.
¹⁰⁰ BStU, ZA, HA XVIII 6660, Bl. 100 (Anlage 1).
¹⁰¹ BStU, ZA, HA XVIII 6660, Bl. 115 (Anlage: Statistische Übersicht).
¹⁰² Bericht des Leiters der HV A über die Erfüllung der politisch-operativen Verpflichtungen der II. Etappe der Vorbereitung des 20. Jahrestages der Deutschen Demokratischen Republik vom 18. 3. 1969; BStU, ZA, SdM 1474, Bl. 25 f.
¹⁰³ Abt. V: Schreiben an Generalmajor Fruck vom 2. 9. 1969; BStU, ZA, SdM 986.
¹⁰⁴ HV A, SWT-Leiter: Kurzbericht über wichtige Arbeitsergebnisse der wissenschaftlich-technischen Aufklärung im 1. Halbjahr 1971 vom 12. 8. 1971; BStU, ZA, SdM 355, Bl. 19.
¹⁰⁵ Ebenda, Bl. 17 ff.
¹⁰⁶ Alle Angaben: ebenda.
¹⁰⁷ Hauptabteilung XVIII/8, Arbeitsergebnisse 1985 vom 7. 1. 1986 zur abwehrmäßigen Sicherung von Embargoimporten zur Unterstützung der Leistungsentwicklung in der Mikroelektronik u. a. Schlüsseltechnologien; BStU, ZA HA XVIII 4705, Bl. 48–50.
¹⁰⁸ Knopp: Verräter (1994), S. 303. Schlomann: Ostblock-Spionage (1981), S. 22.
¹⁰⁹ Emde: Spionage und Abwehr (1986), S. 26.
¹¹⁰ Ausgabenbuch des Sektors Wissenschaft und Technik 1986–1990; BStU, ZA, HVA 685, Bl. 31 ff., zitiert nach: Müller-Enbergs (Hrsg.): Anleitungen (1998), S. 234.
¹¹¹ Siebenmorgen: Staatssicherheit (1993), S. 190.
¹¹² Schmidt-Eenboom/Angerer: Wirtschaftsspione (1994), S. 242. Roesler: Industriespionage (1994), S. 1040.
¹¹³ Richter/Rösler: West-Spione (1992), S. 54.
¹¹⁴ Grundorganisation der Hauptabteilung XVIII: Schreiben vom 14. 11. 1989; BStU, ZA, SdM 2289, Bl. 211 f.
¹¹⁵ Zur Auflösung des MfS vgl. Gill/Schröter: Ministerium für Staatssicherheit (1991), S. 177 ff.
¹¹⁶ Ausgabenbuch des Sektors Wissenschaft und Technik 1986–1990; BStU, ZA, HVA 685, Bl. 31 ff., zitiert nach: Müller-Enbergs (Hrsg.): Anleitungen (1998), S. 234.

LITERATUR

Adolph, Bernd: Die Anfänge des Forschungsbeirates für Fragen der Wiedervereinigung Deutschlands, in: Deutschland Archiv 28 (1995) 10, S. 1048–1064.
Albrecht, Willy: Der Sozialistische Deutsche Studentenbund (SDS). Vom parteikonformen Studentenverband zum Repräsentanten der Neuen Linken, Bonn 1994.
Andrew, Christopher: Nachrichtendienste im Kalten Krieg. Probleme und Perspektiven, in: Krieger/Weber: Spionage (1997), S. 23–48.
Andrew, Christopher/Gordiewsky, Oleg (Hrsg.): Comrade Kryuchkov's instructions: Top Secret Files on KGB Foreign Operations 1975–1985, Stanford/California 1993.
Andrew, Christopher/Gordiewsky, Oleg (Hrsg.): KGB. Die Geschichte seiner Auslandsoperationen von Lenin bis Gorbatschow, München 1990.
Andrew, Christopher/Gordiewsky, Oleg (Hrsg.): More Instructions from the Centre: Top Secret Files on KGB Global Operations 1975–1985, London 1992.
Andrew, Christopher/Mitrochin, Wassili: Das Schwarzbuch des KGB. Moskaus Kampf gegen den Westen, Berlin 1999.
Anonymus: Guillaume, der Spion, Ein dokumentarischer Bericht, Landshut 1974.
Anonymus: Deutschland deine SPD, Landshut 1972.
Apel, Hans: Der Abstieg, Stuttgart 1990.
Auerbach, Thomas: Der Frieden ist unteilbar. Die blockübergreifende Friedensbewegung im Visier der Stasi-Hauptabteilung XX/5 (1981–1987), in: Deutschland Archiv 30 (1997) 3, S. 369–377.
Auerbach, Thomas: Terror an der unsichtbaren Front. Die Sabotagevorbereitungen des MfS gegen die Bundesrepublik, Berlin 1999.

Bahro, Rudolf: Wahnsinn mit Methode. Berlin 1982.
Bailey, George/Kondraschow, Sergej A./Murphy, David E.: Die unsichtbare Front. Der Krieg der Geheimdienste im geteilten Berlin, Berlin 1997.
Bajohr, Walter: Das Erbe der Diktatur, Bonn 1992.
Bakatin, Wadim: Im Innern des KGB, Frankfurt/Main 1993.
Barron, John: KGB. Arbeit und Organisation des sowjetischen Geheimdienstes in Ost und West, Zürich/München 1974.
Barron, John: KGB heute. Moskaus Spionageorganisation von innen, Bern 1984.
Barth, Karl: Brief an einen Pfarrer in der DDR, in: Karl Barth: Offene Briefe 1945–1968, hrsg. von Diether Koch, Zürich 1984.
Barth, Karl: Die Kirche zwischen West und Ost, München 1949.
Bärwald, Helmut: Die DKP und ihre Hilfstruppen, Informationen zur Deutschlandpolitik, Heft XV, hrsg. vom Arbeitskreis »Deutschland- und Außenpolitik der CSU«, München 1979.
Bärwald, Helmut: Mißbrauchte Friedenssehnsucht. Ein Kapitel kommunistischer Bündnispolitik, Bonn/Düsseldorf/Nürnberg 1983.

Bastian, Uwe: Greenpeace im unsichtbaren Visier des MfS. Kommentierte Dokumentation über die Ausnutzung und Bekämpfung der Umweltschutzorganisation Greenpeace und Westberliner Alternativgruppen durch die Staatssicherheit der DDR, Berlin 1995 (Arbeitspapiere des Forschungsverbundes SED-Staat).

Bastian, Uwe: Greenpeace in der DDR: Erinnerungsberichte, Interviews und Dokumente, Berlin 1996.

Baule, Bernward: Die politische Freund-Feind-Differenz als ideologische Grundlage des Ministeriums für Staatssicherheit (MfS), in: Deutschland Archiv 26 (1993) 2, S. 170–184.

Benser, Günter/Krusch, Hans-Joachim (Hrsg.): Dokumente zur Geschichte der kommunistischen Bewegung in Deutschland, 5 Bde., München et al. 1993.

Bentley, James: Martin Niemöller. Eine Biographie, München 1985.

Berg, Hendrik van: ABC der Spione, Pfaffenhofen 1965.

Berg, Hendrik van: Die Überläufer. Eine illustrierte Dokumentation aus den Akten der Geheimdienste, Würzburg 1979.

Besier, Gerhard: Der SED-Staat und die Kirche. Der Weg in die Anpassung, München 1993.

Besier, Gerhard: »Pfarrer, Christen, Katholiken«. Das Ministerium für Staatssicherheit der ehemaligen DDR und die Kirchen, 2. durchgesehene und um weitere Dokumente vermehrte Auflage, Neukirchen-Vluyn 1992.

Besier, Gerhard: Das Programm des Ökumenischen Rates der Kirchen (ÖKR) zur Bekämpfung des Rassismus (PCR), afrikanische Volksrepubliken und die deutschen Kirchen, in: Zeitschrift für Kirchliche Zeitgeschichte, 9 (1996) 2, S. 251–306.

Besier, Gerhard/Sauter, G.: Wie Christen ihre Schuld bekennen. Die Stuttgarter Erklärung 1945, Göttingen 1985.

Binder, Gerhard: Spione – Verräter – Patrioten, Herford 1986.

Bitmann, Ladislav: Geheimwaffe D, Bern 1972.

Bitmann, Ladislav: Zum Tode verurteilt. Memoiren eines Spions, München 1984.

Bohnsack, Günter: Hauptverwaltung Aufklärung: Die Legende stirbt: Das Ende von Wolfs Geheimdienst, Berlin 1997.

Bohnsack, Günter: Interview im Deutschlandfunk am 24. Februar 1994, zitiert nach: Rudolf Morsey: Heinrich Lübke. Eine politische Biographie, Paderborn/München 1996.

Bohnsack, Günter/Brehmer, Herbert: Auftrag Irreführung: Wie die Stasi Politik im Westen machte, Hamburg 1992.

Bohnsack, Günter/Brehmer, Herbert: Auftrag: Irreführung: Wie die Stasi im Westen Politik machte, in: Zwie-Gespräch 2 (1992) 11, S. 29–31.

Bonin, Konrad von (Hrsg.): Deutscher Evangelischer Kirchentag Frankfurt 1987, Dokumente, Stuttgart 1987.

Borcke, Astrid von: Vom KGB zum MBRF: Das Ende des sowjetischen Komitees für Staatssicherheit und der neue russische Sicherheitsdienst, in: Aus Politik und Zeitgeschichte B 21/1992, S. 33–38.

Borer, Ernst R.,: Spionage: Abwerbemethoden und Anwerbpraktiken der Geheimdienste, Kreuzlingen 1975.

Borkowski, Dieter: Der Mann ohne Skrupel. Ein Wolf im kapitalistischen Schafspelz, in: Europäische Ideen, Heft 105/1997, S. 1-5.

Born, William: DDR-Forschung ja oder nein?, in: Deutschland Archiv 9 (1976) 9, S. 923–925.

Boyens, Armin: »Geteilter Friede«. Anmerkungen zur Friedensbewegung in den 80er

Jahren, in: Heiner Timmermann (Hrsg.): Diktaturen in Europa im 20. Jahrhundert – der Fall DDR, Berlin 1996, S. 421–436.

Brauchitsch, Eberhard von: Der Preis des Schweigens. Erfahrungen eines Unternehmers, Berlin 1999.

Brauckmann, Roland: Amnesty International als Feindobjekt der DDR, Berlin 1996, Schriftenreihe des Berliner Landesbeauftragten für die Unterlagen des Staatssicherheitsdienstes der ehemaligen DDR, Bd. 3, Berlin 1996.

Braunbuch: Kriegs- und Naziverbrecher in der Bundesrepublik und in Westberlin – Staat, Wirtschaft, Verwaltung, Armee, Justiz, Wissenschaft, hrsg. vom Nationalrat der Nationalen Front des demokratischen Deutschland und vom Dokumentationszentrum der Staatlichen Archivverwaltung der DDR, dritte, überarbeitete und erweiterte Auflage, Berlin 1968.

Briem, Jürgen: Der SDS. Die Geschichte des bedeutendsten Studentenverbandes der BRD seit 1945, Frankfurt/Main 1976.

Brinkschulte, Wolfgang/Hans Jörg Gerlach/Thomas Heise: Freikaufgewinnler. Die Mitverdiener im Westen, Frankfurt/Main 1993.

Brochhagen, Ulrich: Nach Nürnberg. Vergangenheitsbewältigung und Westintegration in der Ära Adenauer, Hamburg 1994.

Brocke, Rudolf Horst: Der Erlanger Arbeitskreis zur Deutschlandpolitik, in: Wilfried von Bredow/Clemens Burrichter/Karl-Heinz Ruffmann: Entwicklungstendenzen und Perspektiven der DDR-Gesellschaft, Erlanger Beiträge zur Deutschlandpolitik, Band 4, Erlangen-Nürnberg 1989, S. 165–194.

Brocke, Rudolf Horst: Die deutschlandpolitischen Positionen der Bundestagsparteien (CDU, CSU, F.D.P., SPD, Die Grünen) 1984/85. Eine synoptische Überblicksdarstellung (vorläufige Fassung), Marburg 1985 (Manuskript).

Bruns, Wilhelm/Nawrocki, Joachim/Schulz, Hans-Dieter/Wilke, Kay-Michael/Lindemann, Hans/Hanke, Irma: Das neue »DDR-Handbuch«. Ein unentbehrliches Standardwerk (Rezensionen), in: Deutschland Archiv 9 (1976) 6, S. 624–640.

Bundesminister der Justiz (Hrsg.): »Im Namen des Deutschen Volkes«. Justiz und Nationalsozialismus (Ausstellungskatalog), Köln 1989.

Bundesminister des Innern (Hrsg.): Verfassungsschutzberichte 1978–1995, Bonn 1979–1996.

Bundesminister des Innern (Hrsg.): Kommunistische Frontorganisationen im ideologischen Klassenkampf. Über die Tätigkeit sowjetkommunistischer Propagandaorganisationen und ihrer Partner in der Bundesrepublik Deutschland, Bonn 1984, 3. überarbeitete Auflage 1985.

Bundesministerium für gesamtdeutsche Fragen: Forschungsbeirat für Fragen der Wiedervereinigung Deutschlands beim Bundesministerium für gesamtdeutsche Fragen: Erster Tätigkeitsbericht 1952/53 (Auszug), Bonn 1954.

Bundesministerium für innerdeutsche Beziehungen (Hrsg.): DDR-Handbuch, Bonn 1975.

Bundesregierung (Hrsg.): Die antisemitischen und nazistischen Vorfälle, Bonn 1960.

Burrichter, Clemens: Vom »Wandel durch Annäherung« zur Annäherung durch Wandel, in: IGW-report 3–4/1989, S. 5-10.

Busch, Heinz: Die Militärspionage der DDR-Staatssicherheit, in: Europäische Sicherheit 12/1993, S. 617–620.

Buschfort, Wolfgang: Das Ostbüro der SPD: Von der Gründung bis zur Berlin-Krise, München 1991 (Schriftenreihe Vierteljahrshefte für Zeitgeschichte, Bd. 63).

Buschfort, Wolfgang: Die Ostbüros der Parteien in den 50er Jahren. Schriftenreihe des

Berliner Landesbeauftragten für die Unterlagen des Staatssicherheitdienstes der ehemaligen DDR, Bd. 7, Berlin 1998.

Buschfort, Wolfgang: Luftballons als Feindobjekte. Westdeutscher Konzern schließt Geheimabkommen mit der Staatssicherheit, in: Deutschland Archiv 27 (1994) 3, S. 276–279.

Buschfort, Wolfgang: »Schwennicke ist politisch erledigt«. Der Kampf der Staatssicherheit gegen den Berliner FDP-Landesvorsitzenden, in: Deutschland Archiv 30 (1997) 2, S. 252–257.

Buthmann, Reinhard: Kadersicherung im VEB Carl Zeiss Jena. Die Staatssicherheit und das Scheitern des Mikroelektronikprogramms, Berlin 1997.

Chaker, Irene: Die Arbeit der Hauptverwaltung Aufklärung (HVA) im »Operationsgebiet« und ihre Auswirkungen auf oppositionelle Bestrebungen in der DDR, in Enquete-Kommission: Materialien (1995), Bd. VIII, S. 126–242.

Chotjewitz-Häfner, Renate et al. (Hrsg.): Die Biermann-Ausbürgerung und die Schriftsteller – ein deutsch-deutscher Fall. Protokoll der ersten Tagung der Geschichtskommission des Verbandes deutscher Schriftsteller (VS), Köln 1994.

Clausen, Claus P./Helmut Kamphausen/Gerhard Löwenthal: Feindzentrale »Hilferufe von drüben«, Lippstadt 1993.

Colitt, Leslie: Spymaster. The Real Life Karla, His Moles, and the East German Secret Police, London 1996.

Corino, Karl (Hrsg.): Die Akte Kant. IM »Martin«, die Stasi und die Literatur in Ost und West, Reinbek 1995.

Courtois, Stéphane/Werth, Nicolas/Panné, Jean-Louis/Paczkowski, Andrzej/Bartosek, Karel/Margolin, Jean-Louis: Das Schwarzbuch des Kommunismus. Unterdrückung, Verbrechen und Terror, München/Zürich 1998.

Dähn, Horst: Konfrontation oder Kooperation? Das Verhältnis von Staat und Kirche in der SBZ/DDR von 1945–1980, Opladen 1982.

Dallin, David J.: Die Sowjetspionage. Prinzipien und Praktiken, Köln 1956.

Das Schutzkomitee Freiheit und Sozialismus in Selbstzeugnissen, Dokumenten, Briefen und im Zerrspiegel der MfS-Akten, Sonderheft der Zeitschrift Europäische Ideen (1995).

Decker, Michael: IM »Herbert Hildebrandt« als Fallbeispiel für die »West-Arbeit« des Ministeriums für Staatssicherheit, Berlin 1999 (Manuskript).

Deckname Stabil: Stationen aus dem Leben und Wirken des Kommunisten und Tschekisten Paul Laufer, Leipzig 1988.

Dehler, Thomas: Bundestagsreden, Bonn 1973

Deutscher Bundestag (Hrsg.): Der Bereich Kommerzielle Koordinierung und Alexander Schalck-Golodkowski – Werkzeuge des SED-Regimes (Abschlußbericht des 1. Untersuchungsausschusses des 12. Deutschen Bundestages), Bonn 1994.

Die kommunistische Untergrundarbeit in der Bundesrepublik, o.O., o.J. (Typoskript). Ost-Berlin.

Die lautlose Macht. Geheimdienste nach dem Zweiten Weltkrieg, Bd. 2, Stuttgart 1985.

Die Organisationsstruktur des Ministeriums für Staatssicherheit 1989, bearbeitet von Roland Wiedmann, MfS-Handbuch Teil V/1, hrsg. vom Bundesbeauftragten für die Stasi-Unterlagen, Berlin 1996.

Dokumentation der Zeit, Berlin (Ost), Heft 195 (1959)

Dudek, Peter/Jaschke, Hans-Gerd: Entstehung und Entwicklung des Rechtsextremismus in der Bundesrepublik. Zur Tradition einer besonderen politischen Kultur, Opladen 1984.

Dutschke, Gretchen: Wir hatten ein barbarisches, schönes Leben. Rudi Dutschke – eine Biographie, Köln 1996.

Dutschke, Rudi/Manfred Wilke (Hrsg.): Die Sowjetunion, Solchenizyn und die westliche Linke, Reinbek 1975.

Ebert, Ottomar: Spionage-Karussell Ost-West, Bergisch-Gladbach 1984.

Eckert, Rainer: Die Westbeziehungen der Historiker im Auge der Staatssicherheit, in. Georg G. Iggers/Konrad H. Jarausch/Matthias Middell/Martin Sabrow (Hrsg.): Die DDR-Geschichtswissenschaft als Forschungsproblem, München 1998, S. 93–105.

Edgar, J. H./Armin, R. J.: Spionage in Deutschland, Berlin 1962.

Ehmke, Horst: Mittendrin. Von der Großen Koalition zur Deutschen Einheit, Berlin 1994.

Ehring, Klaus (= Hubertus Knabe)/Dallwitz, Martin: Schwerter zu Pflugscharen, Friedensbewegung in der DDR, Reinbek 1982.

Eichner, Klaus/Andreas Dobbert: Headquarters Germany. Die amerikanischen Geheimdienste in Deutschland, Berlin 1997.

Eichner, Klaus: Ermittlungsverfahren, Anklagen, Verurteilungen – eine Dokumentation, in: Unfrieden in Deutschland 5, Berlin 1995, S. 319–391.

Eichner, Klaus: Strafverfolgung wegen nachrichtendienstlicher Tätigkeit für die DDR, in: Unfrieden in Deutschland/Weissbuch, 5, Berlin 1995, S. 285–310

Ein Bonner Dokument: Deutscher Bundestag, 12. Wahlperiode: Kleine Anfrage der Abgeordneten des Bundestages Ingrid Köppe und der Gruppe Bündnis 90/Die Grünen, »Kontakte der Bundesregierung zu ehemaligen Mitarbeitern des Ministeriums für Staatssicherheit« (Drucksache 12/5365) und Antwort der Bundesregierung mit Schreiben des Bundesministeriums des Innern v. 20. Juli 1993, in: Horch und Guck 2 (1993) 10, S. 33–34.

Ein Dokument des sowjetzonalen Polizeistaates: Die Spitzel- und Agentenarbeit des Staatssicherheitsdienstes; in: SBZ-Archiv 5(1954)1/2, S. 8-10.

Eisenfeld, Bernd: Die Zentrale Koordinierungsgruppe. Bekämpfung von Flucht und Übersiedlung, MfS-Handbuch Teil III/17, hrsg. vom Bundesbeauftragten für die Stasi-Unterlagen, Berlin 1995.

Eisenfeld, Bernd: Gerüchteküche DDR – Die Desinformationspolitik des Ministeriums für Staatssicherheit, in: WerkstattGeschichte Nr. 15 (1996), S. 41–53.

Eltgen, Hans: Ohne Chance: Erinnerungen eines HVA-Offiziers, Berlin 1995.

Emde, Heiner: Spionage und Abwehr in der Bundesrepublik, Bergisch Gladbach 1986.

Emde, Heiner: Verrat und Spionage in Deutschland. Texte – Bilder – Dokumente, München 1980.

Engberding, Rainer O. M.: Spionageziel Wirtschaft: Technologie zum Nulltarif, Düsseldorf 1993.

Engelmann, Roger: Brüchige Verbindungen. Die Beziehungen zwischen FDP und LDPD 1956–1966, in: Engelmann/Erker: Annäherung (1993), S. 13–132.

Engelmann, Roger: Innerdeutsche Beziehungen im Kalten Krieg – Die Deutschlandpolitik der FDP und ihre Kontakte zu LDPD und SED 1956–1966, in: Hübsch/Frölich (Hrsg.): Liberalismus (1997), S. 54–81.

Engelmann, Roger/Erker, Paul: Annäherung und Abgrenzung. Aspekte deutsch-deutscher Beziehungen 1956–1969, Schriftenreihe der Vierteljahrshefte für Zeitgeschichte, Band 66, München 1993.

Enquete-Kommission: Materialien der Enquete-Kommission »Aufarbeitung von Geschichte und Folgen der SED-Diktatur in Deutschland« (12. Wahlperiode des Deutschen Bundestages), hrsg. vom Deutschen Bundestag, 18 Bde., Baden-Baden und Frankfurt/Main 1995.

Eppler, Erhard: »Von der Konfrontation zum Dialog?«, in: Deutscher Evangelischer Kirchentag Frankfurt 1987. Dokumente, hrsg. im Auftrag des Deutschen Evangelischen Kirchentages von Konrad von Bonin, Stuttgart 1987, S. 704.

Erker, Paul: »Arbeit nach Westdeutschland«. Innenansichten des deutschlandpolitischen Apparates der SED 1959–1969, in: Engelmann/Erker: Annäherung (1993) S. 133–196.

Felfe, Heinz: Im Dienst des Gegners. 10 Jahre Moskaus Mann im BND, Hamburg 1986.

Felfe, Heinz: Im Dienst des Gegners. Autobiographie, Berlin (Ost) 1988.

Fichter, Tilman: SDS und SPD. Parteilichkeit jenseits der Partei, Opladen 1988 (Schriften des Zentralinstituts für sozialwissenschaftliche Forschung der Freien Universität Berlin, Bd. 52).

Fichter, Tilman/Lönnendonker, Siegward: Kleine Geschichte des SDS. Der Sozialistische Deutsche Studentenbund von 1946 bis zur Selbstauflösung, Berlin 1977.

Fichter, Tilman/Lönnendonker, Siegward: kleine Geschichte des SDS, Berlin 1998.

Filbinger, Hans: Die geschmähte Generation. Politische Erinnerungen, 3. Auflage: Die Wahrheit aus den Stasi-Akten, München 1994.

Flechtheim, Ossip K./Rudzio, Wolfgang/Vilmar, Fritz/Wilke, Manfred: Der Marsch der DKP durch die Institutionen. Sowjetmarxistische Einflußstrategien, Frankfurt am Main 1980.

Florath, Bernd/Armin Mitter (Hrsg.): Die Ohnmacht der Allmächtigen: Geheimdienste und politische Polizei in der modernen Gesellschaft, Berlin 1992.

Förster, Günter: Bibliographie der Diplomarbeiten und Abschlußarbeiten an der Hochschule des MfS, hrsg. vom Bundesbeauftragten für die Stasi-Unterlagen, Reihe A, Dokumente, Nr. 1/98, Berlin 1998.

Förster, Günter: Die Dissertationen an der »Juristischen Hochschule« des MfS. Eine annotierte Bibliographie, hrsg. vom Bundesbeauftragten für die Stasi-Unterlagen, Berlin 1994.

Foote, Alexander: Handbuch für Spione, Darmstadt 1954.

Frederik, Hans: Das Ende einer Legende: Die abenteuerlichen Erlebnisse des Towarischtsch Alexander Busch, München 1971.

Frederik, Hans: Der aufhaltsame Aufstieg des Karl August Schiller, München 1966.

Frederik, Hans: Deutschland zwischen Bonn und Pankow, München o.J. (1964).

Frederik, Hans: Die Kandidaten, München 1961.

Frederik, Hans: Die Rechtsradikalen, München 1965.

Frederik, Hans: Franz Josef Strauß. Das Lebensbild eines Politikers, München 1965.

Frederik, Hans: Franz Josef Strauß. Weder Heiliger noch Dämon, 3. erw. Aufl., München 1969.

Frederik, Hans: Gezeichnet vom Zwielicht seiner Zeit, München 1969 (weitere, zum Teil neu bearbeitete Auflagen: 1972 und 1976).

Frederik, Hans: Herbert Wehner – Das Ende einer Legende, Landshut 1982.

Frederik, Hans: Herbert Wehner – der rote Rattenfänger. Biographie einer Biographie, o.O. 1973.

Frederik, Hans: Linke Prominenz in Deutschland, Landshut 1980.

Frederik, Hans: NPD. Gefahr von rechts?, München 1966.

Freudenhammer, Alfred/Vater, Karl-Heinz: Herbert Wehner. Ein Leben mit der Deutschen Frage, München 1978.
Fricke, Karl Wilhelm: Akten-Einsicht. Rekonstruktion einer politischen Verfolgung, Berlin 1996.
Fricke, Karl Wilhelm: Bekenntnisse und Selbstverklärung eines Ex-Spions, in: Deutschland Archiv 20 (1987) 6, S. 565–568.
Fricke, Karl Wilhelm: Die DDR-Staatssicherheit: Entwicklung, Strukturen, Aktionsfelder, Köln 1982.
Fricke, Karl Wilhelm: Die Hauptverwaltung Aufklärung. Zielsetzung, Strukturen, Arbeitsweise, in: Deutschland Archiv 12 (1979) 10, S. 1043–1055.
Fricke, Karl Wilhelm, unter Mitarbeit von Gerhard Ehlert: Entführungsaktionen der DDR-Staatssicherheit und die Folgen für die Betroffenen. Bericht für die Enquete-Kommission »Überwindung der Folgen der SED-Diktatur im Prozeß der deutschen Einheit«, Köln/Berlin 1998 (Manuskript).
Fricke, Karl Wilhelm: Entführungsopfer postum rehabilitiert, in: Deutschland Archiv 29 (1996) 5, S. 713–717.
Fricke, Karl Wilhelm: »Jeden Verräter ereilt sein Schicksal«. Die gnadenlose Verfolgung abtrünniger MfS-Mitarbeiter, in: Deutschland Archiv 27 (1994) 3, S. 258–265.
Fricke, Karl Wilhelm: MfS intern. Macht, Strukturen, Auflösung der DDR-Staatssicherheit, Köln 1991.
Fricke, Karl Wilhelm: Mitteilungen und Mutmaßungen zu Markus Wolf, in: Deutschland Archiv 20 (1987) 3, S. 229–231.
Fricke, Karl Wilhelm: Opposition und Widerstand in der DDR. Ein politischer Report, Köln 1984.
Fricke, Karl Wilhelm: Ordinäre Abwehr – elitäre Aufklärung? Zur Rolle der Hauptverwaltung A im Ministerium für Staatssicherheit, in: Aus Politik und Zeitgeschichte B 50/1997, S. 17–26.
Fricke, Karl Wilhelm: Organisation und Tätigkeit der DDR-Nachrichtendienste, in: Krieger/Weber (Hrsg.): Spionage (1997), S. 213–224.
Fricke, Karl Wilhelm: Postkriptum zum Fall Walter Linse, in: Deutschland Archiv 29 (1996) 6, S. 917–919.
Fricke, Karl Wilhelm: Spionage und Koexistenz in Deutschland, in: Deutschland Archiv 18 (1985) 10, S. 1029–1033.
Fricke, Karl Wilhelm: »Verrat« und »Verräter« in der DDR-Staatssicherheit, in: Recht und Politik 30 (1994) 1, S. 27–30.
Fricke, Karl Wilhelm: Zur Manipulierung und Präjudizierung politischer Strafurteile durch das MfS, in: Deutschland Archiv 29 (1996) 6, S. 887–896.
Fricke, Karl Wilhelm/Engelmann, Roger: »Konzentrierte Schläge«. Staatssicherheitsaktionen und politische Prozesse in der DDR 1953 bis 1956, Berlin 1998.
Fricke, Karl Wilhelm/Marquardt, Bernhard: DDR-Staatssicherheit. Das Phänomen des Verrats – Die Zusammenarbeit zwischen MfS und KGB, Bochum 1995.
Fuchs, Jürgen: Bearbeiten, dirigieren, zuspitzen. Die »leisen« Methoden des MfS, in: Klaus Behnke/Jürgen Fuchs (Hrsg.), Zersetzung der Seele. Psychologie und Psychatrie im Dienste der Stasi, Hamburg 1995, S. 44–83.
Fuchs, Jürgen: Das Ende einer Feigheit, Reinbek 1988.
Fuchs, Jürgen: Einmischung in eigene Angelegenheiten. Gegen Krieg und verlogenen Frieden, Reinbek 1984.
Fuchs, Jürgen: Fassonschnitt, Reinbek 1984.

Fuchs, Jürgen: Gedächtnisprotokolle, Reinbek 1977.
Fuchs, Jürgen: Landschaften der Lüge, in: Der Spiegel Nr. 47/1991 bis Nr. 51/1991.
Fuchs, Jürgen: Magdalena. MfS – Memfisblues – Stasi – Die Firma – VEB Horch & Gauck. Roman, Berlin 1998.
Fuchs, Jürgen: Unter Nutzung der Angst. Die »leise« Form des Terrors – Zersetzungsmaßnahmen des MfS, hrsg. vom Bundesbeauftragten für die Stasi-Unterlagen, Berlin 1994.
Fuchs, Jürgen: Vernehmungsprotokolle, Reinbek 1978.

Gast, Gabriele: Kundschafterin des Friedens, Frankfurt am Main 1999.
Gehlen, Reinhard: Der Dienst. Erinnerungen 1942–1972, Mainz 1971 et al.
Gehlen, Reinhard: Verschlußsache, Mainz 1980.
Gehlen, Reinhard: Zeichen der Zeit. Gedanken und Analysen zur weltpolitischen Entwicklung, Mainz 1973.
Generalbundesanwalt, Der: Anklageschrift gegen Markus Wolf, Karlsruhe 1992 (Eigendruck).
Generalbundesanwalt, Der: Anklageschrift gegen Rolf Günter Wagenbreth, Wolfgang Albert Mutz, Rolf Otto Herbert Rabe, Bernd Werner Michels, Karlsruhe 1993 (Eigendruck).
Generalbundesanwalt, Der: Anklageschrift gegen Horst Männchen, Karlsruhe 1993 (Eigendruck).
Generale für den Frieden. Interviews von Gerhard Kade, Köln 1981.
Geppert, Dominik: Störmanöver. »Das Manifest der Opposition« und die Schließung des Ost-Berliner »Spiegel«-Büros im Januar 1978, Berlin 1996.
Gerken, Richard: Spion in Bonn. Der Fall Frenzel und andere. Zum erstenmal nach Dokumenten der Sicherheitsbehörden, Donauwörth o.J.
Gerken, Richard: Spione unter uns: Methoden und Praktiken der Roten Geheimdienste nach amtlichen Quellen. Die Abwehrarbeit in der Bundesrepublik Deutschland, Donauwörth 1965.
Geworkjan, Natalija: Der KGB lebt. Fakten, Personen und Schicksale aus der Geschichte des sowjetischen Geheimdienstes, Berlin 1992.
Gieseke, Jens: Die hauptamtlichen Mitarbeiter des Ministeriums für Staatssicherheit (Anatomie der Staatssicherheit. Geschichte, Struktur, Methoden. MfS-Handbuch, Teil IV/1), hrsg. vom Bundesbeauftragten für die Stasi-Unterlagen, Berlin 1995.
Gieseke, Jens: Wer war wer im Ministerium für Staatssicherheit, (Anatomie der Staatssicherheit. Geschichte, Struktur, Methoden. MfS-Handbuch, Teil IV/1), hrsg. vom Bundesbeauftragten für die Stasi-Unterlagen, Berlin 1998.
Gill, David/Schröter, Ulrich, Das Ministerium für Staatssicherheit. Anatomie des Mielke-Imperiums, Berlin 1991
Globkes Braune Notstandsexekutive. Das Bonner Geheimkabinett der Staatssekretäre – ein Exklusivverein belasteter Nazis und Antisemiten. Eine Dokumentation vom Ausschuß für Deutsche Einheit, o.O. [Berlin] o.D. [Mai 1963].
Gordiewsky, Oleg/Christopher Andrew: KGB. Die Geschichte seiner Auslandsoperationen von Lenin bis Gorbatschow, München 1990.
Gramont, Sanche de: Der geheime Krieg. Die Geschichte der Spionage seit dem Zweiten Weltkrieg, Wien 1962.
Grande, Dieter/Schäfer, Bernd: Interne Richtlinien und Bewertungsmaßstäbe zu kirchlichen Kontakten mit dem MfS, in: Vollnhals (Hrsg.): Kirchenpolitik (1996), S. 388–404.

Greive, Hermann: Geschichte des modernen Antisemitismus in Deutschland, Darmstadt 1983.
Greschat, Martin (Hrsg.): Die Schuld der Kirche, München 1982.
Gries, Sabine: Die Pflichtberichte der wissenschaftlichen Reisekader der DDR, in: Voigt/Mertens (Hrsg.): DDR-Wissenschaft (1995), S. 141–168.
Günther, Heinz: Wie Spione gemacht werden, Berlin o.J. (1992).
Guillaume, Günter: Die Aussage: protokolliert von Günter Karau/Günter Guillaume, Berlin, 1988.
Guillaume, Günter: Die Aussage: Wie es wirklich war, München 1990.
Gunzenhäuser, Max: Geschichte des geheimen Nachrichtendienstes. Spionage, Sabotage, Abwehr. Literaturbericht und Bibliographie, Frankfurt/Main 1968.

Hacker, Jens: Deutsche Irrtümer. Schönfärber und Helfershelfer der SED-Diktatur im Westen, Berlin 1992 (4. Auflage).
Haendcke-Hoppe-Arndt, Maria: Die Hauptabteilung XVIII: Volkswirtschaft (Anatomie der Staatssicherheit. Geschichte, Struktur, Methoden. MfS-Handbuch, Teil III/10), hrsg. vom Bundesbeauftragten für die Stasi-Unterlagen, Berlin 1997.
Hagen, Louis: Der heimliche Krieg auf deutschem Boden seit 1945, Düsseldorf 1969.
Halter, Hans: Krieg der Gaukler. Das Versagen der deutschen Geheimdienste, Göttingen 1993.
Hamacher, Heinz-Peter: DDR-Forschung und Politikberatung 1949–1990 – ein Wissenschaftszweig zwischen Selbstbehauptung und Anpassung, Köln 1991.
Harich, Wolfgang: Keine Schwierigkeiten mit der Wahrheit, Berlin 1993.
Hartmann, Wolfgang: Aufklärer in der BRD, in: Blätter für deutsche und internationale Politik, Nr. 9/1997, S. 1123–1132.
Hartmann, Wolfgang: Das Erbe Dzierzynskis – oder weshalb seine Nachdenklichkeit abhanden kam. Persönliche Reflexionen und Fragen an meinesgleichen, in: Utopie kreativ 7 (1997) 83, S. 5-19.
Hartmann, Wolfgang: Gedanken gegen den Strom. Zu den Motiven von Spionen in der BRD, in: Zwie-Gespräch 2(1992)10, S. 12-23.
Hehl, Ulrich von: Der Beamte im Reichsinnenministerium: Die Beurteilung Globkes in der Diskussion der Nachkriegszeit. Eine Dokumentation, in: Klaus Gotto (Hrsg.): Der Staatssekretär Adenauers. Persönlichkeit und politisches Wirken Hans Globkes, Stuttgart 1980, S. 230-282.
Heilmann, Peter: Ein neues Leben, in: ders. (Hrsg.): So begann meine Nachkriegszeit. Männer und Frauen erzählen vom Mai 1945, Berlin (West) 1985.
Heinemann, Karl-Heinz/Schuberth, Wilfried (Hrsg.): Der antifaschistische Staat entläßt seine Kinder, Berlin 1992.
Herms, Michael: Heinz Lippmann. Porträt eines Stellvertreters, Berlin 1996.
Herms, Michael/Popp, Karla: Westarbeit der FDJ 1946–1989. Eine Dokumentation, Berlin 1997.
Herz, Peter: Berlin-Lichtenberg Normannenstraße 22: Agentenzentrale SSD, Berlin 1961.
Herzberg, Guntolf: Der OV »Netz« in den Akten des MfS: Die Stasi über das »European Network« und den »Ost-West-Dialog«, Berlin 1992 (Manuskript).
Hirsch, Kurt (Hrsg.): Deutschlandpläne. Dokumente und Materialien zur deutschen Frage, München 1967.
Hirsch, Kurt: Die Blutlinie. Ein Beitrag zur Geschichte des Antikommunismus in Deutschland, Frankfurt/Main 1960.

Hirsch, Kurt: Die Republikaner – die falschen Patrioten, Schriftenreihe der bayerischen SPD, 2. überarbeitete und ergänzte Auflage, München 1989.
Hirsch, Kurt: Kommen die Nazis wieder? Gefahren für die Bundesrepublik, München 1960.
Hirsch, Rudolf: Der Markus-Wolf-Prozeß. Eine Reportage, Berlin 1994.
Hochschule im Umbruch, Teil III: Auf dem Weg in den Dissens (1957–1964), Berlin 1974.
Höhne, Heinz: Krieg im Dunkeln, München 1985.
Holzweißig, Gunter: Das Gesamtdeutsche Institut als Feindobjekt des MfS (Vortragsmanuskript vom 25. 2. 1998).
Holzweißig, Gunter: Das MfS und die Medien, in: Deutschland Archiv 25(1992)1, S. 32–42.
Holzweißig, Gunter: Klassenfeinde und »Entspannungsfreunde«: West-Medien im Fadenkreuz von SED und MfS, Berlin 1995 (Schriftenreihe des Berliner Landesbeauftragten für die Unterlagen des Staatssicherheitsdienstes der ehemaligen DDR).
Holzweißig, Gunter: Zensur ohne Zensor. Die SED-Informationsdiktatur, Bonn 1997.
Honecker, Erich: Aus meinem Leben, Berlin (Ost) 1981.
Horchem, Hans Josef: Auch Spione werden pensioniert, Herford 1993.
Hutton, J. Bernard: Ostagenten am Werk: Das Ohr am Eisernen Vorhang, Dokumentarbericht, München 1972.
Hutton, J. Bernard: Schule für Spione. Moskau unterminiert die Welt, Bonn 1962.
Hübsch, Reinhard/Frölich, Jürgen: Deutsch-deutscher Liberalismus im Kalten Krieg. Zur Deutschlandpolitik der Liberalen 1945–1970, Potsdam 1997.

Illichmann, Jutta: Die DDR und die Juden. Die deutschlandpolitische Instrumentalisierung von Juden und Judentum durch die Partei- und Staatsführung der DDR, Frankfurt/Main–New York 1997.
Inacker, Michael J.: Die Ideologieanfälligkeit des deutschen Protestantismus. Gibt es eine Demokratieunfähigkeit der evangelischen Kirche?, in: Christoph Lenhartz (Hrsg.): Evangelische Kirche – Demokratie – Stasi-Aufarbeitung, Bergisch Gladbach 1997, S. 11–24.
Inacker, Michael J.: Zwischen Transzendenz, Totalitarismus und Demokratie. Die Entwicklung des kirchlichen Demokratieverständnisses von der Weimarer Republik bis zu den Anfängen der Bundesrepublik, Neukirchen-Vluyn 1994.

Jentsch, Eva: Agenten unter uns: Spionage in der Bundesrepublik, Düsseldorf 1966.
John, Otto: Zweimal kam ich heim. Vom Verschwörer zum Schützer der Verfassung, Düsseldorf 1969.
Jordan, Carlo/Mitter, Armin/Wolle, Stefan: Die Grünen der Bundesrepublik in der politischen Strategie der SED-Führung (Zwischenbericht), Berlin 1994 (Manuskript), Archiv Grünes Gedächtnis.

Kabus, Andreas: Auftrag Windrose: Der militärische Geheimdienst der DDR, Berlin 1993.
Kahl, Werner: Spionage in Deutschland heute, München 1986.
Kaltenbrunner, Ger-Klaus (Hrsg.): Wozu Geheimdienste? Kundschafter – Agenten – Spione, München 1985.
Kanonenberg, Andreas/Michael Müller: Die RAF-Stasi-Connection, Berlin 1992.
Kappelt, Olaf: Braunbuch DDR. Nazis in der DDR, Berlin 1981.

Karau, Gisela: Stasiprotokolle: Gespräche mit ehemaligen Mitarbeitern des »Ministeriums für Staatssicherheit« der DDR, Frankfurt/Main 1992.
Kaufmann, Bernd et al.: Der Nachrichtendienst der KPD 1919–1937, Berlin 1993.
Kempner, Robert M. W.: Begegnungen mit Hans Globke: Berlin/Nürnberg/Bonn, in: Klaus Gotto (Hrsg.): Der Staatssekretär Adenauers. Persönlichkeit und politisches Wirken Hans Globkes, Stuttgart 1980, S. 213–229.
Keworkow, Wjatscheslaw: Der geheime Kanal. Moskau, der KGB und die Bonner Ostpolitik, Berlin 1995.
Keworkow, Wjatscheslaw: KGB heute, Bern/München 1984.
Klepper, Peter: Operativ-Vorgang »Kongreß« gegen das Bahro-Komitee, in: Horch und Guck, Heft 22 (1/98), S. 10–17.
Klingl, Friedrich: »Das ganze Deutschland soll es sein« – Thomas Dehler und die außenpolitischen Weichenstellungen der fünfziger Jahre. Eine Analyse der außenpolitischen Konzeption und des außenpolitischen Verhaltens Thomas Dehlers, München 1997.
Kloss, Herbert Siegmar: MAD. Der militärische Abschirmdienst der Bundeswehr – Bilanz und Ausblicke, in: Beiträge zur Konfliktforschung 17 (1987) 1, S. 99–133.
Knabe, Hubertus: Akteneinsicht eines Westdeutschen, in: Hans Joachim Schädlich (Hrsg.), Aktenkundig. Berlin 1992, S. 229–253.
Knabe, Hubertus: Die feinen Waffen der SED. Nicht-strafrechtliche Formen politischer Viktimisierung in der DDR, in Ulrich Baumann/Helmut Kury (Hrsg.): Politisch motivierte Verfolgung – Opfer von SED-Unrecht, Freiburg 1998, S. 303–329.
Knabe, Hubertus: Die Gnade der westdeutschen Geburt. Die Stasi-Vergangenheit der Bundesrepublik muß aufgearbeitet werden, in: Frankfurter Allgemeine Zeitung vom 15. Dezember 1997.
Knabe, Hubertus: Die Stasi als Problem des Westens. Zur Tätigkeit des MfS im »Operationsgebiet«, in: Aus Politik und Zeitgeschichte, B 50/1997a, 5. 12. 1997, S. 3–16.
Knabe, Hubertus: Die Stasi war immer dabei. Muß die Geschichte der alten Bundesrepublik neu geschrieben werden?, in: Frankfurter Allgemeine Zeitung vom 8. Dezember 1997.
Knabe, Hubertus unter Mitarbeit von Jochen Hecht, Hanna Labrenz-Weiß, Andreas Schmidt, Tobias Wunschik, Bernd Eisenfeld und Monika Tantzscher: Die »West-Arbeit« des MfS und ihre Wirkungen. Bericht des Bundesbeauftragten für die Stasi-Unterlagen an die Enquete-Kommission des Deutschen Bundestages »Überwindung der Folgen der SED-Diktatur im Prozeß der deutschen Einheit«, Berlin 1998 (Manuskript).
Knightley, Phillip: Die Geschichte der Spionage im 20. Jahrhundert. Aufbau und Organisation, Erfolge und Niederlagen der großen Geheimdienste, Berlin 1989.
Knopp, Guido: Verräter im Geheimen Krieg, München 1994.
Knorr, Lorenz: Geschichte der Friedensbewegung in der Bundesrepublik, Köln 1983.
Koch, D.: Heinemann und die Deutschlandfrage, München 1972.
Koch, Dietrich: »Boris Buch«: Verrat aus Westdeutschland und die Folgen, Mülheim 1998 (Manuskript).
Koch, Egmont: Das geheime Kartell: BND, Schalck, Stasi & Co., Hamburg, 1992.
Koch, Peter-Ferdinand: Das Schalck-Imperium: Deutschland wird gekauft, München, 1992.
Koch, Peter-Ferdinand: Die feindlichen Brüder: DDR contra BRD – Eine Bilanz nach 50 Jahren Bruderkrieg, Bern 1994.

Kondraschew, Sergei A: Stärken und Schwächen der sowjetischen Nachrichtendienste, insbesondere in bezug auf Deutschland in der Nachkriegszeit, in: Krieger/Weber: Spionage (1997), S. 145-153.
Koppel, Wolfgang: Justiz im Zwielicht. NS-Urteile – Personalakten – Katalog beschuldigter Juristen, Karlsruhe o.J. (1963).
Koppel, Wolfgang (Hrsg.): Ungesühnte Nazijustiz – Hundert Urteile klagen ihren Richter an, Karlsruhe 1960.
Koppel, Wolfgang/Sauer, Karl: Führer durch das braune Bonn, Frankfurt/Main 1969.
Krause, Fritz: Antimilitaristische Opposition in der BRD 1949-55, Frankfurt/Main 1971.
Kraushaar, Wolfgang: »Ich bin froß, daß keine SDS-Idee Wirklichkeit wurde« [Interview], in: Die Neue Gesellschaft/Frankfurter Hefte, November 1998, S. 1022-1029.
Kraushaar, Wolfgang: Unsere unterwanderten Jahre. Die barbarische und gar nicht schöne Infiltration der Studentenbewegung durch die Organe der Staatssicherheit, in: Frankfurter Allgemeine Zeitung vom 7. April 1998, S. 45.
Krieger, Wolfgang/Jürgen Weber (Hrsg.): Spionage für den Frieden? Nachrichtendienste in Deutschland während des Kalten Krieges, München 1997.
Krivitsky, Walter G.: Ich war Stalins Agent, hrsg. von Hellmut G. Haasis, Grafenau-Döffingen 1990.
Krjutschkow, Wladimir: Der Internationalist Markus Wolf, (unter dem Haupttitel: Alte Kameraden) übersetzt und gekürzt dokumentiert von Vera Ammer, in: Deutschland Archiv 27 (1994) 8, S. 894-896.
Kubina, Michael: »In einer solchen Form, die nicht erkennen läßt, worum es sich handelt ...«. Zu den Anfängen der parteieigenen Geheim- und Sicherheitsapparate der KPD/SED nach dem Zweiten Weltkrieg, in: Internationale wissenschaftliche Korrespondenz zur Geschichte der Arbeiterbewegung (IWK), Heft 3/1996, S. 340-374.
Kubina, Michael: »Was in dem einen Teil verwirklicht werden kann mit Hilfe der Roten Armee, wird im anderen Teil Kampffrage sein«. Zum Aufbau des zentralen Westapparates der KPD/SED 1945-1949, in: Wilke: Parteizentrale (1998), S. 413-500.
Kundschafter des Friedens, Leipzig 1989 (Publikation für MfS-Angehörige).
Kunze, Gerhard: Grenzerfahrungen. Kontakte und Verhandlungen zwischen dem Land Berlin und der DDR 1949-1989, Berlin 1999.
Kuppe, Johannes: Die deutsch-deutschen Beziehungen aus der Sicht der DDR, in: Werner Weidenfeld/Hartmut Zimmermannn (Hrsg.): Deutschland-Handbuch. Eine doppelte Bilanz 1949-1989, Bonn 1989, S. 551-567.
Kuppe, Johannes: Gedenken für Peter Christian Ludz, in: Deutschland Archiv 14 (1980) 2, S. 132.
Kurjo, Andreas: Agrarproduktion in den Mitgliedsländern des COMECON, Gießen/Berlin 1974.
Kurjo, Andreas: Landwirtschaft und Umwelt in der DDR. Ökologische, rechtliche und institutionelle Aspekte der sozialistischen Agrarpolitik, in: Umweltprobleme und Umweltbewußtsein in der DDR, hrsg. von der Redaktion Deutschland Archiv, Köln 1985, S. 39-78.
Kurjo, Andreas: Probleme und Ergebnisse der SED-Agrarpolitik in diesem Jahrzehnt, in: Deutschland Archiv 19 (1986) 12, S. 1326-1332.

Lampe, Joachim: Politische und juristische Aspekte der Spionageprozesse, in: Jürgen Weber/Michael Piazolo (Hrsg.): Eine Diktatur vor Gericht. Aufarbeitung von SED-Unrecht durch die Justiz, München 1995, S. 137-145.

Lang, Jochen von: Erich Mielke. Eine deutsche Karriere, Berlin 1991.
Lattmann, Dieter: Jonas vor Potsdam, Zürich 1995.
Lederer, Andrea/Goldenbaum, Ursula/Hartmann, Wolfgang/Pickardt, Michael: Spionage & Justiz nach dem Anschluß der DDR, Berlin 1992.
Leide, Henry: Die verschlossene Vergangenheit. Sammlung und selektive Nutzung von NS-Materialien durch die Staatssicherheit zu justitiellen, operativen und propagandistischen Zwecken, in: Roger Engelmann/Clemens Vollnhals (Hrsg.): Justiz im Dienste der Parteiherrschaft. Rechtspraxis und Staatssicherheit in der DDR, Berlin 1999, S. 495–530.
Leide, Henry: Herr der Akten. Eine Skizze zur propagandistischen, operativen und justitiellen Auswertung von NS-Materialien durch das ehemalige MfS, Berlin 1998 (Manuskript).
Lemke, Michael: Instrumentalisierter Antifaschismus und SED-Kampagnenpolitik im deutschen Sonderkonflikt 1960–1968, in: Jürgen Daniel (Hrsg.): Die geteilte Vergangenheit. Zum Umgang mit Nationalsozialismus und Widerstand in beiden deutschen Staaten, Berlin 1995, S. 61–86.
Lemke, Michael: Kampagnen gegen Bonn. Die Systemkrise der DDR und die West-Propaganda der SED 1960–1963, in: Vierteljahrshefte für Zeitgeschichte 41 (1993) 2, S. 153–174.
Leonhard, Wolfgang: Dämmerung im Kreml. Wie eine neue Ostpolitik aussehen müßte, Stuttgart 1984.
Lévai, Jenö (Hrsg.): Eichmann in Ungarn. Dokumente, Budapest 1961.
Lewytzkyj, Boris: Vom Roten Terror zur sozialistischen Gesetzlichkeit. Der sowjetische Sicherheitsdienst, München 1961.
Liebl, Karlhans (Hrsg.): Betriebsspionage. Begehungsformen – Schutzmaßnahmen – Rechtsfragen, Ingelheim 1987.
Lilge, Herbert: Deutschland 1945–1963, Hannover 1978.
Lippmann, Heinz: Honecker. Porträt eines Nachfolgers, Köln 1971
Lohneis, Hans: DDR-Wissenschaft im Zwiespalt zwischen Forschung und Staatssicherheit, in: Deutschland Archiv 27 (1994) 7, S. 747–750.
Lotze, Gerd: Karl Wienand. Der Drahtzieher, Köln 1995.
Ludz, Peter Christian: Situation, Möglichkeiten und Aufgaben der DDR-Forschung in der Bundesrepublik, in: Die Neue Gesellschaft, 15 (1968) 2, S. 151–160.
Ludz, Peter Christian/Kuppe, Johannes, unter Mitarbeit von Manfred Melzer und Ralf Rytlewski: Das »DDR-Handbuch«: Eine Antikritik, in: Deutschland Archiv 9 (1976) 9, S. 925–941.

Macrakis, Kristie: Das Ringen um wissenschaftlich-technischen Höchststand: Spionage und Technologietransfers in der DDR, in: Dieter Hoffmann/Kristie Macrakis: Naturwissenschaft und Technik in der DDR, Berlin 1997, S. 59–88.
Mader, Julius: Die graue Hand. Eine Abrechnung mit dem Bonner Geheimdienst, Berlin o. J.
Mader, Julius: Die Killer lauern. Ein Dokumentarbericht über die Ausbildung und den Einsatz militärischer Diversions- und Sabotageeinheiten in den USA und in Westdeutschland, Berlin 1961.
Mader, Julius: Dr.-Sorge-Report, Berlin 1984.
Mader, Julius: Dr.-Sorge-Report. Ein Dokumentarbericht über Kundschafter des Friedens mit ausgewählten Artikeln von Richard Sorge, Berlin 1985.

Mader, Julius: Gangster in Aktion. Aufbau und Verbrechen des amerikanischen Geheimdienstes, Berlin 1961.
Mader, Julius (Hrsg.): Who's who in CIA. Ein biographisches Nachschlagewerk über 3000 Mitarbeiter der zivilen und militärischen Geheimdienstzweige der USA in 120 Staaten, Berlin 1968.
Mader, Julius/Charisius, Albrecht: Nicht länger geheim. Entwicklung, System und Arbeitsweise des imperialistischen deutschen Geheimdienstes, Berlin 1978.
Mader, Julius/Stuchliki, Gerhard/Pehnert, Horst: Dr. Sorge funkt aus Tokyo, Berlin 1967.
Mammach, Klaus: Widerstand 1939–1945. Geschichte der deutschen antifaschistischen Widerstandsbewegung im Inland und in der Emigration, Berlin (Ost) 1987.
Mampel, Siegfried: Das Ministerium für Staatssicherheit der ehemaligen DDR als Ideologiepolizei. Zur Bedeutung einer Heilslehre als Mittel zum Griff auf das Bewußtsein für das Totalitarismusmodell, Schriftenreihe der Gesellschaft für Deutschlandforschung, Bd. 50, Berlin 1996.
Mampel, Siegfried: Der Untergrundkampf des Ministeriums für Staatssicherheit gegen den Untersuchungsausschuß Freiheitlicher Juristen in Berlin (West), Schriftenreihe des Berliner Landesbeauftragten für die Unterlagen des Staatssicherheitsdienstes der ehemaligen DDR, Bd. 1, Berlin 1994.
Mampel, Siegfried: Die DDR- und vergleichende Deutschlandforschung in der Sicht des Ministeriums für Staatssicherheit, in: Deutschland Archiv 29 (1996) 1, S. 34–48.
Mampel, Siegfried: Entführungsfall Dr. Walter Linse – Menschenraub und Justizmord als Mittel des Staatsterrors, Berlin 1999 (Schriftenreihe des Berliner Landesbeauftragten für die Unterlagen des Staatssicherheitsdienstes der ehemaligen DDR, Bd. 10).
Mampel, Siegfried: Organisierte Kriminalität der Stasi in Berlin (West). Die Machenschaften des Ministeriums für Staatssicherheit gegen den Untersuchungsausschuß Freiheitlicher Juristen, in: Deutschland Archiv 27 (1994) 9, S. 907–926.
Margolin, Jean-Louis: Vietnam: Die Sackgasse eines Kriegskommunismus, in: Courtois/Werth/Panné/Paczkowski/Bartosek/Margolin: Schwarzbuch (1998), S. 630–639.
Marquardt, Berndhard: Die Zusammenarbeit zwischen MfS und KGB, in: Enquete-Kommission (1995), Band VIII, S. 297–361.
Mechtersheimer, Alfred (Hrsg.): Nachrüsten? Dokumente und Positionen zum NATO-Doppelbeschluß, Reinbek 1981.
Meier, Richard: Geheimdienst ohne Maske: Der ehemalige Präsident des Bundesverfassungsschutzes über Agenten, Spione und einen gewissen Herrn Wolf, Bergisch-Gladbach 1992.
Mertens, Lothar: Davidstern unter Hammer und Zirkel. Die jüdischen Gemeinden in der SBZ/DDR und ihre Behandlung durch Partei und Staat 1945–1990, Hildesheim 1997.
Mertens, Lothar: »Westdeutscher« Antisemitismus? MfS-Dokumente über eine Geheimaktion in der Bundesrepublik Deutschland, in: Deutschland Archiv 27 (1994) 12, S. 1271–1274.
Mewis, Karl: Im Auftrag der Partei. Erlebnisse im Kampf gegen die faschistische Diktatur, Berlin 1973.
Meyer, Till: Staatsfeind. Erinnerungen, Hamburg 1996.
Meyers Neues Handlexikon, Leipzig 1971, Bd. 1.
Michels, Bernd: Spionage auf deutsch: Wie ich über Nacht zum Top-Agenten wurde, Düsseldorf 1992.
Minnick, Wendell L.: Spies and Provocateurs. A Worldwide Encyclopedia of Persons Conducting Espionage and Covert Action 1946–1991, Jefferson 1992.

Mochalski, Herbert, in Zusammenarbeit mit Werner Jaspert, Erich Roether und Dietmar Schmidt (Hrsg.): Der Mann in der Brandung. Ein Bildbuch um Martin Niemöller, Frankfurt/Main 1962.
Möchel, Kid: Der geheime Krieg der Agenten. Spionagedrehscheibe Wien, Hamburg 1997.
Mönnighoff, Martin: »Hettstedt ruft Münster!«. »Westarbeit« der Sozialistischen Einheitspartei Deutschlands im Bezirk Halle und in Nordrhein-Westfalen (1956–1970), Münster 1998.
Morsey, Rudolf: Heinrich Lübke. Eine politische Biographie, Paderborn/München 1996.
Motschmann, Jens: Die Pharisäer. Die evangelische Kirche, der Sozialismus und das SED-Regime, Berlin 1993.
Müller, Erich: National-Bolschewismus, Hamburg 1933.
Müller, Hans-Peter: Die Westarbeit der SED am Beispiel der DKP, in: Enquete-Kommission: Materialien (1995), Bd. V/2, S. 1868–1926.
Müller, Reinhard: Die Akte Wehner. Moskau 1937 bis 1941, Berlin 1993.
Müller-Enbergs, Helmut (Hrsg.): Die Inoffiziellen Mitarbeiter II. Anleitungen für die Arbeit mit Agenten, Kundschaftern und Spionen in der Bundesrepublik Deutschland, Berlin 1998.
Müller-Enbergs, Helmut/Schmoll, Heike/Stock, Wolfgang: Das Fanal. Das Opfer des Pfarrers Brüsewitz und die evangelische Kirche, Frankfurt am Main–Berlin 1993.
Müller-Gangloff, Erich: Mit der Teilung leben. Eine gemeindeutsche Aufgabe, München 1965.
Müller-Gangloff, Erich: Vom gespaltenen zum doppelten Europa. Acht Thesen zur deutschen Ostpolitik, Stuttgart 1970.
Münchener Arbeitsgruppe »Kommunistische Infiltration und Machtkampftechnik« im Komitee »Rettet die Freiheit« (Hrsg.): Verschwörung gegen die Freiheit. Die kommunistische Untergrundarbeit in der Bundesrepublik, o.O., o.J. (1960).
Münchner Arbeitsgruppe »Kommunistische Infiltration und Machtkampftechnik« im Komitee »Rettet die Freiheit« (Hrsg.): Verschwörung gegen die Freiheit.
Münkler, Herfried: Antifaschismus und antifaschistischer Widerstand als politischer Gründungsmythos der DDR, in: Aus Politik und Zeitgeschichte, B 45/98, S. 16–29.
Muregger, Dietrich/Winkler, Frank: Quellen zur Geschichte der deutschen Arbeiterbewegung im »NS-Archiv« des ehemaligen Ministeriums für Staatssicherheit (MfS) der DDR, in: Internationale Wissenschaftliche Korrespondenz zur Geschichte der deutschen Arbeiterbewegung 30 (1994) 1, S. 88–97.
Myagkow, Aleksei: KGB intern. Enthüllungen eines Offiziers der III. Hauptverwaltung, Stuttgart 1977.

Nachruf auf Peter Christian Ludz, in: Deutschland Archiv 12 (1979) 10, S. 1021.
Naimark, Norman M.: »To know everything and to report everything worth knowing«. Building the East German Police State 1945–1949, Cold War International History Project, Working Paper No. 10, Stanford University 1994.
Naimark, Norman M.: Die Russen in Deutschland. Die sowjetische Besatzungszone 1945 bis 1949, Berlin 1997.
Nakath, Detlef/Stephan, Gerd-Rüdiger: Von Hubertusstock nach Bonn. Eine dokumentierte Geschichte der deutsch-deutschen Beziehungen auf höchster Ebene 1980–1987, Berlin 1995.
Nationalrat der Nationalen Front des demokratischen Deutschland (Hrsg.): Der Fall

Lübke – Legende und Wahrheit. Gutachten zertrümmern das Lügengebäude des Bonner Innenministeriums, Berlin, 5. November 1966.
Naumann, Michael: Spitzel, Stasi, Spione, in: Zeit-Dossier 1, München 1980.
Nawrocki, Joachim/Hanke, Irma/Lindemann, Hans/Schulz, Hans-Dieter: Anmerkungen zu einer Antikritik, in: Deutschland Archiv 9 (1976) 11, S. 1156–1163.
Neubert, Ehrhart: Geschichte der Opposition in der DDR 1949–1989, Berlin/Bonn 1997.
Neubert, Ehrhart: Vergebung oder Weißwäscherei. Zur Aufarbeitung des Stasiproblems in den Kirchen, Freiburg 1993.
Neugebauer, Gero: »Nützliche« oder »schädliche« DDR-Forschung. Bemerkungen zu Siegfried Mampel »Die DDR- und vergleichende Deutschlandforschung in der Sicht des MfS«, in: Deutschland Archiv 29 (1996) 3, S. 454–456.
Neumann, Robert: Ausflüchte unseres Gewissens. Dokumente zu Hitlers »Endlösung der Judenfrage«, Hannover 1960.
Newman, Bernard: Spione. Gestern, heute, morgen, Stuttgart 1952.
Newman, Bernard: Spionage. Mythos und Wirklichkeit, München 1962.
Niederstadt, Jenny: »Erbitten Anweisung!«. Die West-Berliner SEW und ihre Tageszeitung »Die Wahrheit« auf SED-Kurs, Berlin 1999 (Schriftenreihe des Berliner Landesbeauftragten für die Unterlagen des Staatssicherheitsdienstes der ehemaligen DDR, Bd. 9).
Niemöller, Martin: ... daß wir an Ihm bleiben! Sechzehn Dahlemer Predigten, Berlin 1935.
Niemöller, Martin: Eine Welt oder keine Welt. Reden. 1961–1963, Frankfurt/Main 1964.
Niemöller, Martin: Herr ist Jesus Christus. Die letzten achtundzwanzig Predigten, gehalten in den Jahren 1936 und 1937, Gütersloh 1946.
Niemöller, Martin: Reden. 1945–1954, Darmstadt 1958.
Niemöller, Martin: Reden. 1955–1957, Darmstadt 1957.
Niemöller, Martin: Reden. 1958–1961, Frankfurt/Main 1961.
Niemöller, Martin: Vom U-Boot zur Kanzel, Berlin 1934.
Niemöller, Martin: Was würde Jesus dazu sagen?. Eine Reise durch ein protestantisches Leben, Frankfurt am Main 1986.
Niemöller, Wilhelm: Martin Niemöller. Ein Lebensbild, München 1952.
Niemöller, Wilhelm: Neuanfang 1945. Zur Biographie Martin Niemöllers, Frankfurt/Main 1967.
Nitsche, Rudolf: Diplomat im besonderen Einsatz: Eine DDR-Biographie, Schkeuditz 1994.
Nollau, Günther: Das Amt. 50 Jahre Zeuge der Geschichte, München 1979.
Nollau, Günther: Wie sicher ist die Bundesrepublik?, München 1976.
Norden, Albert: Ereignisse und Erlebtes, Berlin 1981.
Notgemeinschaft für eine freie Universität: Die DDR im Zerrspiegel der Evangelischen Akademie (hektographiert) Berlin 1977.

Obermüller, Christoph: Die deutschen Stämme. Stammesgeschichte als Namensgeschichte und Reichsgeschichte, Bielefeld 1941.
Ost-Berlin. Agitations- und Zersetzungszentrale für den Angriff gegen den Bestand und die verfassungsmäßige Ordnung der Bundesrepublik Deutschland und Operationsbasis der östlichen Spionagedienste, Drucksache 131 179.60 der Bundesdruckerei, Bonn 1960.
Otto, Karl A.: Vom Ostermarsch zur APO, Frankfurt/New York, 1980.

Papke, Gerhard: Unser Ziel ist die unabhängige FDP. Die Liberalen und der Machtwechsel in Nordrhein-Westfalen 1956, Baden-Baden 1992.
Penninger, Reinhard: Geheimdienste, Wien 1994.
Perspektiven liberaler Deutschlandpolitik. Beschluß des FDP-Parteitages vom Oktober 1975, in: Deutschland Archiv 9 (1976) 1, S. 34–37.
Pfister, Elisabeth: Unternehmen Romeo. Die Liebeskommandos der Stasi, Berlin 1999.
Piekalkiewicz, Janusz: Weltgeschichte der Spionage: Agenten – System – Aktionen, München 1988.
Pötzl, Norbert F.: »Basar der Spione«. Die geheimen Missionen des DDR-Unterhändlers Wolfgang Vogel, Hamburg 1997.
Potthoff, Heinrich: Bonn und Ost-Berlin 1969–1972. Dialog auf höchster Ebene und vertrauliche Kanäle. Darstellung und Dokumente, Bonn 1997.
Protokoll der Parteivertretung der DRP vom 2./3. 12. 1961 in Northeim, auszugsweise dokumentiert in: Peter Dudek/Hans-Gerd Jaschke: Entstehung und Entwicklung des Rechtsextremismus in der Bundesrepublik. Dokumente und Materialien, Opladen 1984.
Przybylski, Peter: Tatort Politbüro. Die Akte Honecker, Berlin 1991.
Pumphrey, Doris/Pumphrey, George: Angeklagt der »geheimdienstlichen Tätigkeit für eine fremde Macht«, in: Geheim 14(1998)1, S. 18–21.
Puschkin, Juri: GRU in Deutschland. Aktivitäten des sowjetischen Geheimdienstes nach der deutschen Wende, Düsseldorf 1992.

Quoirin, Marianne: Agentinnen aus Liebe. Warum Frauen für den Osten spionierten, Frankfurt am Main 1999.

Reichelt, Hans, et al. (Hrsg.): Unfrieden in Deutschland. Weissbuch 5, Unrecht im Rechts-Staat: Strafrecht und Siegerjustiz im Beitrittsgebiet, Berlin 1995.
Reichenbach, Alexander: Chef der Spionage: Die Markus-Wolf-Story, Stuttgart 1992.
Rein, Gerhard: Diamonds are a Girl's Best Friend oder Korrespondenten lieben Dissidenten. Vortrag auf der wissenschaftlichen Tagung des Bundesbeauftragten für die Unterlagen des Staatssicherheitsdienstes der ehemaligen DDR »Macht – Ohnmacht – Gegenmacht. Grundfragen der Analyse politischer Gegnerschaft in der DDR« am 26. Februar 1999 (Manuskript)
Reuth, Ralf-Georg: IM »Sekretär«. Die »Gauck-Recherche« und die Dokumente zum »Fall Stolpe«, Frankfurt am Main 1992.
Richter, Michael: »Operationsgebiet« West, in: Die politische Meinung 38 (1993) 286, S. 35–40.
Richter, Peter/Rösler, Klaus: Wolfs West-Spione. Ein Insider-Report, Berlin 1992.
Ridder, Helmut: Die deutsch-deutsche Spionage im Okular der westdeutschen Deutschland-Jurisprudenz (Edition Blätter 1), Bonn 1996.
Röhl, Klaus Rainer: Fünf Finger sind keine Faust, Köln 1974.
Roesler, Jörg: Industrieinnovation und Industriespionage in der DDR. Der Staatssicherheitsdienst in der Innovationsgeschichte der DDR; in: Deutschland Archiv 27 (1994) 10, S. 1026–1040.
Roigk, Horst: Die Tätigkeit des ehemaligen MfS zur Sicherung der Volkswirtschaft der DDR. In: Zwie-Gespräch 5 (1995) 28–29, S. 12–23.
Ronneberger, Gerhardt: Deckname »Saale«. High-Tech-Schmuggler unter Schalck-Golodkowski, Berlin 1999.

Roth, Karl Heinz, unter Mitarbeit von Nicolaus Neumann und Hajo Leib: Psychologische Kampfführung. Invasionsziel DDR – vom Kalten Krieg zur Neuen Ostpolitik, Hamburg 1971.

Roth, Karl Heinz: Wirtschaftsplanung als Anschlußplanung: Der Forschungsbeirat für Fragen der Wiedervereinigung Deutschlands. Ansichten zur Geschichte der DDR, Bd. 9/10, hrsg. im Auftrag der Bundestagsgruppe der PDS von Ludwig Elm, Dietmar Keller und Reinhard Mocek, Bonn/Berlin 1998, S. 284–549.

Rüddenklau, Wolfgang: Störenfried. DDR-Opposition 1986–1989. Mit Texten aus den »Umweltblättern«, Berlin 1992.

Rudzio, Wolfgang: Die Erosion der Abgrenzung. Zum Verhältnis zwischen der demokratischen Linken und Kommunisten in der Bundesrepublik Deutschland, Opladen 1988.

Ruland, Bernd: Krieg auf leisen Sohlen: Spionage in Deutschland, Stuttgart 1971.

Runge, Irene/Uwe Stelbrink: Markus Wolf: »Ich bin kein Spion«: Gespräche mit Markus Wolf, Berlin 1990.

Rupieper, Herrmann-Josef/Ekkard Schroedter: Feindobjektakte »Spinne«, Halle 1997.

Rupp, Hans Karl: Außerparlamentarische Opposition in der Ära Adenauer, 2. Auflage, Köln 1980.

Sacharov, Vladimir Vladimirovic/Dmitrij Nikolaevic Filippovych/Michael Kubina: Tschekisten in Deutschland. Organisation, Aufgaben und Aspekte der Tätigkeit der sowjetischen Sicherheitsapparate in der Sowjetischen Besatzungszone Deutschlands (1945–1949), in: Wilke: Parteizentrale (1998), S. 293–335.

Sagolla, Bernhard: Die Rote Gestapo. Der Staatssicherheitsdienst in der Sowjetzone, hrsg. von der Kampfgruppe gegen Unmenschlichkeit, o.O. 1953.

Schäfer, Bernd: Staat und katholische Kirche in der DDR, Schriften des Hannah-Arendt-Instituts für Totalitarismusforschung, Band 8, Köln/Weimar/Wien 1998.

Scharnhorst, Gerd: Spione in der Bundeswehr: Ein Dokumentarbericht, Bayreuth 1965.

Schell, Manfred/Kalinka, Werner: Stasi und kein Ende: Die Personen und Fakten, Bonn 1991.

Schiffers, Reinhard: Verfassungsschutz und parlamentarische Kontrolle in der Bundesrepublik Deutschland 1949–1957. Mit einer Dokumentation zum »Fall John« im Bundestagsausschuß zum Schutz der Verfassung, Düsseldorf 1997.

Schlomann, Friedrich W.: Das Erbe der Spionage, in: Politische Studien 43 (1992) 324, S. 82–92.

Schlomann, Friedrich W.: Die Maulwürfe. Noch sind sie unter uns, die Helfer der Stasi im Westen, München 1993.

Schlomann, Friedrich W.: Die östliche Spionage gegen die Bundesrepublik Deutschland, in: Politische Studien 42 (1991) 320, S. 581–601.

Schlomann, Friedrich W.: Die Ostblock-Spionage gegen die Bundesrepublik Deutschland, Informationen zur Deutschlandpolitik der CSU, Heft XVIII, München 1981.

Schlomann, Friedrich W.: Operationsgebiet Bundesrepublik: Spionage, Sabotage und Subversion, München 1984.

Schmidt, Dietmar: Martin Niemöller, Hamburg 1959.

Schmidt, Hagen: Spion unter Spitzeln, Köln 1997.

Schmidt-Eenboom, Erich/Angerer, Jo: Die schmutzigen Geschäfte der Wirtschaftsspione, Düsseldorf/Wien/New York/Moskau 1994.

Schmidt-Eenboom, Erich: Undercover. Der BND und die deutschen Journalisten, Köln 1998.

Schollwer, Wolfgang: Die DDR-Staatssicherheit und das Ostbüro der FDP, in: Deutschland Archiv 29 (1996) 1, S. 100–106.
Schollwer, Wolfgang: Liberale Opposition gegen Adenauer. Aufzeichnungen 1957–1961, hrsg. von Monika Faßbender, 2. Auflage, München 1991.
Scholz, Michael F.: Bauernopfer der deutschen Frage. Der Kommunist Kurt Vieweg im Dschungel der Geheimdienste, Berlin 1997.
Scholz, Michael F.: Herbert Wehner in Schweden 1941–1946, München 1995.
Schröder, Jürgen: Die Westarbeit der SED am Beispiel der DKP, in: Enquete-Kommission: Materialien (1995), Bd. V/3, S. 2294–2330.
Schroeder, Klaus/Staadt, Jochen: Der diskrete Charme des Status quo. DDR-Forschung in der Ära der Entspannungspolitik, Arbeitspapier 2/92 des Forschungsverbundes SED-Staat an der Freien Universität Berlin, Berlin 1992.
Schüddekopf, Otto-Ernst: Linke Leute von rechts, Stuttgart 1960.
Schütt, Peter: Die Musik bestimmt, wer bezahlt. Wie die SED die westdeutsche »Bruderpartei« DKP finanziell gesteuert hat, in: Deutschland Archiv 22 (1990) 11, S. 1718–1725.
Schwan, Heribert: Erich Mielke. Der Mann, der die Stasi war, München 1997.
Schwarz, Hans-Peter: Adenauer. Der Staatsmann: 1952–1967, München 1994.
Seiffert, Wolfgang/Treutwein, Norbert: Die Schalck-Papiere: DDR-Mafia zwischen Ost und West, München 1991.
Sélitrenny, Rita/Weichert, Thilo: Das unheimliche Erbe: Die Spionageabteilung der Stasi, Leipzig 1991.
Semirjaga, Michail: Wie Berijas Leute in Ostdeutschland die »Demokratie« errichteten, in: Deutschland Archiv 29 (1996) 5, S. 741–752.
Senator für Inneres (Hrsg.): Östliche Untergrundarbeit gegen Westberlin, Berlin 1959.
Seul, Arnold: Das Ministerium für Staatssicherheit und die DDR-Volkswirtschaft, in: Enquete-Kommission (1995), Band VIII, S. 532–584.
Siebenmorgen, Peter: »Staatssicherheit« der DDR. Der Westen im Fadenkreuz der Stasi, Bonn 1993.
Soell, Hartmut: Der junge Wehner. Zwischen revolutionärem Mythos und praktischer Vernunft, Stuttgart 1991.
Staadt, Jochen: Die geheime Westpolitik der SED 1960–1970. Von der gesamtdeutschen Orientierung zur sozialistischen Nation, Berlin 1993.
Staadt, Jochen: Versuche der Einflußnahme der SED auf die politischen Parteien der Bundesrepublik nach dem Mauerbau, in: Enquete-Kommission: Materialien (1995), Bd. V/3, S. 2406–2600.
Staadt, Jochen: Westarbeit der SED, in: Rainer Eppelmann/Horst Möller/Günter Nooke/Dorothee Wilms (Hrsg.): Lexikon des DDR-Sozialismus, Paderborn et al. 1997, S. 931–935.
Steinlein, Reinhard: Die gottlosen Jahre, Berlin 1993.
Stiller, Werner: Im Zentrum der Spionage, Mainz 1986
Strecker, Reinhard-M. (Hrsg.): Dr. Hans Globke. Aktenauszüge, Dokumente, Hamburg 1961.
Stupperich, R.: Otto Dibelius. Ein evangelischer Bischof im Umbruch der Zeiten, Göttingen 1989.
Suckut, Siegfried (Hrsg.): Das Wörterbuch der Staatssicherheit. Definitionen zur »politisch-operativen Arbeit«, Berlin 1996.
Süß, Walter: Zu Wahrnehmung und Interpretation des Rechtsextremismus in der DDR durch das MfS, in: Deutschland Archiv 26 (1993) 4, S. 388–407.

Sudoplatow, Pawel A./Sudoplatow, Anatolij: Der Handlanger der Macht. Enthüllungen eines KGB-Generals, Düsseldorf 1994.
Sywottek, Arnold: Über die Anfänge der DDR-Forschung, in: Deutsche Studien 28 (1990) 111, S. 222-235.

Tantzscher, Monika: Die Stasi und ihre geheimen Brüder. Die internationale Kooperation des MfS, in Heiner Timmermann (Hrsg.): Diktaturen in Europa im 20. Jahrhundert – der Fall DDR, Berlin 1996, S. 595-621.
Tantzscher, Monika: »Maßnahme Donau und Einsatz Genesung«. Die Niederschlagung des Prager Frühlings 1968/69 im Spiegel der MfS-Akten, hrsg. vom Bundesbeauftragten für die Stasi-Unterlagen, Berlin 1994.
Thomas, Rüdiger: Modell DDR. Die kalkulierte Emanzipation, München 1974 (4., verbesserte Auflage).
Thoms, Lieselotte: Die unsichtbare Front, o.O. o.J.
Tiedge, Hansjoachim: Der Überläufer. Eine Lebensbeichte, Berlin 1998.
Timm, Angelika: Hammer, Zirkel, Davidstern. Das gestörte Verhältnis der DDR zu Zionismus und Staat Israel, Bonn 1997.
Tumanow, Oleg: Geständnisse eines KGB-Agenten, Berlin 1993.
Turber, Rudolf: Die Auswertung westlicher Medien im MfS, in: Deutschland Archiv 25(1992)3, S. 248-254.

Untersuchungsausschuß Freiheitlicher Juristen (Hrsg.): Der Staatssicherheitsdienst: Terror als System, Berlin o. J.
Unverhau, Dagmar: Das »NS-Archiv« des Ministeriums für Staatssicherheit. Stationen einer Entwicklung, Münster 1998.

Vielain, Heinz/Schell, Manfred: Verrat in Bonn, Berlin 1978.
Villemarest, Pierre de: Le coup d'État de Markus Wolf: la guerre secrète des deux Allemagnes 1945-1991, Frankreich 1991.
Voelkner, Hans: Salto mortale: Vom Rampenlicht zur unsichtbaren Front, Berlin 1989.
Vogel, J.: Kirche und Wiederbewaffnung. Die Haltung der Evangelischen Kirchen in den Auseinandersetzungen um die Wiederbewaffnung der Bundesrepublik 1949-1956, Göttingen 1978.
Voigt, Dieter/Mertens, Lothar (Hrsg.): DDR-Wissenschaft im Zwiespalt zwischen Forschung und Staatssicherheit, Berlin 1995 (Schriftenreihe der Gesellschaft für Deutschlandforschung).
Vollnhals, Clemens (Hrsg.): Die Kirchenpolitik von SED und Staatssicherheit. Eine Zwischenbilanz, Berlin 1996.
Vollnhals, Clemens: Die kirchenpolitische Abteilung des Ministeriums für Staatssicherheit, in: Vollnhals (Hrsg.): Kirchenpolitik (1996), S. 79-119.
Vollnhals, Clemens: Oberkirchenrat Gerhard Lotz und das Ministerium für Staatssicherheit. Zur IM-Akte »Karl«, in: Deutschland Archiv 27 (1994) 3, S. 332-336.

Wagner, Klaus: Die Sitzung ist eröffnet. Spione vor dem Oberlandesgericht Düsseldorf – Ein Richter erinnert sich, Düsseldorf 1996 (Manuskript).
Waldman, Eric: Die Sozialistische Einheitspartei Westberlins und die sowjetische Berlinpolitik, Boppard am Rhein 1972.

Walter, Joachim: Sicherungsbereich Literatur. Schriftsteller und Staatssicherheit in der Deutschen Demokratischen Republik, Berlin 1996.
Weber, Hermann/Oldenburg, Fred: 25 Jahre SED. Chronik einer Partei, Köln 1971.
Wegmann, Bodo/Tantzscher, Monika: SOUD. Das geheimdienstliche Datennetz des östlichen Bündnissystems, hrsg. vom Bundesbeauftragten für die Stasi-Unterlagen, Berlin 1996.
Wegmann, Bodo: Die Nachrichtendienste der Russischen Förderation, in: Erich Schmidt-Eenboom (Hrsg.): Nachrichtendienste Nordamerika, Europa und Japan, Weilheim 1995, S. 848-935.
Wegmann, Bodo: Die struktur-historische Darstellung des geheimen militärischen Nachrichtendienstes der Deutschen Demokratischen Republik 1952 bis 1990. Historisch-politische Studien Nr. XXXI/4, hrsg. vom DRA-Studienkreis, Neustadt 1997 (Manuskript).
Wehner, Herbert: Selbstbesinnung und Selbstkritik. Erfahrungen und Gedanken eines Deutschen. Aufgeschrieben im Winter 1942/43 in der Haft in Schweden, Köln 1994.
Wehner, Herbert: Zeugnis, hrsg. von Gerhard Jahn, Köln 1982.
Weinke, Annette: Der Kampf um die Akten. Zur Kooperation zwischen MfS und osteuropäischen Sicherheitsorganen bei der Vorbereitung antifaschistischer Kampagnen, in: Deutschland Archiv 32 (1999) 4, S. 564-577.
Wenzel, Otto: Kriegsbereit: Der Nationale Verteidigungsrat der DDR 1960 bis 1989, Köln 1995.
Wenzel, Otto: Wie West-Berlin besetzt werden sollte, in: Die politische Meinung 38 (1993) 278, S. 71-75.
Werkentin, Falco: »Souverän ist, wer über den Tod entscheidet«. Die SED-Führung als Richter und Gnadeninstanz bei Todesurteilen, in: Deutschland Archiv 31 (1998) 2, S. 179-195.
Werner, Ruth: Sonjas Rapport, Berlin 1977.
Whitney, Craig R.: Advocatus Diaboli: Wolfgang Vogel – Anwalt zwischen Ost und West, Berlin 1993.
Wieck, Hans-Georg: Demokratie und Geheimdienste, München 1995.
Wiegrefe, Klaus/Tessmer, Carsten: Deutschlandpolitik in der Krise. Herbert Wehners Besuch in der DDR 1973, in: Deutschland Archiv 27 (1994) 6, S. 601-627.
Wilke, Manfred: Antifaschismus als Legitimation staatlicher Herrschaft in der DDR, in: Bundesministerium des Innern (Hrsg.): Bedeutung und Funktion des Antifaschismus, Bonn 1990, S. 52-64.
Wilke, Manfred (Hrsg.): Die Anatomie der Parteizentrale. Die KPD/SED auf dem Weg zur Macht, Berlin 1998.
Wilke, Manfred/Hertle, Hans-Hermann: Das Genossenkartell. Die SED und die IG Druck und Papier/IG Medien – Dokumente, Berlin 1992.
Wilke, Manfred/Müller, Hans-Peter: SED-Politik gegen die Realitäten. Verlauf und Funktion der Diskussion über die westdeutschen Gewerkschaften in SED und KPD/DKP 1961 bis 1972, Köln 1990.
Wilke, Manfred/Müller, Hans-Peter/Brabant, Marion: Die Deutsche Kommunistische Partei (DKP). Geschichte – Organisation – Politik, Köln 1990.
Wolf, Markus: Die Kunst der Verstellung. Dokumente. Gespräche. Interviews, Berlin 1998.
Wolf, Markus: In eigenem Auftrag: Bekenntnisse und Einsichten, München 1991.
Wolf, Markus: L'œil de Berlin: entretiens de Maurice Najman avec l'expatron des services secrets est-allemands, Paris 1992.

Wolf, Markus: Spionagechef im geheimen Krieg. Erinnerungen, München 1997.
Wolffsohn, Michael: Die Deutschland-Akte. Juden und Deutsche in Ost und West – Tatsachen und Legenden, München 1995.
Wunschik, Tobias: Das Ministerium für Staatssicherheit und der Terrorismus in Deutschland, in: Heiner Timmermann (Hrsg.): Diktaturen in Europa – der Fall DDR, Berlin 1996, S. 289–302.
Wunschik, Tobias: Die maoistische KPD/ML und die Zerschlagung ihrer »Sektion DDR« durch das MfS, hrsg. vom Bundesbeauftragten für die Stasi-Unterlagen, Berlin 1997.
Wunschik, Tobias: Die Hauptabteilung XXII: »Terrorabwehr«, (Anatomie der Staatssicherheit. Geschichte, Struktur und Methoden. MfS-Handbuch, Teil III, 16), hrsg. vom Bundesbeauftragten für die Stasi-Unterlagen, Berlin 1995.
Wüst, Jürgen: »Imperialistisches Menschenrechtsgeschrei«. Der Kampf des MfS gegen die Internationale Gesellschaft für Menschenrechte (IGFM) und Amnesty International (AI), in: Deutschland Archiv 31 (1998) 3, S. 418–427.
Wüst, Jürgen: Die IGFM im Visier von Antifa und Staatssicherheit«, in: Uwe Backes/Eckhard Jesse (Hrsg.): Jahrbuch Extremismus & Demokratie, Band 8, Bonn 1996, S. 37–53.
Wüst, Jürgen: Die Internationale Gesellschaft für Menschenrechte im Visier der Staatssicherheit der DDR, Frankfurt am Main 1997.
Wüst, Jürgen: Menschenrechtsarbeit im Zwielicht. Zwischen Staatssicherheit und Antifaschismus, Bonn 1999.
Wüst, Jürgen: Menschenrechtsorganisation im Stasi-Visier, in: Die politische Meinung 40(1995)305, S. 66–71.

Zeller, Claus: Marx hätte geweint: Der Porst-Prozeß – geteilte Nation im Zwielicht, Stuttgart 1969.

Abkürzungen

a.D.	außer Dienst
ABC-Waffen	atomare, biologische und chemische Waffen
ABM	Arbeitsbeschaffungsmaßnahme
Abt.	Abteilung
ADN	Allgemeiner Deutscher Nachrichtendienst
AG	Arbeitsgruppe
AG BKK	Arbeitsgruppe Bereich Kommerzielle Koordinierung
AGM	Arbeitsgruppe des Ministers
AI (ai)	Amnesty International
AIM	Archivierter IM-Vorgang
AL	Alternative Liste
Anm.	Anmerkung
AOP	Archivierter Operativ-Vorgang
AOPK	Archivierte Operative Personenkontrolle
APN	Außenpolitischer Nachrichtendienst der DDR (Vorläufer der HVA)
APO	Außerparlamentarische Opposition
ARD	Arbeitsgemeinschaft der öffentlich-rechtlichen Rundfunkanstalten der Bundesrepublik Deutschland
AS	Allgemeine Schrift
ASt	Außenstelle
AStA	Allgemeiner Studentenausschuß
AU	Archivierter Untersuchungsvorgang
B-Maßnahme	Raumüberwachung mittels Mikrofon
Bd.	Band
BDA	Bund Deutscher Arbeitgeber
BDKJ	Bund der Deutschen Katholischen Jugend
BdL/Dok.	Büro der Leitung/Dokumentenstelle
BfGA	Bundesanstalt für gesamtdeutsche Aufgaben
BIOST	Bundesinstitut für internationale und osteuropäische Studien
Bl.	Blattzahl nach BStU-Paginierung
Bln.	Berlin
BMB	Bundesministerium für innerdeutsche Beziehungen
BND	Bundesnachrichtendienst
BRD	Bundesrepublik Deutschland
BStU	Bundesbeauftragter für die Unterlagen des Staatssicherheitsdienstes der ehemaligen Deutschen Demokratischen Republik
BuArch	Bundesarchiv

BV	Bezirksverwaltung
BVV	Bezirksverordnetenversammlung
BZ	Berliner Zeitung
CDU	Christlich-Demokratische Union
CFK	Christliche Friedenskonferenz
CIA	Central Intelligence Agency (Auslandsnachrichtendienst der USA)
COCOM	Coordinating Committee/Controlling Commission (Koordinierungsausschuß/Kontrollkommission)
ČSSR	Tschechoslowakische Sozialistische Republik
CSU	Christlich-Soziale Union
DA	Dienstanweisung
DAAD	Deutscher Akademischer Austauschdienst
DDR	Deutsche Demokratische Republik
DEFA	Deutsche Film AG
DFF	Deutscher Fernsehfunk
DFG/VK	Deutsche Friedensgesellschaft/Vereinigte Kriegsdienstgegner
DFU	Deutsche Friedensunion
DGB	Deutscher Gewerkschaftsbund
DIW	Deutsches Institut für Wirtschaftsforschung
DK	Delegiertenkonferenz
DKP	Deutsche Kommunistische Partei
DP	Deutsche Partei
dpa	Deutsche Presseagentur
DRP	Deutsche Reichspartei
DVU	Deutsche Volksunion
EG	Europäische Gemeinschaft
EKD	Evangelische Kirche in Deutschland
EKU	Evangelische Kirche der Union
END	European Nuclear Disarmament (Europäische atomare Abrüstung)
ESG	Evangelische Studentengemeinde
Fa.	Firma
FDJ	Freie Deutsche Jugend
FDP	Freie Demokratische Partei
FDV	Freie Deutsche Volkspartei
FIM	Führungs-IM
FU	Freie Universität
FVP	Freie Volkspartei
G 10	Grundgesetz-Artikel 10
GEP	Gemeinschaftswerk der Evangelischen Publizistik
Gestapo	Geheime Staatspolizei
GfD	Gesellschaft für Deutschlandforschung

GfK	Gesellschaft für Kernforschung
GH	Archivierte Akte mit besonderer Geheimhaltung
GIM	Gruppe Internationaler Marxisten
GM	Geheimer Mitarbeiter
GMS	Gesellschaftlicher Mitarbeiter für Sicherheit
GVS	Geheime Verschlußsache
HA	Hauptabteilung
HVA	Hauptverwaltung A
Hvd	Hilferufe von drüben
HW	Hinweis(person)
IG	Industriegewerkschaft
IGfM	Internationale Gesellschaft für Menschenrechte
IGW	Institut für Gesellschaft und Wissenschaft
IKV	Interkirchlicher Friedensrat der Niederlande
IM	Inoffizieller Mitarbeiter
IMA	Inoffizieller Mitarbeiter für besondere Aufgaben
IMB	Inoffizieller Mitarbeiter mit Feindverbindung
IMF	Inoffizieller Mitarbeiter der Abwehr mit Feindverbindung zum Operationsgebiet
IML	Institut für Marxismus-Leninismus
IMS	Inoffizieller Mitarbeiter zur politisch-operativen Durchdringung und Sicherung des Verantwortungsbereiches
IMSF	Institut für Marxistische Studien und Forschungen
IMV	Inoffizieller Mitarbeiter, der an der Bearbeitung im Verdacht der Feindtätigkeit stehender Personen mitarbeitet
IPW	Institut für Politik und Wirtschaft
IPZ	Internationales Pressezentrum
JHS	Juristische Hochschule (des MfS)
Jusos	Jungsozialisten
K	Koordinierung
K 5	Kommissariat 5 der Deutschen Volkspolizei
K-Gruppe	Kommunistische Gruppe nicht-sowjetischer Ausrichtung
KFAZ	Komitee für Frieden, Abrüstung und Zusammenarbeit
KfS	Komitee für Staatssicherheit
Kfz	Kraftfahrzeug
KGB	Komitet gossudarstwennoi besopasnosti (Komitee für Staatssicherheit)
KgU	Kampfgruppe gegen Unmenschlichkeit
KNA	Katholische Nachrichtenagentur
KoKo	Kommerzielle Koordinierung
KP	1. Kontaktperson, 2. Kommunistische Partei
KPD	Kommunistische Partei Deutschlands
KPD/ML	Kommunistische Partei Deutschlands/Marxisten-Leninisten
KPdSU	Kommunistische Partei der Sowjetunion

KSZE	Konferenz für Sicherheit und Zusammenarbeit in Europa
KuSCH	(Abteilung) Kader und Schulung (des MfS)
KVP	Kasernierte Volkspolizei
KW	Konspirative Wohnung
KZ	Konzentrationslager
LfV	Landesamt für Verfassungsschutz
MAH	Ministerium für Außenhandel
MDA	Matthias-Domaschk-Archiv Berlin
MdI	Ministerium des Innern
MfS	Ministerium für Staatssicherheit
MSB	Marxistischer Studentenbund
NATO	North Atlantic Treaty Organization (Nordatlantische Allianz)
NDPD	Nationaldemokratische Partei Deutschlands
NGO	Non-governmental organization (Nicht-Regierungsorganisation)
NKWD	Narodny kommissariat wnutrennich del (Volkskommissariat für innere Angelegenheiten der Sowjetunion)
NPD	Nationaldemokratische Partei Deutschlands
NS	Nationalsozialismus, nationalsozialistisch
NSDAP	Nationalsozialistische Deutsche Arbeiterpartei
NVA	Nationale Volksarmee
o.D.	ohne Datum
OAG	Operative Außengruppe
OibE	Offizier im besonderen Einsatz (des Staatssicherheitsdienstes)
OPK	Operative Personenkontrolle
OSI	Otto-Suhr-Institut
OV	Operativ-Vorgang
PDS	Partei des Demokratischen Sozialismus
PEN	Poets, Essayists, Novelists (Schriftstellervereinigung)
PID	Politisch-ideologische Diversion
PIM	Perspektiv-IM
PINAR	Politischer Informations- und Archiv-Dienst
PKW	Personenkraftwagen
ppp	Parlamentarisch-Politischer Pressedienst
PSV	Psychologische Verteidigung
PUT	Politischer Untergrund
RAF	Rote Armee Fraktion
RC	Republikanischer Club
RCDS	Ring Christlich-Demokratischer Studenten
Reg.-Nr.	Registriernummer
RGW	Rat für gegenseitige Wirtschaftshilfe
RIAS	Rundfunk im amerikanischen Sektor

SdM	Sekretariat des Ministers
SDS	Sozialistischer Deutscher Studentenbund
SED	Sozialistische Einheitspartei Deutschlands
SEW	Sozialistische Einheitspartei Westberlins
SFB	Sender Freies Berlin
SHB	Sozialistischer Hochschulbund
SHV	Selbsthilfeverein ehemaliger DDR-Bürger
SIRA	System Information und Recherche der Aufklärung (Datenbank der HVA)
SPD	Sozialdemokratische Partei Deutschlands
SS	Schutzstaffel
SS 20	Sowjetische Mittelstreckenrakete
Stasi	Staatssicherheitsdienst
SU	Sowjetunion
SWT	Sektor Wissenschaft und Technik
taz	die tageszeitung
TU	Technische Universität
TUB	Technische Universität Berlin
UAP	Unabhängige Arbeiterpartei
UdSSR	Union der Sozialistischen Sowjetrepubliken
UfJ	Untersuchungsausschuß freiheitlicher Juristen
UNO	United Nations Organization (Vereinte Nationen)
USA	United States of America (Vereinigte Staaten von Amerika)
USPD	Unabhängige Sozialdemokratische Partei
V-Mann	Verbindungsmann
VD	Vertrauliche Dienstsache
VDJ	Verband der Journalisten
VDS	Verband Deutscher Studentenschaften
VEB	Volkseigener Betrieb
VOS	Vereinigung der Opfer des Stalinismus
vpa	Verlag Politisches Archiv
VS	Verband deutscher Schriftsteller
VUS	Vereinigung Unabhängiger Sozialisten
VVN/BdA	Vereinigung der Verfolgten des Naziregimes/Bund der Antifaschisten
VVS	Vertrauliche Verschlußsache
WDR	Westdeutscher Rundfunk
WTA	Wissenschaftlich-technische Auswertung
ZA	Zentralarchiv
ZAIG	Zentrale Auswertungs- und Informationsgruppe
ZDF	Zweites Deutsches Fernsehen
ZdK	Zentralkomitee der deutschen Katholiken

ZK	Zentralkomitee
ZMA	Zentrale Materialablage
ZOV	Zentraler Operativ-Vorgang

PERSONENREGISTER

A. Klarnamen

Abendroth, Wolfgang 203f., 485
Adenauer, Konrad 21f., 25, 27ff., 56, 58, 64, 67, 123, 125, 127, 129, 155, 162, 203, 234, 236
Agnoli, Johannes 209, 226, 486
Albertz, Heinrich 33, 226, 250, 327
Albrecht, Ernst 119
Albrecht, Willy 479
Amrehn, Franz 20
Anderson, Sascha 233, 314
Angerer, Georg 23
Apel, Hans 245
Arnau, Frank 151
Arnold, Gerhard 416
Auerbach, Thomas 327
Augstein, Rudolf 148, 210–213

Bachmann, Josef 220, 490
Bahr, Egon 16, 30, 32, 35, 46, 55, 106
Bahro, Rudolf 78, 101, 247, 273, 285, 331–334
Bambowski, Gerd 284
Bangemann, Martin 70
Barschel, Uwe 119
Barth, Karl 302f., 514
Barthel, Eckhardt 90
Barthel, Walter 91, 191–198, 204, 207, 209, 211–214, 216, 219f., 231, 342, 345, 347, 468, 481f., 486, 489f.
Barunke, Erhard 111
Bärwald, Helmut 112
Barzel, Rainer 15, 119, 271, 280, 343, 442
Bastian, Gert 77, 245, 254, 314
Baudewin, Elfriede 171
Bauer, Hans-Mario 52, 258, 260

Beater, Bruno 175, 476
Bebel, August 162
Bechert, Karl 246
Beckmann, Lukas 72, 74f., 451
Begemann, Dieter 498
Behrisch, Arno 157, 246
Beier (SDS-Funktionär) 188
Bengsch, Alfred 278, 280f.
Berg, Hermann von 31–38, 106, 144, 201, 444, 484, 533
Berger, Helge 62
Berndt, Günter 510
Bernt, Emil 45
Besier, Gerhard 304
Bessau, Gerhard 187
Beuchler, Lutz 113
Bick (SED-Mitglied) 163
Biedenkopf, Kurt 62, 117, 342
Biermann, Wolf 38, 101, 120, 205, 212f., 229, 309, 318ff., 322–327, 485, 517
Biesenbaum, Doris 48
Bigalke, Klaus-Peter 113
Binder, Heinz-Georg 304
Birkelbach, Willi 443
Bischoff, Charlotte 157, 159, 163, 168f., 171, 178
Blanke, Bernhard 208, 486
Blau, Hagen 346
Blell, Detlef 232
Bohley, Bärbel 313
Böhm, Karl 66
Böhme, Ibrahim 48
Bohnsack, Günter 16, 111f., 120, 131, 141, 158
Böll, Heinrich 327, 338
Borgmann, Anne 74, 76ff., 451, 453

577

Borm, William 16, 66f., 69f., 99f., 109, 117, 208f., 224, 226, 250, 339, 386, 388
Böx, Heinrich 62
Brabant (MfS-Offizier) 219
Bracher, Karl-Dietrich 342
Brammertz, Eugen 279
Brandt, Willy 15f., 20, 23, 29–33, 35f., 38f., 44ff., 49f., 105ff., 159, 165, 170, 177, 197, 203, 280f., 325, 444f.
Brauchitsch, Eberhard von 55
Braun, Joseph (Jupp) 17, 49, 50f., 88, 105
Braun, Wernher von 462
Bredow, Wilfried von 408
Brehmer, Herbert 107, 111f., 120, 131, 158
Breschnew, Leonid 40
Bress, Ludwig 267, 340, 375, 388, 396, 405, 504, 540
Breuer, Klaus 242
Brinckmann, Hans 340
Brink, Wilhelm 271
Brocke, Rudolf Horst 112, 119, 345, 396, 408f.
Broder, Henryk M. 326
Brosius (MfS-Offizier) 92
Broszey, Christel 62f.
Brückner, Peter 209
Brüsewitz, Oskar 257, 273, 281, 283, 285f.
Buber-Neumann, Margarethe 176
Bucerius, Gerd 48
Buch, Günter 400
Buch, Hans Christoph 312
Bucher, Ewald 67
Buchholtz, Hans-Christoph 258, 311, 327, 330–333, 538
Buchholz, Martin 211, 213, 488
Bueb, Eberhard 73
Bünemann 246
Burger, Heinrich 89f., 105
Burger, Kathryn 89
Burgmann, Dieter 78
Burmester, Greta 180
Burrichter, Clemens 375, 393
Busch, Gottfried 54, 261, 266, 271, 504
Buschmann, Martha 244, 248

Campenhausen, Otto von 266
Carlsohn, Hans 167
Casaroli, Agostino 278, 507
Chandra, Romesh 248
Chruschtschow, Nikita 295
Clausen, Claus Peter 337
Corterier, Peter 53
Cramer, Dettmar 32, 36f.
Cremer, Friedrich 51
Croissant, Klaus 80ff.

Dahlem, Franz 154
Dähne, Eberhard 184
Danelius, Gerhard 215, 219, 490
Deetjen, Hanns 136
Dehler, Thomas 21, 66, 69
Dehm, Diether (Lerryn) 54, 320–326, 332
Deile, Volkmar 250
Dengler, Gerhard 204, 467
Deppe, Frank 202
Desoi, Christa 320ff., 332
Dibelius, Otto 256, 263f., 302
Diepgen, Eberhard 92ff., 99
Diete, Wolfgang (Tarzan) 316
Dissemond, Paul 278
Ditfurth, Jutta 78, 451
Dobbertin, Rolf 416
Dolci, Danilo 270
Döpfner, Julius 146, 263, 280, 501
Döring, Günther 186, 467
Dornberger (MfS-Oberleutnant) 484
Dötsch, Edith 57, 282
Dötsch, Walter 57
Dräger, Herbert 223
Dressler, Helmut 287
Dressler, Rudolf 48
Dutschke, Gretchen 230
Dutschke, Rudi 101, 204ff., 210, 218ff., 226, 229ff., 321, 490, 492

Ebelseder, Sepp 107
Edel, Reiner 504
Egel, Karl-Georg 119
Ehmke, Horst 36, 45, 53, 106f., 342, 445
Ehrler, Solveig 486
Eiche, Hans 136
Eichler (MfS-Major) 197

Eichmann, Adolf 125–128
Eid, Uschi 73
Eisenfeld, Bernd 400
Ellrodt, Klaus 32, 37
Eltgen, Hans 343, 346
Ende, Gerhard 467
Ender, Erwin Josef 279
Engelmann, Bernt 119, 125, 311, 485
Engholm, Björn 119
Eppelmann, Rainer 101, 304, 309
Eppler, Erhard 250, 514
Erhard, Ludwig 27, 30, 202, 444
Erlander, Tage 171
Eschholz, Hans 242
Estermann, Alois 279
Ewert, Wolfgang 103

F. (katholischer Journalist) 282
Fadejkin, Iwan 16
Farthmann, Friedhelm 113
Feid, Anatol 244
Feist, Manfred 254
Fink, Heinrich 267
Fink, Ulf 97
Fischer (MfS-Major) 78
Fischer, Josef (Joschka) 78
Fischer, Ulrich 451
Fischer, Wolfgang 112 f., 119, 345
Fister, Rolf 309
Flach, Karl-Herrmann 66, 69 f.
Flämig, Paul Gerhard 48 f., 105
Flechtheim, Ossip 208
Fleischle, Gerhard 111
Förtsch, Eckart 532
Franke, Egon 388 f.
Frauendorfer, Max 158
Frederik, Hans 115, 120, 157–160, 163, 175–178
Fricke, Karl Wilhelm 306
Friderichs, Hans 69
Friedemann (SED-Funktionär) 143
Frisch, Max 327
Fritsche, Hans-Georg 267
Fruck, Hans 20, 23 f., 426
Fuchs, Jürgen 259, 308–312, 314, 316, 322, 325, 327
Fuchs, Lilli 309 f.
Fülle, Rainer 415

Gäbler, Siegfried 62
Gailat, Kurt 48, 53, 82, 202, 251, 454
Gansel, Norbert 52, 260
Garstecki, Joachim 458
Gartenschläger, Michael 306 f.
Gärtner, Horst 242 f.
Gauck, Joachim 326
Gebhardt (MfS-Offizier) 82
Geggel, Heinz 203 f., 491
Gehlen, Reinhard 123, 127
Gehrmann, Heinz 532
Geißel, Ludwig 272
Genscher, Hans-Dietrich 46, 65, 69 f., 253
Genschow, Rudolf 58, 61
Gereke, Günther 56, 62
Gerlach, Horst 98, 290, 292 ff., 498
Gerlach, Simon-Peter 240
Gerstenmaier, Eugen 129 f., 155, 175 f., 224
Globke, Hans 27, 58 f., 64, 123–126, 132, 138, 176, 186, 449, 462 f.
Glückauf, Erich 154
Goebbels, Josef 303
Goliath, Inge 62, 119
Goliath, Wolfgang 62
Gollwitzer-Evans, Barbara 91
Göring, Hermann 303
Gottwald, Gabi 76
Graalfs, Jürgen 258, 333 f.
Grass, Günter 208, 226, 312
Gremlitza, Hermann L. 211, 487 f.
Greulich, Horst 274
Grohmann, Bernd 389 f.
Gromnica, Michael (Pit) 197, 482
Gromyko, Andrej 106
Gronau, Wilhelm 45, 373, 530
Gröndahl, Knut 51, 346
Groß, Hermann 532
Großmann, Werner 276, 392
Grunwald, Walther 102 f.
Guggomos, Carl 112, 165, 211–216, 220, 486–489
Guillaume, Christel 44
Guillaume, Günter 9, 44–47, 55, 105, 158, 373, 446, 475
Guske, Hubertus 278, 287, 507
Gutsch, Dietrich 282, 504
Gysi, Klaus 101

Häber, Herbert 74, 76f., 215, 246, 485
Habermas, Jürgen 340
Hacker, Jens 532
Haendcke-Hoppe-Arndt, Maria 402
Haffner, Sebastian 147
Hager, Kurt 179, 200
Hähn, Werner 21
Halle, Günter 132f., 143f., 149f., 152, 467
Hallstein, Walther 30
Hammer, Detlef 286
Hanke, Inge 62
Hansch, Dieter 282
Hansch, Ernst 156, 471
Hansen, Karl-Heinz 212
Hansson, Solveig 159, 162ff., 171, 173, 178f.
Hanstein, Wolfram von 56
Harich, Wolfgang 50f., 447
Hartmann, Jürgen 112f.
Hartmann, Wolfgang 51, 344, 346
Hassel, Kai-Uwe von 15, 237
Hauffe, Karl 416
Haussleiter, August 127
Havemann, Robert 101, 230, 309, 325, 390
Havemann, Sybille 322
Hegewald, Günter 21
Heidemann, Gerd 113
Heilmann, Ernst 288
Heilmann, Gertraude 100, 293
Heilmann, Peter 91, 187–191, 193, 211, 231, 288–294, 296, 346, 348, 408, 510f., 531
Heim, Max 56
Heinemann, Gustav 28, 36f., 221, 239
Heinrich, Brigitte 79–83, 85, 87, 109
Helberger, Christof 202
Heller, Bernd 124
Helwig-Wilson, Hans Joachim 197, 482
Henkys, Reinhard 507
Henniger, Gerhard 311
Hepp, Odfried 128
Herger, Wolfgang 439
Herrmann, Joachim 162
Herzog, Roman 442
Heß, Rudolf 303
Heuss, Theodor 143

Hildebrandt, Walter 532
Hindrichs, Armin 53, 397f., 448
Hirsch, Kurt 112
Hirsch, Ralf 318
Hitler, Adolf 139, 142, 156, 235, 300–303
Hodges, Jerry 334, 520
Hoffmann (MfS-Offizier) 276
Hoffmann, Christel 63
Hoffmann, Heinrich 62f.
Hoffmann, Heinz 477
Hoffmann, Werner 67
Höfs, Jürgen 62
Höfs, Ursula 62
Hohberger, Heinz 272
Höll (MfS-Major) 410
Honecker, Erich 35, 74–79, 149, 153, 165ff., 177–180, 215, 227, 246, 254, 288, 348, 394, 452, 473, 475, 482, 491
Huber, Gerhard 113
Hüller, Oswald 184f., 187f., 194, 198

Inacker, Michael J. 299f.

Jäckel, Hartmut 319, 390
Jacobsen, Hanns-Dieter 231, 346, 409
Jacobsen, Hans-Adolf 342
Jaeckel, Lothar 330f., 520
Jahn, Gerhard 443
Jahn, Roland (Gag) 233, 312, 313–318
Jahr, Werner 268
Jansen, Günter 52
Janssen, Mechthild 244
Jaspers, Karl 27
Jauck, Günter 413
Jenninger, Philipp 56
Jens, Walter 248
Johannes Paull II. 280f.
John, Otto 115, 158, 176, 477
Jonas, Anna 312
Jünger (MfS-Oberleutnant) 93
Jungk, Robert 327
Jungmann, Horst 52, 260

K., Dr. Werner 55
Kade, Gerhard 226, 244, 253ff., 499
Kahlig-Scheffler, Dagmar 51
Kaiser, Jakob 462

Kant, Hermann 187, 311
Kanter, Hans-Adolf 54 ff.
Karnetzki, Manfred 294
Kästner, Erich 223
Kaul, Friedrich Karl 80, 138, 147 ff., 187
Kehl (MfS-Oberstleutnant) 467
Keiderling, Gerhard 90
Kelly, Petra 74 f., 77, 245, 314
Kempe, Volker 434
Kempner, Robert 463
Kiemle, Manfred 215, 489
Kienberg, Paul 324
Kiesinger, Kurt Georg 27, 32, 34, 37, 115, 125, 203, 280
Kippling, Konrad 62
Klarsfeld, Beate 125
Klebba, Rainer 91, 399
Klein, Dieter 209 f.
Kleine, Alfred 439
Klippel (MfS-Oberst) 413
Kloppenburg, Heinz 239
Kloss, Herbert Siegmar 112
Knabe, Wilhelm 313, 315
Knapp, Udo 227
Knaust (MfS-Offizier) 173
Knick, Heinz 283
Knipping, Franz 210
Koch, Peter-Ferdinand 115, 158, 487
Kogon, Eugen 248
Kohl, Helmut 55 f., 117, 119
Kohl, Michael 36
Kondraschow, Sergej A. 113, 115, 130, 158, 172, 460, 475
Koppel, Wolfgang 147, 151, 185 f.
Korn, Klaus 389
Kramer (MfS-Leutnant) 92 f.
Kraushaar, Wolfgang 182
Kreß, Johanna 62
Kriele, Rudolf 64
Krippendorf, Ekkehart 196
Krolikowski, Werner 477
Krone, Heinrich 56
Krum, Horsta 273
Krum, Ulrich 273 f.
Krusche, Werner 286
Krützfeld, Gerhard 542
Kuby, Erich 207
Kuche, Lutz 55, 276, 342

Kühn, Detlef 69, 399 f.
Kullik, Hartmut 298
Kunert, Christian 325, 327
Kunzelmann, Dieter 204
Kurjo, Andreas 399, 402, 405 ff.

L., H.J. 427
Lades, Hans 384
Lahnstein, Manfred 51
Lambertz, Werner 206
Landwehr, Ludwig 148
Langfermann, Bernhard 227 f.
Lantermann, Ernst-Dieter 340
Lattmann, Dieter 52, 311 f.
Laube, Horst 272
Laufer, Paul 44, 158 ff., 163, 165, 167, 169 f., 175, 373, 474 f., 530
Laufer, Stephen 99
Leber, Georg 45
Ledermann, Otto 51, 454
Lehmann-Brauns, Uwe 93
Lemmer, Ernst 20, 23, 56, 125, 157, 297
Leo (SED-Funktionär) 143
Leonhardt, Wolfgang 247, 306
Lessing, Hellmut 200
Leugers-Scherzberg, August-Hermann 156
Lewin, Gabo 161
Leyk, Ursula 90
Lichte, Renate 200
Liebezeit (MfS-Offizier) 167
Liebknecht, Wilhelm 162
Linse, Walter 305
Lippmann, Heinz 197, 348, 482
Lipschitz, Joachim 20
Lochmann, Randolf 102
Löwenthal, Gerhard 336
Löwenthal, Richard 384
Lübbert, Konrad 244, 248, 498
Lübke, Heinrich 121 f., 124, 131, 135–145, 147–152, 175 f., 186, 204, 222, 461, 467
Lücke, Paul 149
Lüder, Wolfgang 100, 288
Ludwig (MfS-Offizier) 90
Ludz, Peter Christian 374, 376, 384 ff., 389, 394, 530

581

Lummer, Heinrich 97
Lüneburg, Sonja 70

M., Ahmad 103
Mackat, Gerhard 123
Mahler, Horst 208, 210f., 226, 486, 489
Maier, Karl-Heinz 48
Maihofer, Werner 342
Mampel, Siegfried 372, 388
Mann, Thomas 290
Mannhardt, Klaus 244, 248, 498
Marcuse, Herbert 210, 217
Marx, Werner 62, 119
Mascher, Heinz-Wolfram 197, 482
Matern, Hermann 155ff., 160, 473
Matthiesen, Gunnar 244, 248
Matthöfer, Hans 321
Mattick, Kurt 53
Meckel, Markus 304
Meinberg, Wilhelm 127
Meinhof, Ulrike Marie 148, 479
Meisner, Boris 384
Melzer (MfS-Hauptmann) 333
Mende, Erich 16, 66, 68f.
Merkel, Konrad 406
Meschkat, Klaus 188, 201, 210, 484, 486
Metzger, Ludwig 443
Mewis, Karl 154, 161, 169, 174, 179, 208, 473
Meyer, Doris 91
Meyer, Erich 443
Meyer, Hartmut 48, 91, 358
Michel, Lothar 467
Michels, Bernd 52, 111
Mielke, Erich 18ff., 23, 29f., 33f., 38ff., 42, 47, 70, 74, 77, 79, 113, 125f., 138, 148, 153, 158f., 162, 165, 167, 169f., 172ff., 177, 178f., 181, 202, 239f., 249, 260, 263f., 278, 284, 307, 337f., 349, 365, 378f., 394, 414, 420, 428, 439, 477, 530
Mies, Herbert 246, 257, 478
Mischnick, Wolfgang 65
Mittig, Rudi 280
Mleczkowski, Wolfgang 100
Mnich, Rudolf 499
Möbius, Peter 242
Mochalski, Herbert 239, 247f.

Modrow, Hans 439
Moersch, Karl 68f.
Moitzheim, Joachim 279
Mommer, Karl 26, 188
Morgner, Irmtraud 103
Mosiek (MfS-Hauptmann) 509
Müller (MfS-Hauptmann) 23, 92
Müller, Gerhard 427
Müller, Hans-Joachim 467
Müller, Harald 21, 98, 443
Müller, Herta 303
Müller, Ludwig 128, 301
Müller, Manfred 487
Müller, Philipp 292
Müller, Rainer 111
Müller, Traute 48
Müller-Gangloff, Erich 200, 226, 292, 295–300, 303, 510, 512f.
Müller-Plantenberg, Urs 486

Nahles, Andrea 326
Nannen, Henry 125
Nase, Henning 48
Nawrocki, Joachim 387f.
Nendel, Karl 433f.
Nestler, Ludwig 119, 134
Neumann, Nikolaus 208
Neumann, Robert 147f.
Nevermann, Knut 209f.
Niederländer, Harald 93
Niemöller, Jan 255
Niemöller, Martin 234f., 239f., 243, 247f., 252, 255ff., 300–303, 496
Niemöller, Sibylle A. 257
Nistler, Wilhelm 348
Nixon, Richard 223, 225
Nohara, Erik 188
Nollau, Günther 46
Norden, Albert 111, 121, 124f., 130f., 136–140, 143, 146ff., 150, 152, 157, 162, 164, 166, 203, 206, 241, 246, 473, 491, 496
Notroff (MfS-Oberleutnant) 321
Nouhuys, Heinz van 106f.

Oberländer, Theodor 27, 124f., 138, 176
Oehrens, Holger 111
Oertel (MfS-Offizier) 90

Ohnesorg, Benno 203, 213, 217
Ohning, Herbert 20
Olbrich, Johanna 70
Ollenhauer, Erich 185
Opitz, Reinhard 198, 246
Opperskalski, Michael 112
Orgakow, Nikolai 247
Ott, Rainer 358
Ott, Reinhard 54, 358

P., Gerhard 427
P., Lilli 358
Pannach, Gerulf 325, 327
Panzer-Tamponi, Evalouise 112
Patzeld, Herbert 242
Paul VI. 280, 507
Peter, Horst 52
Petras, Ehrenfried 242
Pfau, Gerd 283
Pfister, Elisabeth 58
Pfromm, Klaus 340
Pieck, Wilhelm 181
Pietras, Günter 286
Pilny, Alfred 66
Pinkall, Lothar 208, 486
Polte, Ruth 48
Porst, Hannsheinz 37, 66f.
Potthoff, Heinrich 177
Preuß, Ulrich K. 486
Preysing, Konrad Graf von 263, 462
Probst, Lothar 451, 457
Pumphrey, Doris 87f.
Pumphrey, George 87

Rabe, Rolf 34, 444
Rabehl, Bernd 204, 210, 226
Raddatz, Fritz J. 148f.
Raisin, Heinz Georg 272
Raussendorf, Klaus Kurt von 345f.
Reagan, Ronald 251, 253
Reemtsma, Jan Phillipp 232
Reeps, Jürgen 57
Regensburger, Marianne 208
Regus, Folke 341
Regus, Heidemarie 341
Reichenbach, Wilhelm 112
Rein, Gerhard 292
Reinhardt, Helmut 487

Reinhold, Helmut 360
Reischle, Hermann 136
Reißig, Rolf 514
Reißner, Stefan 211
Renn, Ludwig 150
Reuter, Ernst 49
Rexin, Manfred 188
Richert, Ernst 530
Richter, Brigitta 52
Rittwagen, Kurt 306
Rödiger, Helga 51
Röhl, Klaus Rainer 148, 183f., 479
Ronneberger, Gerhardt 433
Röseberg, Ulrich 396
Rosenthal, Walther 397
Rossaint, Joseph 244
Roth, Karl Heinz 232f., 377, 493
Rub, Eve 316
Rub, Frank 316
Rudolph, Frank 273, 510
Runge, Jürgen Bernd 67
Rupp, Rainer 359
Russell, Bertrand 207, 486
Ruys, Bé 291

S., Herbert 59
Sacher, Hans 499
Schade, Karl 231
Schäfer, Bernd 278f., 507f.
Schalck-Golodkowski, Alexander 304, 422, 433, 434
Scharf, Kurt 273, 291
Scharnagl, Wilfried 117f.
Scheel, Walter 66, 68
Scheler, Werner 434
Schelkmann, Rudolf 112, 117, 224, 491
Schenk, Wolfgang 102
Schierholz, Henning 73, 78
Schiller, Karl 106
Schilling, Gertrud 87
Schily, Otto 72, 76f., 327, 520
Schlauß (MfS-Offizier) 92
Schlei, Marie 53
Schlempp, Walter 122, 137f., 147, 149, 461
Schleyer, Hanns-Martin 118
Schlicht, Götz 373, 388, 397f., 530
Schmidt, Carlo 26

Schmidt, Günter 99, 399, 538
Schmidt, Helmut 46, 166, 177, 446
Schmidt, Max 467
Schmidt-Eenboom, Erich 439
Schmidt-Schmierer, Karl Heinz 333
Schmidt-Wittmack, Karlfranz 56, 62
Schmitt-Vockenhausen, Hermann 443
Schmude, Jürgen 266, 275
Schnappertz, Jürgen 73, 77
Schneider, Dirk 17, 73f., 76–80, 103, 259
Schneider, Romy 327
Schnur, Wolfgang 327
Scholz, Michael F. 158
Schönen, Paul 126, 463
Schönherr, Alfred 454
Schoppe, Waltraud 74
Schulz (MfS-Oberstleutnant) 57
Schulze, Herbert 448
Schumann, Heinz 467
Schütt, Peter 255
Schütz, Klaus 46, 222, 224, 446
Schwedler, Rolf 20
Schwenger, Hannes (Hans) 213, 312, 327ff.
Schwenke, Gert 51
Schwennicke, Carl-Hubert 20–23, 99
Seebohm, Hans-Christoph 27, 125
Seghers, Anna 150
Seidowsky, Hans-Joachim 297f., 513
Seiffert, Wolfgang 393
Seigewasser, Hans 146
Seltmann (MfS-Oberleutnant) 402
Semitschastny, Wladimir 172f.
Sensenschmidt, Arnd 272, 504
Seydewitz, Max 179
Sgraja, Franz 245, 264
Siemund, Günter 467
Sinakowski, Andreas 399
Singer, Ödön 146
Skladny, Udo 269
Skriver, Ansgar 188
Solschenizyn, Alexander 230
Sonnemann, Theodor 136
Spangenberg, Dietrich 30ff., 36f., 445f.
Spengler, Helmut 248, 498

Springer 306
Springer, Axel Cäsar 219
Sprotte, Werner 281
Staadt, Jochen 477
Stahlmann, Richard 157, 173f., 178f.
Stalin, Joseph 303
Stammer, Otto 530
Staritz, Dietrich 165, 197–201, 205, 207ff., 213–216, 218f., 221, 231, 342, 344–348, 375f., 399, 483, 486, 490, 530f.
Steffen, Hermann 242
Steidl, Rudolf 127
Steinbach, Erika 326
Steiner, Julius 15f., 54, 109
Steinke, Rudolf 258f., 334
Steinke, Wolfgang 186, 467
Stelzer, Ehrenfried 142
Stern, Carola 306
Stiller, Gerd 242
Stiller, Werner 51, 242, 412–417, 438, 542
Stobbe, Dietrich 446
Stolpe, Manfred 75, 283, 326
Stoltenberg, Gerhard 119
Stolze (MfS-Oberstleutnant) 135
Stoph, Willi 32f., 35f., 231, 444, 477
Strasser, Otto 127
Strauß, Franz Josef 33, 117f., 123, 176, 253, 280
Strecker, Reinhard Maria 125, 185ff.
Strughold, Hubert 114
Strunk, Arno 126, 463
Stübner, S. 286
Stuby, Gerhard 246, 485f.
Stuckart, Wilhelm 462, 463
Stumpf, Kurt 134
Suhr, Heinz 73

Tautenhahn, Gerhard 433
Templin, Wolfgang 316f., 408
Teufel, Fritz 209
Thadden, Adolf von 128, 222, 464
Thadden, Franz Lorenz 36, 445
Thalheim, Günter 467
Thälmann, Ernst 155
Thedieck, Franz 125
Thiele, Kurt 308, 399, 538

Thomas, Bodo 48, 91, 105, 399
Thomas, Stephan 56
Thoms (MfS-Offizier) 92
Thur, Herbert 205, 320
Tierse, Wolfgang 51
Todenhöfer, Jürgen-Gerhard 37
Torgler, Ernst 155
Toth, Károly 248
Trapp, Horst 244, 498
Trebeljahr, Gert 406 f., 540
Trebs, Herbert 508
Tschebrikow, Wiktor 380
Turber, Kurt 201

Ulbricht, Walter 32, 36, 50, 123 ff., 127, 137, 145, 147, 149, 154 f., 161, 165, 181, 203, 203, 235, 415
Urban, Ingo 400
Uschakow, Alexander 532

V., Wilhelm (SPD-Landtagsabgeordneter) 258
Vennegerts, Christa 87
Vieweg, Kurt 156, 471
Vogel, Axel 73
Vogel, Dieter 112
Vogel, Horst 423, 430
Vogel, Wolfgang 153, 177, 179 f.
Voigt, Helmut 81
Voigt, Karsten D. 52, 321
Völkel, Alfred 16
Völkel, Walter 329, 332 ff., 346, 399, 407 f.
Vollert, Ursula 48, 358
Vollmer, Antje 74, 76 f., 79, 313
Vollmer, Günter 254

W., Peter 359
Wachsmuth, Jürgen 101
Wagenbach, Klaus 319
Wagenbreth, Rolf 110 f., 116, 131, 166, 173, 187, 444
Wagner, Klaus 409, 413
Wagner, Richard 303
Wagner, Traute-Lore 275
Walde, Thomas 113
Wallraff, Günter 112, 125, 232, 242 f., 322–325, 485

Walter, Hans 499
Walther, Joachim 404
Wand, Kurt 48
Waschbüsch, Alfons 279
Weber (Dekan) 238
Weber, Josef 244, 246
Wehner, Herbert 26 f., 29, 33, 46, 52 f., 105, 153–181, 208, 211 f., 238, 397, 473 ff.
Weil, Otto 156, 471
Weiland, Alfred 156
Weirauch, Lothar 65 f.
Weisskirchen, Gert 258
Weizsäcker, Richard von 93, 97
Wendel, Otto 58, 61
Wenzel, Siegfried 433
Werner, Herbert 239
Werther, Paul 163
Wetz, Ulrike Marie 331
Wetzel, Dietrich 201
Wieczorek, Hans 242
Wiedemann, Heinrich 64
Wiegand, Joachim 264, 270, 277, 281, 504
Wienand, Karl 15 f., 36, 52, 442
Wilke, Manfred 230, 329 f.
Willmann (MfS-Hauptmann) 190
Willner, Herbert Adolf 70
Willner, Herta-Astrid 70
Winterstein, Horst 326
Wipler, Georg 508
Wischnewski, Hans-Jürgen 105
Wohlrabe, Jürgen 98
Wojtyla, Karol 281
Wolf von Amerongen, Otto 36
Wolf, Christa 103
Wolf, Markus 9, 15 f., 19, 23, 28–31, 33 f., 39, 41, 45–51, 54, 57 ff., 63 f., 66 ff., 70, 82, 97, 107, 11, 120, 131, 144, 153, 156, 158 f., 162, 166 ff., 174 f., 180, 208, 214, 223 ff., 227 f., 241, 249 f., 253 f., 260, 278 ff., 307, 312, 349, 359, 364 f., 378, 381, 414, 419, 434 f., 449 f., 470, 476, 485
Wollweber, Ernst 419 f.
Wolter, Ulf 334, 520
Wyschiński, Stefan 280

585

Zaisser, Else 501
Zaisser, Wilhelm 256
Zimmermann, Friedrich 176

Zimmermann, Hans 256
Zimmermann, Hartmut 408
Zylla, Elsbeth 103

B. Code- und Decknamen

»501« 49, 88
»506« 88
»6004« 112, 491

»A. Horn« 112
»Abraham« 112
»Adler« 367
»Admiral« 112
»Adrian Pepperkorn« 188, 290f., 293, 346, 408
»Albrecht« 21
»Alexander« 407
»Alexey« 91
»Alf« 111
»Alfons« 232, 493
»Alpha« 111
»Amir« 103
»Anerkennung« 115
»Angelika« 359
»Anita« 232, 493
»Anna« 70
»Anton« 282, 508
»Antonius« 279
»Armin« 339
»As« 64
»Aspirant« 396
»Astor« 59
»Auto« 65

»Bäcker« 51
»Bakker« 55, 276, 342
»Balka« 65
»Bärbel Ziegler« 341
»Baron« 288
»Bartel« 487
»Bauer« 61
»Bauernfeind« 540
»Baum« 54, 271, 504
»Beate Schäfer« 79, 81–87
»Bei« 509

»Berg« 232, 493
»Berger« 267, 340, 388, 403, 405
»Bernhard« 52, 111
»Betty« 402, 539
»Beyer« 333
»Bildhauer« 64
»Bill« 278, 282f., 287
»Birgit« 91
»Blei« 403
»Blumenfeld« 48
»Boris Buch« 228
»Botone« 21
»Bronze« 417
»Bruckner« 283, 504
»Brückner« 268, 504
»Bruno« 282, 508
»Burg« 416
»Bürger« 367

»Chor« 493
»Christa« 320–324, 332
»Christel« 62
»Christian« 314
»Christoph« 327, 329, 331ff., 399, 538
»ck3« 55
»Cornelius« 173

»Dach« 487
»Dagmar« 87
»Delphin« 96
»Diana« 339
»Diener« 247
»Dieter« 321
»Dietrich« 268, 282, 504
»Doktor« 232, 270f., 278, 493
»Dominik« 509
»Dorn« 48, 411, 542
»Dover« 367
»Dr. Brücke« 271

586

»Dr. Frank« 55
»Dr. Hans Richter« 51
»Dr. Lutter« 374, 397
»Dr. Schirmer« 327
»Dr. Zeitz« (s. »Zeitz«)
»Dr.« 397, 400
»Dschungel« 117
»Duo« 205, 320, 493

»Edison« 113
»Eisenstein« 89f., 105
»Elias« 232, 493
»Elster« 284
»Emilio« 270, 277, 504
»Erich« 82, 84f., 198, 283, 342, 347, 375f., 399
»Erika« 220
»Eva« 267, 284, 503
»Eva Kramer« 267
»Extrem« 118

»Faber« 87
»Falke« 411, 542
»Färber« 283, 509
»Felix« 58
»Fellow« 416
»Fichtel« 54f.
»Fluß« 65, 100
»Foto« 509
»Frank Beier« 369
»Franz« 58, 258, 268, 314, 334
»Franz Josef« 96
»Fred Bauer« 487, 493
»Freddy« 49f., 88, 105, 224
»Fredy« 120, 158
»Freidank« 274
»Friedemann« 90
»Fritz« 65, 100, 267, 503

»Gabi« 416
»Georg Schneider« 209, 231, 493
»Georg Schumann« 367, 369
»Gerda« 523
»Gerhardt« 269
»Gerhard Büchner« 333
»Gerhard Menge« 367, 369
»Gerhard« 297, 513
»Geyer« 21

»Giesbert« 90
»Giesela« 282
»Giftspinne« 284
»Gisela Hildebrandt« 98
»Glocke« 284
»Gnida« 97
»Goldring« 112, 491
»Grün« 90f.
»Grundmann« 417
»Gudrun« 59
»Günther« 31f., 34f., 37, 106, 201, 282, 284, 444, 446, 484, 533
»Gustav« 112, 212, 487

»Hahn« 65
»Ham« 507
»Handwerker« 107
»Hannelore« 51
»Hans« 48, 91, 105, 370, 399, 433f.
»Hans Bogen« 370
»Hans Voß« 269
»Hansen« 59, 105, 399
»Harry« 287
»Hartmut« 245
»Hauser« 416
»Havel« 100
»Heigel« 410
»Heiko« 315
»Heinemann« 209, 232, 487, 493
»Heiner« 267, 269
»Heinrich Heine« 112, 119
»Heinrich Hoffmann« 285
»Heinz Wendland« 284
»Helena« 89, 274
»Helm« 112
»Helmut« 82
»Henkel« 156, 471
»Herbert« 232, 256, 493
»Herbert Hildebrandt« 21, 98
»Herrmann« 275
»Herta« 62
»Herzberg« 87
»Hoffmann« 231, 409, 493, 541
»Holger Rum« 432
»Holm« 48
»Horst« 232, 268, 271, 278, 487
»Hubert« 278, 284, 287, 507

587

»Ilja« 97
»Inge« 51
»Ingo« 245
»Iris« 64
»Irmgard« 48
»Isar« 367

»J« 128
»Jan« 268f.
»Jennrich« 55
»Jerry« 334, 520
»Jesuit« 115
»Julius« 48, 49, 105
»Julius Müller« 188, 408
»Jürgen« 52, 258, 260
»Jürgen Kunst« 366
»Jutta« 231, 288, 493

»K X« 65
»Kalb« 64
»Karin« 523
»Karl« 245, 264
»Karl Ernst« 332
»Karl Herbst« 111
»Karo« 282
»Karstädt« 112, 117, 224
»Kassandra« 97
»Kästner« 97
»Kiesel« 282, 509
»Kirchner« 52
»Klaus« 273, 415, 510
»Klaus Franz« 367, 410
»Klaus-Dieter« 493
»Kleber« 285
»Kleinert« 91, 399
»Komet« 48
»Konföderation« 330
»Konrad« 264
»Kontra« 336
»Kornelius Hammer« 284
»Krüger« 16, 60
»Kugel« 48
»Kurt« 50, 191, 213, 215, 342, 359, 493

»Lang« 232, 493
»Larsen« 367
»Laubach« 97
»Lektor« 509

»Lenz« 389, 530
»Letten« 21
»Letter« 52
»Liane« 509
»Lichtblick« 279
»Linda« 100
»Lorenz« 269
»Louis« 97
»Ludwig« 17, 73, 78f., 100f.
»Lyriker« 319

»Mai« 52
»Malter« 232, 493
»Marabu« 114
»Marcella« 91
»Maria« 284, 287
»Mario« 310, 314
»Martin« 242, 284, 287, 311
»Martina« 330
»Max« 504
»Meier« 245, 264
»Meister« 100
»Melder« 270
»Michael« 284
»Mirbach« 60
»Monika Bauer« 85
»Monsum« 92
»Moritz« 399, 538
»Mosel« 359
»Möwe« 269
»Mühle« 267

»Nachfolger« 411, 539, 542
»Nante« 107
»Nathan« 417
»Natter« 337
»Nazikamarilla« 116, 131f.
»Neo« 115
»Nero« 339, 484
»Nerz« 62
»Nickel« 96
»Nicolé« 493
»Nielsen« 308, 399, 538
»Norbert« 434
»Nordstern« 90

»Opponent« 259, 310
»Otter« 66

»Pedro« 367
»Pegasus« 310
»Pelz« 90
»Pepperkorn« (s. »Adrian Pepperkorn«)
»Pest« 308
»Peter« 21, 278, 333f., 507
»Peter Vogel« 33
»Peters« 233, 314
»Plato« 314
»Priester« 269
»Purzel« 90

»Quelle« 285

»Rabe« 200
»Radeberg« 21, 443
»Radom« 65
»Redakteur« 269
»Referent« 539
»Regina Bogen« 370
»Renate« 333
»Renner« 59ff.
»Rep« 268
»Richard« 54, 358
»Röbel« 369
»Robert« 97
»Rodenbach« 90
»Roland Müller« 272
»Rolf« 232, 417, 493
»Rolf Köster« 341
»Rose« 64
»Rosenbaum« 90
»Rosenow« (s. »Walter Rosenow«)
»Rossommé« 96
»Rubinstein« 48, 91, 358
»Rudi« 100

»Saale« 433
»Schade« 60f.
»Scheune« 282
»Schild« 284
»Schlegel« 51
»Schmeichler« 389
»Schneider« 59ff., 112
»Schorsch« 272
»Schreiber« 48
»Schumann« (s. »Georg Schumann«)
»Schütz« 285

»Schütze« 487, 493
»Schwalbe« 283, 509
»Schwarz« 118, 222
»Sekretär« 75, 283, 416
»Sender« 339
»Sense« 48, 232, 447, 493
»Siegbert« 112
»Siegel« 509
»Siegfried« 314
»Siggi« 111
»Skaletz« 493
»Sonja« 245, 284
»Sonne« 114, 504
»Spaten« 284
»Sperber« 416
»Spieler« 487
»Spinne« 102
»Stahlmann« 542
»Stefan« 62
»Stein« 87
»Steiner« 367
»Stephan« 97
»Störmer« 369
»Strauch« 232, 493
»Streit« 16, 317
»Sturm« 116, 241, 416
»Sumpf« 265, 284
»Super« 244, 254
»Susanne Rau« 97

»Taifun« 96f., 115
»Tak« 31
»Talar« 53, 397f., 448
»Taler« 80f., 83–87
»Techniker« 367
»Teddy« 21
»Terli« 277
»Thaer« 399, 406f.
»Thein« 97
»Thomas Müntzer« 112, 119
»Topas« 359
»Töpfer« 51
»Tornado« 91
»Torsten« 327
»Transport« 284
»Tribunal« 116, 206
»Troja« 224
»Tulpe« 21, 65, 284, 287

589

»Udo« 48, 269, 358
»Ugo« 270, 277, 504
»Ulli« 358, 330f., 334
»Unkraut« 530
»Ursula« 102
»Uta« 62
»Utah« 269

»van Haaren« 102
»Vergißmeinnicht« 127f.
»Verleger« 268, 278, 282, 504
»Verwüstung« 116, 241

»Wagner« 112, 243
»Walter« 48
»Walter Krause« 399, 536
»Walter Rosenow« 329, 332ff., 346, 399, 400, 408
»Wanda« 275f., 288
»Wanger« 471
»Weber« 370
»Wegner« 369, 547
»Weide« 64

»Weinberg« 312
»Wenzel« 333
»Werder« 279, 508
»Werner« 269, 339
»Werther« 62
»Wieland« 279
»Wilfried Neptun« 55
»Wilhelm« 97
»Willi« 268
»Willy« 239
»Wissenschaft« 113
»Wolfgang« 333
»Wolfgang Klein« 369
»Wotan« 153, 157f.

»X« 65

»Zady« 99, 399, 538
»Zander« 273
»Zeitz« 73, 75, 100ff., 209, 458, 487
»Zentrale« 335
»Zeus« 232f., 493
»Ziegel« 100, 269

Die letzten Geheimnisse des Kalten Krieges

Christopher Andrew
Wassili Mitrochin
Das Schwarzbuch des KGB
Moskaus Kampf gegen den Westen
848 Seiten, gebunden
ISBN 3-549-05588-9

Das Buch des britischen Geheimdienstexperten Christopher Andrew basiert auf einem der sensationellsten Geheimdienstcoups der jüngeren Zeit: der Auswertung hochgeheimer Dokumente des Auslandsnachrichtendienstes des KGB, die der russische Überläufer Wassili Mitrochin unter hohem persönlichem Risiko entwendet und in den Westen gebracht hat. Dieses laut FBI »vollständigste und umfassendste Material, das je von einer Quelle geliefert wurde«, ermöglichte Andrew die bislang gründlichste Darstellung der sowjetischen Geheimdienstoperationen von Lenin bis Gorbatschow.